SAP S/4HANA® Finance – Customizing

SAP PRESS

Thomas Kunze, Christian Kurzke, Kathrin Schmalzing

SAP S/4HANA® Finance – Customizing

Rheinwerk
Publishing

Liebe Leserin, lieber Leser,

SAP-Landschaften sind komplex, und wir alle wissen, wie schnell sich Technologien und Anforderungen in der IT-Welt ändern. Genau da setzt SAP PRESS an: mit Büchern, die nicht nur Theorie vermitteln, sondern konkret im Alltag helfen.

In diesem Buch finden Sie direkt umsetzbare Ratschläge, praktische Beispiele und Lösungen für drängende Herausforderungen. Unsere Autor*innen sind Profis, die wissen, wo der Schuh drückt – und wie man Probleme effizient löst. Mit ihrer Erfahrung an Ihrer Seite können Sie Ihre SAP-Projekte gezielter angehen, fundiertere Entscheidungen treffen und die vielen Facetten von SAP besser meistern.

Ob Sie gerade erst beginnen oder schon lange im SAP-Umfeld tätig sind: Wir sind davon überzeugt, dass dieses Buch Ihnen hilfreiche Anleitungen und Tipps an die Hand gibt, um Ihre täglichen Aufgaben und Projekte erfolgreich zu meistern.

Wir freuen uns stets über Lob, aber auch über kritische Anmerkungen, die uns helfen, unsere Bücher zu verbessern. Zögern Sie also nicht, sich bei mir zu melden; Ihr Feedback ist jederzeit willkommen.

Wir wünschen Ihnen viele Aha-Momente und eine erfolgreiche Umsetzung mit diesem Buch!

Ihre Eva Tripp
Lektorat SAP PRESS

eva.tripp@rheinwerk-verlag.de
www.rheinwerk-verlag.de
Rheinwerk Verlag • Rheinwerkallee 4 • 53227 Bonn

Auf einen Blick

Wir hoffen, dass Sie Freude an diesem Buch haben und sich Ihre Erwartungen erfüllen. Falls Sie Anregungen, Wünsche und Kommentare haben, lassen Sie es uns wissen: **service@rheinwerk-verlag.de**.

Informationen zu unserem Verlag und Kontaktmöglichkeiten finden Sie auf unserer Verlagswebsite **www.rheinwerk-verlag.de**. Dort können Sie sich auch umfassend über unser aktuelles Programm informieren und unsere Bücher und E-Books bestellen.

Autor*innen Thomas Kunze, Christian Kurzke, Kathrin Schmalzing
Lektorat Eva Tripp
Copy-Editing Monika Klarl, Köln
Typografie & Layout Vera Brauner
Satz SatzPro, Krefeld
Herstellung Nadine Preyl
Covergestaltung Silke Braun
Coverbild Shutterstock: 2467427417 © Sergo Jaxua
Druck Beltz Grafische Betriebe, Bad Langensalza

FSC www.fsc.org MIX Papier | Fördert gute Waldnutzung FSC® C089473

Dieses Buch wurde mit mineralölfreien Farben auf FSC-zertifiziertem Papier aus nachhaltiger Waldwirtschaft gedruckt. Hergestellt in Deutschland.

Bibliografische Information der Deutschen Nationalbibliothek:
Die Deutsche Nationalbibliothek verzeichnet diese Publikation in der Deutschen Nationalbibliografie; detaillierte bibliografische Daten sind im Internet über *http://dnb.dnb.de* abrufbar.

ISBN 978-3-367-10687-5

4., aktualisierte und erweiterte Auflage 2025

Rheinwerk Verlag GmbH • Rheinwerkallee 4 • 53227 Bonn
service@rheinwerk-verlag.de

Inhalt

Anhang 1021

Einleitung

Die Anforderungen an das Finanzwesen steigen kontinuierlich: Unternehmen benötigen Finanzergebnisse in Echtzeit und in übersichtlicher Visualisierung. Gefragt sind intuitive Analysemöglichkeiten ohne komplexe Transaktionsfolgen sowie eine zentrale Datenhaltung für alle finanzrelevanten Informationen.

Mit SAP S/4HANA Finance hat SAP auf die Forderungen der Kunden nach einer moderneren Benutzeroberfläche, Verbesserungen der Performance sowie der Visualisierung von Ergebnissen reagiert. Bereits im Jahre 2006 hat SAP mit einem Projekt zur In-Memory-Datenbanktechnologie begonnen. Das Ergebnis ist die In-Memory-Plattform SAP HANA. Mithilfe von SAP-ERP-Beschleunigern konnten performanceschwache Transaktionen schneller ausgeführt werden. Die SAP-HANA-Plattform legte den Grundstein zur Modernisierung des SAP-ERP-Systems.

In den folgenden Jahren hat SAP die Prozesse im Finanzwesen grundlegend optimiert und im Jahr 2014 SAP S/4HANA Finance eingeführt. Durch den Wegfall statistischer Aggregationstabellen und Indizes in Form von Sekundärtabellen wurde die Geschwindigkeit beim Ausführen der Transaktionen wesentlich erhöht. Die weitreichendste Änderung war die Integration der Tabellen der Finanzbuchhaltung mit den Tabellen des Controllings in einer Datenbanktabelle – dem Universal Journal. SAP S/4HANA wird stetig weiterentwickelt, und mit jedem Release werden neue Funktionen freigegeben. Im ersten Schritt hat SAP nur das vereinfachte Rechnungswesen angeboten, das unter dem Namen SAP Simple Finance vorgestellt wurde. SAP Simple Finance vereint verschiedene SAP-Komponenten und ihre Aggregationstabellen und Indizes in der Tabelle ACDOCA. Im ersten Schritt ist SAP Simple Finance als Add-on zu SAP ERP angeboten worden. Durch ein Upgrade von SAP ERP, die Einspielung des SAP-Simple-Finance-Add-ons (letztes Release: SAP S/4HANA Finance 1605) und eine Migration der Daten im Rechnungswesen gelangen Sie in das vereinfachte Rechnungswesen. Im zweiten Schritt hat SAP im Jahr 2015 ein neues Produkt vorgestellt, das außer den Vereinfachungen im Rechnungswesen auch Vereinfachungen in der Logistik und den zentralen Geschäftspartner enthält.

In diesem Buch erklären wir Ihnen die grundlegenden Customizing-Einstellungen der Finanz- und Controlling-Komponenten, die für eine erfolgreiche Einführung und Umstellung auf SAP S/4HANA Finance wichtig sind. Wir gehen dabei von einer Neuimplementierung aus. Daher steht die SAP-S/4HANA-Migration nicht im Vordergrund, wird aber trotzdem erwähnt.

Wir stellen Ihnen auch gezielt neue Funktionen vor, die in SAP S/4HANA Finance 2023 hinzugekommen sind, und zeigen Ihnen, wie Sie sie in Ihrem Unternehmen implementieren können. Dieses Buch kann Ihnen auch dabei helfen, einen Überblick über SAP S/4HANA Finance zu erhalten, wenn Sie vor der Entscheidung stehen, ob und wann Sie ein SAP-S/4HANA-Projekt angehen möchten.

Das Customizing, das im Rahmen einer SAP S/4HANA Conversion durchgeführt werden muss, beschränkt sich auf das, was technisch zwingend notwendig ist. Es unterscheidet sich auch – je nachdem, ob Sie die SAP S/4HANA Conversion vom alten oder vom neuen Hauptbuch aus beginnen.

Weiteres Customizing ist notwendig, wenn Sie nachträglich, also nach einer erfolgreichen SAP S/4HANA Conversion weitere Anpassungen im Rechnungswesen vornehmen möchten. SAP unterstützt Sie hier bereits mit einigen Migrationsszenarien. Weitere Migrationsszenarien könnten in zukünftigen SAP-S/4HANA-Releases dazukommen.

[»]

Neuerungen in der 4. Auflage

In dieser Ausgabe finden Sie sowohl aktualisierte bestehende Inhalte als auch neue Themen. Dazu gehören Intercompany Matching and Reconciliation, das Vorbereitungsledger, die Projektkostenrechnung, die die Innenauftragsrechnung ersetzt hat, und die technische Finanzdatenkonsistenzanalyse, die Sie im Rahmen des Monatsabschlusses regelmäßig durchführen sollten. Zusätzlich haben wir die erweiterte Bewertung und die Umstellung der Zahlungsträgerformate auf die Transaktion DMEEX erläutert und den aktuellen Stand des SAP Migration Cockpit aufgenommen.

Zielgruppen dieses Buches

Dieses Buch soll Ihnen einen fundierten Einblick in die Konfigurationsmöglichkeiten in SAP S/4HANA Finance geben. Aufgrund des Aufbaus und der technischen Ausrichtung des Buches profitieren besonders die folgenden Zielgruppen von der Lektüre:

- Als CIO, CFO oder in leitender IT-Funktion entscheiden Sie über die Einführung von SAP S/4HANA Finance in Ihrem Unternehmen. Dieses Buch bietet Ihnen einen Überblick über die möglichen Auswirkungen dieser Einführung auf Ihre Geschäftsprozesse.
- Sie leiten ein Einführungs- oder Umstellungsprojekt auf SAP S/4HANA Finance oder arbeiten in einem solchen Projekt mit. Sie erhalten einen Überblick über den Ablauf der Migration und über das Customizing.
- Bei der Betreuung der SAP-Komponenten im Rechnungswesen erhalten Sie einen Einblick in die wesentlichen Neuerungen von SAP S/4HANA Finance. Zudem werden Änderungen am Datenmodell und an der Architektur erläutert.

- Sie führen eine Abteilung im Rechnungswesen und möchten die wesentlichen Änderungen kennenlernen, die sich für Ihren Verantwortungsbereich ergeben. Sie erfahren auch, welche wichtige Rolle Sie bei der Migration auf SAP S/4HANA Finance einnehmen.
- Schließlich richtet sich dieses Buch auch an Fachkräfte im SAP-Beratungsumfeld, die Kundenunternehmen beim Umstieg auf oder bei der Einführung von SAP S/4HANA Finance unterstützen.

Wie dieses Buch aufgebaut ist

Dieses Buch ist in 14 Kapitel aufgeteilt und bietet einen umfangreichen Anhang.

In **Kapitel 1**, »Einführung in SAP S/4HANA Finance«, lernen Sie technische Details rund um SAP S/4HANA und die Entwicklung der neuen Business Suite kennen. Die Datenbank SAP HANA ermöglicht Ihnen eine einfachere und schnellere Darstellung Ihrer Daten. Wir erklären Ihnen die Auswirkungen der Neuerungen auf Finanzbuchhaltung und Controlling sowie deren Vorteile für Ihre Geschäftsprozesse. Ferner lernen Sie SAP-Fiori-Apps und deren Verwendung für Transaktionen und Reporting kennen.

In **Kapitel 2**, »Organisationsstrukturen«, lernen Sie die wichtigsten Organisationselemente in Finanzwesen und Controlling kennen. Wir erläutern die Voraussetzungen sowie den Zweck der Organisationselemente und zeigen Ihnen, wie Sie diese einrichten. Wir weisen Sie darüber hinaus auf Neuerungen in der Organisationsstruktur in SAP S/4HANA hin.

In **Kapitel 3**, »Stammdaten«, stellen wir Ihnen die wichtigsten Stammdaten in Finanzwesen und Controlling vor. Sie lernen, wie Sie Stammdaten anlegen und welche Merkmale in den Stammdaten welche Funktionen haben. Das Kapitel schließen wir mit Empfehlungen für Ihre Stammdaten ab.

Kapitel 4, »Hauptbuchhaltung«, beschreibt die neuen Funktionen der Hauptbuchhaltung im Detail. Wir gehen auf die grundlegenden Einstellungen ein und richten besonderes Augenmerk auf die neuen Einstellungsmöglichkeiten in SAP S/4HANA. Vom Anlegen aller Arten von Ledgern bis hin zur Definition der Währungen lernen Sie alle wichtigen Customizing-Einstellungen für die Hauptbuchhaltung kennen. Außerdem stellen wir Ihnen relevante SAP-Fiori-Apps für die Hauptbuchhaltung vor.

Kapitel 5, »Debitoren«, erläutert Ihnen die Grundeinstellungen für die Inbetriebnahme der Debitorenbuchhaltung. Das Kapitel macht Sie zudem auf Änderungen in der Debitorenbuchhaltung in SAP S/4HANA aufmerksam.

Kapitel 6, »Kreditoren«, gibt einen Überblick über die Grundeinstellungen der Kreditorenbuchhaltung und weist auf Neuerungen in SAP S/4HANA Finance hin.

In **Kapitel 7**, »Bankbuchhaltung«, lernen Sie die Grundeinstellungen für das Einrichten der Bankbuchhaltung kennen. Von der Hausbank über den Zahllauf bis zum elektronischen Kontoauszug lernen Sie mit vielen Abbildungen, wie Sie die Funktionen einrichten und welche Einstellungen dabei von besonderer Bedeutung sind. Wir weisen in diesem Kapitel auch auf das SAP Cash Management mit SAP S/4HANA Finance hin.

In **Kapitel 8**, »Anlagenbuchhaltung«, zeigen wir Ihnen, wie die neue Anlagenbuchhaltung eingerichtet wird. Sie lernen die Unterschiede zur herkömmlichen Anlagenbuchhaltung kennen und erhalten Tipps und Tricks, was sich in Bezug auf die Anlagenbuchhaltung in SAP S/4HANA Finance alles geändert hat.

Kapitel 9, »Gemeinkostencontrolling«, zeigt die Grundfunktionen der Kostenstellenrechnung und des Projektsystems. Sie erfahren, wie mit Kontierungsobjekten gearbeitet wird. Sie lernen auch, welche Einstellungen im Customizing für einen erfolgreichen Monatsabschluss vorgenommen werden müssen. Zudem stellen wir den COGS-Split vor, der es Ihnen ermöglicht, die Kosten des Umsatzes in die Kostenbestandteile des Elementeschemas der Produktkostenkalkulation aufzuteilen.

In **Kapitel 10**, »Produktkostenrechnung«, lernen Sie alles über Produktkostenkalkulationen und die verschiedenen Formen der Kostenträgerrechnung. Wir erläutern in diesem Kapitel auch, wie Sie die korrekte Entscheidung bezüglich der Art der Kostenrechnung, die Sie in Ihrem Unternehmen einführen, treffen. Monatsabschlusstransaktionen der Kostenträgerrechnung werden in diesem Kapitel ebenfalls beschrieben.

Kapitel 11, »Ergebnis- und Marktsegmentrechnung«, erklärt den Unterschied zwischen der kalkulatorischen Ergebnisrechnung und der Margenanalyse. Wir gehen im Detail auf die Einstellungen zur Margenanalyse ein. Außerdem beschreiben wir die Werteflüsse der Ergebnisrechnung sowie die Customizing-Einstellungen im Detail.

In **Kapitel 12**, »Abschlussarbeiten«, geben wir Ihnen einen Einblick in die Konfigurationsschritte, die Sie in der Hauptbuchhaltung sowie in der Anlagenbuchhaltung vornehmen müssen, um einen reibungslosen Abschluss sicherzustellen.

In **Kapitel 13**, »SAP Advanced Financial Closing«, zeigen wir, wie Sie das cloudbasierte Produkt SAP Advanced Financial Closing für die Orchestrierung der Abschlussarbeiten einsetzen können. Wir erklären Ihnen, welche Einstellungen dazu in SAP Advanced Financial Closing und im lokalen Backend notwendig sind.

Kapitel 14, »Migration nach SAP S/4HANA«, stellt verschiedene Möglichkeiten zur Migration von Daten in SAP S/4HANA Finance vor. Wir diskutieren die Voraussetzungen zur Anwendung der einzelnen Migrationsszenarien. Das Kapitel verdeutlicht auch, welche Vor- und Nacharbeiten zur erfolgreichen Durchführung der Migration erforderlich sind.

Im **Anhang** finden Sie eine Übersicht über die Tabellen, die durch das Universal Journal – die Datenbanktabelle ACDOCA – abgelöst werden. Auch eine Übersicht der Änderungen am Datenmodell haben wir für Sie zusammengestellt.

Außerdem finden Sie im Anhang eine Auflistung der SAP-Hinweise, die für SAP S/4HANA relevant sind und bei der Migration und/oder der Implementierung hilfreich sein können.

Online-Material zum Buch

Auf der Website zum Buch unter *www.sap-press.de/6067* finden Sie im Bereich **Materialien zum Buch** eine Reihe von Dokumenten zum Download, darunter eine Liste aller im Buch behandelten Transaktionscodes und Menüpfade, eine Aufstellung weiterer Informationsquellen zu den in diesem Buch behandelten Themen sowie ein zusätzliches Kapitel zum SAP S/4HANA Financial Closing Cockpit.

Um die Themen bestmöglich zu vermitteln, verwenden wir nicht nur viele Abbildungen, sondern auch Kästen mit weiteren Informationen. Diese sind mit verschiedenen Icons markiert:

Tipp

Kästen mit diesem Icon geben Ihnen Empfehlungen zu Einstellungen oder Tipps aus der Berufspraxis. [+]

Hinweis

Dieses Icon weist Sie auf zusätzliche Informationen hin. [«]

Achtung

Dieses Symbol warnt Sie vor möglichen Problemen. [!]

Beispiel

Mit diesem Icon haben wir ausführlichere Beispiele gekennzeichnet. [zB]

Danksagung

Das Verfassen eines umfangreichen Fachbuchs erfordert viel Zeit, Engagement und Einsatz. Unser herzlicher Dank gilt unseren Familien, den Kolleginnen und Kollegen und allen Freundinnen und Freunden, die uns mit Rat und Erfahrungsberichten unterstützt haben. Ebenso danken wir allen, die das Manuskript Korrektur gelesen haben, sowie dem Team des Rheinwerk Verlags für die durchgehend kompetente und tatkräftige Unterstützung.

An dieser Stelle möchten wir uns noch persönlich bedanken:

Thomas

Mein herzlicher Dank gilt meiner Familie für ihr Verständnis, ihre Geduld und Motivation während der vielen Wochenenden der Bucharbeit. Ebenso danke ich allen im Team, die mich mit detaillierten Fachauskünften und beim Korrekturlesen des Manuskripts unterstützt haben.

Christian

Ich möchte mich vor allem bei meiner wunderbaren Frau für die Motivation und ihr Verständnis bedanken. Sie hat mir den Rücken freigehalten, sodass ich Zeit für dieses Buch finden konnte. Danke auch an meine beiden Kinder für die Geduld.

Außerdem bedanke ich mich bei meinen geschätzten Kolleginnen und Kollegen für die vielen fachlichen Gespräche.

Kathrin

Ich bedanke mich bei Thomas für seine Unterstützung bei allen fachlichen Fragen. Außerdem möchte ich mich bei Conny und Doro sowie bei meinen Nichten und Neffen ganz herzlich für ihre Motivation und Geduld beim Schreiben bedanken – ohne Euch hätte ich meinen Teil nicht rechtzeitig fertigstellen können.

Kapitel 1
Einführung in SAP S/4HANA Finance

SAP S/4HANA ist die neue Business Suite von SAP und der Nachfolger von SAP ERP und SAP R/3. In diesem Kapitel erfahren Sie im Überblick, was sich im Vergleich zu SAP ERP verändert hat. Wir stellen Ihnen die Datenbank SAP HANA und die Benutzeroberfläche SAP Fiori vor.

In diesem Kapitel möchten wir Ihnen einen kurzen Abriss der Entwicklung von SAP ERP zu SAP S/4HANA Finance geben. Sie erfahren, was genau SAP S/4HANA Finance ausmacht und was sich verbessert hat – sowohl in Bezug auf die Technologie als auch im Hinblick auf die praktische Arbeit der Anwenderinnen und Anwender mit dem System. Lernen Sie die Unterschiede zwischen SAP S/4HANA Finance und SAP ERP kennen – beginnend bei den Änderungen an der Datenbank bis zu funktionalen Änderungen.

1.1 Die Entwicklung von SAP S/4HANA Finance

Seit der Entwicklung der neuen Datenbank SAP HANA im Jahr 2011 hat SAP eine Reihe von Produkten auf den Markt gebracht, die auf dieser Datenbanktechnologie basieren. Erst Datenbank, dann Plattform, inzwischen Basis der SAP Business Suite 4 SAP HANA (SAP S/4HANA): Abbildung 1.1 zeigt die Entwicklung der neuen, SAP-HANA-basierten SAP-ERP-Software von 2011 bis heute. Doch worin besteht der technische und worin der funktionale Unterschied zwischen den einzelnen Produkten? Wie unterscheidet sich SAP S/4HANA von SAP ERP? Auf all diese Fragen erhalten Sie in diesem Kapitel Antworten, bevor wir Sie im Detail mit dem Customizing von SAP S/4HANA Finance vertraut machen.

Werfen wir nun einen Blick auf die Entwicklung der SAP-Software: SAP ERP ist ein komplexes Enterprise-Resource-Planning-System mit einem integrierten Werteansatz zur Sammlung, Verarbeitung, Analyse und für das Management von Daten. Bis zum Jahr 2003 war das SAP-ERP-System unter dem Namen SAP R/3 bekannt.

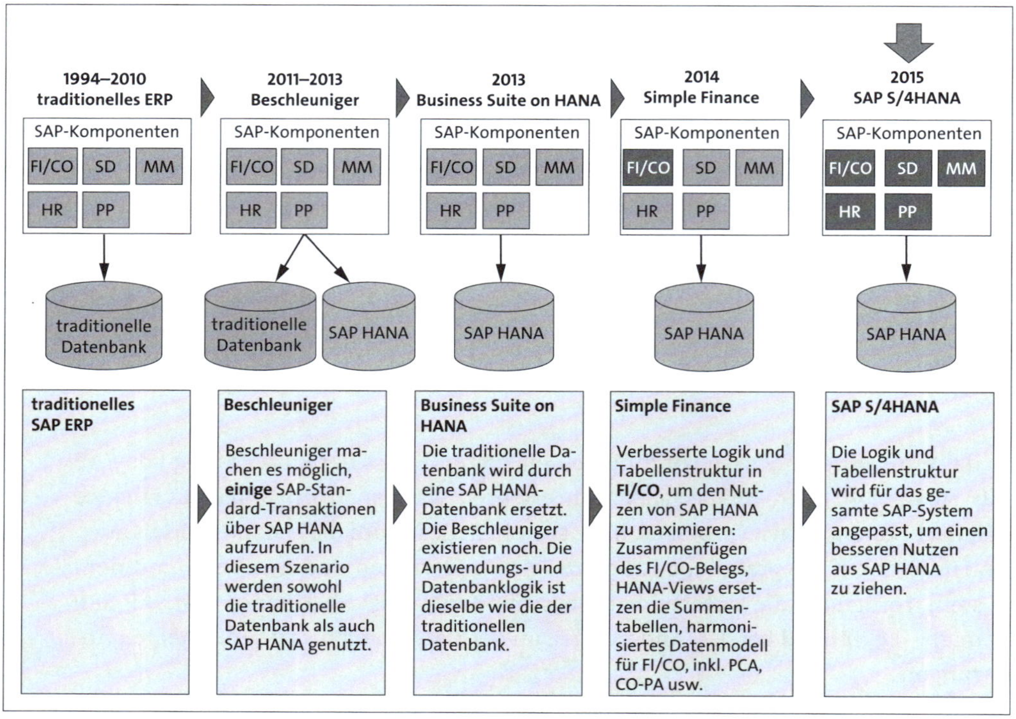
1994–2010
traditionelles ERP
SAP-Komponenten
FI/CO
SD
MM
HR
PP
traditionelle Datenbank
traditionelles SAP ERP
2011–2013
Beschleuniger
SAP-Komponenten
FI/CO
SD
MM
HR
PP
traditionelle Datenbank
SAP HANA
Beschleuniger
Beschleuniger machen es möglich, einige SAP-Standard-Transaktionen über SAP HANA aufzurufen. In diesem Szenario werden sowohl die traditionelle Datenbank als auch SAP HANA genutzt.
2013
Business Suite on HANA
SAP-Komponenten
FI/CO
SD
MM
HR
PP
SAP HANA
Business Suite on HANA
Die traditionelle Datenbank wird durch eine SAP HANA-Datenbank ersetzt. Die Beschleuniger existieren noch. Die Anwendungs- und Datenbanklogik ist dieselbe wie die der traditionellen Datenbank.
2014
Simple Finance
SAP-Komponenten
FI/CO
SD
MM
HR
PP
SAP HANA
Simple Finance
Verbesserte Logik und Tabellenstruktur in FI/CO, um den Nutzen von SAP HANA zu maximieren: Zusammenfügen des FI/CO-Belegs, HANA-Views ersetzen die Summentabellen, harmonisiertes Datenmodell für FI/CO, inkl. PCA, CO-PA usw.
2015
SAP S/4HANA
SAP-Komponenten
FI/CO
SD
MM
HR
PP
SAP HANA
SAP S/4HANA
Die Logik und Tabellenstruktur wird für das gesamte SAP-System angepasst, um einen besseren Nutzen aus SAP HANA zu ziehen.

Abbildung 1.1 Entwicklung von SAP S/4HANA Finance

Im Jahr 2011 brachte SAP die neue Datenbank *SAP HANA* auf den Markt. SAP HANA ist eine Applikation, die auf der In-Memory-Computing-Datenbanktechnologie basiert, die eine extrem schnelle Analyse und die Aggregation eines großen Datenvolumens ermöglicht. In Abschnitt 1.2.2, »In-Memory-Computing und SAP HANA«, wird der Begriff genauer erläutert. Mit SAP HANA wurde eine zusätzliche Datenbank implementiert, die parallel zur primären Datenbank von SAP ERP betrieben wurde.

Für bestimmte Transaktionen oder Funktionen im SAP-System gab es bereits für SAP ERP sogenannte *Beschleuniger* (Accelerator), die über Transaktion HDBC konfiguriert werden können. Auf diese Beschleuniger gehen wir in diesem Abschnitt noch einmal ausführlicher ein.

Außerdem können bestimmte Rechen- oder Analyseaufgaben in eine separat betriebene SAP-HANA-Datenbank ausgelagert werden. So kann z. B. SAP Business Warehouse (SAP BW) auf einer SAP-HANA-Datenbank betrieben werden, während das traditionelle SAP-ERP-System auf einer relationalen Datenbank weiterläuft. Dies wird auch als *Side-Car-Architektur* bezeichnet.

Im Jahre 2013 brachte SAP das Produkt *SAP Business Suite on SAP HANA* auf den Markt. Der Unterschied zum Vorgängerprodukt bestand darin, dass die traditionelle

Datenbank durch eine SAP-HANA-Datenbank ersetzt wurde. Die Beschleuniger wurden immer noch eingesetzt; es gab keine Änderung in der Anwendungs- und Datenbanklogik – diese glich immer noch der Logik der traditionellen Datenbank.

2014 erschien *SAP Simple Finance*, das eine verbesserte Tabellenlogik und Tabellenstruktur aufwies, um den Nutzen von SAP HANA zu optimieren. Es wurden Änderungen an den Tabellenstrukturen vorgenommen, und Summentabellen wurden abgeschafft. Mit der Abschaffung der Summentabellen verschwinden diese jedoch nicht aus dem System, sondern existieren noch als Views, um die Ausführbarkeit der SAP-Standardberichte und sämtlicher Standardtransaktionen zu gewährleisten.

Die wesentliche Änderung in SAP Simple Finance ist die Zusammenlegung der Finanz- und Controlling-Belege in einer gemeinsamen Datenbanktabelle, dem *Universal Journal*. SAP hat die Datenbankstruktur und die Architektur der Kernkomponenten im Finanzbereich (FI/CO, FI-AR, FI-AP usw.) grundlegend überarbeitet und eine einfache, schnelle und integrierte Plattform geschaffen. Diese Änderungen erfordern ein Umdenken im Hinblick auf die Datenstrukturen, Prozesse und das Berichtswesen der Finanzbereiche.

Mit *SAP S/4HANA Finance* hat SAP dann 2015 eine neue Version der Finanz-Suite veröffentlicht. SAP S/4HANA Finance ist das umfangreichste Redesign des SAP-ERP-Systems seit der Einführung von SAP R/3 im Jahre 1992. In SAP S/4HANA Finance werden nicht nur die Finanzstrukturen optimiert, sondern auch die Strukturen des gesamten SAP-ERP-Systems, um die Vorteile von SAP HANA noch besser zu nutzen.

Im Folgenden möchten wir die Funktionsweise der Beschleuniger noch einmal genauer betrachten. In Abbildung 1.2 sehen Sie einen Screenshot des Customizings für die Verwendung eines Beschleunigers für das Gemeinkostencontrolling, speziell für die Einzelpostenanalyse. Sobald der Beschleuniger aktiviert ist, greift er während des Auslesens und der Verarbeitung der Daten auf SAP HANA zurück. Auf diese Weise können Performanceprobleme in SAP ERP minimiert werden.

Die SAP-ERP-Beschleuniger können Sie in SAP ERP über Transaktion HDBC aufrufen. In Abbildung 1.2 sehen Sie im linken Bildbereich **Anwendung** eine Übersicht aller vorhandenen SAP-HANA-Beschleuniger. Unter diesen SAP-HANA-Beschleunigern finden Sie die ausgewählte Anwendung **Gemeinkostencontrolling • Einzelpostenanalyse**. Zur Aktivierung des Beschleunigers muss eine Verbindung mit der SAP-HANA-Datenbank in Transaktion HDBC für den betreffenden Beschleuniger gepflegt werden. Der Beschleuniger in diesem Beispiel ist nicht aktiv, da unsere primäre Datenbank bereits eine SAP-S/4HANA-Datenbank ist. Im Bereich **Benutzerspezifische Aktivierung** können Sie festlegen, ob der Beschleuniger für alle oder nur für einen bestimmten Anwenderkreis aktiviert werden soll.

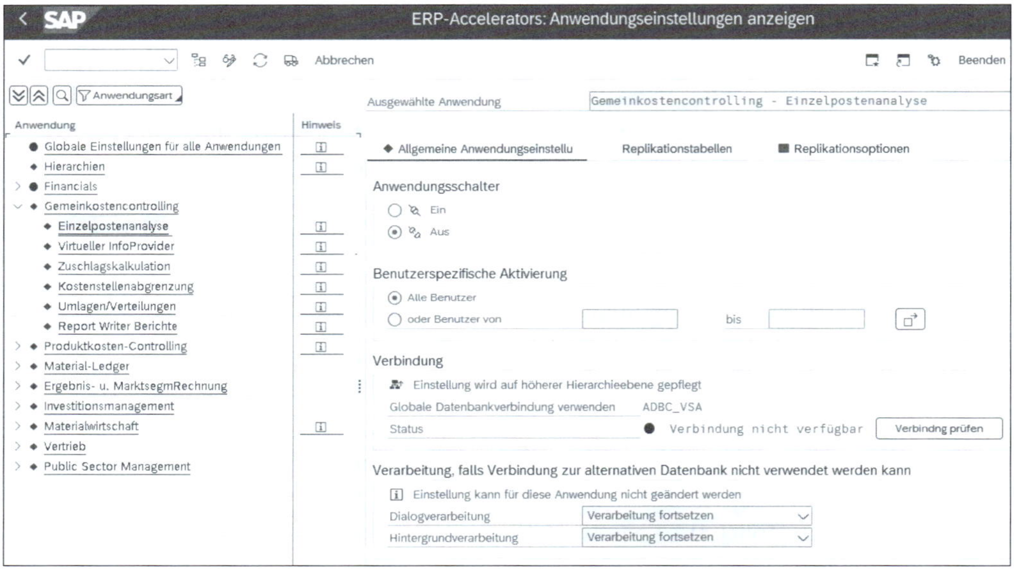

Abbildung 1.2 SAP-ERP-Beschleuniger für das Gemeinkostencontrolling anzeigen

Im Beschleuniger auf der Registerkarte **Replikationstabellen** in Abbildung 1.3 sehen Sie, welche Tabellen der Beschleuniger in die SAP-S/4HANA-Datenbank repliziert.

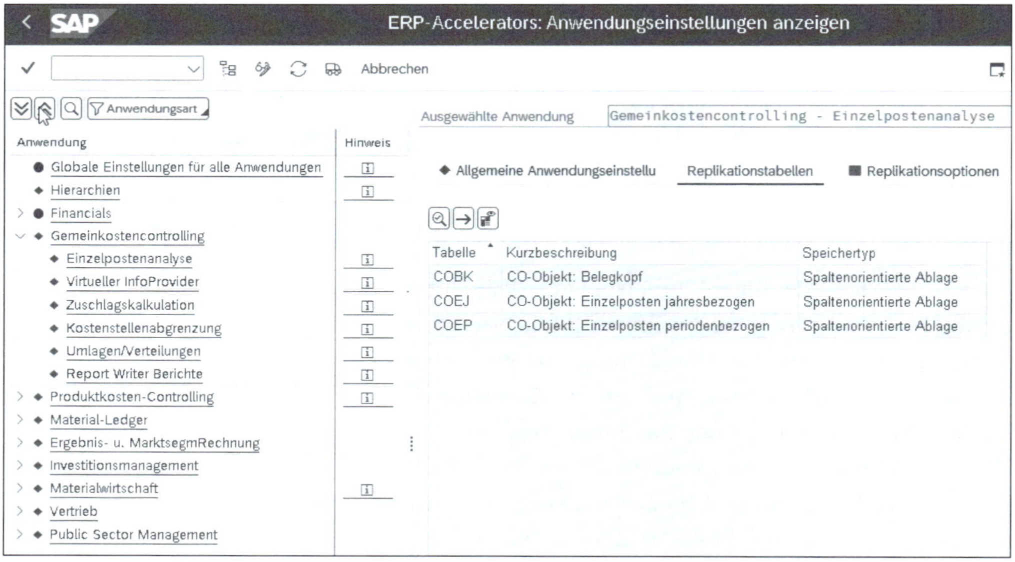

Abbildung 1.3 Replikationstabellen – SAP-ERP-Beschleuniger für das Gemeinkostencontrolling anzeigen

Der SAP ERP Accelerator für das Gemeinkostencontrolling (Einzelpostenanalyse) beseitigt den durch Performanceprobleme entstehenden Engpass im Reporting mit der Einführung einer Echtzeitreplikation der Tabellen des Gemeinkostencontrollings in das SAP-HANA-System, die eine umgehende und sehr ausführliche Analyse ermöglicht.

1.2 Was ist neu in SAP S/4HANA Finance?

Finanzprozesse stehen im Mittelpunkt jedes Unternehmens. Alle Informationen fließen in den Finanz- und Controlling-Komponenten zusammen.

Die Anforderungen an einen schnellen Abschluss steigen, und die Anwenderinnen und Anwender in Finanzbuchhaltung und Controlling kämpfen mit langen Laufzeiten bei der Ausführung von Periodenabschlusstransaktionen und der Abstimmung von Daten zwischen Finanzen und Controlling. SAP S/4HANA hat genau die Transaktionen, die heute für lange Laufzeiten und Laufzeitfehler bekannt sind, vereinfacht. Transaktionen, z. B. die Sammelverarbeitung zur Abrechnung von Fertigungs- und Prozessaufträgen, wurden neu aufgesetzt, und die Selektionslogik wurde angepasst, um schnellere Laufzeiten ohne Performanceprobleme zu ermöglichen.

Dies erlaubt es, die Komplexität in Finanzen und Controlling zu reduzieren. Dem Anwender bleibt mehr Zeit für die Analyse und Aufbereitung der Daten, und die Qualität der Periodenabschlüsse nimmt zu. Nicht nur deshalb wird SAP S/4HANA Finance als die neue Generation für Finanzlösungen in SAP HANA bezeichnet.

In den folgenden Abschnitten lernen Sie die zentralen Neuerungen von SAP S/4HANA kennen.

1.2.1 SAP Fiori

Nicht nur im technischen Bereich wurde aufgeräumt, auch die Benutzerfreundlichkeit der Anwendung wurde verbessert. Denn die SAP-S/4HANA-Benutzeroberfläche besteht größtenteils aus SAP Fiori. Die *SAP User Experience* funktioniert rollenbasiert und soll Anwenderinnen und Anwendern in ihrer jeweiligen Rolle und bei der Erledigung ihrer Aufgaben unterstützen – u. a. durch die Entscheidungsunterstützung, in die analytische Komponenten einfließen. So können z. B. Vertriebschancen nicht mehr nur nach Umsatzhöhe, sondern auch nach Marge bewertet werden.

SAP S/4HANA ist sehr benutzerfreundlich; sowohl die Kernprozesse als auch die Benutzeroberfläche wurden mit SAP S/4HANA vereinfacht. Die größten Herausforderungen bei der Einführung sind erfahrungsgemäß die Standardisierung und Harmonisierung der globalen Unternehmensprozesse zur Schaffung einer zentralen

Finanzlösung. Das Ziel sollte es sein, Stammdaten, Customizing und Transaktionsdetails für alle Segmente und Geschäftsbereiche zu harmonisieren, um diese vergleichbar zu machen.

Nicht nur die Performance und die Funktionen ändern sich mit SAP S/4HANA Finance, sondern mit jedem Release werden außerdem für immer mehr Transaktionen *SAP-Fiori-Apps* eingeführt. SAP-Fiori-Apps ermöglichen den Aufruf und die Ausführung von Transaktionen von mobilen Geräten, aber auch vom Desktop aus. Sie wurden von SAP gemeinsam mit Anwendern entwickelt, um die Benutzerfreundlichkeit zu erhöhen. Die SAP-Fiori-Apps sind nach Aufgaben gruppiert (siehe Abbildung 1.4). Sie können die sogenannten *Kacheln* benutzerspezifisch anordnen und sie in Abhängigkeit der Aufgabendefinition in Ihrem Unternehmen entsprechend anpassen. Die Bedienung der SAP-Fiori-Apps ist intuitiver als die Bedienung der Transaktionen. Es ist darüber hinaus ein Drilldown in die Details einer Transaktion oder das Abspringen in verwandte Apps möglich.

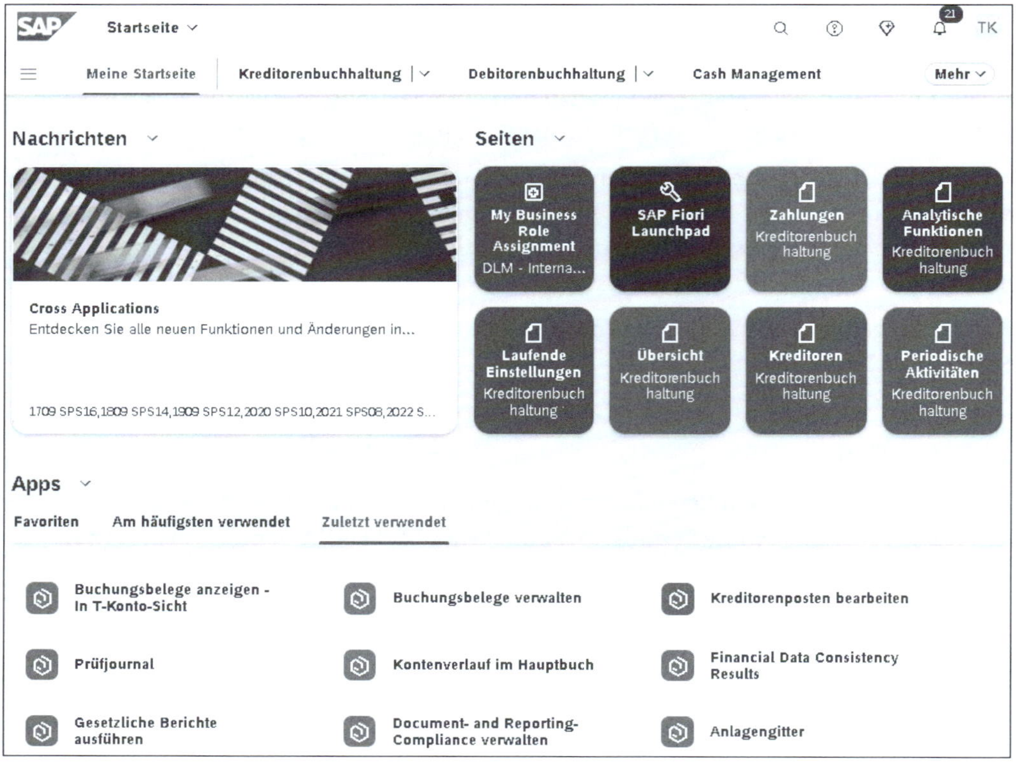

Abbildung 1.4 SAP-Fiori-Apps für den Aufgabenbereich »Meine Startseite«

Im folgenden Abschnitt lernen Sie die grundlegenden Konzepte des In-Memory Computing und der Datenbank SAP HANA kennen.

1.2.2 In-Memory-Computing und SAP HANA

Die SAP-HANA-Datenbank basiert auf einer In-Memory-Datenbanktechnologie. Diese Technologie verspricht extrem schnelle Analysen und die Aggregation von riesigen Datenvolumen. SAP HANA hebt somit die Beschränkungen der traditionellen Datenbanken und der SAP-ERP-Generationen vor SAP S/4HANA auf.

In-Memory bezeichnet das Prinzip, die betriebswirtschaftlichen Daten nicht auf Festplattenspeichern zu verwalten und mit Indizes darauf zuzugreifen, sondern sie auf einem deutlich größeren und schnelleren *Hauptspeicher* abzulegen. Auf den Hauptspeicher eines Servers kann erheblich schneller zugegriffen werden. Verglichen mit herkömmlichen Anwendungen, ermöglicht die In-Memory-Datenbanktechnologie die Auswertung großer Datenmengen mit höherer Performance; die Daten stehen in Echtzeit zur Verfügung.

Transaktionsdaten sind in SAP HANA in Spalten und nicht in Zeilen organisiert. In Abbildung 1.5 ist der Unterschied zwischen der Speicherung in Spalten und Zeilen dargestellt. Die Änderungen in der Organisation der Datenbanktabellen für Transaktionsdaten beschleunigen die Suche nach Daten.

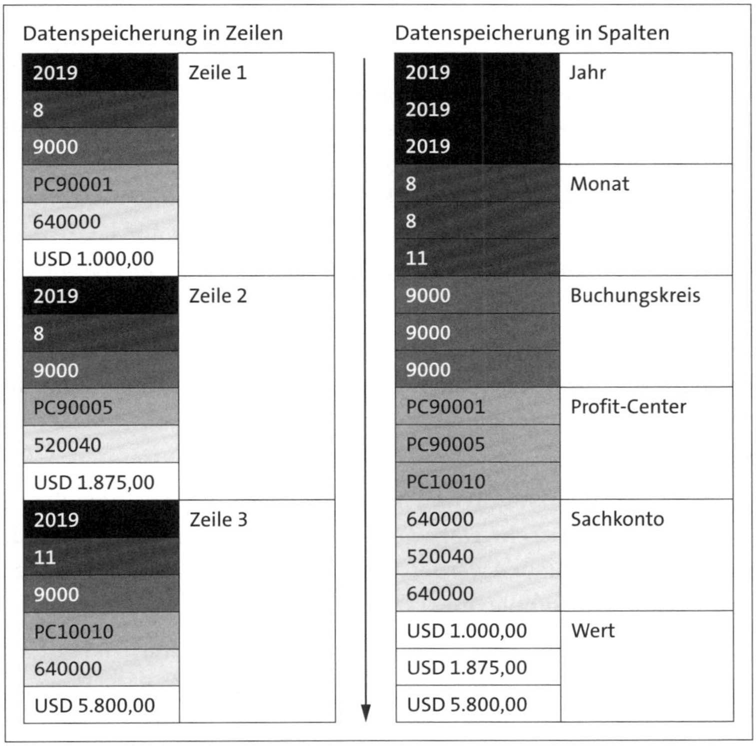

Abbildung 1.5 Datenspeicherung in SAP HANA

[zB]

Performancesteigerung durch Spaltenorientierung

Lassen Sie uns die Spaltenorientierung am Beispiel des Buchungskreises erläutern: Bei der Suche nach dem Buchungskreis 9000 kann dieser in der Spalte **Buchungskreis** gesucht werden, ohne dass alle Zeilen der Tabelle durchsucht werden müssen. Dies beschleunigt die Suche nach Daten erheblich; Sie haben direkten Zugriff auf die angefragten Daten. Die Spaltenorientierung ermöglicht eine Performance, die aktuelle relationale Datenbanksysteme nicht leisten können.

Die Vorteile von SAP HANA aus der technischen und der Benutzerperspektive für das Finanzwesen sind:

- **Performanceverbesserung**
  Speziell für Transaktionen mit großem Datenvolumen, wie z. B. die kalkulatorische Ergebnisrechnung, verbessert sich die Laufzeit der Report-Painter-Reports oder der Einzelposten. Auch für sämtliche anderen Monatsabschlusstransaktionen ist mit einer Laufzeitverbesserung zu rechnen.
- **Schnellere Business Functions**
  Vorhandene Business Functions können in der Ausführung beschleunigt werden, und neue Business Functions, die bisher aufgrund von Performanceeinschränkungen nicht möglich waren, können nun ausgeführt werden. Die Anpassung der Periodenabschlusstransaktionen ermöglicht es, dass diese in Echtzeit während des laufenden Betriebs ausgeführt werden können. Die Einplanung von Batch-Jobs, die meist nachts im Hintergrund ausgeführt wurden, ist nicht mehr notwendig. Dies ermöglicht die Analyse von Daten und deren Korrektur in viel kürzerer Zeit, was wiederum zu einer Verkürzung und Qualitätsverbesserung des Periodenabschlusses führt.
- **Keine Änderungen in der Applikation**
  Die meisten Transaktionen im Finanzwesen bleiben bestehen; nur für vereinzelte Transaktionen ändern sich Code oder Funktion.
- **Istdaten in Echtzeit**
  Die Analyse von Daten im Finanzwesen und die Qualität der Daten werden durch deren Verfügbarkeit in Echtzeit sehr stark verbessert. Fehler werden früher erkannt und können schneller behoben werden. Der Anwender hat keine lange Wartezeit für die Ausführung von komplexen Transaktionen.

  Die In-Memory-Datenbanktechnologie vereinfacht die Systeminfrastruktur und reduziert Kosten durch die Reduktion des Speicherplatzes für Daten: Eine Vielzahl der Tabellen wird durch das Universal Journal reduziert. Die Abspeicherung der Controlling-Belege erfolgt integriert mit dem Finanzbuchhaltungsbeleg im Universal Journal. Die ursprünglichen Datenbanktabellen bleiben als Views bestehen, damit die Standardberichte und altbekannten Transaktionen weiterhin ausgeführt werden können.

- **Optimierung datenintensiver Berechnungen**
  Zu den datenintensiven Berechnungen gehören klassische SAP-Standardfunktionen, wie der MRP-Lauf aus dem Bereich der Disposition oder typische »Langläufer-Reports«, wie z. B. Reports in der kalkulatorischen Ergebnisrechnung. Es ist nicht selten, dass Berechnungen, die bisher über Nacht eingeplant werden mussten, jetzt in Echtzeit zur Verfügung stehen. Periodenabschlusstransaktionen, wie die Ermittlung der Ware in Arbeit, die Abrechnung von Prozess-/Fertigungsaufträgen und die Reports in der kalkulatorischen
- **Ergebnisrechnung in Echtzeit ausgeführt**
  Andererseits sind analytische Anwendungen möglich, die bisher den spezialisierten Business-Intelligence-Systemen vorbehalten waren. Durch die Verfügbarkeit aller Daten in Echtzeit sind Aggregationen auch über größere Zeiträume hinweg schnell möglich, etwa für das Reporting: SAP-Fiori-Apps und Business Cockpits optimieren das Finanzwesen, indem ein visualisierter Überblick über benutzerspezifisch definierte Kennzahlen und bei Bedarf ein Absprung in das Detail ermöglicht werden. Das Universal Journal erlaubt durch das Abspeichern einer Vielzahl an Merkmalen, vor allem auch der Merkmale der Margenanalyse, Analysen in einem zuvor im SAP-System nicht möglichen Detailgrad durchzuführen.

SAP S/4HANA hat das Ziel, die Bereiche *Transaktion* und *Analyse* zu vereinen, wozu man in der Vergangenheit in der Regel zwei Systeme benötigte: ein System wie SAP ERP für die Ausführung und ein zweites System wie SAP BW für die Analyse der Transaktionen.

In der Entwicklung von SAP HANA hat SAP zunächst untersucht, was mit den Möglichkeiten der neuen Datenbankarchitektur überhaupt noch an Code benötigt wird. »Konsolidierung vor der Transformation« lautete das Motto bei der SAP-S/4HANA-Transformation; übersetzt heißt das: erst aufräumen, dann für SAP HANA optimiert entwickeln! Kundenindividuelle Modifikationen und Add-ons sollen weiterhin funktionieren, da das Data Dictionary gleich bleiben soll. Möchte man Eigenentwicklungen für SAP HANA und SAP S/4HANA optimieren, muss man diese jedoch anpassen.

1.2.3 Optimierung der Datenbanktabellen

Durch die Vereinfachung der Datenbanktabellen und die Möglichkeit, mit SAP HANA Aggregationen in Echtzeit durchzuführen, wird die Verwaltung von Summentabellen obsolet. Daher wurden einige Datenbanktabellen, die Ihnen aus SAP ERP bekannt sind, mit SAP S/4HANA abgeschafft. Das heißt jedoch nicht, dass die Datenbanktabellen nicht mehr zur Verfügung stehen.

Die im Folgenden genannten Tabellen sind in SAP S/4HANA immer noch als Views verfügbar, sodass alle Standardberichte und Standardtransaktionen weiterhin funktionieren und aufrufbar sind. Auch Entwicklungen, die auf einer dieser Tabellen basieren, sind weiterhin anwendbar. Allerdings ist das Zurückschreiben von Daten in eine der unten genannten Tabellen nicht mehr möglich. Tabelle 1.1 gibt Ihnen eine Übersicht über die abgeschafften Indextabellen.

Tabelle	Bezeichnung
BSIS	Buchhaltung: Sekundärindex für Sachkonten
BSAS	Buchhaltung: Sekundärindex für Sachkonten (ausgegl. Posten)
BSID	Buchhaltung: Sekundärindex für Debitoren
BSAD	Buchhaltung: Sekundärindex für Debitoren (ausgegl. Posten)
BSIK	Buchhaltung: Sekundärindex für Kreditoren
BSAK	Buchhaltung: Sekundärindex für Kreditoren (ausgegl. Posten)
FAGLBSIS	Buchhaltung: Sekundärindex für Sachkonten
FAGLBSAS	Buchhaltung: Sekundärindex für Sachkonten (ausgegl. Posten)

Tabelle 1.1 Abgeschaffte Indextabellen

Tabelle 1.2 gibt Ihnen einen Überblick über die abgeschafften Summentabellen.

Tabelle	Bezeichnung
GLT0	Sachkontenstamm Verkehrszahlen
GLT3	Summendaten Konsolidierungsvorbereitung
FAGLFLEXT	Hauptbuch: Summen
KNC1	Kundenstamm Verkehrszahlen
LFC1	Lieferantenstamm Verkehrszahlen
KNC3	Kundenstamm Verkehrszahlen Sonderhauptbuchvorgänge
LFC3	Lieferantenstamm Verkehrszahlen Sonderhauptbuchvorgänge
COSS	CO-Objekt: Summen Kosten – interne Buchungen
COSP	CO-Objekt: Summen Kosten – externe Buchungen

Tabelle 1.2 Abgeschaffte Summentabellen

Tabelle 1.3 zeigt die abgeschafften Tabellen zur Vermeidung von Datenredundanz.

Tabelle	Bezeichnung
COEP	CO-Objekt: Einzelposten periodenbezogen
COBK	CO-Objekt: Belegkopf
ANEP	Anlagen-Einzelposten
ANEA	Anlagen-Einzelposten anteilige Werte
ANLP	Anlagen-Periodenwerte
CKMI1	Index für Rechnungswesenbelege zum Material
BSIM	Sekundärindex-Belege zum Material
MLHD	Material-Ledger-Beleg: Kopf
MLIT	Material-Ledger-Beleg: Positionen
MLCR	Material-Ledger-Beleg: Währungen und Werte
MLCRF	Material-Ledger-Beleg: Feldgruppen (Währungen)
MLCD	Material-Ledger: Verdichtungssätze (aus Belegen)

Tabelle 1.3 Abgeschaffte Tabellen zur Vermeidung von Datenredundanz

Im folgenden Abschnitt gehen wir auf das Universal Journal in SAP S/4HANA genauer ein.

1.2.4 Universal Journal

Die größte technische Änderung in SAP Simple Finance und SAP S/4HANA Finance ist die Zusammenführung der *Finanzbuchhaltungsbelege* und der *Controlling-Belege* in einer Tabelle. In SAP ERP gibt es vier verschiedene Belegtypen in den Komponenten FI (Finanzbuchhaltung) und CO (Controlling):

- FI-AA-Beleg (Anlagenbuchhaltung)
- FI-GL-/FI-AP-/FI-AR-Beleg (Hauptbuchhaltung, Kreditorenrechnung, Debitorenrechnung)
- Accrual-Belege vom SAP S/4HANA Accruals Management
- CO-Beleg (Controlling)
- CO-PA-Beleg (Ergebnisrechnung)
- ML-Beleg (Material-Ledger)

All diese Belege sind in SAP Simple Finance und SAP S/4HANA Finance in einer Tabelle zu einem Beleg verschmolzen. Diese Tabelle wird als *Universal Journal* bezeichnet (Tabelle ACDOCA). Das Universal Journal erhöht die Performance im Hinblick auf den Datenzugriff. Außerdem entfällt die Abstimmung der Finanzbuchhaltung mit den Nebenbüchern, z. B. mit der Anlagenbuchhaltung, sowie die Abstimmung der Finanzbuchhaltung mit dem Controlling. Das Universal Journal ist dabei die *Single Source of Truth*. Das Reporting wird deutlich vereinfacht, da die Daten aus einer einzigen Tabelle und nicht mehr aus verschiedenen Tabellen gelesen werden müssen.

[»]

Single Source of Truth

Das Universal Journal wird auch als Single Source of Truth bezeichnet, weil hier Finanzbuchhaltungsbelege, Anlagenbuchhaltungsbelege, Controlling-Belege, Material-Ledger-Belege und Belege der Margenanalyse, in eine Tabelle integriert, dargestellt werden.

Der Vorteil für den Anwender liegt in der Reduzierung des Abstimmungsaufwands der einzelnen Teilkomponenten. Bei der Gestaltung neuer Berichte kann zukünftig auf eine Tabelle zurückgegriffen werden, anstatt mehrere Tabellen zu verbinden.

Abbildung 1.6 zeigt die Verschmelzung der Tabellen der Finanzbuchhaltung, der Ergebnisrechnung, des Controllings, der Anlagenbuchhaltung und des Material-Ledgers im Universal Journal. Alle Merkmale der Einzelpostentabellen werden in das Universal Journal übertragen. Tabelle BKPF für den Belegkopf (Belegkopf für die Buchhaltung) bleibt jedoch bestehen. Alle weiteren Tabellen, die durch das Universal Journal ersetzt werden, bleiben als Views bestehen, damit die Standardreports und Standardtransaktionen weiterhin funktionieren.

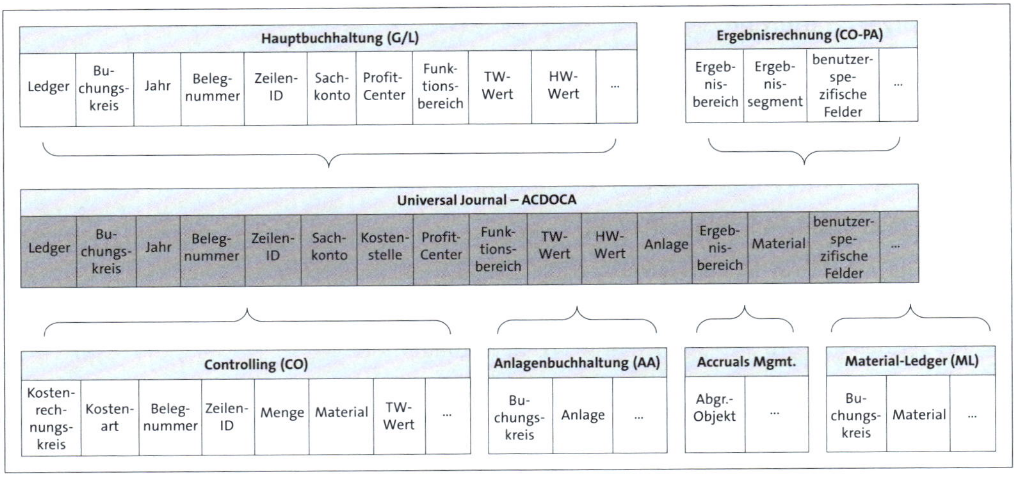

Abbildung 1.6 Universal Journal (Tabelle ACDOCA)

Datenbank-Views

[«]

Die ursprünglichen Tabellen zur Speicherung des Finanzbuchhaltungs- oder Controlling-Belegsegments wie BSEG oder COEP bleiben als Datenbank-Views erhalten. Das heißt, dass die Daten nicht primär in den Tabellen abgelegt sind, aber dort sichtbar gemacht werden. Dies garantiert, dass Standardreports und Standardtransaktionen, ebenso wie kundenspezifische ABAP-Programme, weiterhin funktionieren, sofern diese nur Daten auslesen und keine Daten schreiben.

In Abbildung 1.7 ist ein Screenshot des Universal Journals bzw. von Tabelle ACDOCA zu sehen. Wir betrachten hier ein Beispiel aus der Ergebnisrechnung. Sie sehen z. B. die Spalte **Erg.obj.** (Ergebnisobjekt). Für alle Belege, die relevant für die Ergebnisrechnung sind oder die in die Ergebnisrechnung übergeleitet werden, wird dieses Ergebnisobjekt angelegt und mit einem Merkmalswert gefüllt. Im Universal Journal werden alle möglichen Merkmale abgeleitet, die ursprünglich nur in den Controlling- oder in den Ergebnisrechnungstabellen verfügbar waren – allerdings lediglich für die Margenanalyse. Die Merkmale der kalkulatorischen Ergebnisrechnung sind weiterhin in den traditionellen Datenbanktabellen der Ergebnisrechnung abgespeichert. Dabei erfolgt die Ablage der Beleginformationen in einer Zeile in der Tabelle ACDOCA mit allen Merkmalen. Damit stehen diese Informationen auch für eine einheitliche Auswertungsoberfläche zur Verfügung.

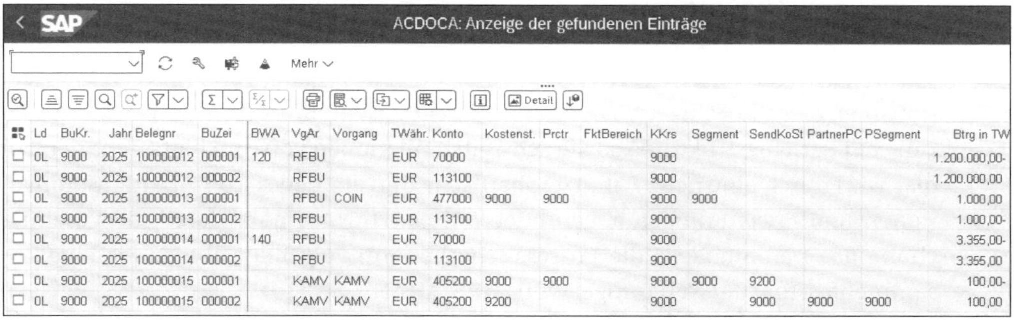
ACDOCA: Anzeige der gefundenen Einträge

Ld	BuKr.	Jahr	Belegnr	BuZei	BWA	VgAr	Vorgang	TWähr.	Konto	Kostenst.	Prctr	FktBereich	KKrs	Segment	SendKoSt	PartnerPC	PSegment	Btrg in TW
0L	9000	2025	100000012	000001	120	RFBU		EUR	70000				9000					1.200.000,00-
0L	9000	2025	100000012	000002		RFBU		EUR	113100				9000					1.200.000,00
0L	9000	2025	100000013	000001		RFBU	COIN	EUR	477000	9000	9000		9000	9000				1.000,00
0L	9000	2025	100000013	000002		RFBU		EUR	113100				9000					1.000,00-
0L	9000	2025	100000014	000001	140	RFBU		EUR	70000				9000					3.355,00-
0L	9000	2025	100000014	000002		RFBU		EUR	113100				9000					3.355,00
0L	9000	2025	100000015	000001		KAMV	KAMV	EUR	405200	9000	9000		9000	9000	9200			100,00-
0L	9000	2025	100000015	000002		KAMV	KAMV	EUR	405200	9200			9000		9000	9000	9000	100,00

Abbildung 1.7 Ausschnitt aus Tabelle ACDOCA

Das Universal Journal beinhaltet bis zu drei verschiedene Mengeneinheiten. Die Ableitung dieser Mengeneinheiten und der Merkmale erfolgt in Echtzeit. Außerdem kann das Universal Journal um benutzerspezifische Merkmale erweitert werden.

SAP S/4HANA reduziert nicht die Funktionen der Finanz- und Controlling-Komponenten, sondern erweitert diese. Zusätzlich zu den Grundfunktionen und den Standardprozessen gibt es eine Menge Add-ons, die die Funktionen mit neuen Lösungen erweitern. Dazu gehören die folgenden Add-ons:

- SAP Cash Management
- Integrierte Planung
- Business Cockpits (Reporting-Tool, das eine Übersicht für Entscheider gibt)

1.2.5 Verbesserungen in SAP S/4HANA

In diesem Abschnitt lernen Sie neben den grundsätzlichen Verbesserungen, die SAP S/4HANA mit sich bringt, auch neue Produkte kennen, die in Verbindung mit SAP S/4HANA auf den Markt kommen. Neben SAP S/4HANA bietet SAP eine Reihe weiterer Cloud-Produkte an, die das Kernprodukt um zusätzliche Funktionen erweitern. Zu diesen Lösungen gehören SAP Ariba, SAP SuccessFactors und SAP Concur.

Die SAP Business Technology Platform (SAP BTP) gestattet die einfache Implementierung von Erweiterungen, um andere Softwareprodukte oder kundenspezifische Entwicklungen zu integrieren. Es handelt sich um eine sichere Plattform, die von SAP entwickelt und gehostet wird. Die SAP BTP integriert Daten und Business-Prozesse. SAP BTP war früher bekannt unter dem Namen SAP Cloud Platform.

SAP HANA erweitert die Möglichkeiten im Reporting erheblich. Mit SAP BW/4HANA, SAP S/4HANA Embedded Analytics und SAP Analytics Cloud stehen leistungsfähige Werkzeuge zur Verfügung, die Auswertungen nicht nur beschleunigen, sondern auch flexibler und intuitiver gestalten. Die neue SAP Business Data Cloud, zu der auch SAP Datasphere gehört, ermöglicht eine durchgängige Integration und Verwaltung von Geschäftsdaten über alle Reporting-Lösungen hinweg.

SAP S/4HANA erlaubt neue Arbeitsabläufe, die Verarbeitung von größeren Transaktionsmengen, die Echtzeitanalyse von Bewegungsdaten, Flexibilität bei der Änderung der Berichtsstrukturen sowie Echtzeitsimulationen von Geschäftsszenarien. All dies wird durch eine neue Benutzeroberfläche und ein neues Konzept für Modifikationen und Erweiterungen abgerundet. SAP S/4HANA erhöht durch die Vereinfachung des Datenmodells die Prozesssicherheit. Im Folgenden finden Sie eine Zusammenfassung der Neuerungen von SAP S/4HANA:

- **Prozessverbesserung**
  Es ist keine Batch-Job-Verarbeitung, z. B. für Monatsabschlusstransaktionen, mehr notwendig. Transaktionen können in Echtzeit ausgeführt werden, und ein Fehlerprotokoll wird ebenfalls in Echtzeit erzeugt. Es ist möglich, Simulationen zu erstellen. Die Prozessausführung und Entscheidungsfindung werden so erheblich vereinfacht.
- **Reduktion der Komplexität**
  Alle finanzrelevanten Daten sind in einer Datenbanktabelle – dem Universal Journal (ACDOCA) – abgespeichert. Die Daten sind nicht wie in SAP ECC verteilt auf mehrere Tabellen abgespeichert, und es ist keine Abstimmung der Teilkomponenten

mit der Buchhaltung mehr erforderlich. Dies erspart Zeit und Analyseaufwand, insbesondere zum Monatsabschluss – die Aufbereitung und die Analyse von Daten sind also viel schneller möglich.

- **Erhöhung der Stabilität**
  Die neue Architektur erhöht die Stabilität und reduziert die Komplexität. Früher musste die IT oft Reporting- und Schnittstellenstrukturen erstellen. Außerdem war es nicht möglich, existierende Hierarchien anzupassen und Geschäftsprozesse einfach zu optimieren.
- **Wegfallen der FI-CO-Abstimmung**
  Mit der Einführung des Universal Journals (Tabelle ACDOCA) entsteht ein einziges logisches Dokument für Buchhaltung, Controlling und Margenanalyse (sowie für die Anlagenbuchhaltung und das Material-Ledger). Die Abstimmung dieser Komponenten wird damit obsolet, und das Reporting wird vereinfacht (eine Datenquelle).
- **Beseitigung von Aggregaten**
  Summentabellen, Datenbankindizes und fixe Hierarchien werden abgeschafft, um die Flexibilität im Berichtswesen zu erhöhen. Die Verwendung flexibler Hierarchien ist künftig möglich. Die Daten werden mit SAP S/4HANA Finance direkt von den Einzelpostentabellen gelesen und in Echtzeit aggregiert.
- **Neue Reporting-Möglichkeiten**
  Neue Web- und mobile Transaktionen erlauben die Ausführung von Transaktionen von mobilen Geräten aus. SAP Fiori und Business Cockpits ermöglichen eine benutzerfreundliche Ausführung von Transaktionen und ein flexibles Reporting. Dieses Reporting kann auf vielfältige Arten und Weisen grafisch illustriert werden.
- **SAP Analytic Cloud**
  SAP Analytics Cloud kann direkt mit einer Live-Verbindung auf die SAP-S/4HANA-Finance-Datenbank zugreifen, was zahlreiche neue Möglichkeiten in der Planung eröffnet. Datenmodelle können automatisiert auf Basis der Strukturen im SAP-S/4HANA-System erzeugt werden. SAP Analytics Cloud bietet vordefinierte Planungsszenarien und Planungs- sowie Reporting-Werkzeuge. Die Plandaten können direkt von SAP Analytics Cloud zurück in das SAP-S/4HANA-System in die Tabelle ACDOCP übergeben werden und stehen dort für die weitere Verarbeitung und das Reporting zur Verfügung. SAP Analytics Cloud ist die strategische Planungslösung von SAP.
- **Integrierte Planung mit SAP BPC**
  SAP Business Planning and Consolidation (SAP BPC) wird weiterhin angeboten und ist in die gleiche Datenbank integriert wie SAP S/4HANA Finance, was zahlreiche Möglichkeiten in der Planung und Konsolidierung bietet. SAP BPC wird jedoch von SAP nicht mehr als strategische Lösung betrachtet.

- **SAP Group Reporting**
  SAP Group Reporting ist eine moderne Lösung für das Konzernberichtswesen und die Konsolidierung, die vollständig in SAP S/4HANA integriert ist. Diese direkte Integration eröffnet neue Möglichkeiten: Sie können z. B. von der Konsolidierung bis zu den Einzelposten des Einzelabschlusses durchnavigieren. Zudem lassen sich die Daten im Hauptbuch durch das Vorbereitungs-Ledger des Konzernberichtswesens um Konsolidierungselemente wie Bilanzpositionen anreichern. Dieses Vorbereitungs-Ledger dient als zentrale Datenquelle für den Datenaustausch zwischen Hauptbuchhaltung und Konzernberichtswesen.

Im folgenden Abschnitt gehen wir kurz auf den Zusammenhang zwischen dem Customizing von SAP S/4HANA Finance und SAP Central Finance ein.

1.3 Exkurs: Abgrenzung zum Customizing von SAP Central Finance

In unseren Beratungsprojekten werden wir oft gefragt, inwieweit sich das Customizing im Rechnungswesen von SAP S/4HANA Finance beim Einsatz von SAP Central Finance unterscheidet. Aus diesem Grund möchten wir mit diesem kleinen Exkurs »Licht in die Dunkelheit« bringen.

Ein Wechsel auf SAP S/4HANA lässt sich über die folgenden drei Szenarien realisieren:

- **Greenfield-Ansatz**
  Restrukturierung und Harmonisierung von Geschäftsvorfällen sowie von Stammdaten in einem neuen SAP-S/4HANA-System und Durchführung einer Migration kurz vor dem Go-live vom alten in das neue SAP-S/4HANA-System
- **Brownfield-Ansatz**
  Verwendung des bereits existierenden Systems und technisches Upgrade mit Konvertierung der Daten in ein SAP-S/4HANA-System
- **SAP Central Finance**
  Mischung aus beiden Szenarien mithilfe von SAP Central Finance

In Kapitel 14, »Migration nach SAP S/4HANA«, stellen wir Ihnen die drei Möglichkeiten zum Wechsel auf SAP S/4HANA im Detail vor. An dieser Stelle gehen wir nicht weiter auf die Vor- und Nachteile der verschiedenen Szenarien ein, sondern erläutern SAP Central Finance im Überblick.

1.3.1 Was ist SAP Central Finance?

Viele Unternehmen haben im Laufe der Jahre unterschiedliche SAP-ERP-Systeme und Nicht-SAP-Systeme in ihre IT-Landschaft aufgenommen. Hinzu kommt, dass

Übernahmen anderer Unternehmen zur Folge hatten, dass auch deren IT-Systeme integriert werden mussten. Einen echten vollständigen Überblick über die Finanzbuchhaltung und über alle Gesellschaften und deren Systeme zu erhalten, ist deshalb eine enorme Herausforderung.

Es sind zahlreiche manuelle Zwischenschritte notwendig, um die gewünschten Auswertungen zu erstellen oder eine komplette Konzernsicht abbilden zu können. Das Herunterladen selbst erstellter Excel-Dateien über mehrere ERP-Systeme und das Hochladen in ein bestenfalls nur halb »zugemülltes« Business-Warehouse-System oder ein SAP-Business-Consolidation-System (SEM-BCS) stellen lediglich einige dabei zu nehmende Hürden dar.

SAP bietet derzeit ein großes Portfolio an Produkten für das Rechnungswesen an. In unseren Projekten haben wir häufig festgestellt, dass zwischen einer zentralen Finanzbuchhaltung in SAP S/4HANA und einem SAP-S/4HANA-Central-Finance-System – also SAP S/4HANA unter der Verwendung der SAP-S/4HANA-Central-Finance-Komponente – nicht differenziert werden konnte. Die Unterschiede möchten wir Ihnen an dieser Stelle verdeutlichen.

Das Ziel von SAP Central Finance ist einfach, dass das Reporting von Unternehmen mit einer heterogenen Systemlandschaft verbessert wird, indem eine zentrale Berichtsebene zur Verfügung gestellt wird (Zielsystem). Diese Vorgehensweise ist auch als sogenannter *Side-Car-Ansatz* bekannt. Das bedeutet, dass parallel zu den produktiven Systemen (Quellsystemen) ein weiteres System betrieben wird, ohne dabei die aktuelle Systemlandschaft massiv zu ändern. Es wird demnach noch keine Conversion der einzelnen Quellsysteme anvisiert, sondern ein neues SAP-S/4HANA-System bereitgestellt, bei dem die Einzelbelege der einzelnen Quellsysteme im neuen Zielsystem konsolidiert werden.

Auf diese Weise haben der Finanzvorstand und die Finanzabteilung die Möglichkeit, auf alle Finanztransaktionen innerhalb des Konzerns vom sogenannten Zielsystem bis auf die Positionsebene in den Quellsystemen zuzugreifen. Die Quell- und Zielsysteme werden dabei mit SAP System Landscape Transformation angebunden. In Abbildung 1.8 sehen Sie eine vereinfachte Architektur einer Systemlandschaft mit einem SAP-S/4HANA-Central-Finance-System.

Technisch gesehen, handelt es sich bei SAP Central Finance um ein SAP-S/4HANA-Finance-System mit der aktivierten Business Function `FINS_CFIN`.

Auch wenn das Zielsystem (SAP Central Finance) nur als Reporting-Ebene dient, muss es zusammen mit Finanzwesen und Controlling implementiert werden, da die replizierten Belege nicht einfach von einem Quellsystem in das Zielsystem kopiert werden können. Daher müssen die bekannten Customizing-Einstellungen, die in diesem Buch beschrieben werden, auch für ein SAP-S/4HANA-Central-Finance-System vorgenommen werden. Die Belege durchlaufen die SAP-S/4HANA-Applikationsprüfungen und werden dann im SAP-S/4HANA-System neu angelegt (nachgebucht) – entsprechend dem SAP-Belegprinzip. Die neu angelegten Belege haben jedoch eine Rückverbindung zum Ursprungsbeleg aus den verschiedenen Quellsystemen.

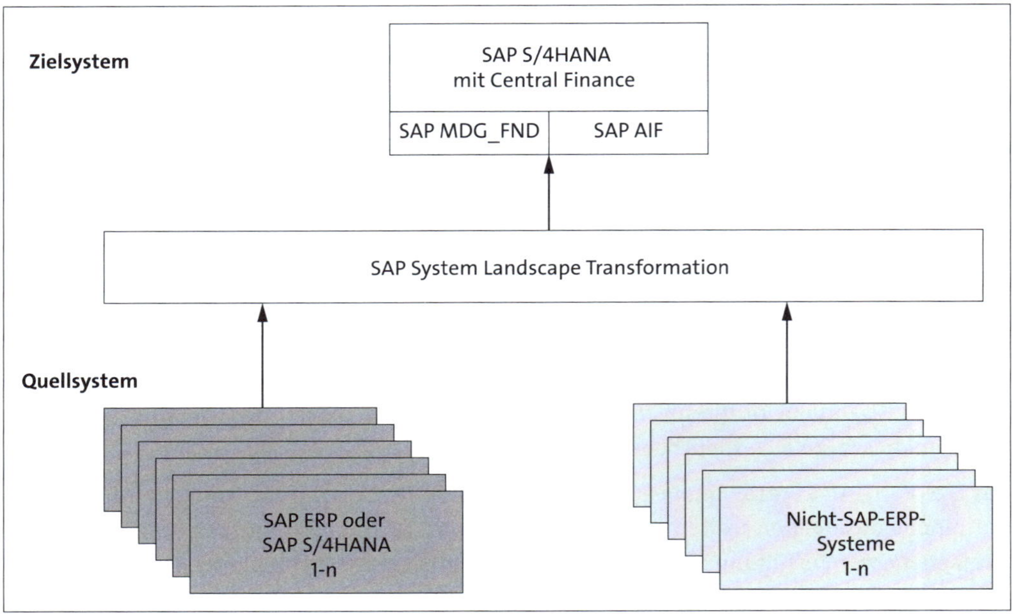

Abbildung 1.8 Übersicht über die Architektur von SAP Central Finance

Damit der Vorteil eines einheitlichen Reportings auf der Basis von SAP S/4HANA zum Tragen kommt, also von der Tabelle ACDOCA genutzt werden kann, muss zusätzlich zum bisherigen bekannten Finance-Customizing noch ein mehr oder weniger umfangreiches Mapping im Customizing von SAP Central Finance gepflegt werden. Die Organisationsstrukturen (z. B. Kostenrechnungskreise oder Kontenpläne) unterscheiden sich gegebenenfalls, und Stammdaten (z. B. Profit-Center oder Steuerkennzeichen) müssen auf einen einheitlichen Rahmen gemappt werden. Dieses Mapping muss dann ebenfalls fortlaufend bei der Anlage neuer Stammdaten erweitert werden. Dazu müssen die entsprechenden Geschäftsprozesse und Verantwortlichkeiten im Unternehmen definiert werden.

Dabei sind einige technische Aspekte zu berücksichtigen: Mit SAP Central Finance muss der SAP Landscape Transformation Replication Server aufgestellt und eingerichtet werden, um die Replikation der Belege zu ermöglichen. Ferner ist es notwendig, die replizierten Belege auf Fehlerfreiheit zu überwachen. Dazu wird das SAP Application Interface Framework genutzt.

Neuerungen im Rechnungswesen mit SAP Central Finance

Die meisten Unternehmen, die sich für SAP Central Finance interessieren, nutzen noch das klassische Hauptbuch und wollen mit der Einführung von SAP Central Finance gleichzeitig eine Ledger-Lösung mit Belegaufteilung einführen. Dies ermöglicht es, Neuerungen aus dem neuen Hauptbuch oder aus SAP S/4HANA Finance zu nutzen. Ein späterer Übergang von SAP Central Finance auf ein operatives System mit den Logistikkomponenten (bekannt auch als Lift and Shift) wird von SAP aktuell nicht mit Standard-Tools von SAP Central Finance unterstützt. Im Rahmen einer kundenspezifischen Projektlösung kann dies aber umsetzbar sein.

1.3.2 Zentrale Prozesse in SAP Central Finance

Es ist möglich, bei der Nutzung von SAP Central Finance bestimmte Prozesse zentral, z. B. von einem Shared Service Center aus, auszuführen. Das heißt, dass Sie mit SAP Central Finance noch einen Schritt weiter und über den Side-Car-Ansatz hinausgehen. Tatsächlich ist nun der Weg geebnet, um auf ein sogenanntes *Single System of Records* zu wechseln und zentrale Prozesse in SAP Central Finance direkt durchzuführen. Die beiden wichtigsten Prozesse sind die zentrale Zahlung und das zentrale Steuerberichtswesen. Es ergibt sich im Folgenden die Möglichkeit, die Debitoren- und die Kreditorenbuchhaltung in SAP S/4HANA zu verlagern – immer mit dem Blick darauf, dass ein SAP-Central-Finance-System ein voll funktionsfähiges SAP-S/4HANA-System ist.

SAP Central Finance ist somit gewissermaßen ein Türöffner für die SAP-Intelligent-Enterprise-Suite. Sie beginnen mit einem Side-Car-Ansatz, wechseln dann Schritt für Schritt zum Single System of Records und bauen die verschiedenen SAP-Produkte darauf auf. Nun können u. a. auch ein zentrales Cash- und Liquiditätsmanagement mit SAP S/4HANA, SAP S/4HANA for Advanced Compliance Reporting oder auch das SAP S/4HANA for Group Reporting auf Basis der vereinheitlichten Belege implementiert werden.

Dieses Szenario ist jedoch nicht für alle Unternehmen anwendbar. Es gilt abzuwägen, ob eine SAP-S/4HANA-Conversion oder eine komplette Greenfield-Implementierung der vernünftigere Schritt für die Unternehmenstransformation sind. SAP-Central-Finance-Projekte haben besondere Merkmale, die auch eine besondere Vorgehensweise erfordern. Diese Projekte müssen an die Kundenbedürfnisse angepasst werden, da hier nicht nur die Geschäftsvorfälle von einer Änderung betroffen sind, sondern die gesamte Systemlandschaft. In diesem Zusammenhang ist eine sehr intensive Zusammenarbeit zwischen dem Rechnungswesen und dem IT-Fachbereich unabdingbar. Die verschiedenen Migrationsszenarien müssen darüber hinaus mit dem Systemintegrator besprochen werden.

Vergessen Sie außerdem nicht, dass SAP Central Finance eine weitere Systemlandschaft mit für die meisten Unternehmen neuen Techniken, wie SAP Replication Server und SAP Master Data Governance, darstellt. Das erforderliche Wissen muss zwingend vor dem Projektstart aufgebaut werden; auch die entsprechenden personellen Ressourcen müssen zur Verfügung stehen. Außerdem läuft die Zeit für die Umstellung von SAP ERP 6.0 auf SAP S/4HANA bis zum Jahr 2027 allmählich ab. Denn auch die SAP-ERP-Quellsysteme für ein SAP-S/4HANA-System mit SAP Central Finance müssen rechtzeitig auf SAP S/4HANA umgestellt werden, um weiterhin den SAP-Support in Anspruch nehmen zu können.

Zusammengefasst führen Sie SAP Central Finance mit den folgenden Schritten ein:

1. Aktivieren der Business Function `FINS_CFIN` für SAP Central Finance
2. Ausprägen des FI- und CO-Customizings
3. Mapping über die in das SAP-S/4HANA-System integrierte MDG Foundation oder Mapping mithilfe von (separatem) SAP Master Data Governance, wenn Sie ein zentrales Stammdatenmanagement nutzen möchten
4. technische Vorbereitung der relevanten SAP-ERP-Quellsysteme, z. B. durch den Einbau von SAP-Hinweisen oder durch ein Release oder ein Support-Package-Upgrade
5. fachliche Vorbereitung der relevanten SAP-ERP-Quellsysteme durch Überprüfung der Datenkonsistenz, wie z. B. Abbau oder Aufbau von offenen Posten usw.
6. Übernahme historischer Daten (falls historische Daten erwünscht sind)
7. Echtdatenreplikation

Die folgenden technischen und funktionalen Herausforderungen müssen dabei in Angriff genommen werden:

- *Mapping der Daten über SAP Master Data Governance*: entweder mithilfe der Funktionen der SAP Master Data Management Foundation oder eines eigenständigen SAP-Master-Data-Governance-Systems
- *Initial Load*: Entscheidung über historische Daten im Zielsystem
- *Realtime Replication*: Überwachen der täglichen Echtzeitintegration:
  - Das Know-how zu SAP System Landscape Transformation mit SAP-Central-Finance-Spezifika muss aufgebaut werden.
  - Das Know-how zum SAP Application Interface Framework mit SAP-Central-Finance-Spezifika muss aufgebaut werden.

Bevor Sie ein Projekt zur Einführung von SAP Central Finance durchführen, sollten Sie sich die folgenden strategischen Fragen stellen:

- Wie soll meine IT-Landschaft in Zukunft aussehen?

- Was möchte ich mit dem SAP-Central-Finance-System kurzfristig und/oder langfristig erreichen?
  - Sehe ich SAP Central Finance als Zwischenschritt, um eine Einführung von SAP S/4HANA zu erlauben und mein Personal auf SAP S/4HANA vorzubereiten?
  - Setze ich SAP Central Finance als reine Reporting-Ebene ein?
  - Strebe ich eine Conversion der einzelnen Quellsysteme an?
  - Betrachte ich SAP Central Finance als mein zentrales System für das Finanzwesen, inklusive der Zentralisierung der Debitoren- und Kreditorennebenbücher in der Finanzbuchhaltung?

Für eine schnelle technische Bewertung von SAP Central Finance verweisen wir Sie auf den SAP-Hinweis 2184567 (Central Finance: Häufig gestellte Fragen (FAQ)).

1.4 Exkurs: SAP S/4HANA Public Cloud Edition im Überblick

SAP S/4HANA ist heute in verschiedenen Varianten verfügbar. Als Nachfolger der klassischen On-Premise-Systeme SAP R/3 und SAP ERP führte SAP im Jahr 2015 zunächst auch SAP S/4HANA als On-Premise-Lösung ein. Diese Systeme werden weiterhin von Unternehmen selbst betrieben und verwaltet. Seit einigen Jahren bietet SAP das System zusätzlich als Cloud-Lösung bzw. Software-as-a-Service (SaaS) an. Daraus ergeben sich folgende Varianten:

- SAP S/4HANA Cloud Public Edition
- SAP S/4HANA Cloud Private Edition
- SAP S/4HANA On-Premise

SAP hat in den vergangenen Jahren betont, dass Neuerungen zuerst in den Cloud-Produkten eingeführt werden. Viele innovative Funktionen sind zunächst oder ausschließlich in der Public Cloud verfügbar. Dennoch entwickelt SAP auch die Private Cloud und On-Premise-Lösungen weiter, wenn auch mit anderem Fokus. Um die Unterschiede zu verdeutlichen, folgt nun eine Abgrenzung zwischen den verschiedenen SAP-S/4HANA-Versionen. Wir beginnen mit einem genaueren Blick auf die Public Cloud.

1.4.1 Merkmale von SAP S/4HANA Public Cloud Edition

SAP erkannte schon bald den wachsenden Marktbedarf für ein ERP-System, das als Software-as-a-Service (SaaS) angeboten wird. SaaS ist ein Betriebs-, Lizenz- und Vertriebsmodell, mit dem Software-Lösungen über das Internet verfügbar gemacht werden. Sie werden also als Service angeboten. Das bedeutet, dass Nutzerinnen und Nutzer auf die Software-Lösung zugreifen, ohne sie lokal zu installieren.

Während SaaS-Lösungen zunächst vorwiegend für Anwendungen wie E-Mail, Instant Messaging und CRM etabliert waren, eignen sie sich heute auch für komplexe ERP-Systeme. Diese Entwicklung griff SAP auf und brachte im Februar 2017 mit SAP S/4HANA Cloud die erste cloudbasierte Version ihrer ERP-Suite auf den Markt.

Im Laufe der Jahre hatte das Produkt verschiedene Namen, bis es heute unter dem Namen SAP S/4HANA Cloud Public Edition bekannt ist. Die Vorteile von Cloud-Lösungen liegen zum einen in einer Reduzierung der IT-Betriebskosten. Cloud-Lösungen tragen tendenziell zu einer besseren Ressourceneffizienz und Nachhaltigkeit bei, da Rechenzentren in der Regel energieeffizienter betrieben werden als viele eigene IT-Infrastrukturen.

Zum anderen gibt es weitere Argumente, die für den Einsatz von SAP S/4HANA Public Cloud sprechen: Die SAP S/4HANA Public Cloud wird ausschließlich mit der Benutzeroberfläche SAP Fiori ausgeliefert (siehe Abschnitt 1.2.1, »SAP Fiori«).

Die SAP S/4HANA Public Cloud ermöglicht eine schnelle Implementierung und Skalierung, basierend auf einem sogenannten Greenfield-Ansatz.

Dabei werden Geschäftsprozesse nach dem *Fit-to-Standard-Prinzip* gestaltet. Dies unterscheidet sich von der traditionellen Vorgehensweise bei On-Premise-Lösungen, bei denen üblicherweise eine Fit-Gap-Analyse durchgeführt wird. Beim Fit-to-Standard-Prinzip werden die Unternehmensprozesse an die Standardfunktionen der Software angepasst. Im Gegensatz dazu identifiziert eine Fit-Gap-Analyse die Lücken zwischen den Standardfunktionen und den spezifischen Anforderungen eines Unternehmens, um dann gezielte Anpassungen vorzunehmen.

Die schnelle Implementierung kann dank *SAP Best Practices* gewährleistet werden. Die Best Practices bieten Vorlagen für standardisierte Geschäftsprozesse. Das hilft Unternehmen, sich von veralteten oder komplexen Prozessen zu trennen und zum Branchenstandard zurückzukehren. Sollte eine Abweichung im Standardprozess erforderlich sein oder eine Lücke durch die Best Practices nicht abgedeckt werden, ist es möglich, diese Lücke mittels einer anderen Standardlösung zu schließen oder eine Side-by-Side-Entwicklung in der SAP BTP zu starten. Die SAP BTP dient als Entwicklungs- und Integrationsplattform für SAP-Anwendungen in der Cloud. Sie kombiniert verschiedene Funktionsbereiche:

- Anwendungsentwicklung und -automatisierung
- Datenverarbeitung und -analyse
- Integrationsmöglichkeiten
- KI-Funktionen

Die SAP BTP ermöglicht Anpassungen und Erweiterungen der SAP-Lösungen. Dies geschieht über APIs und Integrationen, sowohl mit anderen SAP-Produkten als auch mit Lösungen von Drittanbietern. Auf diese Weise bleibt der Kern von SAP S/4HANA Public Cloud schlank.

[«] 1

SAP Best Practices

SAP Best Practices sind von SAP entwickelte, vorkonfigurierte Standardlösungen für typische Geschäftsprozesse. Sie basieren auf langjähriger Projekterfahrung und bewährten Methoden.

SAP Best Practices bestehen aus verschiedenen Scope Items (Umfangsbestandteilen/Umfangselementen), die bereits vorkonfiguriert sind, um Lösungsprozesse abzubilden. Durch das Kombinieren dieser Umfangselemente lassen sich Geschäftsprozesse End-to-End modellieren. Dies spart viel Zeit in Implementierungsprojekten, da bereits bestimmte Grundlagen vorhanden sind und die Projekte beginnen können.

Die SAP Best Practices können Sie online im SAP Signavio Process Navigator aufrufen. Mehr Informationen finden Sie unter *https://me.sap.com/processnavigator*.

Sie nutzen in SAP S/4HANA Public Cloud außerdem stets die neuesten Features und Sicherheitsupdates, ohne Upgrade-Projekte durchführen zu müssen. SAP entwickelt die S/4HANA Public Cloud kontinuierlich weiter und stellt quartalsweise neue Funktionen bereit. Kunden-Unternehmen haben die Möglichkeit, diese Neuerungen zunächst nicht in ihrem System zu akzeptieren. Zweimal im Jahr müssen Sie jedoch größere Upgrades akzeptieren, die automatisch ausgerollt werden.

Derzeit werden diese Neuerungen immer im Februar und August ausgerollt. Die Releases der SAP S/4HANA Public Cloud Edition folgen einem einheitlichen Benennungsschema: JJMM. Dabei stehen die ersten beiden Ziffern (JJ) für das Jahr und die letzten beiden (MM) für den Monat der Veröffentlichung. Das bedeutet, dass das im Februar 2025 ausgerollte Release den Namen SAP S/4HANA Public Cloud Edition 2502 trägt.

SAP S/4HANA Public Cloud Edition lässt sich nicht, wie SAP S/4HANA On-Premise oder Private Cloud mittels *Implementation Guide (IMG)* konfigurieren. Der IMG umfasst bei SAP-Anwendungen alle Customizing-Einstellungen, Dokumentation und Verknüpfung zu nützlichen Werkzeugen, wie Altdatenübernahme oder Löschen von Testdaten.

Stattdessen wird ein Konfigurationspfad mittels *Central Business Configuration (CBC)* zur Verfügung gestellt, mit dem Sie SAP S/4HANA Public Cloud gemäß Ihren Anforderungen konfigurieren können. Das CBC übernimmt in SAP S/4HANA Public Cloud die Funktion des IMG aus den klassischen SAP-Anwendungen. Abbildung 1.9 zeigt den Konfigurationsleitfaden aus SAP S/4HANA Public Cloud beispielhaft für Treasury Management und Accounting (Rechnungswesen).

Die Implementierung von SAP S/4HANA Public Cloud erfordert einen sogenannten Greenfield-Ansatz (Informationen zur Migration auf SAP S/4HANA On-Premise finden Sie in Kapitel 14, »Migration nach SAP S/4HANA«). Die Daten können also nicht mit den herkömmlichen Tools migriert werden. Stattdessen ist das *SAP S/4HANA Migration Cockpit* zu verwenden. Dieses SAP-Werkzeug ermöglicht die strukturierte Übernahme von Altdaten in SAP S/4HANA.

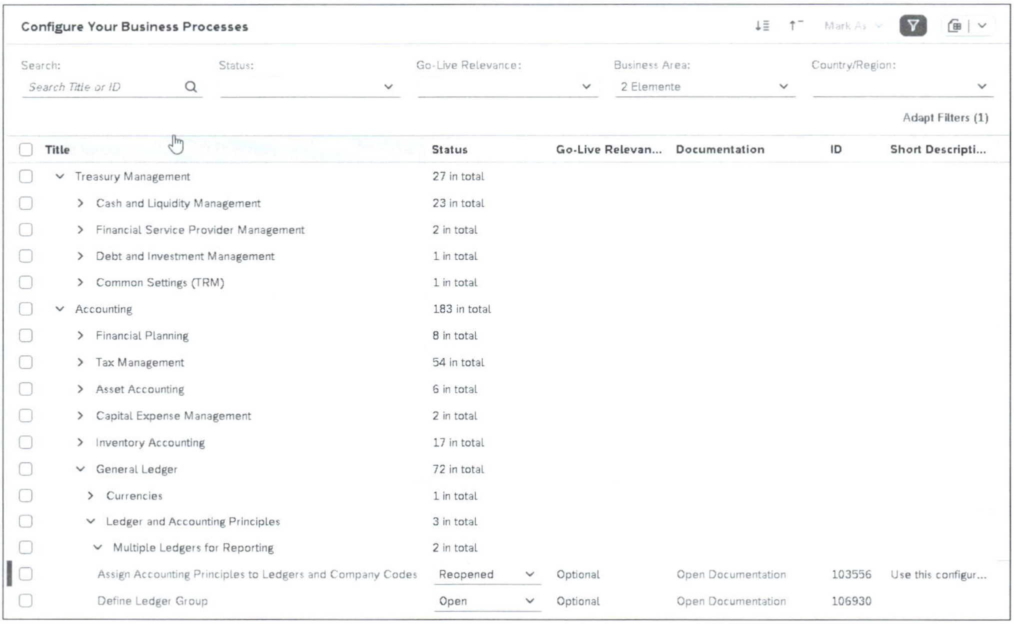

Abbildung 1.9 CBC: Prozesskonfiguration

1.4.2 Datenmodell und Schlüsselkonzepte im Rechnungswesen in der SAP S/4HANA Public Cloud

Dieser Abschnitt erläutert die grundlegenden Konzepte und Strukturen, die das Fundament für die Finanzprozesse in SAP S/4HANA Public Cloud bilden. Wir betrachten dabei zentrale Elemente wie die Ledger-Technik, Rechnungslegungsvorschriften (RLV), parallele Rechnungslegung und die Intelligent Asset Accounting. Diese Komponenten ermöglichen eine flexible, transparente und gesetzeskonforme Finanzbuchhaltung in der Cloud-Umgebung. Besonderes Augenmerk liegt auf den spezifischen Anpassungen und Optimierungen, die SAP für die Public Cloud vorgenommen hat.

Die SAP S/4HANA Public Cloud nutzt, wie alle S/4HANA-Versionen, das Konzept des Universal Journal. Dieses basiert auf einer zentralen Datenbanktabelle, die sämtliche Informationen eines Rechnungswesenbelegs enthält (siehe Abschnitt 1.2.4, »Universal Journal«).

Im Kontext des Rechnungswesens umfasst SAP S/4HANA Public Cloud die folgenden Funktionsbereiche:

- Management Accounting (CO)
- Accounting and Financial Close (FI), Treasury Management (TRM)
- Financial Operations (FO)
- Billing and Revenue Innovation Management (BRIM)
- Governance, Risk und Compliance (GRC)

Eine Auswahl von Besonderheiten aus diesen Funktionsbereichen schauen wir uns im Folgenden an.

SAP S/4HANA Public Cloud wird, wie bereits angesprochen, mit einem vordefinierten Umfang basierend auf den SAP Best Practices für ausgeliefert. Zur Festlegung des initialen Umfangs (Scope) empfiehlt sich ein *Digital Discovery Assessment* (DDA) mit Ihrem Implementierungspartner. Anschließend kann das System entsprechend diesem Umfang eingerichtet werden.

Accounting and Financial Close (FI)

Rechnungslegungsvorschriften (RLV) haben eine zentrale Bedeutung bei der Einhaltung gesetzlicher Vorgaben. Im SAP-Kontext wird die RLV zusätzlich für eine Standardisierung und Automatisierung genutzt. Sie dient als Grundlage, um die Geschäftsvorfälle konsistent und nachvollziehbar zu bewerten, zu buchen und zu berichten.

Im SAP-System gibt es lokale und globale RLVs. Die Anzahl der globalen RLVs ist derzeit auf zwei beschränkt:

- International Financial Reporting Standard (IFRS)
- die US-amerikanische Bilanzierungsvorschrift (US-GAAP)

Darüber hinaus gibt es eine große Anzahl an lokalen oder länderspezifischen RLVs. Der Name setzt sich aus dem Landeskürzel und »AP« für »Accounting Principle« zusammen. Ein Beispiel für Deutschland ist DEAP. Es ist nicht möglich, eigene RLVs anzulegen. Die lokalen RLVs werden automatisch entsprechend der von Ihnen gewählten SAP Best Practices-Lösungsumfänge im System eingerichtet. Eine im SAP-System angelegte RLV muss immer einen Bezug zu einem Land oder einer globalen RLV (IFRS/US-GAAP) haben.

Das System wird gemäß der Zuordnung von Ledger, Buchungskreis und RLV konfiguriert. Dadurch wird sichergestellt, dass mithilfe der Ledgertechnik sowohl die lokalen als auch die globalen Richtlinien eingehalten werden. Die rechtliche und organisatorische Trennung wird gemäß der Buchungskreis- oder rechtlichen Einheit-Logik berücksichtigt. Die Buchhaltung ist stets konsistent, da die Zuordnung der RLVs zu den Buchungskreisen korrekt klassifiziert ist.

In Abbildung 1.10 sehen Sie ein Beispiel für das Customizing in SAP S/4HANA Public Cloud. Die grafische Darstellung zeigt, wie Sie Buchungskreise einer bestimmten Rechnungslegungsvorschrift zuordnen können.

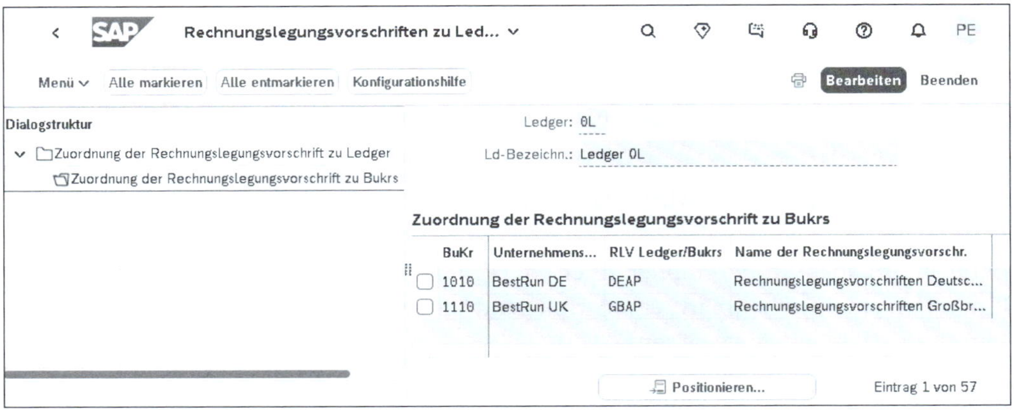

Abbildung 1.10 RLV den Buchungskreisen zuordnen

Ledger

SAP S/4HANA Public Cloud nutzt die *Ledgertechnik* und nicht die Kontentechnik. Die Kontentechnik dürfte Ihnen möglicherweise aus SAP S/4HANA On-Premise oder SAP ERP bekannt sein.

Das System wird mit mindestens einem führenden Ledger und maximal vier (echten) Ledgern ausgeliefert. Diese sind:

1. Ein Ledger für die lokale RLV, z. B. DEAP für HGB oder USAP für US-GAAP. In anderen Ländern wird dann die jeweilige lokale RLV zugeordnet. Dieser Ledger ist meistens das führende Ledger (0L). Bei internationalen Unternehmen kann dies jedoch auf IFRS oder US-GAAP geändert werden.
2. Ein Ledger für IFRS (2L). Dieser wird der globalen RLV IFRS zugeordnet.
3. Ein Ledger für US-GAAP (3L). Dieser wird der globalen RLV für die USA (USGP als globale RLV) zugeordnet.
4. Ein Ledger für Konzernbewertung (4G) ohne RLV-Bezug. Mit diesem Ledger kann eine vorkonsolidierte Managementsicht erstellt werden.

[»]

Ledger in SAP S/4HANA Public Cloud

Vor der Systemaktivierung muss festgelegt werden, welcher der ersten drei Ledger (0L, 2L oder 3L) als führender Ledger dienen soll. Eine nachträgliche Einführung von weiteren RLVs oder Ledgern ist derzeit nicht möglich!

In SAP S/4HANA Public Cloud wird, genauso wie in SAP S/4HANA On-Premise und Private Cloud, das Konzept des Erweiterungsledgers genutzt, um die Flexibilität der Finanzberichterstattung und -analyse zu gewährleisten. Dieses Konzept ermöglicht es, spezifische Buchungsbedarfe und Bewertungsmethoden abzubilden. Dadurch können Unternehmen eine präzisere und umfassendere Finanzberichterstattung erreichen. Es trägt dazu bei, unterschiedliche Rechnungslegungsstandards und -anforderungen parallel zu managen und somit die Genauigkeit und Effizienz der Finanzprozesse zu steigern.

[«]

Ledger-Szenarien: die richtige Kombination

Bei Unternehmen, die nach unterschiedlichen RLVs bilanzieren, ist es immer schwer, sich für eine Ledger Kombination zu entscheiden. Besprechen Sie dieses Thema mit Ihrem Implementierungspartner oder lesen die SAP-Hilfe-Seite aufmerksam durch, um die verschiedenen Optionen zu verstehen. Mehr Informationen finden Sie in SAP-Hinweis: 3530183 (Zuordnung von RLVs zu Ledgern und Buchungskreisen in SAP S/4HANA Cloud Public Edition).

Parallele Rechnungslegung und Währungen

Die verfügbaren Standardwährungstypen in SAP S/4HANA Public Cloud sind:

- Transaktionswährung (00)
- Buchungskreiswährung (10)
- Konzernwährung (30)

Wird eine zusätzliche Währung benötigt, muss diese im System angelegt werden. Dafür kann man einen Währungstyp unter Währungsumrechnungseinstellungen global einstellen.

Für Bewertungen und Abschlussarbeiten gemäß einer parallelen RLV und in parallelen Währungen kann das System zusätzlich zur Hauswährung bis zu zwei weiteren Währungen aufnehmen. Die im führenden Ledger festgelegten Währungen sind maßgebend für alle parallelen Ledger. Dieses Prinzip gilt einheitlich für alle Versionen: SAP S/4HANA Public Cloud, SAP S/4HANA Private Cloud sowie die On-Premise-Version.

Kontenplan

SAP S/4HANA Public Cloud unterstützt verschiedene Kontenpläne:

- den operativen Kontenplan
- den Konzernkontenplan
- den alternativen Kontenplan (z. B. Landeskontenplan)

Das System wird mit einem operativen Kontenplan (YCOA) ausgeliefert. Dieser Kontenplan hat eine feste Struktur (siehe Tabelle 1.4).

Kontenbereich	Bilanzposition
10000000~19999999	Aktiva
20000000~29999999	Passiva
30000000~39999999	Eigenkapital
40000000~49999999	Erträge (Umsatzerlöse)
50000000~59999999	Kosten der Umsätze
60000000~69999999	Betriebsaufwendungen
70000000~79999999	Sonstige Erträge und Aufwendungen
90000000~99999999	Sekundäre Kostenstellen (für interne Verrechnung)

Tabelle 1.4 Struktur des operativen Kontenplans (YCOA)

Der Vorteil an dem ausgelieferten Kontenplan YCOA ist, dass er die Implementierung beschleunigen kann. Denn es wird nicht nur der Kontenplan ausgeliefert, sondern die komplette Kontenfindung für alle unterstützten Sachverhalte (von der Materialwirtschaft z. B. Wareneingang/Rechnungseingang, Erlöskontenfindung im Verkauf bis zur Kontenfindung der Steuervorgänge).

Die grundlegende Struktur des operativen Kontenplans ist fest vorgegeben. Sie können jedoch die Kontenbezeichnungen ändern und eine Umnummerierung vornehmen, solange Sie die vorgegebene Struktur beibehalten. Wenn Sie Sachkonten im Kontenplan YCOA vermissen, können Sie zusätzliche Sachkonten anlegen.

Falls Sie eine andere Kontenstruktur als YCOA benötigen, können Sie einen alternativen Kontenplan anlegen und diesen mit dem YCOA-Kontenplan verknüpfen.

[»]

Umbenennung und Umnummerierung des Kontenplans YCOA

Möchten Sie den operativen Kontenplan YCOA umbenennen oder umnummerieren, sollten Sie dies zu Beginn des Projekts machen. Der Prozess folgt strengen Vorgaben – lesen Sie deshalb vorher unbedingt die zugehörige Dokumentation.

Kostenrechnungskreise

SAP S/4HANA Public Cloud wird nur mit *einem* Kostenrechnungskreis ausgeliefert. Dieser ist für alle Buchungskreise festgelegt und kann unter keinen Umständen geändert werden. Es können auch keine weiteren Kostenrechnungskreise angelegt werden.

Unternehmen, die mit mehreren Kostenrechnungskreisen arbeiten, könnten diese Einschränkung zunächst als Nachteil empfinden. Es lohnt sich jedoch, die Vorteile zu betrachten: Ein einziger Kostenrechnungskreis ermöglicht eine einheitliche und konsistente Sicht im internen Rechnungswesen.

Die frühere Begründung für mehrere Kostenrechnungskreise ist in SAP S/4HANA Public Cloud nicht mehr relevant, da Kontenplan, Geschäftsjahresvariante und Währung hier bereits fest definiert sind:

- **Kontenplan**
  Der operative Kontenplan ist für alle Buchungskreise gleich. Abweichende Konten, z. B. ein Landeskontenplan, können über einen Alternativkontenplan bzw. Kontonummer gelöst werden.
- **Geschäftsjahresvariante**
  Die Festlegung der Geschäftsjahresvariante muss für den führenden Ledger für alle Buchungskreise gleich sein. Die nicht führenden Ledger können eine abweichende Währung haben.
- **Währung**
  Der Kostenrechnungskreis nutzt die gleiche Währung wie der Mandant (30). Diese kann auch nicht geändert werden.

In Abbildung 1.11 sehen Sie die Zuordnung der Geschäftsjahresvariante und Buchungsperiodenvariante zu einem Ledger und Buchungskreis.

Abbildung 1.11 Geschäftsjahresvarianten einem Ledger und Buchungskreis zuordnen

Margenanalyse

Die Ergebnis- und Marktsegmentrechnung in der SAP S/4HANA Cloud Public Edition wird gemäß der der buchhalterischen Logik geführt: der *Margenanalyse* (Margin

Analysis) in SAP S/4HANA. In SAP S/4HANA Public Cloud ersetzt die Margenanalyse das traditionelle, kalkulatorische CO-PA (Controlling-Profitability Analysis) und basiert vollständig auf der Datenstruktur des Universal Journals (Tabelle ACDOCA). Sie ermöglicht eine Echtzeitanalyse der Profitabilität, indem Umsätze, Kosten und Margen gemäß verschiedenen Dimensionen wie Kunden, Produkt oder Region ausgewertet werden. Dank der tiefen Integration mit FI und CO sowie der Nutzung von SAP-Fiori-Apps bietet die Margenanalyse eine flexible und leistungsstarke Analyseumgebung ohne redundante Datenhaltung. Mehr Informationen zur Margenanalyse in SAP S/4HANA On-Premise finden Sie in Abschnitt 11.1.2, »Margenanalyse«.

Universal Parallel Accounting

In SAP S/4HANA Cloud Public Edition wird das Konzept der *Universal Parallel Accounting* genutzt. Universal Parallel Accounting stellt sicher, dass (im Finanzwesen und im Controlling) eine durchgängige ledgerbasierte Bewertung möglich ist. Es stellt sicher, dass sämtliche Buchungen und Bewertungen in Echtzeit für verschiedene Rechnungslegungsstandards konsistent und ohne Redundanzen erfolgen.

Dadurch stehen nun auch im Controlling parallele Ledger zur Verfügung. Dies ermöglicht ein paralleles Controlling, das mit der parallelen Rechnungslegung im externen Finanzwesen korrespondiert.

Außerdem werden alle in SAP S/4HANA möglichen parallelen Währungen in Echtzeit in der Anlagenbuchhaltung, Material-Ledger und Controlling mitgebucht. Vor dem Einsatz von Universal Parallel Accounting waren jeweils immer nur zwei parallele Währungen möglich.

Mehr Informationen zu Universal Parallel Accounting finden Sie in Abschnitt 1.4.3, »Unterschiede zwischen den SAP-S/4HANA-Produkten«.

[»]

Initiale Aktivierung von Scope Items in SAP S/4HANA Cloud Public Edition

Definieren Sie die *Scope Items* sorgfältig und frühzeitig im Implementierungsprozess. SAP bezeichnet mit Scope Items insbesondere in SAP S/4HANA Cloud Public Edition thematisch abgegrenzte Implementierungspakete, die sich separat aktivieren und damit implementieren lassen. Beginnen Sie damit bereits in der Explore-Phase und schließen Sie den Prozess spätestens nach den Fit-to-Standard-Workshops ab. Beachten Sie dabei unbedingt, dass einige Scope Items nur bei der initialen Systemeinrichtung aktiviert werden können. Es ist daher entscheidend, diese Auswahl vor der Produktivsetzung des Systems abzuschließen. Eine gründliche und rechtzeitige Definition der Scope Items ist essenziell für eine erfolgreiche Implementierung und spätere Nutzung des Systems.

Bei der Definition der Scope Items ist besonders auf die Ledgertechnik zu achten. Überlegen Sie sorgfältig, welche Ledger Ihr Konzern von Beginn an benötigt. Berücksichtigen Sie dabei auch die Notwendigkeit statistischer Bewertungsbereiche in der Anlagenbuchhaltung sowie die Gruppenbewertung im internen Rechnungswesen. Ein hilfreicher Hinweis: Im SAP Signavio Process Navigator sind diese speziellen Scope Items mit "Initial Activation Only" gekennzeichnet. Diese Kennzeichnung weist darauf hin, dass eine Aktivierung nur bei der initialen Systemeinrichtung möglich ist.

Beachten Sie auch die folgenden SAP-Hinweise:

- 3425018 (CBC: Prüfen, ob ein Umfangsbestandteil nur für die initiale Umfangsermittlung verfügbar ist)
- 3539934 (Verwendung von "Verfügbarkeit und Abhängigkeiten der Umfangsbestandteilliste" beim Aktivieren von Umfangsbestandteilen)
- 3093830 (SAP S/4HANA Cloud: Releaserestriktionshinweis für Konzernbewertung)

Intelligent Asset Accounting

In SAP S/4HANA Public Edition wurde die Anlagenbuchhaltung grundlegend überarbeitet. Das Ergebnis ist das Intelligent Asset Accounting, das sich deutlich von der früheren neuen Anlagenbuchhaltung unterscheidet. Letztere wurde mit SAP ECC 6.0 EhP 7 eingeführt und für SAP S/4HANA weiter optimiert.

Intelligent Asset Accounting arbeitet nach dem Prinzip der Parallelbuchhaltung. Es hat eine vereinfachte Datenstruktur für den Anlagenstamm erhalten. Auch die Konfiguration wurde angepasst und viele Redundanzen, die im Hauptbuch durchgeführt werden mussten, wurden eliminiert.

Anders als in der neuen Anlagenbuchhaltung spielt der Bewertungsplan keine große Rolle mehr. Dafür rückt die RLV stärker in den Vordergrund. Diese wird dem Ledger zugeordnet und stellt sicher, dass die parallelen Wertansätze befolgt werden. Das eliminiert die Notwendigkeit von mehreren Bewertungsbereichen und vereinfacht die Konfiguration der Anlagenbuchhaltung. Vor allem die manuelle Zuordnung von Bewertungsbereichen zu RLVs entfällt, da diese automatisch über das Ledger abgeleitet wird.

Viele Konfigurationsschritte, die normalerweise zwischen Hauptbuch und Anlagenbuchhaltung notwendig sind, entfallen: Die Anlage von mehreren Bewertungsbereichen und die Zuordnung der Bewertungsbereiche zu den Ledgern sind nicht mehr erforderlich. Außerdem wird die Integration des Hauptbuchs in die Anlagenbuchhaltung optimiert, da Intelligent Asset Accounting direkt in das Universal Journal bucht. Dadurch verlieren Abstimmkonten ihre bisherige Bedeutung.

Die Konfiguration von manuellen Abschreibungsläufen je Bewertungsbereich wird ebenfalls einfacher. In der Vergangenheit musste für jede Bewertungsmethode ein separater periodischer Abschreibungslauf konfiguriert werden. Dieser Schritt entfällt nun, da in Intelligent Asset Accounting eventbasierte Abschreibungen mit Echtzeitbewertungen stattfinden. Somit gehört der periodische Job je Abschreibungskalkulation der Vergangenheit an.

Bei Bewertungen nach unterschiedlichen Währungen im Hauptbuch musste früher die Zuordnung von Bewertungsbereichen je Währung ergänzt werden. Auch dieser Schritt entfällt, da Intelligent Asset Accounting die Mechanismen der Währungsführung des Hauptbuches nutzt. Dies führt dazu, dass die Konfiguration der Fremdwährungsbewertung ebenfalls vereinfacht wird.

Die Bewertungsbereiche werden nun ledgerbasiert bewertet, da Universal Parallel Accounting in der SAP S/4HANA Public Cloud Edition verpflichtend ist.

In Abbildung 1.12 sehen Sie beispielhaft einen Anlagenstammsatz. In SAP S/4HANA Public Cloud gibt es für alle Anwendungsfunktionen ausschließlich SAP Fiori als Benutzeroberfläche.

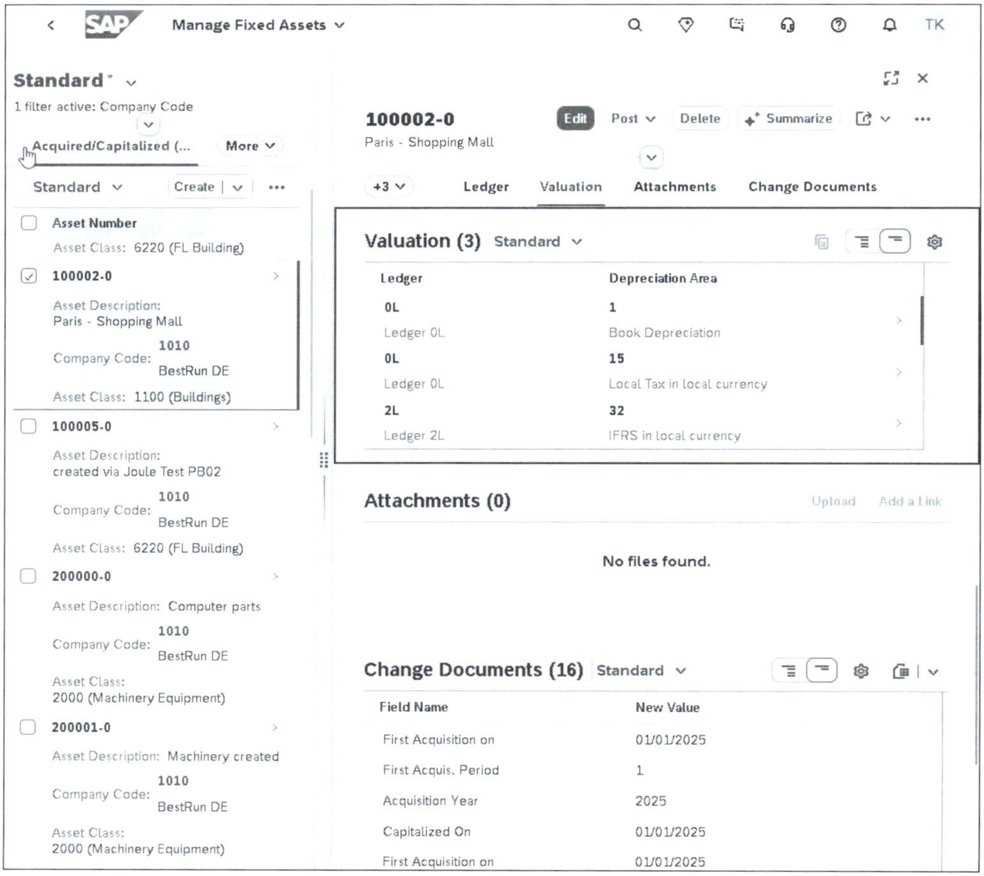

Abbildung 1.12 Anlagenstamm in SAP S/4HANA Public Cloud

In Abbildung 1.13 sehen Sie die Anlagenbewertung für das Ledger **0L**.

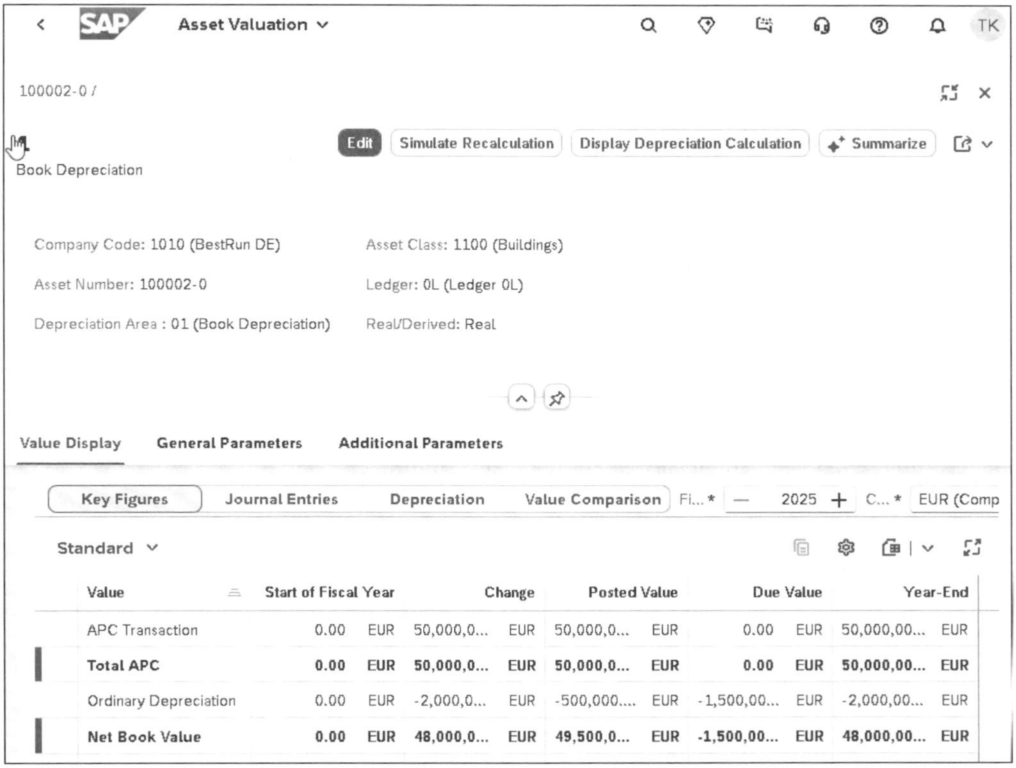

Abbildung 1.13 Anlagenbewertung für Ledger 0L

Buchungen mit Mengen sind ebenfalls in allen Ledgern möglich. Sofern Sie eine Buchung mit Mengen vornehmen, wird diese in allen Ledgern gebucht. Sowohl die Bilanz als auch die Bewertungsbereiche werden aktualisiert. Die Mengenbuchungen können ledgerspezifisch erfolgen, sodass für jeden Ledger unterschiedliche Mengen gebucht werden können. Auch hier werden alle Mengenbuchungen im Hauptbuch erfasst. In Abbildung 1.14 sehen Sie einige der Buchhaltungsbelege, die zur Bewertung der Anlage geführt haben.

Im Allgemeinen gilt: Alle Anlagenbuchungen werden im Universal Journal der Hauptbuchhaltung erfasst. Durch einen Klick auf die jeweilige, blau hinterlegte Belegnummer können Sie direkt in den Buchhaltungsbeleg verzweigen. In Abbildung 1.15 sehen Sie einen Anlagenzugang als Buchhaltungsbeleg mit vielen Detailinformationen und den Belegpositionen.

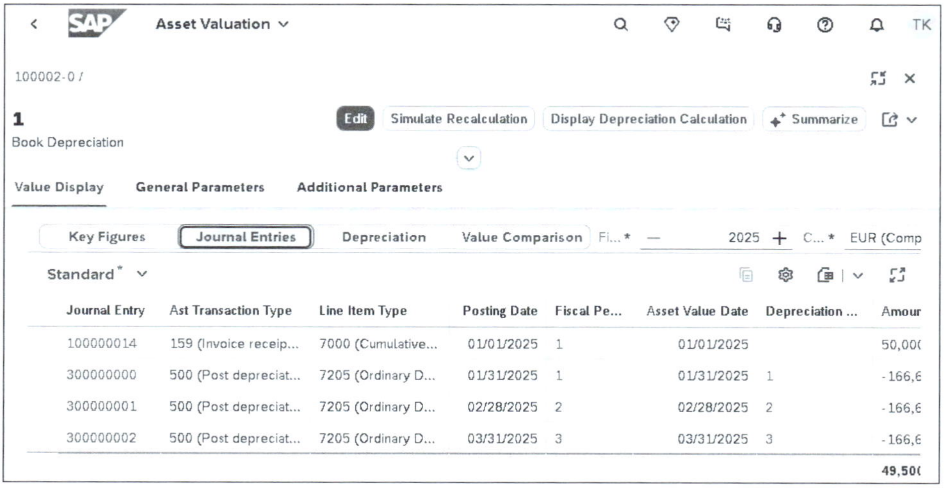

Abbildung 1.14 Buchungsbelege für Anlagenstammsatz

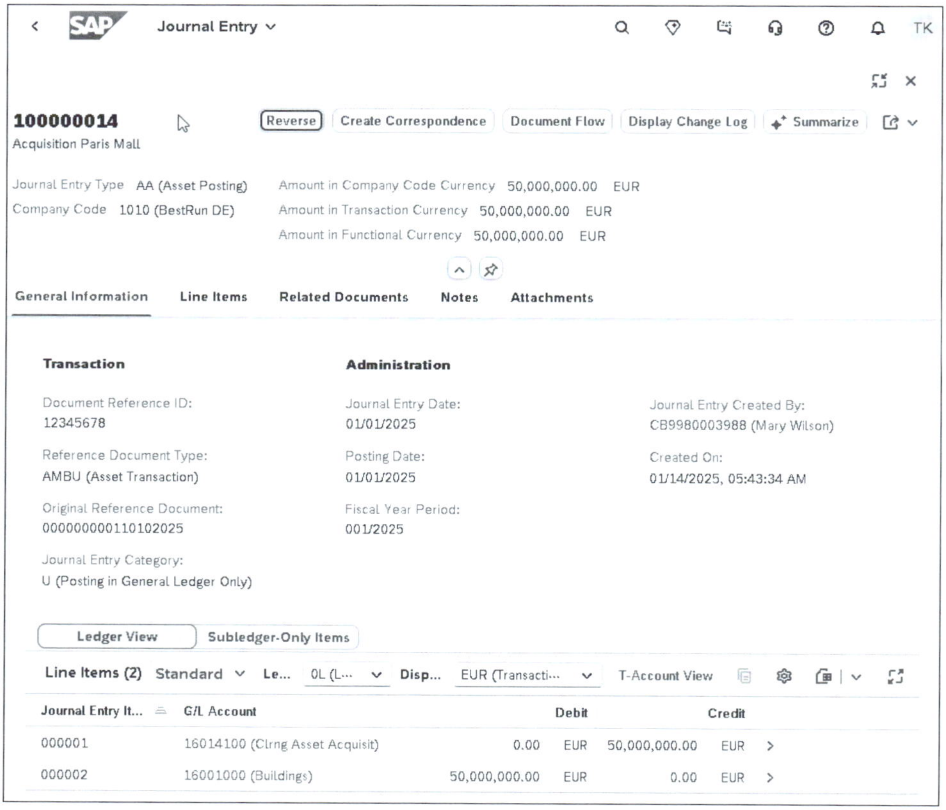

Abbildung 1.15 Buchungsbeleg zur Anlage

In Abbildung 1.16 sehen Sie z. B., wie die geplante und bereits gebuchte Abschreibung im Anlagenstammsatz dargestellt wird.

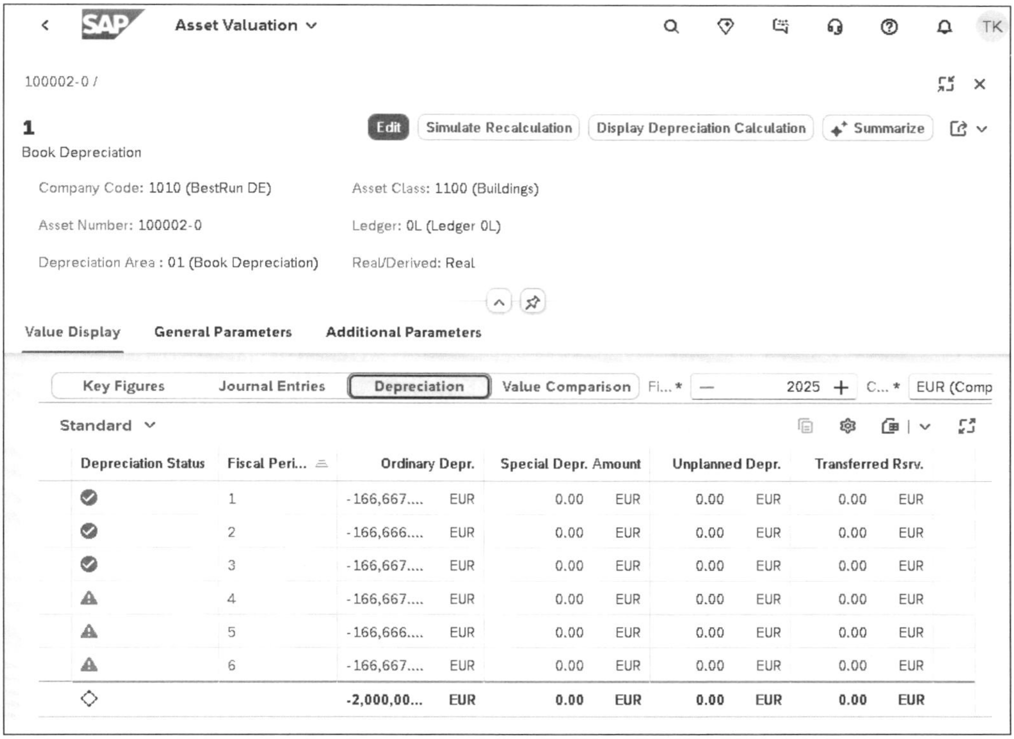

Abbildung 1.16 Darstellung der Anlagenabschreibung

Alle Transaktionen von Intelligent Asset Accounting basieren auf SAP Fiori. Die vorgestellten Beispiele aus der Anlagenbuchhaltung in SAP S/4HANA Cloud Public Edition vermitteln Ihnen einen ersten Eindruck von der Benutzeroberfläche und deren Handhabung.

Seit SAP S/4HANA Release 2022 kann Intelligent Asset Accounting auch in On-Premise- und Private-Cloud-Systemen genutzt werden. Dabei erfolgt das Customizing über den IMG im Backend-System.

Die klassischen RA*-Berichte (z. B. Anlagengitter über Report RAGITT_ALV01) nicht mehr unterstützt werden. Stattdessen werden alle Berichte auf Basis von Core Data Services (CDS-Views) abgebildet. Somit ist die Nutzung der SAP-Fiori-Apps verpflichtend, wenn Sie Intelligent Asset Accounting in einem SAP S/4HANA On-Premise- oder Private-Cloud-System aktivieren möchten.

1.4.3 Unterschiede zwischen den SAP-S/4HANA-Produkten

In Tabelle 1.5 fassen wir die wichtigsten Unterschiede zwischen den verschiedenen SAP-S/4HANA-Versionen zusammen.

	Public Cloud	Private Cloud	On-Premise
Infrastruktur	von SAP verwalteter Service mit quartalsweisen Updates, der eine standardisierte Implementierung und reduzierte lokale IT-Ressourcen vorsieht	Cloud-Infrastruktur mit individueller Installation und Verwaltung, vergleichbar mit On-Premise-Lösungen	Wird intern in der IT-Infrastruktur des Unternehmens installiert und verwaltet, was maximale Kontrolle und Anpassungsmöglichkeiten bietet
Kostenstruktur	Abonnement-Modell mit festgelegter Kostenstruktur	Kombination aus Abonnementkosten und möglichen zusätzlichen Ausgaben für Anpassungen und spezifische Anforderungen	Vorabinvestitionen in Hardware und Software, sowie laufende Kosten für Wartung und Support
Wartung und Upgrade	Automatische, regelmäßige Upgrades und Wartungen durch SAP	Kundengesteuerte Aktualisierung: Hauptrelease alle zwei Jahre, ergänzt durch Feature- und Support-Packages in regelmäßigen Abständen	Kundengesteuerte Aktualisierung: Hauptrelease alle zwei Jahre, ergänzt durch Feature- und Support-Packages in regelmäßigen Abständen
Einrichtung	standardisierte Konfiguration basierend auf SAP Best Practices Scope Items, mit zentraler Verwaltung über die App **Lösung verwalten** und Experten-Konfiguration für Sonderfälle	Anpassungsmöglichkeiten durch Best Practices Scope Items, SAP Enterprise Management Layer und IMG	Anpassungsmöglichkeiten durch Best Practices Scope Items, SAP Enterprise Management Layer und IMG

Tabelle 1.5 Unterschied zwischen den SAP-S/4HANA-Produkten

	Public Cloud	Private Cloud	On-Premise
Erweiterbarkeit	begrenzte In-App-Konfiguration für benutzerdefinierte Felder und Logik ohne Kernsystemänderungen; Erweiterungsmöglichkeit en über SAP BTP im Side-by-Side-Ansatz	Entwicklungsmöglichkeiten durch klassisches ABAP, einschließlich Modifikationen, sowie Erweiterungen über SAP BTP im Side-by-Side-Ansatz	Entwicklungsmöglichkeiten durch klassisches ABAP, einschließlich Modifikationen, sowie Erweiterungen über SAP BTP im Side-by-Side-Ansatz
Funktional	enthält neuere SAP-Funktionen wie Intelligent Asset Accounting, Universal Parallel Accounting und überarbeitete Fremdwährungsbewertung	Neue Funktionen werden nach der Public Cloud-Einführung bereitgestellt	neue Funktionen optional und zeitversetzt zur Public Cloud-Version möglich
Benutzeroberfläche	SAP Fiori	SAP Fiori und SAP GUI	SAP Fiori und SAP GUI
Weitere Merkmale	Integration von SAP S/4HANA-Funktionserweiterungen sowie zugehöriger Add-ons für KI und Nachhaltigkeit	Integration von SAP S/4HANA-Funktionserweiterungen sowie zugehöriger Add-ons für KI und Nachhaltigkeit	Begrenzter Zugriff auf Funktionserweiterungen

Tabelle 1.5 Unterschied zwischen den SAP-S/4HANA-Produkten (Forts.)

In SAP S/4HANA Public Cloud Edition gewinnt die Kombination von RLV und Ledger an Bedeutung. Sie ist zentral für die Intelligente Anlagenbuchhaltung, die neue Fremdwährungsbewertung und das Universal Parallel Accounting, das eine parallele Rechnungslegung in FI und CO ermöglicht.

1.5 Exkurs: Universal Parallel Accounting

Für die Finanzbuchhaltung war es seit geraumer Zeit selbstverständlich, mit der Ledger-Lösung zu arbeiten (bereits in SAP ERP, sofern das neue Hauptbuch eingeführt wurde).

Bisher nutzte das Controlling hauptsächlich die Daten des führenden Ledgers. Mit der Einführung des *Universal Parallel Accounting* in SAP S/4HANA Public Cloud Edition 2021 wurde die parallele Rechnungslegung auch im Controlling realisiert. SAP hat im Jahr 2021 Universal Parallel Accounting in die SAP S/4HANA Public Cloud Edition für alle Kunden aktiviert. SAP S/4HANA Public Cloud bietet SAP nur noch mit Universal Parallel Accounting an.

Die RLV spielt in diesem Zusammenhang eine bedeutende Rolle. So können nun verschiedene Finanzberichte nach unterschiedlichen Rechnungslegungsstandards über End-to-End-Prozesse hinweg unter Verwendung der Ledgertechnik erstellt und dargestellt werden. Für jedes Ledger können die Bewertungen und Berichte basierend auf dem jeweiligen Rechnungslegungsstandard konsistent inklusive Werteflüsse abgebildet werden.

Die wesentlichen Funktionen umfassen:

- Materialpreise nach Ledger definieren
- Aktivierung von selbst hergestellten Anlagen nach Ledger
- Berechnung und Buchung von Ist-Kostensätzen, Gemeinkosten, Abrechnungen und universalen Zuweisungen nach Ledger
- Parallele Bewertungsbuchungen und Analysen in der Produktionsbuchhaltung für ereignisbasierte Fertigungsaufträge
- Durchführung von Bewertungsdurchläufen und anderen Abschlussaufgaben nach Ledger, was zu individuell berechneten Werten für Finanz- und Managementbuchhaltung führt
- Anzeige genauer Daten basierend auf dem ausgewählten Ledger in vielen SAP-Fiori-Apps des Finanzwesens

Universal Parallel Accounting betrifft neben der Anlagenbuchhaltung auch Gemeinkostencontrolling, Bestandsbewertung und Produktionsbuchhaltung:

- **Anlagenbuchhaltung**
  Universal Parallel Accounting erfordert zwingend den Einsatz von Intelligent Asset Accounting.
- **Gemeinkostencontrolling**
  Universal Parallel Accounting ermöglicht eine präzise Gemeinkostenzuweisung durch parallele Abbildung verschiedener Rechnungslegungsstandards. Die Echtzeitbuchungen im Controlling erlauben eine genauere Kostenanalyse und erhöhen die Transparenz im Audit Trail. Sowohl Ist- als auch Plandaten werden lokal und global nach ledgerbasierten Rechnungslegungsstandards verarbeitet und dargestellt.

- **Bestandsbewertung**
  Universal Parallel Accounting integriert Finanzmodule und Materialwirtschaft in Echtzeit. Dies ermöglicht:
  - Ledgerspezifische Bestandsbewertung und Materialpreisführung
  - Ledgerbasierte Fremdwährungsbewertung
  - Bewertungen nach verschiedenen Standards (IFRS, HGB, US-GAAP) mittels RLV
- **Produktionsbuchhaltung**
  Die ledgerspezifische Materialbewertung in der Produktion ermöglicht unterschiedliche Bewertungsmethoden je RLV: etwa Durchschnittspreise für IFRS und Standardkosten für HGB. Dies gilt auch für Produktkostenkalkulation und Work-in-Progress (WIP). Separate Überleitungen zwischen FI und CO sind nicht mehr erforderlich.

Die beschriebenen Funktionen stellen nur einen Auszug aus den Möglichkeiten von Universal Parallel Accounting. Weitere Funktionen und Änderungen können in verschiedenen SAP-Blogs und SAP-Hinweisen nachgelesen werden.

Seit der On-Premise-Version SAP S/4HANA 2022 ist es Kunden möglich, Universal Parallel Accounting einzuführen, jedoch nur für Greenfield-Projekte. Seit der On-Premise-Version SAP S/4HANA 2023 ist es auch möglich, eine Migration nach Universal Parallel Accounting durchzuführen. Lesen Sie hierzu die zugehörigen SAP-Hinweise. Zur Bewertung, ob Universal Parallel Accounting für Sie sinnvoll ist, ist eine genaue Analyse Ihrer Anforderungen in Abstimmung mit SAP ratsam.

[«]

Aktivierung von Universal Parallel Accounting

Universal Parallel Accounting ist in SAP S/4HANA Public Cloud standardmäßig und dauerhaft aktiviert. Für SAP S/4HANA Private Cloud und On-Premise-Systeme ist Universal Parallel Accounting ab Release 2022 optional aktivierbar. Die zugehörige Business Function ist `FINS_PARALLEL_ACCOUNTING_BF`.

Wichtige SAP-Hinweise sind:

- 3191636 (Universelle parallele Rechnungslegung: Informationen zum Umfang)
- 3207221 (Universelle parallele Rechnungslegung (SAP S/4HANA 2022): Aktivierungshinweis)

Bei SAP S/4HANA Cloud Private Edition und der On-Premise-Version erfordert die Einführung von Universal Parallel Accounting eine zusätzliche Datenmigration. Eine Alternative bietet sich bei einer Neuimplementierung von SAP S/4HANA in der Private Cloud: Hier können Sie Universal Parallel Accounting direkt aktivieren und vermeiden so ein späteres Umstellungsprojekt.

Universal Parallel Accounting bringt sowohl fachliche als auch funktionale und technische Änderungen in SAP S/4HANA mit sich. Daher ist die Umstellung auf Universal Parallel Accounting ein Projekt von ähnlichem Umfang und Komplexität wie die Migration von SAP ERP zu SAP S/4HANA.

1.6 Zusammenfassung

Der größte betriebswirtschaftliche Vorteil von SAP S/4HANA liegt in der Einfachheit des Datenbanklayouts. Dieses ermöglicht eine schnellere Datenerfassung, Verbesserungen im Berichtswesen und vor allem mehr Flexibilität bei der Berichtserstellung über externe Hierarchien. Diese Hierarchien können jederzeit geändert werden (bei Umstrukturierungen, Übernahmen usw.), ohne die Datenbank zu ändern. Ein weiterer Vorteil von SAP S/4HANA ist auch die neue Benutzeroberfläche SAP Fiori. Diese ist nicht nur klarer gestaltet, sondern auch leichter zu verstehen und zu bedienen.

Die Schnelligkeit von SAP HANA erlaubt auch gänzlich neue Prozesse. Die Tatsache, dass jedes beliebige Feld in einer Tabelle als Index verwendet werden kann, trägt zur Vereinfachung bei. Die kurzen Reaktionszeiten gestatten deutlich kürzere Entwicklungszyklen bei neuen Anwendungen.

Als Kunde von SAP haben Sie heute die Wahl zwischen SAP S/4HANA Cloud Public Edition und SAP S/4HANA Cloud Private Edition. SAP S/4HANA lässt sich zwar weiterhin als On-Premise-System betreiben, jedoch sind nicht mehr alle Funktionen für diese Betriebsart verfügbar oder lizenzierbar.

Sie können etwa die Lizenz für SAP Central Finance nur noch in der SAP S/4HANA Cloud Private Edition erwerben. SAP hat wiederholt angekündigt, dass künftige Weiterentwicklungen primär für die Cloud-Versionen von SAP S/4HANA vorgesehen sind.

In den nächsten Kapiteln lernen Sie die Grundeinstellungen des Customizings von SAP S/4HANA Finance unter Berücksichtigung der neuen Funktionen kennen.

Kapitel 2
Organisationsstrukturen

Die Organisationsstrukturen stellen die Unternehmensstruktur dar und definieren die Merkmale für das externe und interne Reporting. In diesem Kapitel erfahren Sie, wie Sie die Organisationsstrukturen gestalten sollten.

In diesem Kapitel erläutern wir Ihnen die Bedeutung und Verwendung der wichtigsten Organisationsstrukturen im Bereich des Finanzwesens von SAP S/4HANA. Im direkten Vergleich zu SAP ERP sind keine Änderungen zu verzeichnen. Wenn Sie von SAP ERP auf SAP S/4HANA umsteigen, ändert sich im Vergleich zu Ihrer bisherigen Implementierung vielleicht das eine oder andere.

In diesem Kapitel erläutern wir Ihnen die wichtigsten Organisationsstrukturen und zeigen Ihnen, wie Sie selbst Organisationsstrukturen anlegen. Abschließend finden Sie eine Zusammenfassung der in unserem Beispiel angelegten Organisationsstrukturen, die wir im weiteren Verlauf des Buches immer wieder verwenden. Wir beginnen in Abschnitt 2.1 mit der übergeordneten Organisationseinheit Mandant.

2.1 Mandant

Im SAP-System benötigen Sie immer mindestens einen *Mandanten*. Der Mandant stellt eine handelsrechtlich, organisatorisch und datentechnisch abgeschlossene Einheit innerhalb eines SAP-Systems dar. Einerseits werden in einem Mandanten verschiedene Einstellungen für diesen Mandanten vorgenommen (Customizing, Stammdaten usw.); andererseits gibt es auch mandantenübergreifende Einstellungen. Das Coding ist ebenfalls mandantenübergreifend. Bei einer neuen Implementierung sollten Sie nur einen Mandanten für Ihr Unternehmen verwenden; alle weiteren Organisationsstrukturen werden dann innerhalb dieses Mandanten abgebildet. Damit bildet dieser eine Mandant Ihr Unternehmen oder Ihren Konzern ab.

In Transaktion SCC4 können Sie die Einstellungen eines Mandanten überprüfen. Einstellungen in Transaktion SCC4 werden meist ausschließlich von der SAP-Basis aus vorgenommen. Abbildung 2.1 zeigt die Einstellungen eines Mandanten im Detail.

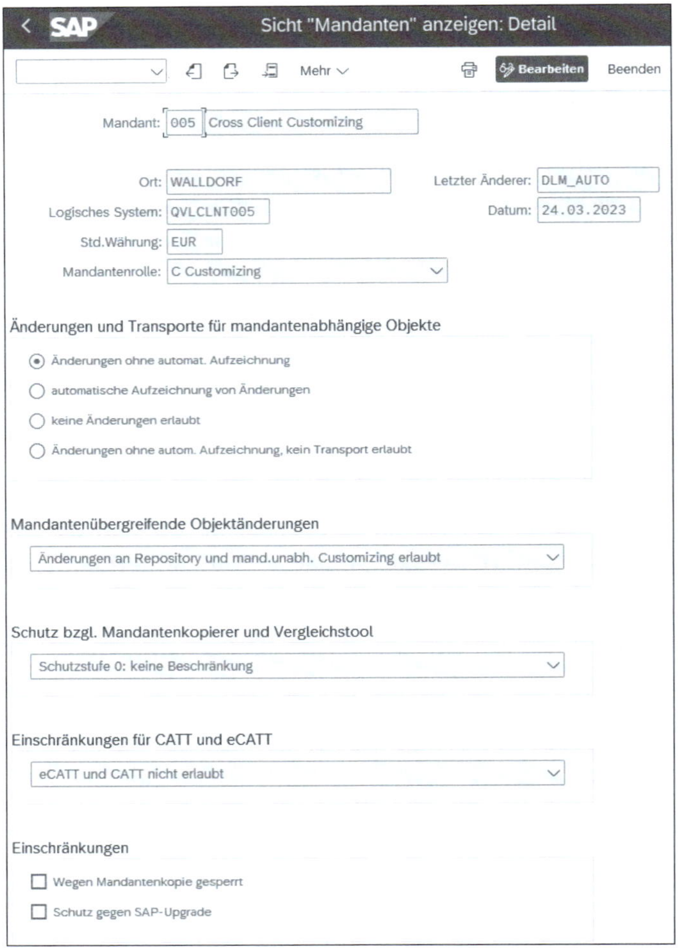

Abbildung 2.1 Detailinformationen eines Mandanten

Das Coding, das Sie im Rahmen Ihres Implementierungsprojekts zusätzlich erstellen, ist immer mandantenübergreifend. Dies umfasst eigene Programme, Transaktionscodes, Funktionsbausteine, BAdIs, BAPIs und Tabellen, um nur einiges zu erwähnen. Dieses Coding können Sie ohne weiteren *Transport* in jedem Mandanten des gleichen Systems verwenden. Einen Transport können Sie sich als Container vorstellen, in dem Sie Ihre Änderungen ablegen. Dabei unterscheidet SAP Transporte für Änderungen im Customizing und Änderungen in der ABAP Workbench, also in Ihrem selbst erstellten Coding. Solange der Container nicht verschlossen ist, also der Transport nicht freigegeben ist, können Sie weitere Änderungen hinzufügen. Sobald ein Transport freigegeben ist, ist es nicht mehr möglich, weitere Änderungen durchzuführen. Nun könnten Ihre Änderungen in ein weiteres System, etwa für Tests, transportiert werden.

Beim Customizing unterscheidet SAP mandantenunabhängiges und mandantenabhängiges Customizing. Der Unterschied ist ganz einfach: *Mandantenunabhängiges Customizing* wirkt sich auf alle Mandanten im gleichen SAP-System aus. Ein Beispiel für mandantenunabhängiges Customizing ist der Fabrikkalender.

Mandantenabhängiges Customizing ist zunächst nur in dem Mandanten verfügbar, in dem Sie die Einstellungen vorgenommen und in einem Transport gesichert haben. Damit diese Einstellungen in einem anderen Mandanten verfügbar sind, müssen Sie Ihren Transport entsprechend transportieren lassen. Beispiele für mandantenabhängiges Customizing sind Kontenpläne oder Buchungskreise.

Wenn Sie wissen möchten, welches Customizing mandantenunabhängig oder mandantenabhängig ist, rufen Sie Transaktion SPRO auf und klicken auf **SAP Referenz IMG**, oder Sie drücken die Taste [F5]. Nun folgen Sie dem Customizing-Pfad **Zusatzinformationen • Technische Daten • Mandantenabhängigkeit**. Wenn Sie nun die Struktur des SAP-Einführungsleitfadens aufklappen, sehen Sie die Spalte **Zusatzinformationen** mit der Information, was mandantenunabhängig oder mandantenabhängig ist (siehe Abbildung 2.2).

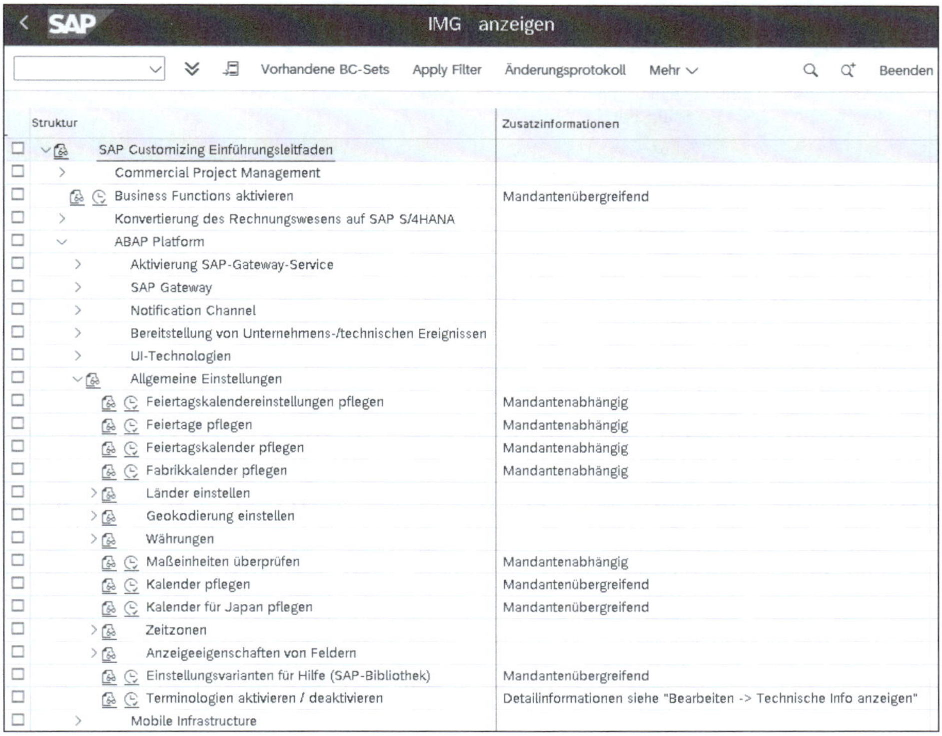

Abbildung 2.2 Mandantenunabhängiges Customizing anzeigen

Im folgenden Abschnitt beschäftigen wir uns mit der Organisationsstruktur *Ledger*.

2.2 Ledger

Im neuen Hauptbuch tauchte der Begriff *Ledger* erstmals im externen Finanzwesen auf. Im alten Hauptbuch gab es zwar bereits ein Ledger (Ledger 00 in Tabelle GLT0), aber dieses war ausgeblendet, da es genau ein Ledger gab, in dem Sie Ihre Rechnungslegung abbilden konnten. Das alte Hauptbuch ist der Vorgänger des neuen Hauptbuchs im externen Finanzwesen in SAP ERP. Im alten Hauptbuch hatten Sie nur die Möglichkeit, über parallele Konten weitere Rechnungslegungen abzubilden. Schematisch dargestellt, sieht diese parallele Kontenlösung wie eine Maus mit einem runden Kopf und zwei großen Ohren aus. Daher wird sie auch *Micky-Maus-Lösung* genannt (siehe Abbildung 2.3).

Abbildung 2.3 Veranschaulichung der parallelen Kontenlösung im alten Hauptbuch

Der entscheidende Nachteil der Kontenlösung ist, dass sie rasch unübersichtlich wird, wenn Sie mehr als zwei parallele Rechnungslegungen führen müssen. Dies ist heute bei großen und vor allem internationalen Konzernen der Fall. Seit dem neuen Hauptbuch in SAP ERP gibt es die Möglichkeit, anstelle von parallelen Konten parallele Ledger zu benutzen. Dabei wird meist das führende Ledger 0L für die führende Bewertung verwendet. Bei internationalen Unternehmen ist dies meist IFRS (International Financial Reporting Standards). Bei kleineren oder inhabergeführten Unternehmen dominiert die handelsrechtliche Bilanzierung nach HGB. Zusätzlich wird meist noch die steuerrechtliche Bilanzierung im SAP-System abgebildet.

In SAP S/4HANA wird das Ledger weiterhin verwendet. Die meisten Kunden nutzen das von SAP ausgelieferte Ledger 0L weiter als führendes Ledger und legen noch weitere, nicht führende Ledger an.

Ein Ledger repräsentiert jeweils eine Rechnungslegung. In Deutschland kennen wir die Rechnungslegung nach deutschem Handelsrecht (HGB), zusätzlich kennen wir noch die Bilanzierung nach steuerrechtlichen Vorschriften (HGB Steuer). Die meisten international tätigen Kunden sind gezwungen, die internationale Rechnungslegung IFRS abzubilden. Daher ist dies oft die führende Bewertung, die also im führenden Ledger 0L verwendet wird. Ferner gibt es zwei weitere, nicht führende Ledger für das jeweilige lokale Recht und das lokale Steuerrecht, sodass wir insgesamt auf drei Ledger bei den meisten Kunden kommen.

Diese Ledger sind:

- 0L – IFRS (führend)
- LO – Lokales Recht (HGB für deutsche Buchungskreise)
- TX – Lokales Steuerrecht (HGB Steuer für deutsche Buchungskreise)

Überlegen Sie sich gründlich, welche Rechnungslegungen Sie in SAP S/4HANA abbilden möchten. Mit SAP S/4HANA können Sie nachträglich weitere Rechnungslegungen einführen, da SAP die dafür notwendigen Erweiterungen ausliefert, aber es bleibt ein separates Migrationsprojekt. Daher sollten Sie überlegen, ob Sie nicht gleich zu Beginn Ihrer Implementierung mehrere Rechnungslegungen vorsehen. Auf das Ledger-Customizing gehen wir hier nicht genauer ein, denn Sie sehen es in Kapitel 4, »Hauptbuchhaltung«.

[«]

Steuer-Ledger in Deutschland

Seit 2017 müssen Unternehmen hierzulande in der Steuerbilanz (E-Bilanz) ein Anlagengitter mit abgeben. Die Finanzämter sind dazu angehalten, keine pauschalen Korrekturen an Anlagen zu fordern, sondern die Anlagen müssen benannt werden. Daher benötigen die Finanzämter eine Anlagenliste, und im Gegenzug benötigen die Unternehmen einen Ort, in dem sie dies buchen können; dies wäre das Steuer-Ledger in SAP S/4HANA. Man kann das Anlagengitter grundsätzlich auch in Microsoft Excel oder in anderen Werkzeugen abbilden, nicht aber dauerhaft in den Einzelposten zurückverfolgen.

Im folgenden Abschnitt beschäftigen wir uns mit dem Buchungskreis.

2.3 Buchungskreis

Der *Buchungskreis* ist die Voraussetzung für den Einsatz der Komponente Finanzwesen (FI), die in SAP S/4HANA Grundlage für alle Buchungen des externen Rechnungswesens ist. Ein Buchungskreis bildet immer jeweils eine Ihrer legalen Einheiten, also GbR, GmbH oder AG, ab. Damit entspricht die Anzahl der legalen Einheiten Ihres Unternehmens der Anzahl der Buchungskreise in SAP S/4HANA.

Für die Anlage eines Buchungskreises ist es sehr empfehlenswert, sich eine der von SAP für viele Länder ausgelieferten Buchungskreisvorlagen zu kopieren. Dabei werden viele Einstellungen in vielen unterschiedlichen Tabellen mitkopiert, was die Anlage eines Buchungskreises erheblich vereinfacht.

Zur Anlage des Buchungskreises folgen Sie dem Customizing-Pfad **Unternehmensstruktur • Definition • Finanzwesen • Buchungskreis bearbeiten, kopieren, löschen, prüfen**, oder Sie rufen Transaktion EC01 auf. Klicken Sie auf (**Org.Objekt kopieren**), und füllen Sie das Pop-up-Fenster **Kopieren** entsprechend aus (siehe Abbildung 2.4). Im Feld **von Buchungskreis** wählen Sie eine der von SAP ausgelieferten Vorlagen aus, hier **DE01**.

Abbildung 2.4 Buchungskreis aus der Vorlage kopieren (Transaktion EC01)

Bestätigen Sie Ihre Eingaben mit , oder klicken Sie auf (**Weiter**). Nun folgen einige Abfragen, die Sie, Ihren Bedürfnissen entsprechend, beantworten müssen. Das erste Pop-up-Fenster fragt Sie, ob Sie die Sachkonten des Quellbuchungskreises in Ihren Zielbuchungskreis kopieren möchten (siehe Abbildung 2.5).

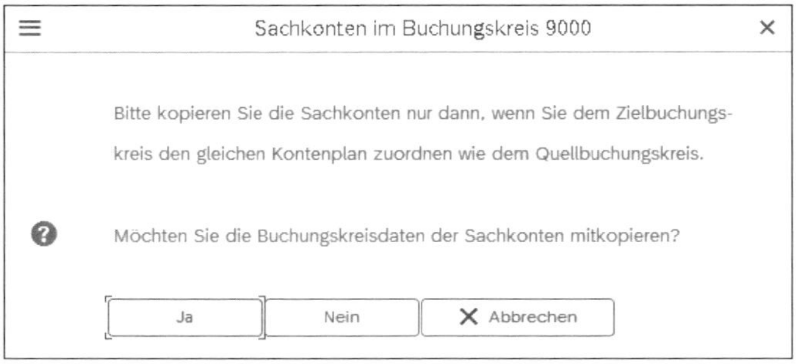

Abbildung 2.5 Sachkonten aus dem Quellbuchungskreis kopieren

Das Pop-up-Fenster haben wir mit **Ja** bestätigt, da wir Ihnen zwar später zeigen, wie Sie einen Kontenplan anlegen, aber hier einfachheitshalber den bestehenden Kontenplan INT weiterverwenden möchten.

Da wir später einen separaten Kostenrechnungskreis anlegen, klicken wir in dem folgenden Pop-up-Fenster auf **Nein** (siehe Abbildung 2.6), sodass wir später noch die Zuordnung zu einem Kostenrechnungskreis vornehmen müssen.

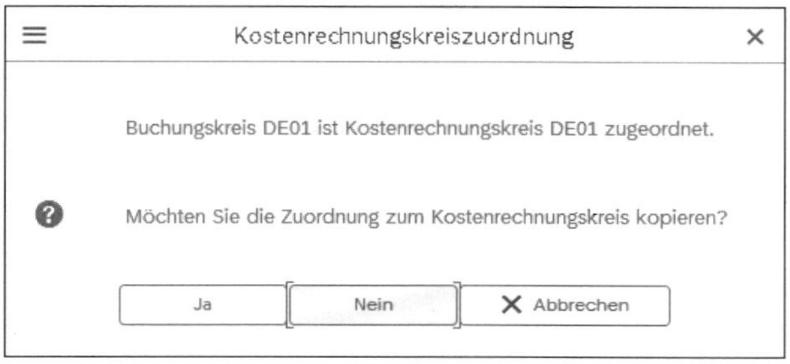
Kostenrechnungskreiszuordnung
Buchungskreis DE01 ist Kostenrechnungskreis DE01 zugeordnet.
Möchten Sie die Zuordnung zum Kostenrechnungskreis kopieren?
Ja
Nein
Abbrechen

Abbildung 2.6 Kostenrechnungskreiszuordnung kopieren

Die letzte Abfrage bezieht sich auf die Buchungskreiswährung, die nicht von der Vorlage abweichen soll. Auch hier klicken wir auf **Nein** (siehe Abbildung 2.7).

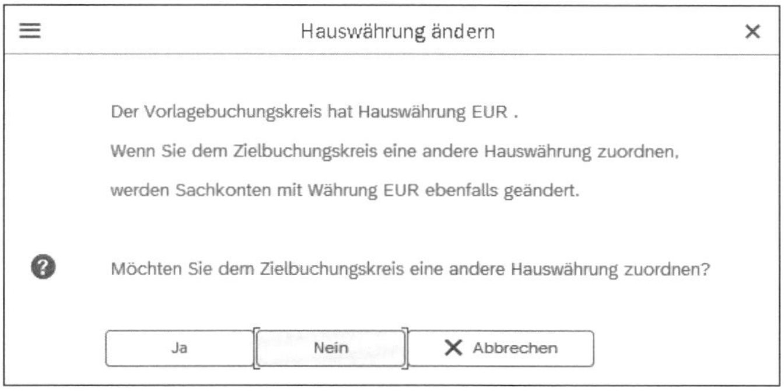
Hauswährung ändern
Der Vorlagebuchungskreis hat Hauswährung EUR .
Wenn Sie dem Zielbuchungskreis eine andere Hauswährung zuordnen,
werden Sachkonten mit Währung EUR ebenfalls geändert.
Möchten Sie dem Zielbuchungskreis eine andere Hauswährung zuordnen?
Ja
Nein
Abbrechen

Abbildung 2.7 Hauswährung ändern

Das folgende Pop-up-Fenster liefert Ihnen noch einmal eine Zusammenfassung dessen, was Sie jetzt kopieren und was nach der Buchungskreiskopie noch offenbleibt. Bestätigen Sie die Informationsmeldung, indem Sie auf ☑ (**Weiter**) klicken (siehe Abbildung 2.8).

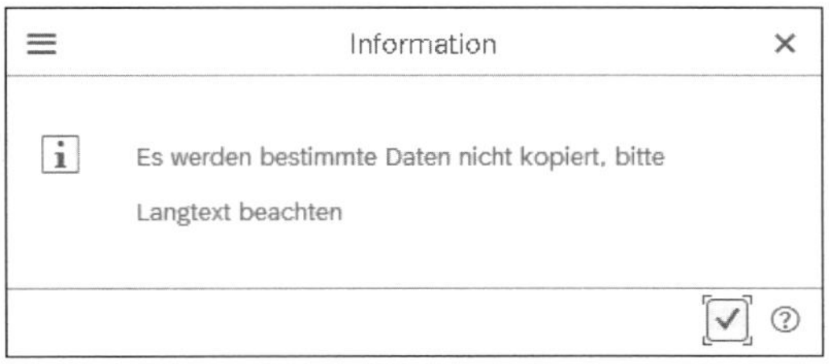
Information
Es werden bestimmte Daten nicht kopiert, bitte
Langtext beachten

Abbildung 2.8 Informationsfenster zum Kopiervorgang

Das folgende Pop-up-Fenster weist Sie darauf hin, dass die Customizing-Einstellungen für Ihre Buchungskreiskopie noch unvollständig sind (siehe Abbildung 2.9). Mit Transaktion FINS_CUST_CONS_CHK können Sie diese Prüfung später jederzeit wiederholen und Ihre Customizing-Einstellungen ergänzen.

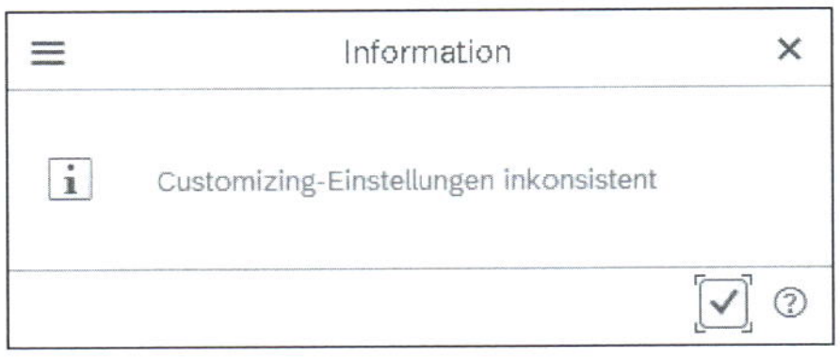
Information
Customizing-Einstellungen inkonsistent

Abbildung 2.9 Information, dass die Customizing-Einstellungen unvollständig sind

Nun erfolgt nochmals der Hinweis, dass die Nummernkreise nicht mitkopiert werden sollten. Das Pop-up-Fenster **Transport von Nummernkreisen und Adressen** weist Sie darauf hin, dass es beim Transport von Nummernkreisen zu Datenschiefständen kommen kann (siehe Abbildung 2.10).

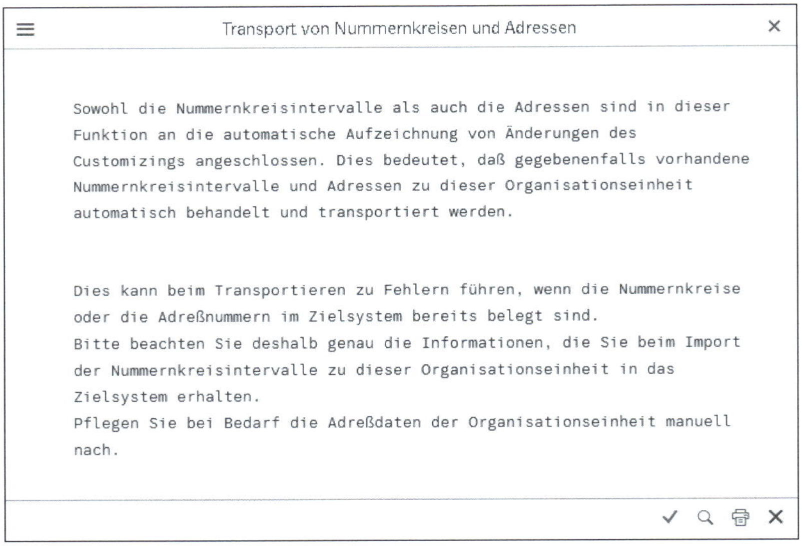
Transport von Nummernkreisen und Adressen
Sowohl die Nummernkreisintervalle als auch die Adressen sind in dieser Funktion an die automatische Aufzeichnung von Änderungen des Customizings angeschlossen. Dies bedeutet, daß gegebenenfalls vorhandene Nummernkreisintervalle und Adressen zu dieser Organisationseinheit automatisch behandelt und transportiert werden.
Dies kann beim Transportieren zu Fehlern führen, wenn die Nummernkreise oder die Adreßnummern im Zielsystem bereits belegt sind.
Bitte beachten Sie deshalb genau die Informationen, die Sie beim Import der Nummernkreisintervalle zu dieser Organisationseinheit in das Zielsystem erhalten.
Pflegen Sie bei Bedarf die Adreßdaten der Organisationseinheit manuell nach.

Abbildung 2.10 Hinweis zum Transport von Nummernkreisen

[»]

Nummernkreise transportieren

Sie sollten nie Nummernkreise transportieren. Lässt sich das nicht verhindern, nehmen Sie sie lieber in einen separaten Transport auf, in dem nur die Nummernkreise enthalten sind. Damit können Sie einfach in Transaktion SE10 kontrollieren, was Sie genau transportieren. Ein Transport, in dem viel Customizing enthalten ist, ist dazu zu unübersichtlich.

Bestätigen Sie das folgende Pop-up-Fenster zum Transport von Nummernkreisen mit **Nein** (siehe Abbildung 2.11).

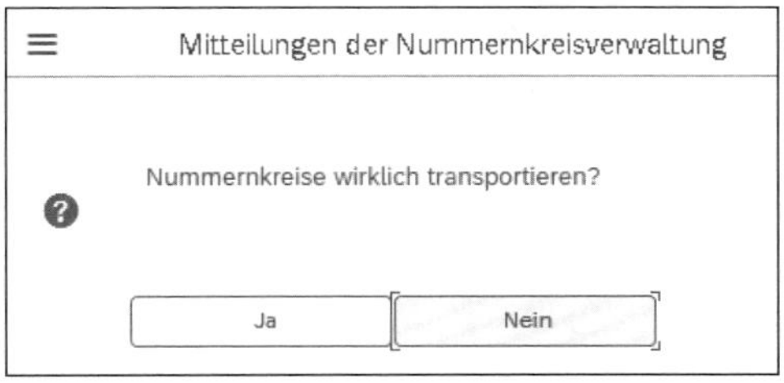
Mitteilungen der Nummernkreisverwaltung
Nummernkreise wirklich transportieren?
Ja
Nein

Abbildung 2.11 Mitteilungen der Nummernkreisverwaltung

Anschließend müssen Sie noch einen Transportauftrag auswählen und können nun in der Statusleiste den Fortschritt beobachten (siehe Abbildung 2.12).

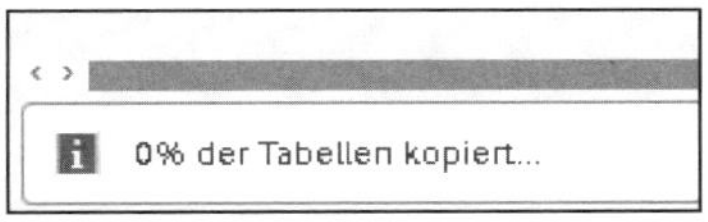
0% der Tabellen kopiert...

Abbildung 2.12 Fortschrittskontrolle beim Transportauftrag

Zum Abschluss erhalten Sie die Meldung, dass Ihr Buchungskreis kopiert worden ist (siehe Abbildung 2.13).

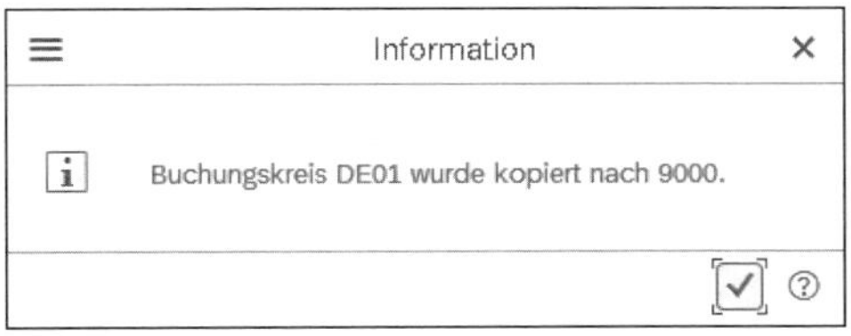
Information
Buchungskreis DE01 wurde kopiert nach 9000.

Abbildung 2.13 Erfolgsmeldung »Buchungskreis kopiert«

Nachdem Sie das Pop-up-Fenster bestätigt haben, können Sie einen weiteren Buchungskreis kopieren. Wiederholen Sie den Vorgang, bis Sie die für Sie notwendige Anzahl an Buchungskreisen angelegt haben.

Auslieferungs-Customizing für Buchungskreise

Die von SAP ausgelieferten Vorlage-Buchungskreise beginnen mit dem jeweiligen ISO-Code des Landes, also DE01 für Deutschland. In der Vergangenheit haben Sie diese störenden Buchungskreise meist gelöscht. Jetzt haben Sie die Möglichkeit, in Transaktion FINSC_CO_CD_TEMPLATE ein Kennzeichen zu setzen und damit einen Buchungskreis als Vorlage zu kennzeichnen. Dadurch werden Buchungen in diesem

Buchungskreis unterbunden und keine ledgerbezogenen Konsistenzprüfungen durchgeführt (siehe Abbildung 2.14).

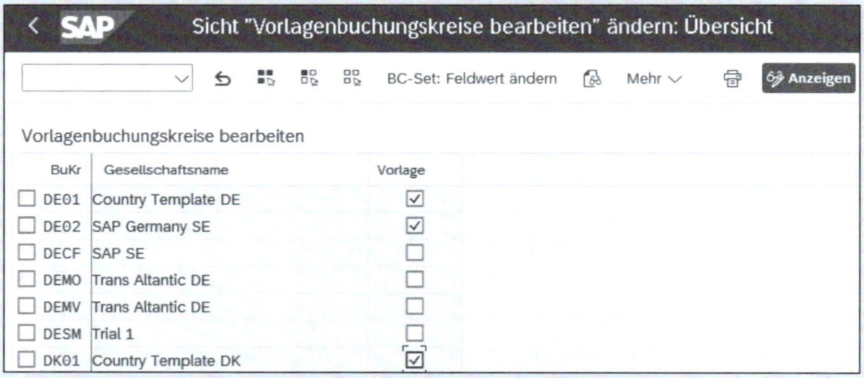

Abbildung 2.14 Vorlage-Buchungskreise bearbeiten

[+]

Buchungskreis in F4-Wertehilfe ausblenden

Damit die Anwender nicht unnötig viele Buchungskreise in der Wertehilfe F4 sehen, können Sie durch Setzen des Kennzeichens **Buchungskreis in F4 ausblenden** die Auflistung der inaktiven Buchungskreise bzw. Vorlage-Buchungskreise unterbinden (siehe Abbildung 2.15). Über den Benutzerparameter F_SHOW_OBSOLETE_T001 können Sie sich die so gekennzeichneten Buchungskreise wieder einblenden lassen.

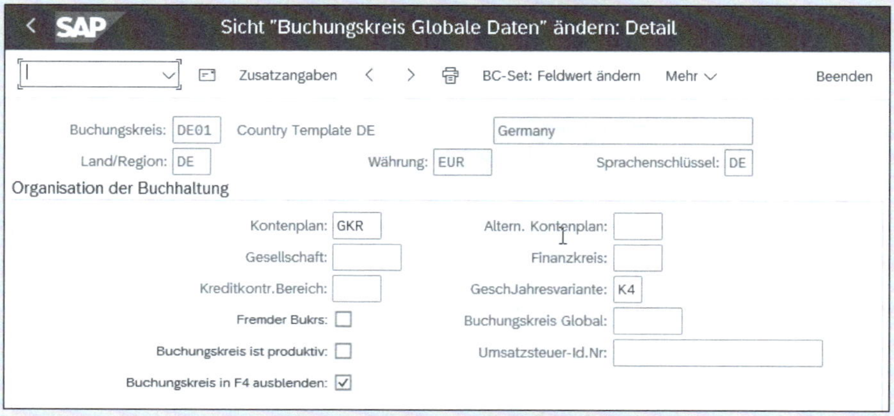

Abbildung 2.15 Buchungskreis in der F4-Wertehilfe ausblenden

Nachdem Sie Ihre Änderungen gesichert haben, wird z. B. in Transaktion FB01 (Beleg buchen) in der Wertehilfe F4 für den Buchungskreis der Buchungskreis DE01 nicht mehr angezeigt (siehe Abbildung 2.16).

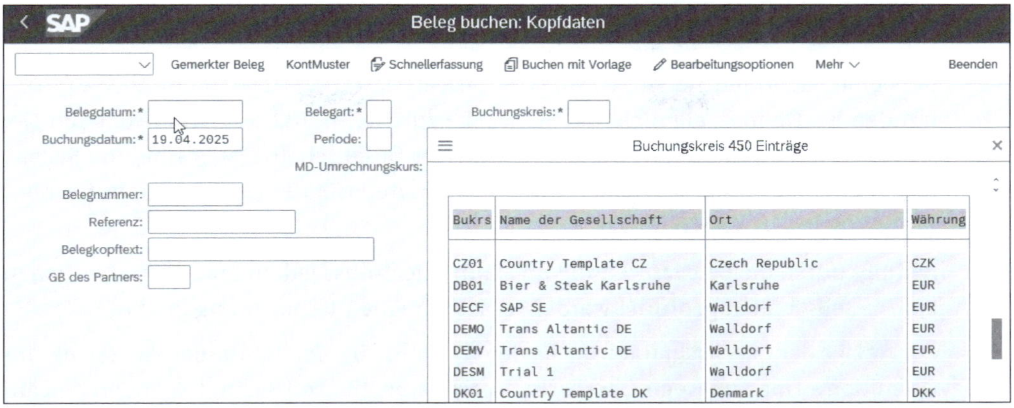

Abbildung 2.16 Buchungskreis DE01 wird nicht mehr angezeigt (Transaktion FB01).

In Abbildung 2.17 sehen Sie ebenfalls, dass der Buchungskreis DE01 nicht mehr angezeigt wird.

Abbildung 2.17 F4-Wertehilfe für den Buchungskreis in SAP Fiori

Im folgenden Abschnitt gehen wir auf die Anlage der Gesellschaft näher ein.

2.4 Gesellschaft

Die *Gesellschaft* ist eine Organisationseinheit, die Ihr Unternehmen nach dem Handelsrecht abbildet. Darüber hinaus wird über die Gesellschaft die Konsolidierung in den SAP-Konsolidierungsprodukten durchgeführt. Daher müssen Sie, wenn Sie mit mehr als einem SAP-System oder mehr als einem Mandanten operieren, die Gesellschaften in jedem SAP-System/Mandanten anlegen. Diese separate Anlage wird für die jeweiligen Geschäftspartner benötigt, über die Sie Intercompany-Prozesse abbilden.

Sofern Sie zurzeit keinen Bedarf für die Gesellschaft und damit für die Konsolidierung haben, können Sie die Gesellschaft auch später einrichten. Aber bedenken Sie, dass eine nachträgliche Einführung der Gesellschaft mit erheblichem Aufwand verbunden ist. Denn in allen alten Belegen, die zum Zeitpunkt der Einführung der Gesellschaft noch offen sind, fehlt die Angabe der Gesellschaft. Daher müssten Sie alle betroffenen Belege ausbuchen, die die Stammdaten mit der Gesellschaft anreichern und die Belege wieder einbuchen.

Bedingt durch die Belegaufteilung im Hauptbuch muss jedem Buchungskreis genau eine Gesellschaft zugeordnet werden; es ist nur eine 1:1-Zuordnung erlaubt.

Zur Anlage der Gesellschaft folgen Sie dem Customizing-Pfad **Unternehmensstruktur • Definition • Finanzwesen • Gesellschaft definieren**. Klicken Sie im folgenden Bild auf **Neue Einträge**, oder drücken Sie die Taste F5, und legen Sie Ihre Gesellschaft an. Füllen Sie die Daten für die Gesellschaft in den entsprechenden Feldern aus (siehe Abbildung 2.18).

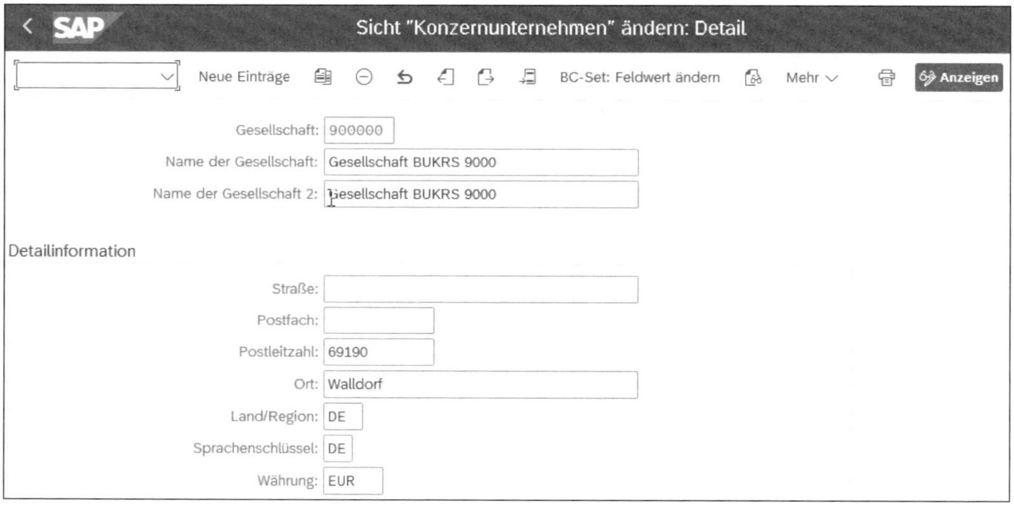

Abbildung 2.18 Gesellschaft anlegen

Sichern Sie Ihre Eingaben über die Tastenkombination Strg + S oder über den Button Sichern (**Sichern**), und gehen Sie durch einen Klick auf < (**Zurück**) oder über die Taste F3 zurück, bis Sie wieder im Einführungsleitfaden sind.

Nun folgen Sie dem Customizing-Pfad **Unternehmensstruktur • Zuordnung • Finanzwesen • Buchungskreis • Gesellschaft zuordnen**. Ordnen Sie Ihre soeben angelegte Gesellschaft Ihrem Buchungskreis zu (siehe Abbildung 2.19).

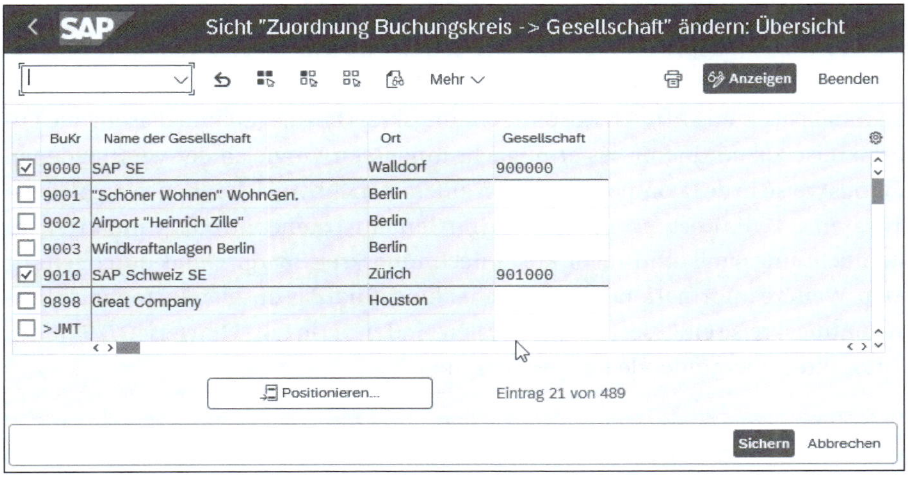

Abbildung 2.19 Gesellschaft einem Buchungskreis zuordnen

Gesellschaftswährung pflegen

Das Feld **Währung** im Bereich **Detailinformation** bei der Anlage der Gesellschaft ist zwar kein Mussfeld, aber wenn Sie es nicht ausfüllen, können Sie später die Intercompany-Abstimmung (ICR) wegen fehlender lokaler und Konzernwährung nicht richtig nutzen.

Sichern Sie Ihre Eingaben über den Button Sichern (**Sichern**) oder über die Tastenkombination Strg + S, und gehen Sie über einen Klick auf < (**Zurück**) oder über die Taste F3 zurück, bis Sie sich wieder im Einführungsleitfaden befinden. Im folgenden Abschnitt lesen Sie, wie ein Kostenrechnungskreis angelegt wird.

2.5 Kostenrechnungskreis

Der *Kostenrechnungskreis* ist die Voraussetzung für den Einsatz der Komponente Controlling (CO), die in SAP S/4HANA in die Finanzbuchhaltung integriert ist. Die Kostenarten, wie wir Sie aus SAP ECC kennen, gibt es in SAP S/4HANA nicht mehr, lediglich Sachkonten, denen ein Kostenartentyp zugeordnet wird. Im Universal Journal, der zentralen Datenbanktabelle für die Finanzbuchhaltung in SAP S/4HANA, werden sowohl Finanzbuchhaltungsbelege als auch Controlling-Belege abgespeichert. Aus technischen Gründen ist die Anlage des Kostenrechnungskreises dennoch gefordert. Er legt fest, welche Komponenten in CO anwendungsbereit sind (Kostenstellenrechnung, Innenaufträge usw.).

Dem Kostenrechnungskreis können mehrere Buchungskreise zugeordnet werden. Voraussetzung ist, dass den Buchungskreisen der gleiche Kontenplan und die gleiche Geschäftsjahresvariante zugeordnet sind. Die Empfehlung von SAP lautet, wenn möglich, einen einzigen Kostenrechnungskreis anzulegen und diesem alle Buchungskreise zuzuordnen. Dies ermöglicht Ihnen den Vergleich der verschiedenen Buchungskreise in der Komponente CO in einem Bericht. Auch können verschiedene Aktivitäten, z. B. die Kostenstellenumlage im Gemeinkostencontrolling, nur in einem Kostenrechnungskreis und nicht kostenrechnungskreisübergreifend durchgeführt werden. Weitere Informationen zur Entscheidungsfindung, ob ein oder mehrere Kostenrechnungskreise eingesetzt werden sollen, finden Sie in SAP-Hinweis 107293 (FAQ: Buchungskreisübergreifende Kostenrechnung).

[»]

Anzahl der Kostenrechnungskreise

Nicht erst seit SAP S/4HANA sollten Sie nach Möglichkeit nur einen Kostenrechnungskreis verwenden, dem Sie alle Buchungskreise zuordnen. Dies ermöglicht eine buchungskreisübergreifende Kostenrechnung und vereinfacht das weitere Customizing im Controlling, da weniger Einstellungen vorzunehmen sind.

Zur Anlage des Kostenrechnungskreises folgen Sie dem Customizing-Pfad **Unternehmensstruktur • Definition • Controlling • Kostenrechnungskreis pflegen • Kostenrechnungskreis pflegen**, oder Sie rufen Transaktion OX06 auf. Im Fenster **Sicht "Grunddaten" ändern: Detail** können Sie über den Button **Neue Einträge** oder über die Taste [F5] einen neuen Kostenrechnungskreis anlegen. Der Kostenrechnungskreis besteht aus einem vierstelligen numerischen oder alphanumerischen Alias. In unserem Beispiel legen wir nun den Kostenrechnungskreis 9000 an (siehe Abbildung 2.20).

Im Bereich **Zuordnungssteuerung** legen Sie fest, ob mehrere Buchungskreise oder nur ein Buchungskreis dem Kostenrechnungskreis zugeordnet werden sollen. In unserem Beispiel ordnen wir dem Kostenrechnungskreis mehrere Buchungskreise zu, weshalb wir aus dem Dropdown-Menü **Bukrs->Kokrs** die Option **Buchungskreisübergreifende Kostenrechnung** wählen.

Im Bereich **Währungseinstellung** ordnen Sie dem Kostenrechnungskreis eine Währung zu. In der Regel ist dies die Konzernwährung (Währungstyp 30). Alle Werte in der Komponente Controlling werden in der Transaktionswährung, in der Objektwährung (= Währung des Buchungskreises) und in der dem Kostenrechnungskreis zugeordneten Währung geführt. Das Währungskonzept ändert sich ebenfalls mit SAP S/4HANA und wird in Kapitel 4, »Hauptbuchhaltung«, detaillierter beschrieben.

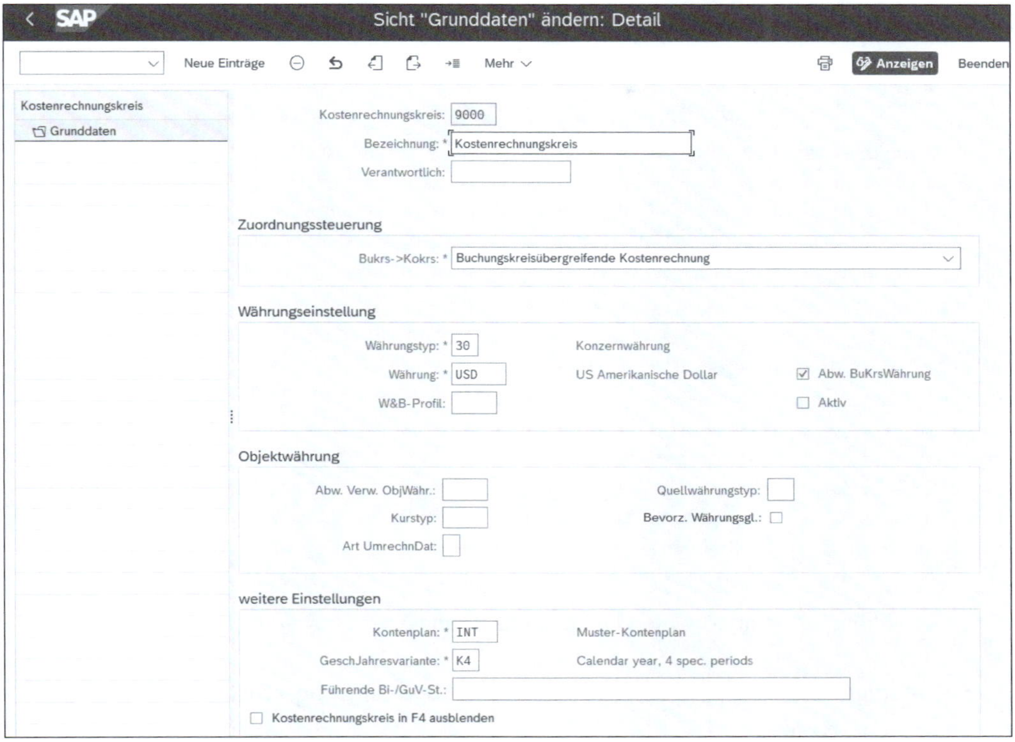

Abbildung 2.20 Kostenrechnungskreis anlegen (Transaktion OX06)

Im Bereich **weitere Einstellungen** ordnen Sie dem Kostenrechnungskreis die Geschäftsjahresvariante und den Kontenplan zu.

Nach dem Speichern des Kostenrechnungskreises müssen Sie die verschiedenen Komponenten, wie z. B. Kostenstellenrechnung und Innenaufträge, dem Kostenrechnungskreis zuordnen. Rufen Sie dazu Transaktion OKKP auf, oder folgen Sie dem Customizing-Pfad **Controlling • Controlling Allgemein • Organisation • Kostenrechnungskreis pflegen**. Markieren Sie den Kostenrechnungskreis, in dem Sie die Komponenten aktivieren möchten, und navigieren Sie zum Ordner **Komponenten aktivieren/Steuerungskennzeichen** im linken Bildbereich (siehe Abbildung 2.21).

Im Bild **Sicht "Komponenten aktivieren/Steuerungskennzeichen" ändern: Detail** sehen Sie eine Übersicht über alle Komponenten, die aktiviert werden können.

Geben Sie das Geschäftsjahr ein, ab dem der Kostenrechnungskreis aktiviert werden soll. Dabei handelt es sich um das erste Jahr, in dem die Funktionen im Kostenrechnungskreis, wie z. B. Kostenstellen oder Innenaufträge, genutzt werden können.

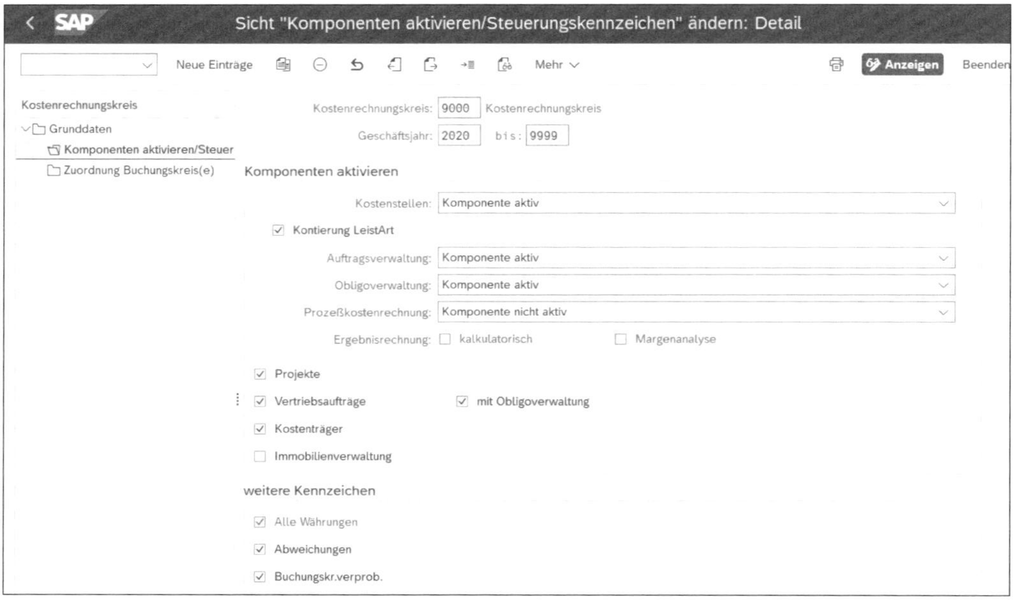

Abbildung 2.21 Komponenten im Kostenrechnungskreis aktivieren (Transaktion OKKP)

Die folgenden Komponenten können im Kostenrechnungskreis aktiviert werden:

- **Kostenstellen**
  Hiermit aktivieren Sie die Kostenstellenrechnung.
- **Kontierung LeistArt**
  Wenn Sie diese Komponente aktivieren, können Sie bei der Anlage einer Buchung mit Kostenstellen zusätzlich eine Leistungsart eingeben. Diese Option wird z. B. für die Lohnabrechnung genutzt. Die zusätzliche Kontierung auf eine Leistungsart erlaubt Ihnen einen Plan-Ist-Vergleich auf der Leistungsartenebene. Außerdem können Sie den Tarif der Leistungsart akkurater planen. Dies ist allerdings nur sinnvoll, wenn Sie einer Kostenstelle mehr als eine Leistungsart zugeordnet haben.
- **Auftragsverwaltung**
  Hiermit aktivieren Sie die Innenauftragsrechnung.
- **Obligoverwaltung**
  Hiermit aktivieren Sie das Obligo für Controlling-Objekte. Wenn Sie eine Bestellung mit Zuordnung zu Kostenstelle oder Innenauftrag anlegen, können Sie den Wert der Bestellung als Obligo auf dem Controlling-Objekt auswerten.
- **Prozesskostenrechnung**
  Die Prozesskostenrechnung basiert auf Aktivitäten in einer Gesellschaft und ordnet alle Kosten diesen Aktivitäten zu. Die Prozesskostenrechnung wird sehr selten genutzt, weshalb sie in diesem Buch nicht im Detail beschrieben wird.

- **Ergebnisrechnung**
  Wenn der Kostenrechnungskreis einem Ergebnisbereich zugeordnet ist, können Sie den Kostenrechnungskreis für die Ergebnisrechnung aktivieren.
- **Projekte**
  Wenn Sie die Komponente Projektsystem (PS) nutzen, müssen Sie Projekte im Kostenrechnungskreis aktivieren.
- **Vertriebsaufträge**
  Wenn Sie die Vertriebsauftragsbestände in der Ergebnisrechnung oder in der Kontierung von Kundenaufträgen für Innenaufträge und/oder Projekte aktivieren, müssen Sie die Vertriebsaufträge im Kostenrechnungskreis aktivieren.
- **mit Obligoverwaltung**
  Wenn Sie einen Kundenauftrag mit Kontierung auf ein Controlling-Objekt anlegen, legt das SAP-System ein Obligo an, das aufgelöst wird, wenn der Kundenauftrag fakturiert wird. Das Obligo können Sie in verschiedenen Berichten auswerten.
- **Kostenträger**
  Hiermit aktivieren Sie die Kostenträgerrechnung (z. B. Fertigungsaufträge oder Prozessaufträge).
- **Immobilienverwaltung**
  Hiermit aktivieren Sie Immobilienobjekte, wenn Sie die Komponente Immobilienmanagement (RE) verwenden.
- **Alle Währungen**
  Dieses Feld ist in der Regel bereits vorbelegt. Ist das Kennzeichen noch nicht aktiviert, empfehlen wir Ihnen, es zu setzen, da die Belege ansonsten nur in der Kostenrechnungskreiswährung, nicht aber in der Buchungskreiswährung fortgeschrieben werden.
- **Abweichungen**
  Hiermit aktivieren Sie die vorgangsbezogene Fortschreibung von Preisabweichungen bei Primärkostenbuchungen.

[«]

Kostenrechnungskreis in F4-Wertehilfe ausblenden

Pro Land liefert SAP einen Vorlage-Kostenrechnungskreis aus. Für die Anlage eines Kostenrechnungskreises empfiehlt es sich, einen Vorlage-Kostenrechnungskreis zu kopieren. Damit erleichtern Sie sich die Anlage eines Kostenrechnungskreises, da viele Einstellungen aus unterschiedlichen Tabellen mitkopiert werden. Beim Arbeiten im SAP-System ist die Anzeige aller Kostenrechnungskreise über die Wertehilfe [F4] jedoch oft verwirrend. Sie haben im Customizing die Möglichkeit, die SAP-Auslieferungsdaten für die Kostenrechnungskreise zu löschen.

Viel einfacher können Sie durch das Setzen des Kennzeichens **Kostenrechnungskreis in F4 ausblenden** die Auflistung der Vorlage-Kostenrechnungskreise unterbinden.

Die Einstellungen nehmen Sie im Customizing des Kostenrechnungskreises vor. Damit werden den Anwendern nur die für sie relevanten Kostenrechnungskreise angezeigt. Über den Benutzerparameter F_SHOW_OBS_TKA01 können Sie diese Option wieder abschalten.

Nach der Aktivierung der für Ihren Kostenrechnungskreis relevanten Komponenten gehen Sie über den Button < (**Zurück**) oder über die Taste [F3] zurück zum Einstiegsbild. Überprüfen Sie, ob alle Kennzeichen aktiviert sind, und navigieren Sie zum Ordner **Zuordnung Buchungskreis(e)** im linken Bildbereich.

Über einen Klick auf **Neue Einträge** oder die Taste [F5] können Sie die Buchungskreise dem entsprechenden Kostenrechnungskreis zuordnen. Die einzige Voraussetzung ist, dass diese Buchungskreise denselben Kontenplan und dieselbe Geschäftsjahresvariante verwenden. In Abbildung 2.22 sehen Sie die Zuordnung der angelegten Buchungskreise 9000 und 9010 zum gemeinsamen Kostenrechnungskreis 9000.

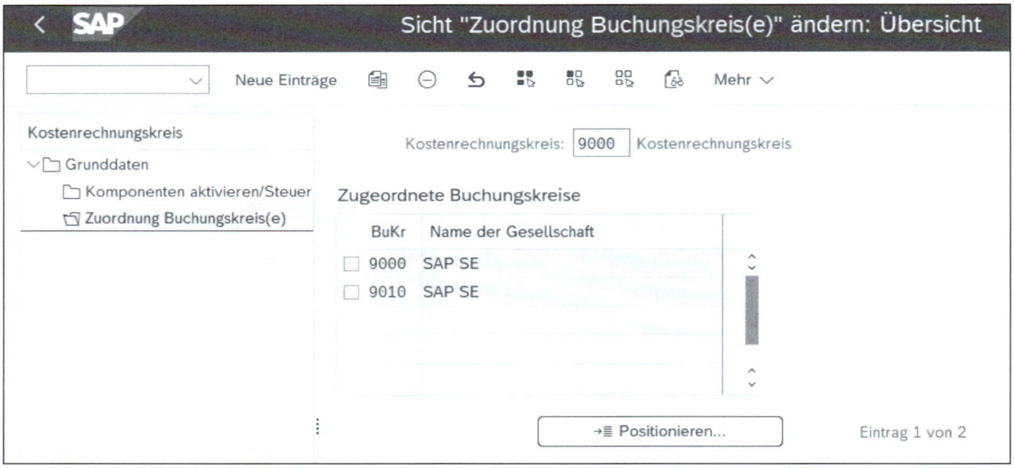

Abbildung 2.22 Buchungskreise im Kostenrechnungskreis zuordnen

Für die Aktivierung der Profit-Center-Rechnung im Hauptbuch (nicht Ledger 8A, EC-PCA) gehen Sie wie folgt vor: Folgen Sie dem Customizing-Pfad **Finanzwesen • Hauptbuchhaltung • Stammdaten • Profitcenter • Profitcenter-Rechnung im Kostenrechnungskreis aktivieren**.

In Abbildung 2.23 sehen Sie, wie die Profit-Center-Rechnung ab dem Jahr 2020 aktiviert worden ist. Beachten Sie die [F1]-Hilfe zum Feld **Profitcenter-Re** und die Dokumentation zum Customizing-Punkt **Profitcenter-Rechnung im Kostenrechnungskreis aktivieren**.

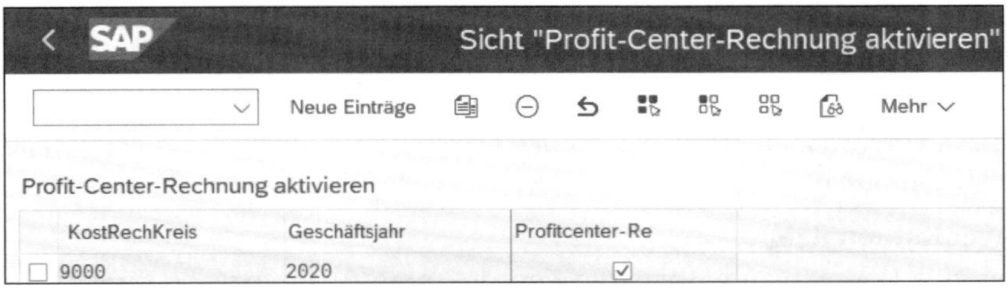

Abbildung 2.23 Profit-Center-Rechnung im Hauptbuch aktivieren

Sichern Sie Ihre Einstellungen über die Tastenkombination [Strg] + [S] oder über den Button Sichern (**Sichern**), und verlassen Sie das Bild. Die Aktivierung der Profit-Center-Rechnung löst zusätzliche Prüfungen aus. Mit der Aktivierung der Profit-Center-Rechnung wird das Feld **Profit Center** in den Kostenstellen- und Innenauftragsstammdaten als Mussfeld ausgesteuert. Damit wird sichergestellt, dass Sie nur vollständige Kostenstellen- und Innenauftragsstammdaten anlegen können.

Im folgenden Abschnitt gehen wir auf die Anlage eines Kontenplans ein.

2.6 Kontenplan

Unabhängig vom einzelnen Projekt ist der *Kontenplan* immer der zentrale Punkt: Ohne Kontenplan und Konten können Sie keine *Kontenfindung* pflegen, und ohne Kontenfindung kann keine der anderen Komponenten Buchungen vornehmen – und damit steigt der Druck auf die Kollegen im Bereich FI.

2.6.1 Typen von Kontenplänen

In diesem Abschnitt zeigen wir Ihnen, wie Sie einen operativen Kontenplan, also die *Sachkontennummern*, mit denen Sie später buchen werden, anlegen. Darüber hinaus kann es noch einen Konzernkontenplan und/oder Landeskontenplan geben. Wir empfehlen Ihnen, nicht voreilig einen Kontenplan und damit später die Kontenfindung anzulegen, sondern sich rechtzeitig vor dem Projektstart Gedanken über den Kontenplan zu machen. Zum Projektstart muss dieser nicht zu 100 Prozent fertig sein, sollte aber einen gewissen Reifegrad haben. Auch dass Sie im Laufe der Implementierung und vor dem Go-live noch das eine oder andere Konto wieder löschen oder weitere Konten anlegen, ist normal.

Außerdem müssen Sie in Ihrem Einführungsprojekt diskutieren, ob Sie einen Konzernkontenplan und vielleicht zusätzlich, um landesspezifische Anforderungen abzubilden, noch einen Landeskontenplan benötigen. Wir kennen also die folgenden Kontenpläne:

- **Konzernkontenplan**
  Beim Konzernkontenplan handelt es sich um eine Verdichtung von mehreren operativen Kontonummern auf eine Konzernkontonummer. Ein Konzernkontenplan wird in der Konsolidierung verwendet. Dieser Kontenplan wird nicht von jedem Unternehmen benötigt.
- **Operativer Kontenplan**
  Der operative Kontenplan enthält alle Kontonummern, die für jede Ihrer Rechnungslegungen benötigt werden und die Sie operativ, also beim Buchen, verwenden. Dieser Kontenplan wird zwingend von allen Unternehmen benötigt und damit jedem Buchungskreis zugeordnet.
- **Landeskontenplan**
  Der Landeskontenplan enthält alle vom jeweiligen Gesetzgeber eines Landes fest vorgegebenen Kontonummern. Diese werden 1:1 einer operativen Kontonummer zugeordnet.

Damit ergibt sich die folgende Übersicht für die Kontenpläne (siehe Abbildung 2.24).

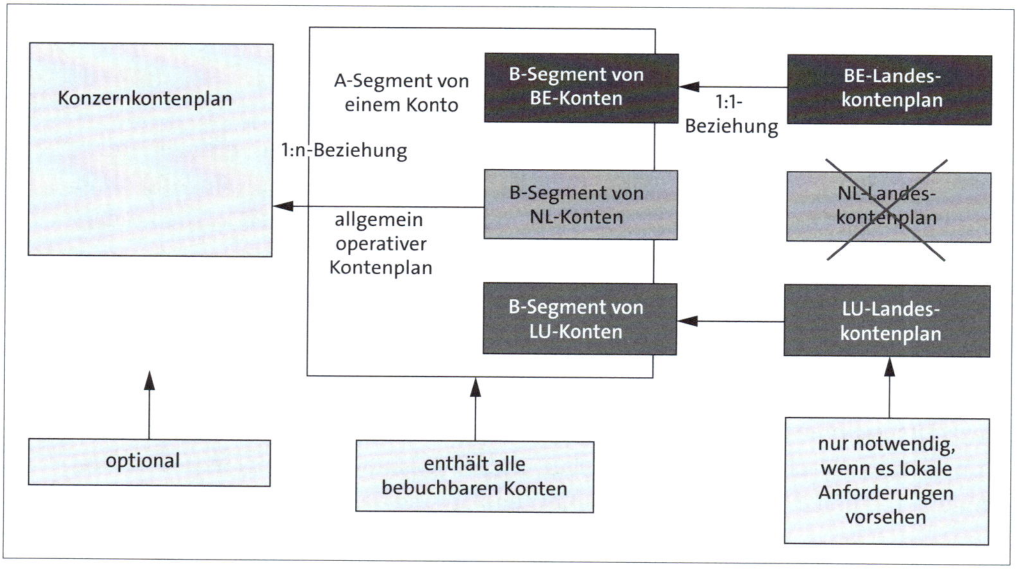

Abbildung 2.24 Übersicht über die Kontenpläne im Unternehmen

Nachdem wir uns mit den verschiedenen möglichen Kontenplänen auseinandergesetzt haben, können wir einen Kontenplan anlegen. Das Vorgehen ist für alle Kontenpläne gleich.

Bevor Sie einen Kontenplan anlegen können, müssen Sie sich über die folgenden Sachverhalte Gedanken machen:

- Länge der Kontonummern
- Pflegesprache, z. B. Deutsch; dann müssen Sie, davon ausgehend, Ihren Kontenplan in andere Sprachen übersetzen.
- benötigte Kontengruppen

Nutzen Sie den folgenden Customizing-Pfad, um einen Kontenplan anzulegen: **Finanzwesen • Hauptbuchhaltung • Strukturen • Stammdaten • Vorarbeiten • Kontenplanverzeichnis bearbeiten**, oder rufen Sie Transaktion OB13 auf. Klicken Sie auf **Neue Einträge**, oder drücken Sie die Taste F5. Daraufhin erhalten Sie ein neues Bild (siehe Abbildung 2.25). Sichern Sie Ihre Eingaben über die Tastenkombination Strg + S oder über den Button Sichern (**Sichern**).

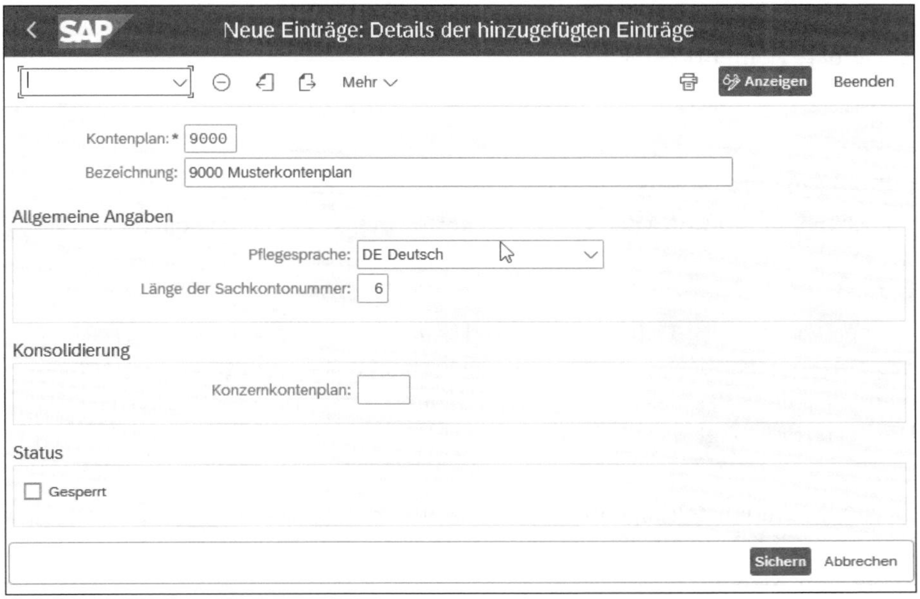

Abbildung 2.25 Kontenplan anlegen (Transaktion OB13)

Im nächsten Schritt definieren Sie die Kontengruppen, die Sie in Ihrem Kontenplan verwenden möchten.

2.6.2 Kontengruppen anlegen

Nutzen Sie den folgenden Customizing-Pfad, um eine Kontengruppe anzulegen: **Finanzwesen • Hauptbuchhaltung • Strukturen • Stammdaten • Vorarbeiten • Kontengruppe definieren**, oder rufen Sie Transaktion OBD4 auf. Klicken Sie auf **Neue Einträge**, oder verwenden Sie die Taste F5, und legen Sie Ihre Kontengruppen an.

Sie sollten immer ein Intervall (**von Konto** – **bis Konto**) pflegen. Dieses wird später bei der Anlage der Sachkonten geprüft. Damit kann es nicht passieren, dass Sie die Sachkonten in einer falschen Kontengruppe anlegen. Sichern Sie Ihre Einstellungen über die Tastenkombination [Strg] + [S] oder über den Button Sichern (**Sichern**). Üblich ist eine Unterteilung in die folgenden Kontengruppen:

- Konten des Anlagevermögens
- Konten für flüssige Mittel
- Sachkonten, allgemein
- Konten der Materialwirtschaft
- Erfolgskonten
- Abstimmkonten, eingabebereit
- sekundäre Konten/Kostenarten
- technische Konten

Kontengruppen

Da sich mit SAP S/4HANA die sekundären Kostenarten ebenfalls im Kontenplan wiederfinden, muss für die sekundären Konten ebenfalls eine Kontengruppe angelegt werden.

In eine Kontengruppe **Technische Konten** könnten Sie Ihre Gegenkonten für die Altdatenmigrationen oder sonstige einmalig technisch notwendige Konten aufnehmen. Ein anderes Beispiel dazu sind Euro-Rundungsdifferenzkonten, die bei der Euro-Umstellung benötigt wurden.

Sichern Sie Ihre Einstellungen über die Tastenkombination [Strg] + [S] oder über den Button Sichern (**Sichern**). In Abbildung 2.26 sehen Sie die beispielhaft angelegten Kontengruppen in der Transaktion OBD4.

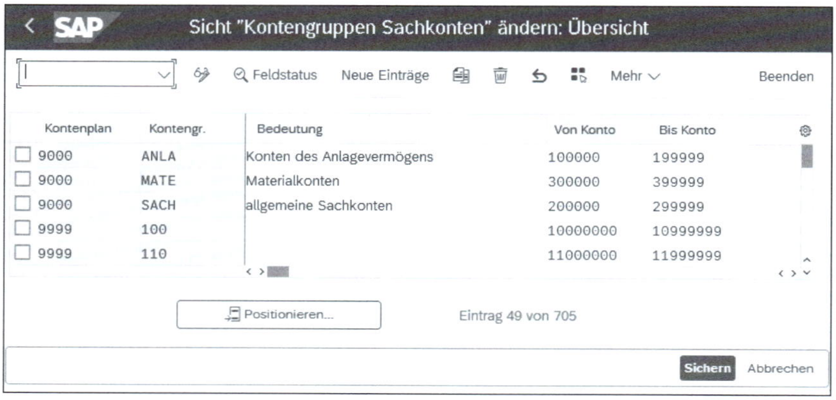

Abbildung 2.26 Angelegte Kontengruppen anzeigen (Transaktion OBD4)

Übersetzen Sie gegebenenfalls die Bedeutung Ihrer Kontengruppen (Feld **Bedeutung**). Alternativ rufen Sie dazu Transaktion SE63 auf, oder melden Sie sich einfach in einer anderen Anmeldesprache an. Rufen Sie den Customizing-Pfad erneut auf, und pflegen Sie die Übersetzung direkt ein.

Durch einen Doppelklick auf die jeweilige Kontengruppe – oder indem Sie eine Zeile markieren und **Feldstatus** anklicken – gelangen Sie auf den Feldstatus der ausgewählten Kontengruppe. Nun können Sie durch einen weiteren Doppelklick eine Gruppe auswählen, für die Sie bestimmte Felder (**Ausblenden**, **Musseingabe**, **Kanneingabe**, **Anzeigen**) festlegen können.

[«]

Feldstatus für Kontengruppen

Jede Kontengruppe hat Anforderungen dazu, welche Felder im Sachkontenstammsatz benötigt werden. Außerdem sollten die Anwender nur die Felder sehen, die sie wirklich benötigen. Zwingend notwendige Felder sollten auf **Musseingabe** stehen, denn dies verhindert falsche Eingaben.

Abbildung 2.27 zeigt Ihnen beispielhaft für die Kontengruppe ANLA und den Untergruppennachweis **Steuerung** den Feldstatus. Gehen Sie schrittweise alle Kontengruppen und Untergruppen durch.

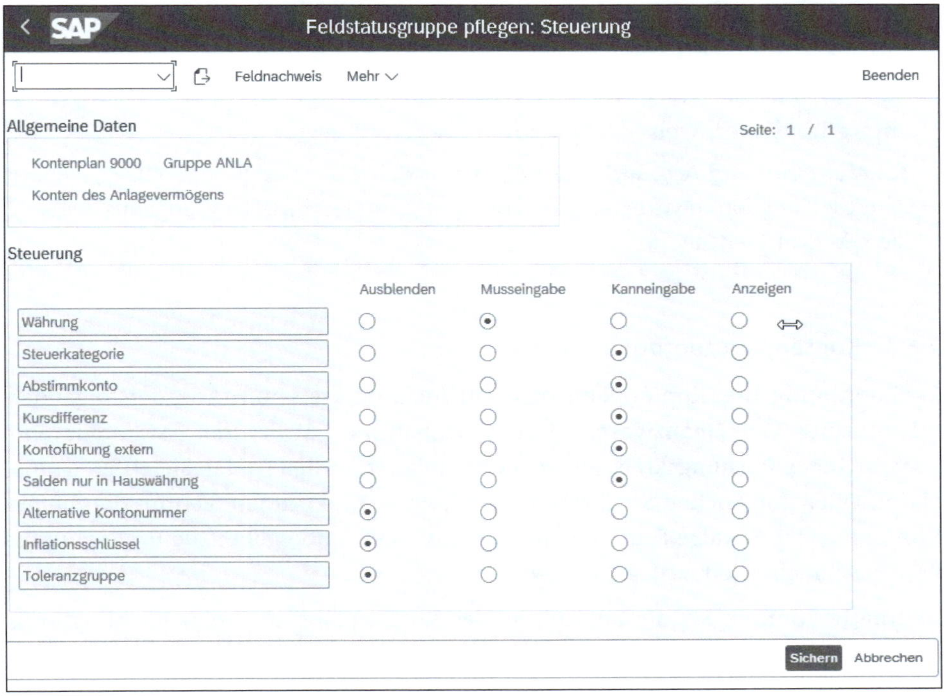

Abbildung 2.27 Feldstatus pro Kontengruppe pflegen

Pro Kontengruppe gibt es sieben Untergruppen. Abbildung 2.28 zeigt Ihnen die Untergruppen, die bei der Pflege des Feldstatus zur Verfügung stehen.

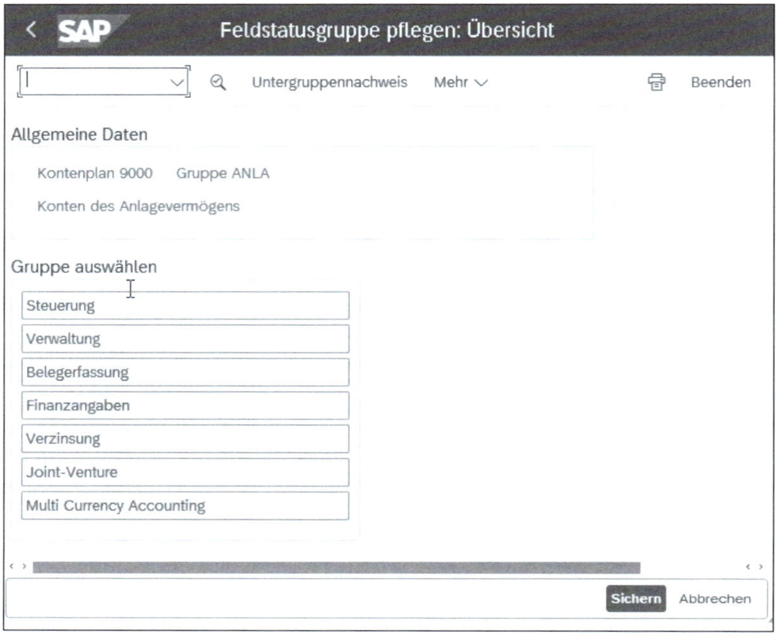

Abbildung 2.28 Untergruppen für den Feldstatus einer Kontengruppe

[»]

Untergruppennachweis »Multi Currency Accounting«

Das **Multi Currency Accounting** (MCA) ist eine Funktion speziell für Banken. Wenn Sie diese Funktion nicht benötigen, können Sie in diesem Untergruppennachweis alle Felder ausblenden.

2.6.3 Kontenplan zuordnen

Zur Zuordnung Ihres Kontenplans zu Ihrem Buchungskreis nutzen Sie den folgenden Customizing-Pfad: **Finanzwesen • Hauptbuchhaltung • Strukturen • Stammdaten • Vorarbeiten • Buchungskreis einem Kontenplan zuordnen**, oder Sie rufen Transaktion OB62 auf. Suchen Sie Ihren Buchungskreis, und ordnen Sie ihm den neuen Kontenplan zu. Etwaige Fehlermeldungen können Sie übergehen, da Ihr Buchungskreis noch nicht produktiv genutzt wird.

Alternativ könnten Sie die Zuordnung des Kontenplans zu Ihrem Buchungskreis auch im Buchungskreis direkt zuordnen. Folgen Sie dazu dem Customizing-Pfad **Finanzwesen • Grundeinstellungen Finanzwesen • Globale Parameter zum Buchungskreis • Globale Parameter prüfen und ergänzen**.

2

Anschließend können Sie Ihre Sachkonten in Transaktion FS00 manuell anlegen. Alternativ können Sie, ebenso wie in den vergangenen Jahren, über Transaktion LSMW eine eigene Altdatenübernahme anlegen.

SAP S/4HANA Migration Cockpit für Sachkontenstammdaten

Mit SAP S/4HANA steht Ihnen ein innovatives Instrument für Altdatenmigrationen zur Verfügung: das SAP S/4HANA Migration Cockpit. Sie finden detaillierte Informationen dazu in der SAP-Online-Hilfe unter folgendem Link:

https://help.sap.com/docs/SAP_S4HANA_ON-PREMISE/29193bf0ebdd4583930b2176cb993268/a4d4119a2cc9448a98e5d17e6dd0eac4.html?locale=de-DE (Kurz-URL: *http://s-prs.de/v10687001*)

Alternativ können Sie wie folgt vorgehen:

1. Besuchen Sie die Webseite *help.sap.com*.
2. Wählen Sie Ihr spezifisches SAP-S/4HANA-Produkt aus.
3. Nutzen Sie das Suchfeld auf der Produktseite und geben Sie »Datenmigration« ein.

Diese Schritte führen Sie zur Einstiegsseite des SAP S/4HANA Migration Cockpit. In der linken Navigationsleiste finden Sie den Eintrag **Migration Objects for SAP S/4HANA**. Hier können Sie gezielt nach den für Sie relevanten Migrationsobjekten suchen und filtern.

In Abbildung 2.29 sehen Sie die Landingpage (Einstiegsseite) des SAP S/4HANA Migration Cockpit. Links können Sie verschiedene Themengebiete mit Detailinformationen des SAP S/4HANA Migration Cockpit über die Ordnerstruktur aufrufen.

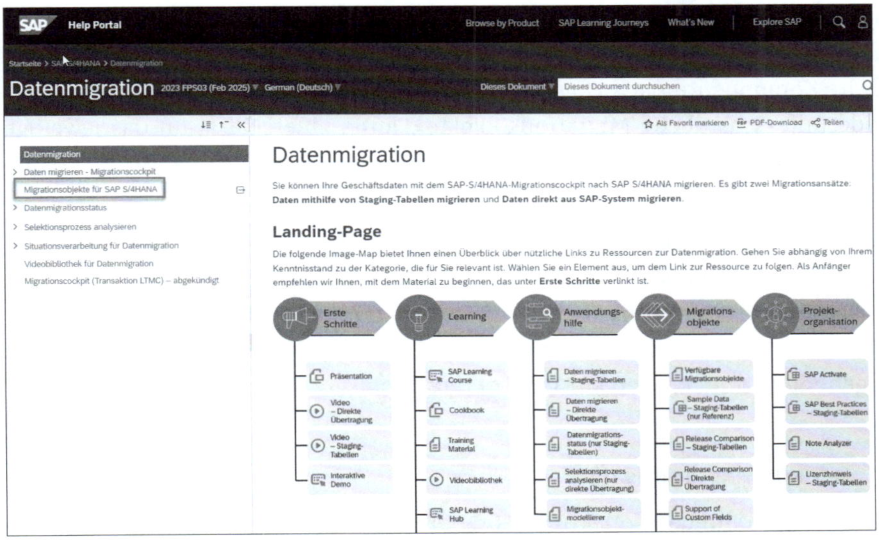

Abbildung 2.29 Landingpage von SAP S/4HANA Migration Cockpit

In Abbildung 2.30 sehen Sie die Detailinformationen zu den Migrationsobjekten, die zur Verfügung stehen, unter **Verfügbare Migrationsobjekte**. Im Kopf der Tabelle haben wir verschiedene Filter gesetzt.

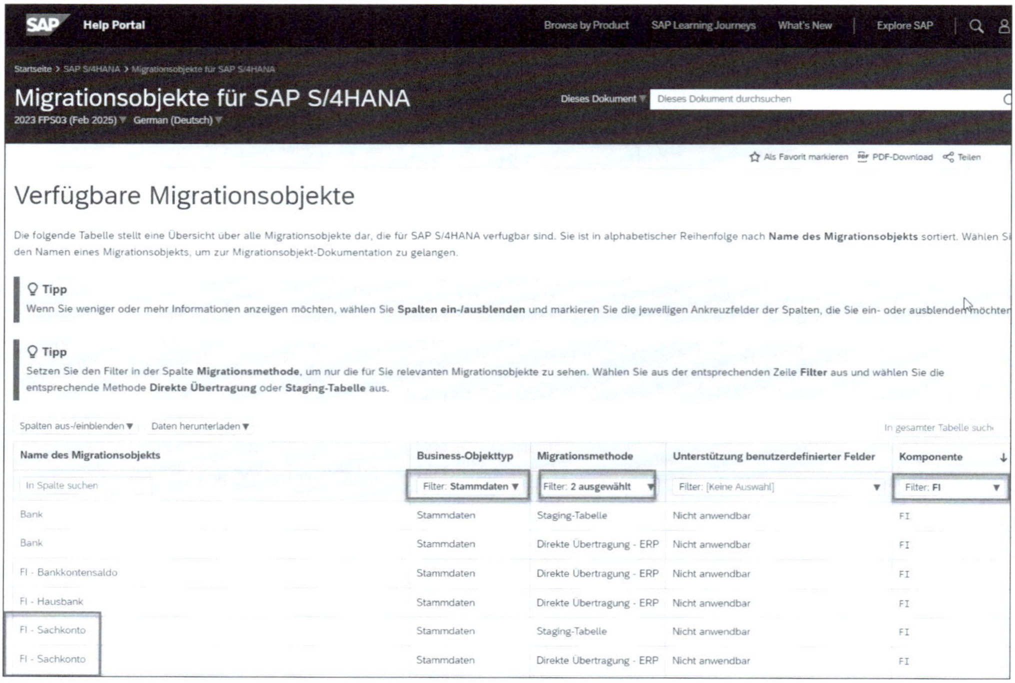

Abbildung 2.30 Übersicht über die verfügbaren Migrationsobjekte

Wir haben etwa nach **Stammdaten** in der Spalte **Business-Objekttyp**, in der Spalte **Migrationsmethode** nach **Direkte Übertragung – ERP** und **Staging-Tabelle**, so wie in der Spalte **Komponente** nach **FI** gefiltert. Wie Sie sehen, gibt es je nach Migrationsmethode unterschiedliche Migrationsobjekte. Durch einen Klick auf das jeweilige Migrationsobjekt können Sie in die Online-Hilfe des jeweiligen Migrationsobjekts abspringen.

Nach dem kurzen Ausflug in das SAP S/4HANA Migration Cockpit konzentrieren wir uns nun wieder auf die Anlage des Kontenplanes und der dazugehörenden Stammdaten. Damit Sie die Auswirkungen des Universal Journals besser verstehen, betrachten wir im folgenden Abschnitt die mit der Einführung des Universal Journals einhergehenden Änderungen am *Sachkontenstammsatz*.

2.6.4 Sachkontenstammsatz

Eine der Vereinfachungen von SAP S/4HANA Finance ist die Zusammenführung von Informationen aus externem und internem Rechnungswesen im Universal Journal.

Damit kommt es zur Verschmelzung des CO-Belegs mit dem FI-Beleg in einer Tabelle. Dabei ist der FI-Beleg führend. Damit ergibt sich die Notwendigkeit, sich den Kontenplan und die Kostenarten genauer anzuschauen. Bisher kannten wir Sachkonten, die im Hauptbuch angelegt und geändert worden sind, sowie primäre und sekundäre Kostenarten, die Teile der Gewinn-und-Verlust-Rechnung (GuV) im Controlling abbildeten.

Durch die Verschmelzung von FI und CO kommt es zu einer Verschmelzung von Sachkonto und Kostenart. Abbildung 2.31 zeigt die bisher übliche Trennung der Sachkonten in FI und der Kostenarten in CO. Die Stammdaten sind also getrennt in FI und CO abgelegt worden. Demzufolge konnten Sie auf dem Sachkontenstammsatz bisher nur nach Bilanz- und GuV-Konto unterscheiden. Mit SAP S/4HANA geschieht dies zusammen mit den Sachkonten in FI.

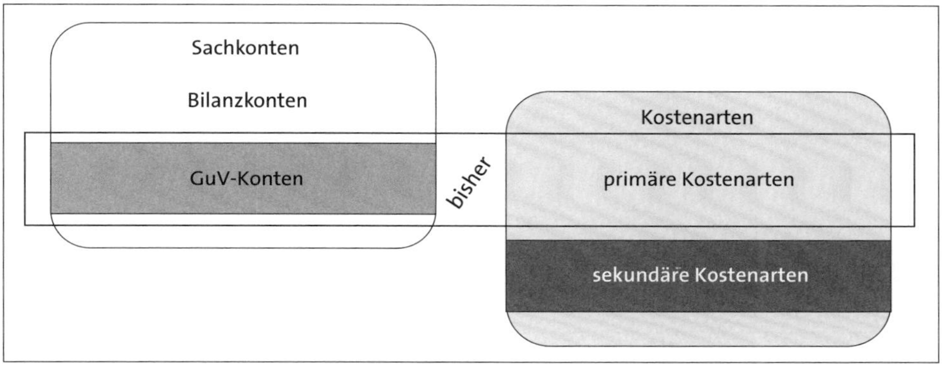

Abbildung 2.31 Sachkonten und Kostenarten, getrennt in FI und CO

Dadurch können Sie künftig im Sachkontenstammsatz folgendermaßen unterscheiden:

- Bilanzkonto
- Konten für neutrale Aufwendungen/Erträge
- primäre Kostenarten
- sekundäre Kostenarten
- Geldkonto

Damit diese Veränderung im Sachkontenstammsatz umgesetzt werden kann, ändert sich die Anzeige im SAP-System (siehe Abbildung 2.32). Bei der Anlage der Sachkonten kann nicht mehr nur zwischen Bilanz- und GuV-Konto unterschieden werden, sondern vielmehr erfolgt eine weitere Differenzierung der Sachkontenart, zusätzlich nach primären und sekundären Kostenarten.

Abbildung 2.32 zeigt die neuen Auswahlmöglichkeiten im Feld **Sachkontoart**. Im Wesentlichen wird nur noch Transaktion FS00 verwendet. Die Transaktionen FS01

(Sachkontenstammsatz anlegen), FS02 (Sachkontenstammsatz ändern) und FS03 (Sachkontenstammsatz anzeigen) entfallen und werden durch Transaktion FS00 ersetzt.

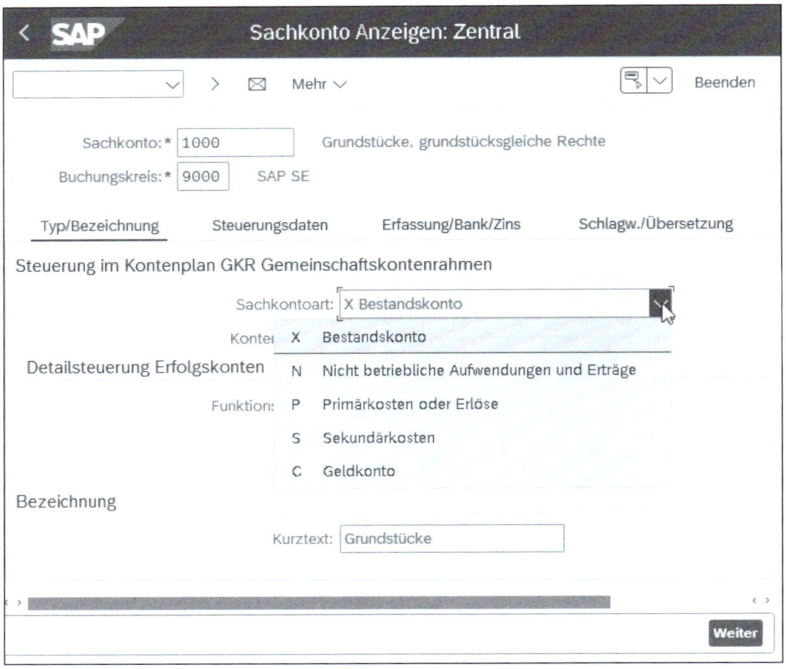

Abbildung 2.32 Sachkontenstammsatz in Transaktion FS00

Damit werden Sachkonten sowie primäre und sekundäre Kostenarten im Sachkontenstammsatz miteinander verschmolzen, und es gibt nur noch eine gemeinsame Pflegetransaktion. Die technische Verschmelzung der Stammdaten ist ein Schritt in der Migration nach SAP S/4HANA (siehe dazu Kapitel 14, »Migration nach SAP S/4HANA«).

Für die Stammdatenpflege von Sachkonten und Kostenarten gibt es in SAP S/4HANA eine einheitliche Vorgehensweise, die von der Vorgehensweise in SAP ERP abweicht. Wir gehen von den folgenden Voraussetzungen aus:

- Der Kontenplan beinhaltet alle Bilanz- und alle GuV-Konten.
- Die Kostenarten verwenden Sachkontenlogik. Dies bedeutet:
  - keine Zeitabhängigkeit mehr für Kostenarten
  - kein Kontierungsvorschlag mehr in Kostenarten

- GuV-Konten können als Kostenarten klassifiziert werden. Dies bedeutet, dass Kostenarten zu Sachkonten mit einer spezifischen Semantik werden.
- Der Kostenartentyp bleibt bestehen; sekundäre Kostenarten werden weiterhin nur aus CO-Verrechnungen bebucht.

Für die Anlage und Änderung von Sachkontenstammsätzen steht Ihnen auch eine SAP-Fiori-App zur Verfügung. Abbildung 2.33 zeigt die SAP-Fiori-App **Sachkontenstammdaten verwalten**. Alternativ können Sie auch über die SAP-Fiori-App **Kontenplan verwalten** einsteigen.

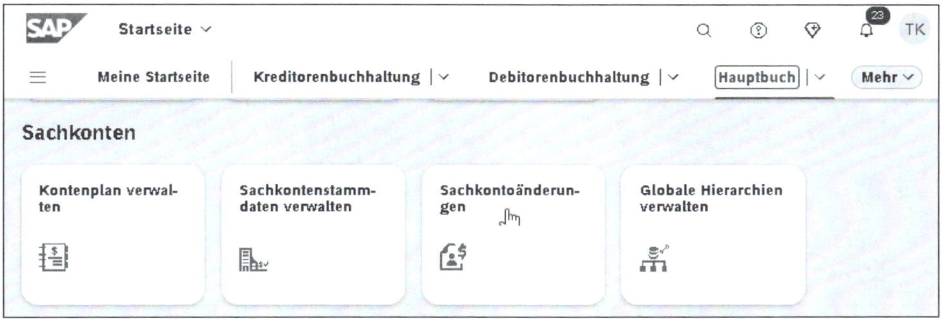

Abbildung 2.33 SAP-Fiori-App »Sachkontenstammdaten verwalten« in der Kachelgruppe »Stammdaten für das Hauptbuch«

Im Selektionsbild können Sie z. B. nach Kontenplan INT Ihre Suche einschränken. Je nachdem, was Sie im Feld **Sicht** ausgewählt haben, wäre eine Einschränkung nach Buchungskreis bzw. Kostenrechnungskreis notwendig. Es gibt die folgenden Auswahlmöglichkeiten im Feld **Sicht**.

- Kontenplansicht
- Buchungskreissicht
- Kostenrechnungskreissicht

Nachdem Sie Ihre Einschränkungen vorgenommen haben, klicken Sie auf den Button Start (**Start**), um die Selektion zu starten. In Abbildung 2.34 sehen Sie eine Auflistung aller Sachkonten, die bereits angelegt worden sind.

Durch einen Klick auf die jeweilige Zeile eines Sachkontos bzw. auf den Button > (**Details**) gelangen Sie auf die Detailsicht für das gewählte Sachkonto entsprechend der gewählten Sicht.

In Abbildung 2.35 sehen Sie die Details des Sachkontos 000001 (Handkasse) entsprechend der ausgewählten Kontenplansicht.

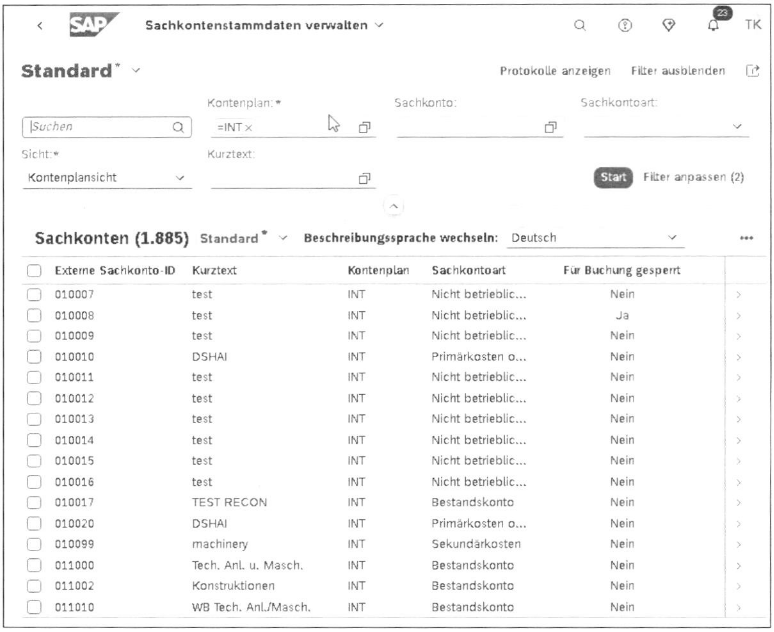

Abbildung 2.34 Auflistung aller angelegten Sachkonten in der SAP-Fiori-App »Sachkontenstammdaten verwalten«

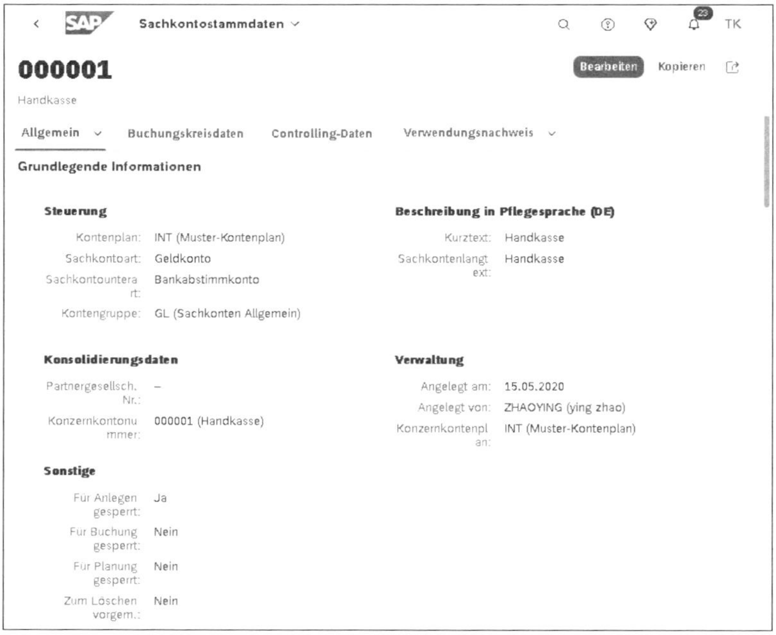

Abbildung 2.35 Detailansicht eines Sachkontos in der SAP-Fiori-App »Sachkontenstammdaten«

In der SAP-Fiori-App **Sachkontenstammdaten** können Sie über die Registerkarte **Buchungskreisdaten**, **Controlling-Daten** bzw. **Verwendungsnachweis** in weitere Sichten abspringen. Auf der Registerkarte **Verwendungsnachweis** sehen Sie beispielsweise, in welchen Bilanz- und GuV Strukturen bzw. *Kontenfindungen* das Sachkonto verwendet wird. Mit Kontenfindungen bezeichnet man die technische Verbindung von anderen SAP-Komponenten wie z. B. Materialwirtschaft, Vertrieb oder Anlagenbuchhaltung mit dem Hauptbuch. Dazu wird jeweils zu typischen Merkmalen der SAP-Komponente wie Anlagenklasse, Materialgruppe, Fakturaart usw. eine Kontenfindung im Customizing angelegt und die jeweils zu bebuchenden Sachkonten hinterlegt.

[«]

Sachkontenstammdaten pflegen

Sie können die Sachkontenstammdaten sowohl im SAP GUI über Transaktion FS00 als auch über die gezeigte SAP-Fiori-App **Sachkontenstammdaten verwalten** pflegen.

Eine weitere Veränderung im Sachkontenstammsatz betrifft die *Einzelpostenverwaltung*. Mit SAP S/4HANA wird das Kennzeichen **Einzelpostenverwaltung** im Sachkontenstammsatz auf der Registerkarte **Steuerungsdaten** überflüssig. Bedingt durch die neue einzelpostenbasierte Ablage der Belege sind die Einzelposten immer alle vorhanden. Geblieben ist das Kennzeichen **Verwaltung offener Posten**.

Für die nachträgliche Änderung des Kennzeichens **Verwaltung offener Posten** nutzen Sie Transaktion FINS_ACTIVATE_OIM. Damit können Sie die Verwaltung offener Posten sowohl ein- als auch ausschalten. Beachten Sie vor dem erstmaligen Gebrauch von Transaktion FINS_ACTIVATE_OIM die Reportdokumentation. Folgen Sie dazu dem Menü **Mehr • Programmdokumentation** oder drücken Sie [⇧] + [F1]. In Abbildung 2.36 sehen Sie das Selektionsbild von Transaktion FINS_ACTIVATE_OIM.

Beachten Sie dazu auch SAP-Hinweis 2745769 (FINS_SWITCH_TO_OPEN_ITEM: Aktivierung der Offenen-Posten-Verwaltung).

[«]

Erstmalige Anwendung von neuen Funktionen

Vor der erstmaligen Nutzung neuer Funktionen im produktiven SAP-S/4HANA-System sollten Sie prüfen, ob alle relevanten SAP-Hinweise implementiert sind. Fehlende Hinweise müssen entweder vorab eingebaut oder die Funktionsaktivierung bis zum nächsten System-Upgrade verschoben werden.

Im folgenden Abschnitt beschäftigen wir uns mit einer weiteren Möglichkeit, um offene Posten auf Sachkonten zu führen. Gemeint ist das ledgerspezifische Ausgleichen, das den meisten von Ihnen schon aus dem neuen Hauptbuch in SAP ERP bekannt sein dürfte.

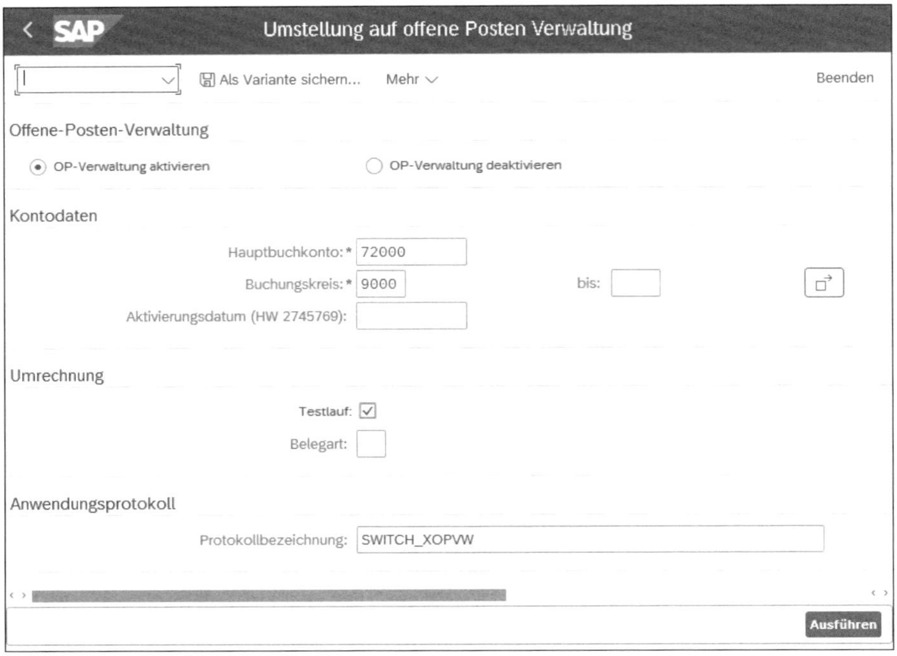

Abbildung 2.36 Selektionsbild von Transaktion FINS_ACTIVATE_OIM

2.6.5 Ledgerspezifischer Ausgleich

Die aus dem neuen Hauptbuch bekannte Funktion des ledgerspezifischen Ausgleichs ist weiterhin vorhanden. Das *ledgerspezifische Ausgleichen* verwenden Sie, um offene Posten individuell für jedes Ledger zu führen. Genutzt wird dies z. B. für Rückstellungen. Pensionsrückstellungen werden z. B. nach IFRS-Rechnungslegung anders berechnet als nach der lokalen Rechnungslegung. Der Zeitpunkt, zu dem Pensionsrückstellungen gebildet werden müssen oder aufgelöst werden dürfen, unterscheidet sich von dem Zeitpunkt der lokalen Rechnungslegung. In diesem Fall kann eine Rückstellung pro Ledger als offener Posten geführt werden. Für die Nutzung des ledgerspezifischen Ausgleichs gelten weiterhin die gleichen Einschränkungen wie bei der Verwendung des neuen Hauptbuches:

- Ein Konto wird mit der **Verwaltung offener Posten** geführt oder nutzt die Funktion **ledgerspezifisches Ausgleichen**.
- Die Kontoführung erfolgt nur in der Hauswährung des Buchungskreises.
- Das Kennzeichen **Salden nur in Hauswährung** muss gesetzt sein.
- Das Feld **Steuerkategorie** muss leer sein.

Wenn Sie nachträglich auf das ledgergruppenspezifische Ausgleichen umstellen wollen, nutzen Sie Transaktion FINS_ACTIVATE_XLGCLR (Umstellung auf ledgergruppenspezifische Offene-Posten-Verwaltung). In Abbildung 2.37 sehen Sie das Selektionsbild des Programms FINS_SWITCH_XLGCLR. Beachten Sie auch hier die Reportdokumentation. Folgen Sie dazu dem Menü **Mehr • Programmdokumentation** oder drücken Sie [⇧] + [F1].

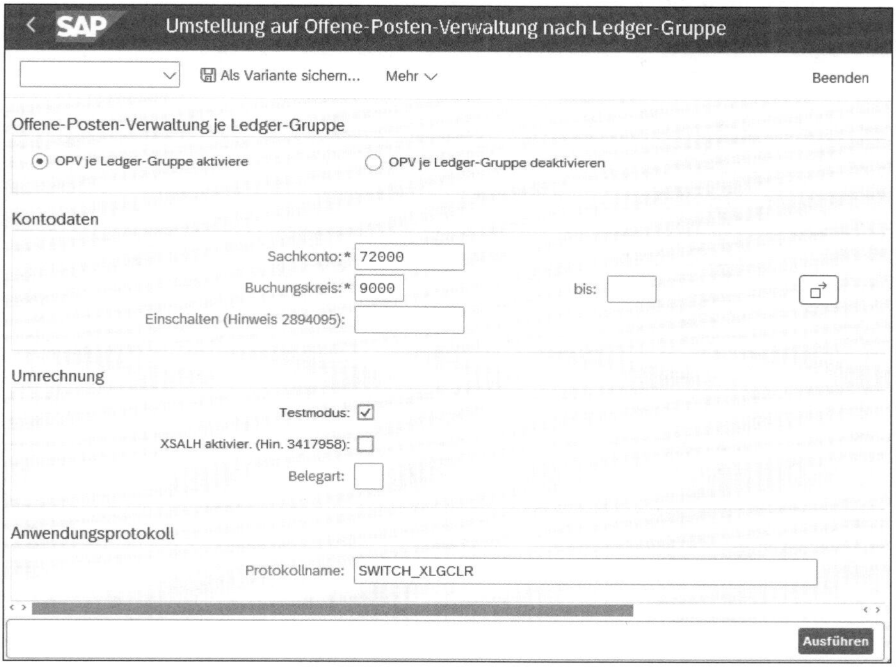

Abbildung 2.37 Selektionsbild des Programms FINS_SWITCH_XLGCLR

Im nächsten Abschnitt beschäftigen wir uns mit einer neuen Funktionalität in SAP S/4HANA, der erweiterten Offenen-Posten-Verwaltung, die mit SAP-S/4HANA-Release 2021 eingeführt worden ist.

2.6.6 Erweiterte Offene-Posten-Verwaltung

Bei der *erweiterten Offenen-Posten-Verwaltung* werden die offenen Posten in Tabelle ACDOCA verwaltet. Damit können die offenen Posten mehr als 999 Belegzeilen haben.

Belege im Universal Journal

Mit SAP S/4HANA buchen nicht mehr alle Prozesse in Tabelle BSEG. Manche Geschäftsprozesse buchen nur noch in die Tabelle ACDOCA. Eine Übersicht der betroffenen Prozesse finden Sie in SAP-Hinweis 2383115.

Beachten Sie, dass Belege, die mit der erweiterten Offene-Posten-Verwaltung gebucht werden, in Tabelle `BSEG` ohne Offene-Posten-Verwaltung geführt werden. Die erweiterte Offene-Posten-Verwaltung kann für WE/RE-Verrechnungskonten genutzt werden. In Abbildung 2.38 sehen Sie alle drei Arten der Offenen-Posten-Verwaltung in SAP S/4HANA für einen Sachkontenstammsatz.

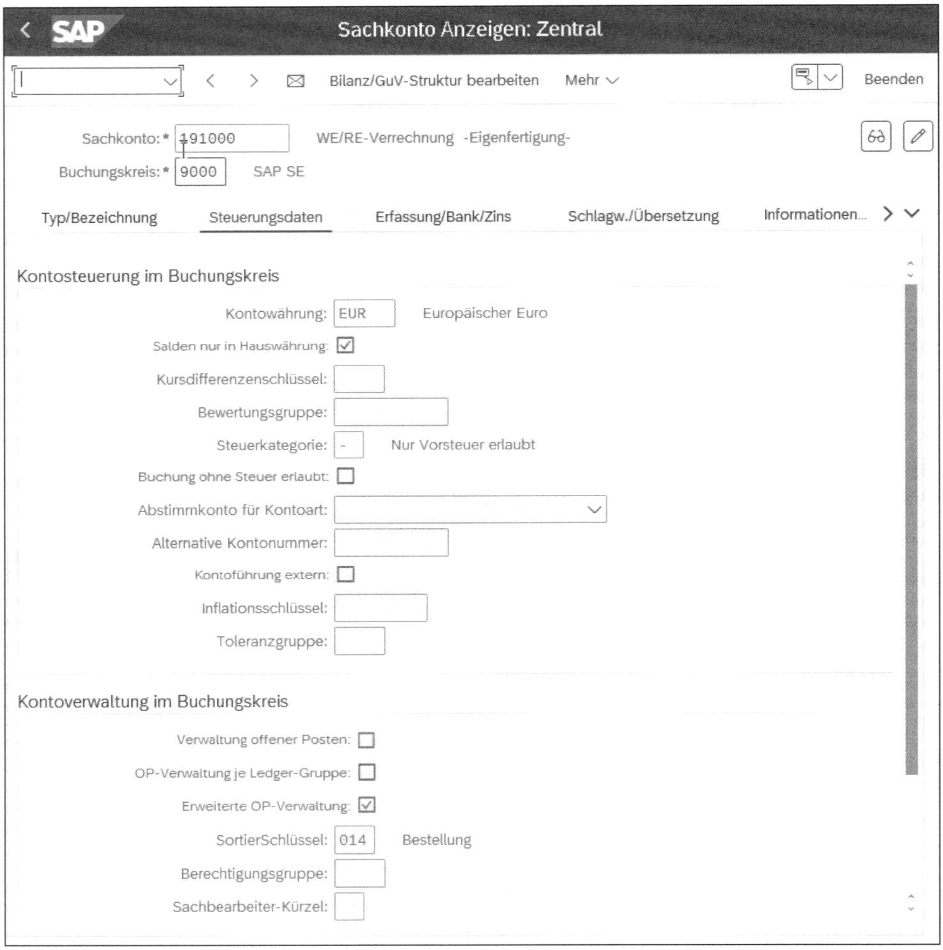

Abbildung 2.38 Überblick über einen Sachkontenstammsatz

Mit Transaktion FINS_ACTIVATE_XUJCLR können Sie die erweitere Offene-Posten-Verwaltung für einen Buchungskreis einschalten. Achtung: Es ist nicht möglich, diese Einstellung rückgängig zu machen! In Abbildung 2.39 sehen Sie das Selektionsbild des Programms `FINS_SWITCH_XUJCLR`. Beachten Sie auch hier die Reportdokumentation; folgen Sie dazu dem Menü **Mehr • Programmdokumentation** oder drücken Sie [⇧] + [F1].

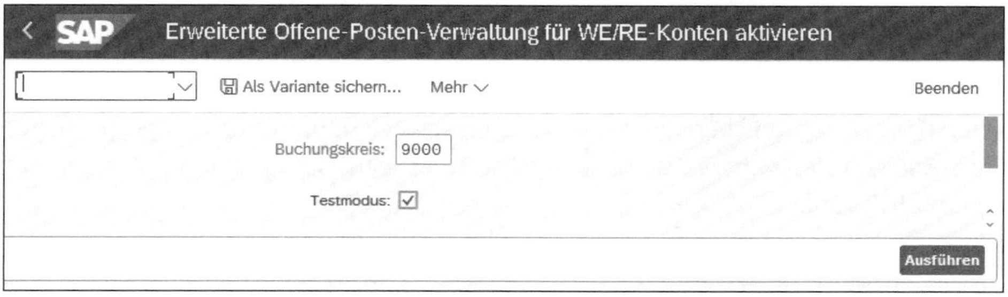

Abbildung 2.39 Selektionsbild des Programms FINS_SWITCH_XUJCLR

Um uns hier die Einstellungen in unserer beispielhaften Implementierung zu erleichtern, greifen wir auf den bereits existierenden und von SAP ausgelieferten Kontenplan **INT** zurück und ordnen diesen unserem Buchungskreis zu. Im folgenden Abschnitt schauen wir uns die Anlage eines Ergebnisbereichs genauer an.

2.7 Ergebnisbereich

Die Voraussetzung für den Einsatz der Ergebnis- und Marktsegmentrechnung (CO-PA, im Folgenden Ergebnisrechnung genannt) ist das Vorhandensein eines Ergebnisbereichs. Wenn Sie mit dem Aufbau Ihrer Ergebnisrechnung beginnen, müssen Sie als Erstes das Organisationselement *Ergebnisbereich* im SAP-System anlegen. Ein oder mehrere Kostenrechnungskreise können dem Ergebnisbereich zugeordnet werden. Voraussetzung dafür ist, dass den Kostenrechnungskreisen die gleiche Geschäftsjahresvariante zugeordnet ist.

Die Empfehlung von SAP lautet, wenn möglich, einen Ergebnisbereich zu verwenden und diesem alle relevanten Kostenrechnungskreise zuzuordnen, um ein globales Reporting zu ermöglichen, da es im SAP-Standard nicht vorgesehen ist, Berichte ergebnisbereichsübergreifend anzulegen (bei der Verwendung von SAP-Standardberichtstools innerhalb der Ergebnisrechnung). Mit BI/BW ist dies natürlich möglich, aber es muss ein Mapping auf Konten- bzw. Wertfeldebene erfolgen. SAP empfiehlt generell die Aktivierung der buchungskreisübergreifenden Kostenrechnung, was aus der Empfehlung eines Ergebnisbereichs resultiert. Weitere Informationen zur Entscheidungsfindung, ob ein oder mehrere Kostenrechnungskreise eingesetzt werden sollen, erhalten Sie in SAP-Hinweis 1077293 (FAQ: Buchungskreisübergreifende Kostenrechnung).

Nutzen Sie den folgenden Customizing-Pfad, um einen Ergebnisbereich anzulegen: **Controlling • Ergebnis- und Marktsegmentrechnung • Strukturen • Ergebnisbereich definieren • Ergebnisbereich pflegen**, oder rufen Sie Transaktion KEA0 auf.

Geben Sie im Fenster **Ergebnisbereich pflegen** in das Feld **Ergebnisbereich** einen Namen ein, der aus vier Buchstaben oder Ziffern besteht, und bestätigen Sie Ihre Eingabe mit [↵], oder klicken Sie auf den Button [□] (**Anlegen**). In unserem Beispiel legen wir den Ergebnisbereich 9000 an. Es öffnet sich daraufhin ein Pop-up-Fenster zum Anlegen des neuen Ergebnisbereichs. Bestätigen Sie das Pop-up-Fenster mit einem Klick auf **Ja**.

Direkt im Anschluss daran erscheint ein weiteres Pop-up-Fenster mit der folgenden Meldung: »Warnung! Sie wollen mandantenübergreifende Einstellungen pflegen/löschen«. Diese Meldung können Sie bestätigen. Der Ergebnisbereich ist eine mandantenübergreifende Organisationseinheit – daher erscheint diese Meldung.

Danach ist die Registerkarte **Datenstruktur** eingabebereit, wie Sie in Abbildung 2.40 sehen können. Auf der Registerkarte **Datenstruktur** können Sie einen Vorlage-Ergebnisbereich eingeben.

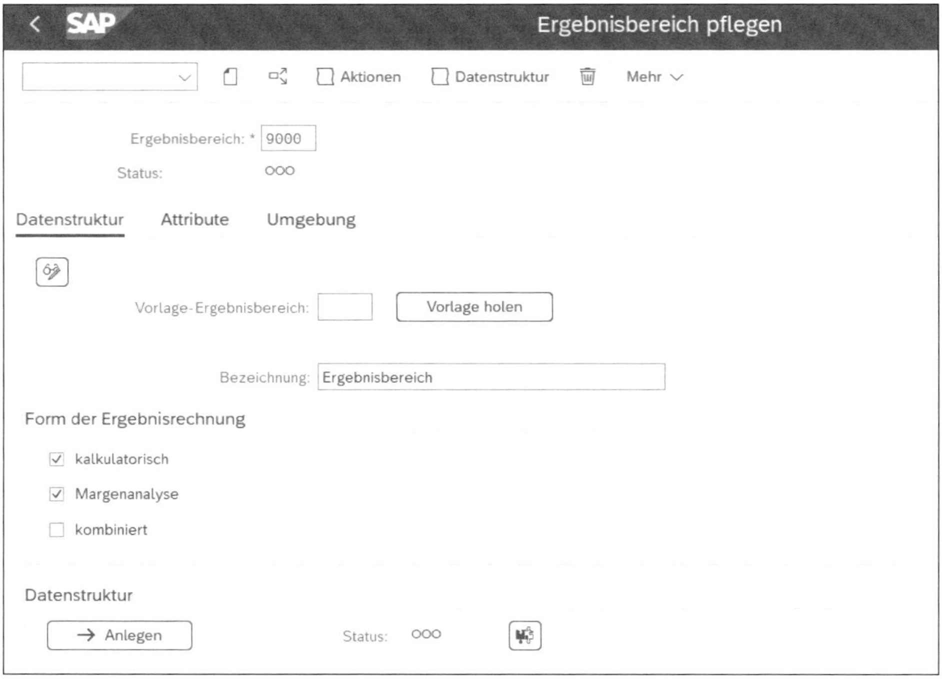

Abbildung 2.40 Ergebnisbereich anlegen (Transaktion KEA0)

Die Arbeit mit einem Vorlage-Ergebnisbereich erspart Ihnen eine Menge Customizing-Aktivitäten, da im SAP-System alle Customizing-Einstellungen des Vorlage-Ergebnisbereichs kopiert werden. Das SAP-System stellt Ihnen einige Vorlage-Ergebnisbereiche zur Verfügung, an denen Sie sich beim Aufbau Ihrer Ergebnisrechnung orientieren können. Sie sollten jedoch beachten, dass die Einstellungen eines Ergebnisbereichs nur schwer anzupassen sind. Deshalb raten wir Ihnen, möglichst ohne Vorlage-Ergebnisbereich zu arbeiten, um flexibel zu sein und das Löschen von Merkmalen oder anderen ergebnisbereichsrelevanten Einstellungen zu vermeiden, da diese sehr zeitaufwendig sein können.

Auf der Registerkarte **Datenstruktur** legen Sie auch die Bezeichnung des Ergebnisbereichs im Feld **Bezeichnung** fest. Im Bereich **Form der Ergebnisrechnung** bestimmen Sie, welche Art der Ergebnisrechnung Sie anlegen möchten. Es gibt zwei Arten der Ergebnisrechnung: die kalkulatorische Ergebnisrechnung und die Margenanalyse. In SAP ERP wurde hauptsächlich mit der kalkulatorischen Ergebnisrechnung gearbeitet, die auf Merkmalen und Wertfeldern basiert. Allerdings ist die Abstimmung der kalkulatorischen Ergebnisrechnung mit der Finanzbuchhaltung nicht garantiert und hat einigen Controllern Kopfzerbrechen bereitet. Aus Performancegründen wurde von der Benutzung der kalkulatorischen Ergebnisrechnung und der Margenanalyse (vormals buchhalterische Ergebnisrechnung) in SAP ERP abgeraten, da das Belegvolumen bei der parallelen Nutzung verdoppelt wird. Die Margenanalyse ist in ihren Funktionen in SAP ERP sehr beschränkt. Erst mit SAP S/4HANA erhält die Margenanalyse sehr viele neue Funktionen, auf die die Anwender schon lange gewartet haben.

Mit SAP S/4HANA wird empfohlen, die Margenanalyse zu aktivieren, da diese in das Universal Journal integriert ist und eine einfache Abstimmbarkeit mit der Finanzbuchhaltung gewährleistet. Die Einführung der kalkulatorischen Ergebnisrechnung mit SAP S/4HANA Finance empfiehlt sich, wenn eine Abbildung statistischer Kosten oder eine Bewertung der Absatzmengen mit verschiedenen Kalkulationsvarianten gefordert sind.

Mit SAP S/4HANA Finance können Sie aufgrund der neuen Datenbanktechnologie mit SAP HANA sowohl die kalkulatorische Ergebnisrechnung als auch die Margenanalyse aktivieren, ohne Performanceprobleme befürchten zu müssen. Wir empfehlen Ihnen, bei einer Aktivierung der kalkulatorischen Ergebnisrechnung immer auch die Margenanalyse zu aktivieren.

Dies hat verschiedene Gründe: Zum einen können die Werte der Margenanalyse immer mit der Finanzbuchhaltung abgestimmt werden – eine Abstimmbarkeit der kalkulatorischen Ergebnisrechnung mit der Finanzbuchhaltung ist mit SAP S/4HANA Finance auch noch nicht gewährleistet. Zum anderen werden die Margenanalyse und SAP S/4HANA Finance noch weiterentwickelt, und immer mehr Funktionen werden in der Margenanalyse verfügbar sein. Dies ermöglicht Ihnen, diese Funktionen zu einem späteren Zeitpunkt zu aktivieren, ohne eine Migration der Margenanalyse vornehmen zu müssen. Auf lange Sicht wird die kalkulatorische Ergebnisrechnung nicht mehr weiterentwickelt, und der Schwerpunkt wird auf der Margenanalyse liegen.

Auf der Registerkarte **Datenstruktur** ordnen Sie dem Ergebnisbereich auch die **Merkmale** und **Wertfelder** zu. Die Zuordnung von Wertfeldern ist nur erforderlich, wenn

Sie mit der kalkulatorischen Ergebnisrechnung arbeiten. Die Merkmale, die Sie dem Ergebnisbereich zuordnen, sind sowohl in der kalkulatorischen Ergebnisrechnung als auch in der Margenanalyse verfügbar.

Mit einem Klick auf den Button [→ Anlegen] (**Anlegen**) gelangen Sie zur Zuordnung der Merkmale und Wertfelder. Lassen Sie uns zunächst einen Blick auf die weiteren Registerkarten des Ergebnisbereichs werfen.

Auf der Registerkarte **Attribute** legen Sie die Währung des Ergebnisbereichs fest (siehe Abbildung 2.41). Die Istwerte in der Margenanalyse werden zusätzlich in den Währungen des Buchungskreises fortgeschrieben. In der kalkulatorischen Ergebnisrechnung erfolgt eine Fortschreibung der Istwerte in der Ergebnisbereichswährung und zusätzlich in den Währungskombinationen, die Sie auf der Registerkarte **Attribute** festlegen können. Die Fortschreibung der Planwerte der Ergebnisrechnung erfolgt hingegen nur in der Ergebnisbereichswährung. Bei einer Änderung der Ergebnisbereichswährung müssen Sie beachten, dass die Währung des Ergebnisbereichs auch für historische Werte geändert wird. Dabei erfolgt keine Umrechnung der Werte. Wird die Ergebnisbereichswährung z. B. von EUR auf USD geändert, bedeutet das, dass ein Wert mit 10 EUR als 10 USD angezeigt wird.

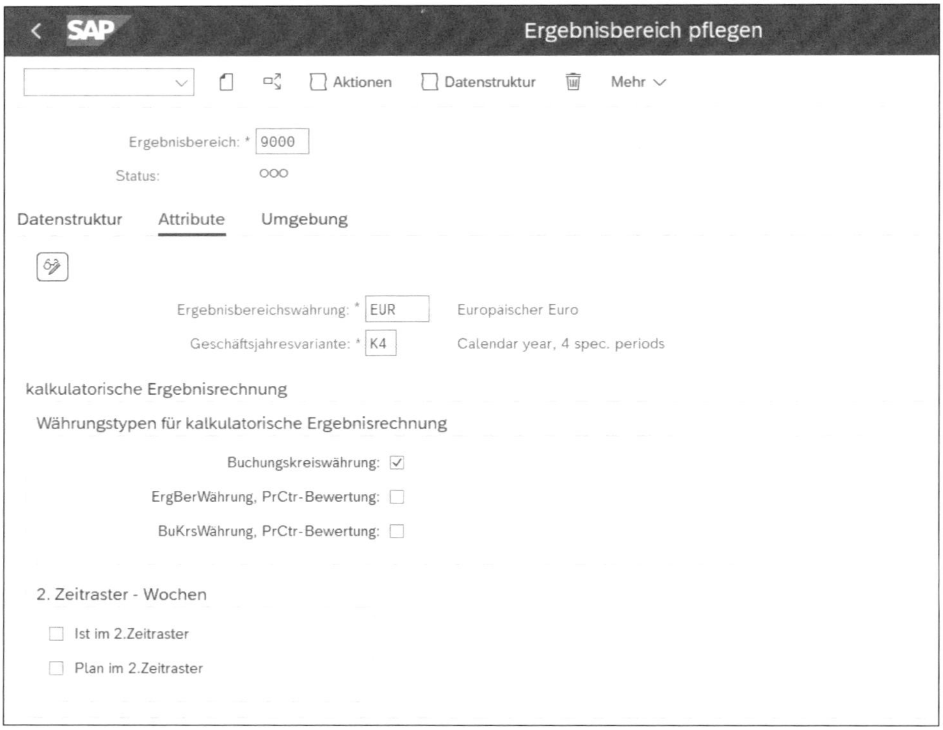

Abbildung 2.41 Attribute im Ergebnisbereich pflegen

Neben der Ergebnisbereichswährung können Sie die Daten zusätzlich in der Buchungskreiswährung sowie in der Profit-Center-Bewertung fortschreiben. Setzen Sie dazu das Kennzeichen **BuKrsWährung, PrCtr-Bewertung**.

Die *Profit-Center-Bewertung* kann in der kalkulatorischen Ergebnisrechnung fortgeschrieben werden, wenn Sie die parallele Bewertung einsetzen und mit Transferpreisen in der Profit-Center-Rechnung arbeiten. Ab Release 1610 von SAP S/4HANA Finance können Währungen aus der parallelen Bewertung auch im Universal Journal, der zentralen Tabelle für die Istdaten der Finanzbuchhaltung und des Controllings, fortgeschrieben werden.

Die Geschäftsjahresvariante legt im gleichnamigen Feld die Periodenstruktur des Ergebnisbereichs fest. Alle Kostenrechnungskreise, die dem Ergebnisbereich zugeordnet sind, müssen derselben Geschäftsjahresvariante zugeordnet sein.

Im Bereich **2. Zeitraster – Wochen** können Sie festlegen, dass die Ist- und/oder Plandaten in Wochen fortgeschrieben werden. Diese Möglichkeit steht Ihnen nur in der kalkulatorischen Ergebnisrechnung zur Verfügung; in der Margenanalyse ist diese Funktion nicht vorgesehen.

Auf der Registerkarte **Umgebung** können Sie den Status des Ergebnisbereichs einsehen. Der Ergebnisbereich ist aktiviert und zur Anwendung bereit, wenn sowohl der Status des mandantenübergreifenden Teils als auch der Status des mandantenunabhängigen Teils auf Grün steht. Beachten Sie, dass der Ergebnisbereich nach einem den Ergebnisbereich betreffenden Transport meist neu generiert werden muss.

Die Neugenerierung erfolgt über Transaktion KEA0 auf der Registerkarte **Datenstruktur**. Bevor Sie den Ergebnisbereich generieren und ihm eine Datenstruktur, also Merkmale und Wertfelder, zuordnen können, müssen Sie den Ergebnisbereich über einen Klick auf Sichern (**Sichern**) oder über die Tastenkombination Strg + S speichern.

Im Folgenden zeigen wir Ihnen, wie die Zuordnung von Merkmalen und Wertfeldern erfolgt.

Wechseln Sie auf die Registerkarte **Datenstruktur**. Klicken Sie auf den Button Anlegen (**Anlegen**), und Sie sehen das Fenster **Datenstruktur bearbeiten: Merkmalsbild**, wie in Abbildung 2.42 gezeigt. Auf der Registerkarte **Merkmale** sehen Sie im linken Bildbereich **Datenstruktur** die Merkmale, die bereits dem Ergebnisbereich zugeordnet sind. Im rechten Bildbereich **Vorlage** finden Sie eine Übersicht aller im SAP-System vorhandenen Merkmale. Die Merkmale in blauer Schriftfarbe sind dem Ergebnisbereich bereits zugeordnet. Merkmale in schwarzer Schriftfarbe können Sie dem Ergebnisbereich noch zuordnen. Wenn Sie neue Merkmale anlegen, finden Sie diese automatisch auch im Bereich **Vorlage** wieder.

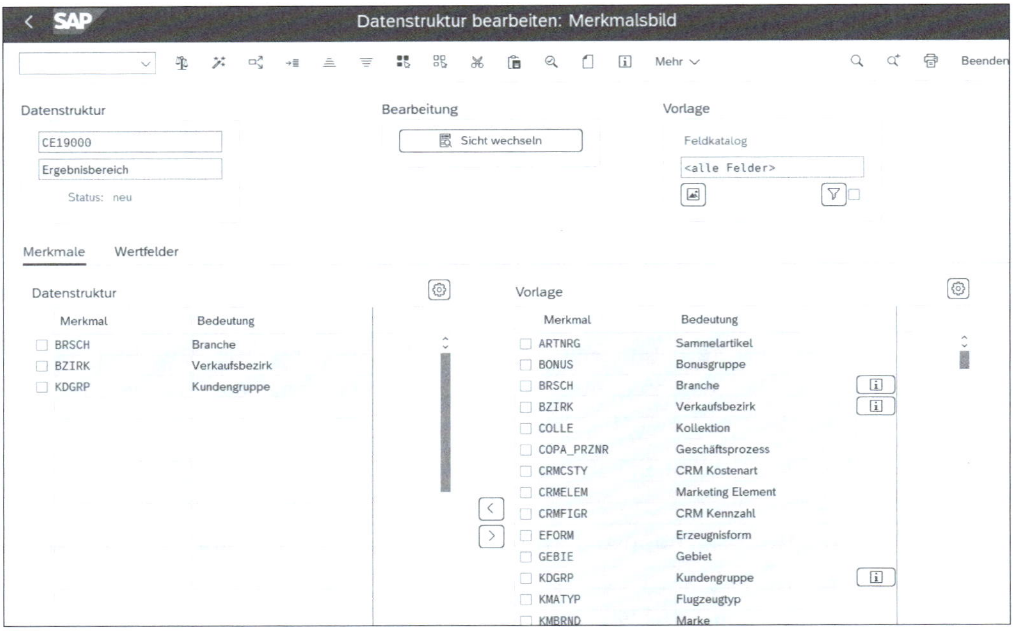

Abbildung 2.42 Merkmale dem Ergebnisbereich hinzufügen

Über den Pfeil [<] ordnen Sie dem Ergebnisbereich Merkmale zu, und über den Pfeil [>] können Sie die Zuordnung rückgängig machen. Einmal zugeordnete Merkmale sind nur schwierig wieder aus der Zuordnung zu entfernen, wenn die Datenstruktur bereits aktiviert ist. Merkmale, zu denen bereits ein Datensatz vorhanden ist, lassen sich nicht mehr aus der Zuordnung entfernen.

[»]

Anzahl der Merkmale und Wertfelder im Ergebnisbereich

Dem Ergebnisbereich können Sie maximal 60 Merkmale und 120 Wertfelder zuordnen. Über SAP-Hinweis 160892 können Sie die Zuordnung erweitern. Dabei handelt es sich jedoch um eine Modifikation; daher ist diese Vorgehensweise nicht empfehlenswert, weil durch sie der Standardcode verändert wird und bei Releaseänderungen Probleme auftreten können.

Jedem Ergebnisbereich sind bereits von Grund auf einige feste Merkmale zugeordnet. Diese Merkmale können Sie sich über **Menü • Feste Felder** anzeigen lassen.

Die festen Merkmale sind in drei Kategorien untergliedert. Die erste Kategorie **Merkmale** ist auf der ersten Registerkarte dargestellt (siehe Abbildung 2.43). Dabei handelt es sich um Basismerkmale, wie Organisationselemente und Kontierungsobjekte (z. B. Buchungskreis und Kostenstelle).

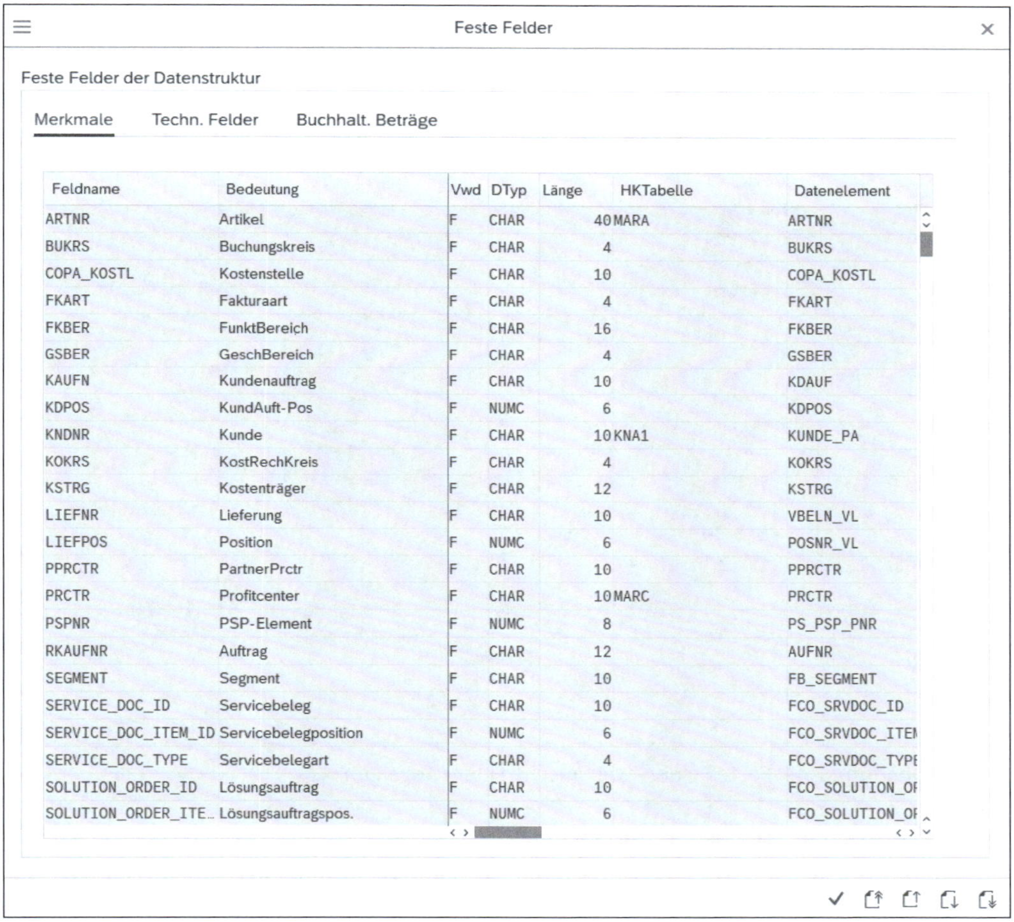

Feldname	Bedeutung	Vwd	DTyp	Länge	HKTabelle	Datenelement
ARTNR	Artikel	F	CHAR	40	MARA	ARTNR
BUKRS	Buchungskreis	F	CHAR	4		BUKRS
COPA_KOSTL	Kostenstelle	F	CHAR	10		COPA_KOSTL
FKART	Fakturaart	F	CHAR	4		FKART
FKBER	FunktBereich	F	CHAR	16		FKBER
GSBER	GeschBereich	F	CHAR	4		GSBER
KAUFN	Kundenauftrag	F	CHAR	10		KDAUF
KDPOS	KundAuft-Pos	F	NUMC	6		KDPOS
KNDNR	Kunde	F	CHAR	10	KNA1	KUNDE_PA
KOKRS	KostRechKreis	F	CHAR	4		KOKRS
KSTRG	Kostenträger	F	CHAR	12		KSTRG
LIEFNR	Lieferung	F	CHAR	10		VBELN_VL
LIEFPOS	Position	F	NUMC	6		POSNR_VL
PPRCTR	PartnerPrctr	F	CHAR	10		PPRCTR
PRCTR	Profitcenter	F	CHAR	10	MARC	PRCTR
PSPNR	PSP-Element	F	NUMC	8		PS_PSP_PNR
RKAUFNR	Auftrag	F	CHAR	12		AUFNR
SEGMENT	Segment	F	CHAR	10		FB_SEGMENT
SERVICE_DOC_ID	Servicebeleg	F	CHAR	10		FCO_SRVDOC_ID
SERVICE_DOC_ITEM_ID	Servicebelegposition	F	NUMC	6		FCO_SRVDOC_ITEI
SERVICE_DOC_TYPE	Servicebelegart	F	CHAR	4		FCO_SRVDOC_TYPI
SOLUTION_ORDER_ID	Lösungsauftrag	F	CHAR	10		FCO_SOLUTION_OI
SOLUTION_ORDER_ITE...	Lösungsauftragspos.	F	NUMC	6		FCO_SOLUTION_OI

Abbildung 2.43 Feste Felder – Merkmale anzeigen

Auf der zweiten Registerkarte **Techn. Felder** (technische Felder, siehe Abbildung 2.44) sind das Buchungsdatum, die Belegnummer und weitere Merkmale (hauptsächlich aus dem Belegkopf) abgespeichert.

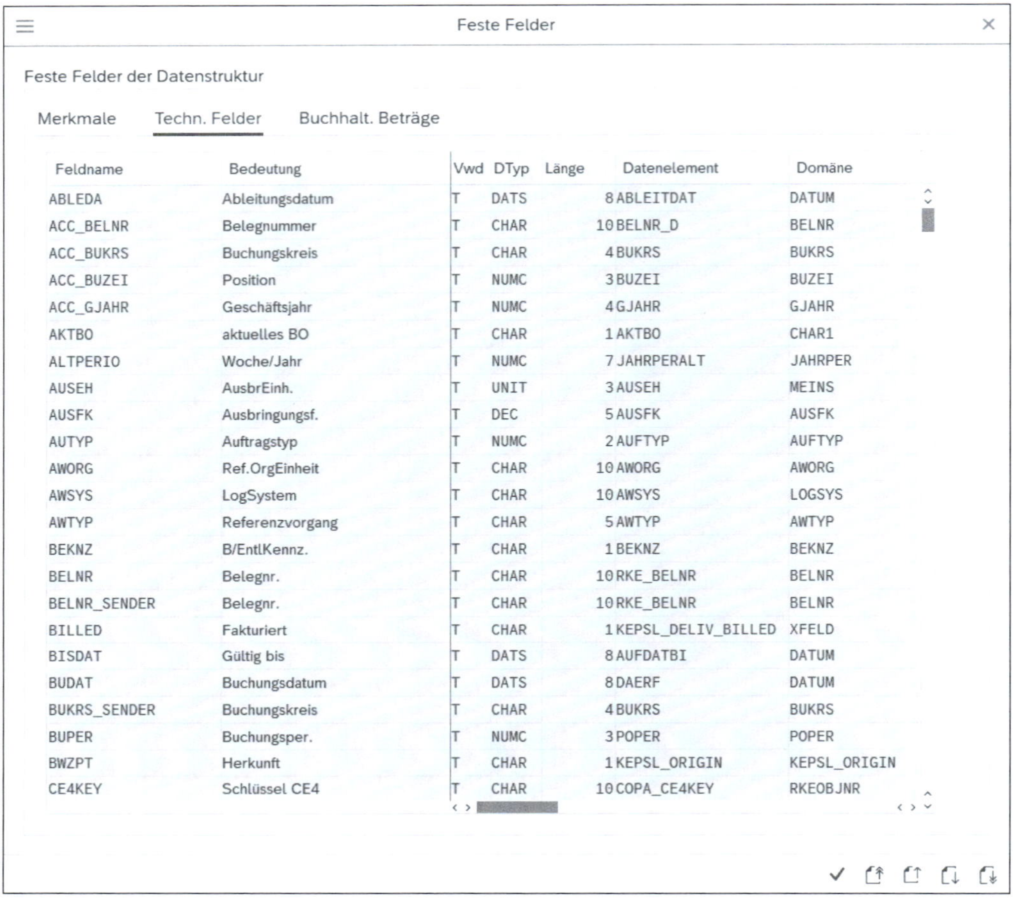

Feldname	Bedeutung	Vwd	DTyp	Länge	Datenelement	Domäne
ABLEDA	Ableitungsdatum	T	DATS	8	ABLEITDAT	DATUM
ACC_BELNR	Belegnummer	T	CHAR	10	BELNR_D	BELNR
ACC_BUKRS	Buchungskreis	T	CHAR	4	BUKRS	BUKRS
ACC_BUZEI	Position	T	NUMC	3	BUZEI	BUZEI
ACC_GJAHR	Geschäftsjahr	T	NUMC	4	GJAHR	GJAHR
AKTBO	aktuelles BO	T	CHAR	1	AKTBO	CHAR1
ALTPERIO	Woche/Jahr	T	NUMC	7	JAHRPERALT	JAHRPER
AUSEH	AusbrEinh.	T	UNIT	3	AUSEH	MEINS
AUSFK	Ausbringungsf.	T	DEC	5	AUSFK	AUSFK
AUTYP	Auftragstyp	T	NUMC	2	AUFTYP	AUFTYP
AWORG	Ref.OrgEinheit	T	CHAR	10	AWORG	AWORG
AWSYS	LogSystem	T	CHAR	10	AWSYS	LOGSYS
AWTYP	Referenzvorgang	T	CHAR	5	AWTYP	AWTYP
BEKNZ	B/EntlKennz.	T	CHAR	1	BEKNZ	BEKNZ
BELNR	Belegnr.	T	CHAR	10	RKE_BELNR	BELNR
BELNR_SENDER	Belegnr.	T	CHAR	10	RKE_BELNR	BELNR
BILLED	Fakturiert	T	CHAR	1	KEPSL_DELIV_BILLED	XFELD
BISDAT	Gültig bis	T	DATS	8	AUFDATBI	DATUM
BUDAT	Buchungsdatum	T	DATS	8	DAERF	DATUM
BUKRS_SENDER	Buchungskreis	T	CHAR	4	BUKRS	BUKRS
BUPER	Buchungsper.	T	NUMC	3	POPER	POPER
BWZPT	Herkunft	T	CHAR	1	KEPSL_ORIGIN	KEPSL_ORIGIN
CE4KEY	Schlüssel CE4	T	CHAR	10	COPA_CE4KEY	RKEOBJNR

Abbildung 2.44 Feste Felder – technische Felder anzeigen

Auf der dritten Registerkarte **Buchhalt. Beträge** (buchhalterische Beträge, siehe Abbildung 2.45) sind die Felder hinterlegt, in denen die unterschiedlichen Mengen und Beträge in der kalkulatorischen Ergebnisrechnung abgespeichert werden.

Nach der Zuordnung der Merkmale zum Ergebnisbereich legen Sie die Wertfelder zum Ergebnisbereich an (siehe Abbildung 2.46). Dies ist nur erforderlich, wenn die kalkulatorische Ergebnisrechnung aktiviert ist. Auf der Registerkarte **Wertfelder** finden Sie im linken Bildbereich **Datenstruktur** die Wertfelder, die bereits dem Ergebnisbereich zugeordnet sind. Im rechten Bildbereich **Vorlage** sehen Sie eine Übersicht aller vorhandenen Wertfelder. Die Wertfelder in blauer Schriftfarbe sind dem Ergebnisbereich bereits zugeordnet; Wertfelder in schwarzer Schriftfarbe können Sie dem Ergebnisbereich noch zuordnen. Wenn Sie neue Wertfelder anlegen, finden Sie diese automatisch auch im Bereich **Vorlage** wieder.

Abbildung 2.45 Feste Felder – buchhalterische Beträge anzeigen

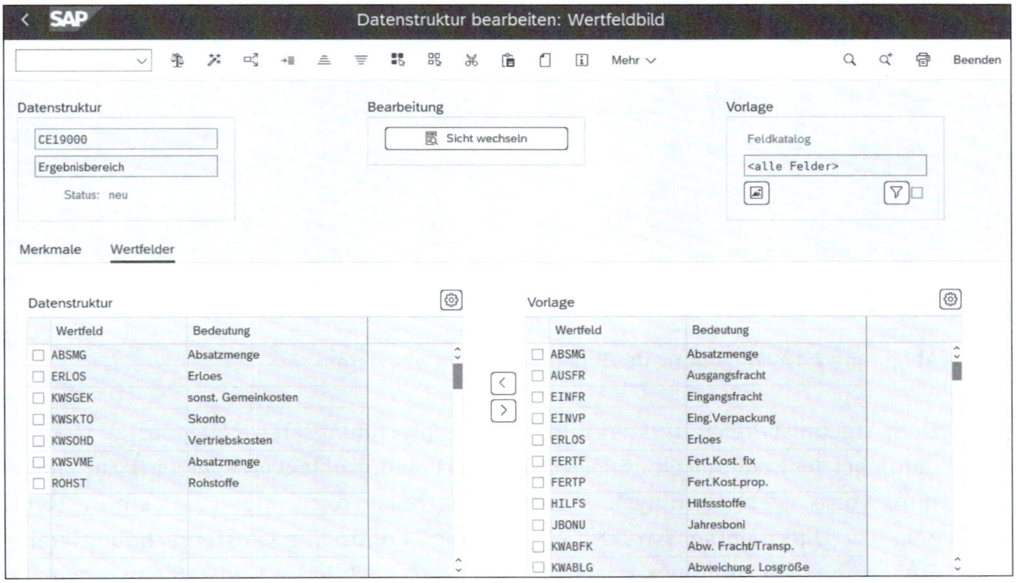

Abbildung 2.46 Wertfelder dem Ergebnisbereich zuordnen

Über den Pfeil [<] ordnen Sie dem Ergebnisbereich Wertfelder zu, und über den Pfeil [>] können Sie die Zuordnung rückgängig machen. Einmal zugeordnete und aktivierte Wertfelder sind nur sehr schwer wieder aus der Zuordnung zu entfernen. Wertfelder, zu denen bereits ein Datensatz vorhanden ist, lassen sich nicht mehr aus der Zuordnung entfernen.

Nach der Zuordnung der Merkmale und Wertfelder aktivieren Sie die Datenstruktur über einen Klick auf den Button (**Aktivieren**).

Wechseln Sie mit dem Button (**Zurück**) oder über die Taste F3 in das Fenster **Ergebnisbereich pflegen** zurück. Es erscheint die Meldung »Soll die Umgebung des Ergebnisbereichs generiert werden?«. Bestätigen Sie die Meldung mit **Ja**. Die Generierung nimmt besonders, wenn Sie die kalkulatorische Ergebnisrechnung aktiviert haben, einige Zeit in Anspruch. Das liegt daran, dass im Hintergrund die Datenbanktabellen für die kalkulatorische Ergebnisrechnung angelegt werden.

Nach der Generierung der Umgebung sehen Sie auf der Registerkarte **Umgebung**, dass der Status sowohl des mandantenabhängigen als auch des mandantenunabhängigen Teils auf Grün steht. Der Ergebnisbereich ist nun aktiviert und nahezu einsatzbereit (siehe Abbildung 2.47).

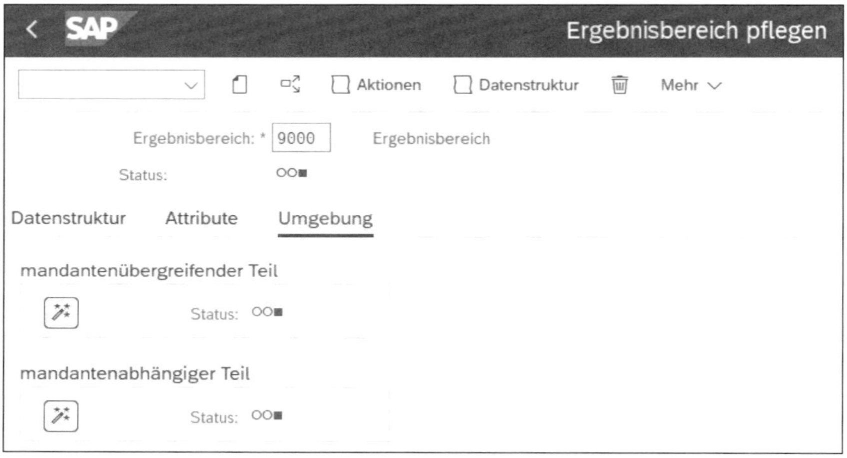

Abbildung 2.47 Umgebung des Ergebnisbereichs aktivieren

Dem Ergebnisbereich müssen nun die **Kostenrechnungskreise** zugeordnet werden, damit bei der Buchung eines Belegs auch ein Ergebnisobjekt erzeugt wird. Zur Zuordnung von Kostenrechnungskreisen zum Ergebnisbereich folgen Sie dem Customizing-Pfad **Unternehmensstruktur • Zuordnung • Controlling • Kostenrechnungskreis • Ergebnisbereich zuordnen**. Wie Sie in Abbildung 2.48 sehen, finden Sie in der Spalte **KKrs** (Kostenrechnungskreis) eine Übersicht aller im System vorhandenen Kostenrechnungskreise mit ihren Bezeichnungen (Spalte **Bezeichnung**).

In der Spalte **ERGB** (Ergebnisbereich) können Sie den einzelnen Kostenrechnungskreisen einen Ergebnisbereich zuordnen. Sie können einem Ergebnisbereich mehrere Kostenrechnungskreise zuordnen, sofern diesen die gleiche Geschäftsjahresvariante wie dem Ergebnisbereich zugeordnet ist. Nach der Bestätigung der Zuordnung mit [↵] wird in der Spalte **Bezeichnung** die Bezeichnung des Ergebnisbereichs angezeigt. Speichern Sie die Zuordnung mit einem Klick auf Sichern (**Sichern**) oder über die Tastenkombination [Strg] + [S].

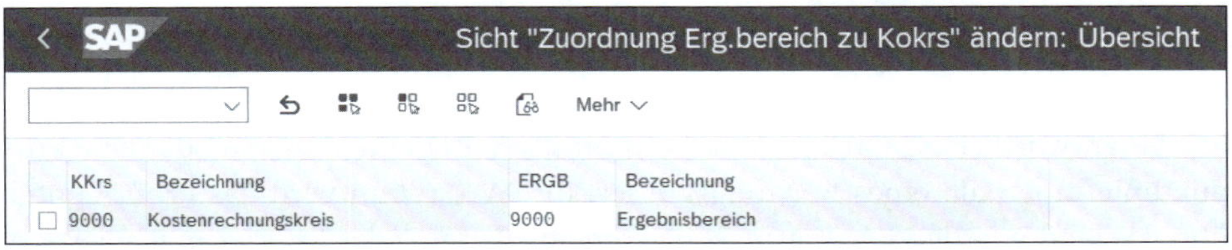

Abbildung 2.48 Kostenrechnungskreis dem Ergebnisbereich zuordnen

Nach der Anlage und Generierung des Ergebnisbereichs mit Transaktion KEA0 und der Zuordnung von Kostenrechnungskreisen erfolgt die Aktivierung der Ergebnisrechnung.

Rufen Sie für die Aktivierung der Ergebnisrechnung über Transaktion KEKE oder über den folgenden Customizing-Pfad auf: **Controlling • Ergebnis- und Marktsegmentrechnung • Werteflüsse im Ist • Ergebnisrechnung aktivieren**. Sie finden in der linken Spalte **KKrs** (Kostenrechnungskreis) eine Übersicht aller im System angelegten Kostenrechnungskreise und in der danebenliegenden Spalte **Bezeichnung** deren Bezeichnung. In der Spalte **ab GJahr** (ab Geschäftsjahr) sehen Sie, ab welchem Jahr der Kostenrechnungskreis gültig ist. Wenn Sie das Kennzeichen in der Spalte **kalkulatorisch** setzen, können Sie die kalkulatorische Ergebnisrechnung aktivieren. Mit dem Kennzeichen in der Spalte **Margenanalyse** können Sie die Margenanalyse aktivieren. Sie können sowohl die kalkulatorische Ergebnisrechnung als auch die Margenanalyse aktivieren. Ist keines der Kennzeichen gesetzt, ist die Ergebnisrechnung nicht aktiviert.

Wie es aus Abbildung 2.49 hervorgeht, werden für Kostenrechnungskreis 9000 und Ergebnisbereich 9000 sowohl die kalkulatorische Ergebnisrechnung als auch die Margenanalyse angelegt.

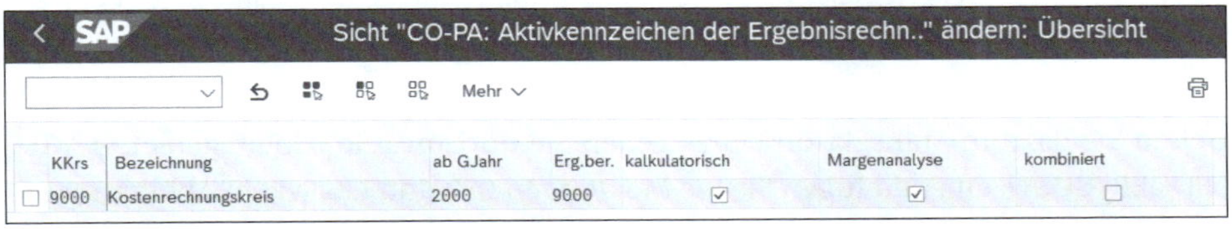

Abbildung 2.49 Ergebnisrechnung aktivieren

Speichern Sie Ihre Einstellungen mit einem Klick auf Sichern (**Sichern**) oder über die Tastenkombination [Strg] + [S].

2.8 Profit-Center

Die *Profit-Center-Rechnung* ist Bestandteil der Hauptbuchhaltung. Es können Bilanz und GuV auf Profit-Center-Ebene erstellt werden. Für die Verwendung der Profit-Center-Rechnung ist die Anlage eines Kostenrechnungskreises Pflicht. Bei der Anlage eines Profit-Centers fordert das SAP-System zur Eingabe eines Kostenrechnungskreises auf. Profit-Center sind in allen FI- und CO-Standardberichten enthalten.

Das Profit-Center stellt einen Bereich im Unternehmen dar, der für Gewinn und Verlust verantwortlich ist. Oft verkörpert das Profit-Center eine Division oder eine Produktlinie innerhalb eines Buchungskreises. Im SAP-System wird das Profit-Center überwiegend von den Kontierungsobjekten abgeleitet. Jedes Kontierungsobjekt ist einem Profit-Center zugeordnet (z. B. Kostenstelle oder Innenauftrag).

Profit-Center können über Transaktion KE51 oder über den folgenden Menüpfad angelegt werden: **Rechnungswesen • Finanzwesen • Hauptbuch • Stammdaten • Profitcenter • Einzelbearbeitung • KE51 Anlegen**.

Profit-Center bestehen aus einer bis zu zehnstelligen alphanumerischen Nummer. Auf der Registerkarte **Grunddaten** legen Sie die Gültigkeit für das Profit-Center in den Feldern **Betrachtungszeitraum** und **bis** sowie den Profit-Center-Namen im Feld **Bezeichnung** fest. Das Profit-Center verlangt die Zuordnung eines Verantwortlichen; dies ist in der Regel die Person, die für das Ergebnis des Profit-Centers verantwortlich ist. Das Feld **Verantwortlicher** verfügt über keine Eingabehilfe. Zusätzlich müssen Sie im Feld **Hierarchiebereich** einen Hierarchiebereich und im Feld **Segment** ein solches eingeben (falls das Segment-Reporting aktiviert ist). Ansonsten sind keine zusätzlichen Pflichtfelder im Profit-Center vorhanden. Abbildung 2.50 zeigt Ihnen den Profit-Center-Stammsatz.

Beim Verlassen der Transaktion muss das **Profit-Center** mit dem Button (**Aktivieren**) aktiviert werden. Das Aktivieren speichert das Profit-Center automatisch.

Segment als Pflichtfeld

Benutzen Sie im Hauptbuch die Belegaufteilung und dort das Segment als Aufteilungsmerkmal, sollten Sie sicherstellen, dass keine Profit-Center-Stammdaten ohne Segment angelegt werden können.

Gehen Sie dazu in Transaktion OBA5, geben Sie dort im Feld **Arbeitsgebiet** »FAGL_LEDGER_CUST« ein, und fügen Sie die Meldungen 052 und 156, wie in Abbildung 2.51 gezeigt, über **Neue Einträge** oder über die Taste F5 hinzu.

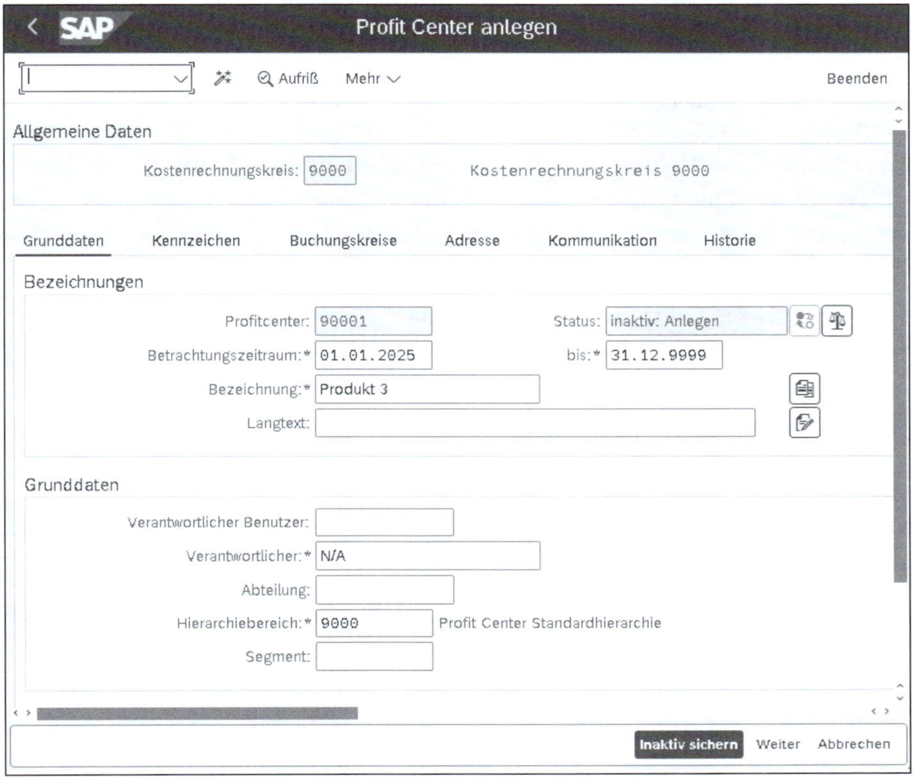

Abbildung 2.50 Profit-Center anlegen

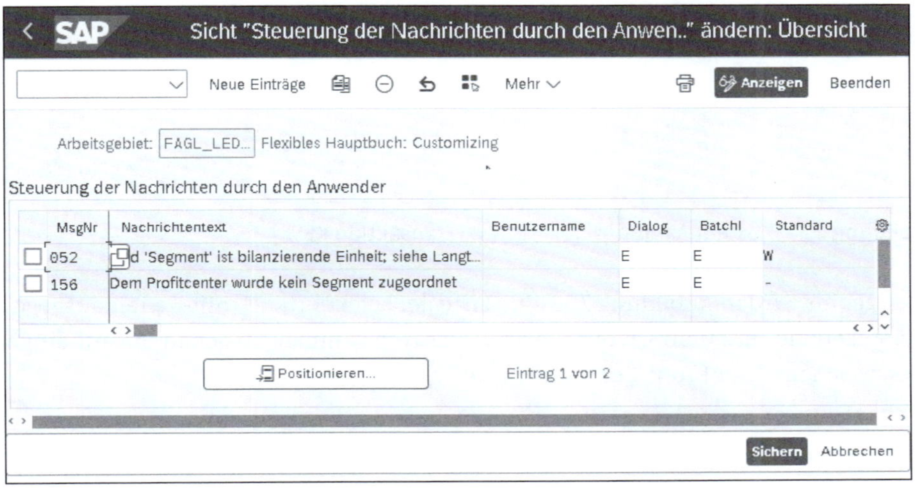

Abbildung 2.51 Steuerbare Meldungen 052 und 053 im Arbeitsgebiet FAGL_LEDGER_CUST hinzufügen

Sichern Sie Ihre Einstellungen über einen Klick auf Sichern (**Sichern**) oder über die Tastenkombination [Strg] + [S].

Versuchen Sie nun, ein Profit-Center ohne ein Segment anzulegen, erhalten Sie die Fehlermeldung »FAGL_LEDGER_CUST 052 Feld 'Segment' ist bilanzierende Einheit; siehe Langtext«. Die Meldung »FAGL_LEDGER_CUST 156« erscheint nur, wenn das Profit-Center nicht als bilanzierendes Feld im Customizing der Belegaufteilung gepflegt worden ist. Ansonsten wird immer die Meldung »FAGL_LEDGER_CUST 052« ausgegeben.

Mit Transaktion KE5X (Profit-Center: Stammdatenverzeichnis) gewinnen Sie einen hervorragenden Überblick über Ihre Profit-Center-Stammdaten. Wenn Sie in Ihrem System das Segment z. B. für die Belegaufteilung benötigen, ist es für einen fehlerfreien Betrieb wichtig, dass das Feld **Segment** im Profit-Center-Stammsatz auch in jedem Profit-Center gefüllt ist. In Abbildung 2.52 sehen Sie das Selektionsbild. Über den Menüpfad **Zusätze • KoRechKrs setzen** können Sie Ihren Kostenrechnungskreis setzen. Alternativ können Sie die gewünschten Profit-Center direkt im Selektionsbild eingeben.

Abbildung 2.52 Kostenrechnungskreis setzen (Transaktion KE5X)

Als Ergebnis wird in Abbildung 2.53 eine Liste der selektierten Profit-Center ausgegeben. Fügen Sie nun dem Layout die Spalte **Segment** hinzu. So sehen Sie auf einen Blick, welchem Ihrer Profit-Center noch ein Segment fehlt.

Damit Sie die Spalte **Segment** nicht jedes Mal neu hinzufügen müssen, empfiehlt es sich, wie in Abbildung 2.54 gezeigt, ein Layout anzulegen und es zu sichern.

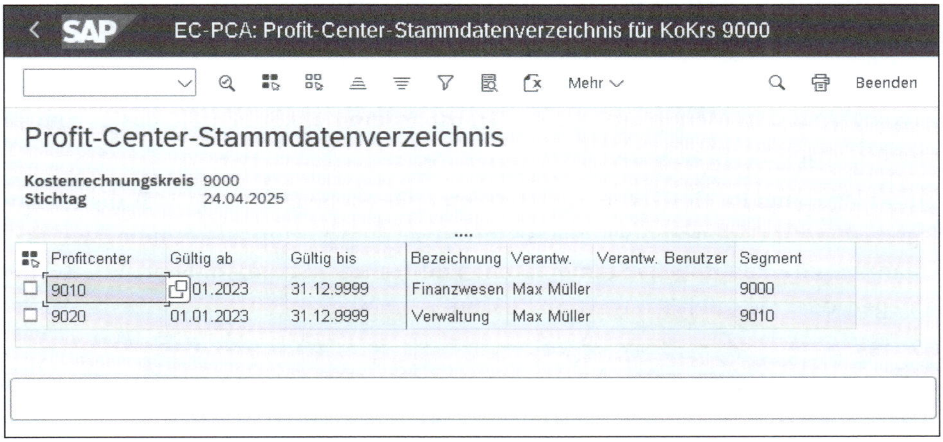

Abbildung 2.53 Auflistung der Profit-Center-Stammdaten mit Segment

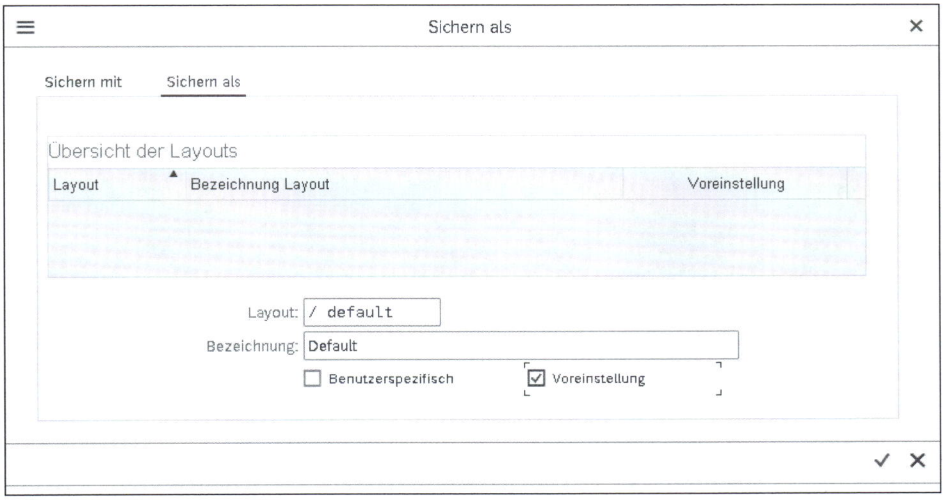

Abbildung 2.54 Layout mit Voreinstellung sichern

Damit Sie ein Layout sichern können, klicken Sie auf [icon] (**Layout sichern ...**). Setzen Sie das Kennzeichen **Voreinstellung**; nun wird dieses Layout immer gezogen, sodass Sie das Layout in der Auflistung nicht mehr anpassen müssen. Sichern Sie Ihre Einstellungen durch einen Klick auf [✓] (**Weiter**), oder drücken Sie die [↵]-Taste.

Sofern Sie das Layout bereits in Ihrem Entwicklungssystem anlegen, können Sie es auch transportieren. Dies hat den Vorteil, dass es Ihnen damit in allen Systemen und Mandanten zur Verfügung steht und Sie sich in Ihren Schulungen bzw. Dokumentationen immer darauf beziehen können. Zum Transport des Layouts gehen Sie im Entwicklungssystem wie folgt vor: Folgen Sie dem Menüpfad **Einstellungen • Layout • Verwalten**. Im nächsten Bild **Layout: Verwalten** markieren Sie Ihr zuvor angelegtes Layout. Über den Menüpfad **Layout • Transportieren ...** können Sie das Layout in einen Transportauftrag aufnehmen.

Zur Anlage einer Profit-Center-Standardhierarchie (siehe Abbildung 2.55), die zur Anlage von Profit-Centern notwendig ist, folgen Sie dem Menüpfad **Rechnungswesen • Finanzwesen • Hauptbuch • Stammdaten • Profitcenter • Standardhierarchie • KCH1 – Anlegen**, oder Sie rufen Transaktion KE51 auf.

Abbildung 2.55 Profit-Center-Standardhierarchie anlegen (Transaktion KE51)

Neben der Standardhierarchie können Sie eine beliebige Anzahl an alternativen Hierarchien anlegen, die es Ihnen erlaubt, Profit-Center in verschiedensten Gruppierungen auszuwerten.

Als Alternative zum SAP GUI können Sie SAP Fiori nutzen. Dazu wählen Sie die SAP-Fiori-App **Profitcenter verwalten** (siehe Abbildung 2.56). Wie Sie es in den folgenden Abbildungen sehen, hat die SAP-Fiori-App **Profitcenter verwalten** mehrere Funktionen bzw. fasst mehrere Transaktionen zu einer SAP-Fiori-App zusammen.

Nach dem Klick auf die Kachel **Profitcenter verwalten** gelangen Sie in der SAP-Fiori-App in das Selektionsbild. Dort müssen Sie Ihre Selektion nach dem gewünschten Kostenrechnungskreis einschränken (siehe Abbildung 2.57). Mit einem Klick auf Start (**Start**) werden die Profit-Center für den ausgewählten Kostenrechnungskreis selektiert.

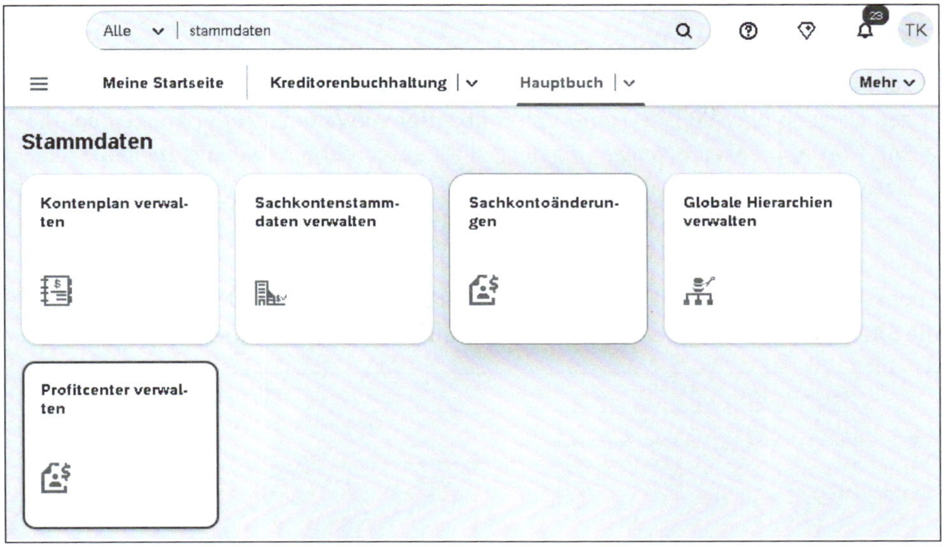

Abbildung 2.56 SAP-Fiori-Apps der Gruppe »Stammdaten – Profitcenter verwalten«

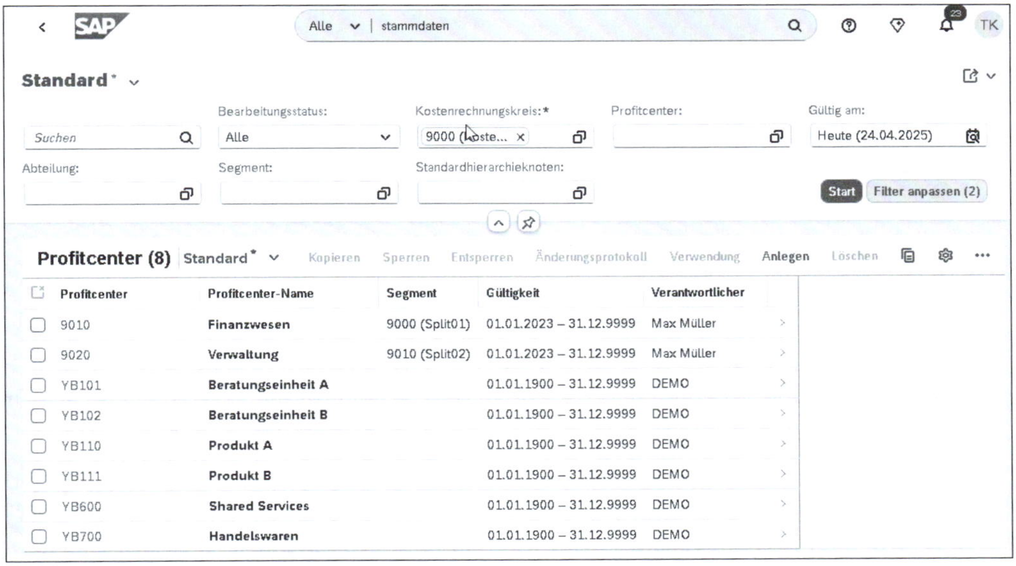

Abbildung 2.57 Profit-Center verwalten

Abbildung 2.57 zeigt die bestehenden Profit-Center und ihren Status. So hat z. B. Profit-Center 9001 den Status **Entwurf**. Wenn Sie auf eine beliebige Profit-Center-Zeile bzw. in der jeweiligen Zeile auf den Button [>] (**Details**) klicken, gelangen Sie zu einer Detailansicht zum ausgewählten Profit-Center.

[»]

Pflege der Profit-Center-Stammdaten

Sie können die Profit-Center sowohl in den klassischen SAP-GUI-Transaktionen pflegen als auch über die SAP-Fiori-App **Profitcenter verwalten**. Bei der Pflege über die SAP-Fiori-App ist keine Aktivierung der Profit-Center mehr notwendig. Denn die Aktivierung wird automatisch beim Sichern der Profit-Center-Stammdaten vorgenommen.

Ebenso kann in SAP Fiori die Standardhierarchie gepflegt werden. Nutzen Sie dazu die SAP-Fiori-App **Globale Hierarchien verwalten** (siehe Abbildung 2.58).

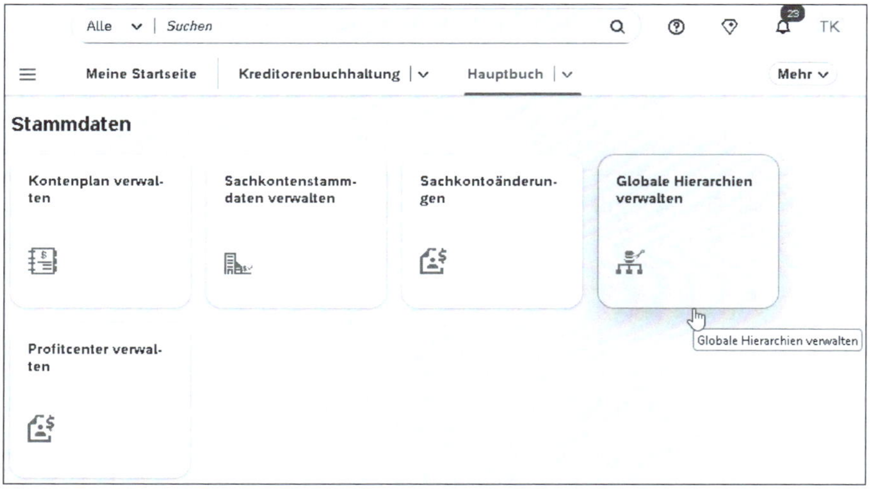

Abbildung 2.58 SAP-Fiori-App »Globale Hierarchien verwalten«

Mit der SAP-Fiori-App **Globale Hierarchien verwalten** hat SAP eine einheitliche Benutzeroberfläche ausgeliefert, in der Sie alle notwendigen Hierarchien im Bereich Finanzwesen pflegen können. Dazu zählen unter anderem Bilanz- und GuV-Struktur sowie Kostenstellen-, Profit-Center- und Funktionsbereichshierarchien.

Wählen Sie im Dropdown-Menü einen oder mehrere Einträge aus. Wir haben im Feld **Typ:** den Eintrag **Profitenter-Hierarchie** ausgewählt. Klicken Sie auf den Button Start (**Start**), um die Selektion zu starten. In Abbildung 2.59 sehen Sie eine Auflistung von zwei Profit-Center-Hierarchien, wobei in der Profit-Center-Hierarchie 9000_1 zwei verschiedene Zeitintervalle aufgelistet werden, die sich im Status **Entwurf** befinden. Die Profit-Center-Hierarchie 9000 befindet sich bereits im Status **Aktiviert**.

In der SAP-Fiori-App **Globale Hierarchien verwalten** haben Sie die Möglichkeit, die Hierarchie zu exportieren oder zu importieren (**Exportieren/importieren**, siehe Abbildung 2.60). Damit stehen Ihnen in der SAP-Fiori-App **Globale Hierarchien verwalten** mehr Funktionen zur Verfügung als im SAP GUI.

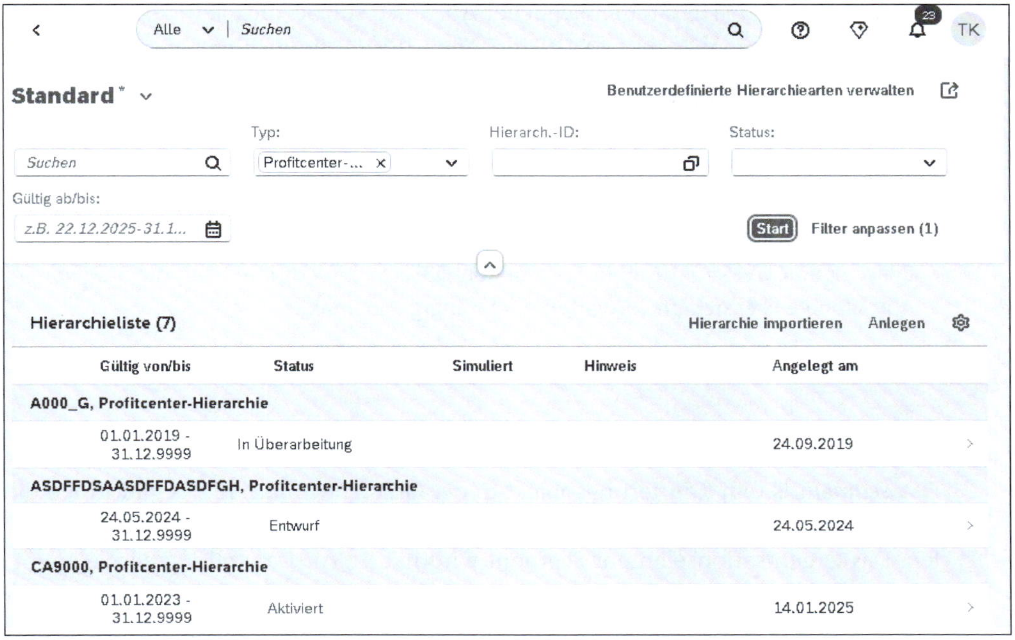

Abbildung 2.59 Globale Hierarchien für Profit-Center verwalten

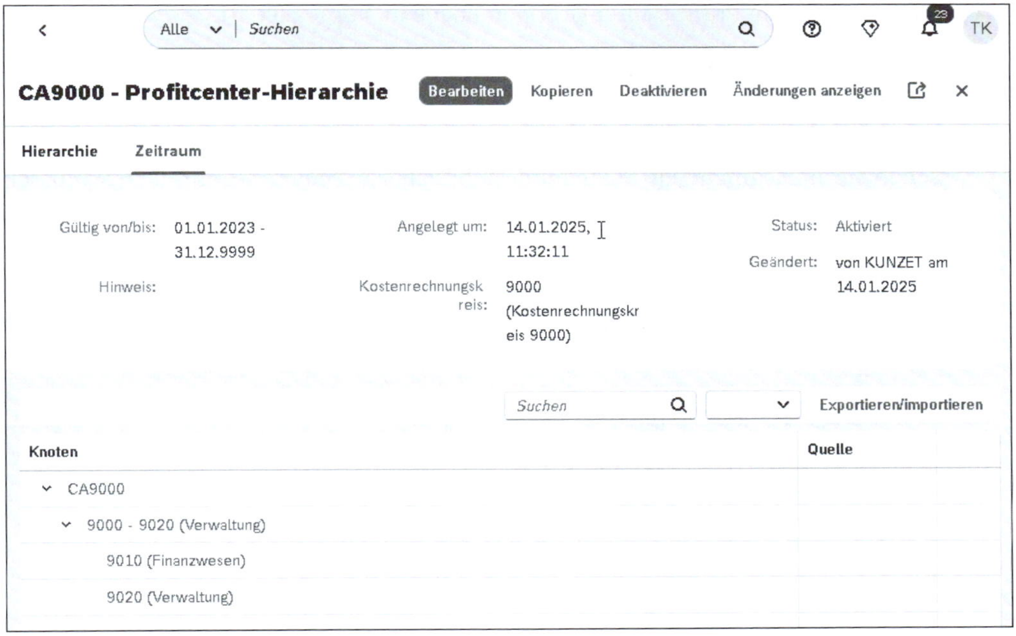

Abbildung 2.60 Detailansicht der Profit-Center-Hierarchie

Bereits bestehende Hierarchien jeglicher Art – also solche, die Sie im SAP GUI angelegt haben – können Sie in die SAP-Fiori-App **Globale Hierarchien verwalten** importieren und dort dann weiter bearbeiten.

[»]

Globale Hierarchien

Beachten Sie, dass nicht alle Hierarchien sowohl im SAP GUI als auch in der SAP-Fiori-App **Globale Hierarchien verwalten** gepflegt werden können. Zum Beispiel sind die Bilanz- und GuV-Strukturen in Transaktion OB58 nach dem Import in die SAP-Fiori-App **Globale Hierarchien verwalten** unabhängig voneinander.

2.9 Segment

Das *Segment* ist ein Kontierungsobjekt in der Finanzbuchhaltung. Es gibt Ihnen die Möglichkeit, eine vollständige GuV und eine Bilanz auf der Segmentebene darzustellen. Das Organisationselement Segment wird häufig zur Darstellung der Segmentberichterstattung nach IFRS genutzt. Bei der Aktivierung der Segmentrechnung im Hauptbuch wird die Pflege eines Segments im Profit-Center Pflicht. Segmente können auch mit Profit-Center-Gruppen dargestellt werden. Ein Vorteil der Segmente ist, dass eine vollständige Bilanz und GuV auf der Segmentebene dargestellt werden kann, was auf der Profit-Center-Gruppen-Ebene nicht möglich ist.

Zur Anlage von Segmenten folgen Sie dem Customizing-Pfad **Unternehmensstruktur • Definition • Finanzwesen • Segment definieren**.

Über **Neue Einträge** oder F5 können Sie neue Segmente anlegen. In Abbildung 2.61 sehen Sie ein Segment. Ein Segment besteht dabei aus einem technischen Schlüssel, siehe die Spalte **Segment**, und einer Beschreibung. Weitere Möglichkeiten für die Eingabe von Stammdaten gibt es hier nicht.

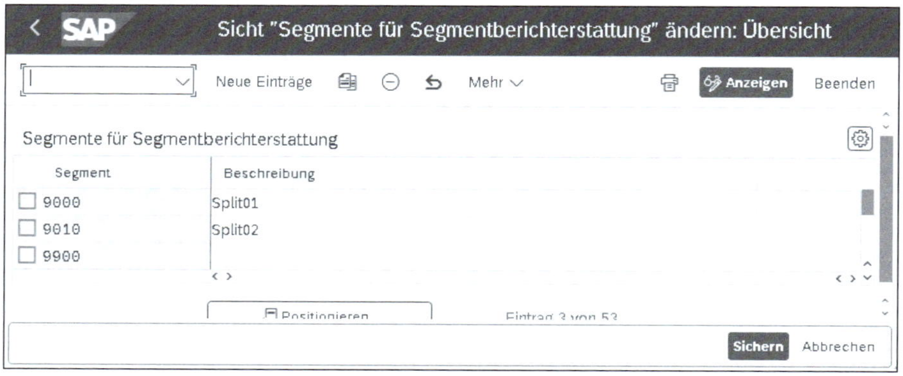

Abbildung 2.61 Segment anlegen

Sichern Sie Ihre Eingaben über einen Klick auf Sichern (**Sichern**) oder über die Tastenkombination [Strg] + [S], und verlassen Sie dieses Bild. Im nächsten Abschnitt beschäftigen wir uns mit der Anlage von Funktionsbereichen.

2.10 Funktionsbereich

Der *Funktionsbereich* ist eine Organisationseinheit, die über die Kontierungsobjekte (z. B. Kostenstelle oder Innenauftrag) zugeordnet wird. Es ist möglich, eine GuV auf der Ebene des Funktionsbereichs zu erstellen. Der Funktionsbereich wird immer dann genutzt, wenn Sie später im Hauptbuch das Umsatzkostenverfahren aktivieren möchten. Zur Anlage eines Funktionsbereichs folgen Sie dem Customizing-Pfad **Unternehmensstruktur • Definition • Finanzwesen • Funktionsbereich definieren**.

Über **Neue Einträge** oder [F5] können Sie neue Funktionsbereiche anlegen. In Abbildung 2.62 sehen Sie einen Funktionsbereich. Ein Funktionsbereich besteht dabei aus einem technischen Schlüssel, siehe die Spalte **Funktionsbereich**, und aus einer Bezeichnung. Weitere Möglichkeiten für die Eingabe von Stammdaten gibt es hier nicht.

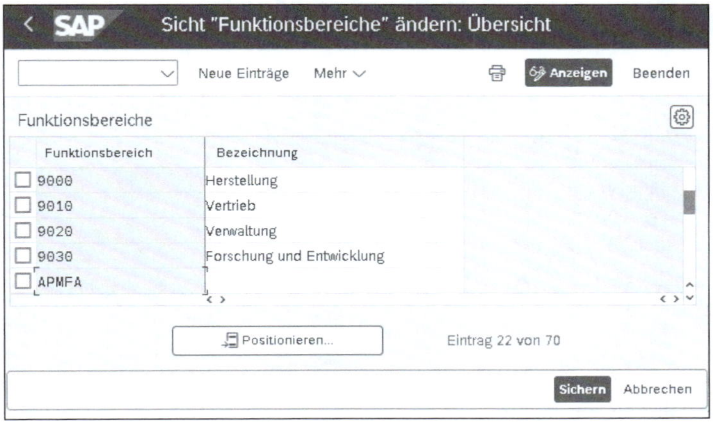

Abbildung 2.62 Funktionsbereich anlegen

Sichern Sie Ihre Eingaben über einen Klick auf Sichern (**Sichern**) oder über die Tastenkombination [Strg] + [S], und verlassen Sie dieses Bild. Im nächsten Abschnitt beschäftigen wir uns mit der Anlage von Geschäftsbereichen.

2.11 Geschäftsbereich

Der *Geschäftsbereich* ist eine Organisationseinheit, die ebenfalls über die Kontierungsobjekte (z. B. Kostenstelle oder Innenauftrag) zugeordnet wird. Es ist möglich, eine Bilanz und eine GuV auf der Ebene des Geschäftsbereichs darzustellen. In der Komponente Logistik können verschiedene Ableitungsregeln für den Geschäftsbereich anhand verschiedener Organisationsdaten gepflegt werden. Der Geschäftsbereich hat mit der Einführung des neuen Hauptbuchs an Bedeutung verloren. In SAP S/4HANA haben wir mit dem Geschäftsbereich gearbeitet, um eine Mehrdimensionalität im Berichtswesen darzustellen. Zum Beispiel stellte der Geschäftsbereich die Marke und das Profit-Center den Vertriebsweg dar. Somit konnte das Management Bilanz und GuV sowohl nach Marke als auch nach Vertriebsweg auswerten.

In einem anderen Beispiel stellte der Geschäftsbereich die Produktgruppe und das Profit-Center das Land dar, da der Versand der Produkte von einem Standort aus erfolgte und man Bilanz und GuV auf der Empfänger-Landesebene auswerten wollte.

Folgen Sie dem folgenden Customizing-Pfad: **Unternehmensstruktur • Definition • Finanzwesen • Geschäftsbereich definieren**.

Über **Neue Einträge** oder F5 können Sie neue Geschäftsbereiche anlegen. In Abbildung 2.63 sehen Sie einen Geschäftsbereich. Ein Geschäftsbereich besteht aus einem technischen Schlüssel, siehe die Spalte **Geschäftsbereich**, und aus einer Bezeichnung. Weitere Möglichkeiten für die Eingabe von Stammdaten gibt es hier nicht.

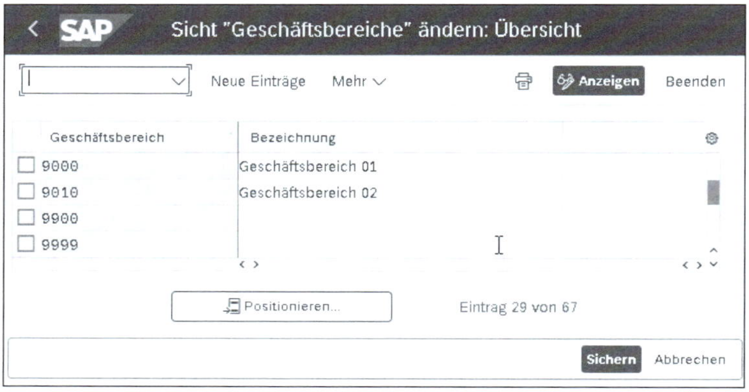

Abbildung 2.63 Geschäftsbereich anlegen

Sichern Sie Ihre Eingaben über einen Klick auf Sichern (**Sichern**) oder über die Tastenkombination Strg + S, und verlassen Sie dieses Bild.

[»]

Profit-Center statt Geschäftsbereich

Der Geschäftsbereich existiert zwar noch in SAP S/4HANA, wird aber seit SAP ERP nicht mehr weiterentwickelt. Dies zeigt sich besonders in SAP-Fiori-Apps: Hier ist der Geschäftsbereich häufig nicht standardmäßig verfügbar und kann nur in einigen Fällen nachträglich hinzugefügt werden. Von einer Neuimplementierung des Geschäftsbereichs ist dringend abzuraten, da dieser in künftigen SAP-S/4HANA-Releases möglicherweise nicht mehr unterstützt wird. Das Profit-Center bietet eine gleichwertige Alternative und ist zukunftssicher.

Beachten Sie folgende SAP-Hinweise:

- 3256460 (Verwendung des Geschäftsbereichs in SAP S/4HANA On-Premise und Private Cloud)
- 2760863 (Geschäftsbereich ist in SAP S/4HANA Cloud nicht verfügbar)
- 321190 (Unterscheidung zwischen Geschäftsbereich und Profit Center)

Im nächsten Abschnitt beschäftigen wir uns mit der Organisationseinheit *Bewertungsplan*, die für die Verwendung der Anlagenbuchhaltung benötigt wird.

2.12 Bewertungsplan und Anlagenklassen

Die Anlagenbuchhaltung in SAP S/4HANA ist die sogenannte *neue Anlagenbuchhaltung*. Damit ist gemeint, dass sich die Buchungslogik ins Hauptbuch vereinfacht und sich das Customizing in der Anlagenbuchhaltung geändert hat. Ebenso werden die Anlagendaten nicht mehr in den herkömmlichen Tabellen abgelegt. Mehr dazu erfahren Sie in Kapitel 8, »Anlagenbuchhaltung«.

Darüber hinaus wird in der Anlagenbuchhaltung in SAP S/4HANA ein *Bewertungsplan* benötigt. Ein Bewertungsplan ist ein unter betriebswirtschaftlichen Gesichtspunkten aufgestelltes Verzeichnis von Bewertungsbereichen. Die Bewertungsvorschriften (z. B. Abschreibungsschlüssel) können je Bewertungsplan definiert werden. In der Regel verwenden deshalb die Buchungskreise eines Landes denselben Bewertungsplan.

Zur Anlage Ihres Bewertungsplans suchen Sie sich den jeweiligen landesspezifischen Referenzbewertungsplan heraus, den SAP ausliefert. Für Deutschland ist dies 0DE. Die Namenskonvention für neue Bewertungspläne soll wie folgt sein: Der Name soll mit »Z« anfangen, an die zweite Stelle kommt eine »1«, da es sich um den ersten Bewertungsplan für ein Land handelt. Anschließend folgt der jeweilige ISO-Landescode, etwa »DE« für Deutschland. Da wir zwei Buchungskreise in Deutschland und der Schweiz haben, legen wir zwei Bewertungspläne an, also Z1DE als Kopie von 0DE und Z1CH als Kopie von 0CH. Sollten Sie einmal einen zweiten Bewertungsplan benötigen oder sollte im Rahmen der SAP-S/4HANA-Migration die Notwendigkeit bestehen, alte Buchungskreise mit einem Dummy-Bewertungsplan zu versehen, haben Sie an der zweiten Stelle der Bezeichnung des Bewertungsplans noch Platz dafür.

Zur Anlage eines neuen Bewertungsplans folgen Sie dem Customizing-Pfad **Finanzwesen • Anlagenbuchhaltung • Organisationsstrukturen • Referenzbewertungsplan/ Bewertungsbereiche kopieren**.

Im Pop-up-Fenster klicken Sie doppelt auf **Referenzbewertungsplan kopieren**. Damit kommen Sie in das Folgebild, in dem Sie auf (**Org.Objekt kopieren**) klicken oder die Taste [F6] drücken (siehe Abbildung 2.64).

Abbildung 2.64 Referenzbewertungsplan kopieren

Bestätigen Sie Ihre Eingabe mit [↵], oder klicken Sie auf [✓] (**Weiter**). Nun sehen Sie ein Pop-up-Fenster **Transport von Nummernkreisen und Adressen**, das Sie darüber informiert, dass Nummernkreise und Adressen nicht mitkopiert werden und damit nicht in den Transportaufzeichnungen vorhanden sind. Der Transport von Nummernkreisen kann zu Datenschiefständen führen. Daher wird die Transportaufzeichnung hier unterbunden. Sie müssen nachträglich die Nummernkreise nach Ihren Bedürfnissen nachpflegen. Das Pop-up-Fenster in Abbildung 2.65 bestätigen Sie mit **Nein**.

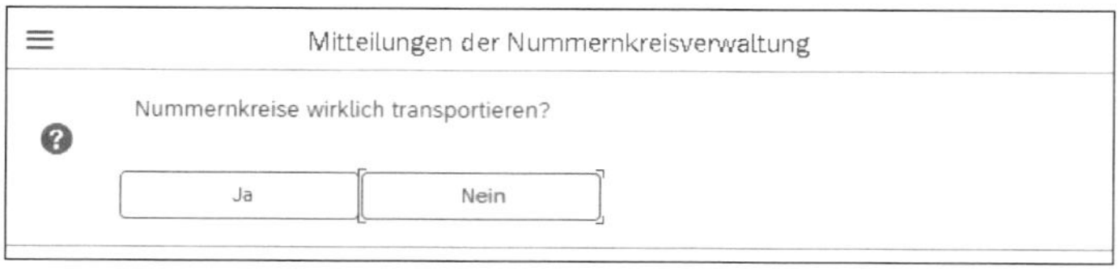

Abbildung 2.65 Nummernkreise wirklich transportieren?

Nun werden die Tabellen, in denen der Bewertungsplan abgelegt ist, kopiert. Sie können dies in der Statuszeile des SAP GUI mitverfolgen. Sobald dieser Vorgang abgeschlossen ist, erscheint ein weiteres Dialogfenster, das Sie nach einem Transportauftrag fragt. Wählen Sie einen Transport aus, und sichern Sie Ihre Einstellungen über [Strg] + [S] oder über den Button Sichern (**Sichern**).

Der Bewertungsplan Z1DE ist nun angelegt. Ein Pop-up-Fenster bestätigt das erfolgreiche Kopieren. Bestätigen Sie ebenfalls, und verlassen Sie das Bild mit < (**Zurück**) oder über die Taste [F3]. Wir befinden uns nun wieder im ersten Pop-up-Fenster **Aktion auswählen**. Klicken Sie dort doppelt auf **Bezeichnung des Bewertungsplans festlegen**. Nun sehen Sie Ihren kopierten Bewertungsplan mit der Bezeichnung des Referenzbewertungsplans (siehe Abbildung 2.66).

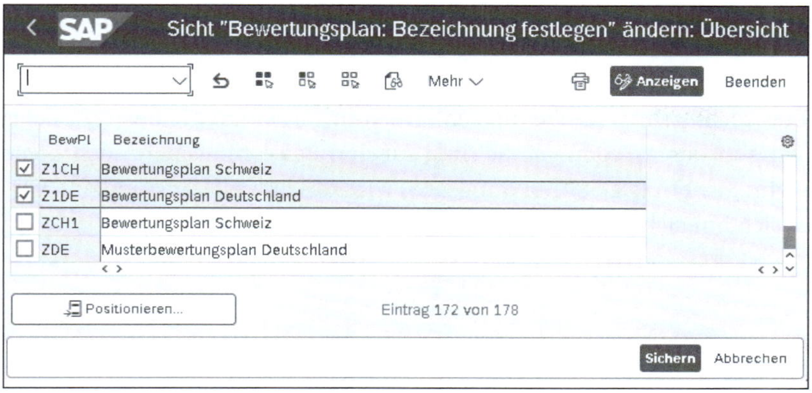

Abbildung 2.66 Kopierten Bewertungsbereich umbenennen

Wie in Abbildung 2.66 gezeigt, können Sie eine für Ihren Fall passende Bezeichnung vergeben. Sichern Sie Ihre Einstellungen wieder in einem Transport. Dazu klicken Sie auf Sichern (**Sichern**), oder Sie nutzen die Tastenkombination Strg + S. Verlassen Sie mit < (**Zurück**) oder über die Taste F3 das Bild. Sie befinden sich wieder im ersten Pop-up-Fenster **Aktion auswählen**. Klicken Sie doppelt auf **Bewertungsbereiche kopieren/löschen**. Nun können Sie sich die mit dem Bewertungsplan kopierten Bewertungsbereiche anschauen (siehe Abbildung 2.67). Auf deren Bedeutung und weiteres Customizing gehen wir in Kapitel 8, »Anlagenbuchhaltung«, noch näher ein.

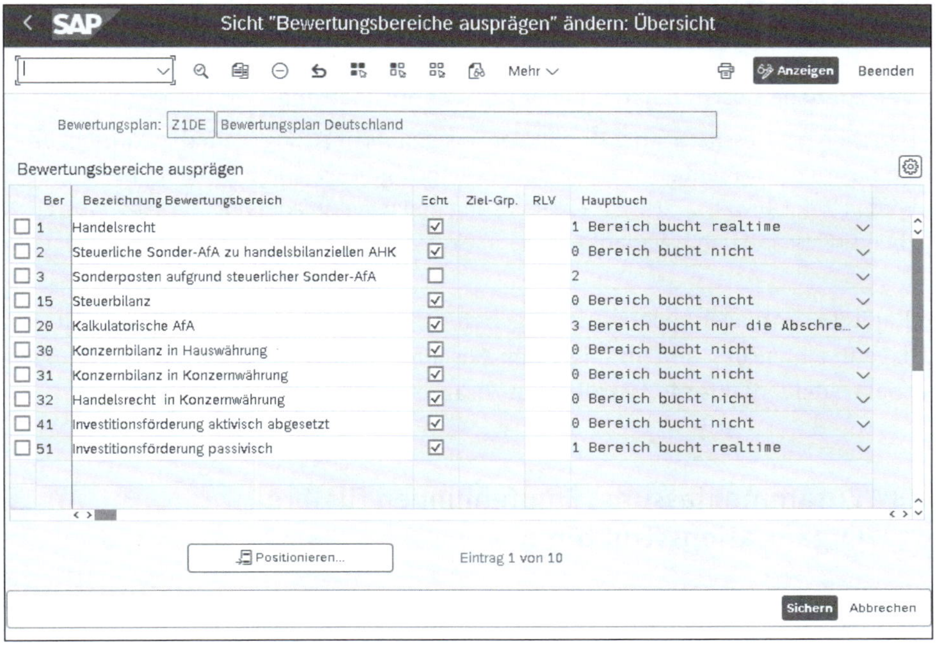

Abbildung 2.67 Bewertungsbereiche des Bewertungsplans Z1DE

Wenn Sie jetzt dem Customizing-Pfad **Finanzwesen • Anlagenbuchhaltung • Organisationsstrukturen • Zuordnung Buchungskreis/Bewertungsplan festlegen** folgen und versuchen, den kopierten Bewertungsplan Ihrem Buchungskreis zuzuordnen, wird Ihnen dies nicht gelingen. Wie die Fehlermeldungen eindeutig ausweisen, ist das Customizing in der Anlagenbuchhaltung für den Bewertungsplan noch nicht vollständig. Beim Sichern (siehe Abbildung 2.68) wird das aktuelle Customizing verprobt. Es lässt sich nur sichern, wenn keine Fehler mehr auftreten.

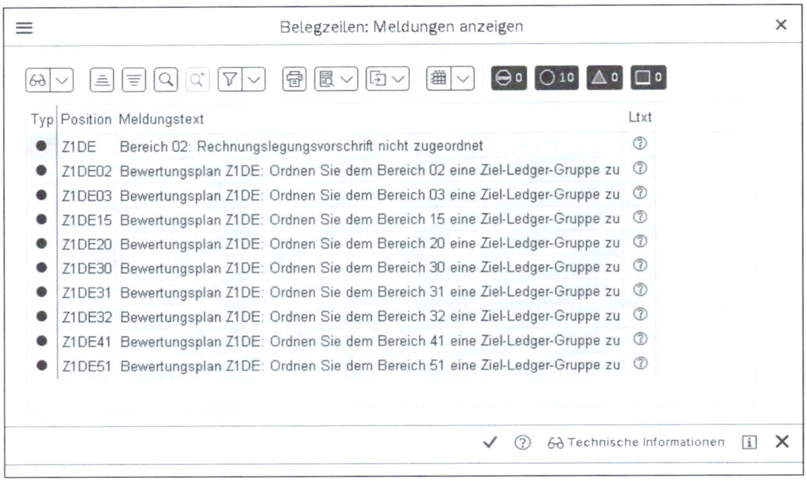
Belegzeilen: Meldungen anzeigen
Typ
Position
Meldungstext
Ltxt
Z1DE Bereich 02: Rechnungslegungsvorschrift nicht zugeordnet
Z1DE02 Bewertungsplan Z1DE: Ordnen Sie dem Bereich 02 eine Ziel-Ledger-Gruppe zu
Z1DE03 Bewertungsplan Z1DE: Ordnen Sie dem Bereich 03 eine Ziel-Ledger-Gruppe zu
Z1DE15 Bewertungsplan Z1DE: Ordnen Sie dem Bereich 15 eine Ziel-Ledger-Gruppe zu
Z1DE20 Bewertungsplan Z1DE: Ordnen Sie dem Bereich 20 eine Ziel-Ledger-Gruppe zu
Z1DE30 Bewertungsplan Z1DE: Ordnen Sie dem Bereich 30 eine Ziel-Ledger-Gruppe zu
Z1DE31 Bewertungsplan Z1DE: Ordnen Sie dem Bereich 31 eine Ziel-Ledger-Gruppe zu
Z1DE32 Bewertungsplan Z1DE: Ordnen Sie dem Bereich 32 eine Ziel-Ledger-Gruppe zu
Z1DE41 Bewertungsplan Z1DE: Ordnen Sie dem Bereich 41 eine Ziel-Ledger-Gruppe zu
Z1DE51 Bewertungsplan Z1DE: Ordnen Sie dem Bereich 51 eine Ziel-Ledger-Gruppe zu
Technische Informationen

Abbildung 2.68 Customizing-Prüfung des Hauptbuches mit der Anlagenbuchhaltung

[+]

Verschobene Geschäftsjahre in der Anlagenbuchhaltung

Verschobene Geschäftsjahre sind in der Anlagenbuchhaltung weiterhin kritisch, da sie nicht von SAP unterstützt werden. Dennoch gibt es einen Workaround. Dieser wird in SAP-Hinweis 2220152 (Ledger-Lösung und neue Anlagenbuchhaltung: Abweichende Geschäftsjahresvariante bei paralleler Bewertung) erklärt.

In Kapitel 8, »Anlagenbuchhaltung«, gehen wir genauer auf das Customizing in der Anlagenbuchhaltung ein. Im folgenden Abschnitt fassen wir unsere Empfehlungen bezüglich der Organisationsstrukturen zusammen.

2.13 Zusammenfassung: Empfehlungen für Ihre Organisationsstrukturen

In diesem Kapitel haben wir die wichtigsten Organisationsstrukturen in SAP S/4HANA angelegt (siehe Tabelle 2.1). Nun wollen wir Ihnen eine Reihe von Empfehlungen zu den einzelnen Organisationseinheiten an die Hand geben.

Organisationseinheit	Werte
Mandant	war schon vorhanden
Ledger	0L (führende Ledger) ist bereits vorhanden LO – Lokale Rechnungslegung TX – Lokale Steuerrechnungslegung
Ergebnisbereich	9000
Kostenrechnungskreis	9000
Buchungskreis	9000 und 9010
Gesellschaft	9000 und 9010
Profit-Center	9000 und 9900
Segment	9000 und 9010
Bewertungsplan	Z1DE und Z1CH
Funktionsbereich	9000, 9010, 9020, 9030
Geschäftsbereich	9000 und 9010

Tabelle 2.1 Übersicht über die angelegten Organisationsstrukturen

Bei einer Neuimplementierung lassen sich die Empfehlungen leicht umsetzen, sollten aber auch gut überlegt sein. Denn haben Sie erst einmal die Organisationseinheiten bebucht, lassen sich diese nicht mehr so einfach ändern. In der Vergangenheit hat SAP dazu diverse Konvertierungsservices über SAP System Landscape Optimization (SLO) angeboten. Der aktuelle Name dafür ist *SAP Landscape Transformation*. Das Prinzip der Konvertierung Ihrer Daten direkt auf der Datenbank, basierend auf einem zuvor festgelegtem Mapping, ist gleich geblieben. Für SAP S/4HANA stehen diese Werkzeuge noch nicht zur Verfügung. Daher sollten Sie sich die Definition Ihrer Organisationsstrukturen gut überlegen und sich sicher sein, dass Sie diese in den nächsten Jahren genauso gebrauchen werden.

Trotzdem wollen wir versuchen, Ihnen einige grundlegende Empfehlungen zu geben.

2.13.1 Mandant

Ihr Unternehmen als Ganzes sollte in einem Mandanten sein. Pro Mandant gibt es immer auch einen Entwicklungsmandanten, sodass Sie Ihre Einstellungen bei der Verwendung von mehreren Mandanten unnötig wiederholen müssten. Bei mehreren Mandanten ist der Abstimmungsaufwand hinsichtlich Entwicklungen oder Upgrades aufwendiger. Das Customizing wird damit auch zwangsläufig auseinanderlaufen, was wiederum den Systembetrieb verteuert.

Folgende Gründe sprechen für mehrere Mandanten oder gar Systeme:

- Branchen mit einem gewissen Sicherheitsbedürfnis
- Unternehmensteile, die sehr selbstständig sind und vielleicht in der Zukunft verkauft werden sollen
- Expansion in Länder, in denen Sie ebenfalls aus Sicherheitsgründen nicht alle Daten auf einem System und damit möglicherweise im Zugriff anderer Länder haben möchten

In unserer langjährigen Praxis haben wir auch schon Kunden gehabt, die zwar ein gemeinsames Entwicklungssystem bzw. Mandanten verwendet, aber daraus mehrere produktive Systeme bedient haben. Dabei wurden das Customizing und Entwicklungen immer in alle Systeme durchtransportiert, aber je ein produktives System steht z. B. in den USA, in Deutschland und in China. Sicherheitsbedürfnisse oder schlicht legale Anforderungen, dass die Daten das jeweilige Land nicht verlassen dürfen, mögen die Gründe für diese Konstellation gewesen sein. Im jeweiligen System werden dann nur die Buchungskreise und das Customizing genutzt, die für das betreffende Land benötigt werden.

2.13.2 Ledger

Meist ist heute die Bewertung nach IFRS oder US-GAAP die führende Bewertung und damit im Ledger 0L abgebildet. Da man dieses Ledger nicht löschen soll, können Sie es ruhig weiterverwenden.

Für lokale Anforderungen nach Handelsrecht und Steuerrecht legen Sie zwei weitere, nicht führende Ledger an. Alle Ledger können im Prinzip von allen Buchungskreisen genutzt werden. Dazu müssen Sie im Customizing die entsprechenden Zuordnungen vornehmen. Einige Kunden legen wirklich alle Ledger für alle Buchungskreise an, obwohl sie tatsächlich nicht alle Ledger nutzen wollen. Das Customizing soll aber möglichst einheitlich sein. Andere Kunden ordnen hingegen wirklich nur die von ihnen benötigten Ledger zu. So benötigt man etwa in den Niederlanden und in Luxemburg kein lokales Recht mehr, wenn man einen IFRS-Abschluss erstellt. Damit würde für diese beiden Länder ein weiteres, nicht führendes Ledger für das Steuerrecht ausreichen.

2.13.3 Buchungskreis

Jede legale Einheit kann genau einem Buchungskreis zugeordnet werden. Ausnahmen können Betriebsstätten im Ausland bzw. Filialen im Ausland von Banken sein.

Am besten wäre es aber, wenn diese Betriebsstätten bzw. Filialen ebenfalls eine legale Einheit wären, denn dann wäre die Entscheidung für einen Buchungskreis gefallen. Betriebsstätten im Ausland werden sonst über einen Buchungskreis, die Zuordnung eines weiteren Werkes im Ausland und die Aktivierung der Funktion **Werke im Ausland** vorgenommen. Die Funktion **Werke im Ausland** ist ein guter Kompromiss, um das legale Reporting, speziell die Umsatzsteuervoranmeldung für das jeweilige Land, zu ermöglichen. Aber es führt schon zu Schwierigkeiten, und man muss kompromissbereit sein, wenn die beteiligten Länder unterschiedliche Währungen haben oder es um Reporting geht, das man nur über Profit-Center nach den verschiedenen Betriebsstätten trennen kann.

Darüber hinaus sollten Sie sich ein Buchungskreis-Repository anlegen. Dies können Microsoft Excel oder eine Z-Tabelle und ein entsprechendes Programm in SAP S/4HANA sein. Darin sollten Sie alle Informationen zusammenfassen, die Sie im Lebenszyklus eines Buchungskreises benötigen. Oft ist es uns in Kundenprojekten schon passiert, dass viele Buchungskreise eingerichtet und genutzt worden sind, aber niemand mehr genau wusste, welche Buchungskreise noch aktiv waren bzw. wann welcher Buchungskreis deaktiviert worden ist.

2.13.4 Gesellschaft

Arbeiten Sie mit Intercompany-Prozessen, ist es sehr empfehlenswert, die Partnergesellschaften anzulegen und in der Buchung abzuleiten, um Intercompany-Prozesse einfach identifizieren zu können. Beachten Sie, dass Sie bei aktiver Belegaufteilung eine 1:1-Zuordnung von Buchungskreis und Gesellschaft benötigen.

2.13.5 Kostenrechnungskreis

Unter der Voraussetzung, dass Sie die gleiche Geschäftsjahresvariante und den gleichen Kontenplan verwenden, können und sollten Sie alle Buchungskreise einem Kostenrechnungskreis zuordnen. Dies erleichtert buchungskreisübergreifende Verrechnungen und konzerneinheitliches Reporting erheblich.

2.13.6 Kontenplan

In Ihrem Unternehmen sollten Sie einen einheitlichen operativen Kontenplan verwenden. Sicher benötigt nicht jeder Unternehmensbereich alle Konten im Kontenplan, aber die Verwendung mehrerer Kontenpläne mit sehr unterschiedlichen Kontonummern erschwert das Konzern-Reporting erheblich.

Alle Konten eines operativen Kontenplans können von allen Ledgern verwendet werden. Dort, wo Sie dies nicht möchten, sollten Sie über eine Validierung beim Buchen nachdenken. Damit können Sie verhindern, dass unnötig – bewusst oder versehentlich – Falschbuchungen entstehen, die im Monatsabschluss unnötig Zeit kosten.

Gegebenenfalls können Sie die operativen Konten auf einen Konzernkontenplan mappen. Der Konzernkontenplan wird dann meist für Konsolidierungszwecke genutzt.

Einige Länder wie Frankreich, Russland, Polen usw. benötigen zusätzlich noch einen Landeskontenplan, den Sie separat anlegen und dann den jeweiligen Buchungskreisen zuordnen müssen. Nachdem Sie einem Buchungskreis einen Landeskontenplan, auch Alternativkontenplan genannt, zugeordnet haben, müssen Sie in Transaktion FS00 jedem Ihrer operativen Konten genau ein alternatives Konto zuordnen.

2.13.7 Ergebnisbereich

Unter der Voraussetzung, dass den Kostenrechnungskreisen die gleiche Geschäftsjahresvariante zugeordnet ist, können und sollten Sie alle Kostenrechnungskreise einem Ergebnisbereich zuordnen. Dies erleichtert erheblich das Durchführen von Verrechnungen und konzerneinheitliches Reporting.

2.13.8 Profit-Center

Beim Aufsetzen der Profit-Center-Struktur ist es empfehlenswert, sich mit den Kostenstellenexperten abzustimmen, da jede Kostenstelle einem Profit-Center zugeordnet wird. Für die Ableitung der Profit-Center auf Umsatzkonten und Bestandsveränderungskonten ist eine Abstimmung mit den Logistikkollegen erforderlich. Es ist wichtig, dass beim Aufsetzen der Organisationsstruktur für die Logistik die Profit-Center und der Geschäftsbereich korrekt abgeleitet werden können.

2.13.9 Segment

Das Segment wird für gewöhnlich dazu verwendet, die Segmente für die Segmentberichterstattung nach IFRS abzubilden. Bei der Anlage von Segmenten empfiehlt es sich daher, die Segmentstruktur mit dem Wirtschaftsprüfer abzusprechen.

2.13.10 Geschäftsbereich

Normalerweise reichen die Merkmale **Profitcenter** und **Segment** zur Darstellung der Unternehmensstruktur aus. Der Geschäftsbereich wird benötigt, um ein mehrdimensionales Reporting darzustellen. Bei der Anlage des Geschäftsbereichs empfiehlt es sich, darüber nachzudenken, ob dieser in allen Prozessen eindeutig abgeleitet werden kann. Ein Beispiel für ein mehrdimensionales Reporting ist die Darstellung der Marke als Geschäftsbereich und die Darstellung der Vertriebskanäle als Profit-Center. Dieses Szenario kommt im Retail-Bereich häufiger vor und kann über die Verwendung der Profit-Center und Geschäftsbereiche dargestellt werden.

2.13.11 Bewertungsplan für Anlagen

Im Normalfall reicht ein Bewertungsplan pro Land aus. In diesem können Sie alle für ein Land notwendigen Einstellungen für die Anlagenbuchhaltung vornehmen. Für die Nummerierung der Bewertungsbereiche sollten Sie eine einheitliche Systematik verwenden. Sie könnten etwa definieren, dass alle landestypischen Bewertungsbereiche mit »9« beginnen.

Wir haben Ihnen in diesem Kapitel gezeigt, welche die zentralen Organisationseinheiten im Finanzwesen von SAP S/4HANA sind und wie Sie diese anlegen. Darüber hinaus haben wir Ihnen Anwendungsbeispiele sowie Empfehlungen für die Anlage und Verwendung der Organisationseinheiten aufgezeigt. Im folgenden Kapitel gehen wir auf die Anlage von Stammdaten im Finanzwesen von SAP S/4HANA ein.

Kapitel 3
Stammdaten

Indem Sie die Stammdaten sorgfältig pflegen, legen Sie den Grundstein dafür, dass die Folgeprozesse korrekt ablaufen. Nur, wenn die Stammdaten stimmen, können Sie Buchungen in der Finanzbuchhaltung auf dem korrekten Kontierungsobjekt darstellen.

Korrekte Stammdaten sind die Voraussetzung für eine richtige Abbildung der Finanzprozesse. Stammdaten im SAP-System sind integrativ, d. h., dass sie von verschiedenen SAP-Komponenten bzw. Unternehmensbereichen genutzt werden. Im SAP-System haben die Stammdaten daher verschiedene sogenannte *Sichten*. So hat z. B. der Lieferantenstammsatz eine allgemeine Sicht (für Adressdaten), eine Buchhaltungssicht (für Abstimmkonto, Zahlweg usw.) und eine Einkaufssicht (für die Bestellwährung usw.). Alle diese Sichten müssen korrekt und vollständig gepflegt sein, um Prozesssicherheit und korrekte Finanzbuchhaltungsbelege zu garantieren.

Schenken Sie deshalb der Stammdatenpflege höchste Beachtung. Um Duplikate zu vermeiden oder sicherzustellen, dass bei der Anlage eines neuen Stammdatums alle notwendigen Sichten gepflegt werden, ist eine zentrale Stammdatenpflege sinnvoll.

Stammdatenhierarchien, wie z. B. die Kostenstellenhierarchie, sind Bestandteil der Organisationsstruktur und werden deshalb zentral angelegt (siehe Kapitel 2, »Organisationsstrukturen«). Sie können Stammdaten nachträglich ändern; allerdings können nicht alle Felder und Zuordnungen angepasst werden. Dies ist z. B. dann der Fall, wenn bereits Buchungen auf dem Stammdatenobjekt vorgenommen wurden. Stammdaten können für die Verwendung gesperrt werden. Bei größeren Änderungen an der Stammdatenstruktur ist eine Reorganisation notwendig. SAP S/4HANA unterstützt diese Reorganisation der Stammdatenstrukturen für verschiedene Stammdatenstrukturen, etwa das Profitcenter. Mehr Informationen zu Organisationsänderungen im Rechnungswesen finden Sie in der SAP-Online-Hilfe unter: *https://help.sap.com/docs/SAP_S4HANA_ON-PREMISE/8fbeed5f2046489696a50ac7fd76f9c6/c3b15217efed49909cd5250b5760e3b1.html?locale=de-DE* (Kurz-URL: *http://s-prs.de/v10687002*).

Im ersten Abschnitt beschäftigen wir uns mit den Sachkonten.

3.1 Sachkonten

Sachkonten sind zentraler Bestandteil der Finanzbuchhaltung. In SAP ERP arbeitete die Finanzbuchhaltung mit Sachkonten und das Controlling mit sogenannten *Kostenarten*, die von der Finanzbuchhaltung an das Controlling übergeben wurden. Zusätzlich gab es noch Sekundärkostenarten, die für interne Verrechnungen und Umlagen benötigt wurden. In SAP S/4HANA Finance werden Informationen aus dem externen und dem internen Rechnungswesen im *Universal Journal* zusammengeführt. Damit kommt es zur Verschmelzung des CO-Belegs mit dem FI-Beleg in einer Tabelle – der Tabelle ACDOCA; dabei ist der FI-Beleg führend. Damit ergibt sich die Notwendigkeit, sich den Kontenplan und die Kostenarten in SAP S/4HANA genauer anzuschauen. Bisher kannten wir nur Sachkonten, die im Hauptbuch angelegt und geändert worden sind, sowie primäre und sekundäre Kostenarten, die Teile der Gewinn-und-Verlust-Rechnung (GuV) im Controlling abbildeten.

Durch die Verschmelzung von FI und CO werden auch Sachkonto und Kostenart zusammengeführt. Abbildung 3.1 zeigt die bisher übliche Trennung der Sachkonten (in FI) und der Kostenarten (in CO). Die Stammdaten sind also vor der Einführung von SAP S/4HANA getrennt in FI und CO abgelegt worden. Demzufolge konnten Sie auf dem Sachkontenstammsatz bisher nur nach Bilanz- und GuV-Konto unterscheiden. Mit SAP S/4HANA erfolgt die Definition der Kostenarten zusammen mit den Sachkonten in FI.

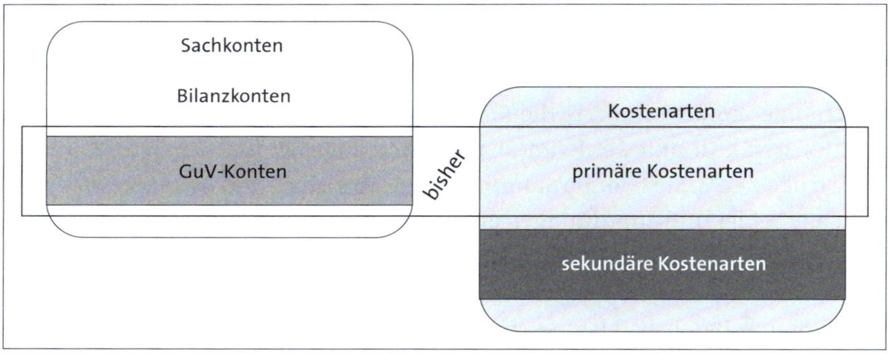

Abbildung 3.1 Sachkonten und Kostenarten in SAP ERP

Dadurch können Sie im Sachkontenstammsatz folgendermaßen unterscheiden:

- Bilanzkonto
- nicht betriebliche Aufwendungen und Erträge
- primäre Kostenarten
- sekundäre Kostenarten
- Geldkonto

Durch die Veränderung im Sachkontenstammsatz ändert sich auch die Darstellung der Sachkonten im SAP-System (siehe Abbildung 3.2). Wenn Sie ein Sachkonto anlegen, unterscheiden Sie nicht mehr nur zwischen Bilanz- und GuV-Konto, sondern es erfolgt vielmehr eine zusätzliche Differenzierung der Sachkontenart nach primären und sekundären Kostenarten. Abbildung 3.2 zeigt die neuen Auswahlmöglichkeiten im Feld **Sachkontoart**.

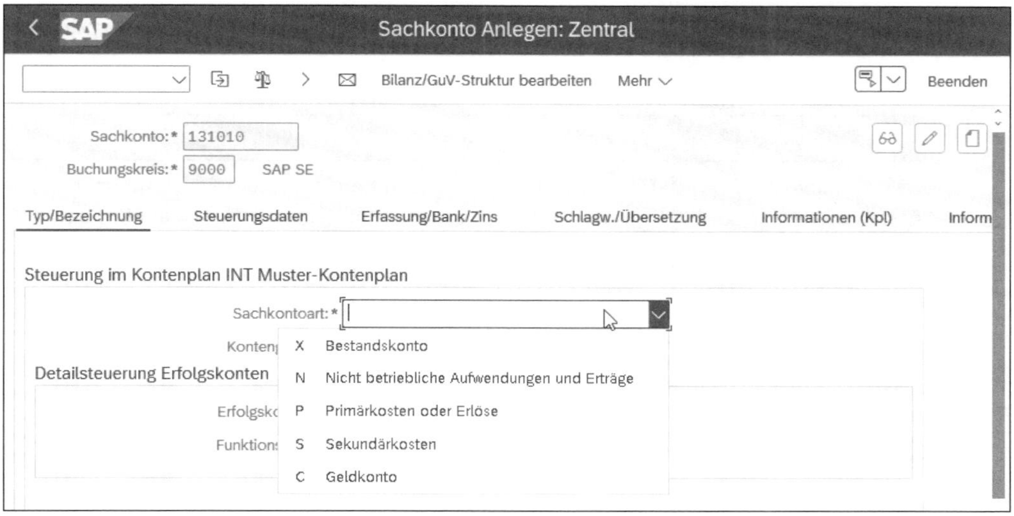

Abbildung 3.2 Sachkonto anlegen (Transaktion FS00)

In SAP S/4HANA wird nur noch Transaktion FS00 verwendet, um Sachkonten anzulegen. Die Transaktionen FS01 (Sachkontenstammsatz anlegen), FS02 (Sachkontenstammsatz ändern) und FS03 (Sachkontostammsatz anzeigen) entfallen und werden durch Transaktion FS00 ersetzt.

Die Transaktionen KA01 (Kostenart anlegen), KA02 (Kostenart ändern) und KA03 (Kostenart anzeigen) sowie KA06 (Sekundärkostenart anlegen) gibt es in SAP S/4HANA nicht mehr. Diese Transaktionen werden zu Transaktion FS00 umgeleitet. Damit werden Sachkonten sowie primäre und sekundäre Kostenarten im Sachkontenstammsatz verschmolzen, und es gibt nur noch eine gemeinsame Transaktion FS00. Die technische Verschmelzung der Stammdaten ist ein Schritt in der Migration nach SAP S/4HANA.

Für die Stammdatenpflege von Sachkonten und Kostenarten gibt es in SAP S/4HANA eine einheitliche Vorgehensweise, die von der Vorgehensweise in SAP ERP abweicht. Wir gehen von den folgenden Voraussetzungen aus:

- Der Kontenplan beinhaltet alle Bilanz- und alle GuV-Konten.
- Die Kostenarten verwenden eine Sachkontenlogik. Dies bedeutet:
  - keine Zeitabhängigkeit mehr für Kostenarten
  - kein Kontierungsvorschlag mehr in den Kostenarten

- GuV-Konten können als Kostenarten klassifiziert werden. Das bedeutet, dass Kostenarten zu Sachkonten mit einer spezifischen Semantik werden.
- Der Kostenartentyp bleibt bestehen; sekundäre Kostenarten werden weiterhin nur aus CO-Verrechnungen bebucht.

In Tabelle 3.1 sehen Sie die verschiedenen Kostenartentypen und ihre Anwendung.

Primäre Kostenarten	
Kostenartentyp	**Anwendung**
01 – Primärkosten/ kostenmindernde Erlöse	Der Kostenartentyp 01 wird für einen Großteil der Aufwands- und Ertragskonten genutzt. Kontieren Sie Kosten auf Kontierungsobjekte, wie Kostenstelle oder Innenauftrag, wird diesen Sachkonten der Kostenartentyp 01 zugeordnet.
03 – Abgrenzung per Zuschlag	Im Customizing können Sie die Abgrenzung per Zuschlag konfigurieren. Wenn Sie z. B. den Aufwand für Urlaubsgeld auf zwölf Monate verteilen möchten, anstatt ihn in einem Monat darzustellen, können Sie mit der Abgrenzung per Zuschlag arbeiten. Die Kosten werden auf ein Sachkonto mit dem Kostenartentyp 03 gebucht und im Periodenabschluss über eine Sekundärkostenart abgegrenzt.
04 – Abgrenzung per Soll = Ist	Neben der Abgrenzung per Zuschlag gibt es auch die Abgrenzung per Soll = Ist, die im Prinzip ähnlich funktioniert. Die Kosten werden auf ein Sachkonto mit dem Kostenartentyp 04 gebucht und im Periodenabschluss über eine Sekundärkostenart abgegrenzt.
11 – Erlöse	Wenn Sie mit der Komponente SD für den Vertrieb arbeiten, sollten alle Sachkonten, die für die Erlöskontenfindung in der automatischen Kontenfindung zugeordnet sind, mit dem Kostenartentyp 11 angelegt werden. Haben Sie die Ergebnis- und Marktsegmentrechnung (CO-PA) aktiviert, verlangt das SAP-System, dass die Sachkonten mit dem Kostenartentyp 11 angelegt sind, um diese nach CO-PA transferieren zu können. Beachten Sie, dass, wenn Sie Sachkonten mit dem Kostenartentyp 11 auf eine Kostenstelle kontieren, die Buchung in der Kostenstelle nur statistisch erfolgt und in einer Kostenstellenumlage nicht zur Verfügung steht. Erlöse mit dem Kostenartentyp 11 können auf Innenaufträge und/oder PSP-Elemente kontiert werden, wenn diese dazu entsprechend ausgeprägt sind.

Tabelle 3.1 Primäre Kostenartentypen und ihre Funktionen

Primäre Kostenarten	
Kostenartentyp	**Anwendung**
12 – Erlös-schmälerungen	In der automatischen Kontenfindung für den Vertrieb hinterlegen Sie auch Aufwandskonten, z. B. für Skonti. Diesen Aufwandskonten wird der Kostenartentyp 12 zugeordnet, der dieselben Funktionen wie der Kostenartentyp 11 hat.
22 – Externe Abrechnung	Mit der externen Abrechnung können Sie interne Kosten, wie z. B. interne Aktivitäten, an die Finanzbuchhaltung abrechnen. Wenn Sie z. B. eine AiB über einen Innenauftrag darstellen, können Sie auf diesen Innenauftrag interne Leistungen, wie z. B. Personal, Maschinen usw., verrechnen. Diese internen Kosten können Sie über eine Abrechnung an die Finanzbuchhaltung in der Anlagenbuchhaltung aktivieren. Mehr zur Abrechnung von internen Kosten an AiB erfahren Sie in Kapitel 9, »Gemeinkosten-controlling«.

Tabelle 3.1 Primäre Kostenartentypen und ihre Funktionen (Forts.)

Tabelle 3.2 zeigt sekundäre *Kostenartentypen* und ihre Funktionen. Die Tabelle soll Ihnen bei der Anlage und Festlegung der sekundären Kostenarten behilflich sein.

Sekundäre Kostenarten	
Kostenartentyp	**Anwendung**
21 – Abrechnung intern	Werden Innenaufträge oder PSP-Elemente an andere Kontierungsobjekte abgerechnet, erfolgt die Abrechnung meist mit einer Sekundärkostenart vom Typ 21.
31 – Auftrags-/Projekt-abgrenzung	Arbeiten Sie mit der Produktkostenrechnung, können Sie am Monatsende Ware in Arbeit für noch nicht fertiggestellte Waren berechnen. Für die Kalkulation und den Ausweis der Ware in Arbeit wird eine Sekundärkostenart mit dem Kostenartentyp 31 benötigt.
41 – Gemeinkosten-zuschläge	In der Produktkostenrechnung oder im Gemeinkostencontrolling können Gemeinkostenzuschläge erhoben werden. Die Allokation der Gemeinkostenzuschläge erfolgt mit einer Sekundärkostenart vom Typ 41.
42 – Umlage	Über Umlagezyklen können Kostenstellenkosten nach verschiedenen Kriterien verrechnet werden. Die Verrechnung kann auf andere Kontierungsobjekte oder in CO-PA erfolgen. Umlagekostenarten werden mit dem Kostenartentyp 42 angelegt.

Tabelle 3.2 Sekundäre Kostenartentypen und ihre Funktionen

Sekundäre Kostenarten	
Kostenartentyp	**Anwendung**
43 – Verrechnung Leistungen/Prozesse	Leistungen, die in einer Kostenstelle erbracht werden, werden über Leistungsarten dargestellt. Die Kostenverrechnung dieser Leistungsarten erfolgt mit einer Sekundärkostenart vom Kostenartentyp 43.
50 – Projektbez. Auftragseingang: Umsatzerlöse	Bei der Anwendung von CO-PA und PS (Projektsystem) können Sie den Auftragseingang für Umsatzerlöse darstellen. Dies ermöglicht Ihnen, einen Trend in der Entwicklung der Umsätze vorauszusehen.
51 – Projektbez. Auftragseingang: Sonstige Erträge	Dieser Kostenartentyp hat die gleichen Funktionen wie der Kostenartentyp 50. Er wird verwendet, um den Auftragseingang der sonstigen Erträge darzustellen.
52 – Projektbez. Auftragseingang: Kosten	Der Kostenartentyp 52 stellt die Kosten des Auftragseingangs dar.
61 – Fortschrittswert	In der Komponente PS können Sie den Fortschrittswert errechnen. Das SAP-System weist zum Monatsabschluss den Fortschritt auf, gemessen an den Plankosten des Projekts.
66 – Berichtskostenart CO-PA	Die Berichtskostenart CO-PA wird verwendet, wenn mit der kombinierten Ergebnisrechnung gearbeitet wird. Berichtskostenarten werden nicht echt bebucht, sondern fassen im Berichtswesen Kostenarten zusammen. So kann man eine Kostenartenhierarchie im Bericht erstellen.

Tabelle 3.2 Sekundäre Kostenartentypen und ihre Funktionen (Forts.)

[»]

Kostenartentyp

Der Kostenartentyp bestimmt, ob Sie den jeweiligen Sachkontenstammsatz in der Universal Allocation verwenden können. Um den vollständigen Funktionsumfang der Universal Allocation zu verstehen, empfehlen wir Ihnen, die SAP-Online-Hilfe zu lesen.

Detaillierte Informationen zu den Verrechnungskontexten, die den Funktionsumfang der Universal Allocation definieren, finden Sie in der folgenden Dokumentation: *https://help.sap.com/docs/SAP_S4HANA_ON-PREMISE/5e23dc8fe9be4fd496f8ab556667ea05/1e3d7bed916b414a969aa690b89afe0c.html?locale=de-DE* (Kurz-URL: *http://s-prs.de/v10687003*)

Eine weitere Veränderung im Sachkontenstammsatz betrifft die *Einzelpostenverwaltung*. Mit SAP S/4HANA wird das Kennzeichen **Einzelpostenverwaltung** im Sachkontenstammsatz auf der Registerkarte **Steuerungsdaten** überflüssig. Bedingt durch die neue einzelpostenbasierte Ablage der Belege, sind die Einzelposten immer alle vorhanden. Geblieben sind die Kennzeichen **Verwaltung offener Posten** und **ledgerspezifisches Ausgleichen**.

Die aus dem neuen Hauptbuch bekannte Funktion des *ledgerspezifischen Ausgleichs* ist weiterhin vorhanden. Das ledgerspezifische Ausgleichen verwenden Sie, um offene Posten individuell für jedes Ledger zu führen. Genutzt wird dies z. B. für Rückstellungen. So werden z. B. Pensionsrückstellungen nach IFRS-Rechnungslegung anders berechnet als nach der lokalen Rechnungslegung. Der Zeitpunkt, zu dem diese Rückstellungen gebildet werden müssen oder aufgelöst werden dürfen, unterscheidet sich vom Zeitpunkt der lokalen Rechnungslegung. In diesem Fall kann eine Rückstellung pro Ledger als offener Posten geführt werden. Für die Nutzung des ledgerspezifischen Ausgleichs gelten weiterhin die gleichen Einschränkungen wie bei der Verwendung des neuen Hauptbuches:

- Ein Konto wird mit der Verwaltung offener Posten geführt oder nutzt die Funktion **ledgerspezifisches Ausgleichen**.
- Die Kontoführung erfolgt nur in der Hauswährung des Buchungskreises.
- Das Kennzeichen **Salden nur in Hauswährung** muss gesetzt sein.
- Das Feld **Steuerkategorie** muss leer sein.

Ein nachträgliches Einschalten der Verwaltung offener Posten oder das Umstellen eines Kontos auf ein ledgergruppenspezifisches Ausgleichen ist möglich.

Um uns hier die Einstellungen in unserer beispielhaften Implementierung zu erleichtern, greifen wir auf den bereits existierenden und von SAP ausgelieferten Kontenplan INT zurück und ordnen diesem unseren Buchungskreis zu. Im nächsten Abschnitt beschäftigen wir uns mit den Anlagenstammsätzen.

3.2 Anlagen

In der Anlagenbuchhaltung verwalten Sie Ihr *Anlagevermögen*. Dabei können Sie sowohl materielles als auch immaterielles Anlagevermögen verwalten. Zum materiellen Anlagevermögen gehören alle Anlagegüter, die Sie gewissermaßen anfassen können, z. B. Fahrzeuge, Gebäude, Maschinen, Fabrikhallen oder Grundstücke. Zum immateriellen Anlagevermögen zählen z. B. Software, selbst erstellte Software oder auch Finanzanlagen. Der Anlagenstammsatz bietet die gleichen Funktionen wie bisher in SAP ERP. Die einzige Ausnahme bildet die Registerkarte **Versicherung**, die in SAP S/4HANA ersatzlos weggefallen ist.

Im Anlagevermögen können Sie Ihre Anlagenstammdaten nach verschiedenen *Rechnungslegungsvorschriften* abbilden. Der Wert eines Anlageguts kann, abhängig von den Anschaffungskosten, je nach Rechnungslegungsvorschrift unterschiedlich sein. Es kann aber auch sein, dass die Anschaffungskosten gleich anzusetzen sind, sich dafür hingegen die Abschreibungsschlüssel oder die Nutzungsdauern unterscheiden. Tabelle 3.3 soll die Unterschiede beispielhaft verdeutlichen.

	Anschaffungswert	Nutzungsdauer	Abschreibungsschlüssel	Abschreibung nach 1. Jahr
IFRS-Bilanz	80.000	10	LINI	8.000
HGB-Bilanz	75.000	10	LINI	8.000
HGB-Steuerbilanz	75.000	15	LINS	5.000

Tabelle 3.3 Bewertungsunterschiede im Anlagevermögen

Um einen Anlagenstammsatz anzulegen, folgen Sie dem Menüpfad **Rechnungswesen • Finanzwesen • Anlagen • Anlegen • Anlage**, oder Sie nutzen den Transaktionscode AS01. Abbildung 3.3 zeigt das Einstiegsbild von Transaktion AS01.

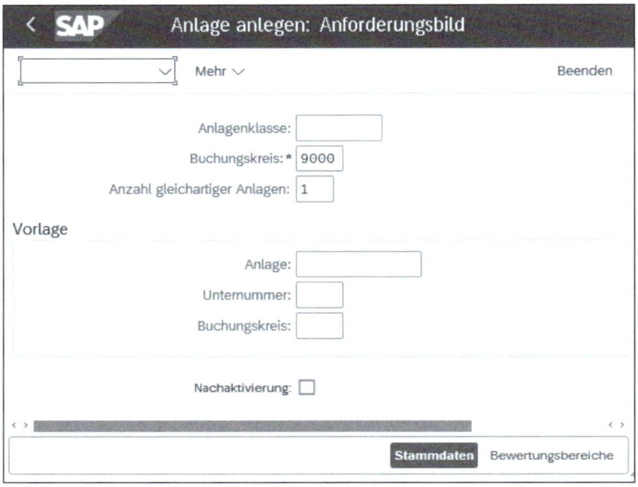

Abbildung 3.3 Anlage anlegen (Transaktion AS01)

Die Anlagenstammdaten werden immer mit Bezug zu einem Buchungskreis angelegt (Feld **Buchungskreis**). Ebenso müssen Sie eine Anlagenklasse in das Feld **Anlagenklasse** eingeben, in die der Anlagenstammsatz eingeordnet werden soll.

Jedem Anlagenstammsatz müssen Sie genau eine Anlagenklasse zuordnen. Über die Anlagenklasse wird der Nummernkreis bestimmt, der für die Nummerierung des Anlagenstammsatzes notwendig ist. Die Anlagenklasse bestimmt aber auch die *Kontenfindung* und damit die Sachkonten, die bei der Aktivierung von Anlagen und bei deren Abschreibung bebucht werden. In der Kontenfindung hinterlegen Sie für die verschiedenen Vorgänge, die im Lebenszyklus eines Anlagenstammsatzes auftreten können, die jeweils zu bebuchenden Sachkonten. Dies können die folgenden Sachverhalte sein:

- Zugang der Anlage mit Aktivierung der Anschaffungskosten
- Umbuchungen von anderen Anlagen oder Abrechnung von Anlagen im Bau (AiB)
- Buchen der Abschreibungen
- bilanzielle Auf- oder Abwertungen
- Investitionsförderungen

Nachdem Sie sich Gedanken dazu gemacht haben, wie Ihr Anlagevermögen strukturiert sein soll, und Sie damit für Ihr Unternehmen die benötigten Anlagenklassen, Kontenfindungen und Bildaufbauregeln festgelegt haben, können Sie diese im Customizing anlegen. Um eine Anlagenklasse anzulegen, gehen Sie in das Customizing, über **Finanzwesen • Anlagenbuchhaltung • Organisationsstrukturen • Anlagenklassen • Kontenfindungen anlegen**. Abbildung 3.4 zeigt die Anlage der Kontenfindungen.

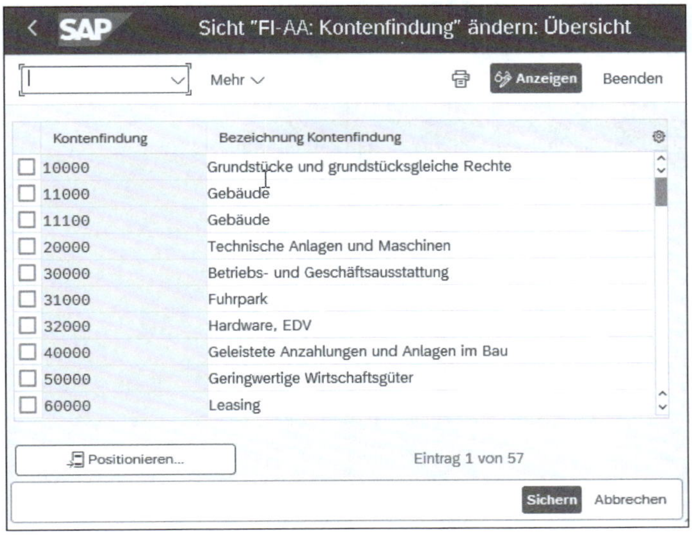

Abbildung 3.4 Übersicht der angelegten Kontenfindungen

Diese bestehen aus einem technischen Schlüssel im Feld **Kontenfindung** und einer Bezeichnung. Die Kontenfindung ordnen Sie später einer oder mehreren Anlagenklassen zu. Wenn Sie z. B. Ihre Fahrzeuge im Unternehmen in die folgenden Klassen unterteilen möchten, legen Sie dazu verschiedene Anlagenklassen an:

- Pkw
- Lkw
- Stapler

Diese Anlagenklassen können Sie aber aus buchhalterischen Gründen auf die gleichen Sachkonten buchen. Demzufolge würden Sie diesen Anlagenklassen auch die gleiche Kontenfindung 30000 zuordnen.

Über **Neue Einträge** oder die Taste F5 können Sie weitere Kontenfindungen hinzufügen. Sichern Sie Ihre Einstellungen über einen Klick auf Sichern (**Sichern**) oder über die Tastenkombination Strg + S, und verlassen Sie die Transaktion.

Im Customizing finden Sie über **Finanzwesen • Anlagenbuchhaltung • Organisationsstrukturen • Anlagenklassen • Bildaufbau anlegen** die angelegten Bildaufbauregeln. Jeder Anlagenklasse müssen Sie eine Bildaufbauregel zuordnen. Die Bildaufbauregel bestimmt dann, welche Felder auf dem Anlagenstammsatz sichtbar, welche Felder ausgeblendet und welche Felder Mussfelder sein sollen. Abbildung 3.5 zeigt die bereits angelegten Bildaufbauregeln.

In Abbildung 3.6 sehen Sie die bereits existierenden **Nummernkreise** für die Nummerierung der Anlagen. Auch hier können Sie wiederum in einem Nummernkreis mehrere Anlagenklassen zusammenfassen. Bei vielen Kunden bekommen die Anlagenklassen der Finanzanlagen, AiB oder auch der geringwertigen Wirtschaftsgüter je einen eigenen Nummernkreis; alle anderen Anlagenklassen verwenden dann einen gemeinsamen Nummernkreis.

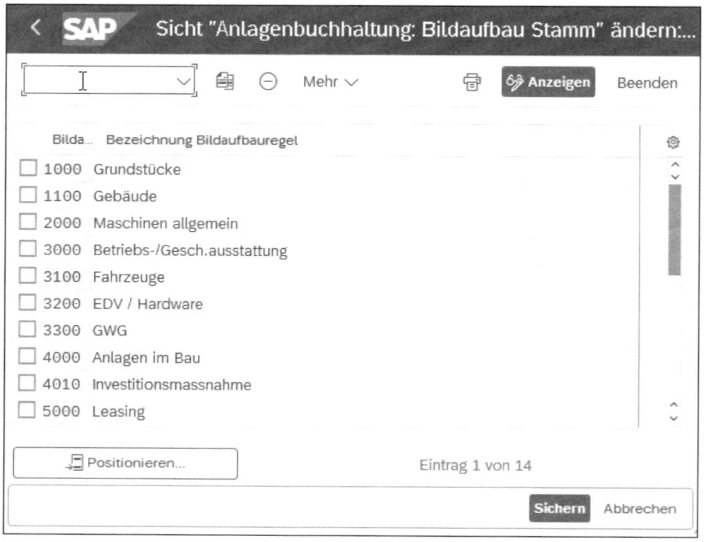

Abbildung 3.5 Übersicht der angelegten Bildaufbauregeln

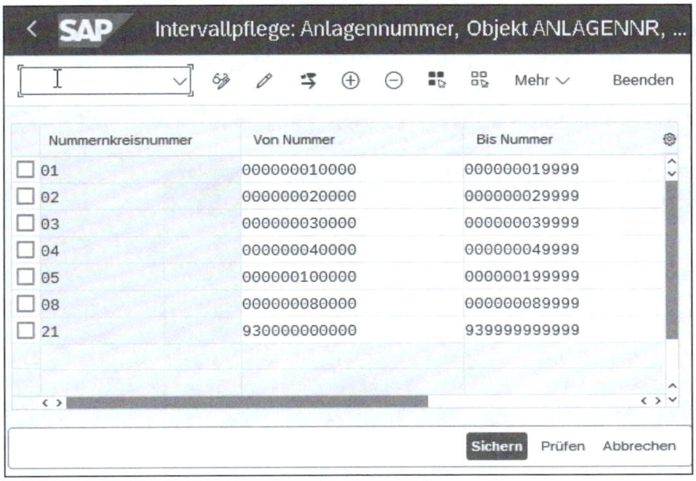

Abbildung 3.6 Nummernkreise für Anlagennummern

Die *Anlagenstammsatznummer* aus SAP S/4HANA sollten Sie dann auch verwenden, um diese mit einem Aufkleber auf der jeweiligen Anlage zu befestigen. Viele Kunden nutzen Software von SAP-Partnern, um diese Labels zu drucken. Dies erleichtert ihnen die Zuordnung der Anlagen, z. B. im Rahmen einer Inventur.

Abbildung 3.7 zeigt Ihnen die angelegten Anlagenklassen. Über einen Klick auf **Neue Einträge** oder mit der Taste [F5] können Sie neue Anlagenklassen anlegen. Dabei müssen einige Felder gefüllt werden (siehe Abbildung 3.8). Daher ist es empfehlenswert, erst eine Anlagenklasse über **Neue Einträge** oder über [F5] und anschließend weitere gleichartige Anlagen durch einen Klick auf [Icon] (**Kopieren als ...**) oder mit der Taste [F6] anzulegen.

Je nach Größe Ihres Unternehmens ist die Anzahl der Anlagenklassen sehr unterschiedlich. 30–60 Anlagenklassen sind normal. In sehr großen, weltweit agierenden Unternehmen kann es auch einige Hundert Anlagenklassen geben. Über die Anlagenklasse und die Kontenfindung müssen Sie den verschiedensten lokalen handelsrechtlichen und steuerlichen Anforderungen gerecht werden. Dies kann zu mehr Anlagenklassen führen, als Sie sie zu Beginn Ihrer Implementierung vielleicht vorgesehen hatten.

Anlagenklassen definieren

Beachten Sie bei Ihrer Definition der Anlagenklassen, dass diese im gesamten Mandanten Ihres Systems gültig sind. Sollten Sie nicht alle Anlagenklassen in allen Bewertungsplänen benötigen, müssen Sie diese unter dem Customizing-Punkt **Anlagenklassenbewertung bestimmen** auf **deaktiv** setzen.

Wird eine Anlagenklasse grundsätzlich nicht mehr benötigt, können Sie im Detail der Anlagenklasse im Bereich **Status Sperren** das Kennzeichen **Anlagenklasse ist gesperrt** setzen.

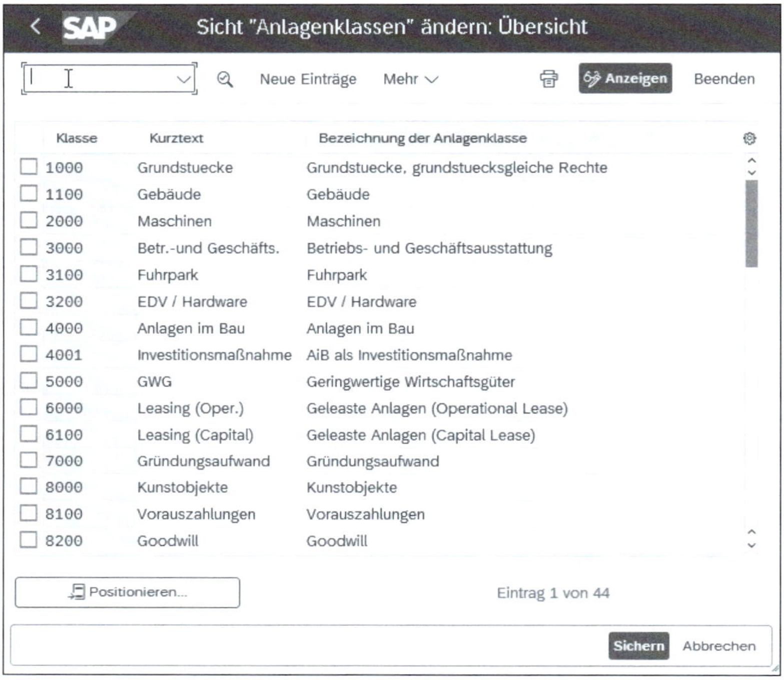

Abbildung 3.7 Übersicht der angelegten Anlagenklassen

In Abbildung 3.8 sehen Sie eine Anlagenklasse im Detail mit all ihren Feldern und Einstellungsmöglichkeiten.

Die Anlagenklasse kann Ihr Anlagevermögen verwalten, das aus verschiedenen Komponenten Ihres SAP-S/4HANA-Systems stammen kann. Daher sind diverse Einstellungen notwendig.

Die folgenden Einstellungen müssen Sie im Bild **Anlagenklasse** vornehmen:

- **Kontenfindung**
  Die Kontenfindung bestimmt die Abstimmkonten des Hauptbuches sowie deren Gegenkonten, die bei den jeweiligen Geschäftsvorfällen zu bebuchen sind. Die Kontenfindung ist ein Attribut der Anlagenklasse. Mehrere Anlagenklassen, die innerhalb eines Kontenplans die gleichen Hauptbuchkonten bebuchen sollen, können dieselbe Kontenfindung verwenden.

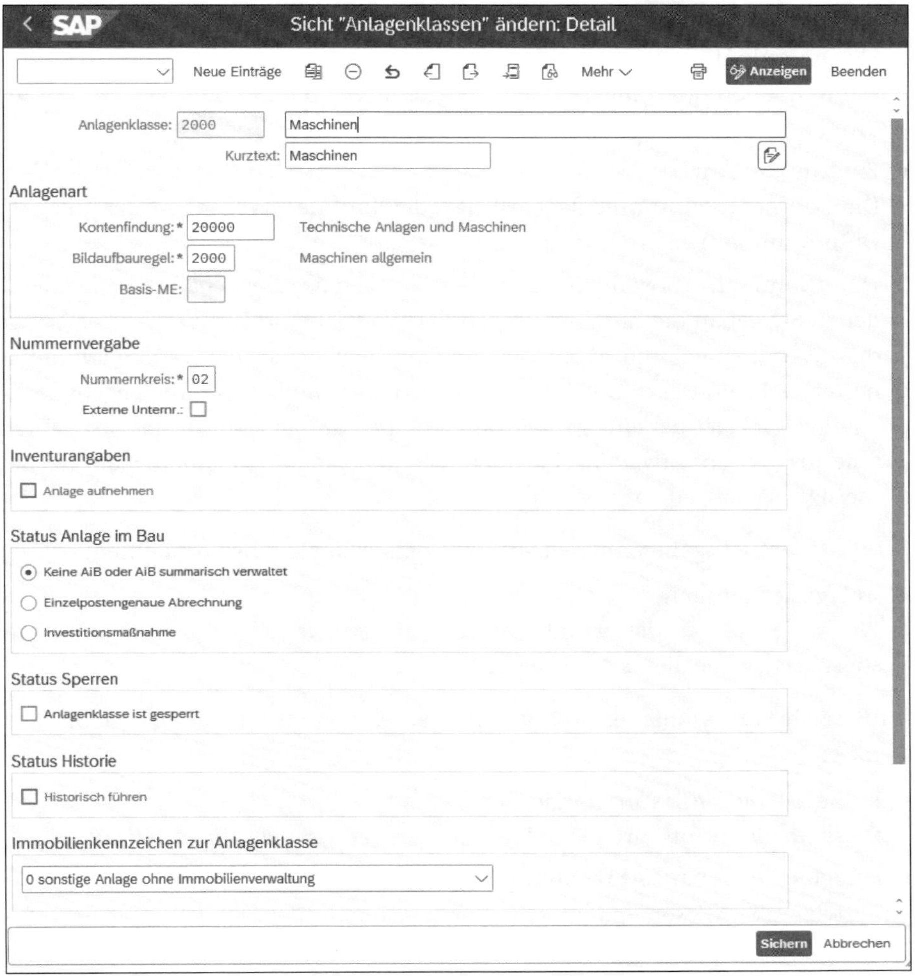

Abbildung 3.8 Anlagenklasse ändern (Detailsicht)

- **Bildaufbauregel**
  Die Bildaufbauregel bestimmt den Bildaufbau im Anlagenstammsatz, also die Felder, die sichtbar, ausgeblendet oder Mussfelder sind.
- **Basis-ME**
  Bei manchen Anlagenklassen ist es sinnvoll, nicht jedes Anlagegut einzeln anzulegen, sondern es einer Anlage zuzuführen, auf die Sie die jeweiligen Zugänge oder Abgänge buchen. Diese Vorgehensweise kann z. B. in Bezug auf Büroausstattung, wie z. B. Tische und Stühle, sinnvoll sein. ME steht dabei für die Mengeneinheit.

Für die **Nummernvergabe** sind die folgenden Einstellungen notwendig:

- **Nummernkreis**
  Der in Abbildung 3.6 angelegte Nummernkreis wird jetzt der Anlagenklasse zugeordnet.
- **Externe Unternr.**
  Die externe Unternummer legt fest, dass die Nummernvergabe bei der Anlage von Unternummern extern erfolgen soll.

  Unternummern verwenden Sie bei gleichartigen Anlagen, späteren Zugängen, in denen Sie genau die Abschreibungen nachvollziehen müssen, oder bei Anlagen, die zusammengehören, aber trotzdem einzeln ausgetauscht werden könnten. So besteht z. B. ein Desktop-PC aus einem PC, einem Bildschirm und gegebenenfalls einem Drucker. Über eine gemeinsame Hauptnummer können Sie diese Bestandteile zusammen verwalten, aber auch separat austauschen, indem Sie Unternummern für jedes Gerät anlegen.

Für die **Inventurangaben** müssen Sie die folgende Einstellung vornehmen:

- **Anlage aufnehmen**
  Wenn die Anlagen dieser Anlagenklasse einer physischen Inventur unterliegen sollen, setzen Sie dieses Kennzeichen.

Im Bereich **Status Anlage im Bau** können Sie aus den folgenden Möglichkeiten wählen:

- **Keine AiB oder AiB summarisch verwaltet**
  Dieser Radiobutton wird für Anlagenklassen gesetzt, die keine AiB sind.
- **Einzelpostengenaue Abrechnung**
  Aktivieren Sie diesen Radiobutton, wenn Sie die AiB pro Einzelposten abrechnen und damit pro Einzelposten entscheiden können möchten, auf welche Anlage oder welches Aufwandskonto der jeweilige Einzelposten einer AiB abgerechnet wird.
- **Investitionsmaßnahme**
  Wenn Sie Ihre Investitionsmaßnahmen über die Komponente Investitionsmanagement (IM) planen, durchführen und anschließend an AiB und/oder Anlagen abrechnen, markieren Sie diesen Radiobutton.

In Abbildung 3.3 haben Sie das Einstiegsbild von Transaktion AS01 gesehen. Dort haben wir eine Anlagenklasse ausgewählt, für die wir einen Anlagenstammsatz anlegen möchten. Ebenfalls haben wir einen Buchungskreis eingetragen, für den dieser Anlagenstammsatz angelegt werden soll.

[«]

Anlagenstammsatz anlegen

Sofern Sie gleichartige Anlagen anlegen, können Sie mit Vorlagen arbeiten. Dabei werden alle Werte der Vorlage »Anlage« in die neu anzulegende Anlage übernommen. Sie können die übernommenen Werte später noch anpassen, ersparen sich aber die eine oder andere Pflegearbeit an dem Anlagenstammsatz. Welche Felder kopiert werden, legen Sie unter dem Customizing-Punkt **Bildaufbau Anlagenstammdaten definieren** fest.

Abbildung 3.9 zeigt das Feldgruppenregelwerk, über das Sie für Ihren Bildaufbau definieren können, welche Felder des Anlagenstammsatzes welchen Feldstatus haben sollen. Sie finden die Einstellungen unter folgendem Customizing-Pfad: **Anlagenbuchhaltung • Stammdaten • Bildaufbau • Bildaufbau Anlagenstammdaten definieren**.

Dazu wählen Sie aus den folgenden Möglichkeiten aus:

- **Muss**
  Das Feld muss ausgefüllt werden, sonst kommen Sie nicht weiter.
- **Kann**
  Das Feld kann ausgefüllt werden.
- **Nein**
  Wenn **Nein** markiert ist, wird das Feld ausgeblendet.
- **Anze**
  Nur Anzeige des Feldinhaltes
- **Anlkl**
  Das Kennzeichen **Anlkl** (Anlagenklasse) definiert, dass dieses Feld nur in der Anlagenklasse selbst gepflegt werden kann.
- **Hptnr**
  Wenn das Kennzeichen **Hptnr** (Hauptnummer) gesetzt ist, wird der Inhalt des jeweiligen Feldes aus dem Feld der Hauptnummer in das gleiche Feld der Unternummer übernommen.
- **Untnr**
  Wenn das Kennzeichen **Untnr** (Unternummer) gesetzt ist, kann das Feld auf der Unternummer geändert werden.
- **Kopieren**
  Das Kennzeichen **Kopieren** legt fest, ob der Feldinhalt einer Referenzanlage in eine neu anzulegende Anlage übernommen werden soll. Dazu müssen Sie in Transaktion AS01 eine Anlage als Vorlage/Referenz angeben.

Im Folgenden zeigen wir Ihnen nun Schritt für Schritt bzw. Registerkarte für Registerkarte, wie Sie eine Anlagenklasse anlegen. In den folgenden Abbildungen sehen Sie dabei alle in SAP S/4HANA vorhandenen Felder. In Ihrem Unternehmen sollten Sie jedoch nur die von Ihnen benötigten Felder einblenden.

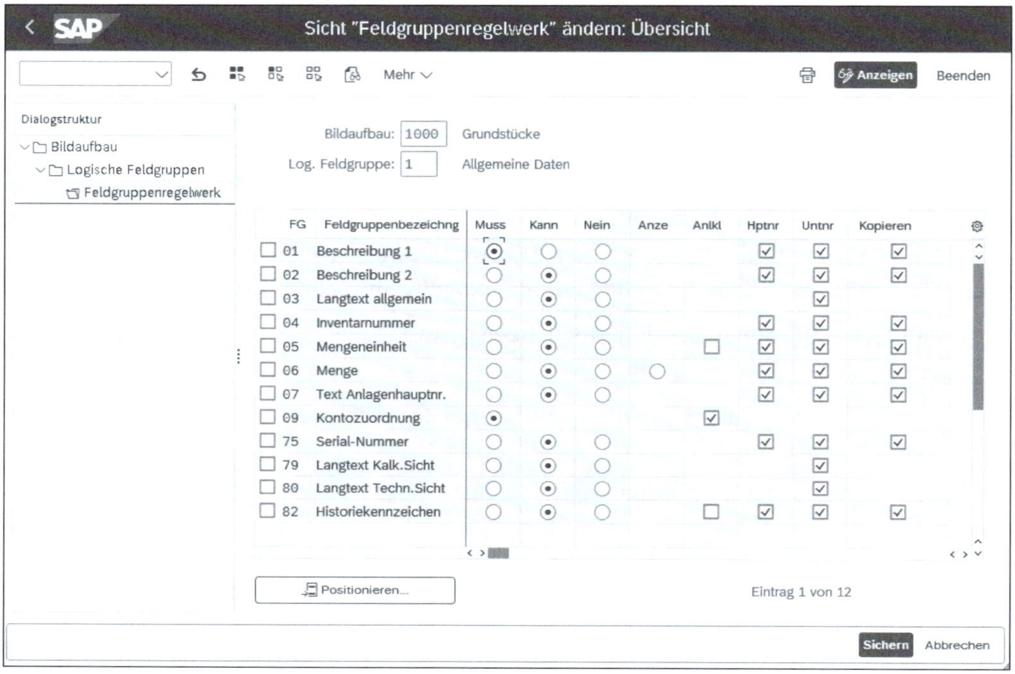

Abbildung 3.9 Feldgruppenregelwerk für Bildaufbau definieren

[+]

Musseingaben nutzen

Zwingend auszufüllende Felder sollten Sie mit dem Radiobutton in der Spalte **Muss** als Musseingabefelder deklarieren. Damit ist der Endanwender gezwungen, in diesen Feldern Eingaben vorzunehmen. Dies wird die Datenqualität Ihrer Anlagenstammsätze merklich verbessern. Bedenken Sie, dass sich die Musseingaben von Anlagenklasse zu Anlagenklasse unterscheiden können. So wird z. B. in einer **Anlagenklasse Fahrzeuge** das Feld **KFZ-Kennzeichen** ein Musseingabefeld sein. Bei Grundstücken sollten Sie das Feld **Grundstücke und grundstücksgleiche Rechte** als Musseingabefeld kennzeichnen.

Auf der Registerkarte **Allgemein**, die Sie in Abbildung 3.10 sehen, legen Sie allgemeine Angaben zu Ihrer Anlage fest. Dazu zählt die Bezeichnung mit Kurztext und Langtext (optional). Sie sehen, dass die Kontenfindung aus der Anlagenklasse übernommen worden ist und nicht geändert werden kann. Bei manchen Anlagenklassen kann es sinnvoll sein, eine Seriennummer zur besseren Identifikation der Anlage einzugeben.

Das Feld **Inventarnummer** füllen Sie aus, wenn Sie Ihre alte Anlagenstammsatznummer von Ihrem alten SAP-ERP-System mitführen möchten. Dies erleichtert es den Kollegen in der Anlagenbuchhaltung, die Anlagegüter aus dem alten System im neuen System zu finden.

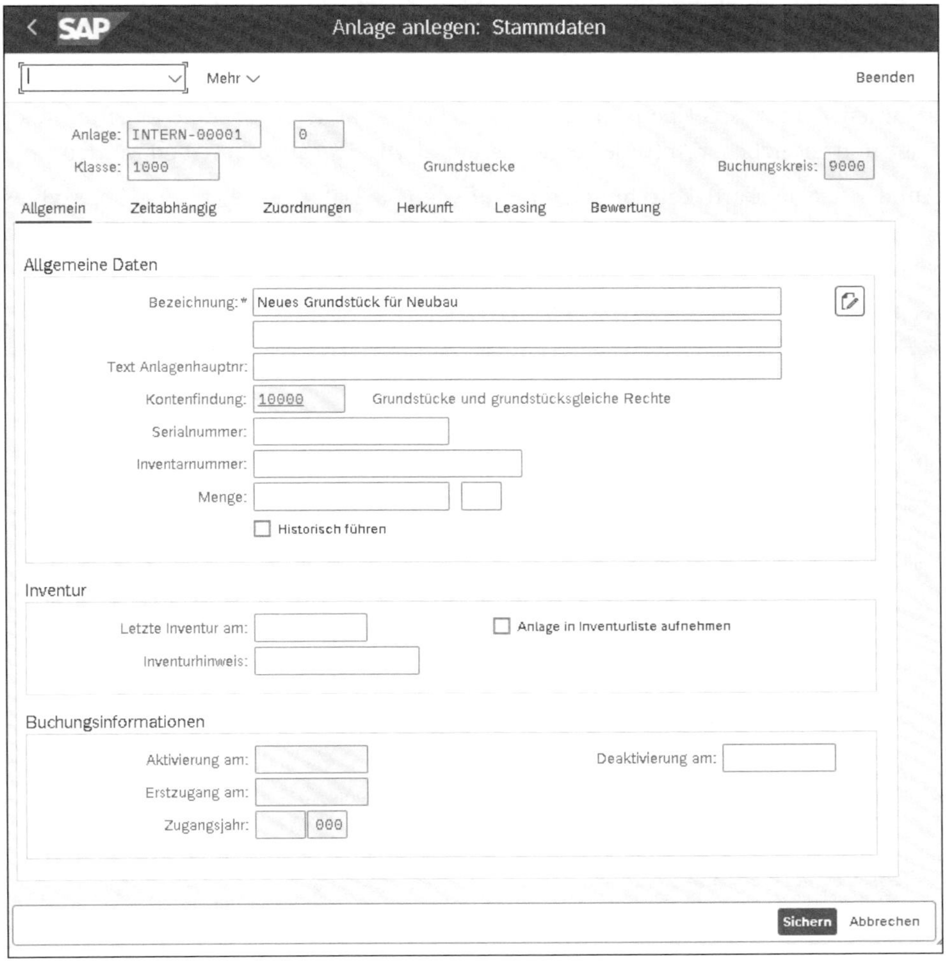

Abbildung 3.10 Allgemeine Angaben zur Anlage pflegen

Im Bereich **Inventur** tragen Sie ein, wenn die Anlage letztmalig in einer Inventur als noch in Ihrem Unternehmen vorhanden vermerkt worden ist. Dies müssen Sie manuell pflegen.

[»]

Schnittstellen zur Stammdatenpflege für die Anlageninventur

Für die Anlageninventur bietet SAP Schnittstellen zur Pflege der Anlagenstammsätze an, aber keine eigene Software, mit der Sie die Inventur durchführen können. Wenden Sie sich dazu an einen Drittanbieter.

Die Buchungsinformationen teilen Ihnen mit, wann die Anlage aktiviert worden ist. Das Aktivierungsdatum muss nicht mit dem Datum, ab dem die Abschreibung berechnet wird, identisch sein.

Dies hängt mit den jeweiligen handels- oder steuerrechtlichen Anforderungen zusammen. Zum Beispiel kann eine Anlage am 15.01.xy aktiviert worden sein, muss aber aufgrund gesetzlicher Anforderungen bereits ab 01.01.xy abgeschrieben werden.

Auf der Registerkarte **Zeitabhängig** hinterlegen Sie Daten, die sich im Lebenszyklus einer Anlage ändern können (siehe Abbildung 3.11). Dazu zählen z. B. die Daten in den Feldern **Kostenstelle** oder **Standort**.

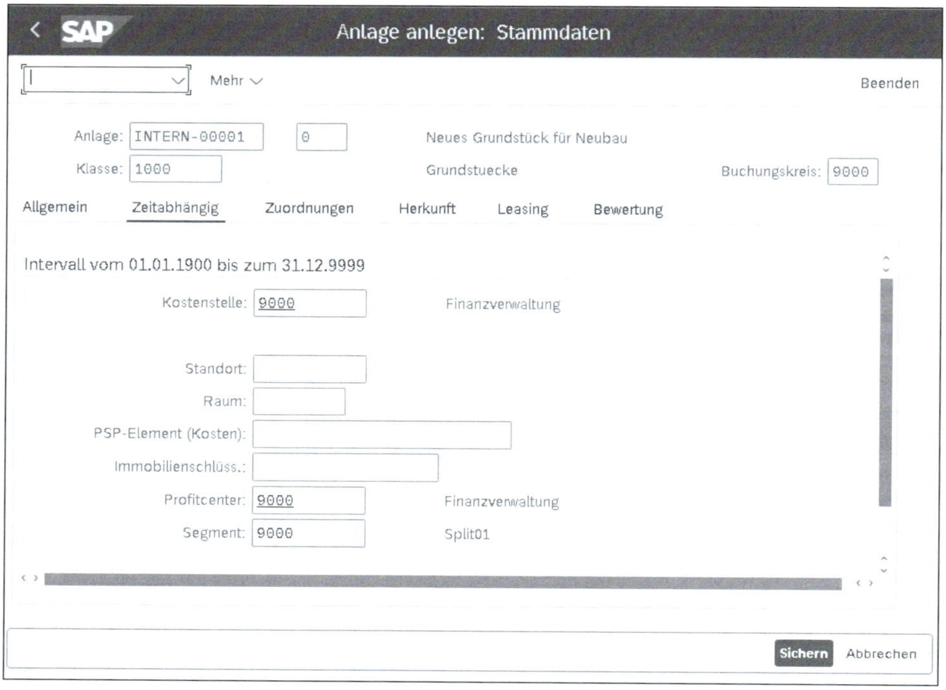

Abbildung 3.11 Zeitabhängige Daten pflegen

Wenn Sie in Ihrem SAP-S/4HANA-System die Belegaufteilung im Hauptbuch nutzen (mehr dazu erfahren Sie in Kapitel 4, »Hauptbuchhaltung«), sollten Sie unbedingt auch das Segment-Reporting für Anlagen aktivieren (mehr dazu erfahren Sie in Kapitel 8,

»Anlagenbuchhaltung«). Wenn Sie die Segmentberichterstattung für Anlagen aktivieren, finden Sie auf der Registerkarte **Zeitabhängig** zwei weitere Felder: **Profitcenter** und **Segment**. Die Informationen zu beiden Feldern werden dabei aus der Kostenstelle abgeleitet. Sobald Sie die Kostenstelle Ihrer Anlage ändern, wird geprüft, ob die aktuelle Kostenstelle das gleiche Profit-Center und Segment verwendet. Wenn dies nicht der Fall ist, können Sie Ihre Änderungen nicht sichern.

Auf der Registerkarte **Zuordnungen** können Sie Verknüpfungen zu Equipmentstammsätzen oder Investitionsförderbereichen herstellen (siehe Abbildung 3.12).

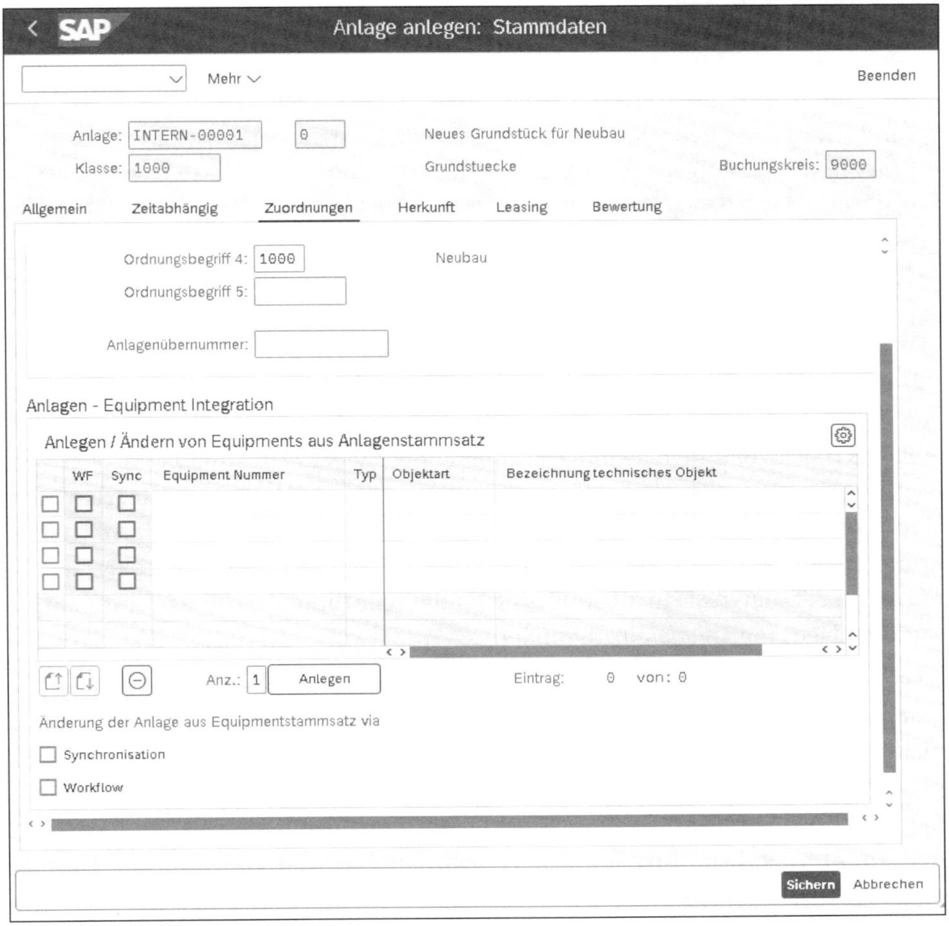

Abbildung 3.12 Zuordnungen von Ordnungsbegriffen/Anlagenübernummer oder Equipmentstammsätzen zur Anlage herstellen

Überdies können Sie Informationen pflegen, die keine weiteren systemtechnischen Auswirkungen haben. Zur genaueren Beschreibung, wo sich eine Anlage exakt befindet, können Sie die Felder **Standort** oder **Raum** nutzen. Diese Felder können Sie auf der Registerkarte **Zeitabhängig** einblenden, wenn Sie sie benötigen (siehe Abbildung 3.11).

Zu den informativen Feldern zählen die Ordnungsbegriffe, die Sie z. B. mit einem Investitionsgrund füllen können. Die Ordnungsbegriffe selbst müssen Sie im Customizing anlegen.

Folgen Sie dazu dem Customizing-Pfad **Finanzwesen • Anlagenbuchhaltung • Stammdaten • Benutzerfelder • Ordnungsbegriffe 4-stellig ausprägen**. Vergessen Sie nicht, nach der Anlage von Ordnungsbegriffen Ihren Feldstatus (**Muss** oder **Kann**) zu pflegen, damit diese Felder überhaupt eingabebereit sind.

[»]

Massenänderung von Anlagenstammsätzen

Für die Massenänderung von Anlagenstammsätzen steht Ihnen weiterhin der Arbeitsvorrat in den Anlagenreports zur Verfügung. Alternativ können Sie, wie bisher, über ein kundeneigenes Programm, das Sie über Transaktion AS02 aufrufen, Ihre Änderungen vornehmen.

Sollten Sie häufiger in den Anlagenstammsätzen z. B. die Kostenstellen ändern müssen, bietet sich ein kundeneigenes Programm an. Dieses Programm ruft ebenfalls Transaktion AS02 auf und hinterlegt über eine zuvor gefüllte Mapping-Tabelle zur alten Kostenstelle die jeweilige neue Kostenstelle in der Anlage.

Stellen Sie sich vor, Ihnen gehört z. B. eine sehr große Kaffeeröstmaschine oder Verpackungsmaschine. Die zur Anlage in ihrer Gesamtheit gehörenden Einzelanlagen sind in unterschiedlichen Anlagenklassen abgelegt. Sie möchten nun wissen, welche Komponenten zur Kaffeeröstmaschine oder zur Verpackungsmaschine dazugehören. Dann definieren Sie im Customizing für die Teile Ihrer Maschine oder für die gesamte Anlage eine *Anlagenübernummer*.

Folgen Sie dazu dem Customizing-Pfad **Finanzwesen • Anlagenbuchhaltung • Stammdaten • Benutzerfelder • Anlagenübernummer ausprägen**. Vergessen Sie nicht, nach der Anlage von Ordnungsbegriffen Ihren Feldstatus entsprechend zu pflegen, damit diese Felder überhaupt eingabebereit sind. Diese Anlagenübernummer ordnen Sie jeder Anlage zu, die zur entsprechenden großen Gesamtanlage gehört. Im Anlagen-Reporting können Sie nicht nur nach Anlagennummern, Kostenstellen oder Anlagenklassen Auswertungen vornehmen, sondern Sie können auch die Anlagenübernummer als Selektionskriterium wählen.

[»]

Gesperrte Kostenstellen

Mit dem Report RAANALYZE01 können Sie (bis Release 1709) in Ihrem Anlagevermögen nach Anlagen suchen, denen noch eine gesperrte Kostenstelle bzw. ein Innenauftrag zugeordnet ist. Mit Release 1809 entfällt diese Option. Vor dem Sperren von Kostenstellen bzw. Innenaufträgen sollten Sie sicherstellen, dass diese nicht mehr im Anlagevermögen verwendet werden.

Oft wird gar nicht bemerkt, dass in den Anlagen gesperrte Kostenstellen vorhanden sind, da die Anlagen bereits auf einen Restwert von null abgeschrieben sind. In diesem Fall buchen Sie keine Abschreibung mehr.

Auf der Registerkarte **Herkunft** können Sie weitere statistische Informationen zu einer Anlage hinterlegen (siehe Abbildung 3.13).

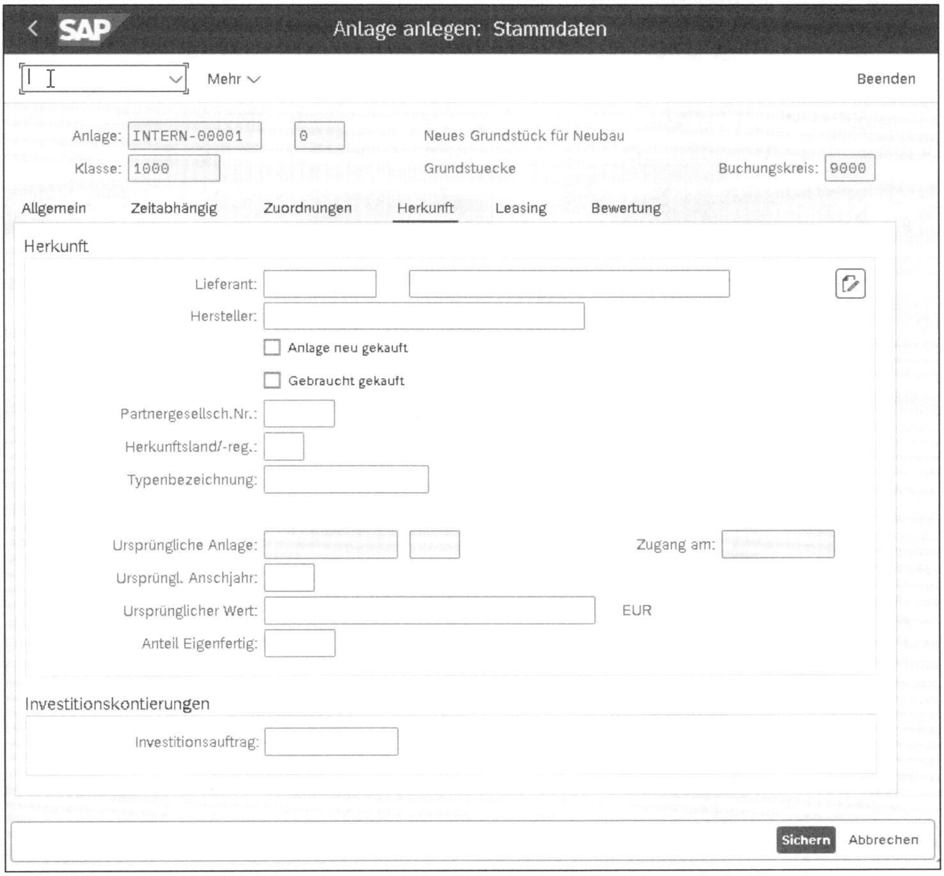

Abbildung 3.13 Herkunft der Anlage bestimmen

Dies geschieht überwiegend manuell bei der Anlage des Anlagenstammsatzes. Das Feld **Lieferant** wird automatisch ausgefüllt, wenn Sie die Anlage über die Integration mit der Materialwirtschaft beschaffen. Das Feld **Ursprüngliche Anlage** wird ebenfalls automatisch ausgefüllt, wenn eine der beiden folgenden Voraussetzungen gegeben ist:

- Eine Anlage wird auf eine andere Anlage umgebucht, z. B. um die Anlagenstammsätze zu verdichten oder einen Anlagenklassenwechsel vorzunehmen.
- Eine Anlage ist durch die Abrechnung einer Anlage im Bau mit Werten versorgt worden.

Möchten Sie Bewegungen auf dieser Anlage statistisch auf einem *Investitionsauftrag* mitbuchen, tragen Sie in das Feld **Investitionsauftrag** eine entsprechende Nummer ein. Beachten Sie dabei, dass das Segment-Reporting für Anlagen überprüft, ob die Kostenstelle, die in der Anlage aktuell hinterlegt ist, und der Investitionsauftrag dem gleichen Profit-Center angehören.

Die Registerkarte **Vermögenst.** dient der Sammlung von relevanten Informationen für die Vermögenssteuer (siehe Abbildung 3.14). Aktuell gibt es in Deutschland keine Vermögenssteuer; daher dürften Sie diese Registerkarte nur bei den Grundstücken benötigen, um Grundbuchinformationen zum Grundstück abzulegen.

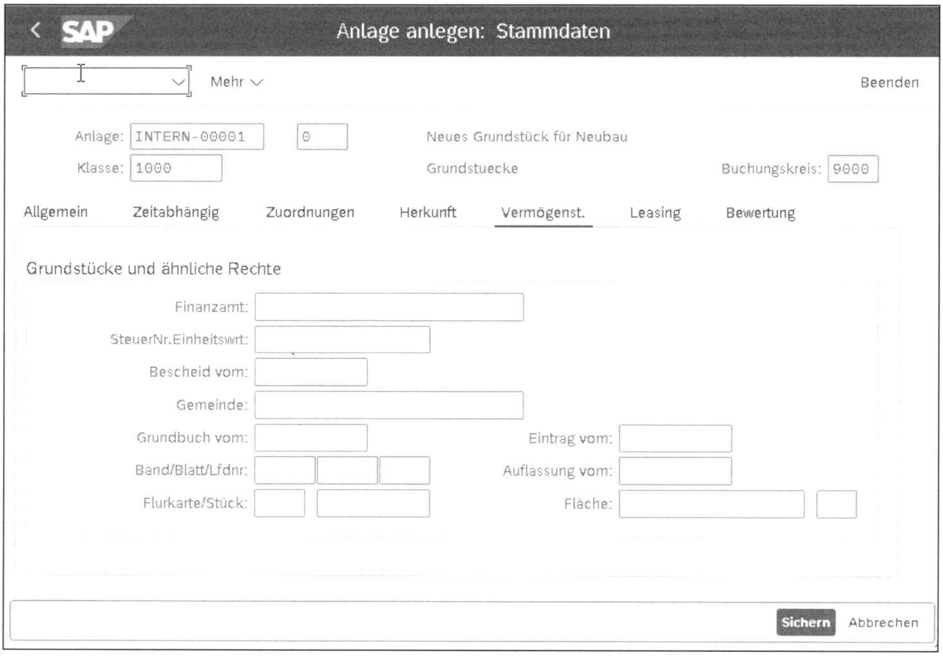

Abbildung 3.14 Informationen zur Vermögenssteuer pflegen

In Abbildung 3.15 sehen Sie die Registerkarte **Leasing**. Diese bildet nur sehr rudimentär Informationen für geleaste Anlagen ab und wird von den meisten Kunden nicht genutzt. Mit der Rechnungslegung IFRS und dem ab 2019 gültigen Standard *IFRS 16*, der die bilanzielle Bewertung von geleasten Anlagegütern ändert, erhält das Abbilden von Leasing-Informationen einen anderen Stellenwert. In SAP S/4HANA wird der Standard IFRS 16 aber nicht über die Registerkarte **Leasing** abgebildet, sondern mit der Komponente Flexibles Immobilienmanagement (RE-FX). RE-FX greift dabei auf Informationen aus der Anlagenbuchhaltung zurück.

Abbildung 3.15 Informationen zu geleasten Anlagen

Sollten Sie Ihre geleasten Sachanlagen bisher nicht in Ihrem Anlagevermögen führen, müssen Sie dies zukünftig tun, um den Rechnungslegungsstandard IFRS 16 vollständig abbilden zu können.

Last, but not least kommen wir zur Registerkarte **Bewertung** (siehe Abbildung 3.16). Dort sehen Sie alle Bewertungsbereiche, die es zu der betreffenden Anlage gibt. Diese entsprechen meist den Rechnungslegungsvorschriften, die Sie in Ihrem Unternehmen führen und damit auch in SAP S/4HANA abbilden müssen. Heute ist bei den meisten Unternehmen der internationale Rechnungslegungsstandard IFRS führend, gefolgt von lokalem Handelsrecht und lokalem Steuerrecht.

Die Spalten **Absch** und **NtzDauer** bestimmen die *Abschreibung*, die meist monatlich zu buchen ist. Im *Abschreibungsschlüssel* (Feld **Absch**) ist die genaue Berechnung der Abschreibung festgelegt. Über den Abschreibungsschlüssel erfolgt auch die Ermittlung des Datums, das im Feld **N-Afa Beg** steht. Ab diesem Datum wird die Abschreibung gerechnet, jedoch nicht ab dem Aktivierungsdatum! Das *Aktivierungsdatum* ist das Datum, ab dem Sie die Anlage in Ihrem Unternehmen genutzt haben. Aus gesetzlichen Gründen kann sich das Aktivierungsdatum von dem Datum, ab dem die Abschreibung gerechnet werden darf/muss, unterscheiden.

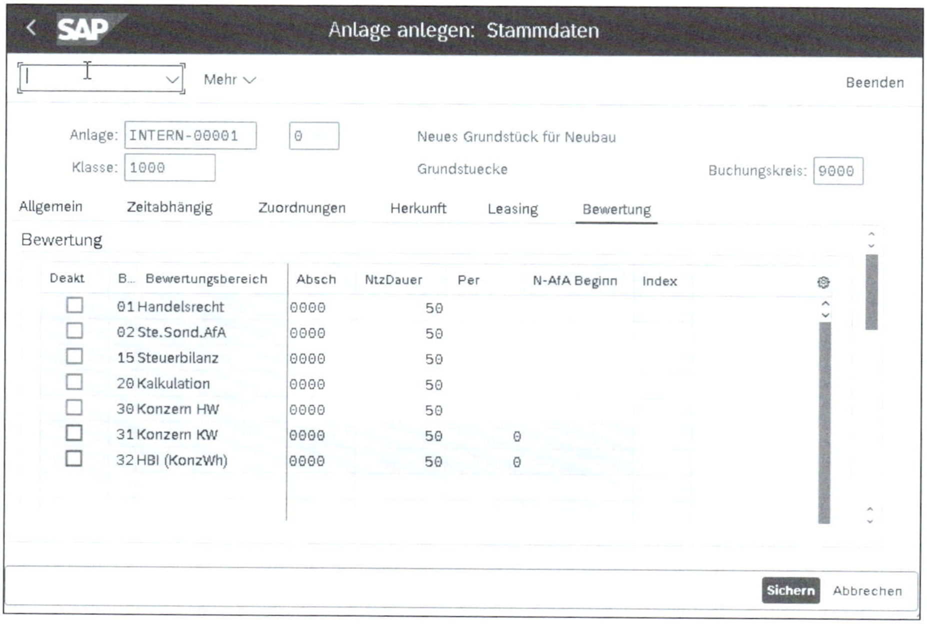

Abbildung 3.16 Bewertung prüfen bzw. pflegen

Im Feld **NtzDauer** legen Sie die geplante *Nutzungsdauer* der Anlage fest. Im Laufe des Lebenszyklus der Anlage können Sie die Nutzungsdauer erhöhen oder auch verringern, wenn dies erforderlich wird. Die damit einhergehende Korrektur der Abschreibungswerte wird mit dem nächsten Abschreibungslauf vorgenommen.

Die Informationen auf der Registerkarte **Bewertung** sollten bei den meisten Anlagen aus dem Customizing-Punkt **Anlagenklassenbewertung bestimmen** übernommen werden können, sodass nur bei wenigen Anlagen manuelle Korrekturen erforderlich sein dürften.

Um Anlagenstammdaten anzuzeigen, können Sie entweder, wie in SAP ERP, das SAP GUI verwenden, oder, wie in Abbildung 3.17 gezeigt, auf eine »fiorisierte« Weboberfläche zurückgreifen. Für das Anlegen und Ändern von Anlagenstammsätzen stehen ebenfalls SAP-Fiori-Apps zur Verfügung. Damit können Sie die gesamten Anlagenprozesse in Ihrem Unternehmen, wie bisher, über das SAP GUI oder über SAP Fiori abbilden.

[»]

Keine Registerkarte »Versicherungswerte« in SAP S/4HANA

Die Registerkarte **Versicherungswerte** ist in SAP S/4HANA nicht mehr vorhanden! Sofern Sie in der Vergangenheit auf der Registerkarte **Versicherungswerte** die Versicherungswerte Ihrer Anlagen abgelegt haben, müssen Sie zwingend vor einer Conversion auf SAP S/4HANA einen neuen Bewertungsbereich anlegen, der zukünftig die Versicherungswerte führt! Mit SAP S/4HANA liefert SAP den Report RAFAB_COPY_AREA, mit dem Sie nachträglich einen statistischen Bewertungsbereich anlegen können.

Abbildung 3.17 Anlagenstammsätze in SAP Fiori anzeigen

Im folgenden Abschnitt schauen wir uns das Stammdatenobjekt Kostenstelle näher an. Grundsätzlich unterscheidet sich die Kostenstellenpflege in SAP S/4HANA nicht von der Kostenstellenpflege in SAP ERP.

3.3 Kostenstellen

Eine *Kostenstelle* stellt einen Funktionsbereich oder eine organisatorische Einheit innerhalb eines Unternehmens dar. Oftmals repräsentiert die Kostenstelle eine Abteilung. Jede Kostenstelle muss im SAP-System einer Kostenstellenart zugeordnet werden. Die Art der Kostenstelle wird zum einen in der Leistungsartenplanung verwendet, und zum anderen dient sie auch zur Vorbelegung von verschiedenen Merkmalen, wenn eine Kostenstelle angelegt wird. Folgen Sie dem Customizing-Pfad **Controlling • Kostenstellenrechnung • Stammdaten • Kostenstellen • Kostenstellenarten definieren**, um die Art der Kostenstelle im SAP-Standard zu überprüfen.

In Abbildung 3.18 sehen Sie die verschiedenen Kostenstellenarten, die im SAP-Standard zur Verfügung stehen, und die Merkmale, die bei der Anlage einer Kostenstelle in Abhängigkeit von der Kostenstellenart vorbelegt werden. Alle Kennzeichen können Sie manuell anpassen, wenn Sie eine Kostenstelle anlegen.

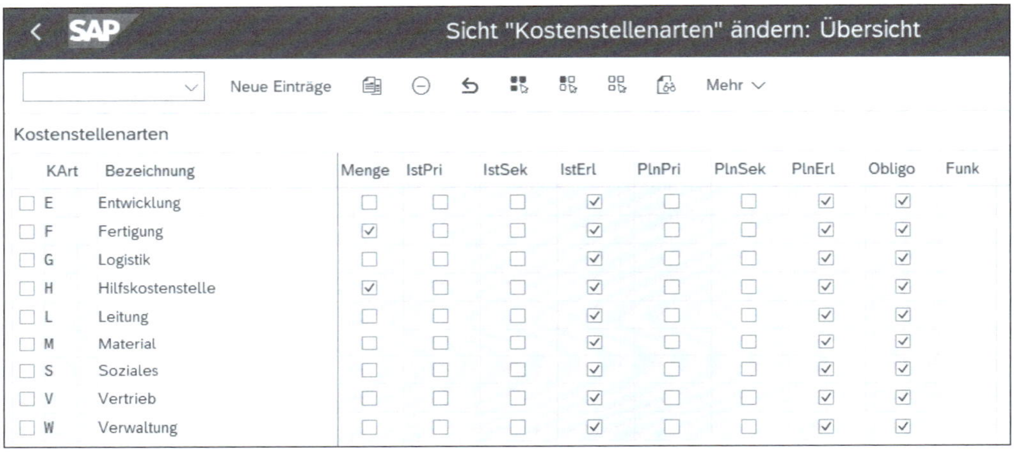

KArt	Bezeichnung	Menge	IstPri	IstSek	IstErl	PlnPri	PlnSek	PlnErl	Obligo	Funk
E	Entwicklung	☐	☐	☐	☑	☐	☐	☑	☑	
F	Fertigung	☑	☐	☐	☑	☐	☐	☑	☑	
G	Logistik	☐	☐	☐	☑	☐	☐	☑	☑	
H	Hilfskostenstelle	☑	☐	☐	☑	☐	☐	☑	☑	
L	Leitung	☐	☐	☐	☑	☐	☐	☑	☑	
M	Material	☐	☐	☐	☑	☐	☐	☑	☑	
S	Soziales	☐	☐	☐	☑	☐	☐	☑	☑	
V	Vertrieb	☐	☐	☐	☑	☐	☐	☑	☑	
W	Verwaltung	☐	☐	☐	☑	☐	☐	☑	☑	

Abbildung 3.18 Kostenstellenart ändern

Die Spalten im Fenster **Sicht "Kostenstellenarten" ändern: Übersicht** haben die folgende Bedeutung:

- **Men (Menge)**
  Dieses Kennzeichen erlaubt das Führen von Mengen in einer Kostenstelle. Ist dieses Kennzeichen gesetzt, wird eine Meldung bei der Buchung ausgegeben, wenn Kosten auf diese Kostenstelle kontiert werden. Voraussetzung dazu ist, dass im Sachkonto ebenfalls das Kennzeichen für das Führen von Mengen gesetzt ist.
- **IstPri (Primärkosten, Ist)**
  Dieses Kennzeichen sperrt die Kostenstelle für Buchungen im Ist auf Sachkonten mit dem Kostenartentyp für Primärkosten. Somit sind keine Istbuchungen aus der Finanzbuchhaltung auf dieser Kostenstelle erlaubt.
- **IstSek (Sekundärkosten, Ist)**
  Dieses Kennzeichen sperrt die Kostenstelle für Verrechnungen mit Sekundärkosten im Ist. So können z. B. keine Umlagen oder Abrechnungen auf diese Kostenstelle im Ist erfolgen, wenn dieses Kennzeichen gesetzt ist.

- **IstErl (Erlös, Ist)**
  Dieses Kennzeichen sperrt die Kostenstelle für Erlösbuchungen von Sachkonten, denen der Kostenartentyp 11 oder 12 zugeordnet ist. Es ist empfehlenswert, dieses Kennzeichen zu setzen, da Erlösbuchungen mit dem Kostenartentyp 11 nur statistisch auf Kostenstellen erfolgen und nicht weiterverrechnet werden können.
- **PlnPri (Primärkosten, Plan)**
  Dieses Kennzeichen sperrt die Kostenstelle für Planungen von Kosten mit Sachkonten mit dem Kostenartentyp für Primärkosten.
- **PlnSek (Sekundärkosten, Plan)**
  Dieses Kennzeichen sperrt die Kostenstelle für Planungen von Kosten mit Sachkonten mit dem Kostenartentyp für Sekundärkosten.
- **PlnErl (Erlös, Plan)**
  Dieses Kennzeichen sperrt die Kostenstelle für Planungen von Kosten mit Sachkonten mit dem Kostenartentyp 11 und 12 für Erlöse/Erlösschmälerungen.
- **Obligo (Obligofortschreibung)**
  Ist dieses Kennzeichen gesetzt, wird kein Obligo in der Kostenstelle fortgeschrieben. Dieses Kennzeichen sollte nicht gesetzt sein, wenn Sie die Obligofortschreibung im Kostenrechnungskreis erlaubt haben.
- **Funk (Funktionsbereich)**
  Der Funktionsbereich wird verwendet, um eine Bilanz im Umsatzkostenverfahren darzustellen. Haben Sie den Funktionsbereich im Customizing der Finanzbuchhaltung aktiviert, sollten Sie jeder Kostenstelle auch einen Funktionsbereich zuordnen, um eine vollständige GuV nach dem Umsatzkostenverfahren erstellen zu können.

Nachdem Sie Ihre Kostenstellenarten überprüft und angepasst haben, können Sie eine Kostenstelle über die SAP-Fiori-App **Kostenstellen verwalten** (App-ID F1443A) anlegen.

Kostenstellen werden in Abhängigkeit vom Kostenrechnungskreis und mit einem Gültigkeitsdatum angelegt. Kostenstellen kann kein Nummernkreis im Customizing zugeordnet werden; Sie sind in der Nummernvergabe vollkommen frei.

[+]

Vierstellige Buchungskreisnummer

Es hat sich als empfehlenswert erwiesen, Kostenstellennummern mit der vierstelligen Buchungskreisnummer zu beginnen. Dieser Nummer folgt dann eine laufende Nummer. Auf diese Weise können Sie in einem Kostenstellenbericht schneller erkennen, welche Kostenstelle zu welchem Buchungskreis gehört.

In der Fiori-App **Kostenstellen verwalten** (App-ID F1443A) können Sie über [Anlegen] (**Anlegen**) eine neue Kostenstelle anlegen. Geben Sie im Feld **Kostenstelle** die Nummer der Kostenstelle (9000) und im Feld **Gültig ab** das Gültigkeitsdatum für die Kostenstelle an (siehe Abbildung 3.19).

Abbildung 3.19 Grunddaten für eine Kostenstelle pflegen

Auf der Registerkarte **Allgemeine Informationen** (siehe Abbildung 3.19) pflegen Sie im Bereich **Bezeichnungen** eine Bezeichnung und eine Beschreibung für die Kostenstelle.

Im Bereich **Allgemeine Informationen** können Sie die folgenden Einstellungen pflegen:

- **Verantwortlicher Benutzer**
  Über die [F4]-Hilfe kann ein Anwender, der bereits im SAP-System angelegt ist, in der Kostenstelle hinterlegt werden. Dies ist im Allgemeinen der Mitarbeiter, der die Kostenstelle pflegt und deren Buchungen analysiert. Das Feld **Verantwortliche Benutzer** ist kein Mussfeld.
- **Verantwortlicher**
  Bei diesem Feld handelt es sich um ein Mussfeld, für das keine Eingabehilfe zur Verfügung steht. Der Verantwortliche ist die Person, die für das Budget und die Istkosten in der Kostenstelle verantwortlich ist.

- **Abteilung**
  Die Kostenstelle kann einer Abteilung zugeordnet werden. Dies ist kein Mussfeld, und es ist auch keine Eingabehilfe für dieses Feld verfügbar.
- **Art der Kostenstelle**
  Die Kostenstellenart ist ein Pflichtfeld, das die Vorbelegung einiger Merkmale in der Kostenstelle bestimmt. Die Art der Kostenstelle kann in der Leistungsartenplanung verwendet werden.
- **Standardhierarchieknoten**
  Jede Kostenstelle muss einem Knoten in der Kostenstellen-Standardhierarchie zugeordnet werden. Sie können in das Feld **Hierarchiebereich** auch den obersten Knoten der Kostenstellen-Standardhierarchie eintragen und später in der Transaktion für die Pflege der Kostenstellen-Standardhierarchie die Kostenstellen den richtigen Gruppierungen zuordnen. Der Hierarchiebereich im Kostenstellenstamm wird dabei automatisch aktualisiert.
- **Buchungskreis**
  Alle Kostenstellen müssen einem Buchungskreis zugeordnet werden.
- **Geschäftsbereich**
  Wenn Sie in Ihrem Unternehmen mit dem Organisationsobjekt **Geschäftsbereich** arbeiten, können Sie die Kostenstelle einem Geschäftsbereich zuordnen. Der Geschäftsbereich hat mit der Einführung des neuen Hauptbuches an Bedeutung verloren, wird in komplexen Organisationsstrukturen jedoch oft benötigt, um Bilanz und GuV nach unterschiedlichen Dimensionen, wie z. B. Profit-Center und Geschäftsbereich, darzustellen. In einem Retail-Unternehmen könnte das Profit-Center den Store und der Geschäftsbereich die Marke darstellen.
- **Funktionsbereich**
  Der Funktionsbereich wird verwendet, um eine GuV nach dem Umsatzkostenverfahren darzustellen. Für eine komplette GuV ist es notwendig, jede Buchung auch einem Funktionsbereich zuzuordnen.
- **Währung**
  Die Währung wird mit der Währung des Buchungskreises vorbelegt.
- **Profitcenter**
  Wenn Sie mit der Profit-Center-Rechnung arbeiten, sollten Sie jede Kostenstelle auch einem Profit-Center zuordnen. Es erscheint eine Warnmeldung, wenn Sie dies nicht tun. Über die Meldungssteuerung können Sie die Warnmeldung in eine Fehlermeldung umwandeln.

Auf der Registerkarte **Steuerung** können Sie die Kostenstelle für verschiedene Buchungen sperren (siehe Abbildung 3.20). Die Kennzeichen auf dieser Registerkarte wurden bereits detailliert in den Ausführungen zu Abbildung 3.18 beschrieben.

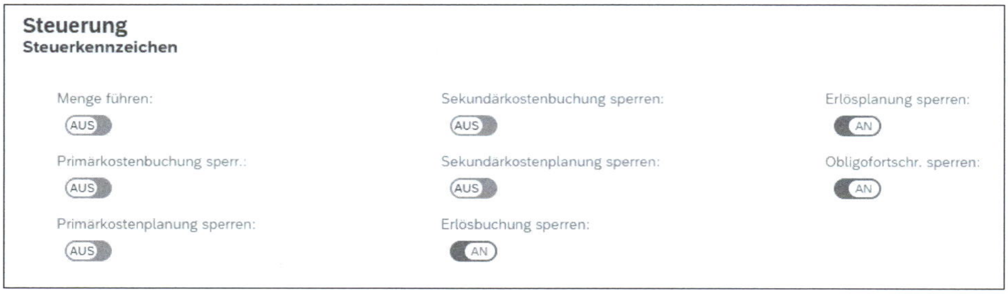

Abbildung 3.20 Steuerungsinformationen für die Kostenstelle pflegen

[»]

Transaktions- und Screen-Varianten anlegen (Transaktion SHD0)

Über Transaktion SHD0 können Sie Transaktions- und Screen-Varianten anlegen. Damit können Sie in den Kostenstellenstammdaten Felder ausblenden, die Sie in Ihrem Unternehmen nicht benötigen. Dies folgt dem Prinzip, dass die Endanwender grundsätzlich nur das sehen sollten, was sie auch verwenden. Ein separater Feldstatus, wie bei anderen Stammdatenobjekten, steht bei den Kostenstellen leider nicht zur Verfügung.

Auf den verbleibenden Registerkarten **Adresse**, **Kommunikation, Übersetzung** und **Änderungsprotokoll** können Sie die folgenden Daten pflegen:

- **Adresse**
  Die Adresse, an der die Kostenstelle also örtlich ansässig ist, kann hier für Informationszwecke hinterlegt werden. Diese Information hat keinerlei Auswirkungen auf Kostenstellenprozesse und wird in der Praxis nur sehr selten gepflegt.
- **Kommunikation**
  Hier können Sie Telefonnummern und einen Sprachenschlüssel hinterlegen. Auch diese Merkmale haben rein informativen Charakter und werden in der Praxis sehr selten oder gar nicht gepflegt.
- **Übersetzung**
  Dies ist eine neue Funktion in SAP Fiori. Sie können direkt in der Stammdatentransaktion die Übersetzung in verschiedene Sprachen pflegen, ohne sich in einer anderen Sprache am System anmelden zu müssen.
- **Änderungsprotokoll**
  Im Änderungsprotokoll können Sie die Änderungsbelege zur Kostenstelle detailliert nachvollziehen. Sie sehen auch, wer die Kostenstelle wann angelegt hat.

Wie bereits erwähnt, muss jede Kostenstelle einem Knoten in der *Kostenstellen-Standardhierarchie* zugeordnet werden. Dies erfolgt bei der Anlage der Kostenstelle, in welcher die Zuordnung der Kostenstellenhierarchie über das Pflichtfeld Standardhierarchieknoten erfolgt.

Änderungen an der Standardhierarchie können zum Beispiel über die Fiori App Kostenstellengruppen verwalten durchgeführt werden. Nur eine Person kann in der Kostenstellen-Standardhierarchie Änderungen vornehmen; es sind also nicht mehrere Personen zur gleichen Zeit dazu befugt. Die Transaktionen zum Ändern und Anlegen von Kostenstellen sind gesperrt, während die Kostenstellen-Standardhierarchie bearbeitet wird. Sprechen Sie sich daher mit Ihren Kollegen ab, bevor Sie umfangreiche Änderungen an der Kostenstellen-Standardhierarchie vornehmen.

[«]

Verwendungsnachweis von Kostenstellen

Mit der SAP-Fiori-App **Kostenstellen verwalten** können Sie einen Verwendungsnachweis der jeweiligen Kostenstelle bekommen. Die Verwendung wird dabei pro Objekttyp, z. B. Anlagen, Buchungskreise, globale Buchungskreishierarchie, um nur einige zu nennen, angezeigt.

Der folgende Abschnitt widmet sich dem Stammdatenobjekt Innenauftrag.

3.4 Innenaufträge

Innenaufträge werden im SAP-System verwendet, um interne Projekte darzustellen, z. B. Marketing- oder IT-Projekte. Verglichen mit Kostenstellen, sind Innenaufträge für kürzere Laufzeiten ausgelegt und zeitlich beschränkt. Innenaufträge repräsentieren nicht die Organisationsstruktur (stellen keine Abteilungen oder Funktionsbereiche dar), sondern vielmehr Projekte innerhalb der Organisation. Dies sind z. B. Forschungs- und Entwicklungsprojekte, Messen, Ausstellungen oder ein SAP-Einführungsprojekt. Es ist nicht möglich, mit Innenaufträgen komplexe Projektstrukturen abzubilden; dazu wird die Komponente PS empfohlen. Mehr zu diesem Thema erfahren Sie in Abschnitt 3.5, »Projekte (PSP-Elemente)«.

[«]

Innenaufträge

Beachten Sie, insbesondere bei einer Neueinführung von SAP S/4HANA, dass das Stammdatenobjekt **Innenauftrag** weiterhin vorhanden ist, aber nicht weiterentwickelt wird, siehe dazu SAP-Hinweis 2865342 (Innenaufträge in SAP S/4HANA, On-Premise-Edition).

Grundsätzlich gibt es verschiedene Typen von Innenaufträgen:

- **Echte Innenaufträge oder Innenaufträge mit Erlösbuchungen**
  Im Gegensatz zu Kostenstellen können Erlöse mit den Kostenartentypen 11 und 12 auf Innenaufträge gebucht werden. Das Kennzeichen für Erlösbuchungen muss dabei im Innenauftrag gesetzt sein. Erlösbuchungen auf Innenaufträge sind z. B. für Intercompany-Weiterverrechnungen sinnvoll. Alle Kosten und Erlöse werden auf einen Innenauftrag für Weiterverrechnungen gebucht. Am Saldo des Innenauftrags können Sie mit einem Blick erkennen, ob alle Kosten weiterberechnet wurden oder nicht.
- **Statistische Innenaufträge**
  Statistische Innenaufträge werden einer Kostenstelle zugeordnet. Die Kosten können sowohl in der Kostenstelle als auch auf dem Innenauftrag ausgewertet werden. Es ist nicht möglich, statistische Innenaufträge abzurechnen; die echte Buchung befindet sich in der Kostenstelle. Statistische Innenaufträge werden z. B. genutzt, um Kosten auf einem Sachkonto weiter zu untergliedern. So verwenden Sie z. B. ein Sachkonto für Werbung, die Marketingabteilung möchte aber auf einen Blick wissen, um welche Art von Werbung es sich handelt – z. B. Flyer, Billboards usw.
- **Investitionsaufträge**
  Investitionsaufträge stellen AiB dar. Es besteht die Möglichkeit, Kosten auf der Belegpositionsebene an das Anlagevermögen abzurechnen. Selbst Eigenleistungen können somit an die Finanzbuchhaltung abgerechnet werden.
- **Abgrenzungsaufträge**
  Innenaufträge für Abgrenzungen werden in der Kostenstellenrechnung verwendet, um Kosten über mehrere Monate nach einer spezifischen Methode zu verteilen.
- **Musterauftrag**
  Musteraufträge werden verwendet, um bestimmte Felder in Aufträgen einer Auftragsart vorzubelegen. Abhängig von den Einstellungen ist es möglich, diese Merkmale später bei der Anlage des Innenauftrags zu ändern oder nicht.

Der Verwendungszweck eines Innenauftrags wird in der Auftragsart festgelegt. Die Auftragsart wird über Transaktion KOT22_OPA oder über den Customizing-Pfad **Controlling • Innenaufträge • Auftragsstammdaten • Auftragsarten definieren** angelegt. Der SAP-Standard bietet eine Vielzahl an verschiedenen Auftragsarten an. Es empfiehlt sich, eine der Standardauftragsarten zu kopieren und den kundenspezifischen Bedingungen anzupassen. Um eine Auftragsart zu kopieren, verwenden Sie den Button (**Kopieren als...**) oder die Taste F6. Das Customizing der Auftragsart besteht aus verschiedenen Bereichen (siehe Abbildung 3.21), die wir im Folgenden beschreiben.

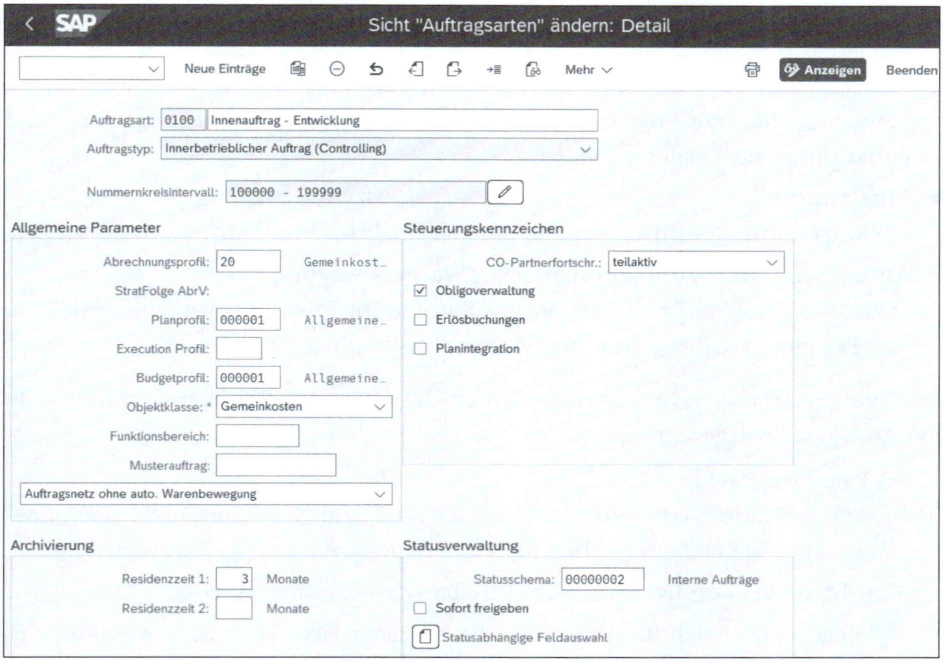

Abbildung 3.21 Innenauftragsart anlegen

Im Bereich **Allgemeine Parameter** können Sie die folgenden Einstellungen vornehmen:

- **Abrechnungsprofil**
  Das Abrechnungsprofil definiert, welche Kosten mit welcher Kostenart an welchen Empfänger abgerechnet werden können.
- **Planprofil**
  Das Planprofil definiert den Zeitraum, der planbar ist, und das Layout sowie den Detailgrad der Gesamtplanung.
- **Execution Profil**
  Über das Feld **Execution Profil** kann die Anlage von Bestellungen, Reservierungen, Warenausgängen und mehr getriggert werden.
- **Budgetprofil**
  Ein Budgetprofil ist erforderlich, wenn Sie eine Budgetierung auf dem Innenauftrag vornehmen möchten. Es bestimmt den Zeitraum, das Format und die Verwendung der Verfügbarkeitskontrolle.
- **Objektklasse**
  Die Objektklasse kategorisiert den Innenauftrag und kann für Berichtszwecke verwendet werden. Die folgenden Objektklassen stehen zur Zuordnung bereit: Gemeinkosten, Investitionen, Produktion.

- **Funktionsbereich**
  Der Funktionsbereich wird verwendet, um eine GuV nach dem Umsatzkostenverfahren darzustellen. Es ist empfehlenswert, dem Innenauftrag einen Funktionsbereich zuzuordnen, wenn dieser nicht an ein anderes Kontierungsobjekt mit Funktionsbereich abgerechnet wird.
- **Musterauftrag**
  Ein Musterauftrag wird verwendet, um Merkmale in einem Auftrag vorzubelegen.
- **Auftragsnetz ohne/mit automatischer Warenbewegung**
  Dieses Kennzeichen bestimmt, ob eine automatische Warenbewegung erlaubt ist, falls Fertigungsaufträge zu Auftragsnetzen zugeordnet sind.

Im Bereich **Steuerungskennzeichen** werden die folgenden Festlegungen innerhalb der Auftragsart vorgenommen:

- **CO-Partnerfortschr.**
  Die CO-Partnerfortschreibung definiert die Anzahl an Summensätzen, die für die Sender-Empfänger-Kombination fortgeschrieben werden. Wählen Sie zwischen:
  - **nicht aktiv**: Es erfolgt keine Fortschreibung von Summensätzen.
  - **Teilaktiv**: Lediglich für Abrechnungen zwischen Innenaufträgen werden Summensätze erzeugt.
  - **Aktiv**: Für alle Abrechnungen wird ein Summensatz erzeugt.

In der Regel wird **teilaktiv** gesetzt, um zumindest alle Partnerinformationen auf den Innenaufträgen sehen zu können.

- **Klassifizierung**
  Die Klassifizierung ist seit SAP R/3 4.5A durch die allgemeine Objektverdichtung ersetzt worden. Daher wird die Klassifizierung in SAP S/4HANA nicht mehr unterstützt. Das Kennzeichen **Klassifizierung** darf nicht gesetzt werden. Beachten Sie die SAP-Hinweise 339863 (Allgemeine Objektverdichtung ab 4.5A) sowie 188231 (Aufträge lassen sich nicht klassifizieren). Nutzen Sie stattdessen die Erweiterung COOPA003 für die Klassifizierung.
- **Obligoverwaltung**
  Dieses Kennzeichen muss aktiviert werden, wenn Sie Obligos auf dem Innenauftrag ausweisen möchten.
- **Erlösbuchungen**
  Ist dieses Kennzeichen gesetzt, sind Erlösbuchungen mit Sachkonten mit den Kostenartentypen 11 und 12 auf dem Innenauftrag erlaubt.
- **Planintegration**
  Soll der Innenauftrag an der integrierten Planung teilnehmen, muss dieses Kennzeichen gesetzt werden. Integrierte Planung bedeutet, dass Leistungsartenverrechnungen an die sendende Kostenstelle weitergegeben werden. Außerdem

können Sie Innenaufträge im Plan abrechnen, wenn dieses Kennzeichen gesetzt ist. Es ist sehr schwer, dieses Kennzeichen nachträglich zu setzen.

Auf den Bereich **Steuerungskennzeichen** folgt der Bereich **Archivierung**:

- **Residenzzeit 1**
  Im Feld **Residenzzeit 1** definieren Sie den Zeitraum, der zwischen dem Setzen der Löschvormerkung und dem Setzen des Löschkennzeichens eingehalten werden muss. Um Aufträge zu archivieren, muss das Löschkennzeichen gesetzt sein.
- **Residenzzeit 2**
  Im Feld **Residenzzeit 2** definieren Sie den Zeitraum, der zwischen dem Setzen des Löschkennzeichens und der Reorganisation der Innenaufträge eingehalten werden muss.

Im Bereich **Statusverwaltung** können Sie Folgendes festlegen:

- **Statusschema**
  Das Statusprofil bestimmt die verschiedenen Systemstatus, die Sie für den Innenauftrag setzen können, und alle Einschränkungen, die mit dem Status einhergehen.
- **Sofort freigeben**
  Ist dieses Kennzeichen gesetzt, ist der Auftrag mit Anlage sofort freigegeben, und es können Kosten auf den Innenauftrag gebucht werden. Dieses Kennzeichen erspart eine manuelle Freigabe.
- **Statusabhängige Feldauswahl**
  Die statusabhängige Feldauswahl erlaubt es, die Merkmale in Abhängigkeit vom Status zu ändern. So kann z. B. eine verantwortliche Kostenstelle erst gesetzt werden, wenn der Innenauftrag den Status **Abgeschlossen** (im Screenshot nicht zu sehen) angenommen hat.

Schließlich folgt der Bereich **Darstellung Stammdaten** zur Festlegung der folgenden Einstellungen:

- **Auftragslayout**
  Das Auftragslayout legt fest, welche Felder Pflichtfelder, welche Felder änderbar und welche Felder nur zur Anzeige bestimmt sein sollen. Außerdem legen Sie hier die Anzahl der Registerkarten im Innenauftrag fest.
- **Druckformular**
  Möchten Sie den Innenauftrag drucken, können Sie ihm ein Formular zuordnen. Im SAP-Standard stehen einige Formulare zur Verfügung, z. B. das Formular `CO_ORDER` für den Ausdruck der Innenauftragsstammdaten.
- **Feldauswahl**
  Über den Button **Feldauswahl** können Sie ein neues, benutzerspezifisches Layout festlegen. So können Sie z. B. bestimmen, dass das Kennzeichen **statistischer Auf-**

trag für eine Auftragsart zur betreffenden Anlage bereits gesetzt ist und nicht geändert werden kann. Das Kennzeichen **statistischer Auftrag** sehen Sie, wenn Sie auf den Button **Feldauswahl** klicken.

[»]

Feldauswahl für den Innenauftrag

Stellen Sie für die jeweilige Auftragsart über den Button **Feldauswahl** den Feldstatus für Ihre Auftragsarten ein. Damit der Endanwender wiederum nur die Felder sieht, die auch tatsächlich benötigt werden, sollten Sie nicht benötigte Felder ausblenden. Wichtige Felder, die ausgefüllt sein müssen, sollten Sie als Mussfelder ausprägen.

Jede Innenauftragsart ist einem *Nummernkreis* zugeordnet. Das Nummernkreisintervall kann extern oder intern vergeben werden. Nummernkreisintervalle werden über Transaktion KONK oder über den folgenden Customizing-Pfad angelegt: **Controlling • Innenaufträge • Auftragsstammdaten • Nummernkreise für Aufträge pflegen**.

Zuerst muss die Auftragsart einer Gruppe zugeordnet werden. Dies erfolgt über den Button (**Element einer Gruppe zuordnen**). Der Gruppe werden dann die Intervalle zugeordnet. In Abbildung 3.22 sehen Sie, dass der **Innenauftragsart 0100** (Innenauftrag – Entwicklung) der **Gruppe 05** zugeordnet ist.

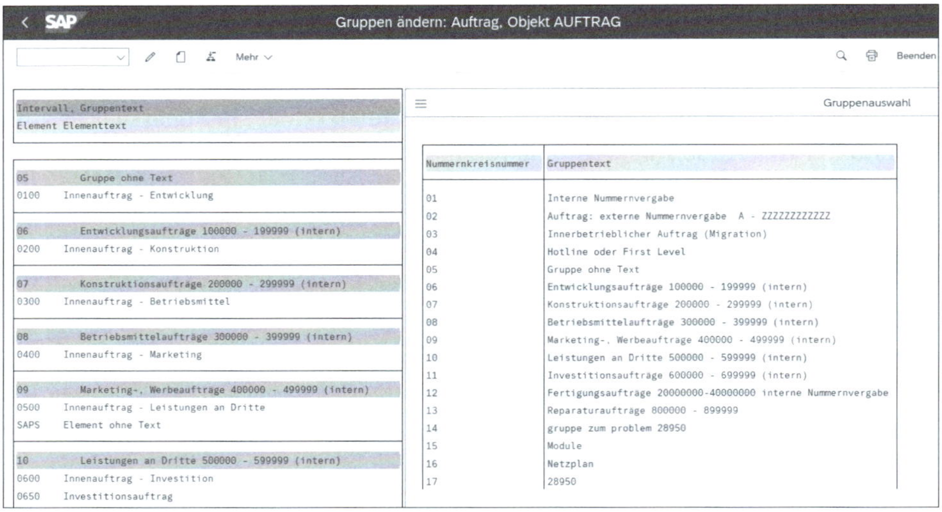

Abbildung 3.22 Auftragsart einer Gruppe zuordnen

Nun gehen wir über den Button (**Zurück**) oder über die Taste F3 zurück zum Ausgangsbild und werfen durch Anklicken des Buttons Intervalle (**Intervalle pflegen**) einen Blick auf die Nummernkreisintervalle in Abbildung 3.23. Der **Gruppe 05** ist das **Nummernkreisintervall 100000–199999** zugeordnet.

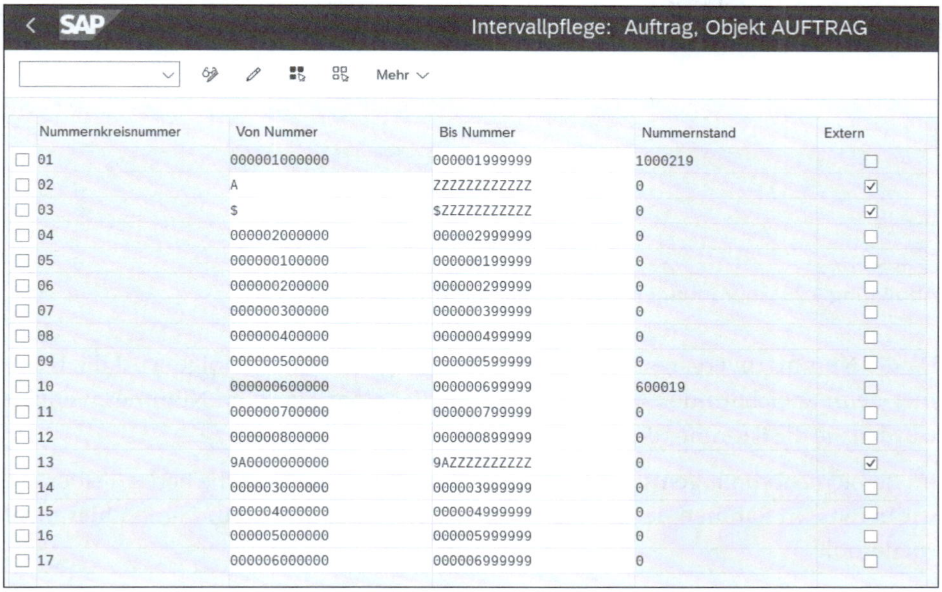

Nummernkreisnummer	Von Nummer	Bis Nummer	Nummernstand	Extern
01	000001000000	000001999999	1000219	☐
02	A	ZZZZZZZZZZZZ	0	☑
03	$	$ZZZZZZZZZZZ	0	☑
04	000002000000	000002999999	0	☐
05	000000100000	000000199999	0	☐
06	000000200000	000000299999	0	☐
07	000000300000	000000399999	0	☐
08	000000400000	000000499999	0	☐
09	000000500000	000000599999	0	☐
10	000000600000	000000699999	600019	☐
11	000000700000	000000799999	0	☐
12	000000800000	000000899999	0	☐
13	9A0000000000	9AZZZZZZZZZZ	0	☑
14	000003000000	000003999999	0	☐
15	000004000000	000004999999	0	☐
16	000005000000	000005999999	0	☐
17	000006000000	000006999999	0	☐

Abbildung 3.23 Nummernkreis pflegen

Nachdem wir die Auftragsart angelegt und deren Zuordnung zu einem Nummernkreisintervall überprüft haben, können Sie nun einen Innenauftrag über die SAP-Fiori-App **Innenaufträge verwalten** (App-ID F1604A) anlegen. Über Anlegen können Sie einen Innenauftrag anlegen. Der Innenauftrag wird mit Bezug zum Kostenrechnungskreis angelegt.

In Abbildung 3.24 legen wir einen Innenauftrag mit der **Auftragsart 0100** (Innenauftrag – Entwicklung) im **Kostenrechnungskreis 9000** an. Bestätigen Sie Ihre Eingaben über einen Klick auf den Button **Weiter**.

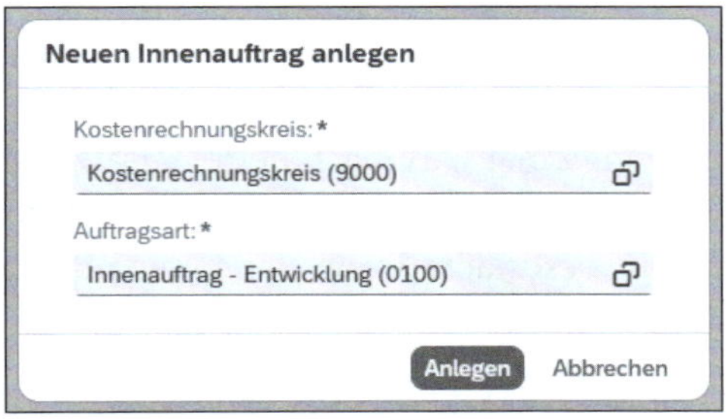

Abbildung 3.24 Innenauftrag anlegen

Im Bild **Innenauftrag: Neu** vergeben Sie im Feld **Kurztext** eine Bezeichnung für den Innenauftrag. Außerdem ordnen Sie den Innenauftrag einem **Buchungskreis** und einem **Profit Center** zu. (siehe Abbildung 3.25).

Abbildung 3.25 Zuordnungen für den Innenauftrag pflegen

Da die Nummernvergabe bei dieser Innenauftragsart intern erfolgt, wird die Nummer beim Speichern des Auftrags vergeben. Bei einer externen Nummernvergabe würden Sie die Nummer des Auftrags im Feld **Auftrag** vergeben.

Im Bereich **Zuordnungen** steht eine Reihe von Feldern zur Eingabe bereit. Felder, die wir bereits im Rahmen der Innenauftragsart beschrieben haben, werden hier nicht wiederholt.

- **Kostenrechnungskreis**
  Der Kostenrechnungskreis wird aus dem Anlagebild übernommen.
- **Buchungskreis**
  Jeder Innenauftrag muss einem Buchungskreis zugeordnet werden.
- **Geschäftsbereich**
  Arbeiten Sie mit dem Geschäftsbereich, ist es ratsam, dem Innenauftrag einen Geschäftsbereich zuzuordnen, insbesondere wenn der Innenauftrag nicht auf ein Kontierungsobjekt mit Geschäftsbereich abgerechnet wird.
- **Werk**
  Sie können den Innenauftrag organisatorisch einem Werk zuordnen; dies ist für Fertigungsaufträge Pflicht. Für andere Innenaufträge hat die Zuordnung zu einem Werk keine Auswirkungen.
- **Funktionsbereich**
  Der Funktionsbereich wird für die Darstellung einer GuV nach dem Umsatzkostenverfahren verwendet. Arbeiten Sie mit Funktionsbereichen, ordnen Sie dem Innenauftrag einen Funktionsbereich zu, insbesondere wenn der Innenauftrag nicht auf ein Kontierungsobjekt mit Funktionsbereich abgerechnet wird.
- **Profit-Center**
  Ist bei Ihnen die Profit-Center-Rechnung aktiv, verlangt SAP die Zuordnung zu einem Profit-Center, da Sie ansonsten Probleme bei der Abrechnung des Innenauftrags bekommen und eine nachträgliche Änderung des Profit-Centers im Innenauftrag nicht möglich ist.

- **Verantwortl.KoStl (Verantwortliche Kostenstelle)**
  Hier können Sie die Kostenstelle hinterlegen, die für den Innenauftrag organisatorisch verantwortlich ist. Das Feld **Verantwortl.KoStl** (Verantwortliche Kostenstelle) ist in der Berechtigungsprüfung des Innenauftrags verfügbar.
- **Verantw. Benutzer**
  In diesem Feld können Sie einen für den Innenauftrag verantwortlichen SAP-Benutzer hinterlegen. Dieses Feld hat keine Funktion, kann aber in einem Workflow-Szenario verwendet werden.
- **PSP-Element**
  Der Innenauftrag kann einem PSP-Element zugeordnet werden. Beachten Sie, dass der Innenauftrag dann nicht budgetiert werden kann, da er in der Budgetierung des PSP-Elements bereits berücksichtigt wird.
- **Anfordernde KoStl/Anfordernder BuKrs/Anfordernder Auftrag**
  Diese Felder haben bei der Anwendung der Komponente Investitionsmanagement eine Bedeutung; andererseits sind diese Felder nur zu Informationszwecken im Innenauftragsstamm enthalten.
- **Kundenauftrag**
  Dem Innenauftrag kann ein Kundenauftrag zugeordnet werden; damit sammelt der Innenauftrag die Kosten für den zugeordneten Kundenauftrag.
- **Externe Auftragsnr.**
  Dieses Feld ist benutzerspezifisch und kann zur einfachen Identifizierung von Innenaufträgen verwendet werden. Das Feld steht als Selektionskriterium in der Sammelverarbeitung von Aufträgen zur Verfügung.

Im Bereich **Steuerung** sind der System- und der Anwenderstatus des Auftrags abgelegt. Der **Systemstatus** ist von SAP vorgegeben und beinhaltet die folgenden wichtigsten Status:

- **EROF (Eröffnet)**
  Die Auftragsstammdaten können angepasst werden; es kann eine Abrechnungsvorschrift gepflegt werden, aber es können keine Buchungen auf den Auftrag erfolgen.
- **FREI (Freigegeben)**
  Es können Buchungen auf den Auftrag erfolgen; der Auftrag kann abgerechnet werden.
- **TABG (Technisch abgeschlossen)**
  Es können Buchungen auf den Auftrag erfolgen, der Auftrag kann abgerechnet werden, aber es kann keine Planung auf dem Auftrag erfolgen.
- **ABGS (Abgeschlossen)**
  Es können keine Buchungen auf den Auftrag erfolgen; der Auftrag kann nicht mehr abgerechnet werden.

Der *Anwenderstatus* wird kundenspezifisch im Customizing festgelegt. Es besteht die Möglichkeit, den Anwenderstatus abhängig vom Systemstatus zu steuern. So können Sie z. B. über den Anwenderstatus bei der Freigabe des Auftrags den Druck eines Formulars anstoßen.

Im Bereich **Status** finden Sie einige Kennzeichen, die den Auftrag z. B. als statistischen Innenauftrag kennzeichnen. Diese Kennzeichen wurden bereits im Rahmen der Auftragsart beschrieben (siehe Abbildung 3.21 weiter vorn). In Abbildung 3.26 sehen Sie die geöffnete Registerkarte **Status**.

Abbildung 3.26 Status des Innenauftrags pflegen

Der letzte Bereich **Investitionsmanagement** ist hauptsächlich relevant, wenn Sie die SAP-Komponente Investitionsmanagement (IM) verwenden (siehe Abbildung 3.27). Auch wenn Sie IM nicht im Einsatz haben, können Sie im Customizing ein *Investitionsprofil* anlegen und dieses dem Innenauftrag zuordnen. Das Investitionsprofil bewirkt, dass bei der Freigabe des Innenauftrags automatisch im Hintergrund eine Anlage im Bau angelegt wird. Die Anlagenklasse und weitere Informationen zur Anlage im Bau sind im **Investitionsprofil** hinterlegt.

Abbildung 3.27 Investitionen im Innenauftrag pflegen

Sichern Sie den Innenauftrag mit einem Klick auf Sichern (**Sichern**) oder über die Tastenkombination Strg + S. SAP S/4HANA bestätigt die Anlage des Innenauftrags in der Statuszeile des SAP GUI. Unser Innenauftrag hat die Nummer **100141** erhalten.

3.5 Projekte (PSP-Elemente)

Zur Darstellung komplexer Hierarchiestrukturen für Projekte gibt es in SAP S/4HANA (ebenso wie in SAP ERP) die Komponente *Projektsystem*. Mit dem Projektsystem können Sie nicht nur komplexe Hierarchiestrukturen darstellen, sondern PS ist auch hochintegriert in die anderen logistischen SAP-Komponenten.

Das sogenannte *PSP-Element* (PSP = Projektstrukturplan) ist wie der Innenauftrag oder die Kostenstelle ein Kontierungsobjekt. Es können sowohl Kosten als auch Erlöse auf ein Projekt gebucht werden.

Es gibt zwei Formen von Projekten in der Komponente PS:

- **Externe Projekte**
  Dies sind meist Kundenprojekte, die auch Erlös tragen können. Oft wird mit dem Kundeneinzelbestand gearbeitet.
- **Interne Projekte**
  Dies sind interne, zumeist Gemeinkostenprojekte.

Externe Projekte profitieren von den Funktionen der logistischen Integration von Projekten mit den SAP-Komponenten SD (Vertrieb), MM (Materialwirtschaft) und PP (Produktionsplanung). In diesem Buch gehen wir aufgrund der Komplexität nur auf interne Projekte, also auf Gemeinkostenprojekte, ein. Die Funktionen für die Abbildung von Gemeinkostenprojekten ähneln den Funktionen für die Darstellung von Innenaufträgen. Der Unterschied besteht darin, dass Sie die Projekte hierarchisch strukturieren können.

Um ein Projekt in SAP S/4HANA anzulegen, benötigen Sie ein *Projektprofil*. Dieses Projektprofil wird im Customizing über den Pfad **Projektsystem • Strukturen • Operative Strukturen • Projektstrukturplan • Projektprofil anlegen** oder über Transaktion OPSA angelegt.

Auf der Registerkarte **Steuerung** (siehe Abbildung 3.28) sind die folgenden Merkmale für Gemeinkostenprojekte besonders relevant:

- **Projektart**
  Die Projektart ist ein Kennzeichen zur Gruppierung von Projekten nach unterschiedlichen Kriterien, z. B. Investitionsprojekt, Kundenprojekt usw. Die Projektart kann zum Filtern von Projekten verwendet werden. Die Ausprägungen für das Feld **Projektart** können Sie im Customizing selbst anlegen. Die Projektart wird über das Customizing einem Projektprofil zugeordnet.
- **Versionsprofil**
  Das Versionsprofil können Sie auch im Customizing anlegen. Das Versionsprofil definiert den Stand eines Projekts zu einem bestimmten Zeitpunkt oder bei einer bestimmten Aktion in Abhängigkeit von Anwenderstatus und/oder Systemstatus.

Eine Projektversion stellt eine Momentaufnahme des Projekts dar. Projektversionen sind für den Vergleich oder in Auswertungen hilfreich.

- **DarstForm**
  Die Darstellungsform bestimmt, wie das Projekt im Bild angezeigt werden soll: über die Projektnummer, die Beschreibung oder über die Kurzidentifikation.
- **Auflösung**
  Über das Feld **Auflösung** bestimmen Sie, wie viele Stufen der Projektstruktur im Bild angezeigt werden sollen.
- **Alle PSP-Elm. kont.**
  Dieses Kennzeichen bewirkt, dass alle PSP-Elemente gleichzeitig Kontierungsobjekte sind und mit den Kosten bebucht werden können.

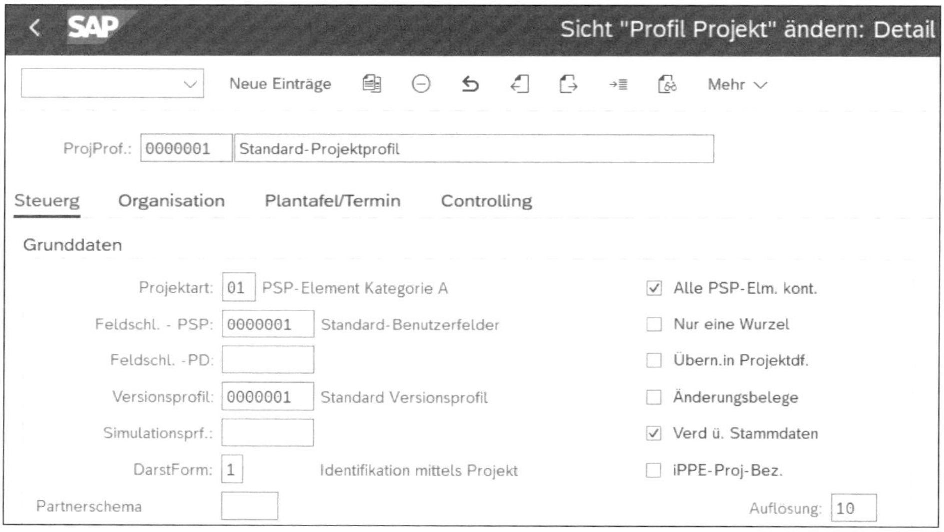

Abbildung 3.28 Projektprofil anlegen – Steuerungsdaten pflegen

Auf der Registerkarte **Organisation** können Sie das Projekt *Organisationsdaten* zuordnen (siehe Abbildung 3.29). Mit diesen Organisationsdaten wird das Projekt bei seiner Anlage vorbelegt. Sie können diese Registerkarte auch leer lassen. Denn dann sind zumindest der Kostenrechnungskreis und der Buchungskreis bei der Anlage des Projekts Pflichtfelder. Arbeiten Sie mit dem Geschäftsbereich oder mit Profit-Centern, und sind diese Merkmale auch in der Belegaufteilung zugeordnet, müssen sie in jedem Projekt zugeordnet werden, da ansonsten eine Abrechnung des betreffenden Projekts nicht möglich ist und diese Felder nach dem Bebuchen des Projekts nicht mehr änderbar sind.

Auf der Registerkarte **Plantafel/Termine** können Sie verschiedene Daten für Terminplanung und Planung hinterlegen (siehe Abbildung 3.30). Diese Werte sind von Bedeutung, wenn Sie mit externen Projekten arbeiten oder Projekte mit der Produktionsplanung/Fertigung integrieren möchten.

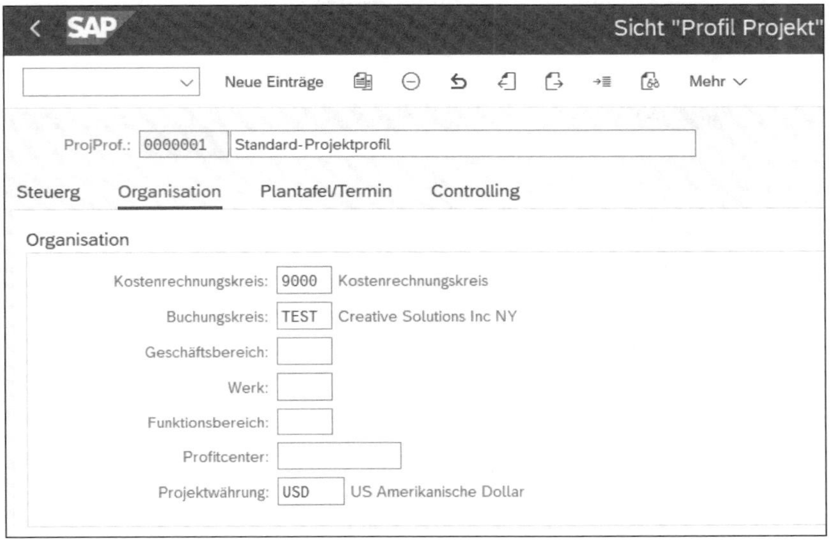

Abbildung 3.29 Projektprofil anlegen – Organisationsdaten pflegen

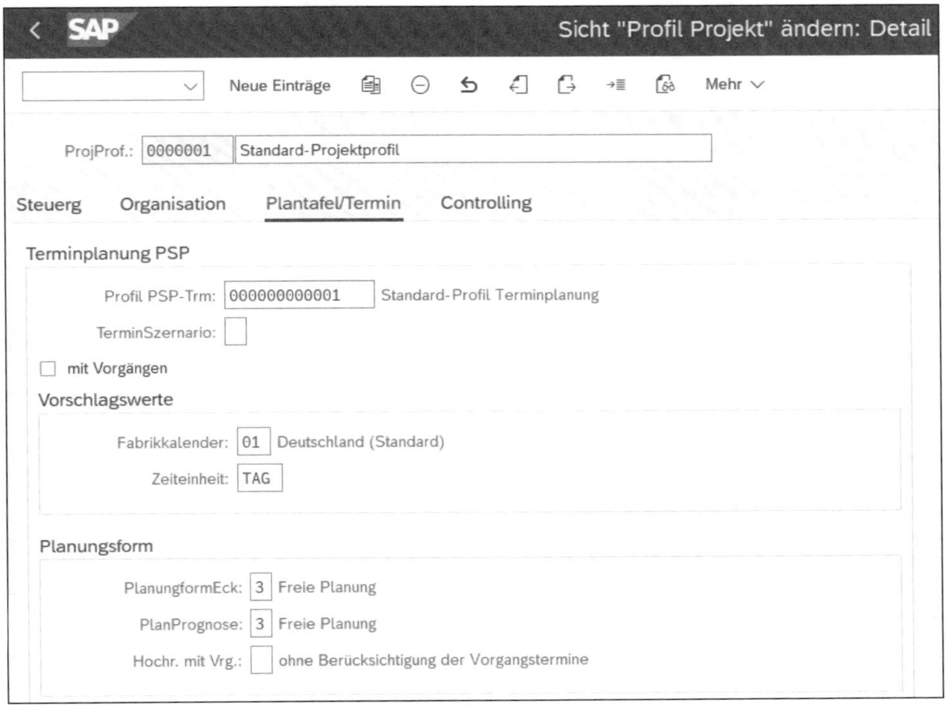

Abbildung 3.30 Termine für ein Projekt in der Plantafel anlegen

Auf der Registerkarte **Controlling** ordnen Sie das Projektprofil einer *Objektklasse* zu (siehe Abbildung 3.31). Zu diesem Zweck stehen Ihnen dieselben Ausprägungen wie in der Auftragsart zur Verfügung (siehe Abbildung 3.21 weiter vorn). Sie können die Objektklasse nutzen, um die Kosten und Erlöse von Projekten auszuwerten.

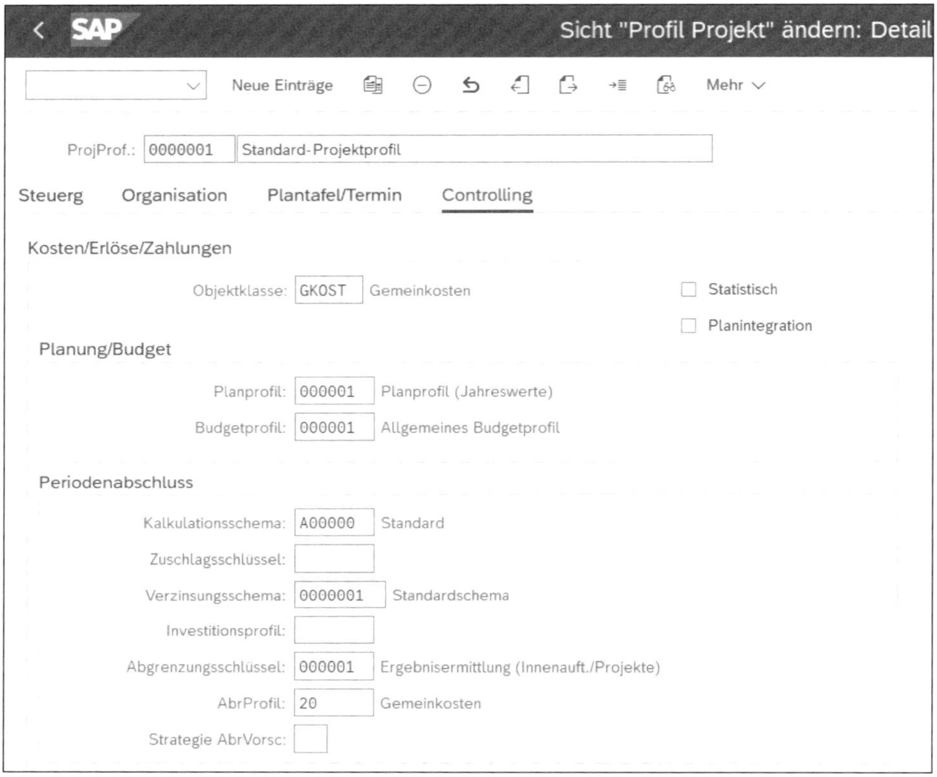

Abbildung 3.31 Registerkarte »Controlling« – Projektprofil anlegen

Analog zu den statistischen Aufträgen gibt es auch *statistische Projekte*. Statistische Projekte werden verwendet, um die Kosten in den Kostenstellen weiter zu unterteilen, z. B. das Aufbrechen der Kosten einer Kostenart in weitere Bereiche. So werden z. B. die Kosten für Firmenwagen auf statistische Projekte pro Firmenwagen aufgeteilt. Statistische Projekte werden einer Kostenstelle zugeordnet.

Buchungen auf statistische Projekte erfolgen nur statistisch, d. h., dass sie auf Projekten analysiert werden können; eine Abrechnung oder Umbuchung der Kosten kann allerdings nur auf dem echten Kontierungsobjekt, der Kostenstelle, erfolgen. Die echte Buchung erfolgt in der zugeordneten Kostenstelle.

Wenn Sie ein Projekt im Plan abrechnen möchten, setzen Sie das Kennzeichen **Planintegration**. Wenn Sie Leistungsaufnahmen auf dem Projekt planen, werden diese Leistungsaufnahmen in diesem Fall in der Senderkostenstelle fortgeschrieben.

Mit Ihren Eingaben im Feld **Planprofil** im Bereich **Planung/Budget** erlauben Sie die Planung von Projekten und legen fest, für welchen Zeitraum das betreffende Projekt beplant werden kann. Über das Feld **Budgetprofil** wird bestimmt, dass ein Budget für das Projekt erfasst werden kann und ob das Projekt an der Verfügbarkeitskontrolle teilnehmen soll oder nicht.

Im Bereich **Periodenabschluss** können Sie z. B. die folgenden Merkmale hinterlegen:

- **Zuschlagsschlüssel**
  Wenn Sie für das Projekt zum Periodenabschluss einen Gemeinkostenzuschlag erheben möchten, können Sie einen Zuschlagsschlüssel im Projektprofil hinterlegen. Sie können den Zuschlagsschlüssel auch bei der Anlage des Projekts pflegen bzw. ändern.
- **Investitionsprofil**
  Das Investitionsprofil wird im Customizing angelegt. Dem Investitionsprofil werden eine Anlagenklasse und weitere Merkmale zugeordnet. Bei der Freigabe eines Projekts wird in Abhängigkeit vom Investitionsprofil im Hintergrund automatisch eine Anlage im Bau angelegt. Die Abrechnung des Projekts erfolgt auf einer Anlage im Bau in der Anlagenbuchhaltung. Teile der Kosten oder gar alle Kosten können auch in der Kostenstelle, im Innenauftrag oder auf ein anderes Projekt abgerechnet werden.
- **AbrProfil**
  Das Abrechnungsprofil definiert, welche Kosten mit welcher Kostenart auf welche Empfänger abgerechnet werden können. Mehr zum Abrechnungsprofil erfahren Sie in Kapitel 9, »Gemeinkostencontrolling«.

Nach der Anlage des Projektprofils können Sie eine *Projektcodierung* anlegen. Die Projektcodierung entspricht einer Nummerierung der Projekte in einer hierarchischen Struktur; diese hilft bei der Ableitung der Struktur aus der Nummerierung der PSP-Elemente. Für die Anlage der Projektcodierung rufen Sie Transaktion OPSJ auf oder folgen dem Customizing-Pfad **Projektsystem • Strukturen • Operative Strukturen • Projektstrukturplan • Projektedition • Projektcodierung für Projekt festlegen**.

Über einen Klick auf **Neue Einträge** legen Sie eine Projektcodierung an. Die Projektcodierung kann einem Projektprofil nicht eindeutig zugeordnet werden. In der ersten Spalte von links **PrID** (Schlüssel für die Projektcodierung) in Abbildung 3.32 legen Sie einen Alias für die Identifikation der Codierung fest. Die Projektcodierung, die wir in Abbildung 3.32 angelegt haben, führt zu folgender Nummerierung der Projekte:

- G-XXXX = Nummer für das Projekt
- G-XXXX-XXXX = Nummer für das PSP-Element, Level 1
- G-XXXX-XXXX-XX = Nummer für das PSP-Element, Level 2

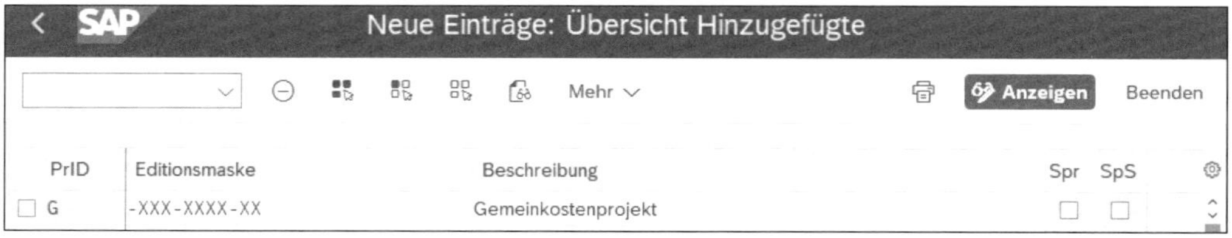

Abbildung 3.32 Projektcodierung anlegen

Nach der Anlage des Projektprofils und der Projektcodierung können Sie ein Projekt anlegen. Dazu rufen Sie die SAP-Fiori-App **Project Builder** (App-ID CJ20N) auf.

Über den Button (**Neu anlegen**) im linken Bildbereich können Sie ein neues Projekt anlegen. Es erscheint das Pop-up-Fenster **Freie Nummer suchen** (siehe Abbildung 3.33). Tragen Sie in das Feld **Startwert** den Schlüssel der Projektcodierung ein, und bestätigen Sie Ihre Eingaben mit der ↵-Taste. Das SAP-System sucht nun nach der ersten freien Nummer.

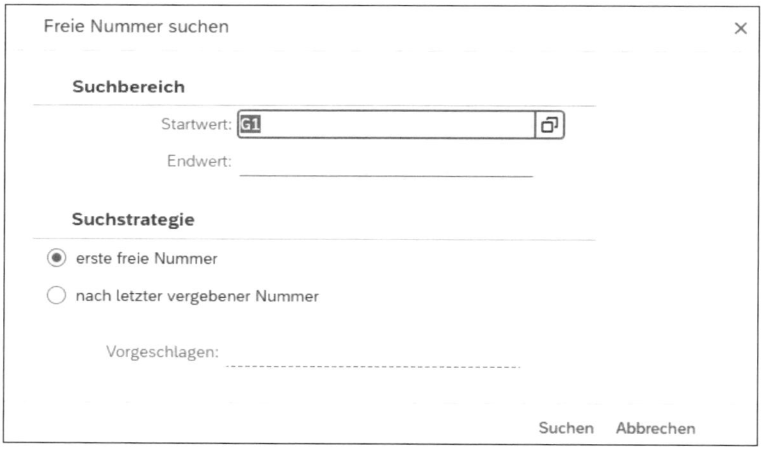

Abbildung 3.33 Projekt anlegen

Die erste freie Nummer in unserem Beispiel in Abbildung 3.33 ist **G1**. Für ein Projekt gibt es die folgenden Registerkarten (siehe Abbildung 3.34):

- **Grunddaten**
  Auf der Registerkarte **Grunddaten** werden sowohl der Systemstatus als auch der Anwenderstatus des Projekts gepflegt. Zudem können Sie Zuständigkeiten, z. B. einen Projektverantwortlichen, hinterlegen. Die Organisationsdaten werden aus dem Projektprofil vorbelegt, sofern Sie dort Eintragungen vorgenommen haben. Die Termine werden in der Regel im Zusammenhang mit externen Projekten (im Rahmen der Logistikintegration) verwendet.

- **Steuerung**
  Auf der Registerkarte **Steuerung** werden Informationen zum Periodenabschluss, wie z. B. der Zuschlagsschlüssel, hinterlegt. Die Felder auf der Registerkarte **Steuerung** sind identisch mit den Feldern auf der Registerkarte **Controlling** im Projektprofil und wurden bereits weiter oben in diesem Abschnitt beschrieben.
- **Verwaltung**
  Auf der Registerkarte **Verwaltung** können Sie die Änderungsprotokolle zum Projekt einsehen. Sie sehen außerdem, wer das Projekt wann angelegt hat.
- **Langtext**
  Auf der Registerkarte **Langtext** können Sie einen Langtext für das Projekt hinterlegen.

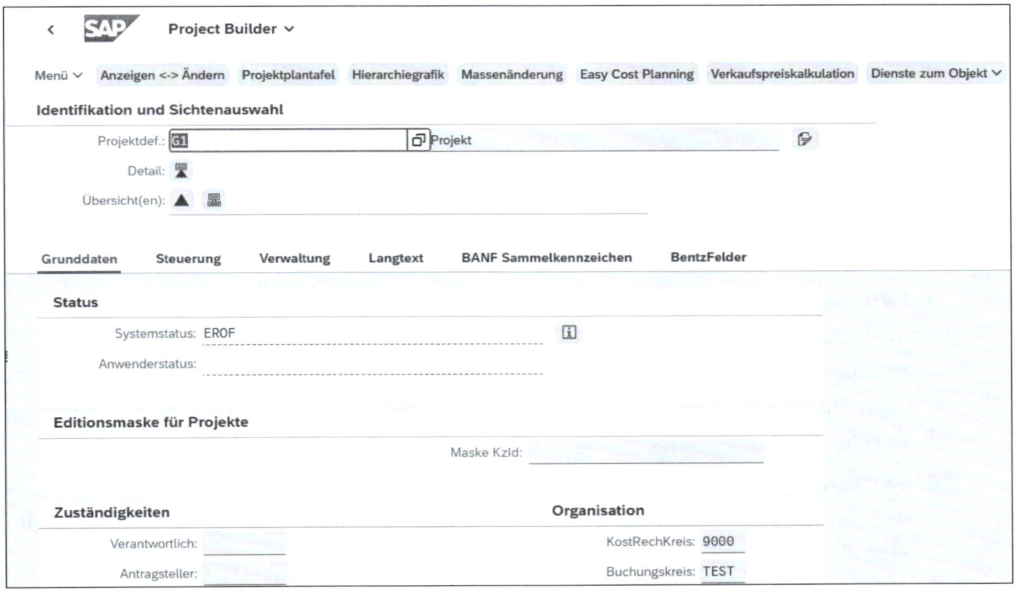

Abbildung 3.34 Projektmerkmale pflegen

Nachdem das Projekt erfolgreich angelegt wurde, legen Sie als Nächstes ein **PSP-Element** an. Das PSP-Element wird zur Kontierung verwendet und bebucht. Projekte dienen zur Summierung der PSP-Elemente, werden aber nie bebucht. Projekte können jedoch beplant und budgetiert werden. Sie können ein PSP-Element zu einem Projekt per Drag & Drop anlegen: Markieren Sie links im Bild im Bereich **Vorlagen: Bezeichnung** mit der Maus ein beliebiges PSP-Element, und ziehen Sie es in den Bereich **Projektstruktur: Bezeichnung**. Lassen Sie die Maus los, und ein PSP-Element wird angelegt und dem Projekt zugeordnet.

Dem PSP-Element stehen die folgenden Registerkarten zur Verfügung:

- **Grunddaten**
  Auf der Registerkarte **Grunddaten** können Sie dem PSP-Element eine Priorität zuordnen. Sie sehen zudem den Systemstatus und den Anwenderstatus des Projekts. Es besteht darüber hinaus die Möglichkeit, dem Projekt weitere Zuständigkeiten, etwa einen Verantwortlichen oder einen Antragsteller, zuzuordnen. Über die Kennzeichen **Planungselement** und **Fakturierungselement** legen Sie fest, ob das PSP-Element mit Planwerten und Erlösen bebucht werden kann.
- **Termine**
  Auf der Registerkarte **Termine** können Sie verschiedene Termine hinterlegen; diese werden meist nur gepflegt, wenn mit externen Projekten gearbeitet wird.
- **Zuordnungen**
  Auf der Registerkarte **Zuordnungen** können Sie das PSP-Element Organisationsobjekten zuordnen; es werden die Werte aus dem Projekt kopiert. Sie können so jedem PSP-Element z. B. ein unterschiedliches Profit-Center zuordnen.
- **Steuerung**
  Auf der Registerkarte **Steuerung** können Sie ebenfalls Informationen zum Periodenabschluss hinterlegen, wenn Sie diese auf der Ebene des PSP-Elements statt auf der Ebene des Projekts definieren möchten.
- **Benutzerfelder**
  Sie haben die Möglichkeit, im Customizing benutzerspezifische Felder für PSP-Elemente anzulegen. Auf der Registerkarte **Benutzerfelder** ordnen Sie diese Felder dem PSP-Element zu. Die benutzerspezifischen Felder stehen Ihnen im Reporting zur Verfügung.
- **Verwaltung**
  Auf der Registerkarte **Verwaltung** können Sie die Änderungsprotokolle zum PSP-Element einsehen. Sie sehen außerdem, wer das PSP-Element wann angelegt hat.
- **Übergeordnete**
  Auf der Registerkarte **Übergeordnete** sehen Sie, ob dem betreffenden PSP-Element andere PSP-Elemente übergeordnet sind.
- **Fortschritt**
  Arbeiten Sie mit der Fortschrittsanalyse, können Sie auf der Registerkarte **Fortschritt** Parameter für diese Fortschrittsanalyse hinterlegen. Die Fortschrittsanalyse misst den Fortschrittsgrad im Vergleich zu den Plankosten; sie wird hauptsächlich in der Integration mit der Fertigung verwendet.
- **Langtext**
  Auf der Registerkarte **Langtext** können Sie einen Langtext für das PSP-Element hinterlegen.

Das Projekt steht nun zur Kontierung bereit. In Kapitel 9, »Gemeinkostencontrolling«, erfahren Sie, wie Sie eine Abrechnungsvorschrift für ein Projekt anlegen, und weitere Details zur Verwendung von Projekten.

3.6 Statistische Kennzahl

Statistische Kennzahlen verwenden Sie, um Kostenstellen zu charakterisieren. In internen Verrechnungen werden statistische Kennzahlen oft als Basis für die Kostenverrechnung genutzt. Im Berichtswesen dienen sie zur Berechnung von Kennziffern (z. B. Umsatz pro Mitarbeitende).

Statistische Kennzahlen werden über die SAP-Fiori-App **Statistische Kennzahlen verwalten** (App-ID F1603A) angelegt.

In Abbildung 3.35 wird als Beispiel die statistische Kennzahl 9010 (Quadratmeter) angelegt. Statistische Kennzahlen werden in Abhängigkeit vom Kostenrechnungskreis angelegt. Es können keine Nummernkreise für statistische Kennzahlen hinterlegt werden. Werden die statistischen Kennzahlen global festgelegt, wird meist eine alphanumerische Kennzeichnung verwendet, wie z. B. PERS für Mitarbeiter. Werden die statistischen Kennzahlen lokal festgelegt, empfiehlt es sich, jedem Buchungskreis/jeder Region ein Nummernkreisintervall zuzuordnen.

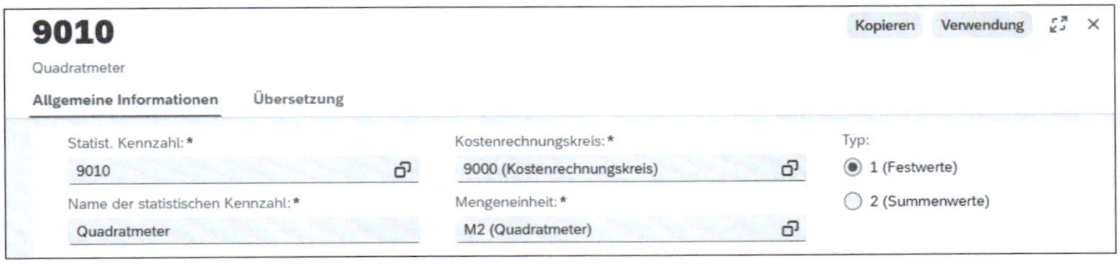

Abbildung 3.35 Statistische Kennzahl anlegen

Vergeben Sie für die statistische Kennzahl im Bereich **Grunddaten** eine Bezeichnung im gleichnamigen Feld. Jeder statistischen Kennzahl wird eine Mengeneinheit zugeordnet. In unserem Beispiel ordnen wir der statistischen Kennzahl für Quadratmeter die Mengeneinheit M2 zu.

Die statistische Kennzahl muss einem Kennzahlentyp zugeordnet werden. Es stehen zwei Kennzahlentypen zur Auswahl, die Sie durch Markieren des entsprechenden Radiobuttons zuweisen:

- **Festwerte**
  Die Werte der statistischen Kennzahl summieren sich nicht auf. Pro Monat wird ein Festwert gepflegt. Die statistische Kennzahl **Mitarbeiter** wird z. B. als Festwert klassifiziert.

- **Summenwerte**
  Die Werte der statistischen Kennzahl summieren sich auf. Der Kennzahlentyp **Summenwerte** wird z. B. für den Wasserverbrauch genutzt. Jeden Monat wird der monatliche Wasserverbrauch in der statistischen Kennzahl gepflegt; kumuliert sieht man den Wasserverbrauch seit Jahresbeginn.

Nach dem Speichern der Kennzahl steht diese zur Planung und zur Verbuchung von Istdaten bereit. Daten auf statistischen Kennzahlen werden immer mit Bezug zur Kostenstelle gepflegt.

3.7 Globale Hierarchien

In SAP S/4HANA steht die SAP-Fiori-App **Globale Hierarchien verwalten** (App-ID F2918) zur Verfügung. Diese App dient als zentrale Stelle für die Anlage und Pflege von Hierarchien für verschiedene Stammdaten wie z. B. Kostenstelle, Profit-Center, Funktionsbereich, Bilanz- und GuV-Struktur (mit semantischen Tags), Sachkonten (inklusive Sekundärkostenarten) und Konsolidierungsobjekte. In SAP ERP erfolgte die Pflege für die verschiedenen Hierarchien in unterschiedlichen Transaktionen; in SAP S/4HANA wurden Pflege und Anlage in einem Dashboard integriert und zentralisiert.

Die SAP-Fiori-App **Globale Hierarchien verwalten** ist unterschiedlichen Rollen zugeordnet, da sie für viele unterschiedliche Stammdaten Hierarchien verwaltet. Je nachdem, aus welcher Rolle wir die App öffnen, hat sie unterschiedliche Namen. Lassen Sie sich davon nicht verwirren! Wir öffnen die SAP-Fiori-App über die Rolle SAP_BR_OVERHEAD_ACCOUNTANT, wie in Abbildung 3.36 dargestellt.

Abbildung 3.36 SAP-Fiori-App »Globale Hierarchien verwalten« anzeigen

Über den Button [Anlegen] (**Neue Hierarchie anlegen**) oder [Strg] + [↵] auf der Tastatur können Sie neue globale Hierarchien anlegen. Die Berechtigungen steuern, welche Art von Hierarchien sich über die SAP-Fiori-App anlegen lassen. Da wir mit der Rolle für die Gemeinkostencontrolling-Sachbearbeiter arbeiten, stehen in unserem Beispiel die folgenden Hierarchien zur Auswahl:

- **Kostenstellenhierarchie**
- **Profit-Center-Hierarchie**
- **Buchungskreishierarchie**

In unserem Beispiel in Abbildung 3.37 legen wir eine Profit-Center-Hierarchie an. Es erscheint das Pop-up-Fenster **Neue Hierarchie**.

Abbildung 3.37 Profit-Center-Hierarchie anlegen

Wir pflegen folgende, in Abbildung 3.37 dargestellten Einträge:

- **Art**: Dieses Feld legt die Art der Hierarchie fest, die wir anlegen möchten. In diesem Beispiel wählen wir die **Profit-Center-Hierarchie**.
- **Hierarchie-ID**: Vergeben Sie einen bis zu 14 Zeichen langen Namen für die technische Bezeichnung der Profit-Center-Hierarchie.

- **Kostenrechnungskreis**: Dieses Feld gibt an, in welchem Kostenrechnungskreis die Hierarchie angelegt wird.
- **Hierarchiebeschreibung**: In diesem Feld können Sie einen Namen für die Profit-Center-Hierarchie vergeben.
- **Gültig von**: Dieses Feld definiert, ab welchem Datum die Hierarchie gültig ist, d. h. in Berichten zur Verfügung steht und verwendet werden kann.
- **Gültig bis**: Dieses Feld gibt an, bis wann die Hierarchie gültig ist. Das System erlaubt es, für Hierarchien verschiedene Gültigkeiten zu pflegen und auf diese Weise mit verschiedenen Versionen von Hierarchien zu arbeiten. Die Versionierung ermöglicht Ihnen, Berichte mit verschiedenen Versionen auszuwerten. Dies ist besonders hilfreich, wenn sich z. B. die Organisation zum Jahresende ändert. So haben Sie immer noch die Möglichkeit, historische Berichte mit der alten Organisationsstruktur auszuwerten.
- **Hinweis**: Dies ist ein Textfeld, in dem Sie Informationen ablegen können.
- **In kompatibler Gruppe für Profitcenter verwenden**: Ist dieses Kennzeichen gesetzt, können Sie die Hierarchie in kompatiblen Setgruppen verwenden.

Am unteren Ende des Pop-up-Fensters **Neue Hierarchie anlegen** finden Sie den Hinweis, dass die Hierarchie-ID nicht länger als 14 Zeichen lang sein kann.

Klicken Sie auf **Anlegen**, und es erscheint das in Abbildung 3.38 dargestellte Bild. Sie haben den obersten Knoten der Profit-Center-Hierarchie 9001 angelegt.

Abbildung 3.38 Knoten in der Profit-Center-Hierarchie anlegen

Die globale Hierarchie hat für jedes Objekt einen Status. Am rechten oberen Bildrand sehen Sie den Status **Entwurf** für die soeben angelegte Hierarchie. Um in den Bearbeitungsmodus zu wechseln, klicken Sie auf **Bearbeiten**. Nun sehen Sie unter dem Status den Button **Simulieren**. Damit erhalten Sie die Möglichkeit, Hierarchien vor der Aktivierung, also vor der Freigabe in Reports zu testen bzw. zu simulieren.

Die globalen Hierarchien erlauben Ihnen außerdem, die Hierarchie nach Microsoft Excel zu exportieren, dort anzupassen und sie anschließend wieder zu importieren.

Klicken Sie auf den Button Bearbeiten (**Bearbeiten**) oder drücken Sie `Strg` + `e` auf der Tastatur, um in den Änderungsmodus zu gelangen.

Sie können aber auch manuell über + (**Hinzufügen**) neue Knoten anlegen oder, wie in Abbildung 3.39 dargestellt, dem Hierarchieknoten einzelne Objekte zuordnen. In unserem Beispiel ordnen wir dem Knoten **9001** das Profit-Center **9000** zu.

Abbildung 3.39 Profit-Center der Hierarchie hinzufügen

In Abbildung 3.40 sehen Sie die Zuordnung des Profit-Centers zum Hierarchieknoten. Wir gehen davon aus, dass unsere Profit-Center-Hierarchie nun vollständig angelegt ist, und klicken auf den Schalter **Simulieren**.

Nun überprüfen wir, ob diese Hierarchie in einem Bericht zur Verfügung steht. In Abbildung 3.41 lassen wir uns die Hierarchien zum Merkmal **Profitcenter** in der Buchungsbeleganalyse anzeigen. Die von uns angelegte Hierarchie steht als Draft, also Entwurf, zur Auswahl. Wir können uns nun die Buchungsbeleganalyse mit unserer Hierarchie anschauen und bestimmen, ob wir diese Hierarchie freigeben möchten oder ob noch Anpassungen vor der Freigabe der Hierarchie notwendig sind.

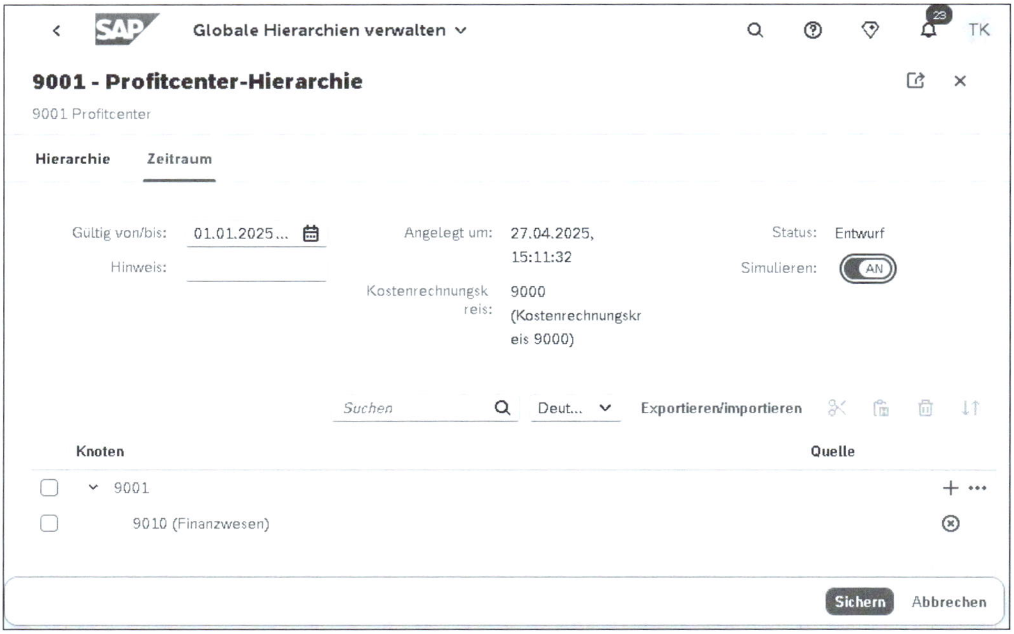

Abbildung 3.40 Den Schalter »Simulieren« in der Profit-Center-Hierarchie aktivieren

Abbildung 3.41 Hierarchie im Status »Entwurf« im Bericht anzeigen

Damit die Hierarchie nun für alle Anwender sichtbar und verwendbar ist, müssen wir diese aktivieren. Klicken Sie auf den Button **Bearbeiten** in der Hierarchie, und es erscheint ein neuer Button **Aktivieren** am unteren Bildrand. Klicken Sie darauf, und Sie sehen, wie in Abbildung 3.42 dargestellt, dass sich der Status der Hierarchie in **Akti-**

viert ändert. Nehmen Sie nun Änderungen an einer aktivierten Hierarchie vor, ändert sich der Status zu **In Revision**. Sie haben jederzeit die Möglichkeit, eine Änderungshistorie der Hierarchie einzusehen.

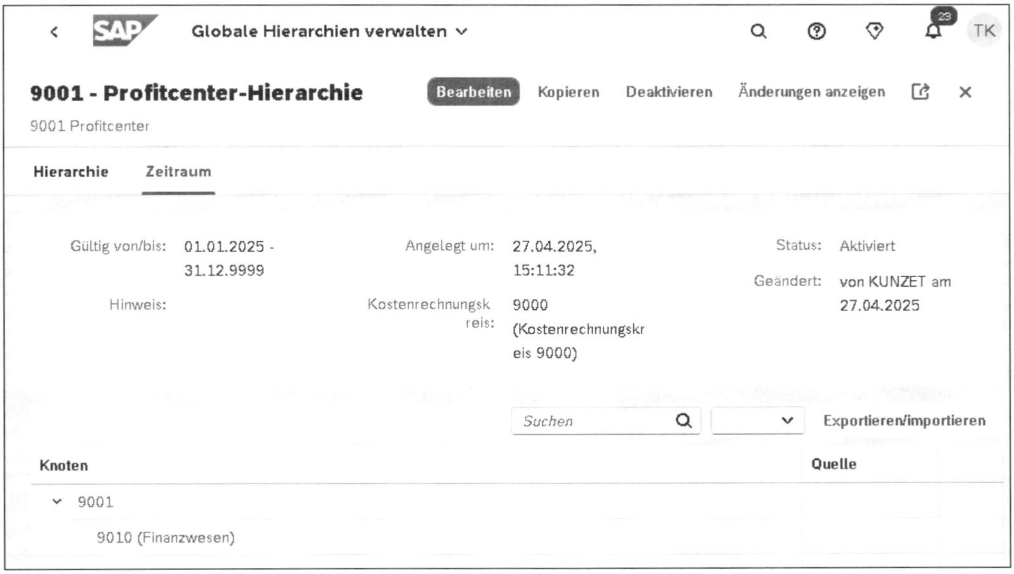

Abbildung 3.42 Hierarchie aktivieren

Sie können über die SAP-Fiori-App **Globale Hierarchien verwalten** auch mit selbst entwickelten Hierarchien arbeiten. Außerdem ist es möglich, Hierarchien und Bilanz- und GuV-Strukturen aus dem SAP GUI zu importieren. Allerdings ist es umgekehrt nicht möglich, die in der SAP-Fiori-App **Globale Hierarchien verwalten** angelegten Hierarchien in das SAP GUI zu exportieren.

Die SAP-Fiori-App **Globale Hierarchien verwalten** ermöglicht die zentrale Anlage und Pflege von Hierarchien aus verschiedenen Bereichen der Finanzbuchhaltung und des Controllings. Die Versionierung der Hierarchien erlaubt es, sich auf zukünftige Reorganisationen vorzubereiten, ohne alte Berichtsstrukturen zu verlieren.

Im nächsten Abschnitt beschäftigen wir uns mit dem zentralen Geschäftspartner in SAP S/4HANA.

3.8 Zentraler Geschäftspartner

Mit SAP S/4HANA geht SAP den nächsten Schritt bei der Vereinheitlichung der Geschäftspartnerstammdaten und führt nun auch im Rechnungswesen den *zentralen Geschäftspartner* verpflichtend ein. Über den zentralen Geschäftspartner müssen Sie zukünftig Ihre Debitoren und Kreditoren pflegen. In diesem Abschnitt schauen wir uns die Hintergründe und die damit einhergehenden Auswirkungen auf das Customizing genauer an.

3.8.1 Einführung in den zentralen Geschäftspartner

Sowohl in SAP R/3 als auch in SAP ERP wurden Debitoren, Kreditoren und der sogenannte *Geschäftspartner* verwendet. Der Geschäftspartner wird auch als *Business Partner* oder zentraler Geschäftspartner bezeichnet.

[»]

Entwicklung des zentralen Geschäftspartners

Der Geschäftspartner wird bereits in den SAP-Komponenten Treasury and Risk Management (TRM), Darlehensverwaltung (FS-CML) oder SAP Collections Management (FIN-FSCM-COL) genutzt. Auch die Lösungen SAP CRM, SAP SCM, SAP SRM und SAP GTS arbeiteten mit dem zentralen Geschäftspartner.

In diesem Abschnitt beschäftigen wir uns mit den Hintergründen der Umstellung auf den zentralen Geschäftspartner im Rechnungswesen und mit den sich dadurch ergebenden Änderungen.

Abbildung 3.43 zeigt den Austausch der Stammdaten zwischen dem zentralen Geschäftspartner und den Kundenstammdaten (Debitorenstamm). Je nach SAP-Anwendung kam der Geschäftspartner oder Kundenstammsatz zum Tragen. Wie eingangs erwähnt, haben die SAP-Treasury-Anwendungen bereits in SAP ERP den zentralen Geschäftspartner genutzt. Die Buchungen, die die SAP-Treasury-Anwendungen in FI erzeugt haben, sind aber auf ein Debitorenkonto gebucht worden.

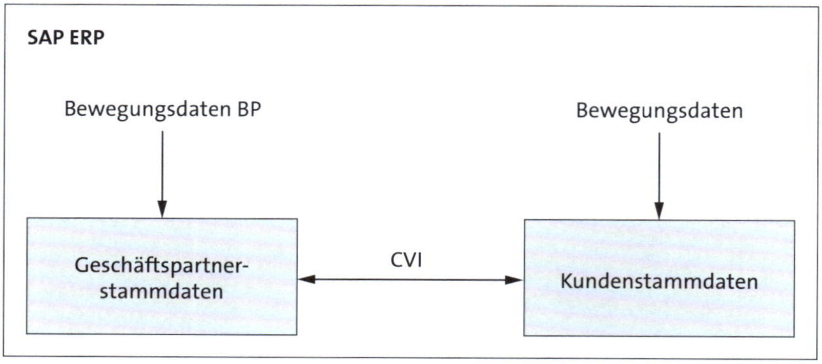

Abbildung 3.43 Überblick über den Zusammenhang von Geschäftspartnerstammdaten und Kundenstammdaten in SAP ERP

In SAP S/4HANA wird nun auch das Rechnungswesen auf den zentralen Geschäftspartner umgestellt. Künftig werden mit dem Geschäftspartner die Beziehungen zwischen Debitoren und Kreditoren abgebildet. Die bisherige Vorgehensweise hatte einige Nachteile:

- Die Beziehung zwischen Debitoren und Kreditoren war, wenn es sich um einen identischen Geschäftspartner handelte, nicht transparent (kein Rollenkonzept).
- Es war nicht möglich, im B2C-Bereich Privatpersonen abzubilden.
- Sie konnten nur eine Adresse angeben.
- Die Nutzung zeitabhängiger Daten war nicht möglich.

Demgegenüber hat die Nutzung des Geschäftspartners die folgenden Vorteile:

- Allgemeine Daten werden über mehrere Geschäftspartnerrollen miteinander geteilt.
- Es gibt nur noch eine zentrale Plattform für Geschäftspartnerdaten, die von verschiedensten SAP-Komponenten genutzt werden kann. Dazu werden bei einem Geschäftspartner verschiedene anwendungsspezifische Rollen angelegt.
- Ein Geschäftspartner kann unterschiedliche Adressen haben.
- Sie können zeitabhängige Daten und Beziehungen zwischen den einzelnen Rollen und Geschäftspartnern anlegen. Zum Beispiel kann ein Geschäftspartner gleichzeitig die Rolle **Debitor** und die Rolle **Kreditor** einnehmen.
- Es wird eine harmonisierte Architektur im Hinblick auf die SAP-Produkte genutzt.

Mit SAP S/4HANA werden also die bisher im SAP-Rechnungswesen genutzten Debitoren und Kreditoren durch den zentralen Geschäftspartner abgelöst (siehe Abbildung 3.44). Damit einher gehen Änderungen im Customizing, das nun an verschiedenen Stellen vorgenommen werden muss. Weitere Informationen zu diesem Thema erhalten Sie in Abschnitt 3.8.2, »Customizing des zentralen Geschäftspartners«.

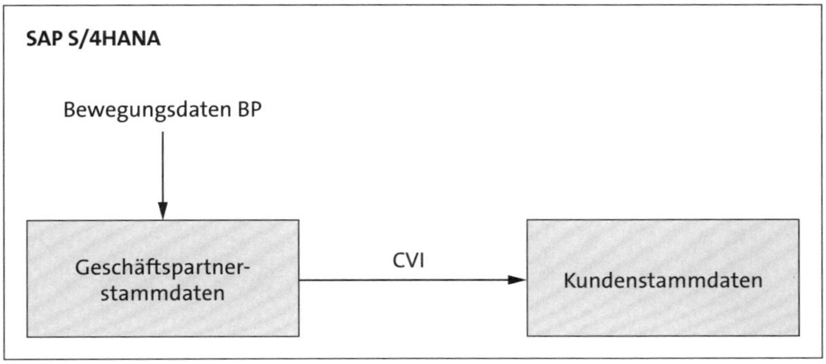

Abbildung 3.44 Überblick über die Geschäftspartnerstammdaten und Kundenstammdaten in SAP S/4HANA

Im zentralen Geschäftspartner können Sie die folgenden Rollen zur Abbildung der Debitoren bzw. Kreditoren nutzen:

- FLCU00 – Debitoren
- FLCU01 – Kunden
- FLVN00 – Kreditoren
- FLVN01 – Lieferanten

Die Rolle **Debitor** bzw. **Kreditor** bildet dabei die allgemeinen Daten aus dem Debitor bzw. Kreditor ab. Die Rolle **Kunde** bildet die vom Debitor bekannten Vertriebsdaten ab. Die Rolle **Lieferant** bildet die vom Kreditor bekannten Einkaufsdaten ab.

Abbildung 3.45 zeigt die Rolle **Debitor** für einen Geschäftspartner. Gut zu erkennen sind die verschiedenen Registerkarten, die Sie in SAP ERP vom Debitorenstammsatz her kennen.

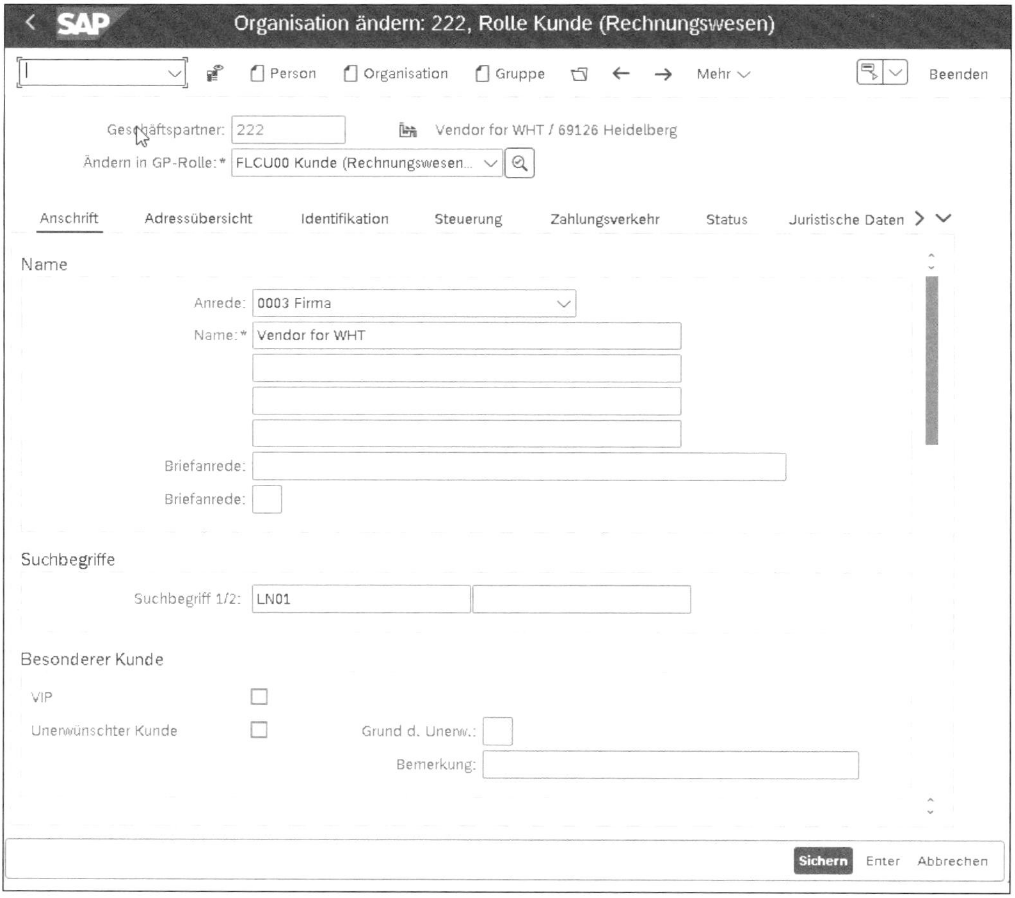

Abbildung 3.45 Transaktion BP (Geschäftspartner bearbeiten)

In SAP S/4HANA werden diese Registerkarten und Felder über Transaktion BP (Geschäftspartner bearbeiten) gepflegt, aber noch in den alten Stammdatentabellen abgelegt. Damit ist gewährleistet, dass darauf aufbauende Funktionen, wie z. B. der Zahllauf (Transaktion F110), weiterhin funktionieren.

Über das Dropdown-Menü im Feld **Anzeigen in GP-Rolle** sehen Sie im Anzeigemodus alle gepflegten Rollen. Für Massenänderungen an Geschäftspartnerstammdaten können Sie Transaktion MASS nutzen.

In der Simplification List (siehe *http://help.sap.com/s4hana*) finden Sie mehr Informationen zu Transaktion BP. Wenn Sie auf der Übersichtsseite weiter nach unten scrollen, finden Sie die Simplification List (**Simplification List for SAP S/4HANA**). Dort können Sie überprüfen, welche Transaktionen durch Transaktion BP (Geschäftspartner bearbeiten) abgelöst werden. Die alten Transaktionen, z. B. Transaktion FK03 (Kreditoren anzeigen), werden auf Transaktion BP (Geschäftspartner bearbeiten) umgeleitet oder sind nicht mehr vorhanden.

IDocs (Intermediate Documents) oder BAPIs (Business Application Programming Interfaces) für das Anlegen von Debitoren und Kreditoren, die nicht die CVI-Funktionen `CVI_EI_INBOUND_MAIN` aufrufen, können nicht mehr genutzt werden. Die Ablage der Daten erfolgt aber weiterhin in den gleichen Tabellen (z. B. Tabelle `LFA1`, Tabelle `LFB1`, Tabelle `KNA1` sowie Tabelle `KNB1`).

Im nächsten Abschnitt beschreiben wir die notwendigen Customizing-Einstellungen, damit Sie den zentralen Geschäftspartner unter SAP S/4HANA nutzen können.

3.8.2 Customizing des zentralen Geschäftspartners

Grundsätzlich stellt sich jetzt die Frage, wo Sie mit dem Customizing für den zentralen Geschäftspartner anfangen. Folgende Einstellungen müssen vorgenommen werden:

- Customizing von Kreditor und Debitor im Finanzwesen
- Customizing der Customer-Vendor-Integration (CVI), siehe die Stammdatensynchronisation im SAP-Einführungsleitfaden
- Customizing des zentralen Geschäftspartners im SAP-Geschäftspartner

Beim Customizing des zentralen Geschäftspartners gilt es, die Kontengruppen der Debitoren und Kreditoren mit denen des zentralen Geschäftspartners abzustimmen. Ferner müssen die zu verwendenden Nummernkreise für die jeweiligen Stammdatenobjekte synchronisiert werden. Da wir an dieser Stelle den zentralen Geschäftspartner zwar führend über Transaktion BP anlegen, aber im Hintergrund die Stammdatenobjekte **Debitor** und **Kreditor** automatisch angelegt bzw. geändert werden, muss zwingend das Customizing zueinanderpassen.

[»]

Hinweis zum Customizing des zentralen Geschäftspartners

Das Customizing des zentralen Geschäftspartners ist wesentlich umfangreicher, als wir es in diesem Buch beschreiben können. Es bietet auch mehr Möglichkeiten zur Steuerung und Prüfung von Eingaben und Erweiterungsmöglichkeiten, als Sie es vom Customizing des Debitors und Kreditors vom Finanzwesen her kennen. Daher empfehlen wir Ihnen dringend, sich vor Beginn einer Implementierung umfassend mit dem zentralen Geschäftspartner vertraut zu machen bzw. entsprechende Beratungsleistungen einzukaufen.

Bevor Sie mit dem Customizing des zentralen Geschäftspartners beginnen, sollten Sie sich einen Überblick darüber verschaffen, welches Customizing in Ihrem SAP-S/4HANA-System bereits vorhanden ist und welche Einstellungen Sie benötigen. Dazu finden Sie eine tabellarische Aufstellung auf der Website zum Buch unter *https://www.sap-press.de/6067* unter Materialien.

In SAP S/4HANA gehen Sie wie folgt vor: Rufen Sie Transaktion BP auf, und klicken Sie auf [Person] (**Person anlegen**). Nun können Sie in den Feldern **Gruppierung** und **Anlegen in GP-Rolle** jeweils die Dropdown-Menüs auf ihre Einträge hin überprüfen. Merken Sie sich, welche Einträge vorhanden sind. Nun gehen Sie ins Customizing für die Debitoren- und Kreditorenstammdaten.

Folgen Sie für die Debitoren dem Customizing-Pfad **Finanzwesen • Debitoren- und Kreditorenbuchhaltung • Debitorenkonten • Stammdaten • Anlegen der Debitorenstammdaten vorbereiten • Kontengruppe mit Bildaufbau definieren (Debitoren)**.

Für die Kreditoren folgen Sie dem Customizing-Pfad **Finanzwesen • Debitoren- und Kreditorenbuchhaltung • Debitorenkonten • Stammdaten • Anlegen der Kreditorenstammdaten vorbereiten • Kontengruppe mit Bildaufbau definieren (Kreditoren)**. Merken Sie sich wiederum die vorhandenen Einstellungen für die Kontengruppen, und gleichen Sie diese nun mit Ihren fachlichen Anforderungen für das Customizing des zentralen Geschäftspartners ab.

[»]

Kundeneigenes und ausgeliefertes Customizing

Damit Sie kundeneigenes Customizing besser vom Auslieferungs-Customizing von SAP unterscheiden können, kopieren Sie das ausgelieferte Customizing auf einen Namen, der mit »Z« beginnt. Sie können aber auch ausgeliefertes Customizing an Ihre individuellen Anforderungen anpassen.

Die Endanwender sollten in der [F4]-Wertehilfe nur die Auswahlmöglichkeiten vorfinden, die für ihr Unternehmen relevant sind. Das übrige Customizing sollten Sie nach Möglichkeit ausblenden oder gegebenenfalls löschen.

Nachdem Sie sich nun einen Überblick über das vorhandene Customizing in Ihrem SAP-S/4HANA-System verschafft und es mit den benötigten Einstellungen abgeglichen haben, können Sie mit dem eigentlichen Customizing beginnen. Folgen Sie dazu dem Customizing-Pfad **Anwendungsübergreifende Komponenten • SAP-Geschäftspartner**. Hier finden Sie alle notwendigen Einstellungen für den zentralen Geschäftspartner.

Die Einstellungen für die Kontengruppen der Debitoren und Kreditoren werden weiterhin im Customizing-Pfad des Finanzwesens vorgenommen! Wie schon erwähnt, legt der Geschäftspartner im Hintergrund jeweils die Stammdaten für Debitor bzw. Kreditor an. Deren Customizing muss mit dem Customizing des Geschäftspartners übereinstimmen, denn sonst kommt es zu Fehlern.

Schauen Sie sich zuerst die vorhandenen Rollen im zentralen Geschäftspartner an, und blenden Sie gegebenenfalls die Rollen aus, die Sie definitiv nicht benötigen. Folgen Sie dazu dem Customizing-Pfad **Anwendungsübergreifende Komponenten • SAP-Geschäftspartner • Geschäftspartner • Grundeinstellungen • Geschäftspartnerrollen • GP-Rollen definieren**. Markieren Sie nach und nach die Rollen, die Sie nicht benötigen, und klicken Sie auf den Button (**Details**). Wenn Sie eine nicht benötigte Rolle ausblenden möchten, markieren Sie das Kennzeichen **Ausblenden** im Fenster **Sicht "GP-Rollen" ändern: Detail** (siehe Abbildung 3.46).

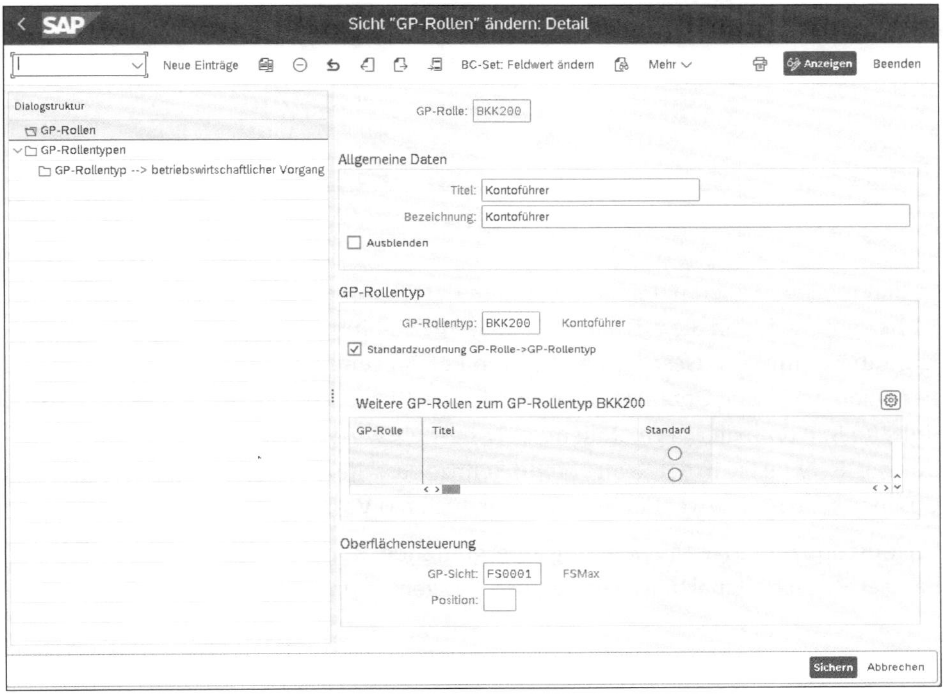

Abbildung 3.46 Detailsicht auf GP-Rollen

Sichern Sie Ihre Eingaben über den Button Sichern (**Sichern**) oder über Strg + S, und kehren Sie anschließend durch einen Klick auf den grünen Pfeil oder über die Taste F3 zurück in das Einstiegsbild **GP-Rollen**.

Im nächsten Schritt klicken Sie auf **GP-Rollentypen**. Markieren Sie hier nach und nach Ihre GP-Rollentypen, die Sie verwenden möchten, und klicken Sie erneut auf den Button (**Details**).

Abbildung 3.47 zeigt Ihnen, für welche Geschäftspartnertypen Sie die jeweilige GP-Rolle verwenden können. Nicht jeder Geschäftspartnertyp ist für jede GP-Rolle erwünscht.

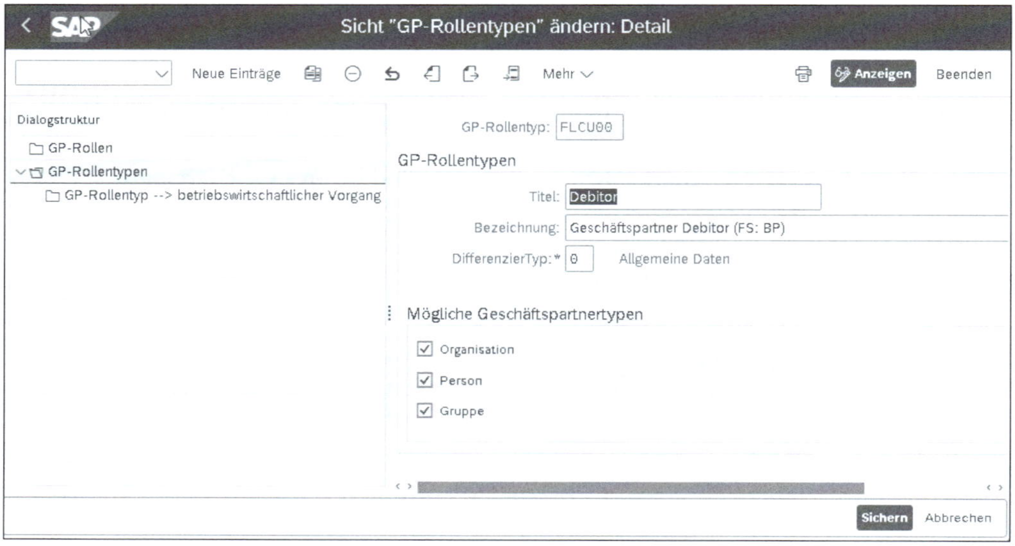

Abbildung 3.47 Details für den GP-Rollentyp FLCU00

In den meisten Fällen haben Sie zwischen der GP-Rolle und dem GP-Rollentyp eine 1:1-Beziehung. Wenn Sie z. B. eine GP-Rolle speziell für Ihre Mitarbeitenden anlegen, kann diese nur vom Geschäftspartnertyp **Person** sein. Mitarbeitende sind nun mal Personen und keine Organisation bzw. Gruppe. Klicken Sie nun in der Dialogstruktur links im Bild doppelt auf **GP-Rollentyp --> betriebswirtschaftlicher Vorgang**. In Abbildung 3.48 sehen Sie in der Spalte **Modif.kennz.**, dass Sie diesen GP-Rollentyp in einem Geschäftspartner verwenden und ändern dürfen (**1 Vorgang erlaubt**).

Im Customizing-Pfad **Anwendungsübergreifende Komponenten • SAP-Geschäftspartner • Geschäftspartner • Grundeinstellungen • Nummernkreise und Gruppierun-**

gen • **Nummernkreise definieren** legen Sie die Nummernkreise fest, die Sie für Ihre Geschäftspartner verwenden möchten (siehe Abbildung 3.49).

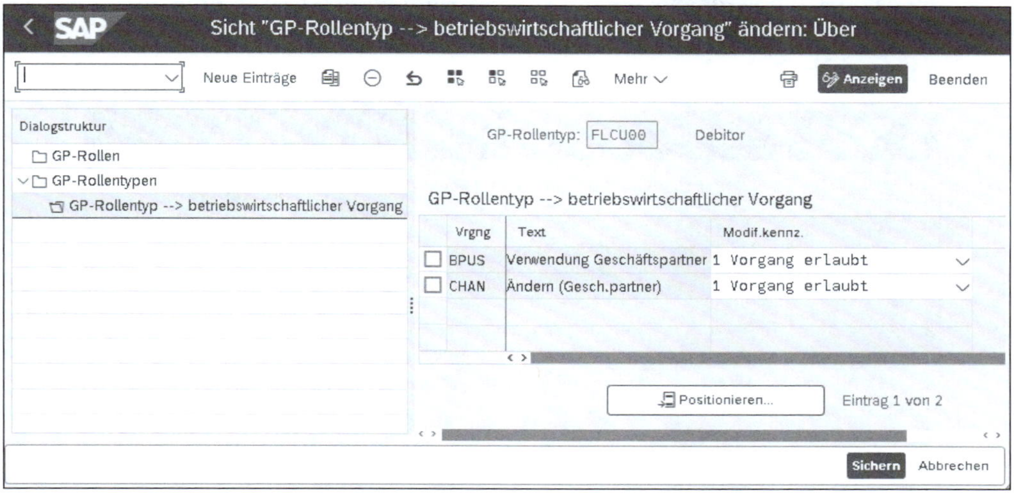

Abbildung 3.48 Detail für den GP-Rollentyp »betriebswirtschaftlicher Vorgang«

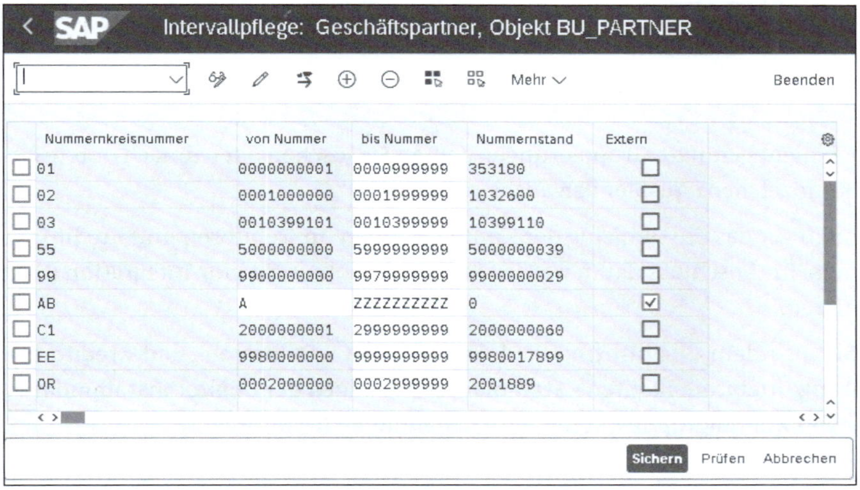

Abbildung 3.49 Nummernkreise für Geschäftspartner festlegen

Sichern Sie nun Ihre Einstellungen über den Button Sichern (**Sichern**) oder über Strg + S, und verlassen Sie dieses Bild, indem Sie zweimal auf < (**Zurück**) klicken oder zweimal die Taste F3 drücken.

Im Customizing-Pfad **Anwendungsübergreifende Komponenten • SAP-Geschäftspartner • Geschäftspartner • Grundeinstellungen • Nummernkreise und Gruppierungen • Gruppierungen definieren und Nummernkreisen zuordnen** ordnen Sie die Nummernkreise den von Ihnen verwendeten Gruppierungen zu (siehe Abbildung 3.50).

Abbildung 3.50 Nummernkreis einer Gruppierung zuordnen

Von Ihnen nicht genutzte Gruppierungen sollten Sie löschen oder einfach durch Setzen des Kennzeichens **Ausblenden** ausblenden.

Nun können wir das Customizing der Kontengruppen für Debitoren und Kreditoren vornehmen. Im Anschluss daran werden wir die Customer-Vendor-Integration (CVI) konfigurieren.

Folgen Sie also dem Customizing-Pfad **Finanzwesen • Debitoren- und Kreditorenbuchhaltung • Debitorenkonten • Stammdaten • Anlegen der Debitorenstammdaten vorbereiten • Kontengruppe mit Bildaufbau definieren (Debitoren)**.

Sie können eine beliebige Kontengruppe markieren und kopieren. Markieren Sie eine bestehende Kontengruppe, und klicken Sie auf [Symbol] (**Kopieren als ...**), oder drücken Sie die Taste F6. Abbildung 3.51 zeigt eine Übersicht der bestehenden Kontengruppen.

In Abbildung 3.52 sehen Sie die kopierte Kontengruppe mit der bereits neu vergebenen Kontengruppe **9000** und der neuen Bedeutung **Auftraggeber (neu)**.

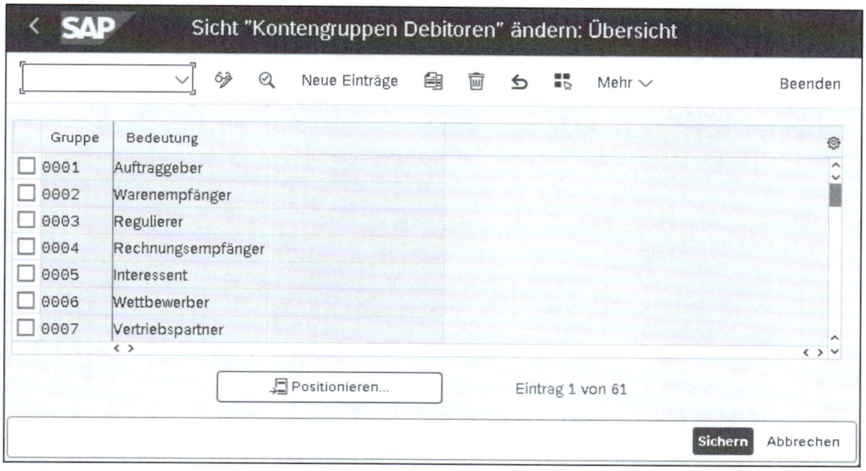

Abbildung 3.51 Übersicht bestehender Kontengruppen

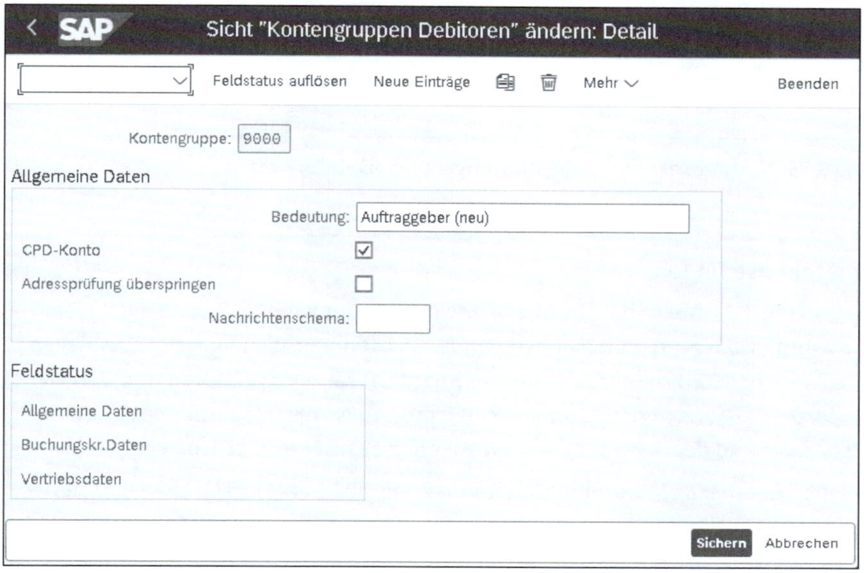

Abbildung 3.52 Kopierte Kontengruppe

Sichern Sie Ihre Eingaben über den Button Sichern (**Sichern**) oder über [Strg] + [S], und gehen Sie zurück, indem Sie auf < (**Zurück**) klicken oder die Taste [F3] drücken. Den Feldstatus der einzelnen Feldstatusgruppen lassen wir jetzt erst einmal unverändert. Im nächsten Schritt müssen wir für die Kontengruppe einen Nummernkreis definieren. Folgen Sie dazu dem Customizing-Pfad **Finanzwesen • Debitoren- und Kreditorenbuchhaltung • Debitorenkonten • Stammdaten • Anlegen der Debitorenstammdaten vorbereiten • Nummernkreise für Debitorenkonten anlegen**, klicken

Sie auf **Intervalle pflegen**, und überprüfen Sie die eingestellten Nummernkreise (siehe Abbildung 3.53).

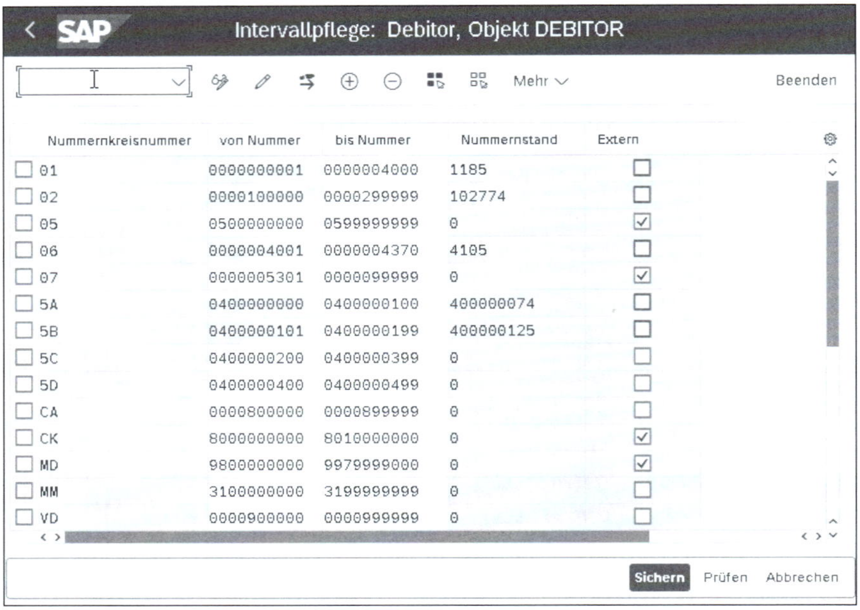

Nummernkreisnummer	von Nummer	bis Nummer	Nummernstand	Extern
01	0000000001	0000004000	1185	☐
02	0000100000	0000299999	102774	☐
05	0500000000	0599999999	0	☑
06	0000004001	0000004370	4105	☐
07	0000005301	0000099999	0	☑
5A	0400000000	0400000100	400000074	☐
5B	0400000101	0400000199	400000125	☐
5C	0400000200	0400000399	0	☐
5D	0400000400	0400000499	0	☐
CA	0000800000	0000899999	0	☐
CK	8000000000	8010000000	0	☑
MD	9800000000	9979999000	0	☑
MM	3100000000	3199999999	0	☐
VD	0000900000	0000999999	0	☐

Abbildung 3.53 Nummernkreis für die Kontengruppe »Debitor« pflegen

[»]

Nummernkreise finden

Nummernkreise dürfen sich nicht überschneiden. Daher kann die Suche nach einem freien Nummernkreis in einem bestehenden System aufwendig sein. Zusätzlich muss der gleiche Nummernkreis (Nummernbereich) für die Kreditoren und den Geschäftspartner zur Verfügung stehen. Zur Erinnerung: Wir möchten, dass der Geschäftspartner und der Debitor bzw. Kreditor die gleiche Nummer erhalten.

Bei bereits bestehenden Stammdaten können Sie nicht so einfach die Nummernkreise ändern! Dies würde zu Inkonsistenzen führen.

Verlassen Sie die Intervallpflege durch zwei Klicks auf < (**Zurück**), oder drücken Sie zweimal die Taste F3. Im nächsten Schritt müssen Sie den Nummernkreis unserer Kontengruppe zuordnen. Sie finden den Schritt im SAP-Einführungsleitfaden direkt im vorangegangenen Schritt. Folgen Sie dazu dem Customizing-Pfad **Finanzwesen • Debitoren- und Kreditorenbuchhaltung • Debitorenkonten • Stammdaten • Anlegen der Debitorenstammdaten vorbereiten • Nummernkreise den Kontengruppen für Debitoren zuordnen**, und überprüfen Sie den zugeordneten Nummernkreis. In Abbildung 3.54 sehen Sie, dass beim Kopieren der Kontengruppe der zugeordnete Nummernkreis (hier 01) ebenfalls kopiert worden ist.

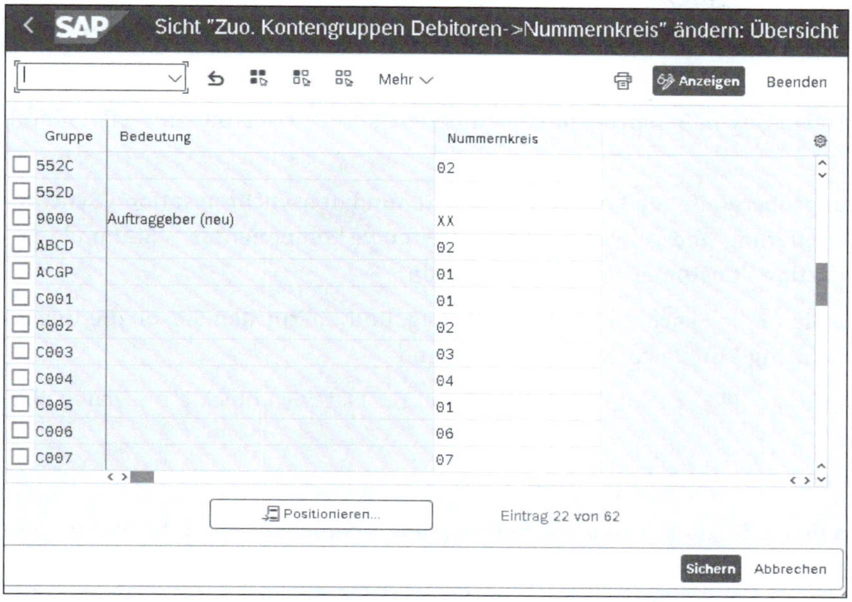

Abbildung 3.54 Zugeordneten Nummernkreis anzeigen

Da Sie die neue Kontengruppe noch nicht verwendet haben, es also keine dazugehörigen Stammdaten gibt, können Sie jetzt den zuvor angelegten Nummernkreis hinterlegen. Sichern Sie Ihre Einstellungen über den Button Sichern (**Sichern**) oder über [Strg] + [S], und verlassen Sie das Bild durch einen Klick auf < (**Zurück**), oder drücken Sie [F3].

Kontengruppen ändern

In SAP ERP war es möglich, die Kontengruppe eines Debitors oder Kreditors zu ändern. Das war nur »hart« auf der Datenbank in Eigenverantwortung des jeweiligen SAP-Kunden durchführbar. Dennoch waren solche Änderungen manchmal unumgänglich, wenn sich über die Jahre die Anzahl der benötigten Kontengruppen geändert hat.

Beachten Sie, dass derartige Änderungen in SAP S/4HANA nicht mehr möglich sind, da Sie zusätzlich den Geschäftspartner anpassen müssten!

Wiederholen Sie nun die Schritte, die wir für die Debitoren beschrieben haben, für die Kreditoren. Sie finden diese im Customizing-Pfad über **Finanzwesen • Debitoren- und Kreditorenbuchhaltung • Kreditorenkonten • Stammdaten • Anlegen der Kreditorenstammdaten vorbereiten**.

Nachdem Sie die Kontengruppen im Finanzwesen für die Debitoren und Kreditoren angelegt bzw. überprüft und zuvor die entsprechenden Einstellungen im zentralen

Geschäftspartner vorgenommen haben, können Sie beide miteinander verknüpfen. Dies geschieht mithilfe der *Customer-Vendor-Integration*. Die CVI ist das Bindeglied zwischen den Stammdatenobjekten **Debitor** und **Kreditor** auf der einen Seite und dem zentralen Geschäftspartner auf der anderen Seite. Der Customizing-Pfad für die CVI lautet:

Anwendungsübergreifende Komponenten • Stammdatensynchronisation • Synchronisationssteuerung und Anwendungsübergreifende Komponenten • Stammdatensynchronisation • Customer-Vendor-Integration

Wechseln Sie in die **Synchronisationssteuerung**, und überprüfen Sie, ob die folgenden Customizing-Punkte korrekt eingestellt sind:

- **PPO-Aufträge** (PPO = Postprocessing Office) für Plattformobjekte im Dialog aktivieren
- **Synchronisationsoptionen** aktivieren

Im Customizing-Pfad **Anwendungsübergreifende Komponenten • Stammdatensynchronisation • Synchronisationssteuerung • Synchronisationssteuerung • PPO Aufträge für Plattformobjekte im Dialog aktivieren** sollte das Kennzeichen **BP** gesetzt sein. Damit können Sie später beim Auftreten von Fehlern in der Stammdatensynchronisation, vom zentralen Geschäftspartner bis zum Debitor bzw. Kreditor, die Fehler im PPO sehen und nachbearbeiten.

In Abbildung 3.55 sehen Sie, dass das PPO für den Geschäftspartner aktiviert ist. Wenn dies nicht der Fall sein sollte, setzen Sie das Kennzeichen **PPO aktiv**, sichern Ihre Einstellungen über den Button Sichern (**Sichern**) oder über [trg] + [S] und verlassen das Bild.

Abbildung 3.55 Für den Geschäftspartner aktives PPO

Nachdem Sie die grundlegenden Einstellungen für die CVI vorgenommen haben, können Sie sich den weiterführenden Einstellungen für die CVI widmen. Die Einstellungen müssen Sie jeweils für Debitor/Geschäftspartner und Kreditor/Geschäftspartner vornehmen.

Begriffsverwendung zur CVI im SAP-System

Die Begriffspaare Kunde/Debitor und Lieferant/Kreditor werden innerhalb der Stammdatensynchronisation synonym verwendet und können beim Lesen der Dokumentation bzw. Customizing-Einstellungen gleichbedeutend verwendet werden. Genauso werden die Begriffe GP, zentraler Geschäftspartner, Geschäftspartner und Business-Partner ebenfalls synonym verwendet und sind somit austauschbar.

Zuerst nehmen Sie die Einstellungen in der CVI für die Debitorenintegration vor. Folgen Sie dem Customizing-Pfad **Anwendungsübergreifende Komponenten • Stammdatensynchronisation • Customer-Vendor-Integration • Einstellungen des Geschäftspartners • Einstellungen zur Kunden-/Debitorenintegration • GP-Rollentyp für Richtung GP nach Debitor einstellen**.

In Abbildung 3.56 sehen Sie, dass die von SAP ausgelieferten Rollen FLCU00 und FLCU01 für die Anlage des Debitors hinterlegt sind. Mit anderen Worten: Aus den Geschäftspartnerrollen FLCU00 und FLCU01 werden die Informationen pro Feld ins Finanzwesen übertragen, um einen Debitor anzulegen oder zu ändern.

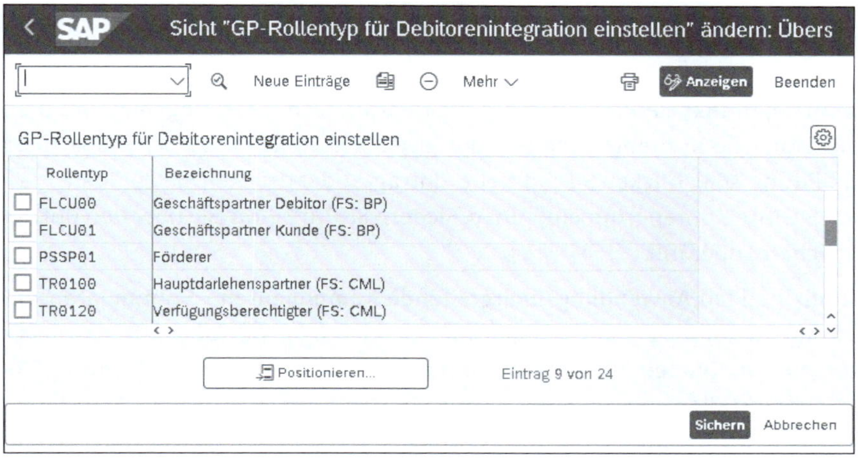

Abbildung 3.56 GP-Rollen für das Anlegen oder Ändern von Debitoren hinterlegen

Durch einen Doppelklick auf die jeweilige Rolle gelangen Sie in das Detailbild der hinterlegten Rolle (siehe Abbildung 3.57). Die beiden Rollen FLCU00 und FLCU01 stellen Sie als **Debitorisch** ein, indem Sie den gleichnamigen Radiobutton anklicken. Dadurch erreichen Sie, dass die Daten der jeweiligen Rolle auch an den Debitor übertragen werden, wenn Sie einen Geschäftspartner anlegen oder pflegen.

Über die Felder **Rollensteuerung** und **Vorbelegung** können Sie Funktionsbausteine hinterlegen, die die im Customizing hinterlegte Rollensteuerung oder Vorbelegung übersteuern. Im Normalfall benötigen Sie diese Einstellungen für Geschäftspartner mit Rechnungswesenbezug nicht.

Sichern Sie Ihre Einstellungen über den Button Sichern (**Sichern**) oder mit Strg + S, und gehen Sie mit einem Klick auf < (**Zurück**) oder mit der Taste F3 zurück in den SAP-Einführungsleitfaden.

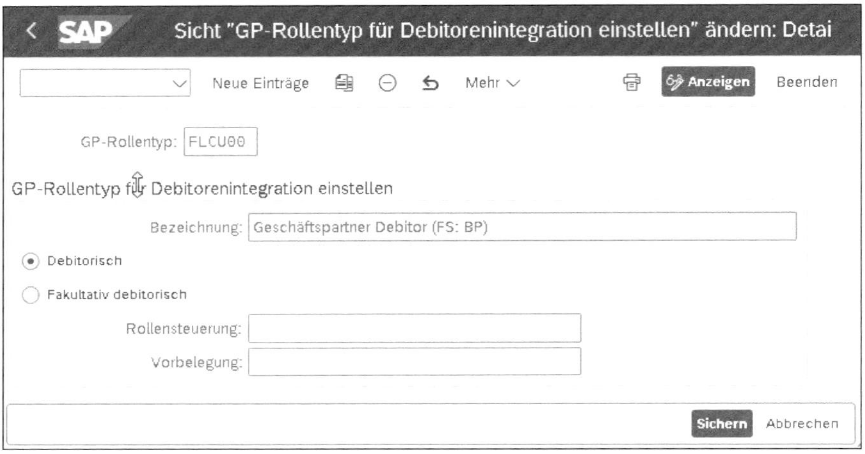

Abbildung 3.57 Detail einer hinterlegten Rolle

Im Customizing-Punkt **GP-Rolle für Richtung Debitor nach GP festlegen** verknüpfen Sie die debitorische Kontengruppe mit der jeweiligen Rolle des Geschäftspartners (siehe Abbildung 3.58). Klicken Sie auf **Neue Einträge**, oder drücken Sie die Taste F5, und fügen Sie Ihre Kontengruppe(n) hinzu. Sichern Sie Ihre Einträge über den Button Sichern (**Sichern**) oder mit Strg + S.

Im Customizing-Pfad **Anwendungsübergreifende Komponenten • Stammdatensynchronisation • Customer-Vendor-Integration • Einstellungen des Geschäftspartners • Einstellungen zur Kunden-/Debitorenintegration • GP-Rollentyp für Richtung GP nach Debitor einstellen • Feldzuordnung für die Debitorenintegration • Zuordnung von Schlüsseln • Nummernvergabe für Richtung GP nach Debitor festlegen** verknüpfen Sie die *Geschäftspartnergruppierung* mit der Kontengruppe, die Sie angelegt haben. Für jede Gruppierung können Sie nur eine Kontengruppe hinterlegen. Wenn Sie also unterschiedliche Kontengruppen synchronisieren möchten, benötigen Sie ebenfalls unterschiedliche Gruppierungen im Geschäftspartner.

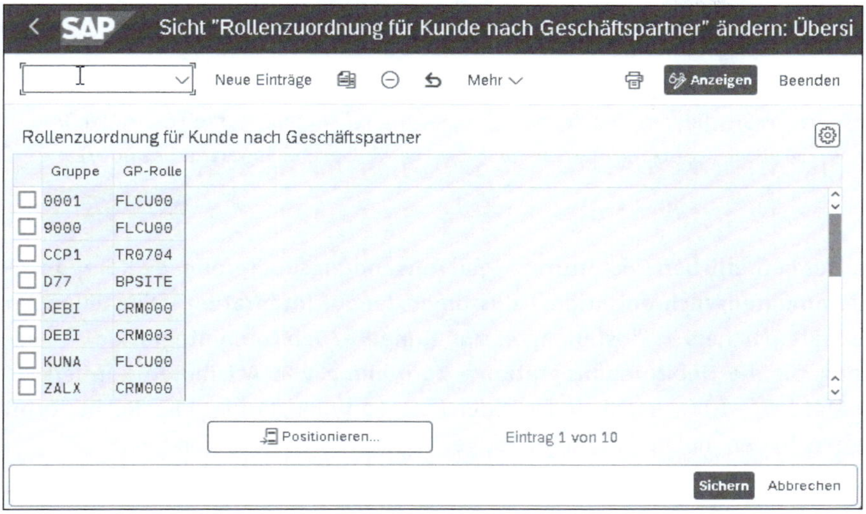

Abbildung 3.58 Kontengruppe der Geschäftspartnerrolle zuordnen

Wie Sie in Abbildung 3.59 sehen, sollten Sie bei **Nummerngleichheit** ein Kennzeichen setzen. Damit erreichen Sie, dass Ihr Geschäftspartner und der dazugehörige Debitor die gleiche Nummer erhalten. Dies erleichtert Ihnen später die tägliche Arbeit. Sichern Sie Ihre Einstellungen mit einem Klick auf den Button Sichern (**Sichern**) oder mit [trg] + [S], und gehen Sie über einen Klick auf < (**Zurück**) oder mit der Taste [F3] zurück in den SAP-Einführungsleitfaden. Den Customizing-Punkt **Nummernvergabe für Richtung Debitor nach GP festlegen** benötigen Sie nicht mehr, da wir in SAP S/4HANA keine Änderungen mehr an Debitoren vornehmen können.

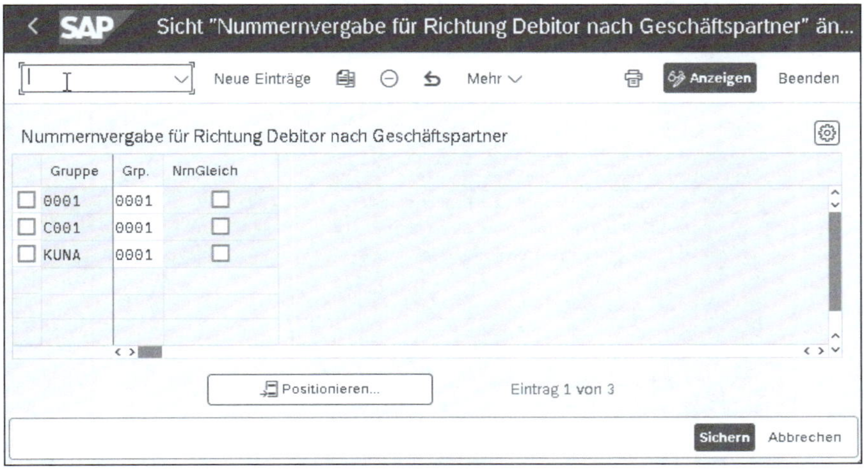

Abbildung 3.59 GP-Gruppierung zur Kontengruppe zuordnen

[»]

Variable Kontengruppierung

Wenn Sie keine feste Zuordnung Ihrer Gruppierung zu einer Kontengruppe wünschen, können Sie die variable Kontengruppierung einsetzen. Nutzen Sie dazu SAP-Hinweis 2549808 (Kontengruppe in SAP S/4HANA Geschäftspartner/Kunde/Lieferant).

Im darunter befindlichen Customizing-Pfad **Anwendungsübergreifende Komponenten • Stammdatensynchronisation • Customer-Vendor-Integration • Einstellungen des Geschäftspartners • Einstellungen zur Kunden-/Debitorenintegration • Feldzuordnung für die Debitorenintegration • Zuordnung von Attributen** können Sie diverse Mappings für verschiedene Felder (z. B. Familienstände oder Rechtsform) vornehmen. In den meisten Fällen benötigen Sie diese Einstellungen nicht.

Als Nächstes nehmen Sie die Einstellungen für die Kreditoren analog zu den Einstellungen für die Debitoren vor. Folgen Sie dazu dem Customizing-Knoten **Einstellungen zur Lieferanten-/Kreditorenintegration**. Abbildung 3.60 zeigt Ihnen im Überblick die auszuführenden bzw. zu prüfenden Customizing-Punkte für Debitoren und Kreditoren für die CVI.

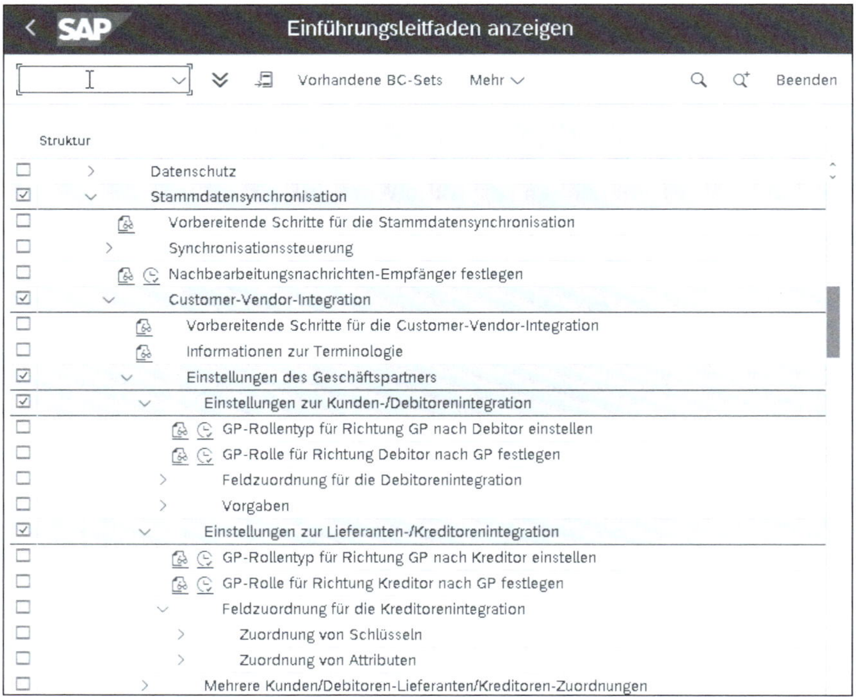

Abbildung 3.60 Überblick über das Customizing der Stammdatensynchronisation

Über die SAP-Fiori-App **Geschäftspartner** können Sie sich alternativ zu Transaktion BP im SAP GUI die Geschäftspartner anschauen, sie bearbeiten oder neu anlegen (siehe Abbildung 3.61).

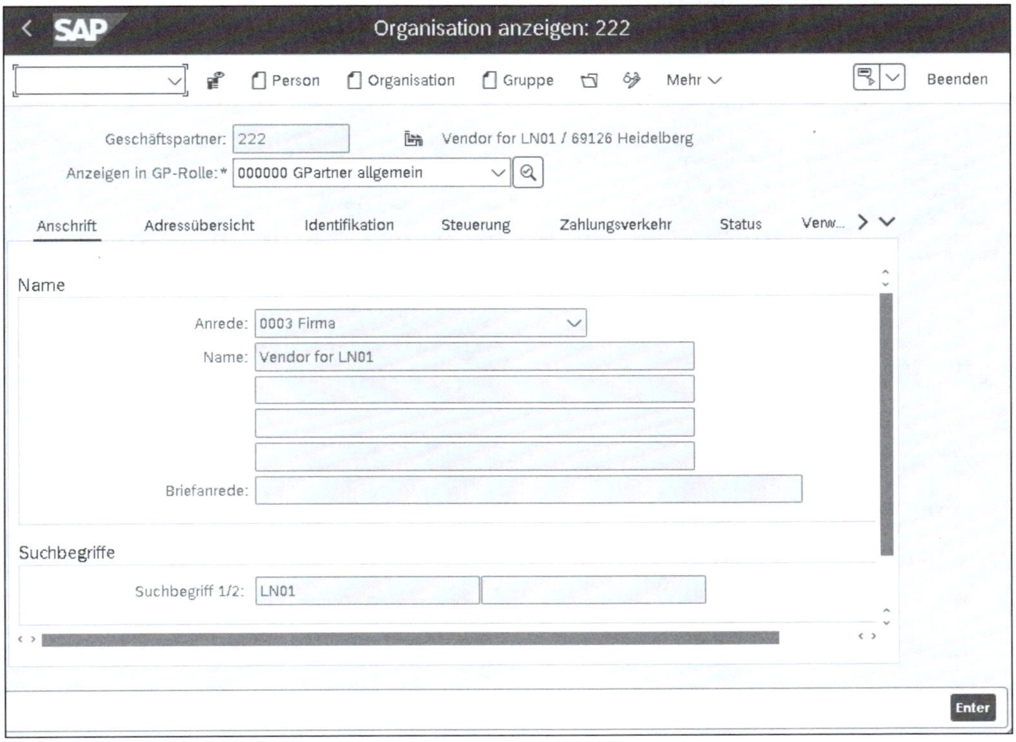

Abbildung 3.61 SAP-GUI-Transaktion BP

Die SAP-Fiori-App **Geschäftspartner** ist dabei eine sogenannte *fiorisierte Transaktion*. Dabei entsprechen Funktionsumfang und Darstellung weitestgehend Transaktion BP. Öffnen Sie das SAP Fiori Launchpad, und scrollen Sie nach unten, bis Sie die entsprechende Kachel gefunden haben.

Fiorisierte Apps

Unter »fiorisierten« Apps versteht man optisch an »echte« SAP-Fiori-Apps angeglichene Transaktionen, die der jeweiligen SAP-GUI-Transaktion sehr ähneln und in der Regel identische Funktionen beinhalten. Echte SAP-Fiori-Apps haben ganz unten in der Statusleiste weitere Funktionen, wie z. B. **Abbrechen** oder **Teilen**, was das Versenden einer E-Mail mit einem Link auf genau den Inhalt ermöglicht, der in der SAP-Fiori-App dargestellt wird.

Über die SAP-Fiori-App **Geschäftspartnerstammdaten verwalten** (App-ID F3163) können Sie sich Geschäftspartner suchen und sich die Details dazu, übersichtlich dargestellt, anschauen (siehe Abbildung 3.62).

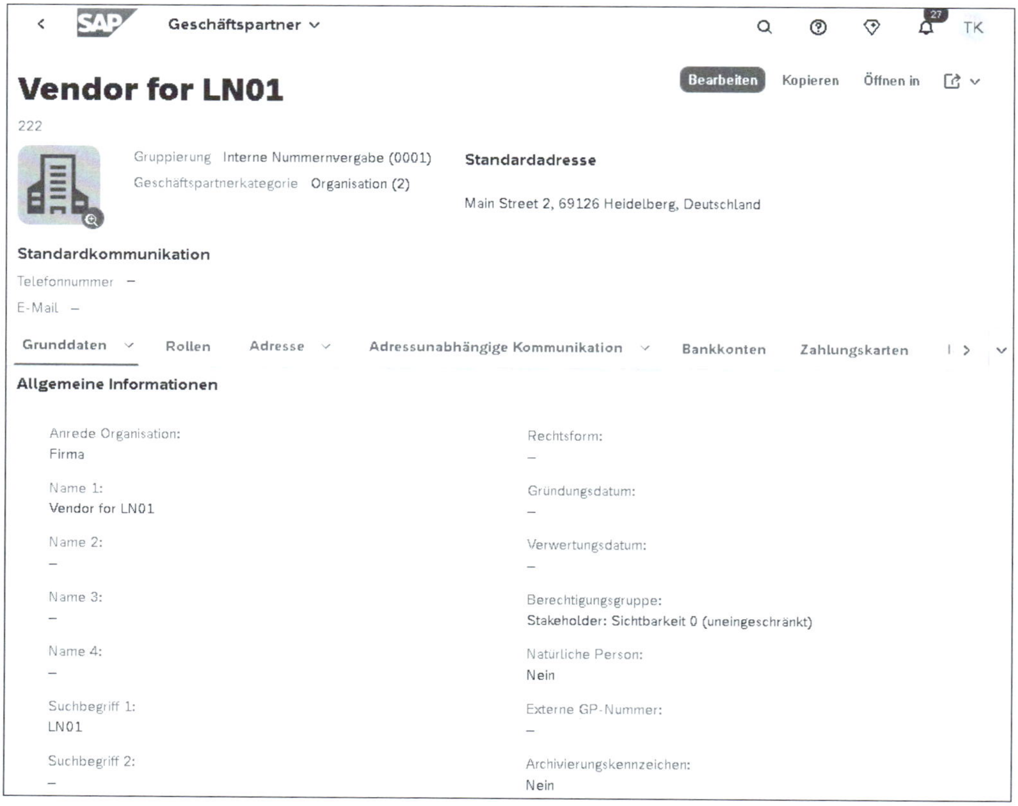

Abbildung 3.62 SAP-Fiori-App »Geschäftspartnerstammdaten verwalten«

SAP liefert fortlaufend neue SAP-Fiori-Apps aus, die für die Verwaltung der Geschäftspartner genutzt werden können. Dazu gehören auch SAP-Fiori-Apps für die Massenbearbeitung von Geschäftspartnern. Am besten schauen Sie sich in der *SAP Fiori Apps Reference Library* um. Folgen Sie dazu dem Link *https://fioriappslibrary.hana.ondemand.com/sap/fix/externalViewer/*.

Im nächsten Abschnitt schauen wir uns die notwendigen Schritte für die Synchronisation der Geschäftspartner mit den Kreditoren und Debitoren an.

3.8.3 Migration auf den zentralen Geschäftspartner

Künftig wird der zentrale Geschäftspartner genutzt, um die Geschäftsbeziehungen in SAP S/4HANA abzubilden. Was bedeutet das für Ihr Projekt? Wenn Sie SAP-Neukunde sind oder sich als SAP-Bestandskunde entscheiden, mit einem neuen SAP-S/4HANA-System auf der grünen Wiese zu beginnen, müssen Sie nichts weiter beachten.

Im neu installierten System muss lediglich geprüft werden, ob das bereits vorhandene Geschäftspartner-Customizing zu den gewünschten Einstellungen passt. Das Customizing des Geschäftspartners erreichen Sie über den Customizing-Pfad **Anwendungsübergreifende Komponenten • SAP-Geschäftspartner**. Am besten ist es, diese Prüfung von einer, im SAP-Geschäftspartnerumfeld erfahrenen Beratung durchführen zu lassen.

Als SAP-ERP-Bestandskunde können Sie von einem beliebigen Quellrelease ein Upgrade auf SAP S/4HANA durchführen. Dabei ist vor dem eigentlichen Upgrade auf SAP S/4HANA einiges zu beachten:

- Die Business Functions `CA_BP_SOA` und `CA_SUPPLIER_SOA` müssen aktiviert werden.
- Das Customizing für die Geschäftspartnerverwaltung muss geprüft und ergänzt werden.
- Nutzen Sie die Vorabprüfreports von SAP, die das bestehende Geschäftspartner-Customizing und die bestehenden Stammdaten zu Debitoren, Kreditoren und Geschäftspartnern prüfen.

Als SAP-ERP-Bestandskunde müssen Sie vor der Migration nach SAP S/4HANA zwei wichtige Aspekte betrachten:

- **Geschäftspartnernummern**
  Sollen die bestehenden Debitoren und Kreditoren später als SAP-Geschäftspartner die gleichen Nummern haben? Oder soll es einen Geschäftspartner mit der Rolle **Debitor** und einen weiteren Geschäftspartner mit der Rolle **Kreditor** geben? SAP empfiehlt, für Debitoren und Kreditoren, die dem gleichen Geschäftspartner entsprechen, auch eine gemeinsame Nummer zu vergeben. Dies ist aber kein Muss.
- **Datenkonsistenz**
  Sind die Daten der bisher genutzten Debitoren und Kreditoren konsistent? Sind also die Stammdaten korrekt und aktuell? Falls es in Ihrem Unternehmen viele inaktive Stammdaten gibt, sollten Sie diese vor der Migration archivieren. Denn die Anzahl der im SAP-System vorhandenen Debitoren und Kreditoren könnte bei der Synchronisation zum Geschäftspartner zu Problemen während der Laufzeit und bei der Bereinigung von Stammdateninkonsistenzen führen. Beispiele dafür sind falsche Postleitzahlen oder fehlerhafte E-Mail-Adressen. Daher ist eine Stammdatenbereinigung in einem SAP-S/4HANA-Upgrade-Projekt unbedingt notwendig!

Abbildung 3.63 zeigt die durchzuführenden Konvertierungsschritte für die CVI. Ebenso ist zu erkennen, dass die Vorbereitung, die Prüfung, die Anpassungen im Customizing, die Stammdatenbereinigung und die Synchronisation der Kreditoren und

Debitoren mit dem zentralen Geschäftspartner, aber auch die Synchronisation der bereits bestehenden zentralen Geschäftspartner mit den Debitoren und Kreditoren noch unter Release SAP ERP stattfinden müssen!

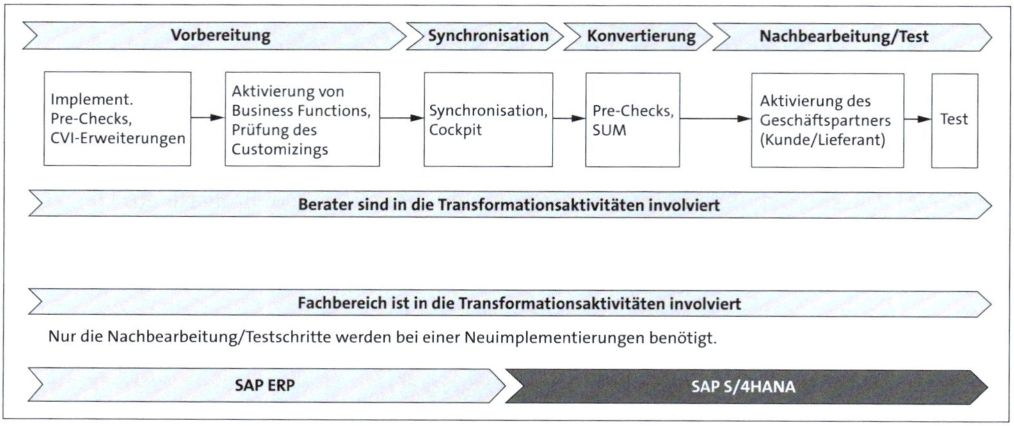

Abbildung 3.63 Überblick über die CVI-Konvertierungsschritte

Die einzelnen Schritte sind im *Conversion Guide for SAP S/4HANA* in der SAP-Hilfe zusammengestellt. Sie finden den Conversion Guide for SAP S/4HANA unter *http://help.sap.com/s4hana*. Dort wählen Sie Ihr jeweiliges Zielrelease aus. Den Conversion Guide mit Stand Februar 2021 finden Sie unter dem folgenden Link:

https://help.sap.com/doc/2b87656c4eee4284a5eb8976c0fe88fc/2021/en-US/CONV_OP2021.pdf (Kurz-URL: *http://s-prs.de/7459d*).

Die Komponente CVI stellt die Synchronisation zwischen den Geschäftspartnern und den Debitoren und Kreditoren sicher. Zur Vorbereitung auf die CVI-Konvertierung können Sie die Vorabprüfreports von SAP nutzen. Diese helfen auch bei der Stammdatenbereinigung der Debitoren und Kreditoren im SAP-ERP-System. Nutzen Sie dazu die SAP-Hinweise 2211312, 2216176 und 1623677 für den Pre-Check (siehe Conversion Guide for SAP S/4HANA). Folgendes sollten Sie beachten:

- Aktivierung der Business Functions `CA_BP_SOA` und `CA_SUPPLIER_SOA`
- Prüfung des CVI-Customizings und Anstoß der notwendigen Anpassungen, z. B. fehlende BP-Rollenkategorie, Definition der Geschäftspartnernummer usw. Mehr über die Zuordnung erfahren Sie im Conversion Guide for SAP S/4HANA im Abschnitt »Introduce Business Partner Approach«.
- Prüfung und Customizing fehlender Steuerkennzeichen im Geschäftspartner
- Prüfung und Bereinigung der Debitoren- und Kreditorenstammdaten (z. B. ein fehlendes @ in der E-Mail-Adresse ergänzen)

Abbildung 3.64 zeigt das Ergebnis der Vorprüfung.

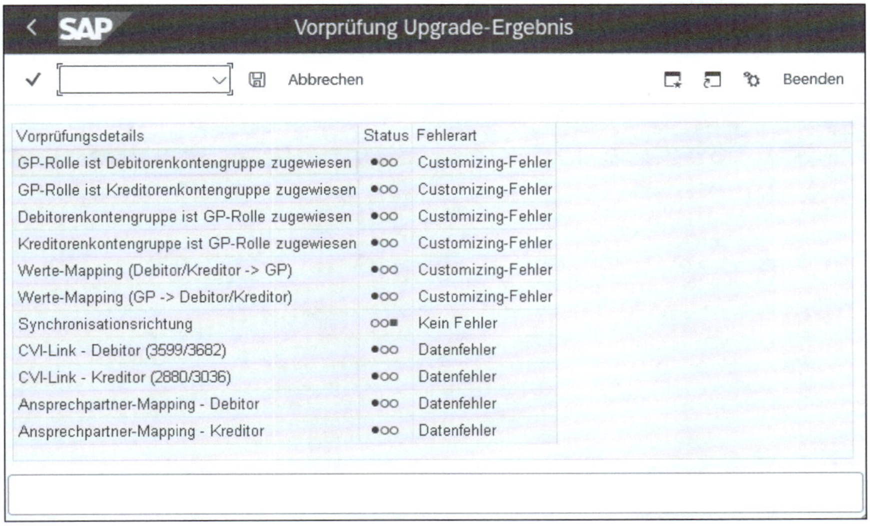

Abbildung 3.64 Ergebnis der Vorprüfung (Transaktion CVI_PRECHECK_UPGRADE)

Transaktion CVI_PRECHECK_UPGRADE (Prüfreport PRECHECK_UPGRADATION_REPORT) prüft alle notwendigen Voraussetzungen für die Migration auf die Geschäftspartner (siehe SAP-Hinweis 2216176). Ein Doppelklick auf die jeweilige Statusampel zeigt in einem Pop-up-Fenster die detaillierten Fehlermeldungen.

Transaktion CVI_FS_CHECK_CUST (Prüfreport CVI_FS_CHECK_CUSTOMIZING) prüft die Konsistenz des CVI-Customizings, siehe SAP-Hinweis 1623677 (BP_CVI: Check Report für die Überprüfung des CVI-Customizings). Abbildung 3.65 zeigt das Selektionsbild des Prüfreports für das CVI-Customizing.

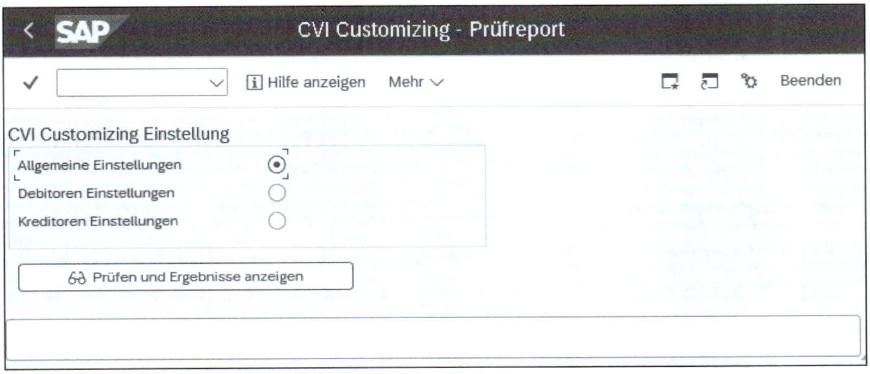

Abbildung 3.65 Prüfreport für das CVI-Customizing (Transaktion CVI_FS_CHECK_CUST)

Der *CVI-Customizing-Prüfreport* ermöglicht die Prüfung der allgemeinen, debitorischen und kreditorischen Customizing-Einstellungen für das notwendige CVI-Customizing. Durch Setzen des jeweiligen Radiobuttons können Sie in die Details abspringen. Klicken Sie dazu auf **Prüfen und Ergebnisse anzeigen**. In Abbildung 3.66 sehen Sie das Ergebnis der Prüfung der allgemeinen Einstellungen.

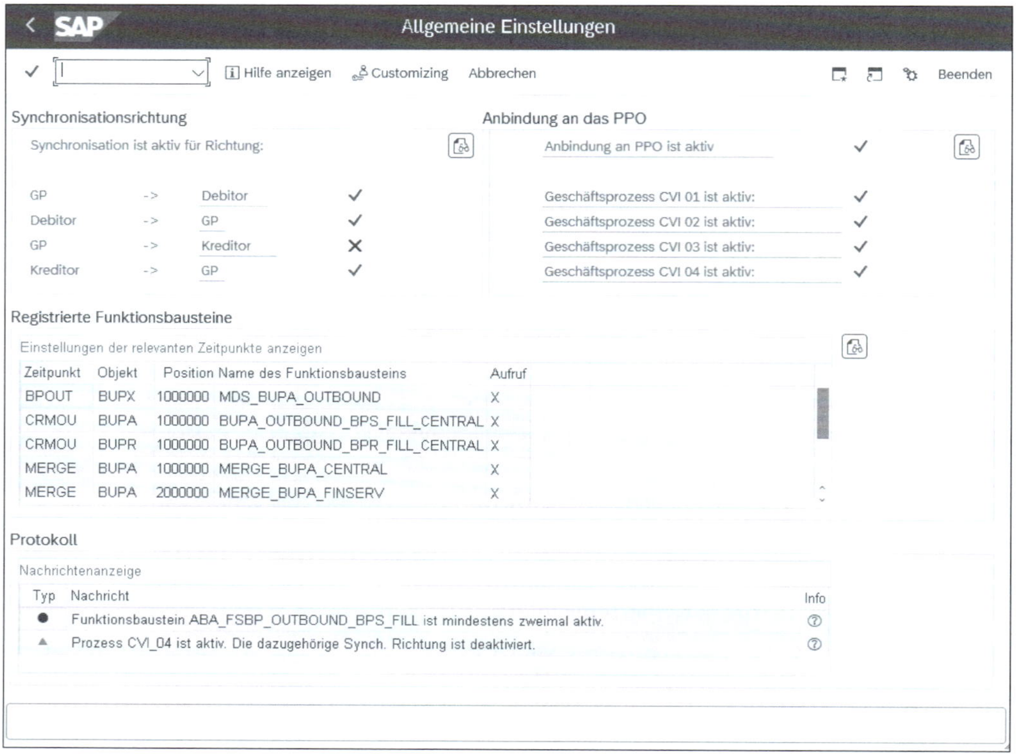

Abbildung 3.66 Allgemeines Customizing (Transaktion CVI_FS_CHECK_CUST)

Über einen Klick auf die Buttons **Hilfe anzeigen** bzw. **Customizing** können Sie sich die relevante Hilfe durchlesen oder gleich ins Customizing an die richtige Stelle springen und dort das Customizing prüfen oder ändern. Abbildung 3.67 zeigt das Ergebnis am Beispiel der Prüfung der Kreditoreneinstellungen im Customizing.

Sollten Fehler auftreten, werden diese gleich im unteren Bildbereich angezeigt.

Mit Hilfe des Prüfreports FSBP_IND_SECTOR_MAPPING_CHECK (Transaktion CVI_FS_MAP_INDSECTOR) können Sie Customizing-Einträge für die Branchenzuordnungen im Rahmen der CVI erzeugen und zusätzlich eine Auswertung über bereits vorhandene oder fehlende Zuordnungseinträge ausführen. Für weitere Details lesen Sie die ausführliche Reportdokumentation.

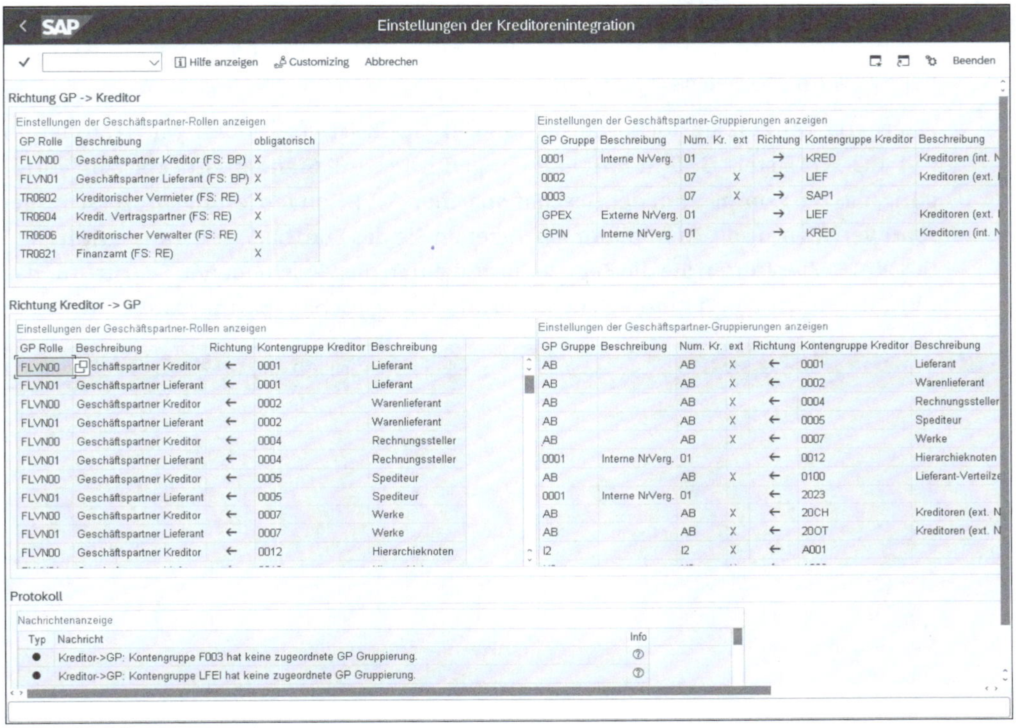

Abbildung 3.67 Kreditorisches Customizing (Transaktion CVI_FS_CHECK_CUST)

Mit dem Prüfreport PRECHECK_UPGRADATION_REPORT (Transaktion CVI_PRECHECK_UPGRADE) führen Sie eine Vorprüfung der Konvertierung durch, um sicherzustellen, dass alle erforderlichen CVI-Verknüpfungen und Zuordnungen für Kunden und Lieferanten erfolgen. Weitere Informationen finden Sie in SAP-Hinweis 2216176 (Vorprüfungsbericht für Geschäftspartner) und SAP-Hinweis 2211312 (S4TC SAP_APPL: Prüfung zur Konvertierungsvorbereitung für Geschäftspartner).

Als vorläufiger Schritt wird eine CVI-Link-Prüfung in die Richtung »Kunde/Lieferant zu Geschäftspartner« ausgeführt. Mit CVI-Link ist die Verknüpfung der Stammdaten der Debitoren und Kreditoren mit dem jeweiligen zentralen Geschäftspartner gemeint. Der Link wird dabei über eine GUID (Global Unique Identifier) hergestellt. Ein Beispiel ist Tabelle CVI_VEND_LINK (Zuordnung zwischen Lieferant und Geschäftspartner) für die Verknüpfung von Lieferant und Geschäftspartner. Diese Prüfung ermittelt, ob eine Verknüpfung vom Kunden/Lieferanten zum Geschäftspartner besteht.

Konvertierungsnachprüfungen erfolgen, um zu überprüfen, ob alle CVI-Zuordnungen für den Geschäftspartner vorhanden sind, die zur Kunden- oder Lieferantenrolle gehören.

Wenn die Konvertierung im Echtlauf ausgeführt wurde, finden Sie die Verknüpfungen in Tabelle CVI_CUST_LINK und in Tabelle CVI_VEND_LINK und können diese mit Tabelle KNA1 und Tabelle LFA1 vergleichen.

Alternativ können Sie auch Transaktion CVI_COCKPIT verwenden. Mit Transaktion CVI_COCKPIT stellt SAP in SAP ERP ein geführtes SAP-Standard-Cockpit zur Verfügung, das die Komplexität der Geschäftspartner-/CVI-Konvertierungsprozesse insgesamt verringern soll. In Abbildung 3.68 sehen Sie das Startbild von Transaktion CVI_COCKPIT. Hier führen Sie die Registerkarten durch die verschiedenen Schritte für das CVI-Customizing und für die Synchronisation der Geschäftspartnerdaten.

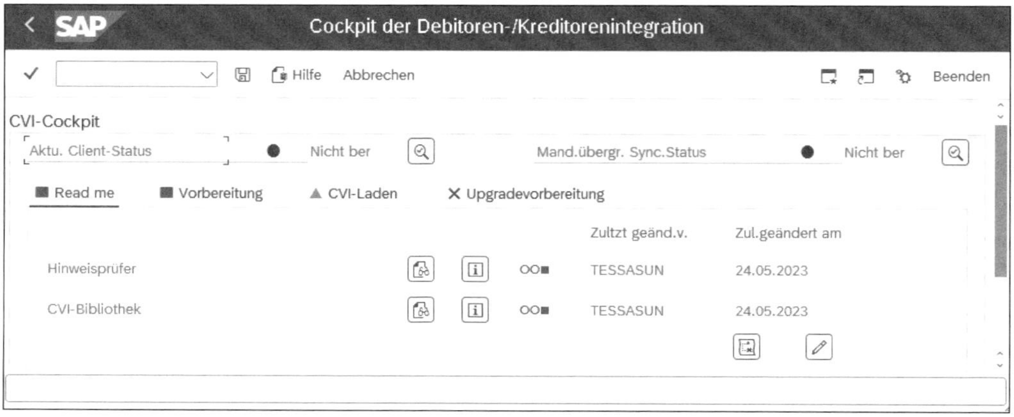

Abbildung 3.68 Startbild von Transaktion CVI_COCKPIT

Nach den vorbereitenden Prüfungen, der Ergänzung des Customizings und der Bereinigung der Stammdaten können Sie als Nächstes die Stammdaten synchronisieren.

3.8.4 Synchronisation der Stammdaten

Die Synchronisation (Data Load) der Stammdaten wird über das sogenannte *Synchronisationscockpit* ausgeführt. Weitere Informationen zum Synchronisationscockpit erhalten Sie in der Simplification List.

Das Synchronisationscockpit erreichen Sie über den Customizing-Pfad **Anwendungsübergreifende Komponenten • Stammdatensynchronisation • Synchronisation von Massendaten • Synchronisationscockpit ausführen**. Alternativ verwenden Sie Transaktion MDS_LOAD_COCKPIT. Abbildung 3.69 zeigt das Synchronisationscockpit, mit dessen Hilfe Sie die Debitoren-/Kreditorenstammdaten mit dem zentralen Geschäftspartner abgleichen können.

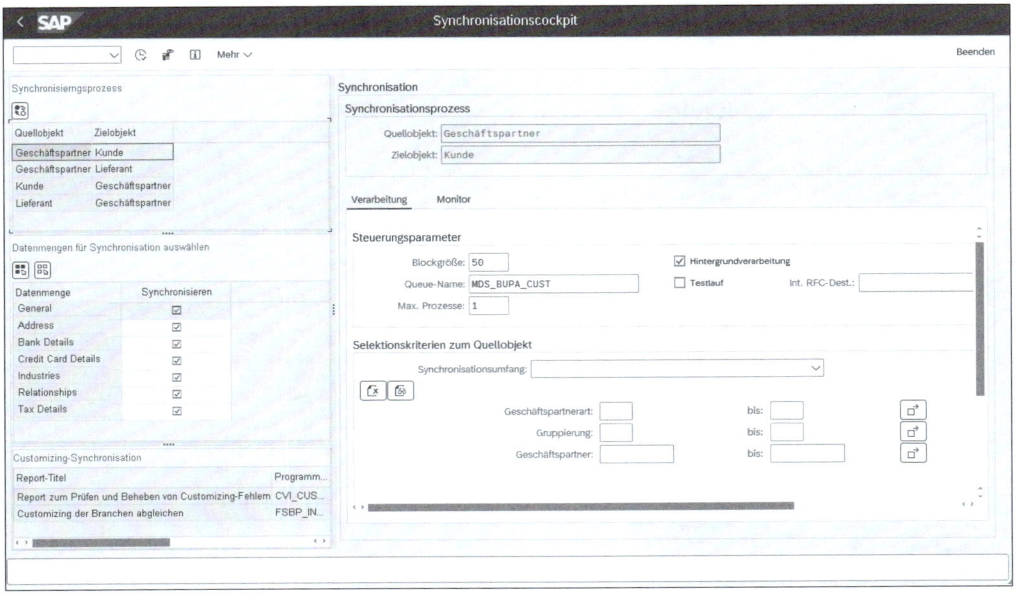

Abbildung 3.69 Synchronisationscockpit (Transaktion MDS_LOAD_COCKPIT)

3.8.5 Konvertierung zum zentralen Geschäftspartner

Wie Sie den Konvertierungsprozess für den zentralen Geschäftspartner starten, entnehmen Sie dem entsprechenden Simplification Item in der Simplification List. Die Simplification List finden Sie auf der Einstiegsseite zu SAP S/4HANA in der Online-Hilfe von SAP.

3.8.6 Nachbearbeitung der synchronisierten Geschäftspartner

In diesem Abschnitt geht es um die Nachbearbeitung der synchronisierten Geschäftspartner.

Im Synchronisationscockpit können Sie auf der Registerkarte **Monitor** die Protokolle der Fehler finden, die bei der Synchronisation aufgetreten sind. Abbildung 3.70 zeigt Ihnen, wann welche Daten synchronisiert wurden und ob dabei Fehler aufgetreten sind.

Markieren Sie eine Zeile im Bereich **Synchronisationsläufe**. Klicken Sie nun auf den Button (**Aufruf PPO**), um das Fehlerprotokoll aufzurufen. PPO steht für *Postprocessing Office*. Im Postprocessing Desktop werden die Fehler für den jeweiligen Synchronisationslauf übersichtlich dargestellt. Wenn Sie die Fehlerursache behoben haben, können Sie die Synchronisation erneut starten. In Abbildung 3.71 sehen Sie detailliert die aufgetretenen Fehlermeldungen.

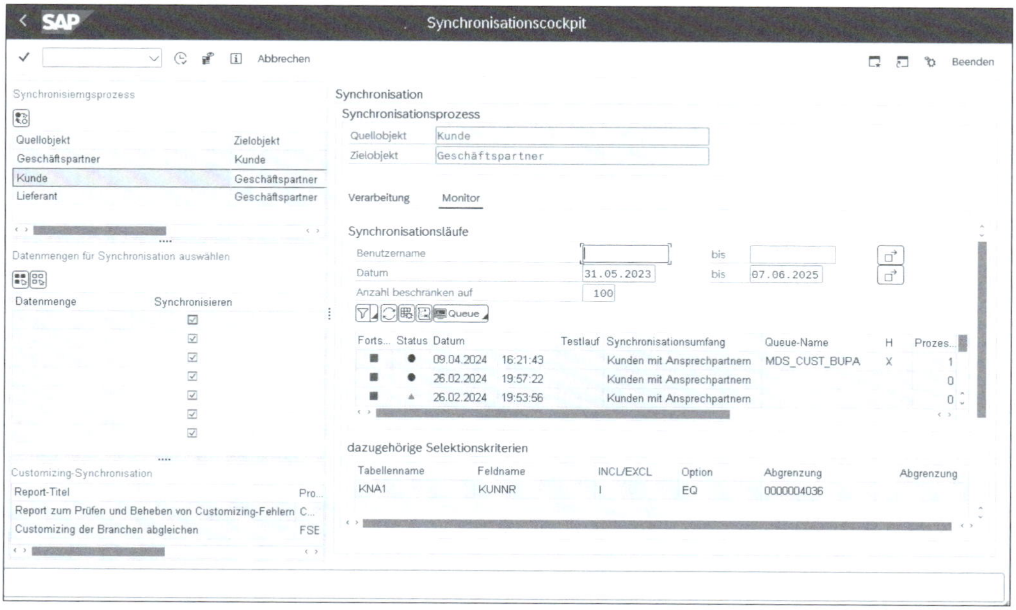

Abbildung 3.70 Fehler bei der Synchronisation anzeigen (Transaktion MDS_LOAD_COCKPIT)

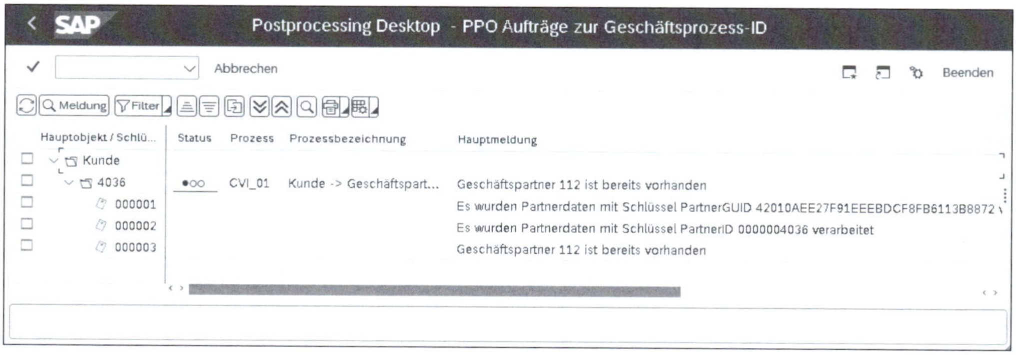

Abbildung 3.71 Darstellung der Fehler im PPO-Monitor

Weiterführende Informationen finden Sie auch in der SAP-Hilfe »Introduce Business Partner Approach (Customer/Vendor Integration)«.

Nach erfolgreicher Synchronisation der Debitoren- und Kreditorenstammdaten und dem Test der synchronisierten Daten sowie dem Test der Funktionen von Transaktion BP (Geschäftspartner bearbeiten) steht einer produktiven Nutzung des zentralen Geschäftspartners nichts mehr im Wege.

3.9 Zusammenfassung

In diesem Kapitel haben wir die in Tabelle 3.4 aufgeführten Stammdaten angelegt.

Stammdaten	Werte
Sachkonto	Übernahme des Kontenplans INT
Anlagen	–
Kostenstelle	9100, 9200
Innenauftrag	103941
Projekt (PSP-Element)	G1 (G11)
statistische Kennzahl	9000
zentraler Geschäftspartner	–

Tabelle 3.4 Übersicht der in diesem Kapitel angelegten Stammdaten

Zum Abschluss des Kapitels möchten wir Ihnen die folgenden Empfehlungen für Ihre Stammdaten mit auf den Weg geben:

- **Sachkonten**
  Es empfiehlt sich, einen im SAP-System vorhandenen Kontenplan zu kopieren und die Konten aus dem Altsystem dem neuen Kontenplan zuzuordnen. Viele Konten sind im SAP-System bereits im Customizing gepflegt und erleichtern so die Arbeit. Alle notwendigen technischen Konten sind auch bereits im Vorlage-Kontenplan enthalten.
- **Anlagen**
  Die Definition der Anlagenklassen wird hauptsächlich von der Branche des jeweiligen Unternehmens beeinflusst. Ebenso können die Anzahl und Ausprägung der Anlagenstammsätze sehr unterschiedlich sein. Sie sollten jedoch darauf achten, dass auch wirklich jedes Anlagegut in der Anlagenbuchhaltung verwaltet wird. Nur so erhalten Sie einen kompletten Überblick über Ihr Anlagevermögen. Eine regelmäßige Inventur oder gute Geschäftsprozesse für die Verschrottung/Ausbuchung von nicht mehr vorhandenen oder nicht mehr genutzten Anlagen tragen ihren Teil zu einem aktuellen Anlagevermögen bei. Oft sehen wir in Projekten, dass gerade die Kostenstellenzuordnung von Anlagen zu einer Kostenstelle mehr als veraltet ist.
- **Kostenstelle**
  Für die Definition der Kostenstellenhierarchie ist es sinnvoll, mit dem Organigramm des Unternehmens zu beginnen. In Abhängigkeit von der gewünschten

Verrechnungsstruktur können zusätzliche Kostenstellen hinzugefügt werden. Für die Nummerierung der Kostenstellen empfiehlt es sich, mit der Buchungskreisnummer zu beginnen, auf die dann eine fortlaufende Nummer folgt. In den meisten Kostenstellenberichten ist der Buchungskreis nicht als Selektion verfügbar. Ist die Buchungskreisnummer die führende Ziffer in der Kostenstellennummer, können Sie einfach selektieren und erkennen, welche Kostenstelle zu welchem Buchungskreis gehört.

- **Innenauftrag**
  Es empfiehlt sich, für jede Form von Innenauftrag, die Sie in Ihrem Unternehmen verwenden (z. B. statistischer Innenauftrag, Innenauftrag mit Erlösen), eine eigene Auftragsart anzulegen. Über den Feldstatus in der Auftragsart können Sie Felder, die den Auftrag klassifizieren, als Mussfelder aussteuern und so Fehleingaben vermeiden. Außerdem sollten Sie für jede Auftragsart einen separaten Nummernkreis hinterlegen, um Aufträge anhand der Nummer leicht identifizieren zu können.
- **Projekt (PSP-Element)**
  Für Projekte gelten dieselben Empfehlungen wie für Innenaufträge. Pro Projektart (wie z. B. Marketing oder Entwicklung) empfiehlt es sich, ein eigenes Projektprofil und eine eigene Projektcodierung anzulegen.
- **Statistische Kennzahl**
  Für statistische Kennzahlen gibt es keinen Nummernkreis. Werden statistische Kennzahlen auf globaler Ebene definiert, können diese eine beliebige Nummer erhalten. Erfolgt die Definition jedoch auf lokaler Ebene, empfiehlt es sich, jedem Buchungskreis einen Nummernkreis zuzuordnen, um Verwirrung zu vermeiden und eine einheitliche Struktur zu gewährleisten.
- **Globale Hierarchien**
  Die SAP-Fiori-App **Globale Hierarchien verwalten** stellt ein zentrales Dashboard für die Anlage und Verwaltung sämtlicher Hierarchien der Finanzbuchhaltung und des Controllings dar. Hierarchien können nach Excel exportiert und von Excel importiert werden, was die Pflege der Hierarchien offline ermöglicht. Die Versionierung sorgt dafür, dass nach Anpassung der Hierarchie, z. B. durch eine Reorganisation, alte Hierarchien immer noch verfügbar sind und für Auswertungen zur Verfügung stehen.
- **Zentraler Geschäftspartner**
  Mit SAP S/4HANA müssen Sie bekanntlich den Geschäftspartner nutzen. Dieser ist zwar das führende Stammdatenobjekt, legt aber im Hintergrund automatisch zwei weitere Stammdatenobjekte (Debitor und Kreditor) an. Diese werden Sie im Rechnungswesen bis auf Weiteres verwenden. Daher empfiehlt es sich bei Neueinführungen von SAP S/4HANA, die Nummernkreise des Geschäftspartners mit den Nummernkreisen der Debitoren und Kreditoren zu synchronisieren, sodass der

Geschäftspartner und der dazugehörige Debitor und Kreditor immer die gleiche Nummer verwenden. Dies erleichtert Ihnen die Kommunikation mit Ihren Kunden und Lieferanten.

Bei einer SAP-S/4HANA-Conversion können Sie die gleiche Nummerierung für Debitoren, Kreditoren und Geschäftspartner für bestehende Debitoren- und Kreditorenstammdaten nicht so einfach umsetzen, hingegen aber für alle künftig neu anzulegenden Geschäftspartner, wenn sich die Nummernkreise der Stammdatenobjekte nicht überschneiden und sich dementsprechend einstellen lassen. Dies wird Ihnen sicher nicht in allen Fällen gelingen.

Im nächsten Kapitel beschäftigen wir uns mit dem wesentlichen Customizing, das Sie im Hauptbuch durchführen müssen, damit Sie SAP S/4HANA dort nutzen können.

Kapitel 4
Hauptbuchhaltung

In der Hauptbuchhaltung laufen die Buchungen aller Nebenbücher zusammen. Daher ist ein sorgfältiges Customizing die Voraussetzung für korrekte Folgeprozesse wie Buchungen in die Ledger, Belegaufteilung oder Reporting.

Die Hauptbuchhaltung enthält die Grundlagen für Ihr komplettes Rechnungswesen (extern und intern) und legt damit die wesentlichen Einstellungen bzw. das Customizing fest, das von den Nebenbüchern wiederverwendet wird. Das Customizing des Hauptbuches ist einer der ersten Schritte in Ihrem Einführungsprojekt von SAP S/4HANA. Dieses Kapitel ist in mehrere Abschnitte unterteilt, die auf die wichtigsten Customizing-Themen im Hauptbuch eingehen und diese detailliert beschreiben:

- Standardfelder und kundeneigene Felder (Abschnitt 4.1)
- Ledger (Abschnitt 4.2)
- Controlling-Integration (Abschnitt 4.3)
- Umsatzkostenverfahren (Abschnitt 4.4)
- Belegaufteilung (Abschnitt 4.5)
- Belegarten und Belegnummernkreise (Abschnitt 4.6)
- Kontenfindung (Abschnitt 4.7)

Wir stellen dabei die Unterschiede zu SAP ERP heraus und beschreiben die Neuerungen in SAP S/4HANA.

4.1 Standardfelder und kundeneigene Felder

In diesem Abschnitt erfahren Sie, wie Sie Standardfelder verwenden und kundeneigene Felder definieren.

4.1.1 Standardfelder

Im SAP-Standard gibt es sogenannte *Standardfelder*, die in jedem SAP-S/4HANA-System vorhanden sind. Diese Felder sind Ihnen bereits aus SAP ERP vertraut. In SAP S/4HANA wurde das Menü im Customizing neu gestaltet und somit übersichtlicher.

Dies hängt damit zusammen, dass einige SAP-Komponenten (z. B. die Anlagenbuchhaltung) nun Bestandteil des Hauptbuches sind. Das Customizing dieser SAP-Komponenten finden Sie unter dem Menüpunkt **Grundeinstellungen Finanzwesen**.

Die Standardfelder **Bewegungsarten** sowie **Anlagenbewegungsarten** und deren Customizing finden Sie nun in den Grundeinstellungen für das Finanzwesen. Die folgenden Customizing-Punkte sind relevant:

- Bewegungsarten der Konsolidierung pflegen
- Anlagenbewegungsarten zuordnen

Folgen Sie dazu dem Customizing-Pfad **Finanzwesen • Grundeinstellungen Finanzwesen • Bücher • Felder • Standardfelder • Bewegungsarten der Konsolidierung pflegen**, oder rufen Sie Transaktion OC08 auf. Sie gelangen in das Einstiegsbild. Dort pflegen Sie die für Ihr Unternehmen benötigten Bewegungsarten. Durch einen Doppelklick auf eine beliebige Konsolidierungsbewegungsart gelangen Sie in das Fenster **Sicht "Konsolidierungs-Bewegungsarten" ändern: Detail**. SAP liefert mit dem Standard-Customizing zahlreiche Kostenarten aus. Diese können Sie verwenden und anpassen, und Sie können auch eigene Kostenarten anlegen. In Abbildung 4.1 wird eine Konsolidierungsbewegungsart geändert.

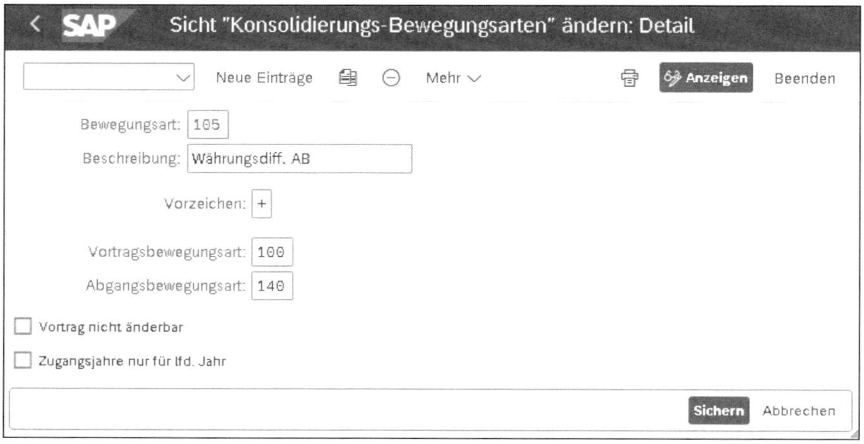

Abbildung 4.1 Konsolidierungsbewegungsarten ändern

Wenn Sie eine Konsolidierungsbewegungsart neu anlegen möchten, klicken Sie in Transaktion OC08 auf **Neue Einträge**, oder Sie drücken die Taste F5. Füllen Sie die Felder, wie in Abbildung 4.1 dargestellt, aus. Die Felder haben die folgende Bedeutung:

- **Bewegungsart**
  Hier ist der technische Schlüssel der Konsolidierungsbewegungsart aufgeführt, den Sie später beim Buchen mitgeben können.

- **Beschreibung**
  Hier geben Sie die Bezeichnung der Konsolidierungsbewegungsart ein. Diese beschreibt auch die Art der Verwendung der Konsolidierungsbewegungsart.
- **Vorzeichen**
  Das Vorzeichen gibt an, ob es sich um eine Sollbuchung oder um eine Habenbuchung handelt.
- **Vortragsbewegungsart**
  Die Vortragsbewegungsart ist die Konsolidierungsbewegungsart auf die anderen Konsolidierungsbewegungsarten beim Jahreswechsel, die mit dem Saldovortrag in das neue Geschäftsjahr vorgetragen werden.
- **Abgangsbewegungsart**
  Mit der Abgangsbewegungsart buchen Sie den Abgang, z. B. die Auflösung einer Rückstellung.
- **Vortrag nicht änderbar**
  Das Feld **Vortrag nicht änderbar** wird genutzt, um nachträgliche manuelle Buchungen zur Korrektur des Saldovortrags zu verhindern.
- **Zugangsjahre nur für lfd. Jahr**
  Hier wird festgelegt, dass Zugangsbuchungen nur im aktuellen Geschäftsjahr zulässig sind.

Wenn Sie eine bestehende Konsolidierungsbewegungsart kopieren möchten, markieren Sie diese in Transaktion OC08 und klicken anschließend auf [icon] (**Kopieren als...**) oder drücken die Taste [F6]. Anschließend vergeben Sie im Feld **Bewegungsart** einen neuen Wert und passen die anderen Felder nach Ihren Bedürfnissen an. Wenn Sie Ihre Einstellungen vorgenommen oder kontrolliert haben, sichern Sie die Einstellungen mit einem Klick auf [Sichern] (**Sichern**), oder Sie nutzen die Tastenkombination [Strg] + [S]. Verlassen Sie nun die Sicht mit der Taste [F3], oder klicken Sie mehrfach auf [<] (**Zurück**).

Nachdem Sie die Konsolidierungsbewegungsarten kontrolliert oder neue, in Ihrem Unternehmen benötigte Konsolidierungsbewegungsarten angelegt haben, kontrollieren Sie die Zuordnung der Konsolidierungsbewegungsarten zu den Anlagenbewegungsarten. Folgen Sie dazu dem Customizing-Pfad **Finanzwesen • Grundeinstellungen Finanzwesen • Bücher • Felder • Standardfelder • Anlagenbewegungsarten zuordnen**. In Abbildung 4.2 sehen Sie, wie die einzelnen Anlagenbewegungsarten (Spalte **Bewegungsart**) einer Konsolidierungsbewegungsart (Spalte **Konsolid. BWA**) zugeordnet sind.

Um die Konsolidierungsbewegungsart der Anlagenbewegungsart zuzuordnen, tragen Sie die entsprechende Konsolidierungsbewegungsart zur Anlagenbewegungsart in der Spalte **Konsolid. BWA** ein. Wenn Sie Ihre Einstellungen vorgenommen oder kontrolliert haben, sichern Sie sie mit einem Klick auf Sichern (**Sichern**) oder drücken Strg + S. Verlassen Sie nun die Sicht mit F3, oder klicken Sie mehrfach auf < (**Zurück**).

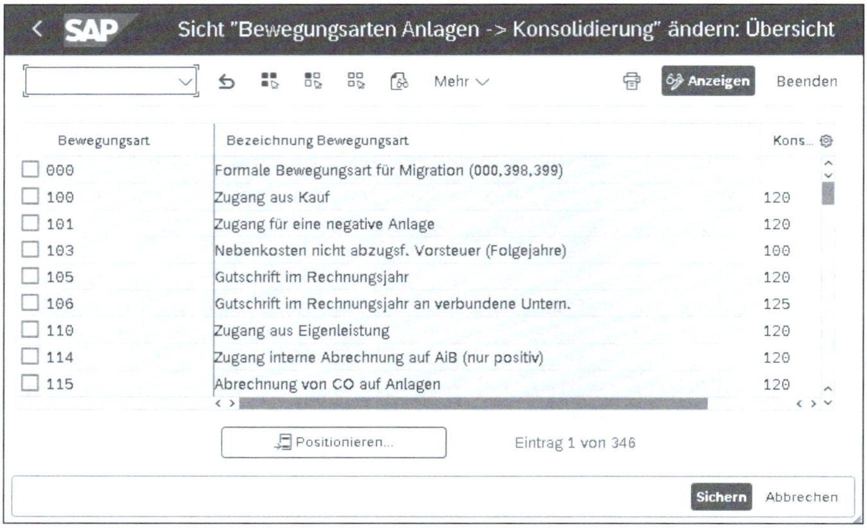

Abbildung 4.2 Konsolidierungsbewegungsart und Anlagenbewegungsart zuordnen

Im folgenden Abschnitt beschäftigen wir uns mit der Anlage und den Besonderheiten von kundeneigenen Feldern im Kontierungsblock des Rechnungswesens.

4.1.2 Kundeneigene Felder hinzufügen

Um bestimmte Reporting-Anforderungen zu erfüllen, standen bereits in SAP ERP kundeneigene Felder im sogenannten *Kontierungsblock* zur Verfügung. Den Kontierungsblock bezeichnet man auch als *Coding-Block*. Damit sind die Felder gemeint, die Sie beim Buchen eines Belegs auswählen können und die entsprechend den Unternehmensvorgaben gefüllt werden müssen. Für die Auswertung von kundeneigenen Feldern gab es im alten und neuen Hauptbuch von SAP ERP nur ein Special Ledger. Im neuen Hauptbuch konnten Sie zusätzlich kundeneigene Felder in die Summensatztabelle FAGLFLEXT aufnehmen. Die Aufnahme in die Summensatztabelle musste allerdings im Projekt vor dem Go-live erfolgen; andernfalls war eine zusätzliche Migration der Daten notwendig.

In SAP S/4HANA können Sie ebenfalls zusätzliche Felder in den Kontierungsblock aufnehmen. Zusätzliche kundeneigene Felder benötigen Sie immer dann, wenn die Standardfelder von SAP S/4HANA nicht die Reporting-Anforderungen Ihres Unternehmens erfüllen, z. B. eine nach Produkten oder Regionen gegliederte GuV. Sie sollten diese kundeneigenen Felder hinzufügen, bevor Sie produktive Daten buchen.

Ansonsten bleibt Ihnen auch in SAP S/4HANA eine zusätzliche Migration oder Umbuchung von FI-Belegen nicht erspart. Um die zusätzlichen Felder anzulegen, stehen Ihnen im Customizing des Finanzwesens die folgenden Customizing-Punkte zur Verfügung:

- Kontierungsblock bearbeiten
- CDS Views und Feldzuordnung neu generieren
- Stammdatenprüfung definieren
- kundeneigene Felder in Enjoy-Transaktionen aufnehmen

Legen Sie zunächst Ihre Reporting-Anforderungen fest. Anschließend können Sie damit beginnen, kundeneigene Felder anzulegen, indem Sie Transaktion OXK3 aufrufen oder dem Customizing-Pfad **Finanzwesen • Grundeinstellungen Finanzwesen • Bücher • Felder • Kundeneigene Felder • Kontierungsblock bearbeiten** folgen. Klicken Sie auf die Option **Feld aufnehmen**. Als Erstes müssen Sie Ihr zusätzliches Feld definieren.

Über einen Klick auf den Button **Felder aufnehmen** gelangen Sie in die Sicht **Kontierungsblock Eigene Felder pflegen: Neuaufnahme** (siehe Abbildung 4.3). Tragen Sie in die Tabelle das neue Feld oder die neuen Felder ein, die Sie benötigen.

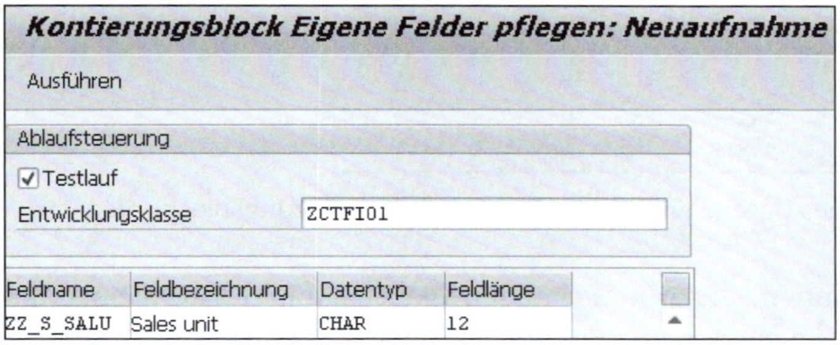

Abbildung 4.3 Kundeneigenes Feld definieren

In Abbildung 4.3 sehen Sie die Anlage eines neuen Feldes. Geben Sie in das Feld **Entwicklungsklasse** »ZCTFI01«, in das Feld **Feldname** »ZZ_S_SALU«, in das Feld **Feldbezeichnung** »Sales unit«, in das Feld **Datentyp** »CHAR« und in das Feld **Feldlänge** »12« ein. Führen Sie zunächst einen Testlauf aus, indem Sie das Feld **Testlauf** markieren, bevor Sie den Echtlauf durchführen, indem Sie das Kennzeichen **Testlauf** wieder entfernen. Wenn Sie alle kundeneigenen Felder angelegt haben, sichern Sie die Einstellungen mit einem Klick auf Sichern (**Sichern**) oder über die Tastenkombination [Strg] + [S]. Verlassen Sie nun die Sicht mit [F3], oder klicken Sie mehrfach auf (**Zurück**). In Transaktion SE11 können Sie Ihr neues Feld kontrollieren. Geben Sie dazu im Feld **Datentyp** »ZZ_S_SALU« ein, und klicken Sie auf **Anzeigen**.

Beschreibung des Datenelements in verschiedenen Sprachen

Wenn Sie in Ihrem Unternehmen verschiedene Anmeldesprachen im Einsatz haben, müssen Sie gegebenenfalls Ihr neues Datenelement übersetzen und den Namen im Feld **Kurzbeschreibung** pflegen. Damit Ihnen die jeweils passende Kurzbeschreibung in den verschiedenen Anmeldesprachen angezeigt wird, ist es notwendig, die Kurzbeschreibung zu übersetzen. Andernfalls wird nur der technische Name des Datenelements angezeigt, was für Endanwender frustrierend sein kann.

Abbildung 4.4 zeigt ein Beispiel aus einem beliebigen SAP-S/4HANA-System. Da man einmal angelegte zusätzliche Felder im Kontierungsblock nicht wieder löschen kann, müssen wir uns hier auf ein bereits bestehendes Beispiel in einem SAP-S/4HANA-System beziehen.

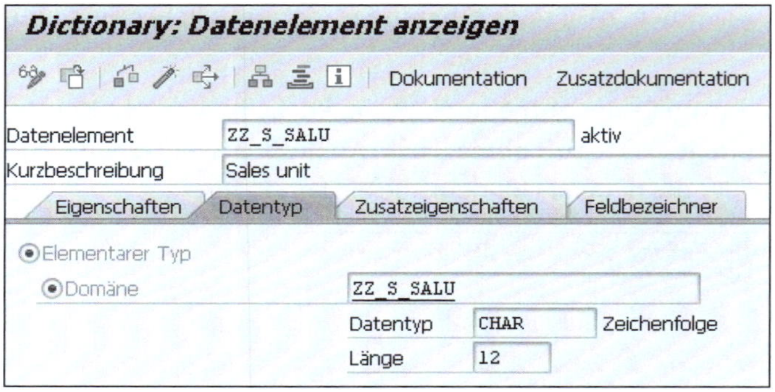

Abbildung 4.4 Zusätzliches Datenelement für ein Z-Feld im Kontierungsblock anlegen

Im nächsten Schritt können Sie das neue kundeneigene Feld im Customizing kontrollieren. Folgen Sie dazu wieder dem Customizing-Pfad **Finanzwesen • Grundeinstellungen Finanzwesen • Bücher • Felder • Kundeneigene Felder • Kontierungsblock bearbeiten**, oder rufen Sie Transaktion OXK3 auf. Beim Einstieg in Transaktion OXK3 werden Sie in einem Pop-up-Fenster auf die Auswirkungen der Erweiterung des Kontierungsblocks hingewiesen (siehe Abbildung 4.5). In der Dokumentation zum Customizing-Pfad **Finanzwesen • Grundeinstellungen Finanzwesen • Bücher • Felder • Kundeneigene Felder • Kontierungsblock bearbeiten** finden Sie weitere Informationen hinsichtlich der Auswirkungen und der benötigten Berechtigungen.

Bestätigen Sie die Warnung mit der [↵]-Taste, oder klicken Sie auf ✓ (**Weiter**). Nun befinden Sie sich in der Sicht **Kontierungsblock Eigene Felder pflegen: Liste** (siehe Abbildung 4.6). In diesem Bild können Sie prüfen, welche Kundenfelder Sie bereits angelegt haben.

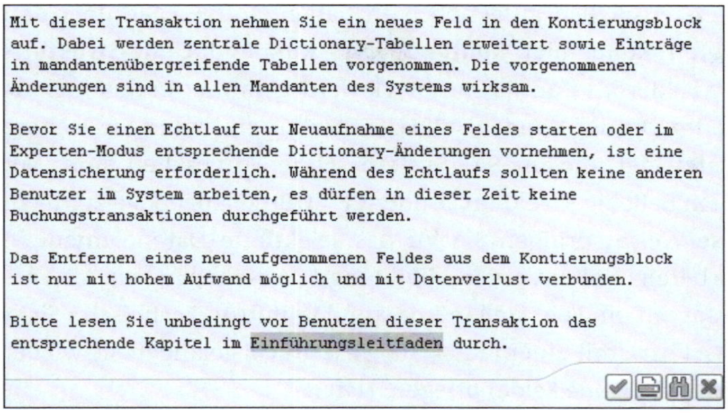
Mit dieser Transaktion nehmen Sie ein neues Feld in den Kontierungsblock auf. Dabei werden zentrale Dictionary-Tabellen erweitert sowie Einträge in mandantenübergreifende Tabellen vorgenommen. Die vorgenommenen Änderungen sind in allen Mandanten des Systems wirksam.
Bevor Sie einen Echtlauf zur Neuaufnahme eines Feldes starten oder im Experten-Modus entsprechende Dictionary-Änderungen vornehmen, ist eine Datensicherung erforderlich. Während des Echtlaufs sollten keine anderen Benutzer im System arbeiten, es dürfen in dieser Zeit keine Buchungstransaktionen durchgeführt werden.
Das Entfernen eines neu aufgenommenen Feldes aus dem Kontierungsblock ist nur mit hohem Aufwand möglich und mit Datenverlust verbunden.
Bitte lesen Sie unbedingt vor Benutzen dieser Transaktion das entsprechende Kapitel im Einführungsleitfaden durch.

Abbildung 4.5 Warnung über die Auswirkungen der Erweiterung des Kontierungsblocks

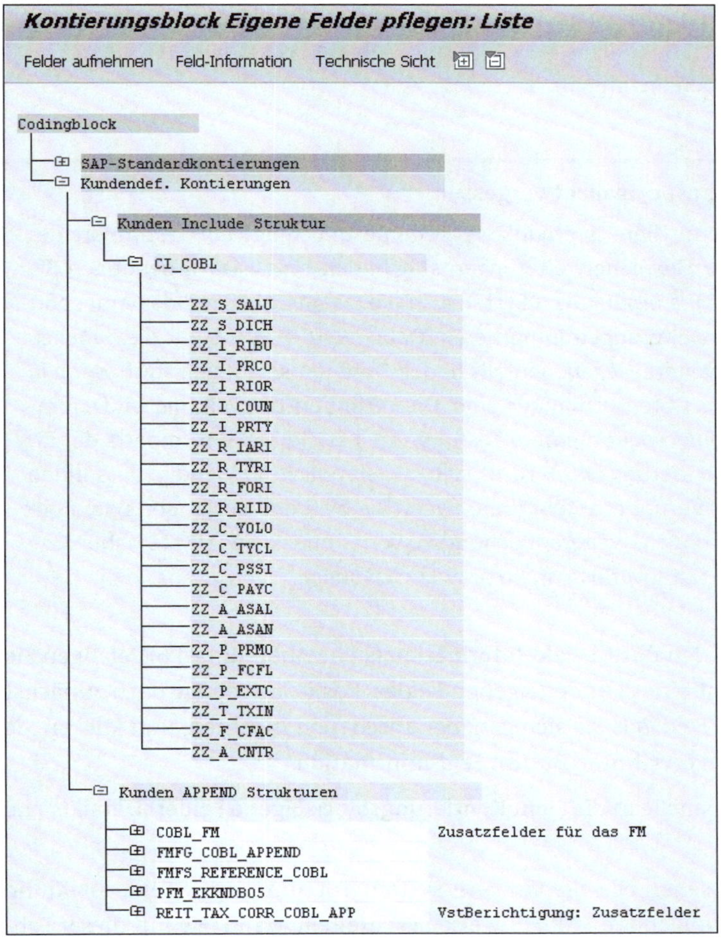
Kontierungsblock Eigene Felder pflegen: Liste
Felder aufnehmen
Feld-Information
Technische Sicht
Codingblock
SAP-Standardkontierungen
Kundendef. Kontierungen
Kunden Include Struktur
CI_COBL
ZZ_S_SALU
ZZ_S_DICH
ZZ_I_RIBU
ZZ_I_PRCO
ZZ_I_RIOR
ZZ_I_COUN
ZZ_I_PRTY
ZZ_R_IARI
ZZ_R_TYRI
ZZ_R_FORI
ZZ_R_RIID
ZZ_C_YOLO
ZZ_C_TYCL
ZZ_C_PSSI
ZZ_C_PAYC
ZZ_A_ASAL
ZZ_A_ASAN
ZZ_P_PRMO
ZZ_P_FCFL
ZZ_P_EXTC
ZZ_T_TXIN
ZZ_F_CFAC
ZZ_A_CNTR
Kunden APPEND Strukturen
COBL_FM
Zusatzfelder für das FM
FMFG_COBL_APPEND
FMFS_REFERENCE_COBL
PFM_EKKNDB05
REIT_TAX_CORR_COBL_APP
VstBerichtigung: Zusatzfelder

Abbildung 4.6 Übersicht über die kundeneigenen Felder im Kontierungsblock

Welche Felder Sie bereits zusätzlich aufgenommen haben, können Sie über den folgenden Pfad überprüfen: **Kundendef. Kontierungen • Kunden Include Struktur • CI_COBL**. Kundeneigene Felder im Kontierungsblock werden immer in den Include CI_COBL aufgenommen. Im Ordner **Kunden APPEND Strukturen** finden Sie weitere Möglichkeiten für Zusatzfelder, die im SAP-System schon vorgesehen sind. Mit einem Doppelklick auf ein beliebiges Feld im Ordner **CI_COBL** gelangen Sie zur technischen Sicht. Auf diese Weise springen Sie für das selektierte Datenelement in Transaktion SE11, die Sie bereits weiter vorn in Abbildung 4.4 gesehen haben. Alternativ können Sie den Cursor auf ein Feld stellen und auf den Button **Technische Sicht** klicken. Mit der Taste [F3] bzw. mit einem Klick auf < (**Zurück**) gelangen Sie wieder in die Sicht **Kontierungsblock Eigene Felder pflegen: Liste**.

[»]

Namenskonvention für kundeneigene Felder im Kontierungsblock

Die Namen Ihrer kundeneigenen Felder im Kontierungsblock müssen immer mit »ZZ« beginnen. Das SAP-S/4HANA-System prüft, ob die Feldnamen mit dieser Namenskonvention übereinstimmen.

[»]

Testimport des Transports nicht vergessen!

Beachten Sie, dass für bereits produktive Systeme unbedingt ein Testimport des Transports mit den Tabellenerweiterungen stattfinden muss! Dazu benötigen Sie eine Systemkopie Ihres produktiven Systems, in die Sie anschließend den Transport mit den Tabellenerweiterungen importieren. Dabei werden nicht nur die Tabellen und das Coding erweitert. Gegebenenfalls finden Datenumsetzungen statt, wenn in den Tabellen bereits Daten vorhanden sind. Dies erfordert Laufzeit; die Laufzeit ermitteln Sie durch einen oder mehrere Testimporte. Für die Zeit des Imports der Erweiterungen am Kontierungsblock ist es selbstverständlich notwendig, dass Ihnen eine Downtime zur Verfügung steht. Denn wenn Sie während des Imports der Kontierungsblockänderungen weitere Buchungen vornehmen, sind Systemabbrüche (Dumps) und sogar Datenverluste mehr als wahrscheinlich!

Über einen Klick auf den Button **Feld-Information** (siehe Abbildung 4.6) gelangen Sie in die Detailübersicht eines kundeneigenen Feldes. Positionieren Sie dazu zunächst den Cursor auf dem Feld, das Sie sich genauer anschauen möchten, und klicken Sie anschließend auf den erwähnten Button **Feld-Information**.

Anschließend gelangen Sie in die Sicht **Kontierungsblock Eigene Felder: Detail** (siehe Abbildung 4.7).

In diesem Beispiel sehen Sie die im SAP-System rot unterlegte Fehlermeldung »BB133«. Die beiden folgenden SAP-Hinweise beschreiben, wann wie mit dieser Fehlermeldung umzugehen ist. Sofern Sie die zusätzlichen Felder nicht in allen SAP-Komponenten benötigen, können Sie die Fehlermeldung an dieser Stelle ignorieren.

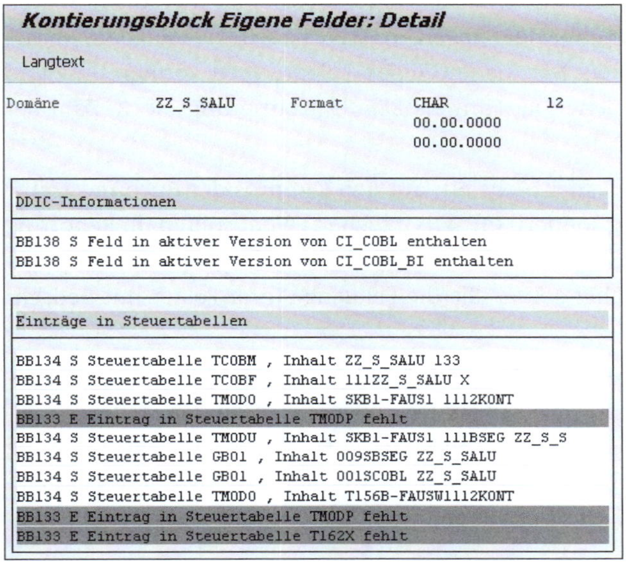

Abbildung 4.7 Detailinformationen zu einem kundeneigenen Feld

- SAP-Hinweis 78169 (Kontierungsblock: Eintrag in Steuertabelle TMODP fehlt)
- SAP-Hinweis 36534 (BB133 – Eintrag in Steuertabelle T162X fehlt)

Kundeneigene Felder im Kontierungsblock nicht löschbar

Beachten Sie, dass es nahezu unmöglich ist, einmal angelegte kundeneigene Felder wieder zu entfernen. Auch ein einmal angelegter technischer Name eines Feldes lässt sich nachträglich nicht mehr ändern. Die einzige praktikable Möglichkeit, die Sie haben, wenn Sie ein Feld wiederverwenden möchten, ist eine Anpassung der Feldbeschreibung. Der technische Name würde dabei unverändert bleiben. Dies funktioniert aber nur, wenn Sie das bisherige Feld und dessen Verwendung nicht mehr benötigen!

Die folgenden SAP-Hinweise beschreiben die Erweiterungsmöglichkeiten und Einschränkungen des Kontierungsblocks:

- SAP-Hinweis 2453614 (FAQ: Erweiterbarkeit des umfassenden Journals)
- SAP-Hinweis 885181 (Kontierungsblock: Zahl der Kundenfelder)

In Tabelle ACDOCA sollte man jetzt theoretisch die Möglichkeit haben, beliebig viele Felder aufzunehmen; zumindest könnte man das denken. Die Beschränkung auf 18

Felder im Kontierungsblock ist durch den Feldstatus bedingt, der nur 18 Felder zulässt. Damit können Sie für maximal 18 Felder einen Feldstatus separat festlegen, d. h. bestimmen, ob die Felder ausgeblendet, optional oder Mussfelder sein sollen. Sollten Sie, wie in unserem Beispiel, mehr Felder haben, müssen Sie sich entscheiden, welche Felder Sie gruppieren möchten. Für die jeweiligen Feldgruppen können Sie dann einen Feldstatus festlegen (siehe SAP-Hinweis 885181 (Kontierungsblock: Zahl der Kundenfelder).

Bedenken Sie auch, dass die Felder nicht nur auf den Dynpros der Buchungstransaktionen Platz haben müssen, sondern Ihre zusätzlichen Felder sollten im Reporting in Standardreports über das SAP GUI als auch in SAP Fiori verfügbar sein und genügend Platz im Bild haben. Daher sollten Sie die Feldlänge Ihrer Felder mit Bedacht auswählen.

Nachdem Sie Ihre Felder hinzugefügt haben, müssen Sie die *CDS Views* neu generieren. Folgen Sie dazu dem Customizing-Pfad **Finanzwesen • Grundeinstellungen Finanzwesen • Bücher • Felder • Kundeneigene Felder • CDS-Views und Feldzuordnung neu generieren**, oder rufen Sie Transaktion FINS_MIG_REGENERATE auf. In Abbildung 4.8 sehen Sie die Kennzeichen, mit denen Sie CDS Views und die Feldzuordnung neu generieren können.

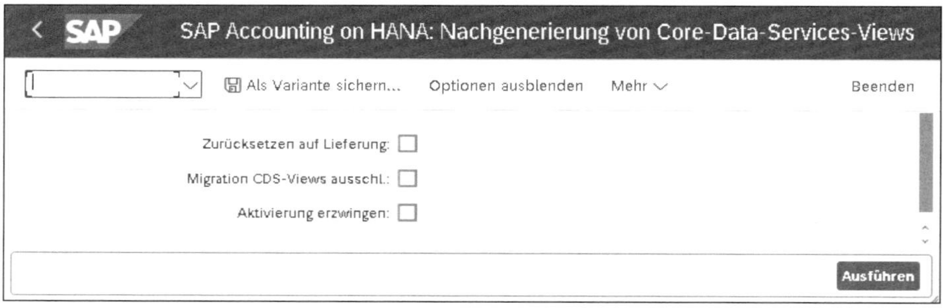

Abbildung 4.8 CDS Views und Feldzuordnung neu generieren

Über einen Klick auf die Buttons **Optionen ausblenden** oder **Optionen einblenden** können Sie die folgenden drei Optionen ein- bzw. ausblenden:

- **Zurücksetzen auf Lieferung**
  Wenn dieses Kennzeichen gesetzt ist, versetzt das Programm die DDL-Quellen und die dazugehörigen CDS Views in den Zustand zurück, in dem sie von SAP ausgeliefert wurden.
- **Migration CDS Views ausschl.**
  Wenn dieses Kennzeichen gesetzt ist, schließt das Programm Migrations-CDS-Views vom Generierungsverfahren aus und berücksichtigt nur die Kompatibilitäts-Views.

- **Aktivierung erzwingen**
  Wenn dieses Kennzeichen gesetzt ist, generiert das Programm die CDS Views immer neu, auch wenn die DDL-Quellen nicht geändert wurden.

Über einen Klick auf den Button Ausführen (**Ausführen**) oder über die Taste F8 starten Sie einen Job im Hintergrund, um CDS Views und die Feldzuordnung neu zu generieren. Mit Transaktion SLG1 und dem Unterobjekt FINS_GENERATE können Sie den Fortschritt des Programms prüfen.

Als Nächstes legen Sie für Ihre zusätzlichen Felder Stammdatentabellen an und pflegen diese. Damit stellen Sie sicher, dass die Endanwender bzw. die Schnittstellen, die die Buchungen für Ihr SAP-S/4HANA-System anliefern, nur verbuchen, wenn die richtigen und gültigen Werte angeliefert werden.

Folgen Sie dazu dem Customizing-Pfad **Finanzwesen • Grundeinstellungen Finanzwesen • Bücher • Felder • Kundeneigene Felder • Stammdatenprüfung definieren**. Am Beispiel des Feldes SEGMENT (siehe den Eintrag »SEGMENT« im Feld **Feldname**) sehen Sie, welche Einstellungen Sie vornehmen können (siehe Abbildung 4.9).

Das Feld SEGMENT bezieht sich direkt auf eine Stammdatentabelle (Feld **Wertetabelle**) des Customizings. Dadurch, dass sich das Feld SEGMENT auf die Wertetabelle bezieht, in der die gültigen Segmente hinterlegt sind, können beim Buchen später auch nur die gültigen Segmente eingegeben werden und nicht jeder beliebige Wert bzw. Text.

Die meisten anderen Felder von SAP S/4HANA beziehen sich bei der Verprobung der Felder auf einen Exit/eine Tabelle. Damit wird sichergestellt, dass hier am Beispiel SEGMENT nur im Customizing angelegte Segmente verwendet werden können und nicht jeder beliebige Wert.

[«]

Stammdatenableitung vs. Stammdatenverprobung

Die Verprobung der eingegebenen bzw. angelieferten Werte für ein bestimmtes Feld ist nur der eine Teil. Ferner müssen Sie bei den kundeneigenen Feldern vermutlich über eine FI-Substitution sicherstellen, dass bestimmte Felder Ihrer zusätzlichen Felder auf der Basis anderer Felder automatisch abgeleitet, also gefüllt werden. Dadurch verringert sich der manuelle Eingabeaufwand für Ihre Anwender.

Für die Verprobung benötigen Sie höchstwahrscheinlich auch eine FI-Validierung, da sicherlich nicht jeder Feldinhalt mit jedem Ihrer Sachkonten, Ledger, Profit-Center, Segmente und zusätzlichen Felder kombinierbar ist. Über die FI-Validierung würden Sie auf die erlaubten Kombinationen prüfen und nur diese zulassen; bei unerlaubten Kombinationen würde eine entsprechende Fehlermeldung ausgegeben.

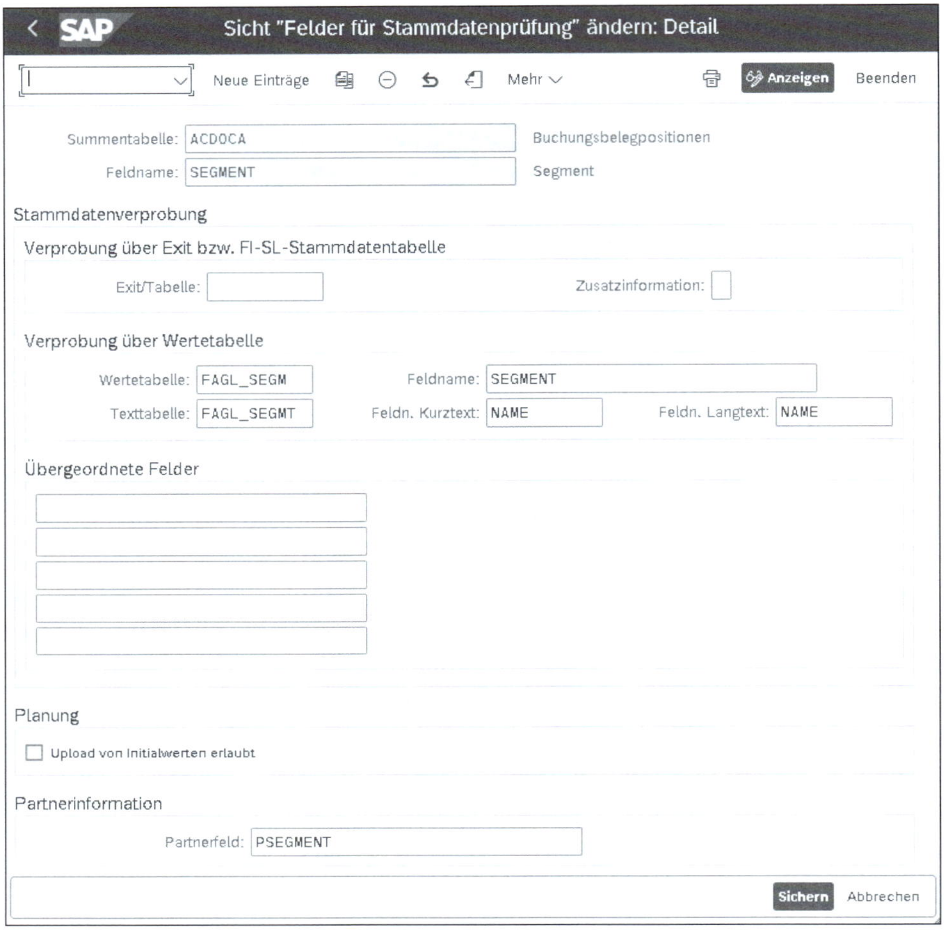

Abbildung 4.9 Stammdatenverprobung für das Feld »SEGMENT«

Alternativ können Sie die Verprobung über eine *FI-Validierung* sicherstellen. Damit würden Sie die Gültigkeit des jeweiligen eingegebenen Wertes prüfen, ob dieser also in der jeweiligen Stammdatentabelle existiert. Zusätzlich prüfen Sie mit der FI-Validierung die Gültigkeit der Kombinationen Ihrer kundeneigenen Felder und Standardfelder und lassen nur die gültigen Felder zu.

[»]

Kundeneigene Stammdatentabellen

Für Ihre kundeneigenen Felder im Kontierungsblock sollten Sie die dafür angelegten Stammdatentabellen in Ihren kundeneigenen Customizing-Pfad aufnehmen. Damit stellen Sie sicher, dass Sie dieses Customizing für den späteren SAP-Support durch Ihre Kollegen oder Dritte jederzeit vollständig und übersichtlich im Zugriff haben.

Um die kundeneigenen Felder des Kontierungsblocks in die Bildvarianten der *Enjoy-Transaktionen* aufzunehmen, folgen Sie dem Customizing-Pfad **Finanzwesen • Grundeinstellungen Finanzwesen • Bücher • Felder • Kundeneigene Felder • Kundeneigene Felder in Enjoy-Transaktionen aufnehmen**. Ob es erforderlich ist, die Felder in die Enjoy-Transaktionen aufzunehmen, hängt davon ab, wozu Sie die Felder verwenden möchten bzw. ob diese z. B. durch eine FI-Substitution automatisch gefüllt werden.

Gerade bei Banken und Versicherungen sind zusätzliche Felder im Kontierungsblock beliebt. Diese werden aber nur für die Sachkonten des jeweiligen Banken- bzw. Versicherungsgeschäfts benötigt, nicht jedoch für Buchungen aus dem Betriebsbereich. Unter dem Betriebsbereich versteht man bei Banken und Versicherungen den Teil des Rechnungswesens, der notwendig ist, damit das jeweilige Unternehmen seinem eigentlichen Geschäftszweck nachkommen kann. Dazu zählen die Abrechnung von Reisekosten, der Einkauf von Dienstleistungen, IT und Büroausstattung usw. Die Wertumfänge (und damit die Relevanz) machen bei Banken und Versicherungen meist nur einen Bruchteil des Banken- bzw. Versicherungsgeschäfts aus. Beachten Sie, dass Sie natürlich den Feldstatus für Ihre kundeneigenen Felder pflegen müssen.

Beachten Sie auch, dass Sie gegebenenfalls weitere Schritte vornehmen müssen, damit Ihre neu hinzugefügten Felder auf Dynpros, in Selektionsbildern, Listausgaben usw. verfügbar sind. Diese Schritte können sein:

- Generierung von Reports/Funktionsbausteinen
- zusätzliches Customizing
- Implementierung von User-Exits, um Daten nachzulesen
- Einblenden von kundeneigenen Feldern in den Layouts eines Reports
- Erweiterung von BW-Extraktoren

Was genau wo und wie zu tun ist, hängt davon ab, für welches Programm bzw. für welche Anwendung Sie Ihre zusätzlichen Felder im Kontierungsblock benötigen. Der dafür erforderliche Aufwand, die Zeit und das Testvorgehen müssen bei der Projektplanung für die zusätzlichen kundeneigenen Felder berücksichtigt und sollten nicht unterschätzt werden.

In SAP S/4HANA gibt es eine weitere Möglichkeit, um Felder im Finanzwesen hinzuzufügen. Die Erweiterung um kundeneigene Felder im SAP GUI steht auch weiterhin zur Verfügung, aber es stellt sich natürlich die Frage, wie diese Felder in den SAP-Fiori-Apps verfügbar werden. Mit Transaktion SCFD_EUI (Felder für Verwendung in App 'Benutzerdef.Felder und Logik' aktivieren) können Sie Ihre bisherigen kundeneigenen Felder in den SAP-Fiori-Apps aktivieren.

[»]

Kundeneigene Felder bei einer SAP-S/4HANA-Conversion

Sollten Sie Ihr SAP-ERP-System über eine SAP-S/4HANA-Conversion auf das aktuelle Release von SAP S/4HANA bringen, sind die bisherigen kundeneigenen Felder im Coding-Block weiterhin vorhanden! Gegebenenfalls müssen Sie die Felder für die SAP-Fiori-Apps aktivieren bzw. bekannt machen, damit diese dort auch verfügbar sind.

In Abbildung 4.10 sehen Sie das Selektionsbild von Transaktion SCFD_EUI.

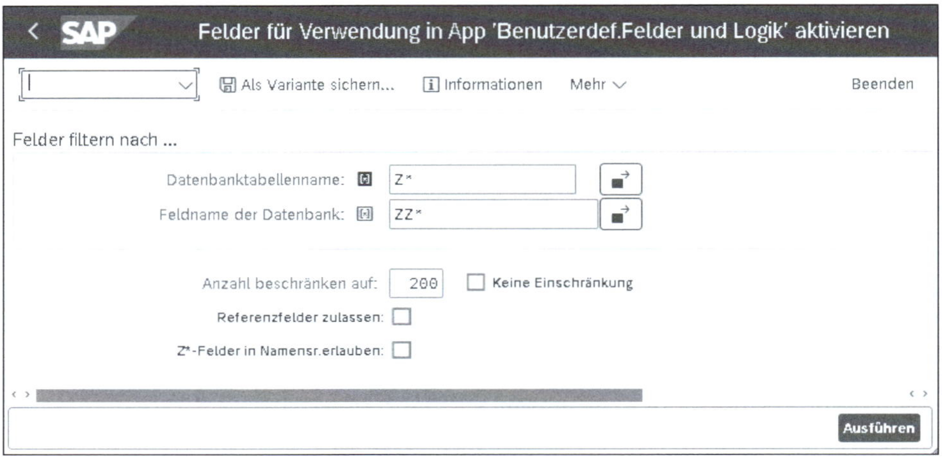

Abbildung 4.10 Selektionsbild von Transaktion SCFD_EUI

Über den Button Informationen (**Dokumentation anzeigen**) gelangen Sie zu einer sehr ausführlichen Dokumentation zu den Funktionen und zu den Voraussetzungen, die zur Nutzung von Transaktion SCFD_EUI notwendig sind. So ist z. B. eine Voraussetzung für die Feldaktivierung, dass der Adaption Transport Organizer (ATO) in diesem System eingerichtet ist. Weitere Informationen dazu finden Sie in SAP-Hinweis 2283716 (Key-User-Anwendung nicht konfiguriert). Für die Ausführung des Reports klicken Sie auf Ausführen (**Ausführen**) oder auf die Taste F8 der Tastatur. In Abbildung 4.11 sehen Sie das Ergebnis Ihrer Selektion.

In dieser Liste sehen Sie in der Spalte **Feldstatus**, ob das Feld aktiviert werden kann oder nicht, ob es schon aktiviert worden ist oder ob Vorarbeiten erforderlich sind. Durch einen Klick auf die jeweilige Zeile bekommen Sie weitere Informationen. Klicken Sie auf den Button (**Details**), öffnet sich ein Pop-up-Fenster mit weiteren Details sowie Hilfestellungen zur weiteren Vorgehensweise (siehe Abbildung 4.12).

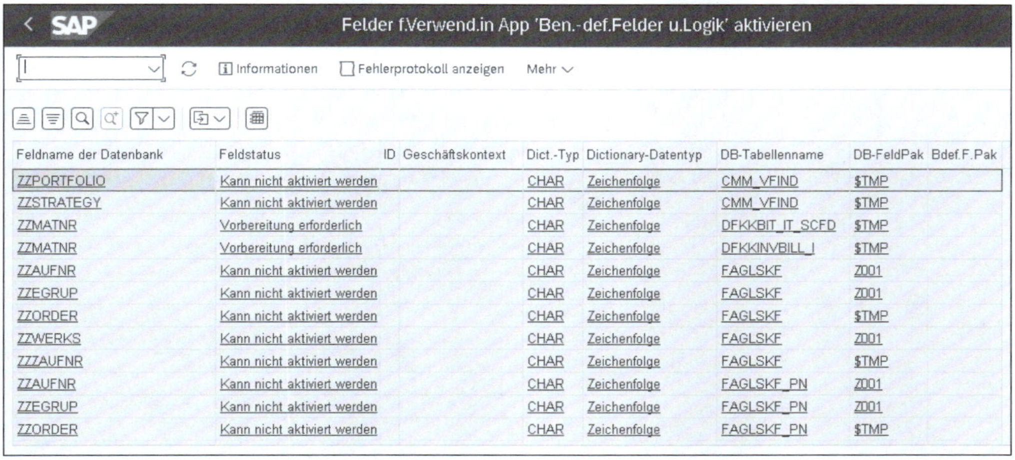

Abbildung 4.11 Ergebnisliste für die kundeneigenen Felder

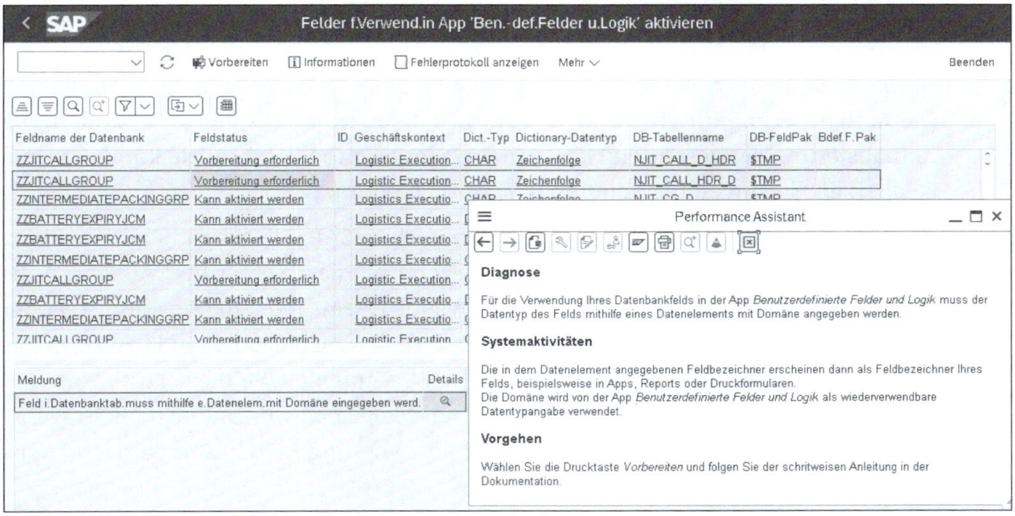

Abbildung 4.12 Details zur weiteren Vorgehensweise zur notwendigen Vorbereitung

Lassen Sie die Zeile markiert, nachdem Sie das Pop-up-Fenster geschlossen haben, und klicken Sie auf den Button [Vorbereiten] (**ABAP-verwaltetes Feld für Aktivierung vorbereiten**). Daraufhin öffnet sich ein Pop-up-Fenster, das Ihnen genau sagt, was zu tun ist. In dem Pop-up-Fenster können Sie eine Zeile markieren und wiederum auf den Button (**Details**) klicken (siehe Abbildung 4.13). Daraufhin öffnet sich der **Performance Assistant**, der Ihnen eine genaue Anleitung bietet.

Feld vorbereiten
Geschäftskontext: NJIT_CALL
Logistic Execution: JIT-Abrufkopf
Führen Sie folgende Schritte in ihrer aufgelisteten Reihenfolge durch
Meldung
Details
Datenelement mit Domäne für Angabe des Datentyps des Felds verwenden.
Performance Assistant
Diagnose
Für die Verwendung Ihres Datenbankfelds in der App Benutzerdefinierte Felder und Logik muss der Datentyp des Felds mithilfe eines Datenelements mit Domäne angegeben werden.
Systemaktivitäten
Die in dem Datenelement angegebenen Feldbezeichner erscheinen dann als Feldbezeichner Ihres Felds, beispielsweise in Apps, Reports oder Druckformularen.
Die Domäne wird von der App Benutzerdefinierte Felder und Logik als wiederverwendbare Datentypangabe verwendet.
Vorgehen
Wählen Sie entweder ein vorhandenes Datenelement mit Domäne aus oder legen Sie eine neue Domäne und ein neues Datenelement in der Transaktion SE11 an. Die Typangabe der Domäne muss kompatibel mit der aktuellen eingebauten Typangabe Ihres Datenbankfelds sein.
1. Starten Sie Transaktion SE11 und öffnen Sie die Struktur, in der Ihr Datenbankfeld enthalten ist.
2. Ändern Sie die Datentypangabe für Ihr Feld von Eingebauter Typ zu Komponententyp.
3. Geben Sie den Namen des Datenelements als Komponententyp ein und aktivieren Sie die Änderungen.

Abbildung 4.13 Anleitung zur Vorbereitung für ein kundeneigenes Feld

Nach dem Abschluss der Arbeiten klicken Sie unten auf den Button (**Aktualisieren**), um den Feldstatus für das kundeneigene Feld zu aktualisieren. Sofern Sie erfolgreich waren, können Sie das kundeneigene Feld nun für SAP-Fiori-Apps aktivieren. Die Aktualisierung für ein kundeneigenes Feld dauert jeweils einige Sekunden. Die Aktualisierung der gesamten Liste, insbesondere wenn Sie sehr viele kundeneigene Felder haben, kann einige Minuten in Anspruch nehmen.

Wir haben nun gesehen, wie man über den auch in SAP ERP schon bekannten Weg kundeneigene Felder im Coding-Block anlegen und diese später für SAP-Fiori-Apps verfügbar machen kann. In SAP S/4HANA gibt es mit der SAP-Fiori-App **Custom Fields** einen weiteren Weg, um kundeneigene Felder anzulegen. Zum Einstieg in das Anlegen kundeneigener Felder in SAP S/4HANA empfehlen wir die Lektüre von SAP-Hinweis 2453614. Des Weiteren finden Sie auf *blogs.sap.com* zahlreiche Beiträge zu diesem Thema. Ein guter Startpunkt ist der Post »Adding Field in standard Fiori apps of S/4HANA with Custom Fields and Logic«.

In Abbildung 4.14 sehen Sie den Einstieg in die SAP-Fiori-App **Benutzerdefinierte Felder und Logik** (App-ID F1481). Dort befinden sich die Registerkarten **Benutzerdefinierte Felder**, **Erweiterungen für Datenquelle** und **Benutzerdefinierte Logik**. Wir gehen im Folgenden auf die Registerkarte **Benutzerdefinierte Felder** ein.

Wie Sie sehen, wird ein Feld immer für einen bestimmten Geschäftskontext angelegt. Über den Status können Sie sehen, ob ein Feld bereits **Veröffentlicht** worden oder **Nicht freigegeben** worden ist. Durch einen Klick auf den Button (**Navigation**) gelangen Sie eine Ebene tiefer zu der Beschreibung für dieses Feld. In Abbildung 4.15 sehen Sie die Details zu dem ausgewählten Feld.

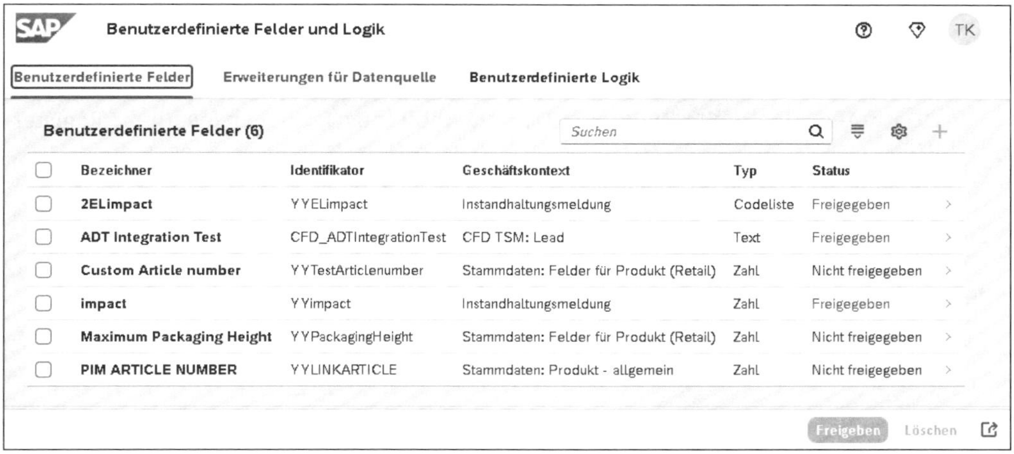

Abbildung 4.14 Einstieg in die SAP-Fiori-App »Benutzerdefinierte Felder und Logik«

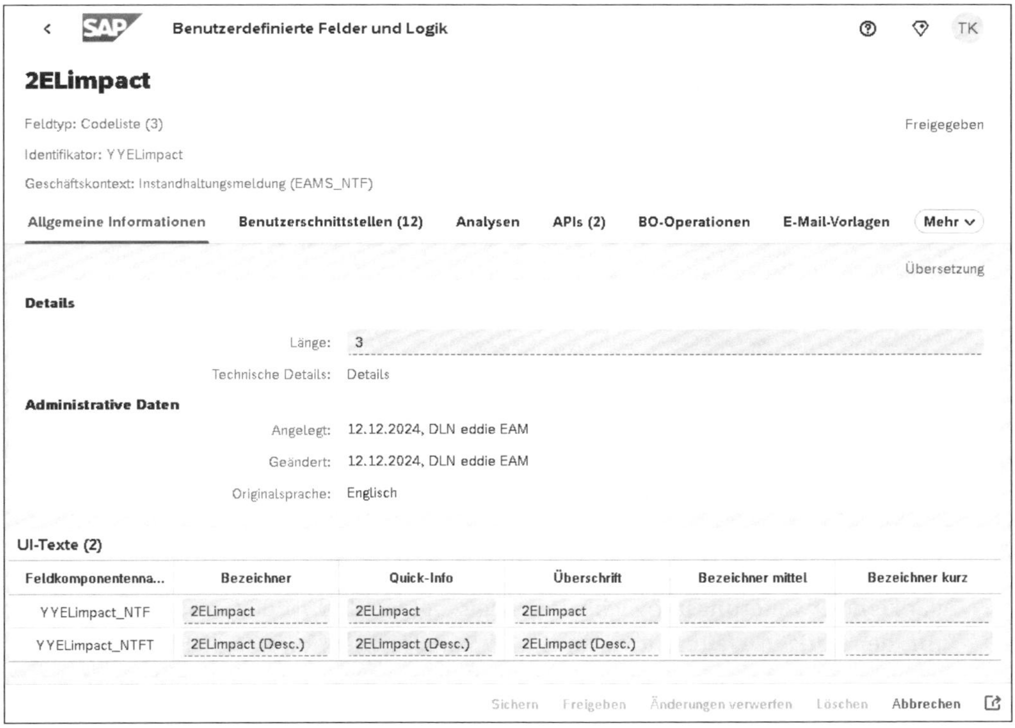

Abbildung 4.15 Details zu einem benutzerdefinierten Feld

Auf der Registerkarte **Allgemeine Informationen** finden Sie die Felder **Bezeichner**, **Quick-Info** und **Länge** (des Feldes) sowie die Information, wer das Feld angelegt und wer es zuletzt geändert hat.

Auf den weiteren Registerkarten **UIs und Reports**, **E-Mail-Vorlagen** und **Formularvorlagen** sehen Sie jeweils in Klammern, für wie viele Bereiche das Feld aktiviert werden kann. Es gibt weitere Tabs, die Sie in Abbildung 4.15 über **Mehr** aufrufen können: **OData-APIs**, **SOAP-APIs**, **BAPIs** und **IDocs**. In Abbildung 4.16 sehen Sie für die Registerkarte **UIs und Reports** die verfügbaren Erweiterungsmöglichkeiten. Sie können diese einzeln aktivieren bzw. deaktivieren.

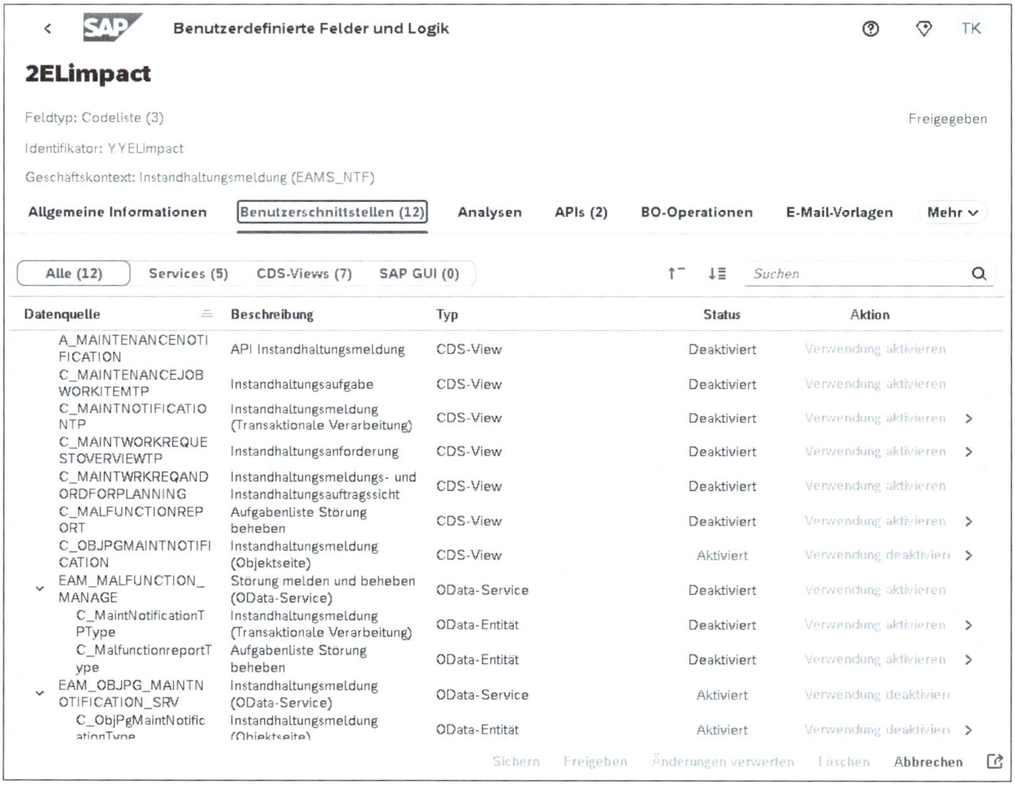

Abbildung 4.16 Details für UIs und Reports

Wenn zurzeit für den einen oder anderen Geschäftskontext vielleicht weniger oder gar keine Erweiterungsmöglichkeiten angezeigt werden, ist davon auszugehen, dass mit der stetigen Weiterentwicklung von SAP S/4HANA die Möglichkeiten entsprechend erweitert werden. Ein erneuter Blick in die SAP-Fiori-App **Benutzerdefinierte Felder und Logik**lohnt sich nach einem Release-Upgrade also auf alle Fälle. Für Ihr SAP-S/4HANA-Projekt als Neuimplementierung empfehlen wir Ihnen, die SAP-Fiori-App **Benutzerdefinierte Felder und Logik** zu nutzen, um Ihre benutzerdefinierten Felder und Logiken anzulegen.

Im folgenden Abschnitt beschäftigen wir uns mit der Ausprägung des Feldstatus für Buchungen im Rechnungswesen, der in Ihrem Unternehmen benötigt wird.

4.1.3 Feldstatusvarianten definieren

Mit der *Feldstatusvariante* und den *Feldstatusgruppen* steuern Sie die Felder, die Sie während des Buchens auf einer Belegzeile sehen oder eben nicht. Jedem Buchungskreis ordnen Sie eine Feldstatusvariante zu. Die Feldstatusvariante fasst mehrere Feldstatusgruppen zusammen. Genau eine Feldstatusgruppe wird jedem Sachkonto zugeordnet. In der Feldstatusgruppe definieren Sie über Radiobuttons für jedes verfügbare Feld, welchen Status das Feld haben soll. Es gibt die folgenden Optionen:

- Ausblenden
- Musseingabe
- Kanneingabe

Das Customizing der Feldstatusvarianten unterscheidet sich nicht von der Vorgehensweise in SAP ERP oder SAP R/3. Die Feldstatusvariante, in der verschiedene Feldstatusgruppen zugeordnet sind, können Sie mehreren Buchungskreisen zuordnen. Damit vereinfacht sich die Pflege des Feldstatus erheblich. Folgen Sie dazu dem Customizing-Pfad **Finanzwesen • Grundeinstellungen Finanzwesen • Bücher • Felder • Feldstatusvarianten definieren**. Markieren Sie eine Feldstatusvariante, und klicken Sie doppelt in der Dialogstruktur auf **Feldstatusgruppen** (siehe Abbildung 4.17).

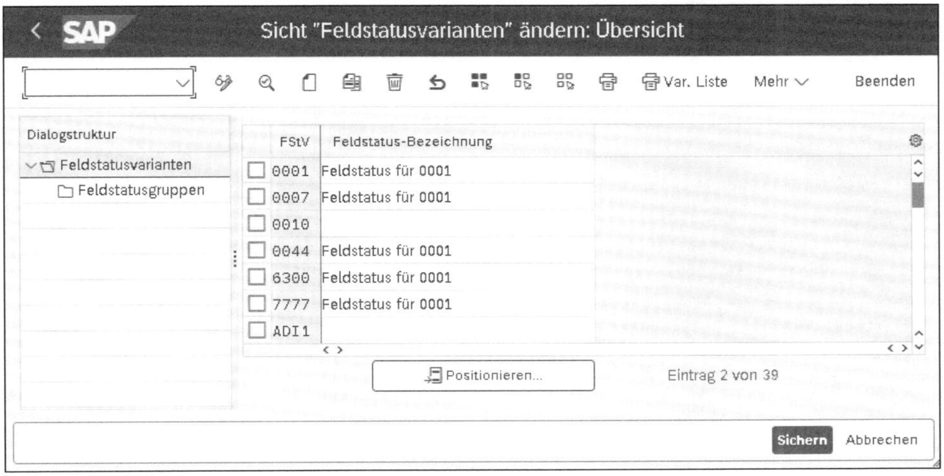

Abbildung 4.17 Überblick über die vorhandenen Feldstatusvarianten

Damit gelangen Sie eine Ebene tiefer im Customizing. In Abbildung 4.18 sehen Sie die Feldstatusgruppen, die zu dieser Feldstatusvariante angelegt worden sind.

Durch einen Doppelklick auf eine Feldstatusgruppe gelangen Sie in den Untergruppennachweis. Eine Feldstatusgruppe besteht aus mehreren Untergruppen. In den Untergruppen können Sie dann endlich den Feldstatus setzen. Dazu klicken Sie z. B. doppelt auf **Allgemeine Daten** (siehe Abbildung 4.19).

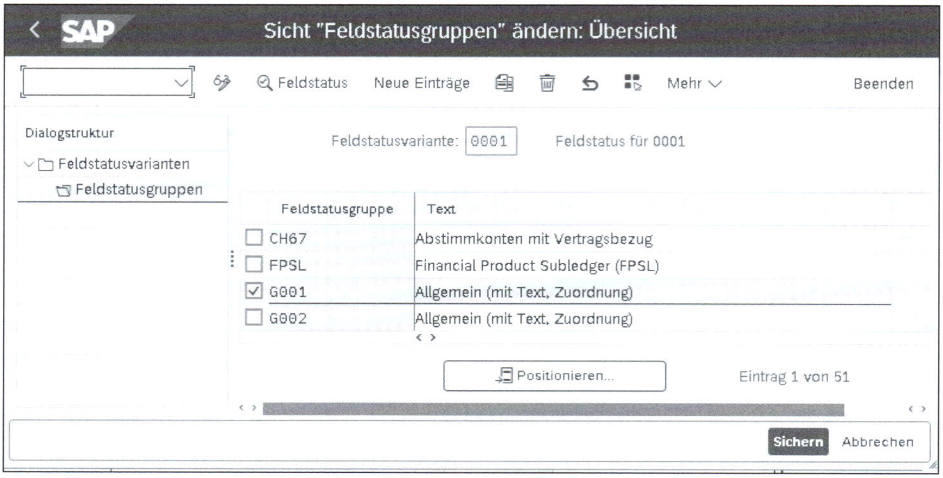

Abbildung 4.18 Überblick über die Feldstatusgruppen

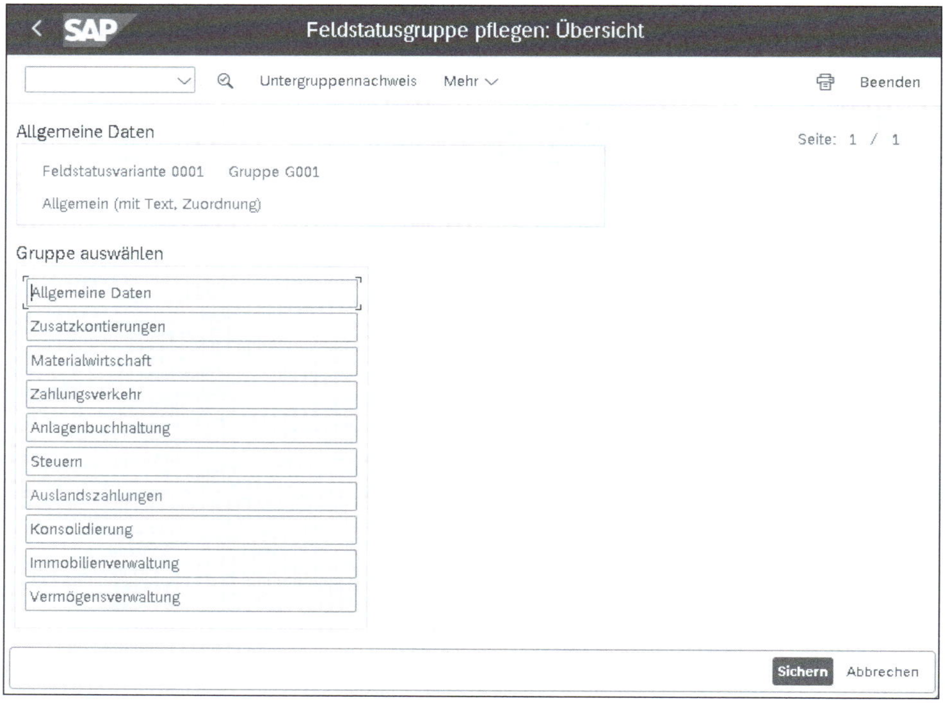

Abbildung 4.19 Untergruppennachweis einer Feldstatusgruppe

So gelangen Sie nochmals eine Ebene tiefer, in der Sie die einzelnen Felder sehen, für die Sie den Feldstatus setzen können.

In Abbildung 4.20 sehen Sie die Radiobuttons, die Sie für Ihren Geschäftsprozess benötigen. Die von SAP ausgelieferte Feldstatusvariante 0001 ist ein guter Startpunkt für Ihr Customizing.

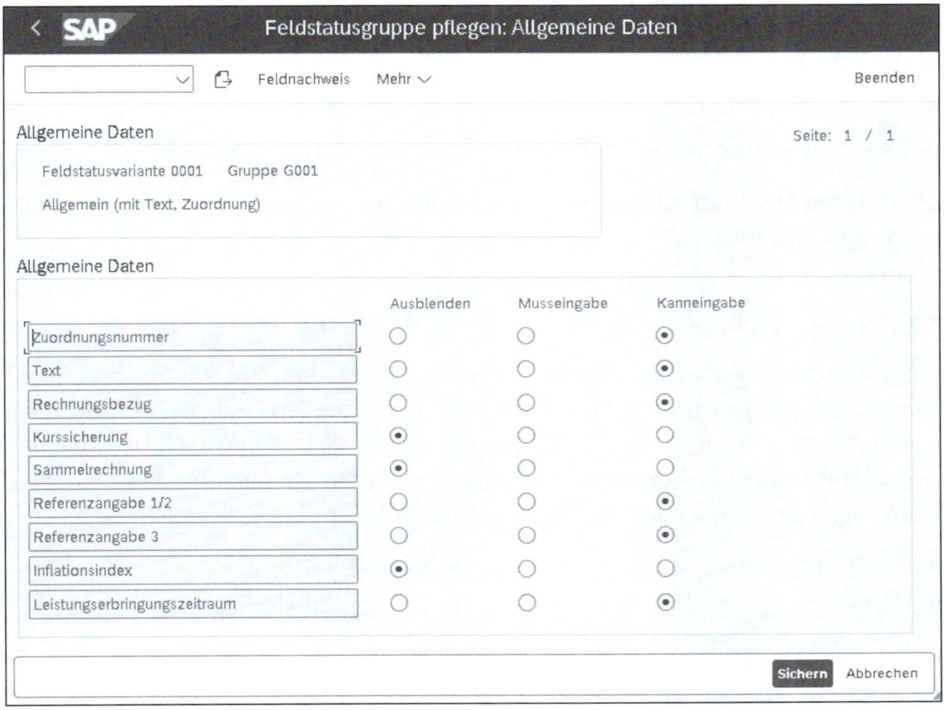

Abbildung 4.20 Feldstatus pflegen

Feldstatus bei der Belegaufteilung

Wenn Sie die Belegaufteilung nutzen möchten, prüfen Sie in allen von Ihnen verwendeten Feldstatusgruppen, ob die Felder **Profitcenter** und **Segment** und die jeweiligen Partnerfelder als Kanneingabe-Felder eingestellt sind. Denn andernfalls wird die Belegaufteilung mit der Vererbung der Profit-Center bzw. Segmente nicht in jedem Fall funktionieren.

Im folgenden Abschnitt beschäftigen wir uns mit der Anlage der in Ihrem Unternehmen benötigten Ledger.

4.2 Ledger

Für die Ablage der Buchungen werden verschiedene *Ledger* benötigt. Jedes Ledger bildet dabei eine separate Rechnungslegungsvorschrift (RVL) ab (siehe Abschnitt 2.2, »Ledger«). Nach der Anlage der Ledger ordnen wir die Buchungskreise aus unserem Beispiel den Ledgern zu. Es kann nur ein Ledger als führendes Ledger festgelegt werden. In Abschnitt 2.2 hatten wir uns für die folgenden Ledger entschieden:

- OL – IFRS (führend)
- LO – lokales Recht (HGB für deutsche Buchungskreise)
- TX – lokales Steuerrecht (HGB Steuer für deutsche Buchungskreise)

Im nächsten Abschnitt schauen wir uns die Anlage eines Ledgers und das Ledger-Customizing ausführlich an.

4.2.1 Ledger anlegen

Damit wir ein Ledger anlegen können, müssen wir uns zuvor über die zu verwendenden *Währungstypen* und *Währungsumrechnungen* Gedanken machen. Der Währungstyp legt dabei die Rolle der Währung im SAP-S/4HANA-System fest. Zusätzlich zur Hauswährung (Buchungskreiswährung) können Sie pro Buchungskreis parallele Währungen der folgenden Währungstypen im SAP-Standard verwenden:

- Konzernwährung
- Hartwährung
- Indexwährung
- Gesellschaftswährung

In SAP S/4HANA können Sie für Ihre Zwecke weitere Währungstypen definieren. In Abbildung 4.21 sehen Sie Beispiele für die weiteren Währungstypen Z1, ZH, ZK und ZN. Folgen Sie dazu dem Customizing-Pfad **Finanzwesen • Grundeinstellungen Finanzwesen • Bücher • Einstellungen für Ledger und Währungstypen definieren**, oder rufen Sie Transaktion FINSC_LEDGER auf. Diese Einstellung ist der zentrale Punkt in SAP S/4HANA für die Konfiguration von:

- Währungstypen und Währungsumrechnungen
- Ledger-Customizing
- Zuordnung von Ledgern zu Buchungskreisen
- Zuordnung der Rechnungslegungsvorschrift zum jeweiligen Ledger und Buchungskreis

In der Spalte **Buchungskreisspezif. Umrechnung** legen Sie fest, ob der jeweilige Währungstyp und seine Umrechnung einmal global für Ihren Mandanten festgelegt wird oder ob Sie pro Buchungskreis die Umrechnung festlegen können. In den meisten Fällen ist eine globale Umrechnung vorgesehen, um die Währungsergebnisse verschiedener Buchungskreise vergleichen zu können. Dafür ist eine einheitliche Umrechnung Voraussetzung.

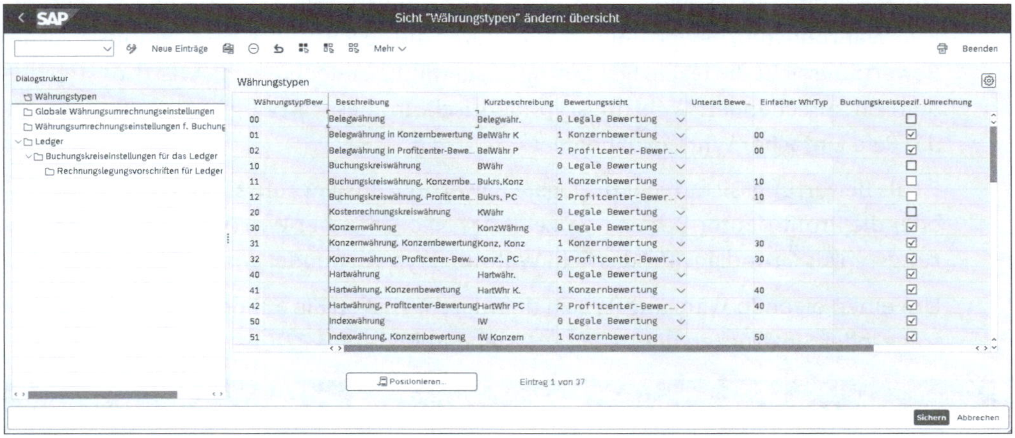

Abbildung 4.21 Währungstyp definieren

Über die Spalte **Bewertungssicht** werden unterschiedliche Blickwinkel auf die Geschäftsvorfälle eines Unternehmens ausgedrückt. Die Betrachtung eines Geschäftsvorfalls kann dabei aus den folgenden Sichten erfolgen:

- **Legale Bewertung**
  Aus Sicht eines Einzelunternehmens (d. h. einer legalen Einheit) wird ein Geschäftsvorfall zwischen Konzernunternehmen zu externen Preisen abgebildet.
- **Profitcenter-Bewertung**
  Aus Sicht eines Profitcenters wird ein Geschäftsvorfall zwischen Profit-Centern zu Managementansätzen (internen Preise) abgebildet.
- **Konzernbewertung**
  Aus Sicht des Gesamtkonzerns wird ein Geschäftsvorfall innerhalb des Konzerns zu Konzernkostensätzen abgebildet.

Die Einstellungen zur Bewertungssicht benötigen Sie nur, wenn Sie parallele Wertansätze bzw. Transferpreise im Hauptbuch führen wollen.

Währungseinstellungen

SAP empfiehlt bereits für SAP ERP, als Kostenrechnungskreiswährung die Konzernwährung 30 einzustellen und möglichst alle Buchungskreise einem Kostenrechnungskreis zuzuordnen. Voraussetzung dafür ist, dass alle Ihre Buchungskreise die gleiche Geschäftsjahresvariante im führenden Ledger und im gleichen Kontenplan verwenden.

Wenn Sie in der Spalte **Bewertungssicht** die Konzernbewertung, die Profit-Center-Bewertung oder die Segmentbewertung ausgewählt haben, müssen Sie in der Spalte **Einfacher WhrTyp** festlegen, auf welchen Währungstyp sie sich bezieht. Der Wert im Feld **Währungstyp/Bewertungsart** wird durch die Bewertungssicht beeinflusst. Ist als Bewertungssicht die legale Bewertung ausgewählt, ist der einfache Währungstyp mit dem entsprechenden Währungstyp identisch. In dieser Konfigurationsaktivität ist das Feld **Einfacher WhrTyp** daher leer.

Ist als Bewertungssicht nicht die legale Bewertung ausgewählt, sondern die Konzern- oder die Profit-Center-Bewertung, zeigt das Feld **Einfacher WhrTyp** an, welcher Währungstyp als Grundlage für das Feld **Währungstyp** verwendet wird.

Um einen eigenen Währungstyp zu definieren, klicken Sie auf den Button **Neue Einträge**, oder Sie drücken die Taste F5 (siehe Abbildung 4.22).

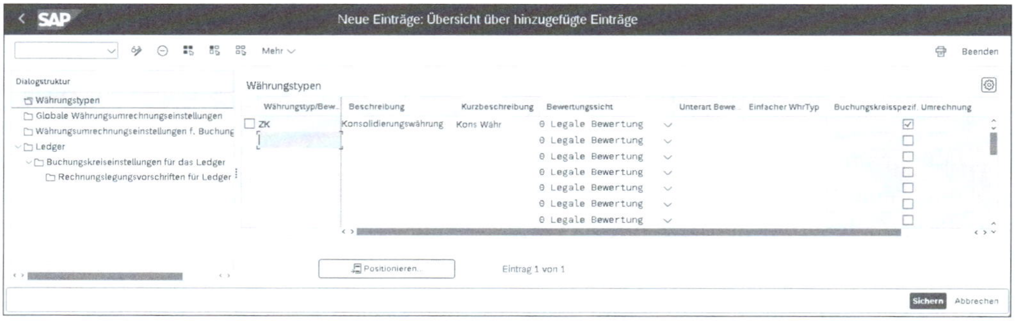

Abbildung 4.22 Neuen Währungstyp anlegen

Hier geben Sie nun im Feld **Währungstyp** »ZK«, im Feld **Bezeichnung** »Konsolidierungswährung« und im Feld **Kurzbeschreibung** »Kons Währ« ein und markieren in der Spalte **Buchungskreisspezif. Umrechnung** nicht. In der Spalte **Buchungskreisspezif. Umrechnung** haben Sie die folgenden Möglichkeiten:

- **Buchungskreisabhängig**
  Setzen Sie das Häkchen in der Spalte **Buchungskreisspezif. Umrechnung**, so können Sie die Umrechnung für diesen Währungstyp später pro Buchungskreis festlegen.
- **Global**
  Setzen Sie das *nicht* das Häkchen in der Spalte **Buchungskreisspezif. Umrechnung**, so können Sie die Umrechnung einmal festlegen, sodass sie dann für jeden Ihrer Buchungskreise gilt.

Kundeneigene Währungstypen müssen im Kundennamensraum liegen. Daher müssen die Währungstypen mit »Y« oder »Z« beginnen. Kundeneigene Währungstypen sind später nur bei den frei definierbaren Währungen in Tabelle ACDOCA auswählbar.

Als 2. oder 3. Hauswährung in Tabelle BSEG, auch 2. oder 3. FI-Währung genannt, stehen kundeneigene Währungstypen grundsätzlich nicht zur Verfügung.

Klicken Sie anschließend auf Sichern (**Sichern**), oder nutzen Sie die Tastenkombination [Strg] + [S]. Damit werden Ihre Einträge gesichert, und gleichzeitig finden umfangreiche Konsistenzprüfungen statt. Diese Prüfungen werden bei jedem Aufruf und Sichern von Transaktion FINSC_LEDGER durchgeführt, wie Sie beim Einstieg in die Transaktion sicher schon bemerkt haben. Je nachdem, wie viele Buchungskreise Sie haben, können diese umfangreichen Prüfungen einige Sekunden in Anspruch nehmen. Das Prüfungsergebnis wird in einem Pop-up-Fenster ausgegeben (siehe Abbildung 4.23).

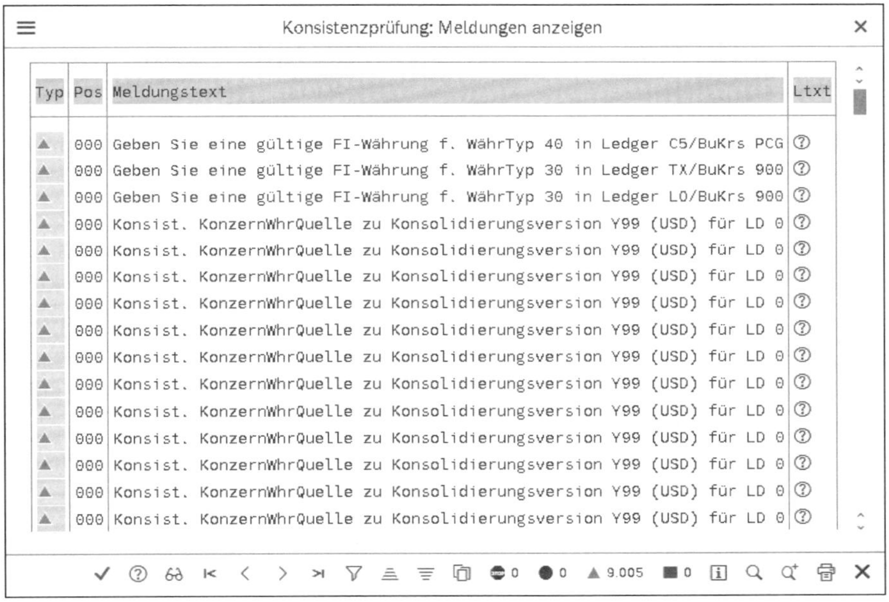

Abbildung 4.23 Ergebnis der Prüfung des Ledger-Customizings

In der Prüfung hier im Beispiel treten nur Warnungen auf. Daher können wir unsere Einstellungen sichern und weiterarbeiten. Sofern die Fehlermeldungen oder Warnungen für von Ihnen genutzte Buchungskreise angezeigt werden, lesen Sie sich den Langtext dazu durch. Dazu klicken Sie in der Spalte **Ltxt** auf das Fragezeichen. Es öffnet sich dann ein Pop-up-Fenster mit weiteren Erklärungen zu dem ausgewählten Problem. Fehlermeldungen und Warnungen für von Ihnen genutzte Buchungskreise bzw. Ledger sollten Sie ernst nehmen, genauer prüfen und beheben.

Wie in Abschnitt 2.3, »Buchungskreis«, bereits erwähnt, können Sie in Transaktion FINSC_CO_CD_TEMPLATE das Kennzeichen **Vorlage** setzen, wenn es sich bei einem Buchungskreis um einen Vorlage-Buchungskreis handelt. Das Kennzeichen **Vorlage** bewirkt Folgendes:

- Sie können den Buchungskreis nicht mehr bebuchen.
- Sie können den Buchungskreis in Transaktion FINSC_LEDGER nicht mehr sehen und dafür keine Prüfungen mehr durchführen.

Schließen Sie das Pop-up-Fenster durch einen Klick auf ✓ (**Weiter**). Ihr neuer Währungstyp ist jetzt angelegt. Nun können Sie das Bild mit F3 oder per Klick auf < (**Zurück**) verlassen, sodass Sie wieder alle bisher angelegten Währungstypen in Ihrem System sehen.

Klicken Sie nun links im Navigationsbaum doppelt auf **Globale Währungsumrechnungseinstellungen**.

In den *globalen Währungsumrechnungseinstellungen* müssten Sie Ihren neu angelegten Währungstyp hinzufügen, wenn Sie ihn verwenden möchten. Klicken Sie dazu auf **Neue Einträge**, oder drücken Sie die Taste F5, und füllen Sie anschließend die Felder aus. Außerdem müssen Sie dem Währungstyp noch mitgeben, welche Währung er abbilden soll. Im Beispiel des Währungstyps ZR ist es die Währung USD. In der Spalte **Quellwährungstyp** ist für den Währungstyp ZR die 10, also die jeweilige Buchungskreiswährung, festgelegt. Der Quellwährungstyp ist der Währungstyp, von dem aus die Umrechnung auf den Währungstyp ZR stattfinden soll. Was uns nun noch für einen funktionierenden Währungstyp fehlt, sind der Kurstyp (Spalte **Kurstyp**) und die Art der Umrechnung (Spalte **Art UmrechnDat**). Die Art des Umrechnungsdatums legt fest, welches Datum für die Umrechnung der Beträge gemäß Kurstabelle verwendet werden soll. Wählen Sie einen für Ihre Anforderungen gültigen Kurstyp aus, indem Sie über das Dropdown-Menü einen passenden Eintrag selektieren. In Abbildung 4.24 sind für das Beispiel der Währungstyp ZR, der Kurstyp M und das Buchungsdatum als Umrechnungsdatum hinterlegt.

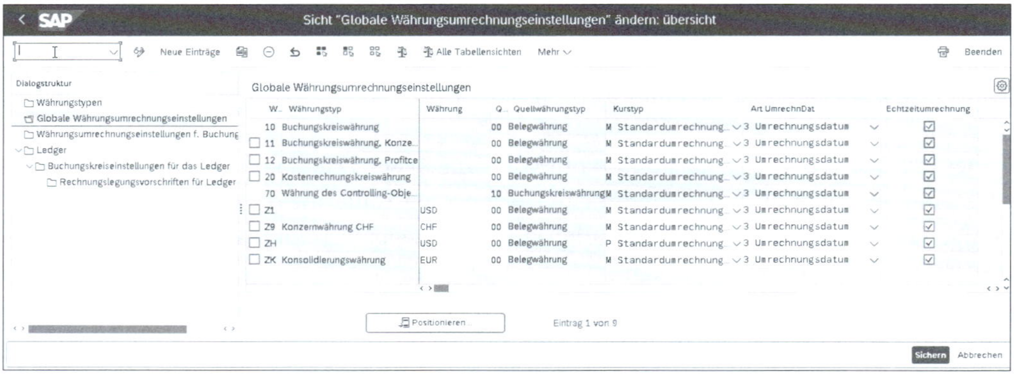

Abbildung 4.24 Globale Währungsumrechnungseinstellungen vornehmen

Für Ihre eigenen Währungstypen können Sie zusätzlich noch festlegen, ob die Währungsumrechnung in Echtzeit erfolgen soll. Das heißt, dass beim Buchen des Belegs das entsprechende Währungsfeld mit einem Wert gefüllt wird. SAP empfiehlt Ihnen, das Kennzeichen **Echtzeitumrechnung** zu setzen. Wünschen Sie keine Echtzeitumrechnung für Ihren Währungstyp, ist der Wert im Buchungsbeleg gleich null. Dadurch, dass der Wert in der Buchung null ist, müssen Sie vor der eigentlichen Fremdwährungsbewertung mithilfe von Transaktion FAGL_FCV eine Erstwertbuchung generieren. Mehr dazu erfahren Sie in Abschnitt 12.1.2, »Fremdwährungsbewertung einstellen«.

Anzahl der Währungstypen festlegen

Überlegen Sie sich genau, welche und wie viele Währungstypen Sie benötigen. SAP S/4HANA bietet zwar wesentlich mehr Möglichkeiten, um parallele Währungen abzubilden. Allerdings ist nicht alles, was möglich ist, für Ihr Unternehmen auch sinnvoll und nützlich. Parallele Hauswährungen ziehen gewisse Prüfungen und Bewertungen im Periodenabschluss nach sich. Daher prüfen Sie, ob dieser zusätzliche Aufwand für Ihr Unternehmen gerechtfertigt ist.

Um bei den globalen Währungsumrechnungseinstellungen einen neuen Eintrag hinzuzufügen, klicken Sie auf **Neue Einträge**, oder Sie drücken die Taste [F5] (siehe Abbildung 4.25).

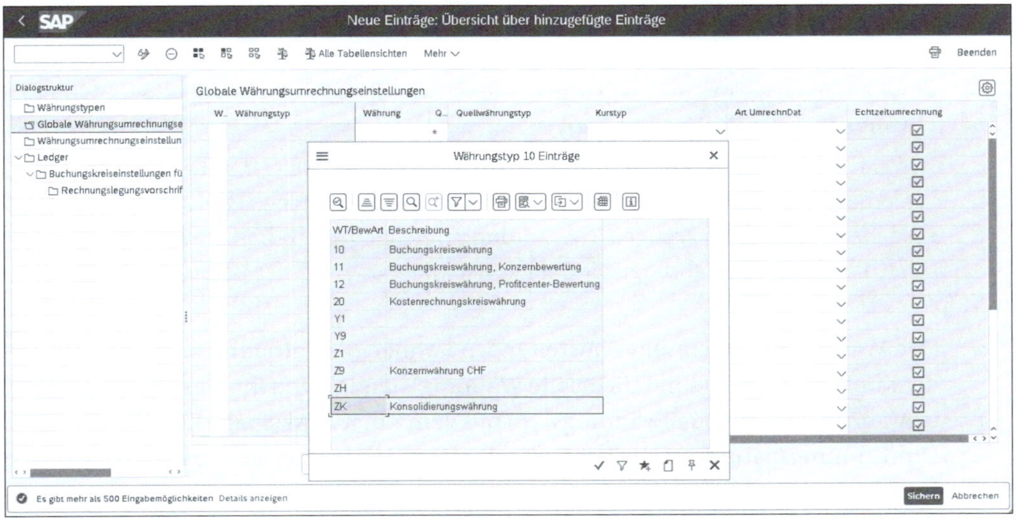

Abbildung 4.25 Neuer Eintrag in den globalen Währungsumrechnungseinstellungen

Klicken Sie in die erste Spalte, und drücken Sie dann die Taste [F4] auf Ihrer Tastatur; es erscheint nun die [F4]-Wertehilfe. Durch einen Doppelklick können Sie nun den zuvor angelegten Währungstyp (Spalte **WährTyp**) »ZR« auswählen. Vervollständigen Sie die Einstellungen entsprechend den Anforderungen Ihres Unternehmens, und sichern Sie Ihre Einstellungen durch einen Klick auf Sichern (**Sichern**) oder über die Tastenkombination [Strg] + [S]. Beim Sichern finden abermals umfangreiche Prüfungen des Customizings statt, die wir in diesem Abschnitt schon beschrieben haben. Mit der Taste [F3] bzw. einem Klick auf < (**Zurück**) kommen Sie zurück in die globalen Umrechnungseinstellungen.

Ihr neuer Währungstyp steht nun für das Customizing bzw. für die Zuordnung zu Ihren Ledgern bzw. Buchungskreisen zur Verfügung. Klicken Sie nun links im Navigationsbaum doppelt auf **Währungsumrechnungseinstellungen f. Buchungskreise**, um in die Währungseinstellungen für Ihren Buchungskreis zu gelangen (siehe Abbildung 4.26).

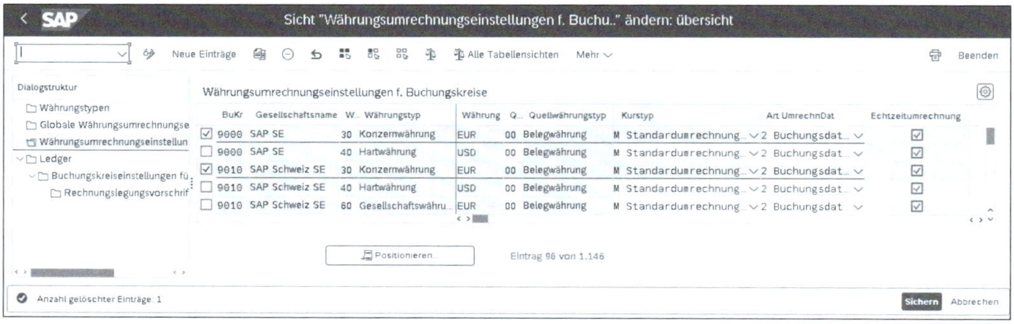

Abbildung 4.26 Währungsumrechnungseinstellungen für Buchungskreise

[»]

Kundeneigene Währungstypen

Wenn Sie kundeneigene Währungstypen anlegen, sind diese nur bei den frei definierbaren Währungen in Tabelle ACDOCA verfügbar! Kundeneigene Währungstypen können Sie nicht als 2. oder 3. FI-Währung verwenden. Die 2. und 3. FI-Währung stellen die parallelen Währungen in Tabelle BSEG dar.

Den Währungsumrechnungseinstellungen können Sie entnehmen, dass es sich bei der Konzernwährung um EUR (Spalte **Währung**) handelt und Ihr Wert anhand der Belegwährung (Spalte **Quellwährungstyp**) mit dem Kurstyp M (Spalte **Kurstyp**) und dem Umrechnungsdatum (Spalte **Art UmrechDat**) umgerechnet werden soll. Da es sich hier um SAP-Standardwährungstypen handelt, ist die Echtzeitumrechnung automatisch aktiviert. Diese Einstellung können Sie für Standardwährungstypen nicht deaktivieren.

Klicken Sie links im Navigationsbaum doppelt auf den Ordner **Ledger**, um einen Überblick über die in Ihrem System vorhandenen Ledger zu erhalten.

Im rechten Bildbereich wird daraufhin die Sicht **Ledger** angezeigt, in der Sie einen Überblick über Ihre Ledger erhalten (siehe Abbildung 4.27).

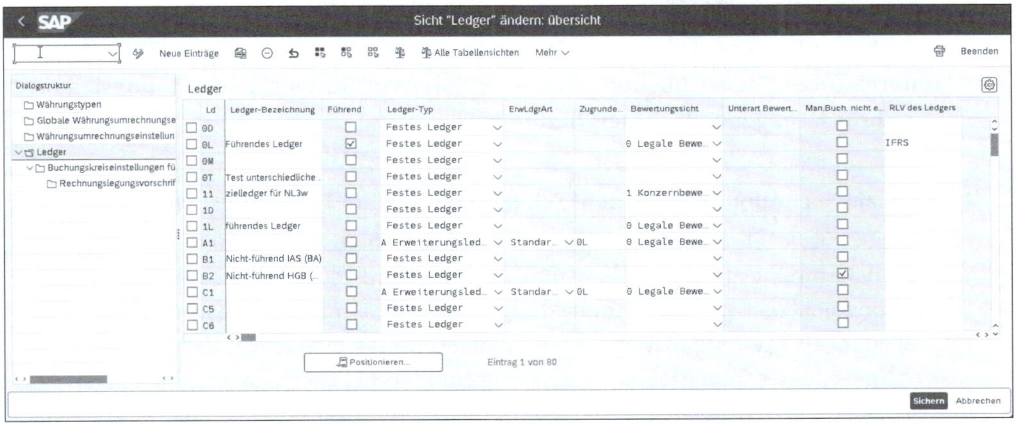

Abbildung 4.27 Überblick über die im SAP-System existierenden Ledger

In der Spalte **Ledger-Typ** können Sie über ein Dropdown-Menü definieren, ob es sich bei dem jeweiligen Ledger um ein festes Ledger oder um ein Erweiterungs-Ledger handeln soll:

- **Festes Ledger (Standard-Ledger)**
  Ein festes Ledger bezeichnet man auch als *Standard-Ledger*. Ein Standard-Ledger enthält einen vollständigen Satz Buchungsbelege für alle Geschäftsvorgänge.
- **Erweiterungs-Ledger (Extension-Ledger)**
  Ein Erweiterungs-Ledger ist einem Standard-Ledger zugeordnet und erbt alle Buchungsbelege des Standard-Ledgers nur für das Berichtswesen.

In der Spalte **ErwLdgArt** (Erweiterungs-Ledger-Art) legen Sie fest, was Sie mit dem Erweiterungs-Ledger machen wollen. Dabei können Sie zwischen den folgenden Optionen wählen:

- Standardbuchung
- S – Einzelposten mit technischen Nummern/Löschen möglich
- P – Einzelposten mit technischen Nummern/Löschen nicht möglich
- V – Buchungsbelege für Bewertungsdifferenzen

Das Basis-Ledger muss ein Standard-Ledger sein. Buchungen, die ausdrücklich an ein Erweiterungs-Ledger gebucht wurden, sind in diesem Erweiterungs-Ledger sichtbar, jedoch nicht im zugrunde liegenden Standard-Ledger. Mit diesem Konzept können Sie doppelte Buchungsbelege vermeiden, wenn für beide Ledger viele Geschäftsvorfälle gültig und nur wenige Anpassungen im Erweiterungs-Ledger erforderlich sind.

In der Spalte **RechLegVorschr.Ledg.** hinterlegen Sie die Rechnungslegungsvorschrift für das jeweilige Ledger. Dabei muss jedem Ledger genau eine Rechnungslegungsvorschrift zugeordnet werden. Der Eintrag auf der Ebene des Ledgers wird von neuen, zukünftigen Programmen, die SAP ausliefert, verwendet. Wegen der Kompatibilität mit älteren Entwicklungen müssen Sie die Rechnungslegungsvorschrift nochmals unterhalb der Ledger-Buchungskreis-Kombination im Ordner **Rechnungslegungsvorschrift f. Ledger u. BuchKreis** hinterlegen.

[zB]

Lokale Rechnungslegung identisch mit steuerlicher Rechnungslegung

Wenn Ihre lokale Rechnungslegung z. B. nahezu identisch mit der lokalen steuerlichen Rechnungslegung wäre, würde das Standard-Ledger die lokale Rechnungslegung abbilden. Im Erweiterungs-Ledger würden Sie nur die auf wenige manuelle Buchungen bzw. Anpassungen beschränkten Deltas einbuchen, die für die lokale steuerliche Rechnungslegung notwendig sind. Im Berichtswesen, z. B. mit dem Bilanzreport `RFBILA00N` bzw. den entsprechenden SAP-Fiori-Apps, können Sie Ihr Standard-Ledger auswerten, indem Sie dieses im Selektionsbild des Reports `RFBILA00N` eintragen. Beim Ausführen werden alle Belege aus dem Standard-Ledger für die lokale Rechnungslegung selektiert. Möchten Sie hingegen die lokale steuerliche Rechnungslegung auswerten, geben Sie im Selektionsbild des Reports `RFBILA00N` Ihr Erweiterungs-Ledger ein. Jetzt werden zu den wenigen Belegen des Erweiterungs-Ledgers noch die Belege des Basis-Ledgers, nämlich die Ihres Standard-Ledgers, hinzugelesen.

Vorteil dieser Art der Verknüpfung von Ledgern ist die geringere Anzahl abgelegter Buchungsbelege auf der Datenbank. Abbildung 4.28 zeigt schematisch die Funktionsweise des Erweiterungs-Ledgers.

Das Erweiterungs-Ledger hat die folgenden Funktionen und Merkmale:

- Ein Erweiterungs-Ledger speichert Deltawerte; dadurch sind eine flexible Anpassung und ein Reporting möglich.
- Das Erweiterungs-Ledger kann für die Erstellung von Managementberichten eingesetzt werden, wenn zusätzlich zu den lokalen Daten Anpassungsbuchungen notwendig sind.
- Erweiterungs-Ledger benötigen nur einen Stammsatz und ansonsten keine weitere Konfiguration; dies vereinfacht das Customizing.
- Ledger-Berichte beinhalten immer auch die Daten des Basis-Ledgers.
- Viele Erweiterungs-Ledger können auf das gleiche Basis-Ledger verweisen; damit wird die Menge der gespeicherten Daten reduziert.
- Es hat außerdem den Vorteil der reduzierten Abstimmung, da nur (manuelle) Deltabuchungen ins Erweiterungs-Ledger geschrieben werden.
- Erweiterungs-Ledger werden im Universal Journal gespeichert.
- Das Erweiterungs-Ledger erbt die Währungseinstellungen und die Geschäftsjahresvariante des zugrunde liegenden Ledgers.

- Das Erweiterungs-Ledger kann pro Buchungskreis separat aktiviert werden (Teilmenge des zugrunde liegenden Ledgers).
- Über eine separate Buchungsperiodenvariante können Sie die Buchungsperioden des Erweiterungs-Ledgers separat öffnen und schließen.
- Die Berechtigungen können auf der Ledger-Ebene vergeben werden.

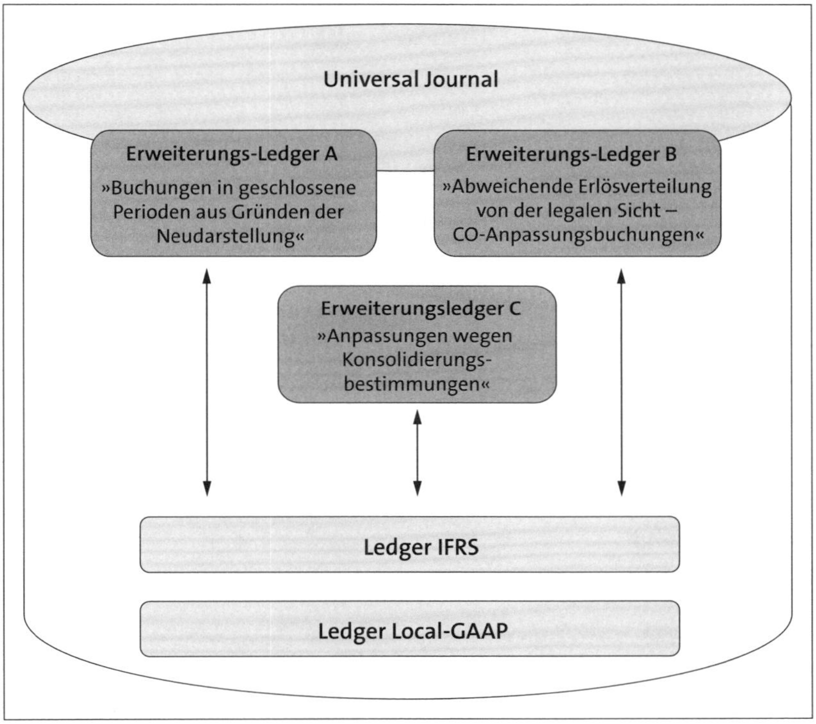

Abbildung 4.28 Funktionen des Erweiterungs-Ledgers

Die folgenden Transaktionen werden im Erweiterungs-Ledger seit SAP-S/4HANA unterstützt:

- manuelle Buchungen (SAP-Fiori-Apps oder die Transaktionen FB01L, FBB1, KB11N und KB41N)
- Fremdwährungsbewertung (Transaktion FBB1)
- GL-Allokationen

Im Reporting wird das Erweiterungs-Ledger in allen Reports mit dem Feld **Ledger** unterstützt. Damit können Sie das Erweiterungs-Ledger immer auswerten. Das Erweiterungs-Ledger wird natürlich auch in den SAP-Fiori-Apps entsprechend unterstützt.

In Abbildung 4.29 sehen Sie, dass man Erweiterungs-Ledger ineinander verschachteln kann, da verschiedene Erweiterungs-Ledger aufeinander aufbauen können. Dabei kennt jedes Erweiterungs-Ledger das ihm zugrunde liegende Ledger, das auch ein Erweiterungs-Ledger sein kann.

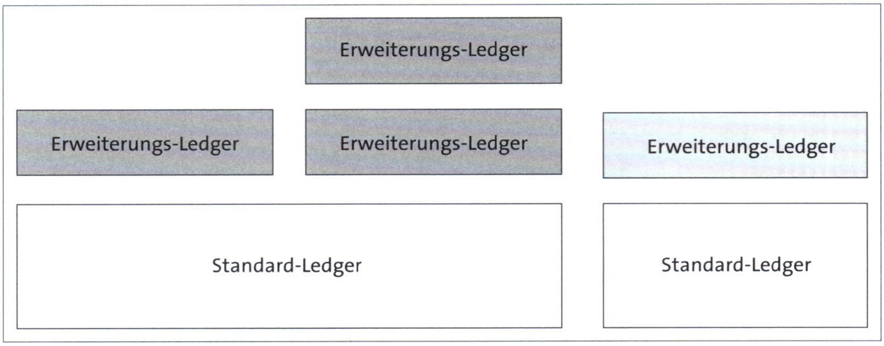

Abbildung 4.29 Verschachtelung von Erweiterungs-Ledgern mit einem Ledger

Die Anwendungsbereiche für Erweiterungs-Ledger können vielfältig sein. Meist wird sich jedoch eine Anwendung dafür im Bereich Controlling finden, da wir im externen Rechnungswesen in der Regel volle Ledger benötigen, insbesondere um dort die jeweilige Rechnungslegung auch in der Anlagenbuchhaltung abbilden zu können. Anwendungen für Erweiterungs-Ledger können sein:

- Obligo
- Kundeneingangsbestand
- statistische Konditionen in SD

[»]

Einschränkung des Erweiterungs-Ledgers

Sofern Sie sich für den Einsatz eines Erweiterungs-Ledgers entscheiden, bedenken Sie, dass SAP kein Migrationsszenario anbietet, mit dem Sie ein Erweiterungs-Ledger in ein Standard-Ledger umwandeln können. Sollte sich diesbezüglich im Laufe der Jahre Bedarf für Sie einstellen, stellt SAP ein Migrationsszenario zur Einführung einer weiteren Rechnungslegungsvorschrift zur Verfügung. Nachdem Sie eine weitere Rechnungslegungsvorschrift als Kopie einer bestehenden Rechnungslegungsvorschrift angelegt haben, müssen Sie noch die Werte in der neuen Rechnungslegungsvorschrift entsprechend Ihren Erfordernissen bzw. bisherigen Werten im Erweiterungs-Ledger anpassen.

Abbildung 4.30 zeigt einen tabellarischen Überblick über die vorgenommenen Einstellungen zu einem Ledger und Buchungskreis. Dadurch, dass in SAP S/4HANA wesentlich mehr Währungen parallel geführt werden können als in SAP ERP, ist die Tabelle relativ breit. Die ersten zehn Spalten der Tabelle bilden dabei die Währungen ab, die in Tabelle ACDOCA fortgeschrieben werden. Die letzten drei Spalten bilden die Währungen ab, die in Tabelle BSEG fortgeschrieben werden.

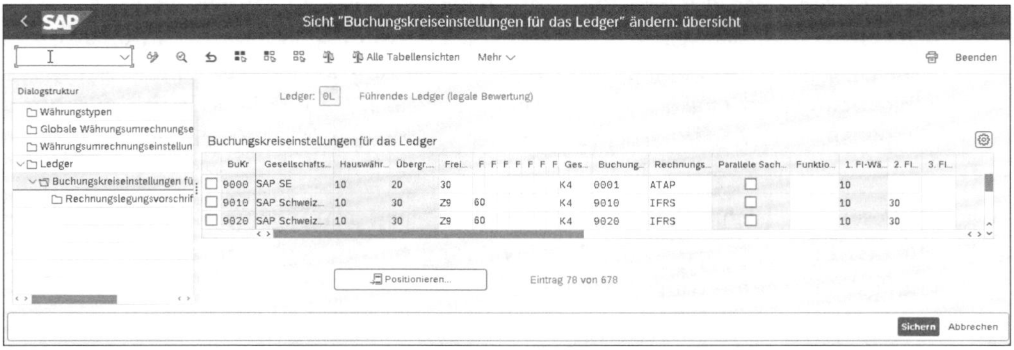

Abbildung 4.30 Überblick über die Buchungskreiseinstellungen für das Ledger

Die *Buchungskreiseinstellungen* für die Ledger enthalten die folgenden Spalten:

- **Hauswährungstyp**: lokale Währung des jeweiligen Buchungskreises
- **Übergr. Währung**: Währung des Kostenrechnungskreises
- **Frei def. Whr 1–8**: frei definierbare Währungen, die mit SAP S/4HANA eingeführt worden sind
- **Geschäftsjahrvariante**: zur Festlegung des Geschäftsjahres Ihres Buchungskreises
- **Buchungsvariante**: bestimmt in Transaktion OB52, welche Buchungsperioden geöffnet sind
- **Rechnungslegung**: gibt die Rechnungslegungsvorschrift an, die für ein Unternehmen in einem bestimmten Ledger definiert ist
- **Parallele Sachkonten**: gibt an, ob Sie parallele Sachkonten anstelle einer Ledger-Lösung nutzen
- **Funktionale Währung**: gibt die Währung Ihres primären wirtschaftlichen Umfelds an
- **1. FI-Währung**: Buchungskreiswährung, also die lokale Währung, in der der Beleg in Tabelle BSEG fortgeschrieben wird
- **2.–3. FI-Währung**: die beiden bereits in SAP ERP verfügbaren parallelen Hauswährungen aus Tabelle BSEG

Wenn Sie in den Buchungskreiseinstellungen (siehe Abbildung 4.30) auf einer Zeile für einen Ihrer Buchungskreise einen Doppelklick ausführen, gelangen Sie in das Fenster **Sicht "Buchungskreiseinstellungen für das Ledger" ändern: Details** (siehe Abbildung 4.31).

[»]

Funktionale Währung

Zur Nutzung und zum Funktionsumfang der funktionalen Währung empfehlen wir Ihnen, den SAP-Hinweis 3200089 (Funktionale Währung in SAP S/4HANA) nachzuschlagen. Falls Sie in Ihrem Buchungskreis die funktionale Währung bisher noch nicht eingesetzt haben, könnte der SAP-Hinweis 3231246 (Migration von ACDOCA und BSEG nach Änderung der funktionalen Währung) für Sie hilfreich sein.

In dieser Detailsicht sehen Sie die zurzeit angelegten Währungen. Über einen Klick auf den Button [⊕ Währung] (**Nächste Währung hinzufügen**) können Sie Ihrem Buchungskreis weitere Währungen hinzufügen.

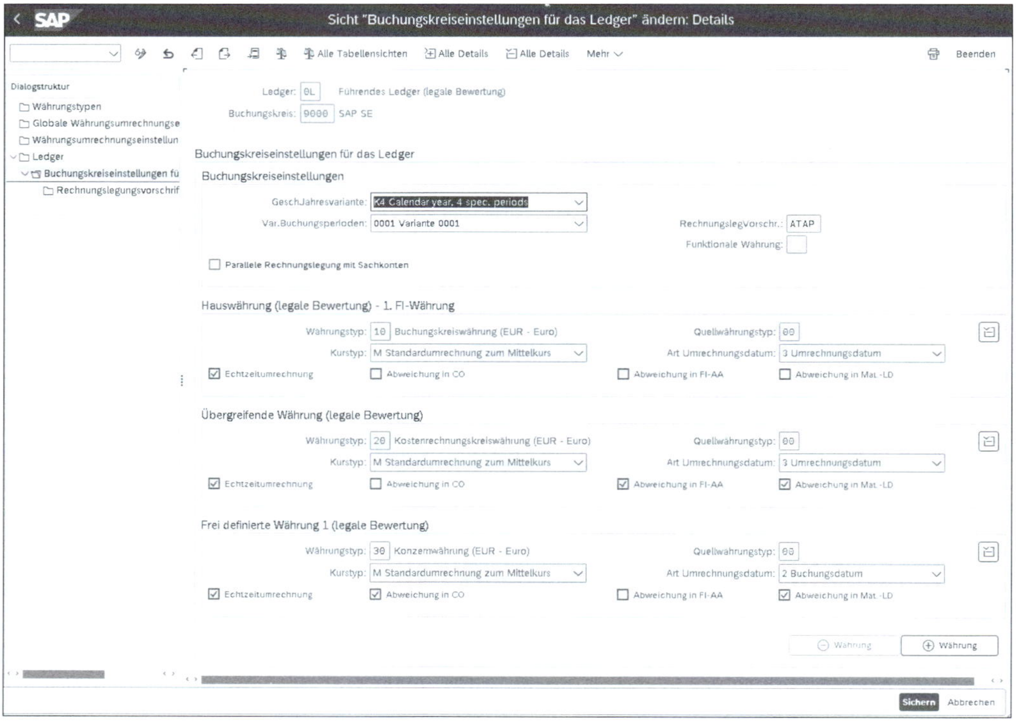

Abbildung 4.31 Detailsicht der Buchungskreiseinstellungen für das Ledger

[»]

Einführung neuer Währungen

Wie bisher in SAP ERP können Sie auch in SAP S/4HANA nicht einfach zusätzliche Währungen für produktive Buchungskreise einführen! Dazu ist immer eine Migration notwendig. Dazu wird SAP in SAP-S/4HANA-Release 1809 ein Standard-Migrationsszenario anbieten, mit dem Sie nachträglich weitere frei definierbare Währungen in Tabelle ACDOCA einführen können. Bisher gibt es dafür nur eine Zwischenlösung, über die Sie sich in SAP-Hinweis 2414699 (Buchungskreis einem Kostenrechnungskreis zuordnen: Massendatenprojekt für die Aktualisierung bestehender Buchungsbelege) informieren können.

Die Einstellungen für die parallelen Währungen in SAP S/4HANA unterscheiden sich von der Vorgehensweise in SAP ERP und sind wesentlich konsequenter: Die Kostenrechnungskreiswährung wird jetzt immer in Tabelle ACDOCA als Gesellschaftswährung fortgeschrieben (siehe Abbildung 4.31). Bei neu angelegten Buchungskreisen wird die Gesellschaftswährung automatisch als 2. FI-Währung in Tabelle BSEG fortgeschrieben. Damit wird eine bessere Abstimmbarkeit dieser beiden Tabellen ermöglicht.

[«]

Parallele 2. und 3. FI-Hauswährung

Die beiden parallelen Hauswährungen (2. und 3. FI-Hauswährung) haben (auch zukünftig) Auswirkungen auf die Anlagenbuchhaltung. Da die Anlagenbuchhaltung parallele Hauswährungen nur über parallele Bewertungsbereiche abbilden kann, sind Sie damit gezwungen, für parallele Währungen entsprechende parallele Bewertungsbereiche in der Anlagenbuchhaltung anzulegen.

Die Gesellschaftswährung wird darüber hinaus in jedem Ihrer Ledger als 2. FI-Währung automatisch für neu angelegte Buchungskreise bzw. Ledger fortgeschrieben. Somit verbleibt nur die 3. FI-Währung für weitere Anforderungen hinsichtlich Ihrer parallelen Währungen.

Zurzeit ist die Währungsumrechnung von frei definierbaren Währungen in Tabelle ACDOCA noch nicht in allen SAP-S/4HANA-Komponenten durchgängig möglich bzw. erfolgt nicht genau gleich wie die bisherigen parallelen Hauswährungen aus SAP ERP. SAP arbeitet daran, die frei definierbaren Währungen in den nächsten Jahren in weitere SAP-S/4HANA-Komponenten zu integrieren. Da dies jeweils sehr umfangreiche Coding-Anpassungen erfordert, kann die Integration nur Schritt für Schritt erfolgen.

[«]

Parallele Hauswährungen pro Ledger

In nicht führenden Ledgern können Sie nur die parallele 2. und 3. Hauswährung auswählen, die Sie dem führenden Ledger zugeordnet haben. Beabsichtigen Sie, einem nicht führenden Ledger einen weiteren Währungstyp als 2. oder 3. FI-Währung zuzuordnen, sind Sie gezwungen, diese auch im führenden Ledger zu führen. Dies hat wiederum Auswirkungen auf die Anzahl der Bewertungsbereiche in der Anlagenbuchhaltung.

Für die Zuordnung Ihrer Buchungskreise zu einem Ledger rufen Sie Transaktion FINSC_LEDGER auf, oder Sie folgen dem Customizing-Pfad **Finanzwesen • Grundeinstellungen Finanzwesen • Bücher • Ledger • Einstellungen für Ledger und Währungstypen definieren**. Markieren Sie eines Ihrer Ledger, und klicken Sie doppelt auf **Buchungskreiseinstellungen für das Ledger**. Nun sehen Sie die Ihrem nicht führenden Ledger zugeordneten Buchungskreise. In unserem Beispiel sind noch keine Einträge erfolgt (siehe Abbildung 4.32).

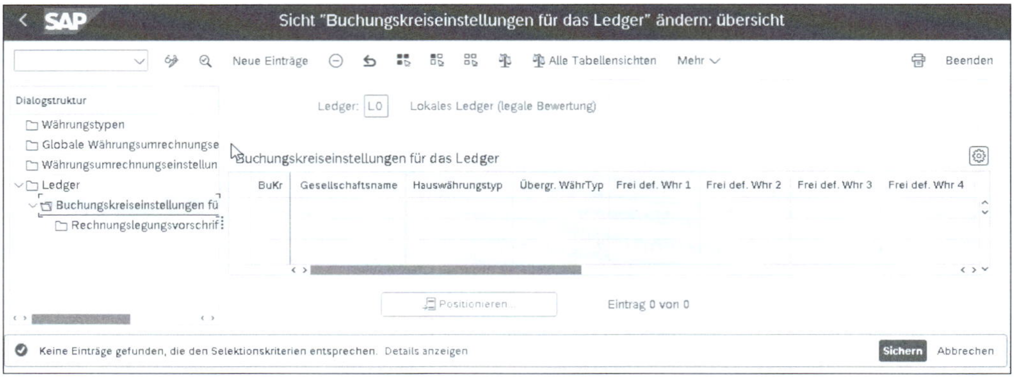

Abbildung 4.32 Zu Ledger LO zugeordnete Buchungskreise

Klicken Sie nun auf **Neue Einträge**, oder drücken Sie die Taste F5, um einen weiteren Buchungskreis hinzuzufügen. Tragen Sie Ihren Buchungskreis (Feld **Buchungskreis**) ein, oder wählen Sie ihn mit der F4-Wertehilfe aus (siehe Abbildung 4.33).

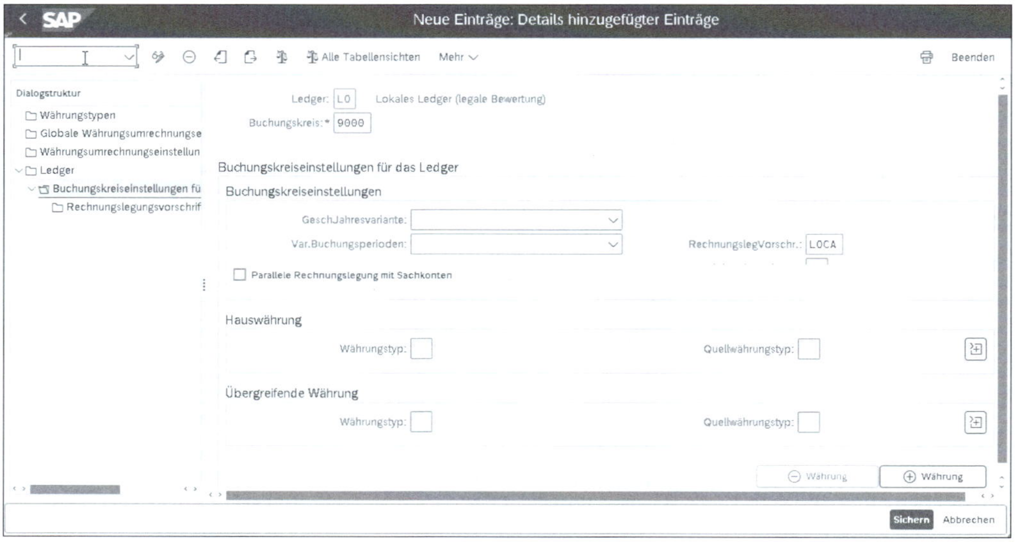

Abbildung 4.33 Buchungskreis zu Ledger LO zuordnen

Bestätigen Sie Ihre Eingabe mit der [↵]-Taste. Diese stößt diverse Konsistenzprüfungen an. Lesen Sie sich den Inhalt des Pop-up-Fensters **Konsistenzprüfung** genau durch (siehe Abbildung 4.34).

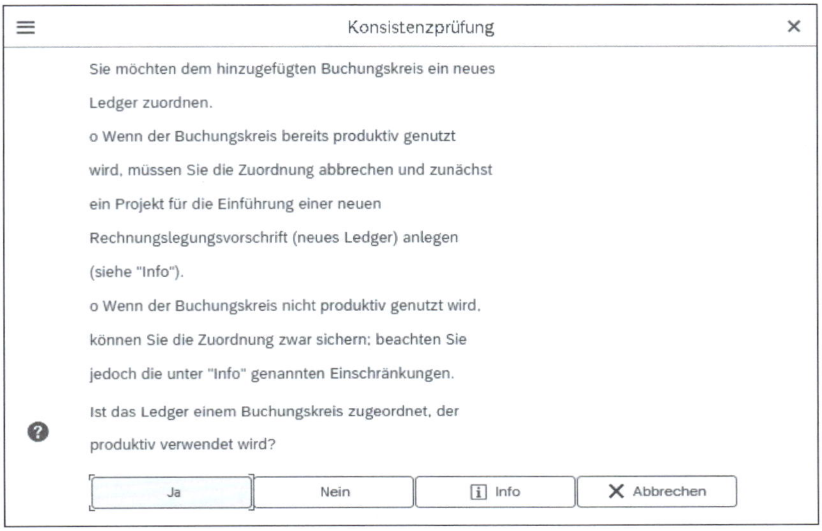
Konsistenzprüfung
Sie möchten dem hinzugefügten Buchungskreis ein neues Ledger zuordnen.
o Wenn der Buchungskreis bereits produktiv genutzt wird, müssen Sie die Zuordnung abbrechen und zunächst ein Projekt für die Einführung einer neuen Rechnungslegungsvorschrift (neues Ledger) anlegen (siehe "Info").
o Wenn der Buchungskreis nicht produktiv genutzt wird, können Sie die Zuordnung zwar sichern; beachten Sie jedoch die unter "Info" genannten Einschränkungen.
Ist das Ledger einem Buchungskreis zugeordnet, der produktiv verwendet wird?
Ja
Nein
Info
Abbrechen

Abbildung 4.34 Pop-up-Fenster zur Konsistenzprüfung

Wenn Sie im Pop-up-Fenster **Konsistenzprüfung** mit **Ja** antworten, erhalten Sie die folgende Fehlermeldung: »Für produktive Buchungskreise muss ein Projekt genutzt werden« (Meldungsnummer FAGL_MIG223). Diese Fehlermeldung verweist auf den Customizing-Punkt **Nachträgliche Einführung einer weiteren Rechnungslegungsvorschrift**.

> **Einführung einer weiteren Rechnungslegungsvorschrift**
> Ebenso wie in SAP ERP können Sie auch in SAP S/4HANA bei produktiv genutzten Buchungskreisen nicht einfach eine neue Rechnungslegungsvorschrift, also ein Ledger hinzufügen. Dies bedarf immer einer Migration. SAP unterstützt dies mit dem Migrationsszenario für die nachträgliche Einführung einer weiteren Rechnungslegungsvorschrift.

Um unserem Buchungskreis 9000, der noch nicht produktiv genutzt wird, ein weiteres Ledger hinzuzufügen, klicken Sie auf **Nein**. Nachdem Sie die Frage im Pop-up-Fenster **Konsistenzprüfung** mit **Nein** beantwortet haben, werden die notwendigen Einstellungen übernommen (siehe Abbildung 4.35). Gehen Sie mit der Taste [F3] oder durch einen Klick auf [<] (**Zurück**) zurück, und sichern Sie Ihre Eingaben durch einen Klick auf [Sichern] (**Sichern**) oder über die Tastenkombination [Strg] + [S].

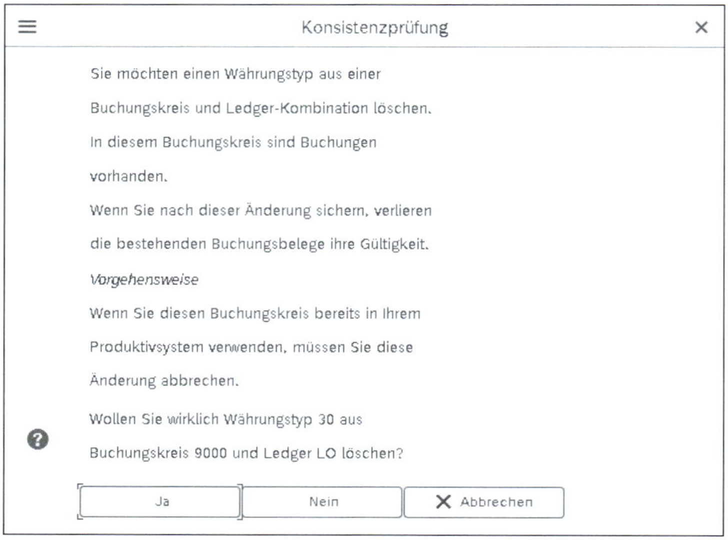

Abbildung 4.35 Automatisch gezogene Einträge für Buchungskreis und Ledger

Anschließend wiederholen Sie den soeben beschriebenen Vorgang für alle anderen Buchungskreise, die Sie abbilden möchten. In unserem Beispiel sollen die Buchungskreise 9000 und 9010 die gleichen Ledger-Einstellungen und Ledger erhalten. Abbildung 4.36 zeigt die finale Ausprägung der Ledger-Buchungskreis-Kombination für unser Beispiel.

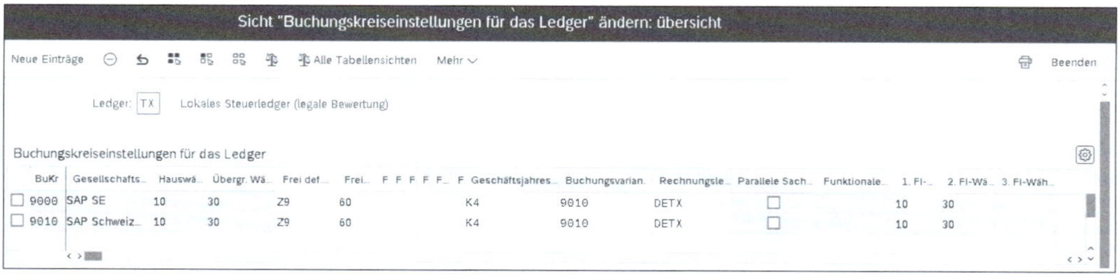

Abbildung 4.36 Customizing-Ledger für 9000 und 9010

Das Ledger LO, das die lokale handelsrechtliche Rechnungslegung abbildet, ist analog dazu eingestellt worden.

Einfachheitshalber haben wir die *Buchungsvariante* für alle Ledger gleich ausgeprägt. Mit der Buchungsvariante steuern Sie, welche Buchungsperioden Sie für welche Buchungskreise und Ledger öffnen können. Erfahrungsgemäß nutzen die Kunden zwei gegensätzliche Varianten:

- **Eigene Buchungsvariante für jede Buchungskreis-Ledger-Kombination**
  Die erste Variante wäre, für jede Kombination aus Buchungskreis und Ledger jeweils eine eigene Buchungsvariante anzulegen und zuzuordnen. Dies hat den Vorteil, dass die Buchungsperioden für jede Buchungskreis-Ledger-Kombination separat geöffnet und geschlossen werden können. Allerdings ist die Pflege des Customizings und der Buchungsperioden in dieser Variante etwas aufwendiger.
- **Gleiche Buchungsvariante für jede Buchungskreis-Ledger-Kombination**
  Die zweite Variante wäre, für mehrere Buchungskreise und Ledger die gleiche Buchungsvariante zu verwenden. Damit lassen sich die Buchungsperioden gleichzeitig für mehrere Ledger bzw. Buchungskreise öffnen. Dies vereinfacht zwar Customizing und Pflege der Buchungsperioden, birgt aber das Risiko, dass ein Anwender unbeabsichtigt in einem bereits eigentlich abgeschlossenen Buchungskreis bzw. in einer abgeschlossenen Buchungsperiode nochmals Buchungen vornimmt.

Wir empfehlen die erste Variante, weil sie zum einen unterschiedliche zeitliche Anforderungen im Hinblick auf die Abschlusserstellung und damit auf das Schließen der Buchungsperioden erfüllen kann und zum anderen Falschbuchungen erschwert.

Über die Buttons (**Einträge der aktuellen Tabellensicht prüfen**) und [Alle Tabellensichten] (**Einträge aller Tabellensichten prüfen**) können Sie Ihre Einstellungen jederzeit prüfen. Diese Prüfungen finden ohnehin bei jedem Sichern, Verlassen oder Aufrufen von Transaktion FINSC_LEDGER statt. Wenn Sie die Prüfung für die aktuelle Tabellensicht anstoßen möchten, klicken Sie auf (**Einträge der aktuellen Tabellensicht prüfen**). Mit dem Button [Alle Tabellensichten] (**Einträge aller Tabellensichten prüfen**) stoßen Sie die Prüfung für alle Tabellensichten an.

Klicken Sie nun mit der linken Maustaste im Navigationsbaum doppelt auf **Rechnungslegungsvorschrift f. Ledger u. BuchKreis**. Damit gelangen Sie in das Fenster **Sicht »Rechnungslegungsvorschrift f. Ledger u. BuchKreis« ändern: über**.

Sie sollten jeder Kombination aus Ledger und Buchungskreis eine Rechnungslegungsvorschrift zuordnen. Bevor Sie eine Rechnungslegungsvorschrift zuordnen können, müssen Sie diese anlegen bzw. die Einstellungen überprüfen (siehe Abschnitt 4.2.5, »Rechnungslegungsvorschrift anlegen«).

Gehen Sie dazu wie folgt vor: Klicken Sie auf **Neue Einträge**, oder drücken Sie die Taste [F5]. In dem folgenden Bild können Sie neue Einträge anlegen und über die [F4]-Wertehilfe Einträge auswählen. Es ist möglich, dass Sie für Ihren Buchungskreis bereits Einträge vorfinden, wie in Abbildung 4.37 gezeigt; dann sind diese von der Buchungskreisvorlage mitkopiert worden. Sie können diese Zuordnungen löschen und die für Ihre Anforderungen benötigten Zuordnungen hinzufügen.

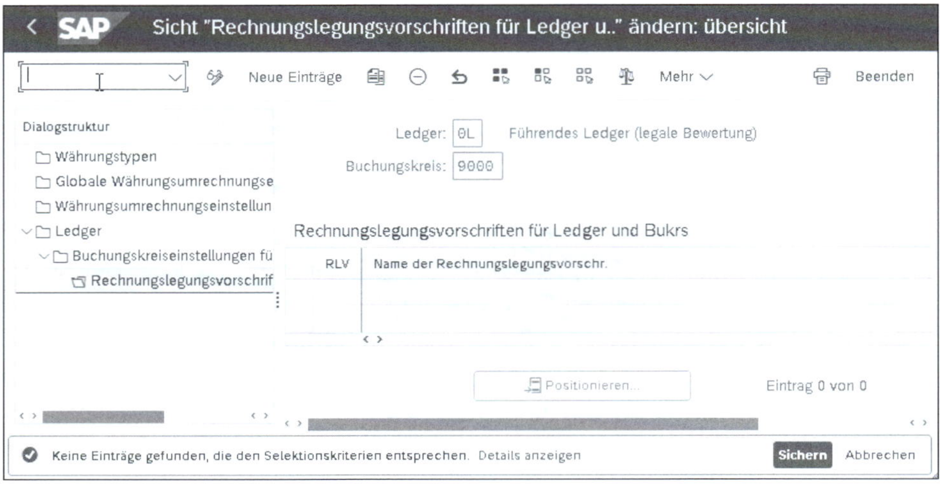

Abbildung 4.37 Rechnungslegungsvorschrift einer Buchungskreis-Ledger-Kombination zuordnen

Abbildung 4.38 zeigt die zugeordnete Rechnungslegungsvorschrift IFRS für unser führendes Ledger 0L. Grundsätzlich sollten Sie jedem Ledger genau eine Rechnungslegungsvorschrift zuordnen.

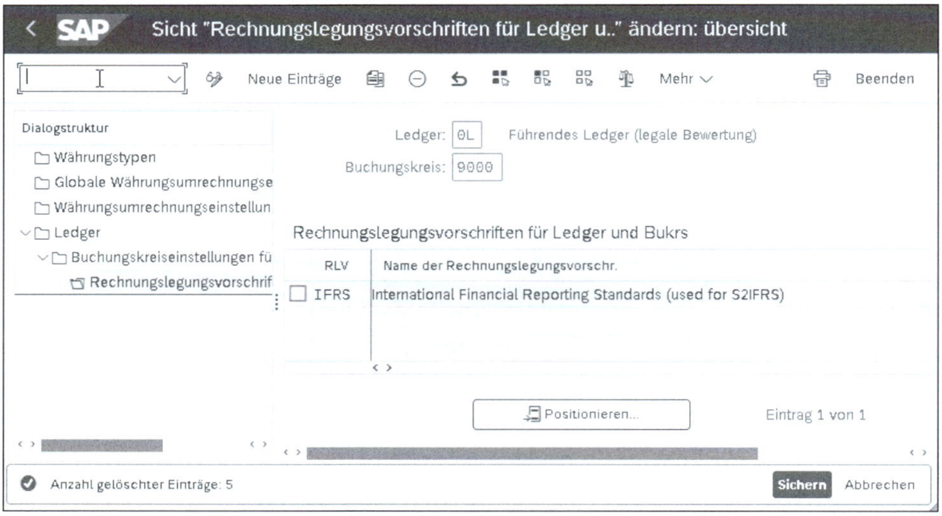

Abbildung 4.38 Zugeordnete Rechnungslegungsvorschrift

In SAP S/4HANA 1709 wird dies noch nicht verprobt. Dieses Customizing ist rein informativ und findet keine weitere Verwendung, außer Sie buchen über RE-FX in die

Anlagenbuchhaltung oder per BAdI ACC_DOCUMENT_POST. Man kann die Rechnungslegungsvorschrift zusätzlich direkt im Ordner **Ledger** zugeordnet werden. Alle neuen Reports, die SAP in Zukunft ausliefern wird, werden die Rechnungslegungsvorschrift im Ordner **Ledger** abgreifen.

Damit haben Sie Ihre Einstellungen für die Ledger und Buchungskreise abgeschlossen und können Transaktion FINSC_LEDGER verlassen. Dazu drücken Sie mehrfach die Taste [F3] oder klicken auf den Button [<] (**Zurück**), bis Sie sich wieder im Customizing-Pfad befinden.

[«]

Rechnungslegungsvorschrift

Jedem Ledger sollte genau eine Rechnungslegungsvorschrift zugeordnet werden, denn jedes Ledger kann ja nur genau einer Rechnungslegung entsprechen. In der Vergangenheit hat man meist Ledger in Ledger-Gruppen kombiniert und so auch in Rechnungslegungsvorschriften, um bestimmte Abschlussarbeiten nur einmal ausführen zu müssen. Dies wird nicht mehr empfohlen, da es dem Principal of one widerspricht.

[«]

Einstellungen vor der Conversion zu SAP S/4HANA

Vor einer SAP-S/4HANA-Conversion müssen ebenfalls Einstellungen in Transaktion FINSC_LEDGER vorgenommen werden. Diese beschränken sich aber auf die notwendigsten Einstellungen, um die SAP-S/4HANA-Conversion durchführen zu können (siehe Kapitel 14, »Migration nach SAP S/4HANA«).

Im Lebenszyklus eines Buchungskreises kann es vorkommen, dass Sie das eine oder andere Ledger nicht mehr benötigen. Sie können es entweder weiterhin fortschreiben und einfach die darin gebuchten Belege/Zahlen nicht mehr betrachten. Oder Sie können das betreffende Ledger ab einem bestimmten Geschäftsjahr deaktivieren. Für die Deaktivierung folgen Sie dem Customizing-Pfad **Finanzwesen • Grundeinstellungen Finanzwesen • Bücher • Bücher • Ledger für einen Buchungskreis deaktivieren**. In der Sicht **Deaktivierung eines Hauptbuchs** können Sie durch die Eintragung eines Geschäftsjahres in der Spalte **bis GJahr** die Deaktivierung vornehmen (siehe Abbildung 4.39).

Bis zum eingetragenen Geschäftsjahr wird das Ledger noch fortgeschrieben, aber im darauffolgenden Geschäftsjahr nicht mehr. Da dies geschäftsjahresabhängig ist, können Sie im folgenden Geschäftsjahr noch die Abschlussbuchungen für das vorangegangene Geschäftsjahr fertigstellen. Sie können das Ledger nicht wieder aktivieren, sollten Sie es doch wieder benötigen!

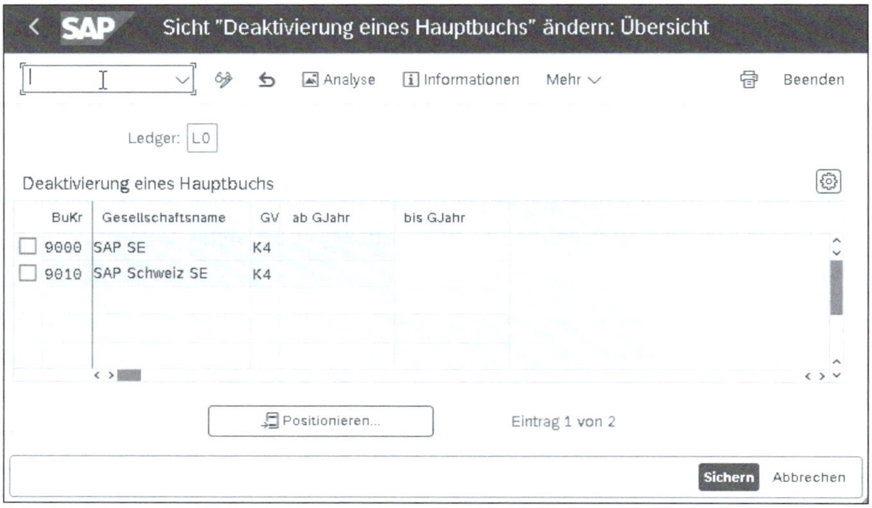

Abbildung 4.39 Ledger deaktivieren

Nun, da das Customizing der Ledger abgeschlossen ist, schauen wir uns das Customizing der Buchungsvarianten an. Für die Anlage von Buchungsvarianten folgen Sie dem Customizing-Pfad **Finanzwesen • Grundeinstellungen Finanzwesen • Bücher • Geschäftsjahr und Buchungsperioden • Buchungsperioden • Varianten für offene Buchungsperioden definieren**. Die Varianten für offene Buchungsperioden, auch *Buchungsvarianten* genannt, bestehen nur aus einem technischen Schlüssel und einer sprechenden Bezeichnung. Klicken Sie auf **Neue Einträge**, oder drücken Sie die Taste F5, und pflegen Sie die Spalten **Variante** und **Bezeichnung** entsprechend Ihren Anforderungen (siehe Abbildung 4.40).

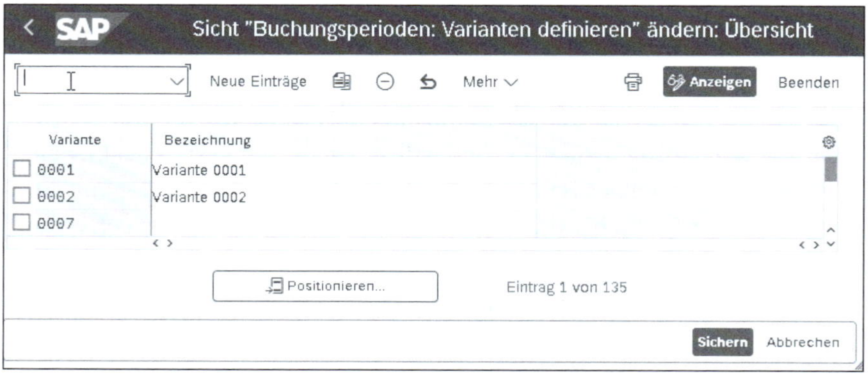

Abbildung 4.40 Buchungsvarianten anlegen

Klicken Sie zum Sichern Ihrer Änderungen auf Sichern (**Sichern**), bzw. drücken Sie die Tastenkombination Strg + S, oder verlassen Sie die Sicht mit F3 oder durch einen Klick auf [<] (**Zurück**). Nun können Sie die Buchungsvarianten Ihren Buchungskreisen bzw. den Buchungskreisen der jeweiligen Ledger zuordnen.

In unserer Beratungspraxis beobachten wir häufig, dass Unternehmen eine SAP S/4HANA Conversion übereilt durchführen oder bei einer Neuimplementierung dem Ledger- und Währungskonzept zu wenig Aufmerksamkeit schenken. Dies kann kurz nach dem Go-live von SAP S/4HANA zu vermeidbarem Änderungsbedarf und somit zu einem Folgeprojekt führen.

Zwar ist die nachträgliche Einführung weiterer Rechnungslegungsvorschriften möglich, jedoch nur mit Einschränkungen. Wir empfehlen Ihnen daher dringend, die SAP-Online-Hilfe zu diesem Thema zu lesen:

https://help.sap.com/docs/SAP_S4HANA_ON-PREMISE/67e323b7117e4c91869c258933f47182/7e71fb579881ed0ee10000000a4450e5.html?locale=de-DE (Kurz-URL: *http://s-prs.de/v10687004*)

Wir haben häufig beobachtet, dass Ledger auf Vorrat angelegt werden, was zu unnötigem Datenvolumen in der Tabelle ACDOCA führt. Unter bestimmten Umständen kann ein aktives, nicht-führendes Ledger deaktiviert werden – allerdings ist dies nicht immer möglich.

Zur Analyse empfehlen wir Ihnen, den Report FAGL_CHECK_LEDGER_DEACTIVATION zu starten. Sollten Fehlermeldungen auftreten, die eine Deaktivierung verhindern, kontaktieren Sie den SAP-Support. Dieser kann prüfen, ob eine Deaktivierung dennoch durchführbar ist.

Bitte beachten Sie: Die Einführung weiterer Währungen in der Tabelle ACDOCA ist zwar möglich, sollte jedoch nicht mit der zweiten oder dritten Hauswährung (auch bekannt als FI-Währung) in der Tabelle BSEG gleichgesetzt werden.

[«]

Ledger- und Währungskonzept in SAP S/4HANA

Implementieren Sie ausschließlich die aktuell benötigten Ledger, da nicht genutzte Ledger das Datenvolumen unnötig erhöhen. Bitte beachten Sie: Die nachträgliche Einführung von nicht-führenden Ledgern mit verschobenem Geschäftsjahr ist nicht möglich. Details hierzu finden Sie in der SAP-Online-Hilfe unter »Nachträgliche Einführung einer weiteren Rechnungslegungsvorschrift«.

Auch die nachträgliche Einführung weiterer FI-Währungen ist nur mit erheblichem Aufwand realisierbar.

Plant Ihr Unternehmen eine SAP S/4HANA Conversion, sollten Sie frühzeitig und sorgfältig prüfen, ob Vorprojekte in SAP ERP erforderlich sind. Diese Vorprojekte sind in SAP ERP meist deutlich zeit- und kostengünstiger durchzuführen als vergleichbare Projekte in SAP S/4HANA.

Im nächsten Abschnitt beschäftigen wir uns mit der Anlage bzw. Kontrolle der Ledger-Gruppen.

4.2.2 Ledger-Gruppe

Eine *Ledger-Gruppe* ist eine Zusammenfassung beliebiger Ledger zur gemeinsamen Verarbeitung in den Funktionen und Prozessen der Hauptbuchhaltung. Beim Buchen können Sie z. B. die Fortschreibung der einzelnen Buchungen auf eine Ledger-Gruppe einschränken. Damit wird nur auf die Ledger gebucht, die der Ledger-Gruppe zugeordnet sind. Folgen Sie dazu dem Customizing-Pfad **Finanzwesen • Grundeinstellungen Finanzwesen • Bücher • Ledger • Ledger-Gruppe definieren**.

Für jedes angelegte Ledger wird automatisch eine Ledger-Gruppe angelegt. Diese Ledger-Gruppe hat dann jeweils genau ein Ledger. Dieses Ledger wird gleichzeitig als *repräsentatives Ledger* in der Gruppe verwendet. Das Kennzeichen **Re.Ledger** ist gesetzt (siehe Abbildung 4.41).

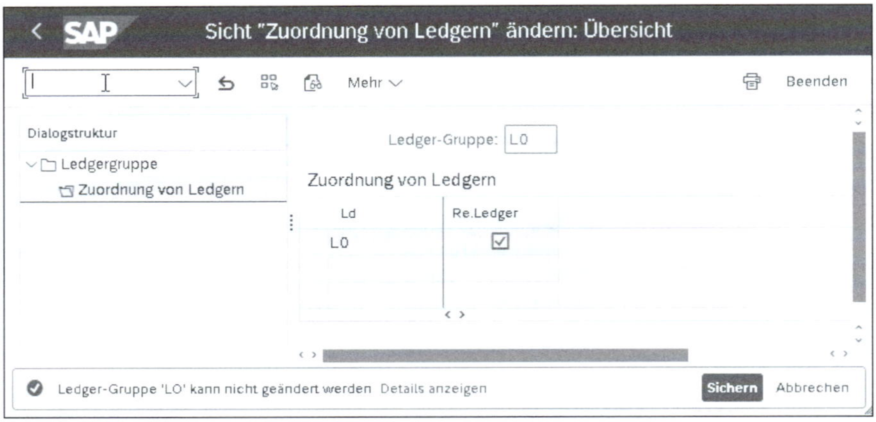

Abbildung 4.41 Automatisch angelegte Ledger-Gruppe L0

In der Ledger-Gruppe muss es immer genau ein repräsentatives Ledger geben, sofern das führende Ledger nicht Teil dieser Ledger-Gruppe ist. Ansonsten ist das führende Ledger als repräsentatives Ledger markiert.

Über das repräsentative Ledger werden beim Buchen die Buchungsperioden ermittelt. Außerdem wird geprüft, ob die Buchungsperioden geöffnet sind. Im Tagesgeschäft benötigen Sie unter Umständen weitere Ledger-Gruppen, z. B. für die Fremdwährungsbewertung. Dies ist dann erforderlich, wenn Sie mehrere Rechnungslegungsvorschriften gleichzeitig bewerten möchten, weil es bei Ihnen hier keine Unterschiede gibt. Dazu benötigen Sie eine Ledger-Gruppe, die mehrere Ledger vereint.

Anschließend können Sie diese zusätzliche Ledger-Gruppe in einer weiteren Rechnungslegungsvorschrift zuordnen. Für die Anlage einer weiteren Ledger-Gruppe gehen Sie wie folgt vor: Folgen Sie dem Customizing-Pfad **Finanzwesen • Grundeinstellungen Finanzwesen • Bücher • Ledger • Ledger-Gruppe definieren**. Wählen Sie den Button **Neue Einträge**, oder drücken Sie die Taste [F5]. Es öffnet sich das Bild **Neue Einträge: Übersicht Hinzugefügte** (siehe Abbildung 4.42).

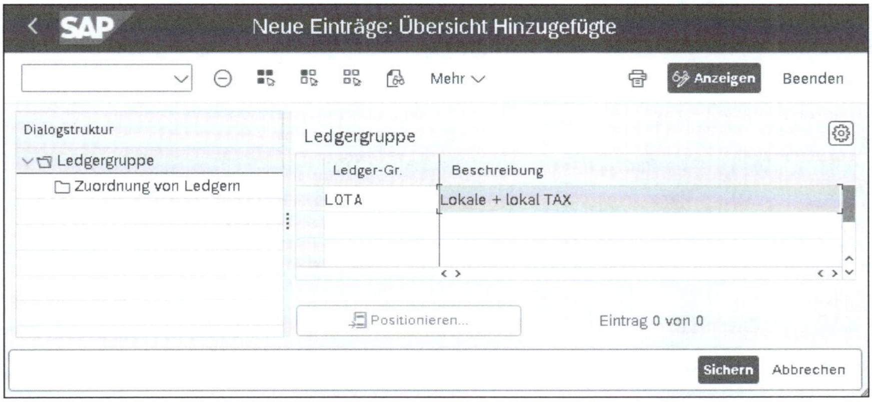

Abbildung 4.42 Neue Ledger-Gruppe anlegen

Vergeben Sie einen technischen Namen in der Spalte **Ledger-Gr.** und in der Spalte **Beschreibung** eine Beschreibung, und drücken Sie anschließend die Taste [↵]. Markieren Sie danach den neu erstellen Eintrag, und klicken Sie mit der linken Maustaste doppelt in der Dialogstruktur auf **Zuordnung von Ledgern**. Wählen Sie nun den Button **Neue Einträge**, oder drücken Sie die Taste [F5]. Im folgenden Bild können Sie Ihre Ledger (Spalte **Ld**) eintragen. Drücken Sie auf [↵], um Ihre Einstellungen zu bestätigen, und setzen Sie das Kennzeichen **Re.Ledger** bei einem der zugeordneten Ledger (siehe Abbildung 4.43).

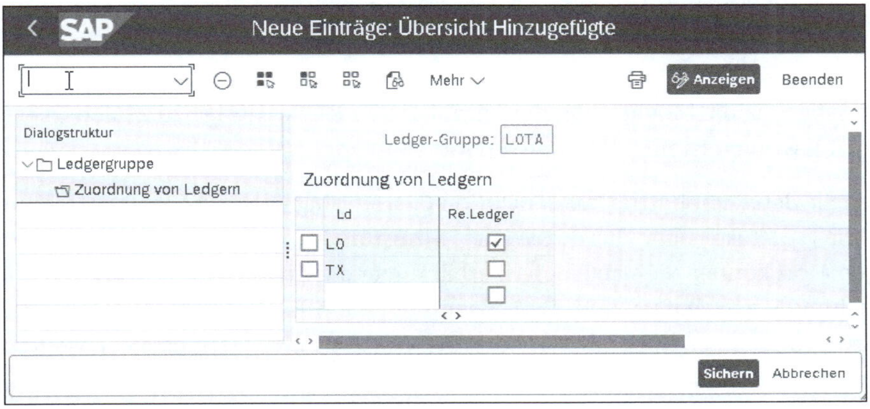

Abbildung 4.43 Ledger zur neuen Ledger-Gruppe zuordnen

Sichern Sie Ihre Einträge durch das Anklicken von Sichern (**Sichern**) oder über die Tastenkombination [Strg] + [S]. Anschließend können Sie das Bild über [F3] oder den Button < (**Zurück**) verlassen. Sie haben nun erfolgreich ein Ledger einer Ledger-Gruppe zugeordnet.

Wie in diesem Abschnitt bereits erwähnt, ist diese Art, Ledger-Gruppen anzulegen, möglich, aber nicht empfehlenswert. Gerade bei kompletten Neueinführungen von SAP S/4HANA auf der grünen Wiese sollten Sie so nicht mehr vorgehen. Die einzige Ausnahme wäre hier die Anlagenbuchhaltung, wenn Sie es mit zwischen den Ledgern verschobenen Geschäftsjahren zu tun haben, da dies die Anlagenbuchhaltung nur so unterstützen kann.

Im nächsten Abschnitt beschäftigen wir uns mit einer Funktion, die Ihnen schnell einen Überblick über Ihre vorgenommenen Einstellungen gibt – dem *SAP G/L Monitor*.

4.2.3 SAP G/L Monitor

Mit dem SAP G/L Monitor können Sie schnell und einfach Ihre Einstellungen im Hauptbuch kontrollieren, ohne dass Sie jeden Customizing-Punkt einzeln aufrufen müssen. Über Transaktion NGLM rufen Sie den SAP G/L Monitor auf. Es stehen Ihnen die folgenden Auswertungsmöglichkeiten zur Verfügung, die Sie über die Radiobuttons einfach im Bereich **Analyseoption** steuern können (siehe Abbildung 4.44):

- **Customizing Orgstruktur**
  Mit dieser Analyseoption erhalten Sie einen schnellen Überblick über Ihre Organisationsstruktur (Kostenrechnungskreis, Buchungskreise und Ledger). Sie können weiterhin in die einzelnen Einstellungen im Customizing abspringen bzw. sich diese anzeigen lassen.
- **Belegaufteilung**
  In dieser Analyseoption erhalten Sie einen schnellen Überblick über die wichtigsten Einstellungen zur Belegaufteilung.
- **Datenanalyse**
  Hier haben Sie die Möglichkeit, die Anzahl der Tabelleneinträge zu zählen. Diese Funktion wird meist nur vom SAP-Support genutzt.

Belassen Sie den Radiobutton auf der Option **Customizing Orgstruktur**, und drücken Sie auf die [F8]-Taste, oder klicken Sie auf (**Ausführen**), um in das nächste Bild zu gelangen. Dort können Sie sich einen Überblick über die Organisationsstruktur Ihres Unternehmens verschaffen und die Ledger, die einem Buchungskreis zugeordnet sind, überprüfen. Über einen Klick auf den Button (**IMG**) können Sie in weitere relevante Customizing-Einstellungen abspringen und sich diese anschauen. In Abbildung 4.45 sehen Sie die Optionen, aus denen Sie wählen können.

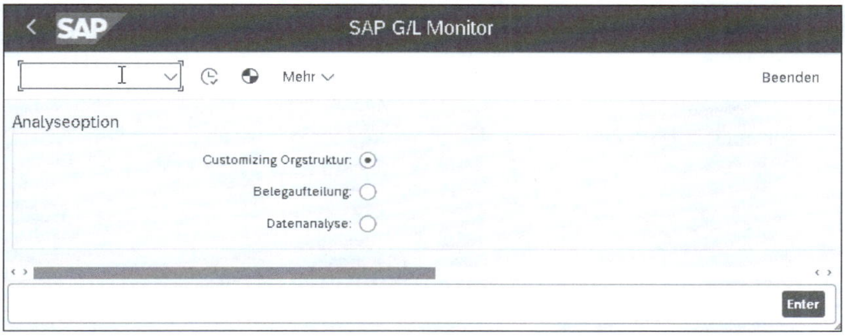

Abbildung 4.44 Analyseoption im SAP G/L Monitor

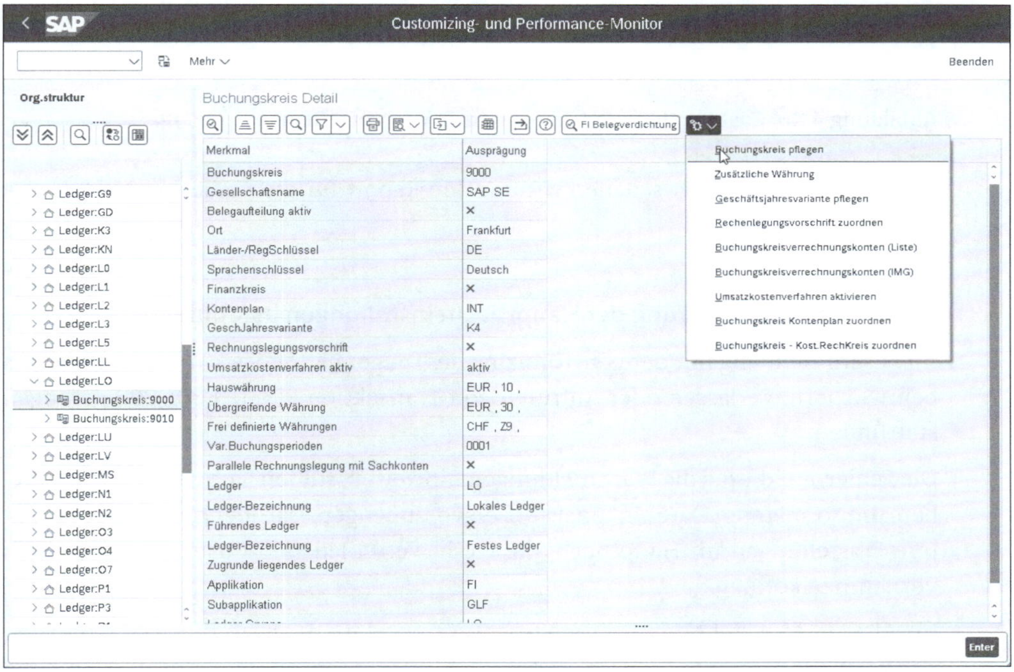

Abbildung 4.45 Customizing- und Performance-Monitor – Organisationsstruktur

Anschließend können Sie über die Taste F3 oder einen Klick auf (**Zurück**) das Bild verlassen; Sie kommen nun in die Analyseoptionen zurück. Setzen Sie den Radiobutton als Nächstes auf die Option **Belegaufteilung**, und drücken Sie die Taste F8, oder klicken Sie auf (**Ausführen**). Damit gelangen Sie in das Bild für die Belegaufteilung. Links im Navigationsbaum können Sie den gewünschten Customizing-Punkt durch einen Doppelklick aus der Belegaufteilung auswählen (siehe Abbildung 4.46).

Über einen Klick auf den Button (**IMG**) können Sie in weitere relevante Customizing-Einstellungen abspringen und diese prüfen.

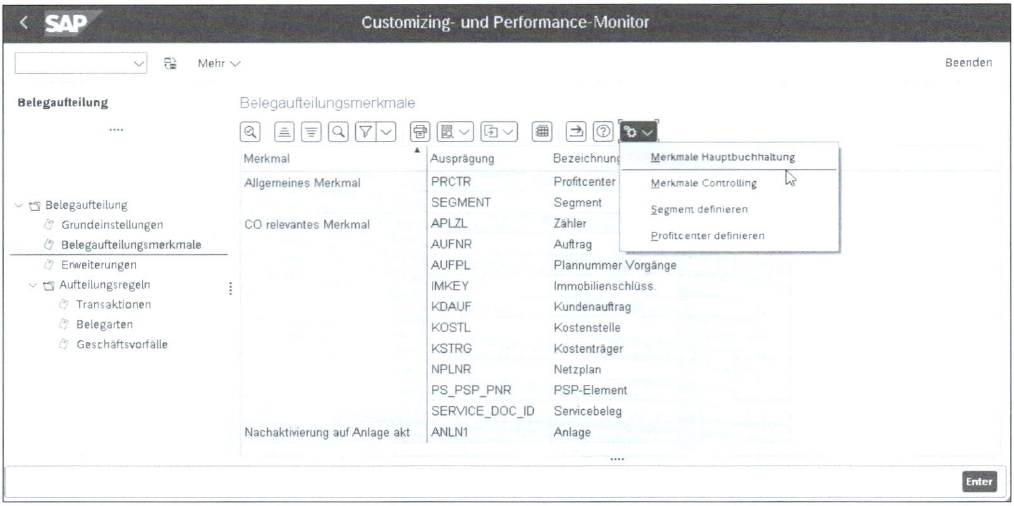

Abbildung 4.46 Customizing- und Performance-Monitor – Belegaufteilung

Im folgenden Abschnitt schauen wir uns den Report für die Konsistenzprüfung im Hauptbuch an.

4.2.4 Konsistenzprüfung der Hauptbucheinstellungen ausführen

Im Zusammenhang mit dem Customizing der Ledger hatten Sie schon gesehen, dass beim Sichern, Verlassen oder Aufrufen von Transaktion FINSC_LEDGER Prüfungen stattfinden.

Die Fehler, auf die Sie die Warnmeldungen hinweisen, sollten Sie auf jeden Fall beheben, um so späteren Dateninkonsistenzen vorzubeugen. Darüber hinaus gibt es weitere Einstellungen im Hauptbuch, die Sie in verschiedenen Customizing-Punkten vornehmen können.

In SAP S/4HANA steht Ihnen ein weiterer Prüfreport für das Hauptbuch-Customizing zur Verfügung, der die Konsistenz der Customizing-Einstellungen prüft. Durch die umfangreichen Änderungen am Customizing der Ledger im Vergleich zum neuen Hauptbuch mit SAP ERP ist es leicht möglich, Customizing-Fehler zu begehen. Sie finden den Prüfreport über den Customizing-Pfad **Finanzwesen • Grundeinstellungen Finanzwesen • Bücher • Konsistenzprüfung der Hauptbucheinstellungen ausführen**, oder Sie starten das Programm `FINS_CUST_CONSISTENCY_CHECK` über Transaktion FINS_CUST_CONS_CHK. Ohne weitere Einschränkungsmöglichkeiten startet das Programm sofort und führt die Konsistenzprüfung für alle Ledger und Buchungskreise in Ihrem System aus. Neben Erfolgsmeldungen und Warnungen, die Sie in Abbildung 4.47 sehen, gibt es auch Fehlermeldungen.

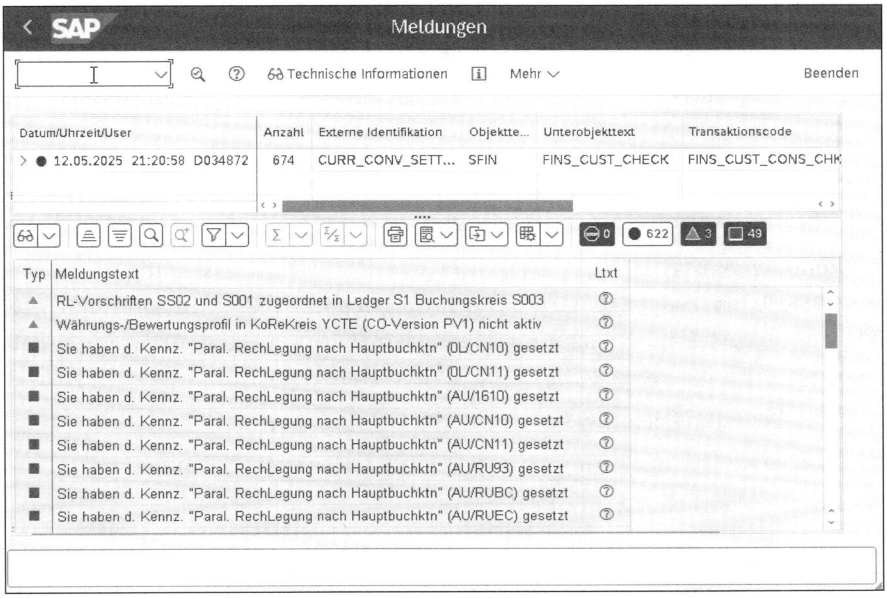
Meldungen
Technische Informationen
Mehr
Beenden
Datum/Uhrzeit/User
Anzahl
Externe Identifikation
Objektte...
Unterobjekttext
Transaktionscode
12.05.2025 21:20:58 D034872
674
CURR_CONV_SETT...
SFIN
FINS_CUST_CHECK
FINS_CUST_CONS_CHK
0
622
3
49
Typ
Meldungstext
Ltxt
RL-Vorschriften SS02 und S001 zugeordnet in Ledger S1 Buchungskreis S003
Währungs-/Bewertungsprofil in KoReKreis YCTE (CO-Version PV1) nicht aktiv
Sie haben d. Kennz. "Paral. RechLegung nach Hauptbuchktn" (0L/CN10) gesetzt
Sie haben d. Kennz. "Paral. RechLegung nach Hauptbuchktn" (0L/CN11) gesetzt
Sie haben d. Kennz. "Paral. RechLegung nach Hauptbuchktn" (AU/1610) gesetzt
Sie haben d. Kennz. "Paral. RechLegung nach Hauptbuchktn" (AU/CN10) gesetzt
Sie haben d. Kennz. "Paral. RechLegung nach Hauptbuchktn" (AU/CN11) gesetzt
Sie haben d. Kennz. "Paral. RechLegung nach Hauptbuchktn" (AU/RU93) gesetzt
Sie haben d. Kennz. "Paral. RechLegung nach Hauptbuchktn" (AU/RUBC) gesetzt
Sie haben d. Kennz. "Paral. RechLegung nach Hauptbuchktn" (AU/RUEC) gesetzt

Abbildung 4.47 Erfolgsmeldungen und Warnungen infolge der Konsistenzprüfung des Hauptbuches

Wenn Sie die Konsistenzprüfung erstmalig ausführen, werden Sie in Ihrem System auf Fehlermeldungen stoßen. Abbildung 4.48 zeigt Ihnen eine Auswahl an möglichen Fehlermeldungen.

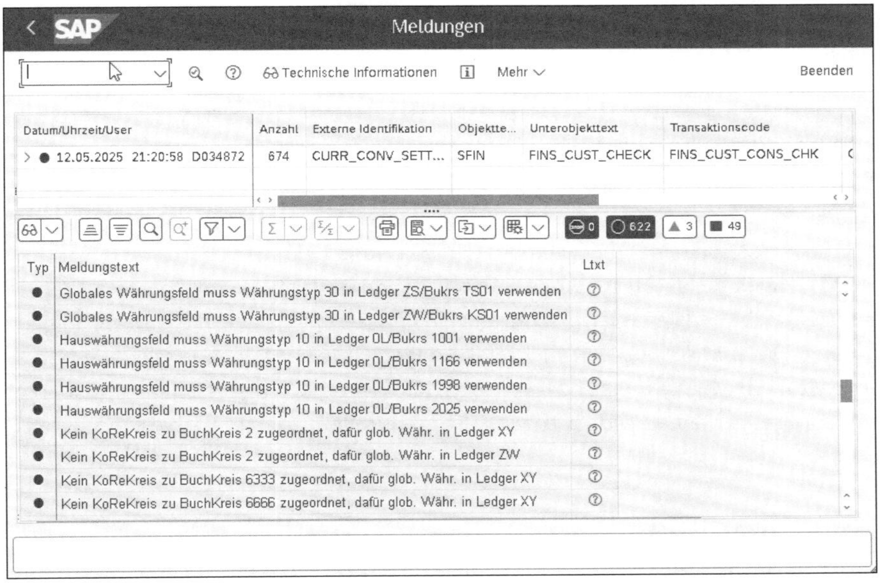
Meldungen
Technische Informationen
Mehr
Beenden
Datum/Uhrzeit/User
Anzahl
Externe Identifikation
Objektte...
Unterobjekttext
Transaktionscode
12.05.2025 21:20:58 D034872
674
CURR_CONV_SETT...
SFIN
FINS_CUST_CHECK
FINS_CUST_CONS_CHK
0
622
3
49
Typ
Meldungstext
Ltxt
Globales Währungsfeld muss Währungstyp 30 in Ledger ZS/Bukrs TS01 verwenden
Globales Währungsfeld muss Währungstyp 30 in Ledger ZW/Bukrs KS01 verwenden
Hauswährungsfeld muss Währungstyp 10 in Ledger 0L/Bukrs 1001 verwenden
Hauswährungsfeld muss Währungstyp 10 in Ledger 0L/Bukrs 1166 verwenden
Hauswährungsfeld muss Währungstyp 10 in Ledger 0L/Bukrs 1998 verwenden
Hauswährungsfeld muss Währungstyp 10 in Ledger 0L/Bukrs 2025 verwenden
Kein KoReKreis zu BuchKreis 2 zugeordnet, dafür glob. Währ. in Ledger XY
Kein KoReKreis zu BuchKreis 2 zugeordnet, dafür glob. Währ. in Ledger ZW
Kein KoReKreis zu BuchKreis 6333 zugeordnet, dafür glob. Währ. in Ledger XY
Kein KoReKreis zu BuchKreis 6666 zugeordnet, dafür glob. Währ. in Ledger XY

Abbildung 4.48 Fehlermeldungen bei der Konsistenzprüfung des Hauptbuches

Für von Ihnen produktiv genutzte Buchungskreise müssen Sie die Fehler beheben, bevor Sie den jeweiligen Buchungskreis produktiv nutzen!

Im nächsten Abschnitt zeigen wir Ihnen, wie Sie eine Rechnungslegungsvorschrift anlegen.

4.2.5 Rechnungslegungsvorschrift anlegen

Die *Rechnungslegungsvorschrift* spiegelt Ihre jeweilige Rechnungslegung wider. Daher werden Sie jedem Ledger genau eine Rechnungslegungsvorschrift zuordnen bzw. pro Ledger mindestens eine Rechnungslegungsvorschrift anlegen. In unserem Beispiel legen wir die folgenden Rechnungslegungsvorschriften an:

- IFRS – IFRS-Rechnungslegung
- LOKL – lokale Rechnungslegung, handelsrechtliche Rechnungslegung
- TAX – lokale steuerliche Rechnungslegung

Folgen Sie dem Customizing-Pfad **Finanzwesen • Grundeinstellungen Finanzwesen • Bücher • Parallele Rechnungslegung • Rechnungslegungsvorschriften definieren**. Hier definieren Sie die Rechnungslegungsvorschriften, die Sie benötigen.

Wählen Sie dazu die Option **Neue Einträge** aus, oder drücken Sie die [F5]-Taste. Hier hinterlegen Sie nur einen technischen Schlüssel und eine Bezeichnung (Spalte **Bezeichnung der Rechnungslegungsvorschr.**). Den technischen Schlüssel können Sie beliebig wählen; meist wird ein sprechender Schlüssel verwendet, siehe Abbildung 4.49. Sichern Sie Ihre Einträge durch einen Klick auf Sichern (**Sichern**) oder mit der Tastenkombination [Strg] + [S]. Anschließend können Sie über [F3] oder einen Klick auf < (**Zurück**) das Bild verlassen.

[»]

Rechnungslegungsvorschriften anlegen

Im ersten Schritt legen wir nur für jede unserer benötigten Rechnungslegungen genau eine Rechnungslegungsvorschrift an. Im weiteren Verlauf Ihres Customizings kann es sein, dass Sie eine übergreifende RVL benötigen, damit bestimmte Buchungen nicht doppelt ausgeführt werden müssen, sondern gleich für zwei oder mehrere Ledger bzw. Rechnungslegungsvorschriften. Ein Beispiel dazu ist die Fremdwährungsbewertung. Diese Mischung von mehreren Ledgern in einer Rechnungslegungsvorschrift sollten Sie, wenn möglich, vermeiden, da dies dem Ledger-Gedanken widerspricht. Ein Ledger einer Ledger-Lösung kann nur genau eine Rechnungslegung abbilden.

Im direkt folgenden Customizing-Punkt **Rechnungslegungsvorschrift Ledger-Gruppen zuordnen** ordnen Sie den Rechnungslegungsvorschriften Ihre Ledger-Gruppen zu. Wählen Sie dazu **Neue Einträge**, oder drücken Sie die Taste [F5]. Hier hinterlegen wir den soeben angelegten technischen Schlüssel (RVL) und ordnen ihm eine Ledger-Gruppe zu. Durch Drücken der [↵]-Taste werden die Eingaben verprobt. Sie können nun Ihre Eingaben wiederholen, bis allen benötigten Rechnungslegungsvorschriften eine Ledger-Gruppe zugeordnet ist. Sichern Sie Ihre Eingaben durch einen Klick auf **Sichern** (**Sichern**) oder über die Tastenkombination [Strg] + [S]. Abbildung 4.50 zeigt die zugeordneten Ledger-Gruppen zu den Rechnungslegungsvorschriften aus unserem Beispiel.

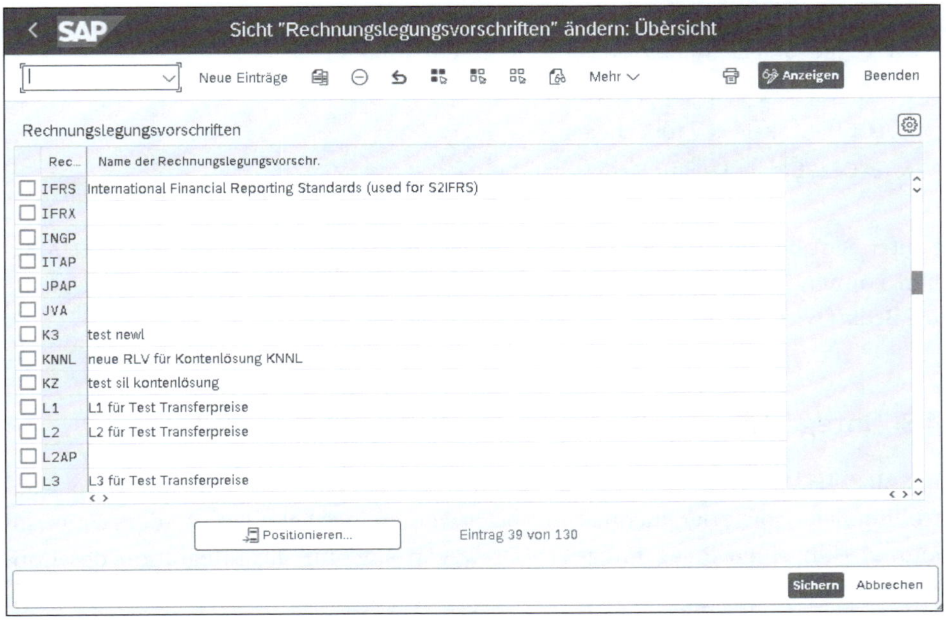

Abbildung 4.49 Rechnungslegungsvorschriften anlegen

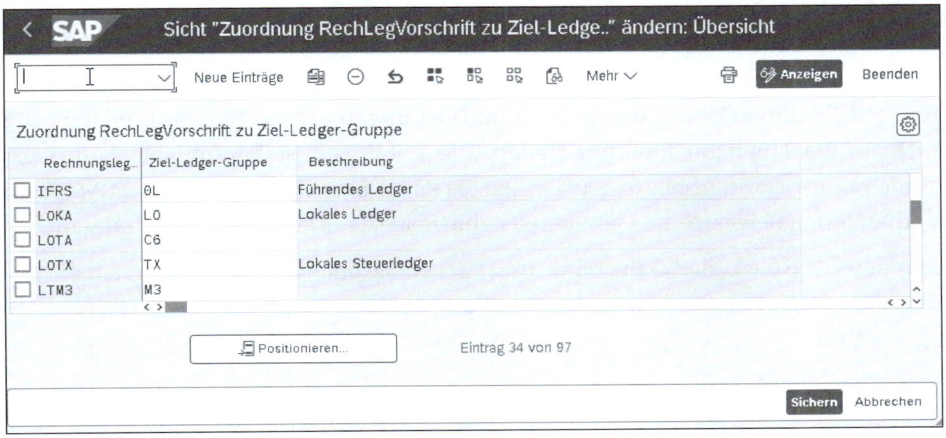

Abbildung 4.50 Zuordnung von Ledger-Gruppe zu Rechnungslegungsvorschrift

Anschließend können Sie das Bild über die [F3]-Taste oder per Klick auf [<] (**Zurück**) verlassen. Im nächsten Abschnitt schauen wir uns das Customizing an, das für die Integration des Controllings mit dem Finanzwesen notwendig ist.

[»]

Rechnungslegungsvorschriften

Rechnungslegungsvorschriften sollten Sie zukünftig immer so anlegen, dass jede Rechnungslegungsvorschrift immer genau für ein Land und Ledger (Rechnungslegung) gültig ist. Sie können etwa die Namenskonvention XXZZ wählen. XX steht für das Ledger und ZZ für das Land oder umgekehrt. Damit ergibt sich:

- LODE – Lokale RLV für Deutschland
- LOCH – Lokale RLV für Schweiz
- TXDE – Steuer RVL für Deutschland

Sollten Sie allgemeine Fragen zum externen Rechnungswesen in SAP S/4HANA haben, können Sie sich SAP-Hinweis 2842890 (FAQ SAP S/4HANA Finance) anschauen. Bei Bedarf wird SAP-Hinweis 2842890 noch erweitert.

4.3 Integration des Controllings mit dem Finanzwesen

In SAP S/4HANA Finance ist das Controlling in das Finanzwesen integriert. Der Controlling-Beleg sowie der Buchhaltungsbeleg werden in Tabelle ACDOCA – dem *Universal Journal* – in einen Beleg integriert. Deswegen sind für die Integration des Controllings mit dem Finanzwesen einige Einstellungen im Customizing erforderlich. Ohne diese Einstellungen können keine Buchungen im Controlling, etwa Sekundärkostenbuchungen, ausgeführt werden.

Über den Customizing-Pfad **Finanzwesen • Grundeinstellungen Finanzwesen • Integration des Controllings mit dem Finanzwesen • Belegarten für Buchungen im Controlling definieren** können Sie die Belegarten für Buchungen im Controlling definieren. Mit Buchungen im Controlling sind Buchungen gemeint, die ihren Ursprung nicht in der Finanzbuchhaltung haben, wie z. B. Kostenstellenumlagen, Auftragsabrechnung usw. In Abbildung 4.51 sehen Sie eine Übersicht über alle im SAP-System vorhandenen Belegarten. Es gibt bereits eine Belegart CO für die CO-Buchungen.

Markieren Sie die Zeile **CO Buchung**, und klicken Sie auf [🔍] (**Details**), um sich die Details der Belegart anzusehen (siehe Abbildung 4.52).

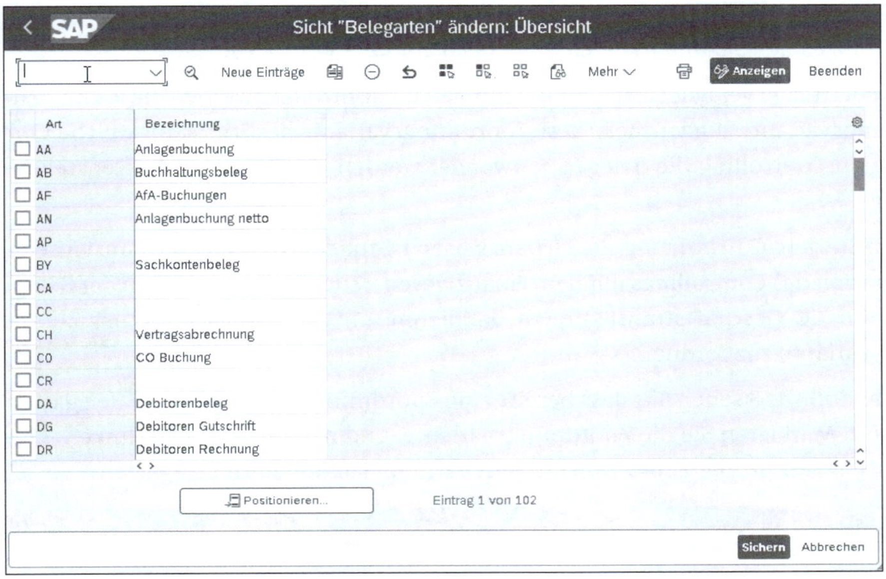

Abbildung 4.51 Übersicht der Belegarten anzeigen

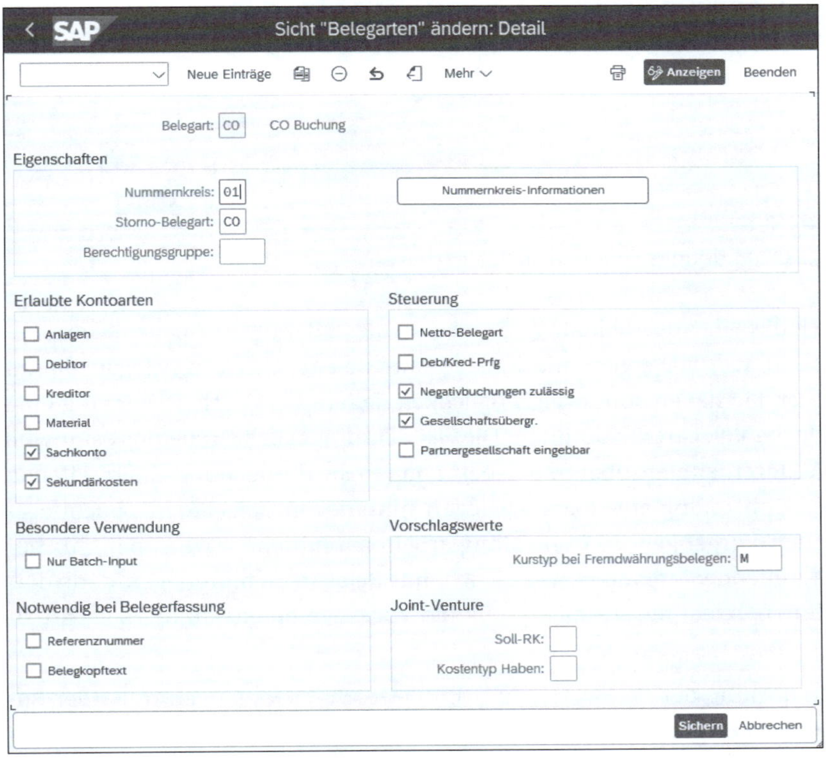

Abbildung 4.52 Belegart CO im Detail anzeigen

Für die Belegarten, die Sie für Buchungen im Controlling anlegen, ist es wichtig, dass das Kennzeichen **Sekundärkosten** im Bereich **Erlaubte Kontoarten** gesetzt ist.

Nach der Anlage der Belegarten für Buchungen im Controlling werden diese einer Zuordnungsvariante zugeordnet. Diese Zuordnungsvariante bestimmt, für welche Vorgänge im Controlling die Belegart verwendet werden kann, z. B. die Kostenstellenumlage.

Folgen Sie dem Customizing-Pfad **Finanzwesen • Grundeinstellungen Finanzwesen • Integration des Controllings mit dem Finanzwesen • Zuordnungsvarianten der Belegarten für CO-Geschäftstransaktionen definieren**, um die Belegarten einer Zuordnungsvariante zuzuordnen.

In Abbildung 4.53 sehen Sie, dass bereits eine Zuordnungsvariante für die Belegarten existiert. Markieren Sie die Zuordnungsvariante, und navigieren Sie im linken Bildbereich in den Ordner **Zuord. von CO-Geschäftstransaktionen zu Belegarten**.

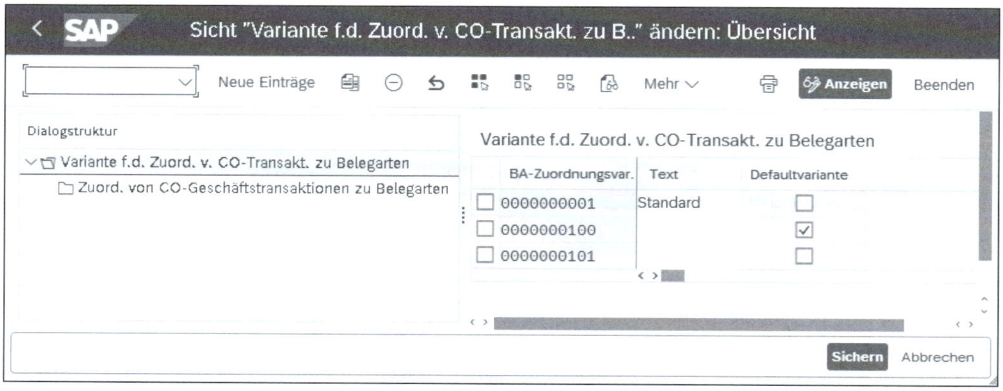

Abbildung 4.53 Zuordnungsvariante von Belegarten anzeigen

Es öffnet sich das Bild aus Abbildung 4.54, in dem Sie in der linken Spalte die existierenden Geschäftsvorfälle sehen und in der Spalte **Belegart**, welche Belegart diesen zugeordnet ist. Sie haben somit die Möglichkeit, jedem CO-Geschäftsvorgang eine unterschiedliche Belegart zuzuordnen. Dies ist allerdings nicht unbedingt sinnvoll. In der Spalte **Unternehmensübergr. Belegart** können Sie für buchungsübergreifende Vorgänge im Controlling eine eigene Belegart hinterlegen. Falls Sie mit buchungsübergreifenden Vorgängen im Controlling arbeiten, empfehlen wir Ihnen, für buchungsübergreifende Vorgänge eine abweichende Belegart zu hinterlegen, denn dies erlaubt es Ihnen, buchungskreisübergreifende Vorgänge bereits an der Belegart zu erkennen.

Nach der Zuordnung der Belegarten zu den CO-Geschäftsvorgängen muss der Buchungskreis der Belegart *Zuordnungsvariante* zugeordnet werden. Rufen Sie dazu den Customizing-Pfad **Finanzwesen • Grundeinstellungen Finanzwesen • Integration**

des Controllings mit dem Finanzwesen • Standardwerte für Buchungen im Controlling prüfen und definieren auf.

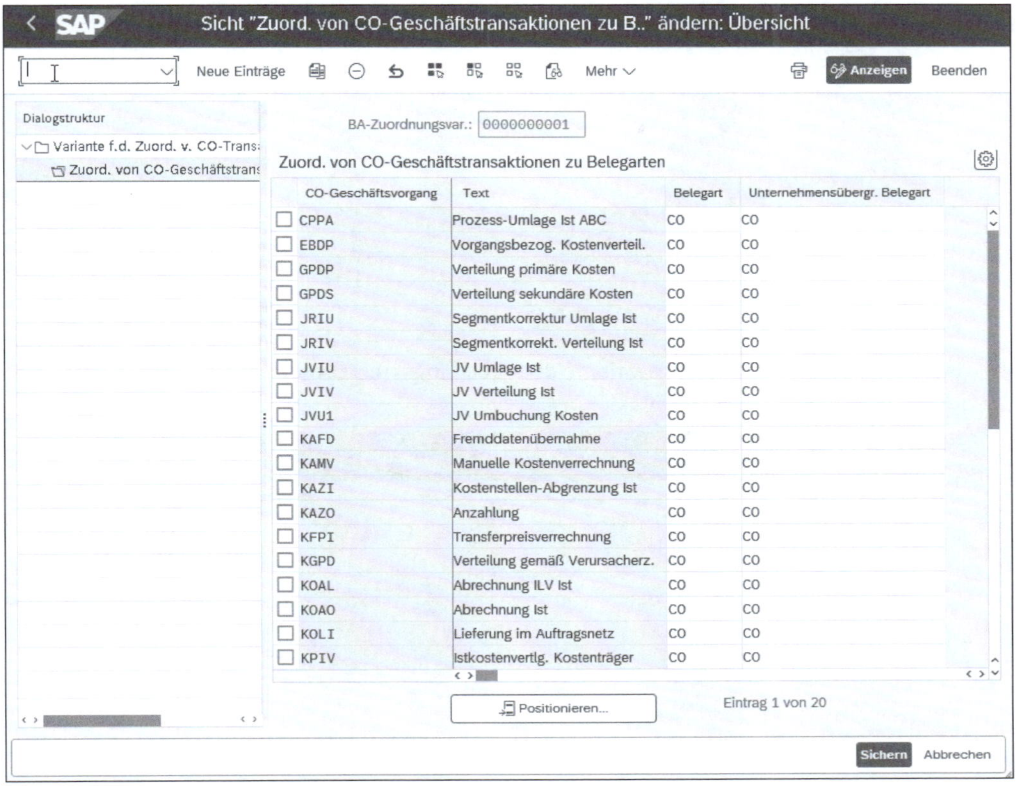

Abbildung 4.54 CO-Geschäftsvorgänge zu Belegarten zuordnen

Über einen Klick auf **Neue Einträge** können Sie dem Buchungskreis, wie in Abbildung 4.55 dargestellt, eine Zuordnungsvariante zuordnen. Ordnen Sie hier dieselbe Zuordnungsvariante wie in Abbildung 4.53 zu.

Im letzten Schritt für die Integration des Controllings mit dem Finanzwesen müssen Sie nun einem Ledger die CO-Version zuordnen. Rufen Sie dazu den folgenden Customizing-Pfad auf:

Finanzwesen • Grundeinstellungen Finanzwesen • Integration des Controllings mit dem Finanzwesen • Ledger für CO-Version definieren

Über **Neue Einträge** oder die Taste F5 können Sie einen Eintrag für den Kostenrechnungskreis pflegen. Wir ordnen unserem Kostenrechnungskreis 9000 die Version 0 für Ist-/Plandaten mit dem führenden Ledger 0L zu, wie in Abbildung 4.56 dargestellt. Ohne diesen Eintrag sind keine Buchungen an das Controlling möglich. Der Eintrag bestimmt, aus welchem Ledger die Istdaten für das Controlling gelesen werden.

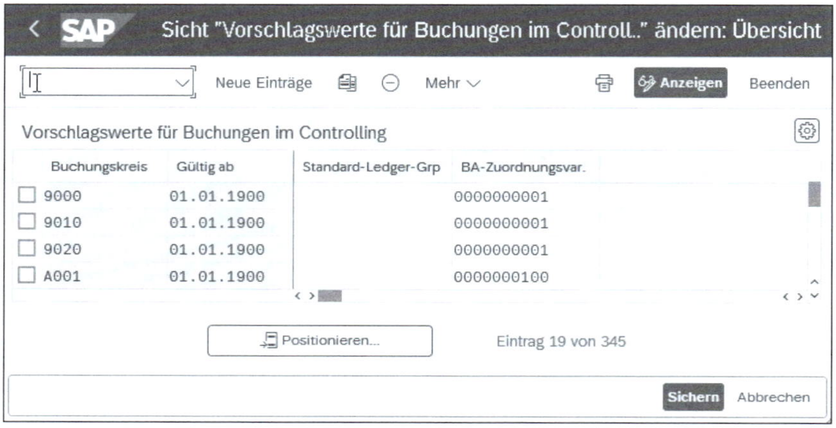

Abbildung 4.55 Zuordnungsvariante dem Buchungskreis zuordnen

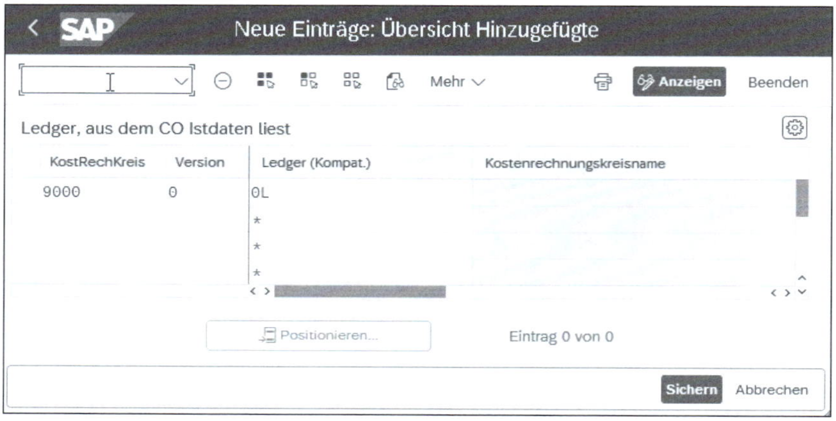

Abbildung 4.56 Kostenrechnungskreis einer Version und einem Ledger zuordnen

Nachdem Sie die oben genannten Einstellungen vorgenommen haben, können Sie nun Buchungen im Controlling erzeugen.

4.4 Funktionsbereich für das Umsatzkostenverfahren

Funktionsbereiche für das *Umsatzkostenverfahren* werden z. B. dann benötigt, wenn Sie IFRS als Rechnungslegung abbilden müssen. Die rechtlichen Grundlagen dazu sind in den folgenden Vorschriften festgehalten:

- HGB: § 275 (3) erlaubt das Umsatzkostenverfahren
- IFRS: (IAS 1.92) erlaubt das Umsatzkostenverfahren

Dabei wird bei den Buchungen der Gewinn-und-Verlustrechnung (GuV) ein zusätzliches Merkmal mitgegeben, der Funktionsbereich. Dieser wird wiederum aus den Kostenstellen, Innenaufträgen usw. abgeleitet, denen er zuvor bei der Anlage der jeweiligen Stammdaten fest zugeordnet worden ist.

Das Verfahren der GuV beschreibt das Vorgehen zur Ermittlung des Periodenerfolgs. Beim *Gesamtkostenverfahren* (GKV) werden dabei die Aufwendungen nach Aufwandsarten (Material, Personal und Abschreibungen) gruppiert. Beim Umsatzkostenverfahren (UKV) werden dabei die Aufwendungen nach Funktionsbereichen (Herstellung, Verwaltung, Vertrieb) gruppiert und den Umsatzerlösen nur die Herstellungskosten gegenübergestellt, die für die Umsätze ursächlich waren. Nach dieser kurzen Einführung in die fachlichen Grundlagen des Umsatzkostenverfahrens widmen wir uns im nächsten Abschnitt der Vorbereitung des Umsatzkostenverfahrens in SAP S/4HANA.

4.4.1 Umsatzkostenverfahren vorbereiten

Die Funktionsbereiche selbst hatten wir bereits in Abschnitt 2.10, »Funktionsbereich«, definiert. Dies ist Grundvoraussetzung, damit Sie die Funktionsbereiche später in Ihren Stammdaten bei der Zuordnung eines Funktionsbereichs überhaupt auswählen können.

Im folgenden Schritt müssen Sie das Umsatzkostenverfahren aktivieren bzw. auf den Status **in Vorbereitung** setzen. Im Anschluss daran können Sie in den Stammdaten der Sachkonten, Kostenarten und einigen CO-Kontierungsobjekten im Feld **Funktionsbereich** Eingaben vornehmen. Vorher ist dieses Feld nicht eingabebereit. In Abbildung 4.57 ist der Status **in Vorbereitung** zu sehen; der Funktionsbereich ist in den Sachkontenstammdaten bzw. CO-Kontierungen eingabebereit.

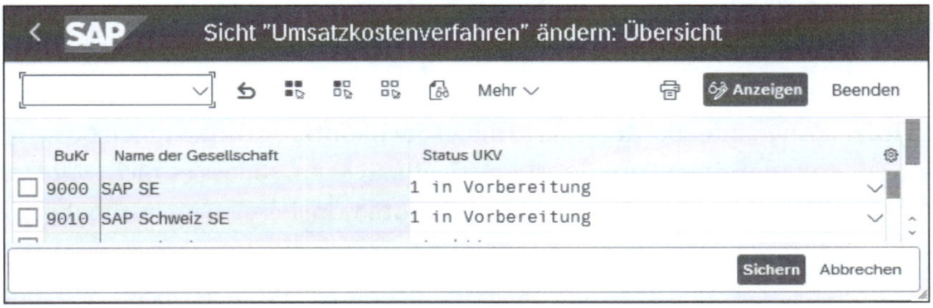

Abbildung 4.57 Umsatzkostenverfahren im Status »in Vorbereitung«

Folgen Sie dazu dem Customizing-Pfad **Finanzwesen • Grundeinstellungen Finanzwesen • Funktionsbereich für Umsatzkostenverfahren • Umsatzkostenverfahren zur Vorbereitung aktivieren**. Klicken Sie in die Spalte **Status UKV**, und wählen Sie den entsprechenden Eintrag aus dem Dropdown-Menü aus (siehe Abbildung 4.57).

Sichern Sie Ihre Einstellungen, und verlassen Sie die Sicht mit der [F3]-Taste oder dem Button < (**Zurück**). In den folgenden drei Customizing-Punkten von **Funktionsbereich eintragen** können Sie in die jeweiligen Massenänderungstransaktionen abspringen bzw. die Vorgabe pro Kostenstellenart bzw. Auftragsart vornehmen. Diese sind:

- Funktionsbereich in Sachkontenstammdaten eintragen
- Funktionsbereich in Kostenstellenarten eintragen
- Funktionsbereich in Auftragsart eintragen

Meist erfolgt die Zuteilung der Funktionsbereiche aber wesentlich granularer, als es mit diesen Customizing-Punkten möglich wäre. Es gibt auch weitere Anforderungen, wie z. B. nach einem neuen Zeitintervall für bestehende Kostenstellen, vielleicht auch eine geänderte oder neue Kostenstellenstruktur, die durch die Einführung des Umsatzkostenverfahrens notwendig wird. Daher kommen Sie wahrscheinlich um die individuelle Pflege der Kostenstellen und Innenaufträge nicht herum. Diese Pflege wird meist mit einem kundeneigenen Programm umgesetzt, das ein Massen-Update vornimmt.

[+]

Einführung des Umsatzkostenverfahrens

Sie können das Umsatzkostenverfahren jederzeit nachträglich einführen. Ab dem Aktivierungszeitpunkt und der Stammdatenpflege wird das Umsatzkostenverfahren im FI-Beleg mitgeführt. Daher sind Sie nicht an den Jahreswechsel gebunden.

Dennoch empfiehlt SAP, im Laufe des Jahres, noch bevor Sie das Umsatzkostenverfahren benötigen, mit der Pflege und Fortschreibung im FI-Beleg zu beginnen. Oftmals gibt es erst mit der Fortschreibung im FI-Beleg durch den jeweiligen Fachbereich präzise Anforderungen für die Ableitung der Funktionsbereiche. Dazu sollten Sie die Übergangszeit nutzen.

Stellen Sie sicher, dass das Feld **Funktionsbereich** in Ihren Stammdaten ein Mussfeld ist. Damit wird der Anwender bei der Anlage neuer Sachkonten, Kostenstellen oder Innenaufträge gezwungen, einen Funktionsbereich einzugeben, sodass es nicht vergessen werden kann. Damit ist auch das Sichern ohne Funktionsbereich nicht möglich.

Nachdem Sie nun die Funktionsbereiche den Stammdaten zugeordnet haben, können wir uns im nächsten Abschnitt mit der Anlage von Funktionsbereichsgruppen beschäftigen.

4.4.2 Funktionsbereichsgruppen anlegen

In SAP S/4HANA können Sie nun auch zu Funktionsbereichen eine Hierarchie, ähnlich wie bei Kostenstellengruppen oder Profit-Center-Gruppen, anlegen. Die *Funkti-*

onsbereichsgruppen werden nach dem gleichen Muster gebildet. Folgen Sie dazu dem Customizing-Pfad **Finanzwesen • Grundeinstellungen Finanzwesen • Funktionsbereich für Umsatzkostenverfahren • Funktionsbereichsgruppen bearbeiten • Funktionsbereichsgruppen anlegen**, oder rufen Sie Transaktion FM_SETS_FUNCTION1 auf. Im Bild **Funktionsbereichsgruppe anlegen: Einstiegsbild** vergeben Sie einen Namen im Feld **Funktionsbereichsgruppe** und drücken anschließend die [↵]-Taste (siehe Abbildung 4.58). Die Benennung der Funktionsbereichsgruppe können Sie frei wählen.

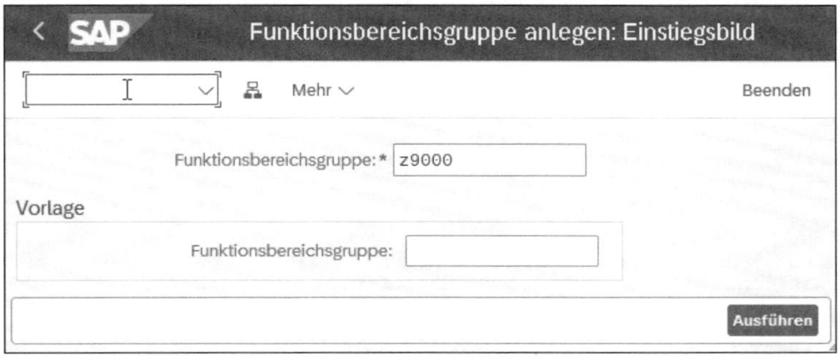

Abbildung 4.58 Funktionsbereichsgruppe anlegen

Nun müssen Sie der Funktionsbereichsgruppe eine Bezeichnung geben. Über einen Klick auf die Buttons [Gleiche Ebene] (**Funktionsbereichsgruppe auf gleicher Ebene einfügen**) und [Ebene darunter] (**Funktionsbereichsgruppe auf Ebene darunter einfügen**) können Sie weitere Unterordner definieren. Mit dem Button [Funktionsbereich] (**Funktionsbereich einfügen**) ordnen Sie die einzelnen Funktionsbereiche oder Intervalle von Funktionsbereichen zu (siehe Abbildung 4.59).

Sichern Sie Ihre Einstellungen mit der Tastenkombination [Strg] + [S], oder klicken Sie auf [Sichern] (**Sichern**). Beim Sichern kommt kein Transportauftrag zustande, aber Sie haben die Möglichkeit, Ihre Funktionsbereichsgruppe in eine TXT-Datei zu exportieren und wieder zu importieren. Folgen Sie dazu dem Pfad **Zusätze • Exportieren** bzw. **Zusätze • Importieren**.

Zum Ändern bzw. Anzeigen der Funktionsbereichsgruppe folgen Sie im Customizing den weiteren Punkten unter **Funktionsbereichsgruppen bearbeiten**, oder Sie rufen die genannten Transaktionen auf:

- Transaktion FM_SETS_FUNCTION2 – Funktionsbereichsgruppen ändern
- Transaktion FM_SETS_FUNCTION3 – Funktionsbereichsgruppen anzeigen

In diesem Abschnitt haben Sie das Anlegen von Funktionsbereichsgruppen kennengelernt – eine Neuerung in SAP S/4HANA. Im nächsten Abschnitt beschäftigen wir uns mit der Ableitung der Funktionsbereiche.

Abbildung 4.59 Funktionsbereiche zuordnen

4.4.3 Substitution für das Umsatzkostenverfahren definieren und aktivieren

Um bestimmte Anforderungen abzubilden, kann es notwendig sein, eine oder mehrere *Substitutionen* für die Ableitung der für Ihre Anforderungen richtigen Funktionsbereiche anzulegen. Dies kann eine einfache FI-Substitution sein, die Sie in Transaktion GGB1 zusammenklicken können. Wenn die Ableitungslogik etwas komplexer ist, müssen Sie ebenfalls in Transaktion GGB1 einen User-Exit anlegen.

Beachten Sie, dass die Ableitung des Funktionsbereichs seit dem neuen Hauptbuch bereits nicht mehr zum Zeitpunkt 0005 (späte Ableitung mit ACCIT/ACCHD), sondern zum Zeitpunkt 0006 (frühe Ableitung mit Erfassungssicht mit COBL) möglich ist. Beim Buchen der Belege ist der Funktionsbereich grundsätzlich kein Mussfeld. Ein Buchen ohne Funktionsbereich wäre also möglich. Wenn Sie dies für die Umsetzung Ihrer geschäftlichen Anforderungen aber verhindern möchten, müssen Sie im View V_FAGL_ACTIVECFC das Kennzeichen **FkBer obligatorisch** setzen (siehe Abbildung 4.60).

Die folgenden SAP-Hinweise geben Ihnen weitere Hilfestellungen rund um den Funktionsbereich:

- SAP-Hinweis 1743692 (Innenauftrag: Funktionsbereich aus verantw. Kostenstelle II)
- SAP-Hinweis 1334240 (Keine Neu-Ableitung Funktionsbereich bei Kontierungsänderung)
- SAP-Hinweis: 740519 (FAQ: Funktionsbereichsableitung in mySAP ERP)

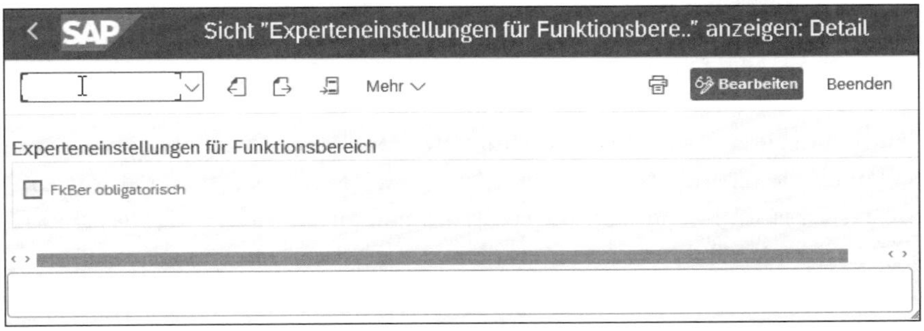

Abbildung 4.60 Das Kennzeichen »FkBer obligatorisch« setzen

Sofern Sie eine SAP-S/4HANA-Conversion durchführen, dabei vom alten Hauptbuch kommen und dort den Funktionsbereich genutzt haben, kann für Sie SAP-Hinweis 1070629 (FAQs: New General Ledger Migration) ebenfalls interessant sein. Beachten Sie, dass SAP-Hinweis 1070629 für die Migration auf das neue Hauptbuch gedacht ist. Daher können nicht mehr alle Anmerkungen auf SAP S/4HANA angewandt werden. Im Zweifelsfall fragen Sie über eine Kundenmeldung beim Support von SAP nach: Eventuell hat es in der Zwischenzeit SAP-S/4HANA-spezifische Erweiterungen gegeben, oder die Dokumentation rund um den Funktionsbereich ist neu zusammengefasst worden.

[«]

Ableitungsreihenfolge der Funktionsbereiche

Beachten Sie auch die Ableitungsreihenfolge der Funktionsbereiche aus den Stammdaten:

- Ableitung aus den Stammdaten
- FI-Substitution
- manuelle Eingabe

Damit ist es möglich, einen von SAP S/4HANA korrekt abgeleiteten Funktionsbereich durch den Endanwender überschreiben zu lassen. Da dies die letzte Eingabe ist, würde diese dann gezogen. Möchten Sie dies verhindern, müssen Sie über eine zusätzliche FI-Validierung die für Ihr Unternehmen gültige Funktionsbereichsableitung nochmals prüfen und gegebenenfalls eine Fehlermeldung ausgeben.

Da die Funktionsbereiche in SAP S/4HANA in Tabelle ACDOCA abgelegt werden und sich auch die Datenablage im Controlling geändert hat, können die aus SAP ERP bekannten Korrekturprogramme nicht mehr verwendet werden! Falls die Ableitung der Funktionsbereiche in Ihrem SAP-S/4HANA-System schiefgelaufen ist, wenden Sie sich an den SAP-Support.

4.4.4 Umsatzkostenverfahren aktivieren

In diesem Abschnitt zeigen wir Ihnen, wie Sie das Umsatzkostenverfahren aktivieren. Folgen Sie dazu dem Customizing-Pfad **Finanzwesen • Grundeinstellungen Finanzwesen • Funktionsbereich für Umsatzkostenverfahren • Umsatzkostenverfahren aktivieren**. Wählen Sie dazu einfach aus dem Dropdown-Menü der Spalte **Status UKV** die Option **aktiv** aus, und sichern Sie die Einstellungen mit [Strg] + [S] oder per Klick auf **Sichern** (**Sichern**). Abbildung 4.61 zeigt den Status **2 – aktiv** für unsere Buchungskreise 9000 und 9010.

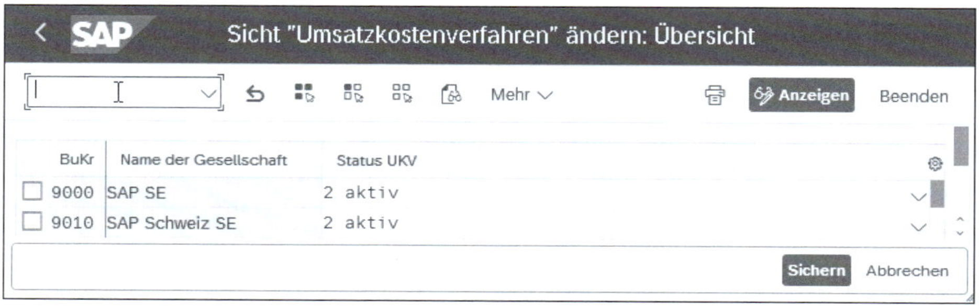

Abbildung 4.61 Umsatzkostenverfahren aktivieren

Damit ist das Umsatzkostenverfahren aktiv. Für nach der Aktivierung gebuchte Belege wird der Funktionsbereich abgeleitet und in den Belegen mit fortgeschrieben. Damit steht er auch für Auswertungen zur Verfügung. Beachten Sie, dass dies nur für neue Buchungen gilt. Alte Belege werden nicht nachträglich mit dem Funktionsbereich angereichert. Dies ist nicht möglich und auch nicht sinnvoll.

Der Grund dafür ist, dass eine nachträgliche Anreicherung mindestens voraussetzt, dass Sie auch rückwirkend Ihre Stammdaten pflegen müssen. Da sich der Funktionsbereich nur auf die GuV-Konten bezieht und diese mit jedem neuen Geschäftsjahr wieder bei null anfangen, würde Ihnen spätestens im darauffolgenden Geschäftsjahr ein vollständiges Reporting nach dem Umsatzkostenverfahren zur Verfügung stehen. Wie schon erwähnt, sollten Sie daher rechtzeitig in einem Geschäftsjahr mit der Aktivierung des Umsatzkostenverfahrens beginnen, damit Ihnen im verbleibenden Geschäftsjahr genug Zeit und eine ausreichende Anzahl hinreichend gebuchter Geschäftsvorfälle bleiben, um die Ableitung der Funktionsbereiche und der vollständig gepflegten Stammdaten zu prüfen.

Im folgenden Abschnitt beschäftigen wir uns mit der Einrichtung der Belegaufteilung bzw. mit dem Belegsplit.

4.5 Belegaufteilung

Mit der *Belegaufteilung*, die auch Belegsplit bzw. Online-Belegsplit genannt wird, ist es möglich, unterhalb des Buchungskreises zusätzliche Bilanzen für ausgewählte Dimensionen abzubilden. Die Belegaufteilung wird immer dann benötigt, wenn Sie für die Abbildung Ihrer Anforderungen, meist für Profit-Center und/oder Segment, zusätzliche Bilanzen benötigen. Für diese zusätzlichen bilanzierenden Dimensionen ist auch eine Saldo-null-Stellung möglich. Diese stellt sicher, dass die Bilanz pro zusätzlicher Dimension in Summe über alle Bilanzkonten hinweg wieder null ergibt. Das folgende Beispiel verdeutlicht die Funktionsweise der Belegaufteilung:

Das Standardbeispiel von SAP ist eine Rechnung für zwei verschiedene Profit-Center. Im ersten Beispiel der Rechnung werden die Profit-Center aus den Kostenstellen der Aufwandszeilen ermittelt. Dabei spricht man auch vom *aktiven Split*. Darunter versteht man, dass die Aufteilung aktiv erfasst wird und durch Customizing-Einstellungen beeinflusst werden kann. Der Anwender teilt den Betrag beim Buchen aktiv auf zwei Aufwandszeilen mit zwei unterschiedlichen Kostenstellen (hier: Beispiel 1) auf. In den weiteren Beispielen spricht man dann auch von der *Vererbung*. Vom *passivem Split* spricht man hinsichtlich aller Prozesse der Belegaufteilung, die Sie nicht durch Einstellungen im Customizing beeinflussen können. Das heißt, dass die passive Belegaufteilung alle automatischen Prozesse umfasst, die durch den programminternen Ablauf bestimmt werden. Dabei wird die Aufteilung nicht mehr aktiv vorgenommen, sondern mit Bezug zum Vorgängerbeleg (hier: Beispiel 1 – Rechnung) ermittelt, bzw. es wird das Verhältnis der Profit-Center zueinander aus dem Vorgängerbeleg in den Folgebeleg vererbt (Vererbung).

In Beispiel 1 (Rechnung) enthält eine Kreditorenrechnung bei der Erfassung die in Tabelle 4.1 aufgeführten Positionen.

Buchungsschlüssel	Konto	Segment	Betrag
31	Verbindlichkeit	–	100,00 EUR
40	Aufwand	0001	40,00 EUR
40	Aufwand	0002	60,00 EUR

Tabelle 4.1 Kreditorenrechnung in der Erfassungssicht

Die Belegaufteilung erzeugt dabei den in Tabelle 4.2 gezeigten Beleg in der Hauptbuchsicht.

Buchungsschlüssel	Konto	Segment	Betrag
31	Verbindlichkeit	0001	40,00 EUR
31	Verbindlichkeit	0002	60,00 EUR
40	Aufwand	0001	40,00 EUR
40	Aufwand	0002	60,00 EUR

Tabelle 4.2 Kreditorenrechnung in der Hauptbuchsicht

Die Zahlung zu obiger Kreditorenrechnung (Beispiel 2 – Zahlung) enthält bei der Erfassung die in Tabelle 4.3 aufgeführten Positionen.

Buchungsschlüssel	Konto	Segment	Betrag
50	Bank	–	95,00 EUR
25	Verbindlichkeit	–	100,00 EUR
50	Skontoertrag	–	5,00 EUR

Tabelle 4.3 Zahlungsausgang in der Erfassungssicht

Die Belegaufteilung erzeugt dabei den in Tabelle 4.4 aufgeführten Beleg in der Hauptbuchsicht.

Buchungsschlüssel	Konto	Segment	Betrag
50	Bank	0001	38,00 EUR
50	Bank	0002	57,00 EUR
25	Verbindlichkeit	0001	40,00 EUR
25	Verbindlichkeit	0002	60,00 EUR
50	Skontoertrag	0001	2,00 EUR
50	Skontoertrag	0002	3,00 EUR

Tabelle 4.4 Zahlungsausgang in der Hauptbuchsicht

Dies ist möglich, da jeder Beleg im Rechnungswesen Bestandteil einer Kette von Belegen ist, die im Laufe eines Geschäftsvorfalls nacheinander entstehen.

Für die Einrichtung der Belegaufteilung liefert SAP standardmäßig einige Belegaufteilungsregeln aus, die die wichtigsten Geschäftsprozesse abdecken. Diverse Tools unterstützen Sie darüber hinaus bei der Einrichtung der Belegaufteilung. Diese sind:

- Wizard zur Einrichtung der Belegaufteilung im Customizing
- Transaktion FAGL_CHECK_ACCOUNT (Sachkonten für Belegaufteilung prüfen)
- Transaktion FAGL_MIG_SIM_SPL (Simulation der Belegaufteilung)

Die Art und Weise, wie die Belegaufteilung in SAP S/4HANA funktioniert, ist die gleiche wie in SAP ERP; an der Funktion hat sich nichts geändert. Einzig einige Transaktionen, die es bisher schon gab, sind in den IMG-Pfad der Belegaufteilung im Customizing mit aufgenommen worden.

[«]

Nachträgliche Einführung der Belegaufteilung

Mit SAP S/4HANA liefert SAP im Migration Cockpit for SAP S/4HANA (im Folgenden kurz Migration Cockpit genannt) die Möglichkeit aus, die Belegaufteilung nachträglich einzuführen. Diese Einführung ist immer als separates Projekt zu sehen und kann nicht mit der SAP-S/4HANA-Conversion kombiniert werden! Die nachträgliche Einführung der Belegaufteilung kommt dabei ohne Downtime aus. Ansonsten ist das Vorgehen ähnlich dem aus dem neuen Hauptbuch in SAP ERP aus dem Migrationsszenario 6 bekannten Verfahren.

Für die Einführung der Belegaufteilung sind umfangreiche fachliche Vorbereitungen notwendig. Dazu erarbeiten Sie zusammen mit Ihrem Fachbereich das erwartete Ergebnis der Belegaufteilung, genauso wie die Voraussetzungen in den Stammdaten, die gegeben sein müssen, wie die Ableitung der Profit-Center bzw. Segmente bei Ihnen erfolgen soll oder welche Nacharbeiten im Monatsabschluss notwendig sind, damit Sie für Ihr Unternehmen mit möglichst wenig Aufwand möglichst genaue Bilanzen pro Profit-Center bzw. Segment bekommen. Das erwartete Ergebnis bezieht sich auf die Frage, wie aussagekräftig die Profit-Center- oder Segmentbilanzen sein sollen und wie viel Nacharbeit Sie im Monatsabschluss zulassen möchten, um aussagefähige Profit-Center- oder Segmentbilanzen zu erstellen.

Im nächsten Abschnitt beschäftigen wir uns mit den notwendigen Vorbereitungen in den verschiedenen Stammdaten, aus denen ein Profit-Center abgeleitet wird.

4.5.1 Stammdaten für Profit-Center definieren

Die korrekt gepflegten bzw. angereicherten Stammdaten sind eine Grundvoraussetzung für eine gut funktionierende Belegaufteilung. Ein erster Schritt ist, dass Sie die Stammdaten definieren, aus denen Sie die *Profit-Center* ableiten möchten. Aus dem Profit-Center wird im SAP-Standard immer das Segment abgeleitet. Das Feld **Segment** müssen Sie nicht nutzen, wenn für Ihre Anforderungen das Feld **Profitcenter** ausreichend ist. In den meisten Fällen fasst das Segment mehrere Profit-Center zusammen. Stammdaten, in denen Sie ein Profit-Center pflegen müssen (daher ist das

Feld **Profitcenter** zwangsläufig ein Mussfeld), sind in den meisten Unternehmen folgende:

- Kostenstellen und Innenaufträge
- Materialstammdaten
- Kundenaufträge
- PSP-Elemente

Einmal zugeordnete Profit-Center können nicht mehr geändert werden bzw. ist deren Änderung nicht ganz einfach, da sie Auswirkungen auf die im Hauptbuch geführten Salden hätte! Daher müssen Sie darauf achten, dass keine Änderungen an den Stammdaten hinsichtlich der Profit-Center vorgenommen werden!

[»]

Organisationsänderungen in SAP S/4HANA

In SAP S/4HANA steht nun die SAP-Fiori-App **Organisationsänderung verwalten** (App-ID F4567) zur Verfügung, die den Gesamtprozess für Organisationsänderungen steuert. Mit dieser App können Sie z. B. Profit-Center aufteilen, kombinieren und ersetzen. Sie legen dabei fest, zu welchem Datum und für welche Buchungskreise die Änderungen erfolgen sollen. Die App ermöglicht es, Objekte wie PSP-Elemente, Projekte, Produkte, Aufträge und Netzpläne neu zuzuordnen und deren Bestände auf die neuen Organisationseinheiten umzubuchen. Dies vereinfacht die Umsetzung von Stammdatenänderungen und deren Auswirkungen erheblich, bevor Sie die neue Organisationsstruktur buchungstechnisch verwenden.

Damit das Feld **Profitcenter** eingabebereit ist, müssen Sie als Erstes die Profit-Center-Rechnung aktivieren. Achten Sie darauf, dass Sie nur die Profit-Center-Rechnung im Hauptbuch und nicht auch die Durchbuchung in die klassische Profit-Center-Rechnung (EC-PCA) aktivieren. Seit dem neuen Hauptbuch wird nur noch die Profit-Center-Rechnung im Hauptbuch verwendet (siehe Abschnitt 2.8, »Profit-Center«).

Im nächsten Schritt prüfen Sie für die in Ihrem Unternehmen benötigten Stammdaten, ob dort das Feld **Profitcenter** aktiv ist, und stellen es so ein, dass es ein Mussfeld ist. Dadurch, dass Sie das Feld **Profit Center** als Mussfeld einstellen, kann das Feld **Profitcenter** bei der Stammdatenpflege nicht mehr leer bleiben, sondern muss gefüllt werden. Bei bereits bestehenden Stammdatenobjekten, die Sie möglicherweise vergessen haben, mit einem Profit-Center anzureichern, werden Sie bei der nächsten Änderung an den Stammdaten ebenfalls gezwungen, ein Profit-Center einzugeben.

Nach der Aktivierung der Profit-Center-Rechnung finden zusätzliche Prüfungen statt, die die Anwender zur Hinterlegung eines Profit-Centers in der Kostenstelle auffordern. Kommen Sie dem nicht nach, erscheint die Warnung »Profit-Center-Rechnung aktiv, aber kein Profit-Center angegeben« (KSt 9000, Meldungsnummer KS096). In Transaktion OBA5 können Sie die Warnung als Fehlermeldung einstellen. Rufen Sie dazu Transaktion OBA5 auf. In das Feld **Arbeitsbereich** tragen Sie das **Arbeitsgebiet** »KS« ein, das Bestandteil der Meldungsnummer ist (siehe Abbildung 4.62).

Abbildung 4.62 Einstieg in Transaktion OBA5

Bestätigen Sie Ihre Eingabe mit [✓] (**Weiter**) oder über die [↵]-Taste. Im folgenden Bild klicken Sie auf den Button **Neue Einträge** oder drücken die Taste [F5]. Im Feld **MsgNr** können Sie nun prüfen, ob die Meldung 096 einstellbar ist. Klicken Sie dazu in das Feld, und drücken Sie auf die [F4]-Taste. In der [F4]-Wertehilfe werden die einstellbaren Meldungsnummern angezeigt. Wählen Sie 096 durch einen Doppelklick aus. Drücken Sie anschließend auf die [↵]-Taste. In den Feldern **Dialog** und **Batchl** wählen Sie jeweils die Option **E** aus. Damit wird die Meldung als Fehlermeldung ausgegeben und nicht mehr als Warnung. Da wir das Feld **Benutzername** in unserem Beispiel leer gelassen haben, wie Sie es in Abbildung 4.63 sehen können, gilt diese Einstellung für alle Anwender.

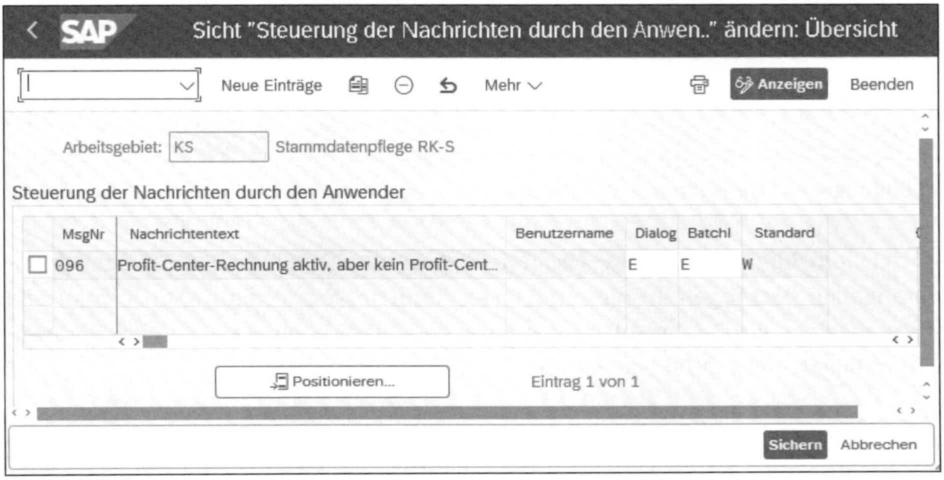

Abbildung 4.63 Gepflegte Meldung in Transaktion OBA5

Sichern Sie die Einstellungen mit Strg + S, oder klicken Sie auf Sichern (**Sichern**), und verlassen Sie das Bild anschließend mit F3 oder dem Button < (**Zurück**). Damit bekommen Sie erst eine Meldung über fehlende Daten, wenn Sie die Daten mit der ↵-Taste bestätigen bzw. sichern möchten.

Alternativ können Sie mit Transaktion SHDO (Transaktions- und Bildvarianten) eine *Transaktionsvariante* anlegen. Mit Transaktions- bzw. Bildvarianten können Sie das Bild nach Ihren Bedürfnissen gestalten. Damit können Sie einstellen, dass das Feld **Profitcenter** als Mussfeld dargestellt wird. Starten Sie Transaktion SHDO, geben Sie den Transaktionscode (hier »KS02«) ein, und vergeben Sie im Feld **Transaktionsvariante** eine Transaktionsvariante (hier »Z001«). Nun starten Sie die Aufzeichnung mit einem Klick auf (**Anlegen**) oder mithilfe der Taste F5 (siehe Abbildung 4.64).

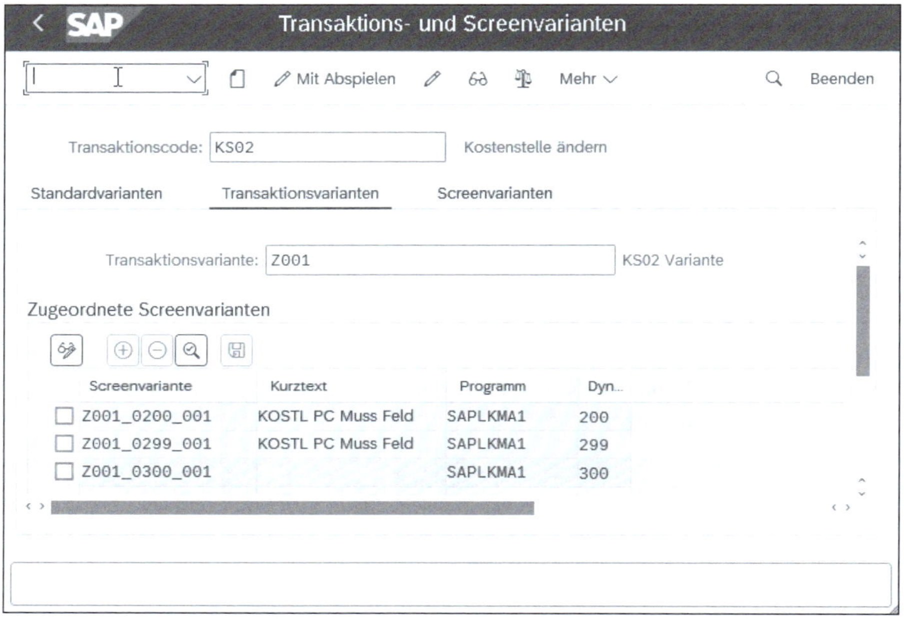

Abbildung 4.64 Transaktionsvariante anlegen

Nach jedem Bild, das Sie mit ↵ bestätigt haben, erhalten Sie ein Pop-up-Fenster **Bilderangaben bestätigen**. In diesem Fenster können Sie mit dem Kennzeichen **Bild nicht anzeigen** ein Feld ausblenden oder es, wie hier im Beispiel, mit dem Kennzeichen **Obligat.** als Mussfeld deklarieren (siehe Abbildung 4.65).

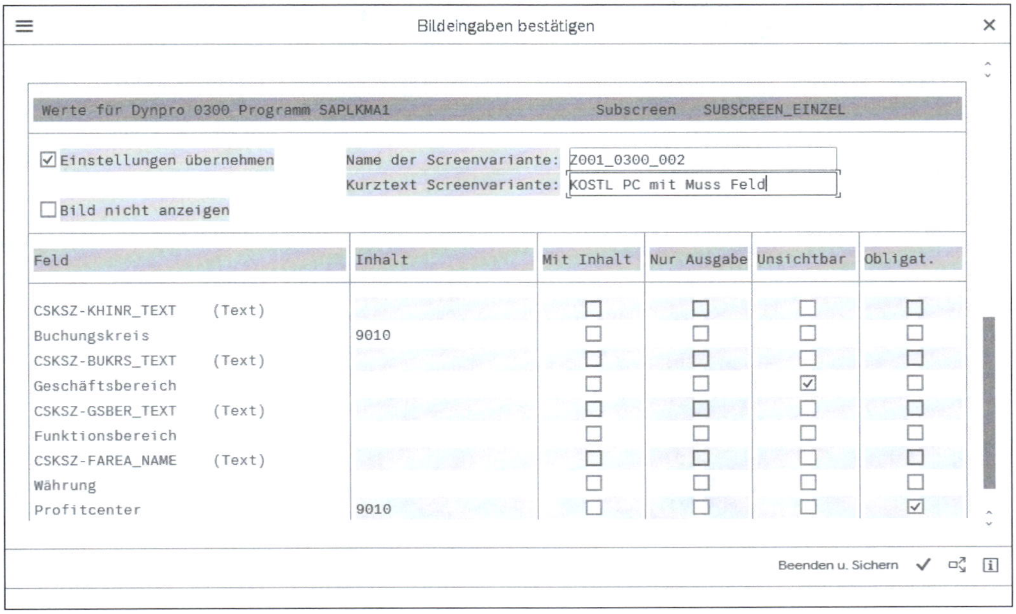

Abbildung 4.65 Bildeingaben bestätigen

Klicken Sie, nachdem Sie hier im Beispiel das Feld **Profitcenter** als obligatorisch gekennzeichnet haben, auf den Button **Beenden u. Sichern**. Beachten Sie, dass die Transaktionsvarianten im Entwicklungssystem angelegt und transportiert werden müssen. Darüber hinaus müssen Sie die Transaktionsvariante auf der Registerkarte **Standardvarianten** auswählen und aktivieren (siehe Abbildung 4.64).

In dem Beispiel haben wir die Transaktionsvarianten für Transaktion KS02 (Kostenstelle ändern) aufgezeichnet. Für Transaktion KS01 (Kostenstelle anlegen) können Sie die gleiche Transaktionsvariante wiederverwenden, müssen diese aber ebenfalls aktivieren.

Nach der Aktivierung rufen Sie Transaktion KS02 erneut auf. Sie sehen, dass das Feld **Profitcenter** sofort beim Einstieg in die Transaktion für den Anwender als Mussfeld sichtbar dargestellt wird (siehe Abbildung 4.66). Auf die gleiche Art und Weise könnten Sie die Felder **Geschäftsbereich** und/oder **Funktionsbereich** ausblenden, wenn Sie diese nicht benötigen. So würden die Anwender nur die bei Ihnen verwendeten Felder sehen und nicht in die Verlegenheit geraten, etwas zu hinterlegen, was jetzt nicht benötigt wird und später vielleicht Probleme bereiten könnte.

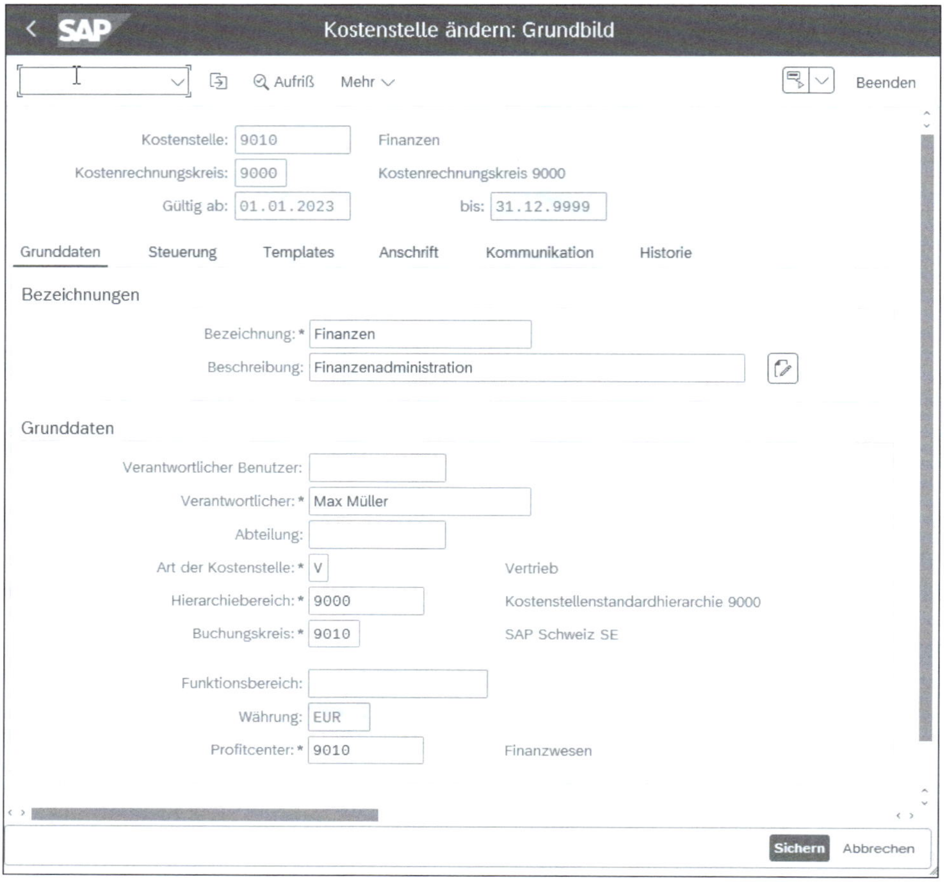

Abbildung 4.66 Mussfeld »Profitcenter« in der Kostenstelle

Für die Steuerung des Feldstatus in den Stammdaten des Innenauftrags gehen Sie wie folgt vor: Folgen Sie dem Customizing-Pfad **Finanzwesen • Grundeinstellungen Controlling • Innenaufträge • Auftragsstammdaten • Auftragsarten definieren**, oder rufen Sie Transaktion KOT2_OPA auf. Wählen Sie durch einen Doppelklick auf die jeweilige Auftragsart die Detailsicht aus. Am unteren Ende des Fensters **Sicht "Auftragsarten" ändern: Detail** sehen Sie den Bereich **Darstellung Stammdaten**. Klicken Sie auf **Feldauswahl**. Abbildung 4.67 zeigt die Auftragsartendetails, die Sie einstellen können.

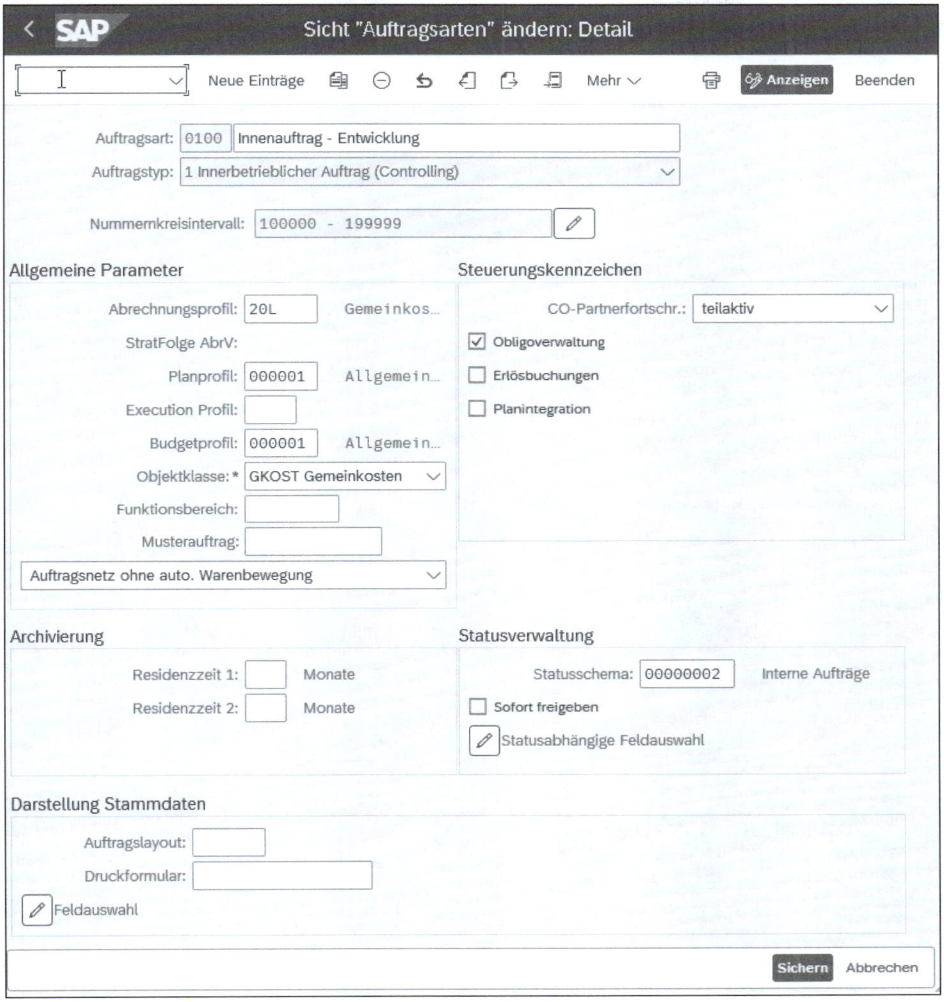

Abbildung 4.67 Details der Auftragsstammdaten

In Abbildung 4.68 sehen Sie das Feld **Profitcenter** als Mussfeld (Radiobutton **Mußeingabe**), das darüber hinaus hell dargestellt werden soll. Bei der Anlage eines Innenauftrags wird es dann farbig hervorgehoben.

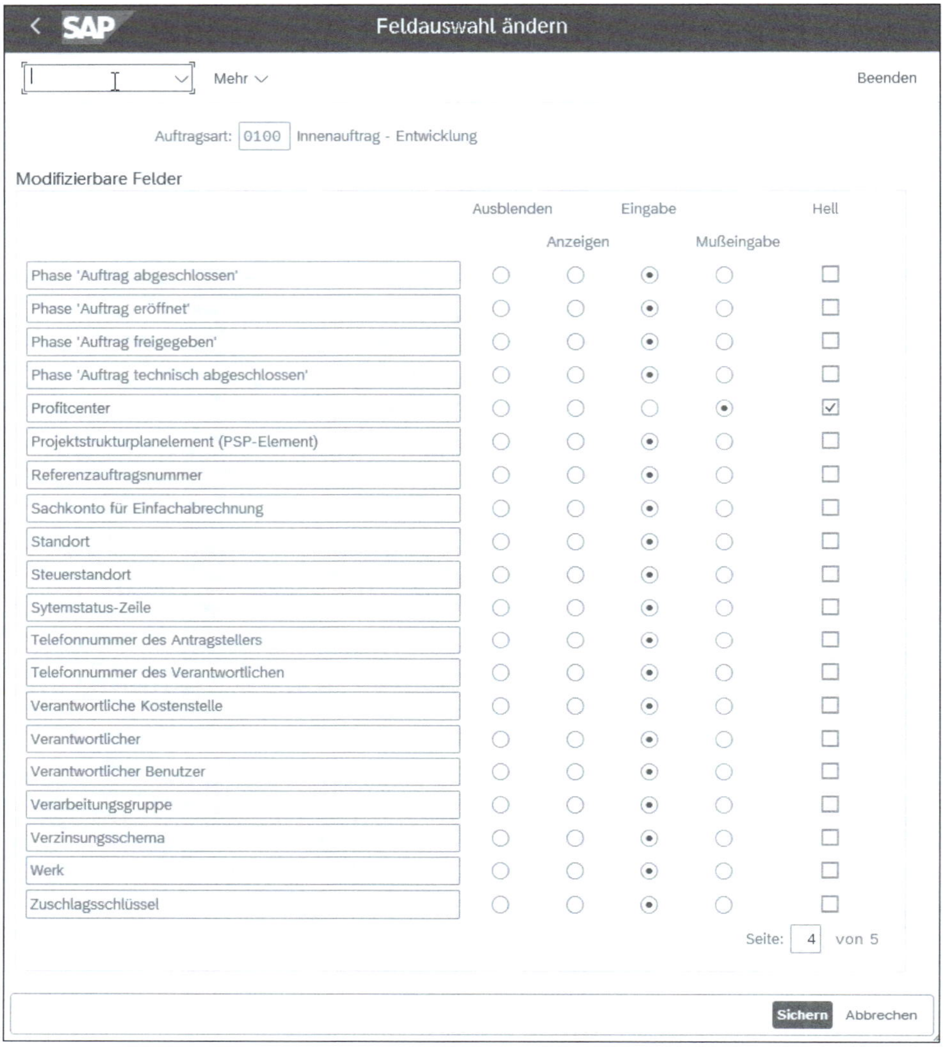

Abbildung 4.68 Feldauswahl für die Auftragsart 0100 mit dem Mussfeld »Profitcenter«

Sichern Sie die Einstellungen mit Strg + S, oder klicken Sie auf Sichern (**Sichern**), und verlassen Sie das Bild anschließend mit der Taste F3 oder per Klick auf den Button < (**Zurück**). Rufen Sie nun Transaktion KO01 auf. Das Feld **Profitcenter** wird im SAP-System in Blau hervorgehoben und als Mussfeld dargestellt, wie an dem kleinen Häkchen im Feld erkennbar ist (siehe Abbildung 4.69).

Auf die gleiche Weise prüfen Sie die anderen Stammdaten, die Sie in Ihren Geschäftsprozessen verwenden. Durch die Einstellung des Feldes **Profitcenter** als Mussfeld stellen Sie sicher, dass keine Stammdaten ohne die für die Belegaufteilung notwendigen Informationen gepflegt werden können.

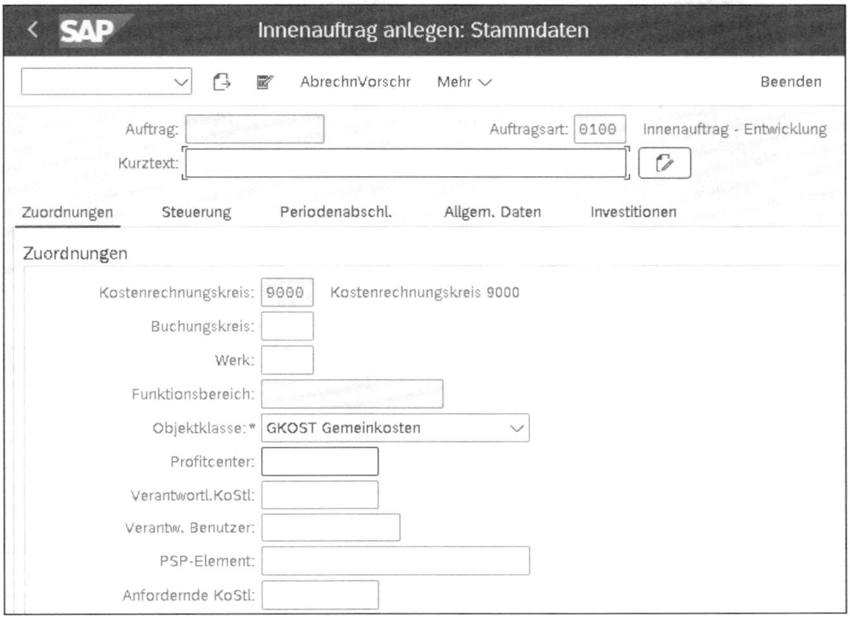

Abbildung 4.69 Innenauftrag mit dem Mussfeld »Profitcenter« anlegen

[«]

Altdatenübernahme

Sofern Sie Altdaten übernehmen, berücksichtigen Sie, dass Sie die Altdaten für die Migration mit Profit-Centern anreichern müssen. Daher müssen die Einstellungen in den Stammdaten schon für die Altdatenübernahme gültig sein. Denn andernfalls bekommen Sie später bei der Übernahme der Belege bzw. im Tagesgeschäft Probleme aufgrund nicht passend gepflegter Stammdaten.

Für eine nachträgliche Einführung der Belegaufteilung bzw. nach einer Altdatenübernahme von Stammdaten gibt es verschiedene Möglichkeiten, um die Vollständigkeit Ihrer Stammdaten zu prüfen bzw. diese über Massenänderungen mit Profit-Centern anzureichern. Bevorzugt sollten Sie Ihre Stammdaten über SAP-Transaktionen anreichern. Beim Sichern werden immer Prüfungen durchgeführt, ob die Änderungen der Stammdaten erlaubt sind oder nicht. Ebenfalls werden dabei Änderungsbelege geschrieben, sodass Sie die Änderungen später noch einmal nachvollziehen können. Ein hartes Anreichern der Stammdaten auf der Tabellenebene kann nur eine Einzelfalllösung sein und sollte möglichst vermieden werden.

Über das Customizing können Sie Ihre Profit-Center-Stammdaten kontrollieren. Folgen Sie dazu dem Customizing-Pfad **Finanzwesen • Hauptbuchhaltung • Stammdaten • Inaktive Profitcenter aktivieren**, oder verwenden Sie Transaktion KEOA2.

Damit können Sie inaktive Profit-Center suchen bzw. aktivieren. Nur wenn sich ein Profit-Center im Status **aktiv** befindet, können Sie es verwenden, und es kann daraus ein Segment für die Belegaufteilung abgeleitet werden (siehe Abbildung 4.70). Entweder Sie selektieren einzelne Profit-Center oder Profit-Center-Intervalle (Radiobutton **Profit Center**), oder Sie aktivieren alle Profit-Center (Radiobutton **alle Profit Center**) und starten den Report mithilfe der F8-Taste oder per Klick auf (**Ausführen**).

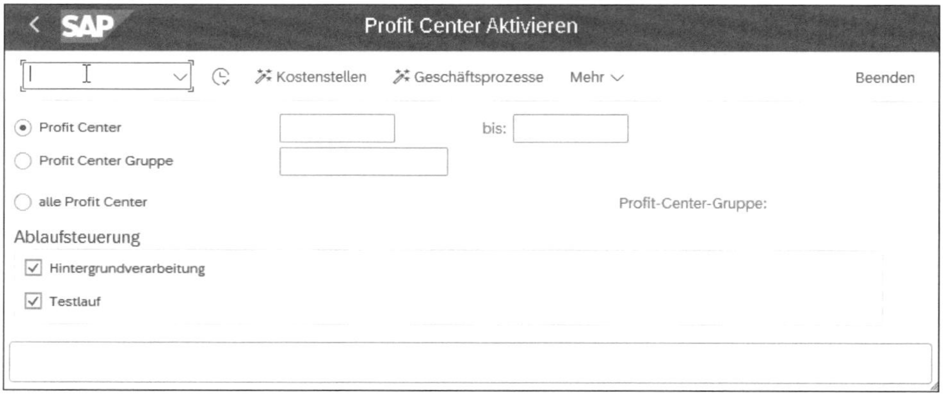

Abbildung 4.70 Profit-Center aktivieren

Auf Transaktion KE5X (Profit-Center: Stammdatenverzeichnis) sind wir in Abschnitt 2.8, »Profit-Center«, schon eingegangen. Folgen Sie dazu dem Customizing-Knoten **Finanzwesen • Hauptbuchhaltung • Stammdaten • Zuordnungen von Kontierungsobjekten zu Profitcentern**; hier finden Sie verschiedene Möglichkeiten, um Ihre Stammdaten einzeln zuzuordnen.

Für die Belegaufteilung kann es notwendig sein, dass Sie für einige Sachkonten ein *Vorschlags-Profit-Center* hinterlegen. Folgen Sie dazu dem Customizing-Pfad **Finanzwesen • Hauptbuchhaltung • Stammdaten • Profitcenter • Vorschlagsprofitcenter Konten zuordnen**, oder rufen Sie Transaktion FAGL3KEH auf. Die Hinterlegung erfolgt dabei jeweils pro Buchungskreis. Konten, die Sie dort üblicherweise hinterlegen würden, sind:

- Bankkonten
- Rückstellungskonten
- Eigenkapitalkonten

Bei Bilanzkonten, die Sie manuell buchen und für die Sie daher ein Profit-Center ebenfalls manuell eingeben müssten (wie z. B. die Bankkonten, zu denen nicht immer aus dem Geschäftsprozess heraus ein Profit-Center zu finden ist), würde ein Vorschlags-Profit-Center aus Transaktion FAGL3KEH übernommen. Für diese Konten können Sie ein Default-Profit-Center hinterlegen, das verwendet wird, sobald nicht aus einem anderen Kontierungsobjekt ein Profit-Center abgeleitet werden kann (siehe Abbildung 4.71).

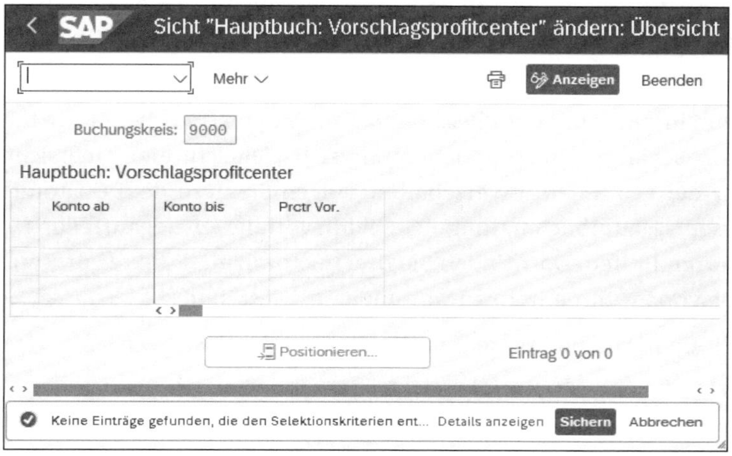

Abbildung 4.71 Default-Profit-Center

Die Einstellung in Transaktion FAGL3KEH wird meist im Entwicklungssystem hinterlegt und transportiert. Dies setzt voraus, dass Ihnen im Entwicklungssystem ein aktueller Kontenplan vorliegt. Wenn dies nicht der Fall ist, prüfen Sie die in SAP-Hinweis 1247627 (Meldung 00058 für Tabelle SKB1 in Transaktion FAGL3KEH) beschriebene Lösung. Beachten Sie, dass es sich dabei um eine Modifikation handelt.

[«]

Kontenplan replizieren

SAP empfiehlt, den Kontenplan regelmäßig vom produktiven System in das Entwicklungssystem zu replizieren. Dafür gibt es verschiedene Möglichkeiten:

- Systemkopie
- die Transaktionen FS15, FS16, FS17
- Verteilung per ALE (Application Link Enabling) oder IDoc (Intermediate Document)

Es ist insofern wichtig, als die richtigen Einstellungen der Sachkonten im Entwicklungssystem vorliegen, da die Sachkonteneinstellungen bei immer mehr Customizing-Punkten auf Richtigkeit hin geprüft werden, ob sie also für Ihren Zweck der Kontenfindungspflege korrekt eingestellt sind.

Beachten Sie außerdem, dass die Default-Kontierung eines Profit-Centers für bestimmte Bilanzkonten die Belegaufteilung und damit die geschäftsprozessorientierte Vererbung der Profit-Center-Informationen aushebelt! Wenn Sie Geschäftsprozesse, die im Test Probleme bereiten, weil kein Profit-Center durch die Belegaufteilung gefunden werden kann, mit einem Default-Profit-Center versehen, wird der Test funktionieren. Der funktionierende Test muss jedoch, aus einer fachlichen Perspektive betrachtet, noch lange nicht das gewünschte Ergebnis haben. Daher sollten Sie die Default-Kontierung nur sparsam und wohlüberlegt einsetzen.

Nachdem wir uns nun intensiv mit der Pflege der Stammdaten als Vorbereitung für die Belegaufteilung beschäftigt haben, möchten Sie sich vielleicht eine Übersicht über die Zuordnung der Profit-Center verschaffen. Folgen Sie dazu dem Customizing-Pfad **Finanzwesen • Hauptbuchhaltung • Geschäftsvorfälle • Belegaufteilung • Organisationsstrukturen Prüfen**. Dort finden Sie drei Customizing-Punkte zur Kontrolle der Zuordnung von Profit-Centern zu Stammdaten. Diese sind:

- Analyse von Profit-Centern und Segmenten (Transaktion FINS_SIS_ORG)
- Profit-Center-Rechnung: Zuordnungsübersicht (Transaktion 1KE4)
- Profit-Center-Verwendungsnachweis (Transaktion 1KE4N)

Da im SAP-Standard das Segment für die Belegaufteilung aus dem Profit-Center abgeleitet wird, ist die richtige Zuordnung der Profit-Center zu den Stammdaten so immens wichtig.

Transaktion FINS_SIS_ORG ist im Rahmen der Entwicklung für die nachträgliche Einführung der Belegaufteilung (Subsequent Implementation of Split) entstanden. Sie ermöglicht Ihnen, Ihre Profit-Center und Segmentstammdaten und die Saldo-null-Stellung zu prüfen (siehe Abbildung 4.72).

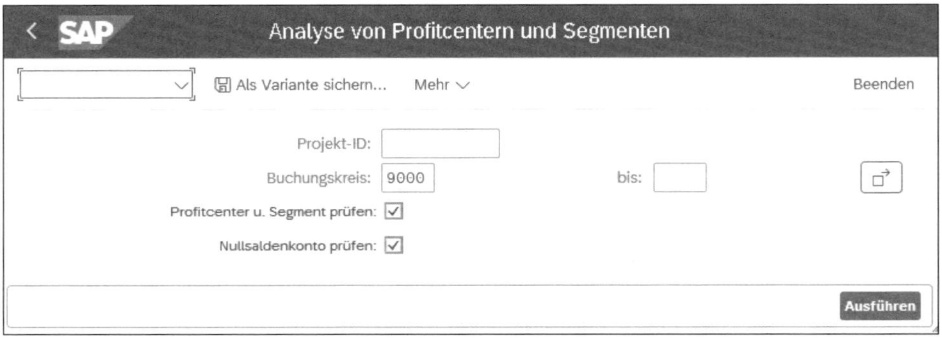

Abbildung 4.72 Analyse von Profit-Centern und Segmenten

Das Ergebnis wird als Liste im SAP List Viewer (ALV) dargestellt, wobei die Meldungen untereinander ausgegeben werden (siehe Abbildung 4.73). In diesem Fall wäre alles in

Ordnung, da wir das Profit-Center 1000 nicht benutzen. Es gibt uns aber den Hinweis, dass es ratsam ist, die Zuordnung der Buchungskreise zu den Profit-Centern zu prüfen. Dazu müssten wir nach und nach die Profit-Center einzeln in Transaktion KE52 aufrufen und die Registerkarte **Buchungskreise** überprüfen.

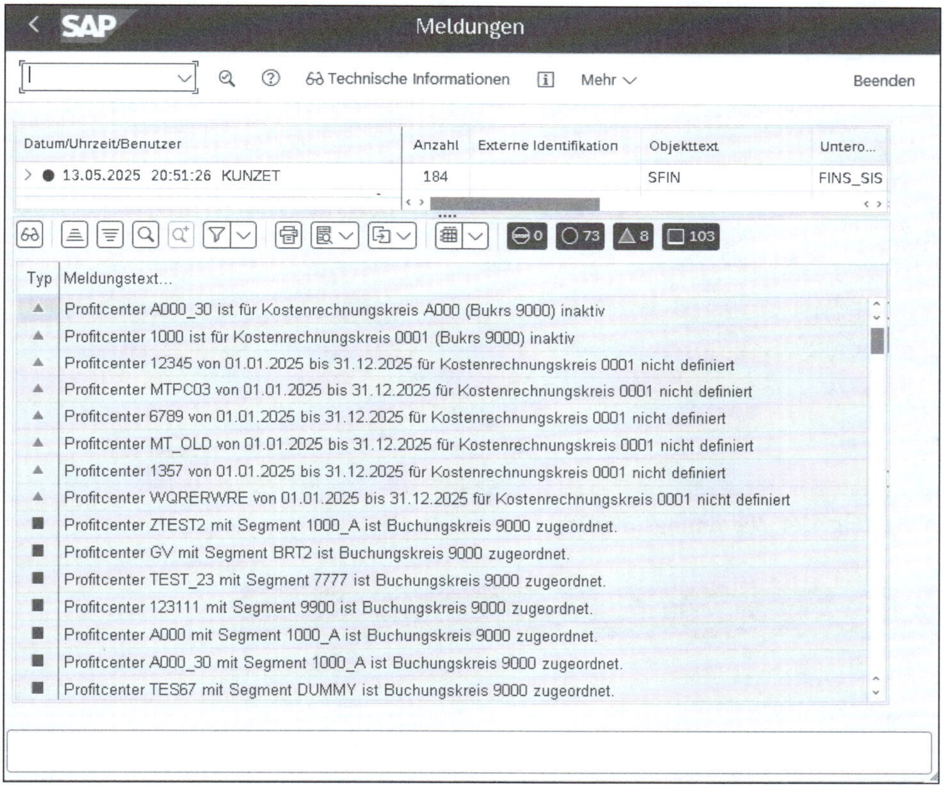
SAP
Meldungen
Technische Informationen
Mehr
Beenden
Datum/Uhrzeit/Benutzer
Anzahl
Externe Identifikation
Objekttext
Untero...
13.05.2025 20:51:26 KUNZET
184
SFIN
FINS_SIS
0
73
8
103
Typ
Meldungstext...
Profitcenter A000_30 ist für Kostenrechnungskreis A000 (Bukrs 9000) inaktiv
Profitcenter 1000 ist für Kostenrechnungskreis 0001 (Bukrs 9000) inaktiv
Profitcenter 12345 von 01.01.2025 bis 31.12.2025 für Kostenrechnungskreis 0001 nicht definiert
Profitcenter MTPC03 von 01.01.2025 bis 31.12.2025 für Kostenrechnungskreis 0001 nicht definiert
Profitcenter 6789 von 01.01.2025 bis 31.12.2025 für Kostenrechnungskreis 0001 nicht definiert
Profitcenter MT_OLD von 01.01.2025 bis 31.12.2025 für Kostenrechnungskreis 0001 nicht definiert
Profitcenter 1357 von 01.01.2025 bis 31.12.2025 für Kostenrechnungskreis 0001 nicht definiert
Profitcenter WQRERWRE von 01.01.2025 bis 31.12.2025 für Kostenrechnungskreis 0001 nicht definiert
Profitcenter ZTEST2 mit Segment 1000_A ist Buchungskreis 9000 zugeordnet.
Profitcenter GV mit Segment BRT2 ist Buchungskreis 9000 zugeordnet.
Profitcenter TEST_23 mit Segment 7777 ist Buchungskreis 9000 zugeordnet.
Profitcenter 123111 mit Segment 9900 ist Buchungskreis 9000 zugeordnet.
Profitcenter A000 mit Segment 1000_A ist Buchungskreis 9000 zugeordnet.
Profitcenter A000_30 mit Segment 1000_A ist Buchungskreis 9000 zugeordnet.
Profitcenter TES67 mit Segment DUMMY ist Buchungskreis 9000 zugeordnet.

Abbildung 4.73 Ergebnis der Überprüfung der Profit-Center und Segmente

In der *Zuordnungsübersicht* für Profit-Center (Transaktion 1KE4) können Sie einzelne Stammdaten auf die Zuordnung der Profit-Center hin überprüfen. Wählen Sie dazu den Radiobutton entsprechend aus (siehe Abbildung 4.74). Nun drücken Sie die Taste F8, oder Sie klicken auf den Button (**Ausführen**), um zum nächsten Bild zu gelangen.

Im Bild **Nicht zu Profitcentern zugeordnete Kostenstellen** können Sie auf eine Art der Kostenstelle einschränken und ein Analysedatum mitgeben (siehe Abbildung 4.75). Drücken Sie die Taste F8, oder klicken Sie auf (**Ausführen**), um zum nächsten Bild zu gelangen bzw. um die Prüfung anzustoßen.

Abbildung 4.74 Zuordnungsübersicht für Profit-Center

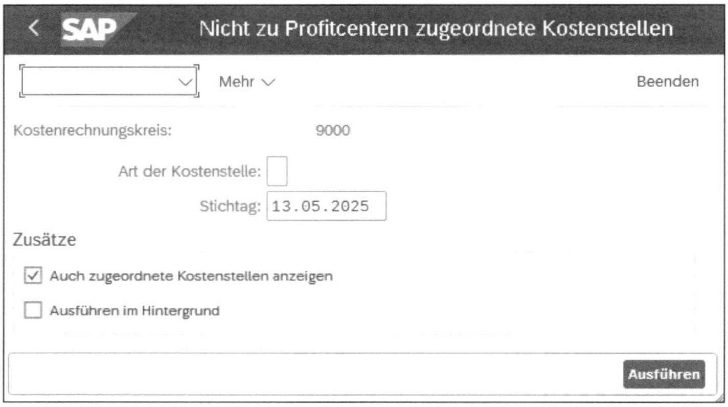

Abbildung 4.75 Zuordnungsübersicht der Profit-Center – Selektionsbild

Das Ergebnis der Prüfung wird Ihnen angezeigt. Bei einer grünen Ampel sind die in unserem Beispiel geprüften Kostenstellenstammdaten richtig gepflegt (siehe Abbildung 4.76). Wäre das Profit-Center nicht in der Kostenstelle hinterlegt, wäre eine rote Ampel zu sehen.

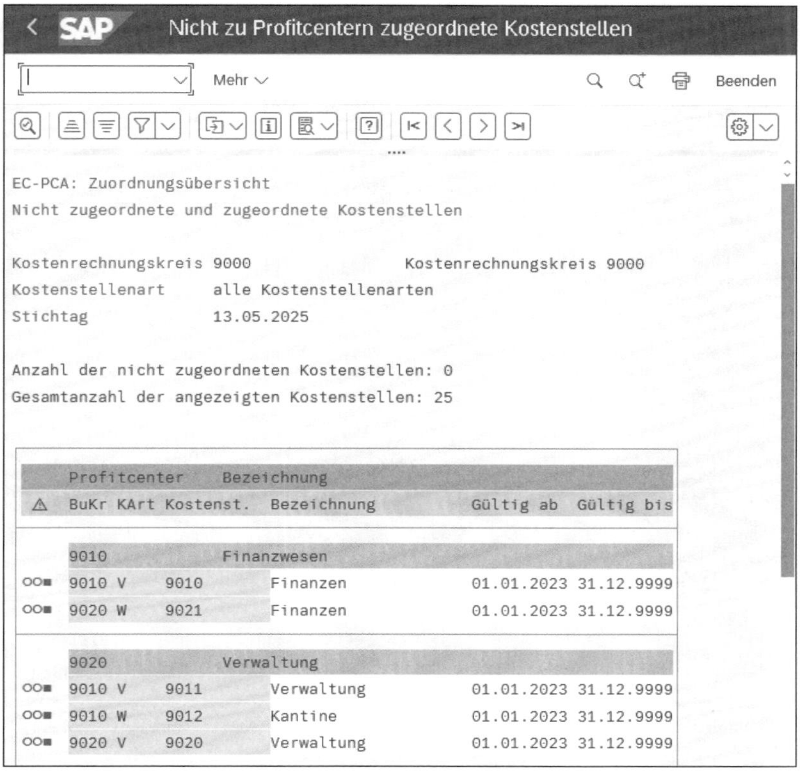

Abbildung 4.76 Ergebnis der Zuordnungsübersicht der Profit-Center

Diese Prüfung der Zuordnungen zu Profit-Centern muss einzeln pro Stammdatenobjekt mithilfe der jeweiligen Radiobuttons erfolgen. Bei vielen genutzten Stammdatenobjekten ist das sehr aufwendig. Auch wenn die Laufzeit in einem SAP-S/4HANA-System schneller als im Vergleich zum SAP-ERP-System ohne SAP-HANA-Datenbank sein sollte, kann die Analyse dennoch mühselig sein. Daher stellt SAP noch Transaktion 1KE4N (Profit-Center-Verwendungsnachweis) zur Verfügung.

In Transaktion 1KE4N können Sie einen Lauf anlegen. Für diesen wählen Sie ein oder mehrere Stammdatenobjekte aus, die Sie prüfen möchten (siehe Abbildung 4.77). Schränken Sie Ihre Selektion gegebenenfalls auf Buchungskreise, Werke oder andere Felder ein, die für Ihr Unternehmen relevant sind. Anschließend wird die Verarbeitung, also die Zusammenstellung der Zuordnungsübersicht im Hintergrund ausgeführt. Aktivieren Sie dazu das Kennzeichen **Hintergrundverarbeitung** (siehe Abbildung 4.77).

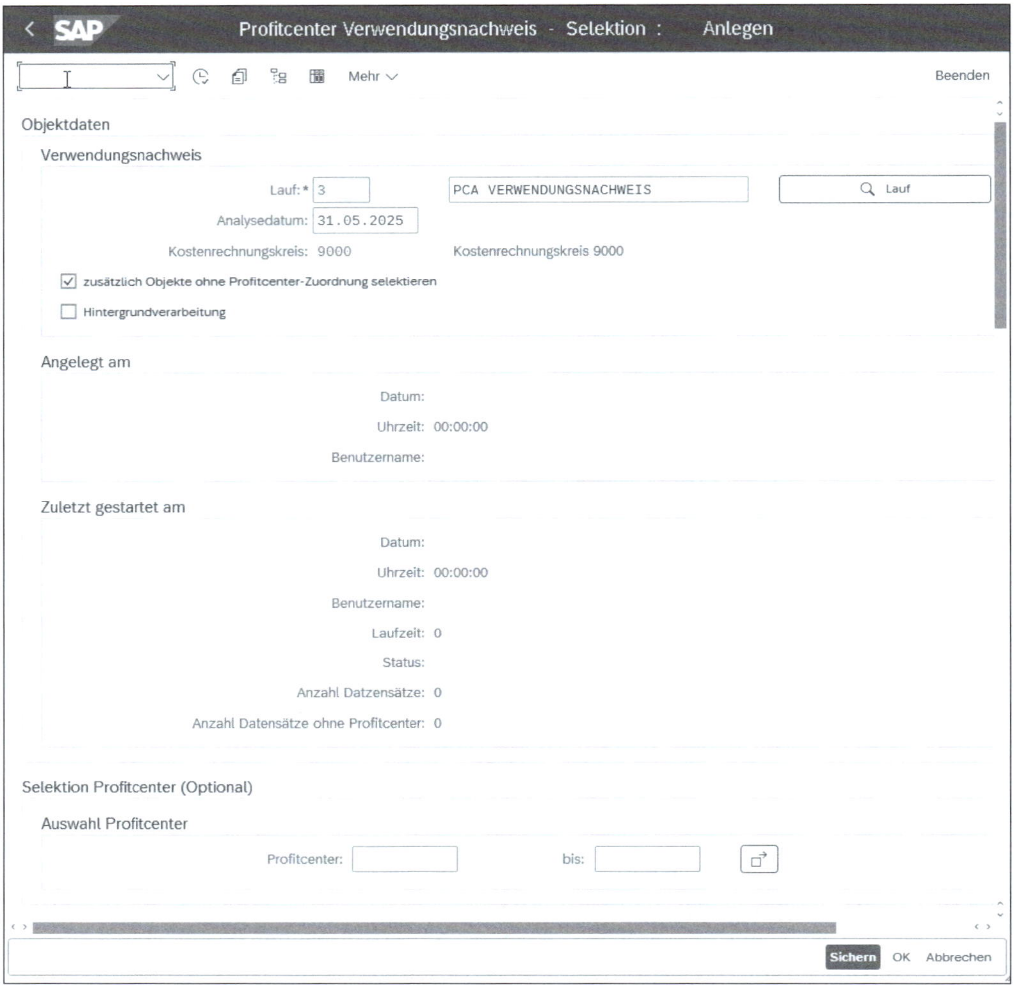

Abbildung 4.77 Selektionsbild des Profit-Center-Verwendungsnachweises

Mit der Taste [F8] oder per Klick auf den Button [Ausführen-Symbol] (**Ausführen**) starten Sie den Job. Sobald der Job beendet ist, können Sie sich das Ergebnis anschauen und es überprüfen (siehe Abbildung 4.78).

[»]

Zuordnungsübersicht

Prüfen Sie, ob für Ihre Anforderungen die Verwendungsübersicht in den SAP-Fiori-Apps **Kostenstellen verwalten** (App-ID F1443A), **Innenaufträge verwalten** (App-ID F1604) oder **Profitcenter verwalten** (App-ID F3516) ausreicht. Dies haben wir in Kapitel 3, »Stammdaten«, bei den Stammdaten beschrieben.

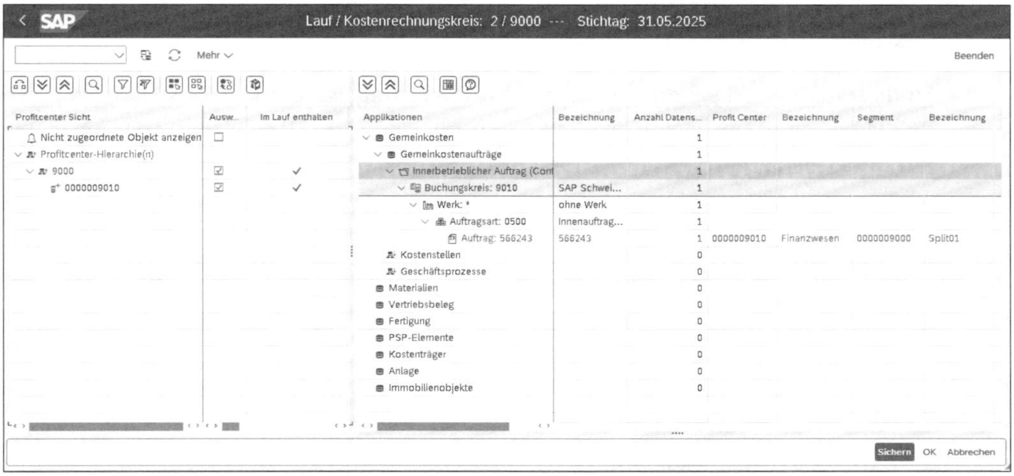

Abbildung 4.78 Ergebnis des Profit-Center-Verwendungsnachweises

Nachdem die Profit-Center-Stammdaten geprüft, gepflegt und die anderen Stammdaten mit Profit-Centern angereichert worden sind, können wir uns das Customizing der Belegaufteilung im nächsten Abschnitt genauer anschauen.

4.5.2 Belegaufteilung einrichten

Für das Customizing der *Belegaufteilung* benötigen Sie etwas Geduld und eine gute Vorbereitung. Einerseits müssen Sie Ihre Belegarten und deren Verwendung kennen, damit Sie diese richtig in der Belegaufteilung klassifizieren können. Dazu müssen Sie sich mit Ihren Belegarten und deren Verwendung beschäftigen. Da die Belegaufteilung versucht, die Profit-Center-Information entlang des Geschäftsprozesses zu vererben, kann es sein, dass Sie weitere Belegarten benötigen.

Zum Beispiel gibt es Fälle, in denen Kunden in der Vertriebskomponente von SAP S/4HANA Intercompany-Rechnungen oder auch Gutschriften erzeugen und diese dabei gleich auf einen Kreditor buchen. Da für gewöhnlich in der Komponente Vertrieb (SD) gearbeitet wird, würden Sie die Standardrechnungsbelegart RV als 0200 (Debitorenrechnung) klassifizieren. Die Belegaufteilung erwartet daher nun, dass der entsprechende FI-Beleg (die Rechnung) ein Debitorenkonto enthält, was im genannten Beispiel nicht der Fall war. Es wurde direkt auf ein Kreditorenkonto gebucht. In solch einem seltenen Fall müsste man die folgenden Aktivitäten durchführen:

- eine weitere Belegart anlegen
- für diesen Geschäftsvorfall eine neue Fakturaart definieren und ihr die neue Belegart zuordnen

Im Rechnungswesen wird der neuen Belegart dann 0300 (Kreditorenrechnung) zugeordnet.

An diesem Beispiel sehen Sie schon, dass die Kenntnis über Ihre Geschäftsprozesse für die Belegaufteilung von großer Bedeutung ist. Vermutlich wird es aber nie gelingen, alle Geschäftsprozesse zu erfassen und zu dokumentieren. Auch finden Sie solch seltene Buchungen vermutlich nicht beim Testen, da selten jemand an deren Durchführung denkt. Sicher ist es ärgerlich, wenn Sie dann im produktiven System auf diese Fehler bzw. eher fehlendes Customizing stoßen. Da es sich aber um Ausnahmen handelt, können Sie dann nur das Customizing nachpflegen und es ins produktive System transportieren.

[»]

Belegaufteilung testen

Für das Testen der Belegaufteilung ist es wichtig, seine Geschäftsprozesse möglichst vollständig und ausführlich zu testen. Auch sollten realitätsnahe Belege mit mehreren Belegpositionen und Profit-Centern getestet werden. Denn sonst finden Sie die Fehler im Customizing der Belegaufteilung nicht bzw. erst im produktiven System.

Für das Customizing der Belegaufteilung folgen Sie dem Customizing-Pfad **Finanzwesen • Hauptbuchhaltung • Geschäftsvorfälle • Belegaufteilung**. Dort finden Sie alle Einstellungsmöglichkeiten zur Belegaufteilung. Wenn Sie die Belegaufteilung erstmalig einrichten, können Sie den Wizard benutzen (siehe Abbildung 4.79). Dieser führt Sie durch das Customizing, macht Vorschläge, erlaubt aber auch, die Einträge zu ändern. Am Ende des Wizards bestätigen Sie Ihre Eingaben, und das Customizing wird vorgenommen und in einem Transport gesichert. Folgen Sie dazu dem Customizing-Pfad **Finanzwesen • Hauptbuchhaltung • Geschäftsvorfälle • Belegaufteilung • Wizards zur Belegaufteilung • Wizard: Belegaufteilung konfigurieren**.

Folgen Sie zur manuellen Anlage einer Belegaufteilungsregel dem Customizing-Pfad **Finanzwesen • Hauptbuchhaltung • Geschäftsvorfälle • Belegaufteilung • Wizards zur Belegaufteilung • Wizard: Belegaufteilungsregel anlegen**, und Sie können eine neue Belegaufteilungsregel anlegen. Für alle weiteren Einstellungen bzw. Änderungen an der Belegaufteilung müssen Sie die einzelnen Customizing-Tabellen einzeln aufsuchen.

Folgen Sie zur Zuordnung der Sachkonten zur Belegaufteilung dem Customizing-Pfad **Finanzwesen • Hauptbuchhaltung • Geschäftsvorfälle • Belegaufteilung • Sachkonten für Belegaufteilung klassifizieren**. Hier teilen Sie den Konten *Positionstypen* zu. Der Positionstyp definiert die Verwendung des jeweiligen Sachkontos, z. B., ob es ein Ertragskonto oder Aufwandskonto ist. Damit die Belegaufteilung erkennt, wie die einzelnen Belegpositionen zu behandeln sind, müssen sie klassifiziert werden. Dabei ordnen Sie diese einem Positionstyp zu.

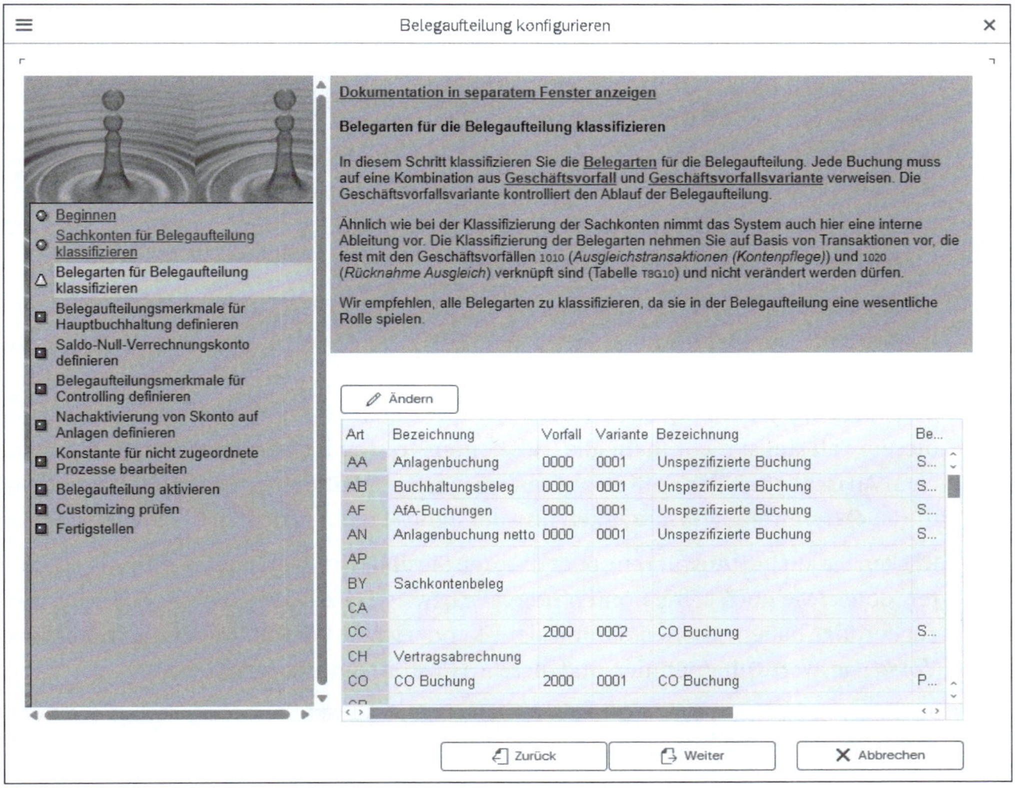

Abbildung 4.79 Belegaufteilung mit dem Wizard konfigurieren

Der Positionstyp wird über die Kontonummer bestimmt. In diesem Customizing-Punkt müssen Sie die folgenden Konten zuordnen:

- Ertragskonten
- Aufwandskonten
- Bankkonten/Kasse
- Bestandskonten

Die Klassifikationen aller anderen Konten sind dem SAP-S/4HANA-System bekannt und müssen an dieser Stelle *nicht* eingetragen werden. Über die Konten, die in den Kontenfindungen hinterlegt sind, werden die Klassifikationen automatisch von SAP S/4HANA erkannt. Sie können Kontointervalle eingeben, da die SAP-eigenen Klassifikationen vorab erkannt werden und ein Überschreiben durch die von Ihnen vorgenommenen Einstellungen verhindert wird. SAP liefert die folgenden Positionstypen:

- Debitor
- Kreditor
- Skontoverrechnung
- Anlage
- Material
- Aufwand
- Ertrag

Weitere Positionstypen können Sie nicht anlegen; nach unserer bisherigen Erfahrung wurden sie bislang mit dem neuen Hauptbuch und der Belegaufteilung unter SAP ERP auch nicht benötigt. Über Transaktion FAGL_CHECK_ACCOUNT (Ableitung und Verprobung Sachkonto Positionstyp) können Sie Ihre Einstellungen nochmals prüfen lassen. Sollten Sie sich bei einem neu angelegten Sachkonto nicht sicher sein, welchen Positionstyp Sie zuordnen sollen, kann Ihnen dieser Prüfreport dabei helfen. In der Dokumentation zu diesem Prüfreport wird nochmals ausführlich auf die Klassifizierung der Sachkonten eingegangen.

Im Selektionsbild von Transaktion FAGL_CHECK_ACCOUNT können Sie verschiedene Einschränkungen vornehmen (siehe Abbildung 4.80). Interessant ist, dass Sachkonten, die zum Löschen vorgemerkt oder gesperrt sind, nicht berücksichtigt werden. Dies wäre gerade bei historisch gewachsenen Kontenplänen nützlich, da in diesem Fall längst nicht mehr alle Sachkonten verwendet werden. Mit dem Kennzeichen **Ausschließen der Konten mit automatischer Positionstypableitung** können Sie die Selektion weiter einschränken und damit das Ergebnis übersichtlicher gestalten.

Klicken Sie auf [Icon] (**Ausführen**), oder drücken Sie die Taste F8, um die Prüfung zu starten. Sofern Sie noch keine Kontenintervalle bzw. einzelne Konten einem Positionstyp zugeordnet haben, können Sie mit dem Kennzeichen **Vorschlagswerte übernehmen** Vorschlagswerte übernehmen und diese im Customizing fortschreiben.

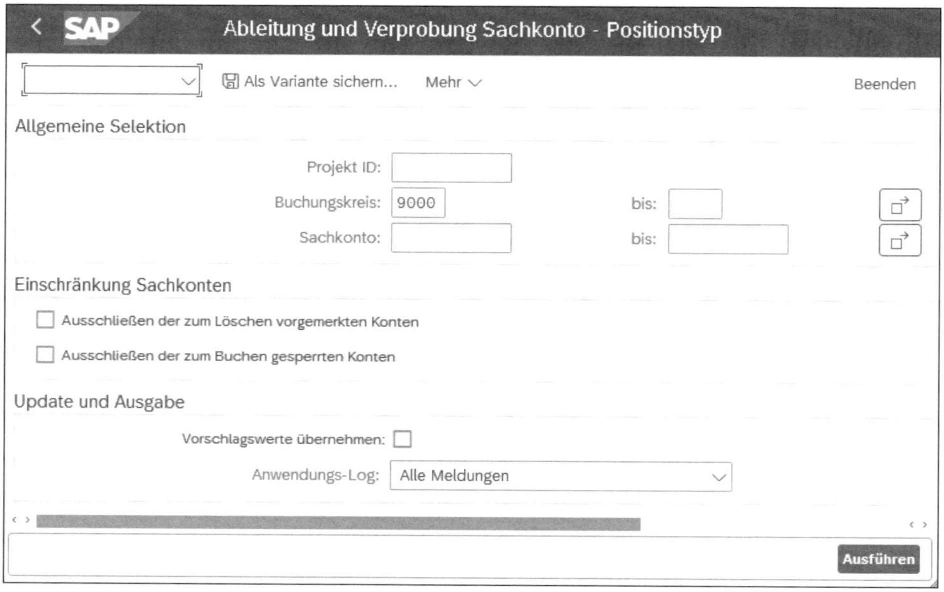

Abbildung 4.80 Ableitung und Verprobung von Sachkonto – Positionstyp (Transaktion FAGL_CHECK_ACCOUNT)

Das Ergebnis der Prüfung wird in einer ALV-Liste übersichtlich dargestellt (siehe Abbildung 4.81). Die Ampelfarben bedeuten dabei Folgendes:

- Grün – zugeordneter Positionstyp entspricht dem Vorschlag von SAP.
- Gelb – zugeordneter Positionstyp weicht vom SAP-Vorschlag ab (siehe Konto **840000** oder Konto **11010**).
- Rot – es ist kein Positionstyp zugeordnet (siehe Konto **170070** oder Konto **170080**).

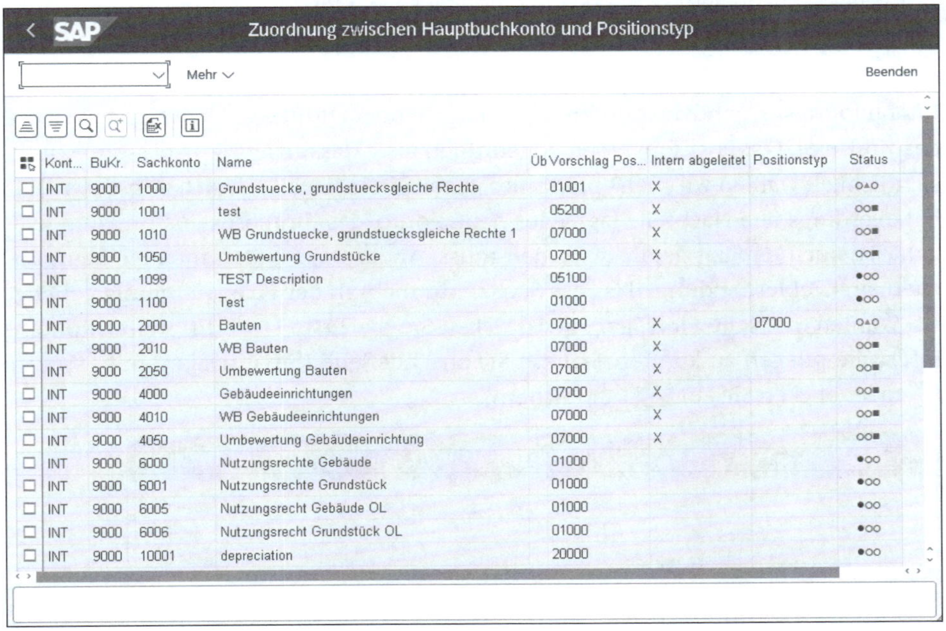

Abbildung 4.81 Ergebnis der Prüfung von Sachkonto zu Positionstyp

Die Vorschläge kann SAP anhand der verschiedenen Kontenfindungen in SAP S/4HANA ableiten. Über die Kontenfindung ist der Verwendungszweck eines Kontos ja definiert, da die Kontenfindung für einen bestimmten Zweck gepflegt worden ist. Sie können Transaktion FAGL_CHECK_ACCOUNT nun mit der Taste [F3] oder einem Klick auf den Button < (**Zurück**) verlassen. Nachdem Sie eine weitere Vorbereitung abgeschlossen haben, können Sie die Sachkonten klassifizieren bzw. das Ergebnis kontrollieren, das Transaktion FAGL_CHECK_ACCOUNT gepflegt hat. Folgen Sie dazu dem Customizing-Pfad **Finanzwesen • Hauptbuchhaltung • Geschäftsvorfälle • Belegaufteilung • Sachkonten für Belegaufteilung klassifizieren**.

[»]

Zuordnung von Sachkonto zu Positionstyp prüfen (Transaktion FAGL_CHECK_ACCOUNT)

Transaktion FAGL_CHECK_ACCOUNT prüft die Zuordnung Ihrer Sachkonten zu den Positionstypen. Sie können den Vorschlag übernehmen (grüne Ampel), oder Sie wählen eine davon abweichende Einstellung (gelbe Ampel). Je nach Ihren Anforderungen kann es sein, dass Sie vom Vorschlag abweichen müssen und die Belegaufteilung trotzdem funktioniert. Die Belegaufteilung muss sehr intensiv getestet werden, um alle Geschäftsvorfälle zu prüfen.

In Abbildung 4.82 sind die Konten in Intervallen oder als Intervall mit sich selbst, wie das Konto 31200, Positionstypen zugeordnet, also klassifiziert. Zur besseren Übersichtlichkeit wählen wir meist pro Konto genau ein Intervall mit sich selbst aus. Dies hat allerdings den Nachteil, dass jedes neue Konto, das für dieses Customizing relevant ist, auch explizit gepflegt werden muss. Andernfalls bekommen Sie beim Buchen eine Fehlermeldung, dass das Sachkonto nicht in der Belegaufteilung gepflegt ist. Wählen Sie **Neue Einträge**, oder drücken Sie die Taste F5, um weiter Kontenintervalle pflegen zu können. Sichern Sie anschließend Ihre Eingaben mit Strg + S, oder klicken Sie auf Sichern (**Sichern**).

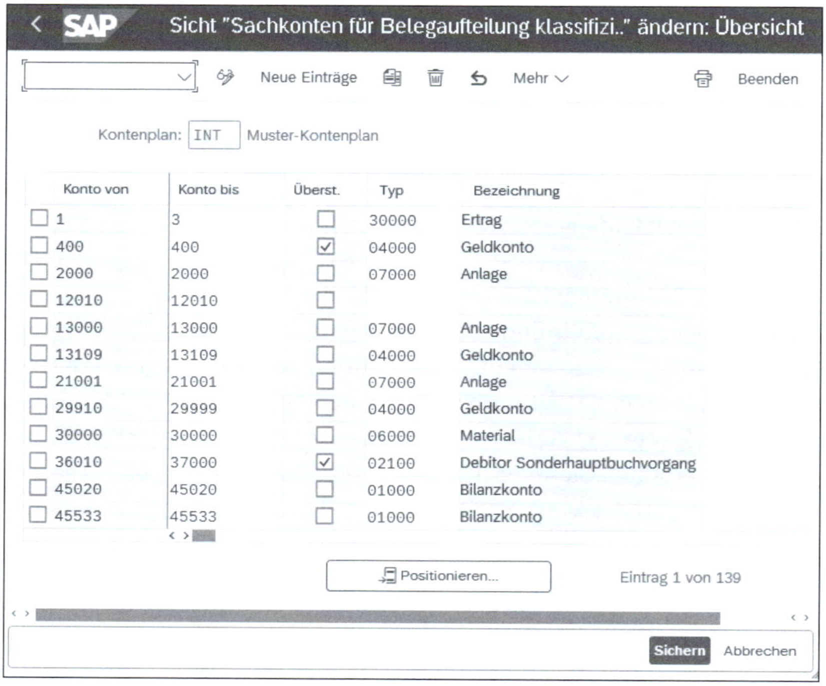

Abbildung 4.82 Positionstypen zu Sachkonten zuordnen

Sachkonten für Belegaufteilung klassifizieren

Sie können den Tabellen-View V_T8G17 auf laufende Einstellungen umstellen. Dies können Sie in Transaktion SOBJ vornehmen und transportieren. Damit können Sie die Tabelle anschließend im produktiven System pflegen. Voraussetzung ist, dass der Fachbereich über die entsprechenden Berechtigungen verfügt.

Folgen Sie nun dem Customizing-Pfad **Finanzwesen • Hauptbuchhaltung • Geschäftsvorfälle • Belegaufteilung • Belegarten für Belegaufteilung klassifizieren**, und klassifizieren Sie die Belegarten für die Belegaufteilung (siehe Abbildung 4.83).

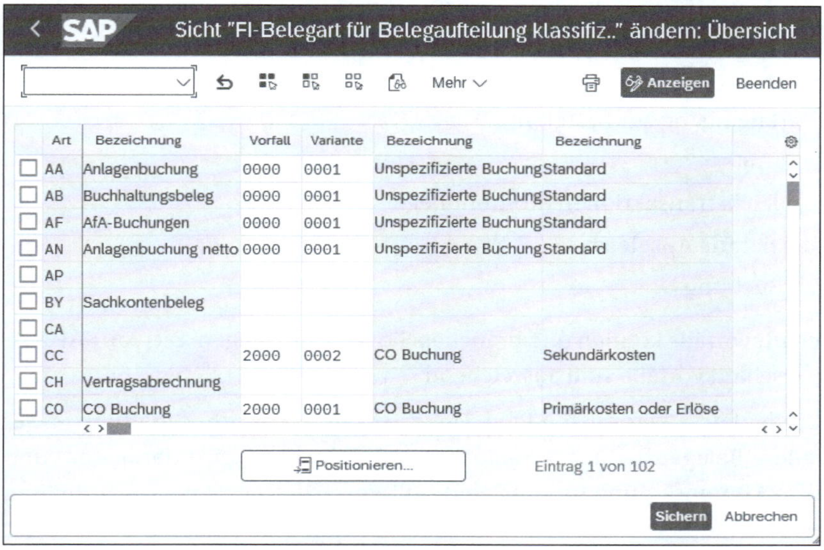

Abbildung 4.83 Belegarten zur Belegaufteilung zuordnen

Im Fenster **Sicht "FI-Belegart für Belegaufteilung klassifizieren" ändern: Übersicht** werden alle Belegarten aufgeführt. Für die Belegaufteilung sind aber nur die Belegarten relevant, die Sie auch wirklich benutzen. Die Zuordnung erfolgt nach bestem Wissen und Gewissen. Spätere umfangreiche Tests werden ergeben, ob die Zuordnung richtig gewählt worden ist. Mitunter werden Belegarten für verschiedenste Geschäftsprozesse genutzt, sodass der zu buchende Beleg nicht immer zu den Einstellungen in der Belegaufteilung passen kann. Dies kann Ihnen aber nur ein vollumfänglicher Test zeigen.

Vollumfänglicher Test bedeutet, dass Sie wirklich alle Geschäftsvorfälle testen. Vergessen Sie nicht die Buchungen, die nur im Quartals- oder Jahresabschluss stattfinden. Leider gibt es keine Möglichkeit, für die Verwendung der Belegarten und damit für die Klassifizierung der Belegarten für die Belegaufteilung einen Vorschlag von

SAP S/4HANA generieren zu lassen. Der einer Belegart zugeordnete *Vorfall* beschreibt, für welchen Zweck Sie die Belegart nutzen. Der Vorfall wird auch Geschäftsvorfall genannt. Der Geschäftsvorfall wird nur im Hauptbuch für die Belegaufteilung verwendet. Dem Vorfall ordnen Sie später in den Belegaufteilungsregeln die Positionstypen zu. Die Positionstypen hatten wir zuvor ja den Sachkonten zugeordnet; es gibt elf Geschäftsvorfälle:

- 0000 – Unspezifizierte Buchung
- 0100 – Umbuchung von GuV-Konto auf Bilanzkonto
- 0200 – Debitorenrechnung
- 0300 – Kreditorenrechnung
- 0400 – Bankkontoauszug
- 0500 – Steuervoranmeldung (Zahllast)
- 0600 – Wareneingang zur Bestellung
- 1000 – Zahlung
- 1010 – Ausgleichstransaktionen (Kontenpflege)
- 1020 – Rücknahme Ausgleich
- 2000 – CO-Buchung

Eigene Geschäftsvorfälle können und brauchen Sie nicht anzulegen. Die von SAP ausgelieferten Geschäftsvorfälle sind ausreichend.

Folgen Sie nun dem Customizing-Pfad **Finanzwesen • Hauptbuchhaltung • Geschäftsvorfälle • Belegaufteilung • Saldo-Null-Verrechnungskonto definieren**, und pflegen Sie die Kontenfindung für die Saldo-null-Verrechnung. Die Belegaufteilung generiert zusätzliche Belegzeilen, damit in Summe pro Beleg für die Belegaufteilungsmerkmale der Beleg zu null aufgehen kann. Für diese zusätzlichen Belegzeilen wird ein entsprechendes Sachkonto benötigt. Dabei wird ein Konto für die Buchungsschlüssel 40/50 hinterlegt (siehe Abbildung 4.84).

Markieren Sie nun den Eintrag mit dem Kontenschlüssel 000, und klicken Sie doppelt auf den Ordner **Konten** in der Dialogstruktur. Damit gelangen Sie eine Ebene tiefer und können die hinterlegte Kontonummer kontrollieren bzw. Ihre Kontonummer pflegen (siehe Abbildung 4.85). In Abbildung 4.84 sehen Sie die Spalten **Kontoschlüssel**, **Bezeichnung**, **BS Soll** und **BS Haben** (Buchungsschlüssel für Soll und Haben), die für die zusätzlichen Verrechnungszeilen zur Saldo-null-Stellung pro Belegsplitmerkmal genutzt werden. Zu dem jeweiligen Buchungsschlüssel (meist 000) hinterlegen Sie ein Sachkonto. Sichern Sie anschließend Ihre Eingaben mit `Strg` + `S`, oder klicken Sie auf Sichern (**Sichern**). Verlassen Sie die Einstellung mit der Taste `F3`, oder klicken Sie auf (**Zurück**).

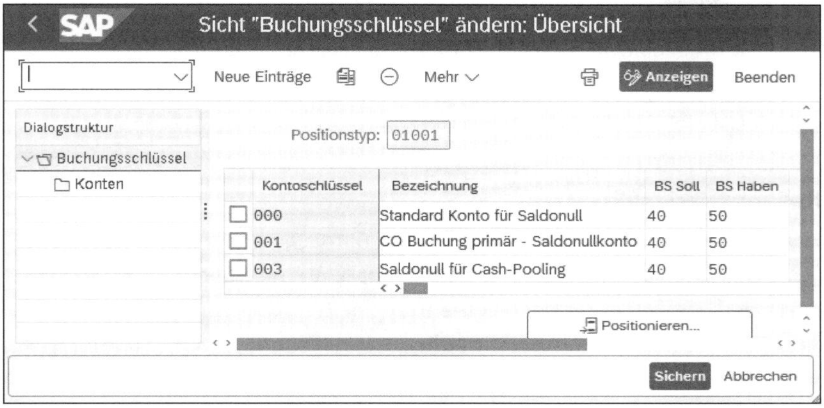

Abbildung 4.84 Kontenfindung für die Belegaufteilung prüfen

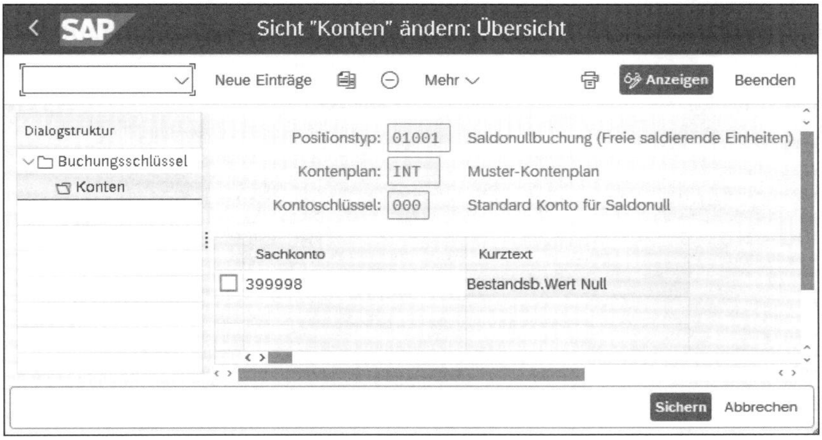

Abbildung 4.85 Hinterlegtes Konto für die Belegaufteilung bei der Saldo-null-Stellung

Damit werden alle Forderungen und Verbindlichkeiten gegenüber anderen Belegaufteilungsmerkmalen, meist Profit-Centern und/oder Segmenten, auf das gleiche Konto gebucht. Wenn Sie noch nachvollziehen möchten, aus welchem Geschäftsprozess die jeweilige Forderung oder Verbindlichkeit entstanden ist, müssten Sie mehrere Kontenschlüssel anlegen. Insgesamt können Sie für die elf Geschäftsvorfälle, die wir bereits den Belegarten zugeordnet haben, jeweils einen Kontenschlüssel anlegen und ihn später den Belegaufteilungsregeln zuordnen.

Damit buchen Sie die Forderungen und Verbindlichkeiten der einzelnen Belegaufteilungsmerkmale auf separate Konten und können diese pro Geschäftsvorfall nachvollziehen.

Im nächsten Schritt definieren Sie die *Belegaufteilungsmerkmale*. Darunter versteht man die Felder, für die Sie zusätzlich zum Buchungskreis eine Bilanz erstellen möchten. Benötigt wird dies z. B. für das Segment-Reporting, das nach dem Rechnungslegungsstandard IFRS gefordert wird.

[»]

Belegaufteilungsmerkmale I

Auch wenn Sie nur eine Segmentbilanz anstreben, sollten Sie überlegen, ob Sie nicht das Profit-Center zusätzlich als Belegaufteilungsmerkmal eintragen. Im SAP-Standard wird aus dem Profit-Center das Segment abgeleitet. Also müssen Sie bei den meisten Geschäftsvorfällen ohnehin ein gültiges Profit-Center haben, damit SAP S/4HANA ein Segment finden kann. Die zusätzlichen Belegzeilen für die Saldo-null-Stellung pro Profit-Center können Sie vernachlässigen.

Folgen Sie nun dem Customizing-Pfad **Finanzwesen • Hauptbuchhaltung • Geschäftsvorfälle • Belegaufteilung • Belegaufteilungsmerkmale für Hauptbuchhaltung definieren**, und wählen Sie Ihre Belegaufteilungsmerkmale aus. Für das jeweilige Feld müssen Sie das dazugehörige Partnerfeld in der Spalte **Partner-Feld** pflegen (siehe Abbildung 4.86).

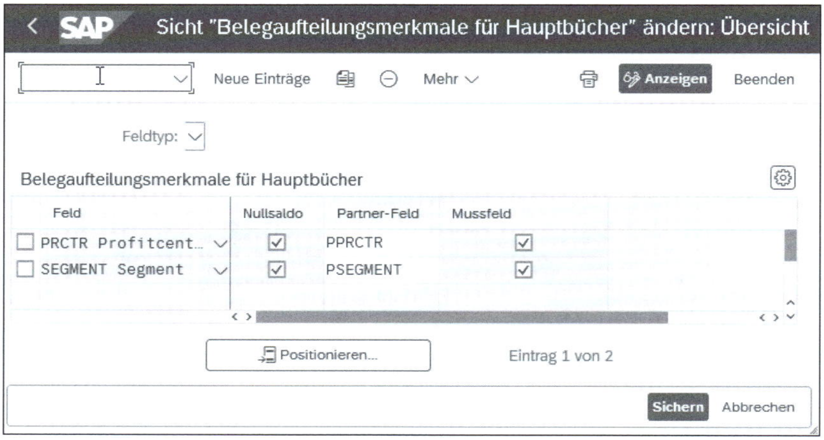

Abbildung 4.86 Belegaufteilungsmerkmale definieren

In Abbildung 4.86 sehen Sie die idealtypische Einstellung der Belegaufteilung. Es findet für Profit-Center und Segmente eine Saldo-null-Stellung statt. Damit werden Bilanzen pro Profit-Center und Segment erzeugt, und das Kennzeichen **Nullsaldo** ist gesetzt. Dazu sollten Sie auch das Kennzeichen **Mussfeld** für Profit-Center und Segment setzen. Damit erzwingen Sie für jede Belegzeile in der Hauptbuchsicht, dass ein Profit-Center und ein Segment vorhanden sind; ansonsten wird die Buchung abgelehnt.

Sichern Sie anschließend Ihre Eingaben mit der Tastenkombination [Strg] + [S], oder klicken Sie auf Sichern (**Sichern**). Verlassen Sie die Einstellung mit der Taste [F3], oder klicken Sie auf < (**Zurück**).

[«]

Belegaufteilungsmerkmale richtig einstellen

Sollten Sie jetzt nur Segmentbilanzen benötigen oder die Belegaufteilung nur für GuV-Konten verwenden, sollten Sie die Kennzeichen **Nullsaldo** und **Mussfeld** immer mit aktivieren. Eine spätere Aktivierung ist nicht ohne erneute Datenbereinigung oder Migration möglich, die nicht von SAP S/4HANA unterstützt wird!

Viele Kunden aktivieren die Belegaufteilung, obwohl ihnen die Anforderungen zu diesem Zeitpunkt (noch) nicht vorliegen. Hier sprechen wir von einer technischen Aktivierung der Belegaufteilung. Wenn Sie die Einstellungen so wählen, ist es einfacher, zu einem späteren Zeitpunkt fachlich sinnvolle bzw. aussagefähige Bilanzen pro Profit-Center bzw. Segment zu erstellen. Aber auch dazu ist es notwendig, sich intensiv mit der Belegaufteilung, den fachlichen Anforderungen und Ihren Stammdaten und damit der Profit-Center-Ableitung auseinanderzusetzen. Erfahrungsgemäß dauert der Übergang von technisch funktionierenden Profit-Center-/Segmentbilanzen bis zu fachlich aussagefähigen Bilanzen ca. ein Jahr. Dazu müssen Sie Geschäftsprozesse analysieren, Stammdaten bereinigen und zusätzliche Validierungen oder Substitutionen einbauen. Vieles werden Sie vor dem Produktivstart Ihres SAP-S/4HANA-Systems sicher nicht vollumfänglich testen können, auch wenn dies wünschenswert wäre.

Unter dem nächsten Customizing-Punkt legen wir die Belegaufteilungsmerkmale für das Controlling fest. Diese zusätzlichen Belegaufteilungsmerkmale sind nicht für das Hauptbuch relevant, sondern für andere SAP-Komponenten, wie z. B. das Controlling (CO). Damit können Sie innerhalb der folgenden Hauptbuchprozesse die Belegpositionen durch das SAP-System aufteilen lassen:

- Ausgleich von debitorischen und kreditorischen Posten
  - Skontoaufwand
  - Skontoertrag
  - Skontoverlust
- Ausgleich von offenen Posten: realisierte Kursdifferenzen
- Fremdwährungsbewertung der offenen Posten: Aufwand/Ertrag aus Fremdwährungsbewertung
- pauschalierte Einzelwertberichtigung für debitorische und kreditorische Posten: Aufwand/Ertrag aus Einzelwertberichtigung

Die ausgewählten Merkmale werden nur dann in die angegebenen Belegpositionen übertragen, wenn das zu bebuchende Konto die Merkmale auch unterstützen kann. Das heißt insbesondere, dass CO-Kontierungen nur dann übertragen werden, wenn das Konto auch als Kostenart angelegt ist. Die Feldstatusleiste des Kontos ist von dieser Prüfung allerdings explizit ausgenommen, d. h., Merkmale werden auch dann übertragen, wenn sie durch die Feldstatusleiste des Sachkontos (für die manuelle Eingabe) ausgeblendet werden. Folgen Sie nun dem Customizing-Pfad **Finanzwesen • Hauptbuchhaltung • Geschäftsvorfälle • Belegaufteilung • Belegaufteilungsmerkmale für Controlling definieren**. Über einen Klick auf den Button **Neue Einträge** oder mit der Taste F5 können Sie zusätzliche Belegaufteilungsmerkmale aus dem Drop-down-Menü auswählen (siehe Abbildung 4.87). Hier tragen Sie meist die von Ihnen genutzten CO-Kontierungsobjekte, wie Kostenstelle, Innenauftrag, Ergebnisobjektnummer, Kundenauftrag usw., ein.

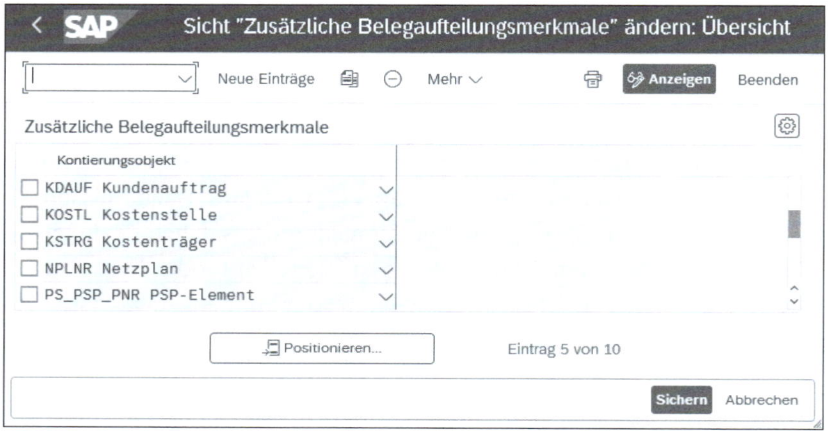

Abbildung 4.87 Belegaufteilungsmerkmale für das Controlling festlegen

Da es sich hier um Customizing-Einstellungen für GuV-Konten handelt, können Sie diese Einstellungen jederzeit anpassen. Ab dem Zeitpunkt, zu dem das Customizing im produktiven System vorhanden ist, wird es berücksichtigt. Wenn Sie es benötigen, passen Sie Ihr Customizing rechtzeitig für den Geschäftsjahreswechsel an. Beachten Sie beim Sichern das Pop-up-Fenster mit der Warnung GLT1409, und lesen Sie sich den Langtext zu der Meldung sorgsam durch. Sichern Sie anschließend Ihre Eingaben mit der Tastenkombination Strg + S, oder klicken Sie auf den Button Sichern (**Sichern**). Verlassen Sie die Einstellung mit der Taste F3, oder klicken Sie auf < (**Zurück**).

Im View `V_FAGL_SPLIT_FL2` (Merkmale für Splittung bei GuV-Prozessen) können Sie für einzelne GuV-Prozesse das Verhalten der Belegaufteilung separat steuern (siehe Abbildung 4.88). Prüfen Sie die Kennzeichen, und passen Sie sie gegebenenfalls den Bedürfnissen Ihres Unternehmens an.

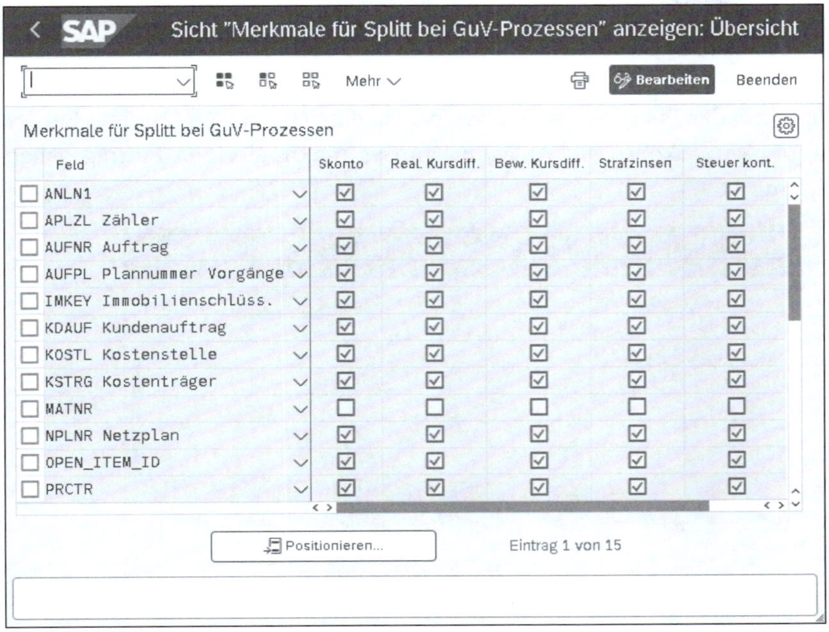

Abbildung 4.88 Belegaufteilung für GuV-Prozesse

F1-Hilfe nutzen

Lesen Sie sich jeweils die zu jedem Kennzeichen verfügbare [F1]-Hilfe genau durch. Die [F1]-Hilfe beschreibt die Auswirkungen des jeweils gesetzten und nicht gesetzten Kennzeichens. Klicken Sie dazu nach und nach in jedes Kennzeichen, und drücken Sie die [F1]-Taste auf Ihrer Tastatur. In einem Pop-up-Fenster erscheint dann die Hilfe zu dem jeweiligen Feld bzw. Kennzeichen.

Sichern Sie anschließend Ihre Eingaben mit [Strg] + [S], oder klicken Sie auf Sichern (**Sichern**). Verlassen Sie die Einstellung mit der Taste [F3], oder klicken Sie auf < (**Zurück**).

Im nächsten Schritt stellen Sie die *Nachaktivierung von Skonto auf Anlagen* ein. Hier definieren Sie, ob Skonto, das beim Zahlen einer anlagenrelevanten Rechnung gezogen wird, auf der Anlage aktiviert werden soll. Wenn Sie diese Einstellung wählen, wird im Zahlungsbeleg der Skontobetrag nicht auf das Skontokonto, sondern direkt auf die Anlage gebucht. Damit verringern Sie die Anschaffungskosten der Anlage um den Skontoertrag. Folgen Sie nun dem Customizing-Pfad **Finanzwesen • Hauptbuchhaltung • Geschäftsvorfälle • Belegaufteilung • Nachaktivierung von Skonto auf Anlagen definieren**.

Dazu klicken Sie auf den Button **Neue Einträge**, oder Sie drücken die F5-Taste und wählen aus dem Dropdown-Menü die Option **Anlage** aus. Sichern Sie anschließend Ihre Eingaben mit Strg + S, oder klicken Sie auf Sichern (**Sichern**). Verlassen Sie die Einstellung mit der Taste F3, oder klicken Sie auf den Button < (**Zurück**). Bei der Nachaktivierung von Skonto auf Anlagen kann es maximal einen Eintrag geben (siehe Abbildung 4.89).

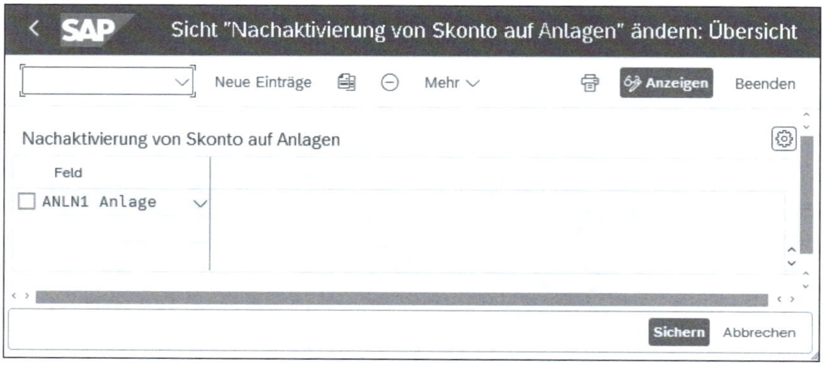

Abbildung 4.89 Skonto auf Anlagen nachaktivieren

Durch die Zuordnung der ANLN1-Anlage im Fenster **Sicht "Nachaktivierung von Skonto auf Anlagen" ändern: Übersicht** wird ein möglicher Skontoertrag, der bei der Bezahlung der Kreditorenrechnung gewährt wird, vom Anlagenbestand wieder abgezogen. Damit verringert sich der Anlagenbestand um den Skontoertrag.

Im nächsten Customizing-Punkt **Konstante für nicht zugeordnete Prozesse bearbeiten** könnten Sie für Geschäftsprozesse eine Konstante definieren. Diese wird immer dann gezogen, wenn z. B. Stammdaten nicht vollständig mit Profit-Centern angereichert sind und daher Geschäftsprozesse nicht funktionieren, weil die Belegaufteilung kein gültiges Profit-Center findet. Wenn Sie diese Customizing-Möglichkeit nutzen, hebeln Sie allerdings die geschäftsprozessorientierte Vererbung der Profit-Center aus. Damit funktioniert Ihr Belegsplit zwar immer, aber im Ergebnis landen viele Buchungen auf dem in der Konstanten hinterlegten Profit-Center, und dies kann nicht im Sinne der Belegaufteilung sein!

[»]

Konstante in der Belegaufteilung

Grundvoraussetzung für die Belegaufteilung in SAP S/4HANA sind richtig angereicherte Profit-Center in den für die Belegaufteilung relevanten Stammdaten! Dazu zählen Kostenstellen, Innenaufträge, PSP-Elemente, Materialstammsätze, Kundenaufträge usw. Wenn diese Grundvoraussetzung gegeben ist, funktioniert die Belegaufteilung auch richtig, und eine Konstante wird nicht benötigt.

Die große Gefahr einer Konstanten ist, dass damit die Belegaufteilung immer funktioniert. Wenn sich nun Ihre Anforderungen an das Reporting ändern würden und Sie damit gezwungen wären, die Zuordnung der Profit-Center zu Ihren Stammdaten zu prüfen bzw. anzupassen, würde die Konstante zwar weniger häufig gezogen, aber das Profit-Center aus der Konstanten würde noch in vielen, noch nicht abgeschlossenen Geschäftsprozessen stecken. Dazu zählen offene Posten. Damit Sie ein Profit-Center einer Konstanten wieder aus Ihrem System entfernen können, werden Sie einige Zeit benötigen (bessere Anreicherung und Ableitung aus den Stammdaten) und einigen Aufwand betreiben müssen (gegebenenfalls das Umbuchen von offenen Posten von einem Default-PC auf einen richtigen PC). Zusätzlich besteht das Risiko, dass, wenn Sie die Konstante komplett aus dem Customizing entfernen, Geschäftsprozesse nicht mehr vollständig funktionieren, da Sie vielleicht nicht alle noch verwendeten Stammdaten richtig angereichert haben. Daher sollten Sie von Anfang an auf die Einrichtung einer Konstanten verzichten!

[«]

Saldovortrag

Durch die Einführung der Belegaufteilung müssen Sie zusätzlich den Detaillierungsgrad für den Saldovortrag definieren. Folgen Sie dazu dem folgenden Pfad: **Finanzwesen • Hauptbuchhaltung • Geschäftsvorfälle • Belegaufteilung • Detaillierungsgrad für Saldovortrag angeben**.

Wenn Sie die Belegaufteilung nutzen, müssen Sie auch die Saldovortragsmerkmale im Customizing anpassen. Diese erreichen Sie über den Customizing-Pfad **Finanzwesen • Hauptbuchhaltung • Periodische Arbeiten • Vortragen**.

Im nächsten Schritt aktivieren wir die Belegaufteilung (siehe Abbildung 4.90). Folgen Sie nun dem Customizing-Pfad **Finanzwesen • Hauptbuchhaltung • Geschäftsvorfälle • Belegaufteilung • Belegaufteilung aktivieren**. Prüfen Sie die Kennzeichen, und passen Sie sie gegebenenfalls den Bedürfnissen Ihres Unternehmens an. Sichern Sie anschließend Ihre Eingaben mit [Strg] + [S], oder klicken Sie auf [Sichern] (**Sichern**). Verlassen Sie die Einstellung mit der [F3]-Taste, oder klicken Sie auf [<] (**Zurück**).

Indem Sie in der Dialogstruktur doppelt auf **Deaktivierung des Belegsplitters pro Buchungskreis** klicken, können Sie die Belegaufteilung für einzelne Buchungskreise wieder deaktivieren (siehe Abbildung 4.91). Beachten Sie, dass das Deaktivieren nur für Buchungskreise möglich ist, die Sie noch nicht produktiv nutzen. Wenn Sie das Kennzeichen **Inaktiv** entfernen, wird das Feld **Projekt-ID** freigegeben.

In SAP S/4HANA unterstützt SAP die nachträgliche Einführung der Belegaufteilung in einem bestehenden produktiven System. Die dazu notwendigen Programme werden im sogenannten *Migration Cockpit* zur Verfügung gestellt. Dort können Sie ein Projekt anlegen, die Migration der Daten durchführen und im Customizing der Belegaufteilung entsprechend die Projekt-ID ergänzen. Folgen Sie dem Customizing-Pfad **Finanzwesen • Hauptbuchhaltung • Geschäftsvorfälle • Belegaufteilung • Nachträgliche Einführung der Belegaufteilung**. Dort finden Sie alle Informationen und Einzelschritte zur nachträglichen Einführung der Belegaufteilung.

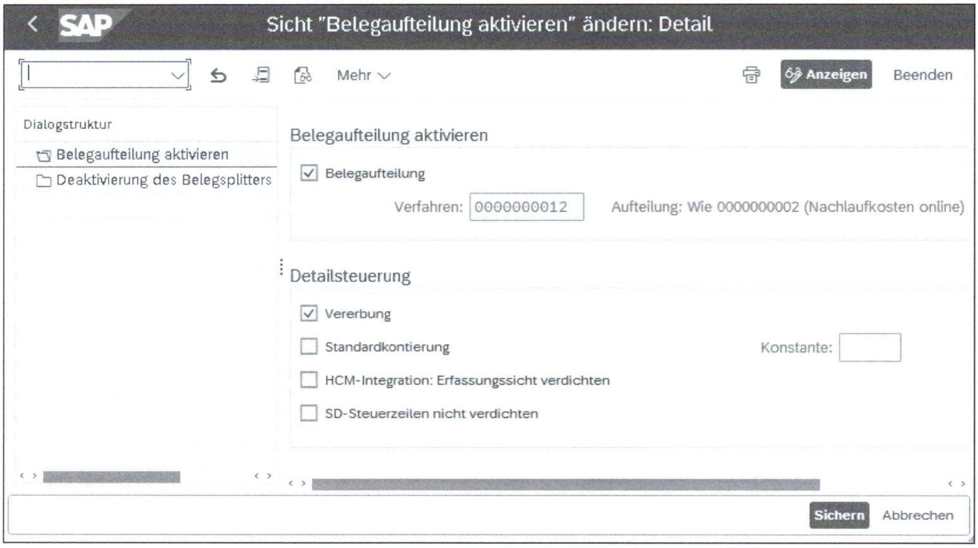

Abbildung 4.90 Belegaufteilung aktivieren

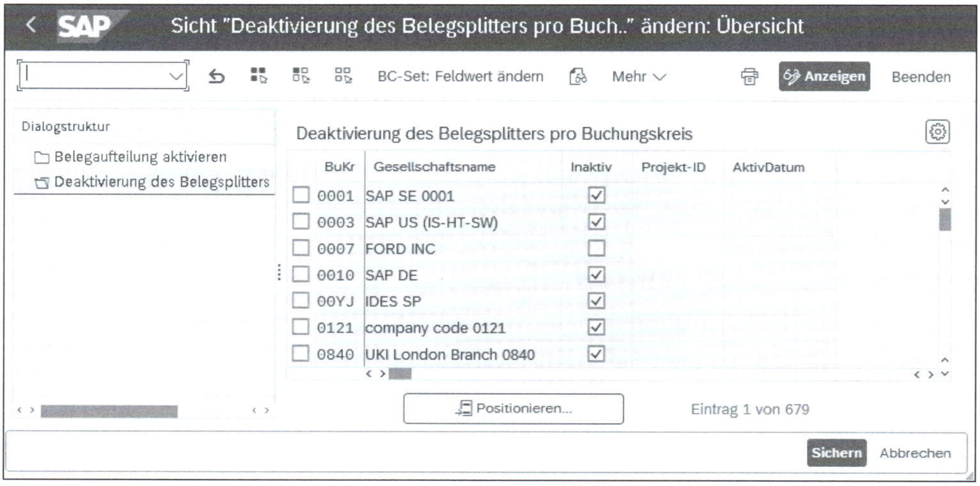

Abbildung 4.91 Belegaufteilung für Buchungskreise deaktivieren

Beim Sichern der Einstellungen bestätigen wir in unserem Beispiel das Pop-up-Fenster **Buchungskreise ohne Projektzuordnung** mit **Nein**, da wir diese Buchungskreise noch nicht produktiv nutzen (siehe Abbildung 4.92).

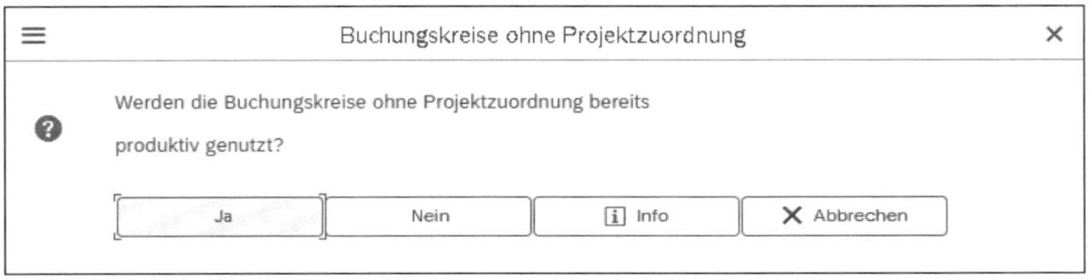

Abbildung 4.92 Buchungskreise ohne Projektzuordnung

Sichern Sie anschließend Ihre Eingaben mit [Strg] + [S], oder klicken Sie auf Sichern (**Sichern**). Verlassen Sie die Einstellung mit [F3], oder klicken Sie auf < (**Zurück**).

Damit haben wir die Konfiguration der Belegaufteilung so weit abgeschlossen, dass wir mit dem Testen, also dem Buchen von Geschäftsvorfällen beginnen können. Sollten Ihnen dabei Fehler im Belegsplit-Customizing gemeldet werden, kann dies verschiedene Ursachen haben, je nachdem, wie Sie die Belegaufteilung in Ihrem Unternehmen einsetzen:

- Profit-Center sind in den Stammdaten falsch oder nicht gepflegt.
- Das Profit-Center befindet sich nicht im Status **aktiv**.
- Dem Profit-Center ist kein Segment zugeordnet.
- Die Belegart ist falsch klassifiziert.
- Das Sachkonto ist falsch klassifiziert.
- Die Belegaufteilungsregel ist nicht vollständig gepflegt und muss ergänzt werden.

Bis auf den letzten Punkt, dass die Belegaufteilungsregel nicht vollständig gepflegt ist, sind wir auf die einzelnen Stammdaten bzw. Customizing-Schritte in diesem Abschnitt schon eingegangen. Diese müssen nach und nach nochmals geprüft werden. Sind aber alle Daten korrekt gepflegt, müssen wir uns die Belegaufteilungsregel genauer anschauen. Dazu buchen wir einen Beispielbeleg. Der Klassiker ist die Beschaffung von Büroausstattung für zwei verschiedene Kostenstellen, die unterschiedlichen Profit-Centern zugeordnet sind. Dazu erfassen wir in Transaktion FB01 den in Abbildung 4.93 gezeigten Beleg. Dabei handelt es sich um eine Kreditorenrechnung für den Kauf von Büroausstattung, die auf zwei Kostenstellen mit unterschiedlichen Profit-Centern und Segmenten aufgeteilt wird. Das Konto 154000 (Eingangssteuer) wird automatisch anhand des Steuerkennzeichens V1 ermittelt.

In der Hauptbuchsicht sehen wir, wie die Belegaufteilung die Belegzeilen aufgeteilt hat. Die Basis der Belegaufteilung war das Verhältnis der beiden Aufwandskonten 405200 (Verbrauch Bürobedarf) zueinander. Diese werden in der Belegaufteilungsregel *Basispositionstypen* genannt. Mit dem Basispositionstyp sind die Konten gemeint, die die Kontierungen ermitteln, nach denen die zu bearbeitende Belegposition in der Online-Belegaufteilung aufgeteilt werden soll.

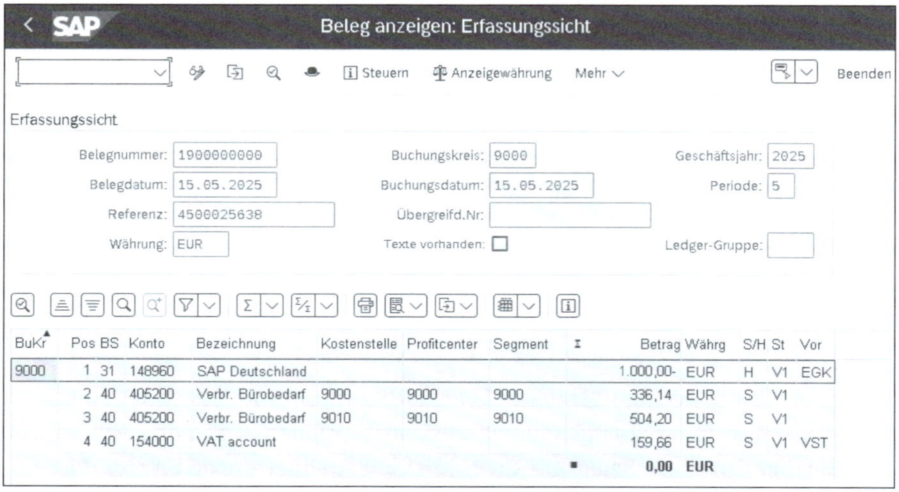

Abbildung 4.93 Beschaffung von Büromaterial (Erfassungssicht)

In Abbildung 4.94 wird der gebuchte Beleg in der Hauptbuchsicht dargestellt. Wenn Sie nun eine Zwischensumme pro Belegsplitmerkmal bilden, für das im Customizing das Kennzeichen **Saldo-null-Stellung** markiert ist, werden Sie feststellen, dass die Zwischensumme immer null ergibt. Damit ist sichergestellt, dass die Bilanz pro Belegsplitmerkmal in der Summe über alle Bilanzkonten null ergibt.

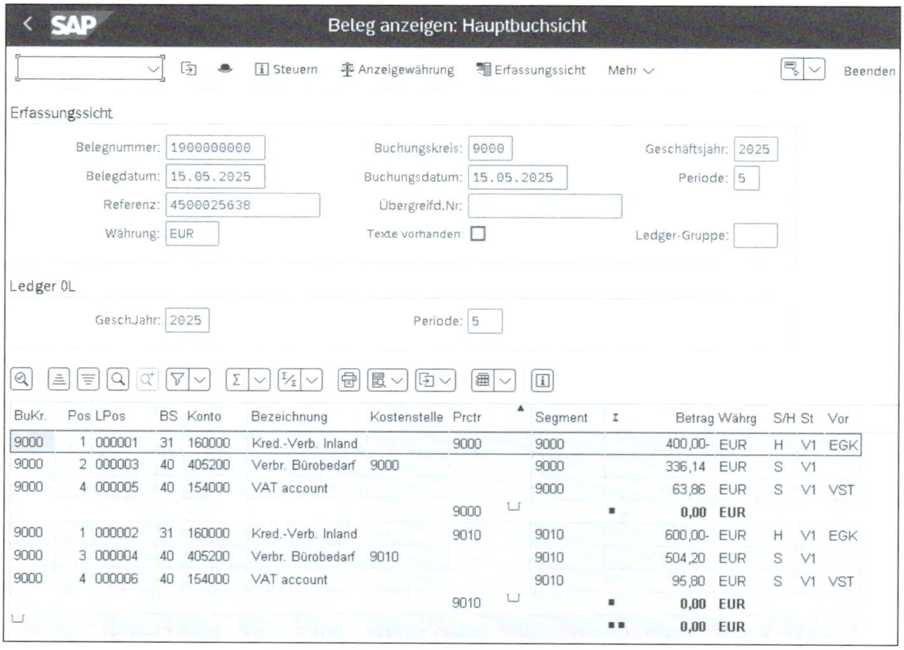

Abbildung 4.94 Beschaffung von Büromaterial (Hauptbuchsicht)

In SAP Fiori wird der Beleg wie in Abbildung 4.95 dargestellt. Die Darstellung der Belege in SAP Fiori ist übersichtlicher als im SAP GUI. Sie sehen auf einen Blick, ob es zu diesem Beleg Anlagen, Notizen oder weitere zugeordnete Belege gibt. In Transaktion FB03 müssten Sie z. B. erst über das Menü in das Belegumfeld abspringen, um zu sehen, ob es weitere zugeordnete Belege gibt.

Abbildung 4.95 Beschaffung von Büromaterial in SAP Fiori (Hauptbuchsicht)

Wenn Sie die Summe über Ihre Belegaufteilungsmerkmale (hier Profit-Center und Segment) bilden, sehen Sie, dass pro Belegaufteilungsmerkmal die Zwischensumme null ergibt. Die durch die Belegaufteilung *zu bearbeitenden Positionstypen* sind in dem Beispiel die Konten 160000 und 154000. Ein zu bearbeitender Positionstyp beschreibt das Sachkonto, das durch die Belegaufteilung verändert werden soll. Im vorliegenden Beispiel werden die Bilanzkonten auf der Basis des GuV-Kontos aufgeteilt.

Folgen Sie dem Customizing-Pfad **Finanzwesen • Hauptbuchhaltung • Geschäftsvorfälle • Belegaufteilung • Erweiterte Belegaufteilung • Belegaufteilungsverfahren definieren**. Dort finden Sie die folgenden Einstellungen zu den Belegaufteilungsregeln:

- Informationen zur erweiterten Belegaufteilung
- Belegaufteilungsverfahren definieren

- Belegaufteilungsregel definieren
- Belegaufteilungsverfahren zuordnen
- Geschäftsvorfallvariante definieren

Die Belegaufteilungsregeln sind immer einem Verfahren zugeordnet. Wir in der Hauptbuchhaltung verwenden dabei das Verfahren 0000000012, das oft auf Z000000012 kopiert wird. Dazu markieren Sie den Eintrag 0000000012 und klicken auf (**Kopieren als ...**) oder drücken die Taste F6. Anschließend vergeben Sie einen neuen Namen »Z000000012« und sichern Ihre Eingaben mit Strg + S, oder Sie klicken auf Sichern (**Sichern**). Verlassen Sie die Einstellung mit der F3-Taste, oder klicken Sie auf (**Zurück**). Im vorliegenden Beispiel nutzen wir weiterhin das Verfahren 0000000012 (siehe Abbildung 4.96).

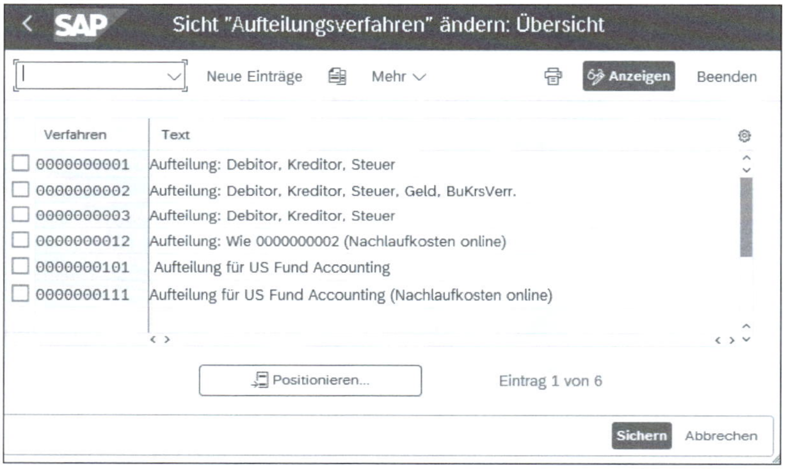

Abbildung 4.96 Belegaufteilungsverfahren

Folgen Sie dem Customizing-Pfad **Finanzwesen • Hauptbuchhaltung • Geschäftsvorfälle • Belegaufteilung • Erweiterte Belegaufteilung • Belegaufteilungsregel definieren**. Dort finden Sie eine Übersicht über alle eingestellten bzw. von SAP ausgelieferten Belegaufteilungsregeln (siehe Abbildung 4.97). Im Folgenden möchten wir Ihnen das Prinzip der Regeln erklären. Auf den ersten Blick wirkt dies ziemlich kompliziert, was es aber bei genauerer Betrachtung nicht ist.

Markieren Sie einen Eintrag, und klicken Sie auf (**Details**), oder drücken Sie die Taste F2. Es werden Ihnen nun die Kopfdaten der jeweiligen Belegaufteilungsregel angezeigt. Jedes Feld hat eine ausführliche F1-Hilfe, die Sie aufrufen können, indem Sie den Cursor in das entsprechende Feld setzen und die Taste F1 drücken. Wie in Abbildung 4.98 gezeigt, können Sie z. B. die Vererbung von Kontierungen über das Kennzeichen **Keine Vererbung von Kontierungen** oder eine Default-Kontierung über das Kennzeichen **Keine Default-Kontierung** ausschalten. Da Sie dies immer für einen bestimmten Geschäftsvorfall vornehmen, gilt diese Einstellung dann auch nur für diesen. Im Fenster **Sicht "Kopfdaten" ändern: Detail** können Sie auch einen abweichenden Kontoschlüssel hinterlegen. Im Standard ist immer der Kontoschlüssel 000 eingestellt.

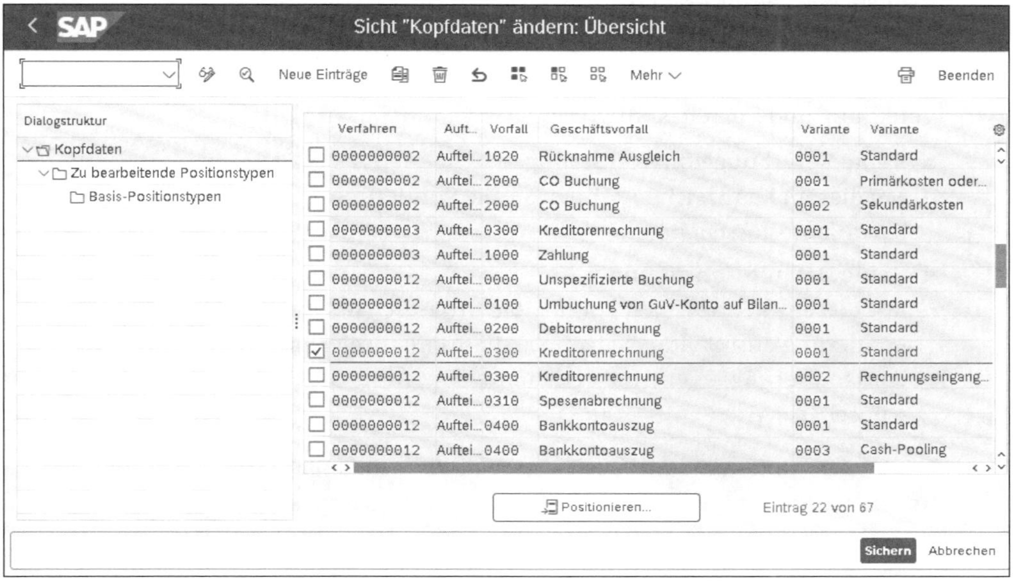

Abbildung 4.97 Übersicht über die Belegaufteilungsregeln

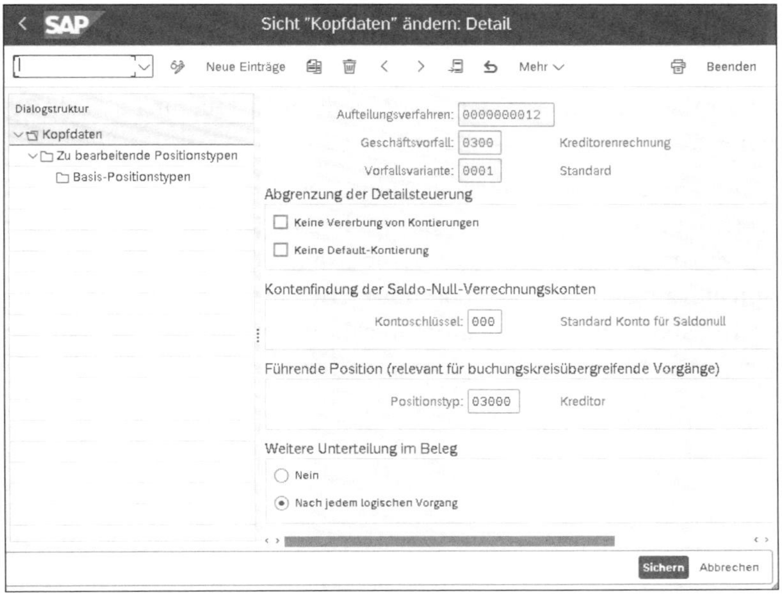

Abbildung 4.98 Kopfdaten der Belegaufteilungsregel

[»]

Belegaufteilungsverfahren 0000000012 kopieren

Wenn Sie das Verfahren 0000000012 kopieren möchten, müssen Sie zusätzlich in Abbildung 4.97 alle zum Verfahren 0000000012 gehörenden Einträge markieren und auf Ihr neu angelegtes Verfahren kopieren!

Im Bereich **Abgrenzung der Detailsteuerung** finden Sie die Einstellungen hinsichtlich Vererbung und Default-Kontierung:

- **Keine Vererbung von Kontierungen**
  Mit diesem Kennzeichen können Sie die Kontierungsvererbung pro Geschäftsvorfallvariante ausschalten.
- **Keine Default-Kontierung**
  Mit diesem Kennzeichen können Sie pro Geschäftsvorfallvariante die Standardkontierung ausschalten. Setzen Sie dieses Kennzeichen dann, wenn Sie die Standardkontierung über eine Konstante für diese Geschäftsvorfallvariante nicht wünschen.

Im Bereich **Kontenfindung der Saldo-Null-Verrechnungskonten** in Abbildung 4.98 finden Sie den zu verwendenden Kontenschlüssel, also das Saldo-null-Verrechnungskonto.

Im Bereich **Führende Position (relevant für buchungskreisübergreifende Vorgänge)** legen Sie den führenden Positionstyp fest, wenn Sie buchungskreisübergreifende Belege buchen.

Klicken Sie nun doppelt auf **Zu bearbeitende Positionstypen** in der Dialogstruktur links im Bild. Damit gelangen Sie auf den ersten zu bearbeitenden Positionstyp und dessen Einstellungsmöglichkeiten. Meistens wird im Bereich **Steuerung** im Feld **Bearbeitungstyp** der Wert »1« eingestellt (siehe Abbildung 4.99).

Dabei soll das *Mehrwertsteuerkonto* aufgeteilt werden. Nach einem Doppelklick auf **Basis-Positionstypen** in der Dialogstruktur können Sie nun sehen, anhand welcher Konten das Mehrwertsteuerkonto aufgeteilt werden kann (siehe Abbildung 4.100). Zum Beispiel kann dies anhand des Aufwandskontos erfolgen. Sie erinnern sich, dass uns in unserer Beispielbuchung eine Kreditorenrechnung mit zwei Aufwandszeilen und einem Mehrwertsteuerkonto in der Erfassungssicht vorlag.

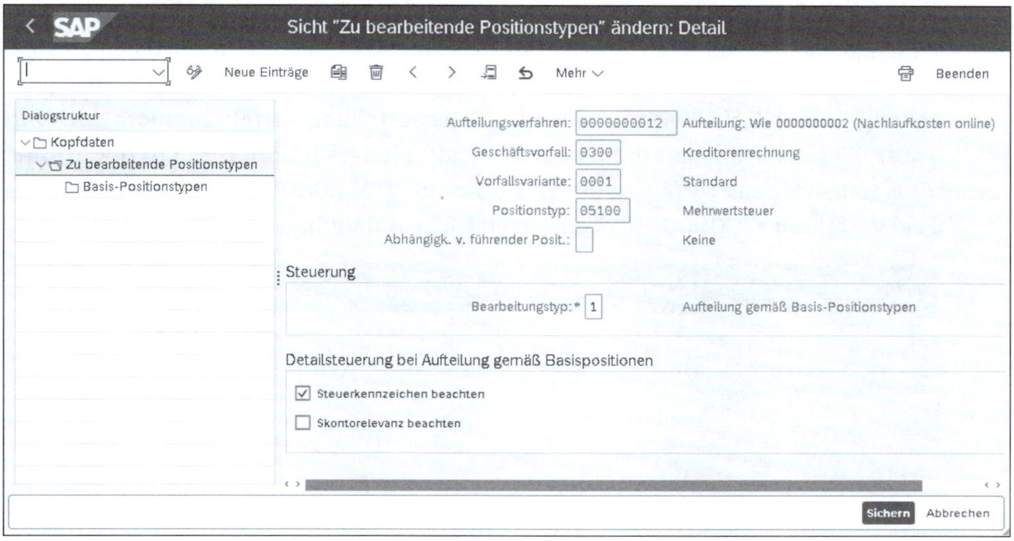

Abbildung 4.99 Details pro zu bearbeitendem Positionstyp

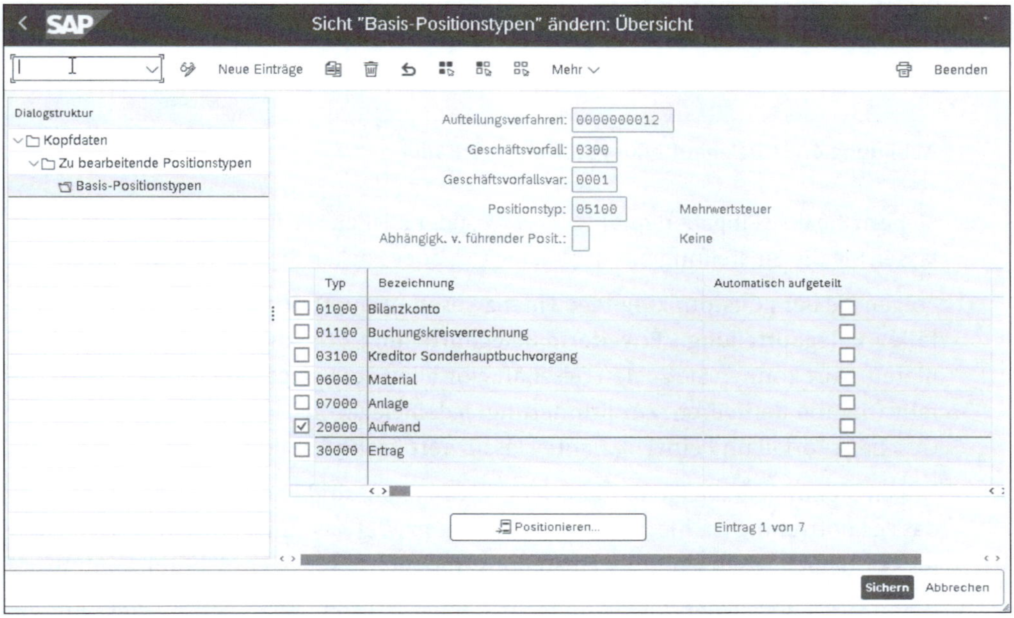

Abbildung 4.100 Detailsicht für Basispositionstypen

Sichern Sie Ihre Eingaben mit [Strg] + [S], oder klicken Sie auf Sichern (**Sichern**). Verlassen Sie die Einstellung mit [F3], oder klicken Sie auf < (**Zurück**). Folgen Sie dem Customizing-Pfad **Finanzwesen • Hauptbuchhaltung • Geschäftsvorfälle • Belegaufteilung • Erweiterte Belegaufteilung • Belegaufteilungsverfahren zuordnen**. Dort kontrollieren Sie die Zuordnung des Belegaufteilungsverfahrens in Ihrem Customizing. Haben Sie das Verfahren 0000000012 auf Z000000012 kopiert, müssen Sie im Feld **Verfahren** »Z000000012« eintragen (siehe Abbildung 4.101).

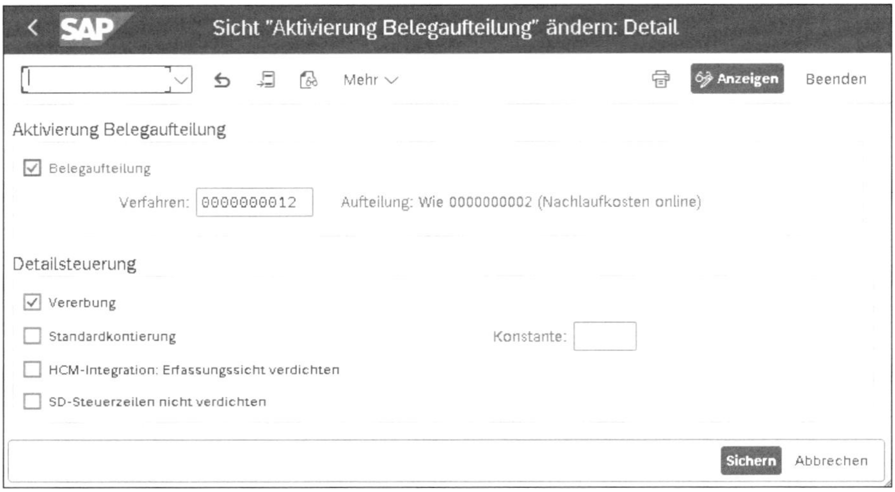

Abbildung 4.101 Belegaufteilungsverfahren zuordnen

Sichern Sie Ihre Eingaben mit [Strg] + [S], oder klicken Sie auf Sichern (**Sichern**). Verlassen Sie die Einstellung mit der Taste [F3], oder klicken Sie auf < (**Zurück**).

Folgen Sie dem Customizing-Pfad **Finanzwesen • Hauptbuchhaltung • Geschäftsvorfälle • Belegaufteilung • Erweiterte Belegaufteilung • Geschäftsvorfallvariante definieren**. Dort können Sie zu den Geschäftsvorfällen der Belegaufteilung Geschäftsvorfallvarianten definieren. Zur Erinnerung: Jede Belegart hatten wir mit genau einem Geschäftsvorfall und einer Variante klassifiziert (siehe Abbildung 4.83).

Die Einstellungen, die Sie in Abbildung 4.102 sehen, sind eher informativ für Sie, als dass es notwendig ist, hier etwas einzustellen bzw. etwas zu verändern. Der Vollständigkeit halber lassen wir diese Einstellungsmöglichkeiten aber nicht unerwähnt.

Wenn Sie sich nach den Anpassungen in der Belegaufteilung fragen, ob diese Auswirkungen auf Ihre bisher gebuchten echten oder getesteten Belege haben, können Sie dies mit Transaktion FAGL_MIG_SIM_SPL (Simulation der Belegaufteilung) überprüfen. Sie erinnern sich, dass Änderungen an der Belegaufteilung nicht erlaubt sind, da diese zu schwerwiegenden Inkonsistenzen führen können. Sofern Sie mit Ihrem System bzw. der nachträglichen Einführung der Belegaufteilung noch nicht produktiv sind, sind Customizing-Anpassungen legitim. Meist werden die Änderungen nur als Ergänzung, also als Erweiterung einer Belegaufteilungsregel vorgenommen. Damit müssen alle bisher gebuchten Belege, wenn Sie diese erneut buchen würden, noch erfolgreich durch die Belegaufteilung prozessiert werden können. Um dies zu prüfen, können Sie neue Belege buchen oder mit Transaktion FAGL_MIG_SIM_SPL bereits gebuchte Belege nochmals testweise (Simulation) durch die Belegaufteilung prozessieren lassen.

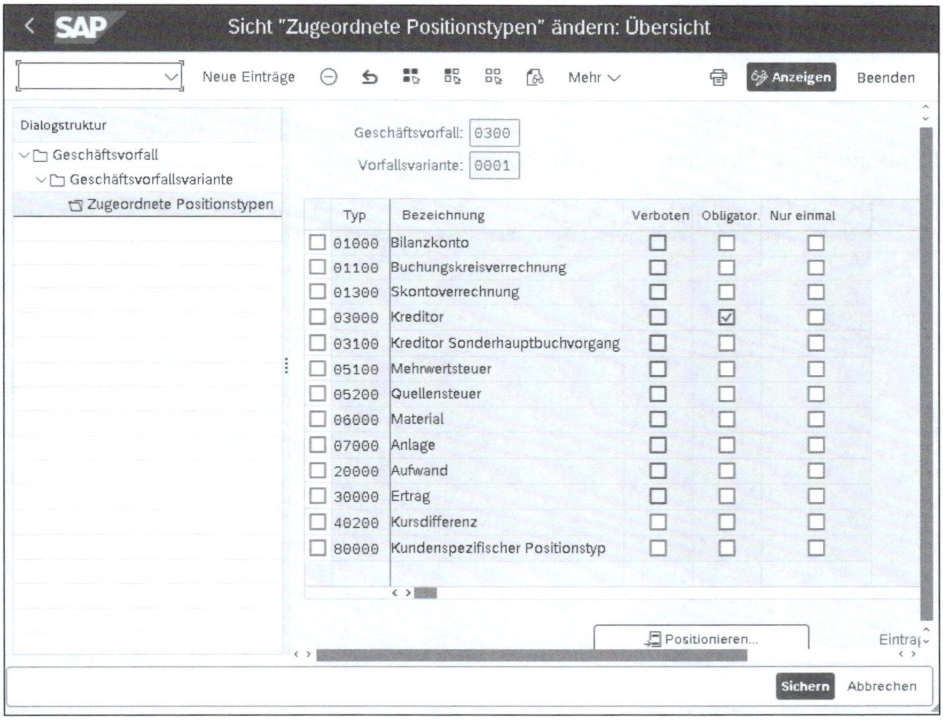

Abbildung 4.102 Geschäftsvorfallvariante definieren

Rufen Sie dazu Transaktion FAGL_MIG_SIM_SPL auf. Wählen Sie eine entsprechende Belegnummer aus, die Sie nochmals simulieren möchten, nachdem das Customizing geändert wurde. Damit können Sie geändertes Belegsplit-Customizing in einem Testsystem daraufhin prüfen, ob bereits getestete bzw. gebuchte Belege weiterhin funktionieren würden. Alternativ könnten Sie die Belege erneut erfassen. Beachten Sie bei Änderungen am Belegsplit-Customizing grundsätzlich SAP-Hinweis 891144 (NewGL/Belegaufteilung: Risiken nachträglicher Änderungen). Die zuletzt gebuchte bzw. angezeigte Belegnummer ist automatisch in dem Selektionsbild, das Sie in Abbildung 4.103 sehen, enthalten. Drücken Sie die Taste [F8], oder klicken Sie auf [⏲] (**Ausführen**).

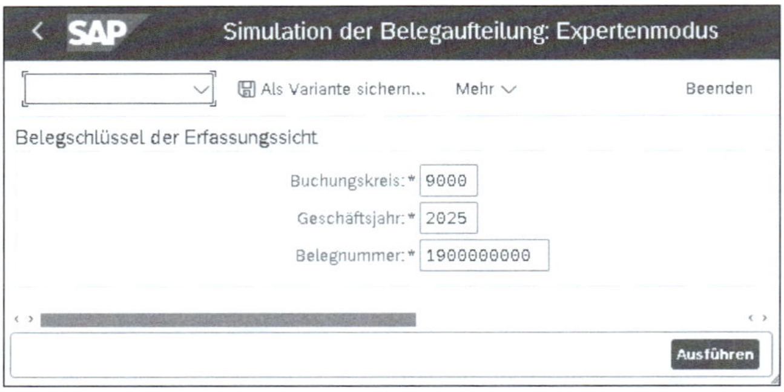

Abbildung 4.103 Belegaufteilung simulieren (Einstieg)

In Abbildung 4.104 sehen Sie das Ergebnis der Simulation.

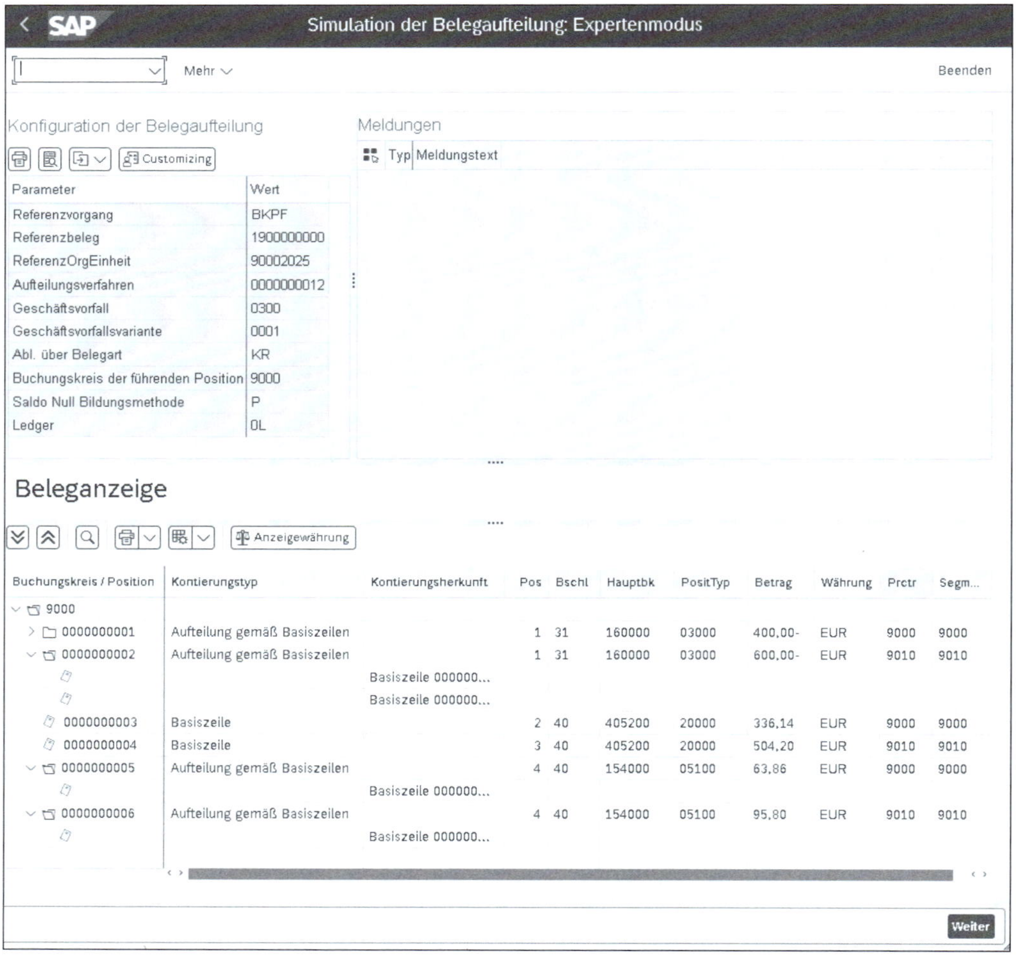

Abbildung 4.104 Belegaufteilung simulieren – Ergebnis im Expertenmodus

Damit können Sie sehr anschaulich das Customizing der Belegart KR nachvollziehen: über den ihr zugeordneten Vorfall 0300, über die Variante 0001, über die Basiszeilen und darüber, welche Belegzeilen aufgeteilt worden sind. Sollte die Simulation der Belegaufteilung zu Fehlern führen, würden entsprechende Meldungen angezeigt. Dies ist hier nicht der Fall.

Anhand der Meldungen würden Sie erkennen, wo die Fehler im Customizing Ihrer Belegaufteilung liegen. Zur Erinnerung: Die Ursache kann vielfältig sein und ist meist auf fehlerhafte Stammdaten zurückzuführen und weniger auf fehlerhafte Belegaufteilungsregeln.

Im nächsten Abschnitt beschäftigen wir uns mit den Einstellungen der Belegarten und Nummernkreise.

4.6 Belegarten und Belegnummernkreise

Die Pflege der *Belegarten* und *Belegnummernkreise* hat sich seit SAP ERP nicht verändert. Mithilfe von Belegarten klassifizieren Sie Ihre Buchungen nach Geschäftsvorfällen. Damit können Sie z. B. unterscheiden nach:

- Kreditorenbelegen
- Debitorenbelegen
- Anlagenbuchhaltungsbelegen
- Materialwirtschaftsbelegen
- allgemeinen Sachkontenbelegen

Durch diese Klassifizierung können Sie die Belegarten mit unterschiedlichen *Belegnummernkreisen* versehen. Über den Belegnummernkreis wird für jeden zu buchenden Beleg genau eine Belegnummer gefunden. Die Belegnummernvergabe erfolgt dabei nach legalen Anforderungen, die je Land unterschiedlich sein können. Wird eine lückenlose Nummernvergabe oder eine chronologisch aufsteigende Nummernvergabe gefordert, können, je nach Land, weitere Einstellungen notwendig sein. Bei Systemen mit sehr hohem Belegvolumen kann eine *Belegnummernpufferung* notwendig sein. Die Belegnummernpufferung beschreibt die Vergabe von Belegnummern anhand eines zuvor vom System gepufferten Nummernblocks.

[«]

Belegnummernpufferung testen

Die Belegnummernpufferung erfordert umfangreiche Tests. Die Tests sollten Performancetests einschließen, da dafür meist die Belegnummernpufferung eingeschaltet wird. Über Performancetests finden Sie heraus, ob die Belegnummernpufferung bei Ihnen zu einer Laufzeitverbesserung führt oder nicht. Die Belegnummernpufferung kann auch vermehrt zu Belegnummernlücken führen, die gesetzlich nicht erlaubt sein können. Daher muss die Belegnummernpufferung unbedingt umfangreich getestet werden!

Für das Customizing der Belegarten folgen Sie dem Customizing-Pfad **Finanzwesen • Grundeinstellungen Finanzwesen • Beleg • Belegarten • Belegarten der Erfassungssicht definieren**. Hier stellen Sie die Belegarten ein, die Sie benötigen. Jeder Belegart wird, wie bisher auch, ein Nummernkreis zugeordnet. Klicken Sie doppelt auf eine Belegart, z. B. auf die Belegart SA (siehe Abbildung 4.105).

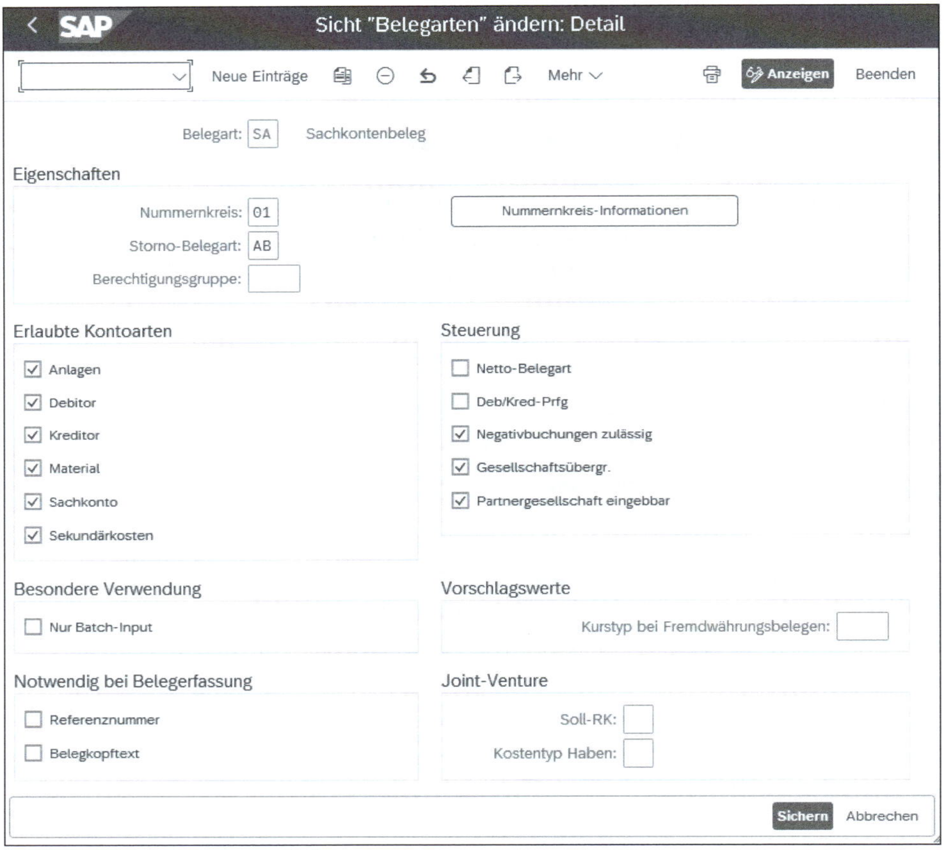

Abbildung 4.105 Detail zur Belegart »SA«

Das einzige neu hinzugekommene Kennzeichen, **Sekundärkosten**, finden Sie im Bereich **Erlaubte Kontoarten**. Dadurch, dass die sekundären Kostenarten in SAP S/4HANA im Kontenplan als Sachkonto abgelegt sind und damit auch im Hauptbuch mitgebucht werden, muss die entsprechende Belegart, auf die die sekundären Kosten gebucht werden, diese auch erlauben. Alle anderen Felder und deren Verwendung haben sich im Vergleich zu SAP ERP nicht geändert.

Folgen Sie dem Customizing-Pfad **Finanzwesen • Grundeinstellungen Finanzwesen • Bücher • Integration des Controllings mit dem Finanzwesen • Zuordnungsvarianten der Belegarten für CO-Geschäftstransaktionen definieren**. Da die CO-Buchungen jetzt auch im Hauptbuch gebucht werden, benötigen Sie auch eine Belegart. Meist wird die Belegart CO verwendet. CO symbolisiert sofort, dass die damit gebuchten Belege aus dem Controlling (CO) stammen.

Im nächsten Abschnitt schauen wir uns die Einstellungen für die Belegarten zur Erfassungssicht in einem Ledger an.

4.6.1 Belegarten der Erfassungssicht in einem Ledger definieren

Sofern Sie in Ihrem Unternehmen mehrere Ledger einsetzen, was heute meist der Fall ist (in unserem Beispiel verwenden wir drei Ledger), müssen Sie sich darüber Gedanken machen, welche Belegarten für die Buchung der Rückstellungen verwendet werden sollen; z. B. wenn Sie eine Rückstellung buchen möchten und diese pro Ledger separat zu erfassen ist, weil, je nach Rechnungslegung, die Beträge oder Termine für die Bildung bzw. Auflösung der Rückstellung unterschiedlich sein können.

Um sicherzustellen, dass die Belegnummernvergabe pro Ledger immer lückenlos erfolgt, müssen Sie pro Belegart, die Sie für *ledgerspezifische Buchungen* verwenden, einen separaten Nummernkreis definieren. Von einer ledgerspezifischen Buchung spricht man, wenn Sie diese nicht mit einer Ledger-Gruppe BLANK buchen; bei der Verwendung der Ledger-Gruppe BLANK wird die Buchung immer in alle Ledger fortgeschrieben. Dies betrifft die allermeisten Geschäftsvorfälle. So werden z. B. alle zahlungsrelevanten Geschäftsvorfälle in jeder Rechnungslegung gleich bewertet. Ledgerspezifische Buchungen treten z. B. in der Anlagenbuchhaltung oder bei manuellen Rückstellungen auf. Dabei wird beim Buchen das Feld **Ledgergruppe** gefüllt. In unserem Beispiel könnte es sich um die Ledger-Gruppe TX handeln. Damit wird der Beleg nur in Ledger TX fortgeschrieben; das Ledger TX bildet in unserem Beispiel die lokale steuerrechtliche Handelsbilanz ab.

Folgen Sie dem Customizing-Pfad **Finanzwesen • Grundeinstellungen Finanzwesen • Beleg • Belegarten • Belegarten der Erfassungssicht in einem Ledger definieren**. Hier stellen Sie die Belegarten ein, die Sie ledgergruppenspezifisch bebuchen möchten, und ordnen einen Nummernkreis zu (siehe Abbildung 4.106).

Nachdem wir die Belegarten für die Erfassungssicht in einem Ledger festgelegt haben, können wir im folgenden Abschnitt die Belegnummernkreise definieren.

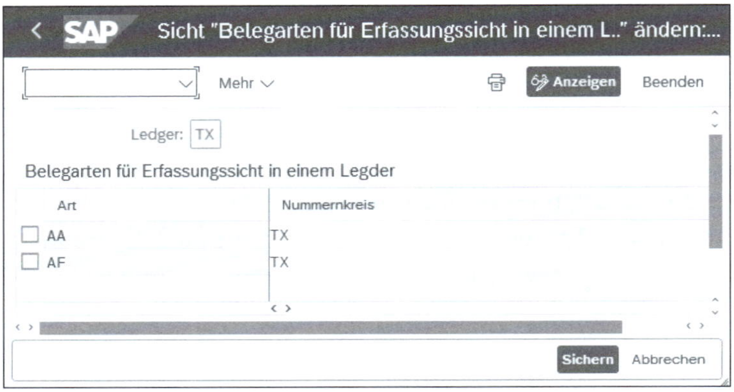

Abbildung 4.106 Belegarten für die Erfassungssicht in einem Ledger

4.6.2 Belegnummernkreise definieren

Ein *Belegnummernkreis* definiert immer ein Intervall mit »Von-bis-Nummern«, aus dem für einen zu buchenden Beleg die jeweils nächste freie Belegnummer ermittelt wird. Folgen Sie dem Customizing-Pfad **Finanzwesen • Grundeinstellungen Finanzwesen • Beleg • Belegnummernkreise • Belegnummernkreise der Erfassungssicht definieren** oder Transaktion FBN1. Hier stellen Sie für das Nummernkreisobjekt RF_BELEG (siehe Abbildung 4.107) die Nummernkreise, die Gültigkeit (Spalte **Jahr**, zu sehen in der Detailansicht in Abbildung 4.108) und das Nummernkreisintervall ein. Die Pflege erfolgt dabei immer im Customizing und immer für jeden Buchungskreis separat.

Abbildung 4.107 Belegnummernkreise pflegen – Einstieg (Transaktion FBN1)

Klicken Sie auf den Button [Intervalle] (**Intervalle pflegen**), um die Intervalle anpassen bzw. neue Intervalle pflegen zu können. Um ein neues, weiteres Intervall zu pflegen, drücken Sie Taste [F6], oder Sie klicken auf [⊕] (**Einfügen Zeile**). Nun geben Sie in die Spalte **Nr** einen Nummernkreis ein, den Sie zuvor einer Belegart zugeordnet hatten (siehe Abbildung 4.108). In der Spalte **Jahr** definieren Sie die Gültigkeit des Nummernkreises. Meist wird das aktuelle Geschäftsjahr gewählt. Damit ist der Nummernkreis jahresabhängig eingestellt und muss bzw. kann jedes Jahr neu definiert werden.

In den Spalten **von Nummer** und **bis Nummer** legen Sie den Nummernbereich fest, aus dem die Belegnummern fortlaufend entnommen werden sollen. Die Spalte **Nummernstand** gibt den aktuellen Stand des Nummernkreises wieder. Dies ist aber nur möglich, wenn in der Spalte **Extern** die externe Nummernvergabe nicht aktiviert worden ist. Dann erfolgt die Nummernvergabe intern, also automatisch durch SAP S/4HANA. Die Nummernintervalle müssen immer überlappungsfrei gewählt werden, denn andernfalls können Sie die Einstellungen nicht sichern (siehe Abbildung 4.108).

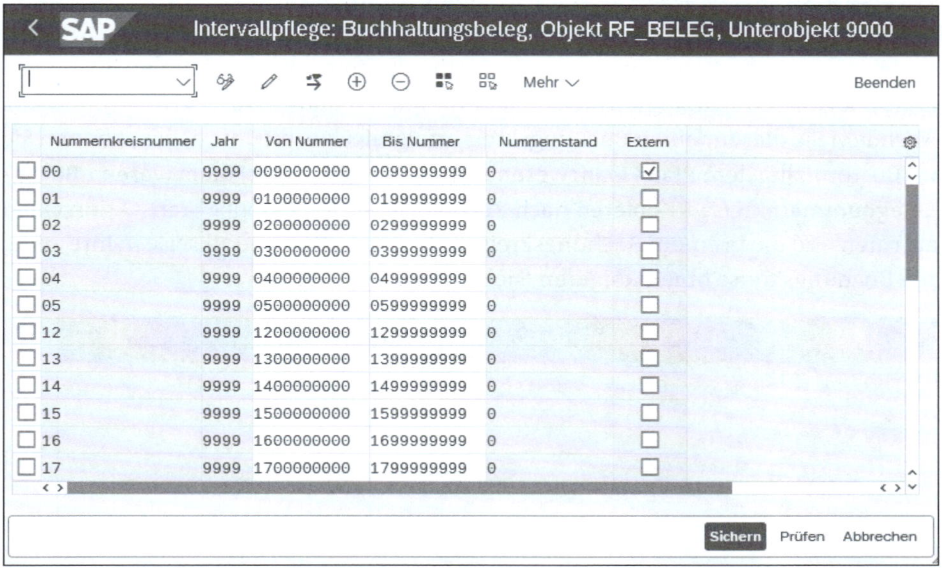

Nummernkreisnummer	Jahr	Von Nummer	Bis Nummer	Nummernstand	Extern
00	9999	0090000000	0099999999	0	☑
01	9999	0100000000	0199999999	0	☐
02	9999	0200000000	0299999999	0	☐
03	9999	0300000000	0399999999	0	☐
04	9999	0400000000	0499999999	0	☐
05	9999	0500000000	0599999999	0	☐
12	9999	1200000000	1299999999	0	☐
13	9999	1300000000	1399999999	0	☐
14	9999	1400000000	1499999999	0	☐
15	9999	1500000000	1599999999	0	☐
16	9999	1600000000	1699999999	0	☐
17	9999	1700000000	1799999999	0	☐

Abbildung 4.108 Nummernkreise pflegen (Detail)

[«]

Belegnummernkreise überlappungsfrei pflegen

Die Belegnummernkreise müssen immer überlappungsfrei gepflegt werden! Dies ist manchmal nicht ganz einfach, da die Nummernkreispflege dazu zu unübersichtlich ist.

[«]

Belegnummernkreise für die Erfassungssicht in einem Ledger

Bei der Pflege der Nummernkreise bzw. Belegarten der Erfassungssicht in einem Ledger stellen Sie fest, dass nicht nur die Nummernkreise überlappungsfrei sein müssen, sondern sie müssen auch in allen Ledgern überlappungsfrei gepflegt werden. Damit wird sichergestellt, dass keine Nummernkreislücken pro Ledger entstehen können.

Nummernkreise werden grundsätzlich nicht transportiert, da dies zu erheblichen Datenschiefständen im System führen kann. Dies hat sich auch mit SAP S/4HANA nicht geändert. Um die Pflege der Nummernkreise zu vereinfachen, legen Sie sich am besten ein Microsoft-Excel-Arbeitsblatt mit den in Tabelle 4.5 gezeigten Spalten an.

NR	Jahr	Von	Bis	Extern
99	2025	1000	1999	–

Tabelle 4.5 Vorlage zur Erleichterung der Nummernkreispflege

Im Microsoft-Excel-Arbeitsblatt können Sie die Nummernkreise für einen Buchungskreis pflegen und später relativ leicht herauskopieren und in SAP S/4HANA einfügen. Nachdem Sie dies für einen Buchungskreis erfolgreich ausgeführt haben, können Sie im Customizing dem Pfad **Finanzwesen • Grundeinstellungen Finanzwesen • Beleg • Belegnummernkreise • Kopieren nach Buchungskreis** folgen oder Transaktion OBH1 aufrufen und die in einem Buchungskreis hinterlegten Nummernkreise in Ihre anderen Buchungskreise hineinkopieren (siehe Abbildung 4.109).

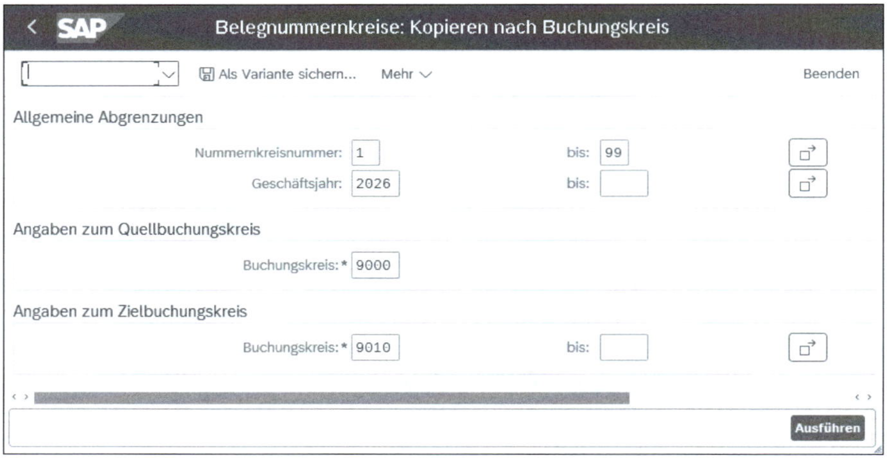

Abbildung 4.109 Nummernkreise in andere Buchungskreise kopieren

Im folgenden Abschnitt schauen wir uns die Kontenfindungen in SAP S/4HANA an.

[»]

Nummernkreise pflegen

Da Sie die Nummernkreise sicherlich auf mehreren Systemen (Qualitätssicherung für Tests in diversen Mandanten und im Produktivsystem) pflegen müssen, würde es sich lohnen, im Entwicklungssystem eine Reportvariante anzulegen und diese mitzutransportieren. Rufen Sie dazu im Entwicklungssystem Transaktion SE38 auf, geben Sie das Programm `RSTRANSP` ein, und starten Sie es. Im nun folgenden Selektionsbild tragen Sie in das Feld **Programmname** »RFNRIV10« ein. Nun führen Sie das Programm aus. Im Pop-up-Fenster **Transport von Varianten** wählen Sie Ihre Variante aus und ordnen sie einem Transportauftrag zu. Damit können Sie auf die Variante im nächsten System zurückgreifen und die Pflege der Nummernkreisintervalle beschleunigen.

Sollten Sie die Nummernkreise jahresabhängig pflegen, können Sie über den Customizing-Pfad **Finanzwesen • Grundeinstellungen Finanzwesen • Beleg • Belegnummernkreise • Kopieren nach Geschäftsjahr** oder Transaktion OBH2 die bestehenden Nummernkreise von einem Geschäftsjahr auf das folgende kopieren. In Abbildung 4.110 sehen Sie den Selektionsbildschirm für das Kopieren der Nummernkreise von einem Geschäftsjahr zum nächstfolgenden.

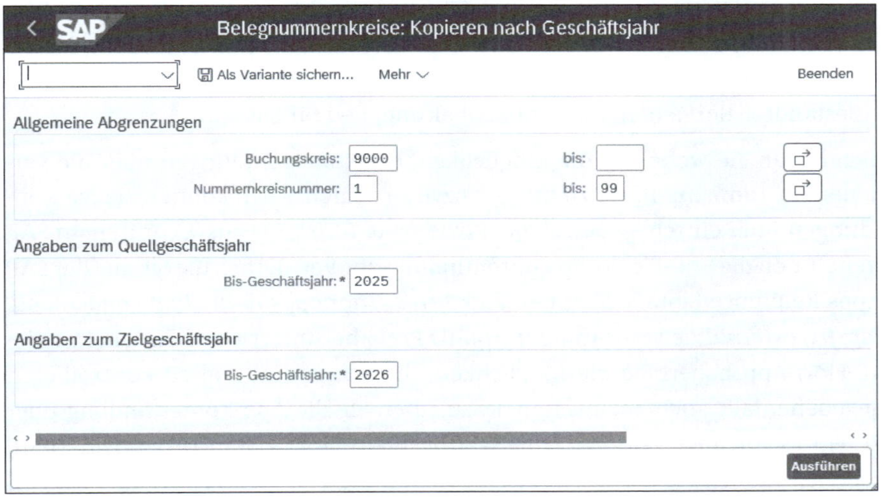

Abbildung 4.110 Nummernkreise in ein folgendes Zielgeschäftsjahr kopieren

Abschlussarbeiten

Neben den fachlichen Abschlussarbeiten im Rahmen des Periodenabschlusses gibt es immer einige technische Abschlussarbeiten, z. B. das Prüfen und Anlegen von Nummernkreisen, damit der Fachbereich im folgenden Geschäftsjahr arbeitsfähig ist. Im Buch »Abschlüsse in SAP S/4HANA« (Rheinwerk Verlag 2025) von Thomas Kunze, Christian Kurzke und Mareike Stehr finden Sie mehr Informationen rund um die Abschlussarbeiten in SAP S/4HANA. Sie erfahren, warum Sie für Ihre SAP-Administration einen Abschlussaufgabenplan in SAP Advanced Financial Closing für eben diese technischen Abschlusstätigkeiten anlegen sollten.

Im nächsten Abschnitt schauen wir uns die Kontenfindungen beispielhaft genauer an.

4.7 Kontenfindungen

Auch in SAP S/4HANA werden *Kontenfindungen* benötigt. Unter einer Kontenfindung versteht man im SAP-System, dass anhand von bestimmten Merkmalen oder Geschäftsprozessen die Sachkonten, auf die bestimmte Sachverhalte zu buchen sind, automatisch gefunden werden. Dies wird insbesondere bei der Integration von verschiedenen Nebenbüchern bzw. Komponenten genutzt, etwa Anlagenbuchhaltung, Materialwirtschaft oder Vertrieb ins Hauptbuch. Aber auch bei Hauptbuchprozessen, wie der Umgliederung oder der Fremdwährungsbewertung, wird eine Kontenfindung benötigt. Die Transaktionen, Customizing-Punkte bzw. Tabellen, in denen die Kontenfindungen abgelegt sind, haben sich mit SAP S/4HANA im Vergleich zu SAP ERP nicht grundlegend geändert. Daher gehen wir darauf nicht separat ein. Bei der Anzahl an möglichen Kontenfindungen würde dies auch zu weit führen. Einige wenige Kontenfindungen sind für Ihr Unternehmen vielleicht neu. Dies hängt aber davon ab, welche Kontenfindung Sie bisher im Einsatz hatten. So kann z. B. die Kontenfindung für die Belegaufteilung oder die Kontenfindung für das technische Anlagenverrechnungskonto (Bestandteil der neuen Anlagenbuchhaltung) neu für Sie sein.

Natürlich haben Sie weiterhin die Möglichkeit, die Kontenfindungen über die verschiedenen Customizing-Pfade zu pflegen bzw. zu prüfen. Auch können Sie die Kontenfindungen über einschlägige Tabellen (wie T030, T030H, T095 usw.) prüfen. In SAP Fiori steht Ihnen die SAP-Fiori-App **Kontenfindung** zur Verfügung, die Sie aus der SAP Fiori Apps Reference Library über den Link *https://fioriappslibrary.hana.ondemand.com/sap/fix/externalViewer/#* mit der App-ID F1273 herunterladen können. Mit dieser SAP-Fiori-App haben Sie die Möglichkeit, die Kontenfindung zu kontrollieren oder gegebenenfalls auch anzupassen. Dazu rufen Sie die App **Kontenfindung** über Ihr SAP Fiori Launchpad auf. Anschließend wählen Sie aus dem Dropdown-Menü einen Bereich aus, der Sie interessiert (siehe Abbildung 4.111). Klicken Sie auf **Schritt 2**.

Abbildung 4.111 SAP-Fiori-App »Kontenfindung« – 1. Schritt

Im nächsten Schritt müssen Sie noch einen Kontenplan auswählen, und Sie können die Selektion weiter einschränken. Klicken Sie nun auf **Schritt 3**, um das Ergebnis zu sehen (siehe Abbildung 4.112). Abhängig vom ausgewählten Bereich, Unterbereich und Prozess stehen unterschiedliche Felder zur weiteren Auswahl zur Verfügung.

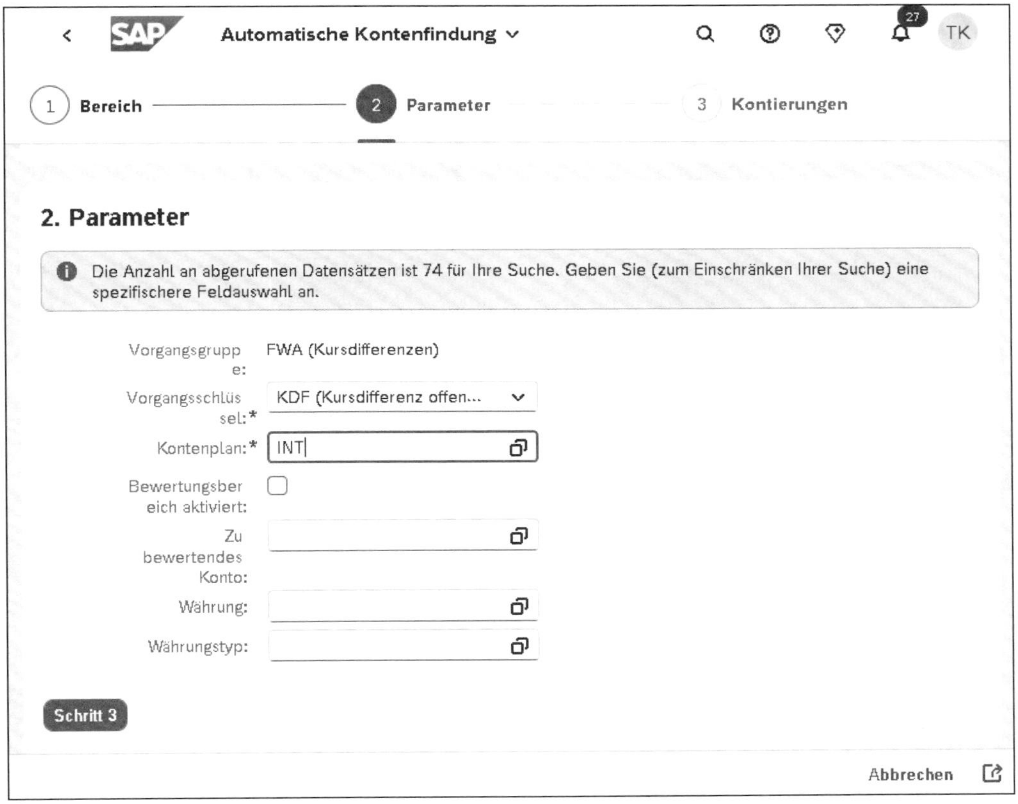

Abbildung 4.112 SAP-Fiori-App »Kontenfindung« – 2. Schritt

Im 3. Schritt sehen Sie die Kontenfindung so, wie sie von Ihnen eingestellt worden bzw. noch zu pflegen ist (siehe Abbildung 4.113).

Nun können Sie einzelne Kontenfindungen vorne links markieren. Klicken Sie nun auf **Überprüfen**. Anschließend werden mögliche Änderungen an der Kontenfindung aufgelistet. Wenn es keine Änderungen an der ausgewählten Kontenfindung gab, bleibt die anzeigte Liste leer.

Im nächsten Abschnitt befassen wir uns mit den Möglichkeiten zur Substitution und Validierung von Feldern und deren Inhalten.

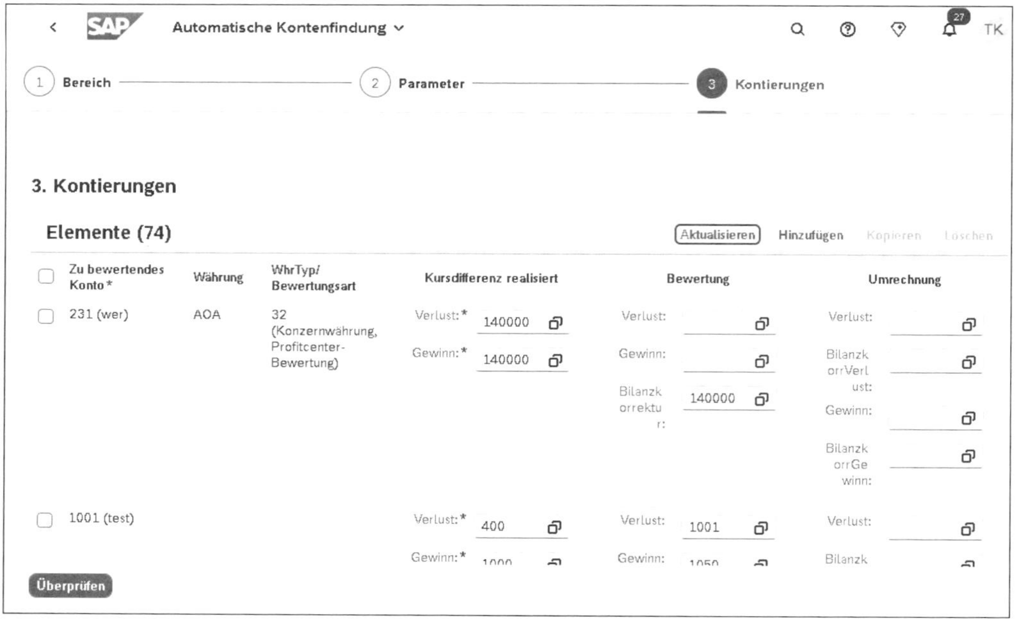

Abbildung 4.113 SAP-Fiori-App »Kontenfindung« – 3. Schritt

4.8 Substitution und Validierung im Buchhaltungsbeleg

Wie in SAP ERP haben Sie in SAP S/4HANA die Möglichkeit, die Eingaben durch die Anwender bzw. durch Schnittstellen zu validieren bzw. zu substituieren. Von einer Validierung spricht man, wenn man die gemachten Eingaben bzw. deren Kombination prüft und gegebenenfalls eine Fehlermeldung oder eine Warnung ausgibt, wenn etwa eine benötigte Eingabe fehlt. Über den Feldstatus, den wir schon besprochen haben, kann man zwar ein Feld als Mussfeld einstellen, sodass eine Eingabe verpflichtend ist, aber damit ist noch nicht sichergestellt, dass wirklich eine sinnvolle Eingabe erfolgt.

Von einer Substitution spricht man, wenn man auf Basis bestimmter Eingaben den Wert in einem Feld überschreibt. Der Anwender muss nicht alles manuell eingeben, da man auf Basis der Eingaben die richtigen Werte für ein Feld ableiten und somit automatisch füllen kann.

In SAP S/4HANA stehen die gleichen Funktionen zur Verfügung wie in SAP ERP. Die dazu notwendigen Einstellungen finden Sie im Customizing im Pfad **Finanzwesen • Grundeinstellungen Finanzwesen • Werkzeuge • Validierung/Substitution**. Hier aktivieren Sie die Validierung und/oder Substitution im Buchhaltungsbeleg. Mit Transaktion GGB0 können Sie Validierungen anlegen. In Transaktion GGB1 legen Sie

Substitutionen an. Die beiden Transaktionen sind gleich aufgebaut. In Abbildung 4.114 sehen Sie die Transaktion GGB1, und in der Dialogstruktur sehen Sie die verschiedenen Anwendungsbereiche bzw. Zeitpunkte für Substitutionen.

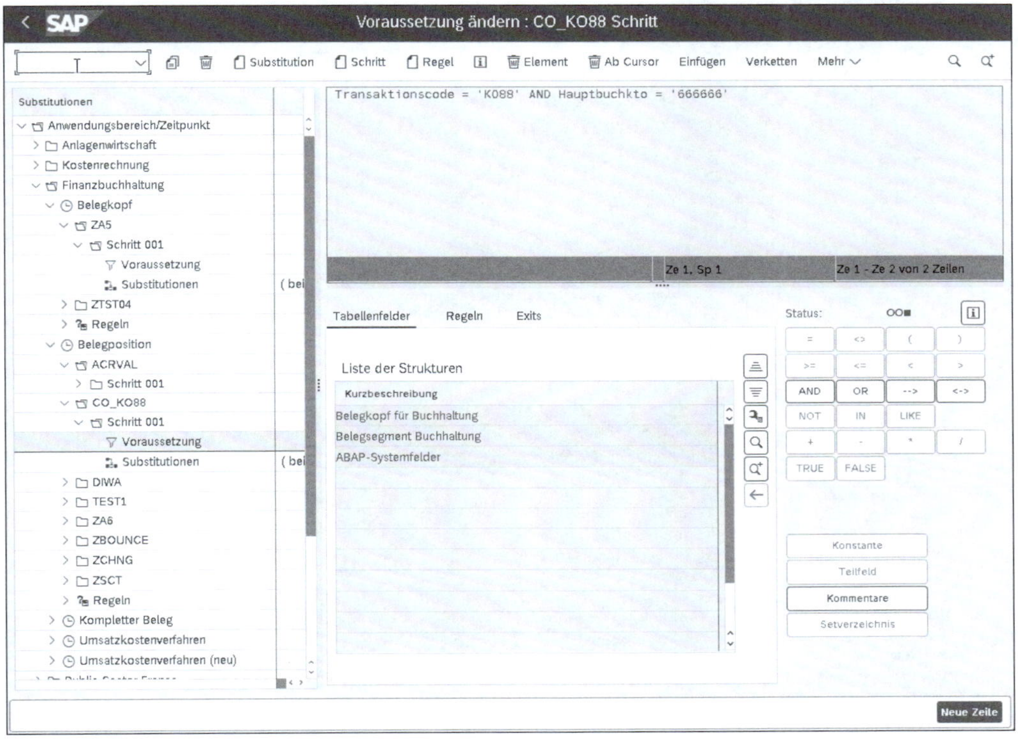

Abbildung 4.114 Transaktion GGB1 – Substitution

Sie können verschiedene Substitutionen zu einem Anwendungsbereich mit einem oder mehreren Schritten anlegen. Des Weiteren können Sie die Voraussetzung für die Substitution sowie Substitutionen für die Substitution durch einfache Klicks zusammenstellen. Oft ist eine Substitution umfangreicher, sodass man auf ein Exit, sprich auf ABAP-Coding zurückgreifen muss. Dazu klicken Sie auf die Registerkarte **Exits**, auf der Sie die verfügbaren Exits sehen können. In der Praxis werden oft auch kundeneigene Tabellen angelegt, in denen der jeweilige Fachbereich z. B. die gültigen Einträge bzw. Kombinationen von Einträgen pflegen kann. Der Exit prüft dann bei der Buchung den jeweiligen Buchhaltungsbeleg gegen diese kundeneigene Tabelle und substituiert bzw. validiert die Eingaben. Ein häufiger Fall ist die Substitution bzw. Validierung von der Konsolidierungsbewegungsart auf bestimmten Sachkonten oder die Validierung von Sachkonten und Ledgern, die bebucht werden sollen, da oft nicht alle Sachkonten für jedes Ledger im Hauptbuch bebucht werden sollen.

Wie bereits erwähnt, werden die Substitution und die Validierung in ihren jeweiligen Transaktionen, GGB0 bzw. GGB1, auf die gleiche Weise durchgeführt. In Abbildung 4.115 sehen Sie die verfügbaren Exits für den Anwendungsbereich **Finanzbuchhaltung – Belegposition**.

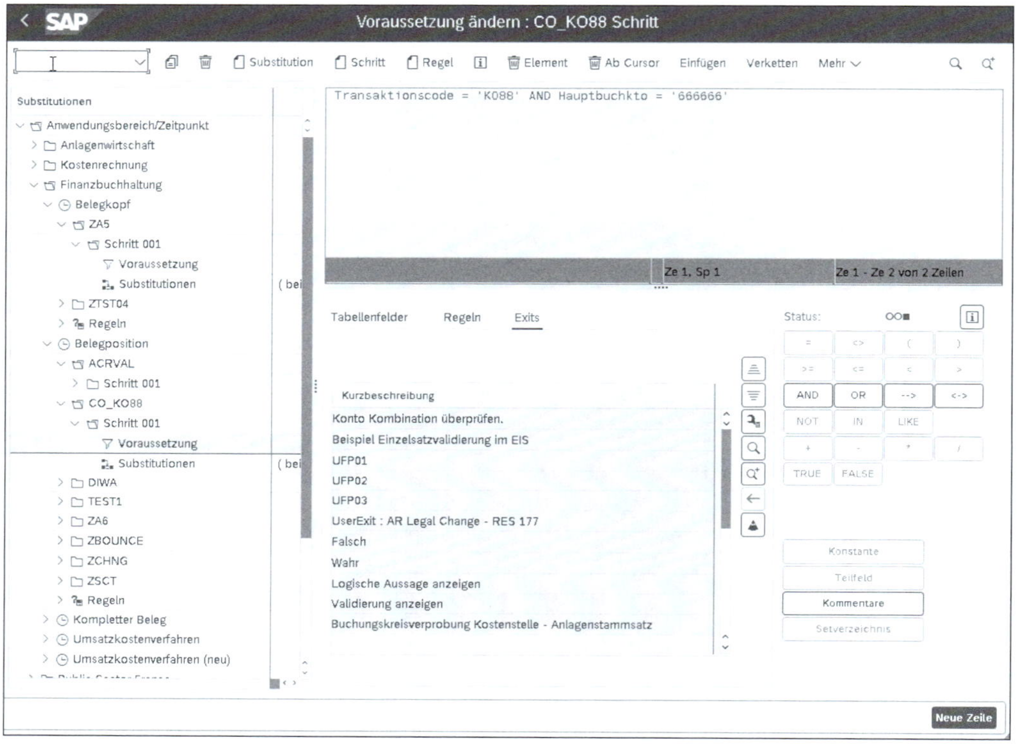

Abbildung 4.115 Transaktion GGB1 – Exits für die Substitution

Grundsätzlich sind noch etliche andere Möglichkeiten in SAP S/4HANA vorhanden, um das Buchungsverhalten zu beeinflussen. Dazu zählen:

- **Extension Points**
  Extension Points sind von SAP vorgesehene Stellen im Coding, an denen Erweiterungen vorgenommen werden können.
- **Business Transaction Event (BTE)**
  BTEs sind ebenfalls von SAP vorgesehene Stellen im Coding, an denen Erweiterungen vorgenommen werden können.
- **Business Add-Ins (BAdIs) und Business Application Programming Interfaces (BAPIs)**
  BAdIs und BAPIs sind weitere Arten von Erweiterungsmöglichkeiten, die SAP im Coding vorgesehen hat.

- **Business Rule Framework plus (BRF+)**
  Funktionalität zur Anlage von Regeln, die z. B. mit einem BAdI bzw. BAPI beim Verbuchen geprüft werden können.

Welche Erweiterungsmöglichkeit die richtige ist, muss für den jeweiligen Anwendungsfall und die jeweiligen fachlichen Anforderungen geprüft werden. Viele der Erweiterungsmöglichkeiten sind für bestimmte definierte Anwendungsfälle vorgesehen.

[+]

Substitution und Validierung

Versuchen Sie, Ihre benötigten Substitutionen und Validierungen an möglichst wenigen Funktionen bzw. Stellen im Coding zu bündeln. Dies erleichtert Ihnen die Fehlersuche. Wenn Sie zu viele verschiedene Beeinflussungsmöglichkeiten nutzen, kann es passieren, dass diese sich gegenseitig überschreiben. Das würde die Fehlersuche bzw. das Debugging erheblich erschweren.

In SAP S/4HANA bietet SAP mit der SAP-Fiori-App **Substitutions- und Validierungsregeln verwalten** (App-ID F4406) eine weitere Möglichkeit, um Substitutionen und Validierungen vorzunehmen. Ähnlich wie in der SAP-Fiori-App **Benutzerdefinierte Felder und Logik** (App-ID F1481) erfolgt die Anlage der Regeln hier bezogen auf den Geschäftskontext und damit nicht nur für den Buchhaltungsbeleg, sondern für Stammdaten und andere Bewegungsdaten. Beachten Sie dazu auch SAP-Hinweis 2453614 (FAQ: Erweiterbarkeit des umfassenden Journals).

In Abbildung 4.116 sehen Sie den Einstieg in die SAP-Fiori-App **Substitutions- und Validierungsregeln verwalten**.

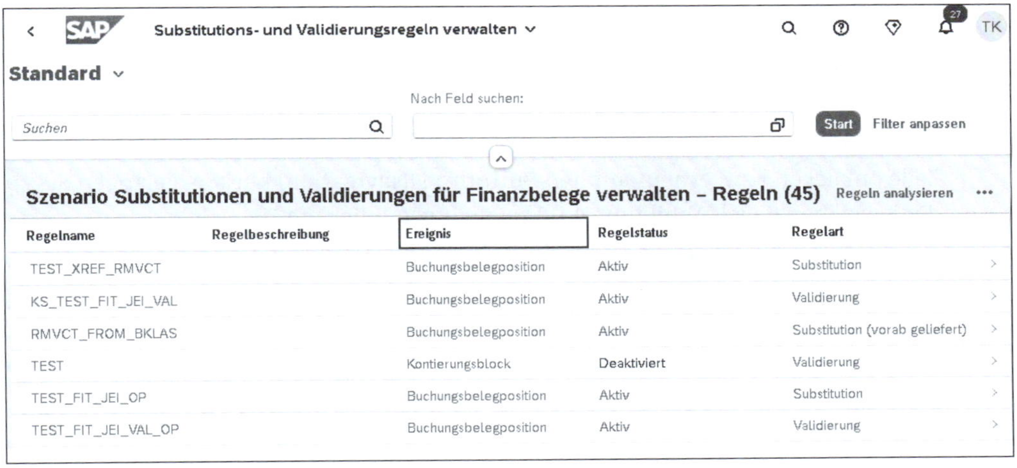

Abbildung 4.116 Einstieg in die SAP-Fiori-App »Substitutionen und Validierungen verwalten«

In der Spalte **Geschäftskontext** erkennen Sie wieder, in welchem betriebswirtschaftlichen Zusammenhang die jeweilige Regel verwendet werden kann. In dieser SAP-Fiori-App sind all Ihre Substitutionen und Validierungen, die Sie mit der SAP-Fiori-App **Substitutions- und Validierungsregeln verwalten** angelegt haben, übersichtlich auf einen Blick verfügbar.

Über den Button [>] (**Navigation**) gelangen Sie zu den Details für die jeweilige Regel. Abbildung 4.117 zeigt eine Substitution, in der ein Exit, hier **Skript** genannt, hinterlegt ist.

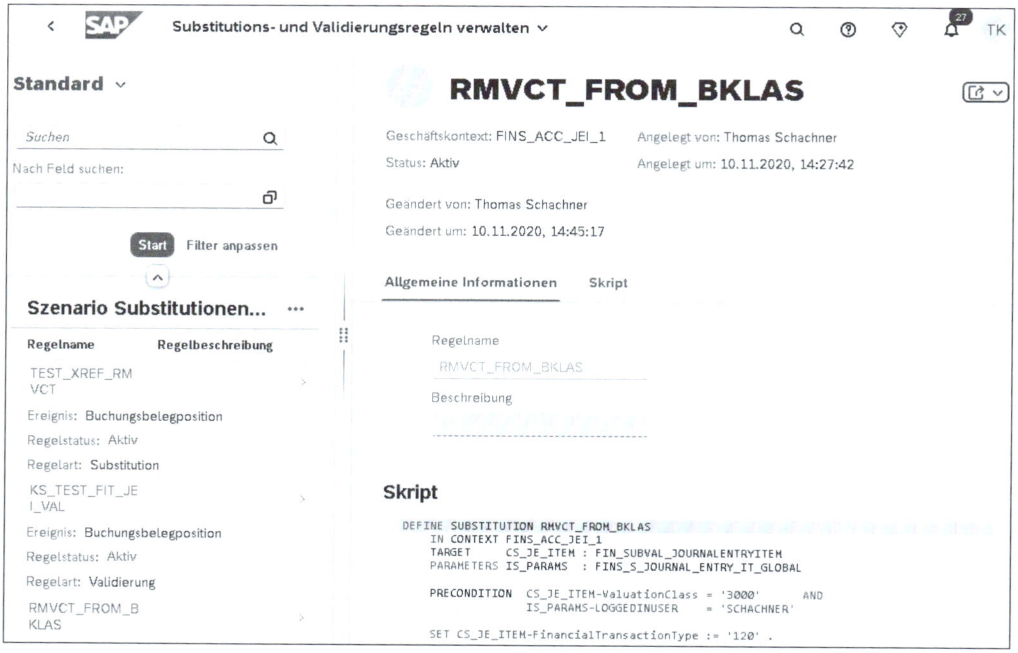

Abbildung 4.117 Detail einer Substitution

Wenn Sie links in der Liste **Szenario Substitutionen und Validierungen** eine andere Zeile anklicken bzw. erneut auf den Button [>] (**Navigation**) klicken, gelangen Sie zu der jeweiligen Regel. Abbildung 4.118 zeigt eine Validierung.

Sie erkennen, dass es jeweils anhand des Geschäftskontextes bzw. der Substitution oder Validierung unterschiedliche Möglichkeiten gibt, um eine Regel zu pflegen. In dem einen oder anderen Fall werden Sie sicher noch Funktionen vermissen, die Ihnen in SAP ERP für die Substitution und Validierung zur Verfügung standen. SAP plant für die zukünftigen SAP-S/4HANA-Releases weitere Erweiterungen der Funktionalität in der SAP-Fiori-App **Substitutions- und Validierungsregeln verwalten**. Daher sollten Sie nach einem Upgrade Ihres SAP-S/4HANA-Systems auf das aktuelle Release unbedingt den Funktionsumfang daraufhin prüfen, ob er nun für Ihre Anforderungen besser oder sogar vollständig nutzbar ist.

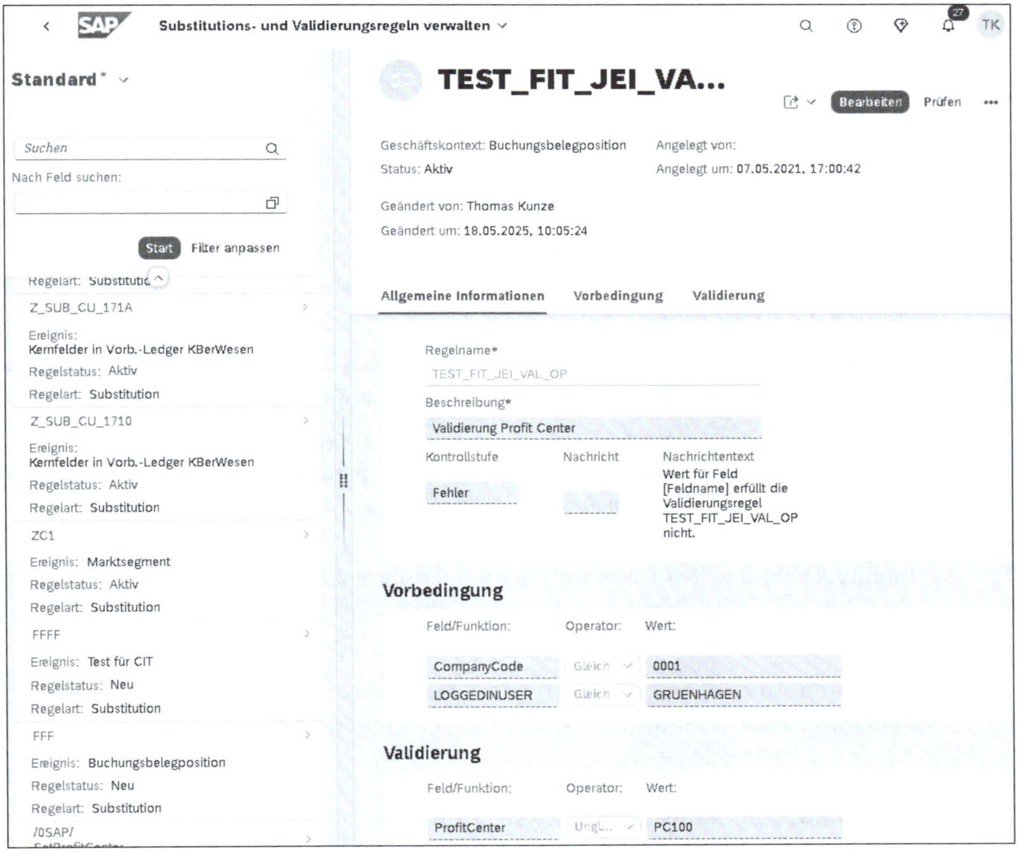

Abbildung 4.118 Detail einer Validierung

[«]

Substitutions- und Validierungsregeln migrieren

Die Migration von Substitutions- und Validierungsregeln von den aus SAP ERP bekannten Funktionalitäten in die SAP-Fiori-App **Substitutions- und Validierungsregeln verwalten** ist nicht möglich, da sich die Funktionen grundlegend unterscheiden. Daher bleibt es Ihnen nur, die Regeln neu anzulegen oder, bei einer Neuimplementierung von SAP S/4HANA, von Anfang an die SAP-Fiori-App **Substitutions- und Validierungsregeln verwalten** zu nutzen.

Vor dem Design und der Implementierung Ihrer Substituierungen und Validierungen beachten Sie SAP-Hinweis 3071368 (Substitution oder Validierung im Zeitpunkt 3 wird für Belege, die von SAP-Fiori-Apps gebucht wurden, nicht ausgelöst).

Im nächsten Abschnitt befassen wir uns mit dem Customizing für die Finanzdatenkonsistenzanalyse im SAP S/4HANA.

4.9 Finanzdatenkonsistenzanalyse

Für zuverlässige Finanzberichte sind konsistente Datensätze unverzichtbar. Die *Finanzdatenkonsistenzanalyse* in SAP S/4HANA unterstützt Sie dabei, mögliche Unstimmigkeiten in Ihren Finanzberichten frühzeitig zu identifizieren und zu korrigieren. Diese Prüfung ist besonders wichtig, da in SAP S/4HANA alle Finanzdaten zentral in der Tabelle ACDOCA gespeichert werden.

[»]

Weiterführende Informationen zur Finanzdatenkonsistenzanalyse

Mehr Informationen zur Finanzdatenkonsistenzanalyse finden Sie unter folgender URL: *https://help.sap.com/docs/SAP_S4HANA_ON-PREMISE/651d8af3ea974ad1a4d74449122c620e/f072ac962bfe47b7a592ada17e5e1072.html?locale=en-US* (Kurz-URL: *http://s-prs.de/v10687005*) oder folgen Sie in der SAP-Online-Hilfe dem Pfad: **SAP S/4HANA • Hauptbuchhaltung (FI-GL) • Werkzeuge • Finanzdatenkonsistenzanalyse für Hauptbuchhaltung • Finanzdatenkonsistenzergebnisse**.

Im nächsten Abschnitt beschreiben wir die Customizing-Einstellungen, die Sie für die Finanzdatenkonsistenzanalyse vornehmen können.

4.9.1 Finanzdatenkonsistenzanalyse definieren

Die Konfigurationseinstellungen für die Finanzdatenkonsistenzanalyse beschränken sich auf zwei Punkte, die die Performance betreffen. Rufen Sie dazu Transaktion FDCAIMG (FDCA Customizing) auf. In Abbildung 4.119 sehen Sie die beiden Punkte, in denen Sie Einstellungen für die Laufzeit (Performance) vornehmen können:

- **Anzahl zu erfassender Probleme pro Meldung bestimmen**
- **Maximale Anzahl an Hintergrundjobs pro Servergruppe bestimmen**

In der Customizing-Aktivität **Anzahl zu erfassender Probleme pro Meldung bestimmen, können** Sie die maximale Anzahl von Problemen für eine bestimmte (Fehler-) Meldung definieren, die die Finanzdatenkonsistenzanalyse erfassen soll. Wenn Sie keinen Wert eingeben, verwendet das System standardmäßig 1000. Wir empfehlen, die Zahl der Probleme gering zu halten, da sie sich auf die Performance auswirkt.

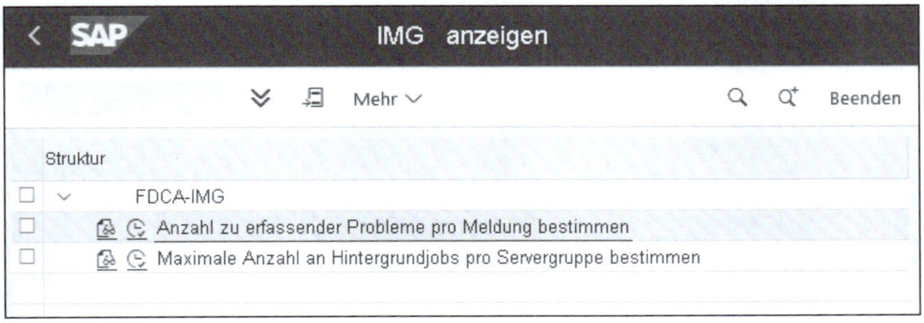

Abbildung 4.119 Customizing-Pfad für die Finanzdatenkonsistenzanalyse

In der Customizing-Aktivität **Maximale Anzahl an Hintergrundjobs pro Servergruppe bestimmen** hinterlegen Sie die maximale Anzahl an Hintergrundjobs und die Servergruppe, die Sie in Ihrem SAP S/4HANA System für die Finanzdatenkonsistenzanalyse vorgesehen haben. Die Customizing-Einstellungen in der Transaktion FDCAIMG sind optional. Sie können ohne die Customizing-Einstellungen die Finanzdatenkonsistenzanalyse starten. Sollten Sie mit der Laufzeit der Finanzdatenkonsistenzanalyse nicht zufrieden sein, können Sie Customizing-Einstellungen in der Transaktion FDCAIMG vornehmen und die Analyse erneut durchführen.

Regelmäßige Ausführung der Finanzdatenkonsistenzanalyse

Sie sollten die Finanzdatenkonsistenzanalyse in Ihren Periodenabschluss aufnehmen und sie regelmäßig ausführen.

Im folgenden Abschnitt beschäftigen wir uns mit der Ausführung der Finanzdatenkonsistenzanalyse.

4.9.2 Finanzdatenkonsistenzanalyse durchführen

Für die Durchführung der Finanzdatenkonsistenzanalyse starten Sie im SAP S/4HANA die Transaktion FINS_FDCA_RUN. In Abbildung 4.120 sehen Sie das Selektionsbild für die Auswahl von Stammdatenänderungen. Tragen Sie Ihren oder Ihren Buchungskreis ein und klicken Sie auf den Button Sammlung ausführen (**Sammlung ausführen**), um den Hintergrundjob zu starten, der die Stammdatenänderungen einsammelt und prüft.

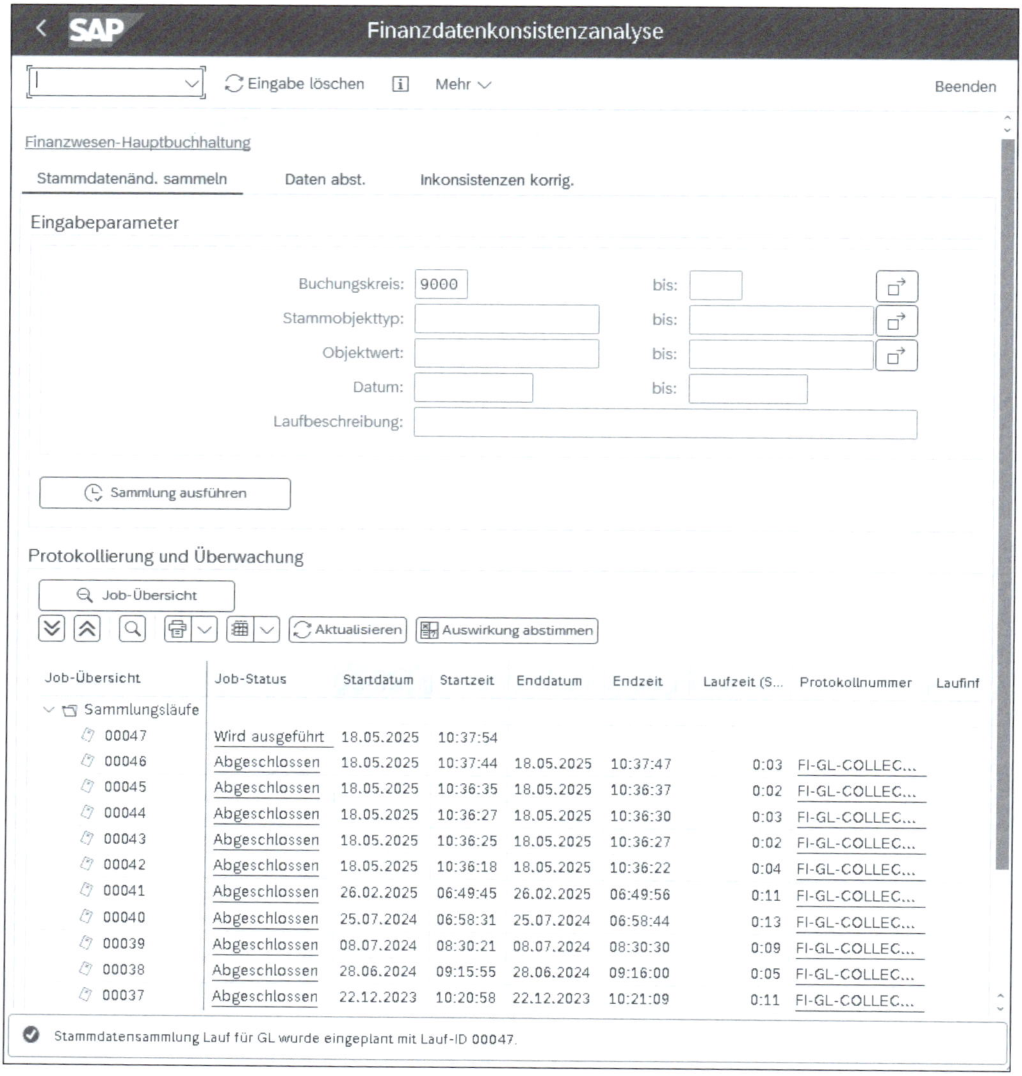

Abbildung 4.120 Transaktion FINS_FDCA_RUN – Übersicht

Im unteren Bereich der Transaktion FINS_FDCA_RUN finden Sie die Job-Übersicht. In der Spalte **Job-Übersicht** sehen Sie die Sammlungsläufe, auch Run ID genannt. Auf dem Reiter **Daten abst.** starten Sie die Datenselektion für die Bewegungsdaten im Finanzwesen, also die Daten in der Tabelle ACDOCA. Für die Abstimmung der Bewegungsdaten gibt es ebenfalls eine Job-Übersicht. Auf der Registerkarte **Inkonsistenzen korrig.** erhalten Sie einen Überblick über die aufgetretenen Fehler. In Abbildung 4.121 sehen Sie dazu die Spalten **Fehler insgesamt** und **Korrigierbare Fehler**.

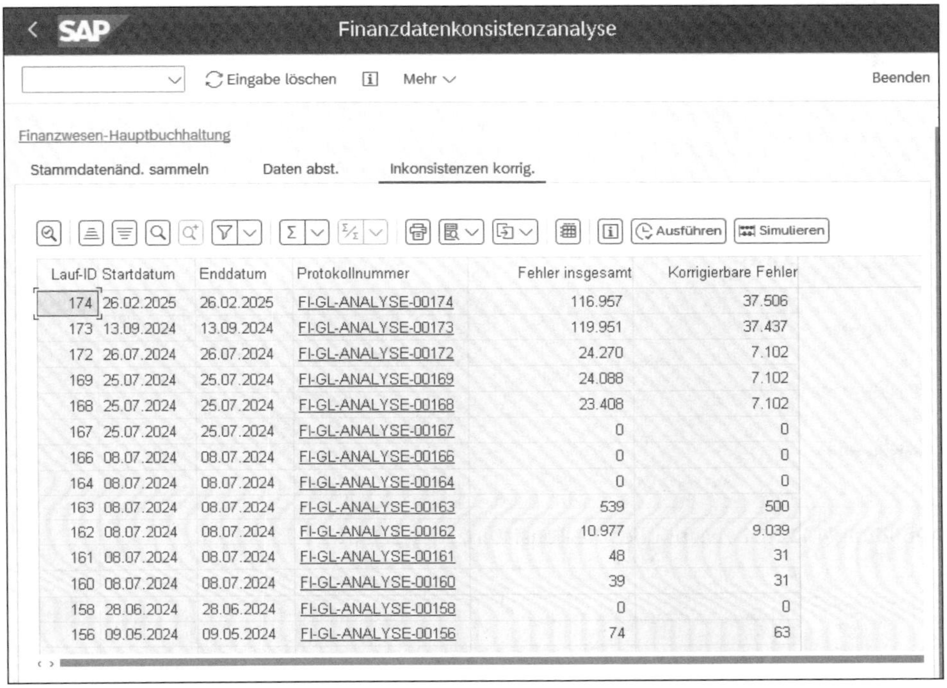

Abbildung 4.121 Transaktion FINS_FDCA_RUN – Fehlerübersicht

Wie die Spalte **Korrigierbare Fehler** schon andeutet, stellt Ihnen SAP mit der Transaktion FINS_FDCA_RUN ein Werkzeug zur Verfügung, um Inkonsistenzen zu korrigieren. Zur Korrektur von Inkonsistenzen markieren Sie eine der Zeilen und klicken auf den Button ▢ (**Lauf-ID ausführen**). Kontrollieren Sie auf dem Reiter **Inkonsistenzen korrig.** den Jobstatus Ihres Korrekturlaufs.

Für eine bessere Übersicht über die Finanzdatenkonsistenzanalyse suchen Sie auf Ihrem SAP Fiori Launchpad nach der SAP-Fiori-App **Financial Data Consistency Results** (App-ID F7457). Mit der SAP-Fiori-App **Financial Data Consistency Results** können Sie die Ergebnisse der Finanzdatenkonsistenzanalyse besser auswerten. In Abbildung 4.122 sehen Sie die Übersicht über alle Konsistenzanalyseläufe.

In der SAP-Fiori-App **Financial Data Consistency Results** werden nur fehlerhafte Konsistenzanalyseläufe aufgeführt. Konsistenzanalyseläufe, die keine Fehler finden konnten, werden nicht angezeigt. Diese finden Sie nur in der Job-Übersicht von Transaktion FINS_FDCA_RUN.

Durch einen Klick auf einen Ihrer Konsistenzanalyseläufe gelangen Sie in die Detailsicht zu diesem ausgewählten Konsistenzanalyselauf (siehe Abbildung 4.123).

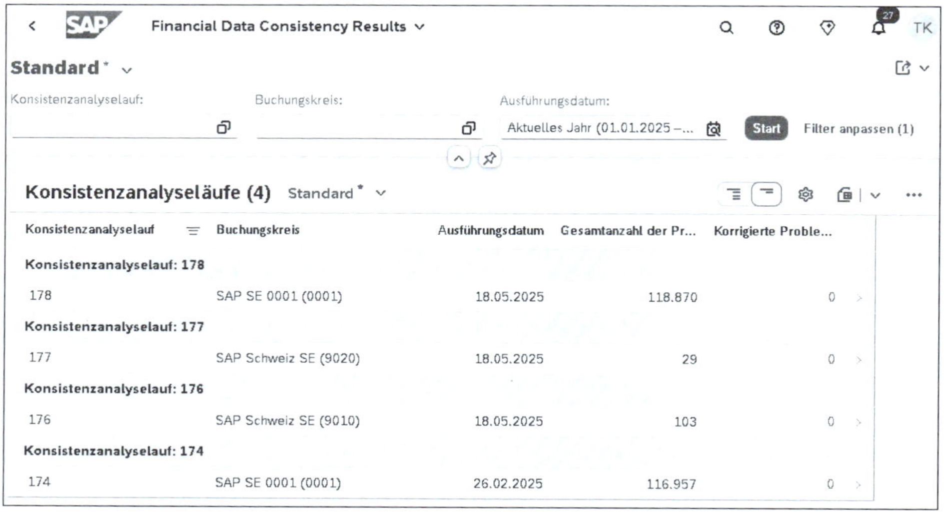

Abbildung 4.122 Übersicht über die Konsistenzanalyseläufe

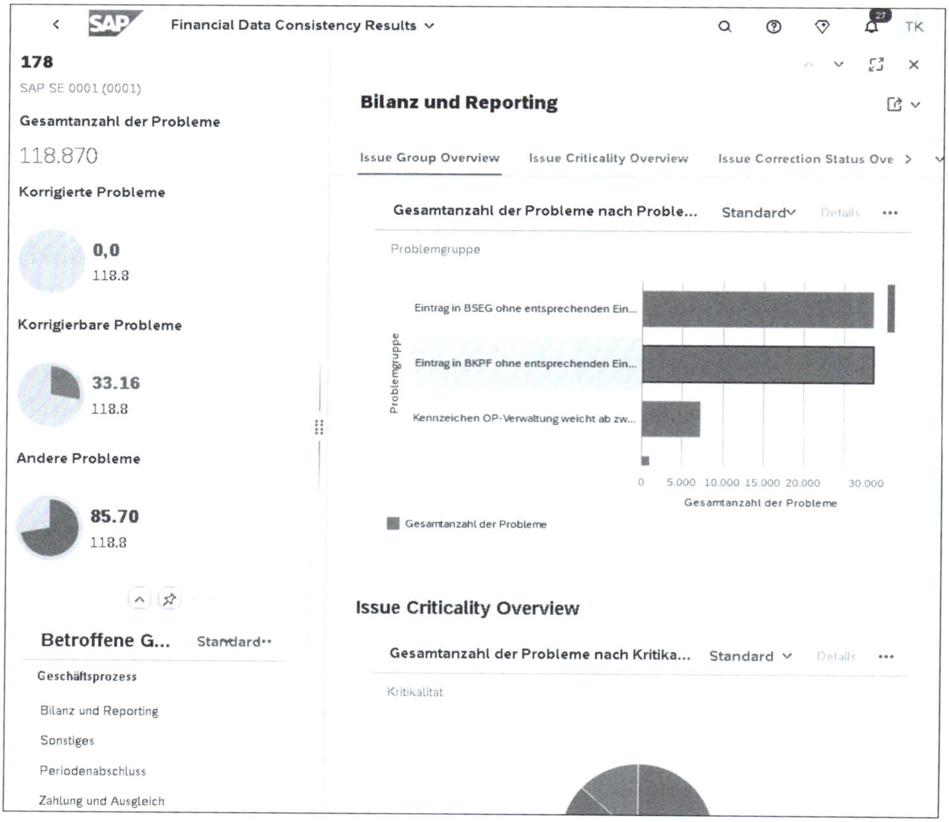

Abbildung 4.123 Detailsicht eines Konsistenzanalyselaufs

In der Detailsicht des Konsistenzanalyselaufs sehen Sie, welche Inkonsistenzen gefunden worden sind. Sie sehen etwa die prozentualen Anteile unter **Korrigierte Probleme** und **Korrigierbare Probleme**. Sie können sich die einzelnen Probleme bis ins Detail anschauen, also bis zum betroffenen Beleg im Rechnungswesen, und einen Drilldown durchführen, um die Ursachen besser analysieren zu können.

4.10 Zusammenfassung

In diesem Kapitel haben wir uns mit dem Hauptbuch-Customizing beschäftigt. Nicht annähernd konnten wir alles beschreiben und Sie auf jede Kleinigkeit hinweisen. Dies würde den Rahmen dieses Buches bei Weitem sprengen und allein für das Hauptbuch ein eigenes Buch füllen. Während viele Aspekte des Customizing in SAP S/4HANA denen in SAP ERP ähneln, gibt es dennoch einige wichtige Neuerungen und Veränderungen. In diesem Kapitel konzentrieren wir uns auf diese spezifischen Unterschiede zu SAP ERP, um Ihnen einen klaren Überblick über die relevanten Anpassungen zu geben.

Wir sind dabei dem IMG von oben nach unten gefolgt, auch wenn dies nicht immer genau die Reihenfolge ist, in der das Customizing vorgenommen werden muss. Mitunter müssen Sie im Customizing etwas hin- und herspringen, um einen Punkt abzuschließen. So werden etwa die Buchungsvarianten an anderer Stelle im Customizing angelegt, obwohl wir sie beim Pflegen der Ledger bzw. Buchungskreiszuordnung bereits benötigt haben. Das Vorgehen des Customizings, wie wir es beschrieben haben, ist ein möglicher Weg. Bekanntlich führen viele verschiedene Wege nach Rom. Das heißt, dass Sie auch Ihre eigenen Wege im Customizing gehen können. Das Ergebnis wird trotzdem das gleiche sein.

Beschrieben haben wir:

- das Anlegen von Ledgern
- die Pflege von Standardfeldern
- die Pflege und Anlage kundeneigener Felder im Kontierungsblock
- die Pflege und Anlage von kundeneigenen Feldern über die SAP-Fiori-App **Benutzerdefinierte Felder und Logik**
- die Pflege von Ledgern mit den verschiedenen Währungstypen und die Zuordnung zu Buchungskreisen
- die Aktivierung des Umsatzkostenverfahrens
- das Customizing der Belegaufteilung
- die SAP-Fiori-App zur Kontenfindung
- die Anlage von Substitutionen und Validierungen im SAP GUI

- die Anlage von Substitutionen und Validierungen mit der SAP-Fiori-App **Substitutions- und Validierungsregeln verwalten**
- die Einrichtung der Finanzdatenkonsistenzanalyse und die Anwendung der SAP-Fiori-App **Financial Data Consistency Results**

Im nächsten Kapitel beschäftigen wir uns mit den wichtigsten Einstellungen im Bereich der Debitorenbuchhaltung.

Kapitel 5
Debitoren

Damit Sie das Nebenbuch »Debitoren« verwenden können, fehlen noch einige Einstellungen, die wir in diesem Kapitel beschreiben. Zum Beispiel müssen Zahlungsbedingungen und Mahnungen konfiguriert werden. Außerdem gehen wir kurz auf das Thema DSGVO ein.

In der Debitorenbuchhaltung bilden Sie den finanziell relevanten Teil Ihrer Geschäftsbeziehungen mit Ihren Kunden ab. Dazu gehören die folgenden Vorgänge:

- Verwaltung der offenen Posten, die durch von Ihnen verschickte Rechnungen entstehen
- der Zahlungsprozess und der damit verbundene Ausgleich der offenen Posten
- der Mahnprozess
- anderer Schriftverkehr, etwa Saldenbestätigungen

Informationen zum Customizing der Kontengruppen, zum Anlegen der Debitoren, zur Customer-Vendor-Integration (CVI) und zum Customizing für den zentralen Geschäftspartner finden Sie in Abschnitt 3.8, »Zentraler Geschäftspartner«.

Das Customizing für weitere Geschäftsvorfälle der Debitoren und Kreditoren erreichen Sie über den Customizing-Pfad **Finanzwesen • Debitoren- und Kreditorenbuchhaltung • Geschäftsvorfälle**. Die Einstellungen zu den Zahlungsbedingungen (siehe Abschnitt 5.1, »Zahlungsbedingungen«) sind sowohl für die Debitorenbuchhaltung als auch für die Kreditorenbuchhaltung relevant, d. h. als Zahlungsbedingungen, die Sie mit Ihren Kunden vereinbart haben, sowie als Zahlungsbedingungen, die Ihnen Ihre Lieferanten gewähren. Der Customizing-Pfad sowie die erforderlichen Einstellungen sind jedoch identisch.

Im Anschluss daran erfahren Sie in Abschnitt 5.2, »Mahnverfahren«, wie Sie das Mahnverfahren im Customizing einrichten. Zu guter Letzt gehen wir in Abschnitt 5.3, »EU-Datenschutz-Grundverordnung«, auf die Rahmenbedingungen ein, die sich aus der EU-DSGVO ergeben.

5.1 Zahlungsbedingungen

Über *Zahlungsbedingungen* definieren Sie im betreffenden Rechnungswesenbeleg, wann der Rechnungsbetrag fällig wird. Die Zahlungsbedingungen sind in der Rechnung enthalten, die Sie an den Kunden verschicken. Anhand der Zahlungsbedingungen ermittelt das SAP-System das sogenannte *Zahlungsbasisfristendatum*, berechnet die Fälligkeiten und erlaubt gegebenenfalls Skonto. Wird Skonto gewährt, wird der Skontobetrag in den Rechnungswesenbeleg übernommen.

5.1.1 Debitorenbelege anzeigen

Die Zahlungsbedingungen hinterlegen Sie in den Stammdaten Ihres Debitors. Dabei wählen Sie für jeden Debitor die mit ihm vereinbarte Zahlungsbedingung aus. Sie können auch die Zahlungsbedingungen hinterlegen, die für einen Großteil Ihrer Rechnungen zutreffen. Dies ist sozusagen eine Voreinstellung, die Sie aber auch im jeweiligen Beleg ändern können. Wenn Sie in der SAP-Komponente für den Vertrieb (SD) einen Kundenauftrag anlegen, werden die relevanten Daten (Zahlweg, Zahlungsbedingungen usw.) als Vorschlagswerte aus dem Geschäftspartner (Debitor) in den Kundenauftrag kopiert. Im Kundenauftrag können Sie diese Vorschlagswerte überschreiben, wenn Sie mit dem Kunden für diesen Kundenauftrag abweichende Vereinbarungen getroffen haben. Wenn Sie später den Kundenauftrag fakturieren, also die Rechnung erstellen, werden diese zahlungsrelevanten Daten in den Rechnungswesenbeleg vererbt. Im Rechnungswesenbeleg könnten die Mitarbeiter der Debitorenbuchhaltung bei Bedarf die Zahlungsbedingungen oder Zahlwege nochmals manuell ändern.

In Abbildung 5.1 sehen Sie einen manuell erstellten Rechnungswesenbeleg. Dieser Beleg ist mit Transaktion FB70 (Debitorenrechnung) erfasst worden. Beim Buchen ist dem Feld **Zahlungsbed** im Bereich **Zusatzangaben** automatisch die Zahlungsbedingung 0003 aus dem Geschäftspartner (Debitorenstammsatz) zugeordnet worden. Wenn Sie in das Feld **Zahlungsbed** klicken und die Taste [F4] drücken, wird Ihnen die [F4]-Wertehilfe zu diesem Feld angezeigt. Der [F4]-Wertehilfe können Sie die Bezeichnung der Zahlungsbedingung 0003 entnehmen.

Mit der SAP-Fiori-App **Debitorenposten bearbeiten** (App-ID F0711) zeigen wir den mit der Transaktion FB70 gebuchten Beleg an. Mit Transaktion FB03 (Beleg anzeigen) können Sie sich alternativ den gebuchten Rechnungswesenbeleg anschauen. Mit einem Klick auf eine Belegnummer in der Spalte **Belegnummer** in der Abbildung 5.4 gelangen Sie zu den Details eines Beleges.

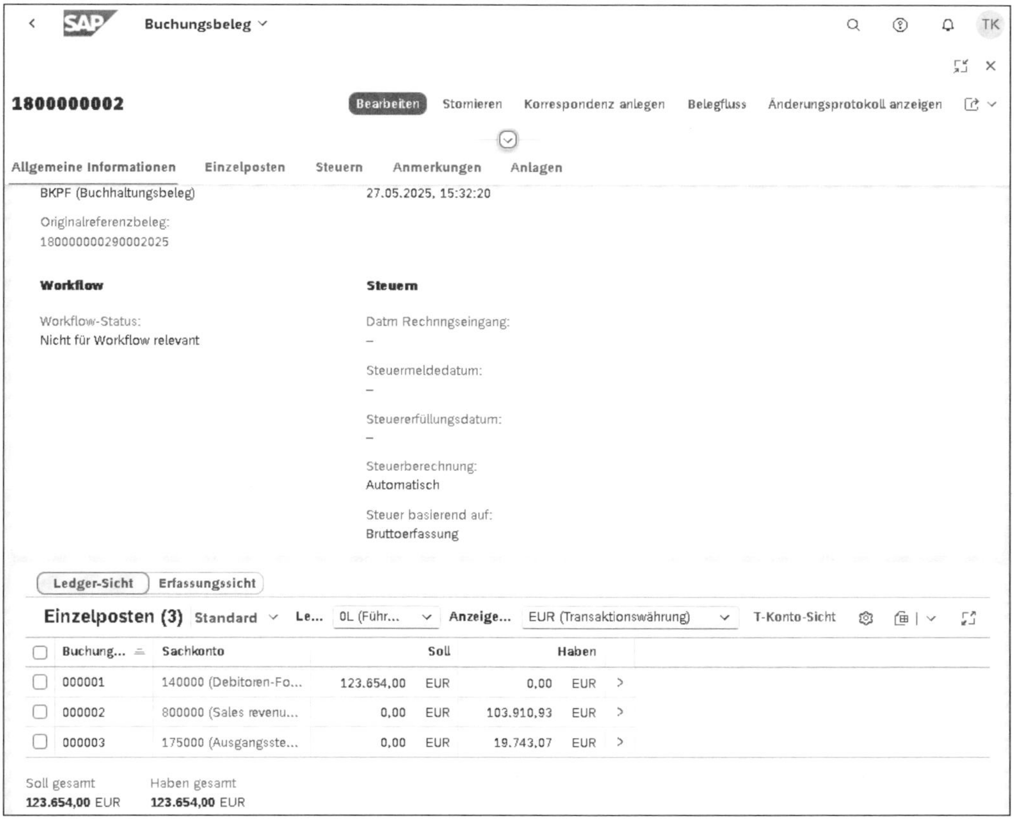

Abbildung 5.1 Debitorenbelegzeile prüfen

Mit einem Klick auf die debitorische Belegzeile (Belegzeile **000001**) gelangen Sie in die Sicht **Position**. In Abbildung 5.2 sehen Sie die Details der debitorischen Belegzeile, hier **Zahlungsvorgang** und **Zahlungsbedienung**. Im Bereich Zahlungsbedienung finden Sie die Informationen über Fälligkeit, Skonto, Skontobasisbetrag usw. Ab diesem Tag (im Beispiel ab dem **27.06.2025**) berechnet SAP S/4HANA die 14 Tage, für die der Kunde 3 % Skonto abziehen darf.

Ferner sehen Sie den **Zahlweg**, der für die Bezahlung der debitorischen Rechnung genutzt werden soll.

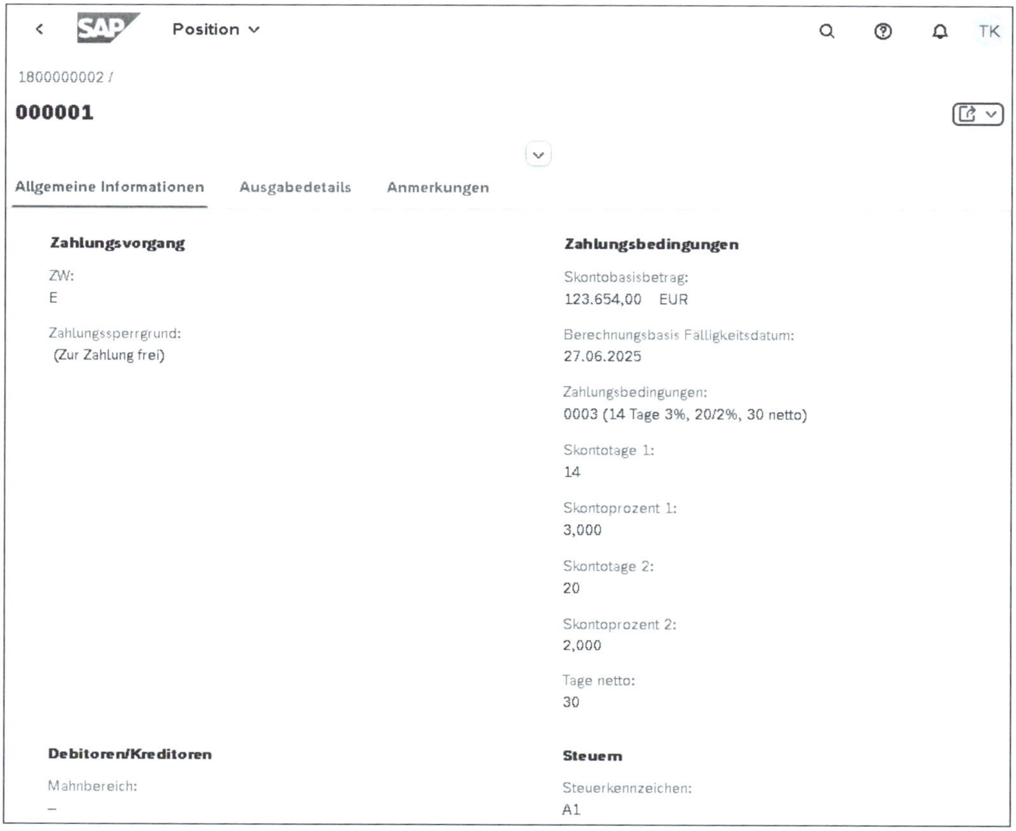

Abbildung 5.2 Belegposition anzeigen – Zahlungsvorgang und Zahlungsbedingung

Auch den Zahlweg können Sie aus den Debitorenstammdaten übernehmen. In diesem Fall kann die Rechnung auch nur über genau diesen Zahlweg beglichen werden. Sofern Sie einen anderen Zahlweg – oder andere Zahlungsbedingungen – festlegen möchten, gehen Sie mit einem Klick auf den Button [<] (**Zurück**) zwei Schritte zurück, markieren den gewünschten Einzelposten und wechseln mit dem Button [Einzelposten bearbeiten] (**Einzelposten bearbeiten**) in die Bearbeitung des Einzelpostens (siehe Abbildung 5.4). Sie können die Informationen aber auch direkt beim Buchen des Belegs überschreiben oder ergänzen. In Abbildung 5.3 sehen Sie das Pop-up **1 Einzelposten bearbeiten**, was Ihnen erlaubt, einige Felder bezogen auf den gewählten Beleg anzupassen.

Bleibt das Feld **Zahlweg** leer, prüft der Zahllauf (Transaktion F110) alle für den jeweiligen Buchungskreis gültigen Zahlwege daraufhin, ob sie dazu geeignet sind, diesen Beleg zu bezahlen. Weitere Informationen zum Customizing von Zahlwegen finden Sie in Abschnitt 7.2, »Zahlungsprogramm«.

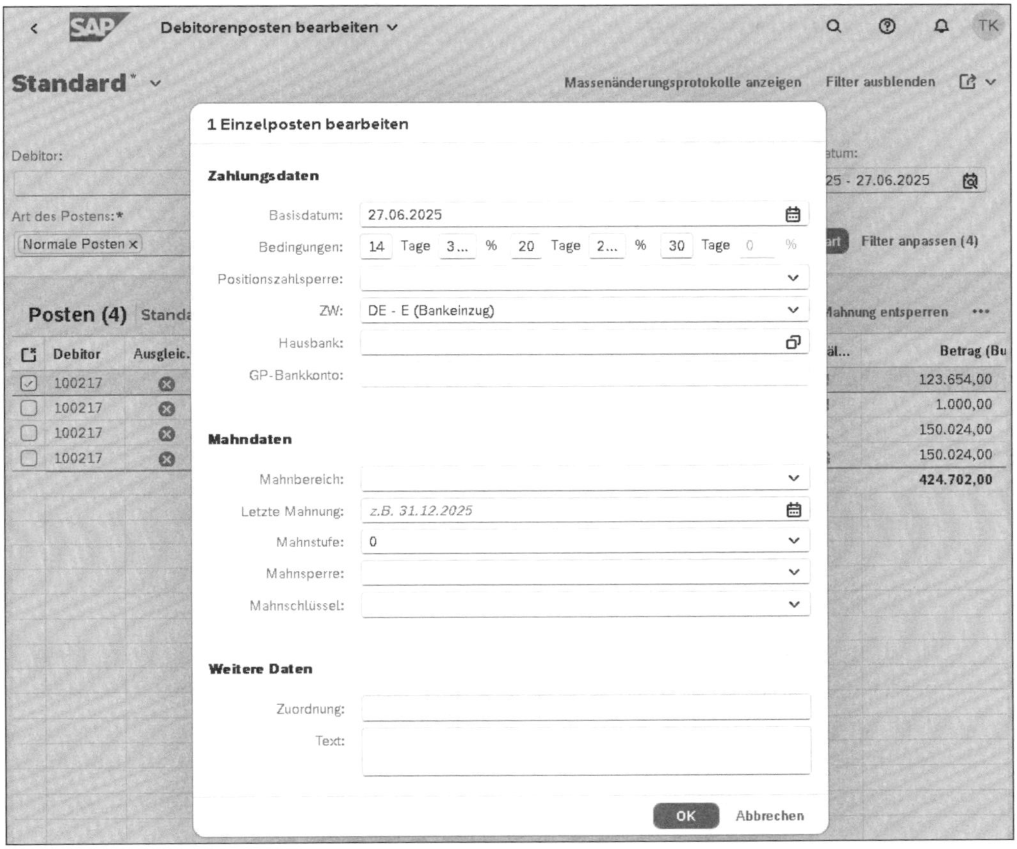

Abbildung 5.3 Einzelposten bearbeiten

Kontrollieren Sie den Beleg, und rufen Sie anschließend wieder die SAP-Fiori-App **Debitorenposten bearbeiten** auf. Hier sehen Sie alle offenen Posten, die es zum Debitor 100217 gibt (siehe Abbildung 5.4).

In der Spalte **Nettofäl** (**Nettofälligkeit**) sehen Sie anhand der verwendeten Buttons (**überfällig**) und (**nicht fällig**), ob eine Rechnung zur Zahlung ansteht oder nicht. Überfällige Rechnungen können Sie mahnen. Mehr zum Customizing des Mahnverfahrens erfahren Sie in Abschnitt 5.2, »Mahnverfahren«. SAP S/4HANA berechnet die Fälligkeit auf Basis der Zahlungsbedingungen und des Zahlungsbasisfristendatums der Rechnung. Das System wählt den entsprechenden Button in der Spalte **Nettofälligkeit**. Das Zahlungsprogramm und das Mahnprogramm beachten ebenfalls die Fälligkeit und bezahlen oder mahnen die Rechnungen, wenn es erforderlich ist.

Im folgenden Abschnitt beschäftigen wir uns mit dem Customizing der Zahlungsbedingungen.

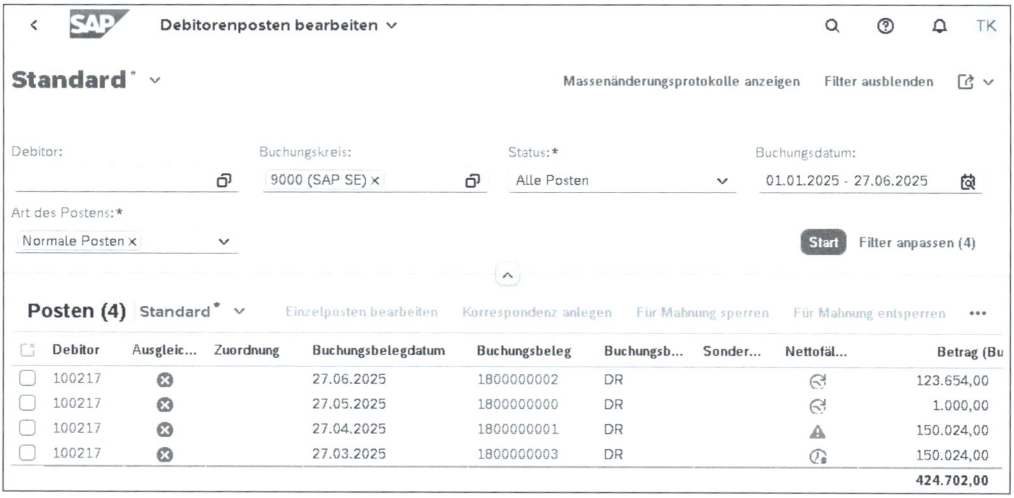

Abbildung 5.4 Einzelpostenliste des Debitors anzeigen

5.1.2 Zahlungsbedingungen konfigurieren

Das Customizing für die Zahlungsbedingungen finden Sie über den Customizing-Pfad **Finanzwesen • Debitoren- und Kreditorenbuchhaltung • Geschäftsvorfälle • Rechnungsausgang/Gutschriftsausgang • Zahlungsbedingungen pflegen**. Sie gelangen in das Fenster **Sicht "Zahlungsbedingungen" ändern: Übersicht** (siehe Abbildung 5.5). Dort sehen Sie eine Zusammenfassung der einzelnen Zahlungsbedingungen. Über den Button [Positionieren...] (**Positionieren**) oder über [⇧] + [F7] können Sie eine andere Zahlungsbedingung auswählen. Mit den Tasten [Bild ↑] oder [Bild ↓] können Sie hoch- und herunterblättern.

Die von SAP ausgelieferten Zahlungsbedingungen können Sie direkt verwenden, an die Anforderungen Ihres Unternehmens anpassen oder sie löschen, falls Sie sie nicht benötigen.

Mit einem Doppelklick auf ein beliebiges Feld einer Zahlungsbedingung (siehe Abbildung 5.5) gelangen Sie in das Fenster **Sicht "Zahlungsbedingungen" ändern: Detail**. Dort finden Sie die Details einer Zahlungsbedingung (siehe Abbildung 5.6).

In den Kopfdaten der Zahlungsbedingung sehen Sie im Feld **Zahlungsbed** einen technischen Schlüssel für die Zahlungsbedingung. Meist werden die Zahlungsbedingungen einfach durchnummeriert. Alternativ können Sie einen sprechenden Schlüssel vergeben.

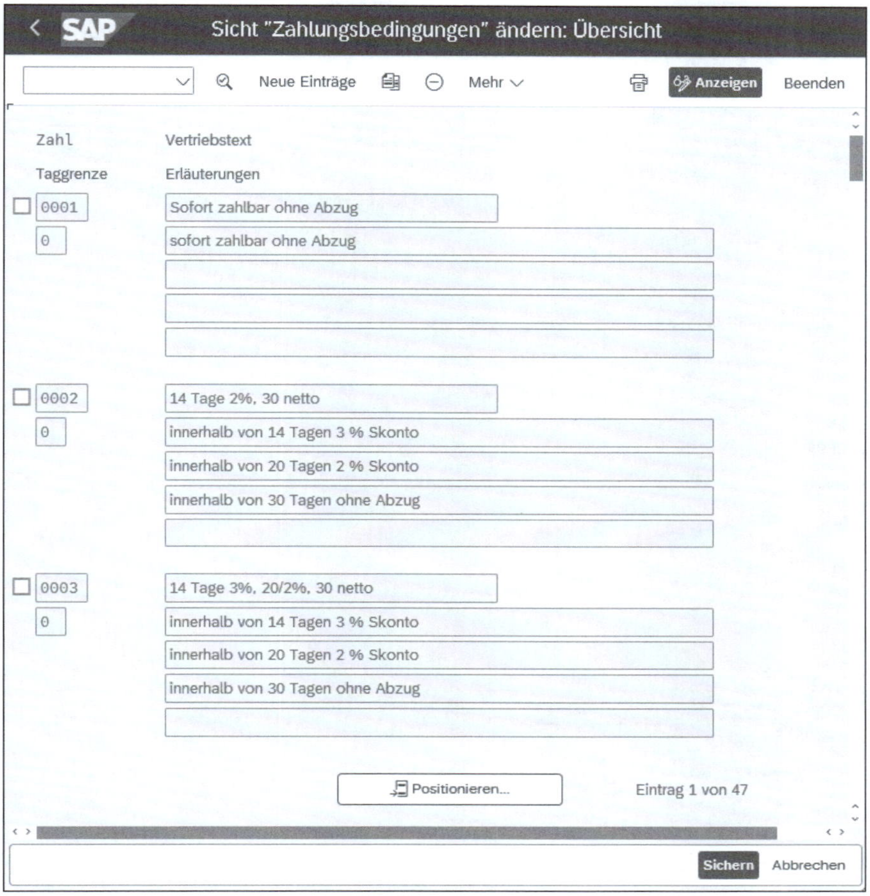

Abbildung 5.5 Zahlungsbedingungen ändern

Im Feld **Vertriebstext** hinterlegen Sie einen Kurztext zur Beschreibung der Zahlungsbedingungen. Wählen Sie den Vertriebstext mit Bedacht: Meist verwenden Sie den Inhalt dieses Feldes, um ihn auf dem Schriftverkehr (Rechnungen oder Mahnungen) mit Ihren Kunden zu drucken. Im Feld **Taggrenze** hinterlegen Sie den Tag des Monats, bis zu dem die zugehörigen Bedingungen gelten sollen. Im Feld **Eig. Erläuterung** können Sie eine Ergänzung zum Vertriebstext hinzufügen.

Rechts neben dem Vertriebstext finden Sie seit 2017 in SAP ERP und in SAP S/4HANA einen Button zur Pflege der Übersetzung. Klicken Sie auf diesen Button [icon] (**Übersetzung pflegen**), um die Sprachen auszuwählen, für die Sie eine Übersetzung pflegen möchten. Bestätigen Sie Ihre Auswahl mit [✓] (**Weiter**) oder mit der [↵]-Taste. Nun können Sie die Texte in den ausgewählten Sprachen im Pop-up-Fenster **Texte in weiteren Sprachen pflegen** eingeben (siehe Abbildung 5.7).

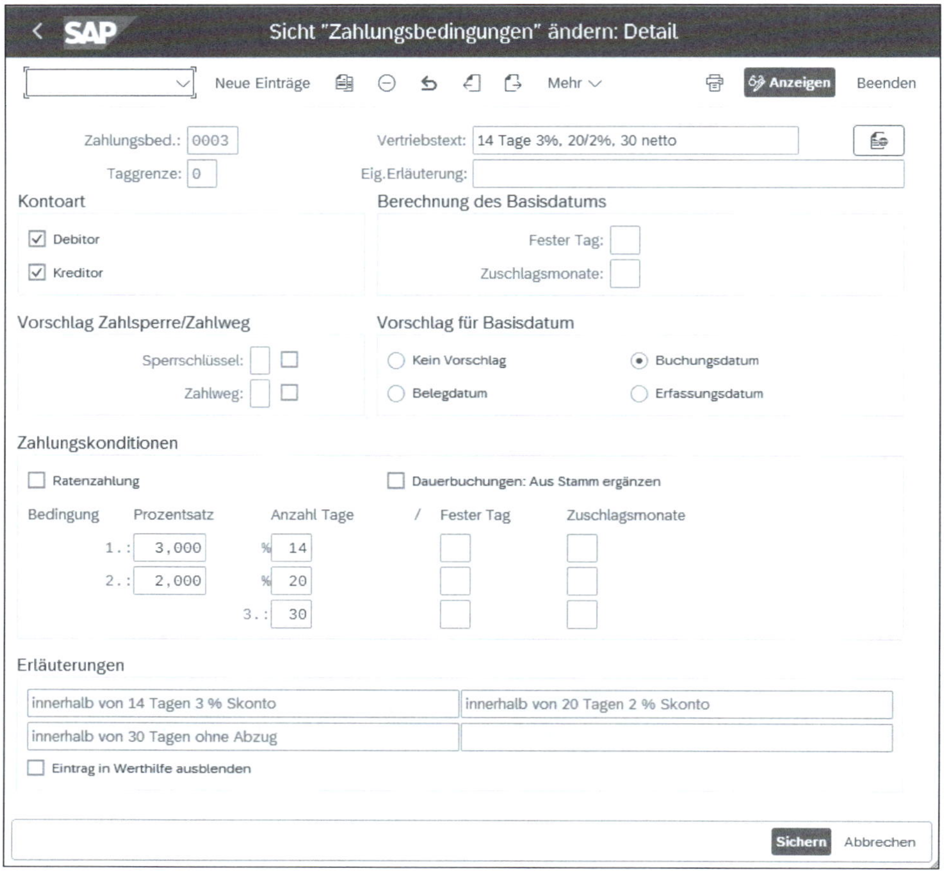

Abbildung 5.6 Details einer Zahlungsbedingung anzeigen

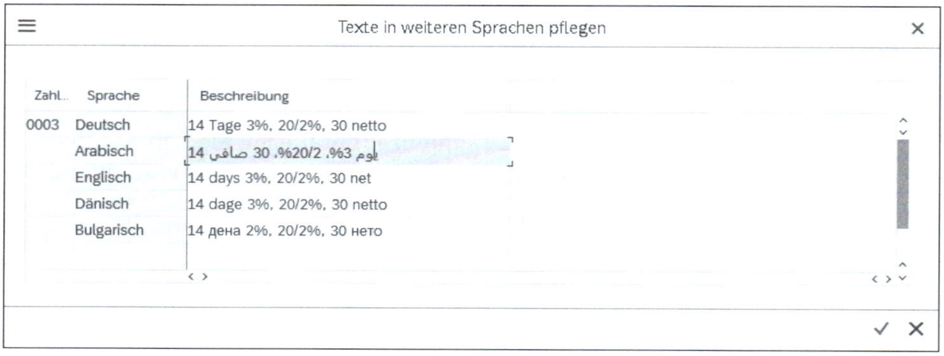

Abbildung 5.7 Übersetzungen pflegen

Bestätigen Sie Ihre Auswahl mit einem Klick auf ✓ (**Weiter**) oder über die [↵]-Taste. In der Statuszeile des SAP GUI erhalten Sie eine Informationsmeldung »Textänderungen wurden durchgeführt«. Sie gelangen zurück in das in Abbildung 5.6 gezeigte Bild.

Die einzelnen Steuerungsparameter sind in verschiedenen Bereichen zusammengefasst. Im Bereich **Kontoart** bestimmen Sie durch das Setzen der entsprechenden Kennzeichen, ob die Zahlungsbedingungen nur für Debitoren (Kennzeichen **Debitor**), nur für Kreditoren (Kennzeichen **Kreditor**) oder für beides genutzt werden können. Nur wenn das entsprechende Kennzeichen gesetzt ist, können Sie es auch im jeweiligen Stammsatz auswählen.

Im Bereich **Berechnung des Basisdatums** können Sie Einstellungen vornehmen, wenn Sie das Zahlungsbasisfristendatum anders berechnen lassen möchten. Im Feld **Fester Tag** ist der Kalendertag aufgeführt, mit dem das SAP-System den Tag des Zahlungsfristenbasisdatums der Belegposition überschreibt.

Das Feld **Zuschlagsmonate** zeigt die Anzahl der Monate, die das SAP-System auf den Kalendermonat des Zahlungsfristenbasisdatums addiert.

Im Bereich **Vorschlag Zahlsperre/Zahlweg** können Sie einen Sperrschlüssel oder einen Zahlweg hinterlegen, der für diese Zahlungsbedingung gelten soll. Wenn Sie in einer Zahlungsbedingung einen festen Zahlweg zuordnen möchten, nehmen Sie einen Eintrag im Feld **Zahlweg** vor und setzen das Kennzeichen gleich rechts neben diesem Feld. Genauso können Sie mit dem Feld **Sperrschlüssel** verfahren. Mit einem Sperrschlüssel können Sie einen Beleg zur Zahlung sperren.

Im Bereich **Vorschlag für Basisdatum** können Sie einstellen, wie sich das Zahlungsbasisfristendatum berechnen soll. Sie können dabei über das Setzen eines Radiobuttons zwischen den folgenden Einstellungen wählen:

- **Kein Vorschlag**
  Sie müssen das Feld **Basisdatum** beim Buchen selbst füllen.
- **Buchungsdatum**
  Dies ist die gängigste Einstellung.
- **Belegdatum**
  Es wird das Belegdatum als Basisdatum festgelegt.
- **Erfassungsdatum**
  Es wird der Tag, an dem Sie den Beleg erfassen, als Basisdatum festgelegt.

Sie können das Datum jederzeit ändern, sowohl beim Buchen des Belegs als auch nachträglich beim Ändern des Belegs. Wählen Sie also die Einstellung, die auf den größten Teil Ihrer Geschäftsvorfälle zutrifft.

Im Bereich **Zahlungskonditionen** hinterlegen Sie den Zeitraum in Tagen, für den Sie Skonto gewähren. Außerdem tragen Sie die Höhe des Skontos in Prozent ein. In der

Spalte **Prozentsatz** tragen Sie die Prozente ein, die Sie als Skonto gewähren, und in der Spalte **Anzahl Tage** die Tage, für die das Skonto gelten soll. In den Spalten **Fester Tag** und **Zuschlagsmonate** können Sie wieder einen festen Tag, bis zu dem die jeweilige Zahlungskondition gelten soll, hinterlegen.

[»]

Zahlungsbedingungen im Beleg ändern

Sowohl beim Buchen eines Rechnungswesenbelegs als auch später, wenn Sie den Beleg mit Transaktion FB02 ändern, können Sie entweder die Zahlungsbedingung im Beleg ändern oder auch noch die Zahlungsfristen oder Prozente anpassen. Obwohl diese Änderungen dann nicht zu den Einstellungen in der Zahlungsbedingung im Customizing passen, werden sie vom SAP-System akzeptiert.

Das Kennzeichen **Ratenzahlung** steuert, dass der Rechnungsbetrag in Teilbeträge mit unterschiedlichen Fälligkeiten aufgeteilt werden muss. Bei der Belegerfassung in der Finanzbuchhaltung dienen die Konditionen für die Ratenzahlung als Erfassungshilfe. Anstatt mehrere Belegpositionen zu erfassen, geben Sie nur die Daten für eine Position ein. Die Aufteilung wird vom System anhand der Zahlungsbedingung automatisch durchgeführt.

Mit dem Kennzeichen **Dauerbuchungen: Aus Stamm ergänzen** bestimmen Sie, ob die Zahlungsbedingungen in einer *Dauerbuchung* aus dem Stammsatz des Kreditors oder des Debitors gesetzt werden sollen, wenn im Dauerbuchungsurbeleg kein Zahlungsbedingungsschlüssel gesetzt ist.

Im Bereich **Erläuterungen** finden Sie das Kennzeichen **Eintrag in Werthilfe ausblenden**. Damit erreichen Sie, dass diese Zahlungsbedingung nicht mehr in der [F4]-Wertehilfe, sowohl im Beleg als auch im Geschäftspartnerstammsatz, auswählbar ist. Da die Zahlungsbedingung noch in offenen Belegen vorhanden sein kann, können Sie sie auch verwenden, z. B. durch eine manuelle Eingabe im Beleg. Das Setzen des Kennzeichens **Eintrag in Werthilfe ausblenden** nutzen Sie, wenn Sie ältere, nicht mehr benötigte Zahlungsbedingungen ausblenden, also nicht mehr aktiv verwenden möchten.

Nachdem Sie die Einstellungen einer bestehenden Zahlungsbedingung überprüft haben, sichern Sie Ihre Einstellungen, sofern Sie Änderungen durchgeführt haben. Klicken Sie dazu auf Sichern (**Sichern**), oder Sie verwenden die Tastenkombination [Strg] + [S]. Mit einem Klick auf < (**Zurück**) oder über die Taste [F3] verlassen Sie die Detailsicht und gelangen wieder in die Übersicht der Zahlungsbedingungen.

Egal, in welcher Sicht der Zahlungsbedingungen Sie sich befinden: Sie finden in beiden Sichten den Button **Neue Einträge**, mit dem Sie neue Zahlungsbedingungen pflegen können. Klicken Sie diesen Button an, oder verwenden Sie die Taste [F5], um in die Sicht **Neue Einträge: Detail Hinzugefügte** zu wechseln (siehe Abbildung 5.8).

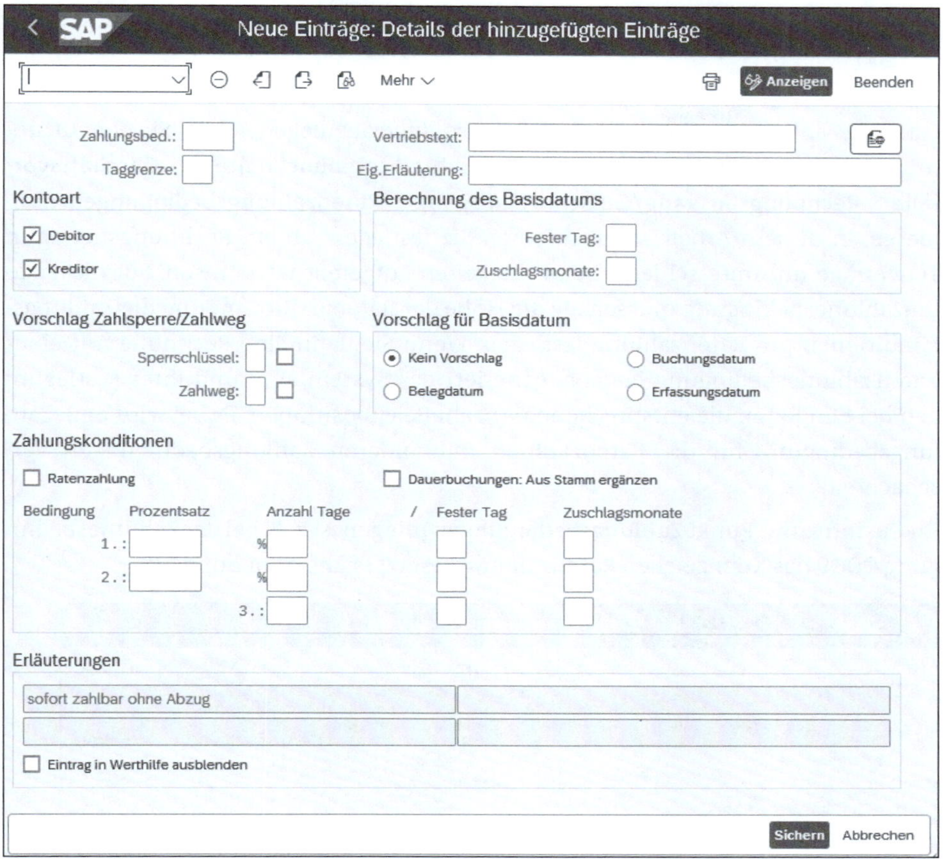

Abbildung 5.8 Neue Zahlungsbedingung anlegen

Sie müssen mindestens im Feld **Zahlungsbed** einen Eintrag vornehmen. Das Feld **Taggrenze** ist nur bei der Neuanlage einer Zahlungsbedingung eingabebereit und kann später nicht mehr geändert werden. Alle anderen Felder können Sie später füllen oder ändern. Sichern Sie Ihre Eingaben mit einem Klick auf Sichern (**Sichern**) oder über Strg + S. Mit einem Klick auf < (**Zurück**) oder über die Taste F3 verlassen Sie die Detailsicht und gelangen wieder in die Übersicht der Zahlungsbedingungen.

Wenn Sie eine oder mehrere Zahlungsbedingungen kopieren möchten, wechseln Sie in die Übersicht der Zahlungsbedingungen, die Sie in Abbildung 5.5 gesehen haben. Klicken Sie dazu auf < (**Zurück**), oder verwenden Sie die Taste F3. Vor jeder Zahlungsbedingung finden Sie links ein Kennzeichen. Markieren Sie das Kennzeichen bei einer oder mehreren Zahlungsbedingungen, und klicken Sie auf den Button (**Kopieren als ...**), oder drücken Sie die Taste F6. Anschließend vergeben Sie einen neuen technischen Schlüssel im Feld **Zahlungsbed** und bestätigen Ihre Eingabe mit der ↵-Taste. Damit ist die kopierte Zahlungsbedingung angelegt. Sichern Sie Ihre

Einstellungen mit einem Klick auf Sichern (**Sichern**), oder drücken Sie [Strg] + [S]. Mit < (**Zurück**) oder über die Taste [F3] verlassen Sie das Customizing der Zahlungsbedingungen.

Um eine Zahlungsbedingung für die *Ratenzahlung* anzulegen, folgen Sie dem Customizing-Pfad **Finanzwesen • Debitoren- und Kreditorenbuchhaltung • Geschäftsvorfälle • Rechnungsausgang/Gutschriftsausgang • Ratenzahlungsbedingungen definieren**. In diesem Arbeitsschritt können Sie festlegen, ob ein Rechnungsbetrag in Teilbeträge mit unterschiedlichen Fälligkeiten aufgeteilt werden soll. Für diese Ratenzahlungsbedingung müssen Sie die Höhe der Raten in Prozent und die Zahlungskonditionen pro Ratenzahlung festlegen. Wenn Sie dann eine Rechnung mit einer Ratenzahlungsbedingung buchen, generiert das System aufgrund Ihrer Festlegungen bei den Raten die entsprechende Anzahl Belegpositionen. Dabei wird eine Zahlungsbedingung für die Ratenzahlung mit anderen Zahlungsbedingungen verschachtelt.

Im Customizing-Punkt **Zahlungsbedingungen pflegen** ist z. B. bei der Zahlungsbedingung 0009 das Kennzeichen **Ratenzahlung** gesetzt (siehe Abbildung 5.9).

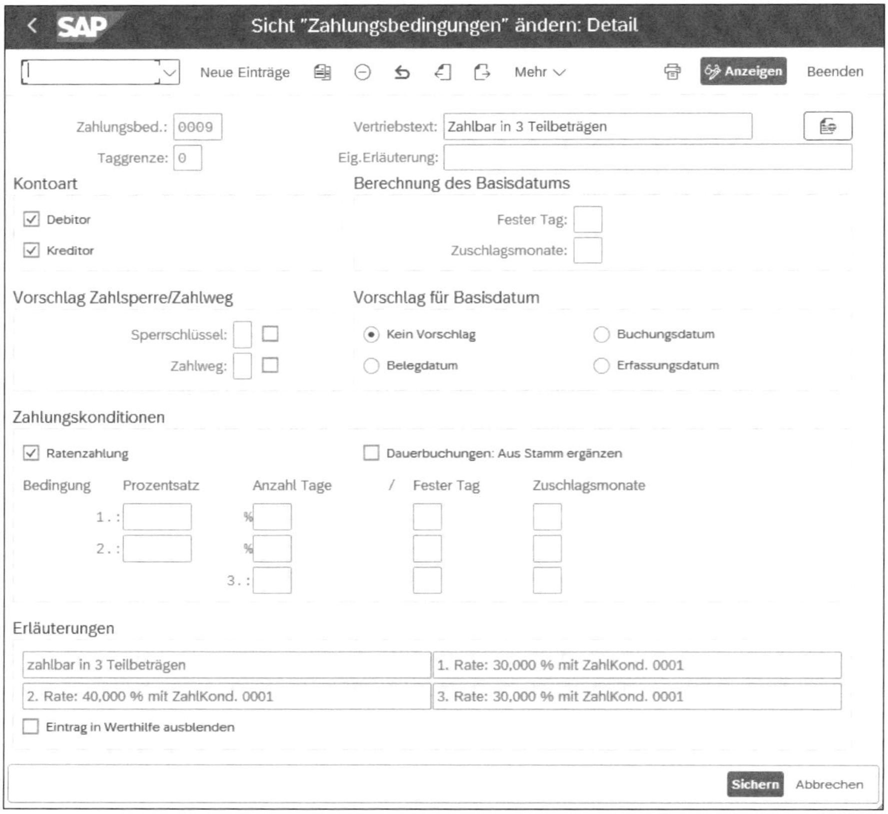

Abbildung 5.9 Als Ratenzahlung gekennzeichnete Zahlungsbedingung

Damit können Sie nun im Customizing die Teilzahlungen für die Zahlungsbedingung 0009 einstellen. Über den Customizing-Punkt **Ratenzahlungsbedingungen** definieren Sie die drei Teilraten im Fenster **Sicht "Zahlungsbedingungen für Zahlung in Raten" ändern** (siehe Abbildung 5.10). Sie bestimmen außerdem in der Spalte **Prozent**, wie sich die Raten prozentual verteilen sollen. In der Summe müssen die Teilraten wieder 100 % ergeben.

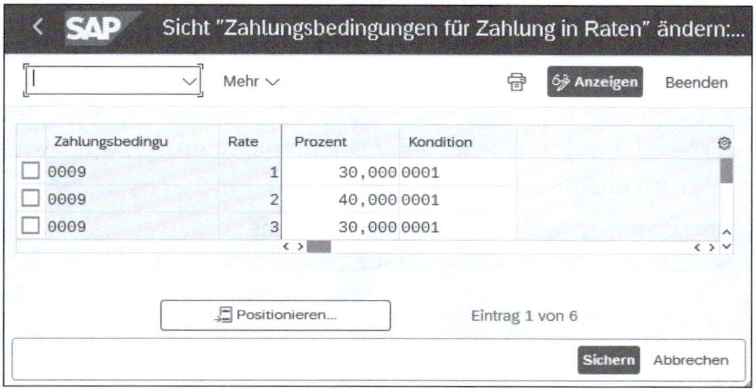

Abbildung 5.10 Teilraten aufteilen

In der Spalte **Kondition** hinterlegen Sie eine Zahlungsbedingung, die für die jeweilige Teilrate gelten soll. Im Beispiel ist immer die Zahlungsbedingung **0001** (**Sofort zahlbar ohne Abzug**) hinterlegt worden. Neue Einträge erfassen Sie mit einem Klick auf **Neue Einträge** oder über die Taste [F5]. Bestätigen Sie Ihre Eingaben mit der [↵]-Taste. Außerdem ist es möglich, bestehende Einträge zu kopieren. Markieren Sie dazu die entsprechenden Zeilen, und klicken Sie auf (**Kopieren als ...**), oder drücken Sie die Taste [F6].

Nun können Sie die Schlüssel in den Spalten **Zahlungsbedingung** bzw. **Rate** anpassen. Bestätigen Sie wiederum Ihre Eingaben mit der [↵]-Taste. Die prozentuale Verteilung in der Spalte **Prozent** und die Zahlungsbedingung für die Teilrate in der Spalte **Kondition** können Sie jetzt oder auch später anpassen. Bestätigen Sie Ihre Eingaben wieder mit der [↵]-Taste, und sichern Sie Ihre Einstellungen mit einem Klick auf Sichern (**Sichern**) oder über [Strg] + [S].

Mit einem Klick auf (**Zurück**) oder über die Taste [F3] verlassen Sie das Customizing der Ratenzahlungsbedingungen. Nun können Sie Ihre Zahlungsbedingungen in Ihren Geschäftspartnerstammdaten verwenden.

Im nächsten Abschnitt beschäftigen wir uns mit einem weiteren wichtigen Prozessschritt im Kontext des Zahlungsverkehres, genauer gesagt, mit dem Zahlungsverhalten Ihrer Kunden: dem Mahnverfahren.

5.2 Mahnverfahren

Ein weiterer Prozessschritt, der leider immer wieder benötigt wird, ist das *Mahnen*. Wenn Ihre Kunden Ihre Rechnungen nicht pünktlich bezahlt haben, ist es notwendig, die Zahlung zu mahnen. Die meisten Unternehmen räumen einige Tage Kulanz ein, für den Fall, dass der Kunde genau am Fälligkeitstag gezahlt haben sollte. Die Laufzeiten bei den Banken müssen Sie ebenfalls berücksichtigen.

Für das Customizing des Mahnverfahrens folgen Sie dem Customizing-Pfad: **Finanzwesen • Debitoren- und Kreditorenbuchhaltung • Geschäftsvorfälle • Mahnen**. Abbildung 5.11 zeigt Ihnen einen Überblick über die Customizing-Einstellungen für das Mahnverfahren. Wir arbeiten uns bei den Einstellungen für das Mahnverfahren wieder von oben nach unten im Customizing-Pfad durch.

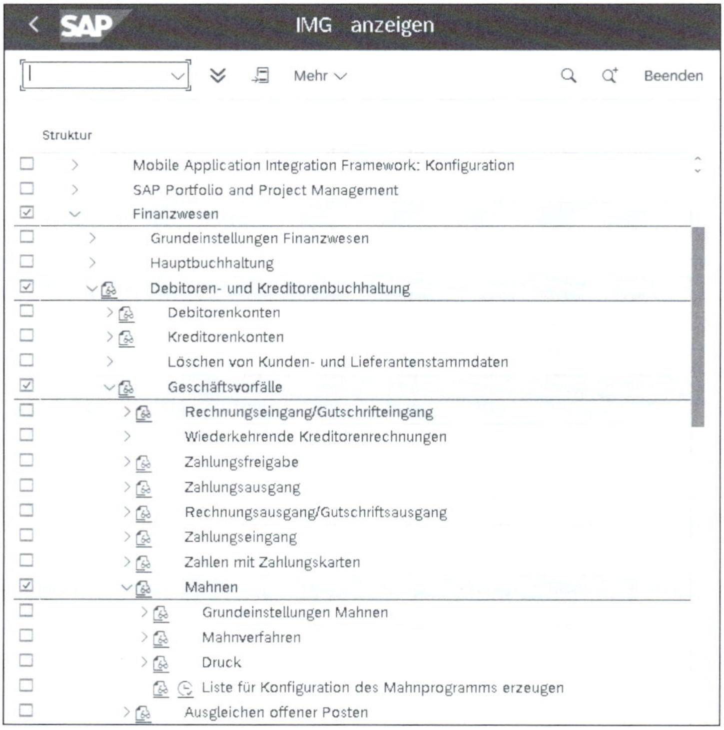

Abbildung 5.11 Customizing-Einstellungen für das Mahnverfahren

Im nächsten Abschnitt legen wir die Mahnbereiche im Customizing fest.

5.2.1 Mahnbereiche anlegen

Um die *Mahnbereiche* anzulegen, folgen Sie dem Customizing-Pfad **Finanzwesen • Debitoren- und Kreditorenbuchhaltung • Geschäftsvorfälle • Mahnen • Grundeinstel-**

lungen Mahnen • Mahnbereiche definieren. Die Mahnbereiche dienen dazu, innerhalb eines Buchungskreises die Bearbeitung der Mahnungen in verschiedene Bereiche zu unterteilen. Sie würden etwa vermutlich Ihre Geschäftskunden anders mahnen als Ihre Endkunden. Der Mahnbereich wird dem Geschäftspartner in der Rolle FLCU01 (FI-Kunde) hinterlegt.

In Abbildung 5.12 sehen Sie die angelegten Mahnbereiche, die Sie für jeden Buchungskreis unterschiedlich gestalten können. Die Verwendung von Mahnbereichen ist optional.

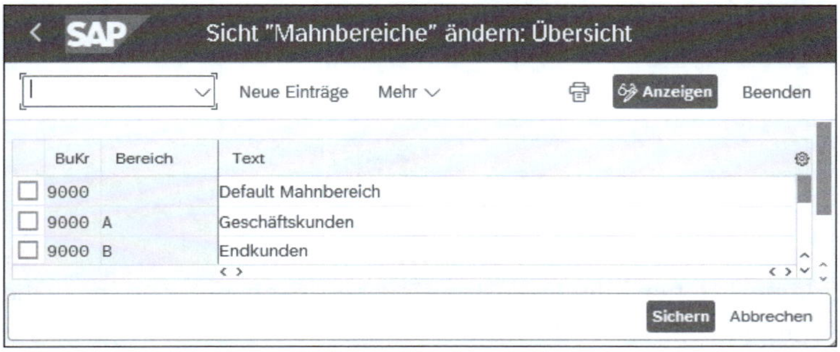

Abbildung 5.12 Mahnbereiche definieren

Um neue Mahnbereiche anzulegen, klicken Sie auf **Neue Einträge**, oder Sie drücken die Taste [F5]. Sie füllen die Spalte **BuKr** (Buchungskreis) mit dem betreffenden Buchungskreis aus. Die Spalte **Bereich** ist frei definierbar. Vergeben Sie einen sprechenden Text in der Spalte **Text** für den Mahnbereich. Bestätigen Sie Ihre Eingaben mit [↵]. Zum Sichern klicken Sie auf Sichern (**Sichern**), oder Sie verwenden die Tastenkombination [Strg] + [S].

Sie können weitere Mahnbereiche als Kopie anlegen; markieren Sie dazu einen oder mehrere existierende Mahnbereiche, und klicken Sie dann auf (**Kopieren als ...**), oder Sie drücken die Taste [F6]. Es werden ein oder mehrere neue Einträge erzeugt. Passen Sie Mahnbereich und Text wie gewünscht an. Zum Sichern klicken Sie auf Sichern (**Sichern**), oder Sie verwenden die Tastenkombination [Strg] + [S]. Nun können Sie die Sicht mit einem Klick auf < (**Zurück**) oder über die [F3]-Taste verlassen. Wiederholen Sie diesen Vorgang, bis Sie sich wieder im Customizing-Pfad befinden.

5.2.2 Mahnschlüssel anlegen

Als Nächstes legen Sie einen *Mahnschlüssel* an. Der Mahnschlüssel legt fest, dass ein offener Posten nur mit Einschränkungen mahnbar ist oder bei der Mahnung mit einer weiteren Textzeile versehen wird. Um einen Mahnschlüssel anzulegen, folgen Sie dem Customizing-Pfad **Finanzwesen • Debitoren- und Kreditorenbuchhaltung •**

Geschäftsvorfälle • Mahnen • Grundeinstellungen Mahnen • Mahnschlüssel definieren. Die Schlüssel sind frei definierbar (siehe Abbildung 5.13).

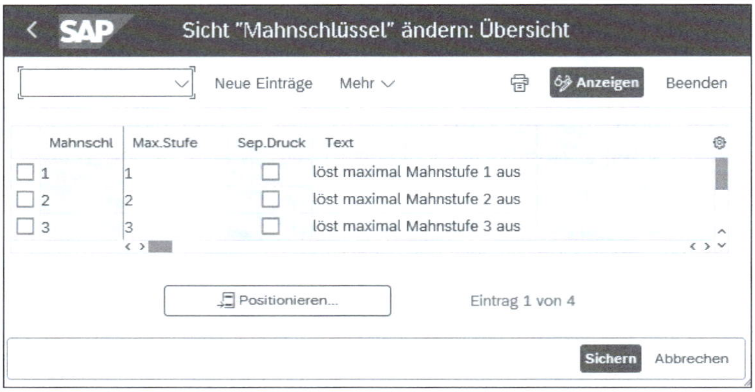

Abbildung 5.13 Mahnschlüssel anlegen/überprüfen

Wenn Sie einen Schlüssel in einen offenen Posten eingeben, kann dieser nur noch die zum Schlüssel definierte maximale Mahnstufe erreichen. So erreichen Sie, dass ein Posten z. B. maximal eine Mahnung erhält, obwohl im Mahnverfahren mehrere Mahnstufen vorgesehen sind. Die Verwendung von Mahnschlüsseln ist optional.

Für die Anlage von neuen Mahnschlüsseln klicken Sie auf **Neue Einträge**, oder Sie drücken die Taste F5. Füllen Sie die Zeilen in der Spalte **Mahnschl** mit einem technischen Schlüssel aus. Es bieten sich wie im Beispiel die Mahnschlüssel **1**, **2**, **3** und **4** an. Das markierte Kennzeichen **Sep.Druck** bedeutet, dass die betreffenden offenen Posten in der Mahnung separat ausgewiesen werden. In der Spalte **Text** hinterlegen Sie eine Beschreibung für den Mahnschlüssel. Bestätigen Sie Ihre Eingaben mit der ↵-Taste. Zum Sichern klicken Sie auf Sichern (**Sichern**), oder Sie verwenden die Tastenkombination Strg + S. Außerdem können Sie weitere Mahnschlüssel als Kopie anlegen. Markieren Sie dazu einen oder mehrere existierende Mahnschlüssel, und klicken Sie dann auf (**Kopieren als ...**), oder drücken Sie die Taste F6. Es werden ein oder mehrere neue Einträge erzeugt. Passen Sie den Mahnschlüssel und den Text entsprechend Ihren Anforderungen an. Zum Sichern klicken Sie auf Sichern (**Sichern**), oder Sie verwenden die Tastenkombination Strg + S. Nun können Sie die Sicht mit einem Klick auf < (**Zurück**) oder über die F3-Taste verlassen. Wiederholen Sie diesen Vorgang so lange, bis Sie sich wieder im Customizing-Pfad befinden.

Im nächsten Abschnitt zeigen wir ihnen, wie Sie Mahnsperrgründe anlegen.

5.2.3 Mahnsperrgründe anlegen

Es ist möglich, dass Sie einen Kunden aus verschiedenen Gründen nicht mahnen möchten, z. B., weil er Ihnen eine baldige Zahlung zugesichert hat. Aus diesem Grund können Sie sogenannte *Mahnsperrgründe* festlegen. Zum Anlegen der Mahnsperrgründe folgen Sie dem Customizing-Pfad **Finanzwesen • Debitoren- und Kreditorenbuchhaltung • Geschäftsvorfälle • Mahnen • Grundeinstellungen Mahnen • Mahnsperrgründe definieren**.

Über einen Mahnsperrgrund, entweder im offenen Posten oder im Geschäftspartner, können Sie verhindern, dass der offene Posten oder alle offenen Posten des Geschäftspartners gemahnt werden. Die Verwendung von Mahnsperrgründen ist optional, aber sehr nützlich. Die Mahnsperrgründe können Sie frei definieren. Einen Mahnsperrgrund können Sie z. B. in einem wieder eröffneten Posten setzen, in dem Sie durch die Nachbearbeitung des elektronischen Kontoauszugs einen Rückläufer erhalten haben. Ein Rückläufer bedeutet, dass die Bankverbindung des Kunden ungültig ist oder dass das Bankkonto des Geschäftspartners für den Lastschrifteinzug nicht hinreichend gedeckt war. Weitere Informationen dazu finden Sie in Abschnitt 7.5, »Elektronischer Kontoauszug«.

Zum Anlegen von neuen Mahnsperrgründen klicken Sie auf **Neue Einträge**, oder Sie drücken die Taste F5. Die Spalte **Sperre** füllen Sie mit einem technischen Schlüssel aus. In die Spalte **Text** tragen Sie den Mahnsperrgrund ein (siehe Abbildung 5.14).

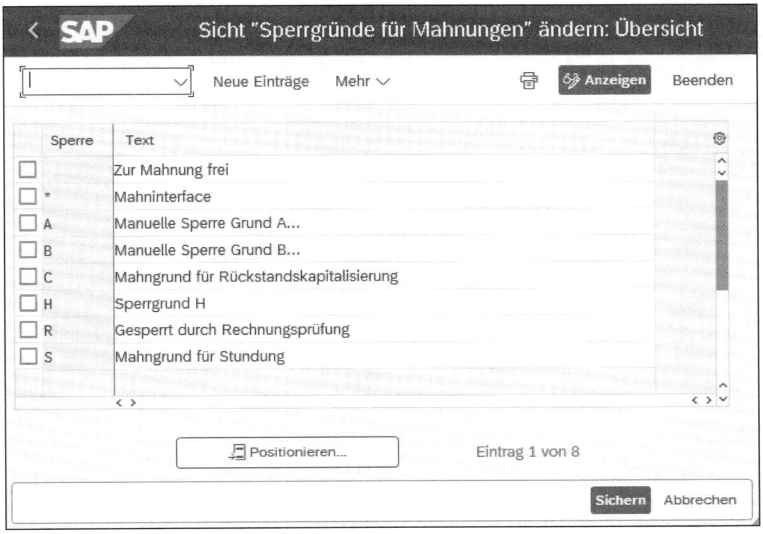

Abbildung 5.14 Mahnsperrgründe anlegen

Bestätigen Sie Ihre Eingaben mit der ↵-Taste. Zum Sichern klicken Sie auf Sichern (**Sichern**), oder Sie nutzen die Tastenkombination Strg + S. Auch können Sie weitere Mahnsperrgründe als Kopie anlegen. Markieren Sie dazu einen oder mehrere existierende Mahnsperrgründe, und klicken Sie dann auf (**Kopieren als ...**), oder Sie drücken die Taste F6. Es werden ein oder mehrere neue Einträge erzeugt. Ändern Sie den Mahnsperrgrund und den Text entsprechend Ihren Anforderungen.

Zum Sichern klicken Sie auf Sichern (**Sichern**), oder Sie nutzen die Tastenkombination [Strg] + [S].

Nun können Sie die Sicht mit einem Klick auf < (**Zurück**) oder über die Taste [F3] verlassen. Wiederholen Sie diesen Vorgang so lange, bis Sie sich wieder im Customizing-Pfad befinden.

Im nächsten Abschnitt zeigen wir Ihnen, wie die bereits getätigten oder kontrollierten Customizing-Einstellungen in einem Mahnverfahren zusammenführen.

5.2.4 Mahnverfahren konfigurieren

Im folgenden Teil des Customizings stellen Sie das *Mahnverfahren* ein. Im Mahnverfahren ist genau definiert, wann gemahnt werden soll, wie viele Kulanztage Sie gewähren oder ob Sie zusätzliche Mahngebühren verlangen. Zum Anlegen des Mahnverfahrens folgen Sie dem Customizing-Pfad **Finanzwesen • Debitoren- und Kreditorenbuchhaltung • Geschäftsvorfälle • Mahnen • Mahnverfahren • Mahnverfahren definieren**, oder Sie rufen Transaktion FBMP (Mahnverfahren pflegen) auf. Zuerst gelangen Sie in eine Übersicht der im SAP-S/4HANA-Mandanten angelegten Mahnverfahren (siehe Abbildung 5.15).

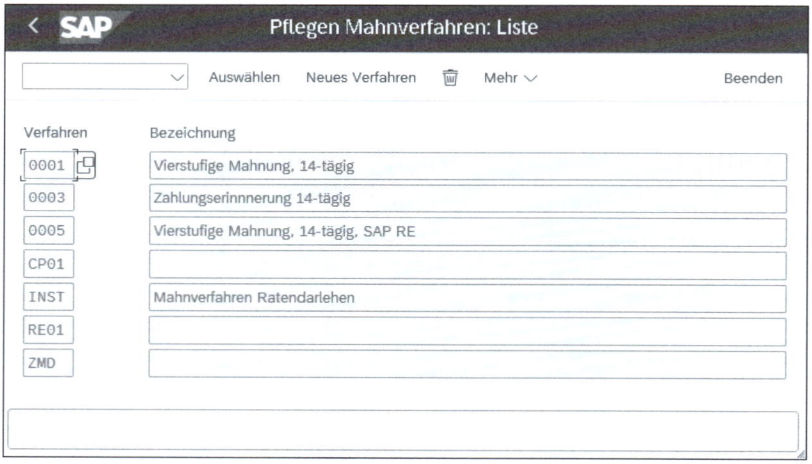

Abbildung 5.15 Angelegte Mahnverfahren prüfen (Transaktion FBMP)

Hier haben Sie nur die Möglichkeit, ein bestehendes Mahnverfahren auszuwählen oder zu löschen. Das Kopieren eines Mahnverfahrens ist in dieser Sicht jedoch nicht vorgesehen. Wenn Sie ein Mahnverfahren pflegen möchten, können Sie entweder mit der Maus in die Spalte **Verfahren** oder in die Spalte **Bezeichnung** und dann auf **Auswählen** klicken, oder Sie führen auf dem Verfahren oder der Bezeichnung einen Doppelklick aus. Möchten Sie ein Mahnverfahren löschen, klicken Sie es an und verwenden anschließend den Button (**Löschen**) oder die Tastenkombination [⇧] + [F2].

Ein Mahnverfahren besteht aus mehreren Sichten im Customizing. In der Sicht **Pflegen Mahnverfahren: Übersicht** finden Sie die wichtigsten Einstellungen (siehe Abbildung 5.16). Oberhalb der Customizing-Einstellungen finden Sie die weiteren Buttons **Mahnstufen**, **Gebühren**, **Mind.Beträge**, **Mahntexte** und **SHB-Kennzeichen**. Mit diesen Buttons können Sie in weitere Customizing-Einstellungen verzweigen.

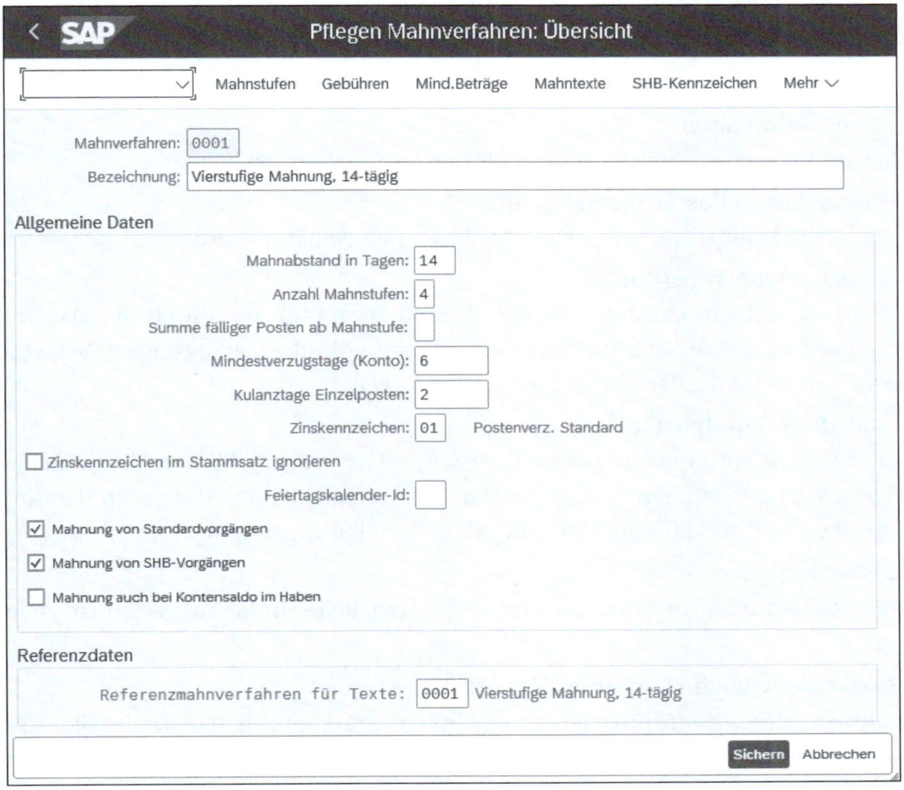

Abbildung 5.16 Mahnverfahren pflegen – Übersicht

Je nach Mahnverfahren können Sie verschiedene Einstellungen vornehmen. Dies kann für verschiedene Geschäftsbereiche Ihres Unternehmens notwendig sein. Je nach Geschäftsbereich unterscheiden sich die Kunden oder haben einfach ein unterschiedliches Zahlungsverhalten, das in der Natur der jeweiligen Branche liegt.

Ein Mahnverfahren besteht aus zwei großen Bereichen: **Allgemeinen Daten** und **Referenzdaten**. Im Feld **Referenzmahnverfahren für Texte** im Bereich **Referenzdaten** können Sie ein Mahnverfahren hinterlegen, aus dem Sie die Mahntexte übernehmen. Es ist sinnvoll, dieses Feld zu nutzen, da sich die Mahntexte sicherlich nicht unterscheiden müssen. Die Anzahl der Mahnstufen oder der Mahnabstand werden sich hingegen bei verschiedenen Mahnverfahren sehr wohl unterscheiden.

Im Bereich **Allgemeine Daten** hinterlegen Sie die folgenden Informationen:

- **Mahnabstand in Tagen**
  Für jedes Mahnverfahren legen Sie fest, in welchen Abständen die zugeordneten Konten gemahnt werden sollen. Bei jedem Mahnlauf prüft das System, ob das Ausführungsdatum um mindestens diese Anzahl von Tagen nach dem Datum des letzten Mahnlaufs liegt. Ist dies nicht der Fall, wird keine neue Mahnung erstellt, auch wenn auf dem Konto neue Posten überfällig geworden sind oder einzelne Posten ihre Mahnstufe verändert haben.
- **Anzahl Mahnstufen**
  Dies ist die höchstmögliche Mahnstufe, die erreicht werden kann.
- **Summe fälliger Posten ab Mahnstufe**
  Dies ist die Mahnstufe, ab der alle offenen Posten gemahnt werden.
- **Mindestverzugstage (Konto)**
  Verzugstage, die mindestens einer der Posten dieses Kontos aufweisen muss, damit überhaupt eine Mahnung erstellt wird. Diese Mindestverzugstage haben keinen Einfluss auf die Berechnung der Überfälligkeit.
- **Kulanztage Einzelposten**
  Kulanztage je Einzelposten, die bei der Fälligkeitsermittlung für den Mahnlauf berücksichtigt werden. Ein Posten, dessen Verzugstage kleiner oder gleich den Kulanztagen sind, wird für die Mahnung als nicht fällig angesehen.
- **Zinskennzeichen**
  Wenn Sie Mahnzinsen berechnen möchten, tragen Sie ein Mahnzinskennzeichen ein.
- **Zinskennzeichen im Stammsatz ignorieren**
  Wenn Sie dieses Kennzeichen setzen, wird das Zinskennzeichen, das im Stammsatz eines Geschäftspartners hinterlegt ist, ignoriert.
- **Mahnung von Standardvorgängen**
  Ist dieses Kennzeichen gesetzt, werden nur die Standardvorgänge gemahnt, nicht aber die Sonderhauptbuchvorgänge (SHB). Dieses Kennzeichen sollte immer gesetzt sein.
- **Mahnung von SHB-Vorgängen**
  Ist dieses Kennzeichen gesetzt, werden auch die Sonderhauptbuchvorgänge gemahnt.
- **Mahnung auch bei Kontensaldo im Haben**
  Ist dieses Kennzeichen gesetzt, wird auch bei einem Kontensaldo im Haben, also bei einem positiven Saldo auf dem Debitorenkonto, ein offener Posten gemahnt.

Bestätigen Sie Ihre Eingaben mit der [↵]-Taste, und klicken Sie zum Sichern auf Sichern (**Sichern**), oder Sie verwenden die Tastenkombination [Strg] + [S].

5.2.5 Mahnstufen festlegen

Sie befinden sich noch immer in der Pflege des Mahnverfahrens. Über die verschiedenen Buttons können Sie in die unterschiedlichen Sichten eines Mahnverfahrens abspringen. Um *Mahnstufen* festzulegen, klicken Sie oben auf den Button **Mahnstufen**. Damit gelangen Sie in die Sicht **Mahnverfahren: Mahnstufen** (siehe Abbildung 5.17). In dieser Sicht hinterlegen Sie die Einstellungen pro Mahnstufe.

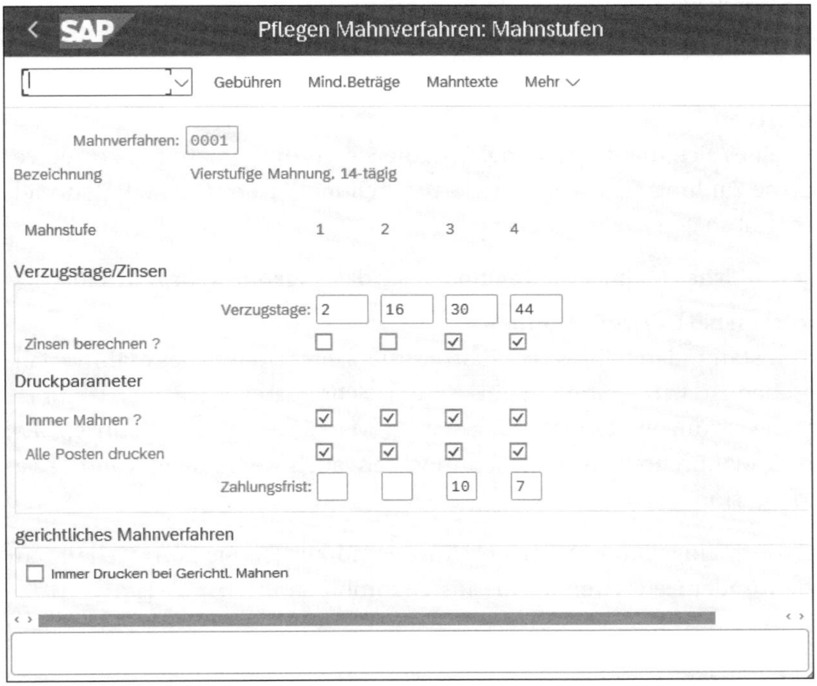

Abbildung 5.17 Mahnstufen pflegen

Da unser Mahnverfahren 0001 vier Mahnstufen haben soll, sehen Sie bei den Mahnstufen vier Spalten, für die Sie nun Einstellungen vornehmen können. Im Bereich **Verzugstage/Zinsen** finden Sie die folgenden Felder und Kennzeichen:

- **Verzugstage**
  Dabei handelt es sich um die Anzahl der Verzugstage, bezogen auf die Nettofälligkeit, die ein Posten mindestens aufweisen muss, um eine bestimmte Mahnstufe zu erhalten. Bei der Berechnung der Verzugstage werden keine Kulanztage berücksichtigt.
- **Zinsen berechnen?**
  Ist dieses Kennzeichen gesetzt, werden Zinsen für diese Mahnstufe berechnet.

Im Bereich **Druckparameter** finden Sie die folgenden Felder und Kennzeichen:

- **Immer Mahnen?**
  In diesem Feld geht es um die Anzahl der Verzugstage, bezogen auf die Nettofälligkeit, die ein Posten mindestens aufweisen muss, um eine bestimmte Mahnstufe zu erhalten. Bei der Berechnung der Verzugstage werden keine Kulanztage berücksichtigt.
- **Alle Posten drucken**
  Ist dieses Kennzeichen gesetzt, werden alle noch offenen Posten gedruckt, egal, ob sie bereits fällig sind oder nicht.
- **Zahlungsfrist**
  Dabei handelt es sich um die Zahlungsfrist, die Sie für die gemahnten Posten gewähren. Diese Zahlungsfrist wird auf das Ausstellungsdatum des Mahnlaufs addiert und ergibt so den Zahlungstermin.

Im Bereich **gerichtliches Mahnverfahren** finden Sie das folgende Kennzeichen:

- **Immer Drucken bei Gerichtl. Mahnen**
  Wenn in den Stammdaten Ihres Geschäftspartners ein gerichtliches Mahnverfahren vorgesehen ist, wird erst dann ein weiteres Schreiben ausgegeben, wenn erneut Kontobewegungen stattgefunden haben. Markieren Sie das Kennzeichen, wenn Sie ein Mahnschreiben ausgeben möchten, auch wenn keine Kontobewegungen erfolgt sind.

Bestätigen Sie Ihre Eingaben mit der [↵]-Taste, und klicken Sie zum Sichern auf Sichern (**Sichern**), oder Sie verwenden die Tastenkombination [Strg] + [S].

5.2.6 Mahngebühren festlegen

Sie befinden sich immer noch in der Pflege des Mahnverfahrens. Es werden verschiedene Einstellungen für die Mahnverfahren benötigt, die über die Buttons miteinander verschachtelt sind. Nun können Sie oben auf den Button **Gebühren** klicken. Zunächst öffnet sich ein Pop-up-Fenster, in das Sie die Währung Ihrer *Mahngebühren* eingeben müssen, z. B. »EUR«. Bestätigen Sie Ihre Eingabe mit der [↵]-Taste. Damit gelangen Sie in die Sicht **Pflegen Mahnverfahren: Gebühren**, in der Sie die Einstellungen pro Mahnstufe hinterlegen (siehe Abbildung 5.18).

Pro Mahnstufe können Sie hier eine Mahngebühr hinterlegen. Dabei können Sie zwischen einer festen Mahngebühr (Spalte **Mahngebühr**) und einer Mahngebühr in % der Summe der offenen gemahnten Posten (Spalte **Mahngebühr %**) wählen. In der Spalte **Ab Mahnbetrag** können Sie einen Betrag hinterlegen, ab dem die Mahngebühr berechnet werden soll.

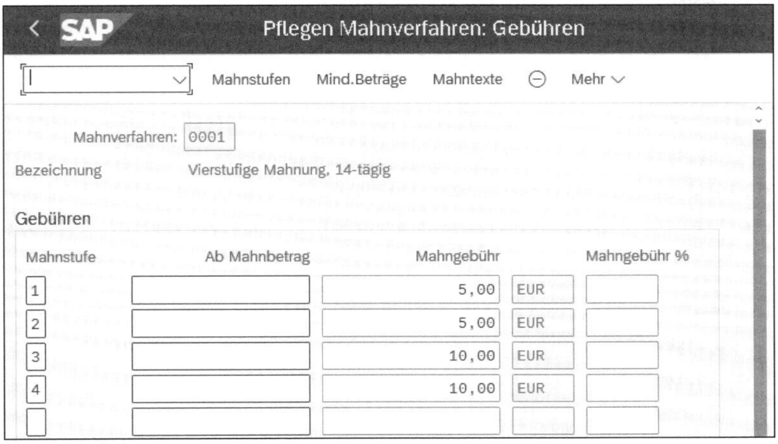

Abbildung 5.18 Mahngebühren pflegen

Der Mahnbetrag ist die Summe aller überfälligen Posten, die in einer Mahnung gedruckt werden. Sind alle offenen Posten eines Kontos in der gleichen Währung gebucht, wird die Summe in dieser Währung ermittelt; anderenfalls wird die Hauswährung verwendet.

Bestätigen Sie Ihre Eingaben mit der [↵]-Taste, und klicken Sie zum Sichern auf Sichern (**Sichern**), oder Sie verwenden die Tastenkombination [Strg] + [S].

Nun klicken Sie oben auf den Button **Mind.Beträge**. Zunächst erscheint ein Pop-up-Fenster, in dem Sie die Währung Ihrer Mahngebühren eingeben müssen, z. B. »EUR«. Bestätigen Sie Ihre Eingabe mit [↵]. Damit gelangen Sie in die Sicht **Pflegen Mahnverfahren: Mindestbeträge**. Dort hinterlegen Sie die Einstellungen pro Mahnstufe (siehe Abbildung 5.19).

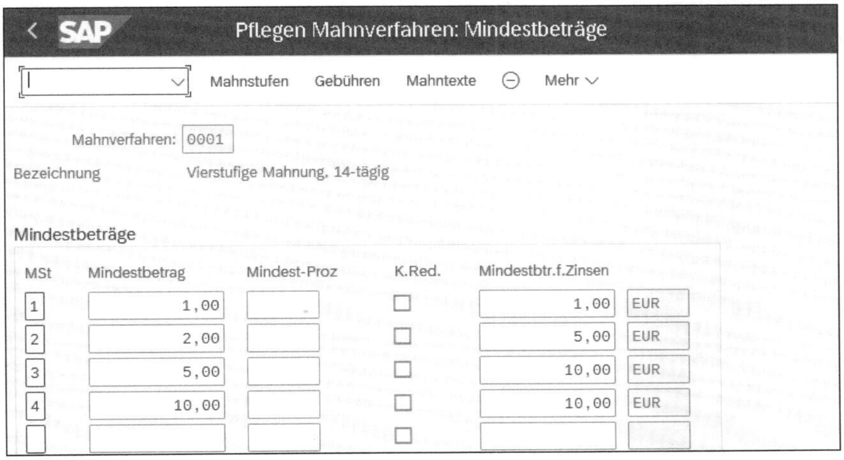

Abbildung 5.19 Mindestbeträge pflegen

Pro Mahnstufe hinterlegen Sie hier wieder in verschiedenen Spalten die Einstellungen, die pro Mahnstufe für die Mindestbeträge gelten sollen. In der Spalte **Mindestbetrag** hinterlegen Sie den Betrag, ab dem eine Mahnstufe ausgelöst werden soll. Ist dieser Betrag in einer Mahnstufe nicht erreicht worden, werden die Posten dieser Mahnstufe der nächstniedrigeren Mahnstufe zugerechnet, und es wird geprüft, ob in dieser Mahnstufe eine Mahnung erstellt werden kann. In der Spalte **Mindest-Proz** wird der Mindestprozentsatz hinterlegt, der zur Auslösung einer Mahnstufe benötigt wird.

Der Mindestprozentsatz wird mit der Summe aller im Mahnlauf selektierten offenen Posten eines Kontos desselben Mahnbereichs multipliziert. Eine Mahnung in dieser Stufe wird nur dann erstellt, falls alle fälligen Posten in dieser Mahnstufe mindestens das Ergebnis der Multiplikation erreichen. In der Spalte **K.Red.** hinterlegen Sie, dass die Mahnstufe nicht reduziert werden soll. Die Posten, für die die Mahnstufe aufgrund nicht erreichter Mindestbeträge oder Mindestprozentsätze nicht reduziert wird, werden nicht in den Mahnbestand aufgenommen und somit nicht gemahnt. In der Spalte **Mindestbtr.f.Zinsen** hinterlegen Sie den Mindestbetrag, ab dem Sie Zinsen berechnen möchten.

Bestätigen Sie Ihre Eingaben mit der [↵]-Taste, und klicken Sie zum Sichern auf Sichern (**Sichern**), oder Sie verwenden die Tastenkombination [Strg] + [S].

5.2.7 Mahntexte definieren

Jetzt legen Sie in der Pflege des Mahnverfahrens die *Mahntexte* fest. Für die Anlage des Mahnverfahrens bzw. die Pflege der Mahntexte folgen Sie dem Customizing-Pfad **Finanzwesen • Debitoren- und Kreditorenbuchhaltung • Geschäftsvorfälle • Mahnen • Mahnverfahren • Mahnverfahren definieren**, oder Sie rufen Transaktion FBMP (Mahnverfahren pflegen) auf. Nun können Sie oben auf den Button **Mahntexte** klicken. Zunächst erscheint ein Pop-up-Fenster, in dem Sie im Feld **Buchungskreis** den Buchungskreis eingeben müssen, z. B. »9000« (siehe Abbildung 5.20).

Abbildung 5.20 Buchungskreis und Kontoart auswählen

Da das Mahnverfahren 0001 für debitorische Mahnungen verwendet werden soll, lassen Sie den Radiobutton neben **Debitor** aktiv. Bestätigen Sie Ihre Eingaben mit der [↵]-Taste. Damit gelangen Sie in die Sicht **Pflegen Mahnverfahren: Mahntexte** (siehe Abbildung 5.21). Dort hinterlegen Sie die Einstellungen pro Mahnstufe.

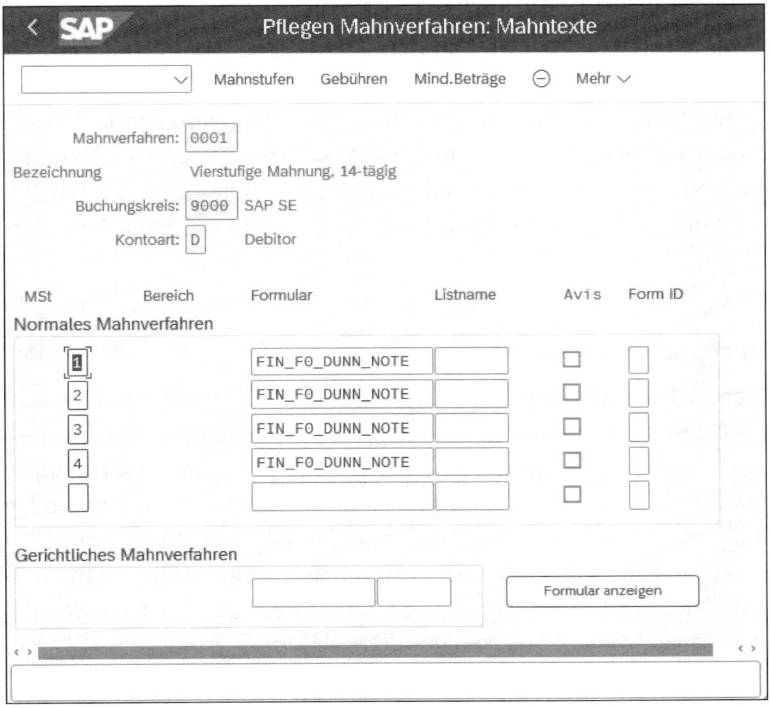

Abbildung 5.21 Mahntexte prüfen und pflegen

Da wir im Mahnverfahren eingestellt haben, dass wir für die Mahntexte auf das Mahnverfahren 0001 referenzieren, können wir die Mahntexte hier nur anzeigen. In verschiedenen Spalten hinterlegen und sehen Sie die Einstellungen, die pro Mahnstufe vorgenommen worden sind (siehe Abbildung 5.21).

Die Mahntexte hinterlegen Sie wieder pro Mahnstufe und pro Mahnbereich. Im Beispiel des Mahnverfahrens 0001 gibt es keine Mahnbereiche; daher ist die Spalte **Bereich** leer. In der Spalte **Formular** hinterlegen Sie ein Mahnformular, das Sie verwenden möchten. Je nachdem, ob Sie ein SAPscript-, ein Smart-Forms- oder ein PDF-Formular verwenden, werden die Formulare in unterschiedlichen Transaktionen gepflegt. In der Spalte **Listname** können Sie einen speziellen Namen für die Ausgabe der Mahnungen in den Spool vergeben. So können die Mahnungen verschiedener Buchungskreise oder verschiedener Mahnstufen im Spool als separate Listen abgelegt werden. Wird kein Name angegeben, wird als Standard LIST1S verwendet.

Falls Sie die SAP-Erweiterung für das Versenden von Mahnungen per Fax oder E-Mail verwenden, können Sie hier über ein von Ihnen zu vergebendes Kürzel, z. B. »FAX«, »NET« o. Ä., festlegen, bei welcher Mahnstufe welche Ausgabeart zulässig sein soll. Die Einträge für das Versenden per Fax oder E-Mail müssen mit den Abfragen im Include des Funktionsbausteins EXIT_SAPF150D_001 übereinstimmen.

Damit haben wir die Einstellungen zum Mahnverfahren abgeschlossen. Bestätigen Sie Ihre Eingaben mit der [↵]-Taste, und klicken Sie zum Sichern auf Sichern (**Sichern**), oder Sie verwenden die Tastenkombination [Strg] + [S]. Nun können Sie die Sicht mit einem Klick auf < (**Zurück**) oder über die [F3]-Taste verlassen. Wiederholen Sie den Vorgang so lange, bis Sie sich wieder im Customizing-Pfad befinden. Damit kommen wir zu den Mahngruppierungen, die wir Ihnen im nächsten Abschnitt vorstellen.

5.2.8 Mahngruppierungen vornehmen

In der Regel werden Mahnungen pro Geschäftspartner erstellt. In besonderen Fällen kann es sinnvoll sein, die offenen Posten eines Geschäftspartners unter bestimmten Gesichtspunkten zusammenzufassen und zu mahnen. Dazu nutzen Sie sogenannte *Mahngruppierungen*. Um Posten in Mahnungen zusammenzufassen, definieren Sie Gruppierungsschlüssel (zweistellig, alphanumerisch). Zu jedem Schlüssel geben Sie bis zu zwei Felder aus der Belegposition an, deren Inhalt für eine Gruppierung entscheidend sein soll. Die Posten, deren Inhalt in diesen Feldern gleich ist, werden zusammen gemahnt. Folgen Sie dem Customizing-Pfad **Finanzwesen • Debitoren- und Kreditorenbuchhaltung • Geschäftsvorfälle • Mahnen • Mahnverfahren • Mahngruppierungen festlegen**.

Um einen neuen Gruppierungsschlüssel anzulegen, klicken Sie auf **Neue Einträge**, oder Sie drücken die Taste [F5]. Nun hinterlegen Sie im Fenster **Sicht "Mahnungsgruppierung" ändern: Detail** im Feld **Gruppierungsschl.** einen beliebigen Wert (siehe Abbildung 5.22). In das Feld **Text** geben Sie eine Beschreibung für den Gruppierungsschlüssel ein. In den Feldern **Feld 1** und **Feld 2** hinterlegen Sie die Felder, die übereinstimmen sollen und anhand derer die Gruppierung erfolgen soll. Im Bereich **Keine Prüfung der Felder** finden Sie jeweils ein Kennzeichen, um die Prüfung bei den Debitoren oder Kreditoren auszuschalten.

Damit haben wir die Einstellungen zum Gruppierungsschlüssel abgeschlossen. Bestätigen Sie Ihre Eingaben mit der [↵]-Taste, und klicken Sie zum Sichern auf Sichern (**Sichern**), oder Sie verwenden die Tastenkombination [Strg] + [S]. Nun können Sie die Sicht mit einem Klick auf < (**Zurück**) oder über [F3] verlassen. Wiederholen Sie den Vorgang so lange, bis Sie sich wieder im Customizing-Pfad befinden.

Abbildung 5.22 Gruppierungsschlüssel anlegen

5.2.9 Zinskennzeichen definieren

Im Mahnverfahren hatten wir ein *Zinskennzeichen* (01) hinterlegt. Nun müssen wir für die Zinskennzeichen noch die Prozentsätze pro Währung hinterlegen, die für die Zinsberechnung Anwendung finden sollen. Folgen Sie dem Customizing-Pfad **Finanzwesen • Debitoren- und Kreditorenbuchhaltung • Geschäftsvorfälle • Mahnen • Mahnverfahren • Zinssätze definieren**, oder verwenden Sie Transaktion OB42.

Die Zinssätze werden pro Zinskennzeichen, Währung und Gültigkeit definiert. Wählen Sie **Neue Einträge**, oder drücken Sie die F5-Taste, um einen neuen Eintrag anzulegen. In der ersten Spalte **Zins-Kennz** (Zinskennzeichen) tragen Sie das Zinskennzeichen ein, für das der Eintrag gedacht ist. In der Spalte **Währung** hinterlegen Sie die Währung, für die der Zinssatz gelten soll. In der Spalte **Gültig ab** wird das Datum hinterlegt, ab dem der Zinssatz gelten soll. In den Spalten **Soll %** bzw. **Haben %** hinterlegen Sie den Zinssatz, den Ihr Unternehmen für Mahnungen verwendet (siehe Abbildung 5.23).

Wenn Sie bestehende Einträge kopieren möchten, markieren Sie diese und klicken auf **(Kopieren als ...)**, oder Sie drücken die Taste F6. Bestätigen Sie Ihre Eingaben mit der ↵-Taste, und klicken Sie zum Sichern auf Sichern **(Sichern)**, oder Sie verwenden die Tastenkombination Strg + S. Nun können Sie die Sicht mit einem

Klick auf [<] (**Zurück**) oder über die F3-Taste verlassen. Wiederholen Sie diesen Vorgang so lange, bis Sie sich wieder im Customizing-Pfad befinden.

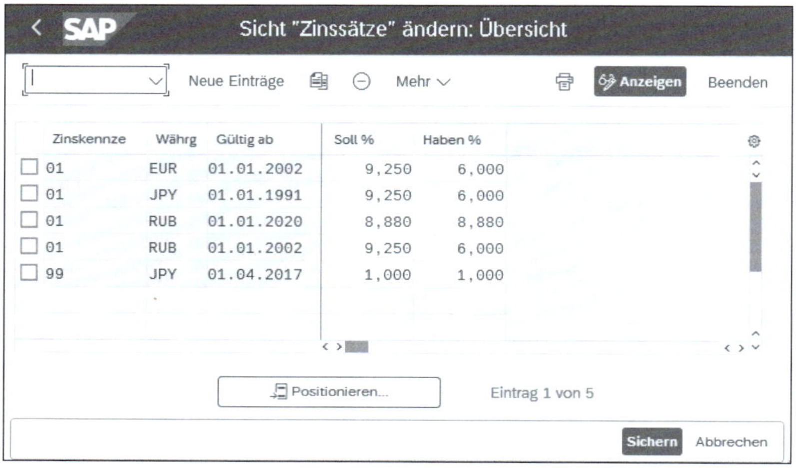

Abbildung 5.23 Zinssätze definieren (Transaktion OB42)

5.2.10 Mahndruck einstellen

Damit Sie die Mahnformulare drucken können, müssen Sie pro Mahnverfahren das Mahnformular hinterlegen. Nun müssen wir noch einige Einstellungen für den *Mahndruck* vornehmen. Folgen Sie dazu dem Customizing-Pfad **Finanzwesen • Debitoren- und Kreditorenbuchhaltung • Geschäftsvorfälle • Mahnen • Druck • Mahnformulare zuordnen**. Die Zuordnung der *Mahnformulare* erfolgt dabei pro Mahnverfahren. Markieren Sie ein Mahnverfahren, und klicken Sie doppelt im Bereich **Dialogstruktur** auf **Formulare für normales Mahnverfahren** (siehe Abbildung 5.24).

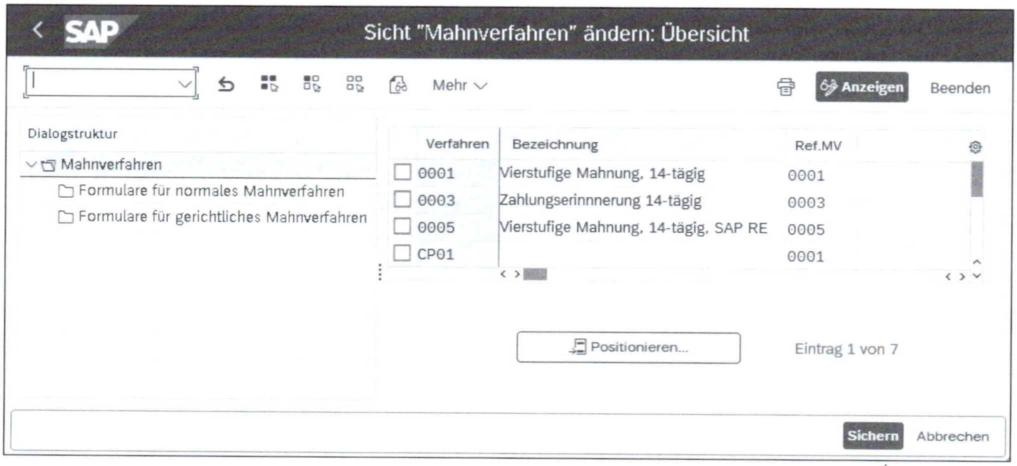

Abbildung 5.24 Mahnverfahren auswählen

Sie erhalten nun ein Pop-up-Fenster, in dem Sie den Buchungskreis auswählen. Außerdem legen Sie fest, ob Sie Mahnungen für Debitoren oder Kreditoren hinterlegen möchten. Da wir hier im Beispiel Mahnungen für Debitoren einrichten, lassen Sie den Radiobutton auf **Debitor** stehen (siehe Abbildung 5.25).

Abbildung 5.25 Buchungskreis und Kontoart auswählen

Nun können Sie die Mahnformulare pro Mahnbereich und Mahnstufe hinterlegen. Es handelt sich dabei um die gleichen Einstellungen, die wir auch schon beim Mahnverfahren gesehen haben. Dabei ist das Mahnformular meist für jede Mahnstufe gleich. Die unterschiedlichen Texte pro Mahnstufe werden im Mahnformular selbst hinterlegt. Für die Definition der Mahnformulare stehen Ihnen verschiedene Techniken zur Verfügung.

[«]

Mahnformulare anlegen

Die folgenden Transaktionen nutzen Sie zum Anlegen von Mahnformularen:

- Formulare im SAPscript-Format legen Sie in Transaktion SE71 an.
- Smart Forms legen Sie in Transaktion SMARTFORMS an.
- PDF-basierte Formulare pflegen Sie in Transaktion SFP.

In Abbildung 5.26 finden Sie die hinterlegten Mahnformulare pro Mahnverfahren und Buchungskreis. Bestätigen Sie Ihre Eingaben mit der [↵]-Taste, und klicken Sie zum Sichern auf Sichern (**Sichern**), oder Sie verwenden die Tastenkombination [Strg] + [S].

Nun können Sie die Sicht mit einem Klick auf < (**Zurück**) oder über die [F3]-Taste verlassen. Wiederholen Sie diesen Vorgang so lange, bis Sie sich wieder im Customizing-Pfad befinden.

Die Mahnformulare werden zwar pro Buchungskreis und Mahnverfahren hinterlegt, aber Sie können ein Formular für mehrere Buchungskreise wiederverwenden. Daher müssen wir nun noch die Absenderangaben, wie Kopftext oder Fußtext, pro Buchungskreis hinterlegen. In den Fußzeilen befinden sich meist Angaben wie Adresse, Bankverbindung, Geschäftsführer, Telefonnummer des jeweiligen Buchungskreises usw. Folgen Sie dem Customizing-Pfad **Finanzwesen • Debitoren- und Kreditorenbuchhaltung • Geschäftsvorfälle • Mahnen • Druck • Absenderangaben für Mahnformular hinterlegen**.

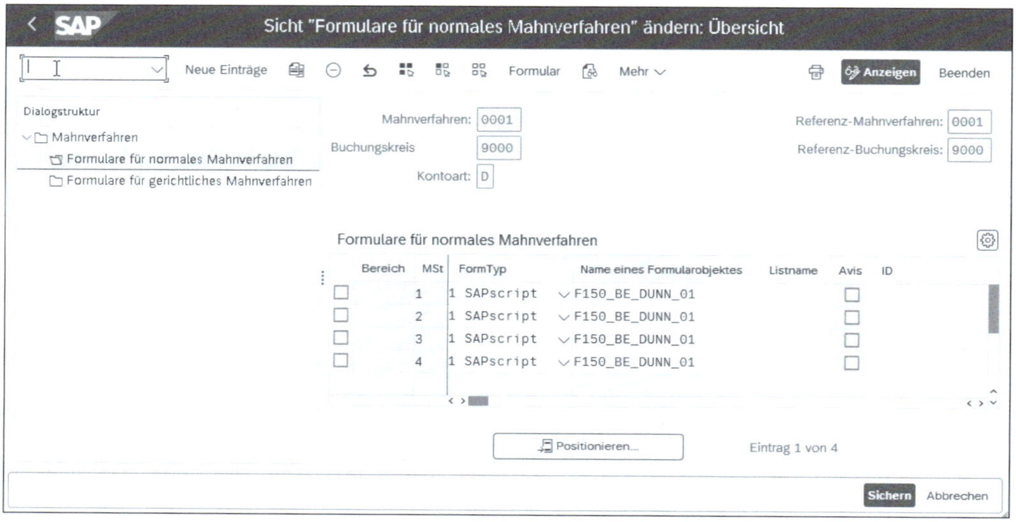

Abbildung 5.26 Mahnformulare überprüfen

Zuerst müssen Sie wieder in einem Pop-up-Fenster Ihren Buchungskreis »9000« eintragen und die Eingabe mit der [↵]-Taste bestätigen. Damit gelangen Sie in das Fenster **Sicht "Textkonserven für Mahnungen und Verzinsung" ändern: Übersicht** (siehe Abbildung 5.27). Über einen Klick auf **Neue Einträge** oder über die [F5]-Taste erzeugen Sie einen neuen Eintrag. In der Spalte **Bereich** hinterlegen Sie nun den Mahnbereich, sofern benötigt, denn ansonsten wären die Absenderangaben für alle Mahnungen und Mahnverfahren eines Buchungskreises gleich.

Je nachdem, welche Formulartechnik Sie verwenden, müssen Sie die Absenderangaben in verschiedenen Spalten erfassen. Die Spalten, die mit **SF-** beginnen, sind für Smart-Forms-Formulare gedacht. Bestätigen Sie Ihre Eingaben mit der [↵]-Taste, und klicken Sie zum Sichern auf Sichern (**Sichern**), oder Sie verwenden die Tastenkombination [Strg] + [S]. Nun können Sie die Sicht mit einem Klick auf < (**Zurück**) oder über die Taste [F3] verlassen. Wiederholen Sie diesen Vorgang so lange, bis Sie sich wieder im Customizing-Pfad befinden.

Damit sind die Einstellungen für die Mahnungen abgeschlossen. Sie können Ihre Einstellungen nun mit Transaktion F150 (Mahnprogramm) testen. Planen Sie für den ziemlich komplexen Vorgang des Mahnens, genau wie für den Zahlungsvorgang, hinreichend Zeit für das Testen ein! Schon die Erstellung entsprechender Beispielbelege, die Sie dann mahnen können, wird etwas Zeit in Anspruch nehmen. Sie müssen alle Mahnstufen testen können, um zu prüfen, ob Sie Ihre Einstellungen richtig vorgenommen haben. Lesen Sie sich die Mahntexte sorgfältig durch. Denn schließlich möchte niemand unberechtigte Mahnungen mit womöglich noch fehlerhaften Texten an seine Kunden verschicken.

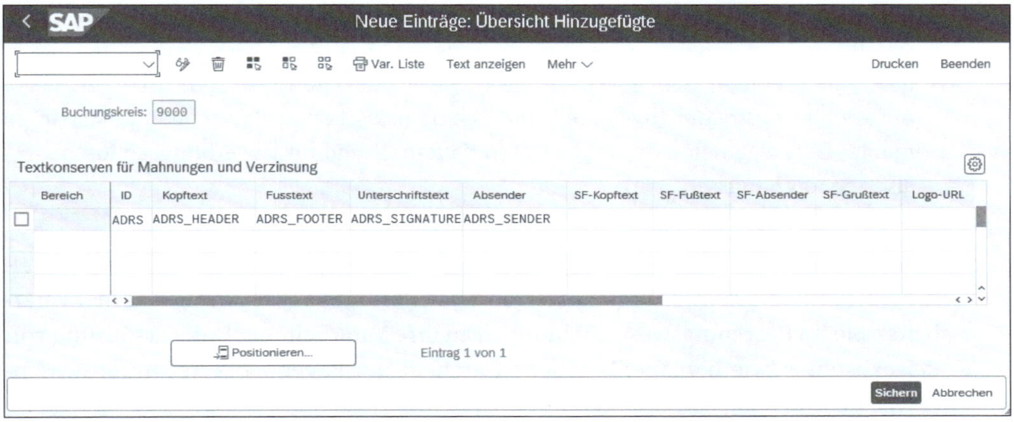

Abbildung 5.27 Absenderangaben hinterlegen

Im nächsten Abschnitt beschäftigen wir uns mit den neuen Anforderungen an den Datenschutz, die personenbezogene Daten betreffen.

5.3 EU-Datenschutz-Grundverordnung

Seit dem 25. Mai 2018 gilt die *EU-Datenschutz-Grundverordnung* (DSGVO, engl. General Data Protection Regulation, GDPR), die EU-weit einheitlich den Schutz personenbezogener Daten regelt. Sie ersetzt die aus dem Jahre 1995 stammende Richtlinie 95/46/EG zum Schutz natürlicher Personen bei der Verarbeitung personenbezogener Daten und zum freien Datenverkehr. Die DSGVO soll einerseits den Schutz personenbezogener Daten innerhalb der EU sicherstellen und andererseits den freien Datenverkehr innerhalb des europäischen Binnenmarktes gewährleisten.

Je nach Geschäftsmodell Ihres Unternehmens verarbeiten Sie unterschiedlich viele personenbezogene Daten – dies betrifft die Mitarbeiterdaten genauso wie die Kundendaten. Für jeden einzelnen Kunden müssen Sie wissen, welche personenbezogenen Informationen Sie speichern, wo Sie diese verarbeiten, wie lange Sie diese aufbewahren dürfen und wer Zugriff auf diese Daten haben darf. Die möglichen Strafen für die Nicht-Einhaltung der DSGVO sind mit 20.000.000 Euro oder bis zu 4 % Ihres weltweit erwirtschafteten Jahresumsatzes erheblich. Das heißt, dass Sie, sofern Sie das nicht bereits getan haben, schnellstmöglich Ihre Einstellungen in SAP S/4HANA sowie in den anderen IT-Systemen überprüfen müssen, um festzustellen, an welcher Stelle personenbezogene Daten verarbeitet werden.

[zB]

Recht auf das Vergessenwerden

Recht auf Vergessenwerden heißt, dass es einen Anspruch auf die Löschung personenbezogener Daten gibt. Nachdem ein Geschäftsprozess beendet wurde und die Daten somit nicht mehr notwendig sind, muss der Zugriff auf bestimmte Daten eingeschränkt werden. Schließlich müssen Sie die Daten löschen, sobald die legalen Aufbewahrungsfristen abgelaufen sind. Mit dem Löschen ist das endgültige Zerstören der Daten gemeint, da Sie die Daten dauerhaft und unwiederbringlich löschen, also zerstören müssen.

Es liegt auf der Hand, dass die DSGVO im Rechnungswesen für die Debitorenbuchhaltung, die schließlich mit Kundendaten arbeitet, besondere Relevanz hat. Ferner verarbeiten Sie im Rechnungswesen Zahlungen an Ihre Mitarbeiter, z. B. die Erstattung von Reisekosten, sowie personenbezogene Daten, also z. B. gebuchte Rechnungswesenbelege für ehemalige Mitarbeitende.

SAP sieht für diese Funktionen das *SAP Information Lifecycle Management* (SAP ILM) vor, um die Anforderungen der DSGVO abzubilden.

[»]

Lizenzierung von SAP ILM

Informieren Sie sich genau, welche Funktionen von SAP ILM kostenfrei genutzt werden können, damit Sie die legalen Anforderungen der DSGVO abbilden können. Verschiedene Funktionen von SAP ILM sind weiterhin kostenpflichtig. Kontaktieren Sie hierzu Ihren SAP-Lizenzvertrieb.

Mehr Informationen zu SAP ILM finden Sie in dem Buch »SAP Information Lifecycle Management« von Iwona Luther (Rheinwerk Verlag 2024).

Das SAP ILM baut auf der klassischen *SAP-Datenarchivierung* des SAP-Systems auf. Schon lange gibt es die Möglichkeit, Daten zu archivieren, diese also aus SAP ERP bzw. SAP S/4HANA zu löschen. Damit sind die Anforderungen der DSGVO aber bisher nicht erfüllt, da die Daten zwar nicht mehr in SAP ERP bzw. SAP S/4HANA liegen, aber noch in Ihrem Unternehmen vorhanden sind. SAP ILM geht noch einen Schritt weiter und löscht die Daten nach dem Ablauf der festgelegten Verweilzeit dauerhaft und unwiederbringlich (die Daten werden zerstört).

Die relevanten Einstellungen zum Löschen der Geschäftspartnerdaten finden Sie im Customizing der Nebenbücher für die Debitorenkonten bzw. für die Kreditorenkonten. Abbildung 5.28 zeigt den Customizing-Pfad zum Löschen von Geschäftspartnerdaten.

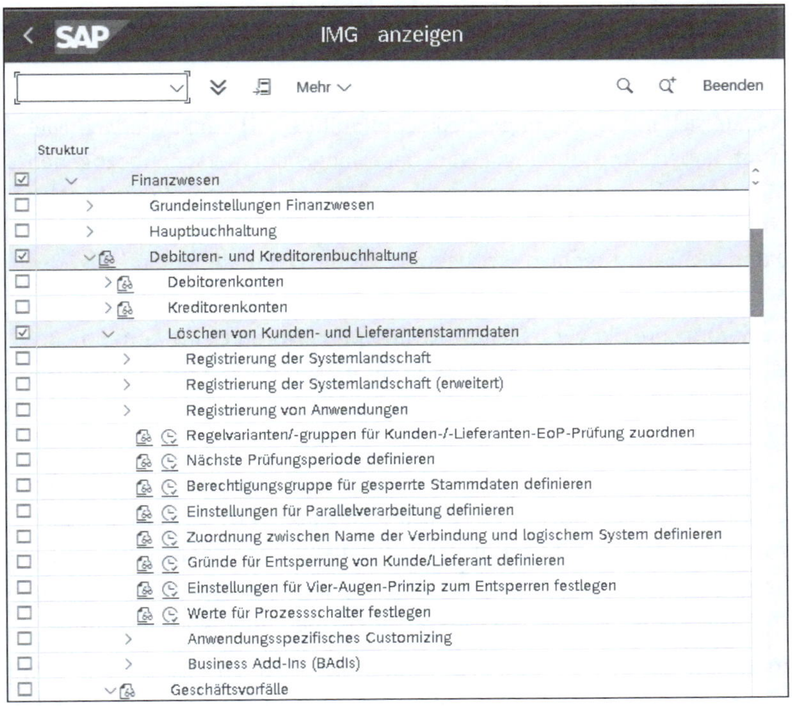

Abbildung 5.28 Löschen von Geschäftspartnerdaten vorbereiten

Ähnliche Einstellungen im Customizing finden Sie in weiteren SAP-Komponenten sowie in der SAP-Archivierung über den Customizing-Pfad **SAP NetWeaver • Application Server • Systemadministration • Datenarchivierung** oder im SAP ILM über den Customizing-Pfad **SAP NetWeaver • Application Server • Basis-Services • Information Lifecycle Management**.

In unserer langjährigen Beratungspraxis haben wir viele SAP-Kunden beraten, die sich über die Archivierung keine Gedanken gemacht haben. Das war zu dieser Zeit auch nicht nötig, da das Belegaufkommen die erforderlichen Investitionen nicht gerechtfertigt hätte und gleichzeitig die Hardware für die Online-Speicherung von Daten immer preiswerter geworden ist. Diese Kunden waren also vor allem Datensammler, und die Archivierung von Daten war für sie nicht von Interesse. Dies muss nun zwingend nachgeholt werden. Da SAP ILM auf der SAP-Datenarchivierung aufsetzt und die SAP-Systeme über 10, 15 oder 20 Jahre gewachsen sind, müssen Sie sich jetzt zwangsläufig mit der Archivierung von Daten auseinandersetzen.

Selbst wenn ein ständiges Wachstum der Daten im SAP-System nicht zu Performanceeinbußen führt, verlängert sich dennoch die Zeit, die Datensicherungen oder

Systemkopien kosten, je größer das System wird. Das heißt, dass eine Datenbereinigung Ihnen nicht nur dabei hilft, DSGVO-konform zu werden, sondern Sie auch dabei unterstützt, eine SAP-S/4HANA-Conversion vorzubereiten.

[»]

SAP ILM implementieren

Je nachdem, ob Sie sich in der Vergangenheit schon mit dem Thema *Datenarchivierung* beschäftigt haben, und abhängig von der Menge der personenbezogenen Daten in SAP S/4HANA, kann ein ILM-Projekt sehr aufwendig werden. Planen Sie also hinreichend Projektlaufzeit ein. Auch sind die Tests für das Zerstören von personenbezogenen Daten nicht ganz einfach umzusetzen, da die Daten ein entsprechendes Alter aufweisen müssen.

Ein Datenarchivierungsprojekt verursacht Aufwand und erfordert eine laufende Betreuung. Es ist nicht möglich und sinnvoll, diese Aufgabe Mitarbeitern ohne hinreichende Schulung und neben dem normalen Tagesgeschäft zu übertragen.

SAP hat alle Produkte hinsichtlich der Einhaltung der DSGVO geprüft und notwendige Korrekturen vorgenommen oder Erweiterungen ausgeliefert. Stellen Sie deshalb sicher, dass Sie vom jeweiligen SAP-Produkt das aktuelle Release oder wenigstens das aktuelle Support Package eingespielt haben. Damit stehen Ihnen die neuesten Funktionen zur Verfügung. Diese Funktionen müssen Sie jedoch noch konfigurieren.

Weitere Informationen zu DSGVO und SAP finden Sie im Buch »Datenschutz mit SAP« von Volker Lehnert, Iwona Luther, Björn Christoph und Carsten Pluder (Rheinwerk Verlag 2020).

5.4 Zusammenfassung

In diesem Kapitel haben wir uns mit dem Customizing für die Nebenbuchhaltung der Debitoren beschäftigt. Wichtige Einstellungen zum zentralen Geschäftspartner sind bereits in Abschnitt 3.8, »Zentraler Geschäftspartner«, besprochen worden. Das Zahlen bzw. der Einzug von Lastschriften sind Thema von Kapitel 7, »Bankbuchhaltung«, in dem wir auf das Anlegen der Bankverbindungen, auf Hausbanken und Zahlwege eingehen.

In diesem Kapitel haben wir uns also auf das Customizing der Zahlungsbedingungen und Mahnungen beschränkt. Am Ende haben wir Sie noch auf das Thema DSGVO hingewiesen. Dabei konnten wir natürlich nicht auf alle Belange, Einstellungen und Möglichkeiten eingehen.

Im nächsten Kapitel setzen wir uns mit dem Customizing der Kreditorenbuchhaltung auseinander.

Kapitel 6
Kreditoren

Damit Sie das Nebenbuch der Kreditorenbuchhaltung verwenden können, fehlen noch einige wichtige Einstellungen. Eine Auswahl dieser Einstellungen beschreiben wir in diesem Kapitel.

In der *Kreditorenbuchhaltung* bilden Sie den finanziell relevanten Teil Ihrer Geschäftsbeziehungen mit Ihren Lieferanten ab. Finanziell relevant sind die folgenden Prozesse und Dokumente:

- die offenen Posten, die durch Rechnungen entstehen, die Sie von Ihren Lieferanten erhalten
- der Zahlungsprozess und der damit verbundene Ausgleich der offenen Posten
- Gutschriften
- Schriftverkehr, wie z. B. Saldenbestätigungen

Vieles, was für die Kreditorenbuchhaltung relevant ist, haben Sie bereits in anderen Kapiteln kennengelernt: Das Customizing der Kontengruppen für das Anlegen der Kreditoren, die Customer-Vendor-Integration (CVI) und das Customizing für den zentralen Geschäftspartner haben wir in Abschnitt 3.8, »Zentraler Geschäftspartner«, schon detailliert vorgestellt.

Das Customizing der Zahlungsbedingungen ist Thema von Abschnitt 5.1, »Zahlungsbedingungen«. Die Zahlungsbedingungen können Sie für Debitoren, Kreditoren oder für beide zusammen verwenden, da deren Customizing identisch ist.

Das Customizing des Mahnverfahrens behandeln wir in Abschnitt 5.2, »Mahnverfahren«. Auch in diesem Fall unterscheidet sich die Vorgehensweise bei Debitoren und Kreditoren nicht. Das Mahnen ist in der Kreditorenbuchhaltung z. B. dann relevant, wenn ein Lieferant eine Gutschrift nicht rechtzeitig geschickt hat.

In Abschnitt 5.3, »EU-Datenschutz-Grundverordnung«, finden Sie Hinweise rund um die veränderten Anforderungen zum Datenschutz, die natürlich für Debitoren und Kreditoren gleichermaßen gültig sind.

In diesem Kapitel gehen wir auf die folgenden Customizing-Einstellungen ein:

- Beeinflussung der Nachrichtensteuerung
- Einstellungen für das Sonderhauptbuchkennzeichen
- Anlage von Steuerkennzeichen

In Abschnitt 6.1, »Grundlagen«, schauen wir uns zunächst einmal an, wo Sie das Customizing für die Kreditorenbuchhaltung finden.

6.1 Grundlagen

Das Customizing für weitere Geschäftsvorfälle der Debitoren und Kreditoren erreichen Sie über den Customizing-Pfad **Finanzwesen • Debitoren- und Kreditorenbuchhaltung • Geschäftsvorfälle**. Weitere Geschäftsvorfälle sind z. B.:

- Rechnungseingang/Gutschriftseingang
- Zahlungsfreigabe
- Rechnungsausgang/Gutschriftsausgang
- Zahlen mit Zahlungskarten
- debitorische und kreditorische Anzahlungsketten

Die meisten möglichen Customizing-Einstellungen sind nicht mehr gebräuchlich oder spezifisch für einzelne Branchen oder Länder; daher können wir in diesem Buch nur auf einige, für alle SAP-Kunden zutreffende Customizing-Einstellungen eingehen.

Abbildung 6.1 zeigt den gemeinsamen Customizing-Pfad für Debitoren und Kreditoren. Die Stammdaten von Kreditoren bzw. Debitoren unterscheiden sich jedoch, und jedes Stammdatenobjekt wird in einem anderen Menübaum eingestellt. Das Customizing der Geschäftsvorfälle ist für beide gleich, auch wenn einige Einstellungen vorwiegend oder ausschließlich für Debitoren bzw. für Kreditoren relevant sind.

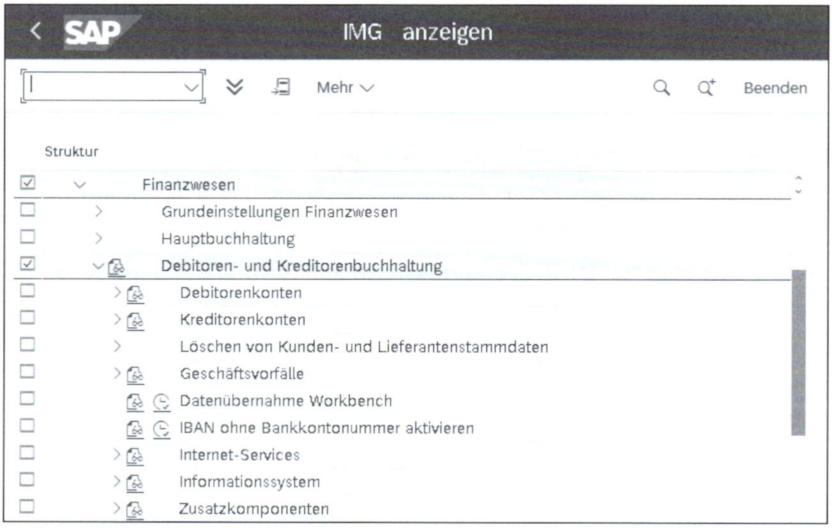

Abbildung 6.1 Customizing der Debitoren- und Kreditorenbuchhaltung

Ein Beispiel für identische Customizing-Einstellungen, die im Customizing-Pfad auch nicht differenziert werden, sind die *Zahlungsbedingungen*. Es gibt zum einen die Zahlungsbedingungen, die Sie mit Ihren Kunden vereinbaren, und zum anderen die Zahlungsbedingungen, die Ihnen Ihre Lieferanten gewähren.

Im nächsten Abschnitt schauen wir uns das Customizing für die Nachrichtensteuerung an.

6.2 Nachrichtensteuerung

Mit der *Nachrichtensteuerung* in SAP ERP und genauso in SAP S/4HANA haben Sie die Möglichkeit, Systemmeldungen zu übersteuern oder zu ändern.

SAP muss als Softwarehersteller die korrekte Einstellung und Verarbeitung von Geschäftsprozessen gewährleisten. Gerade im Rechnungswesen ist diese Korrektheit elementar und wird von internen und externen Auditoren sowie von Betriebsprüfern kontrolliert. Daher sind im SAP-Standard verschiedene Fehlermeldungen definiert. Gegebenenfalls passen diese Standardeinstellungen nicht zu den Geschäftsprozessen Ihrer Branche oder Ihres Landes, weil sie in einem bestimmten Fall gerade keine Fehlermeldung benötigen. Daher bietet SAP die Möglichkeit, Systemnachrichten über die Nachrichtensteuerung auf die Anforderungen Ihres Unternehmens zuzuschneiden.

Folgende Möglichkeiten haben Sie für die Einstellung von Meldungen:

- Nachrichten können als Hinweis im Dialogfenster oder in der Fußzeile angezeigt werden.
- Sie haben die Möglichkeit, Warnmeldungen in Fehlermeldungen abzuändern.
- Nicht benötigte Meldungen schalten Sie ganz aus.

[«]

Meldungen einstellen

Im Kontext der Kreditoren bzw. Debitoren können Sie in den folgenden Arbeitsgebieten Meldungen einstellen:

- F2 – Stammdatenpflege: Debitor, Kreditor
- F4 – Einzelposten/Salden/Konfiguration
- F5 – Belegbearbeitung
- F5A – Belegbearbeitung

Welche Meldungen Sie anpassen können, prüfen Sie folgendermaßen: Rufen Sie den Meldungslangtext auf, indem Sie doppelt auf die *Meldungsnummer* in einem Dialogfenster oder in der Fußzeile klicken. Der Meldungslangtext wird in einem neuen Pop-up-Performance-Assistenten geöffnet. Die Meldungsnummer besteht immer aus zwei Teilen: Der erste Teil ist das Arbeitsgebiet der Meldung, und der zweite Teil ist die Meldungsnummer.

[zB]

Steuernummer fehlt noch

Es ist möglich, dass Sie in Ihrem Geschäftsprozess die Steuernummer für einen neu anzulegenden Geschäftspartner erst später erfahren und auch erst dann benötigen. In diesem Zusammenhang kann es sinnvoll sein, die Meldung »F2 057« von einer Fehlermeldung auf eine Warnmeldung umzustellen. Die möglichen Einstellungen für eine steuerbare Meldung müssen Sie für Ihr Unternehmen eigenverantwortlich prüfen und festlegen.

In Transaktion SE91 (Nachrichtenpflege) finden Sie die Meldungen. Tragen Sie dazu in das Feld **Nachrichtenklasse** »F2« (für das Arbeitsgebiet) ein, siehe Abbildung 6.2.

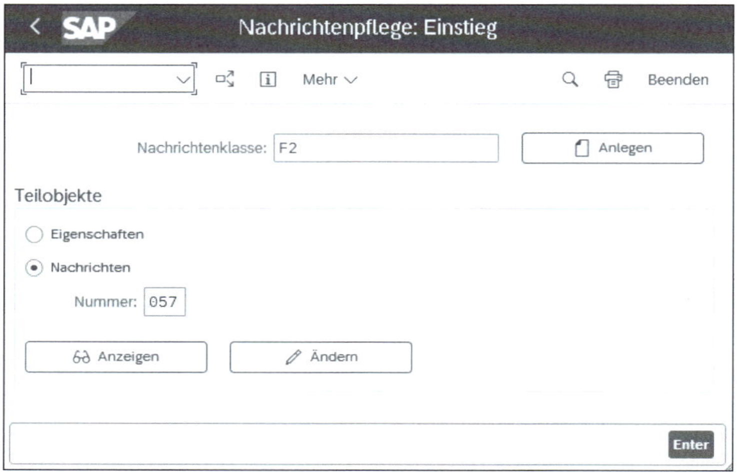

Abbildung 6.2 Nachrichtenklasse und Nachricht auswählen (Transaktion SE91)

Klicken Sie auf den Button [Anzeigen] (**Anzeigen**), und alle Meldungen der Nachrichtenklasse werden angezeigt. Wenn Sie im Einstiegsbild von Transaktion SE91 (Nachrichtenpflege) im Feld **Nummer** z. B. »057« (Meldungsnummer) eingetragen haben, springt das SAP-System beim Klick auf **Anzeigen** gleich an die betreffende Stelle in der Nachrichtenklasse. Wenn Sie eine Meldung markieren, wie in Abbildung 6.3 gezeigt, und den Verwendungsnachweis nutzen, erfahren Sie, an welchen Stellen im Coding die Meldungsnummer verwendet wird.

Klicken Sie auf (**Verwendungsnachweis**), oder nutzen Sie die Tastenkombination [Strg] + [⇧] + [F3]. Es öffnet sich ein Pop-up-Fenster, in dem Sie sehen, für welches Coding der Verwendungsnachweis angezeigt werden soll. Bestätigen Sie das Pop-up-

Fenster mit der [↵]-Taste. Nun wird der Verwendungsnachweis angezeigt (siehe Abbildung 6.4).

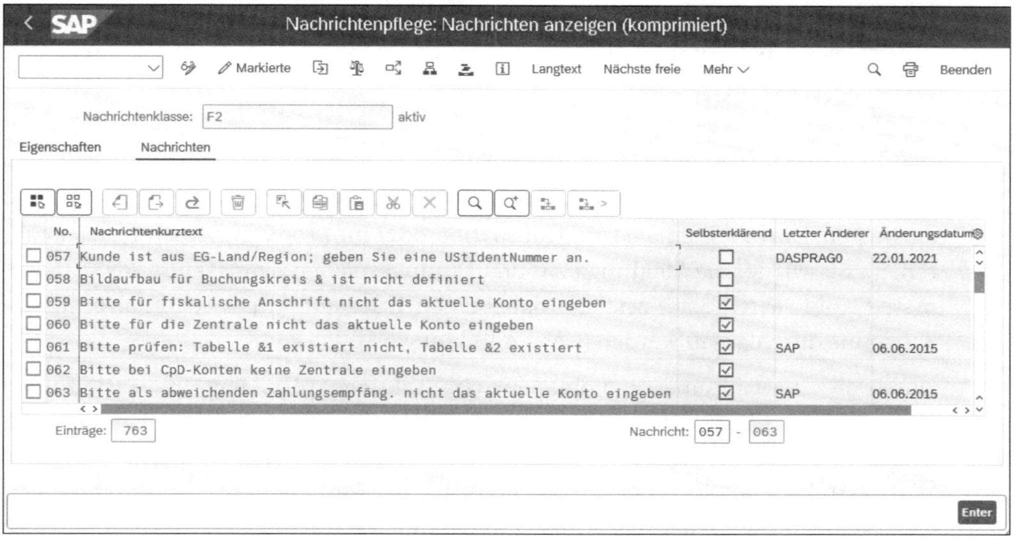

Abbildung 6.3 Nachrichtentexte anzeigen

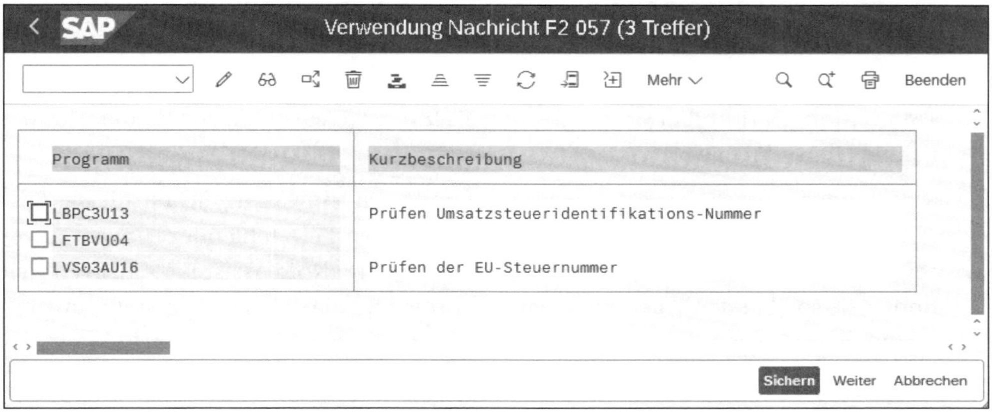

Abbildung 6.4 Verwendungsnachweis prüfen

> **Auswahl der steuerbaren Meldungen**
>
> Beachten Sie, dass nicht jede beliebige Meldung steuerbar ist. SAP hat die steuerbaren Meldungen mit Bedacht gewählt. Meldungen, die Sie im jeweiligen Arbeitsgebiet in Transaktion OBA5 (Nachrichtensteuerung ändern) über den Button **Neue Einträge** nicht hinzufügen können, sind nicht steuerbar und können daher nicht durch das Customizing beeinflusst werden.

Wenn Sie wissen wollen, ob Sie eine bestimmte Meldung steuern können, rufen Sie Transaktion OBA5 auf und versuchen, einen neuen Eintrag für das jeweilige Arbeitsgebiet zu erstellen. Im Feld **MsgNr** klicken Sie dann auf die [F4]-Wertehilfe. In der Wertehilfe werden die Meldungsnummern angezeigt, für die Sie eine Einstellung vornehmen können.

Mit der Information, in welchen Klassen/Interfaces oder Programmen die Meldung gerufen wird, können Sie noch in Transaktion ANST (Automated Note Search Tool) einsteigen. Dort können Sie Ihre Transaktion oder Ihr Programm nochmals ausführen, bis Sie wieder die Meldung bzw. den Dump erreichen. Transaktion ANST (Automated Note Search Tool) zeichnet dabei einen Trace auf, »weiß« dann also, welche Bausteine durchlaufen werden (siehe Abbildung 6.5).

Durch die Auswahl eines Radiobuttons (**Transaktion**, **Progr.**, **BSP-Applikation** usw.) ändert das Feld **Transaktionscode** im Bereich **Ausführungsdaten** jeweils seinen Namen und bietet eine für das durch den Radiobutton ausgewählte Objekt geeignete [F4]-Wertehilfe an. Nun geben Sie im Bereich **Trace-Parameter** im Feld **Beschreibung** eine Bezeichnung für den von Ihnen durchgeführten Trace ein. Starten Sie den Trace mit einem Klick auf Ausführen (**Ausführen**) oder über die Taste [F8]. Dabei wird nun das im Bereich **Ausführungsdaten** ausgewählte Objekt gestartet, z. B. Transaktion FB01 (Beleg buchen). Folgen Sie dem Prozess, bis der Dump oder die Fehlermeldung auftritt. Verlassen Sie das Bild mit < (**Zurück**) oder über die [F3]-Taste, und starten Sie Transaktion ANST (Automated Note Search Tool) erneut. Mehr Informationen zu Transaktion ANST finden Sie in SAP-Hinweis 1818192 (FAQ: Werkzeug für die automatisierte Hinweissuche).

Nun können Sie sich den Trace anschauen und nach Hinweisen suchen, die das Systemverhalten erklären oder den Fehler beheben. Wird ein fehlender Hinweis angezeigt, bauen Sie den Hinweis über Transaktion SNOTE (Note Assistent) ein. Eventuell finden Sie so über den Trace einen Baustein, mit dem Sie die Meldungssteuerung beeinflussen können, wenn Ihnen die Nachrichtensteuerung nicht ausreicht.

Mit der Nachrichtensteuerung über Transaktion OBA5 (Nachrichtensteuerung ändern) stellt SAP jedoch eine Funktion zur Verfügung, die Sie in allen SAP-Komponenten gleichermaßen nutzen können. Damit kommen wir zurück zur Nachrichtensteuerung. Die Nachrichtensteuerung finden Sie in verschiedenen Customizing-Pfaden. Dabei wird immer Transaktion OBA5 (Nachrichtensteuerung ändern) aufgerufen – rufen Sie Transaktion OBA5 daher am besten direkt auf.

Im Einstiegsbild müssen Sie im Pop-up-Fenster **Arbeitsbereich festlegen: Eingabe** das Arbeitsgebiet der Meldung eintragen; hier im Beispiel »F2« (siehe Abbildung 6.6). Bestätigen Sie Ihre Eingabe mit einem Klick auf ✓ (**Weiter**) oder über die [↵]-Taste.

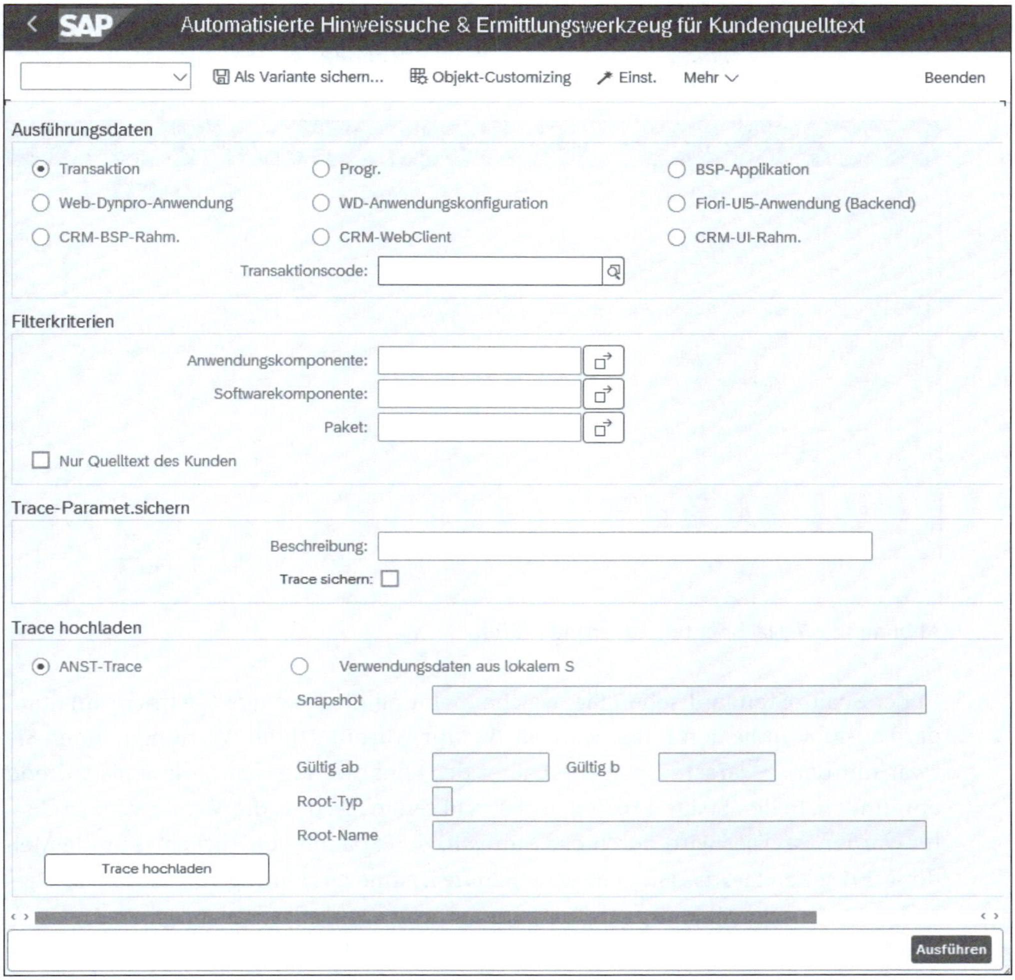

Abbildung 6.5 Trace aufzeichnen (Transaktion ANST)

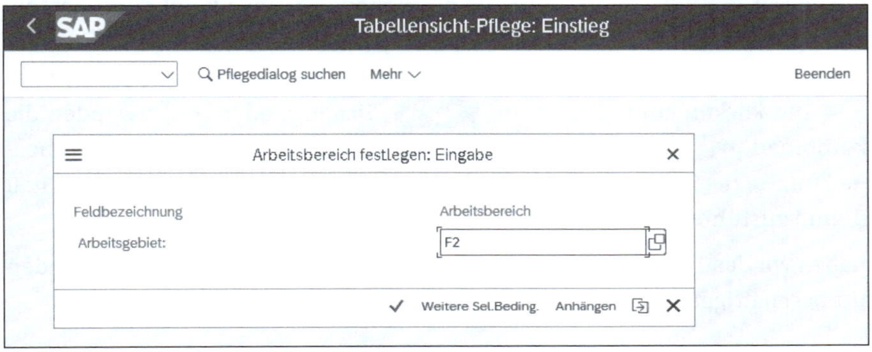

Abbildung 6.6 Arbeitsgebiet auswählen

Nun befinden Sie sich im Fenster **Sicht "Steuerung der Nachrichten durch den Anwender" ändern: Übersicht**. Hier sehen Sie die für das ausgewählte Arbeitsgebiet bereits eingestellten und angepassten Meldungen 057 und 291 (siehe Abbildung 6.7).

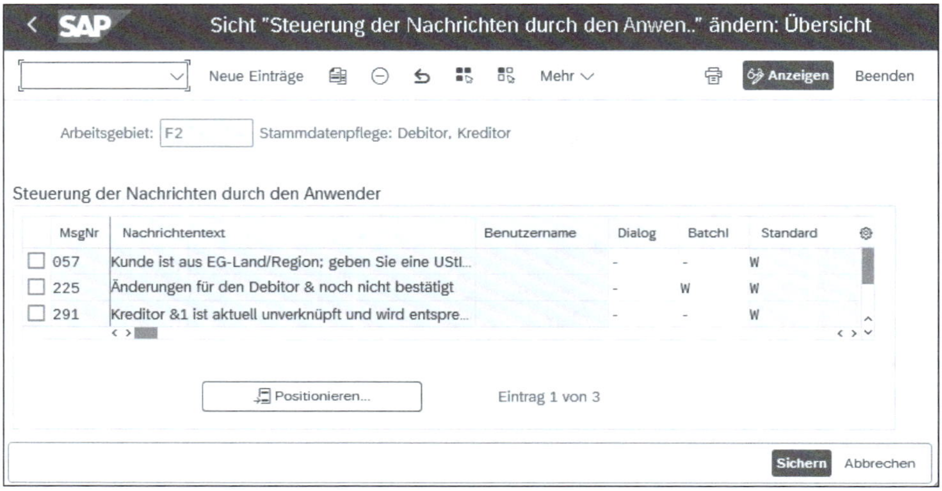

Abbildung 6.7 Nachrichtensteuerung prüfen

In der Spalte **Standard** sehen Sie, welche Meldung die jeweilige Nachricht im Standard ausgibt. In beiden Fällen wäre es »W« für Warnung. Eine Warnung können Sie zwar mit der ↵-Taste übergehen, aber der Endanwender kann diese als störend empfinden. In den Spalten **Dialog** und **Batchl** sehen Sie, dass die Meldung abgeschaltet worden ist. Dies wird durch das Minus in den Spalten verdeutlicht. Für die Meldung 291 sehen Sie, dass in der Spalte **Benutzername** ein Eintrag vorhanden ist. Dies bedeutet, dass die Meldung nur für diesen einen Benutzernamen ausgeschaltet worden ist. Alle anderen Endanwender erhalten diese Meldung weiterhin.

Wenn Sie neue Einträge erfassen möchten, klicken Sie auf **Neue Einträge**, oder Sie drücken die Taste F5. Nun füllen Sie die Spalten entsprechend aus und bestätigen Ihre Eingabe mit der ↵-Taste. Wenn Sie bestehende Einträge kopieren möchten, markieren Sie diese und klicken auf (**Kopieren als ...**) oder drücken F6 und pflegen die Spalten dann entsprechend. Nun bestätigen Sie Ihre Eingaben wieder mit der Taste ↵ und klicken zum Sichern auf Sichern (**Sichern**), oder Sie verwenden die Tastenkombination Strg + S. Damit haben Sie nun die Meldungssteuerung angepasst. Sie können dies gleich testen, indem Sie Ihre Transaktion/Ihr Programm neu aufrufen und ausführen. Jetzt sollte das System anders reagieren.

Damit haben wir das Thema der Nachrichtensteuerung abgeschlossen. Im folgenden Abschnitt beschäftigen wir uns mit den Sonderhauptbuchvorgängen.

6.3 Sonderhauptbuchkennzeichen

Sonderhauptbuchvorgänge sind Buchungen, die auf einem abweichenden Hauptbuchkonto gebucht werden. Wie schon der Begriff *Buchungen mit abweichendem Abstimmkonto* beschreibt, wird beim Buchen mit einem Sonderhauptbuchkennzeichen ein vom Stammsatz des Geschäftspartners abweichendes Abstimmkonto für die Buchung verwendet. Im jeweiligen Geschäftspartner mussten Sie zu dem Zeitpunkt, zu dem Sie ihn angelegt haben, ein passendes Abstimmkonto hinterlegen. Auf dem Abstimmkonto des Geschäftspartners werden die Forderungen und Verbindlichkeiten gegenüber Ihren Kreditoren und Debitoren gebucht. Nun gibt es aber davon abweichende Geschäftsvorfälle, die Sie in der Bilanz gesondert ausweisen müssen. Dazu zählen z. B. Anzahlungen, Bürgschaften oder Einbehalte. Damit Sie diese separat in der Bilanz ausweisen können, geben Sie beim Buchen ein sogenanntes *Sonderhauptbuchkennzeichen* mit. Das Sonderhauptbuchkennzeichen ist ein frei wählbarer einstelliger Schlüssel, zu dem Sie im Customizing ein vom Geschäftspartner abweichendes Hauptbuchkonto hinterlegt haben. Damit wird das Abstimmkonto aus dem Geschäftspartner beim Buchen übersteuert. Sie finden die Einstellungen für die Sonderhauptbuchkennzeichen über den folgenden Customizing-Pfad: **Finanzwesen • Debitoren- und Kreditorenbuchhaltung • Geschäftsvorfälle • Buchungen mit abweichendem Abstimmkonto** (siehe Abbildung 6.8).

Um ein Sonderhauptbuchkennzeichen für einen kreditorischen Vorgang anzulegen, folgen Sie dem Customizing-Pfad **Finanzwesen • Debitoren- und Kreditorenbuchhaltung • Geschäftsvorfälle • Buchungen mit abweichendem Abstimmkonto • Sonstige Sonderhauptbuchvorgänge • Abweichendes Abstimmkonto für Kreditoren hinterlegen**, oder Sie rufen Transaktion OBXT auf.

Abbildung 6.9 zeigt eine Übersicht der bereits existierenden Sonderhauptbuchkennzeichen. In der Spalte **Kontoart** sehen Sie, für welche Art von Konten, hier **K** für Kreditoren, diese Sonderhauptbuchkennzeichen gelten. In der Spalte **SonderHBKz** sehen Sie den einstelligen Schlüssel der Sonderhauptbuchkennzeichen, gefolgt von einem Kurztext und einem Langtext in den beiden Spalten **Bezeichnung**.

Mit einem Doppelklick auf ein beliebiges Feld eines beliebigen Sonderhauptbuchkennzeichens gelangen Sie eine Ebene tiefer im Customizing der Sonderhauptbuchkennzeichen. Alternativ können Sie ein beliebiges Sonderhauptbuchkennzeichen anklicken. Anschließend klicken Sie auf den Button [🔍] (**Auswählen**), oder Sie verwenden die Taste [F2]. Durch einen Klick auf [🗋] (**Anlegen...**) oder über die Taste [F6] können Sie ein Sonderhauptbuchkennzeichen neu anlegen. Mit einem Klick auf [🗑] (**Löschen**) oder [⇧] + [F2] würden Sie ein Sonderhauptbuchkennzeichen löschen. Bleiben wir beim Doppelklick, um uns die Einstellungen eines Sonderhauptbuchkennzeichens genauer anzuschauen. Da die abweichenden Sachkonten pro Kontenplan hinterlegt werden, müssen Sie zunächst in einem Pop-up-Fenster **Kontenplaneingabe** Ihren Kontenplan »INT« eingeben.

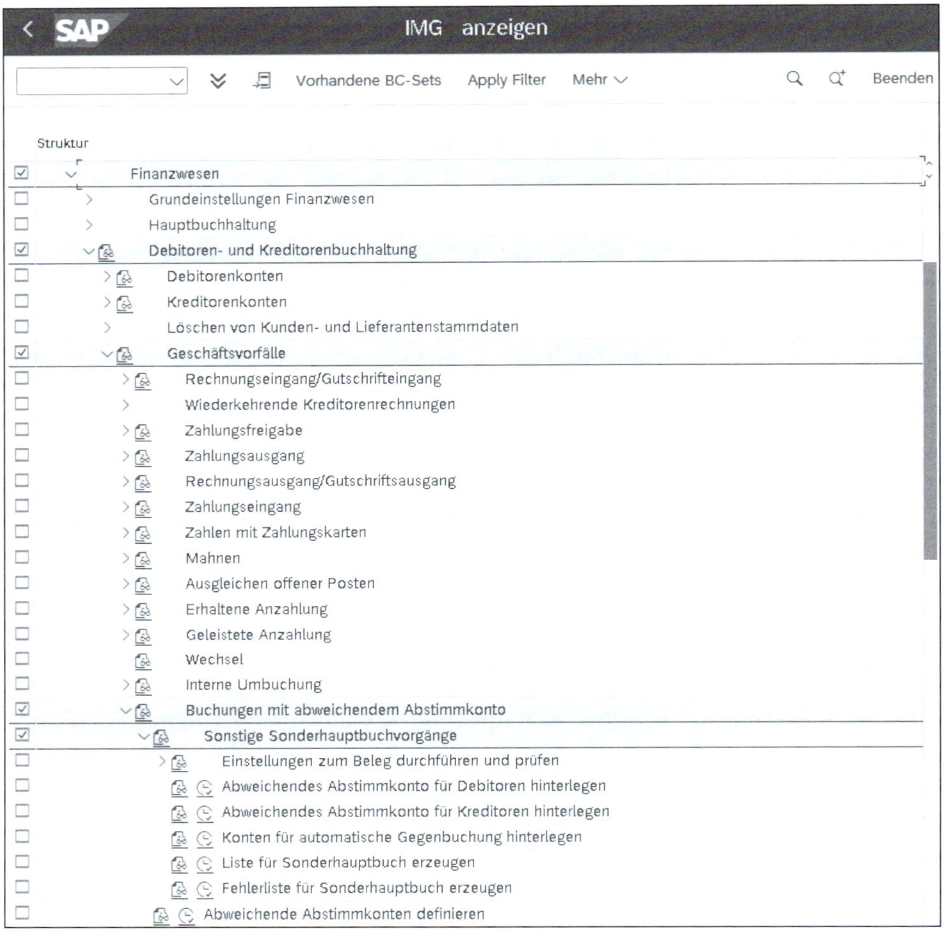

Abbildung 6.8 Customizing-Pfad für Sonderhauptbuchkennzeichen

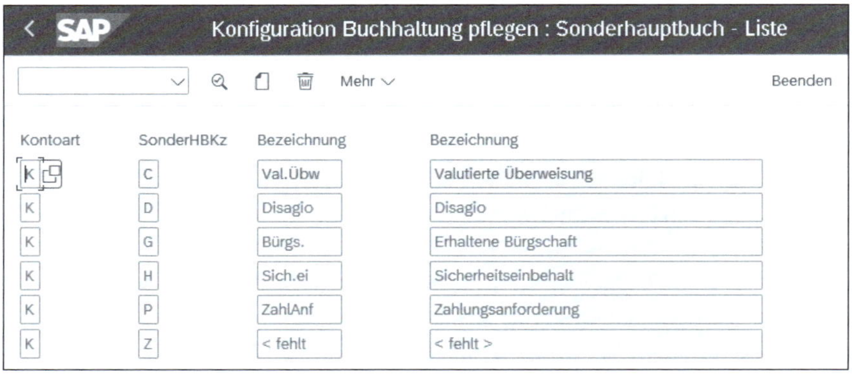

Abbildung 6.9 Übersicht angelegter Sonderhauptbuchkennzeichen

[«]

Benutzerparameter KPL setzen

Da Sie in Ihrem Unternehmen hoffentlich nur einen gemeinsamen Kontenplan haben, können und sollten Sie in Ihrem Benutzerstammsatz (Transaktion SU3 – Benutzer eigene Daten pflegen) auf der Registerkarte **Parameter** den Parameter »KPL« mit dem Wert »INT« eingeben. Damit ist das Feld **Kontenplan** bereits vorausgefüllt, und Sie müssen die von SAP S/4HANA vorgenommene Eingabe nur noch mit der [↵]-Taste bestätigen.

Bestätigen Sie Ihre Eingabe mit einem Klick auf [✓] (**Weiter**) oder mit der Taste [↵]. Damit gelangen Sie in das Fenster **Konfiguration Buchhaltung pflegen: Sonderhauptbuch – Konten** (siehe Abbildung 6.10).

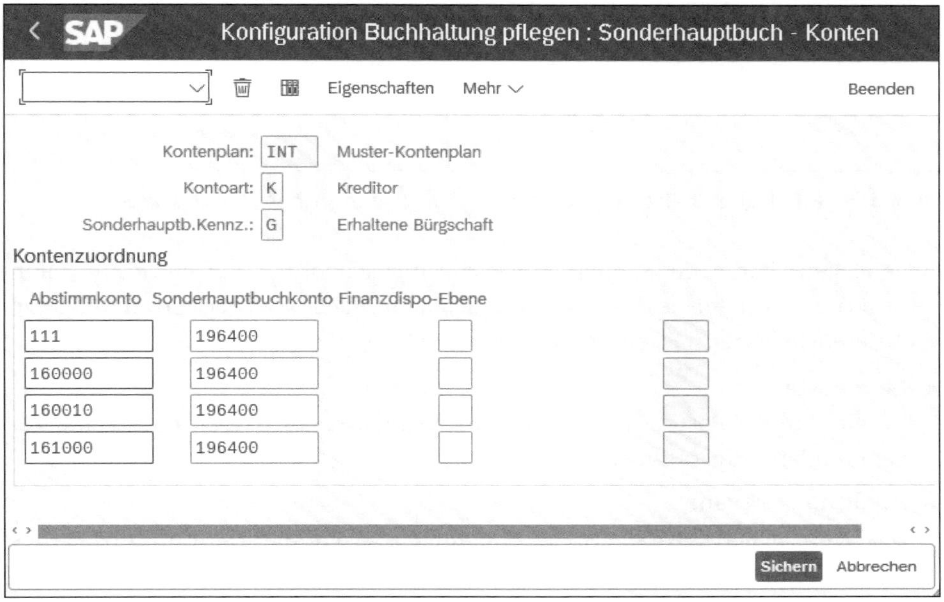

Abbildung 6.10 Kontenfindung des Sonderhauptbuchkennzeichens pflegen

Hier hinterlegen Sie in der Spalte **Abstimmkonto** die Sachkonten, die bei der Verwendung des Sonderhauptbuchkennzeichens **G** durch ein Konto in der Spalte **Sonderhauptbuchkonto** ausgetauscht werden sollen. In der Spalte **Finanzdispo-Ebene** hinterlegen Sie einen Eintrag, wenn die Buchung für das SAP Cash Management relevant sein soll. Klicken Sie nun auf **Eigenschaften**, und Sie gelangen in die Sicht **Konfiguration Buchhaltung pflegen: Sonderhauptbuch – Eigenschaften** (siehe Abbildung 6.11).

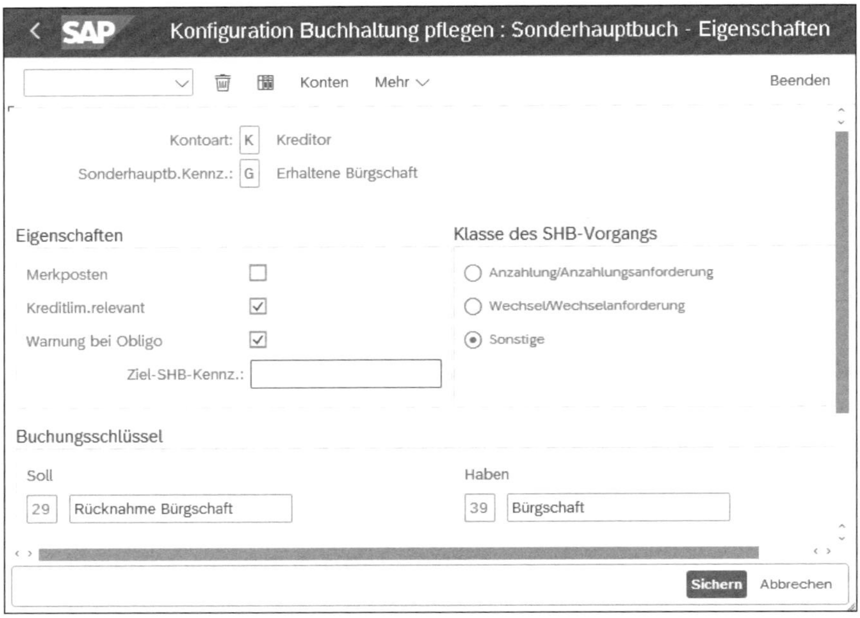

Abbildung 6.11 Eigenschaften des Sonderhauptbuchkennzeichens kontrollieren

In den Eigenschaften des Sonderhauptbuchkennzeichens können Sie die Einstellungen und das Verhalten des Sonderhauptbuchkennzeichens bei der Verwendung konkretisieren. Im Bereich **Eigenschaften** legen Sie fest:

- **Merkposten**
  Damit wird der Posten nur als Merkposten gebucht. Es werden noch keine Verkehrszahlen fortgeschrieben.
- **Kreditlim. relevant**
  Das Kennzeichen bewirkt, dass die Buchungen bei der Kreditlimitprüfung berücksichtigt werden.
- **Warnung bei Obligo**
  Dieses Kennzeichen bewirkt das Versenden einer Warnung, wenn Sie auf ein Konto buchen, zu dessen Sonderhauptbuchkennzeichen ein Saldo existiert.
- **Ziel-SHB-Kennz.**
  Dabei handelt es sich um die Liste der Kennzeichen für die Sonderhauptbuchvorgänge, die aufgrund der Anforderung gebucht werden können. Zum Beispiel folgt auf eine Zahlungsanforderung eine Anzahlung.

Im Bereich **Klasse des SHB-Vorgangs** wählen Sie zwischen **Anzahlung/Anzahlungsanforderung**, **Wechsel/Wechselanforderung** oder **Sonstige** einen Radiobutton aus. Mit den Buchungsschlüsseln wird definiert, ob die Buchung als Soll- oder Habenbuchung erfolgen soll. Die Verwendung der Buchungsschlüssel wird vom System automatisch anhand der Kontoart vorgegeben und kann nicht geändert werden. Nun bestätigen Sie Ihre Eingaben wieder mit der [↵]-Taste und klicken zum Sichern auf Sichern (**Sichern**), oder Sie verwenden [Strg] + [S]. Mit einem Klick auf < (**Zurück**) oder mit der Taste [F3] gelangen Sie wieder in den Customizing-Pfad.

Folgen Sie dem Customizing-Pfad **Finanzwesen • Debitoren- und Kreditorenbuchhaltung • Geschäftsvorfälle • Buchungen mit abweichendem Abstimmkonto • Sonstige Sonderhauptbuchvorgänge • Abweichende Liste für Sonderhauptbuch erzeugen**, oder rufen Sie Transaktion OBL3 (Konsistenzpr.: SHB (Dokumentation)) auf. Damit erzeugen Sie nach der Eingabe des Buchungskreises eine Liste für die angelegten Sonderhauptbuchkennzeichen (siehe Abbildung 6.12).

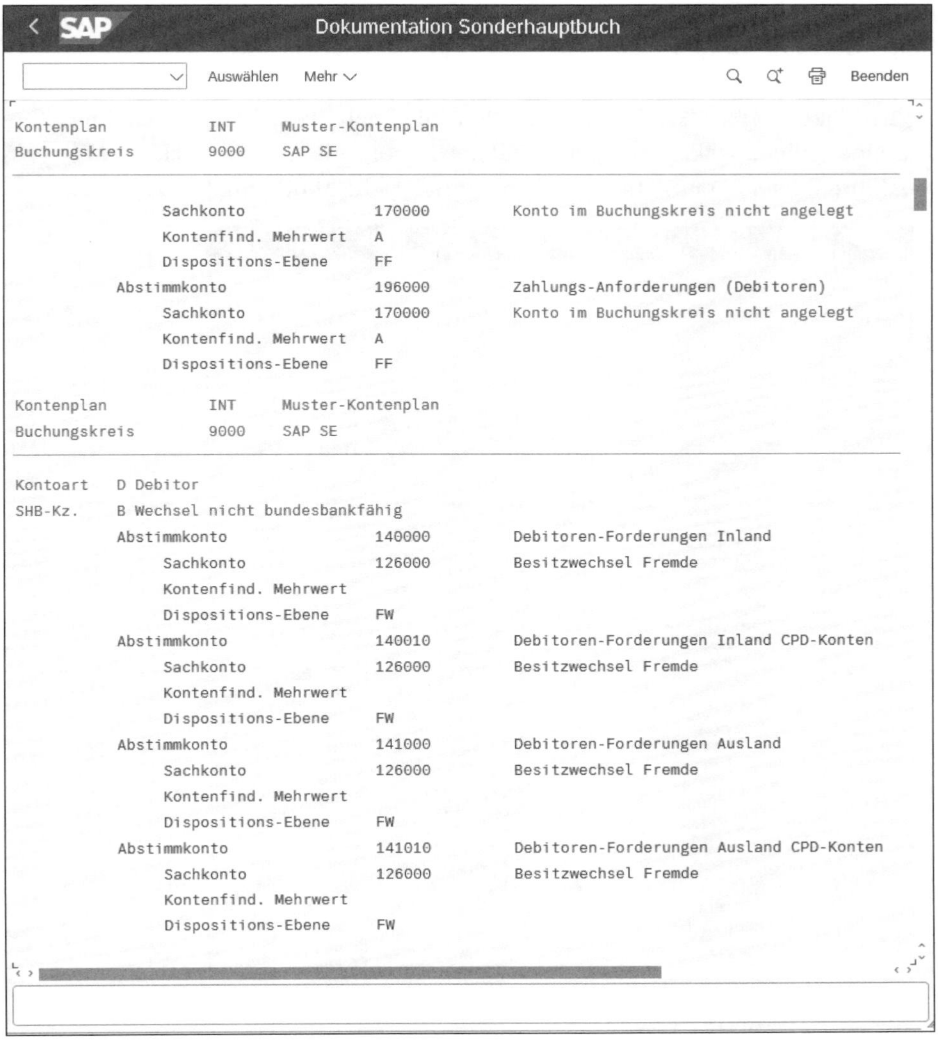

Abbildung 6.12 Angelegte Sonderhauptbuchkennzeichen überprüfen

Führen Sie den Report durch einen Klick auf **Ausführen** (**Ausführen**) oder mit der Taste F8 aus. Weil Sie die Kontenfindung z. B. pro Kontenplan hinterlegen, aber die Sachkonten auch im Buchungskreis angelegt sein müssen, kann es passieren, dass Sie vergessen, im Buchungskreis ein Sachkonto anzulegen.

Scrollen Sie ganz ans Ende der Liste. Dort finden Sie eine Statistik, die Ihnen aufzeigt, welche Fehler aufgetreten sind. Korrigieren Sie diese, und wiederholen Sie den Lauf dieses Reports. Wenn keine Fehler mehr auftreten, können Sie die Sonderhauptbuchkennzeichen zum Test oder zur produktiven Nutzung weitertransportieren. Verlassen Sie die Listanzeige, indem Sie zweimal auf < (**Zurück**) klicken oder die Taste F3 drücken, bis Sie sich wieder im Customizing-Pfad befinden.

Folgen Sie dem Customizing-Pfad **Finanzwesen • Debitoren- und Kreditorenbuchhaltung • Geschäftsvorfälle • Buchungen mit abweichendem Abstimmkonto • Sonstige Sonderhauptbuchvorgänge • Fehlerliste für Sonderhauptbuch erzeugen**, oder rufen Sie Transaktion OBL4 (Konsistenzpr.: SHB (Fehleranalyse)) auf. Sie müssen hier ebenfalls einen Buchungskreis eingeben und den Report durch einen Klick auf **Ausführen** (**Ausführen**) oder über die Taste F8 ausführen (siehe Abbildung 6.13).

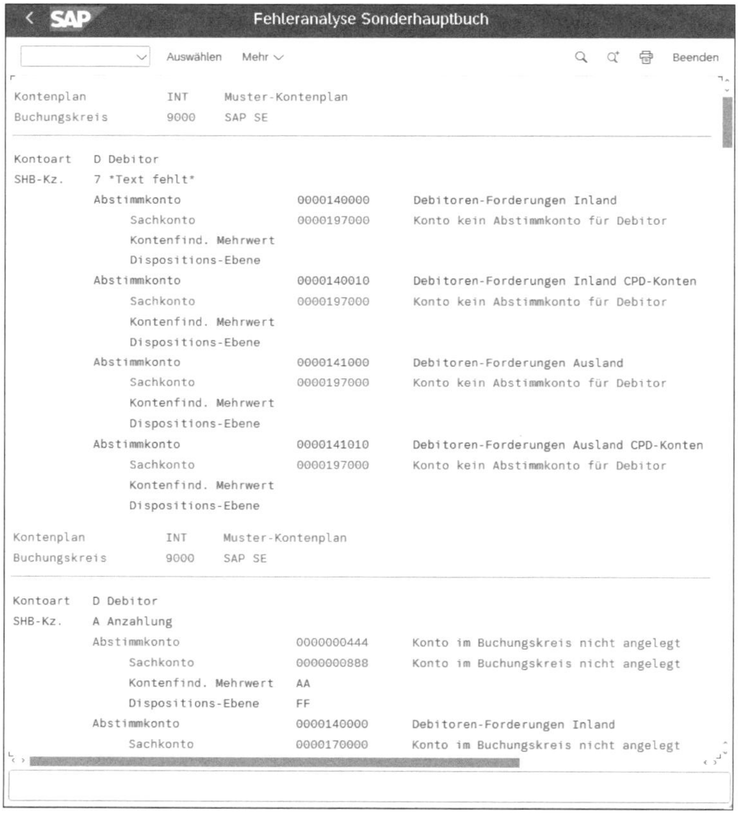

Abbildung 6.13 Fehleranalyse für Sonderhauptbuchkennzeichen ausführen

In der Liste werden die Fehler blau hervorgehoben, beispielsweise »Abstimmkonto 0000000444 Konto im Buchungskreis nicht angelegt«. Damit ist dieses Konto 0000000444 zwar in der Kontenfindung der Sonderhauptbuchkennzeichen eingetragen, aber bisher nicht im Buchungskreis 9000 angelegt. Das Konto 0000000444 existiert bislang nur im Kontenplan. Legen Sie das Konto über Transaktion FS00 (Sachkontenstammdatenpflege) an, sofern Sie überzeugt sind, dass die Kontenfindung richtig gepflegt ist. Verlassen Sie die Listanzeige, indem Sie zweimal auf < (**Zurück**) klicken oder die Taste F3 drücken, bis Sie sich wieder im Customizing-Pfad befinden.

Im nächsten Abschnitt schauen wir uns die Definition der Steuerkennzeichen an.

6.4 Steuerkennzeichen

Mit *Steuerkennzeichen* in SAP S/4HANA meint man meist Umsatzsteuerkennzeichen. Das Umsatzsteuerkennzeichen steht stellvertretend für eine Steuerkategorie, die bei der Steuermeldung an die Finanzbehörden berücksichtigt werden muss. Die Steuerkennzeichen sind eindeutig pro Land. Zu jedem Steuerkennzeichen werden im System der Steuersatz und weitere Eigenschaften hinterlegt. Für steuerfreie oder nicht besteuerbare Vorgänge müssen Steuerkennzeichen mit dem Prozentsatz 0 verwendet werden, wenn die entsprechenden Vorgänge in den Steuermeldungen ausgewiesen werden müssen. In SAP S/4HANA ist das Steuerkennzeichen ein zweistelliges alphanumerisches Feld.

[«]

Steuerkennzeichen bei Prozentänderungen

Bei Änderungen von Steuersätzen durch den Gesetzgeber müssen neue Steuerkennzeichen definiert werden. Die alten Kennzeichen mit den alten Steuersätzen müssen erhalten bleiben, bis keine offenen Posten mehr existieren, die dieses Steuerkennzeichen verwenden.

Die Steuerkennzeichen werden zwar im Customizing des Hauptbuches definiert, aber in debitorischen und kreditorischen Geschäftsprozessen verwendet. Um Steuerkennzeichen einzustellen, folgen Sie dem Customizing-Pfad **Finanzwesen • Grundeinstellungen Finanzwesen • Umsatzsteuer • Berechnung • Umsatzsteuerkennzeichen definieren**, oder Sie rufen Transaktion FTXP (Steuerkennzeichen pflegen) auf.

Zunächst werden Sie aufgefordert, im Pop-up-Fenster **Land** das Land anzugeben, für das Sie die Steuerkennzeichen pflegen möchten (siehe Abbildung 6.14). Tragen Sie das entsprechende Länderkürzel in das Feld **Land** ein, oder wählen Sie es über die F4-Wertehilfe aus.

Abbildung 6.14 Land für Steuerkennzeichenpflege auswählen

Bestätigen Sie Ihre Eingabe mit einem Klick auf [✓] (**Weiter**) oder über die Taste [↵]. Nun tragen Sie das Steuerkennzeichen ein, das Sie bearbeiten möchten, oder wählen es mit der [F4]-Wertehilfe aus. Wenn die Funktion **Werke im Ausland** in Ihrem System aktiv ist, erhalten Sie noch ein Pop-up-Fenster **Meldeland**, das Sie auffordert, für das Umsatzsteuerkennzeichen, das Sie pflegen möchten, ein Meldeland einzugeben. Mit **Werke im Ausland** ist eine Funktion gemeint, mit der Sie Betriebsstätten und Werke eines Buchungskreises in einem anderen Land aktivieren können. Die Aktivierung der Funktion **Werke im Ausland** hat Auswirkungen auf die Steuereinstellungen und das Meldewesen.

Das Kennzeichen zum Aktivieren der Werke im Ausland finden Sie im Customizing-Pfad **Finanzwesen • Grundeinstellungen Finanzwesen • Umsatzsteuer • Grundeinstellungen • Werke im Ausland • Werke im Ausland aktivieren**. Pflegen Sie das entsprechende Meldeland, und bestätigen Sie Ihre Eingabe mit der Taste [↵]. Abbildung 6.15 zeigt die bereits in SAP S/4HANA angelegten Steuerkennzeichen. Wenn Sie die [F4]-Wertehilfe verwenden, wählen Sie **A2** mit einem Doppelklick aus.

Die von SAP ausgelieferten Steuerkennzeichen können Sie verwenden, löschen oder inaktiv setzen. Die Bezeichnung und den Steuersatz können und dürfen Sie anpassen, solange Sie die Steuerkennzeichen noch nicht verwendet haben.

[»]

Steuerkennzeichen definieren

Die meisten Kunden versuchen, sich eine Logik zu überlegen, sodass die Steuerkennzeichen für den gleichen Steuersatz (voller, reduzierter, halber Steuersatz oder steuerfrei) in jedem Land gleich sind. Dies erleichtert Ihnen die Orientierung beim Buchen in einem anderen Land, für das Sie nicht zuständig sind. Aber bedenken Sie, dass der jeweilige Gesetzgeber diese Logik durch Änderungen des Steuersatzes jederzeit durchbrechen kann. Ihnen steht nur eine begrenzte Anzahl von Steuerkennzeichen zur Verfügung, da das Feld **Steuerkennzeichen** lediglich zweistellig ist.

Ein Steuerkennzeichen besteht aus Eigenschaften, ist einem oder mehreren Steuerkonten zugeordnet, und in den benötigten Zeilen (Bereich **Prozentsätze**) ist ein Prozentsatz hinterlegt (siehe Abbildung 6.16).

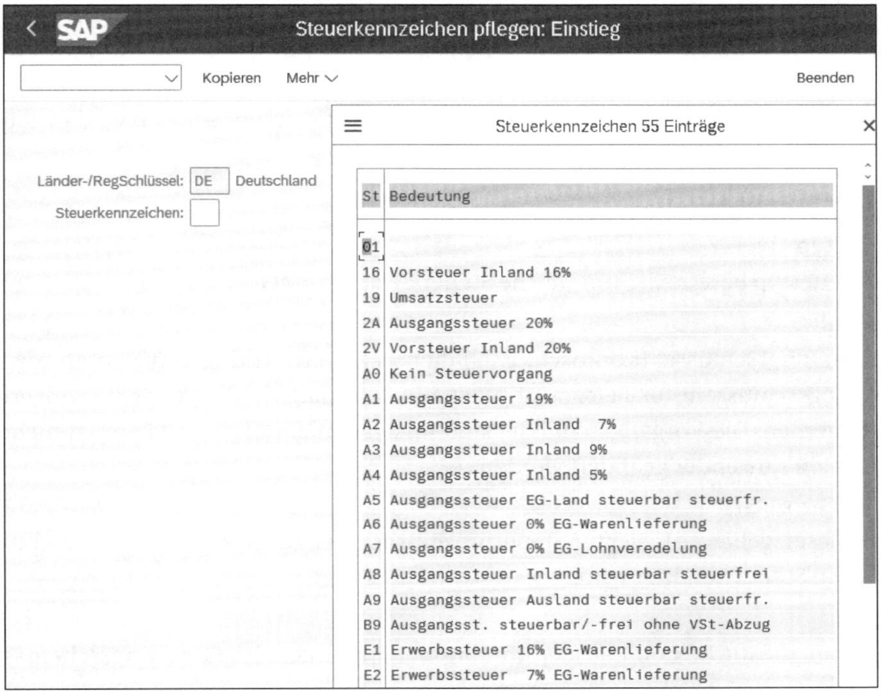

Abbildung 6.15 Steuerkennzeichen für die Bearbeitung auswählen

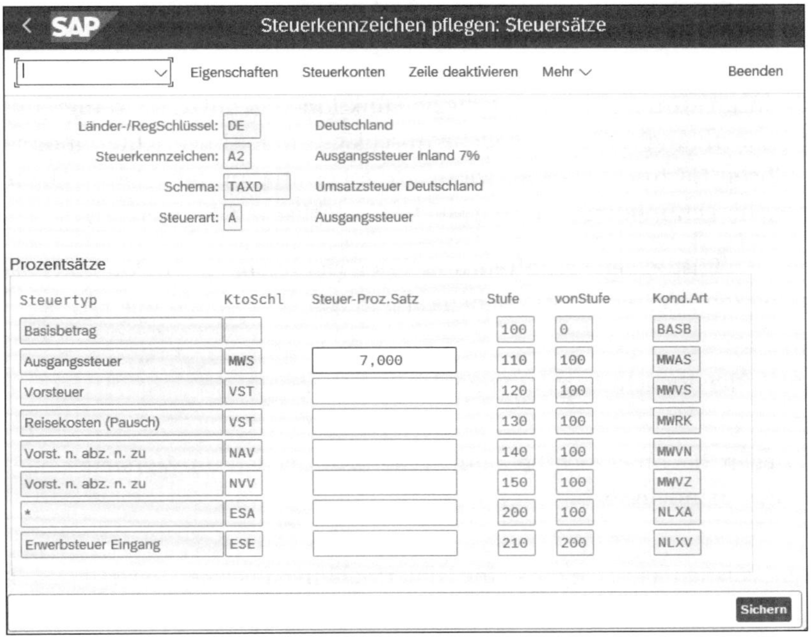

Abbildung 6.16 Steuerkennzeichen pflegen

Im Customizing des jeweiligen Länderschlüssels ist das *Schema* (Konditionsschema) hinterlegt. Das Schema legt die Konditionen fest, die pro Beleg erlaubt sind, und definiert ihre Reihenfolge im Beleg. Die *Steuerart* ist ein Kennzeichen zur Unterscheidung zwischen Ausgangssteuer und Vorsteuer. Jedes Steuerkennzeichen wird genau einer Steuerart zugeordnet.

Zeilen, die aktiv sind, sind in blauer Schrift dargestellt.

- **Steuertyp**
  Der Steuertyp beschreibt, um welche Steuer es sich handelt.
- **KtoSchl**
  Die Vorgangsschlüssel (Kontoschlüssel) dienen zur Ermittlung von Konten bzw. Buchungsschlüsseln für Belegpositionen, die automatisch, d. h. vom System, erstellt werden. Die Vorgangsschlüssel sind im System definiert und können nicht durch den Anwender geändert werden.
- **Steuer-Proz.Satz**
  Vom Gesetzgeber festgelegter Steuerprozentsatz, der zur Berechnung der zu buchenden Steuer benötigt wird.
- **Stufe**
  Nummer, die die Reihenfolge der Konditionen innerhalb des Konditionsschemas festlegt.
- **vonStufe**
  Nummer (Stufe), von der die Prozentrechnung im Konditionsschema ausgehen soll.
- **Kond.Art**
  Die Konditionsart wird für unterschiedliche Funktionen genutzt. So werden mit ihr in der Preisfindung z. B. verschiedene Abschläge, in der Nachrichtenfindung unterschiedliche Nachrichtenarten, wie Auftragsbestätigung oder Lieferschein, oder bei der Chargenfindung unterschiedliche Strategiearten definiert.

Klicken Sie auf den Button **Eigenschaften**, und Ihnen werden in einem Pop-up-Fenster die Eigenschaften des Steuerkennzeichens angezeigt (siehe Abbildung 6.17):

- **Steuerkennz.**
  Hier geben Sie die Bezeichnung des Steuerkennzeichens ein.
- **Steuerart**
  Hier hinterlegen Sie, ob es sich bei dem Steuerkennzeichen um Vorsteuer oder Ausgangssteuer handeln soll.
- **Prüfkz.**
  Das Prüfkennzeichen legt fest, dass eine Fehlermeldung ausgegeben werden soll, wenn der Steuerbetrag nicht korrekt ist. Ist das Kennzeichen nicht gesetzt, erscheint anstelle der Fehlermeldung eine Warnung.

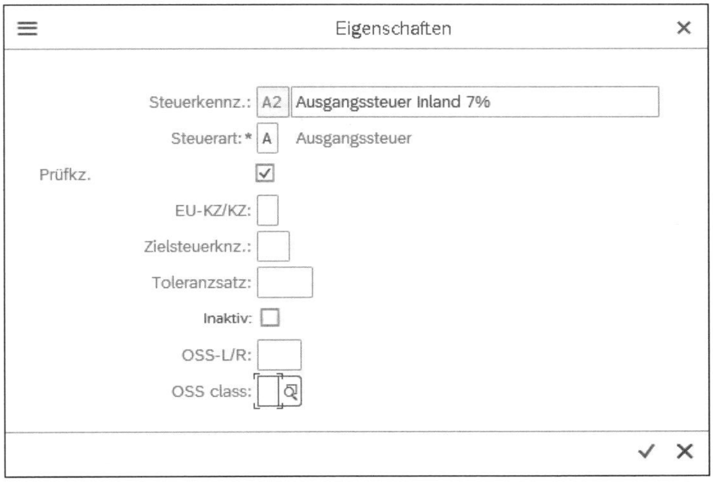

Abbildung 6.17 Steuerkennzeichen – Eigenschaften pflegen

- **EU-KZ/KZ**
  Die Kennzeichnung Europäische Union (EU-Kennzeichnung) klassifiziert primär die Steuerkennzeichen, die in der zusammenfassenden Meldung berücksichtigt werden sollen.
- **Zielsteuerknz.**
  Das Zielsteuerkennzeichen wird für gestundete Steuerkennzeichen gefüllt. Es selbst darf kein gestundetes Steuerkennzeichen sein. Sein Aufbau entspricht ansonsten dem Aufbau des zugehörigen gestundeten Steuerkennzeichens.
- **Toleranzsatz**
  Das Kennzeichen **Toleranzsatz** legt den Prozentsatz fest, der für das entsprechende Steuerkennzeichen als Toleranz zwischen berechnetem und eingegebenem Steuerwert akzeptiert wird. Der Toleranzbetrag ergibt sich aus der Anwendung des Prozentsatzes auf den vom System ermittelten Betrag. Liegt die Differenz zwischen dem eingegebenen und dem vom System berechneten Steuerwert unter dem Toleranzbetrag, wird dieser Beleg ohne Warnung oder Fehlermeldung vom System verbucht.
- **Inaktiv**
  Wenn das Kennzeichen **Inaktiv** gesetzt ist, wird das Steuerkennzeichen inaktiviert und nicht mehr in der [F4]-Hilfe für das Buchen angezeigt. Für Reporting-Zwecke kann das Steuerkennzeichen in der [F4]-Hilfe noch ausgewählt werden (FI-Report `RFUMSV00/RFUMSV10`). Ein inaktives Steuerkennzeichen wird zwar nicht in der [F4]-Hilfe angeboten, kann aber beim Buchen, Ausgleichen und Zahlen dennoch genutzt werden. Es erfolgt keine Prüfung auf inaktive Steuerkennzeichen.

- **MOSS Steuerland**
  Das MOSS-Land ist das Land des Leistungsempfängers für elektronische Dienstleistungen. Es ist ein EU-Land, dessen Steuersatz verwendet wird. Das Setzen dieses Kennzeichens ist erforderlich, wenn Sie sich für das MOSS-Verfahren registriert haben. Das MOSS-Verfahren erlaubt es, die Steuer für elektronische Dienstleistungen für alle EU-Länder im Land des Buchungskreises (Land des Firmensitzes) über das MOSS-Verfahren zu melden. Die Steuer wird nicht in der Umsatzsteuervoranmeldung ausgewiesen.

Wenn Sie die Eigenschaften für Ihr Steuerkennzeichen festgelegt haben, verlassen Sie das Pop-up-Fenster mit einem Klick auf [✓] (**Weiter**) oder über die Taste [↵]. Klicken Sie nun auf den Button **Steuerkonten**. Im Pop-up-Fenster **Kontenplan** geben Sie Ihren Kontenplan ein. Wenn Sie in Ihren Benutzerstammdaten bereits den Parameter »KPL« mit »INT« gesetzt haben, ist das Feld **Kontenplan** mit dem Eintrag »INT« vorbelegt, und Sie müssen das Pop-up-Fenster **Kontenplan** nur mit einem Klick auf [✓] (**Weiter**) oder über die [↵]-Taste bestätigen. Für aktive (blaue Schrift) Zeilen können Sie nun im Pop-up-Fenster **Steuerkonten** die Steuerkonten hinterlegen (siehe Abbildung 6.18).

Abbildung 6.18 Steuerkonten hinterlegen

Diese müssen Sie zuvor im Kontenplan angelegt haben! Bestätigen Sie Ihre Eingaben mit einem Klick auf [✓] (**Weiter**) oder über die [↵]-Taste.

[»]

Steuerkonten definieren

Pro Steuerart definieren Sie im Kontenplan ein Sachkonto, das Sie dann im Steuerkennzeichen dem jeweiligen Vorgang (Kontoschlüssel) zuordnen.

Wenn Sie eine Zeile im Bereich **Prozentsätze** deaktivieren möchten, setzen Sie den Cursor in eine Zeile mit blauer Schrift (siehe Abbildung 6.16). Dabei ist auch ein Prozentsatz hinterlegt. Klicken Sie nun auf den Button **Zeile deaktivieren**. Damit wird der Prozentsatz entfernt, und die Schrift wechselt von Blau nach Schwarz. Wenn Sie eine Zeile wieder aktivieren möchten, tragen Sie einen Prozentsatz im Feld **Steuer-Proz.Satz** ein und bestätigen Sie Ihre Eingabe mit der [↵]-Taste. Die Zeile wird aktiviert und wieder in blauer Schrift dargestellt.

Zum Sichern des Steuerkennzeichens klicken Sie auf [Sichern] (**Sichern**), oder Sie verwenden [Strg] + [S]. Nun verlassen Sie die Sicht mit [<] (**Zurück**) oder über die Taste [F3], bis Sie die Sicht **Steuerkennzeichen anzeigen: Einstieg** (siehe Abbildung 6.15) erreicht haben. Nun können Sie über die [F4]-Wertehilfe ein weiteres Steuerkennzeichen auswählen, prüfen, anpassen und sichern. Oder Sie geben im Feld **Steuerkennzeichen** einfach ein neues Steuerkennzeichen ein und bestätigen die Eingabe mit der [↵]-Taste. Dabei wird ein neues Steuerkennzeichen angelegt, in dem Sie noch die Eigenschaften und Steuerkonten pflegen müssen. Wenn Sie ein Steuerkennzeichen kopieren möchten, klicken Sie auf den Button **Kopieren** in der Sicht **Steuerkennzeichen anzeigen: Einstieg**, oder Sie verwenden die Tastenkombination [⇧] + [F4]. Sie erhalten nun ein Pop-up-Fenster **Kopieren** (siehe Abbildung 6.19).

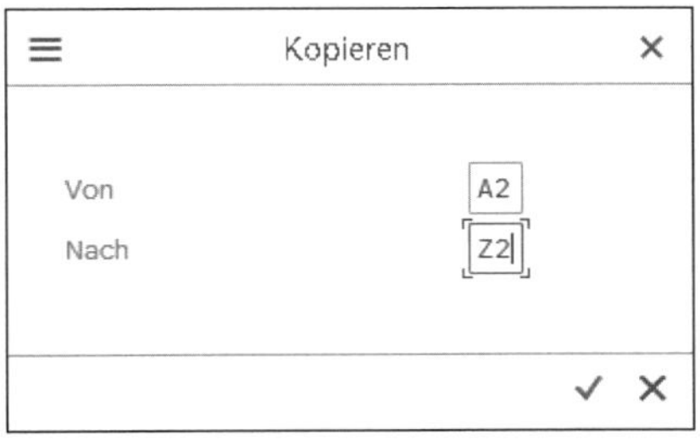

Abbildung 6.19 Steuerkennzeichen kopieren

Im Pop-up-Fenster **Kopieren** tragen Sie das Steuerkennzeichen, das Sie kopieren möchten, in das Feld **Von** und das Zielsteuerkennzeichen in das Feld **Nach** ein. Bestätigen Sie Ihre Eingaben mit einem Klick auf [✓] (**Weiter**), oder drücken Sie die [↵]-Taste. Nun können Sie das neue Steuerkennzeichen **Z2** anpassen. Zum Sichern des Steuerkennzeichens klicken Sie auf [Sichern] (**Sichern**), oder Sie verwenden die Tastenkombination [Strg] + [S]. Nun verlassen Sie die Sicht mit [<] (**Zurück**) oder über die Taste [F3], bis Sie die Sicht **Steuerkennzeichen anzeigen: Einstieg** erreicht haben (siehe Abbildung 6.15).

Steuerkennzeichen transportieren

Sie können die Steuerkennzeichen im produktiven System pflegen. Meist werden diese jedoch im Entwicklungssystem gepflegt und müssen daher in die anderen Mandanten/Systeme Ihrer SAP-S/4HANA-Systemlandschaft transportiert werden. Dieses Verfahren unterscheidet sich jedoch etwas vom sonst üblichen Transportprozess. Sie müssen die Steuerkennzeichen, die Sie transportieren möchten, jeweils explizit in einen Transportauftrag aufnehmen und diesen Transportauftrag im Zielsystem oder -mandanten nochmals explizit importieren. Hintergrund ist, dass man verhindern muss, dass die Steuerkennzeichen unbeabsichtigt geändert werden.

Zum *Transport der Steuerkennzeichen* gehen Sie wie folgt vor: Rufen Sie Transaktion FTXP (Steuerkennzeichen pflegen) auf, und wählen Sie das jeweilige Land aus, für das Sie jetzt Steuerkennzeichen transportieren möchten. Bestätigen Sie das Pop-up-Fenster **Land** mit einem Klick auf ✓ (**Weiter**), oder drücken Sie die ↵-Taste. Folgen Sie nun dem Menüpfad **Steuerkennzeichen • Transportieren • Exportieren**. Nun erhalten Sie eine Informationsmeldung. Klicken Sie auf ? (**Hilfe**), oder verwenden Sie die Taste F1, und lesen Sie sich die Hilfe genau durch! Diese erklärt sehr detailliert, wie der Transport der Steuerkennzeichen abläuft. Bestätigen Sie anschließend das Pop-up-Fenster **Information** mit einem Klick auf ✓ (**Weiter**), oder drücken Sie die ↵-Taste. Nun werden Sie zur Eingabe eines Transportauftrags aufgefordert. Bestätigen Sie das Pop-up-Fenster **Abfrage Customizing-Auftrag** mit einem Klick auf ✓ (**Weiter**), oder drücken Sie die ↵-Taste. Nun können Sie die Steuerkennzeichen markieren, die Sie transportieren möchten (siehe Abbildung 6.20).

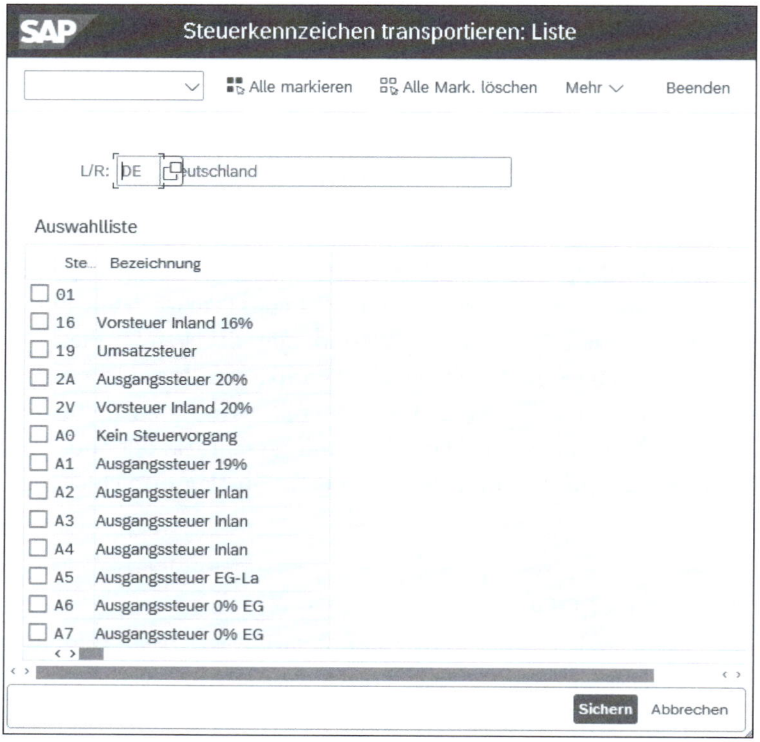

Abbildung 6.20 Steuerkennzeichen für den Transport auswählen

Nach dem Markieren klicken Sie auf Sichern (**Sichern**), oder Sie verwenden [Strg] + [S]. Dabei werden die markierten Steuerkennzeichen in dem Transportauftrag fortgeschrieben. In der Statuszeile bekommen Sie eine Informationsmeldung »Steuerkennzeichen in ... aufgenommen«. Nun können Sie den Vorgang des Exports der Steuerkennzeichen für das nächste Land wiederholen.

Ihre SAP-Basis transportiert den Transportauftrag nun in das jeweilige Zielsystem oder in den Zielmandanten. Damit werden bereits die Steuerkennzeichen angelegt, aber ohne Prozentsätze! Diese müssen Sie manuell oder über die Funktion **Importieren** pflegen. Rufen Sie dazu wieder Transaktion FTXP (Steuerkennzeichen pflegen) auf, und pflegen Sie wieder das Land im Pop-up-Fenster **Land**, für das Sie den Import starten möchten. Folgen Sie nun dem Menüpfad **Steuerkennzeichen • Transportieren • Importieren**. Sie erhalten wieder das Pop-up-Fenster **Information**, das im Langtext den Transportprozess der Steuerkennzeichen erklärt. Bestätigen Sie anschließend das Pop-up-Fenster **Information** mit einem Klick auf ✓ (**Weiter**) oder über die [↵]-Taste. Nun wählen Sie im Feld **Auftragsnummer** Ihren Transportauftrag aus (siehe Abbildung 6.21).

Abbildung 6.21 Transportauftrag und Land für den Import auswählen

In das Feld **Land** tragen Sie »DE« ein, für das Land, in das wir jetzt die Prozentsätze in die Steuerkennzeichen importieren möchten. Klicken Sie nun auf Ausführen (**Ausführen**), oder drücken Sie die Taste [F8]. Das System legt nun eine Batch-Input-Mappe an und spielt diese automatisch ab (siehe Abbildung 6.22).

Batch-Input-Mappe für Importsteuerkennzeichen prüfen

Die Batch-Input-Mappe wird zwar automatisch angelegt und abgespielt, prüfen Sie trotzdem in Transaktion SM35 (Batch-Input Monitoring), ob der Vorgang erfolgreich war.

Verlassen Sie die Sicht **Batch-Input: Abspielen aller noch zu verarbeitenden Mappen** mit einem Klick auf < (**Zurück**) oder über die Taste [F3], bis Sie wieder im SAP-Anwendungsmenü sind.

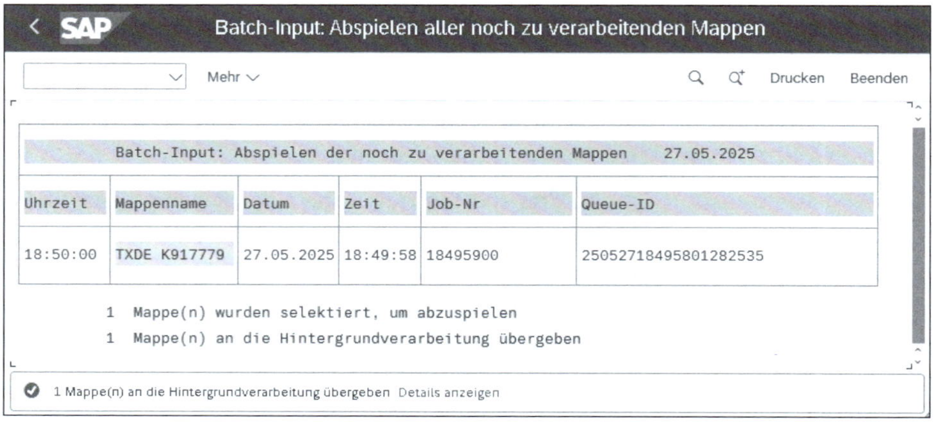

Abbildung 6.22 Anlage bestätigen und Batch-Input-Mappe abspielen

Mit dem Report RF_STEUERINFO (Transaktion S_ALR_87009903 – Steuerinformationen zu einem Land) können Sie Ihre Einstellungen der Steuerkennzeichen überprüfen bzw. dokumentieren. Starten Sie den Report RF_STEUERINFO über Transaktion SE38 (ABAP Editor) oder Transaktion SA38 (ABAP/4 Reporting). Tragen Sie im Selektionsbild das Land »DE« in das Feld **Landescode** und in das Feld **Kontenplan (für Steuerkonten)** »INT« ein. Markieren Sie das Kennzeichen **Details sofort anzeigen**, damit Ihnen sogleich alle Details zu Ihren Steuerkennzeichen aufgelistet werden (siehe Abbildung 6.23). Klicken Sie auf Ausführen (**Ausführen**), oder verwenden Sie die Taste F8, um den Report auszuführen.

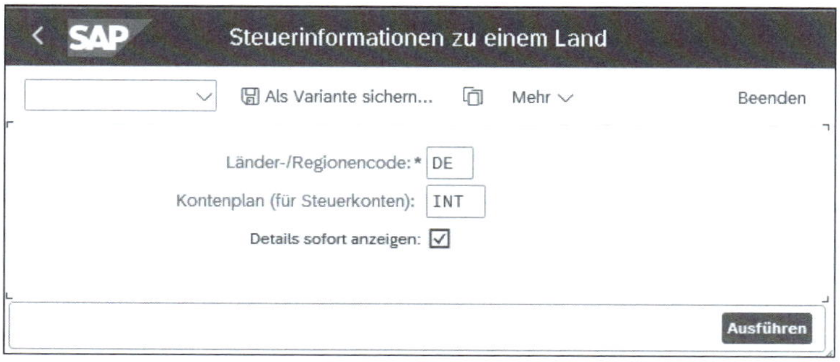

Abbildung 6.23 Steuerkennzeichen überprüfen

In der Listanzeige werden alle Steuerkennzeichen mit allen Details aufgelistet (siehe Abbildung 6.24).

Verlassen Sie die Listanzeige mit einem Klick auf < (**Zurück**), oder verwenden Sie die Taste F3, bis Sie wieder im SAP-Anwendungsmenü sind. Damit haben wir die Pflege der Steuerkennzeichen abgeschlossen und können uns im nächsten Abschnitt der Zusammenfassung widmen.

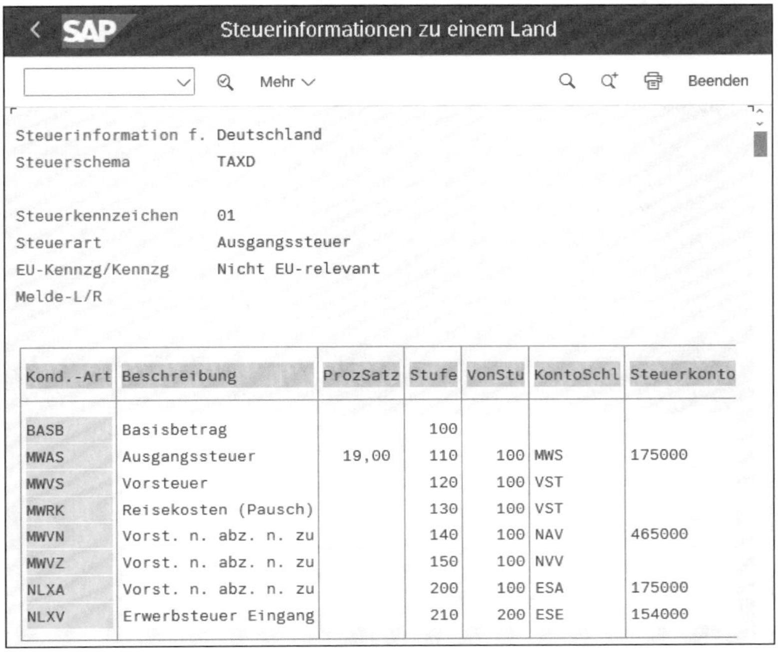

Kond.-Art	Beschreibung	ProzSatz	Stufe	VonStu	KontoSchl	Steuerkonto
BASB	Basisbetrag		100			
MWAS	Ausgangssteuer	19,00	110	100	MWS	175000
MWVS	Vorsteuer		120	100	VST	
MWRK	Reisekosten (Pausch)		130	100	VST	
MWVN	Vorst. n. abz. n. zu		140	100	NAV	465000
MWVZ	Vorst. n. abz. n. zu		150	100	NVV	
NLXA	Vorst. n. abz. n. zu		200	100	ESA	175000
NLXV	Erwerbsteuer Eingang		210	200	ESE	154000

Abbildung 6.24 Steuerkennzeichen auflisten

6.5 Zusammenfassung

In diesem Kapitel haben wir uns mit dem Customizing für die Nebenbuchhaltung der Kreditoren beschäftigt. Wichtige Einstellungen zum zentralen Geschäftspartner sind bereits in Abschnitt 3.8, »Zentraler Geschäftspartner«, beschrieben worden. Das Zahlen sowie den Einzug von Lastschriften beschreiben wir in Kapitel 7, »Bankbuchhaltung«, in dem wir auf die Anlage der Bankverbindungen, Hausbanken und Zahlwege eingehen.

Das in diesem Kapitel erwähnte Customizing der Nachrichtensteuerung und das Sonderhauptbuchkennzeichen stehen wieder exemplarisch für weit umfangreichere Einstellungen, die an dieser Stelle nicht alle beschrieben werden können. Viele Einstellungen sind auch landesspezifisch und werden durch die zahlreichen Landesversionen von SAP S/4HANA abgedeckt. Aber auch ein zentrales Thema, wie die Definition der Steuerkennzeichen, die bei debitorischen und kreditorischen Geschäftsvorfällen benötigt werden, ist in diesem Kapitel behandelt worden.

Im nächsten Kapitel setzen wir uns mit dem Customizing für die Bankbuchhaltung auseinander.

Kapitel 7
Bankbuchhaltung

Bevor Sie anfangen, in SAP S/4HANA zu buchen, sollten Sie sich noch mit der Bankbuchhaltung auseinandersetzen. Damit können Sie später Zahlungen vornehmen oder den elektronischen Kontoauszug einlesen und bearbeiten.

In der *Bankbuchhaltung* wickeln Sie die Bankbuchungen ab, also die Einzahlungen und Auszahlungen auf Ihre Bankkonten. Ihre Kunden bezahlen Ihre Rechnungen möglicherweise per Überweisung, oder Sie ziehen die Beträge über einen Lastschrifteinzug ein. Auch diese Zahlungen müssen über die Bankbuchhaltung abgewickelt werden.

Im Jahr 2013 ist SEPA (Single European Payment Area) eingeführt worden. Diese Neuerung hatte erhebliche Auswirkungen auf die SAP-ERP-Systeme, da neue XML-basierte Zahlungsträgerformate eingeführt werden mussten. Ferner sind die zuvor verwendeten Lastschriftverfahren durch das einheitliche Format SEPA_DD (Direct Debit) ersetzt worden. Für einen Lastschrifteinzug benötigt man heute ein sogenanntes *SEPA-Mandat*.

[«]

Was ist ein SEPA-Mandat?

Ein SEPA-Mandat ist ein vom Kunden unterschriebenes (meist) Stück Papier, in dem sich der Kunde bereit erklärt, dem Lastschrifteinzug zuzustimmen. Gleichzeitig wird dem Kunden die Mandatsreferenz, also die Nummer des Schriftstücks, mitgeteilt. Die Mandatsreferenz muss dann bei jedem Einzug von demjenigen, der das Geld von einem Konto einziehen möchte, mit angegeben werden. Die Mandate werden auch bei den Banken verwaltet und auf ihre Gültigkeit hin geprüft.

Damit Sie einen Zahllauf (Überweisung oder Bankeinzug) auf den Konten Ihrer Kunden durchführen können, sind diverse Einstellungen und Vorbereitungen notwendig. In diesem Kapitel schauen wir uns das Customizing für die folgenden Funktionen an:

- Hausbanken (siehe Abschnitt 7.1, »Hausbanken«)
- Zahllauf (siehe Abschnitt 7.2, »Zahlungsprogramm«)

- elektronischer Kontoauszug (siehe Abschnitt 7.5, »Elektronischer Kontoauszug«)
- Kassenbuch (siehe Abschnitt 7.6, »Kassenbuch«)

Wir beginnen mit den notwendigen Einstellungen für die Hausbanken im folgenden Abschnitt.

7.1 Hausbanken

Unter einer *Hausbank* versteht man die Bank, bei der Sie Ihre Bankkonten führen lassen. Viele Unternehmen haben nicht nur eine, sondern mehrere Hausbanken.

7.1.1 Bankenschlüssel anlegen

Damit Sie eine Hausbank anlegen können, müssen Sie zuvor den *Bankenschlüssel* anlegen. In Deutschland nennen wir den Bankenschlüssel auch Bankleitzahl (BLZ). Das Bankleitzahlenverzeichnis (im Folgenden, wie im SAP-System, kurz *Bankenverzeichnis* genannt) für Deutschland können Sie bei der Deutschen Bundesbank herunterladen. Folgen Sie dazu dem Link *https://www.bundesbank.de/de/aufgaben/unbarer-zahlungsverkehr/serviceangebot/bankleitzahlen* (Kurz-URL: *http://s-prs.de/v10687006*).

[»]

Bankleitzahldateien beziehen

In SAP-Hinweis 132012 (Adressen zum Bezug von Bankleitzahlen-Gesamtdateien) finden Sie für verschiedene Länder Adressen, bei denen Sie für das jeweilige Land ein Bankenverzeichnis beziehen können. Nicht jedes Land bietet ein kostenfreies Bankenverzeichnis an. Teilweise müssen dazu bestimmte Voraussetzungen erfüllt sein. Klären Sie die Bedingungen während Ihrer SAP-S/4HANA-Implementierung mit dem jeweiligen Lieferanten des Bankleitzahlenverzeichnisses.

Für die Übernahme des Bankenverzeichnisses nutzen Sie den folgenden Customizing-Pfad: **Anwendungsübergreifende Komponenten • Bankenverzeichnis • Datenübernahme Bankenverzeichnis**. Dort finden Sie die Transaktionen, die Sie benötigen, um das Bankenverzeichnis zu übernehmen. Die Vorgehensweisen können, abhängig von dem in dem entsprechenden Land verwendeten Bankenverzeichnis, unterschiedlich sein. Im Zweifelsfall wenden Sie sich an den SAP-Support.

Um das Bankenverzeichnis der Deutschen Bundesbank zu übernehmen, folgen Sie dem Customizing-Pfad **Anwendungsübergreifende Komponenten • Bankenverzeichnis • Datenübernahme Bankenverzeichnis • Datenübernahme Bankenverzeichnis durchführen – länderspezifisch**, oder Sie rufen Transaktion BAUP auf.

Abbildung 7.1 zeigt das Selektionsbild für die länderspezifische Bankenverzeichnisübernahme. Wählen Sie im Feld **Dateistruktur** die Datei aus, die Sie erhalten haben. Im Feld **Pfad- und Dateiname** geben Sie den Pfad an, unter dem das Bankenverzeichnis abgelegt ist, z. B. auf Ihrem lokalen Rechner.

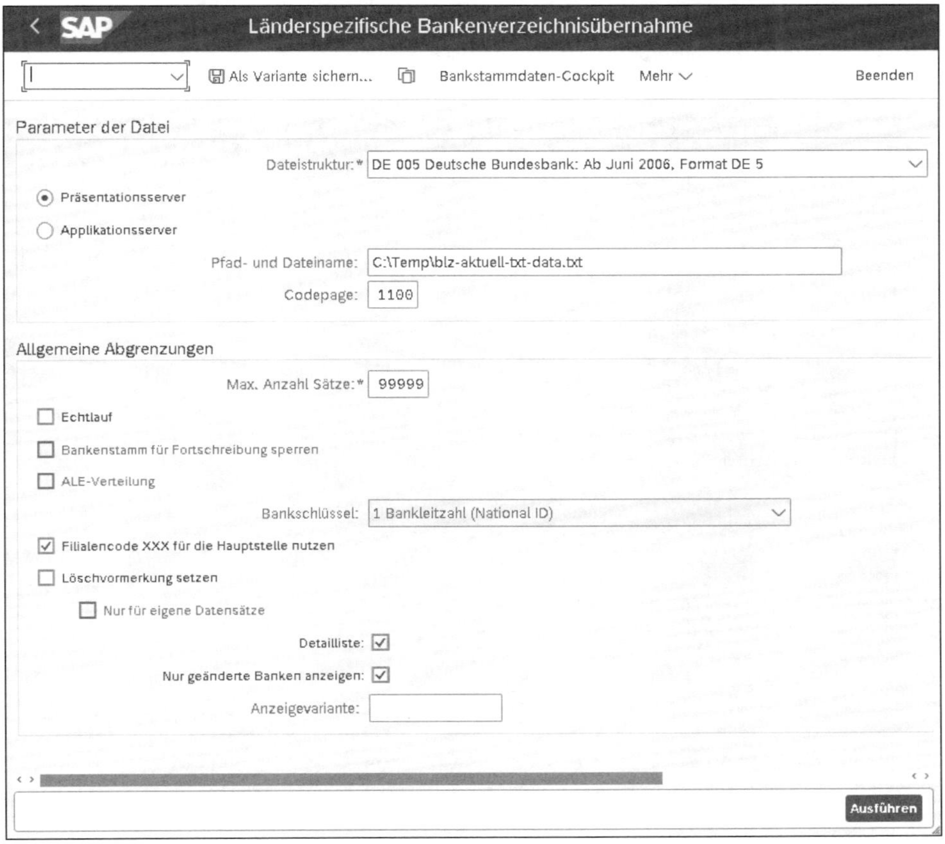

Abbildung 7.1 Bankenverzeichnis laden

Führen Sie den Report mit einem Klick auf Ausführen (**Ausführen**) oder mit der Taste F8 aus. Im Folgenden erhalten Sie ein Protokoll über die Bankleitzahlen, die geladen werden könnten (siehe Abbildung 7.2).

Bankleitzahlen löschen

Beachten Sie, dass gelegentlich Bankleitzahlen zusammengefasst oder gelöscht werden. Meist sind die alten Bankleitzahlen noch einige Zeit lang nutzbar. In solchen Fällen sollten Sie Ihre Kunden bzw. Lieferanten aktiv ansprechen, um über Änderungen an deren Bankverbindungen informiert zu werden. Die Änderungen werden nur im Bankenverzeichnis vorgenommen. Dies hat keine Auswirkungen auf die Einstellungen in Ihren Hausbanken oder in den Bankverbindungen Ihrer Geschäftspartner; dort bleiben die möglicherweise veralteten Bankenschlüssel hinterlegt. Sofern Änderungen an den Bankenschlüsseln notwendig sind, müssen Sie die Geschäftspartner bzw. Hausbanken entsprechend bearbeiten. Falls sich die Bankleitzahl Ihrer Hausbank ändert, müssen Sie diese zum richtigen Zeitpunkt ändern; ansonsten können Ihre Zahlungen nicht mehr verarbeitet werden.

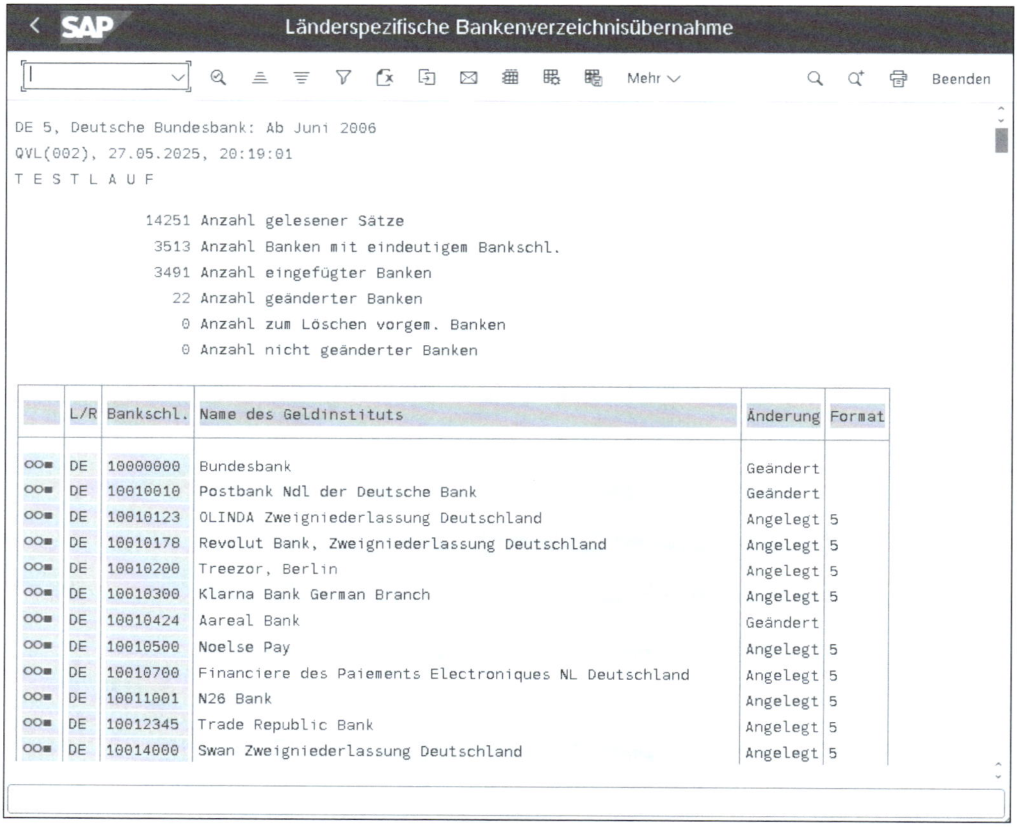

Abbildung 7.2 Protokoll der Bankenverzeichnisübernahme

Wenn Sie einen Echtlauf durchführen möchten, verlassen Sie das Protokoll mit einem Klick auf (**Zurück**) oder mit F3. Sie gelangen zurück zu dem in Abbildung 7.1 gezeigten Bild. Setzen Sie dort das Kennzeichen **Echtlauf**, und führen Sie den Report erneut aus. Nun wird ein Update des Bankenverzeichnisses durchgeführt. Verlassen Sie das Protokoll und den Report abermals mit zwei Klicks auf (**Zurück**) oder mit F3. Sie befinden sich wieder im Customizing-Pfad.

Beachten Sie, dass die Bankenverzeichnisse in verschiedenen Systemen und Mandanten benötigt werden. Es stehen Ihnen zwei Alternativen zur Verfügung, um das Bankenverzeichnis zu übernehmen:

- **Manuelle Übernahme**
  Sie laden das jeweils aktuelle Bankenverzeichnis in jedem Ihrer Mandanten der SAP-S/4HANA-Systeme hoch.
- **Übernahme mittels ALE**
  Sie setzen ein ALE-Szenario auf (ALE = Application Link Enabling). Mit einem ALE-Szenario müssen Sie nur das Bankenverzeichnis in einen Mandanten Ihres SAP-S/4HANA-Systems hochladen. In allen anderen Mandanten bzw. Systemen, in denen Sie das Bankenverzeichnis benötigen, können Sie es per ALE verteilen. ALE sendet dabei pro angelegter oder geänderter Bankleitzahl ein IDoc, das im jeweiligen Zielmandanten bzw. Zielsystem verbucht werden muss.

Verteilung von Stammdaten mit ALE

Mit ALE können Sie auch weitere Stammdaten, die Sie in mehreren SAP-S/4HANA-Systemen benötigen und die Sie möglichst nur einmal pflegen möchten, verteilen. Dies könnte bei Ihnen für Sachkonten, Kostenstellen, Innenaufträge und Profit-Center zutreffen.

Wenn Sie einen einzelnen Bankenschlüssel manuell anlegen möchten, rufen Sie Transaktion FI01 auf, die Sie im Anwendungsmenü unter **Rechnungswesen • Finanzwesen • Banken • Stammdaten • Bankenstamm • Anlegen** finden.

Im Einstieg von Transaktion FI01 tragen Sie für unser Beispiel im Feld **Bank Land** »DE« und im Feld **Bankschlüssel** »86070023« ein (siehe Abbildung 7.3).

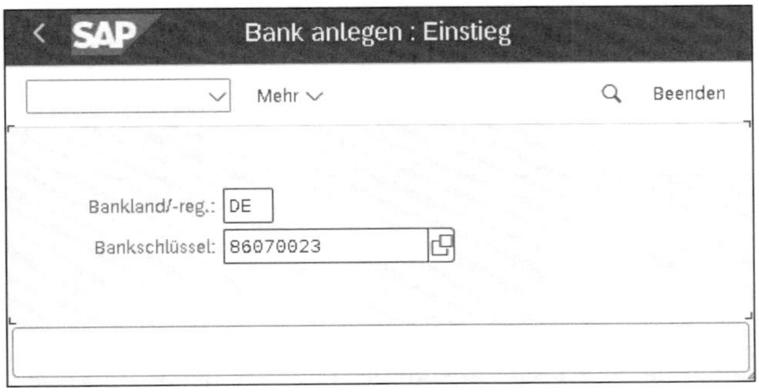

Abbildung 7.3 Bankenschlüssel anlegen (Transaktion FI01)

Bestätigen Sie Ihre Eingaben mit einem Klick auf ✓ (**Weiter**), oder drücken Sie die ↵-Taste. Im Fenster **Bank anlegen: Detailbild** tragen Sie in das Feld **Geldinstitut** »Deutsche Bank Leipzig« ein (siehe Abbildung 7.4). Die Bezeichnung dient dabei nur dazu, den Bankenschlüssel leichter wiederzufinden. Wählen Sie also eine gut nachvollziehbare Bezeichnung im Feld **Geldinstitut**. Wichtig ist, dass Sie das Feld **SWIFT/BIC** füllen. Der SWIFT-Code bzw. BIC-Code wird noch bei manchen Auslandszahlungen benötigt. Bei reinen SEPA-Zahlungen in der Währung EUR sollte die *International Bank Account Number* (zu Deutsch: Internationale Bankkontonummer; kurz IBAN) inzwischen ausreichend sein. Die IBAN ersetzt seit 2013 die in Deutschland bis dahin übliche Kombination aus Bankleitzahl und Kontonummer. Bestätigen Sie Ihre Eingaben mit der Taste [↵].

Sichern Sie Ihre Eingaben anschließend mit einem Klick auf Sichern (**Sichern**) oder über die Tastenkombination [Strg] + [S]. In der Statuszeile des Bildes wird bestätigt, dass die Bank DE 86070023 angelegt worden ist. Sie könnten nun eine weitere Bank anlegen oder die Transaktion mit einem Klick auf < (**Zurück**) oder [F3] verlassen. Sie befinden sich nun wieder im Anwendungsmenü.

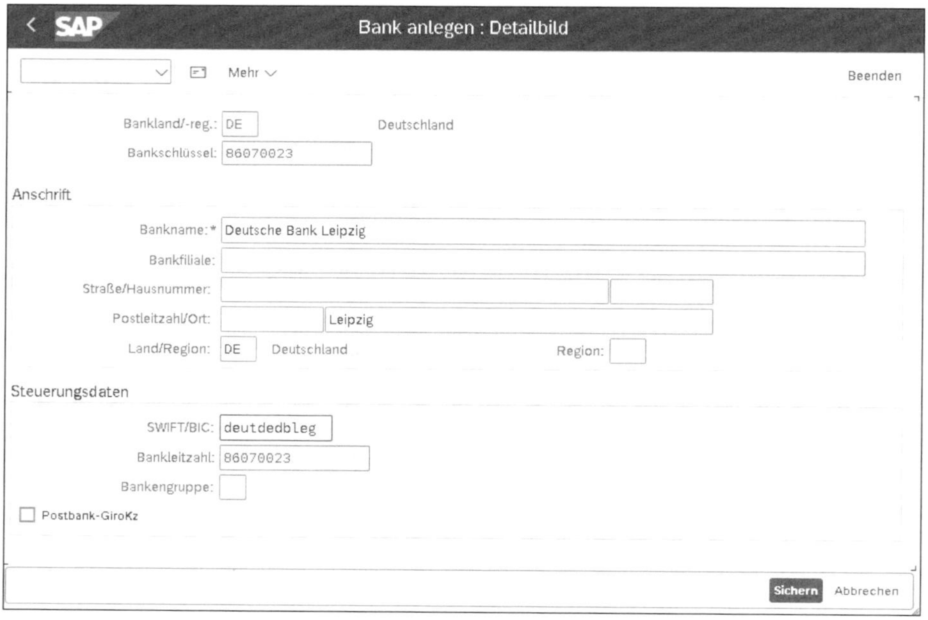

Abbildung 7.4 Bank anlegen – Details

7.1.2 Hausbank anlegen

Nun können Sie für die soeben angelegten Bankenschlüssel eine Hausbank anlegen. Sie finden diese Option im Anwendungsmenü unter **Rechnungswesen • Finanzwesen • Banken • Stammdaten • Hausbanken • Anlegen/Ändern**, oder Sie rufen Transaktion FI12_HBANK auf. Beim Aufruf von Transaktion FI12_HBANK werden Sie nach dem Buchungskreis gefragt, für den Sie die Hausbank anlegen möchten. Tragen Sie in das Feld **Buchungskreis** »9000« ein, und bestätigen Sie die Eingabe mit einem Klick auf ✓ (**Weiter**) oder mit der Taste [↵]. Wie in Abbildung 7.5 dargestellt, klicken Sie auf **Neue Einträge**, oder Sie drücken die Taste [F5].

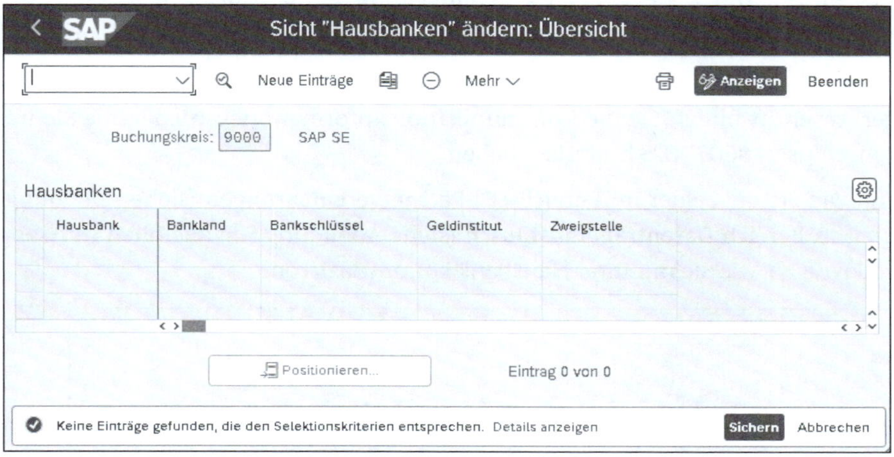

Abbildung 7.5 Hausbanken anlegen – Einstieg (Transaktion FI12_HBANK)

Nun können Sie Ihre Hausbank anlegen. Füllen Sie dazu alle notwendigen Felder aus. Im Feld **Hausbank** legen Sie den Schlüssel für Ihre Hausbank fest. Hier im Beispiel heißt sie »DB« (siehe Abbildung 7.6).

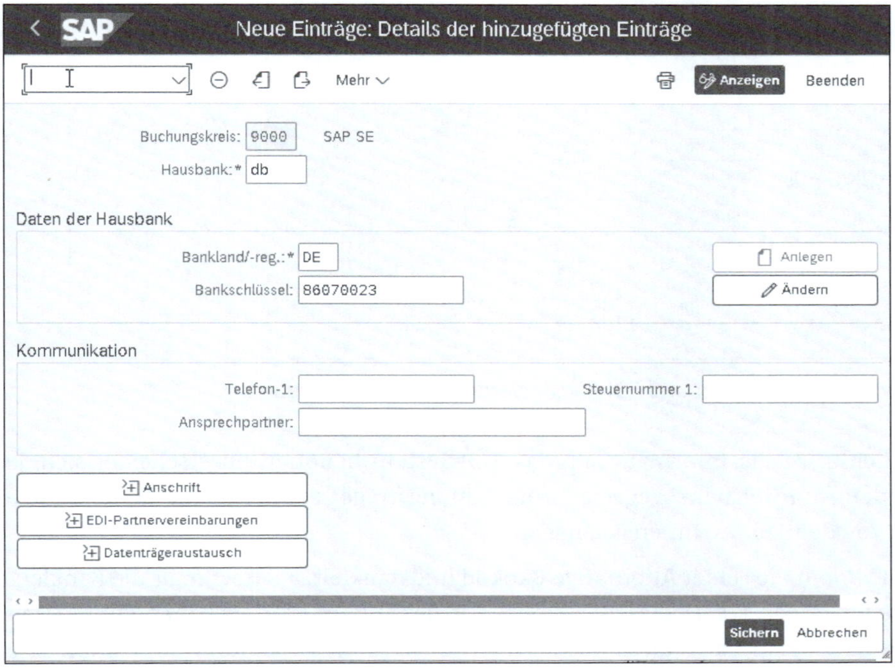

Abbildung 7.6 Hausbank anlegen – Details

Im Feld **Bankland** geben Sie »DE« und im Feld **Bankschlüssel** »86070023«, also den soeben angelegten Bankenschlüssel, an. Für die Kommunikation können Sie weitere Kontaktinformationen im Bereich **Kommunikation** hinterlegen. Nun können Sie schrittweise die Buttons **Anschrift**, **EDI-Partnervereinbarungen** und **Datenträgeraustausch** aufklappen.

Bei der Anschrift finden Sie die Kommunikationsinformationen wieder, die Sie im Bankenschlüssel 86070023 hinterlegt haben.

Ob und wie Sie die Felder im Bereich **EDI-Partnervereinbarungen** (siehe Abbildung 7.7) und im Bereich **Datenträgeraustausch** (siehe Abbildung 7.8) ausfüllen müssen, hängt davon ab, wie Sie mit Ihrer Hausbank kommunizieren.

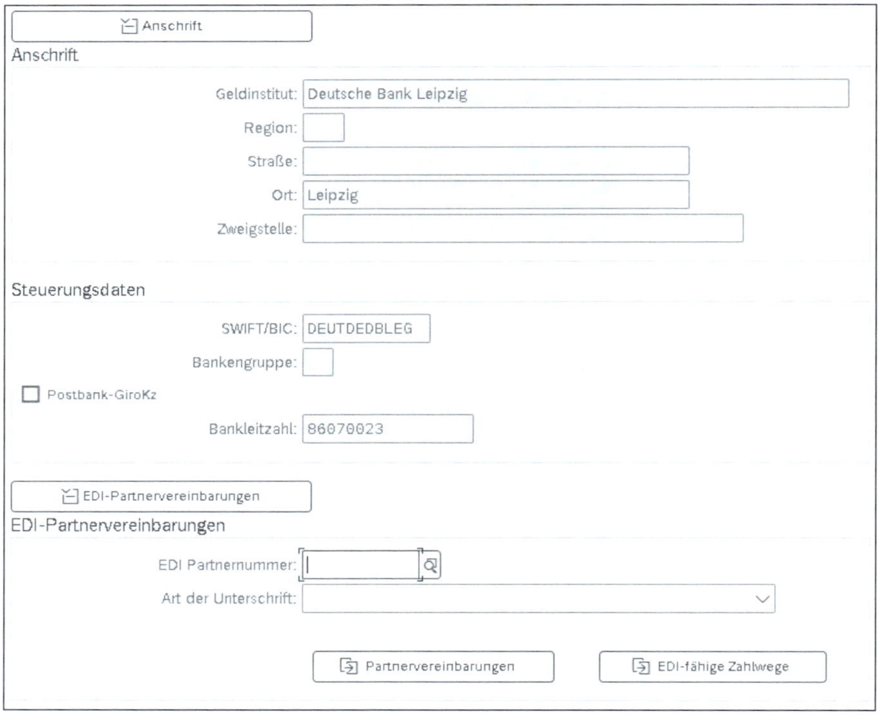

Abbildung 7.7 Anschrift und EDI-Partnervereinbarungen pflegen

Das heißt, welche Informationen das SAP-System benötigt, unterscheidet sich, je nachdem, auf welchem Weg später die Zahlungsträger zur Bank und die Kontoauszüge von der Bank zu Ihnen gelangen.

Meist wird in die Felder **Alternative Bank-Id** und **Bankleitzahl** nochmals die Bankleitzahl eingetragen, sofern dies im Hinblick auf die Länge passt. Gegebenenfalls müssen Sie mit Ihrer Hausbank Rücksprache halten, ob die Bank in der Kommunikation eine alternative Bank-ID benötigt. Da es sich hier nicht um Mussfelder handelt, können

Sie das Feld **Alternative Bank-Id** vorerst auch leer lassen. Sichern Sie Ihre Eingaben mit einem Klick auf Sichern (**Sichern**) oder über [Strg] + [S]. In der Statuszeile des Bildes wird bestätigt, dass die Daten gesichert worden sind. Verlassen Sie die Transaktion mit einem Klick auf < (**Zurück**) oder über die Taste [F3]. Sie befinden sich wieder im Anwendungsmenü. Wenn Sie Transaktion FI12_HBANK erneut starten, sehen Sie im Fenster **Sicht "Hausbanken" ändern: Übersicht** die von Ihnen angelegte Hausbank.

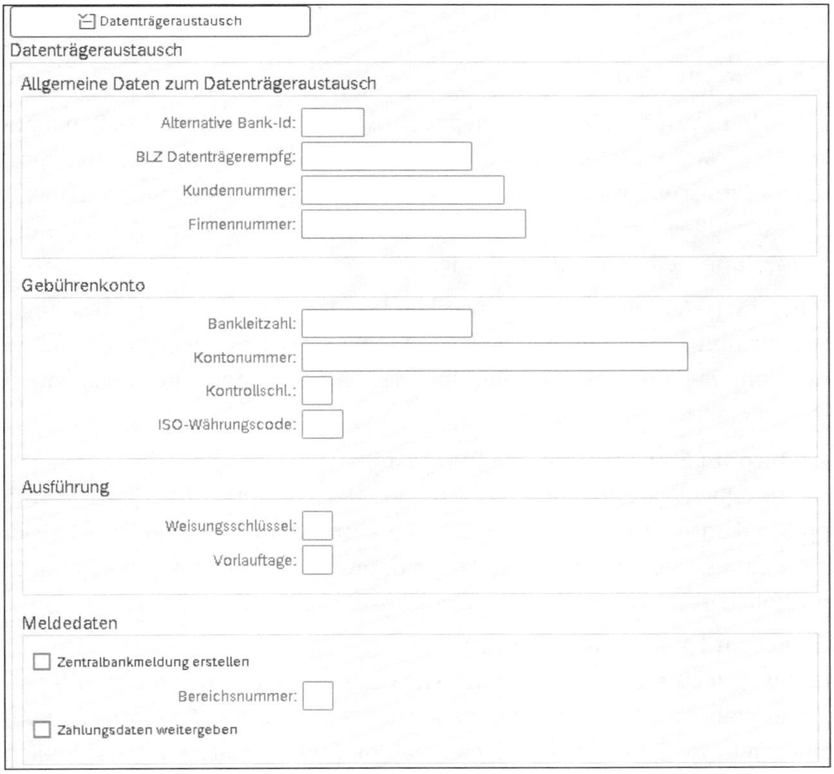

Abbildung 7.8 Details zum Datenträgeraustausch mit der Hausbank

Die Verbindung mit Ihrer Hausbank besteht jeweils aus drei wichtigen Teilen:

- **Bankenschlüssel (Bankleitzahl)**
  Der Bankenschlüssel, auch Bankleitzahl (BLZ) genannt, wird als Stammdaten im jeweiligen SAP-S/4HANA-Mandanten angelegt und kann per ALE verteilt werden. Alternativ können Sie den Bankenschlüssel auch mehrfach anlegen.
- **Hausbank**
  Die Hausbank ist »die Bank an Ihrer Seite«, wird im Customizing abgebildet und entsprechend vom Entwicklungssystem in das produktive System transportiert.

- **Hausbankkonten**
  Es handelt sich bei den Hausbankkonten um die Bankkonten, die die Hausbank für Sie führt. Meist sind es Geschäftskonten, ähnlich wie Girokonten, über die Sie Ihren Zahlungsverkehr mit Ihren Geschäftspartnern abwickeln.

Die Bankkonten werden in SAP S/4HANA als Stammdaten behandelt. Diese Änderungen eröffnen Ihnen neue Möglichkeiten, erfordern aber auch eine Umstellung für die betreffenden Fachbereiche und die IT, wie Sie im nächsten Abschnitt lesen.

7.1.3 Bankkonten verwalten

Mit SAP S/4HANA hat SAP die Verwaltung der *Bankkonten* umgestellt. Die Bankkonten werden jetzt als Stammdaten betrachtet und können daher nicht mehr transportiert werden. Sie müssen, wie andere Stammdaten auch, in jedem SAP-S/4HANA-Mandanten neu gepflegt werden. Dies ist für die meisten bisherigen SAP-ERP-Kunden eine gewöhnungsbedürftige Umstellung.

In SAP ERP hat die IT-Abteilung die Hausbanken und Bankkonten im Entwicklungssystem angelegt und gegebenenfalls dem Zahlungsprogramm zugeordnet. In SAP S/4HANA werden die Bankkonten immer über das SAP Bank Account Management angelegt. Davon gibt es zwei Versionen:

- **SAP Bank Account Management Lite (BAM Lite)**
  BAM Lite ermöglicht es, Bankkonten über eine SAP-Fiori-App anzulegen. Die SAP-Fiori-App **Bankkonten verwalten** (App-ID F1366A) unterstützt Sie zukünftig bei der Pflege ihrer Bankkonten. Die SAP-ERP-Funktionen zum Anlegen von Bankkonten sind weggefallen. BAM Lite können Sie lizenzkostenfrei nutzen!
- **SAP Bank Account Management (BAM)**
  Die Nutzung setzt eine gültige Lizenz des SAP Cash Managements voraus. Dies ermöglicht dann aber auch die Pflege der Hausbanken über die SAP-Fiori-App **Banken verwalten** (App-ID F1574A) und bietet weitere Möglichkeiten, wie das Stellen eines workflowbasierten Antrags, dass man ein neues Bankkonto benötigt. Auch können zur jeweiligen Hausbank bzw. zum jeweiligen Bankkonto umfangreichere Informationen zur Kommunikation oder zu Betragslimits hinterlegt werden.

Weitere Möglichkeiten zur Verteilung der Hausbankkonten finden Sie in SAP-Hinweis 2437574 (Transport of Bank Account Master Data in S/4HANA). Informationen zum Einrichten der dort genannten SAP-Fiori-Apps erhalten Sie in der Implementation Information zur jeweiligen SAP-Fiori-App in der SAP Fiori Apps Reference Library.

Abbildung 7.9 zeigt die Product Features. Durch einen Klick auf **IMPLEMENTATION INFORMATION** gelangen Sie auf die Seite mit den Installationsvoraussetzungen und Konfigurationsanleitungen.

SAP Bank Account Management (BAM)

Beachten Sie, dass die hier für die Bankkontenverwaltung gezeigten SAP-Fiori-Apps Teil der Vollversion des SAP Bank Account Managements sind. Dazu wird die Lizenz des SAP Cash Managements benötigt. Sofern Sie nur SAP Bank Account Management Lite benutzen, lesen Sie SAP-Hinweis 2149337.

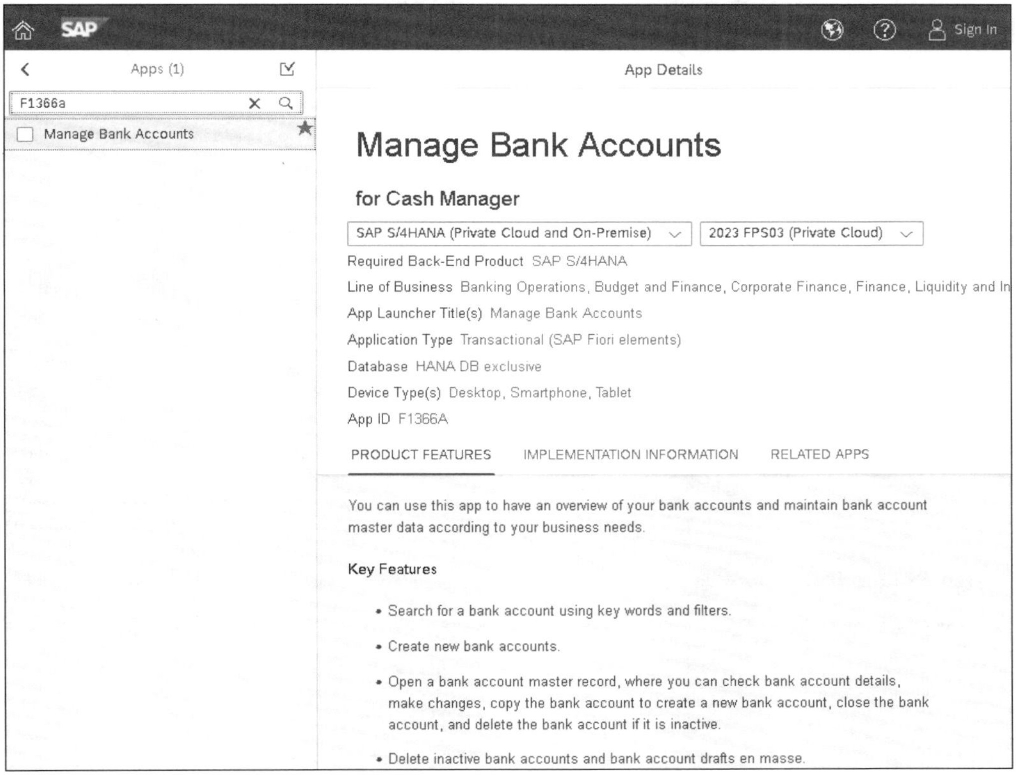

Abbildung 7.9 SAP Fiori Apps Reference Library – Manage Bank Accounts

Tipps zur SAP-Fiori-App »Bankkonten verwalten«

SAP-Hinweis 2568440 (Can not perform Display Bank Accounts option in Manage Banks SAP Fiori Application) listet für das Einrichten der SAP-Fiori-App **Bankkonten verwalten** noch einige Tipps auf.

Für die Anlage eines Bankkontos gehen Sie wie folgt vor: Die Anlage der Bankkonten erfolgt immer über eine SAP-Fiori-App, also starten Sie das SAP Fiori Launchpad und suchen die SAP-Fiori-App **Bankkonten verwalten**(App-ID F1366A). Diese App kann sich schon in einer Gruppe befinden, die Ihrem Benutzer zugeordnet ist. Suchen Sie im SAP Fiori Launchpad die Gruppe **Bankbeziehung**. Alternativ können Sie auch die Suche ganz oben rechts benutzen. Klicken Sie dazu die Lupe an, schreiben Sie in das sich öffnende Textfeld »Bankkonten verwalten«, und drücken Sie die [↵]-Taste. Nun wird das Suchergebnis angezeigt. Klicken Sie die Kachel (SAP-Fiori-App) **Bankkonten verwalten** und dann die App an, um sie zu öffnen. Nun können Sie die Selektion einschränken, indem Sie z. B. in das Feld **Buchungskreis** Ihren Buchungskreis eingeben (siehe Abbildung 7.10). Klicken Sie nun auf [Start] (**Start**), um die Selektion anzustoßen.

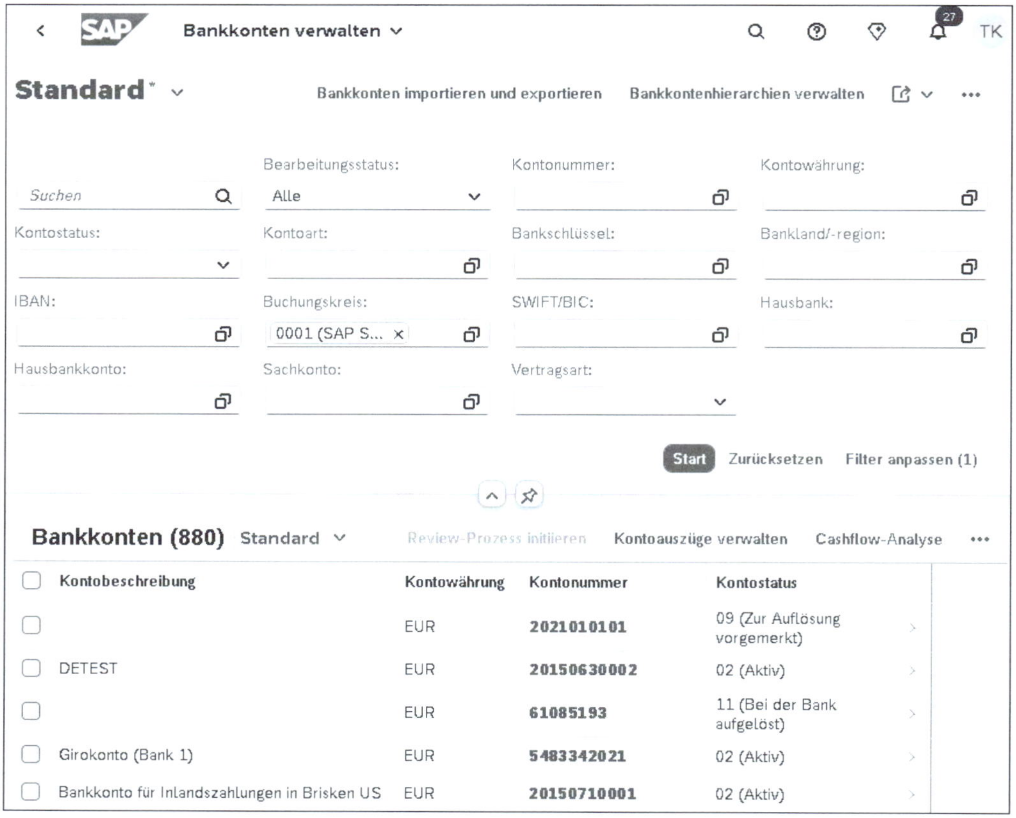

Abbildung 7.10 Bereits eingerichtete Bankkonten anzeigen

Die bereits eingerichteten Bankkonten werden angezeigt, und Sie können die wichtigsten Daten des Bankkontos einsehen. Klicken Sie auf die Einträge in blauer Schrift (ähnlich wie bei einer URL bieten die hervorgehobenen Zeilen die Möglichkeit, zu weiteren Seiten abzuspringen), um sich die Details anzuschauen. In Abbildung 7.10 wäre dies für die Hausbank und den Bankenschlüssel möglich. Für einen Drilldown zum Bankkonto klicken Sie rechts auf einer Zeile eines Bankkontos auf den Button [>] (**Weiter**).

Damit wechseln Sie in die SAP-Fiori-App **Bankkonto** (App-ID F1366A) und sehen nun alle Details zum Bankkonto (siehe Abbildung 7.11). Anhand der verfügbaren Registerkarten am oberen Bildrand sehen Sie, dass Sie nun wesentlich mehr Informationen zu einem Bankkonto ablegen können, als es in SAP ERP möglich war: **Allgemeine Daten**, **Bankbeziehung**, **Zahlungsunterzeichner**, **Überziehungslimits** usw.

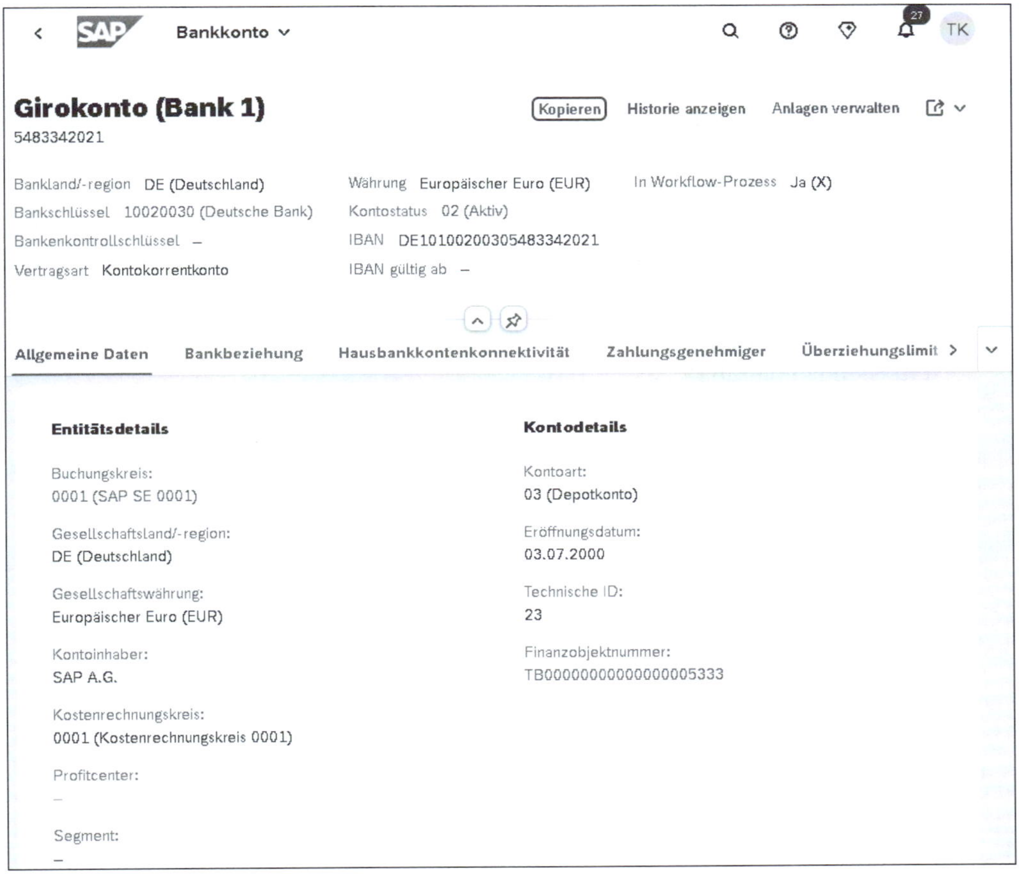

Abbildung 7.11 Detailinformationen zu einem Bankkonto

Nachdem Sie sich mit der SAP-Fiori-App **Bankkonto** vertraut gemacht haben, klicken Sie auf [<] (**Zurück**) oder drücken [F3]. Damit gelangen Sie wieder in die SAP-Fiori-App **Bankkonten verwalten**. Hier finden Sie rechts oberhalb der aufgelisteten Bankkonten den Button [Anlegen] (**Anlegen**) oder drücken Sie [Strg] + [↵].

Mit einem Klick auf diesen Button gelangen Sie in das Bild zur Bankkontenpflege. Mit einem roten Stern sind alle Mussfelder gekennzeichnet, die zwingend ausgefüllt werden müssen. Es wird direkt geprüft, ob die IBAN richtig gepflegt ist (siehe Abbildung 7.12).

Wenn Sie mindestens alle Mussfelder ausgefüllt haben, finden Sie unten rechts den Button **Review-Prozess initiieren** (im Bild nicht zu sehen). Voraussetzung zur Nutzung dieses Genehmigungsprozesses ist die Aktivierung des Freigabe-Workflows. Damit wird das Bankkonto nochmals gesichert (gegebenenfalls ist es schon automatisch als Entwurf gesichert worden) und wird zur Genehmigung durch eine weitere Person weitergeleitet. Entweder gleich bei der Anlage des Bankkontos oder zu einem späteren Zeitpunkt können Sie weitere Informationen zum Bankkonto hinterlegen, z. B. Unterzeichner, Limits usw.

Für die Aktivierung des Genehmigungs-Workflows folgen Sie dem Customizing-Pfad **Financial Supply Chain Management • Bankkontenverwaltung • Zuständigkeiten für in Workflow-Schritten verwendete Regeln definieren**. Da die Umstellung der Bankkontenpflege ohnehin schon sehr gewöhnungsbedürftig ist und die SAP-Kunden dies nicht noch weiter verkomplizieren möchten, verzichten sie meist auf diese funktionale Möglichkeit.

Bei der Weiterleitung des Bankkontos zur Genehmigung finden weitere Prüfungen statt (siehe Abbildung 7.13).

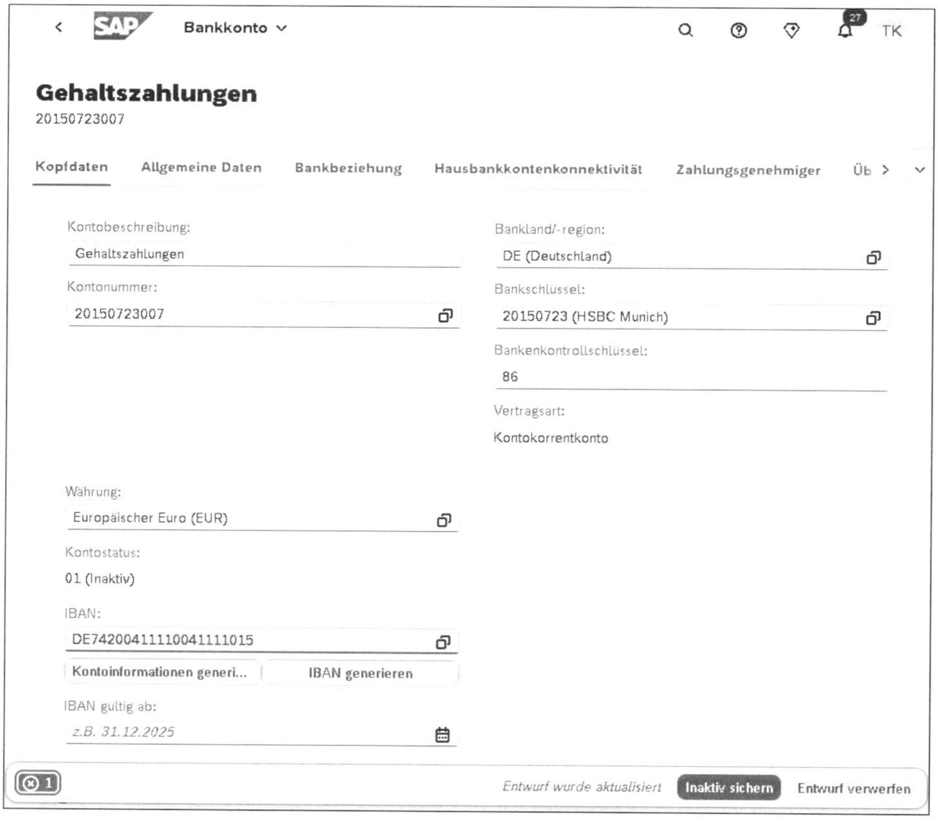

Abbildung 7.12 Bankkonto anlegen

Im Pop-up-Fenster **Meldungen** werden die Meldungen angezeigt. Wenn es zur jeweiligen Meldung einen Langtext gibt, können Sie auf [>] (**Weiter**) klicken, und Ihnen wird der Langtext der Meldung angezeigt.

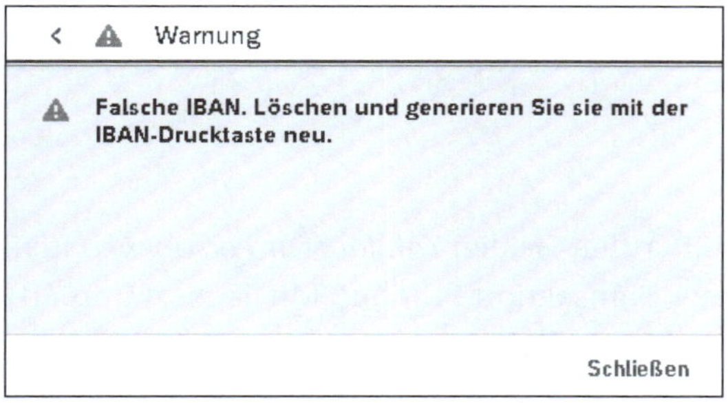

Abbildung 7.13 Meldungen beim Sichern eines Bankkontos

Klicken Sie auf **Schließen**, um das Sichern des Bankkontos abzuschließen. Sie kommen nun zurück zur SAP-Fiori-App **Bankkonten verwalten**, in der Sie Ihr soeben angelegtes Bankkonto finden. Nachdem es genehmigt worden ist, können Sie weitere Änderungen an dem Bankkonto vornehmen. Solange sich das Bankkonto noch im Genehmigungsprozess befindet, können Sie es nicht verwenden und auch nicht bearbeiten (siehe Abbildung 7.14).

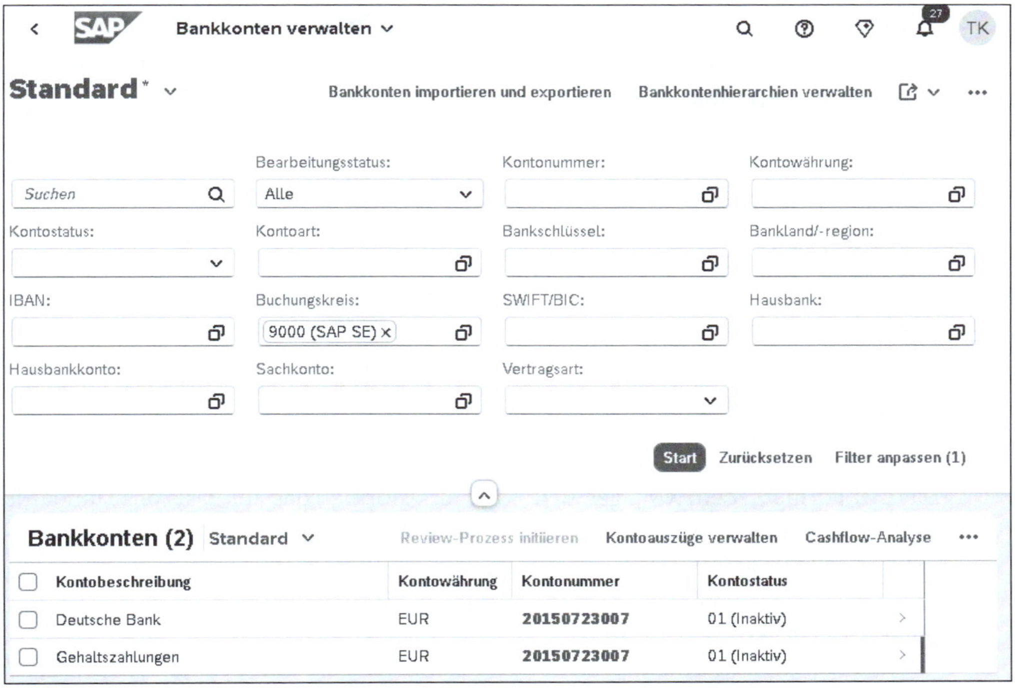

Abbildung 7.14 Neu angelegtes Bankkonto

Das neu angelegte Bankkonto befindet sich im Status inaktiv. Siehe Spalte **Kontostatus 01 (Inaktiv)**.

Damit sind nun die Vorbereitungen bezüglich der Hausbanken und Bankkonten abgeschlossen. Im nächsten Abschnitt wenden wir uns dem Zahlungsprogramm zu.

7.2 Zahlungsprogramm

In SAP S/4HANA (ebenso wie in SAP ERP) rufen Sie den *Zahllauf für Personenkonten*, also für Debitoren und Kreditoren, über Transaktion F110 auf. Mit Transaktion F111 starten Sie ebenfalls den Zahllauf, nun aber für *Zahlungsanordnungen*. Zahlungsanordnungen sind Zahlungen, die Sie von einem Sachkonto aus ausführen. Der Zahllauf in SAP ERP und der Zahllauf in SAP S/4HANA verfügen im Wesentlichen über die gleichen Funktionen:

- **Zahlungsträgerformate**
  Es werden verschiedene Zahlungsträgerformate unterstützt. Meist werden heute die XML-basierten Zahlungsträgerformate von SEPA oder das international gebräuchliche CGI-Format (Common Global Implementation Initiative) genutzt. Die Zahlungsträgerformate werden im DMEE-Baum (Transaktion DMEE) gepflegt.
- **Zahlwege**
  Der Zahllauf kann alle möglichen Arten von Zahlwegen abbilden, z. B. Überweisung, Eilüberweisung, Einzug oder Scheck, um nur die gängigsten zu erwähnen.
- **Behandlung offener Posten**
  Sie können mit dem Zahllauf kreditorische und debitorische offene Posten einzeln bezahlen, Posten zusammenfassen oder auch miteinander verrechnen oder nur die Differenz bezahlen bzw. einziehen.
- **Zahlungsavise**
  Mit dem Zahllauf können Sie Zahlungsavise drucken oder per E-Mail versenden.
- **Zahlungslisten**
  Sie können mit dem Zahllauf Zahlungslisten erstellen.
- **Schecks**
  Sie können mit dem Zahllauf Schecks drucken.

Das CGI-Format ist ein XML-gestütztes Zahlungsformat, das auf Basis des Standards ISO 20022 entwickelt wurde. Das CGI-Format als weltweit gültiges, währungsübergreifendes Format hat sich aber nicht durchgesetzt. Dadurch kam es unter Führung des European Payments Council zur Einführung des Formats Single European Payment Area (SEPA).

Zahlungsträgerformate

Für das international übliche Zahlungsträgerformat CGI lesen Sie SAP-Hinweis 2056456 (CGI: CGI_XML_CT/CGI_XML_DD: Sammelhinweis für CGI-Formate gemäß ISO-20022-Vorgaben).

Für SEPA-Zahlungsträger lesen Sie die beiden folgenden Sammelhinweise:

- SAP-Hinweis 2307958 (DMEE-Baumänderungen für SEPA Direct Debit ab November 2016)
- SAP-Hinweis 2329514 (Konfigurationsänderungen für SEPA Direct Debit ab November 2016)
- SAP-Hinweis 3370503 (S4TWL – DMEE)

Beim Zahllauf in SAP S/4HANA entsteht, wie bisher auch in SAP ERP, ein Zahlungsträger, also eine Datei, in der die Zahlungen enthalten sind. Abbildung 7.15 zeigt einen Ausschnitt aus einer XML-Datei. In dem Beispiel handelt es sich um die Anzeige eines CGI-Datenträgers.

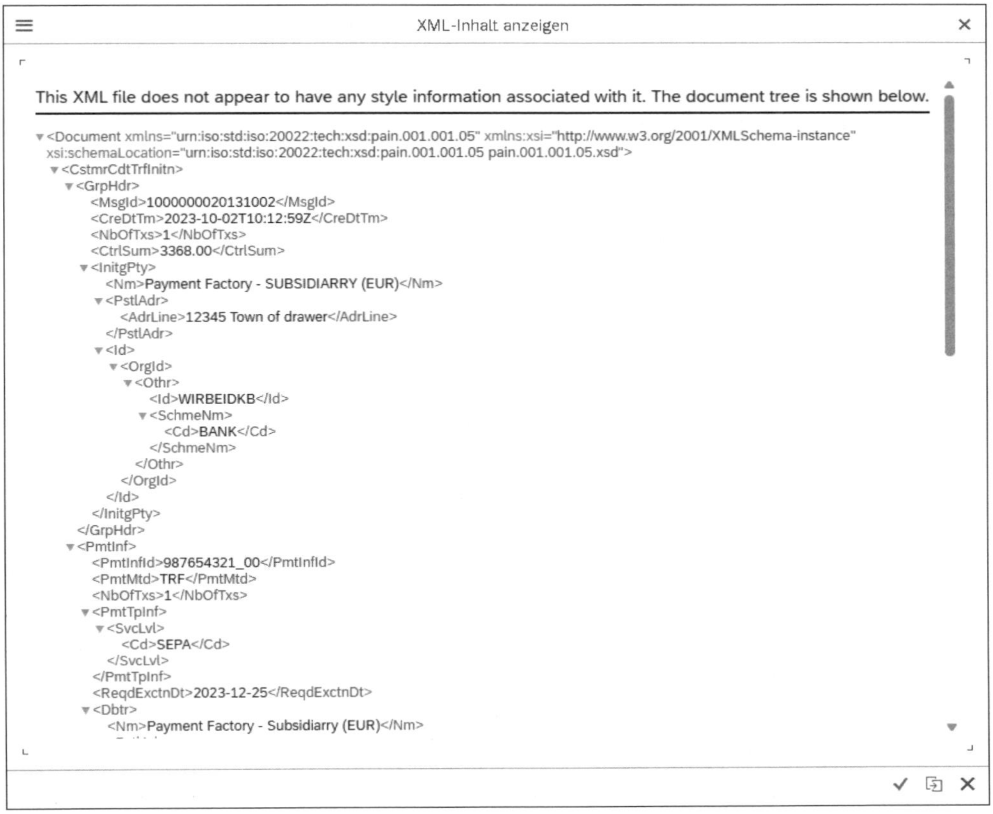
XML-Inhalt anzeigen
This XML file does not appear to have any style information associated with it. The document tree is shown below.
<Document xmlns="urn:iso:std:iso:20022:tech:xsd:pain.001.001.05" xmlns:xsi="http://www.w3.org/2001/XMLSchema-instance" xsi:schemaLocation="urn:iso:std:iso:20022:tech:xsd:pain.001.001.05 pain.001.001.05.xsd">
<CstmrCdtTrfInitn>
<GrpHdr>
<MsgId>1000000020131002</MsgId>
<CreDtTm>2023-10-02T10:12:59Z</CreDtTm>
<NbOfTxs>1</NbOfTxs>
<CtrlSum>3368.00</CtrlSum>
<InitgPty>
<Nm>Payment Factory - SUBSIDIARRY (EUR)</Nm>
<PstlAdr>
<AdrLine>12345 Town of drawer</AdrLine>
</PstlAdr>
<Id>
<OrgId>
<Othr>
<Id>WIRBEIDKB</Id>
<SchmeNm>
<Cd>BANK</Cd>
</SchmeNm>
</Othr>
</OrgId>
</Id>
</InitgPty>
</GrpHdr>
<PmtInf>
<PmtInfId>987654321_00</PmtInfId>
<PmtMtd>TRF</PmtMtd>
<NbOfTxs>1</NbOfTxs>
<PmtTpInf>
<SvcLvl>
<Cd>SEPA</Cd>
</SvcLvl>
</PmtTpInf>
<ReqdExctnDt>2023-12-25</ReqdExctnDt>
<Dbtr>
<Nm>Payment Factory - Subsidiarry (EUR)</Nm>

Abbildung 7.15 CGI-Datenträger prüfen

Diesen Datenträger müssen Sie nach der Erstellung durch den Zahllauf (Transaktion F110) noch herunterladen und auf den Weg zu Ihrer Hausbank bringen, sodass die Hausbank die Zahlungsträgerdatei verarbeiten kann.

Diesen Zahlungsträger können Sie auf verschiedene Arten zu Ihrer Bank schicken. Heute ist es meist noch üblich, dass Sie den Zahlungsträger herunterladen und auf der Webseite der jeweiligen Hausbank oder über eine separate Software der Hausbank an die IT-Systeme der Hausbank zur weiteren Verarbeitung übergeben.

Als Alternative können Sie das SAP Bank Communication Management nutzen, das in der SAP-Cash-Management-Lizenz enthalten ist. Weitere Informationen zum SAP Bank Communication Management finden Sie im SAP Help Portal:

https://help.sap.com/docs/SAP_S4HANA_ON-PREMISE/e200555127f24878bed8d1481c9d5a0b/3f7ad0531d8b4208e10000000a174cb4.html?locale=de-DE (Kurz-URL: *http://s-prs.de/v10687007*)

Das SAP Bank Communication Management dient der Verwaltung von Schnittstellen für die Kommunikation mit Banken und ermöglicht Ihnen, sich mit Ihrer Bank in Verbindung zu setzen, den gesamten Lebenszyklus einer Transaktion zu verfolgen sowie das Straight-through-Processing (STP) und die Einhaltung der internen Richtlinien zu verbessern. Das SAP Bank Communication Management ist darüber hinaus zuständig für das Anlegen und Genehmigen von Batches, für den Zahlungsstatusmonitor und den Kontoauszugsmonitor.

Wenn Sie mit dem SAP Bank Communication Management arbeiten, können die Zahlungen in einem oder mehreren Zahlläufen in einem Zahlungsstatusmonitor abgebildet und bearbeitet werden. Dieser Monitor dient darüber hinaus als Ablage für eingehende Statusmeldungen von SWIFT und einzelnen Banken. Die Zahlungen im Zahllauf können, Ihren Anforderungen entsprechend, in einem oder mehreren Batches zusammengefasst werden. Die Zahlungen können z. B. nach niederem oder hohem Zahlungsbetrag gruppiert werden. Außerdem haben Sie die Möglichkeit, zum Genehmigen, Ablehnen oder Wiedervorlegen von Zahlungen digitale Signaturen zu verwenden.

Eine weitere Alternative zur Übertragung der Zahlungsträger an die Hausbank wäre die Lösung *SAP Multi-Bank Connectivity*. SAP Multi-Bank Connectivity ist eine Konnektivitätslösung auf der Grundlage eines gehosteten Software-as-a-Service-Modells (SaaS). Sie ermöglicht angeschlossenen Banken und deren Unternehmenskunden den Austausch von Nachrichten. Um diese Lösung verwenden zu können, müssen Unternehmenskunden der Bank den Konnektor für SAP Multi-Bank Connectivity installieren. Dieser Konnektor ist als SAP-ERP-Add-on verfügbar.

Der Konnektor bietet eine komplette Integration mit den Funktionen zur Zahlungsverarbeitung in SAP S/4HANA und SAP ERP. Zahlungsnachrichten können nach einem Zahllauf automatisch über SAP Multi-Bank Connectivity an die entsprechende Bank gesendet werden. Als Antwort erhält der Konnektor Zahlungsstatusnachrichten und Kontoauszüge ebenfalls über SAP Multi-Bank Connectivity und kann diese automatisch verarbeiten. Der Konnektor unterstützt nicht nur den Zahlungsprozess, sondern kann auch Nachrichten aus anderen Geschäftsprozessen senden und empfangen. Informationen zu SAP Multi-Bank Connectivity finden Sie hier: *https://www.sap.com/germany/products/financial-management/multi-bank-connectivity.html.*

Mit der *erweiterten Zahlungsverwaltung* (Advanced Payment Management) bietet SAP eine weitere Möglichkeit, um dessen Zahlungsprozesse konzernweit zu zentralisieren. Das Advanced Payment Management ist in andere Bereiche von SAP S/4HANA wie In-House Cash, Cash Management, Bank Communication Management, Bankkontenverwaltung und Hauptbuch integriert. Weitere Informationen zum Advanced Payment Management finden Sie im SAP Help Portal:

https://help.sap.com/docs/SAP_S4HANA_ON-PREMISE/e200555127f24878bed8d1481c9d5a0b/2945c7d799ac46f0bdb0267f9fd7a289.html?locale=de-DE (Kurz-URL: *http://s-prs.de/v10687008*)

Im Folgenden gehen wir auf die Einstellungen des bekannten Zahlungsprogramms von Transaktion F110 ein.

Für die Einstellungen des Zahlungsprogramms folgen Sie dem Customizing-Pfad **Finanzwesen • Debitoren- und Kreditorenbuchhaltung • Geschäftsvorfälle • Zahlungsausgang • Zahlungsausgang automatisch**.

Abbildung 7.16 zeigt den umfangreichen Customizing-Pfad für die Einrichtung des automatischen Zahlens. Nicht alle Customizing-Punkte werden dazu zwangsläufig benötigt. Das hängt natürlich von Ihren Anforderungen an das automatische Zahlen ab, aber auch davon, welches Zahlungsträgerformat Sie verwenden.

Übersichtlicher wird das Customizing des Zahlungsprogramms, wenn Sie Transaktion FBZP (Customizing Zahlungsprogramm pflegen) aufrufen.

In Transaktion FBZP sind die wichtigsten Customizing-Einstellungen zusammengefasst. Im Einstiegsbild von Transaktion FBZP (siehe Abbildung 7.17) sehen Sie die Customizing-Punkte, die zwingend eingestellt bzw. kontrolliert werden müssen:

- Alle Buchungskreise
- Zahlende Buchungskreise
- Zahlwege im Land
- Zahlwege im Buchungskreis
- Bankenfindung
- Hausbanken

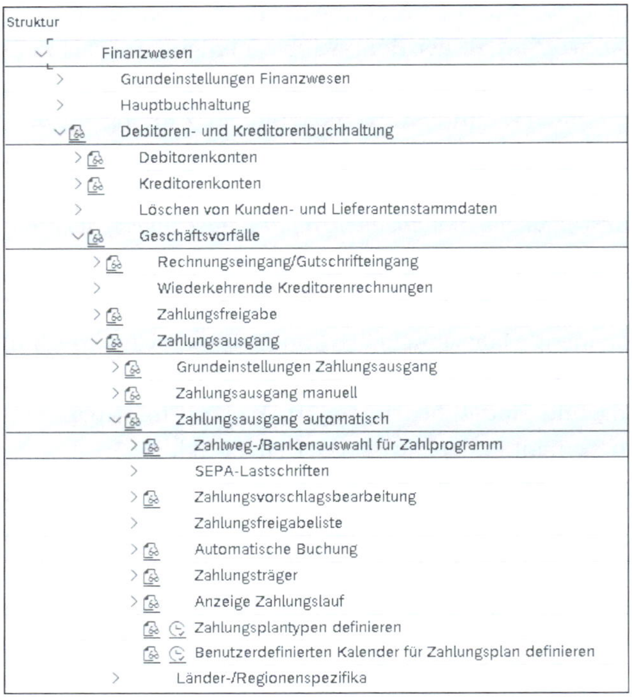

Abbildung 7.16 Customizing-Pfad für automatisches Zahlen

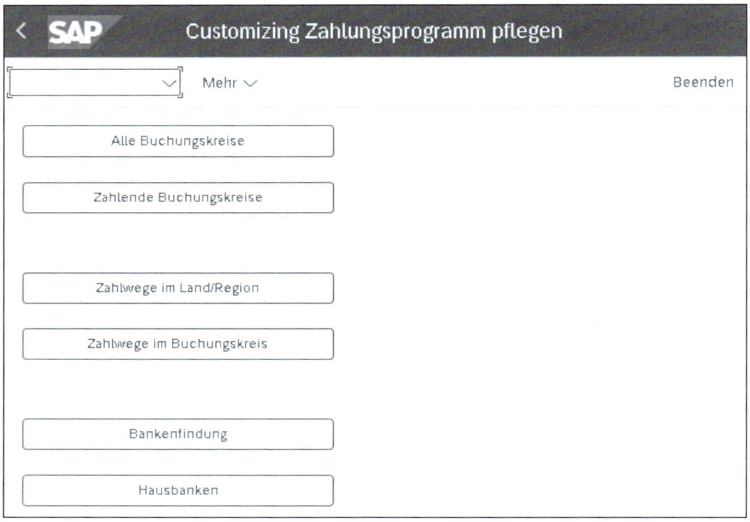

Abbildung 7.17 Einstieg in das Customizing des Zahlungsprogramms (Transaktion FBZP)

Klicken Sie als Erstes auf den Button **Alle Buchungskreise**. Nun gelangen Sie in eine tabellarische Übersicht mit allen Buchungskreisen, die es in Ihrem SAP-S/4HANA-

System gibt (siehe Abbildung 7.18). Klicken Sie doppelt auf den Buchungskreis 9000. Damit gelangen Sie eine Ebene tiefer in das Fenster **Sicht "Buchungskreise" ändern: Übersicht** (siehe Abbildung 7.18).

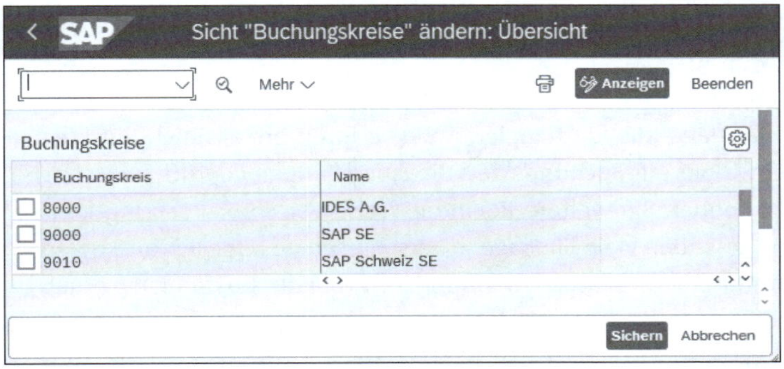

Abbildung 7.18 Übersicht über die vorhandenen Buchungskreise

Abbildung 7.19 zeigt nun die Einstellungen, die für den Buchungskreis 9000 bereits vorgenommen worden sind.

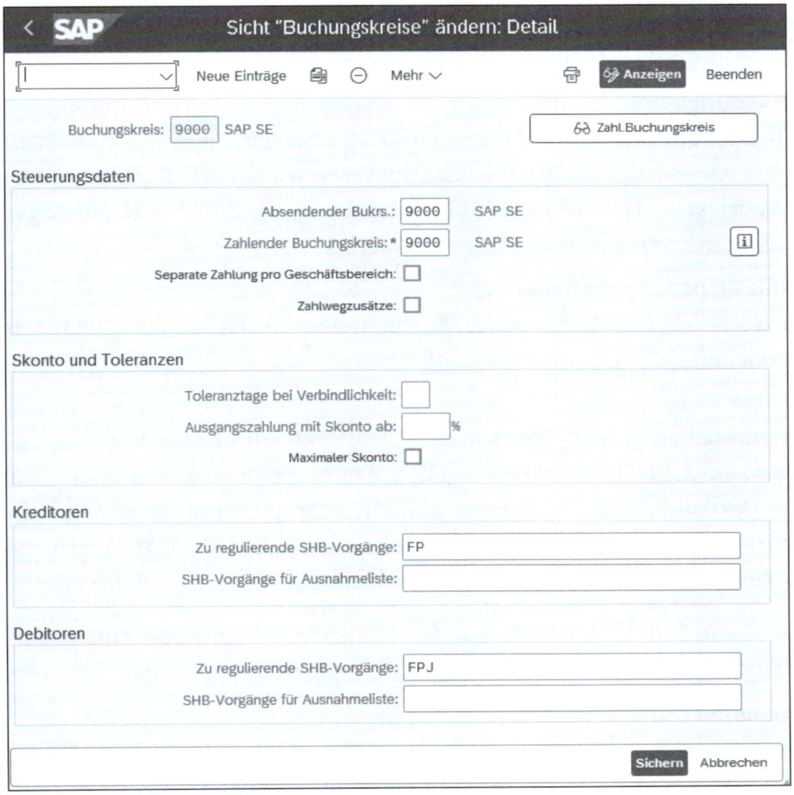

Abbildung 7.19 Buchungskreise pflegen

Diese müssen wir kontrollieren bzw. entsprechend den Anforderungen an das Zahlungsprogramm anpassen. Dadurch, dass wir den Buchungskreis 9000 als Kopie des Buchungskreises 0001 erstellt haben, sind bereits einige Einträge vorhanden.

[»]

Buchungskreise kopieren

Legen Sie Ihre Buchungskreise nie manuell an. Wählen Sie immer eine möglichst passende Buchungskreisvorlage aus, und kopieren Sie so Ihren ersten Buchungskreis. Nachdem Sie bei dem kopierten Buchungskreis die Einstellungen geprüft, angepasst und getestet haben, können Sie weitere Buchungskreise von Ihrer Buchungskreiskopie erzeugen. Damit werden viele Einträge in verschiedenste Tabellen mitkopiert, z. B. das Zahlungsprogramm. Dies erleichtert Ihnen die Arbeit im Customizing erheblich.

Einige Felder, z. B. für Buchungskreisbezeichnung, Steuernummern, Hausbanken und Bankkonten, also für jeden Buchungskreis individuelle Einstellungen, müssen dann nur noch angepasst werden.

Im Bereich **Steuerungsdaten** können Sie die folgenden Einstellungen vornehmen:

- **Absendender Bukrs.**
  Das ist der Buchungskreis, der Ihrem Geschäftspartner bekannt ist.
- **Zahlender Buchungskreis**
  Der zahlende Buchungskreis ist der Buchungskreis, über den die Zahlungen abgewickelt werden. Meist ist es der gleiche Buchungskreis wie im Feld **Buchungskreis**. Es kann aber auch sein, dass Sie die Zahlungen über einen anderen Buchungskreis ausführen; dann müssen Sie diesen hier eintragen.
- **Separate Zahlung pro Geschäftsbereich**
  Dieses Kennzeichen bewirkt, dass offene Posten eines Kontos aus verschiedenen Geschäftsbereichen getrennt reguliert werden.
- **Zahlwegzusätze**
  Ist dieses Kennzeichen gesetzt, kann in den Debitoren und Kreditoren des Buchungskreises ein Zahlwegzusatz vorgegeben werden. Dieser Zusatz dient zur Gruppierung der Zahlungen. Zahlungen können auch getrennt nach Zahlwegzusätzen gedruckt bzw. beim Druck danach sortiert werden. Der Zahlwegzusatz wird bei der Belegerfassung vorgeschlagen und kann dort überschrieben werden.

Für die Bezahlung von Rechnungen oder für den Bankeinzug können Sie **Toleranzen** hinterlegen, die vom Zahlungsprogramm berücksichtigt werden.

- **Toleranztage bei Verbindlichkeit**
  Das Feld **Toleranztage bei Verbindlichkeit** gibt die Anzahl der Tage an, um die die Skontofristen und die Frist für die Nettofälligkeit überschritten werden dürfen.

Bei der Fälligkeitsermittlung verschieben sich die Daten um die hier angegebene Anzahl von Tagen. So wird die Zahlung unter Umständen später geleistet, als es bei genauer Einhaltung der Zahlungsbedingung vorgesehen ist.

- **Ausgangszahlung mit Skonto ab**
  Das Feld **Ausgangszahlung mit Skonto ab** gilt nur für Posten, die mindestens den hier angegebenen Skontoprozentsatz aufweisen. Diese werden unter Abzug von Skonto reguliert. Wird der Prozentsatz unterschritten, erfolgt die Regulierung erst zur Nettofälligkeit.
- **Maximaler Skonto**
  Das Feld **Maximaler Skonto** bewirkt, dass immer das maximale Skonto gezogen wird, auch wenn der offene Posten schon überfällig ist.

Für die **Kreditoren** stehen Ihnen die folgenden Einstellungen zur Verfügung:

- **Zu regulierende SHB-Vorgänge**
  Das Feld **Zu regulierende SHB-Vorgänge** erlaubt es, dass alle offenen Kreditorenposten, die mit einem der genannten *Sonderhauptbuchkennzeichen* erfasst worden sind, bei der Regulierung mitberücksichtigt werden.
- **SHB-Vorgänge für Ausnahmeliste**
  Das Feld **SHB-Vorgänge für Ausnahmeliste** erlaubt es, dass alle offenen Kreditorenposten, die mit einem der genannten Sonderhauptbuchkennzeichen erfasst worden sind, in der Ausnahmeliste ausgegeben werden.

Für die **Debitoren** stehen Ihnen die folgenden Einstellungen zur Verfügung:

- **Zu regulierende SHB-Vorgänge**
  Das Feld **Zu regulierende SHB-Vorgänge** erlaubt es, dass alle offenen Debitorenposten, die mit einem der genannten Sonderhauptbuchkennzeichen erfasst worden sind, bei der Regulierung mitberücksichtigt werden.
- **SHB-Vorgänge für Ausnahmeliste**
  Das Feld **SHB-Vorgänge für Ausnahmeliste** erlaubt es, dass alle offenen Debitorenposten, die mit einem der genannten Sonderhauptbuchkennzeichen erfasst worden sind, in der Ausnahmeliste mit ausgegeben werden.

Sonderhauptbuchvorgänge sind Belegpositionen, die mit einem Sonderhauptbuchkennzeichen gebucht werden. Über das Sonderhauptbuchkennzeichen wird der jeweilige offene Posten auf ein separates, vom Geschäftspartnerstammsatz abweichendes Abstimmkonto gebucht. Sonderhauptbuchvorgänge sind z. B. Anzahlungen, Darlehen und Einbehalte. Sichern Sie Ihre Einstellungen mit einem Klick auf Sichern (**Sichern**) oder über [Strg] + [S]. Klicken Sie anschließend zweimal auf < (**Zurück**), oder drücken Sie die Taste [F3]. Sie befinden sich wieder im Einstiegsbild von Transaktion FBZP (Customizing Zahlungsprogramm pflegen), siehe Abbildung 7.17 weiter vorn.

Nun klicken Sie auf den Button **Zahlende Buchungskreise**. Sie sehen wieder die Übersicht aller Buchungskreise. Klicken Sie wiederum doppelt auf Buchungskreis 9000. Damit gelangen Sie in das Fenster **Sicht "Zahlende Buchungskreise" ändern: Detail**.

Sie haben nun wieder die Möglichkeit, zahlreiche Einstellungen vorzunehmen bzw. zu kontrollieren (siehe Abbildung 7.20). Einige Daten können aus einer Buchungskreisvorlage übernommen worden sein.

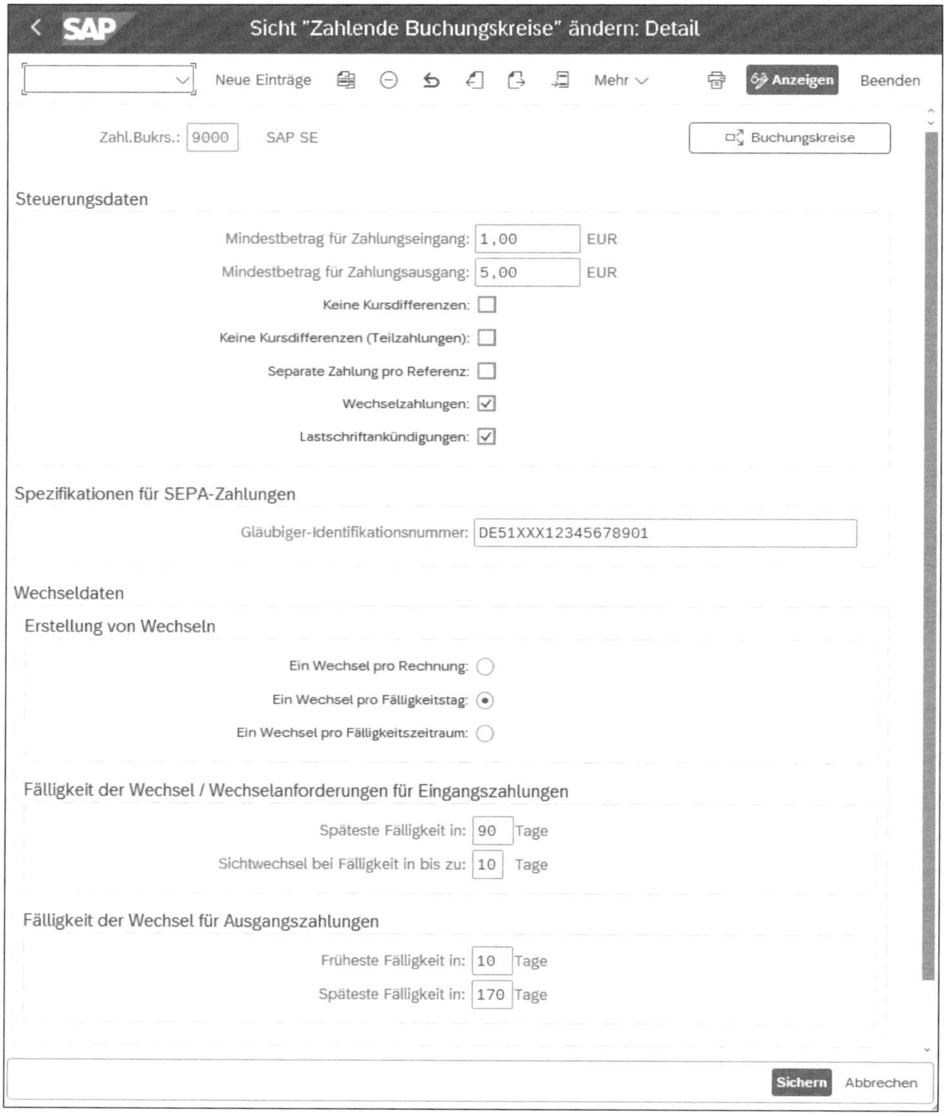

Abbildung 7.20 Einstellungen für zahlende Buchungskreise

Im Bereich **Steuerung** legen Sie die folgenden Einstellungen fest:

- **Mindestbetrag für Zahlungseingang**
  Hier legen Sie den Mindestbetrag für Einzüge fest. Wird dieser unterschritten, erfolgt kein Einzug, und die betreffenden Posten werden in der Ausnahmeliste angedruckt.
- **Mindestbetrag für Zahlungsausgang**
  An dieser Stelle legen Sie den Mindestbetrag für Überweisungen fest. Wird dieser unterschritten, erfolgt keine Überweisung, und die betreffenden Posten werden in der Ausnahmeliste angedruckt.
- **Keine Kursdifferenzen**
  Diese Einstellung bewirkt, dass das Zahlungsprogramm keine Kursdifferenzen bucht.
- **Keine Kursdifferenzen (Teilzahlungen)**
  Diese Einstellung bewirkt, dass das Zahlungsprogramm für Teilzahlungen (per Transaktion F-59 gebuchte Zahlungsanforderungen) keine Kursdifferenzen bucht.
- **Separate Zahlung pro Referenz**
  Mit einer Zahlung können nur Rechnungen und Gutschriften reguliert werden, die die gleiche Zahlungsreferenz haben. Setzen Sie dieses Kennzeichen, wenn in Ihrem Land Zahlungsverfahren verwendet werden, bei denen eine Zahlungsreferenz pro Zahlung angegeben werden soll.
- **Wechselzahlungen**
  Diese Einstellung bewirkt, dass die Felder zum Zahlungsverkehr mit Wechseln eingeblendet werden.
- **Lastschriftankündigungen**
  Dieses Kennzeichen setzen Sie, wenn Sie Lastschriften ankündigen möchten. Für SEPA-Zahlwege wird diese Einstellung aber nicht benötigt. In diesem Kontext werden die Einstellungen in den SEPA-Mandaten verwendet.

Im Feld **Gläubiger-Identifikationsnummer** hinterlegen Sie die Ihrem Unternehmen zugeteilte Gläubiger-Identifikationsnummer. Diese wird meist von den Nationalbanken ausgegeben. Für Deutschland finden Sie die Informationen der Deutschen Bundesbank dazu unter der folgenden Adresse: *https://www.bundesbank.de/de/aufgaben/unbarer-zahlungsverkehr/serviceangebot/sepa/glaeubiger-identifikationsnummer/* (Kurz-URL: *http://s-prs.de/v10687009*).

Ein *Wechsel* ist eine Zahlungsform, die heute in Deutschland nicht mehr üblich ist. In anderen Ländern werden Wechsel aber durchaus noch verwendet, auch wenn sich der elektronische Zahlungsverkehr langsam durchsetzt. Damit verliert nicht nur der Wechsel, sondern auch der Scheck an Bedeutung.

Sie haben die folgenden Möglichkeiten, um **Wechseldaten** einzurichten:

- **Erstellung von Wechseln**
  Hier legen Sie fest, wie viele bzw. wann ein Wechsel erstellt werden soll.
- **Fälligkeit der Wechsel/Wechselanforderungen für Eingangszahlungen**
  Hier legen Sie die maximale Laufzeit für einen Wechsel fest. Für Sichtwechsel liegt die Fälligkeit meist unter der maximalen Laufzeit; dann muss das Feld **Sichtwechsel bei Fälligkeit in bis zu** ausgefüllt werden.
- **Fälligkeit der Wechsel für Ausgangszahlungen**
  Hier geben Sie die minimale und die maximale Laufzeit eines Wechsels für Ausgangszahlungen an.

Nachdem Sie die genannten Einstellungen vorgenommen haben, klicken Sie auf **Formulare** (siehe Abbildung 7.20). Damit werden zwei weitere Zeilen sichtbar. Über das Dropdown-Menü können Sie den Formulartyp auswählen und anschließend ein entsprechendes Formular hinterlegen. Dies ist nur notwendig, wenn Sie sogenannte *Zahlungsavise* verschicken möchten. Zahlungsavise werden genutzt, um eine Zahlung entweder anzukündigen oder dem Zahlungsempfänger mitzuteilen, wie sich eine Zahlung zusammensetzt. Da der Verwendungszweck meist nicht ausreicht, kann zur richtigen Zuordnung der Zahlung beim Zahlungsempfänger ein Zahlungsavis hilfreich sein. Für den Fall, dass Sie EDI-Zahlungen verwenden und einen Begleitzettel wünschen, hinterlegen Sie ein entsprechendes Formular.

Klicken Sie als Nächstes auf den Button **Absenderangaben** (siehe Abbildung 7.20). Damit werden weitere Felder sichtbar, in denen Sie Ihre Absenderadresse hinterlegen (siehe Abbildung 7.21). Die Absenderadresse wird dann auf dem Zahlungsträger, Zahlungsavis oder EDI-Begleitzettel gedruckt bzw. hinterlegt (EDI = Electronic Data Interchange). Beachten Sie, dass Sie für SAPscript-Formulare und PDF-basierte Formulare die Absenderangaben separat pflegen müssen.

[»]

Formulare erstellen

Wenn Sie SAP S/4HANA neu implementieren, werden Sie vermutlich PDF-Formulare verwenden. SAPscript funktioniert aber auch weiterhin und wird noch von SAP unterstützt.

Sichern Sie Ihre Einstellungen mit einem Klick auf Sichern (**Sichern**) oder über die Tastenkombination Strg + S. Klicken Sie anschließend zweimal auf < (**Zurück**), oder drücken Sie die Taste F3. Sie befinden sich wieder im Einstiegsbild von Transaktion FBZP.

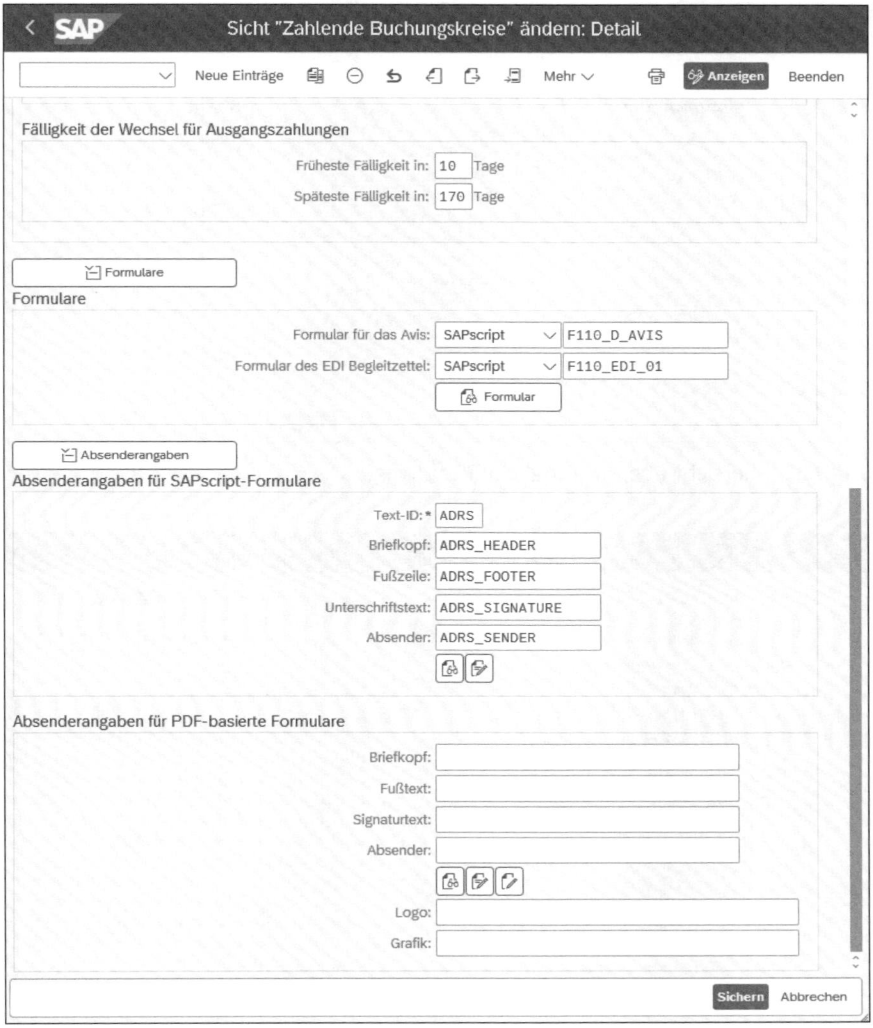

Abbildung 7.21 Formulare und Absenderangaben auswählen

Klicken Sie als Nächstes auf **Zahlwege im Land**. Im Fenster **Sicht "Zahlweg/Land" ändern: Übersicht** sehen Sie alle Zahlwege, die zu diesem Zeitpunkt im jeweiligen Land, hier DE, eingerichtet sind (siehe Abbildung 7.22). Für viele mögliche Zahlwege finden Sie Vorlagen, die Sie direkt verwenden oder kopieren und anpassen können.

Durch einen Doppelklick auf einen Zahlweg gelangen Sie in das Fenster **Sicht "Zahlweg/Land" ändern: Detail** (siehe Abbildung 7.23). Dort nehmen Sie die Einstellungen für den Zahlweg vor, die dann nur für Buchungskreise aus dem jeweiligen Land gelten! Wenn Sie mehrere Länder implementieren, müssen Sie die Einstellungen für jedes Land wiederholen.

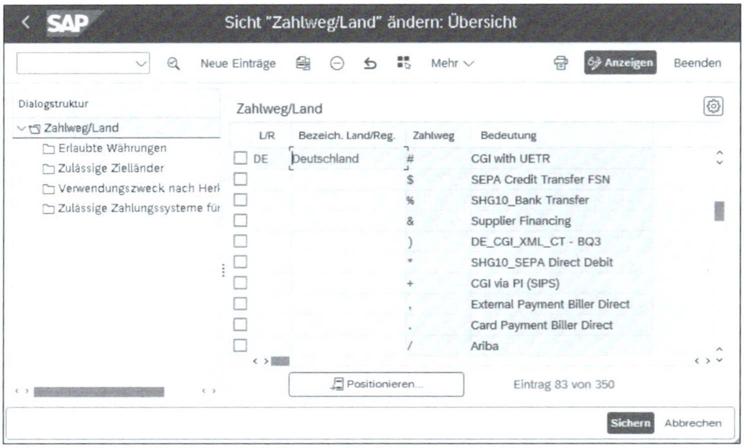

Abbildung 7.22 Übersicht über die möglichen Zahlwege

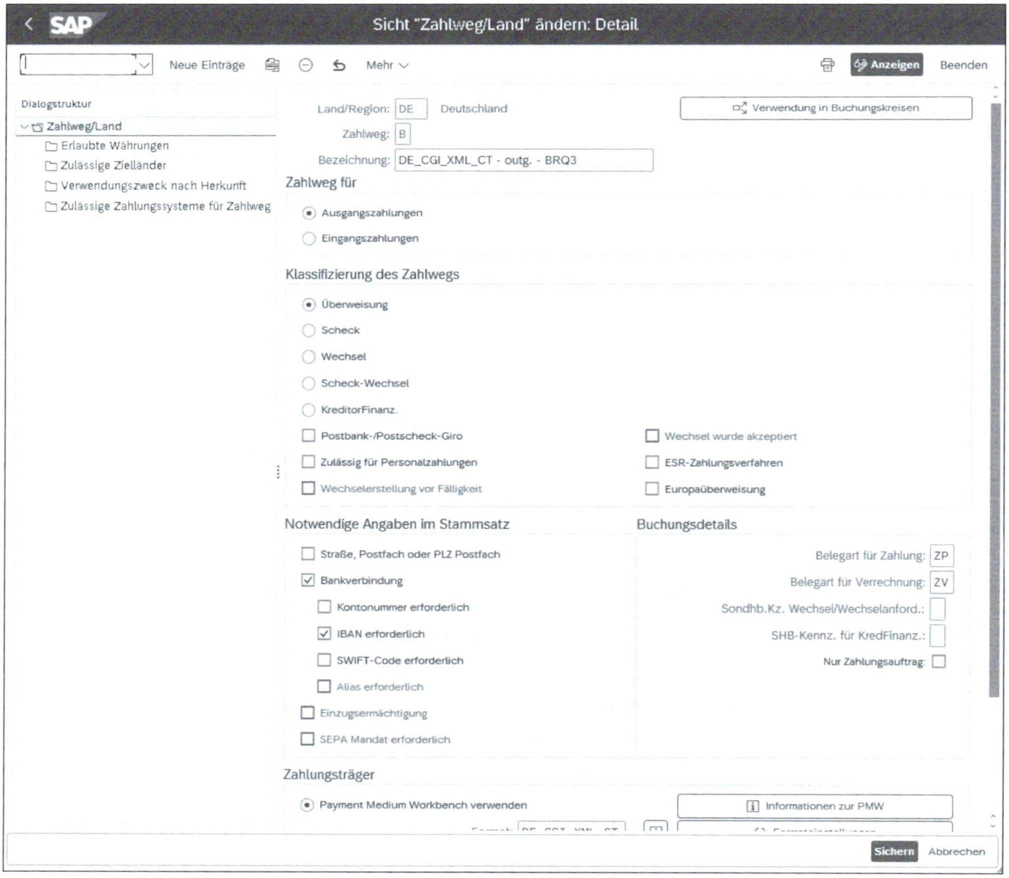

Abbildung 7.23 Details für den Zahlweg B – SEPA-Lastschrift

Nun legen Sie fest, ob es sich um einen Zahlweg für Ausgangszahlungen oder für Eingangszahlungen handeln soll. Setzen Sie den Radiobutton im Bereich **Zahlweg für** entsprechend. Im Bereich **Klassifizierung des Zahlwegs** müssen Sie über einen Radiobutton die Art des Zahlwegs festlegen. Der Zahlweg J ist ein Zahlweg für SEPA_DD, also für SEPA-Lastschriften. Daher setzen Sie den Radiobutton im Feld **Lastschrift**.

Für SEPA-Lastschriften müssen Sie eine IBAN in der Bankverbindung eintragen. Daher setzen Sie im Bereich **Notwendige Angaben im Stammsatz** die Kennzeichen **Bankverbindung** und **IBAN erforderlich**. Außerdem muss bei SEPA-Lastschriften das Kennzeichen **SEPA-Mandat erforderlich** gesetzt sein. Das heißt, dass ein gültiges SEPA-Mandat vorliegen muss; andernfalls kann der Lastschrifteinzug nicht ausgeführt werden.

Im Bereich **Zahlungsträger** hinterlegen Sie das Format, das für diesen Zahlweg verwendet werden soll. In SAP S/4HANA werden nur noch Formate mit der *Payment Medium Workbench* (PMW) unterstützt. Daher setzen Sie den Radiobutton im Feld **Payment Medium Workbench verwenden** und wählen dort ein entsprechendes Format aus. Der Radiobutton **Klassische Zahlungsträgerprogramme verwenden (RFFO*)** kann noch gesetzt und genutzt werden, sofern erforderlich; aber er wird von SAP nicht mehr unterstützt. Klicken Sie nun doppelt in der Dialogstruktur auf **Erlaubte Währungen**. Im Fenster **Sicht "Erlaubte Währungen" ändern: Übersicht** sollten Sie in der Spalte **Währung** die Auswahl **EUR** vornehmen, das bedeutet, dass SEPA-Zahlwege ausschließlich in der Währung EUR verwendet werden. Klicken Sie dazu auf **Neue Einträge**, oder drücken Sie die Taste F5, und tragen Sie dann »EUR« in das Feld **Währung** ein (siehe Abbildung 7.24). Klicken Sie anschließend einmal auf < (**Zurück**), oder drücken Sie die Taste F3.

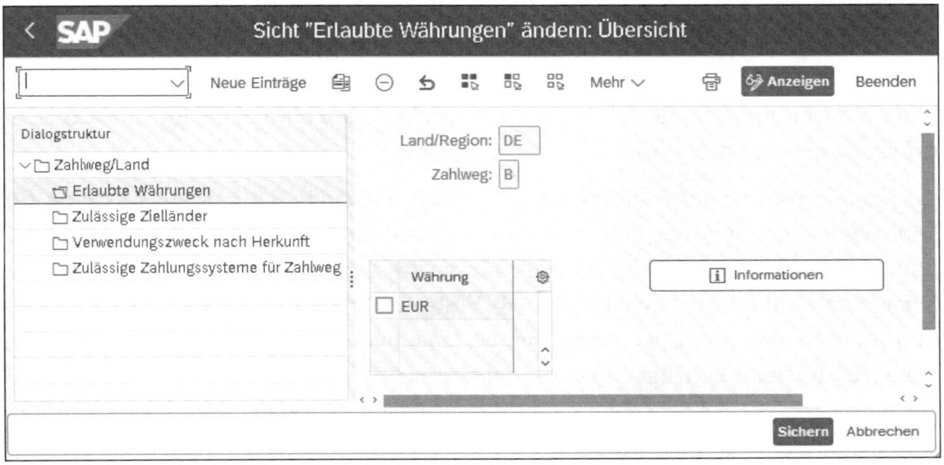

Abbildung 7.24 Einschränkung auf erlaubte Währungen

Klicken Sie nun in der Dialogstruktur doppelt auf **Zulässige Zielländer** (siehe Abbildung 7.25). Hier hinterlegen Sie die Länder, die am SEPA-Zahlungsverfahren teilnehmen. Klicken Sie dazu auf **Neue Einträge**, oder drücken Sie die Taste F5, und tragen Sie die Länder ein. Klicken Sie anschließend einmal auf den Button (**Zurück**), oder verwenden Sie die Taste F3.

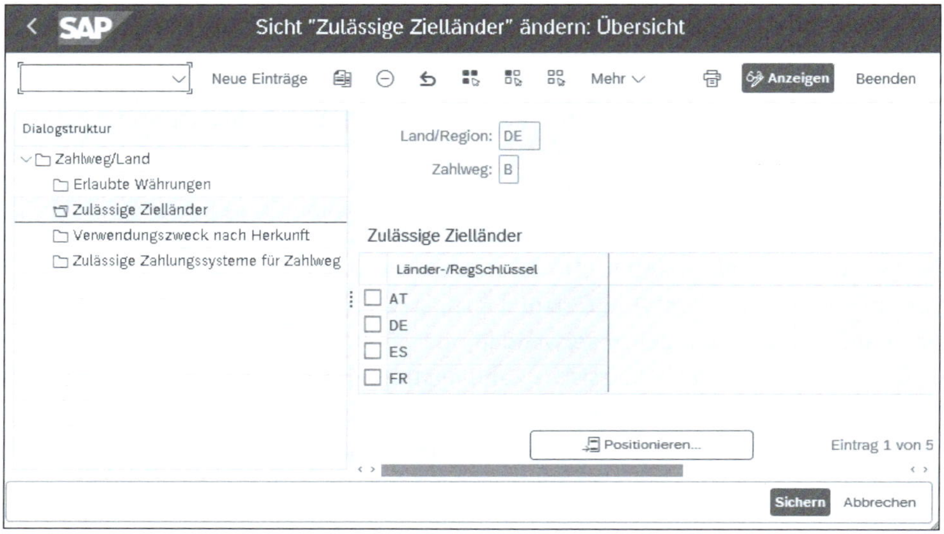

Abbildung 7.25 Zulässige Länder einstellen

Klicken Sie nun in der Dialogstruktur doppelt auf **Verwendungszweck nach Herkunft** (siehe Abbildung 7.26). Für unseren Zahlweg J müssen Sie noch den Verwendungszweck definieren, der in der Lastschrift angegeben werden soll. Dazu können Sie einen neuen Eintrag pflegen. Klicken Sie dazu auf **Neue Einträge**, oder verwenden Sie die Taste F5, tragen Sie die Herkunft ein, und wählen Sie mit der F4-Wertehilfe einen Verwendungszweck aus. Klicken Sie anschließend einmal auf (**Zurück**), oder drücken Sie die Taste F3.

Klicken Sie nun in der Dialogstruktur doppelt auf **Zulässige Zahlungssysteme für Zahlweg** (siehe Abbildung 7.27). Für unseren Zahlweg B können Sie des Weiteren die gültigen Zahlungssysteme hinterlegen, für die der Zahlweg B Anwendung finden soll. Beispielhaft haben wir PayPal und Swift hinterlegt, damit klarer wird, was mit Zahlungssystemen gemeint ist. Dazu können Sie einen neuen Eintrag pflegen. Klicken Sie dazu auf **Neue Einträge**, oder verwenden Sie die Taste F5, tragen Sie die Herkunft ein, und wählen Sie mit der F4-Wertehilfe einen Verwendungszweck aus. Klicken Sie anschließend einmal auf (**Zurück**), oder drücken Sie die Taste F3.

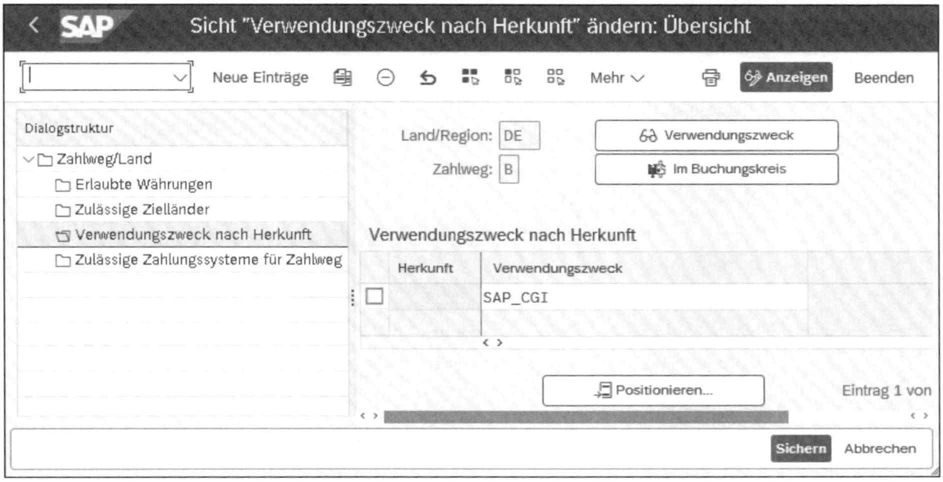

Abbildung 7.26 Verwendungszweck definieren

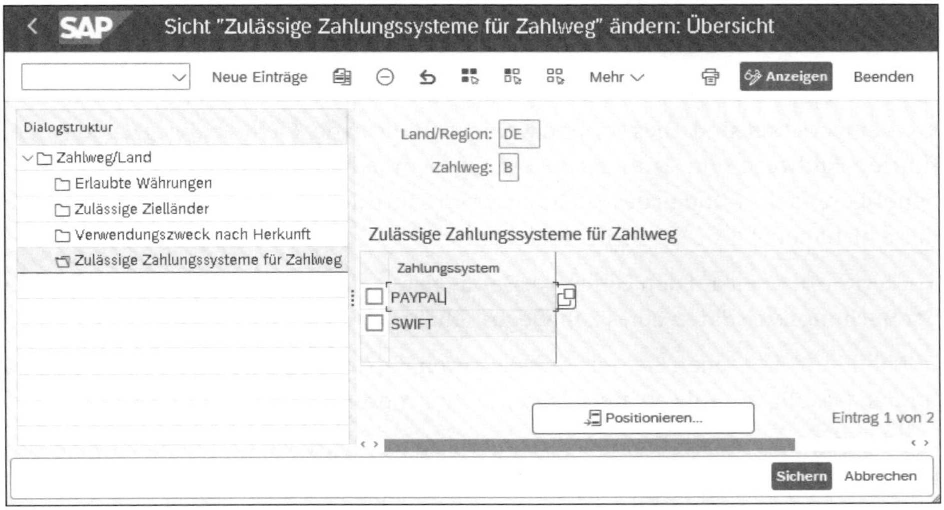

Abbildung 7.27 Zulässige Zahlungssysteme hinterlegen

Sichern Sie nun Ihre Einstellungen mit einem Klick auf (**Sichern**) oder über [Strg] + [S]. Klicken Sie anschließend zweimal auf [<] (**Zurück**), oder drücken Sie zweimal die Taste [F3]. Sie befinden sich wieder im Einstieg von Transaktion FBZP (Customizing Zahlungsprogramm pflegen), siehe Abbildung 7.17. Wiederholen Sie diese Schritte für weitere, von Ihnen benötigte Zahlwege.

Klicken Sie nun im Einstieg von Transaktion FBZP auf **Zahlwege im Buchungskreis**. Damit gelangen Sie zum Fenster **Sicht "Pflege der Buchungskreisdaten eines Zahlweges" ändern: Übersicht** (siehe Abbildung 7.28).

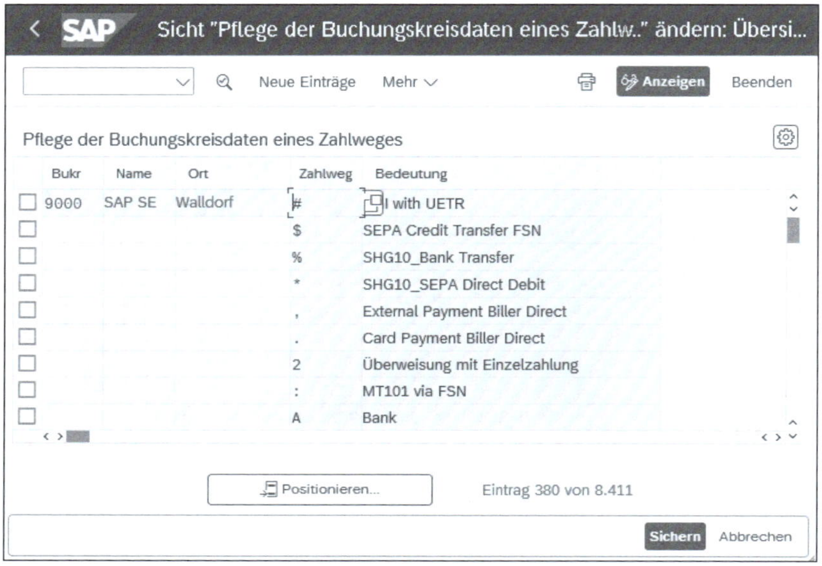

Abbildung 7.28 Übersicht über die Zahlwege im Buchungskreis

In der Übersicht werden alle Zahlwege aufgeführt, die für den jeweiligen Buchungskreis eingerichtet sind. Dies können weniger als die in der Sicht **Zahlweg/Land** aufgeführten Zahlwege sein. Zum Beispiel muss nicht jeder Buchungskreis Lastschriften benötigen, da die Kunden des Buchungskreises ihre Rechnungen überweisen und Sie diese nicht per SEPA-Lastschrift einziehen.

Klicken Sie doppelt auf den Zahlweg J. Damit gelangen Sie in das Fenster **Sicht "Pflege der Buchungskreisdaten eines Zahlweges" ändern: Detail** für den Zahlweg J.

In Abbildung 7.29 sehen Sie, welche relevanten Einstellungen Sie pro Buchungskreis für den jeweiligen Zahlweg hinterlegen. Dazu gehören z. B. die *Betragsgrenzen*.

Mit den Betragsgrenzen können Sie steuern, ab welchem Betrag und bis zu welchem Betrag der Zahlweg genutzt werden kann. Diese Einstellungen, also die Beträge bei Ihren Zahlungen, können individuell sehr unterschiedlich sein, abhängig davon, welches Geschäftsmodell Ihr Unternehmen verfolgt. Ein Faktor ist darüber hinaus, welche Bankgebühren mit der Hausbank vereinbart sind. Davon hängt es ab, ob Sie bestimmte Zahlungen zusammenfassen. Zum Gruppieren der Zahlungen nutzen Sie den Bereich **Gruppierung der Posten**. Dort finden Sie die folgenden Konfigurationsmöglichkeiten:

- **Einzelzahlung für gekennz. Posten**
  Diese Einstellung bewirkt, dass offene Posten, die diesen Zahlweg enthalten, einzeln bezahlt werden.

- **Zahlung pro Fälligkeitstag**
  Mit diesem Kennzeichen regeln Sie, dass mit einer Zahlung nur Posten reguliert werden, die am selben Tag fällig sind.
- **Erweiterte Einzelzahlung**
  Diese Einstellung bewirkt, dass die Zahlungen einzeln vorgenommen und nicht zusammengefasst werden.

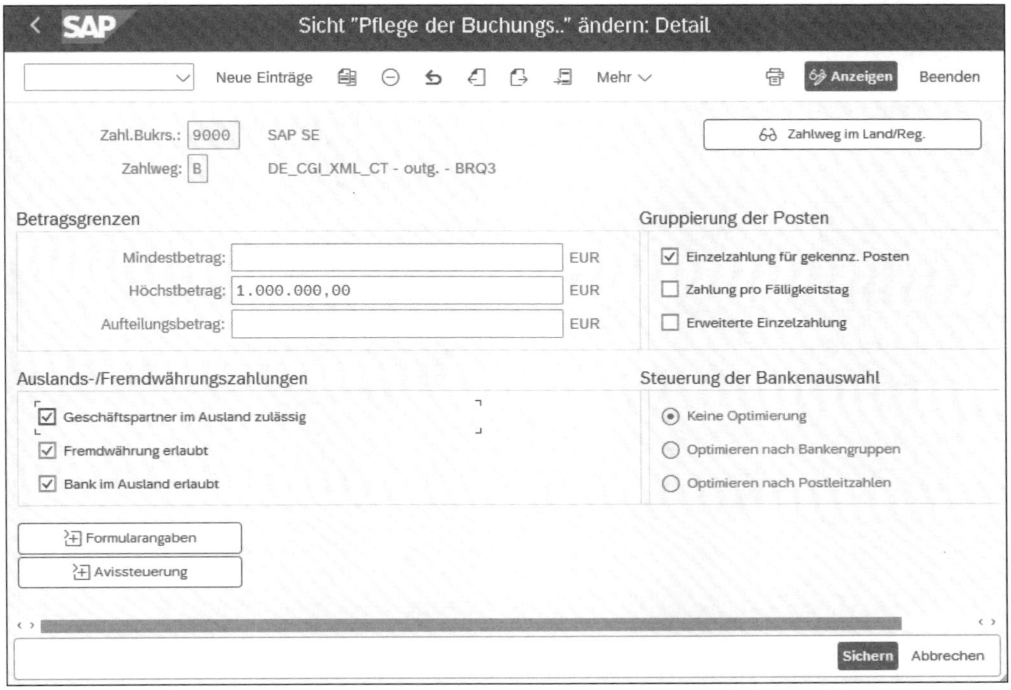

Abbildung 7.29 Details zum Zahlweg pflegen

Im Bereich **Auslands-/Fremdwährungszahlungen** können Sie die folgenden Einstellungen vornehmen:

- **Geschäftspartner im Ausland zulässig**
  Dieses Kennzeichen müssen Sie bei SEPA-Zahlungen zwingend setzen.
- **Fremdwährungen erlaubt**
  Dieses Kennzeichen darf bei SEPA-Zahlungen nicht gesetzt sein, da SEPA-Zahlungen immer in EUR erfolgen. Einzig bei einem Schweizer Buchungskreis mit der Hauswährung CHF können Sie im Zahlweg das Kennzeichen **Fremdwährung erlaubt** setzen.
- **Bank im Ausland erlaubt**
  Dieses Kennzeichen muss bei SEPA-Zahlungen ebenfalls immer gesetzt werden, da die Banken im Ausland sein könnten.

Im Bereich **Steuerung der Bankauswahl** verwenden die meisten Kunden den Radiobutton **Keine Optimierung**.

In Abbildung 7.30 finden Sie die beiden Buttons **Formularangaben** und **Avissteuerung**. Beide sind bereits aufgeklappt, und damit sind die weiteren Felder sichtbar.

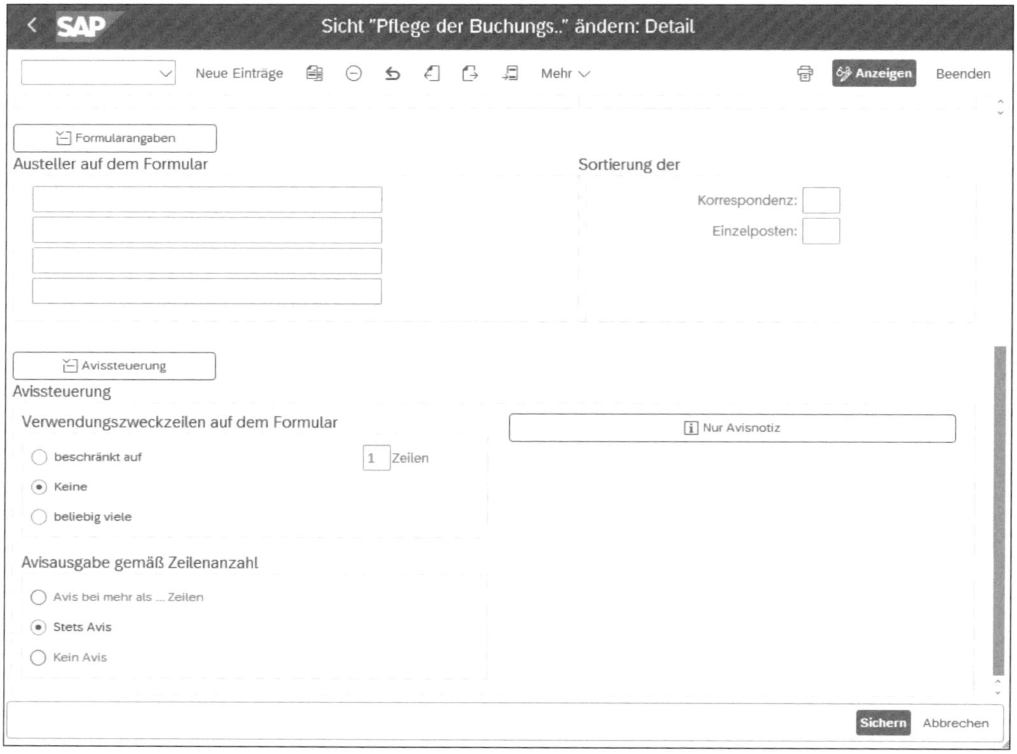

Abbildung 7.30 Formularangaben und Avissteuerung pro Zahlweg/Buchungskreis

Im Bereich **Aussteller auf dem Formular** hinterlegen Sie Namen und Anschrift Ihres Unternehmens. Im Feld **Korrespondenz** können Sie steuern, wie die Posten auf Korrespondenz sortiert werden. Sie können zwischen Postleitzahl oder Namen wählen. Ist keine besondere Sortierung gewünscht, wird nach Währung und Bankdaten des Zahlungsempfängers sortiert. Die Sortierung für Einzelposten (im Feld **Einzelposten**) kann nach Referenz oder Datum erfolgen. Wählen Sie den entsprechenden Eintrag mit der F4-Wertehilfe aus. Ist keine besondere Sortierung erwünscht, lassen Sie das Feld leer.

Im Bereich **Avissteuerung** stellen Sie ein, ob ein Avis grundsätzlich erstellt werden soll oder nur, wenn der Verwendungszweck eine bestimmte Anzahl an Zeilen überschreitet. Rechts im Bild finden Sie immer die jeweilige Dokumentation des Radiobuttons, den Sie gerade gesetzt haben. Sichern Sie nun Ihre Einstellungen mit einem Klick auf Sichern (**Sichern**) oder über die Tastenkombination Strg + S. Klicken Sie anschließend zweimal auf < (**Zurück**), oder drücken Sie die Taste F3. Sie befinden sich wieder im Einstiegsbild von Transaktion FBZP (Customizing Zahlungsprogramm pflegen), siehe Abbildung 7.17.

Klicken Sie nun auf den Button **Bankenfindung**. Sie kommen zuerst zu einer Übersicht der in SAP S/4HANA vorhandenen Buchungskreise (siehe Abbildung 7.31). Markieren Sie einen Ihrer Buchungskreise, z. B. 9000, und klicken Sie in der Dialogstruktur doppelt auf **Rangfolge**.

Abbildung 7.31 Übersicht über Buchungskreise für die Bankenauswahl

In der Rangfolge legen Sie fest, für welchen Zahlweg und für welche Währung welche Hausbank vom Zahlungsprogramm verwendet werden soll (siehe Abbildung 7.32). Abhängig von der Währung, in der Sie bezahlen möchten, muss die jeweilige Bank ermittelt werden. Über die Spalte **Rangfolge** bestimmen Sie anhand einer numerischen Reihenfolge, welche Bank vom Zahlungsprogramm als die erste, zweite, dritte usw. ausprobiert werden soll. Wählen Sie **Neue Einträge**, oder drücken Sie die Taste F5, und pflegen Sie die entsprechenden Einträge.

Nachdem Sie die Rangfolge der Hausbanken festgelegt haben, müssen Sie zu jeder Hausbank, zu jedem Zahlweg und zu jeder Währung noch eine Konto-ID, also das jeweilige Bankkonto, hinterlegen (siehe Abbildung 7.33). Dazu klicken Sie doppelt auf **Bankkonten** in der Dialogstruktur. Wählen Sie **Neue Einträge**, oder drücken Sie F5, und pflegen Sie die entsprechenden Einträge. Vergessen Sie nicht, in der Spalte **Bankunterkonto** das entsprechende Bankverrechnungskonto anzugeben.

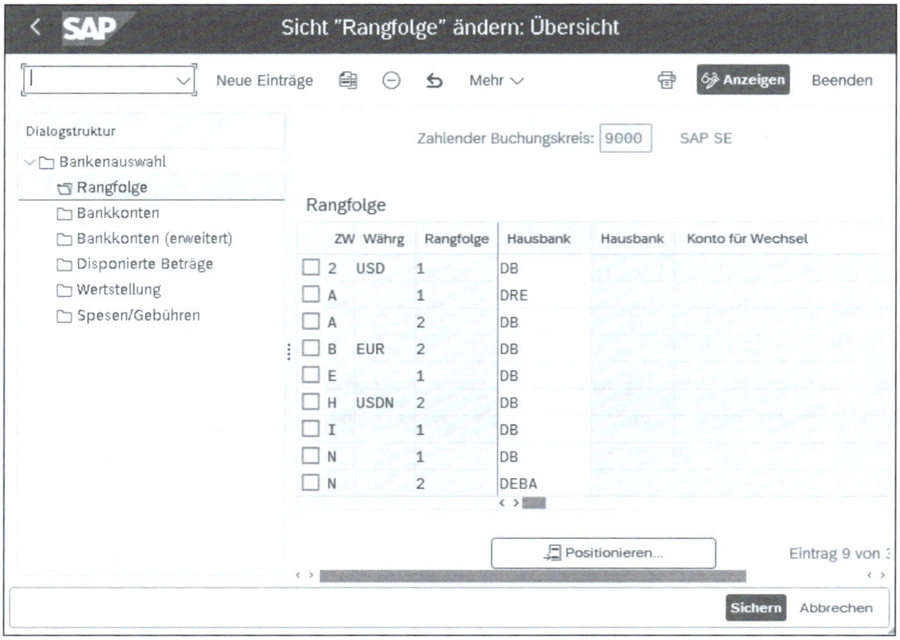

Abbildung 7.32 Rangfolge bei der Bankenfindung festlegen

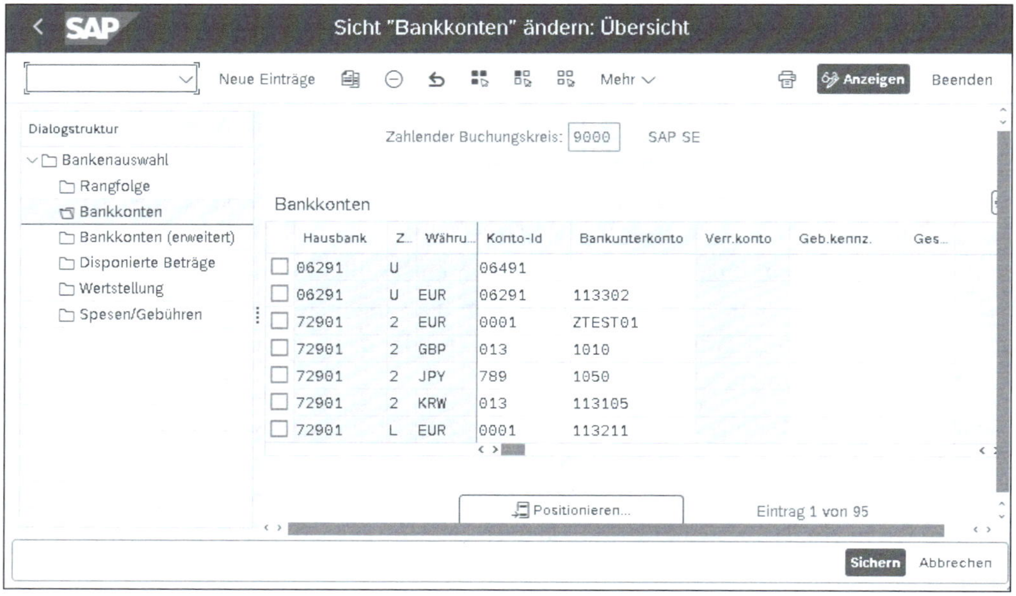

Abbildung 7.33 Bankkonten bei der Bankenfindung hinterlegen

Nachdem Sie die Bankkonten festgelegt haben, können Sie die erweiterte Bankkontenfindung pflegen. Dazu klicken Sie doppelt auf **Bankkonten (erweitert)** in der Dialogstruktur. In der klassischen Sicht **Bankkonten** können Sie zu jeder Kombination aus Hausbank, Zahlweg und Währung genau ein Bankkonto mit seiner Kontenfindung hinterlegen. In den folgenden Fällen sind die Einstellungen zur klassischen Bankkontenfindung nicht ausreichend (siehe Abbildung 7.34).

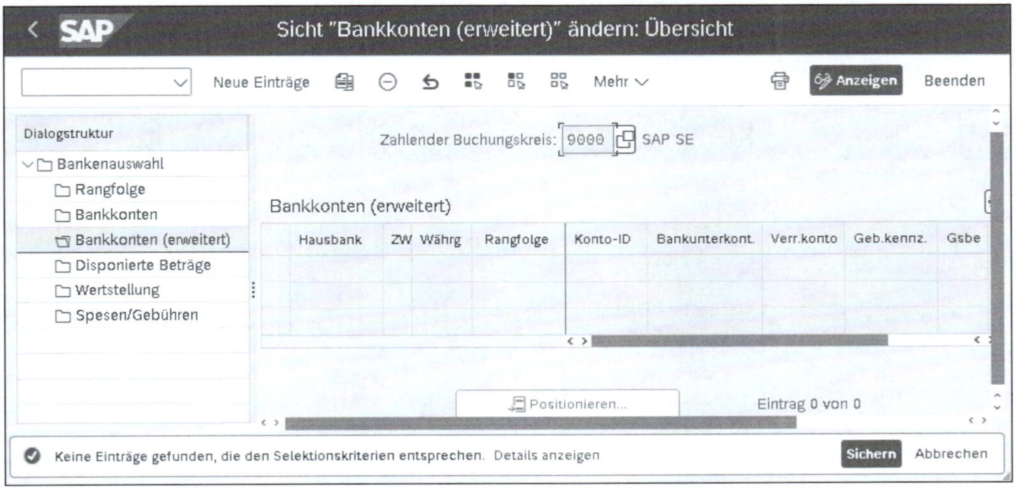

Abbildung 7.34 Bankkonten bei der Bankenfindung hinterlegen (erweitert)

Bereits bei der Buchung der offenen Posten wird festgelegt, welches Bankkonto verwendet werden soll, etwa in der Immobilienverwaltung (Real Estate). In diesem Fall können Sie die Hausbankkonten, die nicht in der klassischen Sicht verwendet werden, im Fenster **Sicht "Bankkonten (erweitert)" ändern: Übersicht** hinterlegen.

Sie möchten eine Rangfolge von mehreren Konten derselben Hausbank hinterlegen. In diesem Fall nehmen Sie in der klassischen Sicht keine Einstellungen zu der ausgewählten Kombination aus Hausbank, Zahlweg und Währung vor, sondern hinterlegen die Kontenfindung ausschließlich im Fenster **Sicht "Bankkonten (erweitert)" ändern: Übersicht**.

Beachten Sie, dass das Zahlungsprogramm zuerst die klassische Bankkontenfindung durchläuft. Die erweiterten Einstellungen werden nur verwendet, wenn das SAP-System in der klassischen Bankkontenfindung kein Konto ermitteln konnte.

Wählen Sie **Neue Einträge**, oder drücken Sie [F5], und pflegen Sie die entsprechenden Einträge.

Klicken Sie in der Dialogstruktur nun doppelt auf **Disponierte Beträge** (siehe Abbildung 7.35). Pro Hausbank, Konto-ID, Wertstellungstag und Währung legen Sie die Beträge fest, die für den Zahlungsausgang zur Verfügung stehen, und bestimmen, mit welchem Zahlungseingang Sie rechnen. Über einen Eintrag in der Spalte **Tage** können Sie steuern, wie lange die im Folgenden angegebenen Beträge für Zahlungen disponiert sind, bei denen die Wertstellung auf dem Bankkonto innerhalb der hier angegebenen Anzahl von Tagen zu erwarten ist. Über die Wertstellungstage haben Sie die Möglichkeit, Beträge zeitlich gestaffelt zu disponieren. Dies benötigen Sie in der Regel nur, wenn Sie Wechselzahlungen vor deren Fälligkeit zu buchen haben. In allen anderen Fällen können Sie »999« eingeben – dann werden die Wertstellungstage nicht berücksichtigt. Wählen Sie **Neue Einträge**, oder drücken Sie [F5], und pflegen Sie die entsprechenden Einträge.

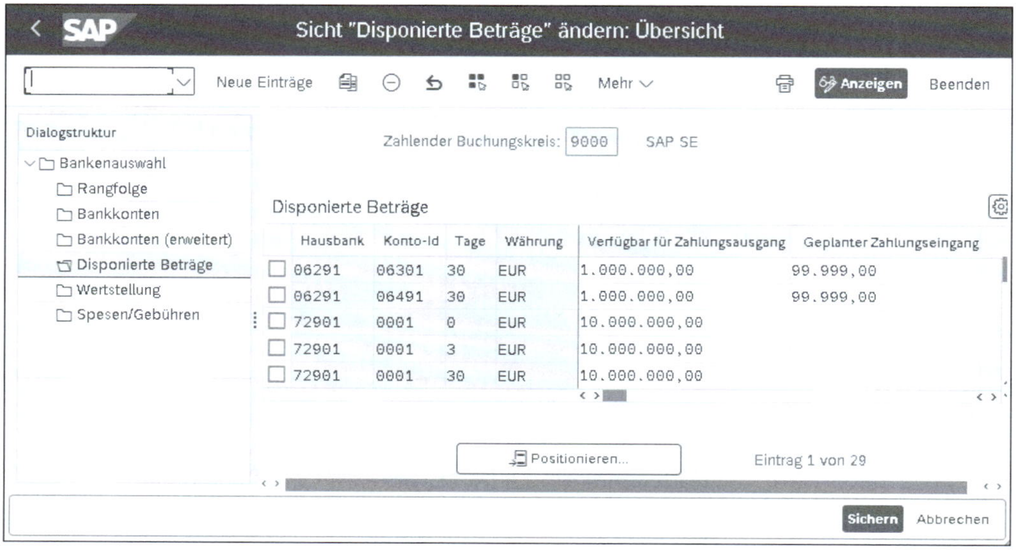

Abbildung 7.35 Disponierte Beträge bei der Bankenfindung

Klicken Sie in der Dialogstruktur doppelt auf **Wertstellung** (siehe Abbildung 7.36). Hier legen Sie pro Zahlweg, Hausbank und Konto-ID fest, wie viele Bankarbeitstage es dauert, bis der entsprechende Betrag auf Ihrem Bankkonto verbucht worden ist. Bei SEPA-Zahlungen dürfte hier immer nur ein Tag vergehen. Im Zweifelsfall sprechen Sie Ihre Hausbank an und erfragen den richtigen Wert – Wertstellungstage bleiben dabei unberücksichtigt. Wählen Sie **Neue Einträge**, oder drücken Sie [F5], und pflegen Sie die entsprechenden Einträge.

Klicken Sie schließlich in der Dialogstruktur auf **Spesen/Gebühren** (siehe Abbildung 7.37). Sofern Sie eigene Gebühren für die Ausstellung von Schecks oder Wechseln erheben, können Sie diese hier hinterlegen. Wählen Sie **Neue Einträge**, oder drücken Sie [F5], und pflegen Sie die Felder. Da wir in Deutschland kaum noch Schecks und Wechsel zur Zahlung verwenden, müssen Sie bei **Spesen/Gebühren** vermutlich nichts eintragen.

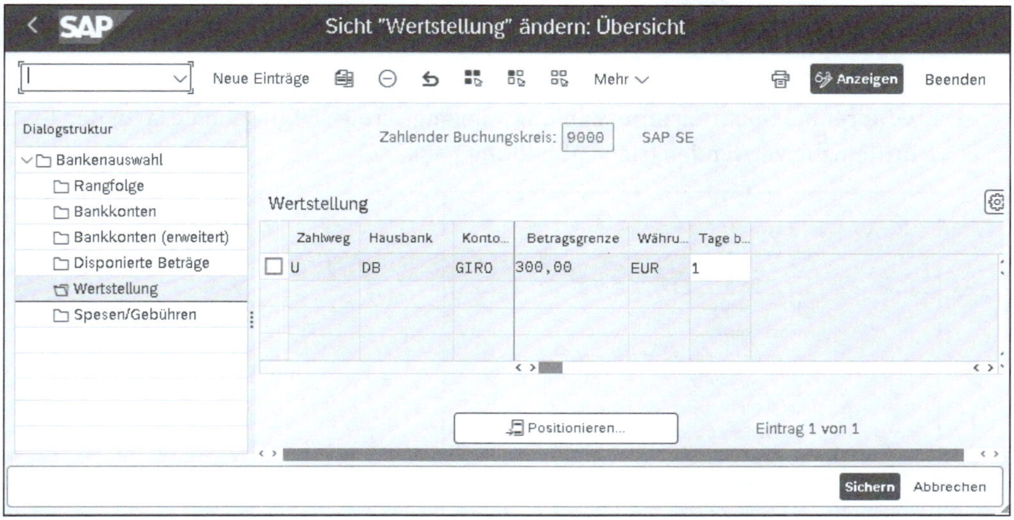

Abbildung 7.36 Wertstellung bei der Bankenfindung

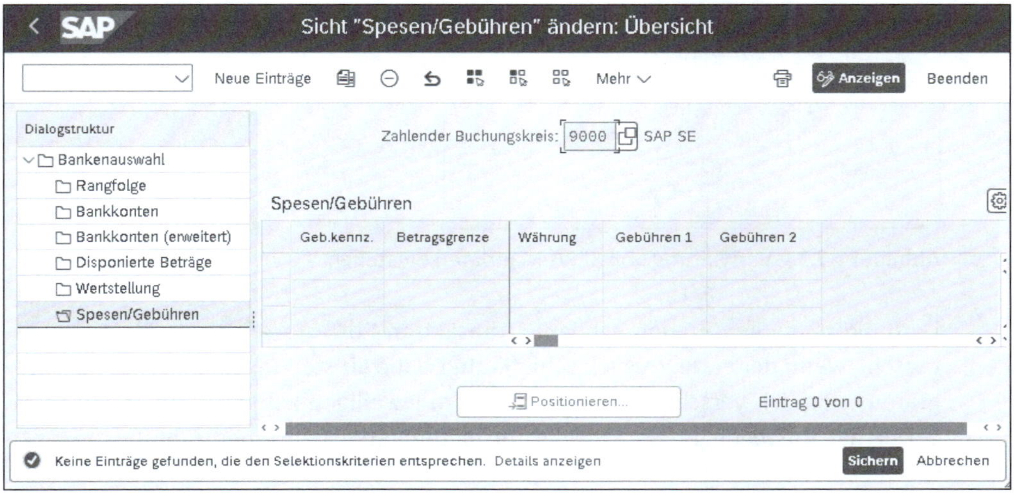

Abbildung 7.37 Spesen und Gebühren bei der Bankenfindung einstellen

Sichern Sie nun Ihre Einstellungen mit einem Klick auf Sichern (**Sichern**) oder über Strg + S. Klicken Sie anschließend zweimal auf < (**Zurück**), oder drücken Sie die Taste F3. Sie befinden sich wieder im Einstieg von Transaktion FBZP (Customizing Zahlungsprogramm pflegen). Den Button **Hausbanken** benötigen wir hier nicht mehr, da dieser nicht mehr unterstützt wird. Die Hausbanken haben Sie bereits mit Transaktion FI12_HBANK oder in der SAP-Fiori-App **Banken verwalten** (App-ID FI12_HBANK) gepflegt (siehe Abschnitt 7.1, »Hausbanken«).

Für bestimmte Zahlungsträgerformate und Anforderungen gibt es weitere Customizing-Punkte, die wir hier nicht alle erwähnen können. Sie finden etwa die Einstellungen für die Verwaltung von SEPA-Mandaten im Customizing der Debitoren- und Kreditorenbuchhaltung unter **Zahlungseingang**, da Sie SEPA-Mandate ja für den Lastschrifteinzug verwenden (siehe Abbildung 7.38).

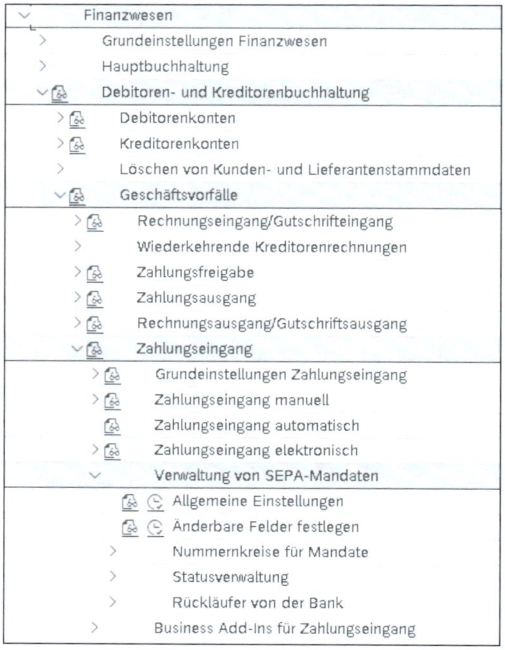

Abbildung 7.38 Verwaltung von SEPA-Mandaten einstellen

Damit können Sie nun den Zahllauf (Transaktion F110) starten. Seien Sie nicht enttäuscht, wenn der erste Versuch schiefläuft. Da die Einstellungen zum Zahlungsprogramm ziemlich verschachtelt sind und vom jeweiligen Zahlweg und Zahlungsträgerformat abhängen, müssen Sie bei den ersten Versuchen, einen Zahlungsträger zu erstellen, mit Fehlern rechnen.

Es kann sein, dass Einstellungen fehlen oder falsch gesetzt sind und Sie das SAP-System doch anders einstellen müssen, damit der Zahllauf wie gewünscht funktioniert.

SAP bietet darüber hinaus weitere User-Exits an, in denen Sie besondere Anforderungen abbilden können. Überdies sind die richtige Pflege der Geschäftspartnerstammdaten und die korrekte Befüllung der Buchungsbelege für das Funktionieren des Zahlungsprogramms entscheidend.

In den folgenden Transaktionen können Sie weitere Einstellungen, die zum Funktionieren bzw. zur Beeinflussung des *Zahlungsträgers* notwendig sind, finden:

- **Transaktion OBPM1**
  Die Pflege der Zahlungsträgerformate ermöglicht es Ihnen, die Zahlungsformate genauer einzustellen, User-Exits zu hinterlegen oder Textfelder für Referenzinformationen zu definieren. Die Einstellungen erfolgen dabei pro Zahlungsträgerformat und sind mandantenübergreifend.
- **Transaktion OBPM2**
  Die Pflege des Verwendungszwecks ermöglicht die Definition des Verwendungszwecks, genauer gesagt, aus welchen Informationen sich der Verwendungszweck zusammensetzen soll.
- **Transaktion OBPM3**
  Zahlungsträgerformate (Customer) ermöglichen mit dem Customizing die kundenspezifischen Anpassungen pro Mandant im SAP-System.
- **Transaktion OBPM4**
  Zahlungsträgerselektionsvarianten ermöglichen die Anlage und Hinterlegung von Reportvarianten pro Zahlungsträgerformat, Buchungskreis und Hausbank, die für die automatisierte Ausführung des Zahlungsprogramms benötigt werden.

[«]

Zahlungsträger testen

Wenn Sie einen Zahlungsträger erfolgreich erstellen konnten, sprechen Sie unverzüglich mit Ihrer Hausbank darüber, wie Sie den erstellten Zahlungsträger testen lassen können! Besonders bei SEPA-Zahlungsträgern stellen Banken häufig spezifische Formatanforderungen. Planen Sie ausreichend Zeit für die notwendigen Testläufe ein. Planen Sie für diese Tests mit Ihrer Hausbank hinreichend Zeit in Ihrem Implementierungsprojekt ein.

Nachdem wir uns bisher mit den Hausbanken und Bankkonten (siehe Abschnitt 7.1, »Hausbanken«) und in diesem Abschnitt mit dem Zahlungsprogramm auseinandergesetzt haben, wollen wir uns folgend um den Lebenszyklus der Zahlungsträgerformate kümmern. Schauen Sie sich dazu den nächsten Abschnitt an.

7.3 Lebenszyklus der Zahlungsträgerformate

Seit einiger Zeit stellt SAP die alten *Zahlungsträgerformate*, z. B. auch SEPA_CT bzw. SEPA_DD, auf neue *CGI*-Zahlungsträgerformate um. Ein Zahlungsträgerformat ist die technische Abbildung, wie später beim Zahllauf mit Transaktion F110 der Zahlungsträger, also die Datei mit den Zahlungen, ausgegeben werden soll. Beim sogenannten *CGI-Format* handelt es sich um einen international üblichen Standard für Zahlungsträger im XML-Format. Die entsprechende Norm dazu heißt ISO 20022. Daher hat sich SAP mit dem Lebenszyklus von Zahlungsträgerformaten beschäftigt und liefert dies ab SAP ERP 6.0 EHP 7 bzw. in SAP S/4HANA über Support Packages aus. Lesen Sie dazu SAP-Hinweis 2668719 (OBPM1 – Attribute zum Lebenszyklus von Zahlungsträgerformaten) bzw. 2682253 (Verfügbare Zahlungsformate in Release SAP S/4HANA 1809, On-Premise-Edition). In Abbildung 7.39 sehen Sie den Lebenszyklus von Zahlungsträgerformaten bei sich ändernden Anforderungen.

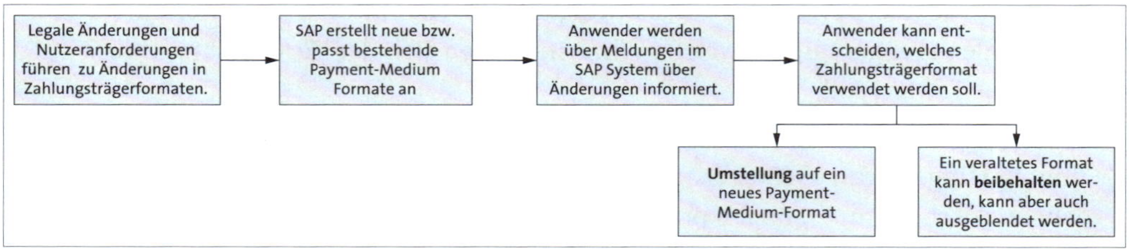
Legale Änderungen und Nutzeranforderungen führen zu Änderungen in Zahlungsträgerformaten.
SAP erstellt neue bzw. passt bestehende Payment-Medium Formate an
Anwender werden über Meldungen im SAP System über Änderungen informiert.
Anwender kann entscheiden, welches Zahlungsträgerformat verwendet werden soll.
Umstellung auf ein neues Payment-Medium-Format
Ein veraltetes Format kann beibehalten werden, kann aber auch ausgeblendet werden.

Abbildung 7.39 Lebenszyklus der Zahlungsträgerformate

[»]

Informationen zu Zahlungsträgerformaten

In SAP-Hinweis 2253571 (Sammelinformationshinweis: CGI_XML_CT, CGI_XML_DD: um BAdI-Erweiterung erweitert) finden Sie weitere zusammengefasste Informationen zu allen Umstellungen. Der Hinweis wird regelmäßig erweitert. Wenn Sie also Informationen für ein bestimmtes Land suchen, können Sie dort nachsehen.

SAP liefert zwei neue Transaktionen aus:

- Transaktion OBPM1SA (Lebenszyklus von SAP-Formaten)
- Transaktion OBPM1S_LIST (Verwendungsnachweis obsolete Formate)

In Transaktion OBPM1SA sehen Sie, welche alten Zahlungsträger durch welche neuen Zahlungsträger abgelöst werden. In Abbildung 7.40 finden Sie eine Tabelle mit einer Übersicht über die abgelösten Zahlungsträgerformate. Den Inhalt für diese Tabelle liefert SAP per Support Package bzw. per SAP-Hinweis aus, sobald weitere alte Zahlungsträgerformate auf neue Zahlungsträger umgestellt worden sind.

In der Spalte **SAP-Hinweisnr.** finden Sie den SAP-Hinweis, in dem Sie jeweils mehr Informationen erhalten. Dazu klicken Sie auf (**Notiz anzeigen**). Klicken Sie anschließend einmal auf (**Zurück**), oder drücken Sie die Taste F3. Sie befinden sich wieder im SAP-Anwendungsmenü. In Transaktion OBPM1S_LIST sehen Sie dann, welche alten, abgelösten Zahlungsträgerformate Sie noch verwenden. In Abbildung 7.41 finden Sie die **Zahlwege** pro **Land**, die noch alte, von SAP nicht mehr unterstützte Zahlungsträgerformate verwenden.

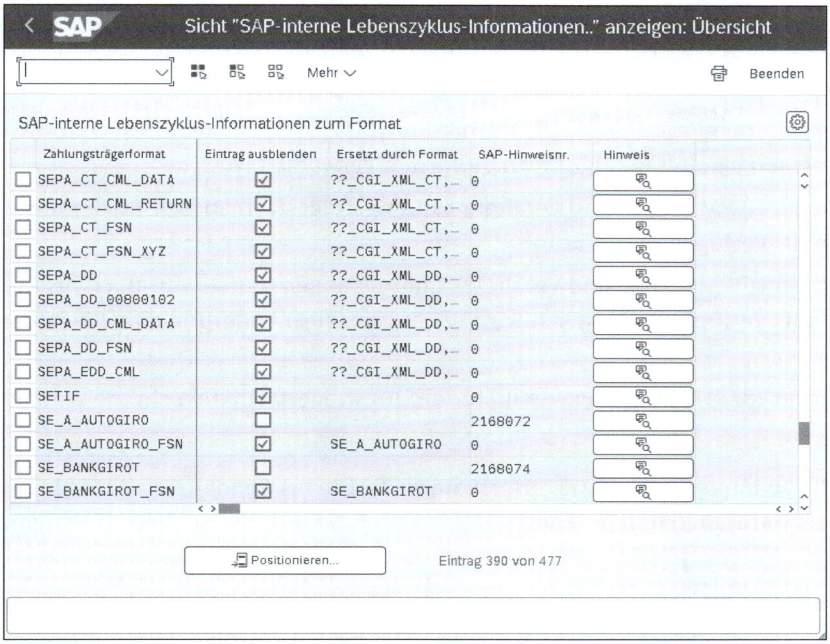

Zahlungsträgerformat	Eintrag ausblenden	Ersetzt durch Format	SAP-Hinweisnr.	Hinweis
SEPA_CT_CML_DATA	☑	??_CGI_XML_CT,...	0	
SEPA_CT_CML_RETURN	☑	??_CGI_XML_CT,...	0	
SEPA_CT_FSN	☑	??_CGI_XML_CT,...	0	
SEPA_CT_FSN_XYZ	☑	??_CGI_XML_CT,...	0	
SEPA_DD	☑	??_CGI_XML_DD,...	0	
SEPA_DD_00800102	☑	??_CGI_XML_DD,...	0	
SEPA_DD_CML_DATA	☑	??_CGI_XML_DD,...	0	
SEPA_DD_FSN	☑	??_CGI_XML_DD,...	0	
SEPA_EDD_CML	☑	??_CGI_XML_DD,...	0	
SETIF	☑		0	
SE_A_AUTOGIRO	☐		2168072	
SE_A_AUTOGIRO_FSN	☑	SE_A_AUTOGIRO	0	
SE_BANKGIROT	☐		2168074	
SE_BANKGIROT_FSN	☑	SE_BANKGIROT	0	

Abbildung 7.40 Übersicht abgelöster Zahlungsträgerformate

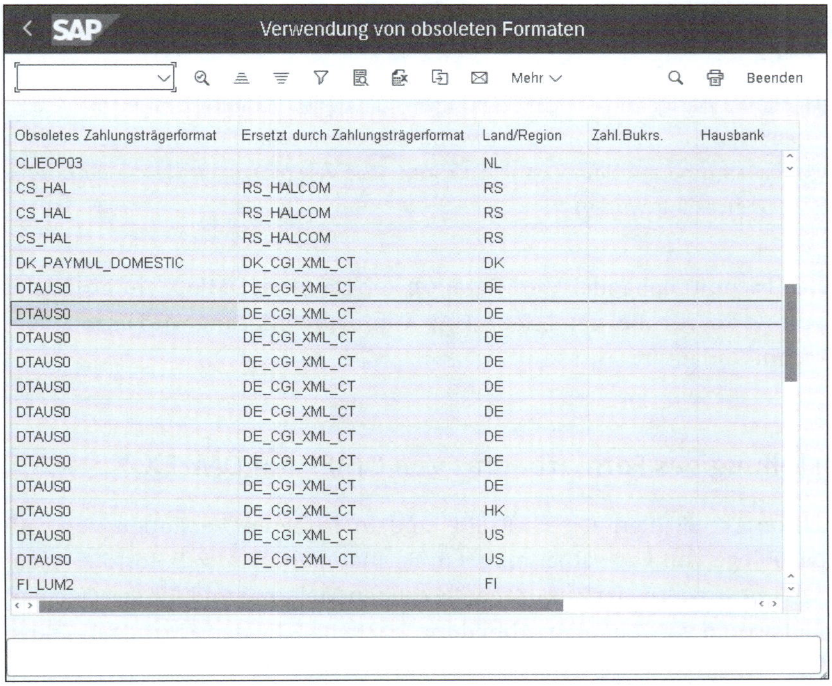

Obsoletes Zahlungsträgerformat	Ersetzt durch Zahlungsträgerformat	Land/Region	Zahl.Bukrs.	Hausbank
CLIEOP03		NL		
CS_HAL	RS_HALCOM	RS		
CS_HAL	RS_HALCOM	RS		
CS_HAL	RS_HALCOM	RS		
DK_PAYMUL_DOMESTIC	DK_CGI_XML_CT	DK		
DTAUS0	DE_CGI_XML_CT	BE		
DTAUS0	DE_CGI_XML_CT	DE		
DTAUS0	DE_CGI_XML_CT	DE		
DTAUS0	DE_CGI_XML_CT	DE		
DTAUS0	DE_CGI_XML_CT	DE		
DTAUS0	DE_CGI_XML_CT	DE		
DTAUS0	DE_CGI_XML_CT	DE		
DTAUS0	DE_CGI_XML_CT	DE		
DTAUS0	DE_CGI_XML_CT	DE		
DTAUS0	DE_CGI_XML_CT	HK		
DTAUS0	DE_CGI_XML_CT	US		
DTAUS0	DE_CGI_XML_CT	US		
FI_LUM2		FI		

Abbildung 7.41 Übersicht über die Verwendung von veralteten Zahlungsträgerformaten

Die von SAP gesetzten Kennzeichen in der Spalte **Eintrag ausblenden** (siehe Abbildung 7.40) haben Auswirkungen auf die Transaktionen, die sich mit dem Zahlungsweg- und dem Zahlungsträger-Customizing beschäftigen:

- Alle Transaktionen mit Bezug auf Transaktion FBPM bringen zukünftig eine Warnung, dass ein veraltetes Zahlungsträgerformat verwendet wird.
- Transaktion OBPM3: Hier sind veraltete Zahlungsträgerformate nur noch im Anzeigemodus verfügbar.
- Transaktion OBPM4: Hier sind veraltete Zahlungsträgerformate nur noch im Anzeigemodus verfügbar. Zusätzlich wird bei der Anzeige/Änderung eine Warnung ausgegeben.
- Transaktion FBZP: Hier werden veraltete Zahlungsträgerformate nicht mehr angezeigt.

Möchten Sie veraltete Zahlungsträgerformate weiterhin verwenden, setzen Sie in Ihren Benutzerstammdaten den Benutzerparameter `F_SHOW_OBSOLETE_TFPM` mit einem großen X.

Natürlich können Sie die alten Zahlungsträgerformate weiterhin verwenden, solange diese funktionieren. Bedenken Sie dabei aber, dass SAP in die alten Zahlungsträgerformate keine legalen Änderungen mehr einbauen wird. Legale Änderungen werden nur noch in die jeweiligen Nachfolger-Zahlungsträgerformate eingebaut.

[»]

Veraltete Zahlungsträgerformate

Warten Sie nicht zu lange mit der Umstellung auf die neuen Zahlungsträgerformate, und unterschätzen Sie nicht den damit verbundenen Aufwand, insbesondere den Testaufwand zusammen mit Ihrer Bank. So können Sie von plötzlichen legalen Änderungen nicht überrascht werden.

Der folgende Abschnitt behandelt die Migration von DMEE zu DMEEX. Aufgrund der Bedeutung dieses Schritts bei der SAP-S/4HANA-Implementierung wird er in einem eigenen Abschnitt erläutert.

7.4 Umstellung des Formatbaums von DMEE auf DMEEX

Die Transaktion DMEE diente in SAP ERP und in früheren Versionen von SAP S/4HANA der Pflege von Formatbäumen. Ein Formatbaum wird z. B. für die Erzeugung von Zahlungsträgern, der Zusammenfassenden Meldung und für das Quellensteuer-Berichtswesen verwendet. In Abbildung 7.42 sehen Sie den Einstieg in Transaktion DMEE. Sie werden sehr deutlich darauf hingewiesen, dass die Transaktion DMEE ausläuft und dass Sie auf die Transaktion DMEEX umstellen sollten.

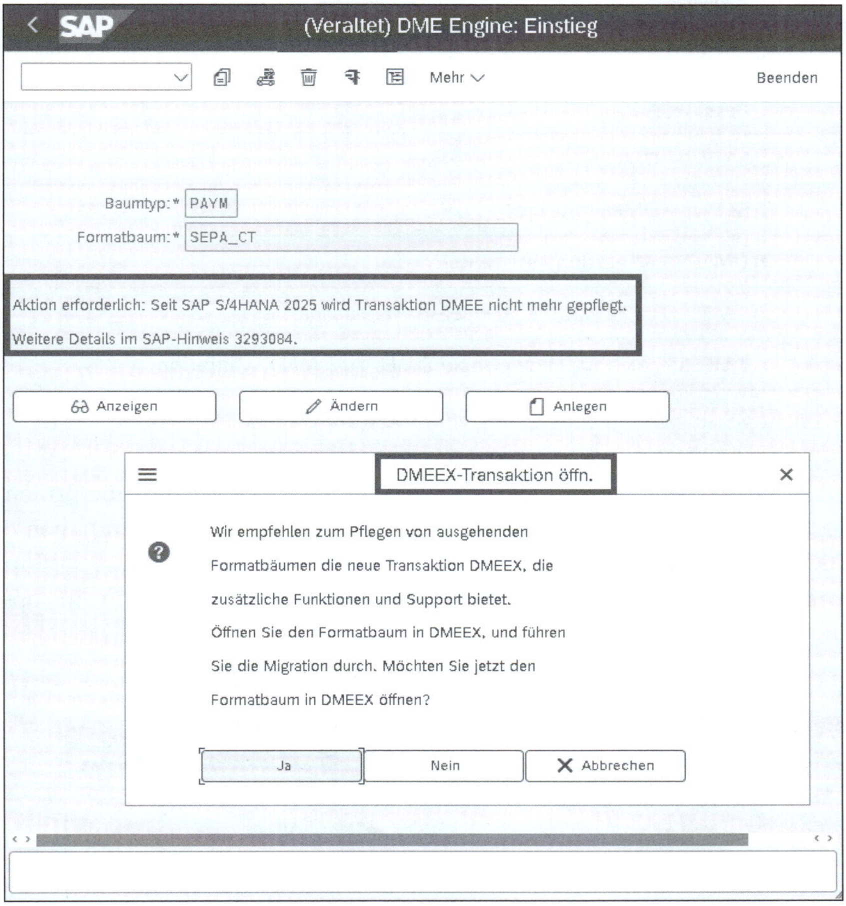
(Veraltet) DME Engine: Einstieg
Mehr
Beenden
Baumtyp: * PAYM
Formatbaum: * SEPA_CT
Aktion erforderlich: Seit SAP S/4HANA 2025 wird Transaktion DMEE nicht mehr gepflegt.
Weitere Details im SAP-Hinweis 3293084.
Anzeigen
Ändern
Anlegen
DMEEX-Transaktion öffn.
Wir empfehlen zum Pflegen von ausgehenden Formatbäumen die neue Transaktion DMEEX, die zusätzliche Funktionen und Support bietet. Öffnen Sie den Formatbaum in DMEEX, und führen Sie die Migration durch. Möchten Sie jetzt den Formatbaum in DMEEX öffnen?
Ja
Nein
Abbrechen

Abbildung 7.42 Einstieg in Transaktion DMEE

Für die Umstellung Ihrer Formate haben Sie noch etwas Zeit (siehe SAP-Hinweis 3370503 – S4TWL – DMEE). In diesem SAP-Hinweis sind die Zeiträume genannt, zu denen SAP die Wartung von Transaktion DMEE einstellt.

Die Implementierung von SAP S/4HANA stellt einen bedeutenden Meilenstein in Ihrer Finance-Transformations-Roadmap dar. Dies gilt sowohl für eine Neuinstallation (Greenfield-Ansatz) als auch für eine SAP S/4HANA-Konvertierung (Brownfield-Ansatz). Daher ist der Zeitpunkt günstig, die Umstellung auf Transaktion DMEEX gleichzeitig vorzunehmen, da Sie ohnehin einen vollumfänglichen Test von SAP S/4HANA vornehmen müssen. Da Sie zum Zeitpunkt der SAP S/4HANA-Implementierung oder -Konvertierung mit dem aktuellen Release arbeiten, enthält Ihr System bereits die meisten SAP-Hinweise, die für die Umstellung auf die Transaktion DMEEX erforderlich sind.

In Tabelle 7.1 haben wir die wichtigsten SAP-Hinweise zur Umstellung von Transaktion DMEE auf DMEEX zusammengestellt.

Hinweis-Nr.	Beschreibung
3370503	S4TWL – DMEE
3452702	S4TWL – DMEE_BADI_01
3435447	DMEEX – Migration Assistant
3515844	DMEE – Formatbäume ab Release 2025 obsolet
3435565	DMEEX – wichtige Hinweise für DMEE-zu-DMEEX-Migration

Tabelle 7.1 Wichtige Hinweis für Umstellung von DMEE auf DMEEX

Falls Sie nicht das aktuelle Support Package von SAP S/4HANA nutzen, überprüfen Sie vor der Umstellung auf die Transaktion DMEEX in der SAP-Hinweis-Komponente CA-GTF-CSC-DME, welche relevanten SAP-Hinweise in Ihrem SAP-S/4HANA-System fehlen. Implementieren Sie diese fehlenden Hinweise in Ihrem System, um eine optimale Vorbereitung für die DMEEX-Umstellung sicherzustellen.

In Abbildung 7.43 sehen Sie das Einstiegsbild in die Transaktion DMEEX.

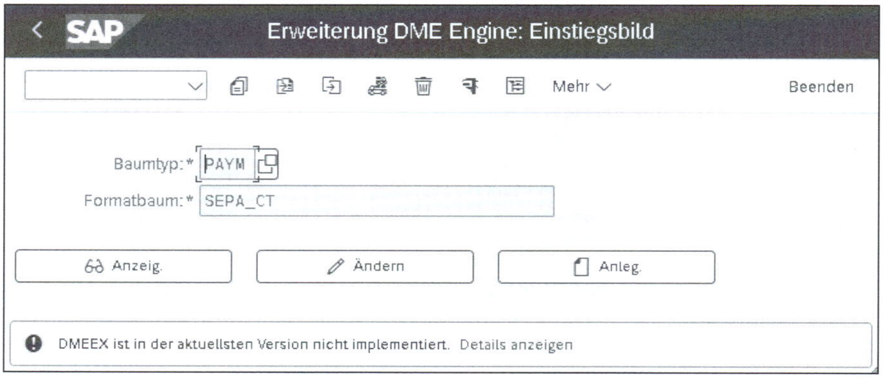

Abbildung 7.43 Einstieg in die Transaktion DMEEX

Die Abbildung zeigt einen möglichen Hinweis der Transaktion DMEEX, der darauf aufmerksam macht, dass nicht die aktuellste Version implementiert ist. Klicken Sie dann auf den Text **Details anzeigen** und folgen Sie den Anweisungen oder informieren Sie Ihre SAP-S/4HANA-Administration.

Im folgenden Abschnitt beschäftigen wir uns mit den Einstellungen für den elektronischen Kontoauszug.

7.5 Elektronischer Kontoauszug

In diesem Abschnitt gehen wir auf den *elektronischen Kontoauszug* (ELKO) ein. Darunter versteht man eine Datei, die Sie von Ihrer Hausbank erhalten und in SAP S/4HANA einlesen. Diese Datei enthält den Kontoauszug, also alle Zugänge, Abgänge, Verwendungszwecke und Bankgebühren, die durch den Geschäftsbetrieb mit Ihrer Hausbank, mit Kunden und Lieferanten auf den Bankkonten zustande gekommen sind. Über Transaktion FEBAN (Nachbearbeitung Kontoauszüge) können Sie sich den eingelesenen Kontoauszug anschauen, ihn prüfen und nachbearbeiten.

Wie in Abbildung 7.44 gezeigt, selektieren Sie den Kontoauszug nach Buchungskreis, Hausbank oder auch nach dem Status (Feld **Status Nebenbuchhaltung**). Klicken Sie auf [icon] (**Ausführen**), oder drücken Sie die Taste F8.

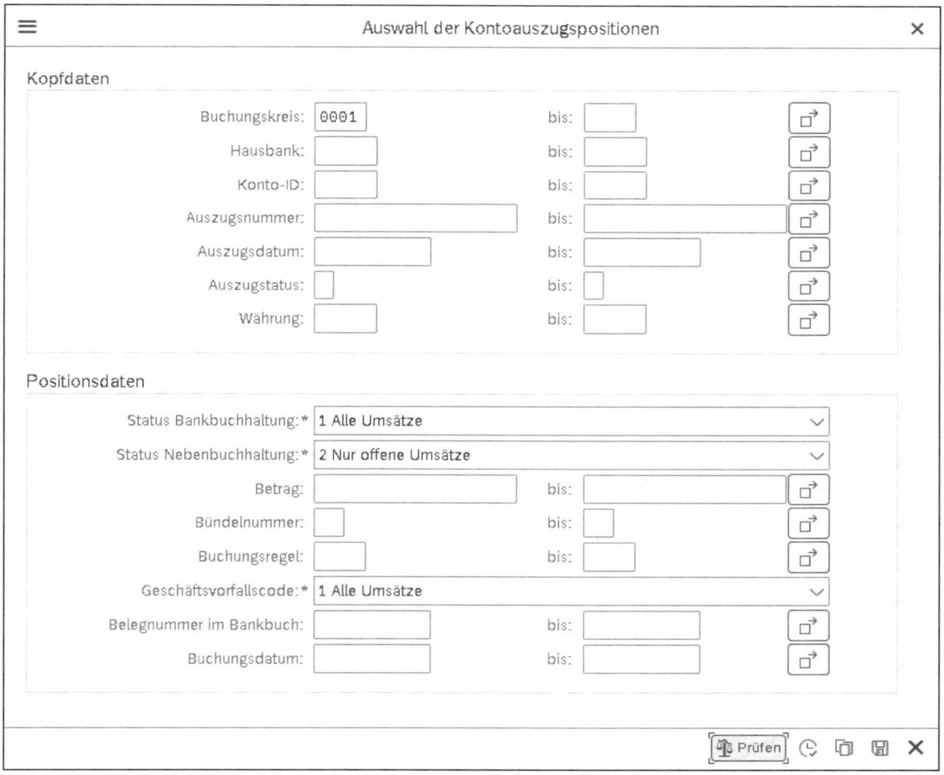

Abbildung 7.44 Kontoauszug selektieren

Nun selektiert SAP S/4HANA alle relevanten Kontoauszüge und Posten und zeigt sie mit dem Verbuchungsstatus in einer Einbildtransaktion an. In dieser Transaktion sehen Sie die Posten übersichtlich aufgelistet (siehe Abbildung 7.45). Klicken Sie einen beliebigen Posten doppelt an; damit werden Ihnen der untere Teil Kontoauszugs und noch weiter unten die Registerkarten **Belege**, **Zuordnung**, **Akonto**, **Kontierung** usw. angezeigt. Welche Registerkarten angezeigt werden, liegt an den beteiligten Personenkonten oder Sachkonten in der jeweiligen Kontoauszugsposition.

Damit haben Sie nun die Möglichkeit, sich die im Kontoauszug enthaltenen und eingelesenen Daten genauer anzuschauen. Sollten Sie beim Prüfen des Verwendungszwecks feststellen, dass Ihrem Kunden ein Zahlendreher unterlaufen ist, können Sie diesen korrigieren und anschließend auf den Button **Untersuchen** klicken. Nun versucht SAP S/4HANA erneut, diesen Posten zuzuordnen und zu verbuchen.

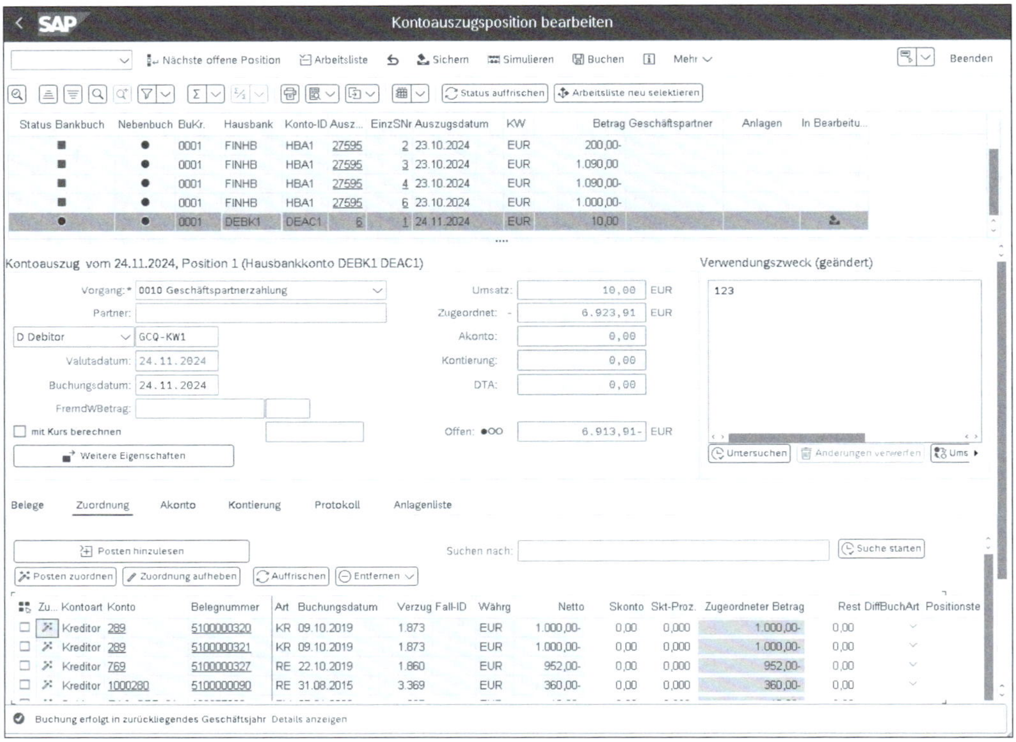

Abbildung 7.45 Kontoauszug – Postendetails

Den geänderten Verwendungszweck merkt sich das SAP-System, und Sie können bei Bedarf zwischen dem originalen und dem geänderten Verwendungszweck umschalten. Auch für den elektronischen Kontoauszug ist einiges Customizing notwendig, damit er z. B. Bankgebühren erkennen und verbuchen kann. Für die Erkennung und Zuordnung von Überweisungen Ihrer Kunden wird meist ein entsprechender User-Exit implementiert.

Für das Customizing des elektronischen Kontoauszugs folgen Sie dem Customizing-Pfad **Finanzwesen • Bankbuchhaltung • Geschäftsvorfälle • Zahlungsverkehr • Elek-**

tronischer Kontoauszug (siehe Abbildung 7.46). Dort finden Sie alle notwendigen Einstellungen, die für das Einrichten des elektronischen Kontoauszugs notwendig sind.

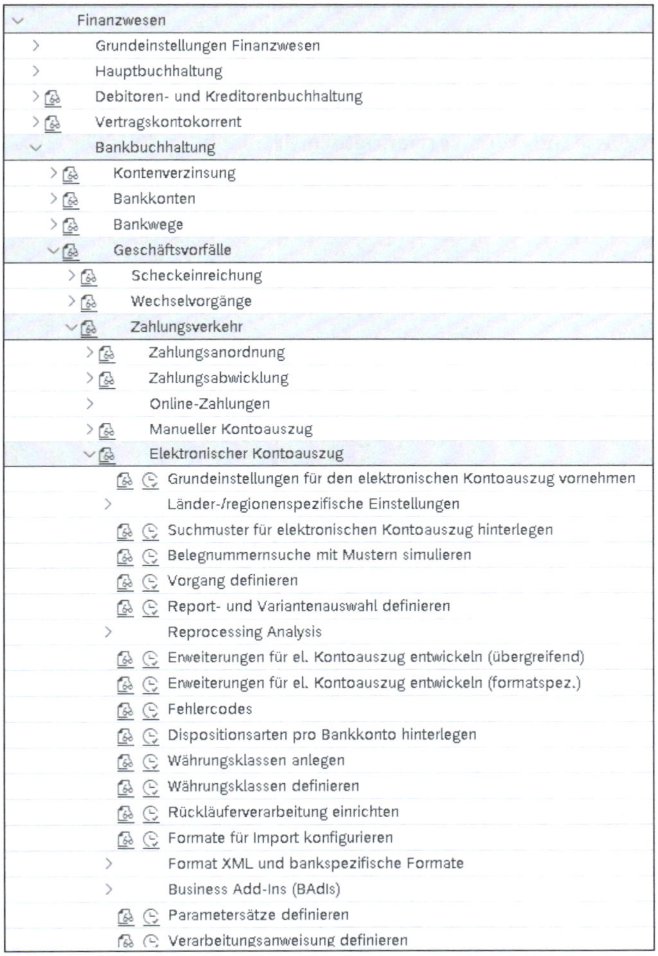

Abbildung 7.46 Customizing-Pfad für den elektronischen Kontoauszug

Die Einstellungen werden am Beispiel für das Format CAMT vorgenommen. Da Ihnen für Ihre verschiedenen Hausbanken sicherlich verschiedene Formate geliefert werden, müssen Sie die Einstellungen pro Hausbank vornehmen. Nehmen wir nun die Grundeinstellungen für die in Abschnitt 7.1, »Hausbanken«, angelegte Hausbank DB vor. Folgen Sie dazu dem Customizing-Pfad **Finanzwesen • Bankbuchhaltung • Geschäftsvorfälle • Zahlungsverkehr • Elektronischer Kontoauszug • Grundeinstellungen für den elektronischen Kontoauszug vornehmen**.

Dort hinterlegen wir die wichtigsten Einstellungen für den elektronischen Kontoauszug, z. B. *Buchungsregeln* und *Geschäftsvorfälle*. Ein Geschäftsvorfall identifiziert in einem Kontoauszug, ob es sich bei der jeweiligen Position oder Bewegung im Kontoauszug um eine Einzahlung, Überweisung oder Lastschrift, um Bankgebühren, eine Umbuchung usw. handelt. Anhand des Geschäftsvorfallcodes (GVC) können Sie später die Buchungsregeln definieren. Die GVCs sind vom jeweiligen Kontoauszugsformat vorgegeben, werden aber teilweise von jeder Hausbank anders verwendet. Daher sprechen Sie vor der Einrichtung des elektronischen Kontoauszugs mit Ihrer Hausbank und klären, welche und wie die GVCs verwendet werden.

Wählen Sie im Feld **Kontenplan** den Eintrag **INT** aus (siehe Abbildung 7.47), und bestätigen Sie Ihre Eingabe mit einem Klick auf ✓ (**Weiter**) oder mit der ↵-Taste.

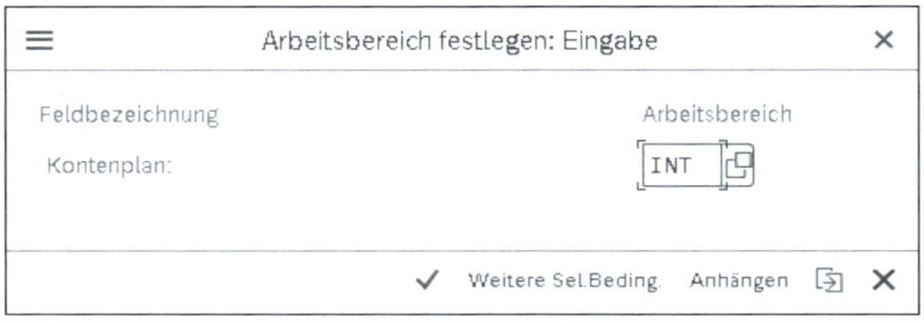

Abbildung 7.47 Kontenplan auswählen

Anschließend befinden Sie sich im Fenster **Sicht "Kontensymbole anlegen" ändern: Übersicht** (siehe Abbildung 7.48). Hier definieren Sie zuerst ein *Kontensymbol*. Dies ist ein frei zu vergebender Schlüssel. Das Buchungsschema enthält keine Konten, sondern Kontensymbole, die ihrerseits wieder, nach eventuellen Modifikationen, zu einem Konto führen. Wählen Sie **Neue Einträge**, oder drücken Sie F5, füllen Sie die Spalte **Konto** mit einem frei wählbaren Schlüssel, und geben Sie in der Spalte **Text** eine Bezeichnung für das Kontensymbol ein.

Benutzerparameter

Öffnen Sie Transaktion SU3 oder folgen Sie im SAP GUI dem Menü **System • Benutzervorgaben • Benutzervorgaben**. Wechseln Sie auf die Registerkarte **Parameter**. Dort können Sie Vorschlagswerte hinterlegen, die Ihnen bei der täglichen Arbeit helfen. Aufgrund der Verwendung eines einzigen Kontenplans (INT) wurde der Benutzerparameter KPL (Kontenplan) mit dem Wert INT festgelegt. Für den Benutzerparameter KPL ist der Wert INT angegeben. Damit müssen wir den Kontenplan, wie in Abbildung 7.47 nicht mehr manuell eingeben.

Sichern Sie nun Ihre Einstellungen mit einem Klick auf Sichern (**Sichern**), oder verwenden Sie Strg + S. Klicken Sie nun links in der Dialogstruktur doppelt auf **Konten zu Kontensymbol zuordnen**. Hier ordnen Sie dem Kontensymbol Ihre Konten zu (siehe Abbildung 7.49).

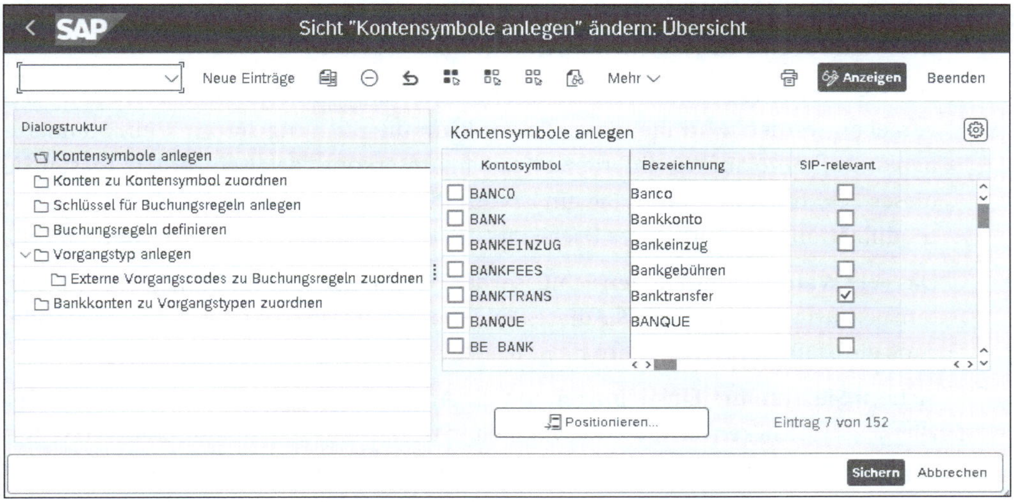

Abbildung 7.48 Kontensymbole anlegen

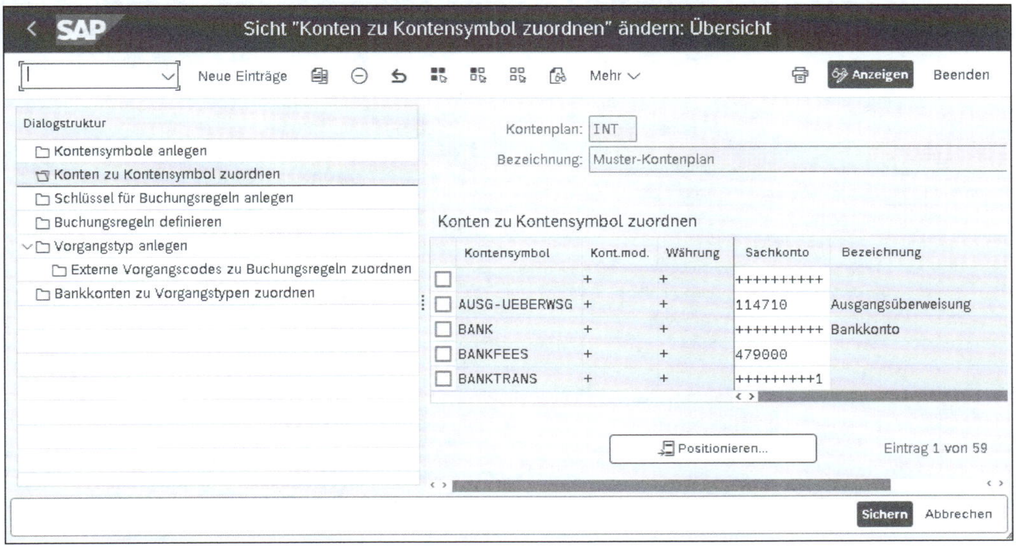

Abbildung 7.49 Konten zu Kontensymbol zuordnen

Wählen Sie **Neue Einträge**, oder drücken Sie die Taste F5, und füllen Sie die Spalte **Kto.symbol** mit einem der angelegten Kontensymbole. In den Spalten **Kont.mod.**, **Währung** und **Sachkto** tragen Sie jeweils eine Maskierung ein.

Für Ihre Kontensymbole müssen Sie die Spalten **Kont.mod.**, **Währung** und **Sachkto** füllen. Sie haben hier die Möglichkeit, die Konten explizit zu hinterlegen bzw. mit

Maskierung zu arbeiten. Maskierung bedeutet dabei, dass Sie die Konten nur teilweise eintragen. Das +-Zeichen wird dann später ersetzt.

Das Feld **Kont.mod.** steuert die Kontenfindung der Bankunterkonten und kann frei vergeben werden. Mithilfe dieses Feldes kann die Buchung statt auf ein Standardbankunterkonto auf ein differenziertes Bankunterkonto geleitet werden. Lassen Sie dieses Feld frei (bzw. tragen Sie ein »+« für die Maskierung ein), falls keine Kontenmodifikation (z. B. mittels des User-Exits des Kontoauszugs) verwendet werden soll.

Das Feld **Währung** enthält den Schlüssel der Währung, in der die Beträge im SAP-System geführt werden. Lassen Sie dieses Feld frei (bzw. tragen Sie ein »+« für die Maskierung ein), falls beim Sachkonto nicht nach der Währung differenziert werden soll.

Sichern Sie nun Ihre Einstellungen mit einem Klick auf Sichern (**Sichern**) oder über Strg + S. Klicken Sie nun links doppelt in der Dialogstruktur auf **Schlüssel für Buchungsregeln anlegen**. Hier definieren Sie für die verschiedenen GVCs in Ihren verschiedenen Kontoauszugsformaten einen Schlüssel für die später durchzuführenden Buchungen (siehe Abbildung 7.50).

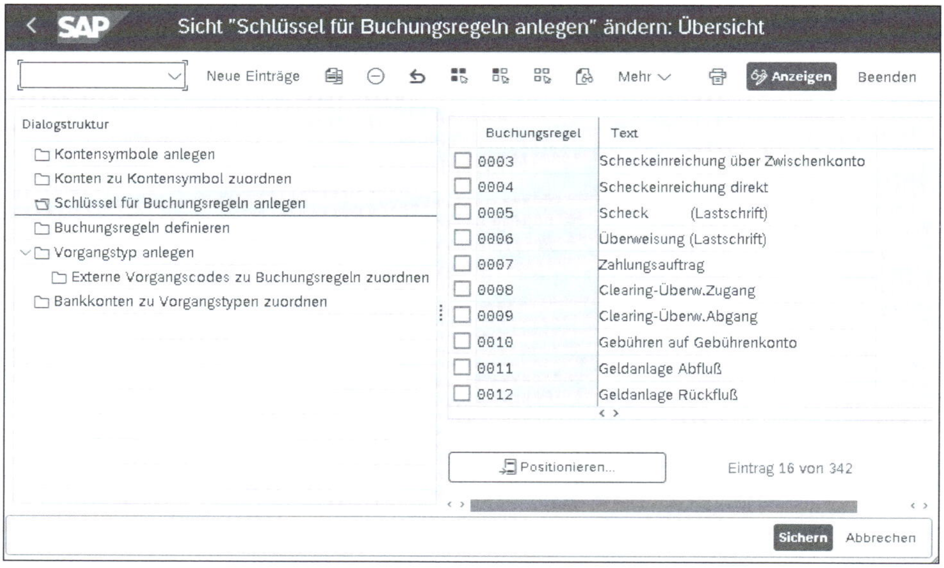

Abbildung 7.50 Schlüssel für eine Buchungsregel definieren

Über die Buchungsregel definieren Sie später die Buchungen ins Haupt- und Nebenbuch. Je nach GVC wird es eine reine Hauptbuchbuchung sein. Dies trifft z. B. für die Buchung von Bankgebühren zu. Für einen Geldeingang von einem Kunden sind z. B. das Nebenbuch und das Hauptbuch in die Buchung involviert. Damit benötigen Sie zwar nicht für jeden GVC eine eigene Buchungsregel, aber für die wichtigsten GVC-Gruppen.

Genutzte GVCs herausfinden

Sprechen Sie mit Ihrer Hausbank; sie kann Ihnen eine Übersicht aller von ihr verwendeten GVCs je Kontoauszugsformat geben. Prüfen Sie anschließend einige Ihrer elektronischen Kontoauszüge, oder fragen Sie Ihre Hausbank, ob sie Ihnen eine Übersicht der von Ihnen genutzten GVCs geben kann. Nicht alle möglichen GVCs werden von Ihnen auch genutzt. Dies hängt mit Ihrem Geschäftsmodell und damit mit den Eigenheiten Ihres Zahlungsverkehrs zusammen.

Wählen Sie **Neue Einträge**, oder drücken Sie die Taste F5, und füllen Sie die Spalte **Buchungsregel** mit einem frei wählbaren Schlüssel. In der Spalte **Text** tragen Sie eine Bezeichnung für die Buchungsregel ein. Sichern Sie Ihre Einstellungen mit einem Klick auf Sichern (**Sichern**) oder über die Tastenkombination Strg + S. Klicken Sie nun links doppelt in der Dialogstruktur auf **Buchungsregel definieren**. Hier legen Sie die Buchungsregeln an, also welches Konto mit welchem Buchungsschlüssel bebucht werden soll.

Eine Buchungsregel besteht immer aus mindestens zwei Buchungszeilen. Vorgänge, die direkt auf ein Sachkonto gebucht werden können, haben nur einen Buchungsbereich, also jeweils nur eine Buchung, z. B. die Buchung von Bankgebühren. Andere Buchungen, z. B. kreditorische und debitorische Vorgänge, werden in SAP S/4HANA immer über ein Bankunterkonto (auch Bankverrechnungskonto genannt) verbucht. Damit haben wir hier immer zwei Buchungsbereiche, also zwei Buchungen. Die beiden Buchungen gehen aus der zweiten Spalte in Abbildung 7.51 hervor.

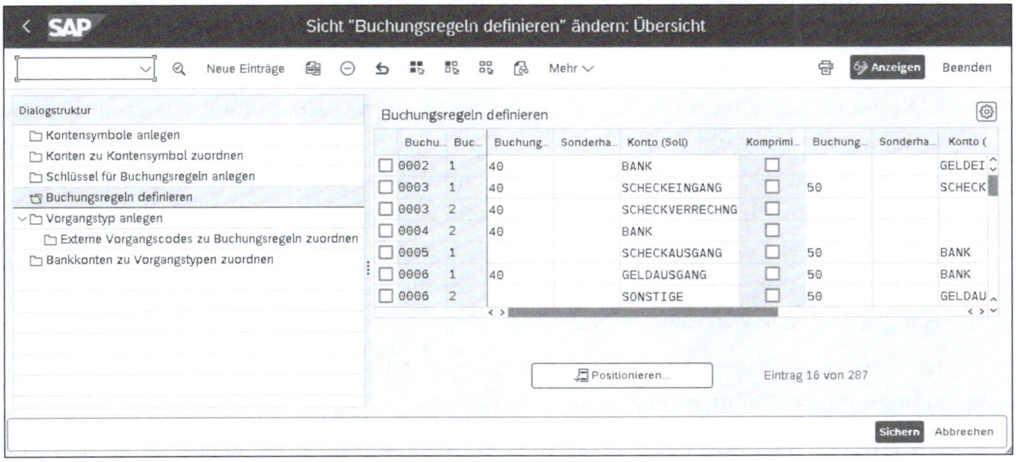

Abbildung 7.51 Buchungsregeln definieren

Wählen Sie **Neue Einträge**, oder drücken Sie die Taste F5, und füllen Sie die Felder im erscheinenden Bild aus (siehe Abbildung 7.52). Zum besseren Verständnis haben wir einen Doppelklick auf eine bestehende Buchungsregel ausgeführt. Daher sind die Felder bereits gefüllt.

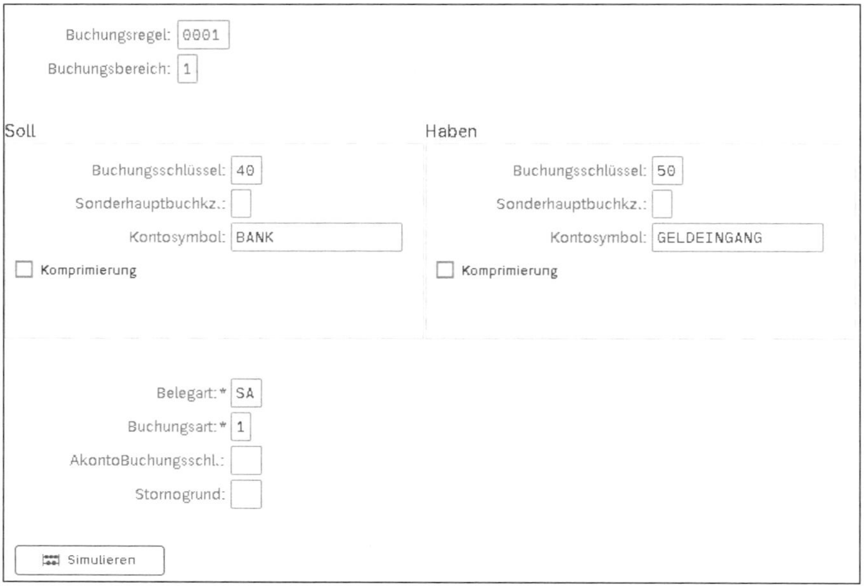

Abbildung 7.52 Buchungsregel 0001 pflegen

Zuerst wählen Sie eine Buchungsregel aus und pflegen anschließend den Buchungsbereich. Meist fängt man mit dem ersten Bereich, also mit der ersten Buchung an. Für die Buchung müssen Sie die Buchungsschlüssel für die Soll- und Habenbelegzeile definieren. Im Feld **Sonderhauptbuchkz.** hinterlegen Sie ein Sonderhauptbuchkennzeichen, wenn dies benötigt wird. Über das Feld **Kontensymbol** werden später die zu bebuchenden Konten ermittelt. Bei der Buchungsregel 0001 handelt es sich um einen Geldeingang über ein Zwischenkonto. Daher wird im ersten Buchungsbereich der Buchungsregel 0001 »Bank an Bankverrechnung« gebucht. Da es sich um eine Sachkontenbuchung handelt, wird die Belegart SA verwendet. Die Buchungsart bestimmt, ob es sich bei Personenkonten um Soll- oder um Habenbuchungen handelt. Buchungsart 1 ist eine Sachkontenbuchung, für die wir den Buchungsschlüssel für die Habenbelegzeile vorgeben müssen, hier 50.

Im zweiten Buchungsbereich der Buchungsregel 0001 erfolgt die Buchung »Zwischenkonto an Debitor« (siehe Abbildung 7.53).

Im zweiten Buchungsbereich hinterlegen Sie für die Habenbelegzeile keinen Buchungsschlüssel. Dies wird über die Belegart DZ (Debitorenzahlung) und die Buchungsart 8 (**Ausgl. Perskto Haben**) definiert. Wenn der Ausgleich nicht möglich ist, könnte der elektronische Kontoauszug eine Akontobuchung erstellen. In diesem

Falle müsste der im Feld **AkontoBuchungsschl.** hinterlegte Buchungsschlüssel 15 verwendet werden.

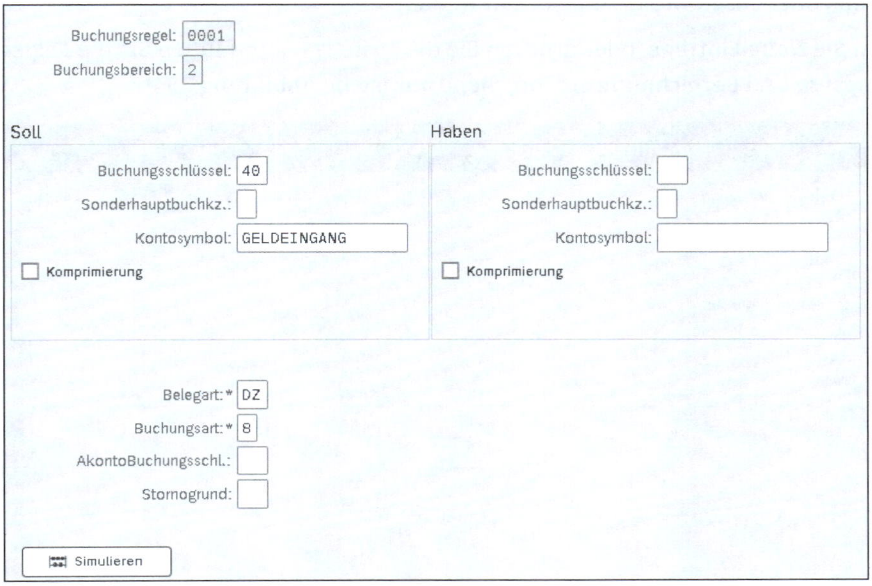

Abbildung 7.53 Buchungsbereich 2 – Buchungsregel 0001

Sichern Sie nun Ihre Einstellungen mit einem Klick auf Sichern (**Sichern**) oder über Strg + S. Vervollständigen Sie die Einstellung für alle von Ihnen genutzten Buchungsregeln.

Buchungsregeln definieren

Nicht alle GVCs werden Ihnen beim Testen des elektronischen Kontoauszugs zur Verfügung stehen bzw. bekannt sein. Sie pflegen die GVCs nach bestem Wissen und Gewissen. Sollten später von der Hausbank neu definierte, erstmalig oder selten verwendete GVCs im Kontoauszug genutzt werden, kann der Kontoauszug zwar eingelesen werden, aber die Verbuchung kann nicht funktionieren. In diesem Fall pflegen Sie einfach im Customizing eine neue Buchungsregel. Ordnen Sie diese einem Vorgang zu, und transportieren Sie diese Einstellungen ins produktive System. In Transaktion FEBAN (Nachbearbeitung Kontoauszüge) können Sie anschließend die Nachverarbeitung des Kontoauszugs noch einmal starten.

Klicken Sie nun links doppelt in der Dialogstruktur auf **Vorgangstyp anlegen**. Hier legen Sie den Vorgangstyp pro Kontoauszugsformat an, den Sie nutzen möchten. Den Vorgangstyp, auch externer Vorgang bzw. Geschäftsvorfallcode (GVC) genannt, haben Sie ja vorab mit Ihrer Bank besprochen und ermittelt. Da die Vorgangstypen nicht immer bankenspezifisch sind, sondern auch vom Kontoauszugsformat abhängen, können Sie als technischen Schlüssel in der Spalte **Vorgangstyp** entweder Ihre Hausbank oder das Kontoauszugsformat wählen.

Wählen Sie **Neue Einträge**, oder drücken Sie die Taste F5, und füllen Sie die Felder **Vorgangstyp** und **Bezeichnung** entsprechend aus (siehe Abbildung 7.54).

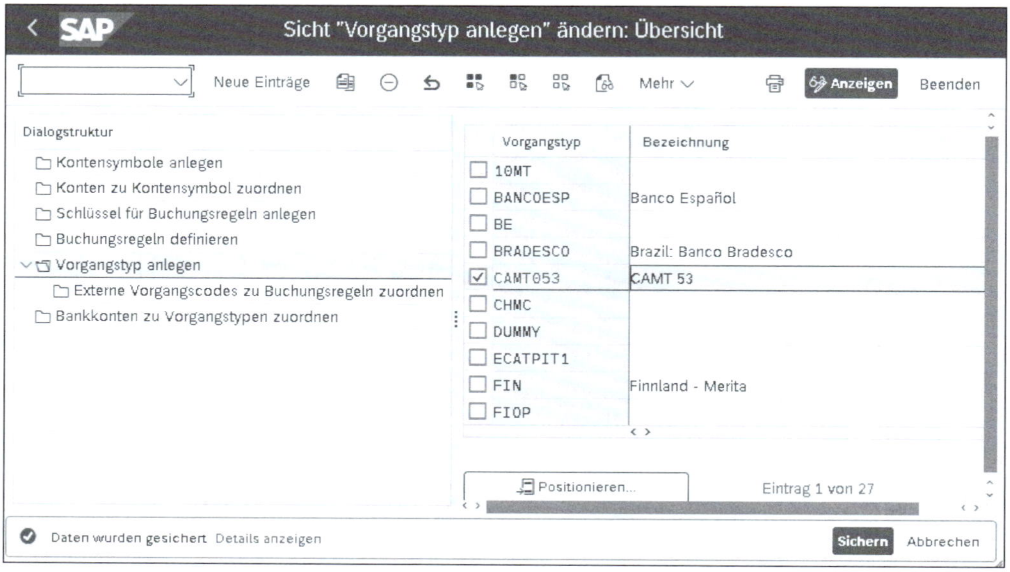

Abbildung 7.54 Vorgangstyp anlegen

Sichern Sie nun Ihre Einstellungen mit einem Klick auf Sichern (**Sichern**) oder über Strg + S. Klicken Sie auf < (**Zurück**), oder drücken Sie die Taste F3. Damit haben Sie Ihren Vorgangstyp angelegt. Wir markieren den Vorgangstyp CAMT053 und klicken in der Dialogstruktur doppelt auf **Externe Vorgangscodes zu Buchungsregeln zuordnen**. Damit gelangen Sie für den markierten Vorgangstyp CAMT053 in das Fenster **Sicht "Externe Vorgangscodes zu Buchungsregeln zuordnen" ändern: Übersicht** (siehe Abbildung 7.55).

Von Ihrer Hausbank bzw. in den Ihnen vorliegenden Dateien mit Kontoauszügen der betreffenden Hausbank finden Sie die *externen Vorgangscodes*. Wählen Sie **Neue Einträge**, oder drücken Sie auf F5, und füllen Sie die folgenden Spalten:

- **Externer Vorgangscode**
  Das ist der Code/Wert, der die entsprechende Kontoauszugsposition in der Datei des elektronischen Kontoauszugs kennzeichnet bzw. verwendet.
- **Vorzeichen**
  In der Kontoauszugsposition wird über das Vorzeichen definiert, ob es sich um eine Sollbuchung oder um eine Habenbuchung handelt.

- **Buchungsregel**
  Dieser Eintrag bezieht sich auf die Buchungsregel, die Sie in diesem Abschnitt angelegt bzw. geprüft hatten. Die Buchungsregel bestimmt bei der Verarbeitung des elektronischen Kontoauszugs, welche Sachkonten gebucht werden sollen.
- **Interpretationsalgorithmus**
  Der Algorithmus erlaubt das Auffinden eigener Zahlungsausgänge aufgrund einer von der Bank zurückgelieferten Referenzinformation.
- **Dispositionsart Transaktion**
  Dieser Eintrag bestimmt, dass für von der Bank gemeldete Transaktionen des aktuellen Tages Avise der Finanzdisposition erstellt werden können. Dazu muss eine Dispositionsart festgelegt werden. Pro Konto kann ein Default-Wert für die Dispositionsart vorgegeben werden. Sollen bestimmte Transaktionsarten gesondert in der Finanzdisposition ausgewiesen werden, kann pro externem Vorgang (Einstellungen zum elektronischen Kontoauszug) eine Dispositionsart festgelegt werden.
- **Verarbeitungstyp**
  Den Verarbeitungstyp benötigen Sie nur bei Kontoauszügen aus England oder Brasilien. Diese verwenden im Kontoauszug bestimmte Informationen, die Sie mit dem richtigen Verarbeitungstyp verarbeiten können.

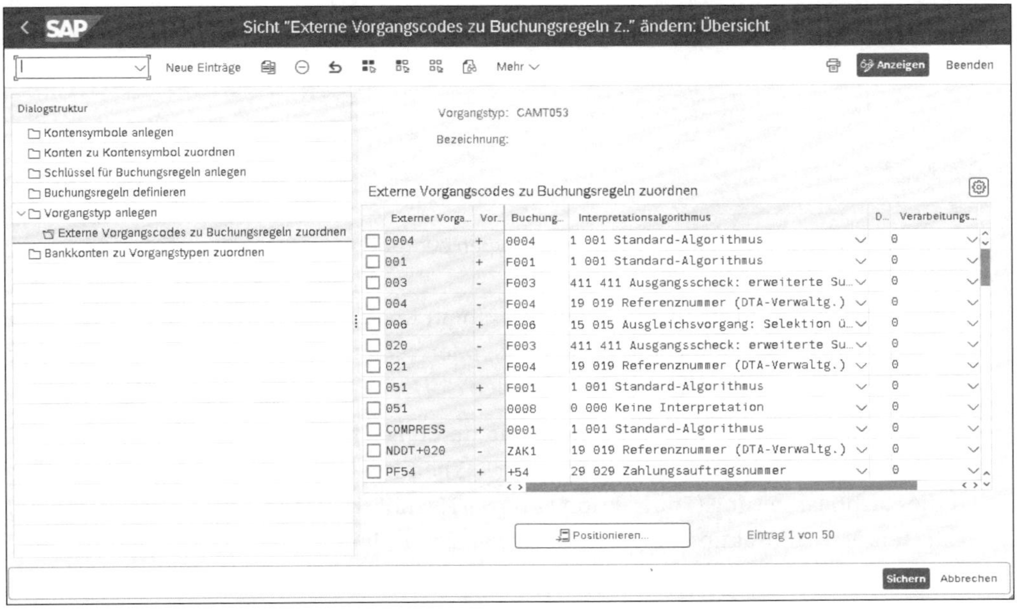

Abbildung 7.55 Externe Vorgangscodes zu Buchungsregeln zuordnen

Sie legen alle externen Vorgangscodes an, die Ihnen zum Zeitpunkt der Implementierung des elektronischen Kontoauszugs bekannt sind. Weitere Vorgangscodes können Sie später ergänzen. Für unbekannte externe Vorgangscodes ist es üblich, einen externen Vorgangscode UNALLOCATED jeweils für »+« und »–« anzulegen und diesem in der Spalte **Interpretationsalgorithmus** den Wert 0000 (keine Interpretation) zuzuordnen. Damit werden diese Posten eingelesen, aber nicht verarbeitet. Sichern Sie nun Ihre Einstellungen mit einem Klick auf Sichern (**Sichern**) oder über [Strg] + [S]. Klicken Sie auf < (**Zurück**), oder verwenden Sie die Taste [F3], bis Sie sich wieder im Customizing-Pfad befinden.

Klicken Sie in der Dialogstruktur doppelt auf **Bankkonten zu Vorgangstypen zuordnen**. Damit gelangen Sie in die Sicht **Bankkonten zu Vorgangstypen zuordnen** und können nun Ihre Bankkonten mit den Vorgangstypen verknüpfen.

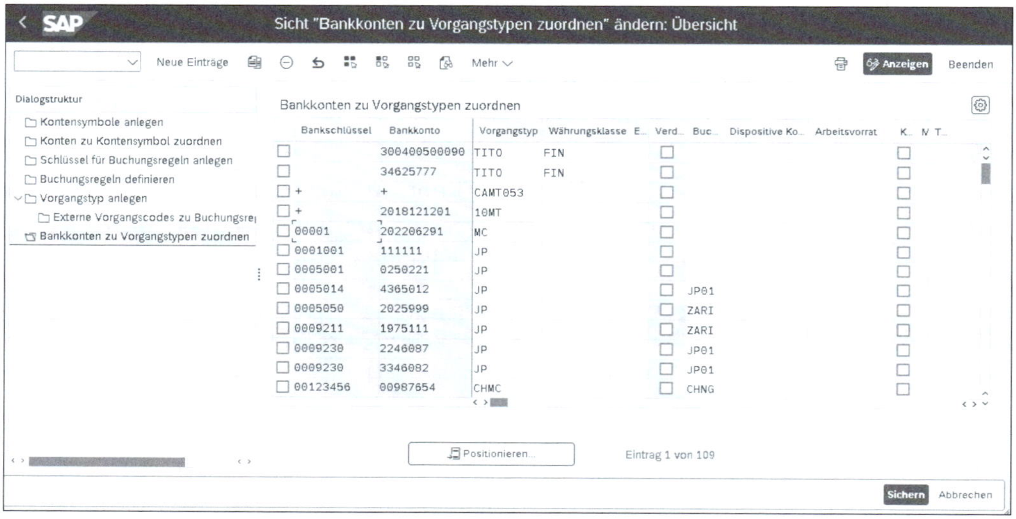

Abbildung 7.56 Bankkonten zu Vorgangstypen zuordnen

Sichern Sie nun Ihre Einstellungen mit einem Klick auf Sichern (**Sichern**) oder über [Strg] + [S]. Klicken Sie auf < (**Zurück**), oder verwenden Sie die Taste [F3], bis Sie sich wieder im Customizing-Pfad befinden.

Damit haben Sie das Grund-Customizing für den elektronischen Kontoauszug abgeschlossen und können mit Transaktion FF_5 bereits einen Kontoauszug einlesen und die Nachbearbeitung (Transaktion FEBAN – Nachbearbeitung Kontoauszüge) einmal testen. Mit Transaktion FF_5 können Sie einzelne elektronische Kontoauszüge einlesen. Nach dem Aufruf von Transaktion FF_5 müssen Sie einen Report zum Einlesen auswählen (siehe Abbildung 7.57). Klicken Sie doppelt auf **Kontoauszug: Diverse Formate (SWIFT, MultiCash, BAI...)**.

Damit wird der Report RFEBKA00 ausgeführt. Nun können Sie Ihr Kontoauszugsformat, den Ablageort der Datei(en) und weitere Parameter für das Einlesen des elektronischen Kontoauszugs auswählen (siehe Abbildung 7.58).

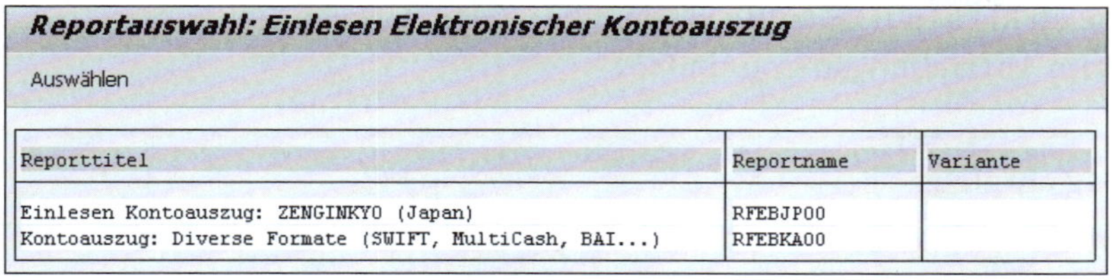

Abbildung 7.57 Report zum Einlesen auswählen

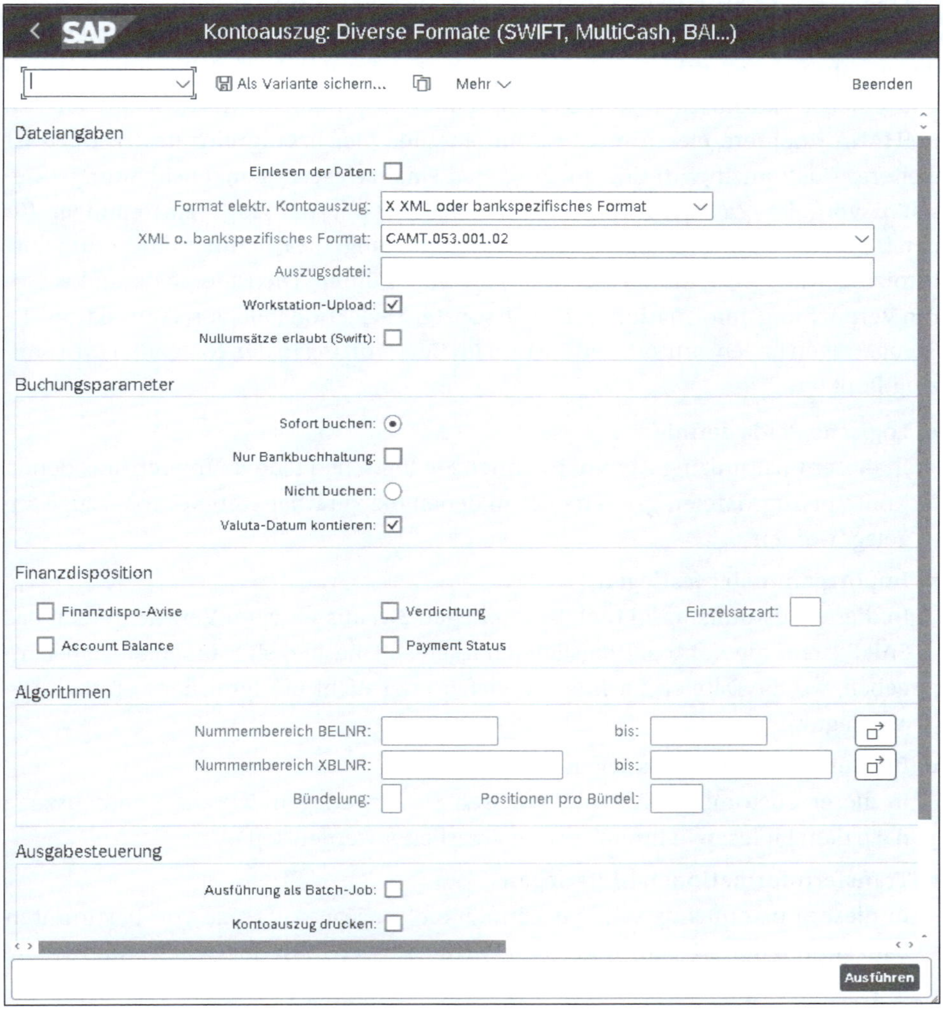

Abbildung 7.58 Kontoauszug einlesen (Transaktion FF_5)

Mit einem Klick auf [⌚] (**Ausführen**) oder über [F8] starten Sie das Programm, und der Kontoauszug wird eingelesen. Im Anschluss daran verlassen Sie Transaktion

FF_5 mit so vielen Klicks auf [<] (**Zurück**) oder über das mehrfache Drücken von [F3], bis Sie wieder im Anwendungsmenü sind.

[»]

Kontoauszug anzeigen

Mit Transaktion FF_6 können Sie sich einen eingelesenen elektronischen Kontoauszug jederzeit wieder anzeigen lassen oder ihn auch ausdrucken.

Nachdem der elektronische Kontoauszug eingelesen wurde, prüfen Sie mit Transaktion FEBAN (Nachbearbeitung Kontoauszüge), ob es noch offene Positionen gibt, die nachbearbeitet werden müssen. Da Sie mit Transaktion FF_5 immer nur genau einen elektronischen Kontoauszug einlesen können, ermöglicht SAP in SAP S/4HANA, mehrere elektronische Kontoauszüge gleichzeitig einzulesen. Dazu ist weiteres Customizing im Customizing-Pfad **Finanzwesen • Bankbuchhaltung • Geschäftsvorfälle • Zahlungsverkehr • Elektronischer Kontoauszug • Einstellungen für den Datenimport** notwendig. Lesen Sie dazu unbedingt die Dokumentation zum Customizing-Punkt **Einstellungen zum Import durchführen**. Die Dateipfade und weiteren Verbuchungsinformationen, die Sie sonst im Selektionsbild von Transaktion FF_5 eingetragen haben, hinterlegen Sie nun im Customizing in den folgenden Customizing-Punkten:

- **Logische Pfade definieren**
  In dieser Customizing-Aktivität können Sie logische Pfade definieren, aus denen Kontoauszugsdateien gelesen oder in denen die verarbeiteten Kontoauszüge abgelegt werden.
- **Importparameter festlegen**
  In dieser Customizing-Aktivität hinterlegen Sie, aus welchen Verzeichnissen das SAP-System die Kontoauszugsdateien lesen soll. Zusätzlich müssen Sie dabei angeben, wo die Dateien nach erfolgreicher oder nicht erfolgreicher Verarbeitung abgelegt werden sollen.
- **Buchungsparameter festlegen**
  In dieser Customizing-Aktivität müssen Sie hinterlegen, wie die Kontoauszüge nach dem Einlesen in Ihrem System verarbeitet werden sollen.
- **Transferinformationen hinterlegen**
  In dieser Customizing-Aktivität können Sie für Kontoauszüge von bestimmten Bankkonten hinterlegen, in welchen Verzeichnissen diese abgelegt werden sollen, um sie anschließend von anderen Systemen weiterverarbeiten zu lassen.

Nachdem Sie die Einstellungen für das gleichzeitige Einlesen von mehreren Dateien vorgenommen haben, können Sie Transaktion FEB_FILE_HANDLING starten. So können Sie nun gleichzeitig mehrere Kontoauszüge einlesen (siehe Abbildung 7.59).

Wählen Sie dazu einfach den Quellpfad aus, den Sie soeben im Customizing gepflegt haben.

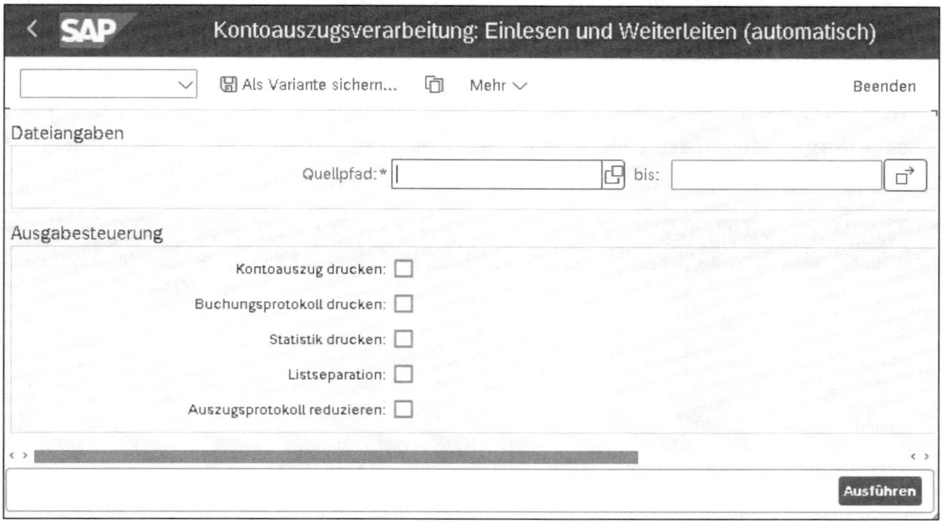

Abbildung 7.59 Kontoauszüge einlesen und weiterleiten (Transaktion FEB_FILE_HANDLING)

Wählen Sie (**Ausführen**), oder drücken Sie die Taste F8, um den Import zu starten. Nachdem Sie die Kontoauszüge eingelesen haben, verlassen Sie Transaktion FEB_FILE_HANDLING mit (**Zurück**) oder der Taste F3. Anschließend starten Sie Transaktion FEBAN für die Kontoauszugsnachbearbeitung.

Bei der Kontoauszugsnachbearbeitung stellen Sie immer wieder fest, dass Sie *Rückläufer* haben. Unter einem Rückläufer versteht man eine Zahlung, die von der Bank des Kunden/Lieferanten oder von Ihrer Hausbank zurückgegeben wird. Zurück bedeutet dabei zurück an Ihr Unternehmen. Die Gründe dafür können sehr vielfältig sein:

- Der Kunde kann die Zahlung abgelehnt haben.
- Die Bankverbindung ist ungültig bzw. nicht vorhanden.
- Das Bankkonto, von dem Sie abbuchen wollten, war nicht ausreichend gedeckt.

Je nach dem Grund des Rückläufers vergibt die Bank einen *Rückläufergrund*. Dies ist auch wiederum ein Geschäftsvorfallcode, also ein externer Vorgang. Mit diesem können Sie die Rückläuferverarbeitung im Customizing einrichten. Folgen Sie dazu dem Customizing-Pfad **Finanzwesen • Bankbuchhaltung • Geschäftsvorfälle • Zahlungsverkehr • Elektronischer Kontoauszug • Rückläuferverarbeitung einrichten**. Hier stellen Sie ein, was bei der Bearbeitung des elektronischen Kontoauszugs mit diesen

Rückläufern passieren soll. Idealerweise führen diese auch wieder automatisch zu Buchungen und nehmen gleichzeitig noch den Ausgleich zurück, der durch den Zahllauf (z. B. beim Einzug vom Bankkonto Ihres Kunden) entstanden ist. Damit würden Sie auf dem Kundenkonto wieder einen offenen Posten, der zur Zahlung fällig ist, bekommen. Anschließend können Sie erneut versuchen, den offenen Betrag einzuziehen, oder Sie suchen vorher das Gespräch mit dem Kunden. Die Definition der Rückläufergründe müssen Sie wieder pro Vorgang, also pro Kontoauszugsformat und gegebenenfalls pro Hausbank vornehmen (siehe Abbildung 7.60).

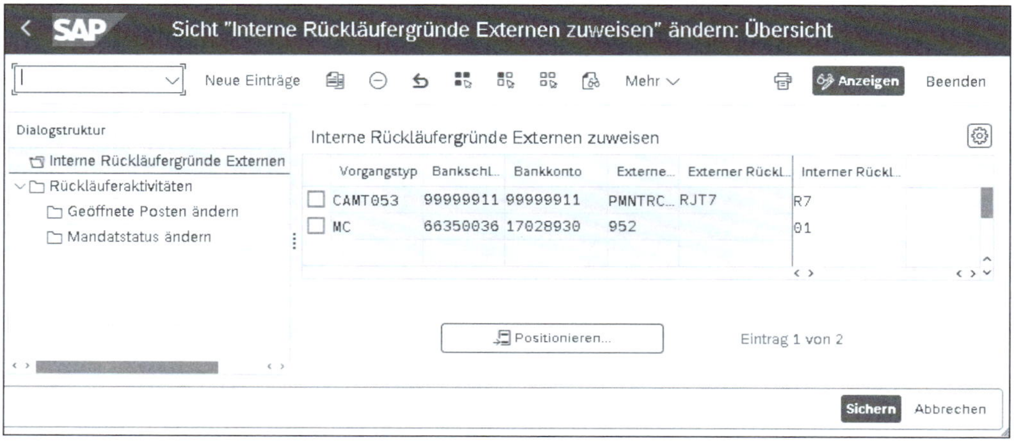

Abbildung 7.60 Interne Rückläufergründe definieren

Der externe Vorgang 0817 kennzeichnet wieder den Vorgang im Kontoauszug. Dazu kann es einen externen Rückläufergrund 4711 geben. Diesem ordnen Sie einen internen Rückläufergrund 471 zu (siehe die entsprechenden Spalten in Abbildung 7.60). Klicken Sie nun in der Dialogstruktur doppelt auf **Rückläuferaktivitäten**.

Hier ordnen Sie Ihrem internen Rückläufergrund 471 eine Rückläuferbuchungsregel FI1D zu, bestimmen durch Setzen des Kennzeichens **Rücknahme des Ausgleichs**, dass der Ausgleich zurückgenommen wird, und hinterlegen noch eine Gebührenbuchungsregel SED1 (siehe die entsprechenden Spalten in Abbildung 7.61).

Mit der *Gebührenbuchungsregel* können Sie bestimmen, wie eventuell auftretende Bankgebühren verbucht werden sollen. Klicken Sie nun in der Dialogstruktur doppelt auf **Geöffnete Posten ändern**. In dieser Sicht können Sie einstellen, wie mit den wieder geöffneten offenen Posten umgegangen werden soll. Würden Sie gleich wieder versuchen, diese einzuziehen oder zu überweisen, ohne die Ursachen geprüft zu haben, würde der erneute Versuch der Bezahlung sicherlich wieder scheitern. Daher sollten Sie z. B. eine Mahnsperre und/oder eine Zahlsperre setzen (siehe Abbildung 7.62). Diese Sperren können Sie ebenfalls im Customizing definieren.

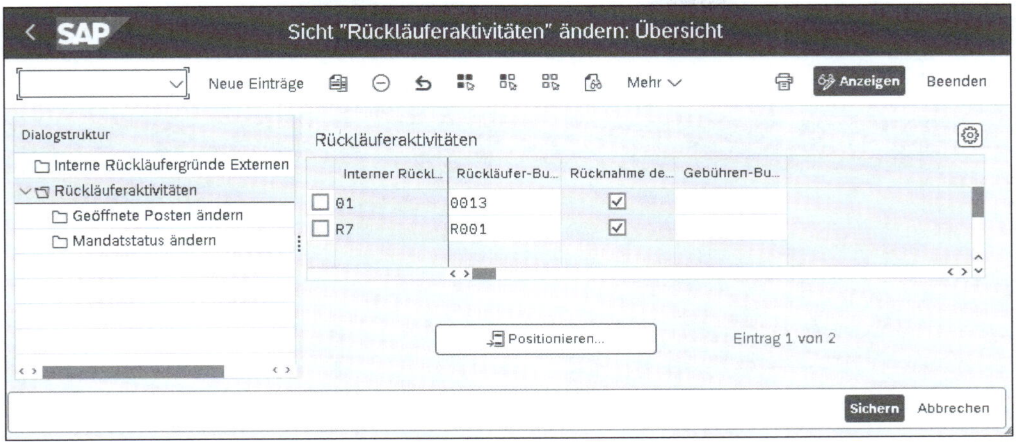

Abbildung 7.61 Buchungsregeln zuordnen

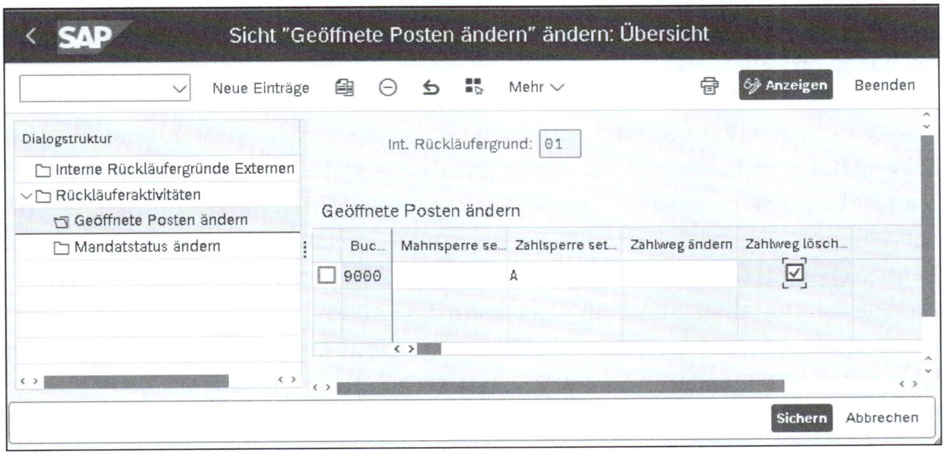

Abbildung 7.62 Geöffnete Posten anpassen

Sie können aber auch durch das Setzen des Kennzeichens **Zahlweg ändern** oder **Zahlweg löschen** den Zahlweg ändern oder löschen. Indem Sie einen speziellen Zahlweg oder eine Mahnsperre setzen, können die Endanwender erkennen, dass es sich um einen Rückläufer handelt. Dazu müssten Sie in der Einzelpostenanzeige der Kundeneinzelposten die Spalte **Mahnsperre** oder **Zahlsperre setzen** einblenden und nach dem von Ihrem Unternehmen definierten Wert filtern. Meist wird dies von den zuständigen Mitarbeitern nach dem Einlesen des elektronischen Kontoauszugs täglich geprüft und gegebenenfalls der Kontakt mit dem Kunden/Lieferanten gesucht. Klicken Sie nun in der Dialogstruktur doppelt auf **Mandatstatus ändern**.

Für die Rückläuferbearbeitung von SEPA-Lastschriften ist es überdies elementar, dass Sie den Status im SEPA-Mandat anpassen. Dies ist nur für diese Art von Lastschriften notwendig. Klicken Sie auf **Neue Einträge**, oder verwenden Sie die Taste [F5], und legen Sie für den jeweiligen internen Rückläufergrund und Buchungskreis einen entsprechenden Eintrag an (siehe Abbildung 7.63).

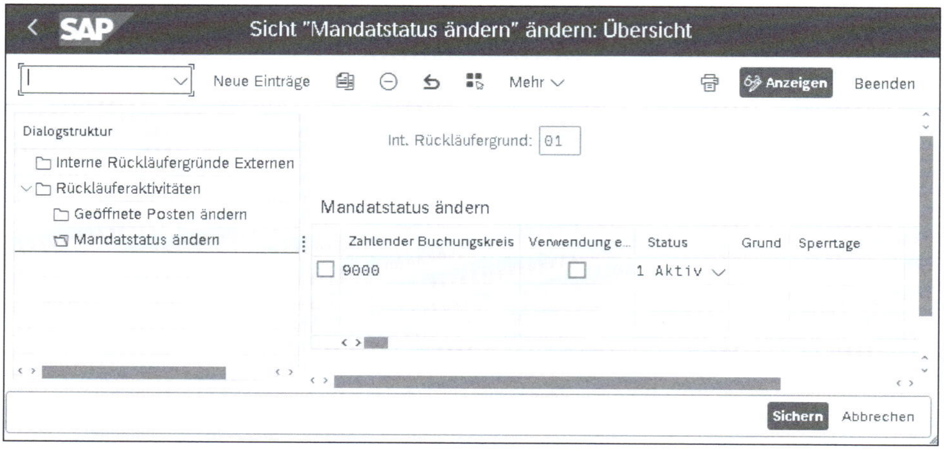

Abbildung 7.63 Status des SEPA-Mandats anpassen

Das Kennzeichen **Verwendung entfernen** nutzen Sie, um die Verwendung aus dem SEPA-Mandat zu löschen. Wenn Sie in einem Zahllauf eine Zahlung mittels SEPA-Mandat begleichen, speichert das SAP-System diese Verwendungsinformationen im SEPA-Mandat. Die nachfolgenden Verwendungen steuern, ob das SAP-System ein Kennzeichen für die Erstverwendung oder für eine Folgeverwendung setzt. Wenn es für eine Zahlung einen Rückläufer gibt, kann das SAP-System die Verwendungsinformationen im Mandat löschen. Über die Spalte **Status** können Sie steuern, welchen Status das SEPA-Mandat in Ihrem SAP-S/4HANA-System erhalten soll. In der Spalte **Grund** können Sie noch eine Begründung hinterlegen, warum Sie z. B. den Status eines SEPA-Mandats geändert haben. Außerdem können Sie die Verwendung eines SEPA-Mandats für einige Tage sperren. Nehmen Sie dazu in der Spalte **Sperrtage** einen entsprechenden Eintrag vor. Sichern Sie nun Ihre Einstellungen mit einem Klick auf Sichern (**Sichern**) oder über [Strg] + [S]. Verlassen Sie die Sicht mit < (**Zurück**) oder über [F3], bis Sie sich wieder im Customizing-Pfad befinden. Damit haben wir nun auch das Customizing für die Rückläuferverarbeitung abgeschlossen, und Sie können Ihre Tests für den elektronischen Kontoauszug fortsetzen.

[»]

Kontoauszug mit Rückläufern anfordern

Sprechen Sie mit Ihrer Hausbank, ob sie Ihnen einen Kontoauszug für Tests mit verschiedenen Rückläufern zur Verfügung stellen kann. Ansonsten wird sich der Test ohne entsprechende Kontoauszüge schwierig gestalten.

Sie können sich sicher gut vorstellen, dass Sie damit nicht alle Vorgänge in einem elektronischen Kontoauszug bearbeiten können. Der elektronische Kontoauszug kann zwar den Verwendungszweck analysieren, aber dieser ist doch recht statisch. Klassischerweise versuchen Sie, mit einem User-Exit, also mit zusätzlichem kundeneigenem Coding, die Trefferquote für die Zuordnung der Zahlungen zu den offenen Posten zu erhöhen. Den User-Exit müssen Sie im Entwicklungssystem programmieren, testen und ins produktive System transportieren, bevor Sie ihn im elektronischen Kontoauszug verwenden können. Erfahrungsgemäß erzielen Sie damit eine Trefferquote von 70–90 %. Natürlich hängt es von dem Geschäftsmodell Ihres Unternehmens ab, wie sich der Zahlungsverkehr gestaltet. Handelt es sich bei Ihren Kunden vorwiegend um Unternehmen, werden diese sicher eher die offenen Rechnungen per Überweisung bezahlen. Dadurch kann es passieren, dass Ihre Kunden mehrere Rechnungen in einer Zahlung zusammenfassen und Sie dann nicht exakt wissen, für welche Rechnungen diese Zahlung vorgesehen ist. Man versucht, dieses Informationsdefizit mit einem Zahlungsavis zu lösen; der Kunde teilt Ihnen meist schriftlich mit, welche Rechnungen er mit dieser Zahlung zusammengefasst hat. Dies ist vor allem notwendig, wenn der Verwendungszweck nicht lang genug ist, um alle Rechnungsnummern unterzubringen.

Hat Ihr Unternehmen eher Endkunden, werden Sie sicher versuchen, das Geld über SEPA-Lastschriften einzuziehen, und sicherlich müssen Sie Ihren Kunden auch den Zahlweg der Überweisung ermöglichen. Gerade bei Endkunden, die selbst überweisen, variiert der Verwendungszweck oft, da häufig nicht die von Ihnen mitgesendeten Überweisungsvorlagen verwendet werden. Durch verschiedene Maßnahmen könnten Sie versuchen, Ihre Kunden in der Form zu beeinflussen, dass sie entweder einem Lastschrifteinzug Ihrerseits zustimmen oder den richtigen Verwendungszweck angeben.

Bisher haben viele SAP-ERP-Kunden versucht, über ein verbessertes Coding im User-Exit die Trefferquote bei der Kontoauszugsverarbeitung zu erhöhen. Jedoch ist dies ein langwieriger Prozess, und wenn Sie immer wieder den User-Exit anpassen müssen, auch ein nicht praktikables Unterfangen. Folglich gibt man sich häufig mit einer erhöhten Quote von manuell nachzubearbeitenden Posten zufrieden (Transaktion FEBAN – Nachbearbeitung Kontoauszüge).

Mit der SAP-Fiori-App **Nachbearbeitungsregeln für Kontoauszüge verwalten** (App-ID F3555) können Sie bzw. der Fachbereich zusätzliche Regeln für die Bearbeitung von Kontoauszügen pflegen. Dabei können Sie entweder automatisierte Regeln anlegen, die zuerst bearbeitet werden, bevor Ihr Customizing des Kontoauszuges verwendet wird, oder manuelle Regeln, mit denen Sie den Kontoauszug nachbearbeiten können. Die SAP-Fiori-App **Nachbearbeitungsregeln für Kontoauszüge verwalten** bietet die folgenden Funktionen:

- Nachbearbeitungsregeln anzulegen und zu bearbeiten und die Bedingungen zu definieren, unter denen die Nachbearbeitungsregeln angewandt werden sollen, sowie die Aktionen zu definieren, die die Nachbearbeitungsregeln mit den Kontoauszugspositionen ausführen sollen.
- Manuell anwendbare Nachbearbeitungsregeln zu teilen, damit Ihre Kollegen diese ebenfalls verwenden können.
- Nachbearbeitungsregeln abzukündigen, die für Ihre Arbeit unbrauchbar oder veraltet sind.
- Nachbearbeitungsregeln zur automatischen Verarbeitung von Zahlungsavisen zu verwenden.
- Nachbearbeitungsregeln zu automatisieren, damit sie im Hintergrund ausgeführt werden und Kontoauszugspositionen automatisch nachbearbeiten.
- Vorlagen für Nachbearbeitungsregeln zu verwalten.

Mehr Informationen zur SAP-Fiori-App **Nachbearbeitungsregeln für Kontoauszüge verwalten** finden Sie in der SAP-Online-Hilfe *https://help.sap.com/docs/SAP_S4HANA_ON-PREMISE/3cb1182b4a184bdd93f8d62e3f1f0741/d6fe6526b26f46e59d9d1dd0f7427fe3.html?locale=de-DE* (Kurz-URL: *http://s-prs.de/v10687010*).

Öffnen Sie die SAP-Fiori-App **Nachbearbeitungsregeln für Kontoauszüge verwalten** auf Ihrem SAP Fiori Launchpad. Wie gewohnt, können Sie verschiedene Einschränkungen für die Selektion vornehmen, sofern dies notwendig ist. Ansonsten klicken Sie auf den Button Start (**ENTER**), um die Selektion zu starten. Abbildung 7.64 zeigt Ihnen alle bisher angelegten Regeln und deren Status. Den Status sehen Sie in der Spalte **Außer Kraft gesetzt** anhand des Eintrages **Nein** oder **Ja**.

Abbildung 7.64 Übersicht angelegter eigener Regeln

Wählen Sie eine Regel aus, und klicken Sie auf den Button [>], um in die Details der gewählten Regel zu gelangen. Abbildung 7.65 zeigt Ihnen die Details der angelegten Regel.

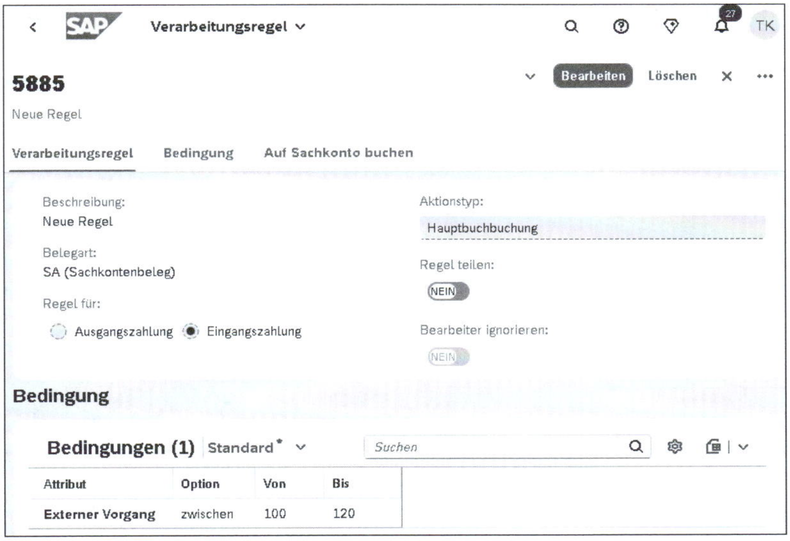

Abbildung 7.65 Details einer Nachbearbeitungsregel

Sie sehen in der Abbildung 7.65 die Kopfdaten der Nachbearbeitungsregel auf der Registerkarte **Nachbearbeitungsregel**. Wenn Sie nach unten scrollen oder auf die Registerkarte **Bedingung** klicken, sehen Sie die Bedingung, hier **Externer Vorgang** zwischen 100 und 120. Auf der Registerkarte **Auf Sachkonto buchen** hinterlegen Sie die Buchungsregel.

> **Nachbearbeitungsregeln**
>
> Damit Sie die SAP-Fiori-App **Nachbearbeitungsregeln für Kontoauszüge verwalten** verwenden können, müssen Sie die Lizenz für die erweiterte Kontoauszugsautomatisierung erwerben. Sprechen Sie diesbezüglich Ihren SAP-Vertriebsbeauftragten an.

Sie können beliebig viele Nachbearbeitungsregeln anlegen. Aktuell müssen Sie die Nachbearbeitungsregeln einzeln manuell anlegen.

Als zusätzliche Lösung steht das Produkt *SAP Cash Application* zur Verfügung. Damit folgt SAP dem allgemeinen Trend, Anwendungen in die Cloud zu verlagern und dabei Machine Learning (ML) einzusetzen. Bei dieser Technologie handelt es sich um selbstlernende Software. Nach einer initialen Trainingsphase kann sie eigenständig Muster erkennen und entsprechende Regeln anwenden. Im Sinne des Kontoauszugs erkennt SAP Cash Application selbstständig bestimmte Muster im Verwendungszweck, kann diese offenen Posten zuordnen und entsprechende Buchungen auslösen. Weitere Informationen zu SAP Cash Application finden Sie unter *https://www.sap.com/products/financial-management/cash-application.html*.

Abbildung 7.66 gibt Ihnen einen Überblick über die Gesamtlösung. Dabei wird zuerst der elektronische Kontoauszug in SAP S/4HANA eingelesen und verarbeitet. Für Buchungen, die nicht zugeordnet werden können, können Sie mit SAP Cash Application höchstwahrscheinlich eine Zuordnung erreichen.

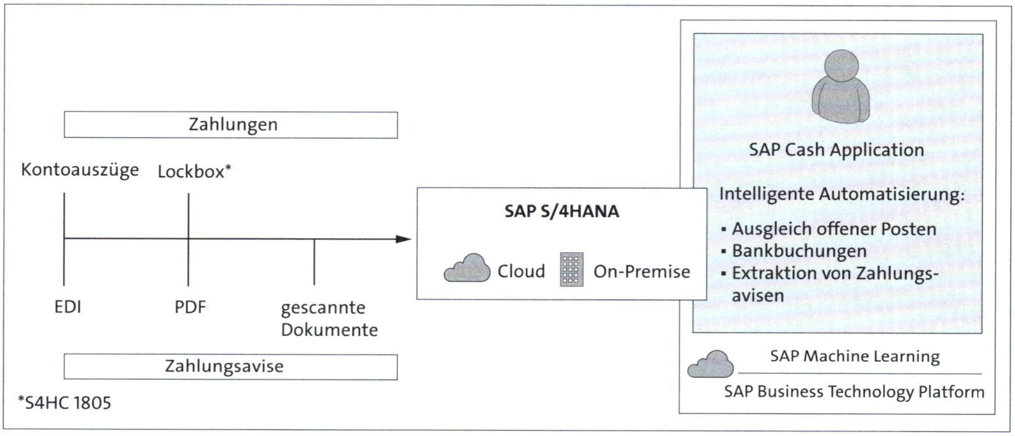

Abbildung 7.66 Lösungsüberblick über SAP Cash Application

Mit SAP Cash Application können Sie die nicht automatisch verbuchten Posten durch Machine Learning analysieren lassen und erhalten dadurch zusätzlich passende Ausgleichs- oder Vorschlagsbuchungen. Die Anzahl der manuell nachzubearbeitenden Posten kann auf diese Weise gegebenenfalls erheblich reduziert werden. Bei den Kunden sind die Erfahrungen mit SAP Cash Application positiv, und sie konnten ihre Trefferquote damit wesentlich erhöhen. Es kommt hinzu, dass Sie nun durch selbst lernende Algorithmen unterstützt werden und es nicht mehr notwendig ist, den User-Exit anzupassen. Die SAP-Hilfe zu SAP Cash Application finden Sie unter: *https://help.sap.com/viewer/product/SAP_CASH_APPLICATION*.

Nachdem wir uns mit dem elektronischen Kontoauszug beschäftigt haben, schauen wir uns im nächsten Abschnitt das Kassenbuch näher an.

7.6 Kassenbuch

Die SAP-Bankbuchhaltung ermöglicht die Verwaltung von *Kassenbüchern* (Handkassen) für Unternehmen. Die meisten Unternehmen haben ein oder mehrere Kassenbücher, in denen sie Handkassen mit Bargeld verwalten. Dies ist notwendig, um kleinere Ausgaben, wie Geschenke, Blumensträuße oder kleinere Einnahmen, wie den Verkauf von gebrauchter Büro- und Geschäftsausstattung, verbuchen zu können. Wenn Sie diese Buchungen nicht in SAP S/4HANA vornehmen, wäre es ein rein manueller Prozess, und am Monatsende wäre wiederum eine manuelle Buchung im SAP-S/4HANA-System notwendig. Das Führen eines Kassenbuches weist Ihnen in SAP S/4HANA immer den aktuellen Bargeldbestand aus, führt zu einer kostenstellengerechten Verbuchung und ermöglicht Ihnen auch den Ausdruck von entsprechenden Quittungen. Ebenso können Sie bei der Buchung im Kassenbuch auch einen Kreditor oder Debitor angeben. Folgen Sie dazu dem Customizing-Pfad **Finanzwesen • Bankbuchhaltung • Geschäftsvorfälle • Kassenbuch**. Hier finden Sie alle notwendigen Einstellungen zum Einrichten eines Kassenbuches (siehe Abbildung 7.67).

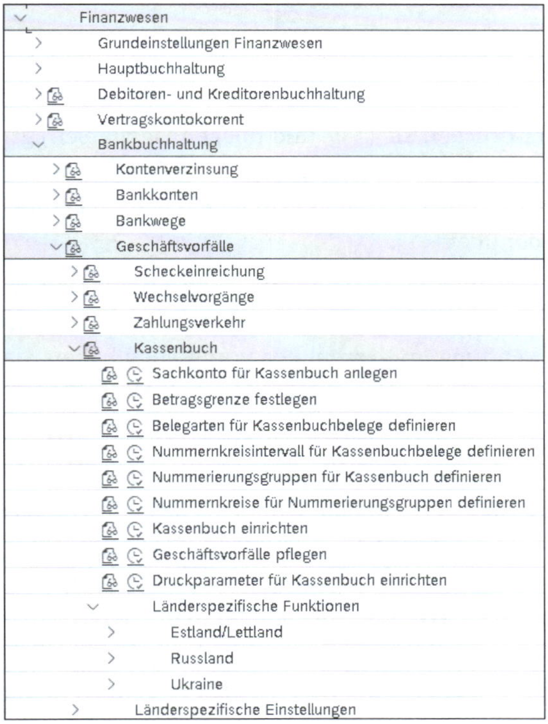

Abbildung 7.67 Kassenbuch einrichten

Zuerst müssen Sie im Kontenplan ein Sachkonto definieren, das Sie später in Ihrem Kassenbuch hinterlegen. Rufen Sie dazu Transaktion FS00 auf. Dies haben wir in Abschnitt 3.1, »Sachkonten«, näher erläutert. Je nach Land kann es Betragsgrenzen geben, bis zu denen Sie eine Buchung über ein Kassenbuch abbilden dürfen. Folgen Sie dazu dem Customizing-Pfad **Finanzwesen • Bankbuchhaltung • Geschäftsvorfälle • Kassenbuch • Betragsgrenze festlegen**. Hier hinterlegen Sie eine Betragsgrenze in der jeweiligen Hauswährung. Der Buchungskreis muss nicht zwingend gefüllt werden (siehe Abbildung 7.68).

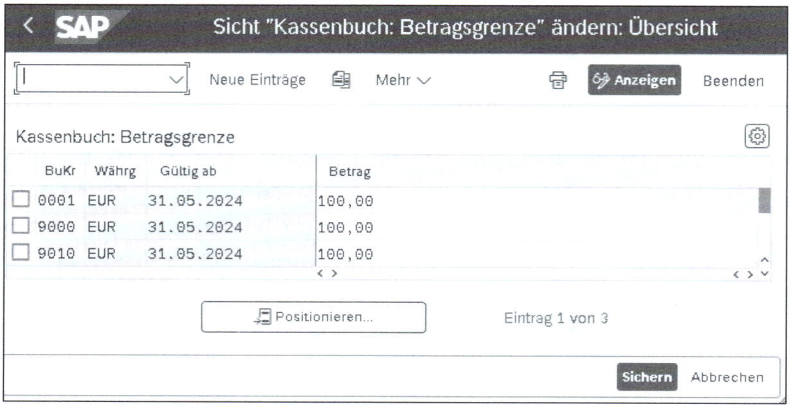

Abbildung 7.68 Betragsgrenze hinterlegen

Wählen Sie dazu **Neue Einträge**, oder drücken Sie F5, und pflegen Sie die Betragsgrenze ein. Sichern Sie nun Ihre Einstellungen mit einem Klick auf Sichern (**Sichern**) oder über Strg + S. Verlassen Sie das Fenster **Sicht "Kassenbuch: Betragsgrenze" ändern: Übersicht** mit < (**Zurück**) oder über F3.

Folgen Sie dem Customizing-Pfad **Finanzwesen • Bankbuchhaltung • Geschäftsvorfälle • Kassenbuch • Belegarten für Kassenbuchbelege definieren**. Hier prüfen Sie, ob Sie bereits eine Belegart für die Verwendung im Kassenbuch vorgesehen haben. Sie müssen keine separate Belegart anlegen. So können Sie z. B. die Belegarten SA, KR oder DR wiederverwenden.

Unter dem Customizing-Punkt **Nummernkreisintervall für Kassenbuchbelege definieren** hinterlegen Sie einen Nummernkreis für die Kassenbuchbelege; dies ist das Nummernkreisobjekt CAJO_DOC2 (Belegnummern für Kassenbuchbelege). Folgen Sie dazu dem Customizing-Pfad **Finanzwesen • Bankbuchhaltung • Geschäftsvorfälle • Kassenbuch • Nummernkreisintervall für Kassenbuchbelege definieren**, oder rufen Sie Transaktion FBCBC1 auf. Da das Kassenbuch als Nebenbuch des Hauptbuches fungiert, wird die Pflege eines Nummernkreises für die Kassenbuchbelege notwendig (siehe Abbildung 7.69).

Tragen Sie in das Feld **Buchungskreis** »9000« ein, und klicken Sie auf Intervalle (**Intervalle pflegen**). Damit gelangen Sie in die nächste Sicht, in der Sie den Nummernkreis 01 hinterlegen (siehe Abbildung 7.70). Wahrscheinlich ist dieser Nummernkreis schon vorhanden, da er aus der Buchungskreisvorlage, aus der Sie Ihren Buchungskreis kopiert haben, mitkopiert worden ist.

Sichern Sie Ihre Eingaben mit einem Klick auf Sichern (**Sichern**) oder über Strg + S. Verlassen Sie die Nummernkreispflege mit < (**Zurück**) oder über F3. Damit wird für jeden Kassenbuchbeleg die Nummerierung fortlaufend vergeben.

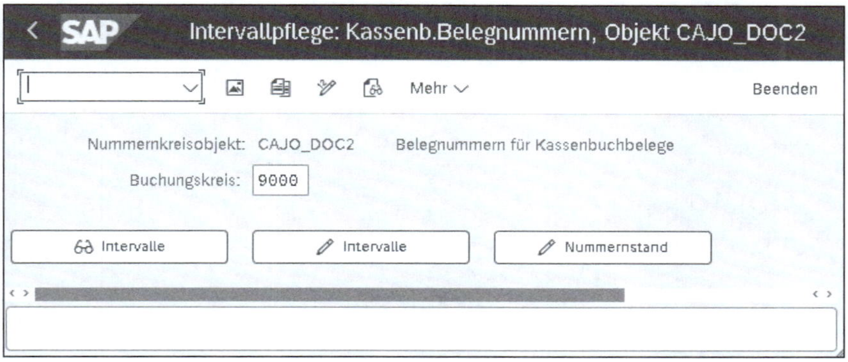

Abbildung 7.69 Nummernkreis für Kassenbuch pflegen

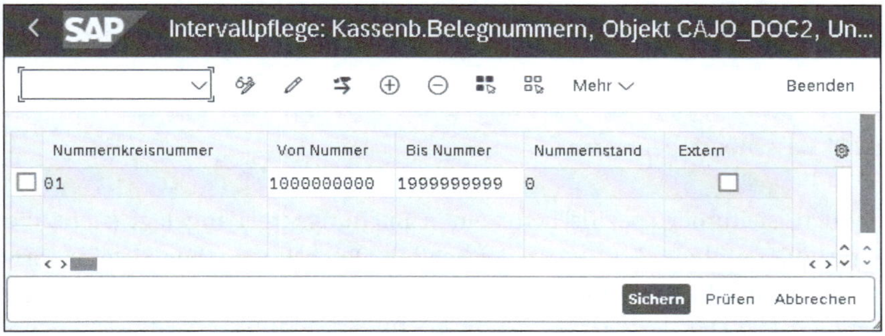

Abbildung 7.70 Nummernkreis anlegen

Kassenbuchbelege unterschiedlich nummerieren

Wenn Sie Ihre Kassenbuchbelege unterschiedlich nummerieren möchten, z. B. wenn die Ausgaben und Einnahmen verschiedene Nummernkreise erhalten sollen, prüfen Sie die Einstellungen in den beiden Customizing-Punkten **Nummerierungsgruppen definieren** und **Nummernkreise für Nummerierungsgruppen definieren**.

Wenn Sie wieder im Customizing-Pfad sind, wählen Sie **Finanzwesen • Bankbuchhaltung • Geschäftsvorfälle • Kassenbuch • Kassenbuch einrichten**, oder Sie rufen Transaktion FBCJC0 auf. Vermutlich ist durch die Buchungskreiskopie bereits ein Kassenbuch vorhanden (siehe Abbildung 7.71). Dieses können Sie anpassen bzw. als Kopiervorlage verwenden, wenn Sie mehrere Kassenbücher benötigen.

Wählen Sie **Neue Einträge**, oder drücken Sie [F5], um ein neues Kassenbuch anzulegen. Markieren Sie ein Kassenbuch, und klicken Sie auf (**Kopieren als ...**), oder drücken Sie [F6], um ein bestehendes Kassenbuch zu kopieren.

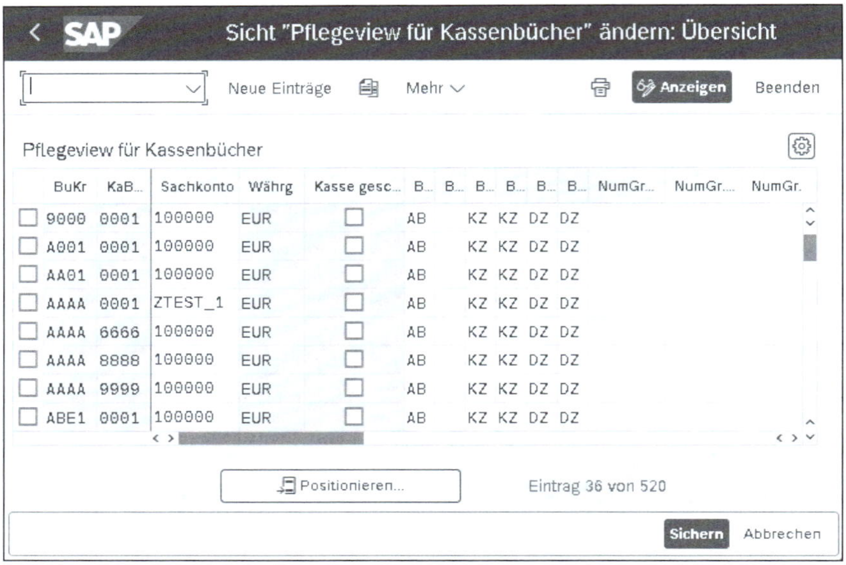

Abbildung 7.71 Kassenbuch definieren

Ein Kassenbuch ist immer spezifisch für einen Buchungskreis angelegt (siehe die Spalte **BuKr** mit dem Inhalt »9000«). In der Spalte **KaBuchNr** vergeben Sie eine fortlaufende Nummer für Ihr Kassenbuch (hier »0001«). In der Spalte **Sachkonto** ordnen Sie das Sachkonto zu, das das Kassenbuch in der Bilanz abbildet. Sie können einem Sachkonto mehrere Kassenbücher zuordnen. Wenn Sie in der Spalte **Kasse geschlossen** das Kennzeichen setzen, ist das Kassenbuch gesperrt und kann nicht mehr verwendet werden. Je nachdem, welche Vorgänge Sie in Ihrem Kassenbuch buchen möchten, müssen Sie die entsprechenden Belegarten hinterlegen. Nun benötigt das Kassenbuch in der Spalte **Kassenbuchname** noch eine Bezeichnung. Meist wird als Bezeichnung der Standort der Handkasse festgehalten. Hier wird in der Spalte **Kassenbuchname** nur »Handkasse« hinterlegt. Sichern Sie Ihre Eingaben mit einem Klick auf Sichern (**Sichern**) oder über die Tastenkombination Strg + S. Verlassen Sie die Kassenbuchpflege mit < (**Zurück**) oder über die Taste F3. Wieder im Customizing-Pfad angelangt, rufen Sie den nächsten darunterliegenden Customizing-Punkt **Geschäftsvorfälle pflegen** oder alternativ Transaktion FBCBC2 auf. Auch hier finden Sie vermutlich schon Einträge vor, die durch eine Buchungskreiskopie entstanden sind (siehe Abbildung 7.72).

Auch im Kassenbuch müssen wir Vorgänge definieren. Ein Vorgang kennzeichnet dabei den jeweiligen Geschäftsvorfall, den Sie buchen möchten, z. B. eine Auszahlung an einen Kreditor oder die Erstattung von Kosten für Büromaterial. Je nach Vorgang hinterlegen Sie ein entsprechendes Sachkonto, das bei der Buchung verwendet wird. Die Vorgänge selbst nummerieren Sie dabei einfach wieder durch.

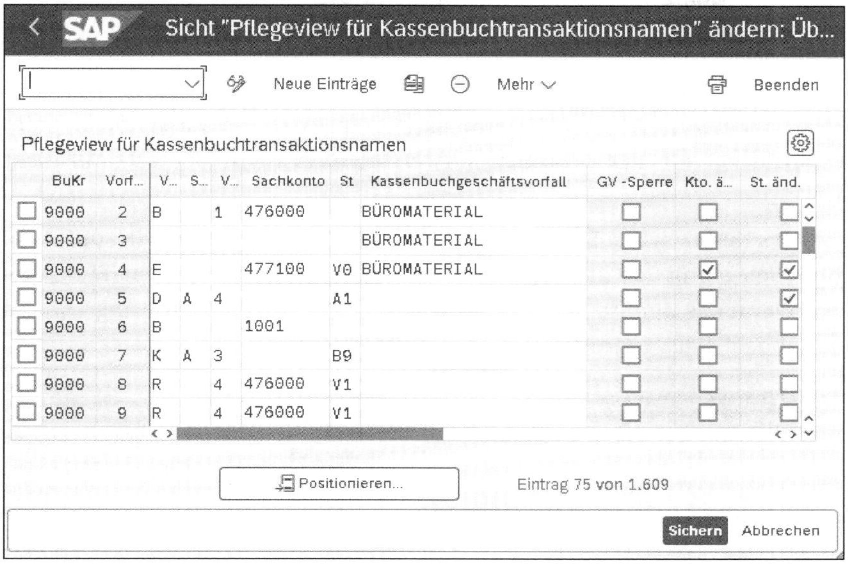

Abbildung 7.72 Vorgänge definieren

Wählen Sie **Neue Einträge**, oder die drücken Sie [F5], um einen neuen Vorgang im Kassenbuch anzulegen, oder Sie markieren einen Vorgang und klicken auf [Kopieren-Symbol] (**Kopieren als ...**). Alternativ verwenden Sie die Taste [F6], um einen bestehenden Vorgang zu kopieren. Sichern Sie Ihre Eingaben mit einem Klick auf [Sichern] (**Sichern**) oder über [Strg] + [S]. Verlassen Sie die Kassenbuchpflege mit [<] (**Zurück**) oder mit der Taste [F3]. Wenn Sie wieder im Customizing-Pfad sind, wählen Sie **Finanzwesen • Bankbuchhaltung • Geschäftsvorfälle • Kassenbuch • Druckparameter für Kassenbuch einrichten**, oder Sie rufen Transaktion FBCJC3 auf. Damit Sie aus dem Kassenbuch heraus Quittungen drucken können, müssen Sie noch die Druckparameter hinterlegen. Sie wissen nun schon, dass auch hier bereits ein Eintrag für Ihren Buchungskreis vorhanden ist (siehe Abbildung 7.73).

Die Hinterlegung der Druckparameter erfolgt dabei immer pro Buchungskreis und gilt damit für alle Kassenbücher eines Buchungskreises:

- In der Spalte **Druckprogramm Kassenbuch** ist das Druckprogramm hinterlegt, das die Kassenbuchbelege ausdrucken bzw. auflisten kann.
- Rufen Sie das Programm einmalig auf, definieren Sie eine Reportvariante und hinterlegen diese nun in der Spalte **Reportvariante**.
- In der Spalte **Korr.** wird die Korrespondenzart zugeordnet. Über die Korrespondenzart wird das Formular für den Druck der Quittungen gefunden. SAP18 steht dabei für das Kassenbuch Deutschland.

- Die Spalte **FoID** ist die Identifikation für ein Formular bzw. einen Formsatz und erlaubt den Zugriff auf ein bestimmtes Formular bzw. auf einen bestimmten Formularsatz aus einer abgegrenzten Gruppe von Formularen.
- Wenn Sie das Kennzeichen **PDF-Form** aktivieren, wird im Kassenbuch beim Scheckstapeldruck ein PDF-Formular verwendet. Dies ist in Deutschland nicht mehr üblich.
- Wenn Sie das Kennzeichen **BB** markiert haben, werden nur die in FI (Hauptbuch) gebuchten Belege mit den im Hauptbuch vorliegenden Informationen (FI-Belege) gedruckt. Wenn das Kennzeichen **BB** nicht gesetzt ist, wird die Quittung anhand des Kassenbuchbelegs gedruckt.

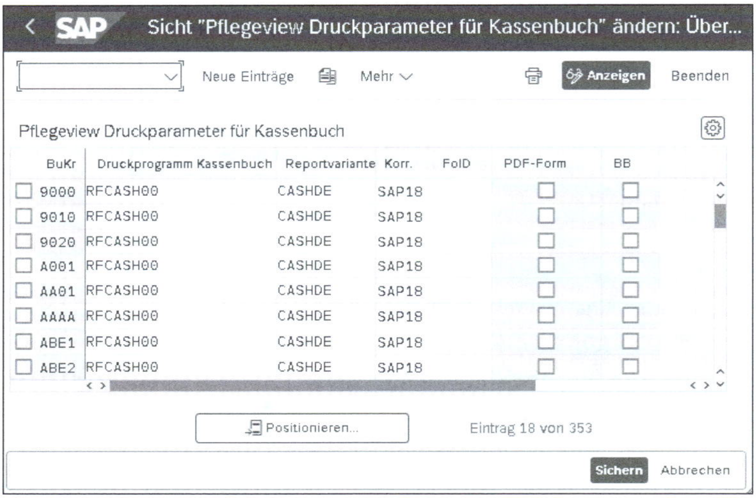

Abbildung 7.73 Druckparameter für Kassenbuch hinterlegen

Sichern Sie Ihre Eingaben mit einem Klick auf Sichern (**Sichern**) oder über Strg + S. Verlassen Sie die Kassenbuchpflege mit < (**Zurück**) oder über F3. Wenn Sie wieder im Customizing-Pfad sind, haben Sie das Customizing des Kassenbuches abgeschlossen. Nun können Sie Ihr Kassenbuch mit Transaktion FBCJ testen bzw. es verwenden.

Im Kassenbuch sehen Sie die Registerkarten **Ausgaben bar** und **Einnahmen bar** (siehe Abbildung 7.74). Wenn Sie die jeweilige Registerkarte auswählen, sehen Sie die Buchungen, die vorgenommen worden sind (grüne Ampel), und die Buchungen, die erfasst, aber bisher nicht gebucht sind (rote Ampel). In der Spalte **Debitor** ist bei einer Buchung der Debitor 64 angegeben. Im Bereich **Saldenanzeige für Anzeigezeitraum** sehen Sie den aktuellen Kontensaldo. Wenn Sie auf den Button **Buchen** klicken, werden die ausstehenden Belege (rote Ampel) gebucht. Nach dem Buchungsvorgang können wir nun z. B. den zweiten Beleg markieren und uns die dazugehörige Quittung über den Button **Quittung** am unteren Bildrand ausdrucken lassen. Alternativ können Sie das Kassenbuch auch über Ihr SAP Fiori Launchpad als »fiorisierte« Transaktion aufrufen.

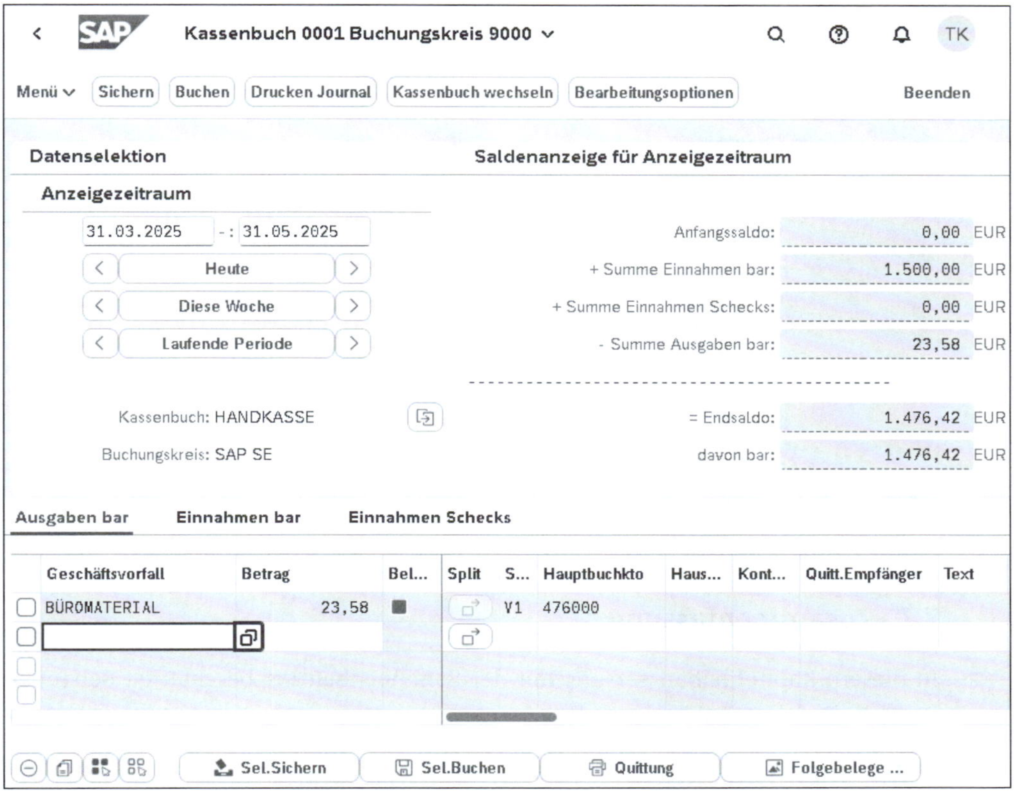

Abbildung 7.74 Kassenbuch 0001 verwenden

In Abbildung 7.74 sehen Sie die SAP-Fiori-App **Kassenbuchbelege buchen** (App-ID FBCJ). Bei der SAP-Fiori-App **Kassenbuchbelege buchen** handelt es sich um eine fiorisierte SAP-GUI-Transaktion. Die Funktionsweise der SAP-Fiori-App **Kassenbuchbelege buchen** entspricht weitgehend der Transaktion FBCJ im SAP GUI. Der wesentliche Unterschied besteht darin, dass die SAP-Fiori-App im Browser ausgeführt wird.

Je nachdem, welches Formular Sie bei der Korrespondenzart im Customizing hinterlegt haben, kann die Quittung so aussehen wie in Abbildung 7.75.

Sofern Sie das Formular entsprechend gepflegt haben, können Sie auch ein Firmenlogo einbinden. Das Formular können Sie nun ausdrucken, unterschreiben und Ihrem Kunden oder Lieferanten mitgeben. Damit kommen wir nun zur Zusammenfassung dieses Kapitels im nächsten Abschnitt.

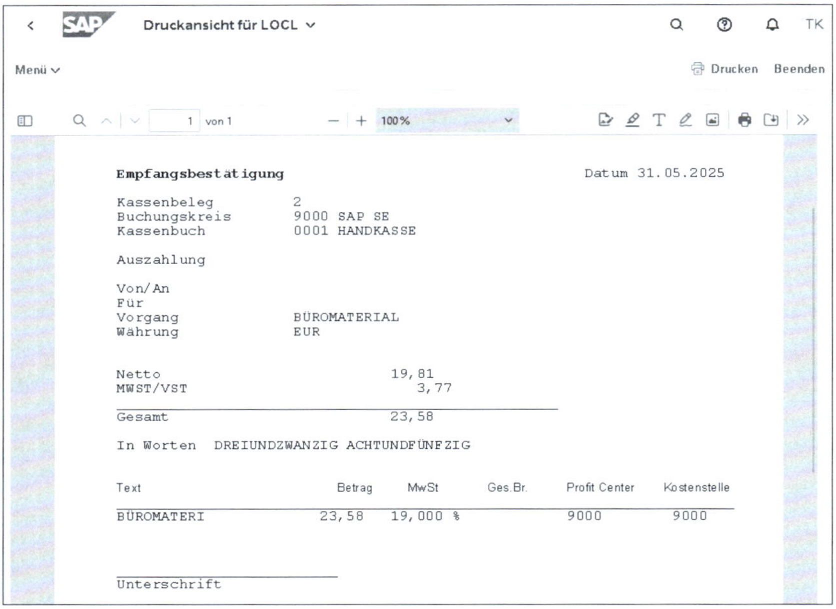

Abbildung 7.75 Quittungsdruck

7.7 Zusammenfassung

In diesem Kapitel haben wir uns mit der Bankbuchhaltung beschäftigt. Behandelt wurden die folgenden Themen:

- das Anlegen von Bankleitzahlen bzw. Bankenverzeichnissen
- das Anlegen der Hausbanken im Customizing
- das Anlegen der Hausbankkonten über die SAP-Fiori-App **Bankkonten verwalten**
- das Einrichten des Zahllaufs
- das Einrichten des elektronischen Kontoauszugs
- das Einrichten eines Kassenbuches

In diesem Kapitel konnten wir Ihnen wiederum nur einen kleinen Einblick in die Möglichkeiten von SAP S/4HANA geben. Beachten Sie stets die landesspezifischen Besonderheiten. Falls Sie in einem für Ihr Unternehmen neuen Land implementieren, ist eine gründliche Recherche dieser Besonderheiten unerlässlich. Da es bei der Bankbuchhaltung um den Zahlungsverkehr geht, also um das Geld Ihres Unternehmens, sollten Sie die Einstellungen in diesem Kapitel sehr sorgfältig vornehmen und ausgiebig testen.

Im nächsten Kapitel widmen wir uns einem nicht minder spannenden Teil im Finanzwesen: der Anlagenbuchhaltung.

Kapitel 8
Anlagenbuchhaltung

Ein sorgfältiges Customizing ist Voraussetzung für korrekte Folgeprozesse wie die Anlagenstammdatenanlage oder Buchungen in der Anlagenbuchhaltung. In diesem Kapitel beschreiben wir die wichtigsten Customizing-Einstellungen in der Anlagenbuchhaltung

In der Anlagenbuchhaltung bilden Sie das *Sachanlagevermögen* Ihres Unternehmens ab. Dazu zählen z. B. Fahrzeuge, Gebäude und Grundstücke, Maschinen, Produktionsanlagen, aber auch Finanzanlagen oder immaterielle Anlagen wie selbst erstellte Software. Die Anlagenbuchhaltung in SAP S/4HANA kann viele unterschiedliche Geschäftsprozesse rund um die Verwaltung der Sachanlagen unterstützen. Dazu gehören z. B. die Anschaffung, Aktivierung und spätere Verschrottung oder der Verkauf der Anlagen. Aber auch Investitionsförderungen oder Versicherungswerte im Zusammenhang mit den Sachanlagen können Sie in der Anlagenbuchhaltung verwalten. Mit SAP S/4HANA hat SAP die sogenannte *neue Anlagenbuchhaltung* vorgestellt und diese in SAP S/4HANA verpflichtend gemacht. Daher gehen wir zuerst auf die Veränderungen bzw. Unterschiede zwischen der »alten« Anlagenbuchhaltung, die Sie vielleicht aus SAP ERP kennen, und der neuen Anlagenbuchhaltung in SAP S/4HANA ein. Inzwischen spricht SAP nur noch von der Anlagenbuchhaltung in SAP S/4HANA. Das Wort »neue« wird nicht mehr verwendet.

Anschließend gehen wir auf die grundlegenden Customizing-Einstellungen in der Anlagenbuchhaltung ein und zeigen anhand einiger Beispiele, wie Sie die neuen SAP-Fiori-Apps in der Anlagenbuchhaltung nutzen können.

Im folgenden Abschnitt beginnen wir mit den Veränderungen in der neuen Anlagenbuchhaltung in SAP S/4HANA im Vergleich zur alten Anlagenbuchhaltung in SAP ERP.

8.1 Veränderungen in der Anlagenbuchhaltung

Mit SAP ERP 6.0 EHP 7 hat SAP im Jahr 2012 die neue Anlagenbuchhaltung vorgestellt. Diese Anlagenbuchhaltung wurde entwickelt, weil in den USA der Rechnungslegungsstandard US-GAAP zunehmend aufgegeben wird und stattdessen IFRS zum Einsatz kommt. Überdies haben sich US-GAAP und IFRS einander inhaltlich angenähert. Aus dieser Entwicklung heraus entstand die Anforderung, die führende Bewertung in der Anlagenbuchhaltung einfach wechseln zu können.

[»]

Tauschen von Bewertungsbereichen

Ohne die (neue) Anlagenbuchhaltung war das Tauschen der Bewertungsbereiche nur durch einen Bewertungsbereichstausch mit *System Landscape Optimization* (SLO) möglich. SLO ist eine Gruppe von Produkten und Services, mit denen Daten- und Organisationsstrukturveränderungen in SAP-Systemen direkt auf der Datenbank geändert werden können. Im April 2016 wurde diese Gruppe in Data Management & Landscape Transformation (DMLT) umbenannt.

In diesem Abschnitt lernen Sie die Anlagenbuchhaltung unter SAP S/4HANA kennen. Sie wird auch als *neue Anlagenbuchhaltung* bezeichnet. Die damit einhergehenden Änderungen im Customizing und in der Buchungslogik erläutern wir hier ebenfalls. Inzwischen ist die Bezeichnung »neu« im Customizing-Pfad weggefallen. Daher spricht man jetzt nur noch von der Anlagenbuchhaltung in SAP S/4HANA – der Eindeutigkeit halber sprechen wir an Stellen, an denen Missverständnisse auftreten können, dennoch von der neuen Anlagenbuchhaltung.

Die wesentlichen Neuerungen in der neuen Anlagenbuchhaltung sind:

- Der Bewertungsbereich 01 ist nicht mehr fest mit dem führenden Ledger verbunden.
- Die bisher benötigten Deltabewertungsbereiche werden nicht mehr benötigt.
- Die bisher benötigten eingeschränkten Bewegungsarten für bestimmte Anlagenbuchungen werden ebenfalls nicht mehr benötigt. Diese werden durch ein ledgerspezifisches Buchen mit Ledger-Gruppen ersetzt. Durch die Mitgabe einer Ledger-Gruppe bei den Anlagenbuchungen erfolgt die Einschränkung auf Bewertungsbereiche.
- Es war bisher möglich, die zweite und dritte Hauswährung aus dem Hauptbuch nicht in der Anlagenbuchhaltung fortzuschreiben. Dies ist jetzt zwingend erforderlich, d. h., dass man für jede weitere parallele Hauswährung einen korrespondierenden Bewertungsbereich in der Anlagenbuchhaltung haben muss.

Abbildung 8.1 zeigt einen Ausschnitt aus dem SAP-Einführungsleitfaden von SAP S/4HANA.

In Transaktion AB01 (Anlagenbewegung erfassen) oder in den anderen buchenden Anlagentransaktionen sehen Sie ein Beispiel für die Änderungen: Die zu bebuchenden Bewertungsbereiche werden über die mitgegebene *Rechnungslegungsvorschrift* ermittelt.

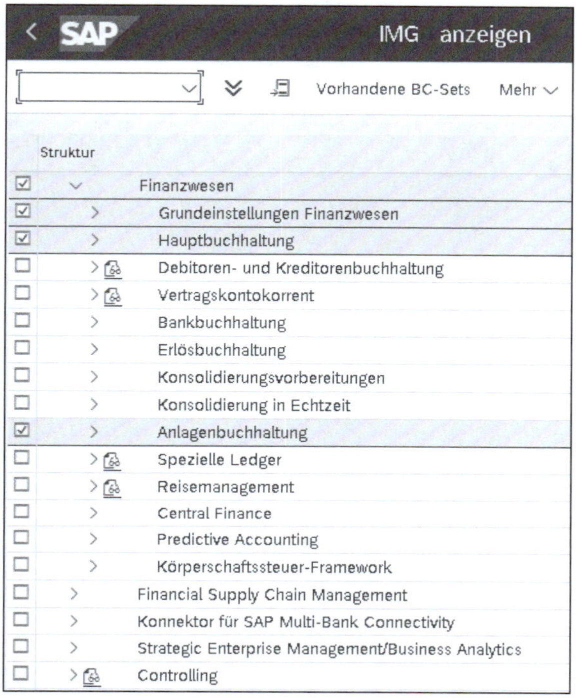

Abbildung 8.1 Ausschnitt aus dem SAP-Einführungsleitfaden von SAP S/4HANA

In Abbildung 8.2 sehen Sie, dass das Feld **RechnungslegVorschr.** leer ist. Daher würden hier jetzt alle Bewertungsbereiche dieser Anlage bebucht. Über einen Klick auf den Button **Bereichsauswahl** könnten Sie die zu bebuchenden Bewertungsbereiche einschränken bzw. sehen, welche Bewertungsbereiche aktuell ausgewählt sind.

Die Anlagenbuchhaltung in SAP S/4HANA nutzt darüber hinaus das aus dem neuen Hauptbuch bekannte Konzept der *ledgerspezifischen Buchungstransaktionen*. Das heißt, dass die meisten der bisherigen Anlagentransaktionen ein »L« am Ende erhalten, das für Ledger bzw. für ledgergruppenspezifisches Buchen steht. Die bisher bekannten Transaktionen (z. B. Transaktion AB01) sind weiterhin im Anwendungsmenü vorhanden und werden auf die neue Transaktion AB01L umgeleitet. Daher hat die Umstellung auf die Anlagenbuchhaltung in SAP S/4HANA keine Auswirkungen auf ein bestehendes Berechtigungskonzept. Wenn Sie die neuen Transaktionen direkt in das Transaktionscode-Feld eingeben, erhalten Sie eine Fehlermeldung, dass Sie nicht berechtigt sind. Sofern Sie Ihre Berechtigungsrollen nicht erweitert haben, sind nur die Transaktionen, wie AB01 (ohne »L«), berechtigt. Wenn Sie sichergehen möchten, pflegen Sie in Ihren Berechtigungsrollen für die Anlagenbuchhaltung immer beide Transaktionen, also Transaktion AB01 und Transaktion AB01L.

Die Darstellung der *Anlagenwerte* ist in Transaktion AW01N ebenfalls leicht geändert worden. Die Bewertungsbereiche werden zur jeweiligen Rechnungslegungsvorschrift gruppiert.

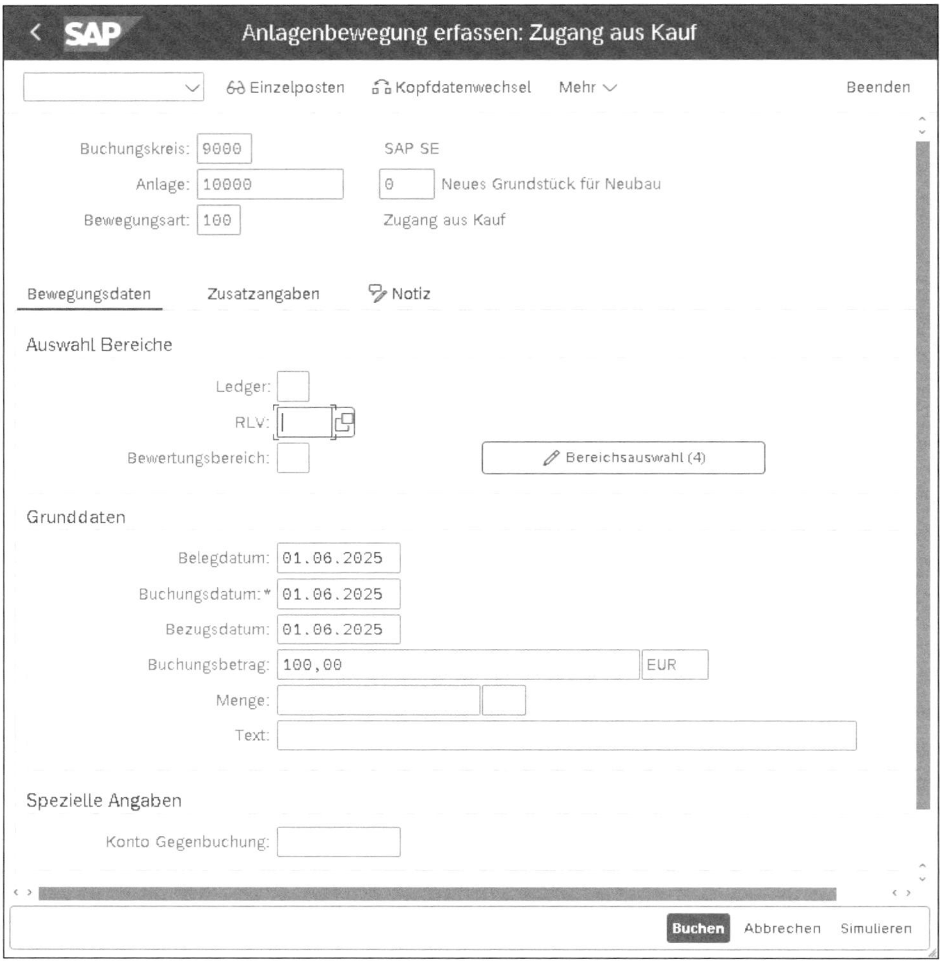

Abbildung 8.2 Anlagenbewegung erfassen (Transaktion AB01)

Damit wir uns, wie in Abbildung 8.3, die Anlagen anschauen können, müssen wir einige Customizing-Einstellungen vornehmen, anpassen bzw. kontrollieren.

Mit den notwendigen Customizing-Einstellungen beschäftigen wir uns später in diesem Kapitel. Im folgenden Abschnitt befassen wir uns erst einmal mit den geänderten Datenstrukturen in der Anlagenbuchhaltung.

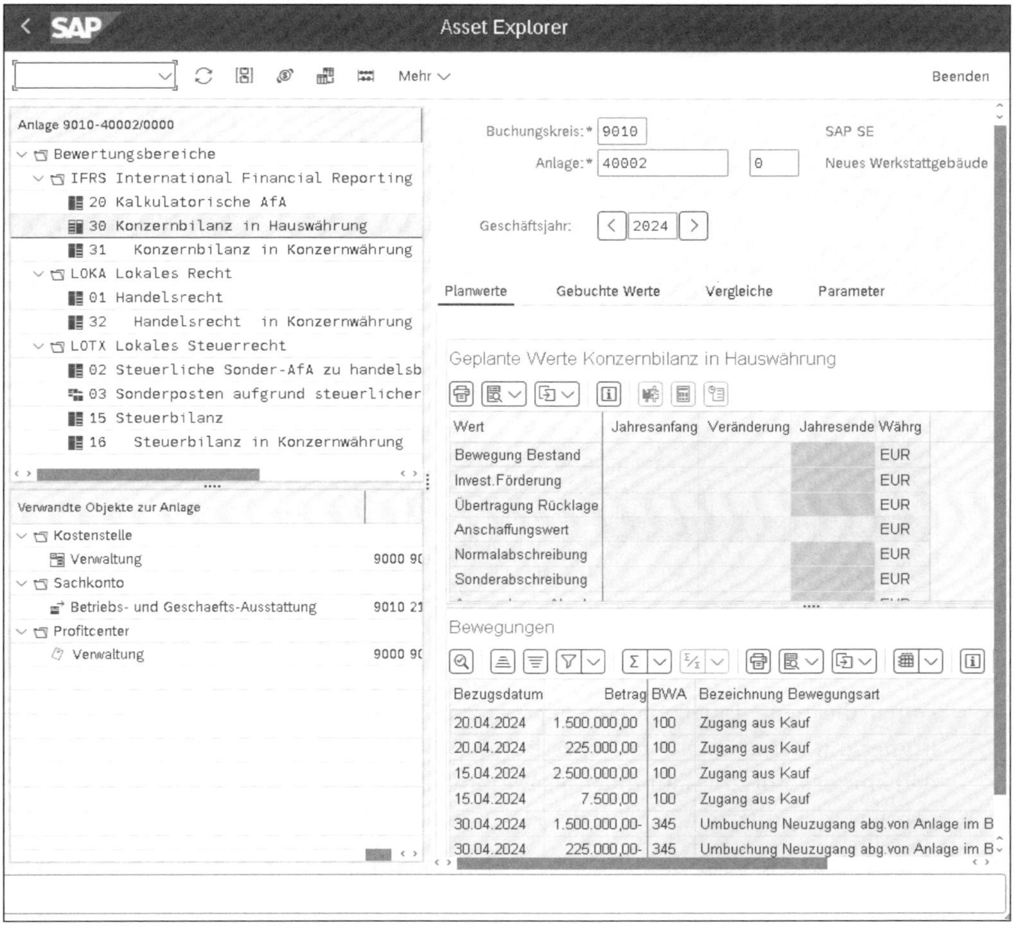

Abbildung 8.3 Anlagenwertanzeige in Transaktion AW01N

8.1.1 Neue Datenstrukturen mit SAP S/4HANA

In SAP S/4HANA entfallen die bisher bekannten Anlagenwertetabellen. Sie werden durch die neue Belegtabelle ACDOCA ersetzt. Abbildung 8.4 gibt Ihnen einen Überblick über die geänderte Datenstruktur in der Anlagenbuchhaltung. Gut zu erkennen ist, welche Tabellen der alten Anlagenbuchhaltung in die Tabelle ACDOCA aufgenommen werden. In Kapitel 1, »Einführung in SAP S/4HANA Finance«, haben wir bereits darauf hingewiesen, dass verschiedene Komponenten in der neuen Tabelle ACDOCA nun gemeinsam ihre Belegdaten ablegen. Ferner gibt es die Tabelle FAAT_DOC_IT, in der die statistischen Daten für kalkulatorische und Steuerzwecke fortgeschrieben werden. Tabelle FAAT_PLAN_VALUES beinhaltet alle geplanten Werte. Diese können z. B. entstehen, wenn Sie den Abschreibungsschlüssel, die Nutzungsdauer oder eine Kostenstelle ändern.

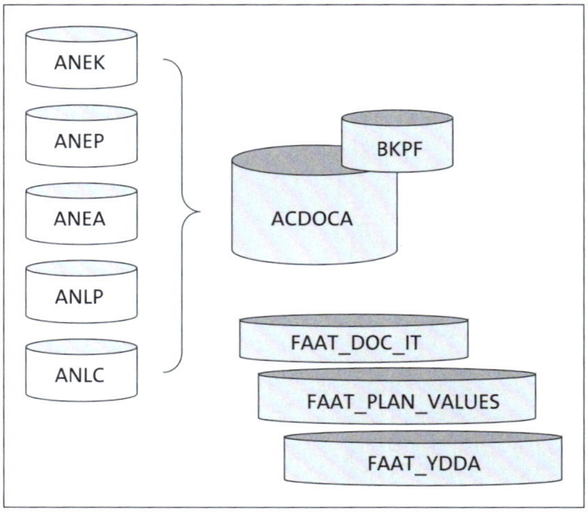

Abbildung 8.4 Überblick über die geänderte Tabellenstruktur in der Anlagenbuchhaltung

Durch die neue Tabellenarchitektur ist das Nebenbuch der Anlagenbuchhaltung immer mit dem Hauptbuch abgestimmt: Die Belege der Anlagenbuchhaltung werden immer sofort im Hauptbuch als Hauptbuchbelege fortgeschrieben. Man kann sagen, dass der Anlagenbeleg mit dem Hauptbuchbeleg verschmolzen wurde.

Erwarten würden Sie, dass die Anlagenbuchhaltung in SAP S/4HANA bereits aktiv sein sollte, wenn Sie ein komplett neu installiertes SAP-S/4HANA-System bekommen – das ist aber bisher nicht so. Daher beschäftigen wir uns im folgenden Abschnitt mit der Aktivierung der Anlagenbuchhaltung in SAP S/4HANA.

8.1.2 Die Anlagenbuchhaltung in SAP S/4HANA aktivieren

Bevor Sie mit dem Customizing für die Anlagenbuchhaltung anfangen, prüfen Sie, ob die (neue) Anlagenbuchhaltung in Ihrem System aktiv ist. Wenn Sie SAP S/4HANA neu installieren, ist die Anlagenbuchhaltung noch nicht aktiv. Der Grund dafür ist, dass bei der Aktivierung der Anlagenbuchhaltung bestimmte Prüfungen durchgeführt werden. Zum Beispiel werden dabei auch Ihr Customizing in der Anlagenbuchhaltung und das Ledger-Customizing dahingehend geprüft, ob sie zur Anlagenbuchhaltung passen. In einem neuen SAP-System ist es zwingend notwendig, diese Prüfungen durchzuführen. Daher müssen Sie im ersten Schritt mithilfe eines Checkreports prüfen, ob die Anlagenbuchhaltung aktiv ist. Wenn nicht, müssen Sie sie aktivieren. Gehen Sie dazu wie folgt vor:

Rufen Sie Transaktion FAA_CHECK_ACTIVATION auf, oder folgen Sie dem Customizing-Pfad **Finanzwesen • Anlagenbuchhaltung • Migration: Anlagenbuchhaltung (neu) • Migration von klassischer zu neuer Anlagenbuchhaltung • Migration für die neue Anlagenbuchhaltung • Voraussetzungen für die Aktivierung der neuen Anlagenbuchhaltung prüfen**. Die Prüfung muss dabei immer für alle Bewertungspläne durchgeführt werden. Daher ist das Selektionsbild, das Sie in Abbildung 8.5 sehen, sehr übersichtlich und lässt keine weiteren Einschränkungen zu.

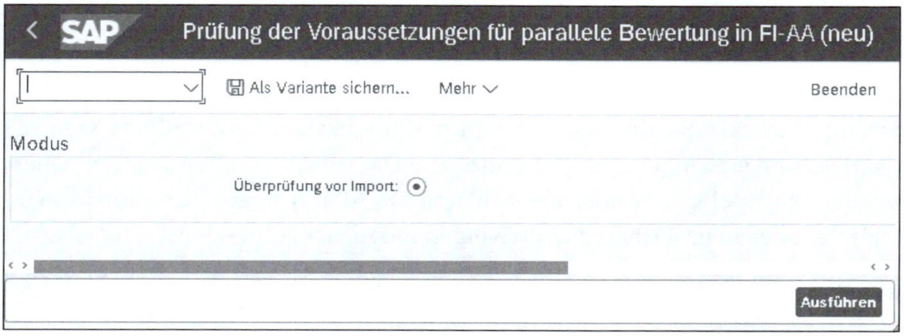

Abbildung 8.5 Voraussetzungen für die Aktivierung der Anlagenbuchhaltung prüfen (Transaktion FAA_CHECK_ACTIVATION)

Nachdem Sie die Prüfung mit einem Klick auf [⏲] (**Ausführen**) oder über die Taste [F8] ausgeführt haben, wird das Protokoll als ALV-Liste (ALV = SAP List Viewer) ausgegeben. In unserem Beispiel ist die Anlagenbuchhaltung bereits aktiv (siehe Abbildung 8.6).

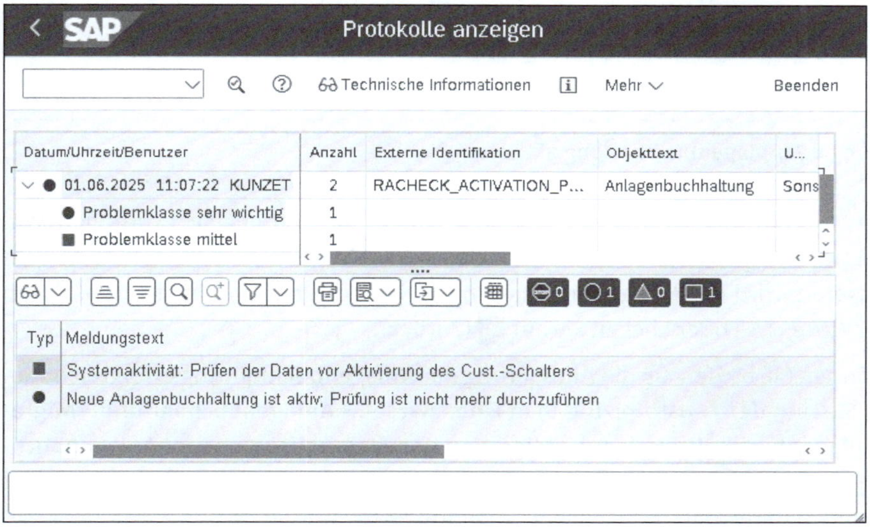

Abbildung 8.6 Ergebnis des Checkreports

Fehlermeldungen beim Ausführen des Checkreports

Sollten Sie beim Ausführen der Prüfung Fehlermeldungen erhalten, beheben Sie zuerst die Fehler, und führen Sie den Checkreport anschließend erneut aus. Dieses Vorgehen wiederholen Sie so lange, bis keine Fehler mehr auftreten.

Nachdem Sie die Voraussetzungen für die Anlagenbuchhaltung geprüft haben, können Sie, falls die Anlagenbuchhaltung noch nicht aktiv ist, Transaktion FAA_DO_ACTIVATION aufrufen (siehe Abbildung 8.7).

Entfernen Sie im Einstiegsbild das Kennzeichen **Testlauf**, und klicken Sie auf (**Ausführen**), oder drücken Sie die Taste F8. Daraufhin erscheint ein weiteres Kennzeichen **Aktivierung erzwingen**. Dieses Kennzeichen setzen Sie nur in Ausnahmefällen, wenn die noch gemeldeten Fehler vernachlässigt werden können. Sie sollten die Nutzung des Kennzeichens **Aktivierung erzwingen** möglichst vermeiden.

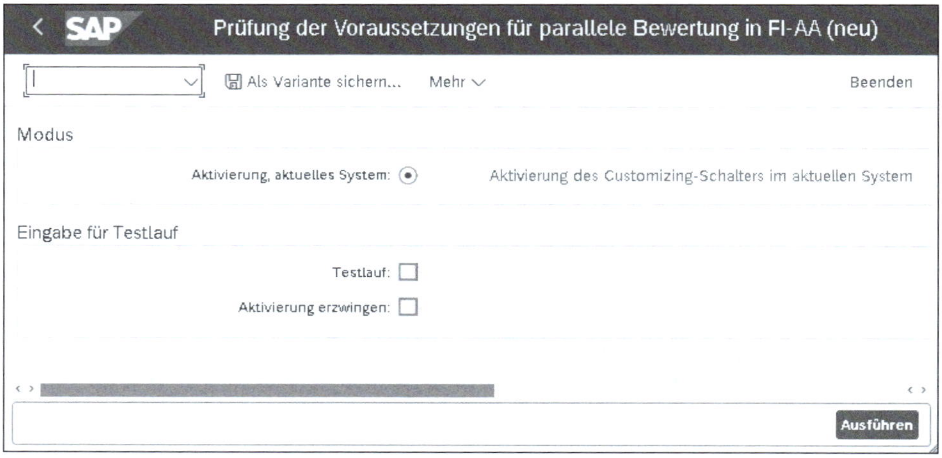

Abbildung 8.7 Anlagenbuchhaltung aktivieren

Bei der Aktivierung der neuen Anlagenbuchhaltung werden die Prüfungen von Transaktion FAA_CHECK_ACTIVATION wiederholt. Sollten, wie erwartet, keine Fehler auftreten, wird die Anlagenbuchhaltung aktiviert. Verlassen Sie die Transaktion mit der Taste F3, oder klicken Sie auf (**Zurück**).

Nun können Sie prüfen, ob die Aktivierung der Anlagenbuchhaltung erfolgreich war. Folgen Sie nun dem Customizing-Pfad **Finanzwesen • Anlagenbuchhaltung • Migration: Anlagenbuchhaltung (neu) • Migration von klassischer zu neuer Anlagenbuchhaltung • Neue Anlagenbuchhaltung aktivieren**. Prüfen Sie anschließend, ob der Radiobutton **Aktiv** markiert ist (siehe Abbildung 8.8).

Prüfung, ob die Anlagenbuchhaltung aktiv ist

Wiederholen Sie die Prüfung, ob die Anlagenbuchhaltung aktiv ist, in jedem Mandanten in Ihrer SAP-S/4HANA-Systemlandschaft. Wenn Sie die Aktivierung der Anlagenbuchhaltung erzwingen (Kennzeichen **Aktivierung erzwingen** ist gesetzt), wird die Anlagenbuchhaltung aktiviert, aber dabei wird kein Transportauftrag erzeugt.

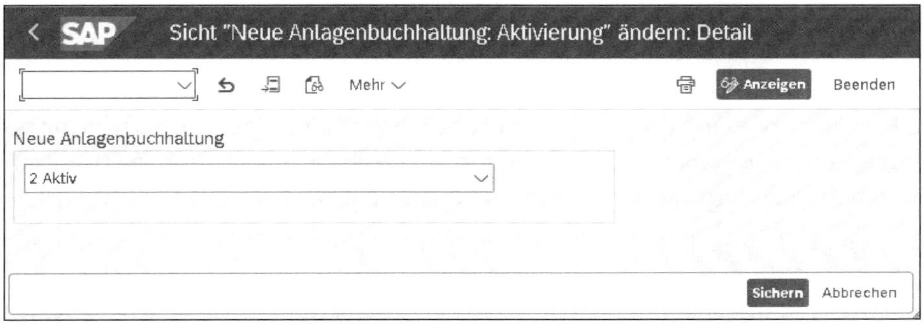

Abbildung 8.8 Aktive Anlagenbuchhaltung

Damit haben Sie die Gewissheit, dass die Anlagenbuchhaltung in Ihrem SAP-S/4HANA-System aktiviert ist.

Prüfung der Aktivierung in jedem Mandanten

Die Prüfung, ob die Anlagenbuchhaltung aktiv ist, müssen Sie in jedem Ihrer Mandanten bzw. Systeme wiederholen. Prüfen Sie in Transaktion SFW5, ob die Business Function `FIN_AA_PARALLEL_VAL` (FI-AA, parallele Bewertung) aktiv ist. Wenn nicht, müssen Sie diese aktivieren. Die Business Function `FIN_AA_PARALLEL_VAL` muss in SAP S/4HANA immer aktiv sein.

In den folgenden Abschnitten besprechen wir die wichtigsten Einstellungen im Customizing der Anlagenbuchhaltung unter SAP S/4HANA. Wir beginnen im nächsten Abschnitt mit den Einstellungen im Bewertungsplan für die parallele Anlagenbuchhaltung für verschiedene Rechnungslegungen.

8.2 Parallele Anlagenbuchhaltung

In Kapitel 2, »Organisationsstrukturen«, haben wir Ihnen bereits gezeigt, wie man einen *Bewertungsplan* anlegt. Wir hatten die Bewertungspläne Z1DE für Deutschland und Z1CH für die Schweiz angelegt, da in diesem Buch beispielhaft zwei Buchungskreise in zwei verschiedenen Ländern verwendet werden und man am besten pro Land jeweils einen eigenen Bewertungsplan anlegt. Auch wenn sich die Abschreibungsvorschriften in verschiedenen Ländern zurzeit ähneln, hat der jeweilige Gesetzgeber natürlich die Möglichkeit, diese jederzeit zu ändern. Mit jeweils einem Bewertungsplan pro Land sind Sie bestens auf solche Veränderungen vorbereitet.

Unternehmensbereiche können in verschiedenen Unternehmen sehr unterschiedlich ausgestaltet sein, und entsprechend vielfältig sind auch die Anforderungen. Daher halten wir uns über die »1« im technischen Namen des Bewertungsplans offen, weitere Bewertungspläne für ein Land anzulegen, um diese Änderungen abbilden zu können. Über Transaktion OADB (Bewertungsbereich ausprägen) oder den Customizing-Pfad **Finanzwesen • Anlagenbuchhaltung • Bewertung allgemein • Bewertungsbereiche • Bewertungsbereiche definieren** können Sie die aus der Vorlage ODE bzw. OCH kopierten Bewertungsbereiche ersehen und auch die Einstellungen verändern.

In den von SAP ausgelieferten Bewertungsplanvorlagen sind keine Zuordnungen von Rechnungslegungsvorschriften vorhanden, da die entsprechende Einstellung kundenspezifisch vorgenommen wird. Deshalb und aufgrund weiterer Einstellungen, die nicht konform mit den Anforderungen in SAP S/4HANA sind, wird das Customizing etwas erschwert.

[»]

Customizing der Bewertungsbereiche

Der Bewertungsbereich 01 ist zwar technisch nicht mehr an das führende Ledger gebunden, trotzdem wird bei Neueinführungen von SAP S/4HANA der Bewertungsbereich 01 mit dem führenden Ledger verknüpft.

Sie können alle anderen Bewertungsbereiche entweder löschen oder neu anlegen. Soll die Bewertungsbereichsnummer auch der von Ihnen gewünschten Nummer entsprechen, können Sie den Bewertungsbereich an Ihre Bedürfnisse anpassen.

Rufen Sie zur Definition der Bewertungsbereiche Transaktion OADB (Bewertungsbereich ausprägen) auf, oder folgen Sie dem Customizing-Pfad **Finanzwesen • Anlagenbuchhaltung • Bewertung allgemein • Bewertungsbereiche • Bewertungsbereiche definieren**. Es kann sein, dass Sie im Einstiegsbild aufgefordert werden, einen Bewertungsplan zu setzen. Im Pop-up-Fenster **Aktion auswählen** klicken Sie doppelt auf **Bewertungsbereiche definieren**. Nun sehen Sie Ihre zuvor in Kapitel 2, »Organisationsstrukturen«, kopierten Bewertungsbereiche.

[»]

Benutzerparameter

Folgen Sie dem Menüpfad **System • Benutzervorgaben • Benutzerdaten**. Dort finden Sie Adresse, Festwerte und Parameter zu Ihrem Benutzer, mit dem Sie sich an SAP

S/4HANA angemeldet haben. Gehen Sie auf die Registerkarte **Parameter**, und fügen Sie den Parameter AFP (FI-AA: Bewertungsplan) hinzu. In der Spalte **Parameterwert** tragen Sie »Z1DE« ein. Damit ist der Bewertungsplan beim Aufruf von Transaktion OADB (Bewertungsbereich ausprägen) bereits vorbelegt, was Ihnen die Arbeit erleichtert.

In Abschnitt 4.2.5, »Rechnungslegungsvorschrift anlegen«, hatten wir die Rechnungslegungsvorschriften angelegt, die wir nun den Bewertungsbereichen zuordnen. In Abbildung 8.9 sehen Sie die Ausgangslage, nachdem wir den Vorlage-Bewertungsplan ODE kopiert haben.

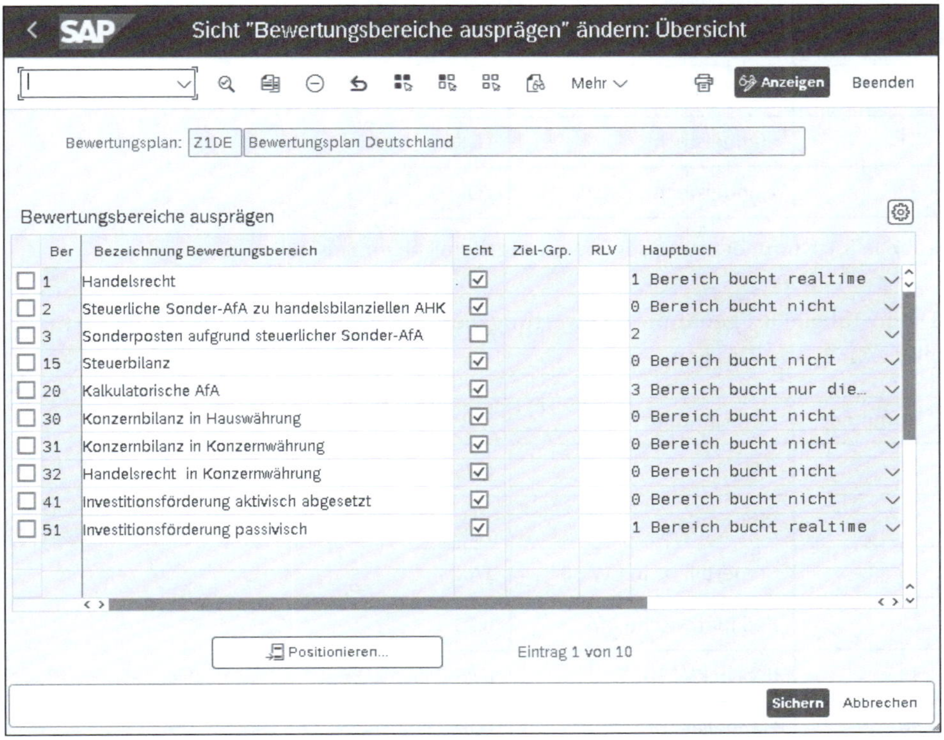

Abbildung 8.9 Bewertungsbereiche von Bewertungsplan Z1DE

Sie können Ihre Bewertungsbereiche beliebig nummerieren. Einzig der Bewertungsbereich 01 muss weiterhin immer vorhanden, aber nicht mehr zwingend mit dem führenden Ledger verknüpft sein. In der Anlagenwertanzeige (Transaktion AW01N) werden die Bewertungsbereiche nach den zugeordneten Rechnungslegungsvorschriften gruppiert, sodass das, was zusammengehört, auch zusammen dargestellt wird. Im Customizing ist das nicht erforderlich.

Daher können Sie z. B. immer direkt aufeinanderfolgende Nummern für die Bewertungsbereiche einer Rechnungslegungsvorschrift wählen. Durch das Einrücken der Bezeichnung für die Bereiche der parallelen Hauswährung wird dies auch übersichtlicher im Customizing dargestellt. Tabelle 8.1 zeigt die Gruppierung der Bereiche, die die gleiche Rechnungslegungsvorschrift verwenden.

Nummer	Bezeichnung	RVL
01	IFRS	IFRS
02	IFRS in KW 30	IFRS
20	Kalkulatorische AfA	IFRS
21	Steuerbilanz	TAX
22	Steuerbilanz in KW 30	TAX
31	Handelsrecht	LOKL
32	Handelsrecht in KW 30	LOKL

Tabelle 8.1 Nummerierung der Bewertungsbereiche im Beispiel

Die in Tabelle 8.2 genannten Bewertungsbereiche legen wir für unsere Bewertungspläne Z1DE und Z1CH an.

Nummer	Bezeichnung	RVL
01	IFRS	IFRS
15	Steuerbilanz	TAX
16	Steuerbilanz in KW 30	TAX
20	Kalkulatorische AfA	IFRS
32	IFRS in KW 30	IFRS
30	Handelsrecht	LOKL
31	Handelsrecht in KW 30	LOKL

Tabelle 8.2 Bewertungsbereiche für unser Beispielunternehmen

[»]

Parallele Währungen

Beachten Sie bei den Planungen für Ihr Customizing, dass Sie für jedes Ledger im Hauptbuch genau einen Bewertungsbereich benötigen, der die Anschaffungskosten bucht! Überdies müssen Sie jede im Hauptbuch geführte parallele Hauswährung als parallelen Bewertungsbereich in der Anlagenbuchhaltung abbilden!

Für Bewertungsbereiche mit dem Buchungsparameter 3 (Bereich bucht nur die Abschreibungen) werden die parallelen Bewertungsbereiche für parallele Hauswährungen nicht zwingend benötigt.

Die *alte Anlagenbuchhaltung* ist der Vorgänger der neuen Anlagenbuchhaltung bzw. der aktuell in SAP S/4HANA verwendeten Anlagenbuchhaltung. In der alten Anlagenbuchhaltung waren für die parallelen Hauswährungen im Hauptbuch parallele Bewertungsbereiche in der Anlagenbuchhaltung grundsätzlich bereits zwingend erforderlich. Allerdings waren die Prüfungen, die SAP durchführte, im Customizing nicht so streng, sodass Sie in der Vergangenheit ohne die parallelen Bewertungsbereiche für die parallelen Hauswährungen auskommen konnten.

[«]

Benötigte Bewertungsbereiche

Für Bewertungsbereiche wie die Investitionsförderung, die sowohl in der lokalen Rechnungslegung als auch in der steuerlichen Rechnungslegung relevant sind, ist eine doppelte Anlage erforderlich. Legen Sie diese Bewertungsbereiche für jede Rechnungslegungsart separat an. Der Grund: Ein Bewertungsbereich mit seiner zugeordneten Rechnungslegungsvorschrift darf nur in ein einzelnes Ledger buchen.

Sie müssen jedem Bewertungsbereich eine Rechnungslegungsvorschrift zuordnen! Daher müssen Sie sich vorher Gedanken machen, welcher Bewertungsbereich zu welcher Rechnungslegung gehört. *Abgeleitete Bereiche* sind weiterhin möglich. Ein sogenannter *abgeleiteter Bereich* ist ein Bewertungsbereich, der sich seine Werte durch die Verknüpfung mit anderen Bereichen errechnet. Die Details zum abgeleiteten Bewertungsbereich finden Sie im Bereich **Angaben für den abgeleiteten Bewertungsbereich** im Fenster **Sicht "Bewertungsbereiche ausprägen" ändern: Detail** (siehe Abbildung 8.10). Abgeleitete Bereiche sind aber nur noch innerhalb der Bewertungsbereiche der gleichen Rechnungslegungsvorschrift erlaubt!

In Abbildung 8.10 sehen Sie, dass der Bewertungsbereich 03 mit der Rechnungslegungsvorschrift TAX verknüpft ist. Im unteren Bildausschnitt im Bereich **Angaben für den abgeleiteten Bewertungsbereich** erkennen Sie, dass die Bereiche 01 und 02 den Bereich 03 bilden sollen. Anhand der Bezeichnung der Bewertungsbereiche 1 und 2 ist zu vermuten, dass diese jedoch unterschiedlichen Rechnungslegungsvorschriften zugeordnet sind; dies ist so nicht möglich und führt beim Sichern zu einem Fehler und verhindert das Speichern.

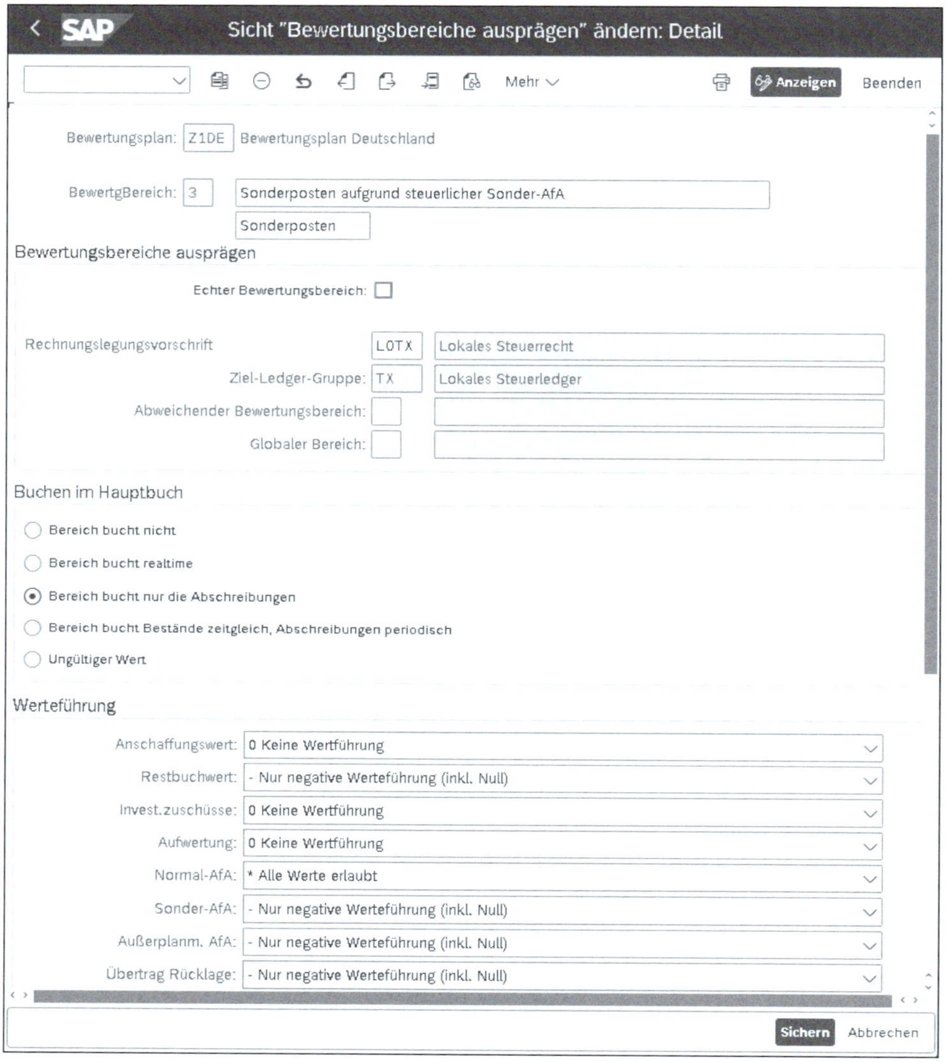

Abbildung 8.10 Bewertungsbereiche ausprägen – Detailansicht

Beim Sichern der Einstellungen für den Bewertungsbereich werden alle Einstellungen des jeweiligen Bewertungsplans geprüft und entsprechende Fehlermeldungen ausgegeben. In Abbildung 8.11 wird z. B. der Bewertungsbereich 03 als fehlerhaft markiert.

Die Schwierigkeit besteht nun darin, alle Fehler zu beseitigen, da sonst ein Sichern nicht möglich ist. Beachten Sie, dass hier im Moment der Pflege des Bewertungsplans nur Prüfungen für den Bewertungsplan selbst durchgeführt werden, da dieser noch keinem Buchungskreis zugeordnet ist. Nach der Zuordnung eines Bewertungsplans zu einem Buchungskreis finden weitere Prüfungen statt: Zum Beispiel wird dann zusätzlich geprüft, ob der Buchungskreis die im Bewertungsplan hinterlegten Rechnungslegungsvorschriften und parallelen Hauswährungen führt. Wenn das Customizing eines Buchungskreises mit dem Customizing des Bewertungsplans nicht übereinstimmt, ist ein Sichern nicht möglich.

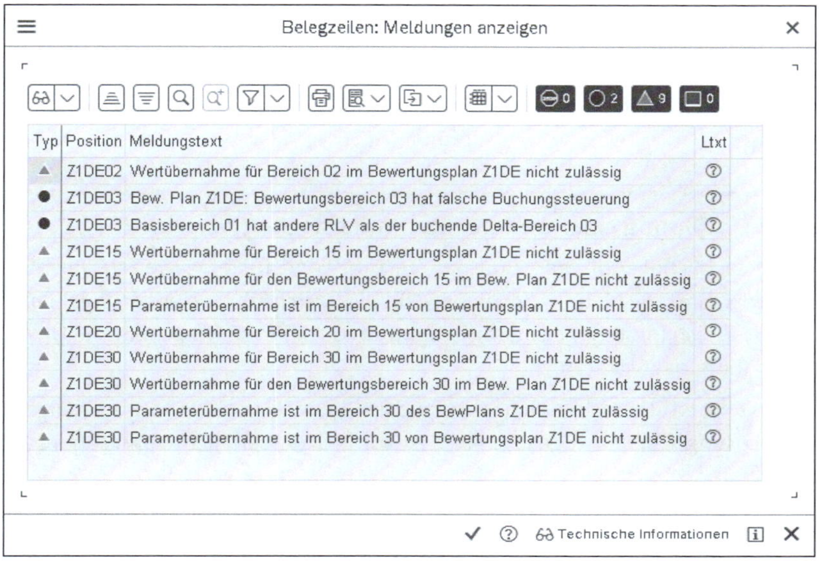

Abbildung 8.11 Fehlermeldungen beim Sichern

Der Fehler »Basisbereich 01 hat andere Rechnungslegungsvorschriften als der buchende Delta-Bereich 03« ist auf die kopierten Einstellungen des Auslieferungs-Customizings im Bewertungsplan 0DE zurückzuführen. Es sind aber nur noch Ableitungen zwischen Bewertungsbereichen, die der gleichen Rechnungslegungsvorschrift zugeordnet sind, möglich!

Aufbau neuer statistischer Bewertungsbereiche

Sofern Sie Ihre Anlagenbuchhaltung produktiv nutzen, ist eine nachträgliche Einführung statistischer Bewertungsbereiche zurzeit nicht möglich! Daher überlegen Sie sich vor dem produktiven Start genau, welche Bewertungsbereiche Sie benötigen (siehe SAP-Hinweis 2403248 (FI-AA (neu): Verfügbarkeit von RAFABNEW)).

Wenn Sie eine SAP-S/4HANA-Conversion anstreben, müssen Sie noch neue Bewertungsbereiche in SAP ERP aufbauen, bevor Sie die Conversion auf SAP S/4HANA durchführen (siehe Abschnitt 14.3.4, »Prüfprogramme für Vorabprüfungen in SAP ERP«).

Es ist möglich, in SAP S/4HANA eine neue Rechnungslegungsvorschrift, also ein weiteres Ledger, einzuführen. SAP unterstützt dies mit dem *Migration Cockpit for SAP S/4HANA* (im Folgenden kurz Migration Cockpit genannt), das ein ähnliches Szenario enthält wie das Szenario 7 (Nachträgliche Einführung eines weiteren, nicht führenden Ledgers im neuen Hauptbuch). Das Migration Cockpit in SAP S/4HANA ist Bestandteil der Auslieferung und kann von jedem Kunden genutzt werden. Nur mit dem Migration Cockpit und dem Szenario »Nachträgliche Einführung einer weiteren Rechnungslegungsvorschrift« können Sie ab SAP S/4HANA 1610 ein weiteres, nicht führendes Ledger und die entsprechenden Bewertungsbereiche in der Anlagenbuchhaltung aufbauen!

[»]

Nachträgliche Einführung einer weiteren Rechnungslegungsvorschrift

Sie sollten den fachlichen Aufwand und den Testaufwand für eine weitere Rechnungslegungsvorschrift nicht unterschätzen. Für die Durchführung eines solchen Projekts sollten Sie sich unbedingt mit dem Migration Cockpit erfahrene externe Unterstützung für Ihr Projekt sichern.

Dieses Szenario unterstützt nicht den nachträglichen Wechsel von der Kontenlösung auf die Ledger-Lösung! Ein derartiges Szenario ist von SAP derzeit nicht vorgesehen!

Für die Pflege der Bewertungsbereiche ist es Ihnen überlassen, ob Sie nun die bestehenden Bewertungsbereiche so umbauen, dass Ihre Anforderungen abgedeckt sind, oder ob Sie alle Bewertungsbereiche, außer Bewertungsbereich 01, löschen und allmählich die Bewertungsbereiche nach Ihren Bedürfnissen neu anlegen. Im Beispiel in diesem Buch werden wir die aus der Vorlage ODE kopierten Bewertungsbereiche entsprechend anpassen, sodass sie unseren Anforderungen genügen. In Tabelle 8.2 finden Sie die von Ihnen benötigten Bewertungsbereiche. Führen Sie die folgenden Schritte aus:

1. Benennen Sie die Bewertungsbereiche in der Spalte **Bezeichnung Bewertungsbereich** um.
2. Löschen Sie die nicht mehr benötigten Bewertungsbereiche.
3. Versuchen Sie, die Einstellungen zu sichern.
4. Beheben Sie gegebenenfalls Fehler, die beim Sichern gemeldet worden sind.
5. Nach dem erfolgreichen Sichern können Sie weitere Bewertungsbereiche anlegen.

Im ersten Schritt benennen Sie die Bewertungsbereiche um. In unserem Beispiel ist die führende Bewertung die internationale Rechnungslegung IFRS.

Abbildung 8.12 zeigt die Bewertungsbereiche, deren Bezeichnungen wir geändert haben. Sichern können wir diese Einstellungen nicht. Denn das würde uns diverse Fehlermeldungen bescheren, wie z. B., dass wir noch keine Rechnungslegungsvorschrift für die Bewertungsbereiche hinterlegt haben. Denn die Spalte **RechLe...** ist noch leer.

Abbildung 8.12 Bezeichnung des Bewertungsbereichs anpassen

Im nächsten Schritt löschen Sie nicht mehr benötigte Bewertungsbereiche. Dazu markieren Sie die Bereiche 2 und 3 und klicken auf ⊖ (**Löschen**), oder Sie drücken ⇧ + F2 auf der Tastatur.

Abbildung 8.13 zeigt den *Bewertungsplan*, nachdem wir die Bewertungsbereiche 02 und 03 gelöscht haben, da wir diese in unserem Beispiel nicht mehr benötigen. Was uns jetzt noch fehlt, ist ein Bewertungsbereich, der die zweite Hauswährung für den steuerlichen Bewertungsbereich abbildet. Dazu kopieren Sie den Bewertungsbereich 15 auf 16 und gehen wie folgt vor.

Markieren Sie den Bewertungsbereich 15 (**Steuerbilanz**), sodass die Zeile farblich hervorgehoben wird. Anschließend klicken Sie auf den Button (**Kopieren als ...**) oder drücken die Taste F6.

In der Statuszeile des SAP GUI werden Sie daraufhin aufgefordert, einen Zieleintrag einzugeben. Das heißt, dass Sie den Wert 15 im Feld **BewertgBereich** überschreiben (siehe Abbildung 8.14).

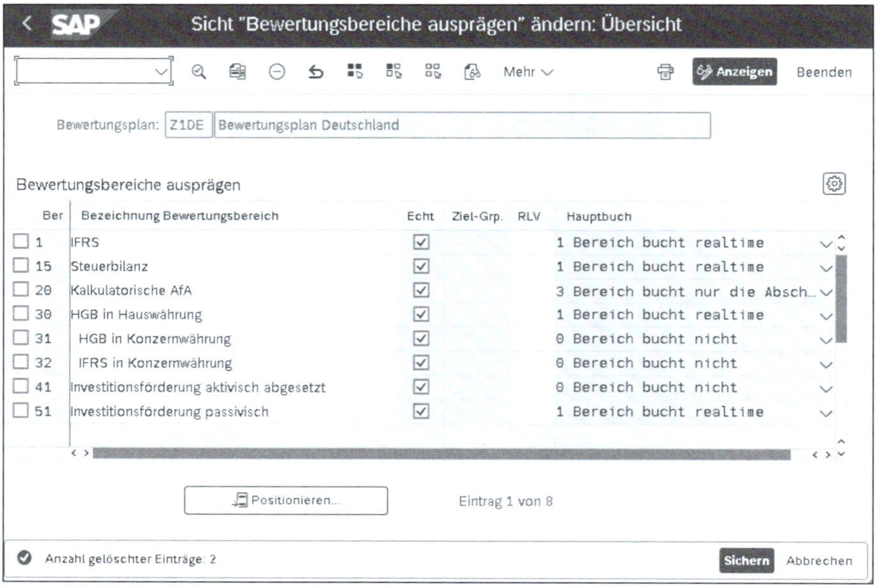

Abbildung 8.13 Bewertungsplan nach dem Löschen von Bewertungsbereich 02 und 03

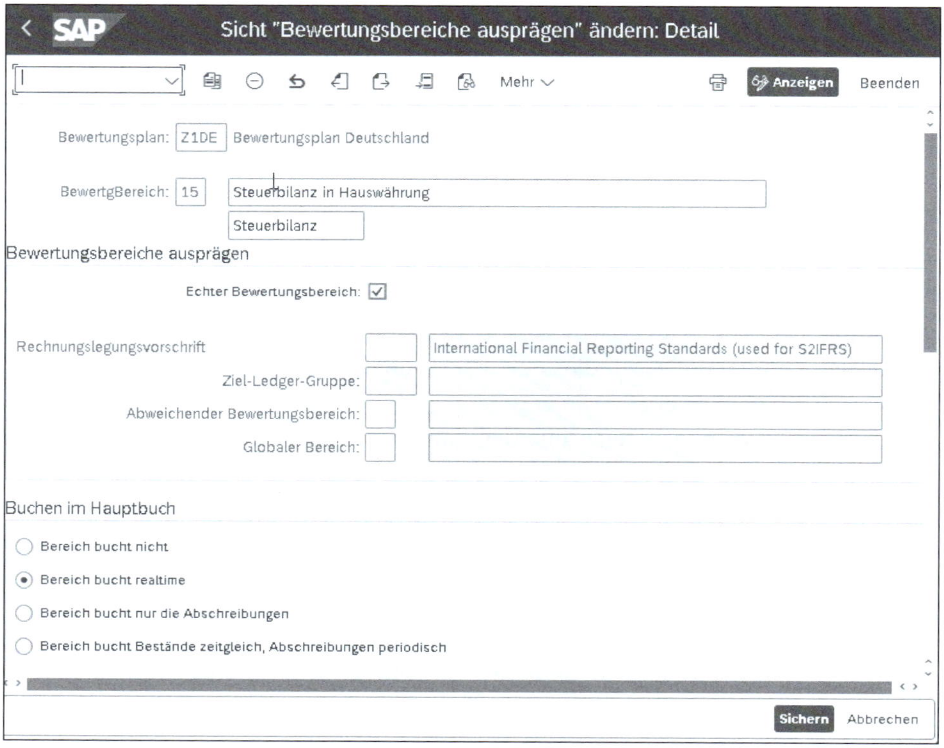

Abbildung 8.14 Kopierten Bewertungsbereich anpassen

In unserem Beispiel soll der neue Bewertungsbereich der Bewertungsbereich 16 sein. Passen Sie gleichzeitig die Bezeichnung des Bewertungsbereichs und den Buchungsindikator im Bereich **Buchen im Hauptbuch** an. Die Bewertungsbereiche, die parallele Hauswährungen führen, buchen nicht selbst, sondern indirekt über den Bewertungsbereich, mit dem sie verknüpft sind. Setzen Sie den Radiobutton von **Bereich bucht nicht**, und drücken Sie anschließend die Taste [↵].

Schlüssel für Bewertungsbereiche

Beachten Sie, dass Sie für die Bewertungsbereiche maximal zweistellige Schlüssel vergeben können.

Bewertungsbereiche, die als **Echter Bewertungsbereich** definiert sind, legen ihre Daten, also die Buchungen, im Hauptbuch (Tabelle ACDOCA) ab.

Nun sieht unser Bewertungsplan aus, wie in Abbildung 8.15 gezeigt. Damit sind die Bewertungsbereiche, die Sie zu diesem Zeitpunkt benötigen, komplett.

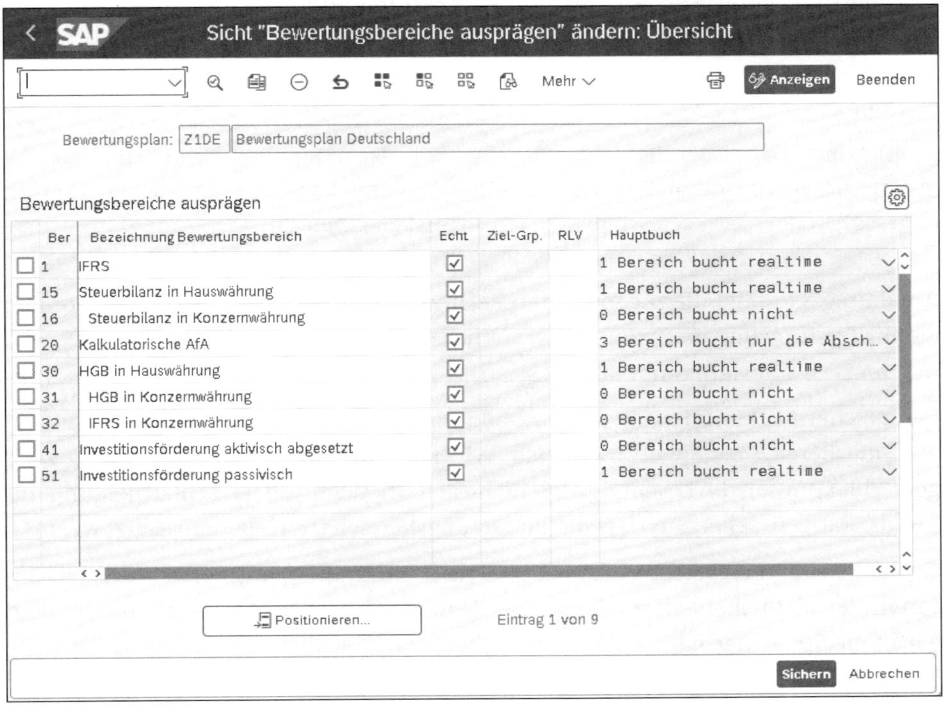

Abbildung 8.15 Bewertungsplan nach der Anlage von Bewertungsbereich 16

Jedem Bewertungsbereich wird über das Setzen eines Radiobuttons eine Eigenschaft zugeordnet, die besagt, auf welche Weise die Buchungen ins Hauptbuch erfolgen sollen. Im Bereich **Buchen im Hauptbuch** stehen Ihnen die folgenden Möglichkeiten zur Verfügung:

- 0 – Bereich bucht nicht
- 1 – Bereich bucht realtime
- 3 – Bereich bucht nur die Abschreibungen
- 4 – Bereich bucht Bestände zeitgleich, Abschreibungen periodisch

Die in SAP ERP enthaltene Buchungsoption 2 (Bereich bucht Bestände und Abschreibungen periodisch) ist mit SAP S/4HANA bzw. der neuen Anlagenbuchhaltung entfallen.

Im nächsten Schritt müssen wir jedem Bewertungsbereich eine Rechnungslegungsvorschrift zuordnen. Für jede Rechnungslegungsvorschrift muss es weiterhin genau einen Bewertungsbereich geben, der den Buchungsindikator 1 (Bereich bucht realtime) führt. Dies ist bei uns mit den Bewertungsbereichen 1, 15 und 30 bereits der Fall.

[»]

Bewertungsbereich 20 (kalkulatorische Abschreibung)

Der Bewertungsbereich 20 hat bei vielen Kunden in der Vergangenheit immer die kalkulatorischen Abschreibungen abgebildet. Diese Möglichkeit können Sie auch weiterhin nutzen.

In letzter Zeit hat der Bewertungsbereich 20 (kalkulatorische Abschreibung) allerdings bei vielen Unternehmen an Bedeutung verloren und wird nicht mehr geführt, beachtet oder gleich gelöscht bzw. gar nicht erst eingeführt.

Abbildung 8.16 zeigt die zugeordneten Rechnungslegungsvorschriften. Nun können Sie Ihr Customizing erstmalig sichern. Klicken Sie dazu auf Sichern (**Sichern**), oder nutzen Sie die Tastenkombination Strg + S.

Beim Sichern bekommen Sie die in Abbildung 8.17 gezeigte Fehlermeldung zum Bewertungsbereich 02. Sie erinnern sich: Wir hatten den Bewertungsbereich 02 zwar gelöscht, konnten die Löschung aber nicht sichern. Wenn Sie die Fehlermeldung mit ↵ bestätigen, sehen Sie, dass der Bewertungsbereich 02 wieder angezeigt wird.

Ordnen Sie dem Bewertungsbereich 02 eine Rechnungslegungsvorschrift zu. In unserem Beispiel haben wir die Rechnungslegungsvorschrift TAX zugeordnet, indem wir in die Spalte **RechLe...** »TAX« eingegeben und anschließend nochmals die Taste ↵ gedrückt haben (siehe Abbildung 8.16).

Nun können Sie den Bewertungsbereich 02 erneut löschen und diese Löschung anschließend nochmals mit einem Klick auf Sichern (**Sichern**) oder über Strg + S sichern. Das SAP-System bestätigt diesen Vorgang in der Statusleiste des SAP GUI mit der Meldung »Daten wurden gesichert«. Sofern Sie Ihr Customizing später transportieren möchten, werden Sie aufgefordert, einen Transportauftrag auszuwählen. Dazu muss der Mandant des SAP-S/4HANA-Systems von Ihrer SAP-Basis entsprechend eingestellt sein, sodass automatisch Transportaufträge erzeugt werden, wenn Sie die Einstellungen sichern.

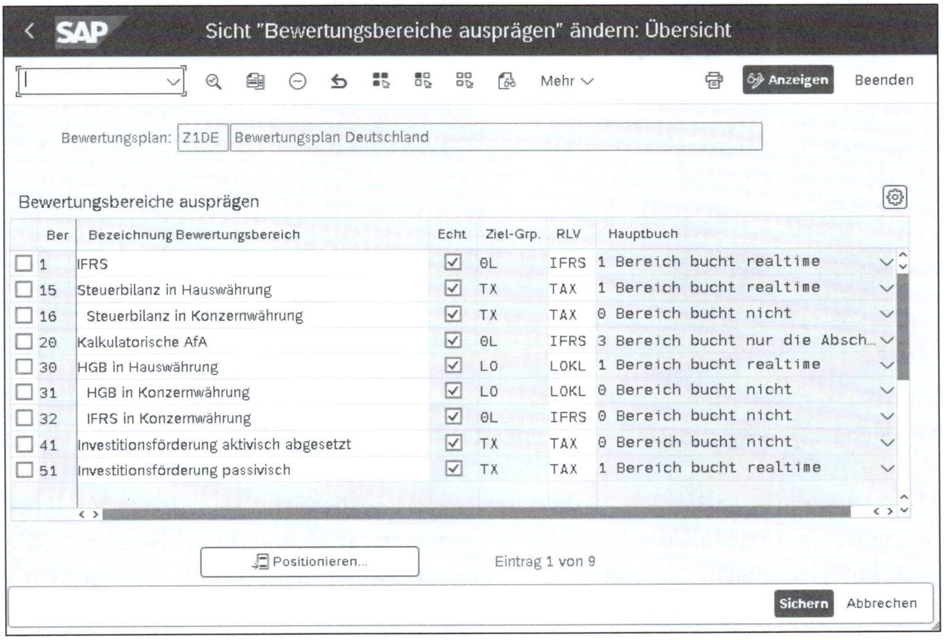

Abbildung 8.16 Bewertungsplan nach der Zuordnung der Rechnungslegungsvorschriften

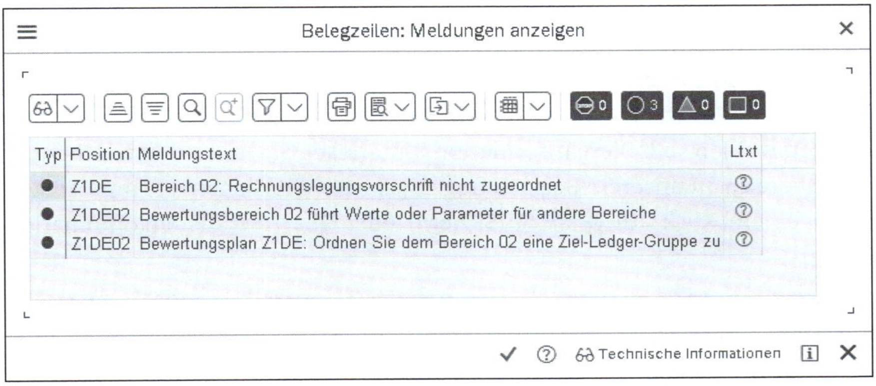

Abbildung 8.17 Fehlermeldung – nicht zugeordneter Bewertungsbereich 02

Damit ist es uns gelungen, die Änderungen der Bewertungsbereiche zu sichern (siehe Abbildung 8.18).

Belegzeilen: Meldungen anzeigen
0
0
11
0
Typ
Position
Meldungstext
Ltxt
Z1DE02 Wertübernahme für Bereich 02 im Bewertungsplan Z1DE nicht zulässig
Z1DE15 Wertübernahme für Bereich 15 im Bewertungsplan Z1DE nicht zulässig
Z1DE15 Wertübernahme für den Bewertungsbereich 15 im Bew. Plan Z1DE nicht zulässig
Z1DE15 Parameterübernahme ist im Bereich 15 von Bewertungsplan Z1DE nicht zulässig
Z1DE16 Wertübernahme für Bereich 16 im Bewertungsplan Z1DE nicht zulässig
Z1DE30 Wertübernahme für Bereich 30 im Bewertungsplan Z1DE nicht zulässig
Z1DE30 Wertübernahme für den Bewertungsbereich 30 im Bew. Plan Z1DE nicht zulässig
Z1DE30 Parameterübernahme ist im Bereich 30 des BewPlans Z1DE nicht zulässig
Z1DE30 Parameterübernahme ist im Bereich 30 von Bewertungsplan Z1DE nicht zulässig
Z1DE41 Parameterübernahme ist im Bereich 41 des BewPlans Z1DE nicht zulässig
Z1DE51 Parameterübernahme ist im Bereich 51 des BewPlans Z1DE nicht zulässig
Technische Informationen

Abbildung 8.18 Bewertungsplan Z1DE erneut sichern

Als Nächstes pflegen Sie den Kurztext der Bewertungsbereiche. Denn bisher sind hier noch die Kurztexte aus der kopierten Bewertungsplanvorlage zu sehen. Klicken Sie dazu im Fenster **Sicht "Bewertungsbereiche ausprägen" ändern: Übersicht** auf **Ber 1** (siehe Abbildung 8.16 weiter vorn). Damit gelangen Sie in die Details des Fensters **Sicht "Bewertungsbereiche ausprägen" ändern: Übersicht**, in dem Sie in der Spalte **Bezeichnung Bewertungsbereich** Ihren neuen Kurztext eintragen.

Für die Bewertungsbereiche 15 und 30 müssen Sie noch das Feld **Abweichender Bewertungsbereich** füllen. Dadurch, dass auch in der Anlagenbuchhaltung (ebenso wie im Hauptbuch) eine Ledger-Lösung verwendet wird, müssen Sie den buchenden Bewertungsbereichen mitteilen, aus welchem Bewertungsbereich die Kontenfindung übernommen werden soll. Diese Information hinterlegen Sie im Feld **Abweichender Bewertungsbereich**. In unserem Beispiel tragen wir »01« ein. Sichern Sie Ihre Einstellungen mit einem Klick auf Sichern (**Sichern**) oder über die Tastenkombination [Strg] + [S].

Verlassen Sie das Fenster **Sicht "Bewertungsbereiche ausprägen" ändern: Übersicht** mit der Taste [F3], oder klicken Sie auf den Button < (**Zurück**). Es öffnet sich das Pop-up-Fenster **Aktion wählen**. Klicken Sie nun doppelt auf **Bereichstyp festlegen**. Im Fenster **Sicht "Echte Bewertungsbereiche: Bereichstyp" ändern** prüfen Sie den zugeordneten Bereichstyp und passen ihn, falls erforderlich, an. Der *Bereichstyp* erklärt genauer, für welchen Zweck der jeweilige Bewertungsbereich benötigt wird. Der Bereichstyp kann für die Integration mit anderen SAP-Komponenten wichtig sein, z. B.

muss der Bereichstyp 07 bei der Integration mit dem Investitionsmanagement gesondert behandelt werden. Das Pop-up-Fenster **Aktion wählen** verlassen Sie durch einen Klick auf (**Abbrechen**).

Nun können Sie die Parameter der Wertübernahme und die Übernahme der Abschreibungsparameter kontrollieren und gegebenenfalls anpassen. Dazu folgen Sie dem Customizing-Pfad **Finanzwesen • Anlagenbuchhaltung • Bewertung allgemein • Bewertungsbereiche • AHK-Wertübernahme festlegen**.

Abbildung 8.19 zeigt den Bewertungsplan und die Wertübernahmeregeln (Spalte **WrtÜb**), wie sie aus der Vorlage 0DE kopiert worden sind. Diese müssen für die Anlagenbuchhaltung unter SAP S/4HANA noch angepasst werden.

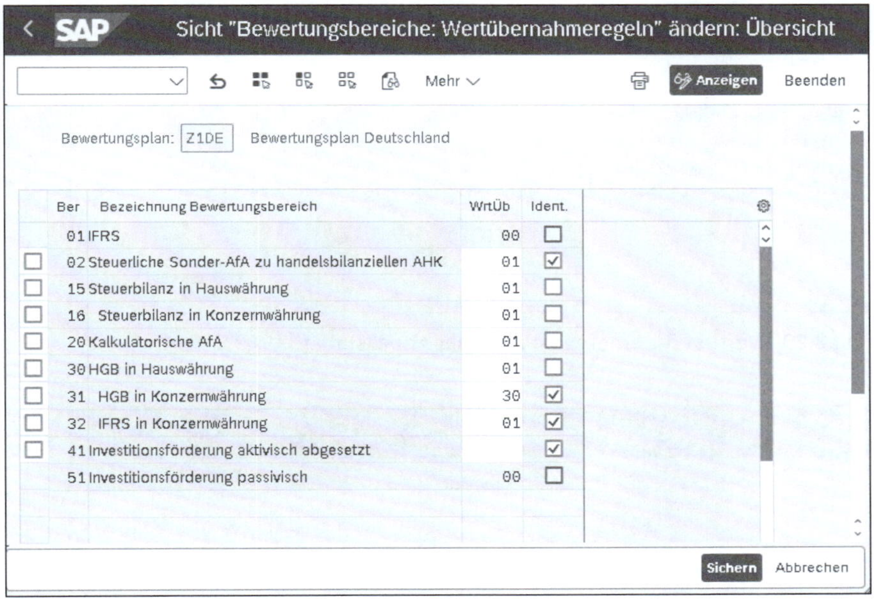

Abbildung 8.19 Wertübernahmeregeln nach dem Kopieren des Bewertungsplans

Abbildung 8.20 zeigt die für SAP S/4HANA notwendigen Einstellungen: Bewertungsbereiche, die in ein Ledger buchen, können keine Werte übernehmen. Stattdessen geben sie die Werte vor oder führen die Werte direkt. Daher müssen Sie zu den Bewertungsbereichen 15 und 30 die hinterlegten Bewertungsbereiche löschen. Drücken Sie die Taste [↵]. Daraufhin werden die Felder zu den Bewertungsbereichen 15 und 30 ausgegraut. Das Kennzeichen **Ident.** setzen Sie, damit die AHK-Werte identisch übernommen werden.

Nun passen Sie die Übernahmeregeln für die AfA-Parameter an. Dazu folgen Sie dem Customizing-Pfad **Finanzwesen • Anlagenbuchhaltung • Bewertung allgemein • Bewertungsbereiche • Übernahme der Bewertungsparameter festlegen**. Abbildung 8.21

zeigt die ursprünglichen Einstellungen, die durch die Kopie des Vorlage-Bewertungsplans 0DE auf Z1DE noch vorhanden sind.

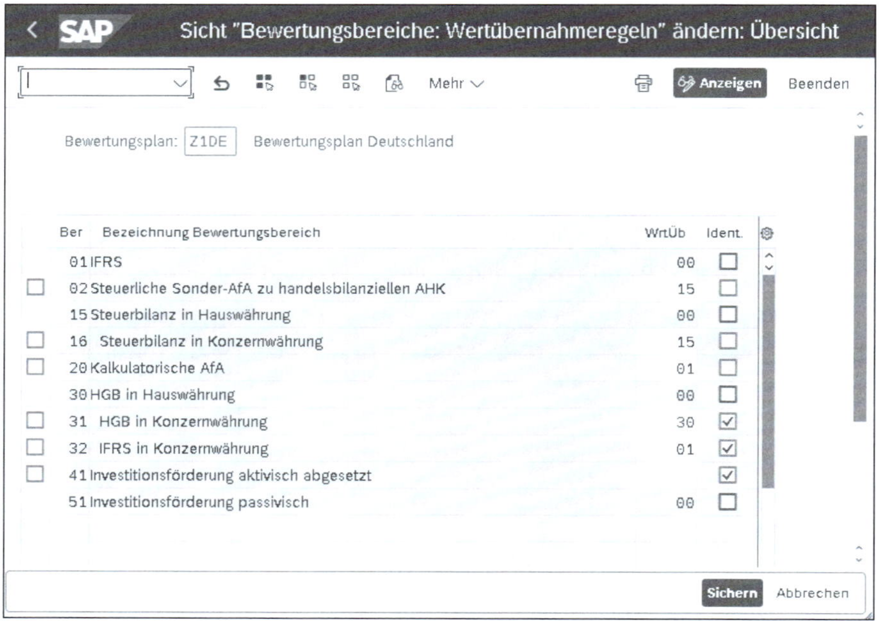

Abbildung 8.20 Wertübernahmeregeln nach der Anpassung für SAP S/4HANA

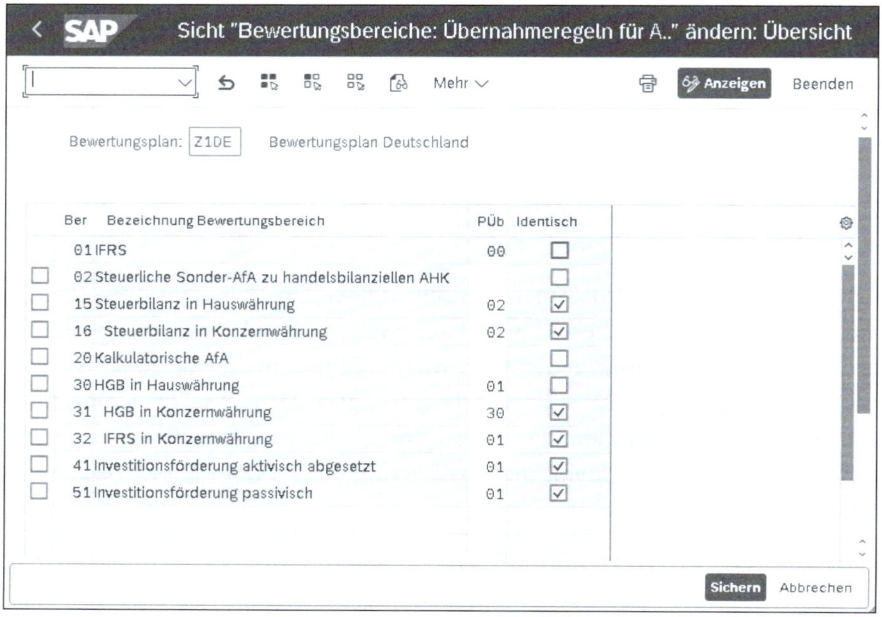

Abbildung 8.21 Übernahmeregeln für die AfA-Parameter nach dem Kopieren

Diese müssen analog zu den AHK-Wertübernahmeregeln angepasst werden. Es geht dabei um die Bewertungsbereiche, die das jeweilige Ledger im Hauptbuch repräsentieren; dort leeren Sie das Feld für den jeweiligen Bewertungsbereich in der Spalte **P...** Drücken Sie wieder auf die Taste [↵]; damit wird das Feld ausgegraut. Im Beispiel trifft dies noch auf den Bewertungsbereich 30 zu.

In Abbildung 8.22 sehen Sie, dass wir die Einstellungen analog zu den AHK-Wertübernahmeregeln vorgenommen haben. Die in ein Ledger buchenden Bewertungsbereiche können wieder keine Parameter (hier Abschreibungsparameter) übernehmen, sondern geben diese Parameter vor. Die Bewertungsbereiche, die die parallelen Hauswährungen in der Anlagenbuchhaltung abbilden, übernehmen die Parameter jeweils von dem Bewertungsbereich, zu dem sie gehören.

8

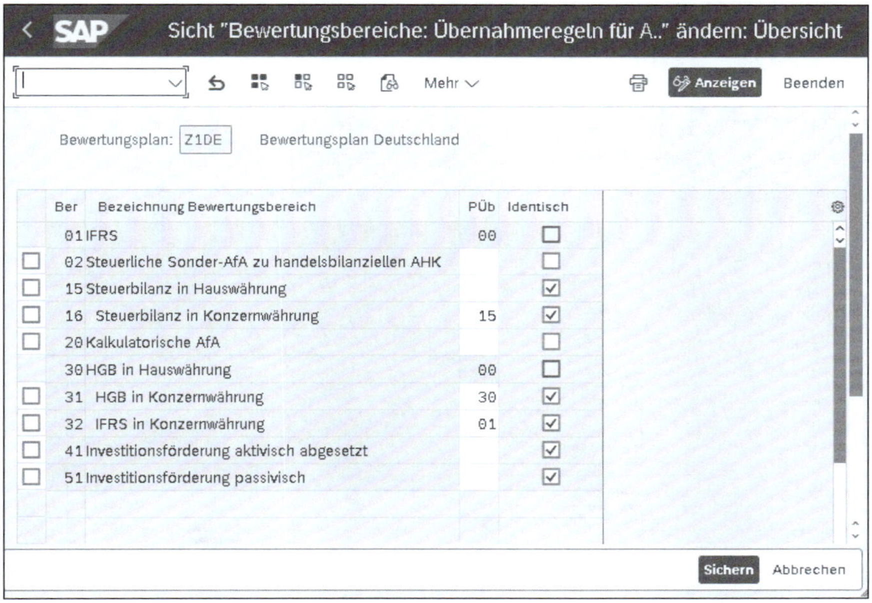

Abbildung 8.22 Übernahmeregeln für die AfA-Parameter für SAP S/4HANA

Nach der Anpassung für SAP S/4HANA sehen die Übernahmeregeln für AfA-Parameter so aus, wie in Abbildung 8.22 dargestellt.

Nachdem Sie das Customizing für den Bewertungsplan vorgenommen haben, müssen Sie die Verknüpfung der Bewertungsbereiche für die parallelen Hauswährungen kontrollieren und gegebenenfalls anpassen.

Nun nehmen Sie Anpassungen in der Sicht **Nutzung "Parallele Währungen" einrichten: Übersicht** vor. Dazu folgen Sie dem Customizing-Pfad **Finanzwesen • Anlagenbuchhaltung • Bewertung allgemein • Währungen • Nutzung "Parallele Währungen" festlegen**.

Unter dem IMG-Knoten finden Sie außerdem die Customizing-Einstellung **Bewertungsbereiche für Fremdwährungen definieren**. Diese Einstellungen können Sie erst vornehmen, wenn Sie den Bewertungsplan (in unserem Beispiel Z1DE) einem Buchungskreis zugeordnet haben. Zunächst nehmen wir die Anpassungen in der Sicht **Nutzung "Parallele Währungen" einrichten: Übersicht** vor. Da wir bereits in unserem Bewertungsplan Z1DE gearbeitet haben, müssen wir diesen nicht erneut auswählen.

In Abbildung 8.23 sehen Sie wieder die Einstellungen, die aus dem Vorlage-Bewertungsplan 0DE kopiert worden sind. Bisher ist keine Zuordnung der Bewertungsbereiche 16, 31 und 32 zur Konzernwährung (Währungstyp 30) gegeben.

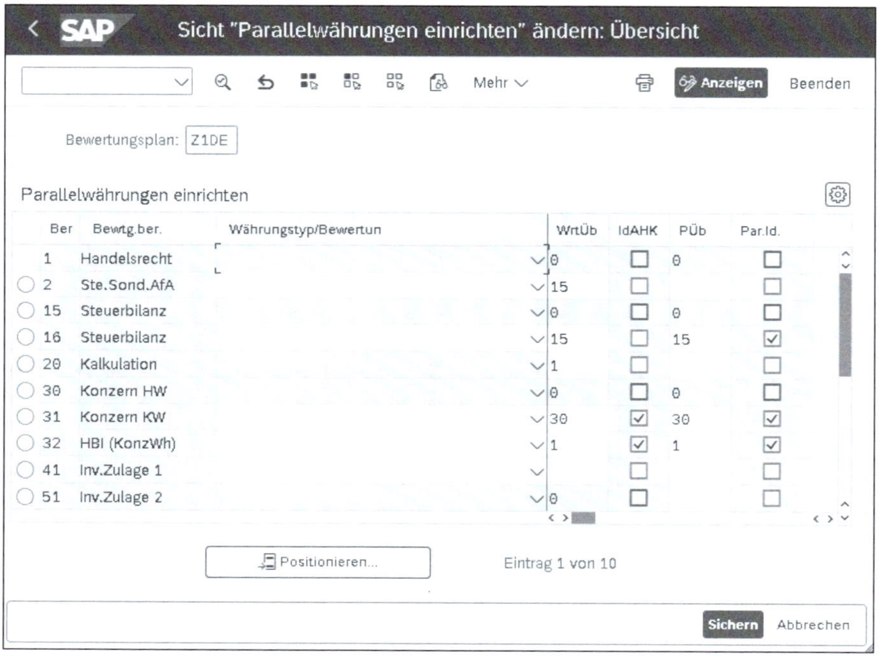

Abbildung 8.23 Parallelwährungen nach der Kopie des Vorlage- Bewertungsplans einrichten

Für die Zuordnung klicken Sie in den betreffenden Bewertungsbereichen in der Spalte **Währungstyp** auf das Dropdown-Menü und wählen den Eintrag **30 Konzernwährung** aus. Damit ergibt sich das Bild, das Sie in Abbildung 8.24 sehen können. Klicken Sie zum Sichern Ihrer Einstellungen auf Sichern (**Sichern**), oder verwenden Sie die Tastenkombination Strg + S. Über die Taste F3 oder über einen Klick auf den Button < (**Zurück**) können Sie das Bild verlassen.

Damit ist die Pflege des Bewertungsplans Z1DE abgeschlossen. Die gleichen Schritte wiederholen Sie für weitere Bewertungspläne, hier für den Bewertungsplan Z1CH.

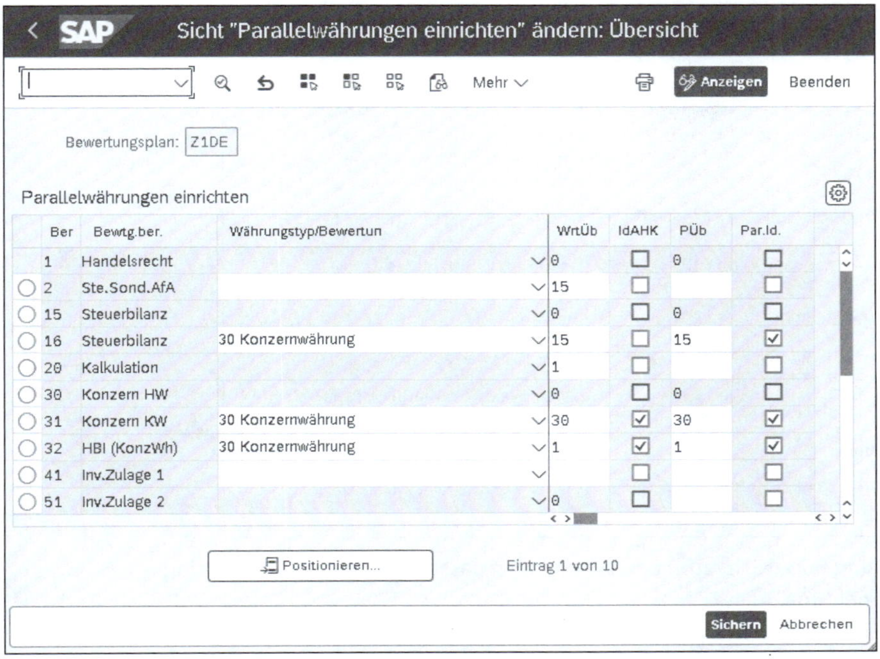

Abbildung 8.24 Der den parallelen Bewertungsbereichen zugeordnete Währungstyp 30

[+]

Bewertungspläne pflegen

Die Prüfungen bei der Pflege der Bewertungspläne sind sehr umfangreich und lassen sich teilweise nur durch geschicktes Klicken umgehen. Daher sollten Sie alle in Ihrem Unternehmen benötigten Bewertungspläne in einem Rutsch pflegen. Wenn die Anlage des ersten Bewertungsplans einmal geschafft ist, sind die restlichen Bewertungspläne schnell angelegt und dann auch einheitlich gepflegt.

Im nächsten Schritt ordnen wir den Bewertungsplan Z1DE unserem Buchungskreis 9000 in der Anlagenbuchhaltung zu. Auch in diesem Fall werden umfangreiche Prüfungen durchgeführt. Vergewissern Sie sich vorher, welche Ledger Sie für Ihren Buchungskreis angelegt haben (siehe Kapitel 4, »Hauptbuchhaltung«).

Wenn die für einen Buchungskreis angelegten Ledger und parallelen Hauswährungen nicht zu den buchenden Bewertungsbereichen und parallelen Bewertungsbereichen für die parallelen Hauswährungen passen, können Sie Ihre Einstellungen nicht sichern. Dann erhalten Sie eine Fehlermeldung, wie in Abbildung 8.25. Diese weist klar und deutlich darauf hin, welches Customizing fehlt oder nicht zum Bewertungsplan passt.

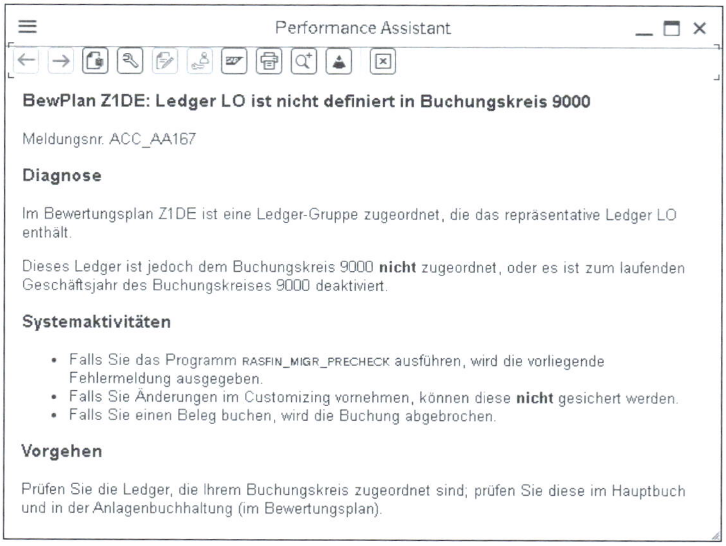
Performance Assistant
BewPlan Z1DE: Ledger LO ist nicht definiert in Buchungskreis 9000
Meldungsnr. ACC_AA167
Diagnose
Im Bewertungsplan Z1DE ist eine Ledger-Gruppe zugeordnet, die das repräsentative Ledger LO enthält.
Dieses Ledger ist jedoch dem Buchungskreis 9000 nicht zugeordnet, oder es ist zum laufenden Geschäftsjahr des Buchungskreises 9000 deaktiviert.
Systemaktivitäten
Falls Sie das Programm RASFIN_MIGR_PRECHECK ausführen, wird die vorliegende Fehlermeldung ausgegeben.
Falls Sie Änderungen im Customizing vornehmen, können diese nicht gesichert werden.
Falls Sie einen Beleg buchen, wird die Buchung abgebrochen.
Vorgehen
Prüfen Sie die Ledger, die Ihrem Buchungskreis zugeordnet sind; prüfen Sie diese im Hauptbuch und in der Anlagenbuchhaltung (im Bewertungsplan).

Abbildung 8.25 Nicht zum Bewertungsplan passendes Ledger-Customizing – Fehlermeldung

[»]

Ledger-Customizing ändern

Solange Sie Ihren Buchungskreis noch nicht produktiv nutzen, können Sie die einem Buchungskreis zugeordneten Ledger ändern. Sobald Sie den Buchungskreis produktiv genutzt haben, ist dies nur über das Migrationsszenario »Nachträgliche Einführung einer weiteren Rechnungslegungsvorschrift« in SAP S/4HANA möglich!

Folgen Sie dem Customizing-Pfad **Finanzwesen • Anlagenbuchhaltung • Organisationsstrukturen • Zuordnung Buchungskreis/Bewertungsplan festlegen**, und hinterlegen Sie nun zu Ihren Buchungskreisen die entsprechenden Bewertungspläne (siehe Abbildung 8.26).

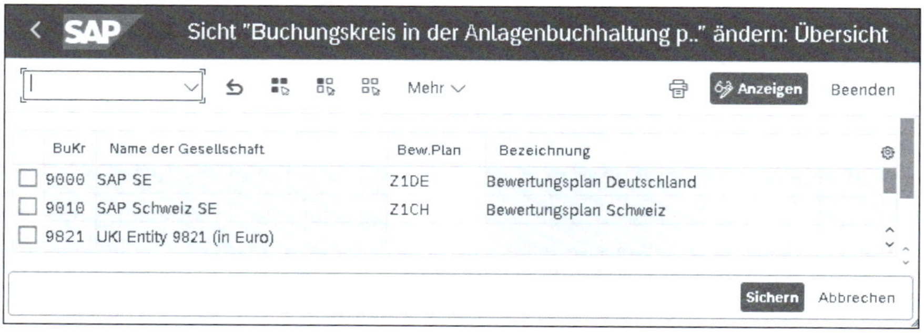
SAP
Sicht "Buchungskreis in der Anlagenbuchhaltung p.." ändern: Übersicht
Mehr
Anzeigen
Beenden
BuKr
Name der Gesellschaft
Bew.Plan
Bezeichnung
9000 SAP SE Z1DE Bewertungsplan Deutschland
9010 SAP Schweiz SE Z1CH Bewertungsplan Schweiz
9821 UKI Entity 9821 (in Euro)
Sichern
Abbrechen

Abbildung 8.26 Bewertungsplan zum Buchungskreis zuordnen

Klicken Sie zum Sichern Ihrer Einstellungen auf Sichern (**Sichern**), oder verwenden Sie [Strg] + [S] auf Ihrer Tastatur. Über die Taste [F3] oder einen Klick auf < (**Zurück**) können Sie das Bild verlassen.

Im folgenden Abschnitt schauen wir uns das Anlegen von Anlagenklassen an.

8.3 Anlagenklassen

Das Customizing der *Anlagenklassen* hat sich seit SAP ERP nicht verändert. Daher sollte Ihnen das grundsätzliche Vorgehen zur Anlage von Anlagenklassen in SAP S/4HANA schon bekannt sein. Sie müssen darüber hinaus die folgenden wichtigsten Schritte durchführen:

- Kontenfindungen anlegen
- Bildaufbauregeln anlegen
- Nummernkreisintervalle definieren
- Anlagenklassen definieren
- Anlagenklassenbewertung bestimmen

8.3.1 Kontenfindungen anlegen

In diesem Abschnitt legen wir die *Kontenfindungen* an, denen Sie später die Kontenfindung für die Buchungen der Anlagenbuchhaltung zuordnen können. Folgen Sie dem Customizing-Pfad **Finanzwesen • Anlagenbuchhaltung • Organisationsstrukturen • Anlagenklassen • Kontenfindungen anlegen**, und legen Sie die Kontenfindungen an, bzw. prüfen Sie die angelegten Kontenfindungen. Die Kontenfindung ist nur ein technischer Schlüssel in der Anlagenbuchhaltung. Sie wird später einer oder mehreren Anlagenklassen zugeordnet. In Abschnitt 8.4.1, »Hauptbuchkonten zuordnen«, werden jeder Kontenfindung die einzelnen Konten zugeordnet, die die Anlagenbuchhaltung bebuchen soll.

Zur Anlage einer neuen Kontenfindung klicken Sie auf **Neue Einträge**, oder Sie verwenden die Taste [F5]. Sie gelangen auf das Bild **Sicht "FI-AA: Kontenfindung" ändern: Übersicht** (siehe Abbildung 8.27). Anschließend vergeben Sie einen technischen Schlüssel in der Spalte **Kontenfindung** und eine Bezeichnung in der Spalte **Bezeichnung Kontenfindung**. Die Bezeichnung muss gegebenenfalls in weitere Sprachen übersetzt werden.

Bestätigen Sie Ihre Eingaben mit der Taste [↵]. Klicken Sie zum Sichern Ihrer Einstellungen auf Sichern (**Sichern**), oder verwenden Sie die Tastenkombination [Strg] + [S]. Über die Taste [F3] oder einen Klick auf < (**Zurück**) können Sie das Bild verlassen.

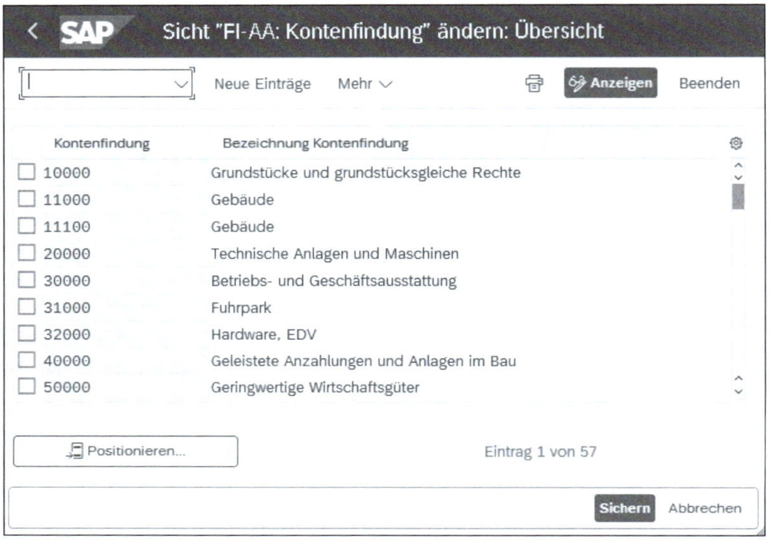

Abbildung 8.27 Kontenfindung anlegen

Kontenfindungen nummerieren

Die Nummerierung der Kontenfindung orientiert sich bei den meisten Kunden an der Nummerierung der Anlagenklasse. Daher kann man die Kontenfindung leichter der richtigen Anlagenklasse zuordnen bzw. bei der Zuordnung von Sachkonten zu einer Kontenfindung leichter erfassen, in welchen Anlagenklassen die Kontenfindung verwendet wird.

8.3.2 Bildaufbauregeln anlegen

Für die Pflege der Anlagenstammsätze müssen Sie definieren, welche Felder im Anlagenstammsatz sichtbar, ausgeblendet oder Pflichtfelder sind. Dazu legen Sie eine sogenannte *Bildaufbauregel* an. Dazu folgen Sie dem Customizing-Pfad **Finanzwesen • Anlagenbuchhaltung • Organisationsstrukturen • Anlagenklassen • Bildaufbauregeln anlegen** und legen die Bildaufbauregeln an bzw. prüfen die angelegten Bildaufbauregeln. Die Bildaufbauregel ist nur ein technischer Schlüssel in der Anlagenbuchhaltung und wird später einer oder mehreren Anlagenklassen zugeordnet. Über die Bildaufbauregel steuern Sie, welche Felder pro Anlagenklasse und damit bei einer Anlage sichtbar, ausgeblendet oder als Mussfelder gesteuert sind. Zum Beispiel ist das Feld **KFZ-Kennzeichen** nur in der Anlagenklasse **Fuhrpark** sinnvoll. In diesem Fall sollte es ein Mussfeld sein, und bei anderen Anlagenklassen, die nichts mit dem Fuhrpark zu tun haben, sollte es ausgeblendet sein.

Für die Anlage einer neuen Bildaufbauregel (siehe Abbildung 8.28) klicken Sie auf **Neue Einträge** oder drücken die Taste [F5]. Anschließend vergeben Sie einen technischen Schlüssel in der Spalte **Bildaufbauregel** und eine Bezeichnung in der Spalte **Bezeichnung Bildaufbauregel**. Die Bezeichnung muss gegebenenfalls in weitere Sprachen übersetzt werden.

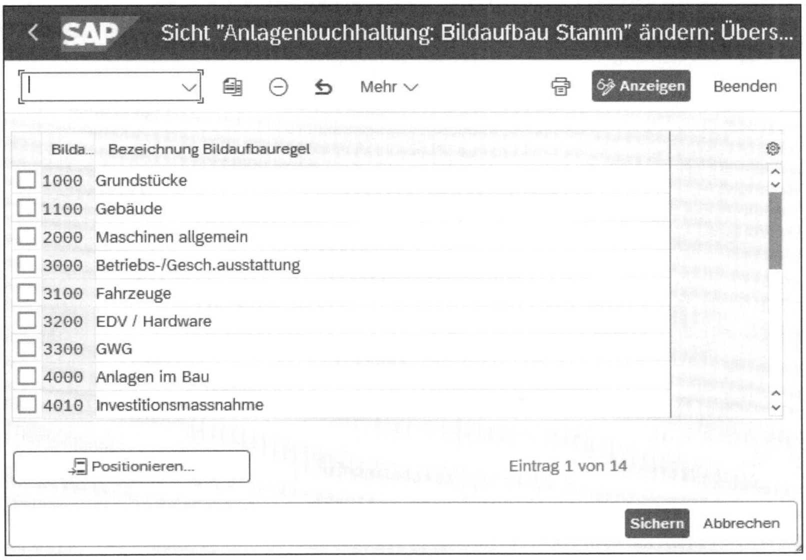

Abbildung 8.28 Bildaufbauregel anlegen

Bestätigen Sie Ihre Eingaben mit der [↵]-Taste. Klicken Sie zum Sichern Ihrer Einstellungen auf **Sichern** (**Sichern**), oder verwenden Sie die Tastenkombination [Strg] + [S]. Über die Taste [F3] oder einen Klick auf [<] (**Zurück**) können Sie das Bild verlassen.

> **Bildaufbauregeln nummerieren**
>
> Die Nummerierung der Bildaufbauregeln orientiert sich bei den meisten Kunden an der Nummerierung der Anlagenklasse. Daher können Sie die Bildaufbauregel leichter der richtigen Anlagenklasse zuordnen, bzw. finden Sie bei der Pflege des Bildaufbaus leichter heraus, in welchen Anlagenklassen die Bildaufbauregel verwendet wird.

8.3.3 Nummernkreisintervalle definieren

Für die Anlage von Anlagenstammsätzen wird ebenfalls ein *Nummernkreis* benötigt. Da dieser nicht geschäftsjahresabhängig sein kann, sollten Sie ihn groß genug wählen. Rufen Sie Transaktion AS08 auf, oder folgen Sie dem Customizing-Pfad **Finanzwesen • Anlagenbuchhaltung • Organisationsstrukturen • Anlagenklassen • Nummernkreisintervalle definieren**. Im Einstiegsbild zu dieser Funktion müssen Sie Ihren

Buchungskreis angeben (siehe Abbildung 8.29). Klicken Sie nun auf Intervalle (**Intervalle pflegen**), und Sie gelangen in die Sicht **Intervallpflege: Anlagennummer, Objekt ANLAGENNR, Unterobjekt 9000** (siehe Abbildung 8.30).

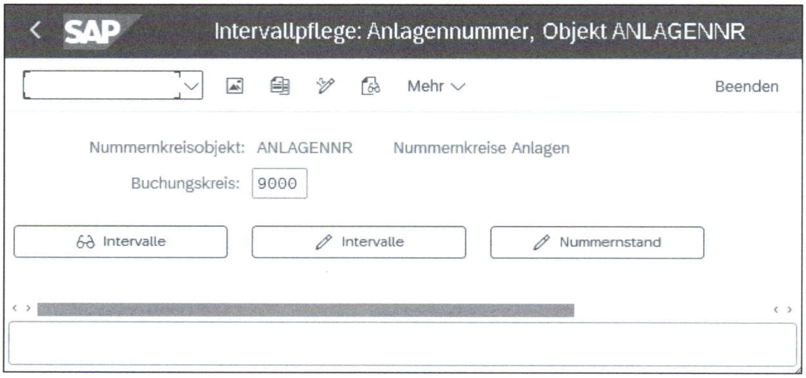

Abbildung 8.29 Nummernkreisintervalle pflegen (Transaktion AS08)

Mit einem Klick auf den Button ⊕ (**Einfügen Zeile**) bzw. über die Taste F6 erzeugen Sie je Klick eine neue Zeile (siehe Abbildung 8.30). Bestätigen Sie Ihre Eingaben mit der ↵-Taste. Klicken Sie zum Sichern Ihrer Einstellungen auf Sichern (**Sichern**), oder drücken Sie die Tastenkombination Strg + S. Über die Taste F3 oder einen Klick auf < (**Zurück**) können Sie das Bild verlassen.

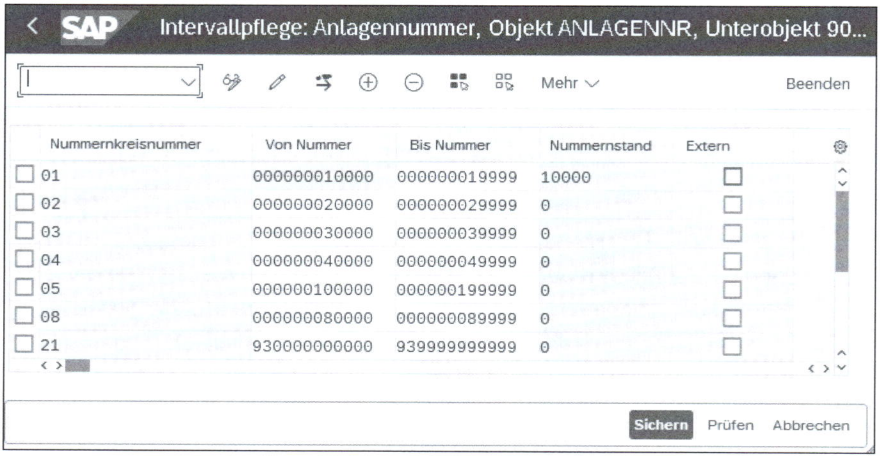

Abbildung 8.30 Nummernkreise pflegen

Sie können die Nummernkreise wieder in einem Microsoft-Excel-Arbeitsblatt vorbereiten. Durch mehrfaches Klicken auf ⊕ (**Einfügen Zeile**) erzeugen Sie so viele Zeilen, wie Sie für Ihre Nummernkreise benötigen. Nun können Sie die Nummernkreise ganz einfach mit Copy & Paste von Microsoft Excel nach SAP S/4HANA kopieren. Dies lohnt sich, da Sie auch diese Nummernkreise nicht transportieren sollten und sie daher in jedem Ihrer Mandanten bzw. in jedem System separat pflegen müssen (siehe Tabelle 8.3).

Nr.	Von Nummer	Bis Nummer	Ext
01	10000	19999	–
02	20000	29999	–
03	30000	39999	–

Tabelle 8.3 Anlagennummernkreise

Die Nummernkreisvergabe für die Nummerierung der Sachanlagen erfolgt meist für alle Buchungskreise auf die gleiche Weise. Der Nummernkreis ist in der Anlagenklasse hinterlegt und damit für alle Buchungskreise gleich. Die Nummernkreisintervalle werden meist für alle Buchungskreise gleich gehalten, da man daran schnell erkennen kann, um welche Art von Sachanlage es sich handelt. Ist es ein Grundstück, eine Maschine, ein geringwertiges Wirtschaftsgut (GWG) oder eine Anlage im Bau (AiB)?

8.3.4 Anlagenklassen definieren

Nun wollen wir die *Anlagenklassen* definieren, die Sie für Ihr Unternehmen benötigen. Nach der Erledigung der Vorbereitungen können wir uns jetzt die Anlagenklassen selbst anschauen. Folgen Sie dem Customizing-Pfad **Finanzwesen • Anlagenbuchhaltung • Organisationsstrukturen • Anlagenklassen • Anlagenklassen definieren**, oder rufen Sie Transaktion OAOA (Anlagenklassen definieren) auf. Im Einstiegsbild haben Sie die Möglichkeit, neue Anlagenklassen anzulegen oder eine bestehende Anlagenklasse zu kopieren. Das Kopieren bietet sich an, wenn viele Einstellungen der Anlagenklasse von der Kopiervorlage übernommen werden können und z. B. nur der Text geändert werden muss.

Abbildung 8.31 bietet eine Übersicht über die bestehenden Anlagenklassen. Mit der Taste [F5] oder per Klick auf den Button **Neue Einträge** können Sie neue Anlagenklassen anlegen. Mit der Taste [F6] oder über den Button (**Kopieren als ...**) können Sie eine bestehende Anlagenklasse kopieren.

Natürlich können Sie die nicht benötigten Anlagenklassen löschen. Dann können Ihre Endanwender diese nicht mehr fälschlicherweise, z. B. bei der Anlage neuer Anlagen, auswählen. Vergessen Sie nicht, die Texte der Anlagenklassen gegebenenfalls in die von Ihnen benötigten Sprachen zu übersetzen.

Abbildung 8.31 Übersicht über die bestehenden Anlagenklassen

Im Detailbild zur Anlagenklasse 2000 in Abbildung 8.32 sehen Sie, dass Kontenfindung, Bildaufbauregel und Nummernkreis gleichlautend gewählt sind, was Ihnen das Customizing erleichtert. Kontenfindung, Bildaufbauregel und Nummernkreis werden meist in mehreren Anlagenklassen verwendet.

Im Bereich **Status Anlage im Bau** können Sie steuern, ob die Anlagenklasse summarisch, also eine normale Anlagenklasse ist, in der Sie Ihre Wirtschaftsgüter einzeln verwalten, oder ob es sich um eine Anlagenklasse mit einzelpostengenauer Abrechnung handelt. Eine Anlagenklasse im Bau dient erst einmal als Sammler für die entstehenden Kosten. Zu einem späteren Zeitpunkt können Sie entscheiden, ob Sie die entstandenen Buchungen/Kosten aktivieren und damit an eine Anlage abrechnen oder ob die Abrechnung an ein Aufwandskonto erfolgen soll. Eine Anlage im Bau wird dann meist über die Komponente CO oder über Investitionsmaßnahmen bebucht.

Im Bereich **Status Sperren** können Sie eine Anlagenklasse für die weitere Anlage von neuen Anlagen sperren.

Im Bereich **Status Historie** können Sie das Kennzeichen **Historisch führen** setzen und damit steuern, dass die Anlage als Anlagenkarte ausgewiesen wird und die Anlage und die dazugehörigen Werte/Bewegungen bis zur Deaktivierung nicht reorganisiert werden können.

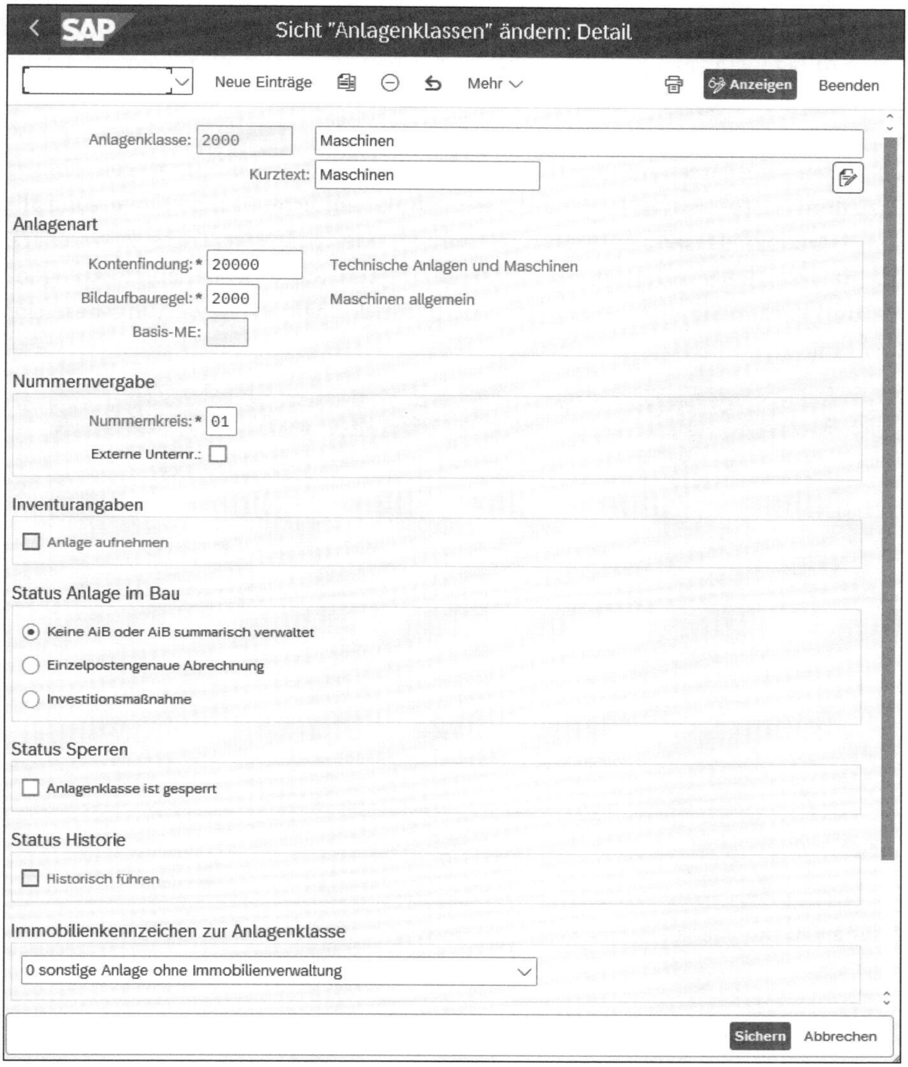

Abbildung 8.32 Details einer Anlagenklasse

Im Bereich **Immobilienkennzeichen zur Anlagenklasse** können Sie steuern, ob die Anlagen der Anlagenklasse auch in der Komponente Flexibles Immobilienmanagement (RE-FX) geführt werden sollen.

Im Bereich **Technische Informationen** (nicht in der Abbildung zu sehen) ist vermerkt, von wem und wann die Anlagenklasse angelegt worden bzw. geändert worden ist.

Nachdem wir die Anlagenklassen definiert haben, können wir uns den Vorschlagswerten widmen, die in den Anlagenklassen hinterlegt werden. Lesen Sie dazu den folgenden Abschnitt.

8.3.5 Anlagenklassenbewertung bestimmen

In einem Anlagenstammsatz auf der Registerkarte **Bewertung** hinterlegen wir die für diese Anlage gültigen *Abschreibungsschlüssel* und Nutzungsdauern. Bei den Anlagen einer Anlagenklasse sind die Abschreibungsschlüssel und Nutzungsdauern meist gleich. Daher können Sie in der Anlagenklasse Vorschlagswerte hinterlegen. Folgen Sie dazu dem Customizing-Pfad **Finanzwesen • Anlagenbuchhaltung • Bewertung allgemein • Anlagenklassenbewertung bestimmen**, oder rufen Sie Transaktion OAYZ (Anlagenklasse: Bewertungsbereiche) auf. Markieren Sie eine beliebige Anlagenklasse, und klicken Sie links in der Dialogstruktur doppelt auf **Bewertungsbereiche** (siehe Abbildung 8.33).

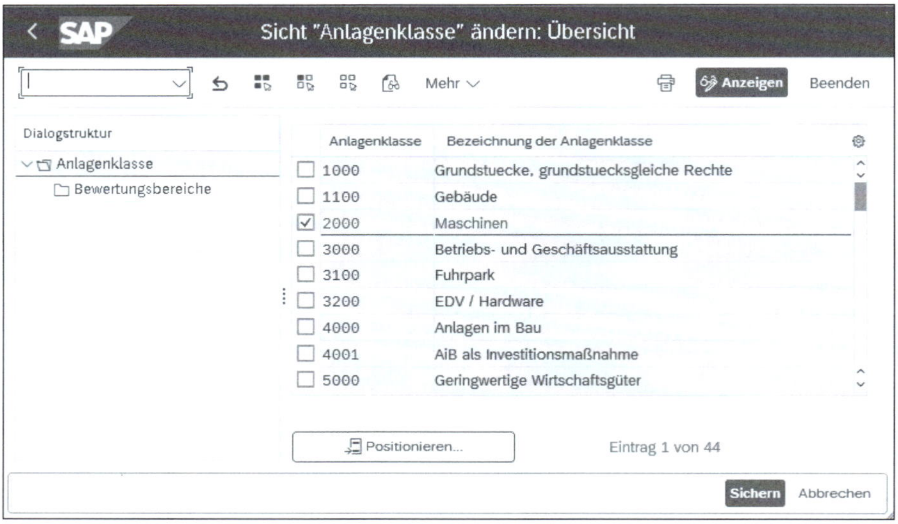

Abbildung 8.33 Anlagenklassenbewertung – Fenster »Sicht "Anlagenklasse" ändern: Übersicht«

Damit gelangen Sie eine Ebene tiefer und können nun für die ausgewählte Anlagenklasse pro Bewertungsbereich einen Abschreibungsschlüssel und eine Nutzungsdauer hinterlegen. Dies sind Vorschlagswerte, die bei der Anlage einer neuen Anlage auf der Registerkarte **Bewertung** eingetragen werden. Daher sollten Sie hier einen Vorschlagswert hinterlegen, der für die meisten Anlagen dieser Anlagenklasse gültig ist (siehe Abbildung 8.34).

Dabei wenden wir die 80:20-Regel an. Für vermutlich 80 % der Anlagen kann der Vorschlagswert übernommen werden, und bei 20 % der Anlagen müssen wir ihn im Anlagenstammsatz überschreiben. Trotzdem sparen wir uns damit beim Anlegen einer Anlage sehr viel Arbeit und vermeiden Falscheingaben. Da es sich, wie bereits aufgeführt, um einen Vorschlagswert handelt, können Sie diesen im Anlagenstammsatz jederzeit überschreiben.

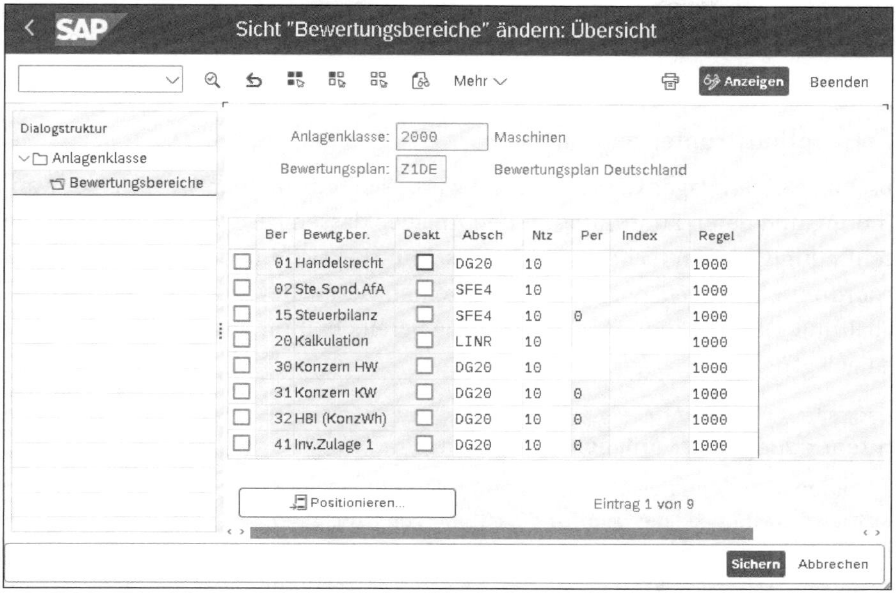

Abbildung 8.34 Anlagenklassenbewertung – Vorschlagswerte hinterlegen

Damit haben wir die wichtigsten Einstellungen zur Anlage von Anlagenklassen besprochen und können uns im nächsten Abschnitt der Integration mit dem Hauptbuch widmen.

8.4 Integration mit dem Hauptbuch

Nachdem wir den Bewertungsplan und die Anlagenklassen angelegt haben, müssen wir uns um die Integration ins Hauptbuch kümmern. Diese ist notwendig, damit Sie später Ihre Anlagenbewegungen und Abschreibungen überhaupt auf Sachkonten buchen können. Diverse Einstellungen erleichtern Ihnen die tägliche Arbeit, z. B. können Sie Belegarten oder Steuerkennzeichen vorbelegen. Da wir aus Platzgründen nicht auf alle Customizing-Schritte eingehen können, beschränken wir uns im Folgenden auf die aus unserer Sicht wichtigsten Schritte:

- Hauptbuchkonten zuordnen
- technisches Verrechnungskonto für integrierten Anlagenzugang definieren
- integrierte Vorgänge: abweichende Belegart für rechnungslegungsspezifische Belege festlegen
- Vorsteuerkennzeichen für nicht steuerrelevante Zugänge zuordnen
- Bilanzversion für Anlagenberichte festlegen
- Segmentberichterstattung für Anlagen definieren

Im nächsten Abschnitt beschäftigen wir uns mit der Kontenfindung in der Anlagenbuchhaltung.

8.4.1 Hauptbuchkonten zuordnen

In Abschnitt 8.3, »Anlagenklassen«, haben wir uns bereits mit der Anlage einer Kontenfindung und deren Zuordnung zu den Anlagenklassen beschäftigt. Bisher ist die Kontenfindung nur ein technischer Schlüssel mit Bezeichnung. Was noch fehlt, ist die Zuordnung von *Sachkonten* für die einzelnen Geschäftsvorfälle in der Anlagenbuchhaltung. Die Sachkonten dazu haben Sie bereits in Ihrem Kontenplan definiert und angelegt.

[»]

Kontenfindung in der Anlagenbuchhaltung

Sie müssen nicht für jeden Geschäftsvorfall ein Konto in der Kontenfindung hinterlegen. Meist machen Sie dies nur für die gängigsten bzw. Ihnen bekannten Geschäftsvorfälle. Mitunter werden bestimmte Konten nicht zugeordnet, um das Buchen solcher Geschäftsvorfälle zu verhindern bzw. um die Kontenfindung mit dem Fachbereich detailliert zu besprechen, wenn der Fall auftritt und die Kontenfindung dann nachgepflegt werden muss.

Folgen Sie dem Customizing-Pfad **Finanzwesen • Anlagenbuchhaltung • Integration mit dem Hauptbuch • Hauptbuchkonten zuordnen**, oder rufen Sie Transaktion AO90 (Kontierung Zugänge) auf. Zuerst müssen Sie Ihren Kontenplan markieren und links in der Dialogstruktur doppelt auf **Kontenfindung** klicken (siehe Abbildung 8.35).

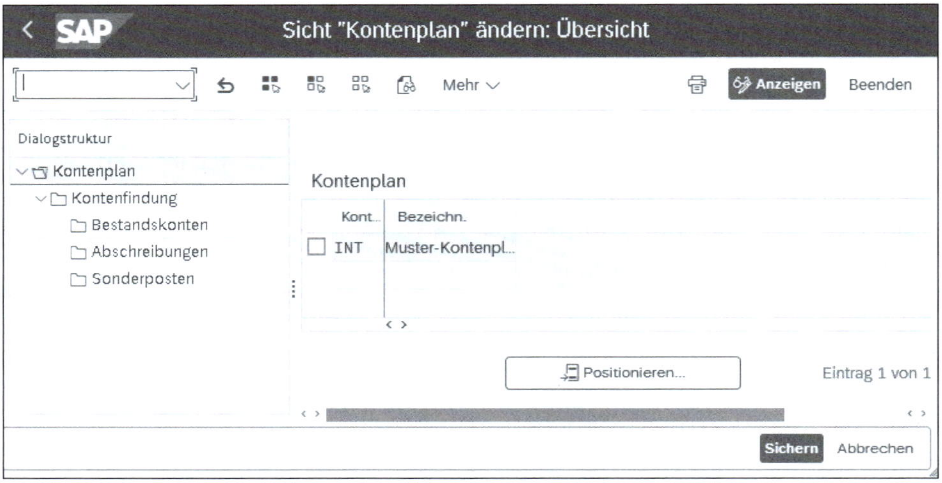

Abbildung 8.35 Kontenfindung – Kontenplan auswählen

Hier können Sie die Kontenfindung für Bestandskonten, Abschreibungen und Sonderposten pflegen. Nun können Sie eine Ihrer Kontenfindungen markieren und in der Dialogstruktur doppelt auf **Bestandskonten** klicken (siehe Abbildung 8.36).

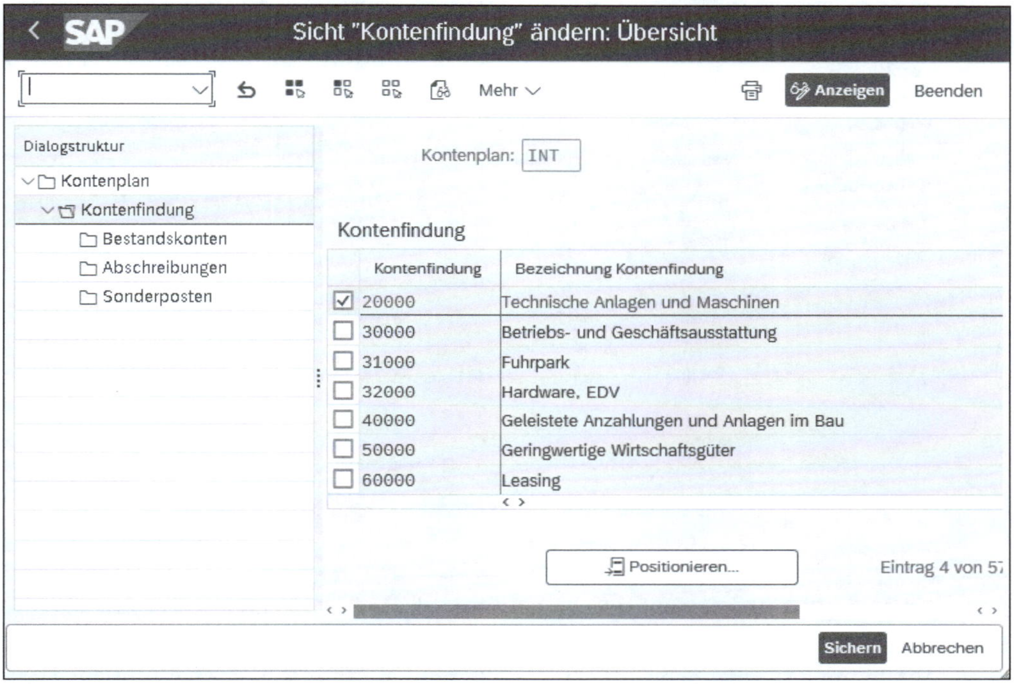

Abbildung 8.36 Kontenfindung auswählen

Dies bringt Sie nochmals eine Ebene tiefer zur Auswahl des Bewertungsbereichs, für den Sie jetzt die Konten hinterlegen möchten. Mit der Anlagenbuchhaltung in SAP S/4HANA werden die meisten Konten einem Bewertungsbereich zugeordnet, und dieser wird im Bewertungsbereich als **Abweichender Bewertungsbereich** hinterlegt (siehe Abbildung 8.37). Aus diesem abweichenden Bewertungsbereich werden die zu bebuchenden Sachkonten ermittelt – unabhängig davon, für welchen Bewertungsbereich eine Buchung vorgenommen wird.

Ein Doppelklick auf den Bewertungsbereich, meist Bewertungsbereich 1, für den Sie die Konten hinterlegen möchten, bringt Sie schließlich in das Fenster **Sicht "Bestandskonten" ändern: Detail**. Hier werden nun die Konten für die von Ihrem Unternehmen benötigten Geschäftsvorfälle (Sachkonten) hinterlegt, die bebucht werden sollen.

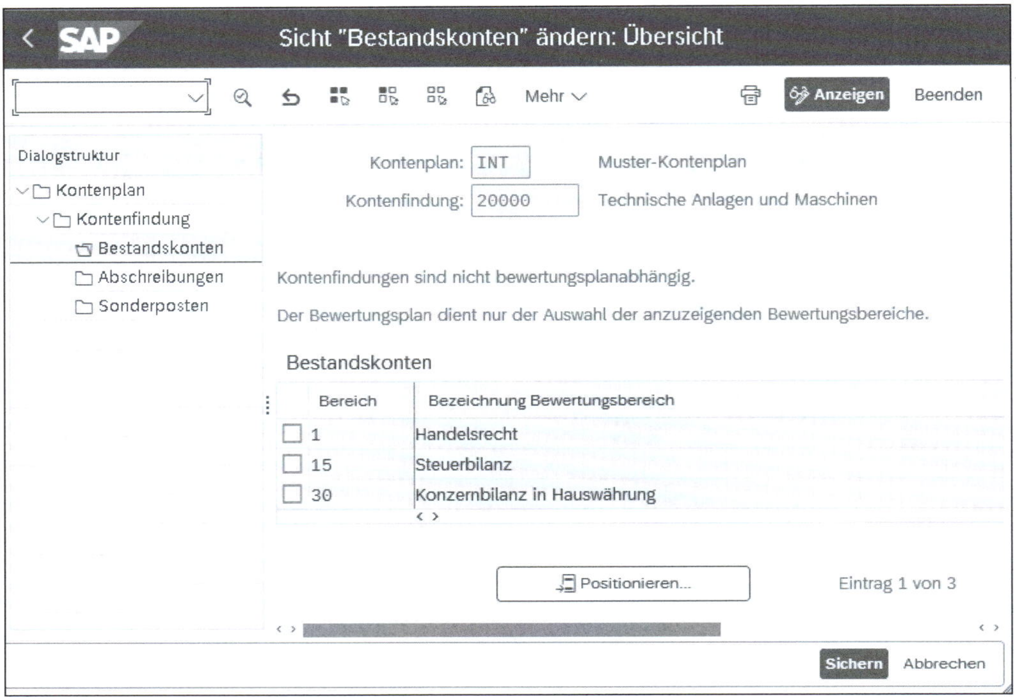

Abbildung 8.37 Abweichenden Bewertungsbereich für die Kontenfindung auswählen

Abbildung 8.38 zeigt dabei, dass nicht alle Konten hinterlegt werden müssen. Dort, wo Sie kein Sachkonto hinterlegt haben, können Sie später auch keine Buchungen vornehmen. Aber genau dies kann ja auch beabsichtigt sein, um etwa am konkreten Beispiel mit dem Fachbereich erst einmal zu klären, ob und wie ein spezieller Geschäftsvorfall zu buchen ist. Ist die Kontenfindung einmal gepflegt, kann gebucht werden, und der Fachbereich meldet sich erst, wenn er Fehlermeldungen erhält und keine Lösung mehr findet. Es gibt Anlagenbewegungen, die man in der Anlagenbuchhaltung auf unterschiedliche Weise buchen kann.

[»]

Selten vorkommende Anlagenbuchungen vorab testen

Es gibt Anlagenbewegungen, die sehr selten benötigt werden. Daher ist es empfehlenswert, in solchen Fällen die Buchungen nochmals im jeweiligen SAP-S/4HANA-Testsystem Ihres Unternehmens zu testen, bevor Sie die Buchungen produktiv vornehmen.

Einmal getätigte Buchungen können Sie zwar stornieren, aber auf den Anlagen können Sie viele Buchungen/Stornierungen mitunter nur noch schwer nachvollziehen.

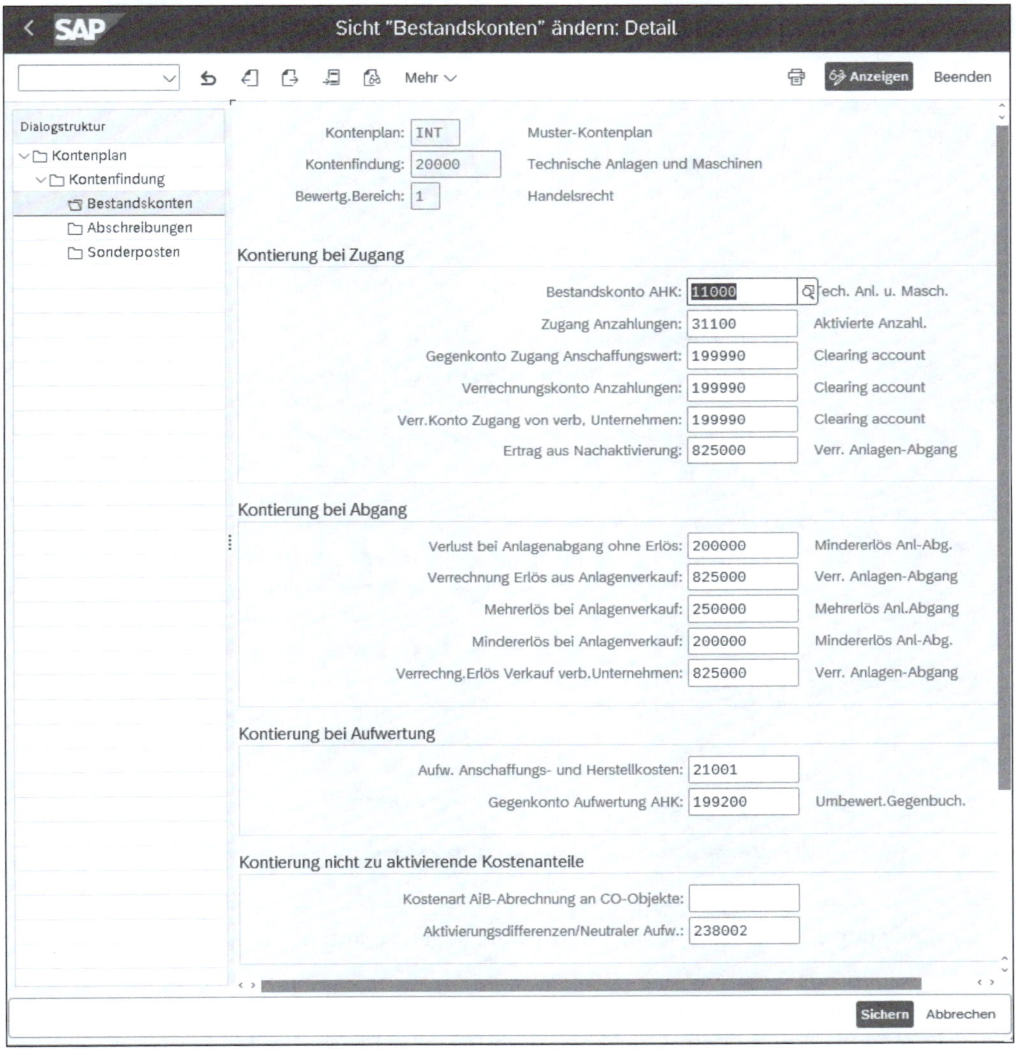

Abbildung 8.38 Kontenfindung für die Bestandsbuchungen ergänzen

Mit einem Doppelklick auf **Abschreibungen** in der Dialogstruktur links im Bild gelangen Sie in das Detailbild zur Hinterlegung der Sachkonten für die Abschreibungen (siehe Abbildung 8.39).

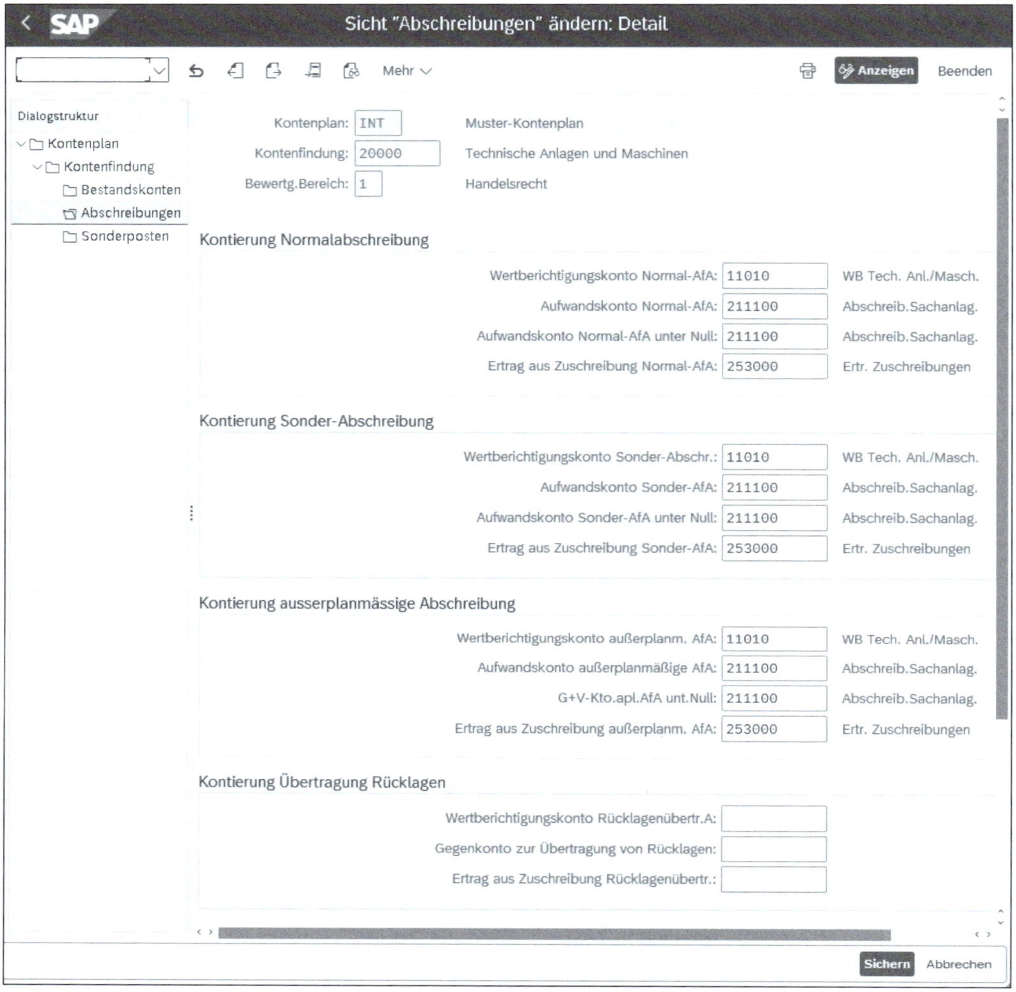

Abbildung 8.39 Kontenfindung für Abschreibungen ergänzen

Bei den Abschreibungen müssen Sie wiederum nur die regelmäßig genutzten Sachkonten pflegen. Andere Abschreibungsarten oder Aufwertungen können Sie im Bedarfsfall nachpflegen. Bestätigen Sie Ihre Eingaben mit der [↵]-Taste. Klicken Sie zum Sichern Ihrer Einstellungen auf Sichern (**Sichern**), oder verwenden Sie die Tastenkombination [Strg] + [S]. Spätestens beim Sichern werden die Einstellungen Ihrer Sachkonten daraufhin geprüft, ob diese im Sinne der Anlagenbuchhaltung richtig gepflegt sind. Wenn dies nicht der Fall ist, bekommen Sie eine Fehlermeldung und können den Sicherungsvorgang nicht vornehmen. Korrigieren Sie dann zuerst Ihre Sachkontenstammdaten, bevor Sie es erneut versuchen. Über die Taste [F3] oder einen Klick auf < (**Zurück**) können Sie das Bild verlassen.

[«]

Kontenfindung für Sonderposten pflegen

Die Kontenfindung für Sonderposten ist nur pflegbar, wenn Ihr Bewertungsplan auch Sonderposten führt. Andernfalls werden in der Auswahl keine Bewertungsbereiche angezeigt.

Einige Bewertungsbereiche benötigen weiterhin ihre eigene Kontenfindung. Dazu zählen:

- Bereiche mit kalkulatorischer Abschreibung
- Bereiche mit Investitionsförderung
- Bereiche, die Aufwertungen bzw. Umbewertungen abbilden

Für alle anderen Bereiche genügt es, wenn Sie die Kontenfindung für einen Bereich einmalig pflegen. Auch hier ist es ratsam, die Kontenfindungen in einem Microsoft-Excel-Arbeitsblatt vorzubereiten. Leider können Sie die sehr umfangreichen Kontenfindungen in der Anlagenbuchhaltung nicht einfach mit Copy & Paste pflegen bzw. ein Microsoft-Excel-Arbeitsblatt hochladen. So bleibt dies leider bis auf Weiteres ein manueller Pflegeprozess, bei dem Sie jede Kontenfindung, jedes Bestandskonto und jede Abschreibung manuell durchgehen müssen.

Zur leichteren Kontrolle bietet es sich an, einen Quick View/eine Query anzulegen, indem Sie die Tabellen T095 und T095B miteinander verbinden. Die Query wird die Kontenfindung dann übersichtlich und schnell erreichbar, auch für den Fachbereich, in einem ALV darstellen (siehe Abbildung 8.40).

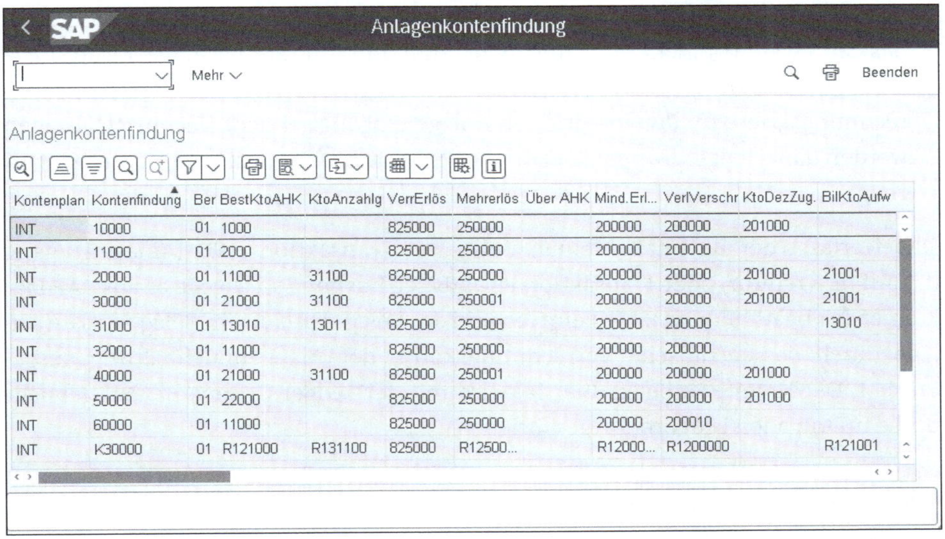

Kontenplan	Kontenfindung	Ber	BestKtoAHK	KtoAnzahlg	VerrErlös	Mehrerlös	Über AHK	Mind.Erl...	VerlVerschr	KtoDezZug.	BilKtoAufw
INT	10000	01	1000		825000	250000		200000	200000	201000	
INT	11000	01	2000		825000	250000		200000	200000		
INT	20000	01	11000	31100	825000	250000		200000	200000	201000	21001
INT	30000	01	21000	31100	825000	250001		200000	200000	201000	21001
INT	31000	01	13010	13011	825000	250000		200000	200000		13010
INT	32000	01	11000		825000	250000		200000	200000		
INT	40000	01	21000	31100	825000	250001		200000	200000	201000	
INT	50000	01	22000		825000	250000		200000	200000	201000	
INT	60000	01	11000		825000	250000		200000	200010		
INT	K30000	01	R121000	R131100	825000	R12500...		R12000...	R1200000		R121001

Abbildung 8.40 Quick Views T095 und T095B – Überblick über die Kontenfindung anzeigen

Mit dem Quick View kann sich jeder schnell einen Überblick über die Kontenfindung in der Anlagenbuchhaltung verschaffen, diese prüfen und gegebenenfalls abnehmen, wenn man den Quick View über eine Transaktion auch dem Fachbereich zur Verfügung stellt. Man sieht auch sehr schön, in welchen Fällen die Anlagenbuchungen scheitern müssen, weil Sie noch kein Konto hinterlegt haben.

[»]

Quick View erstellen

Einen Quick View erstellen Sie über Transaktion SQVI (QuickViewer), oder Sie folgen dem Menü **System • Dienste • Quick Viewer** im SAP GUI.

Im nächsten Abschnitt beschäftigen wir uns mit dem technischen Verrechnungskonto, das in der Anlagenbuchhaltung von SAP S/4HANA benötigt wird. Dies gab es unter SAP ERP mit der alten Anlagenbuchhaltung so nicht.

8.4.2 Technisches Verrechnungskonto für integrierten Anlagenzugang

In der Anlagenbuchhaltung mit SAP S/4HANA hat sich die Buchungslogik geändert:

- **Operativer Teil (Kreditorenrechnung)**
  Für den operativen Teil (Kreditorenrechnung) bucht das SAP-System einen für alle Rechnungslegungsvorschriften gültigen Beleg gegen das technische Verrechnungskonto für den integrierten Anlagenzugang. Technisch gesehen, wird dabei ein ledgergruppenübergreifender Beleg erzeugt.
- **Bewertender Teil (Anlagenbuchung mit Aktivierung der Anlage)**
  Für jeden bewertenden Teil (Anlagenbuchung mit Aktivierung der Anlage) erzeugt das SAP-System einen separaten Beleg, der nur für die jeweilige Rechnungslegungsvorschrift gültig ist. Dieser Beleg wird ebenfalls gegen das technische Verrechnungskonto für den integrierten Anlagenzugang gebucht. Technisch gesehen werden dabei ledgergruppenspezifische Belege je Rechnungslegungsvorschrift erzeugt.

Dabei erfasst der Buchhalter einen Beleg mit Transaktion F-90 (Anlagenzugang d. Kauf m. Kreditor) oder Transaktion FB01 (Beleg buchen), so wie Sie es aus SAP ERP kennen (siehe Abbildung 8.41). Beim Sichern des Belegs wird die im Beleg erfasste Anlage durch das technische Verrechnungskonto der Anlagenbuchhaltung ausgetauscht. Der Kreditorenbeleg (hier 1a) wird mit der Ledger-Gruppe BLANK gebucht und damit in allen Ledgern fortgeschrieben.

Anlagenzugang mit Kreditor

Die Buchung 1a erzeugt dabei den offenen Posten auf dem Kreditorenkonto, den Sie zu gegebener Zeit bezahlen werden.

Financial Accountant

Belegerfassung: F-90 or FB01

31 K Lieferant	160000 (Verbindlichkeit)			10.000
70 A Anlage	999999 (Techn. Verrechnung Zugang)	PRCTR1	KOSTL1	10.000

Erzeugte Belege:

(1a) Mit LG Blank

BLANK

C	70	Techn. Verrechnungskto. Zugang	999999	10.000
D	31	Lieferant (Verbindlichkeit)	160000	10.000

(1b) Mit LG IFRS

IFRS

C	70	Maschinen	13000	10.000
D	75	Techn. Verrechnungskto. Zugang	999999	10.000

(1c) Mit LG LO (Handelsrecht)

LO

C	70	Maschinen	13001	10.000
D	75	Techn. Verrechnungskto. Zugang	999999	10.000

(1d) Mit LG TX (Steuerrecht)

TX

C	70	Maschinen	13001	10.000
D	75	Techn. Verrechnungskto. Zugang	999999	10.000

Abbildung 8.41 Vorgehensweise bei der Belegerfassung für den integrierten Anlagenzugang

Bewertender Teil – Anlagenzugang ledgergruppenspezifisch

Die Buchungen 1b, 1c und 1d werden als separate Belege automatisch von SAP S/4HANA erzeugt und im jeweiligen Ledger fortgeschrieben. In den Buchungen 1b, 1c und 1d wird wieder das technische Verrechnungskonto für den integrierten Anlagenzugang und das Anlagenbestandskonto angesprochen. Damit weist das technische Verrechnungskonto für den integrierten Anlagenzugang wieder einen Saldo von null auf, und der Zugang ist auf der Anlage verbucht. Ihr Kreditor weist genau einen offenen Posten auf, den Sie demnächst bezahlen sollten.

Folgen Sie dem Customizing-Pfad **Finanzwesen • Anlagenbuchhaltung • Integration mit dem Hauptbuch • Technisches Verrechnungskonto für integrierten Anlagenzugang • Technisches Verrechnungskonto für integrierten Anlagenzugang festlegen**. Hier hinterlegen wir für unseren Kontenplan genau ein Konto (siehe Abbildung 8.42).

In unseren Projekten war es nicht notwendig, die Konten weiter nach den Kontenfindungen in der Anlagenbuchhaltung zu differenzieren. Dies ist in einem weiteren Customizing-Punkt zwar möglich, aber wurde bisher nicht benötigt. Diese Option finden Sie im Customizing direkt unterhalb von **Technisches Verrechnungskonto für integrierten Anlagenzugang festlegen** unter dem Punkt **Technisches Verrechnungskonto für Mussfeldsteuerung differenzieren**. Da es sich um ein technisches Verrechnungskonto handelt, sehen wir hier auch nicht die Notwendigkeit dazu, es weiter zu differenzieren.

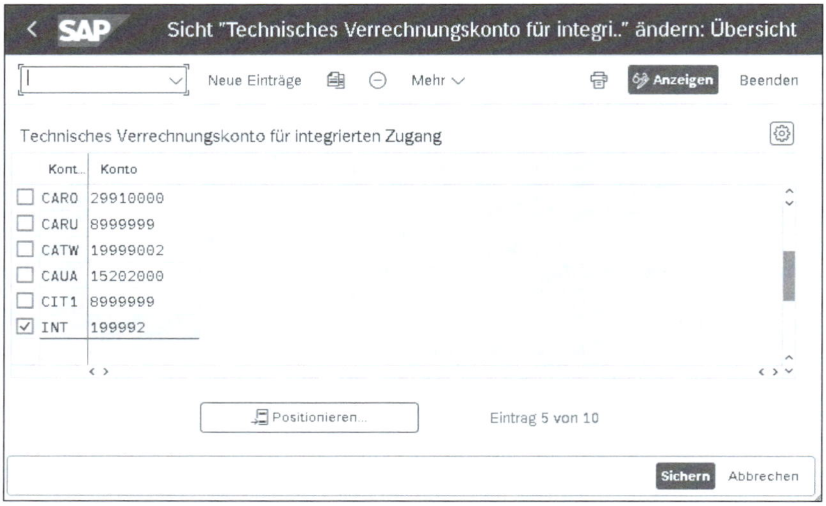

Abbildung 8.42 Technisches Verrechnungskonto für den integrierten Zugang hinterlegen

Das technische Verrechnungskonto muss die folgenden Voraussetzungen erfüllen:

- Es ist ein Bilanzkonto, das als Abstimmkonto für Anlagenkonten angelegt werden muss.
- Das Konto darf *nicht* in der Kontenfindung für die Anlagenbuchhaltung hinterlegt sein (z. B. Tabelle T095, Tabelle T095B, Tabelle T095P).
- Das Konto darf nicht OP-verwaltet (OP = offener Posten) sein.

Klicken Sie, wie in Abbildung 8.42 gezeigt, auf **Neue Einträge**, oder drücken Sie auf F5, und tragen Sie Ihren Kontenplan und das Konto ein. Bestätigen Sie Ihre Eingaben mit der ↵-Taste. Klicken Sie zum Sichern Ihrer Einstellungen auf Sichern (**Sichern**), oder verwenden Sie die Tastenkombination Strg + S. Spätestens beim Sichern werden die Einstellungen Ihres Sachkontos geprüft. Gegebenenfalls erhalten Sie Fehlermeldungen, wenn das Sachkonto nicht den Voraussetzungen entspricht. Dann können Sie Ihre Einstellungen nicht sichern. Korrigieren Sie in einem solchen Fall erst die Einstellungen des Sachkontos, und sichern Sie Ihre Einstellungen anschließend erneut. Nach der erfolgreichen Sicherung Ihrer Einstellungen verlassen Sie die Sicht mit der Taste F3, oder Sie klicken auf < (**Zurück**). Im nächsten Abschnitt schauen wir uns die Notwendigkeit einer abweichenden Belegart für integrierte Vorgänge in der Anlagenbuchhaltung an.

8.4.3 Integrierte Vorgänge: abweichende Belegart für rechnungslegungsspezifische Belege

Beim Erfassen einer Anlagenbuchung für einen integrierten Anlagenzugang, den Sie in Abbildung 8.41 finden, für eine Anzahlung auf eine Anlage und für einen integrierten Anlagenabgang teilt das SAP-System den Geschäftsvorfall in einen operativen Teil (1a) und in einen bewertenden Teil (1b–1d) auf:

- **Operativer Teil**
  Für den operativen Teil bucht das SAP-System einen Beleg, der für alle Rechnungslegungsvorschriften gültig ist. Technisch gesehen, wird dabei ein ledgergruppenübergreifender Beleg erzeugt.
- **Ledgerspezifische Belege**
  Für jeden bewertenden Teil erzeugt das SAP-System einen separaten Beleg, der nur für die jeweilige Rechnungslegungsvorschrift gültig ist. Dies bedeutet, dass es für jede Rechnungslegungsvorschrift einen separaten Beleg gibt. Technisch gesehen, werden dabei ledgergruppenspezifische Belege je Rechnungslegungsvorschrift erzeugt.

Falls Sie die Belegaufteilung aktiviert haben, kann das SAP-System nicht immer die Belegart der Erfassungssicht an die bewertenden Belege vererben. Denn die Belegart kann so definiert sein, dass Positionen als obligatorisch gekennzeichnet sind, die nur im operativen Beleg existieren, nicht aber im bewertenden Beleg. Ein weiterer Grund, abweichende Belegarten zu verwenden, ist, dass es möglicherweise in Ihrer Organisation die Anforderung gibt, dass die bewertenden Belege mit einer anderen Belegart gebucht werden sollen als die operativen Belege. Ebenso kann es sein, dass Sie für den operativen Beleg einen Barcode vergeben müssen, nicht aber für die separaten, bewertenden Belege. Da die Vergabe des Barcodes an die Belegart gebunden ist, könnte dies ein weiterer Grund dafür sein, eine abweichende Belegart einzustellen.

Folgen Sie dem Customizing-Pfad **Finanzwesen • Anlagenbuchhaltung • Integration mit dem Hauptbuch • Integrierte Vorgänge: Abweichende Belegart für rechnungsleg.-spezif. Belege • Abweichende Belegart für rechnungslegungsspezifische Belege festlegen**. Hier hinterlegen Sie für die operativ genutzten Belegarten, z. B. die Kreditorenrechnung (KR), eine abweichende Belegart (AA), siehe Abbildung 8.43.

Klicken Sie, wie in Abbildung 8.43 gezeigt, auf **Neue Einträge**, oder drücken Sie auf die Taste [F5], tragen Sie Ihre Belegarten ein, und ordnen Sie eine abweichende Belegart zu. Bestätigen Sie Ihre Eingaben mit der [↵]-Taste. Klicken Sie zum Sichern Ihrer Einstellungen auf Sichern (**Sichern**), oder verwenden Sie die Tastenkombination [Strg] + [S]. Wenn Sie die Einstellungen erfolgreich sichern konnten, verlassen Sie die Sicht mit [F3], oder Sie klicken auf < (**Zurück**). Wie schon erwähnt, erreichen Sie damit, dass die Kreditorenrechnung, also die operative Buchung mit der Belegart KR, gebucht wird.

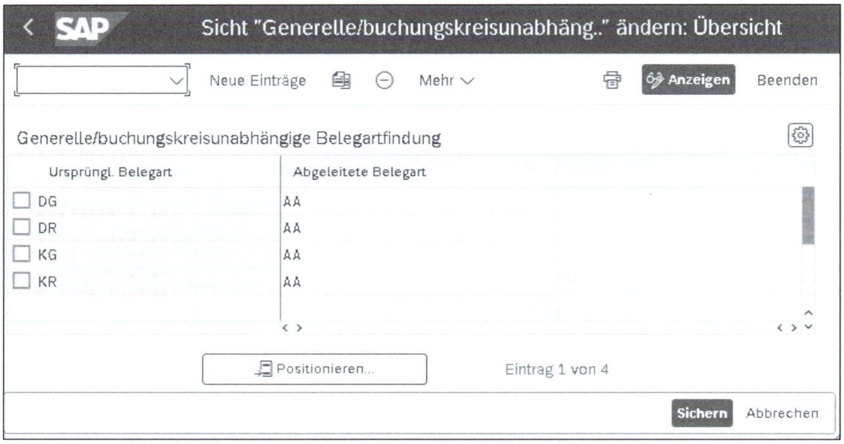

Abbildung 8.43 Abweichende Belegarten hinterlegen

Alle weiteren Belege, die durch die operative Buchung ausgelöst werden und eine Bewertung der Anlage darstellen, hier im Beispiel der Zugang der Anschaffungskosten auf der Anlage, werden mit der Belegart AA gebucht.

Im nächsten Abschnitt schauen wir uns das Hinterlegen der Vorsteuerkennzeichen für die Anlagenbuchhaltung an.

8.4.4 Vorsteuerkennzeichen für nicht steuerrelevante Zugänge zuordnen

In diesem Arbeitsschritt hinterlegen Sie pro Buchungskreis ein *Vorsteuerkennzeichen*, das das SAP-System bei der Buchung von nicht steuerbaren Zugängen auf steuerrelevanten Konten verwenden soll. Dieses Steuerkennzeichen kann pro Buchungskreis, insbesondere pro Land, unterschiedlich sein. Ein nicht steuerrelevanter Zugang kann der Zugang von Eigenleistungen sein. Folgen Sie dem Customizing-Pfad **Finanzwesen • Anlagenbuchhaltung • Integration mit dem Hauptbuch • Vorsteuerkennz. für nicht steuerrelevante Zugänge zuordnen**, oder rufen Sie Transaktion OBCL auf. Suchen Sie im Fenster Sicht **"Zuordn. Bukrs -> nicht steuerbare Vorgänge"** Ihren Buchungskreis, und tragen Sie Ihre entsprechenden Steuerkennzeichen ein (siehe Abbildung 8.44).

Bestätigen Sie Ihre Eingaben mit der [↵]-Taste. Klicken Sie zum Sichern Ihrer Einstellungen auf den Button Sichern (**Sichern**), oder verwenden Sie die Tastenkombination [Strg] + [S]. Wenn Sie die Einstellungen erfolgreich sichern konnten, verlassen Sie die Sicht mit der Taste [F3], oder klicken Sie auf < (**Zurück**). Im nächsten Abschnitt schauen wir uns die Hinterlegung der Bilanzversionen für Anlagenberichte an.

Abbildung 8.44 Steuerkennzeichen im Buchungskreis hinterlegen

8.4.5 Bilanzversion für Anlagenberichte festlegen

Für die von Ihnen genutzten Rechnungslegungsvorschriften definieren Sie jeweils mindestens eine *Bilanz-und-GuV-Version*, kurz Bilanzversion (siehe Transaktion OB58). Die Bilanzversion bildet die Struktur Ihrer Bilanz ab. Dazu legen Sie unterschiedliche Bilanzpositionen und Unterpositionen an. Anschließend ordnen Sie die Sachkonten einzeln oder als Intervall der jeweiligen Bilanzposition zu. Je nach Rechnungslegungsvorschrift können Sie die Bilanzversion frei definieren, oder die Struktur ist vom Gesetzgeber vorgegeben. Damit die Anlagenberichte die Informationen genauer und mit den richtigen Bilanzpositionen ausweisen können, sollten Sie die Einstellungen überprüfen und den Bewertungsbereichen die richtigen Bilanzversionen zuordnen.

Folgen Sie dem Customizing-Pfad **Finanzwesen • Anlagenbuchhaltung • Integration mit dem Hauptbuch • Bilanzversion für Anlagenberichte festlegen**, oder rufen Sie Transaktion OAYN auf. Suchen Sie im Fenster **Sicht "Auswahl Buchungskreis"** Ihren Buchungskreis, und markieren Sie ihn. Klicken Sie nun doppelt auf **Bilanzversion zuordnen** in der Dialogstruktur (siehe Abbildung 8.45).

Bestätigen Sie Ihre Eingaben mit der [↵]-Taste. Klicken Sie zum Sichern Ihrer Einstellungen auf den Button Sichern (**Sichern**), oder Sie verwenden die Tastenkombination [Strg] + [S]. Wenn Sie die Einstellungen erfolgreich sichern konnten, verlassen Sie die Sicht mit der Taste [F3], oder Sie klicken auf < (**Zurück**).

Wenn Sie nun das Anlagengitter in Report RAGITT_ALV01 für den Bewertungsbereich 01 (IFRS) ausführen, wird die Bilanzposition angedruckt, der das jeweilige Anlagenbestandskonto zugeordnet ist (siehe Abbildung 8.46).

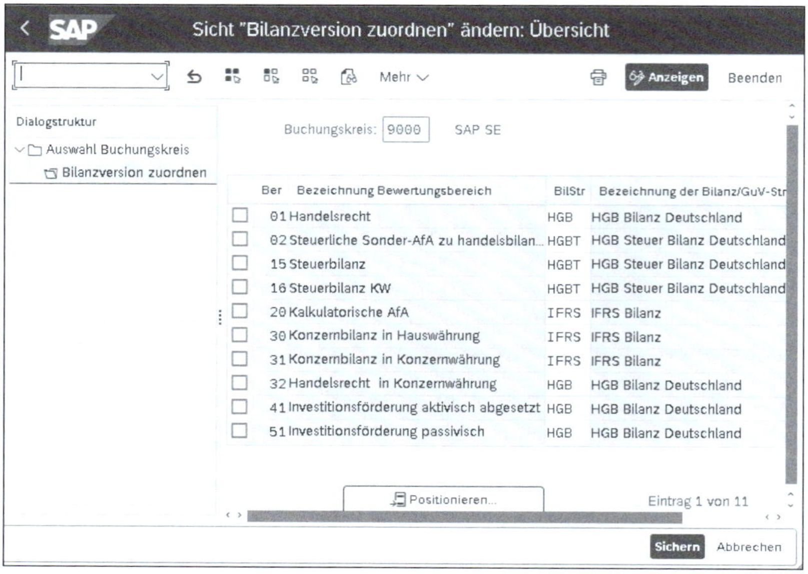

Abbildung 8.45 Bilanzversion zu Bewertungsbereichen zuordnen

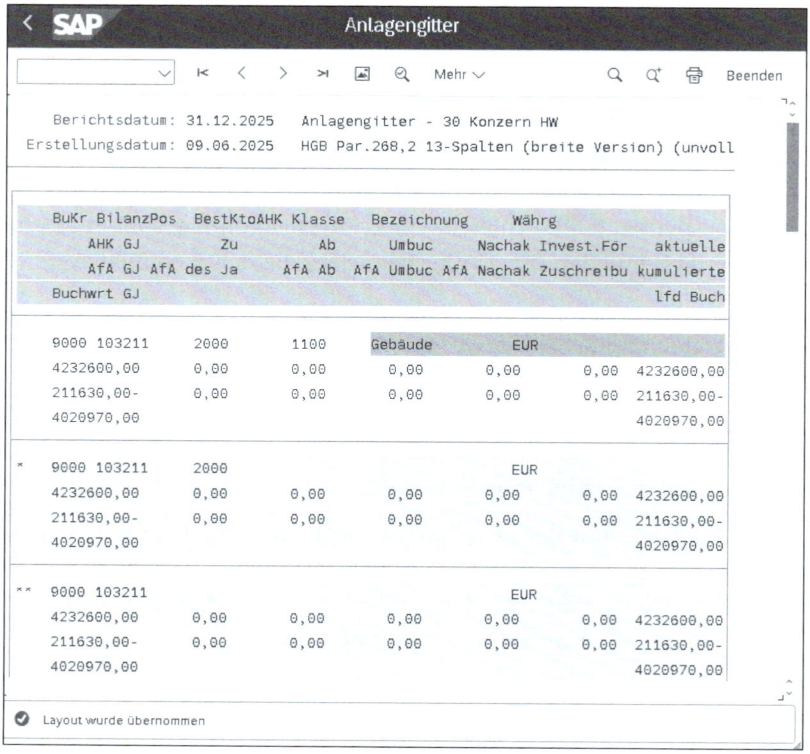

Abbildung 8.46 Anlagengitter mit Bilanzposition anzeigen

Alternativ zum SAP GUI können Sie die SAP-Fiori-App **Anlagengitter** (App-ID F1615) verwenden. In Abbildung 8.47 sehen Sie das Anlagengitter in der SAP-Fiori-Darstellung. Die SAP-Fiori-App **Anlagengitter** ist eine analytische App (Web-Dynpro-App). Anders als der statische Report RAGITT_ALV01, bietet diese Funktion ein flexibles Reporting: Per Drag & Drop lassen sich beliebige Felder aus dem Navigationsbereich in die Berichtsansicht integrieren.

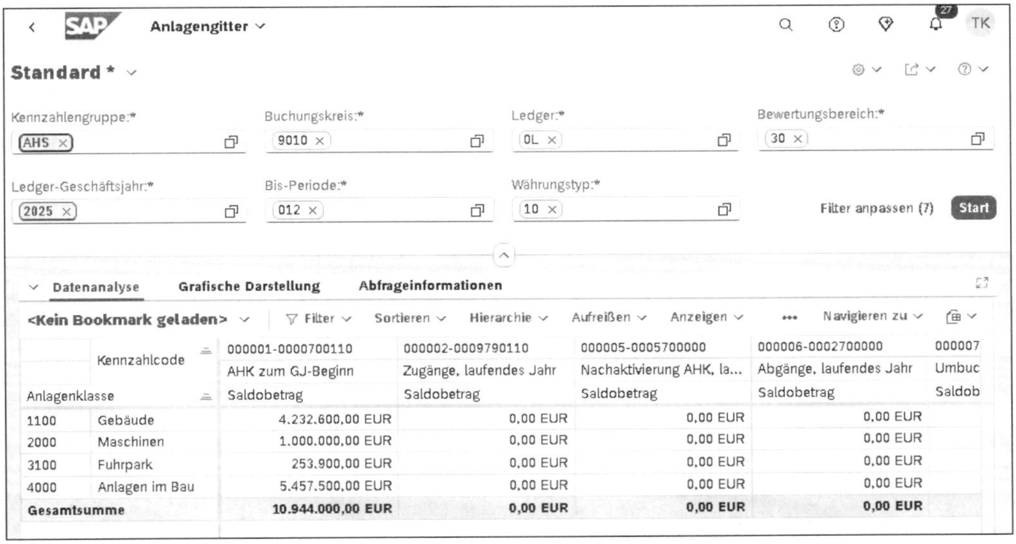

Abbildung 8.47 Anlagengitter in SAP Fiori

In Abbildung 8.48 sehen Sie die SAP-Fiori-App **Anlagengitter** mit dem Navigationsbereich. Im Navigationsbereich erkennen Sie: Abschreibungsschlüssel und Aktivierungsdatum wurden per Drag & Drop den Zeilen hinzugefügt. Rechts sehen Sie den aktualisierten Zeilenaufbau. Er enthält nun auch den Abschreibungsschlüssel und das Aktivierungsdatum.

Im Filterbereich oben links finden Sie ein neues Feld **Kennzahlengruppe**. Eine Kennzahlengruppe fasst mehrere Kennzahlen zusammen und legt die Reihenfolge der Anzeige der Kennzahlen fest. SAP stellt eine ausreichende Anzahl vordefinierter Kennzahlengruppen bereit. Sie finden die Kennzahlengruppen im Customizing unter dem Pfad **Finanzwesen • Anlagenbuchhaltung • Informationssystem • Anlagengitter • Kennzahlengruppen für Anlagengitter definieren (Fiori)**. In Abbildung 8.49 sehen Sie die Einstellungen zur Kennzahlengruppe **AHS**.

Eine Kennzahlengruppe definiert, welche Anlagenwerte als Kennzahlen im Anlagengitter erscheinen sollen. Die Spalte **Reihenfol.** bestimmt dabei die Anzeigereihenfolge der Spalten in der SAP-Fiori-App.

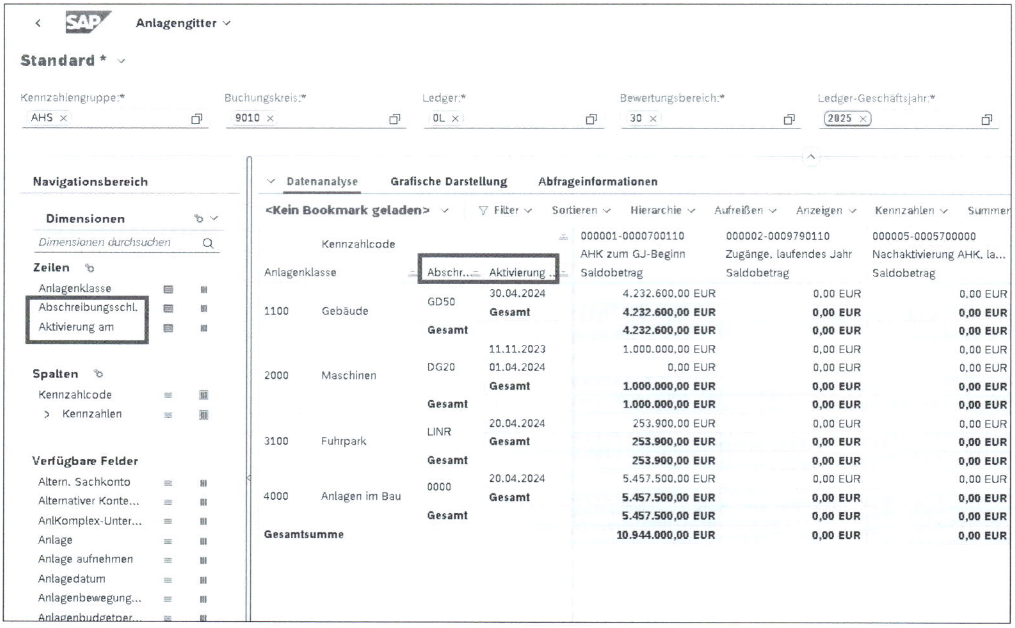

Abbildung 8.48 Anlagengitter mit Navigationsbereich in SAP Fiori

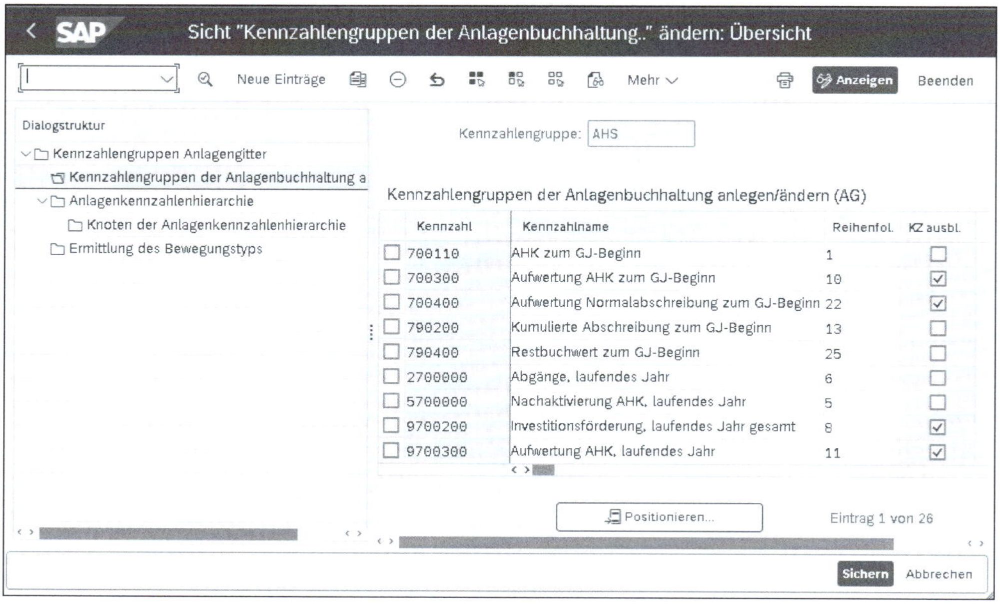

Abbildung 8.49 Customizing der Kennzahlengruppen

Im nächsten Abschnitt beschäftigen wir uns mit der Segmentberichterstattung in der Anlagenbuchhaltung.

8.4.6 Segmentberichterstattung für Anlagen

In diesem Abschnitt schauen wir uns die Funktion der *Segmentberichterstattung für Anlagen* an – auch als Segment-Reporting für Anlagen oder einfach nur als Segment-Reporting bezeichnet. Insbesondere, wenn Sie die Belegaufteilung nutzen und damit Profit-Center bzw. Segmentbilanzen erstellen, ist es zwingend erforderlich, dass Ihr Anlagevermögen (Stammsatz und Werte) mit den Salden im Hauptbuch übereinstimmt. Die Übereinstimmung nur auf der Ebene von Sachkonten ist dabei nicht ausreichend. Vielmehr müssen auch die Teilsalden pro Profit-Center/Segment aus dem Hauptbuch mit dem Anlagevermögen übereinstimmen. Darüber hinaus wollen Sie über Profit-Center oder Segmente ein Anlagengitter erstellen. Wenn Sie nun die Segmentberichterstattung aktivieren, werden dabei die folgenden Felder eingabebereit:

- **Felder im Stammsatz hinzugefügt**
  Die Felder **Profitcenter** und **Segment** werden auf der Datenbank hinzugefügt und in den Anlagenstammsatz aufgenommen.
- **Felder initial**
  Die Felder sind zunächst initial (und damit auch inkonsistent). In der weiteren Aktivität **Stammdaten für Segmentberichterstattung füllen** füllen Sie die Anlagenstammdaten mit den entsprechenden Werten.
- **Konsistenz der Anlagenstammsätze**
  Beim Buchen und Pflegen der Anlagenstammdaten prüft das SAP-System, ob die Anlagenstammsätze konsistent angegeben sind; denn das Profit-Center und das Segment müssen eindeutig aus den CO-Kontierungen und aus den Anlagenstammsätzen abgeleitet werden können.
  Achtung: Solange ein Anlagenstammsatz *nicht* konsistent ist, kann auf der Anlage *nicht* gebucht werden.
- **Berichtswesen für Profit-Center/Segment**
  Das Berichtswesen für Profit-Center und Segmente steht Ihnen zur Verfügung. In der Hauptbuchhaltung können Sie ein Anlagengitter auf der Ebene von Profit-Center und Segment erstellen.
- **Anlagen reorganisieren**
  Wenn Sie Ihre Anlagen reorganisieren, also eine Anlage einer anderen Kostenstelle zuordnen, wird von SAP S/4HANA automatisch eine Umbuchung des Anlagenbestands durchgeführt, um die möglichen Änderungen des Profit-Centers und Segments in den Hauptbuchsalden zu spiegeln.

Die notwendigen Funktionen dazu hat SAP mit SAP S/4HANA 1610 als Business Function `FIN_AA_SEGMENT_REPORTING` (FI-AA, Segmentberichte für Anlagen) ausgeliefert. Seit SAP S/4HANA 1709 finden Sie die Business Function im Knoten **S/4H_ALWAYS_ON_FUNCTIONS – S/4H Always ON Business Functions**. Rufen Sie dazu Transaktion SFW5 (Switch Framework Customizing) auf, und überprüfen Sie die Aussage. Damit müssen Sie die Business Function `FIN_AA_SEGMENT_REPORTING` ab SAP S/4HANA 1709 nicht mehr separat aktivieren. Sie können direkt den folgenden Customizing-Pfad aufrufen:

Finanzwesen • Anlagenbuchhaltung • Integration mit dem Hauptbuch • Segmentberichterstattung • Segmentberichterstattung aktivieren

Das notwendige Customizing für das Segment-Reporting für Anlagen ist sehr übersichtlich. Dennoch sollten Sie einige Punkte hinsichtlich der korrekten Einstellungen prüfen:

- Aktivieren Sie die Kontierungsobjekte **Profitcenter** und **Segment** im Customizing der Anlagenbuchhaltung unter **Kontierungsobjekte aktivieren**.
- Wenn Sie die Anlagenbuchhaltung bereits produktiv im Einsatz haben, füllen Sie die vorhandenen Anlagenstammdaten im Customizing der Anlagenbuchhaltung unter **Stammdaten für Segmentberichterstattung füllen**. Diese Aktivität können Sie mit der Einzel- oder Massenänderung für Stammdaten kombinieren.
- Pflegen Sie die Felder **Profitcenter** und **Segment** in den Bildaufbauregeln der Anlagenstammsätze im Customizing der Anlagenbuchhaltung unter **Bildaufbau Anlagenstammdaten**.
- Überprüfen Sie die Felder **Profitcenter** und **Segment** in den Bildaufbauregeln der Buchungsschlüssel und Sachkonten, die für die Anlagenbuchhaltung relevant sind (im Customizing der Anlagenbuchhaltung unter **Feldstatusvariante der Anlagenhauptbuchkonten ändern**).
- Überprüfen Sie gegebenenfalls die Zuordnung der Konsolidierungsbewegungsarten zu den Anlagenbewegungsarten im Customizing der Anlagenbuchhaltung unter **Konsolidierungsbewegungsarten für AHK-Bewegungen festlegen**.

[»]

Segmentberichterstattung

Lesen Sie sich die Dokumentation zur Segmentberichterstattung genau durch, bevor Sie sie aktivieren. Weiterführende Informationen zur richtigen Einstellung bei den mitzubuchenden Kontierungsobjekten finden Sie in SAP-Hinweis 2318878 (Profit-Center/Segment als zusätzliches Kontierungselement in der Anlagenbuchhaltung). In SAP-Hinweis 2561764 (FAQ: Anlagenstammdaten für Segmentberichterstattung füllen) finden Sie eine Aufstellung der häufigsten Fehler bei der Anreicherung bestehender Anlagen mit Profit-Center/Segment.

Im Fenster **Sicht »Segmentberichterstattung aktivieren« ändern:Detail** markieren Sie das Kennzeichen **Segmentbericht. aktiv**, um die Segmentberichterstattung zu aktivieren (siehe Abbildung 8.50).

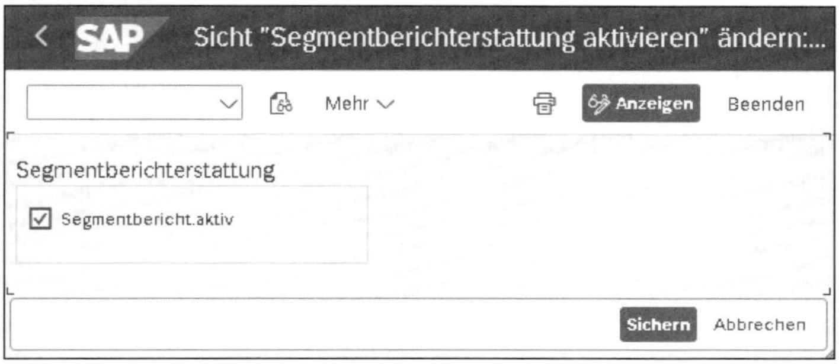

Abbildung 8.50 Segmentberichterstattung aktivieren

Lesen Sie sich die [F1]-Hilfe zum Kennzeichen **Segmentbericht. aktiv** genau durch. Klicken Sie zum Sichern Ihrer Einstellungen auf den Button Sichern (**Sichern**), oder verwenden Sie die Tastenkombination [Strg] + [S]. Verlassen Sie die Sicht mit der Taste [F3], oder klicken Sie auf < (**Zurück**). Im folgenden Customizing-Punkt **Stammdaten für Segmentberichterstattung füllen** können Sie Ihre bereits bestehenden Anlagen mit einem Profit-Center-Segment anreichern. Die Ableitung des Profit-Centers erfolgt dabei aus dem CO-Objekt der Anlage, meist der Kostenstelle der Anlage. Aus dem Profit-Center wird dann das Segment (sofern bei Ihnen notwendig) abgeleitet.

Rufen Sie nun den Customizing-Pfad **Finanzwesen • Anlagenbuchhaltung • Integration mit dem Hauptbuch • Segmentberichterstattung • Stammdaten für Segmentberichterstattung füllen** auf, oder verwenden Sie Transaktion FAGL_R_AA_ASSET_UPDT. Für das Anreichern der bestehenden Anlagen mit dem Profit-Center/Segment planen Sie genügend Zeit ein. Die Anreicherung brauchen Sie aber nur durchzuführen, wenn Sie die Anlagenbuchhaltung bereits produktiv nutzen und somit die Segmentberichterstattung nachträglich einführen. Bei einer Neuimplementierung Ihres SAP-S/4HANA-Systems entfällt dieser Schritt; dann ist nur das Customizing für die Segmentberichterstattung erforderlich (siehe Abbildung 8.51).

[«]

Stammdaten für Segmentberichterstattung füllen

Sollte Ihr SAP-S/4HANA-System aus einer SAP-S/4HANA-Conversion entstanden sein, planen Sie hinreichend Zeit für die Anreicherung der Anlagen mit dem Profit-Center/Segment ein. Die dabei auftretenden Fehler können sehr vielfältig sein, siehe SAP-Hinweis 2561764 (FAQ: Anlagenstammdaten für Segmentberichterstattung füllen).

Um die Anzahl möglicher Fehler beim Anreichern zu reduzieren, kann es gegebenenfalls sinnvoll sein, nur die aktiven bzw. im laufenden Geschäftsjahr deaktivierten Anlagen anzureichern. Bitten Sie dazu den SAP-Support über eine Kundenmeldung, dass SAP-Hinweis 2066894 (FAGL_ASSET_MASTERDATA_UPD: deaktive Anlagen) für Ihr Unternehmen freigeschaltet werden kann.

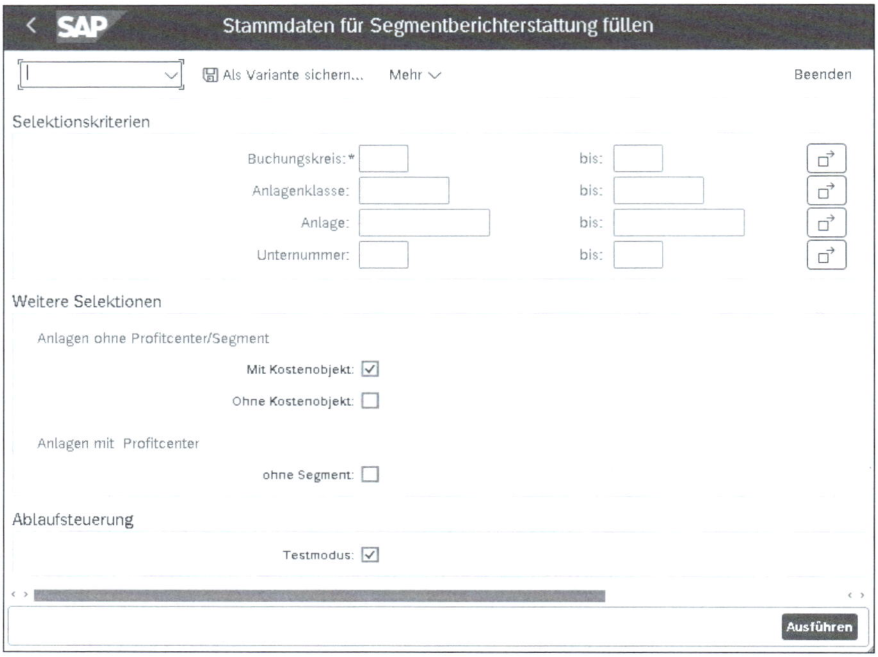

Abbildung 8.51 Report »Stammdaten für Segmentberichterstattung füllen«

Im nächsten Schritt müssen wir die *Kontierungsobjekte* **Profit-Center/Segment** aktivieren. Kontierungsobjekte sind Objekte, die von der Anlagenbuchhaltung bebucht werden können. Sie werden beim Buchen von Anlagenbewegungen in den jeweiligen FI-Beleg mit übergeben. Folgen Sie nun dem Customizing-Pfad **Finanzwesen • Anlagenbuchhaltung • Integration mit dem Hauptbuch • Mitzubuchende Kontierungsobjekte • Kontierungsobjekte aktivieren**. Die Kontierungselemente PRCTR und SEGMENT sind erst verfügbar, wenn Sie die Segmentberichterstattung aktiviert haben. Prüfen Sie, ob jeweils das Kennzeichen **Aktiv** und **Ident** gesetzt ist (siehe Abbildung 8.52).

Insbesondere das Kennzeichen **Ident** muss gesetzt sein. Damit stellen Sie sicher, dass das Kontierungsobjekt bei Buchungen nicht von dem in der Anlage hinterlegten Profit-Center/Segment abweichen darf!

[»]

Umsatzkostenverfahren

Für das Umsatzkostenverfahren hatten wir Funktionsbereiche definiert und das Umsatzkostenverfahren aktiviert. Prüfen Sie bei den zusätzlichen Kontierungselementen, ob der Funktionsbereich (FKBER) ebenfalls aktiv ist. Außerdem müssen Sie für den Funktionsbereich die Kontierungsobjekte definieren.

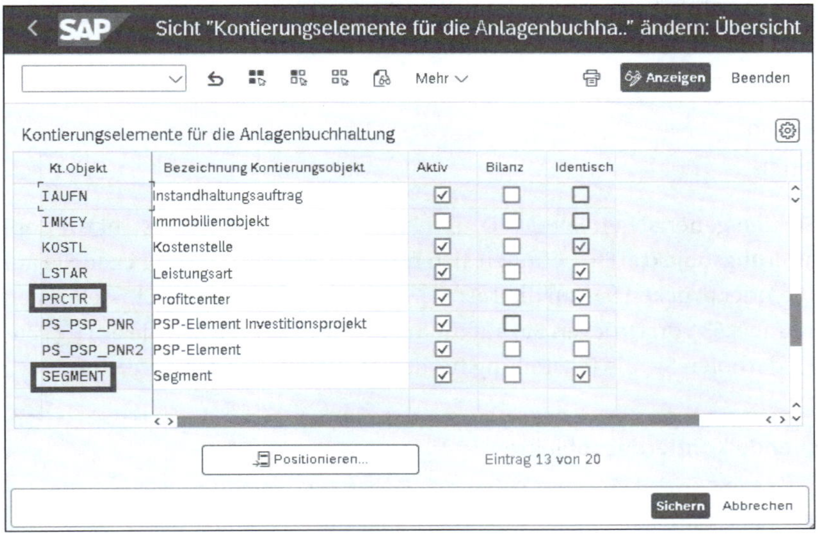

Abbildung 8.52 Zusätzliche Kontierungsobjekte »PRCTR« und »SEGMENT« aktivieren

Folgen Sie nun dem Customizing-Pfad **Finanzwesen • Anlagenbuchhaltung • Integration mit dem Hauptbuch • Mitzubuchende Kontierungsobjekte • Kontierungsarten für Kontierungsobjekte festlegen**. Die Kontierungsobjekte, die bei den Buchungen aus der Anlagenbuchhaltung mit ins Hauptbuch übergeben werden sollen, müssen Sie noch festlegen (siehe Abbildung 8.53).

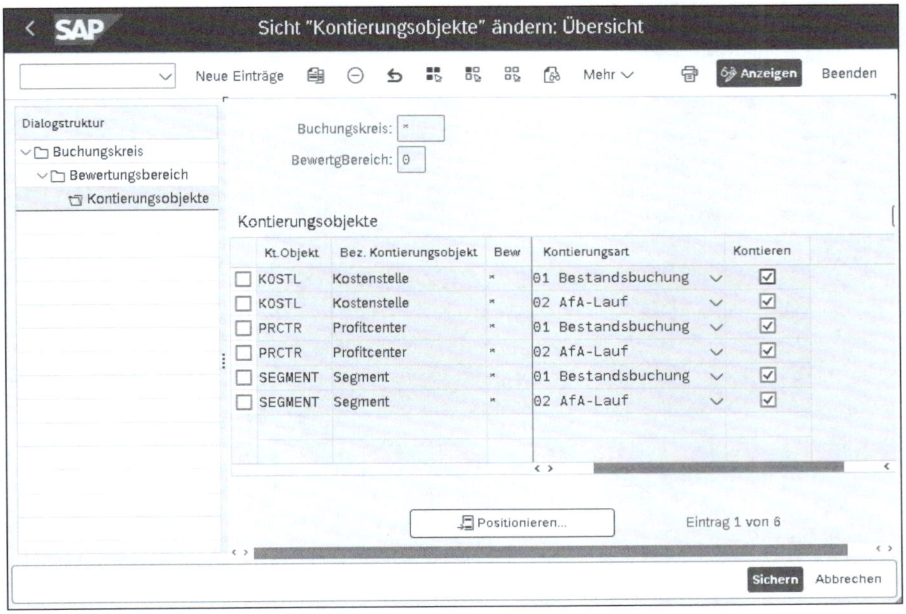

Abbildung 8.53 Kontierungsobjekte festlegen

Markieren Sie nun den generischen Buchungskreis, der durch »*« gekennzeichnet ist. Anschließend klicken Sie in der Dialogstruktur doppelt auf **Bewertungsbereich**. Nun sehen Sie zwei Einträge:

- 0 Gen. Bereich
- 1 Online bu.Br

Markieren Sie den generischen Bereich 0, und klicken Sie in der Dialogstruktur doppelt auf **Kontierungsobjekte**. Sie befinden sich nun in Abbildung 8.53. Klicken Sie auf **Neue Einträge**, oder drücken Sie auf die Taste F5, und nehmen Sie die Einstellungen wie in Abbildung 8.53 vor. Drücken Sie auf die Taste F3, oder klicken Sie auf < (**Zurück**), und wiederholen Sie die Einstellung für den onlinebuchenden Bereich 1.

[»]

Mitzubuchende Kontierungsobjekte

Wenn Sie die Kontierungsobjekte für den generischen Bereich 0 und den onlinebuchenden Bereich 1 für den generischen Buchungskreis * gepflegt haben, ist dies ausreichend. Diese Einstellung gilt damit automatisch für alle Ihre Buchungskreise, wenn Sie für diese nichts eingestellt haben. Mit Transaktion AACCOBJ können Sie überprüfen, ob für Ihre Kombination aus Buchungskreis und Bewertungsbereich die richtigen Kontierungsobjekte gefunden werden.

Das Ergebnis in Abbildung 8.54 gibt Ihnen Auskunft darüber, ob die Ableitung der Kontierungsobjekte funktioniert oder nicht.

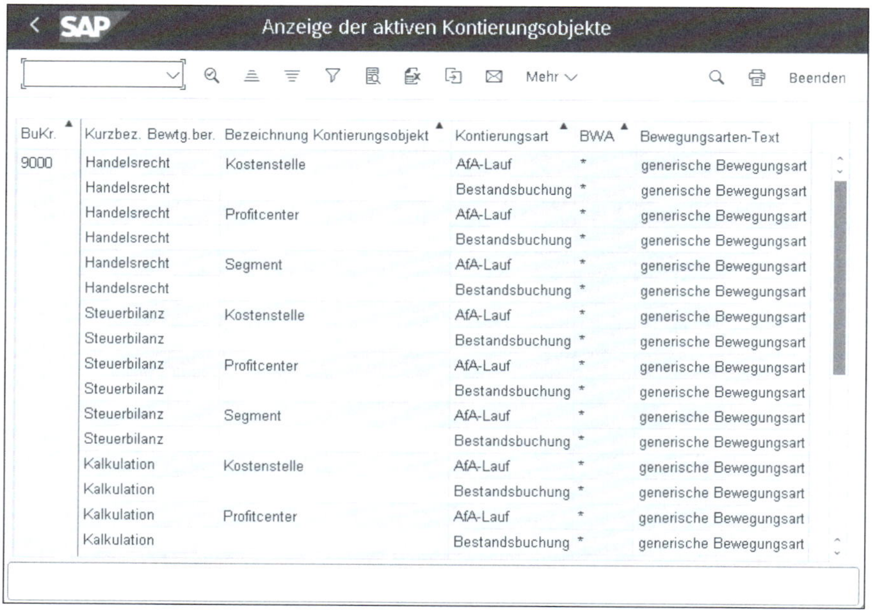

Abbildung 8.54 Ergebnis von Transaktion AACCOBJ prüfen

SAP hat das Systemverhalten in der Dokumentation zum Customizing-Pfad **Finanzwesen • Anlagenbuchhaltung • Integration mit dem Hauptbuch • Mitzubuchende Kontierungsobjekte • Kontierungsarten für Kontierungsobjekte festlegen** gut beschrieben.

Damit ist das Customizing für die Segmentberichterstattung für Anlagen grundsätzlich abgeschlossen. Damit dies aber fehlerfrei funktionieren kann, müssen wir noch den Bildaufbau der Anlagen bzw. den Feldstatus der Buchungsschlüssel und Sachkonten überprüfen. Die Segmentberichterstattung kann nur funktionieren, wenn die Felder **Profit Center** und **Segment** eingabebereit sind. Für die Überprüfung des Bildaufbaus des Anlagenstammsatzes gehen Sie wie folgt vor: Folgen Sie nun dem Customizing-Pfad **Finanzwesen • Anlagenbuchhaltung • Stammdaten • Bildaufbau • Bildaufbau Anlagenstammdaten definieren**. Die Felder **Profit Center** und **Segment** müssen mindestens auf **Kann** stehen (siehe Abbildung 8.55). Die Option **Muss** ist nicht zwingend erforderlich, da die Felder automatisch aus dem CO-Objekt der Anlage abgeleitet werden.

Abbildung 8.55 Anlagenstammdaten definieren

Meist ist der Bildaufbau mit der Aktivierung der Segmentberichterstattung schon richtig gepflegt. Trotzdem sollten Sie ihn immer überprüfen.

Die Anlagenbuchhaltung verwendet die Buchungsschlüssel 40/50 und 70/75. Für diese müssen Sie ebenfalls prüfen, ob die Felder **Profit Center** und **Segment** und die jeweiligen Partnerfelder auf **Kann** stehen. Folgen Sie nun dem Customizing-Pfad **Finanzwesen • Grundeinstellungen Finanzwesen • Integration mit dem Hauptbuch •**

Beleg • Buchungsschlüssel definieren. Der Feldstatus eines Buchungsschlüssels steht bei den meisten Kunden für alle Felder auf **Kann**. Es ist möglich, dass die Felder **Profit Center** und **Segment** noch ausgeblendet sind, da Sie diese bisher nicht benötigt haben. Stellen Sie die Felder auf **Kann**, und sichern Sie Ihre Eingaben mit einem Klick auf Sichern (**Sichern**) oder über Strg + S.

Der zu verwendende Feldstatus beim Buchen wird dann durch die Feldstatusgruppe bestimmt, die Sie im Sachkonto hinterlegt haben. Diese Einstellung können Sie über den Pfad **Finanzwesen • Grundeinstellungen** vornehmen, oder Sie folgen dem Customizing-Pfad **Finanzwesen • Anlagenbuchhaltung • Integration mit dem Hauptbuch • Feldstatusvariante der Anlagenhauptbuchkonten ändern**. Im Pop-up-Fenster **Aktion auswählen** klicken Sie doppelt auf **Feldstatusvarianten definieren**. Markieren Sie Ihre Feldstatusvariante, und klicken Sie anschließend links in der Dialogstruktur doppelt auf **Feldstatusgruppen**. Überprüfen Sie nun alle Feldstatusgruppen, die Sie in den Sachkonten der Anlagenbuchhaltung hinsichtlich des Feldstatus der Felder **Profit Center** und **Segment** verwenden. Sie finden die Felder in der Gruppe **Zusatzkontierungen** (siehe Abbildung 8.56). Stellen Sie den Radiobutton auf **Kann**.

Abbildung 8.56 Feldstatus – Zusatzkontierungen prüfen und anpassen

Klicken Sie zum Sichern Ihrer Einstellungen auf Sichern (**Sichern**), oder verwenden Sie die Tastenkombination [Strg] + [S]. Verlassen Sie die Sicht mit [F3], oder klicken Sie auf < (**Zurück**).

Bei der Anlage eines Anlagenstammsatzes sind auf der Registerkarte **Zeitabhängig** die Felder **Profitcenter** und **Segment** vorhanden (siehe Abbildung 8.57). Sobald Sie eine Kostenstelle eingetragen haben und [↵] drücken, wird aus der Kostenstelle das Profit-Center und aus dem Profit-Center das Segment abgeleitet und im Anlagenstammsatz hinterlegt.

Abbildung 8.57 Profit-Center und Segment im Anlagenstammsatz ableiten

Im folgenden Abschnitt schauen wir uns das Customizing der Abschreibungsschlüssel an.

8.5 Abschreibungsschlüssel

In SAP S/4HANA hat sich das Customizing der *Abschreibungsschlüssel* im Vergleich zum SAP-ERP-System ebenfalls nicht verändert. Über den Abschreibungsschlüssel wird die Art der Abschreibung (Normal-, Sonderabschreibung, Schrottwert oder Zinsberechnung) definiert. Der Abschreibungsschlüssel wird später im Anlagenstammsatz zugeordnet. Die Zuordnung erfolgt dabei jeweils pro Bewertungsbereich. Da die Abschreibungsrichtlinien pro Rechnungslegungsvorschrift unterschiedlich sein können, ordnen Sie Ihren Bewertungsbereichen unterschiedliche Abschreibungsschlüssel zu. SAP liefert in den Vorlage-Bewertungsplänen für verschiedene Länder bereits fertig definierte Abschreibungsschlüssel aus. Diese sind immer ein guter Startpunkt für Ihre Tests bezüglich der Abschreibung. Da sich die Abschreibungsrichtlinien in den vergangenen Jahren geändert haben oder Sie bei Ihren Anlagen oder nur bei speziellen Anlagen ganz bestimmte Einstellungen benötigen, kann es sein, dass Sie nicht alle ausgelieferten Abschreibungsschlüssel in Ihren Anforderungen abbilden. In solchen Fällen wählen Sie einen Abschreibungsschlüssel aus, der Ihren Bedürfnissen am nächsten kommt, kopieren ihn und passen ihn entsprechend an.

[»]

Abschreibungsschlüssel

Die Definition bzw. Findung der richtigen Einstellung für sehr spezielle Abschreibungsanforderungen kann etwas Zeit und Testaufwand erfordern. Daher planen Sie hier genügend Zeit ein.

Die ausgelieferten Abschreibungsschlüssel sollten aber für die meisten Anlagen bereits die richtigen Einstellungen mitbringen und können daher sofort genutzt werden.

Folgen Sie nun dem Customizing-Pfad **Finanzwesen • Grundeinstellungen Finanzwesen • Abschreibungen**. Hier finden Sie alle notwendigen Customizing-Einstellungen für die Abschreibungsschlüssel. Das Customizing ist mehrstufig aufgebaut und umfasst verschiedene, teilweise umfangreiche und nicht immer selbsterklärende Einstellungen (siehe Abbildung 8.58).

Dazu zählen:

- Rechenmethoden
- Periodensteuerungen
- Stufenmethoden
- der Abschreibungsschlüssel selbst

Wegen des Umfangs der möglichen Einstellungen und weil sich diese, im Vergleich zu SAP ERP, nicht geändert haben, können wir Ihnen hier nur einen Überblick geben.

Folgen Sie nun dem Customizing-Pfad **Finanzwesen • Anlagenbuchhaltung • Abschreibungen • Bewertungsmethoden • Abschreibungsschlüssel • Abschreibungsschlüssel pflegen**. Hier erhalten Sie einen Überblick über die ausgelieferten Abschreibungsschlüssel. Diese werden automatisch mit angelegt bzw. mitkopiert, wenn Sie eine Bewertungsplanvorlage, die für Ihr Land passt, auf Ihren eigenen Bewertungsplan kopieren. Zur Erinnerung: Für Deutschland hatten wir die Bewertungsplanvorlage 0DE auf Z1DE kopiert.

Abbildung 8.59 stellt die vorhandenen Abschreibungsschlüssel dar.

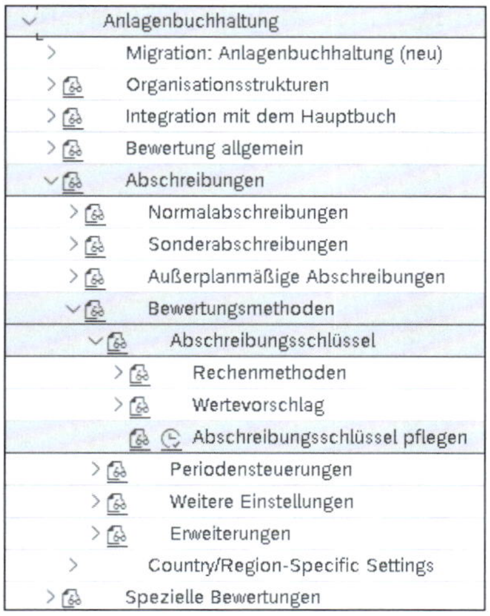

Abbildung 8.58 Customizing-Pfad für Abschreibungsschlüssel

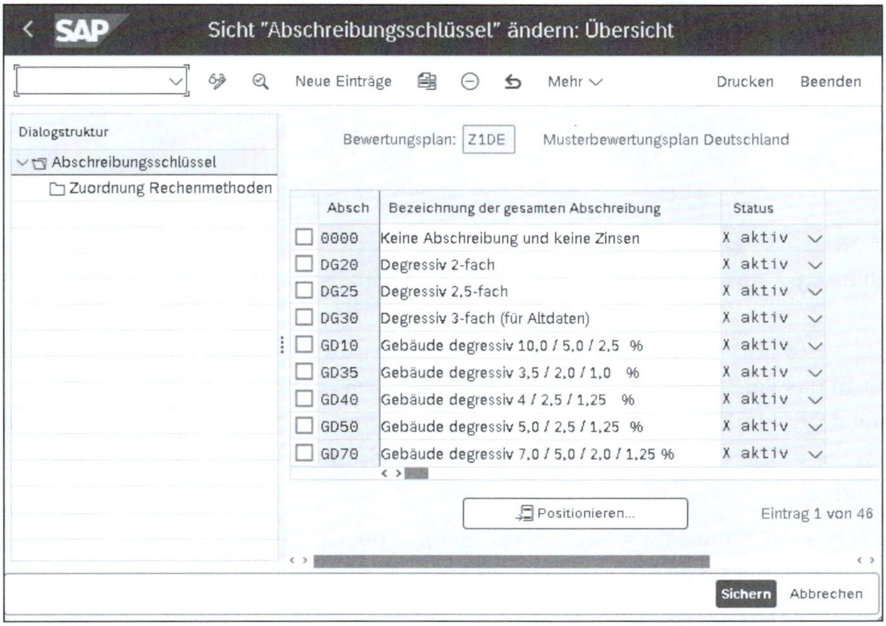

Abbildung 8.59 Übersicht über die vorhandenen Abschreibungsschlüssel

Es gibt für viele Abschreibungsarten und Anforderungen zahlreiche Abschreibungsschlüssel. Etwa 50 Abschreibungsschlüssel werden für Deutschland bereits durch SAP vordefiniert ausgeliefert. Markieren Sie nun einen beliebigen Abschreibungsschlüssel, und klicken Sie auf [Detail-Symbol] (**Detail**). Nun sehen Sie die Details eines Abschreibungsschlüssels. In der Detailsicht zum Abschreibungsschlüssel können Sie weitere Einstellungen vornehmen (siehe Abbildung 8.60).

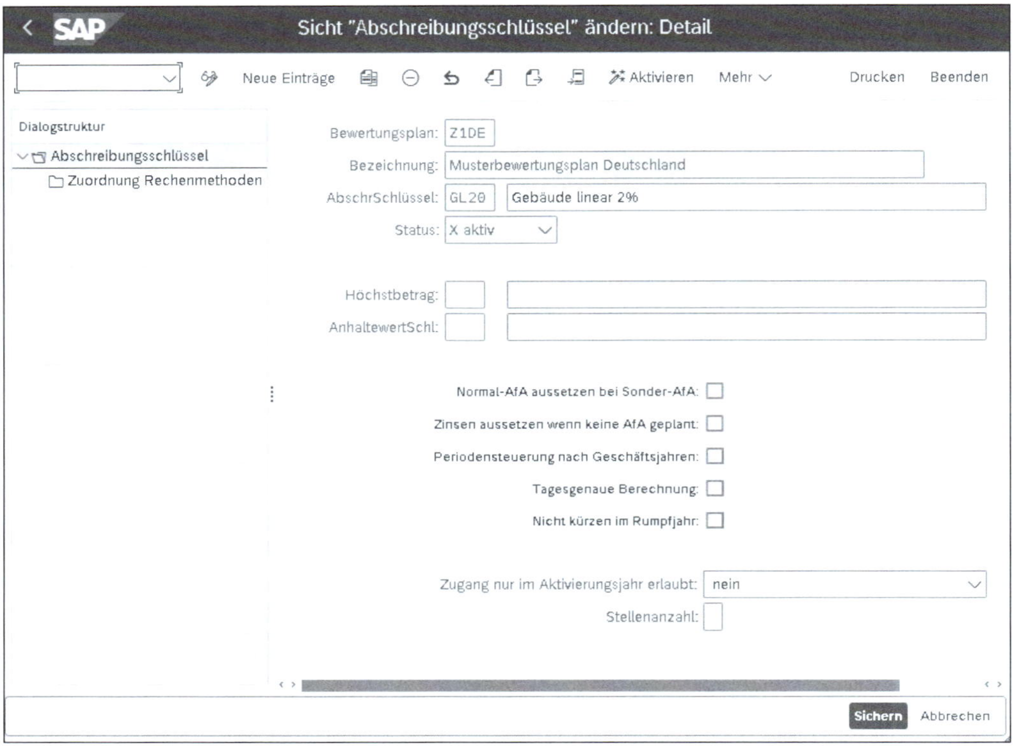

Abbildung 8.60 Abschreibungsschlüssel definieren (Details)

Mit der Taste [F3] oder über einen Klick auf den Button [<] (**Zurück**) gelangen Sie wieder in das Fenster **Sicht "Abschreibungsschlüssel" ändern: Übersicht** (siehe Abbildung 8.59). Markieren Sie wieder einen beliebigen Abschreibungsschlüssel, und klicken Sie in der Dialogstruktur doppelt auf **Zuordnung Rechenmethoden** (siehe Abbildung 8.61).

In Fenster **Sicht "Zuordnung Rechenmethoden" ändern: Detail** machen Sie sich mit den zugeordneten Rechenmethoden vertraut.

[»]

Abschreibungsschlüssel: F1-Hilfe

Sollten Sie sich über die Bedeutung eines Feldes bzw. der Auswirkungen der Einstellungen nicht im Klaren sein, positionieren Sie den Cursor im jeweiligen Feld und drücken die Taste [F1]. In einem Pop-up-Fenster wird die Verwendung/Hilfe für das jeweilige Feld angezeigt.

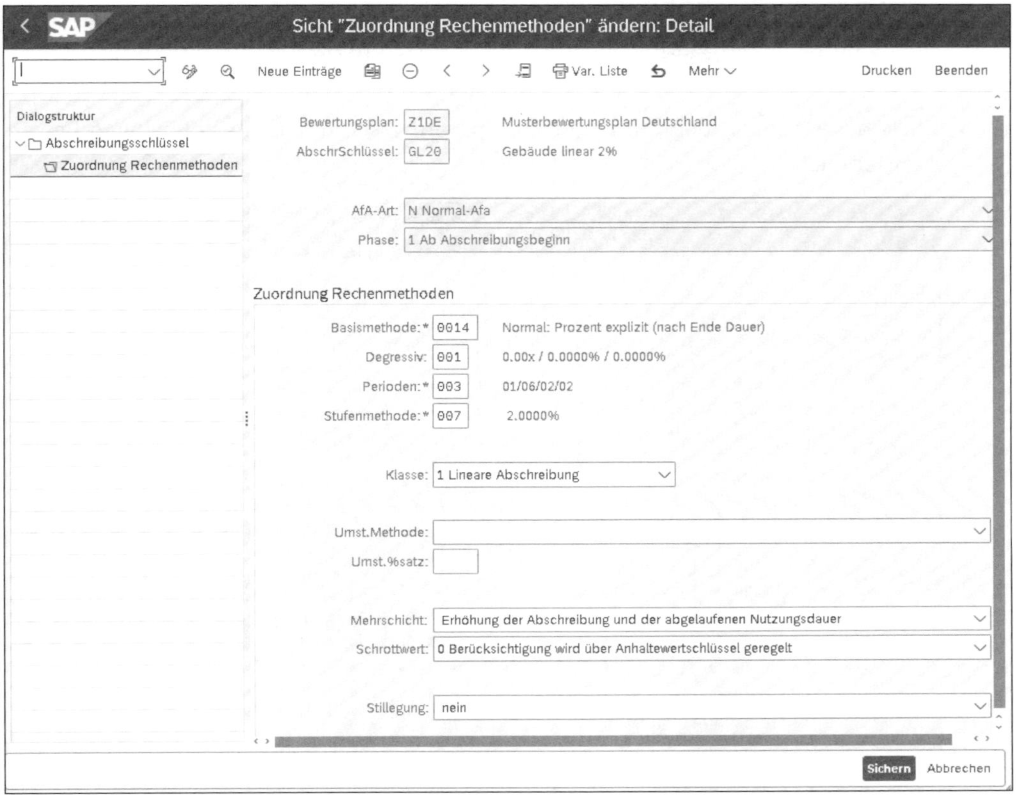

Abbildung 8.61 Rechenmethoden zuordnen

Nachdem wir uns mit den Einstellungen eines Abschreibungsschlüssels vertraut gemacht haben, wollen wir versuchen, die Abschreibungsrechnung auf einer bestimmten Anlage nachzuvollziehen. Dazu rufen Sie Transaktion AS03 auf und selektieren eine beliebige Anlage. Bestätigen Sie Ihre Eingabe mit der [↵]-Taste, und klicken Sie anschließend in den Anlagenstammdaten auf die Registerkarte **Bewertung** (siehe Abbildung 8.62).

Die Registerkarte **Bewertung** enthält die wichtigsten Informationen bezüglich der Abschreibung einer Anlage. Diese sind Abschreibungsschlüssel und Nutzungsdauer pro Bewertungsbereich. In der Spalte **N-AfA Beg...** (Normal-AfA-Beginndatum) finden Sie das Datum, ab dem die Abschreibung von SAP S/4HANA gerechnet wird. Dies kann vom Aktivierungsdatum abweichen! Das Aktivierungsdatum finden Sie auf der ersten Registerkarte **Allgemein**. Das Aktivierungsdatum stellt dabei das Datum dar, ab wann sich die Anlage bei Ihnen im Unternehmen befindet bzw. ab wann die Anlage genutzt wird. Je nach Rechnungslegungsvorschrift kann es erlaubt sein, mit der

Abschreibung entweder zum Monatsersten oder gar zum Jahresanfang zu beginnen. Daher sind die Normal-AfA-Beginndaten in unserem Beispiel in Abbildung 8.62 unterschiedlich.

Klicken Sie nun doppelt auf einen Abschreibungsschlüssel eines beliebigen Bewertungsbereichs.

Abbildung 8.62 Bewertung einer Anlage anzeigen (Transaktion AS03)

Damit gelangen Sie in die Details für den angeklickten Bewertungsbereich. Im Feld **Betriebsbereitschaft** sehen Sie jetzt z. B. das Aktivierungsdatum (siehe Abbildung 8.63). Der Abschreibungsschlüssel (hier **DG50**) ist unterstrichen. Damit wird angedeutet, dass ein weiterer Drilldown möglich ist.

Nach dem Drilldown, also einem Doppelklick auf den Abschreibungsschlüssel DG50, werden die im Customizing eingestellten Parameter des Abschreibungsschlüssels angezeigt (siehe Abbildung 8.64). Damit kann der Anwender, entsprechende Erfahrung vorausgesetzt, die Einstellungen des verwendeten Abschreibungsschlüssels prüfen.

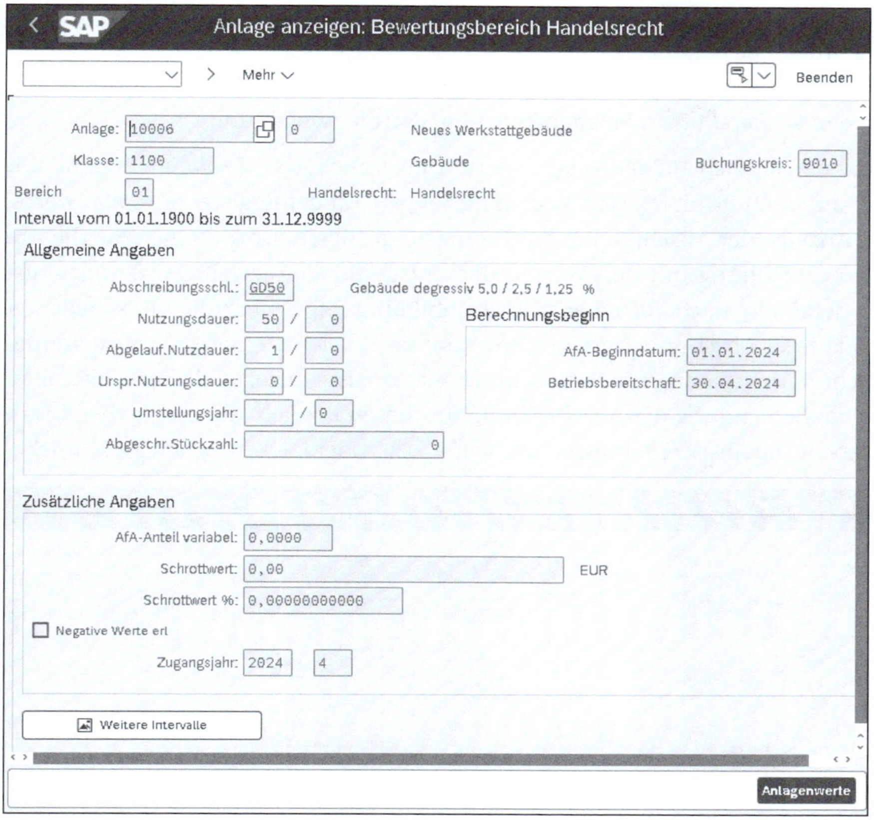

Abbildung 8.63 Details zum Bewertungsbereich prüfen

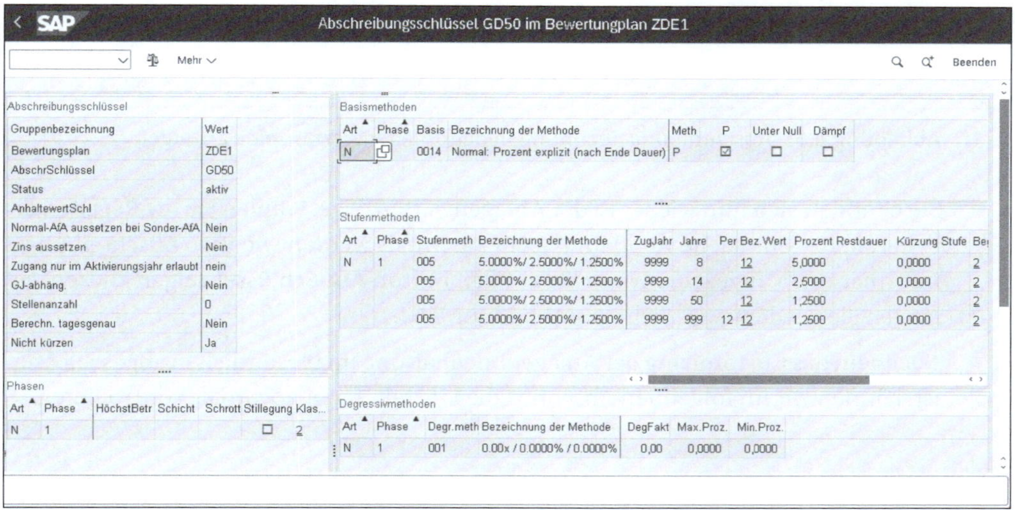

Abbildung 8.64 Details zum Abschreibungsschlüssel DG20 überprüfen

Verlassen Sie die Sicht mit zweimaligem Drücken von [F3], oder klicken Sie zweimal auf (**Zurück**). Sie befinden sich nun wieder im Anlagenstammsatz auf der Registerkarte **Bewertung**. Unten rechts auf der Registerkarte **Bewertung** (siehe Abbildung 8.62) finden Sie den Button **Anlagenwerte**, auf den Sie nun klicken.

Nun befinden Sie sich auf der Anlagenwertanzeige, auch *Asset Explorer* genannt. Klicken Sie auf den Button (**AfA-Rechnung zeigen**) auf der Registerkarte **Planwerte**, um zur Anzeige der Abschreibungsrechnung zu gelangen. Dort können Sie die Abschreibungsrechnung mit den Werten der Anlage für den jeweiligen Bewertungsbereich detailliert nachvollziehen (siehe Abbildung 8.65). Über die verschiedenen Buttons auf der Abschreibungsrechnung können Sie sich die Berechnungsparameter, Abschreibungsparameter, Periodeninformation usw. anzeigen lassen – also alles, was für die Berechnung der Abschreibung für diesen Bereich ausschlaggebend war. Verlassen Sie die Abschreibungsrechnung mit [F3], oder klicken Sie auf (**Zurück**).

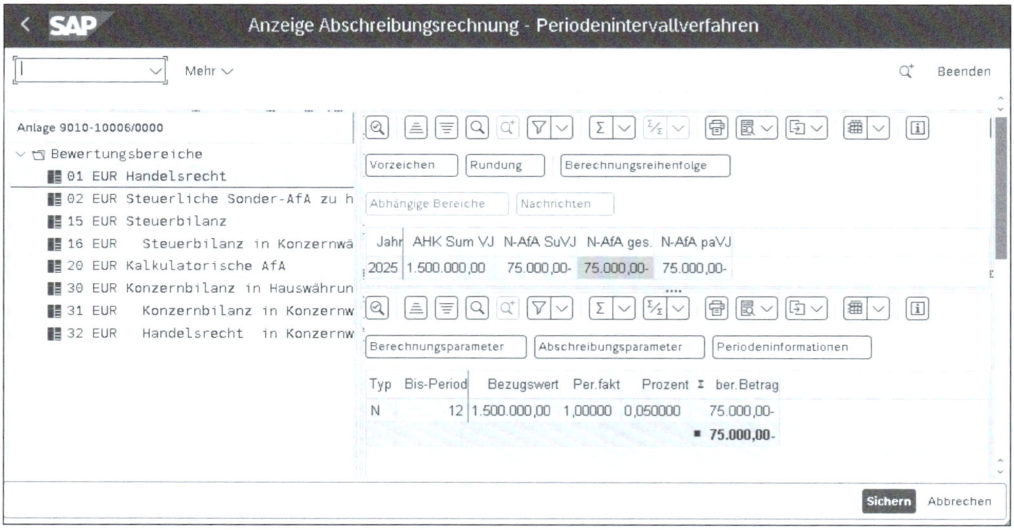

Abbildung 8.65 Abschreibungsrechnung in der Anlagenwertanzeige anzeigen

Sie befinden sich nun wieder in der Anlagenwertanzeige. Wählen Sie die Registerkarte **Parameter** aus (siehe Abbildung 8.66). Abermals werden wichtige Abschreibungsinformationen angezeigt. Wenn Sie auf den Button **AfA-Schlüssel zeigen** klicken, gelangen Sie wieder in die Sicht aus Abbildung 8.64.

Nachdem das Customizing der Anlagenbuchhaltung im Wesentlichen abgeschlossen ist, können wir im folgenden Abschnitt die Einstellungen nochmals kontrollieren.

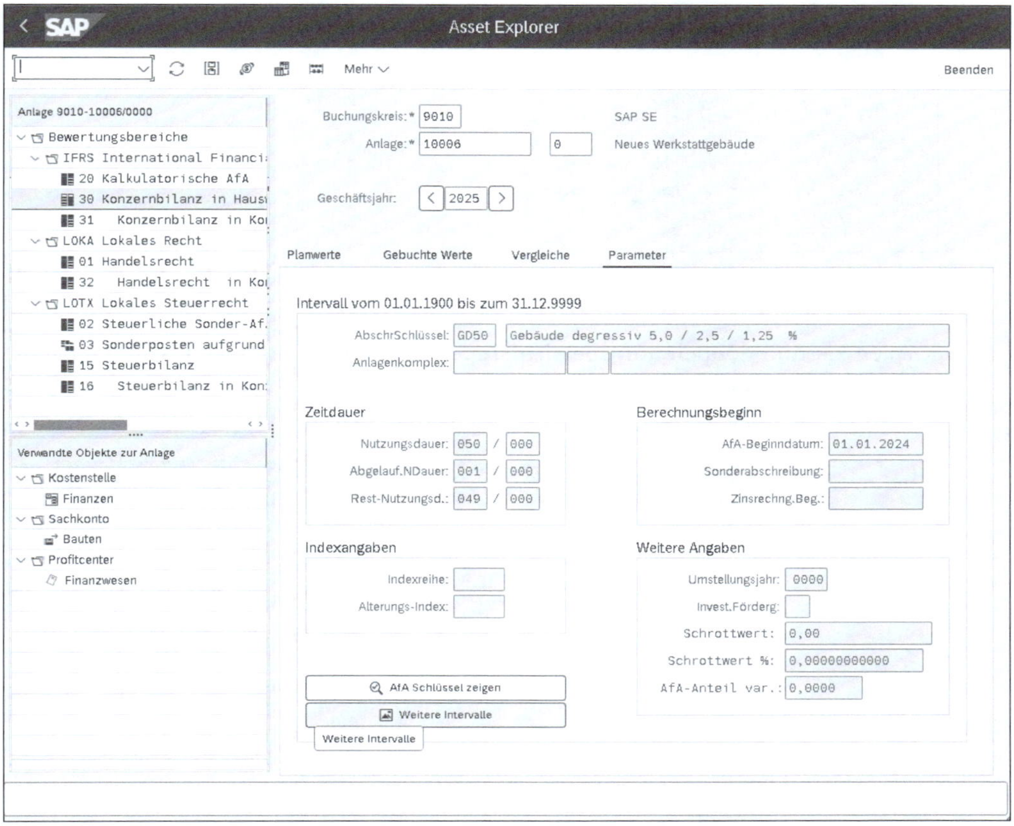

Abbildung 8.66 Abschreibungsinformationen auf der Registerkarte »Parameter« anzeigen

8.6 Prüfreport für das Customizing

Nachdem Sie verschiedene Einstellungen im Customizing der Anlagenbuchhaltung vorgenommen haben, stellt sich die Frage, ob das Customizing der Anlagenbuchhaltung vollständig und fehlerfrei ist. Dazu gibt es zwei Möglichkeiten: Entweder Sie rufen das Programm RACHECK0 (Konsistenzprüfungsreport FI-AA Customizing, Transaktion OAK6) auf, oder Sie folgen dem Customizing-Pfad **Finanzwesen • Anlagenbuchhaltung • Produktionsvorbereitung • Konsistenz prüfen**.

In Abbildung 8.67 können Sie mit einem Doppelklick die jeweilige Prüfung starten. Die Punkte **Übersichtsreport: Anlagenklassen**, **Übersichtsreport: Bewertungspläne**, **Übersichtsreport: Buchungskreise** und **Übersichtsreport: Bewertungsbereiche** zeigen bei der Ausführung jeweils nur das Customizing an, bieten also eine Übersicht und ermöglichen z. B. einen Drilldown zum Customizing der Anlagenklassen.

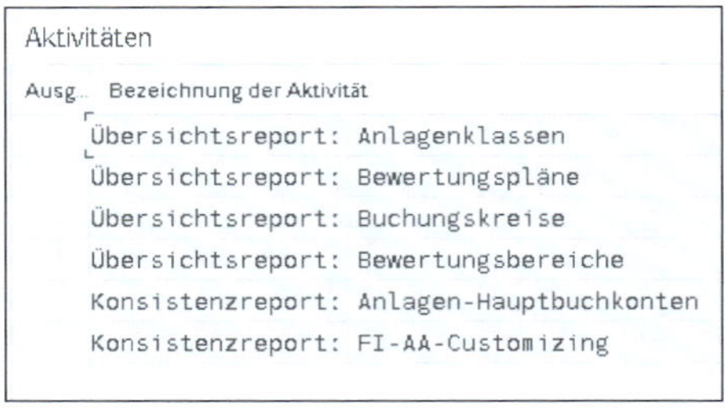

Abbildung 8.67 Prüfschritt auswählen

Klicken Sie nun doppelt auf **Übersichtsreport: Anlagenklassen**. Nun können Sie die Anzeige der Anlagenklassen auf Ihren Bewertungsplan Z1DE einschränken (siehe Abbildung 8.68). Klicken Sie auf [Icon] (**Ausführen**), oder drücken Sie die Taste [F8].

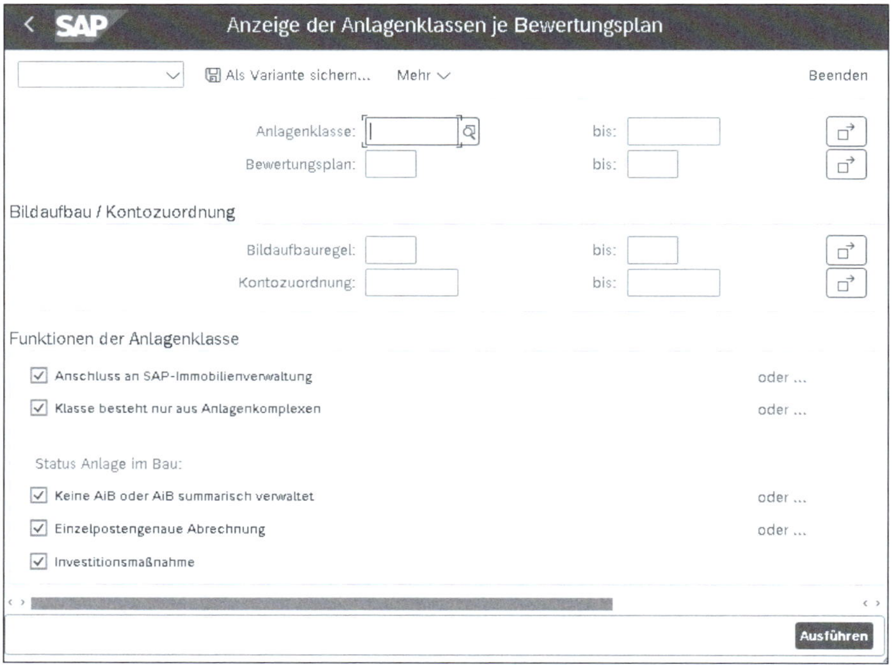

Abbildung 8.68 Anlagenklassen pro Bewertungsplan anzeigen

Anschließend werden die Anlagenklassen des bzw. der selektierten Bewertungspläne aufgelistet (siehe Abbildung 8.69). Nun können Sie überprüfen, ob Sie alle Anlagenklassen vorfinden, die Sie benötigen. Sofern Sie die Einstellungen einer Anlagenklasse kontrollieren möchten, können Sie auf einer beliebigen Anlagenklasse einen Doppelklick ausführen. Damit gelangen Sie nochmals eine Ebene tiefer ins Customizing der Anlagenklassen (Transaktion OAOA), siehe Abschnitt 8.3.4, »Anlagenklassen definieren«.

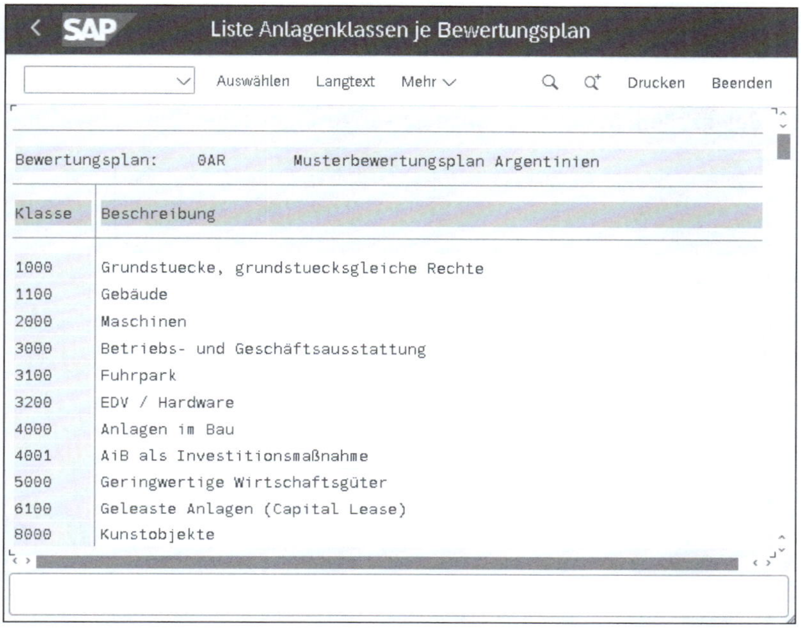

Abbildung 8.69 Anlagenklassen prüfen (Transaktion OAOA)

FAQ Anlagenbuchhaltung in SAP S/4HANA

In SAP-Hinweis 2864082 (FAQ: Anlagenbuchhaltung in SAP S/4HANA) finden Sie häufig gestellte Fragen rund um die Anlagenbuchhaltung in SAP S/4HANA. Da der Hinweis bei Bedarf erweitert wird, lohnt es sich, ihn immer mal wieder neu anzuschauen.

Verlassen Sie die Anzeige mit einem Klick auf < (**Zurück**) oder mit F3, bis Sie sich wieder im Pop-up-Fenster **Aktion auswählen** befinden.

Klicken Sie nun doppelt auf **Konsistenzreport: Anlagen-Hauptbuchkonten**. Damit wird der Report RACKONT1 (FI-AA: Customizing Konsistenzprüfung Hauptbuchkonten, Transaktion OAK4) gestartet (siehe Abbildung 8.70).

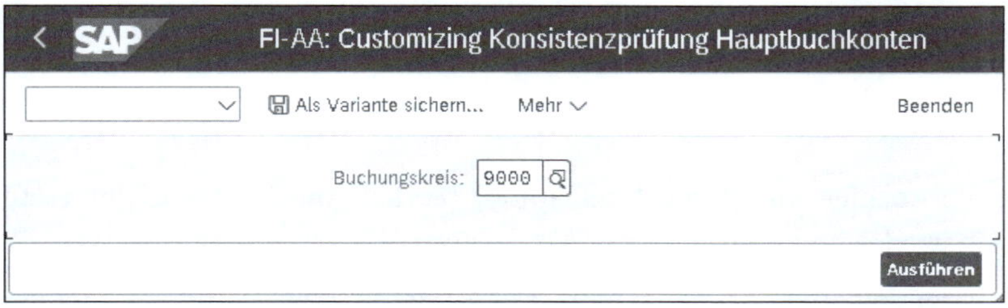

Abbildung 8.70 Zu prüfenden Buchungskreis eingeben (Transaktion OAK4)

In das Feld **Buchungskreis** geben Sie »9000« ein und starten mit einem Klick auf **Ausführen** (**Ausführen**) oder mithilfe der Taste F8 die Prüfung. Die Prüfung müssen Sie pro Buchungskreis entsprechend wiederholen. Das Ergebnis der Prüfung wird im Pop-up-Fenster **Belegzeilen: Meldungen anzeigen** angezeigt (siehe Abbildung 8.71).

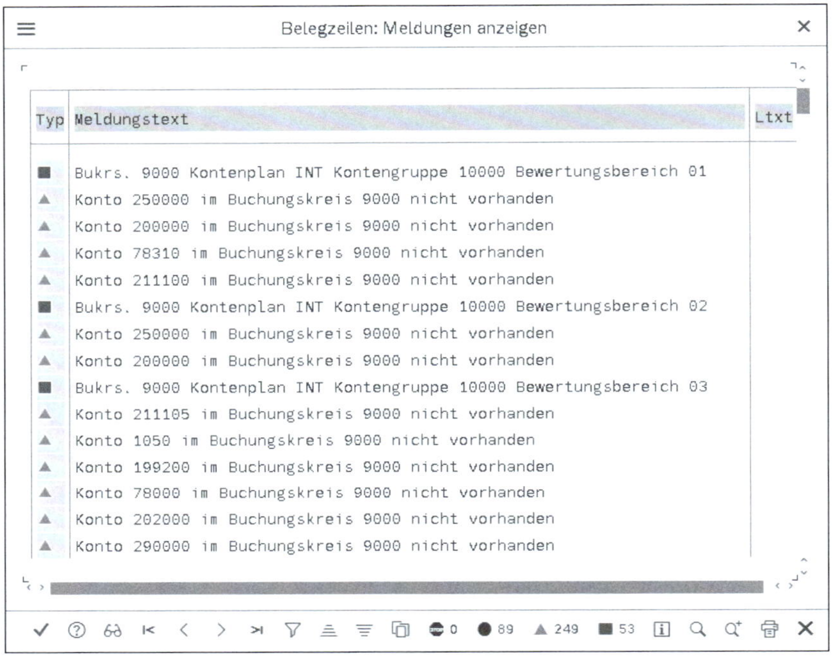

Abbildung 8.71 Meldungen überprüfen

Mit einem Doppelklick auf die jeweilige Meldung wird Ihnen der Langtext zu der gewählten Meldung in einem weiteren Pop-up-Fenster **Performance Assistent** angezeigt. Bevor Sie eine Altdatenmigration oder weitere Tests in der Anlagenbuchhaltung starten, müssen Sie die Einstellungen der Sachkonten entsprechend korrigieren. Gehen Sie dazu in Transaktion FS00 (Sachkontenstammdatenpflege).

[»]

Sachkonten im Kontenplan prüfen

Mit Transaktion FAGLACC_CHECK können Sie überprüfen, ob die Sachkonten in Ihrem gemeinsamen Kontenplan für alle Buchungskreise die gleichen Konteneinstellungen pro Buchungskreis haben.

Verlassen Sie die Anzeige mit einem Klick auf < (**Zurück**) oder mithilfe der Taste F3, bis Sie sich wieder im Pop-up-Fenster **Aktion auswählen** befinden.

Klicken Sie nun doppelt auf **Konsistenzreport: FI-AA-Customizing**. Damit wird der Report RACHECK0 (Konsistenzprüfungsreport FI-AA Customizing), Transaktion OAK6, gestartet. Bei diesem Report gibt es kein Selektionsbild, da die Prüfung für alle im SAP-S/4HANA-Mandanten vorhandenen Bewertungspläne ausgeführt wird. Daher wird das Ergebnis der Prüfung sofort angezeigt (siehe Abbildung 8.72).

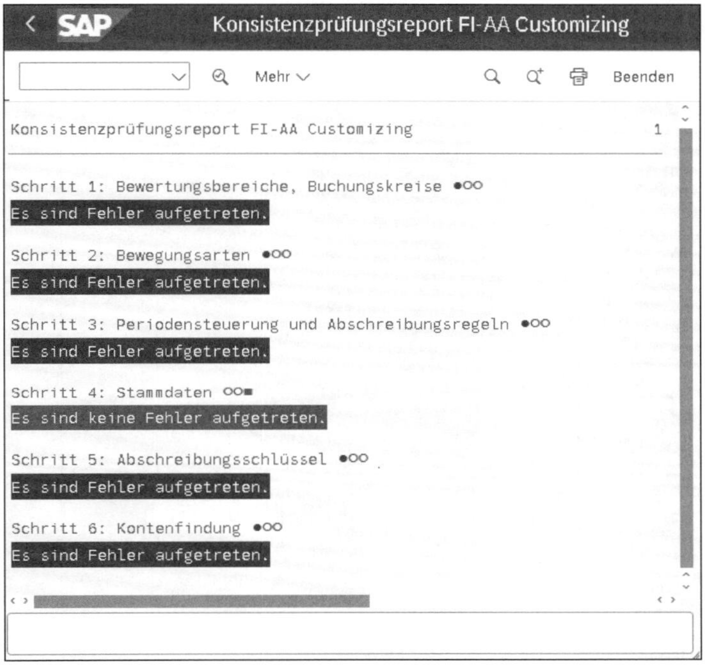

Abbildung 8.72 Report »Konsistenzprüfungsreport FI-AA Customizing« – Ergebnis anzeigen

Für die geprüften Bereiche in der Konsistenzprüfung wird das Ergebnis angezeigt und entsprechend dem jeweiligen Status in Grün, Gelb oder Rot hinterlegt. Klicken Sie nun doppelt auf einen der jeweiligen Bereiche. Im Beispiel tun wir dies für **Schritt 1: Bewertungsbereiche, Buchungskreise**.

In Abbildung 8.73 sehen Sie das Pop-up-Fenster **Schritt 001: Meldungen anzeigen**, das die aufgetretenen Meldungen anzeigt. Unten rechts sehen Sie die Anzahl der Meldungen: 29 rot markierte Meldungen, 0 gelb markierte Meldungen und 0 grün markierte Meldungen.

Durch einen Klick auf den jeweiligen Button können Sie die Meldungen aus- oder einblenden und sich damit die Übersicht im Pop-up-Fenster **Schritt 001: Meldungen anzeigen** erleichtern, wenn Sie nur die relevanten, also die roten Meldungen einblenden. Da die Prüfungen für alle im Mandanten befindlichen Bewertungspläne und Buchungskreise durchgeführt werden, können Sie Meldungen, die sich auf von Ihrem Unternehmen nicht verwendete Bewertungspläne und Buchungskreise beziehen, ignorieren. Verlassen Sie die Anzeige mit einem Klick auf < (**Zurück**) oder über F3, bis Sie sich wieder in der Sicht **Konsistenzprüfungsreport FI-AA Customizing** befinden (siehe Abbildung 8.72). Mit einem Doppelklick wählen Sie die Meldungen des nächsten Schritts aus.

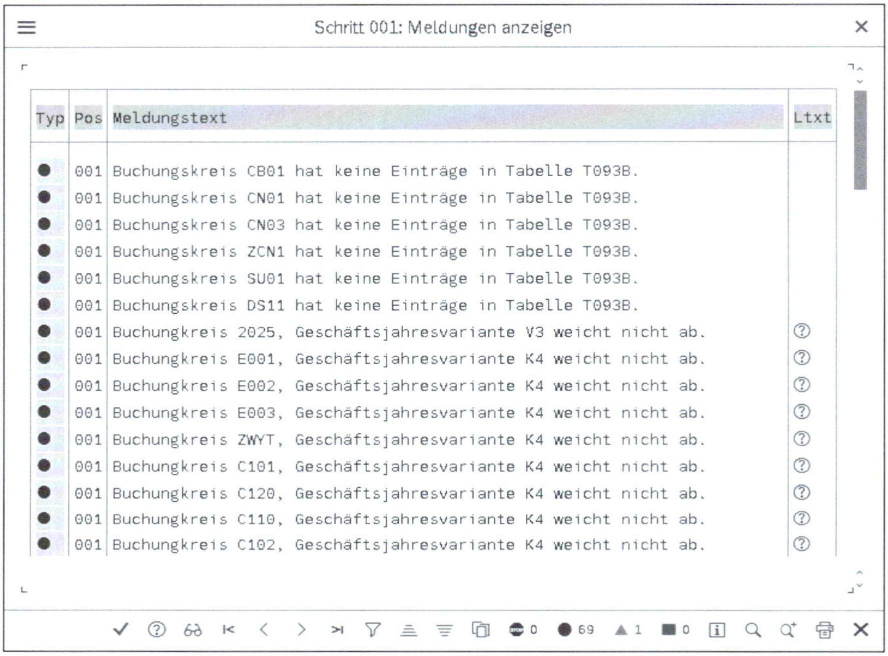

Typ	Pos	Meldungstext	Ltxt
●	001	Buchungskreis CB01 hat keine Einträge in Tabelle T093B.	
●	001	Buchungskreis CN01 hat keine Einträge in Tabelle T093B.	
●	001	Buchungskreis CN03 hat keine Einträge in Tabelle T093B.	
●	001	Buchungskreis ZCN1 hat keine Einträge in Tabelle T093B.	
●	001	Buchungskreis SU01 hat keine Einträge in Tabelle T093B.	
●	001	Buchungskreis DS11 hat keine Einträge in Tabelle T093B.	
●	001	Buchungkreis 2025, Geschäftsjahresvariante V3 weicht nicht ab.	?
●	001	Buchungkreis E001, Geschäftsjahresvariante K4 weicht nicht ab.	?
●	001	Buchungkreis E002, Geschäftsjahresvariante K4 weicht nicht ab.	?
●	001	Buchungkreis E003, Geschäftsjahresvariante K4 weicht nicht ab.	?
●	001	Buchungkreis ZWYT, Geschäftsjahresvariante K4 weicht nicht ab.	?
●	001	Buchungkreis C101, Geschäftsjahresvariante K4 weicht nicht ab.	?
●	001	Buchungkreis C120, Geschäftsjahresvariante K4 weicht nicht ab.	?
●	001	Buchungkreis C110, Geschäftsjahresvariante K4 weicht nicht ab.	?
●	001	Buchungkreis C102, Geschäftsjahresvariante K4 weicht nicht ab.	?

Abbildung 8.73 Meldungen der Konsistenzprüfung anzeigen

Die jeweiligen Fehler müssen Sie im Customizing, am besten in einem separaten Modus, beheben. Anschließend wiederholen Sie die Prüfung, indem Sie den Report verlassen und neu starten. Dieses iterative Vorgehen wiederholen Sie so lange, bis alle Fehler, die die von Ihnen genutzten Bewertungspläne, Buchungskreise, Bewegungsarten usw. betreffen, behoben sind.

Die Änderungen in der Anlagenbuchhaltung, die wir in Abschnitt 8.1, »Veränderungen in der Anlagenbuchhaltung«, beschrieben haben, haben auch Auswirkungen auf die Altdatenübernahme in der Anlagenbuchhaltung; diesen Sachverhalt schauen wir uns im nächsten Abschnitt näher an.

8.7 Altdatenübernahme für Anlagen

Die neue Tabellenstruktur unter SAP S/4HANA hat auch Auswirkungen auf die *Altdatenübernahme*. In diesem Abschnitt geht es um die Auswirkungen auf die Altdatenübernahme in der Anlagenbuchhaltung für den Fall, dass Sie SAP S/4HANA neu implementieren.

Bisher konnten Sie in der Anlagenbuchhaltung Transaktion AS91 bzw. eine Batch-Input-Aufzeichnung über die Legacy System Migration Workbench (LSMW) nutzen, um Anlagenstammsätze und ihre Werte in verschiedenen Bewertungsbereichen anzulegen. Die LSMW steht weiterhin für die Altdatenübernahme aus SAP- und Nicht-SAP-Systemen zur Verfügung. Für die Migration vom klassischen oder neuen Hauptbuch auf SAP S/4HANA im gleichen System ist diese Altdatenübernahme in der Regel jedoch nicht notwendig.

Eine Altdatenübernahme unter SAP S/4HANA kann jedoch notwendig sein, wenn Sie weitere Buchungskreise in SAP S/4HANA abbilden möchten oder wenn andere Umstrukturierungen vorgenommen werden, die durch die Buchungskreistrennung oder -verschmelzung auch Auswirkungen auf die Daten der Anlagenbuchhaltung haben.

Im folgenden Abschnitt schauen wir uns die bisher bekannten Übernahmeverfahren in der Anlagenbuchhaltung an, die Sie auch weiterhin verwenden können.

8.7.1 Traditionelle Übernahmeverfahren

Wenn Sie von SAP ERP auf SAP S/4HANA umsteigen, stellen Sie fest, dass die Altdatenmigration in SAP S/4HANA für die Anlagenbuchhaltung anders aufgebaut ist. In SAP ERP konnten Sie Stammdaten und Übernahmewerte in Transaktion AS91 pflegen (siehe Abbildung 8.74). Die GL-Kontensalden auf dem Übernahme-Sachkonto wurden anschließend in einem separaten Schritt summarisch manuell ausgebucht. Die Abstimmung des Nebenbuches *Anlagen* mit dem Hauptbuch erfolgte mit Transaktion ABST2.

In der neuen Lösung werden die Stammdaten weiterhin über Transaktion AS91 angelegt bzw. über Transaktion AS92 geändert. Die Buchung der Übernahmewerte erfolgt jedoch separat über die neue Buchungstransaktion ABLDT (siehe Abbildung 8.75). Dabei wird das *Übernahme-Verrechnungskonto* sofort bebucht. Das heißt, dass der manuelle Schritt des summarischen Ausbuchens entfällt. Das Übernahme-Verrechnungskonto wird als Gegenkonto für die Werteübernahme benötigt. Da die Anlagenwerte nun direkt als Belegzeilen in Tabelle ACDOCA fortgeschrieben werden, sind nachträgliche Werteänderungen nicht mehr über Transaktion AS92 möglich. Damit Sie Werteänderungen nachträglich durchführen können, muss der ursprüngliche Übernahmebeleg storniert werden.

Die Abstimmung der Anlagenbuchhaltung mit dem Hauptbuch entfällt unter SAP S/4HANA. Dies ist durch die Integration der Anlagenwertetabellen in die neue Einzelpostentabelle ACDOCA bedingt. Die Abstimmung Ihres Altsystems bzw. des SAP-Buchungskreises mit den Werten in SAP S/4HANA muss weiterhin durchgeführt und dokumentiert werden.

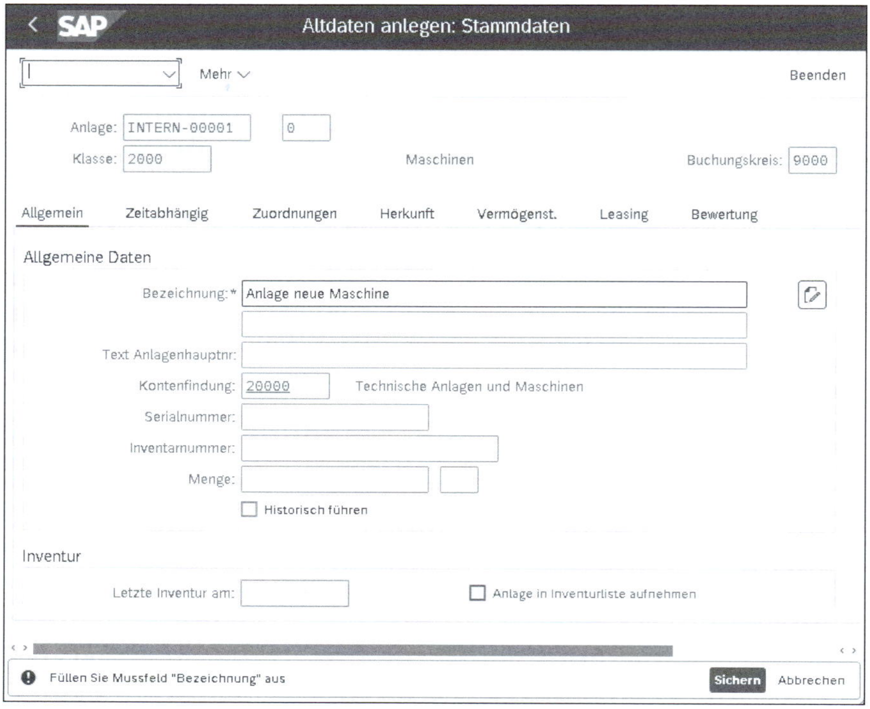

Abbildung 8.74 Abstimmung der Anlagenbuchhaltung mit dem Hauptbuch (Transaktion AS91)

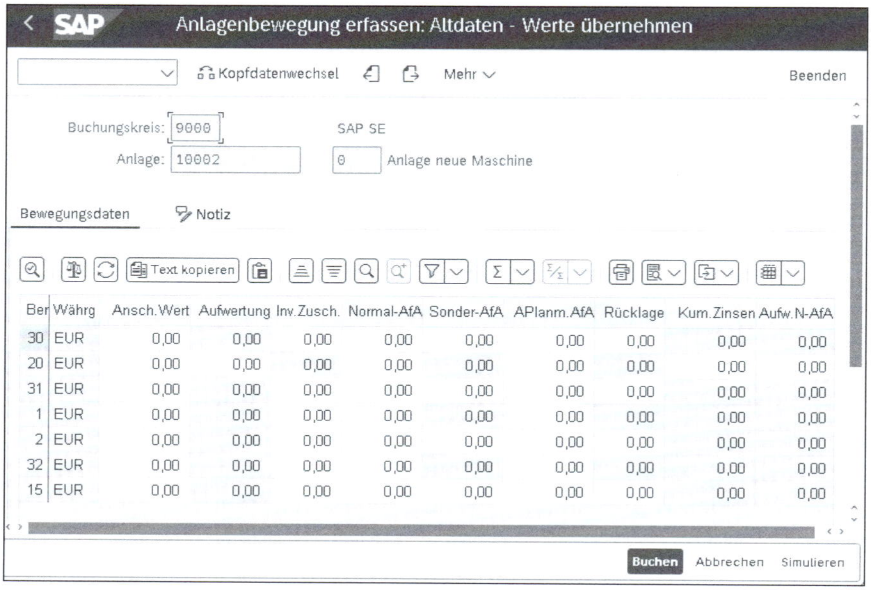

Abbildung 8.75 Übernahmewerte buchen (Transaktion ABLDT)

In den folgenden Hinweisen ist die geänderte Vorgehensweise zur Altdatenübernahme in der Anlagenbuchhaltung unter SAP S/4HANA genauer beschrieben:

- SAP-Hinweis 2014219 (Altdatenübernahme unter SAP_FIN 720)
- SAP-Hinweis 2208321 (FAQ: Altdatenübernahme unter SAP_FIN 720 und den Folgereleases)
- SAP-Hinweis 2304473 (Neue Anlagenbuchhaltung: Abstimmung der Altdatenübernahme)

Als weitere Alternative zur Altdatenübernahme in der Anlagenbuchhaltung bietet SAP noch Transaktion AS100 an. In Transaktion AS100 können Sie ein vorher vorbereitetes Microsoft-Excel-Arbeitsblatt hochladen. Dabei ist Transaktion AS100 aber auf ca. 5.000 Anlagen pro Microsoft-Excel-Arbeitsblatt beschränkt. Daher eignet sich diese Möglichkeit nur für weniger umfangreiche Altdatenübernahmen. Das Selektionsbild von Transaktion AS100 (siehe Abbildung 8.76) ist sehr überschaubar.

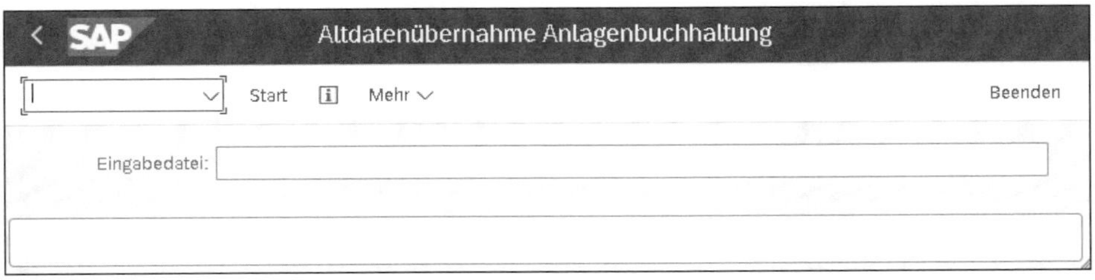

Abbildung 8.76 Altdaten in der Anlagenbuchhaltung mit Transaktion AS100 übernehmen

Wählen Sie ein entsprechend vorbereitetes Microsoft-Excel-Arbeitsblatt aus, und klicken Sie auf **Start**. Wenn Sie den Informationsbutton [i] (**Programmdokumentation**) anklicken, wird Ihnen im Browser die aktuelle Dokumentation angezeigt. Dort ist auch beschrieben, wie das Microsoft-Excel-Arbeitsblatt aufgebaut sein muss.

Transaktion AS100 ruft intern das BAPI `BAPI_FIXEDASSET_OVRTAKE_CREATE` auf. Sie können als weitere Alternative das BAPI `BAPI_FIXEDASSET_OVRTAKE_CREATE` in ein selbst erstelltes Programm einbinden. Dies hat in früheren Projekten sehr gut funktioniert.

Mit dem Migration Cockpit liefert SAP seit Release SAP S/4HANA 1610 ein komplett neues Migrationswerkzeug aus. Bezogen auf die Anlagenbuchhaltung, schauen wir uns dieses Werkzeug im folgenden Abschnitt kurz an.

8.7.2 Migration Cockpit

Schließlich gibt mit SAP S/4HANA eine weitere Möglichkeit für die Altdatenübernahme in der Anlagenbuchhaltung. SAP liefert das sogenannte *SAP S/4HANA Migration Cockpit* aus, das Sie mit der SAP-Fiori-App **Daten migrieren – Migrationscockpit** (App-ID F3473) starten. Es ersetzt die Legacy System Migration Workbench. Dabei wirkt das

Migration Cockpit optisch moderner und bietet mehr Komfort und vorgefertigte Migrationsobjekte. Weitere Informationen können Sie dem folgenden Blog entnehmen: *https://blogs.sap.com/2017/02/28/getting-started-with-the-s4hana-migration-cockpit-onpremise/*. Die Funktionen des Migration Cockpit im aktuellen SAP-S/4HANA-Release stellen wir Ihnen in Kapitel 14, »Migration nach SAP S/4HANA«, kurz vor.

Mit der SAP-Fiori-App **Daten migrieren – Migrationscockpit** rufen Sie das Migration Cockpit auf, das sich mit einer Weboberfläche öffnet (siehe Abbildung 8.77).

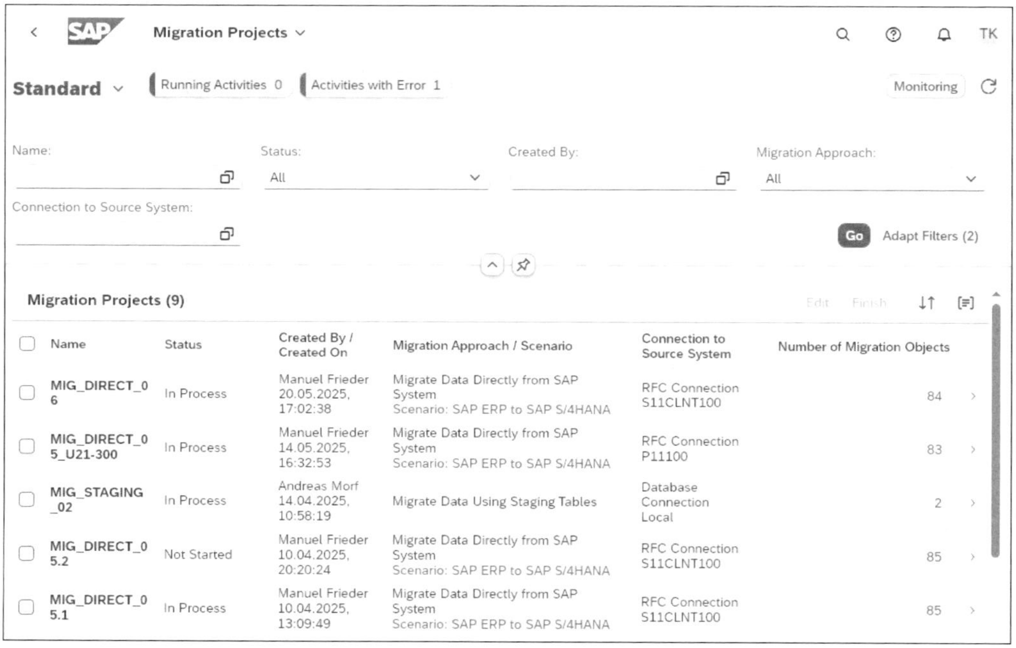

Abbildung 8.77 Die SAP-Fiori-App »Daten migrieren – Migrationscockpit« starten

Im Migration Cockpit können Sie verschiedene Projekte anlegen und aus den bereits definierten Migrationsobjekten die für Ihr Unternehmen relevanten Migrationsobjekte auswählen (siehe Abbildung 8.78). SAP erweitert das Migration Cockpit kontinuierlich mit jedem SAP-S/4HANA-Release um weitere Migrationsobjekte.

Beim direkten Datentransfer greifen Sie unmittelbar auf Ihr SAP-ERP-System zu. Von dort selektieren Sie die Daten und migrieren diese in Ihr neues SAP-S/4HANA-System. Für die Migration ist in der Regel ein Mapping erforderlich, da sich bestimmte Werte zwischen SAP-ERP (Quellsystem) und SAP-S/4HANA geändert haben. Dies betrifft z. B.:

- Sachkonten
- Anlagenklassen
- Buchungskreise
- Zahlungsbedingungen

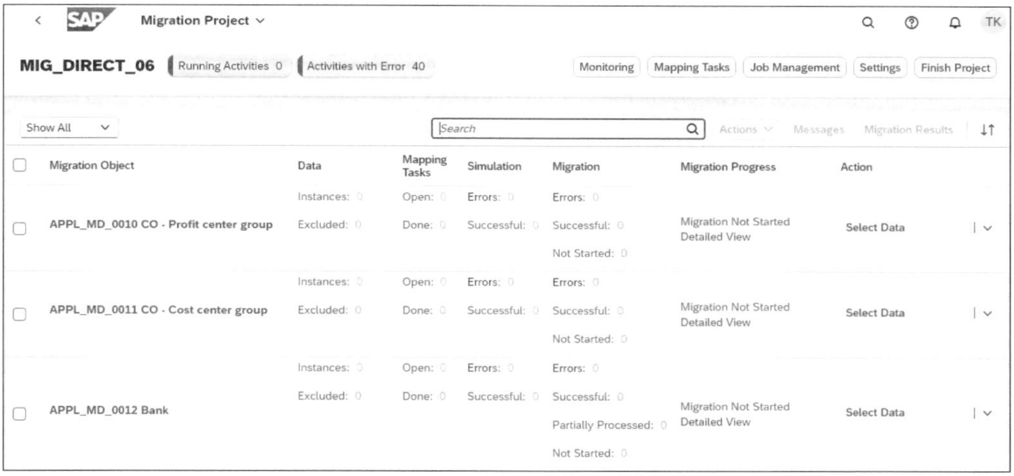

Abbildung 8.78 Auswahl an Migrationsobjekten

Sobald Sie Ihr Migrationsprojekt ausgewählt haben, sehen Sie die für Sie relevanten Migrationsobjekte. Sie können nun jedes Migrationsobjekt einzeln auswählen und gelangen eine Ebene tiefer, direkt in das Migrationsobjekt hinein (hier am Beispiel der Anlagenstammdaten, inklusive der Anlagenwerte, siehe Abbildung 8.79).

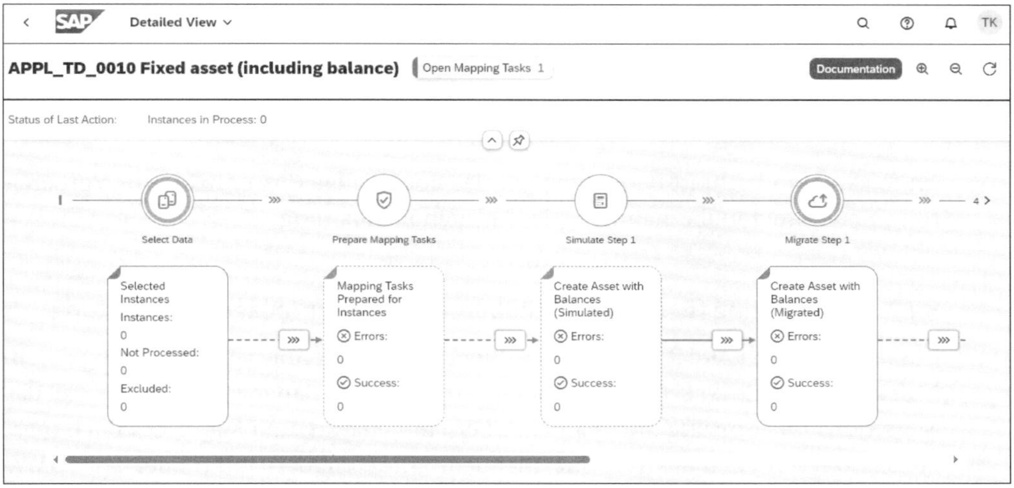

Abbildung 8.79 Migrationsobjekt »Anlagenstammsatz mit Werten«

Bei der Migration mit Staging-Tabellen steht für jedes Migrationsobjekt eine XML-Datei zur Verfügung. Laden Sie diese über einen Klick auf den Button **Vorlage herunterladen** herunter. Die XML-Datei erklärt für das jeweilige Migrationsobjekt die zur Verfügung stehenden Felder. Auf einer zweiten Registerkarte können Sie die zu migrierenden Altdaten hinterlegen. Anschließend wird die XML-Datei wieder hochgeladen und in SAP S/4HANA so weit wie möglich verarbeitet.

Mit Transaktion LTMOM (Migration Object Modeler) können Sie eigene Migrationsobjekte anlegen bzw. bestehende Migrationsobjekte nach Ihren Bedürfnissen erweitern (siehe Abbildung 8.80).

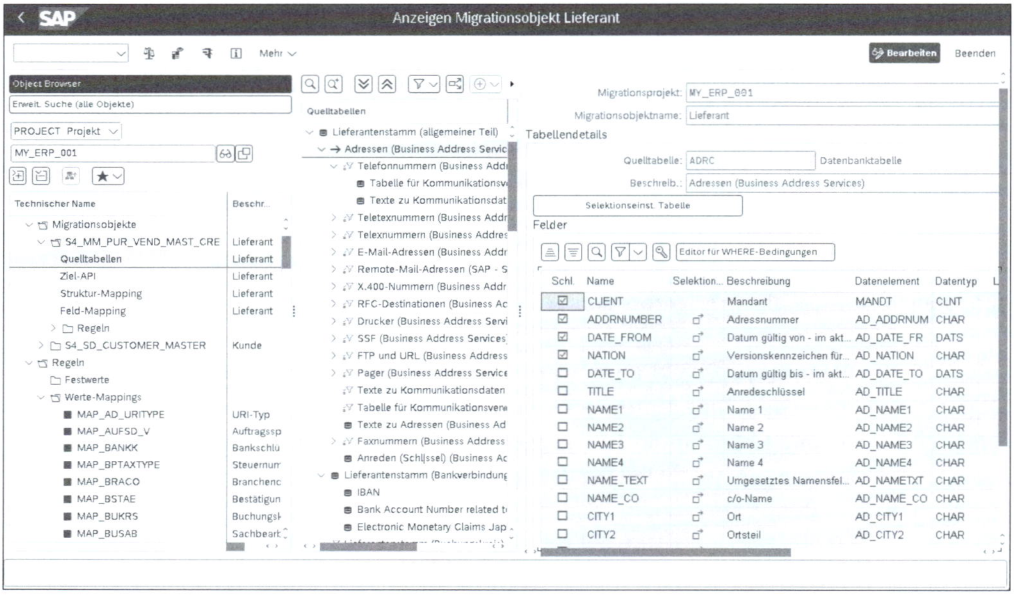

Abbildung 8.80 Migration Object Modeler (Transaktion LTMOM)

Im folgenden Abschnitt betrachten wir das notwendige Customizing zur Vorbereitung einer Altdatenübernahme in der Anlagenbuchhaltung.

8.7.3 Customizing für die Altdatenübernahme in der Anlagenbuchhaltung

Die verschiedenen Altdatenübernahme-Werkzeuge in der Anlagenbuchhaltung durchlaufen meist das BAPI BAPI_FIXEDASSET_OVRTAKE_CREATE. Daher wird in jedem Fall das Migrations-Customizing durchlaufen. Übernahmedatum und Status des Buchungskreises werden ebenfalls für eine manuelle Altdatenübernahme oder per LSMW benötigt. Setzen Sie als Erstes den Status des Buchungskreises, und tragen Sie das Übernahmedatum ein. Folgen Sie nun dem Customizing-Pfad **Finanzwesen • Anlagenbuchhaltung • Datenübernahme Anlagen • Parameter für die Übernahme • Übernahmedatum und weitere Parameter festlegen**. Ebenso können Sie Transaktion FAA_CMP_LDT nutzen.

Wählen Sie Ihren Buchungskreis durch einen Doppelklick aus. Nun können Sie mit [F8] oder [✎] (**Ändern**) in den Änderungsmodus wechseln. Prüfen Sie als Erstes auf der Registerkarte **Allg. Einstellg.** den Status des Buchungskreises im Feld **Status Buchungskreis** (siehe Abbildung 8.81). Setzen Sie den Status gegebenenfalls auf **Testbetrieb**, um eine Datenübernahme zu ermöglichen.

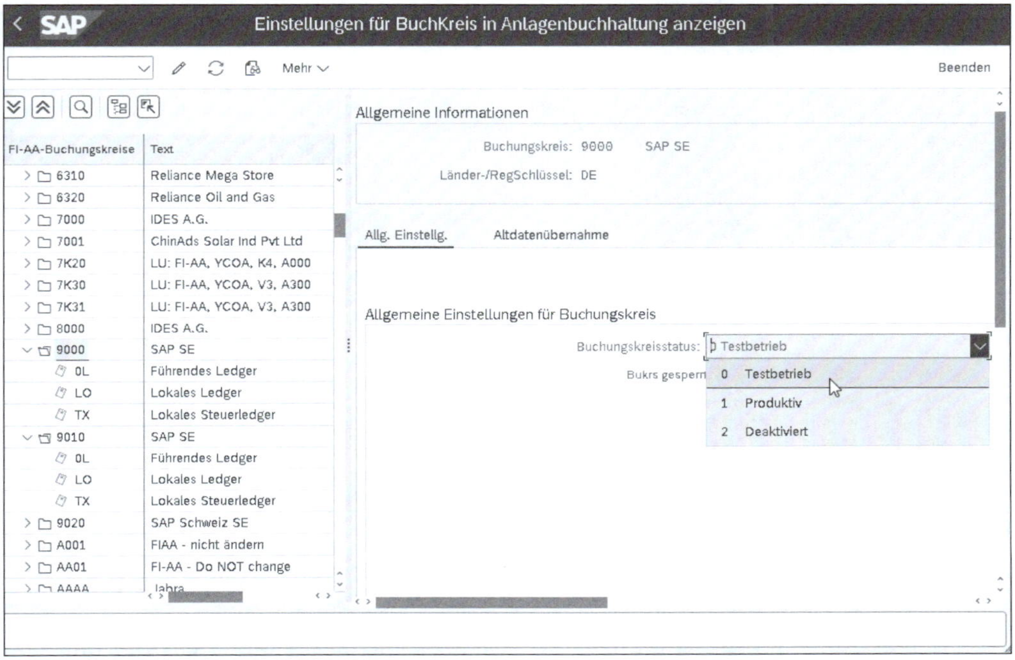

Abbildung 8.81 Allgemeine Einstellungen für die Datenübernahme

Wechseln Sie nun auf die Registerkarte **Altdatenübernahme**. Hier legen Sie das Datum der Datenübernahme, die zu verwendende Belegart und den Status der Altdatenübernahme fest (siehe Abbildung 8.82). Klicken Sie dazu auf den Button [□] (**Altdatenübernahmesegment anlegen**).

Sie müssen ein Übernahmedatum angeben. Liegt dieses in der Zukunft, erhalten Sie eine Warnung. Wählen Sie noch die Belegart aus, die Sie für die Altdatenübernahme verwenden möchten. Bestätigen Sie Ihre Eingaben mit der Taste [↵]. Über Änderungsbelege sind die Änderungen an den Altdatenübernahme-Einstellungen jederzeit nachzuvollziehen. Folgen Sie dazu dem Anwendungsmenüpfad LDT **Springen • Änderungsbelege** in Transaktion FAA_CMP_. Klicken Sie zum Sichern Ihrer Einstellungen auf den Button [Sichern] (**Sichern**), oder verwenden Sie die Tastenkombination [Strg] + [S]. Verlassen Sie die Sicht mit der Taste [F3], oder klicken Sie auf den Button [<] (**Zurück**).

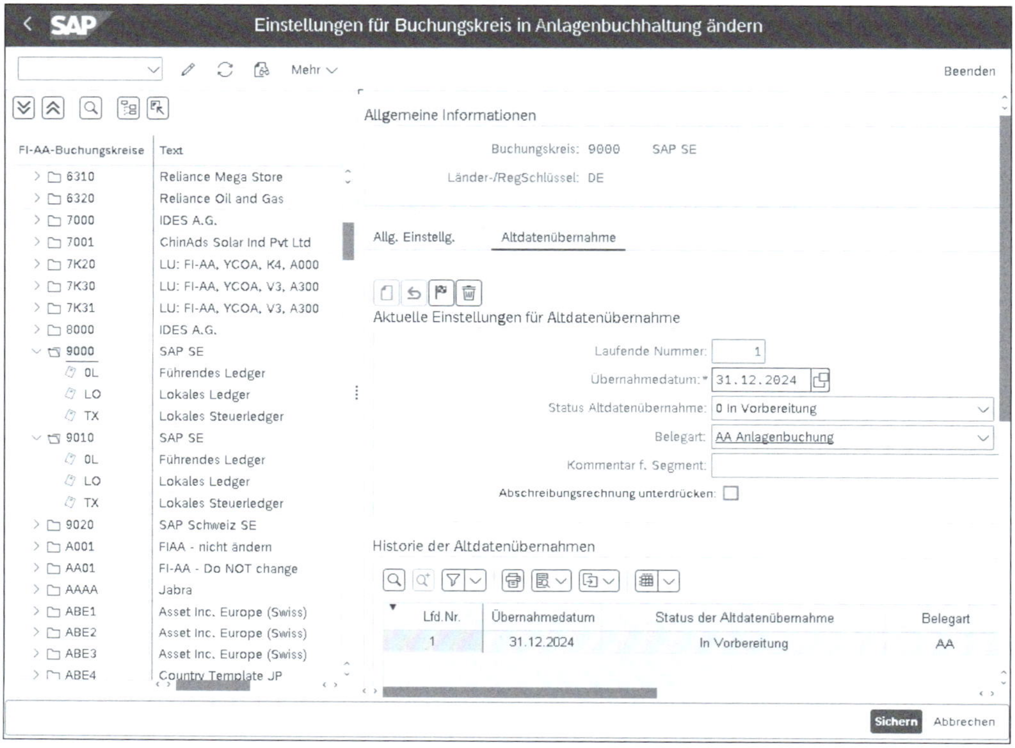

Abbildung 8.82 Datenübernahme – Altdatenübernahmesegment anlegen

Für die Altdatenübernahme benötigen wir noch ein Gegenkonto. Folgen Sie nun dem Customizing-Pfad **Finanzwesen • Anlagenbuchhaltung • Datenübernahme Anlagen • Parameter für die Übernahme • Gegenkonto für Altdatenübernahme festlegen**. Hinterlegen Sie ein Konto für Ihren Kontenplan (siehe Abbildung 8.83).

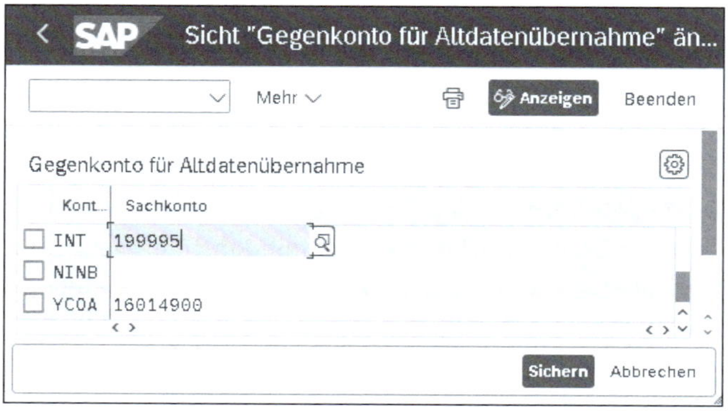

Abbildung 8.83 Gegenkonto für die Altdatenübernahme hinterlegen

Klicken Sie zum Sichern Ihrer Einstellungen auf den Button Sichern (**Sichern**), oder Sie verwenden die Tastenkombination [Strg] + [S]. Verlassen Sie die Sicht mit [F3], oder klicken Sie auf den Button < (**Zurück**).

Zwei weitere interessante Funktionen, die sicherlich nicht so oft benötigt werden, sind:

- Wiederbeschaffungswerte neu rechnen
- Fremdwährungsbereiche übernehmen

SAP S/4HANA kann, wenn Sie mit *Wiederbeschaffungswerten* arbeiten und die entsprechenden *Indexreihen* in den Anlagenstammsätzen mit übernommen werden und sie im SAP-System gepflegt sind, die Wiederbeschaffungswerte neu berechnen. Dies dürfte in der Altdatenübernahme einige Arbeit ersparen. Unter einem Wiederbeschaffungswert versteht man den aktuellen Preis eines Anlagegutes. Durch die technische Weiterentwicklung, Währungsschwankungen usw. verändert sich ein Anschaffungspreis im Laufe der Zeit. Damit kann man z. B. bei kalkulatorischen Abschreibungen immer realistische Abschreibungswerte als Vergleich zur tatsächlichen Normalabschreibung erzeugen. Die Berechnung der Wiederbeschaffungswerte erfolgt dabei über sogenannte *Indexreihen*. Eine Indexreihe bildet dabei die Preisveränderung im Vergleich zum Vorjahr ab.

Wenn Sie Ihre lokalen Werte übernehmen, berechnet SAP S/4HANA automatisch für die Fremdwährungsbereiche die entsprechenden Werte. Wenn Sie dies nicht wünschen, können Sie im Customizing-Pfad **Finanzwesen • Anlagenbuchhaltung • Datenübernahme Anlagen • Parameter für die Übernahme • Fremdwährungsbereiche übernehmen** ein Kennzeichen setzen. Damit müssten Sie die Fremdwährungswerte pro Bewertungsbereich in der Altdatenübernahme selbst mitgeben.

Folgen Sie nun dem Customizing-Pfad **Finanzwesen • Anlagenbuchhaltung • Datenübernahme Anlagen • Parameter für die Übernahme • Bewegungsarten für Übernahme offener Posten definieren**, oder rufen Sie Transaktion AO79 auf. SAP liefert vier Bewegungsarten für die Migration von offenen Posten bei den Anlagen im Bau bzw. bei der unterjährigen Altdatenübernahme aus (siehe Abbildung 8.84).

Überprüfen Sie die Einstellungen. Mit einem Klick auf den Button **Neue Einträge** oder über die Taste [F5] können Sie gegebenenfalls neue, weitere Bewegungsarten anlegen. Klicken Sie zum Sichern Ihrer Änderungen auf den Button Sichern (**Sichern**), oder verwenden Sie [Strg] + [S] auf Ihrer Tastatur, oder verlassen Sie die Sicht mit [F3] bzw. durch Anklicken des Buttons < (**Zurück**).

Damit sind nunmehr auch die Vorbereitungen für die Altdatenübernahme abgeschlossen. Nun können Sie mit dem Testen Ihrer Anlagenbuchhaltung und der Migration der Altdaten beginnen. Im folgenden Abschnitt fassen wir den Inhalt dieses Kapitels zusammen.

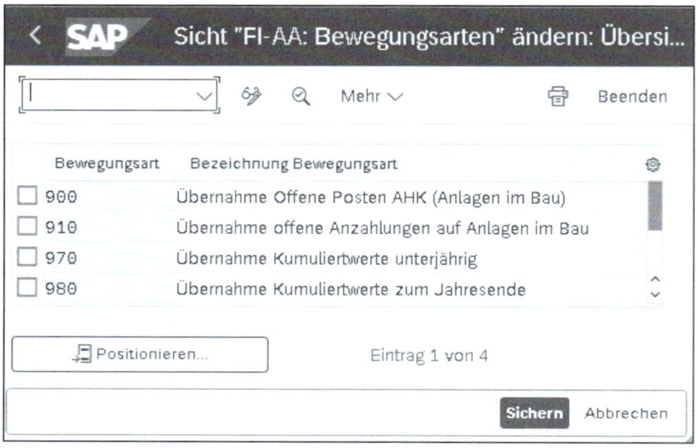

Abbildung 8.84 Bewegungsarten – Übernahme offener Posten definieren

8.8 Zusammenfassung

In diesem Kapitel haben wir uns mit dem Customizing der Anlagenbuchhaltung befasst. Dabei haben wir das wichtigste Customizing beschrieben, das notwendig ist, um mit der Anlagenbuchhaltung arbeiten zu können. Sicher gibt es noch viele weitere Einstellungsmöglichkeiten für landesspezifische Einstellungen, besondere für Abschreibungsmethoden usw. Diese Möglichkeiten sind aber zu umfangreich, als dass man sie in einem Kapitel zusammenfassen könnte. Wir haben Folgendes eingerichtet:

- zwei Bewertungspläne für zwei verschiedene Länder, da wir zwei Buchungskreise (9000 – DE; 9010 – CH) verwenden
- Für die parallele Rechnungslegung und die parallelen Währungen sind die entsprechenden Bewertungsbereiche angelegt.
- Die Kontenfindungen und der Bildaufbau sind definiert.
- Die Kontenfindungen sind gepflegt.
- Die Anlagennummernkreise sind gepflegt.
- Das technische Verrechnungskonto und die abweichende Belegart sind hinterlegt.
- Die Segmentberichterstattung ist aktiviert.
- Die Übernahme der Altdaten ist vorbereitet.

Kapitel 9
Gemeinkostencontrolling

Das Gemeinkostencontrolling beschäftigt sich mit der verursachungsgerechten Zuordnung von Gemeinkosten, also den Kosten für Aufwendungen im Unternehmen. Mit SAP S/4HANA Finance wurde das Gemeinkostencontrolling in die Finanzbuchhaltung integriert.

Das *Gemeinkostencontrolling* umfasst die folgenden Bestandteile, die wir nacheinander in diesem Kapitel behandeln:

- Kostenstellenrechnung (Abschnitt 9.1)
- Projekte (Abschnitt 9.2)

Kosten werden bei der Buchung auf Kontierungsobjekte, wie Kostenstellen und Projekte, kontiert. Die Zuordnung der Kosten zu den richtigen Kostenträgern ist der erste Schritt hin zu einem aussagekräftigen Gemeinkostencontrolling.

[«]

Innenaufträge in SAP S/4HANA

In der SAP S/4HANA Public Cloud wurden die Innenaufträge abgeschafft. SAP empfiehlt stattdessen die Nutzung von *PSP-Elementen*. Fertigungsaufträge werden im Rahmen logistischer Prozesse unterstützt. In der Private-Cloud- und On-Premise-Version werden Innenaufträge weiterhin unterstützt, jedoch konzentrieren sich neue Entwicklungen wie die ereignisbasierte Erlösrealisierung auf *Projekte*, weshalb viele Kunden im Zuge der Umstellung ihre Nutzung von Innenaufträgen überdenken.

Wir empfehlen den Umstieg auf PSP-Elemente mit der Migration zu SAP S/4HANA, weshalb auf Innenaufträge in diesem Kapitel nicht mehr im Detail eingegangen wird. Weitere Informationen zu diesem Thema finden Sie im SAP-Hinweis 2865342 (Innenaufträge in SAP S/4HANA, private cloud and on-premise edition).

Nur selten ist die Zuordnung der Kosten auf Kostenträger verursachungsgerecht. Im Gemeinkostencontrolling steht Ihnen eine Auswahl vieler verschiedener Werkzeuge zur Verfügung, um Ihre Kosten verursachungsgerecht zuzuordnen. Im Folgenden zeigen wir Ihnen, wie die Zuordnung von Kosten erfolgt. Wir stellen Methoden vor, um Kosten über Weiterverrechnungen verursachungsgerecht ihrem Entstehungspunkt zuzuordnen.

In diesem Kapitel zeigen wir Ihnen auch, wie Sie ein Ergebnisschema für die Abrechnung in die Ergebnisrechnung anlegen, und stellen Ihnen die neue Funktion des COGS-Splits vor, die Ihnen die Aufteilung der Kosten des Umsatzes auf verschiedene FI-Konten ermöglicht.

9.1 Kostenstellen

Voraussetzung für den Einsatz der Kostenstellenrechnung ist, dass Sie einen *Kostenrechnungskreis* angelegt und diesem die relevanten Buchungskreise zugeordnet haben. Außerdem müssen Sie zuvor Kostenstellen angelegt haben. Die korrekte Kontierung von Kosten auf Kostenstellen liegt weitestgehend in der Verantwortung der Buchhaltung. In SAP S/4HANA gibt es einige Hilfsmittel, die die Kontierung validieren oder gar automatisieren. Dies erspart Ihnen am Monatsende Analyseaufwand.

Im folgenden Abschnitt zeigen wir Ihnen die Möglichkeiten zur Kontierung, Validierung und Verrechnung von Kosten in der Kostenstellenrechnung.

9.1.1 Default-Kontierung einrichten

Die *Default-Kontierung* erlaubt es Ihnen, für jeden Buchungskreis und jedes Konto eine Kontierung vorzubelegen. Diese Vorbelegung kann während der Buchung überschrieben werden. Die Default-Kontierung wird für viele Konten eingesetzt, die automatisch bebucht werden. Bei der automatischen Bebuchung von Konten, z. B. der Buchung von Fremdwährungsdifferenzen durch den Zahllauf, hat der Benutzer keine Möglichkeit, eine individuelle Kontierung mitzugeben. Damit der Zahllauf korrekt durchgeführt und die Fremdwährungsdifferenzen verbucht werden können, müssen Sie eine Default-Kontierung pflegen.

Mit Transaktion OKB9 oder über den folgenden Customizing-Pfad können Sie die Default-Kontierung pflegen:

Controlling • Kostenstellenrechnung • Istbuchungen • Manuelle Istbuchungen • Automatische Kontierungsfindung bearbeiten

Über einen Klick auf den Button **Neue Einträge** oder über die Taste [F5] können Sie für jeden Buchungskreis (9000) und jedes Sachkonto (470000) verschiedene *Kontierungsobjekte* zuordnen (siehe Abbildung 9.1). Es stehen Ihnen dazu die folgenden Objekte zur Verfügung:

- Kostenstelle
- Innenauftrag
- Ergebnisobjekt – die Buchung erfolgt direkt in der Ergebnis- und Marktsegmentrechnung (CO-PA, im Folgenden kurz Ergebnisrechnung genannt)

- Geschäftsbereich
- Profit-Center

Es können keine Buchungen direkt oder »nur« auf Geschäftsbereich und Profit-Center erfolgen, sondern es muss immer ein echtes Kontierungsobjekt, z. B. eine Kostenstelle, angegeben werden.

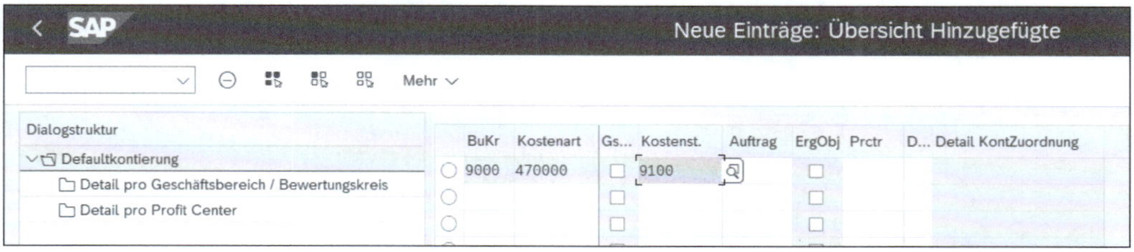

Abbildung 9.1 Default-Kontierung für den Buchungskreis 9000 pflegen (Transaktion OKB9)

In der Spalte **Detail KontZuordnung** (in Abbildung 9.1 nicht sichtbar) können Sie die Kontierung weiter detaillieren:

- **1 (Bewertungskreis obligatorisch)**
  Der Bewertungskreis entspricht der Bewertungsebene, die meistens dem Werk entspricht. Möchten Sie z. B. Preisdifferenzen in Abhängigkeit des Werkes auf eine andere Kostenstelle kontieren, können Sie darüber eine Kontierung auf der Ebene **Buchungskreis**, **Sachkonto**, **Bewertungskreis**, **Kostenstelle** oder **Innenauftrag** pflegen.
- **2 (Geschäftsbereich obligatorisch)**
  Wenn Sie mit dem Geschäftsbereich arbeiten und z. B. Ihre Marketingkosten abhängig vom Geschäftsbereich auf ein anderes Kontierungsobjekt buchen möchten, können Sie Ihre Kontierung auf der Ebene **Buchungskreis**, **Sachkonto**, **Geschäftsbereich**, **Kostenstelle** oder **Innenauftrag** pflegen.
- **3 (Profit-Center obligatorisch)**
  Eine unterschiedliche Default-Kontierung nach Profit-Center ist z. B. für Preisdifferenzen sinnvoll – sind die Fertigungsaufträge unterschiedlichen Profit-Centern zugeordnet, können bei der Abrechnung, abhängig von den Profit-Centern, unterschiedliche Kontierungsobjekte für Preisdifferenzen bebucht werden. Die Kontierung können Sie auf der Ebene **Buchungskreis**, **Sachkonto**, **Profit-Center**, **Kostenstelle** oder **Innenauftrag** pflegen.

Um die Default-Kontierung per Profit-Center zu pflegen, geben Sie »3« in die Spalte **Detail KontZuordnung** ein. Navigieren Sie im linken Bildbereich in der Dialogstruktur in den Ordner **Detail pro Profit Center**. Über einen Klick auf **Neue Einträge** oder über die Taste [F5] können Sie pro Buchungskreis und Sachkonto verschiedene Profit-Center und Kostenstellen bzw. Innenaufträge zuordnen (siehe Abbildung 9.2). Dies hilft Ihnen dabei, Kosten verursachungsgerecht zu verbuchen und das Reporting noch aussagekräftiger zu gestalten.

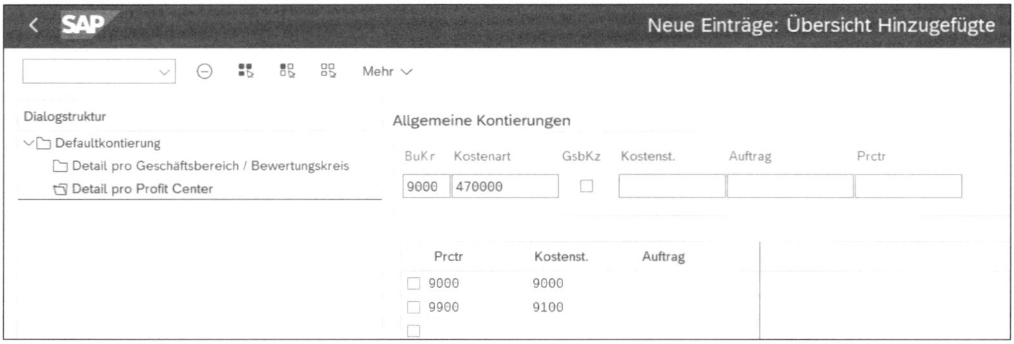

Abbildung 9.2 Default-Kontierung im Buchungskreis 9000 per Profit-Center pflegen

9.1.2 Validierung für die Kontierung

Validierungen helfen Ihnen dabei, Voraussetzungen im System zu überprüfen, bevor eine Buchung vorgenommen wird. Sie können Buchungen unterbinden, z. B. wenn in einem Beleg die Partnergesellschaft dem buchenden Buchungskreis entspricht. Dies minimiert fehlerhafte Buchungen und erleichtert Ihnen die Analyse beim Monatsabschluss.

Voraussetzung für das Gemeinkostencontrolling ist eine korrekte Kontierung, bevor die Verrechnungen erfolgen. Es ist hilfreich, diese Kontierung mithilfe von Validierungen zu überprüfen. Sie können z. B. eine Validierung einrichten, die überprüft, ob eine bestimmte Sachkontengruppe, wie z. B. Marketingkosten, immer auf ein PSP-Element gebucht wird. In unserem folgenden Beispiel legen wir genau solch eine Validierung an. Wir möchten sicherstellen, dass bestimmte Sachkonten immer im Zusammenhang mit PSP-Elementen bebucht werden.

Um eine Validierung anzulegen, rufen Sie Transaktion GBB0 auf oder folgen dem Menüpfad **Finanzwesen • Grundeinstellungen Finanzwesen • Werkzeuge • Validierung/Substitution • Validierung in Buchhaltungsbelegen**. Im linken Bildbereich von Abbildung 9.3 sehen Sie verschiedene Bereiche, für die eine Validierung angelegt werden kann. Wir legen eine Validierung im Bereich **Finanzbuchhaltung** an. Da sowohl die Eingabe des Sachkontos als auch die Eingabe des Kontierungsobjekts auf der Belegposition stattfindet, verwenden wir für diese Validierung für die Finanzbuchhaltung die Ebene **Belegposition**.

Über einen Klick auf den Button [Validierung] (**Validierung anlegen**) legen Sie eine neue Validierung an. Vergeben Sie den Namen »Z900« und die Bezeichnung »Validierung«. Nutzen Sie anschließend den Button [Schritt] (**Schritt einfügen**), um die eigentliche Validierung anzulegen.

Die Validierung besteht aus drei Bereichen, die wir im Folgenden näher erläutern:

- **Voraussetzung**
  In der Voraussetzung legen Sie fest, welche Bedingungen erfüllt sein müssen, damit die Validierung aktiviert wird.
- **Prüfung**
  In der Prüfung legen Sie fest, welche Felder für die in der Voraussetzung definierten Merkmale geprüft werden sollen.
- **Nachricht**
  Ist die Voraussetzung erfüllt und die Prüfung erfolgt, gibt das SAP-System eine kundenspezifische Meldung aus.

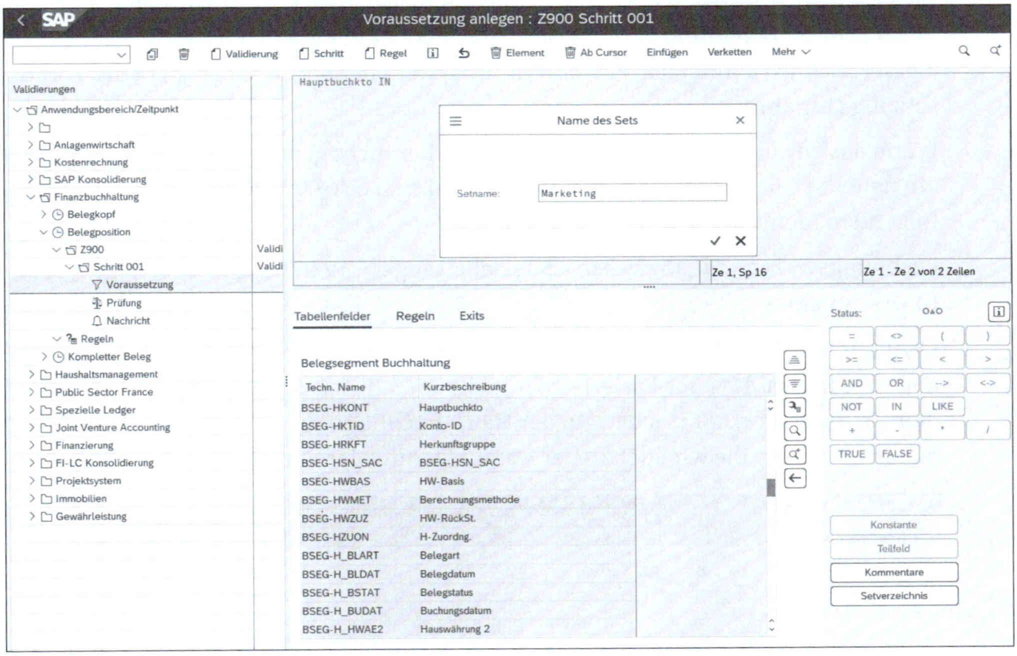

Abbildung 9.3 Voraussetzung in der Validierung Z900 anlegen

Voraussetzung festlegen

In Abbildung 9.3 legen wir eine *Voraussetzung* für die Validierung an. Navigieren Sie im linken Bildbereich zu der zuvor von Ihnen angelegten Validierung, und klicken Sie auf **Voraussetzung**. Im rechten Bildbereich können Sie nun die Voraussetzung anlegen. Im rechten unteren Bildbereich sehen Sie die Registerkarte **Tabellenfelder**, auf der die folgenden Strukturen gelistet sind:

- **Struktur BKPF**
  Belegkopf für die Buchhaltung
- **Struktur BSEG**
  Belegsegment für die Buchhaltung
- **Struktur SYST**
  ABAP-Systemfelder

Sie können in der Voraussetzung mit Feldern aus diesen Strukturen arbeiten. In unserem Beispiel arbeiten wir mit dem Feld HKONT (Sachkonto der Hauptbuchhaltung) aus der Struktur BSEG. Über einen Doppelklick auf die Struktur BSEG und einen Klick auf den Button (**Technische Namen an/aus**) sehen Sie die Felder von Tabelle BSEG mit ihren technischen Namen. Navigieren Sie zum Feld BSEG-HKONT in der Tabelle der Merkmale, und wählen Sie es über einen Doppelklick aus.

Als Voraussetzung legen Sie fest, dass die Validierung für alle Sachkonten gelten soll, die in dem Set **Marketing** gepflegt sind. Über einen Klick auf den Button Setverzeichnis (**Setverzeichnis**) können Sie ein Set, das im System bereits angelegt ist, in die Voraussetzung aufnehmen.

Wenn das gewünschte Set im SAP-System bisher nicht gepflegt worden ist, legen Sie ein neues Set an. Ein Set legen Sie über Transaktion GS01 (Anlegen Set) oder über den folgenden Menüpfad an:

Rechnungswesen • Finanzwesen • Spezielle Ledger • Werkzeuge • Setpflege • Sets • GS01 – Anlegen

In Abbildung 9.4 sehen Sie das Set **Marketingkosten**, das wir für die Voraussetzung angelegt haben. Das Set basiert auf Tabelle BSEG (Belegsegment Buchhaltung) und dem Feldnamen HKONT (Sachkonto der Hauptbuchhaltung). Es handelt sich dabei um dieselben Felder, die wir auch in der Voraussetzung der Validierung verwenden.

Abbildung 9.4 Set für die Validierung anlegen (Transaktion GS01)

Prüfung anlegen

Nachdem Sie die Voraussetzung angelegt haben, navigieren Sie im linken Bildbereich zum Punkt **Prüfung**. In der *Prüfung* definieren Sie, dass das Feld **PSP-Element** für die im Set hinterlegten Sachkonten nicht leer sein darf. Ziel der Validierung ist es, dass diese Konten immer auf ein PSP-Element kontiert werden (siehe Abbildung 9.5).

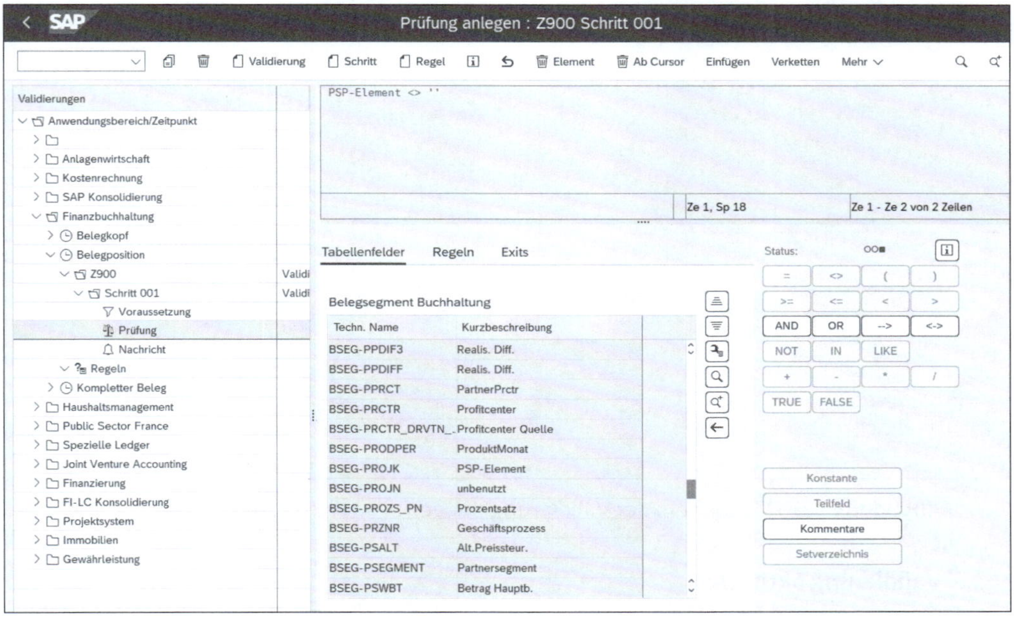

Abbildung 9.5 Prüfung für Validierung anlegen

Nachricht anlegen

Nach der Anlage der Voraussetzung und der Prüfung legen Sie eine *Nachricht* an. Die Nachricht bestimmt, was passiert, wenn jemand versucht, eines der Marketingkonten auf die Kostenstelle und nicht auf das PSP-Element zu buchen. Im SAP-System gibt es die folgenden Nachrichtentypen:

- A – Abbruch
- E – Fehler
- W – Warnung
- I – Information

In unserem Beispiel, das Sie in Abbildung 9.6 sehen, legen wir eine Fehlermeldung an. Kundenspezifische Nachrichten werden über **Umfeld • Nachrichten pflegen** angelegt. Auch können Sie eine bestehende Nachricht auswählen.

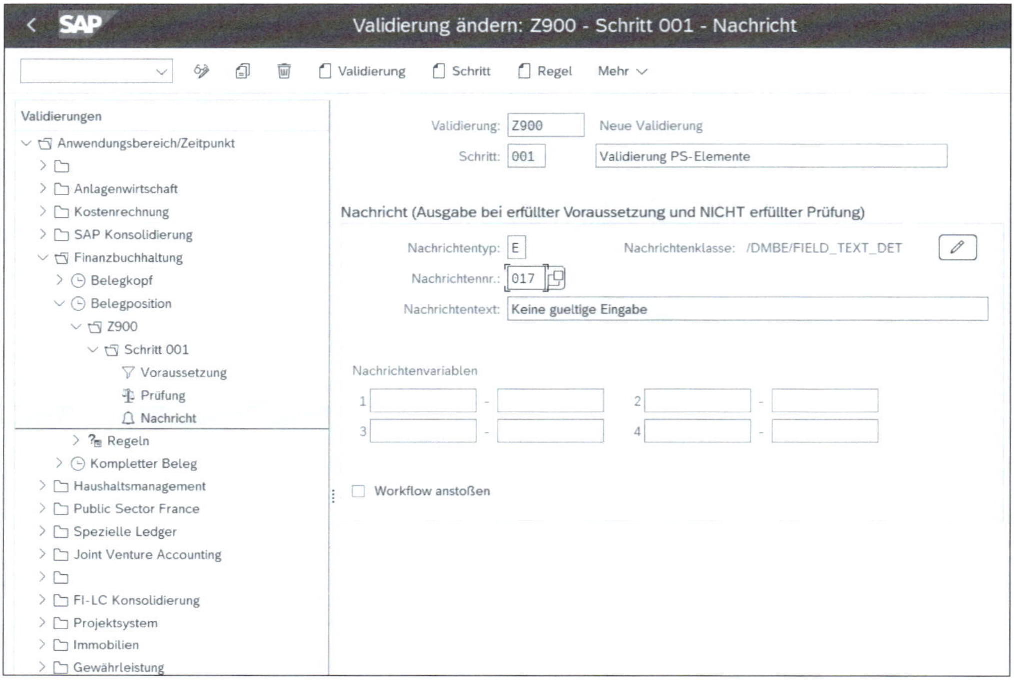

Abbildung 9.6 Nachricht in der Validierung pflegen

Validierung aktivieren

Nach der Definition der Voraussetzung, der Prüfung und der Nachricht muss die Validierung aktiviert werden (siehe Abbildung 9.7), damit sie beim Ausführen der Buchung auch aufgerufen wird. Rufen Sie Transaktion OB28 auf, oder folgen Sie dem Customizing-Pfad **Finanzwesen • Grundeinstellungen Finanzwesen • Werkzeuge • Validierung/Substitution • Validierung in Buchhaltungsbelegen**.

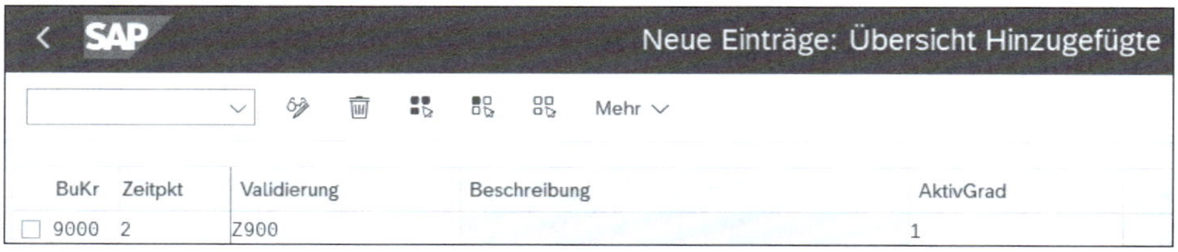

Abbildung 9.7 Validierung im Buchungskreis aktivieren (Transaktion OB28)

Die Validierung muss in der Finanzbuchhaltung pro Buchungskreis aktiviert werden. Der Zeitpunkt (Spalte **Zeitpkt**) gibt die Art der Validierung an; in unserem Beispiel ist dies der Zeitpunkt 2 (Belegposition). Der Aktivierungsgrad gibt an, ob die Validierung aktiviert ist und ob sie auch prüfen soll, wenn Buchungen über Batch-Input ausgeführt werden.

Nach der Aktivierung können wir einen Buchhaltungsbeleg buchen, um das Resultat der Validierung zu überprüfen. In Abbildung 9.8 sehen Sie eine Buchung auf ein Marketingkonto im Buchungskreis 1000. Wir haben die Belegzeile auf eine Kostenstelle kontiert und erhalten die Fehlermeldung auf Zeilenebene und am unteren Bildschirmrand (siehe Markierungen in Abbildung 9.8). Dies ist die Nachricht, die wir in der Validierung hinterlegt haben.

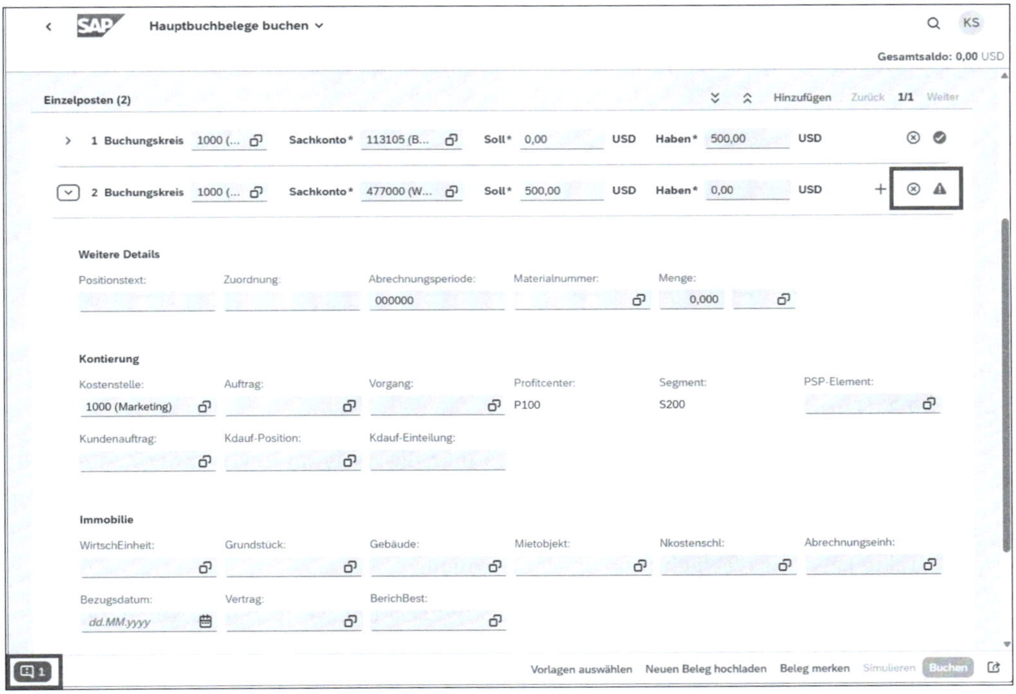

Abbildung 9.8 Finanzbuchhaltungsbeleg mit Kostenstelle buchen

Führen Sie nun eine Buchung im Buchungskreis 1000 auf ein Marketingkonto mit Kontierung auf ein PSP-Element aus, erhalten Sie keine Fehlermeldung, und die Buchung kann durchgeführt werden (siehe Abbildung 9.9).

Dieses Beispiel hat illustriert, wie Sie die Kontierung in SAP S/4HANA kontrollieren können, um sich später die Analyse im Monatsabschluss zu erleichtern.

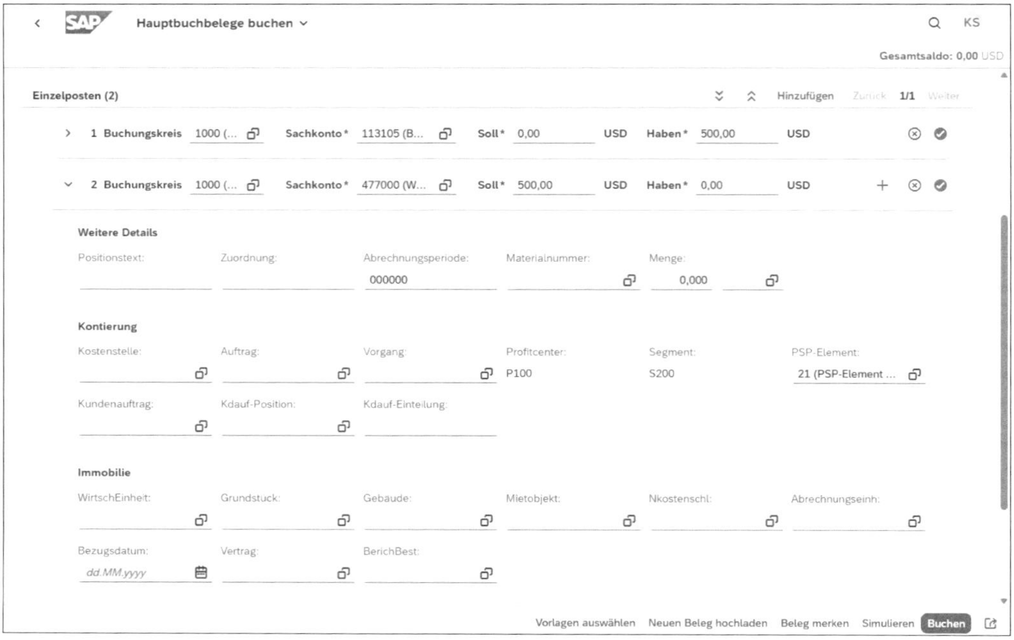

Abbildung 9.9 Finanzbuchhaltungsbeleg mit PSP-Element buchen

9.1.3 Direkte Leistungsverrechnung

Mit der *direkten Leistungsverrechnung* können Sie Aktivitäten von einer Kostenstelle auf ein anderes Kontierungsobjekt verrechnen. Die Aktivitäten werden mit einem Tarif bewertet, den Sie pro Leistungsarten-Kostenstellen-Kombination pflegen. Die direkte Leistungsverrechnung erfolgt manuell.

Auch gibt es die Möglichkeit einer *indirekten Leistungsverrechnung*, die die Leistungen monatlich nach einem vordefinierten Schema verrechnet. Für die indirekte Leistungsverrechnung werden Umlagezyklen angelegt. Wir gehen in diesem Kapitel nicht näher auf die Anlage von Umlagezyklen für die indirekte Leistungsverrechnung ein, die Anlage erfolgt aber nach dem gleichen Schema wie die Kostenstellenumlagen (siehe Abschnitt 9.1.5, »Universelle Verrechnungen«).

Eine zu verrechnende Aktivität können z. B. Personalstunden sein. Voraussetzung zur Pflege eines Tarifs ist, dass Sie zuvor eine *Leistungsart* angelegt haben. Um eine Leistungsart anzulegen, rufen Sie die SAP-Fiori-App **Leistungsarten verwalten** auf.

Leistungsarten können bis zu sechs Zeichen lang sein und haben ein Gültigkeitsdatum. In unserem Beispiel legen wir die Leistungsart PERS für Personalstunden mit dem Gültigkeitszeitraum 30.05.2025 bis 31.12.9999 an. Nehmen Sie die Eingaben in den entsprechenden Feldern vor, und bestätigen Sie Ihre Eingaben mit [↵]. Anschließend öffnet sich das in Abbildung 9.10 gezeigte Bild.

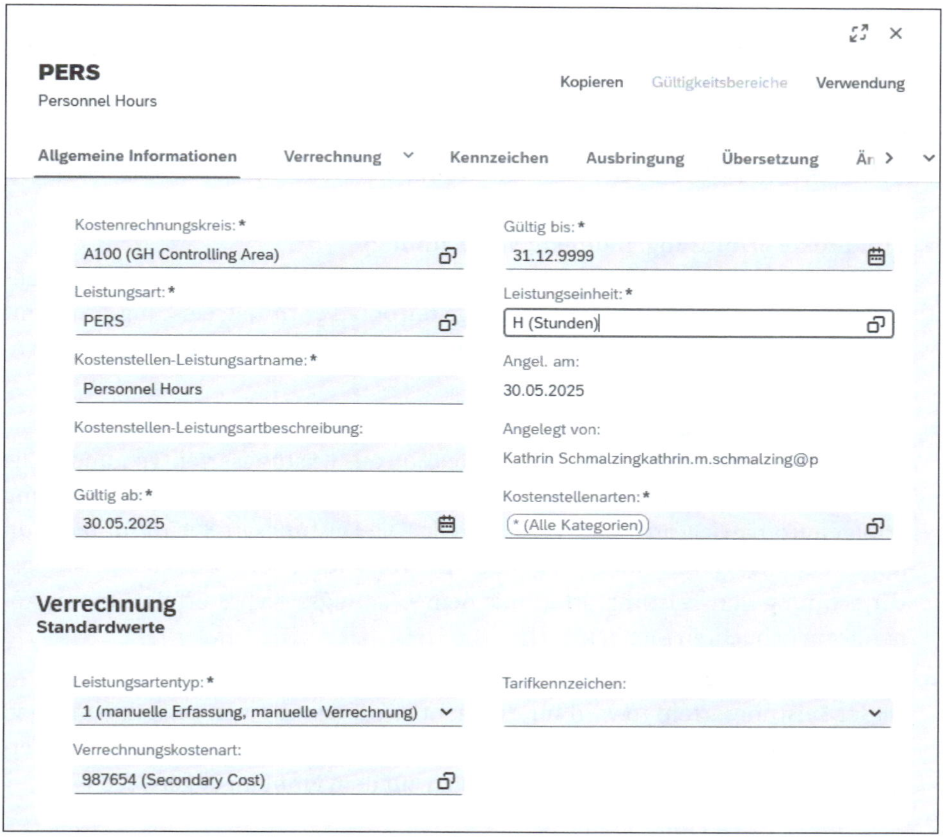

Abbildung 9.10 Leistungsart anlegen

Auf der Registerkarte **Allgemeine Informationen** können Sie in den Feldern **Bezeichnung** und **Beschreibung** den Kurz- und Langtext für die Leistungsart (hier jeweils Personalstunde) angeben. Im Feld **Leistungseinheit** vergeben Sie die Leistungseinheit, in unserem Beispiel **H (Stunden)**. Die Leistungseinheit ist die Einheit, mit der Zeit und Mengen verrechnet werden. Im Feld **Kostenstellenarten** können Sie die Verwendung der Leistungsart auf bestimmte Kostenstellenarten einschränken.

In Abschnitt 3.3, »Kostenstellen«, haben Sie gelernt, dass jede Kostenstelle einer Kostenstellenart zugeordnet werden muss. Die Kostenstellenart in der Leistungsart steuert, auf welche Kostenstellen Leistungen mit dieser Leistungsart verrechnet werden dürfen. So können Sie z. B. verhindern, dass Leistungsverrechnungen aus der Produktion auf Administrationskostenstellen verrechnet werden. In unserem Beispiel erlauben wir die direkte Leistungsverrechnung auf alle Kostenstellenarten durch die Pflege eines »*« im Feld **Kostenstellenarten**.

Auf der Registerkarte **Verrechnung** werden einige Felder, die die Verwendung der Leistungsart festlegen, gepflegt. Der Leistungsartentyp legt z. B. die Verwendung der Leistungsart fest. Es gibt vier Leistungsartentypen:

- **1 (manuelle Erfassung, manuelle Verrechnung)**
  Dieser Leistungsartentyp wird manuell gepflegt und verrechnet (z. B. mit Transaktion KB21N (direkte Leistungsverrechnung).
- **2 (indirekte Ermittlung, indirekte Verrechnung)**
  Auf dem Sender müssen Gewichtungsfaktoren gepflegt werden. Über die Empfängerbezugsbasen wird die Leistungsmenge retrograd ermittelt. Leistungsarten mit dem Leistungsartentyp 2 werden in der indirekten Leistungsverrechnung verwendet.
- **3 (manuelle Erfassung, indirekte Verrechnung)**
  Dieser Leistungsartentyp ist eine Kombination aus Leistungsartentyp 1 und 2. Die Leistungsmengen werden manuell auf dem Sender geplant. Die Tarifermittlung erfolgt automatisch pro Senderkostenstelle. Die Leistungsart 3 wird für die indirekte Leistungsverrechnung verwendet. Die Allokation der indirekten Leistungsverrechnung von Leistungsarten mit dem Leistungsarttyp 3 erfolgt immer anhand von gebuchten Mengen.
- **4 (manuelle Erfassung, keine Verrechnung)**
  Dieser Leistungsartentyp wird für die manuelle Erfassung von Leistungsmengen verwendet. Es werden nur Mengen auf dem Sender geplant; es erfolgt keine Verrechnung. Im Ist werden geleistete Mengen auf dem Empfänger gepflegt.

In unserem Beispiel legen wir die Leistungsart mit dem Leistungsartentyp **1 (manuelle Erfassung, manuelle Verrechnung)** an, da wir die Leistungsart in der direkten Leistungsverrechnung verwenden möchten. Wenn Sie mit der SAP-Komponente zur Produktionsplanung arbeiten und Produktkalkulationen sowie eine Kostenträgerrechnung durchführen möchten, müssen Sie die Leistungsarten, die Sie in der Produktkostenrechnung verwenden möchten, mit dem Leistungsartentyp 1 planen.

Im Feld **Verrechnungskostenart** pflegen Sie ein Sekundärkostensachkonto mit dem Kostenartentyp 43 (Verrechnung Leistungen/Prozesse). Dieses Konto wird für die Verrechnung der Leistungen in SAP S/4HANA verwendet. Es ist sinnvoll, die Leistungsarten über das Sekundärkostensachkonto zu gruppieren. Auf diese Weise können Sie z. B. allen Leistungsarten für Personalkosten ein Sekundärkostensachkonto »Verrechnung Personalkosten« zuordnen.

Im Feld **Tarifkennzeichen** wird bestimmt, wie der Tarif für die Leistungsart berechnet wird. Es gibt die folgenden Optionen:

- **001 (automatisch auf der Basis der Planleistungen ermittelt)**
  Der Tarif wird durch die Division der geplanten Kosten mit den geplanten Leistungen ermittelt.

- **002 (automatisch auf der Basis der Kapazität ermittelt)**
  Der Fixkostenanteil des Tarifs wird durch die Division der Plankosten mit der Kapazität ermittelt, wobei der variable Kostenanteil des Tarifs durch die Division der Plankosten mit der Planleistung ermittelt wird.
- **003 (manuell festgelegt)**
  Der Tarif der Leistungsart wird manuell festgelegt.

In unserem Beispiel wählen wir den Leistungsartentyp 11 für die manuelle Pflege des Tarifs. Da wir in unserem Beispiel den Leistungsartentyp 1 gesetzt haben, planen wir den Tarif manuell.

Neben den Grunddaten umfasst der Leistungsartenstamm die folgenden drei Registerkarten:

- **Kennzeichen**
  Auf der Registerkarte **Kennzeichen** können Sie die Leistungsart sperren.
- **Ausbringung**
  Auf der Registerkarte **Ausbringung** können Sie eine abweichende Ausbringungsmenge festlegen, z. B. wenn die Leistungsart eine Dienstleistung darstellt und der Leistungsart als Leistungseinheit H zugeordnet ist, die Ausbringungsmenge aber Stück ist (z. B. wenn im Durchschnitt eine Stunde Beratung für ein Reklamationsgespräch benötigt wird).
- **Historie**
  Sie sehen auf dieser Registerkarte, wer die Leistungsart angelegt und zuletzt geändert hat.

Die manuelle Planung und damit die Hinterlegung eines Tarifs für die Leistungsart erfolgt über die SAP-Fiori-App Tarife für Leistungsarten bearbeiten. In Abbildung 9.11 sehen Sie das Einstiegsbild zur Planung des Leistungsartentarifs. In unserem Beispiel planen wir den Tarif für die zweite Hälfte des Jahres 2025. Die Leistungsart (**LstArt**) PERS wird in der Kostenstelle 1100 (Marketing) geplant. Über den Button Übersichtsbild (**Übersichtsbild**) gelangen Sie in das Übersichtsbild der Leistungsartenplanung.

Im Bild **Planung Leistungen/Tarife ändern: Übersichtsbild** können Sie die Planleistung, die Kapazität und auch den Tarif planen. Der Tarif ist in einen fixen und einen variablen Teil aufgeteilt.

In unserem Beispiel in Abbildung 9.11 legen wir einen fixen Tarif von 80,00 USD pro Stunde fest. Bei der Pflege von Tarifen zu Leistungsarten mit dem Leistungsartentyp 002 oder 003 wird die Planleistung und/oder die Kapazität gepflegt. Der Preis für den Tarif wird maschinell ermittelt.

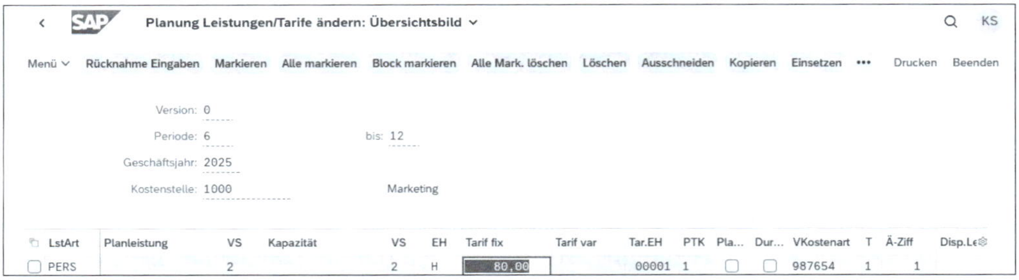

Abbildung 9.11 Leistungsart planen

Nachdem Sie die Leistungsart angelegt und den Tarif gepflegt haben, können Sie die direkte Leistungsverrechnung durchführen. Rufen Sie dazu die SAP-Fiori-App **Direkte Leistungsverrechnung erfassen** (App-ID F3697A) auf.

In unserem Beispiel verrechnen wir 50 Stunden (H) von der Senderkostenstelle 1000 mit der Leistungsart PERS auf die Empfängerkostenstelle 2000 (siehe Abbildung 9.12). Über einen Klick auf Buchen (**Sichern**) wird die Leistungsverrechnung gebucht. (Der Button ist in Abbildung 9.12 nicht ersichtlich). Es wird ein Beleg erzeugt, der im Universal Journal, der Tabelle ACDOCA, abgelegt wird.

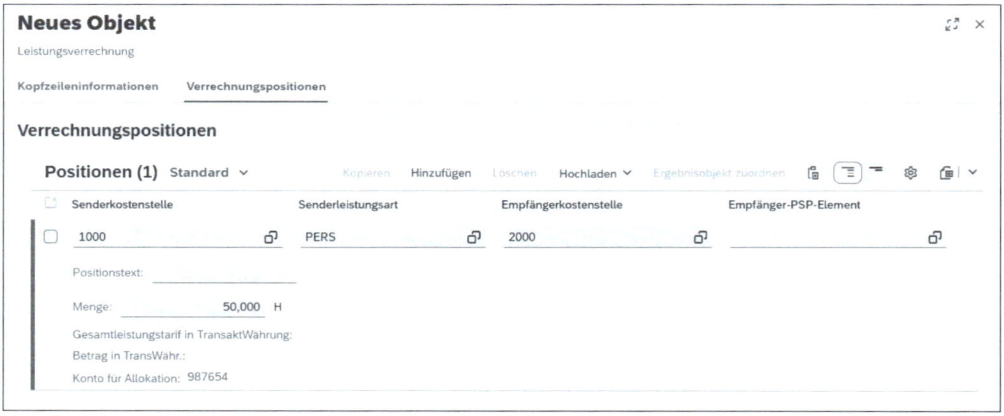

Abbildung 9.12 Direkte Leistungsverrechnung ausführen

Über die SAP-Fiori-App **Kosten Einzelposten anzeigen** (App-ID KSB1) rufen Sie einen Report zur Analyse von Senderkostenstelle und Empfängerkostenstelle auf. In der Selektion pflegen Sie den Kostenrechnungskreis, das Zeitintervall und das Kostenstellenintervall ein. In Abbildung 9.13 sehen Sie die Senderkostenstelle.

Die Verrechnung der 50 Stunden führt zu einer Entlastung von 4.000,00 USD (50 h × 80,00 USD) auf dem Sekundärkostenkonto 943110 (Interne LV Fertigungsstunden). Die Belastung wird in einem separaten Bereich, getrennt von der Entlastung, angezeigt.

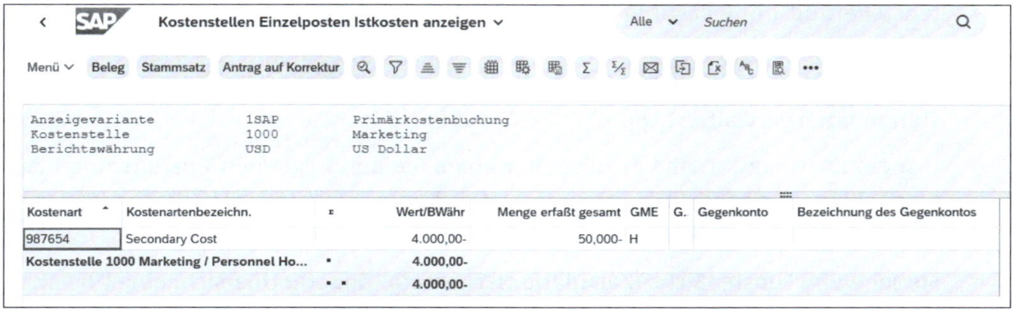

Abbildung 9.13 Senderkostenstellenbericht analysieren

In der Empfängerkostenstelle in Abbildung 9.14 sind die 4.000,00 USD als Belastung zu sehen. Über einen Doppelklick auf die betreffende Zeile erfolgt eine Verknüpfung mit dem Originalbeleg, in dem Sie den Sender der Kosten sowie die verrechnete Leistungsmenge sehen können (nicht im Bild ersichtlich).

Abbildung 9.14 Empfängerkostenstellenbericht analysieren

In diesem Abschnitt haben Sie alle notwendigen Einstellungen für die direkte Leistungsverrechnung kennengelernt. Sehen Sie in den folgenden Abschnitten, welche weiteren Einstellungen in der Kostenstellenrechnung möglich sind.

9.1.4 Zuschläge

Im Gemeinkostencontrolling können *Gemeinkostenzuschläge* auf Kostenstellen erhoben werden. Dies kommt z. B. zur Anwendung, wenn Sie eine Kostenstelle für Versuche verwenden und diese regelmäßig Produkte aus dem Lager entnimmt, um die Versuche durchzuführen. Die Gemeinkostenbezuschlagung erlaubt es, einen Materialgemeinkostenzuschlag auf die Rohstoffe zu erheben, die in der Versuchskostenstelle entnommen werden.

Für die Gemeinkostenbezuschlagung muss ein Kalkulationsschema angelegt werden. Neben dem Kalkulationsschema müssen Sie für die Entlastung der Senderkostenstelle und die Belastung der Empfängerkostenstelle ein Sekundärkostenkonto und eine Sekundärkostenart mit dem Kostenartentyp 41 (Gemeinkostenzuschläge) anlegen. Für die Anlage des Sekundärkontos rufen Sie die SAP-Fiori-App **Sachkontenstammdaten verwalten** (App-ID F0731A) auf.

Um ein Zuschlagsschema anzulegen, wählen Sie den folgenden Customizing-Pfad: **Controlling • Kostenstellenrechnung • Istbuchungen • Periodenabschluss • Gemeinkostenzuschläge • Kalkulationsschemata definieren**

Sie sehen im Fenster **Sicht "Kalkulationsschemata" ändern: Übersicht** eine Übersicht aller im System vorhandenen Kalkulationsschemata (siehe Abbildung 9.15). Sie können ein bestehendes Kalkulationsschema kopieren oder ein neues Kalkulationsschema über **Neue Einträge** oder die Taste F5 anlegen. Das Kalkulationsschema besteht aus den drei Komponenten Basis, Zuschlag und Entlastung, die im Vorfeld der Anlage des Kalkulationsschemas angelegt werden müssen.

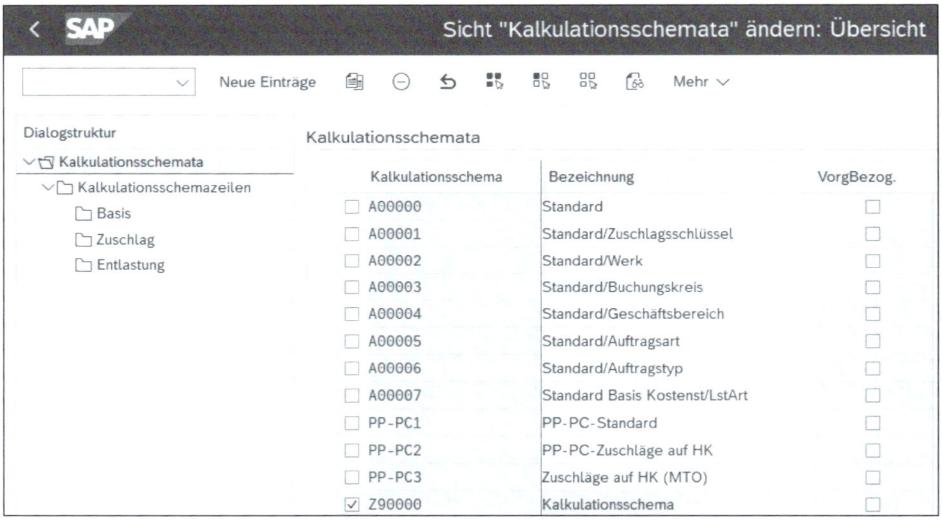

Abbildung 9.15 Kalkulationsschema anlegen

Wir beginnen mit der Anlage der Komponente Basis: Die Basis bestimmt, welche Konten bezuschlagt werden sollen. In der Kostenstellenrechnung können Sie die Basis in Abhängigkeit verschiedener Merkmale definieren:

Über den folgenden Customizing-Pfad können Sie Berechnungsbasen, bezogen auf Kostenart und Herkunft, definieren: **Controlling • Kostenstellenrechnung • Istbuchungen • Periodenabschluss • Gemeinkostenzuschläge • Kalkulationsschema: Bestandteile • Berechnungsbasen bezogen auf Kostenart und Herkunft definieren**. Die

Herkunft bezieht sich auf die Herkunftsgruppe, die im Customizing angelegt wird und im Materialstamm in der Sicht **Kalkulation 1** zugeordnet werden kann. Die Herkunftsgruppe wird verwendet, um innerhalb eines Sachkontos weiter zu differenzieren. Dies ist z. B. sinnvoll, wenn Sie eine Bewertungsklasse und damit ein Konto für Rohmaterial haben, innerhalb dieses Kontos aber weiter unterteilen möchten, z. B. nach der Art des Rohstoffs (Plastik, Metall usw.). Über die Herkunftsgruppe können Sie die Gemeinkostenzuschläge feiner definieren. Es ist nicht Pflicht, die Herkunftsgruppe in dieser Berechnungsbasis anzuwenden. Sie können das Feld auch leer lassen, und das SAP-System wird die Bezuschlagung ohne die Berücksichtigung der Herkunftsgruppe durchführen. Neben den Herkunftsgruppen können Sie die Bezuschlagung auch nach fixen und variablen Kosten unterteilen. Voraussetzung dafür ist, dass Sie Ihre Tarife in fixe und variable Kosten unterteilt haben.

Zur Definition von *Berechnungsbasen*, bezogen auf Kostenstelle und Leistungsart, nutzen Sie den folgenden Customizing-Pfad: **Controlling • Kostenstellenrechnung • Istbuchungen • Periodenabschluss • Gemeinkostenzuschläge • Kalkulationsschema: Bestandteile • Berechnungsbasen bezogen auf Kostenstelle und Leistungsart definieren**.

In dieser Berechnungsbasis definieren Sie die Kostenstellen und Leistungsarten, die bezuschlagt werden sollen. Es ist nicht Pflicht, die Bezuschlagung auf Leistungsarten einzuschränken. Tragen Sie keine Leistungsart ein, berücksichtigt das System alle Leistungsarten bei der Bezuschlagung. Die Bezuschlagung ist in diesem Beispiel kein Sachkonto.

In Abbildung 9.16 legen wir eine auf Sachkonto und Herkunftsgruppe bezogene Basis an. Über einen Klick auf **Neue Einträge** oder über die Taste [F5] können Sie eine neue Basis anlegen. Die Berechnungsbasis besteht aus einem vierstelligen technischen Schlüssel. Zu jeder Basis müssen Details definiert werden. Dazu navigieren Sie im linken Bildbereich **Dialogstruktur** zum Ordner **Detail**.

Über einen Klick auf **Neue Einträge** oder die Taste [F5] können Sie einzelne Kostenarten, ein Kostenartenintervall oder eine Kostenartengruppe der Basis zuordnen. Ich empfehle das Arbeiten mit Kostenartengruppen, da diese im Produktionsbetrieb einfach angepasst werden können, ohne dass Customizing-Aufwand erforderlich wäre. Sie können ebenfalls steuern, welcher Kostenbestandteil bezuschlagt wird: Gesamtkosten, fixe oder variable Kosten. Dies setzt allerdings voraus, dass Sie mit fixen und variablen Kosten arbeiten.

Nach der Anlage der Basis legen wir einen Gemeinkostenzuschlag an. Es gibt zwei Arten von Gemeinkostenzuschlägen: prozentuale Gemeinkostenzuschläge und mengenbezogene Gemeinkostenzuschläge.

Abbildung 9.16 Basis für das Kalkulationsschema anlegen

Prozentuale Gemeinkostenzuschläge werden über den folgenden Customizing-Pfad angelegt: **Controlling • Kostenstellenrechnung • Istbuchungen • Periodenabschluss • Gemeinkostenzuschläge • Kalkulationsschema: Bestandteile • Prozentuale Zuschlagssätze definieren**. Wie der Name es bereits sagt, erhebt diese Zuschlagsart prozentuale Gemeinkostenzuschläge auf der Basis der Berechnungsbasis im Kalkulationsschema. Prozentuale Gemeinkostenzuschläge werden für mengenunabhängige Zuschläge verwendet. Jeder Gemeinkostenzuschlag hat eine Gültigkeit und eine Abhängigkeit. Die Abhängigkeit definiert, welche Merkmale in der Zuschlagspflege zur Verfügung stehen (z. B. Buchungskreis, Zuschlagsart oder Werk). Es können unterschiedliche Zuschlagssätze für Plan, Soll und Ist gepflegt werden.

Mengenbezogene Gemeinkostenzuschläge werden über den folgenden Customizing-Pfad angelegt:

Controlling • Kostenstellenrechnung • Istbuchungen • Periodenabschluss • Gemeinkostenzuschläge • Kalkulationsschema: Bestandteile • Mengenbezogene Zuschlagssätze definieren

Mengenbezogene Gemeinkostenzuschläge werden verwendet, wenn Zuschläge auf der Basis von Mengen erhoben werden sollen. Für die Verwendung von mengenbezogenen Zuschlägen in der Kostenstellenrechnung müssen Sie im Kostenstellenstamm das Feld **Menge führen** aktivieren.

Zur Änderung des Kostenstellenstamms rufen Sie Transaktion KS02 (Kostenstelle ändern) auf, oder Sie folgen dem Menüpfad **Rechnungswesen • Controlling • Kostenstellenrechnung • Stammdaten • Kostenstellen • Einzelbearbeitung • KS02 – Ändern**. Sie können bei einer Buchung in der Finanzbuchhaltung auch Mengen pflegen. Dazu müssen Sie im Sachkonto das Kennzeichen **Menge führen** auf der Registerkarte **Steuerungsdaten** pflegen.

Sie können ein Sachkonto über Transaktion FS00 oder den Menüpfad **Rechnungswesen • Finanzwesen • Hauptbuch • Stammdaten • Sachkonten • Einzelbearbeitung • FS00 – Zentral** anlegen. Werden Mengen über den Verbrauch auf Kostenstellen gebucht, stellen Sie sicher, dass im Materialstamm das Kennzeichen **Herkunft Material** auf der Registerkarte **Kalkulation 1** gesetzt ist, da sonst die Mengen nicht in den Controlling-Tabellen bezuschlagt werden, die für die Bezuschlagung aufgerufen werden.

In Abbildung 9.17 legen wir einen prozentualen Zuschlag an. Über **Neue Einträge** oder die Taste F5 können Sie einen neuen Zuschlag anlegen. Der Zuschlag besteht aus einem vierstelligen technischen Namen. Bei der Anlage des Zuschlags ist es verpflichtend, die Abhängigkeit auszuwählen. Wie bereits erwähnt, definiert die Abhängigkeit, welche Merkmale in der Zuschlagspflege zur Verfügung stehen. In unserem Beispiel wählen wir die Abhängigkeit D000 (Zuschlagsart). Zur Anlage der Zuschlagssätze navigieren Sie im linken Bildbereich **Dialogstruktur** in den Ordner **Detail**. Über **Neue Einträge** oder die Taste F5 können wir pro Zuschlagsart (1 = Ist; 2 = Plan und 3 = Obligo) einen unterschiedlichen Prozentsatz pflegen. Die Zuschlagssätze haben eine Gültigkeit und werden in der Abrechnung des Kostenrechnungskreises gepflegt.

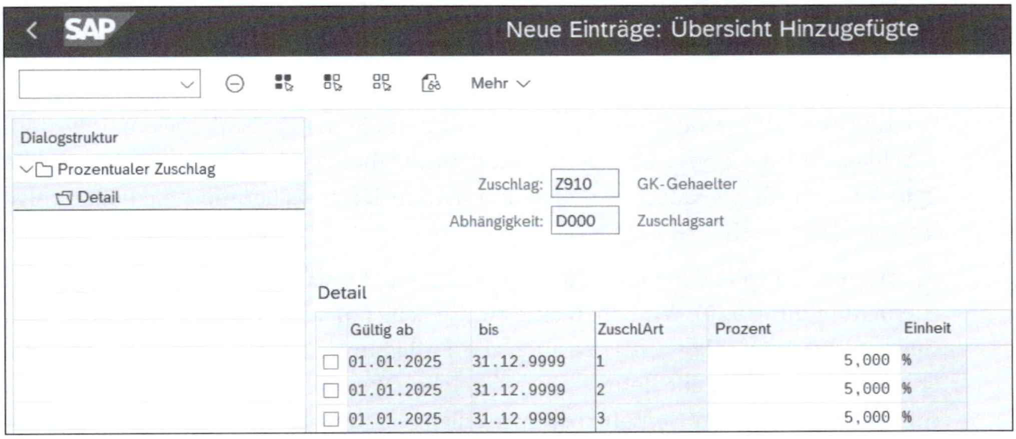

Abbildung 9.17 Prozentualen Zuschlagssatz für das Kalkulationsschema anlegen

Nach der Definition der Basis und des Gemeinkostenzuschlags legen wir eine *Entlastung* an. Entlastungen können über den folgenden Customizing-Pfad angelegt werden: **Controlling • Kostenstellenrechnung • Istbuchungen • Periodenabschluss • Gemeinkostenzuschläge • Kalkulationsschema: Bestandteile • Entlastungen definieren**. Die Entlastung ist eine Kostenstelle oder ein Innenauftrag, der bei der Bezuschlagung entlastet wird.

In Abbildung 9.18 legen Sie über **Neue Einträge** oder die Taste F5 eine Entlastung an. Sie besteht aus einem dreistelligen technischen Schlüssel. Nach der Anlage der Entlastung verzweigen Sie im linken Bildbereich **Dialogstruktur** in den Ordner **Detail**. Über

Neue Einträge oder die Taste F5 können Sie unter der Angabe der Gültigkeit und einer Kostenart (diese muss mit dem Kostenartentyp 41 (Gemeinkostenzuschlag) angelegt sein) die Entlastungskostenstelle pflegen.

Abbildung 9.18 Entlastung für das Kalkulationsschema anlegen

Mit der Anlage der Entlastung haben wir alle drei Bestandteile für die Anlage eines *Kalkulationsschemas* angelegt. Gehen Sie nun zurück zum Customizing-Pfad **Controlling • Kostenstellenrechnung • Istbuchungen • Periodenabschluss • Gemeinkostenzuschläge • Kalkulationsschemata definieren**, und wählen Sie das von Ihnen angelegte Kalkulationsschema aus Abbildung 9.15 aus.

Über **Neue Einträge** oder die Taste F5 können Sie die Basis, den Gemeinkostenzuschlag und die Entlastung dem Kalkulationsschema zuordnen. Über die Spalte **Zeile** können Sie das Kalkulationsschema strukturieren; es definiert die Reihenfolge im Kalkulationsschema.

In unserem Beispiel haben wir die Zeile 10 angelegt und die Basis Z900 zugeordnet (siehe Abbildung 9.19). Wir haben eine zweite Zeile (20) angelegt, der wir sowohl den Gemeinkostenzuschlag Z910 als auch die Entlastung Z90 zugeordnet haben. Die Spalten **von** und **bis Zeile** definieren, auf welchen Wert der Zuschlag erhoben werden soll. Da wir nur einen Gemeinkostenzuschlagssatz angelegt haben, ist das Kalkulationsschema sehr einfach aufgebaut.

Abbildung 9.19 Kalkulationsschemazeilen anlegen

Das Kalkulationsschema ist nun zur Anwendung bereit. Um den Gemeinkostenzuschlag auf einer Kostenstelle erheben zu können, muss das Kalkulationsschema der Kostenstelle zugeordnet werden. Dies erfolgt im Kostenstellenstamm. Rufen Sie dazu die SAP-Fiori-App **Kostenstellen verwalten** (App-ID F1443A) auf (siehe Abbildung 9.20).

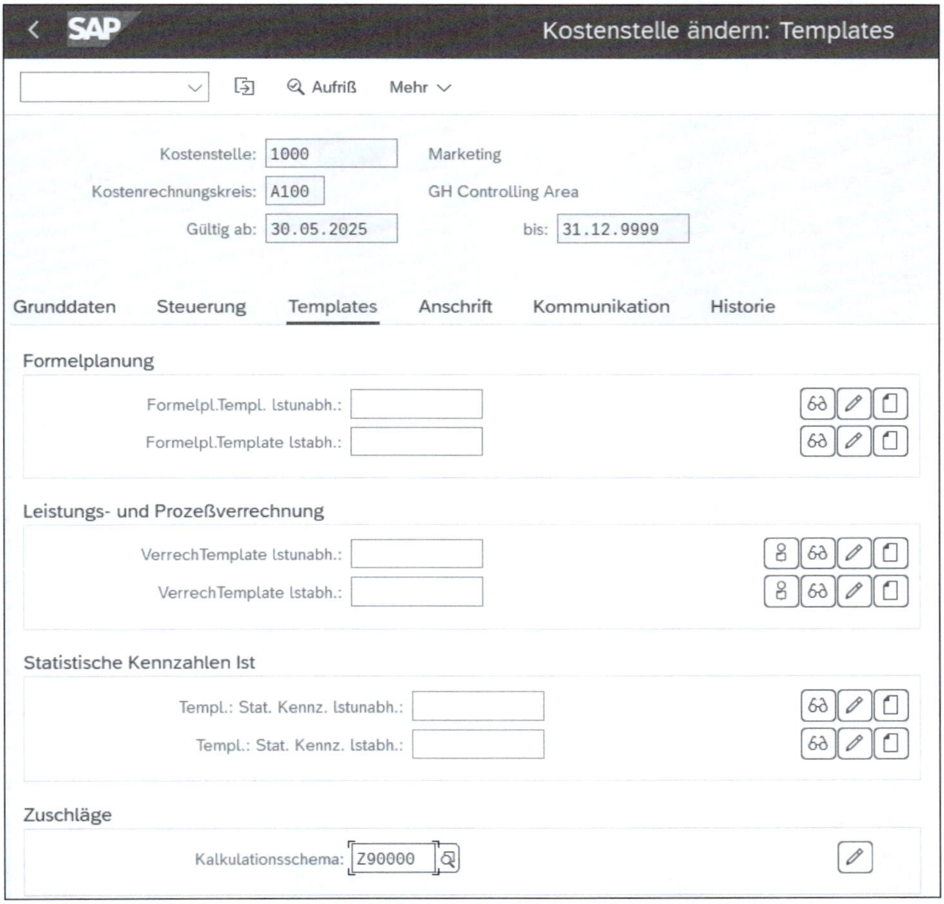

Abbildung 9.20 Zuschlagsschema der Kostenstelle zuordnen

Die Gemeinkostenbezuschlagung kann nur im Ist ausgeführt werden. Für Istrechnungen verwenden Sie die SAP-Fiori-App **Gemeinkostenzuschlag Kostenstelle ausführen** (App-ID KSI4).

Die SAP-Fiori-App kann für eine einzelne Kostenstelle, für ein Kostenstellenintervall, für eine Kostenstellengruppe oder für eine Selektionsvariante ausgeführt werden. Die Gemeinkostenbezuschlagung wird auf der Monatsebene aufgeführt. Es besteht die Möglichkeit, die Transaktion als Testlauf auszuführen. Es ist empfehlenswert, das

Kennzeichen **Detaillisten** zu aktivieren, um ein detaillierteres Protokoll zu erhalten (siehe Abbildung 9.21). Führen Sie die Transaktion über einen Klick auf Ausführen (**Ausführen**) aus (nicht in der Abbildung ersichtlich).

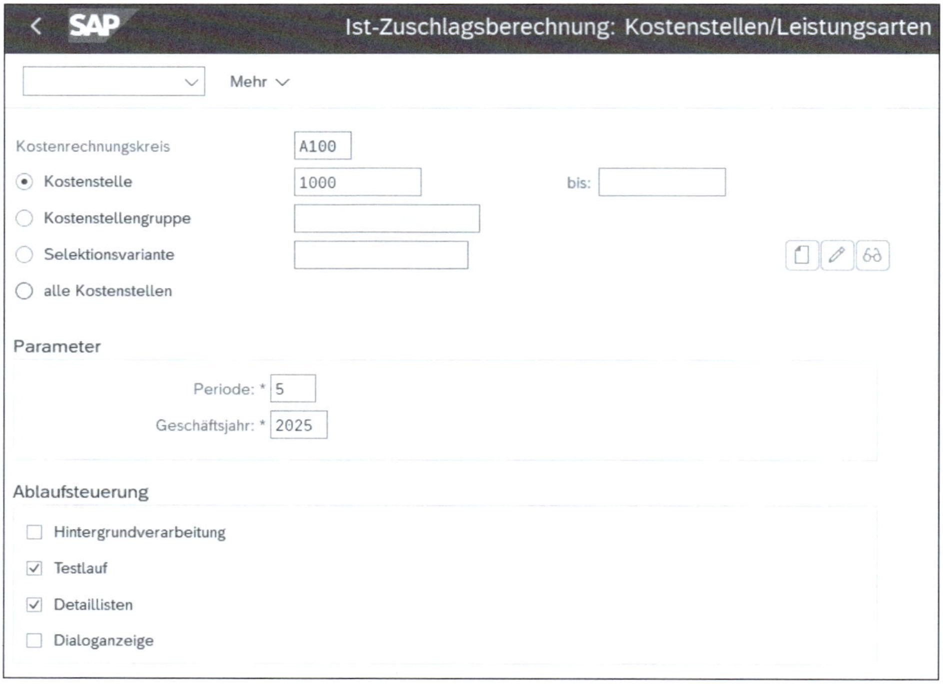

Abbildung 9.21 Zuschlagsberechnung ausführen

Nach dem Ausführen der Transaktion erscheint ein Bild mit der erfolgreich ausgeführten Gemeinkostenbezuschlagung (siehe Abbildung 9.22). Über die Taste F6 gelangen Sie in die Sicht **Ist-Zuschlagsberechnung: Kostenstellen/Leistungsarten Belastungen**, aus der Details zu Sender, Empfänger und Bezuschlagung hervorgehen.

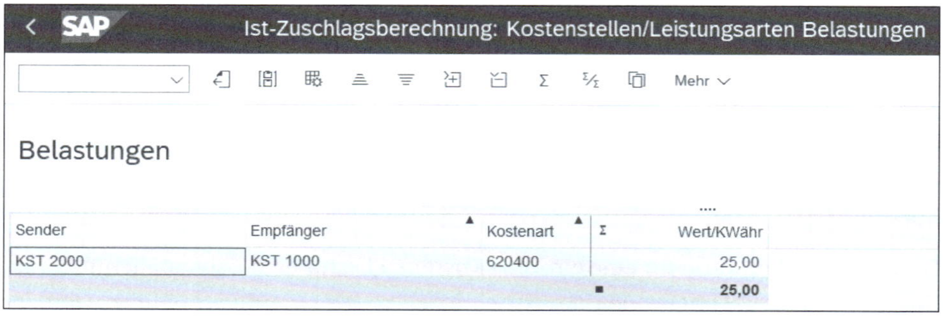

Abbildung 9.22 Detailliste für die Zuschlagsberechnung prüfen

Schauen wir uns das Resultat der Gemeinkostenbezuschlagung in einem Kostenstellenbericht an. In Abbildung 9.23 sehen Sie einen Report für die Kostenstellen 1000 (Empfänger) und 2000 (Sender). Sie sehen, dass die Kosten mit der Kostenart 430100 (Marketing) gebucht wurden, die in der Basis für den Gemeinkostenzuschlag hinterlegt ist. Außerdem sehen Sie, dass ein Wert mit der Kostenart 620400 (GK-Zuschlag Vertrieb) gebucht wurde. Diese beiden Buchungen sind auf der Senderkostenstelle 2000 vorzufinden. Auf der Empfängerkostenstelle sehen wir hingegen eine Belastung, die mit der Kostenart 620400 (GK-Zuschlag Vertrieb) gebucht wurde. Insgesamt ergibt der Saldo jeder Sekundärkostenart null.

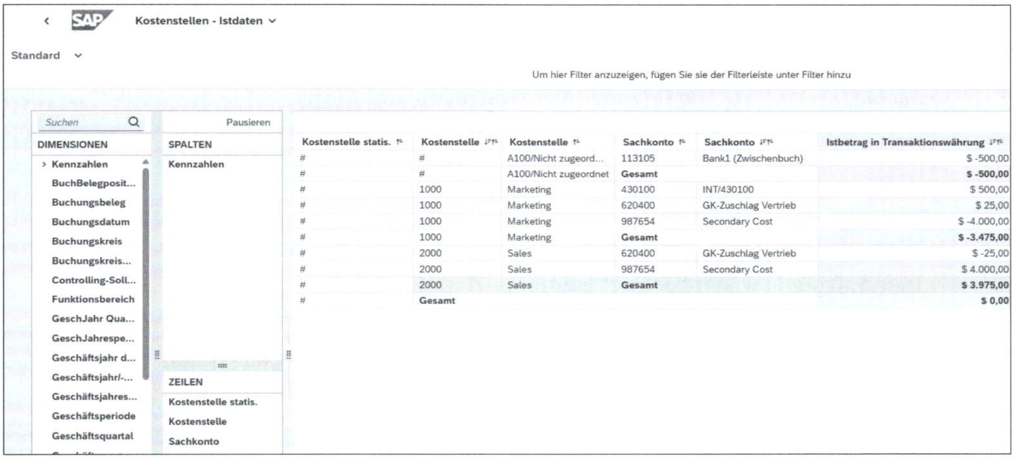

Abbildung 9.23 Ergebnis in Kostenstellen analysieren

9.1.5 Universelle Verrechnungen

Mit SAP S/4HANA wurden die Umlagen in der SAP-Fiori-App **Verrechnungen verwalten** (App-ID F3338A) zusammengefügt und harmonisiert. Die Harmonisierung der Umlagen bezeichnet man als *universelle Verrechnungen*. Es gibt nun für jeden Typ Umlage (z. B. Kostenstellen, Margenanalyse und Profit-Center) nur noch zwei SAP-Fiori-Apps: **Verrechnungen verwalten** und **Verrechnungen ausführen** (App-ID F3548). Diese SAP-Fiori-Apps machen die hohe Anzahl an Transaktionen obsolet. Die universellen Verrechnungen bieten auch einen Down- und Upload von Segmenten und Umlagezyklen nach Microsoft Excel an.

Die universellen Verrechnungen sollen die folgenden Herausforderungen meistern:

- **Transparenz**
  Die Anlage von Umlagen und Verrechnungen ist in verschiedenen Modulen für unterschiedliche Zwecke möglich. Es ist schwierig, den Überblick darüber zu behalten, welche Umlagen wo und mit welchen Sendern/Empfängern angelegt wurden. Die universellen Verrechnungen fassen alle Umlagen und Verrechnungen in

der SAP-Fiori-App **Verrechnungen verwalten** zusammen. Sie erhalten damit einen Überblick aller bestehenden Umlagen und Verrechnungen in Ihrem Unternehmen und können diese nach bestimmten Kriterien sortieren und analysieren.

- **Rückverfolgbarkeit**
  Es wird ein Überblick über die Verrechnungen geschaffen, der die verschiedenen Verrechnungsmodelle grafisch darstellt. Es gibt sowohl eine grafische Darstellung der Verrechnungen vor deren Ausführung als auch eine grafische Darstellung nach deren Ausführung zur Rückverfolgbarkeit der umgelegten Kosten. Im Folgenden erläutern wir Ihnen, wie Sie eine Kostenstellenumlage mit der Funktionalität der universellen Verrechnung anlegen können.

Neben der direkten Leistungsverrechnung, der Abgrenzungsberechnung und den Zuschlägen gibt es eine Reihe von *Umlagen*, die am Monatsende ausgeführt werden können, um die Kosten verursachungsgerecht zu verteilen. Für diese Umlagen muss ein Zyklus mit Segmenten angelegt werden.

Im Zyklus wird bestimmt, welche Kostenarten, Kostenartenintervalle oder Kostenartengruppen als Senderobjekte einer Kostenstelle an einen Empfänger (Kostenstelle, Innenauftrag usw.) verrechnet werden.

Kostenstellenumlagen müssen im Customizing angelegt werden, bis das System als produktiv gekennzeichnet ist. Erst dann lässt das System die Anlage von Umlagezyklen ohne Customizing zu. Es ist jedoch empfehlenswert, jeden Umlagezyklus ausgiebig in einem Testsystem zu testen, bevor dieser im Produktivsystem ausgeführt wird.

Bevor wir Ihnen die Anlage eines Umlagezyklus mit seinen Segmenten zeigen, geben wir Ihnen in Tabelle 9.1 eine Übersicht der verschiedenen *Umlagearten* und zeigen die Unterschiede in deren Anwendung auf. Es wird dabei zwischen vier Umlagearten unterschieden:

- periodische Umbuchung
- Verteilung
- Umlage
- indirekte Leistungsverrechnung

	Periodische Umbuchung	**Verteilung**	**Umlage**	**Indirekte Leistungsverrechnung**
Senderobjekte	■ Kostenstellen ■ Innenaufträge ■ PSP-Elemente	Kostenstellen	Kostenstellen	Kostenstellen mit Leistungsarten
Kostenarten	Primärkostenarten	Primärkostenarten	Primär- und Sekundärkostenarten	Primär- und Sekundärkostenarten

Tabelle 9.1 Übersicht über die möglichen Kostenstellenumlagen

	Periodische Umbuchung	Verteilung	Umlage	Indirekte Leistungsverrechnung
Empfänger-objekte	■ Kostenstellen ■ Innenaufträge ■ PSP-Elemente	■ Kostenstellen ■ Innenaufträge ■ PSP-Elemente	■ Kostenstellen ■ Innenaufträge ■ PSP-Elemente ■ Ergebnisobjekte	■ Kostenstellen ■ Innenaufträge ■ PSP-Elemente ■ Ergebnisobjekte
Senderinfor-mationen	Einzelposten	Einzelposten und Summen	Einzelposten und Summen	Einzelposten und Summen
Ursprungs-kostenart auf Empfänger-objekt	entspricht der Senderkostenart	entspricht der Senderkostenart	aggregiert in einer Sekundärkosten-art für Umlagen (Kostenartentyp 42 – Umlage)	aggregiert in einer Sekundärkosten-art für Umlagen (Kostenartentyp 42 – Umlage)

Tabelle 9.1 Übersicht über die möglichen Kostenstellenumlagen (Forts.)

9

[zB]

Beispiele für Kostenstellenumlagen

Anwendungsbeispiele für die verschiedenen Umlagearten sind:

- **Periodische Umbuchung**
  Die periodische Umbuchung erlaubt Ihnen die Umbuchung von Kosten nach einem bestimmten Schema. Sie können etwa Telefonkosten nach den verbrauchten Einheiten umbuchen. Die Ursprungskostenart bleibt bei der periodischen Umbuchung gleich. Der Unterschied der periodischen Umbuchung zur Verteilung besteht darin, dass das Senderobjekt nicht aktualisiert wird und somit eine Analyse äußerst schwierig ist. Im Allgemeinen werden periodische Umbuchungen in FI über Dauerbuchungen dargestellt.
- **Verteilung**
  Verteilungen ähneln den Umlagen, mit dem Unterschied, dass die Ursprungskostenart bei der Verteilung nicht angepasst wird. Zum Beispiel können mit der Verteilung Raumkosten von einer Kostenstelle an eine andere Kostenstelle anhand der Anzahl der Quadratmeter verteilt werden. Die Verteilung arbeitet also mit Primärkostenarten. In der Praxis finden Umlagen häufiger Verwendung als Verteilungen. Dies liegt daran, dass beide Funktionen sehr ähnlich sind, Umlagen jedoch einen entscheidenden Vorteil bieten: Die Umlagekosten werden mit Sekundärkostenarten verrechnet, die sich leichter analysieren lassen.
- **Umlage**
  Die Umlage wird verwendet, um Kosten mithilfe einer Sekundärkostenart umzulegen. Zum Beispiel wird die Umlage verwendet, um Administrationskosten, die auf verschiedensten Primärkostenarten gebucht sind, mit einer Sekundärkosten-

art für Administrationskosten an Kostenstellen anhand der Anzahl Köpfe auf diese Kostenstellen zu verrechnen. Mit der Umlage können Sie auch Gemeinkosten in die Ergebnisrechnung umlegen. Die Umlage ist die einzige Methode zur Gemeinkostenverrechnung von Kostenstellen nach CO-PA.

- **Indirekte Leistungsverrechnung**
  Die indirekte Leistungsverrechnung wird verwendet, um Aktivitäten mithilfe von Leistungsarten auf ein anderes Kontierungsobjekt zu verrechnen. Voraussetzung für die Verwendung der indirekten Leistungsverrechnung ist, dass Sie zuvor eine Leistungsartenplanung durchgeführt haben. Die indirekte Leistungsverrechnung wird z. B. verwendet, um Instandhaltungskosten auf der Stundenebene an die Fertigungskostenstellen zu verteilen.

Nachdem Sie nun den Unterschied zwischen der Anwendung und den Funktionen der verschiedenen Zyklen kennengelernt haben, erfahren Sie als Nächstes, wie Sie einen Umlagezyklus anlegen und ausführen. In unserem Beispiel legen wir einen Zyklus für die Umlage von Wasserkosten von einer Vertriebskostenstelle auf die Produktionskostenstellen an.

Zur Umlage von Kosten mit einem Umlagezyklus müssen Sie eine *Sekundärkostenart* mit dem Kostenartentyp 42 (Umlage) anlegen. Für die Anlage einer Sekundärkostenart bzw. von Sekundärkonten rufen Sie die SAP-Fiori-App **Sachkontenstammdaten verwalten** (App-ID F0731A) auf. Der Kostenartentyp wird auf der Registerkarte **Steuerungsdaten** hinterlegt.

Nachdem Sie die Sekundärkostenarten angelegt haben, rufen Sie die SAP-Fiori-App **Verrechnungen verwalten** auf. Über einen Klick auf **Neu** können Sie einen neuen Umlagezyklus anlegen. Ein Umlagezyklus wird in einem Kostenrechnungskreis angelegt und hat ein Gültigkeitsdatum. Nach der Eingabe des Buchungskreises im Bild **Neuen Zyklus anlegen** wird der Kostenrechnungskreis von diesem abgeleitet (siehe Abbildung 9.24).

Da es nur noch eine SAP-Fiori-App zum Anlegen der verschiedenen Verrechnungen gibt, müssen Sie im Feld **Verrechnungskontext** auswählen, welches Kontierungsobjekt Sie umlegen möchten. In unserem Beispiel möchten wir eine Kostenstellenumlage anlegen. Daher wählen wir im Feld **Verrechnungskontext** die Option **Kostenstellen** und im Feld **Verrechnungsart** die Option **Umlage**. Auch legen wir fest, dass wir Istdaten umlegen möchten und wählen daher im Feld **Ist/Plan** den Eintrag **Ist** aus.

In Abbildung 9.24 finden Sie auch das Feld **Ledger**. Dieses ermöglicht Kostenstellenumlagen abhängig vom gewählten Ledger. Dies erlaubt Ihnen, für verschiedene Rechnungslegungen unterschiedliche Umlagen anzulegen und auszuführen. In unserem Beispiel wählen wir im Feld **Ledger** den Eintrag »0L«. Unabhängig von unserem Eintrag in diesem Feld werden die Kosten in alle aktiven Ledger gebucht.

Abbildung 9.24 Neuen Umlagezyklus anlegen

Der Umlagezyklus kann nur innerhalb des Gültigkeitszeitraums ausgeführt werden. Das Gültig-bis-Datum im Feld **Gültig bis** kann allerdings im Nachhinein angepasst werden. Es empfiehlt sich, pro Geschäftsjahr einen Umlagezyklus und einen Buchungskreis anzulegen. Umlagezyklen können auch kopiert werden, sodass Sie bei der Anlage nicht jedes Jahr von vorn beginnen müssen. Mit einem Umlagezyklus können Sie alle Gemeinkosten umlegen. Die Segmente, die nach der Anlage des Umlagekopfes angelegt werden, bestimmen die Sender und Empfänger. Die Reihenfolge der Segmente spielt dabei eine wichtige Rolle für die korrekte Umlage der Kosten, da die Segmente in der Reihenfolge, in der sie angelegt wurden, ausgeführt werden.

Klicken Sie nun auf **Anlegen**, um dem Zyklus Segmente zuzuordnen. Über einen Klick auf den Button **Anlegen** im Bereich **Segmente** (nicht in der Abbildung ersichtlich) können Sie ein Segment zum Umlagezyklus anlegen – Sender- und Empfängerregeln werden in Segmenten gepflegt. Ein Zyklus kann mehrere Segmente haben, wobei die Reihenfolge der Segmente von hoher Bedeutung ist. Denn das System führt die Segmente in der Reihenfolge aus, wie sie dem Zyklus zugeordnet sind. Ein Segment hat einen technischen Namen, der bis zu zehn Zeichen lang sein kann.

In unserem Beispiel legen wir das Segment »TEST« mit der Segmentbeschreibung »Umlage-Segment« an (siehe Abbildung 9.25). Jedes Segment ist auch mit einem Sperrkennzeichen versehen, über das Sie dessen Ausführung verhindern können (nicht in der Abbildung ersichtlich).

In unserem Beispiel legen wir Kosten einer Kostenart anhand fester Prozentsätze auf eine andere Kostenstelle um, ein Beispiel aus der Praxis wäre zum Beispiel Umlage von Wasserkosten von der Infrastruktur Kostenstelle auf die Produktionskostenstelle. Im oberen Bildbereich hinterlegen Sie die Umlagekostenart. Dabei handelt es sich um ein Sachkonto vom Kostenartentyp 42 (Umlage).

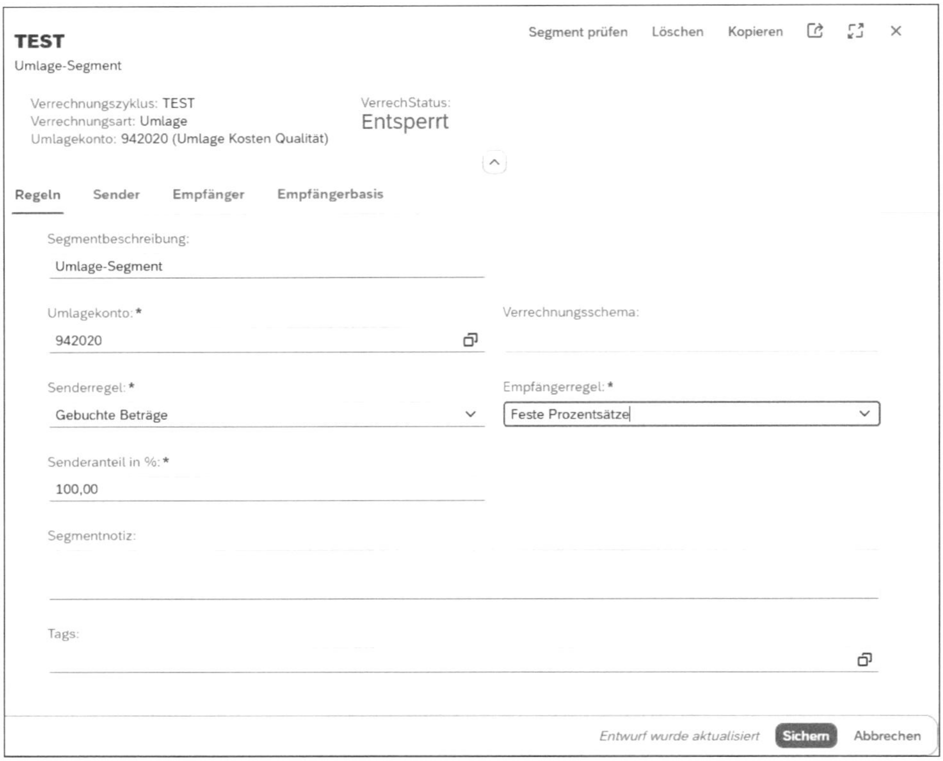

Abbildung 9.25 Segmentkopf im Umlagezyklus pflegen

Auf der Registerkarte **Regeln** im unteren Bildbereich legen Sie die Senderregeln im Feld **Senderregel** fest. Die Senderregeln bestimmen, welcher Anteil an Kosten wie an den Empfänger weiterverrechnet wird. Im Beispiel wählen wir die Senderregel **Gebuchte Beträge**. Folgende Senderregeln stehen zur Auswahl:

- **Gebuchte Beträge**
  Alle Werte, die auf dem Sender des Segments gebucht sind, werden an den gepflegten Empfänger verrechnet.
- **Feste Beträge**
  Lediglich feste Beträge werden vom Senderobjekt an den im Segment gepflegten Empfänger verrechnet.
- **Feste Tarife**
  Es wird ein fester Tarif pro Senderobjekt gepflegt, der mit der Empfängerbezugsbasis im Segment multipliziert wird. Der errechnete Betrag wird auf dem Sender entlastet und auf dem Empfänger belastet.

Im Feld **Senderanteil in %** bestimmen Sie, wie viel Prozent der Senderkosten weiterverrechnet werden sollen. Beträgt der Anteil z. B. 70 %, werden nur 70 % der Kosten an den Empfänger weiterverrechnet. Beim Speichern des Zyklus führt das System eine Prüfung durch, die sicherstellt, dass nicht mehr als 100 % der Kosten pro Sender verrechnet werden. Falls mehr als 100 % verrechnet werden, gibt das System eine Fehlermeldung aus.

Im Bereich **Empfängerregel** legen Sie die Empfängerwerte fest, die die Ermittlung der Empfängerbezugsbasis bestimmen. In Abbildung 9.25 wählen wir die Option **Feste Prozentsätze** im Feld **Empfängerregel**. Es stehen die folgenden Auswahlmöglichkeiten für die Empfängerbezugsbasis zur Verfügung:

- **Variable Anteile**
  Die Empfängerbezugsbasis errechnet automatisch den an den Empfänger zu verrechnenden Betrag.
- **Feste Beträge**
  Es werden feste Beträge vom Sender an den Empfänger verrechnet; diese werden auf der Registerkarte **Empfängerbasis** gepflegt.
- **Feste Prozentsätze**
  Die Beträge für die Verrechnung der Senderwerte an den Empfänger werden anhand von festen Prozentsätzen berechnet; diese Prozentsätze werden auf der Registerkarte **Empfängerbasis** gepflegt.
- **Feste Anteile**
  Es werden feste Anteile vom Sender an den Empfänger verrechnet. Diese Anteile werden auf der Registerkarte **Empfängerbasis** gepflegt.

[zB]

Beispiel für die Empfängerbezugsbasis »Feste Anteile«

Im Segment des Umlagezyklus können Sie feste Anteile als Empfängerbezugsbasis auswählen. Auf der Registerkarte **Empfängerbasis** pflegen Sie feste Anteile per Empfängerobjekt. Dies könnte z. B. wie folgt aussehen:

- Kostenstelle A: fester Anteil 1.000 EUR
- Kostenstelle B: fester Anteil 5.000 EUR
- Kostenstelle C: fester Anteil 2.000 EUR
- Wert auf dem Sender: 10.000 EUR

Die Kalkulation der zu verrechnenden Werte erfolgt, wie im Folgenden dargestellt:

Empfängerwert = Senderwert × feste Anteile des Empfängerobjekts / Summe der festen Anteile

Nach dieser Rechenregel ergeben sich die folgenden zu verrechnenden Werte:

- Kostenstelle A: 10.000 × 1.000 / 8.000 = 1.250 EUR
- Kostenstelle B: 10.000 × 5.000 / 8.000 = 6.250 EUR
- Kostenstelle C: 10.000 × 2.000 / 8.000 = 2.500 EUR

Nach der Pflege der Sender- und Empfängerregeln können Sie auf die Registerkarte **Sender** springen (siehe Abbildung 9.26). Der Sender kann eine einzelne Kostenstelle, ein Kostenstellenintervall oder eine Kostenstellengruppe darstellen. Wir empfehlen grundsätzlich, mit Kostenstellengruppen und Kostenstellenartengruppen zu arbeiten, da diese später einfacher angepasst werden können. Anstelle der Anpassung von verschiedenen Segmenten genügt die Anpassung der Gruppe. Zusätzlich zur Kostenstelle müssen Sie als Sender eine Kostenart (Kostenartenintervall oder Kostenartengruppe) auswählen. In unserem Beispiel wählen wir das Kontointervall 0-Z, das heißt alle Kosten, die auf der Kostenstelle 1101 gebucht wurden.

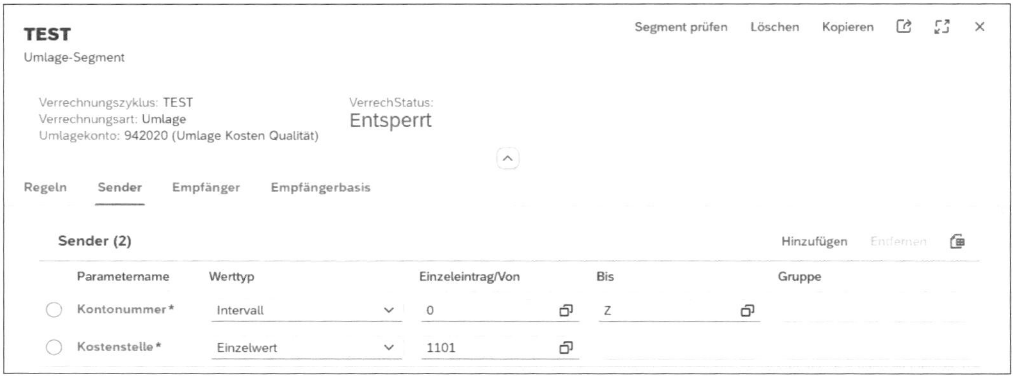

Abbildung 9.26 Senderwerte im Umlagezyklus pflegen

Auf der nächsten Registerkarte **Empfänger** können Sie den Empfänger pflegen (siehe Abbildung 9.27).

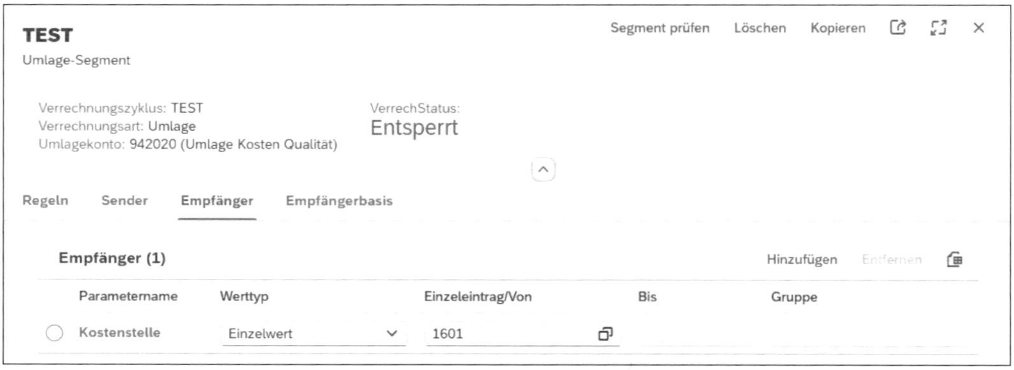

Abbildung 9.27 Empfängerwerte im Umlagezyklus pflegen

Dieser kann ein Innenauftrag, eine Kostenstelle, ein Kostenträger oder ein PSP-Element bzw. ein Intervall oder eine Kostenstellen- oder Kostenträgergruppe sein. Die hier im Segment zur Verfügung stehenden Empfänger werden in den Einstellungen des Kostenrechnungskreises definiert. Alle aktivierten Komponenten werden hier aufgeführt. Über einen Klick auf den Button [+] (**Hinzufügen**) können Sie die Empfänger einblenden und pflegen. In unserem Beispiel in Abbildung 9.27 wählen wir Kostenstelle 1601 als Empfänger aus.

Auf der Registerkarte **Empfängerbasis** werden die Empfänger, die Sie auf der Registerkarte **Empfänger** hinterlegt haben, einzeln aufgeführt (siehe Abbildung 9.28). In unserem Beispiel pflegen wir einen Prozentsatz für die Kostenstelle 1601, die wir als Empfänger hinterlegt haben.

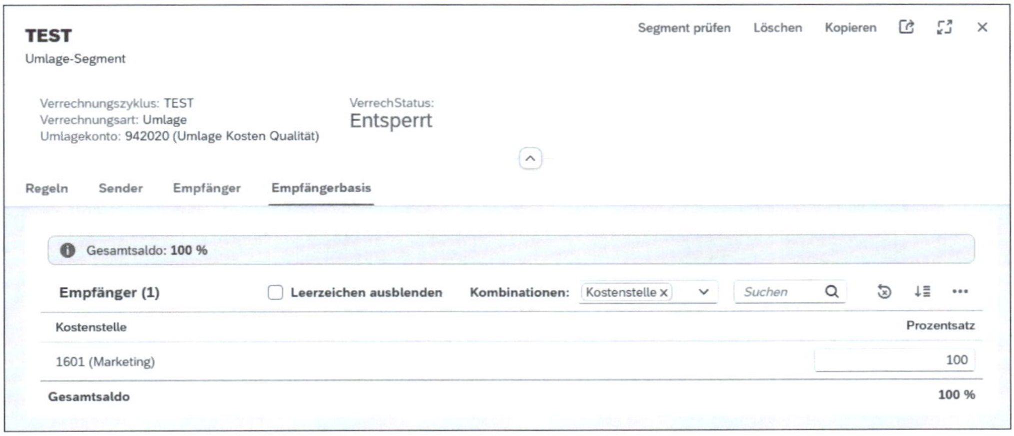

Abbildung 9.28 Empfängerbezugsbasis im Umlagezyklus pflegen

Abhängig von der Empfängerregel werden unterschiedliche Felder auf der Registerkarte **Empfängerbasis** angezeigt (in der Abbildung nicht zu sehen):

- **Variable Anteile**
  Abhängig von der Art des variablen Anteils muss hier die statistische Kennzahl, die Leistungsart, gepflegt werden.
- **Feste Beträge**
  Es müssen feste Beträge pro Empfängerobjekt gepflegt werden.
- **Feste Prozentsätze**
  Es müssen feste Prozentsätze pro Empfängerobjekt gepflegt werden.
- **Feste Anteile**
  Es müssen feste Anteile pro Empfängerobjekt gepflegt werden.

Nach dem Speichern des Umlagezyklus können Sie diesen über **Ausführen** direkt ausführen. Sie haben die Möglichkeit, einen Testlauf oder einen Echtlauf durchzuführen.

In unserem Beispiel führen wir mit Klick auf **Lauf** einen Echtlauf aus. Tragen Sie die Periode und das Geschäftsjahr, in denen der Zyklus ausgeführt werden soll, sowie die Bezeichnung des Laufs in das Selektionsbild ein. In Abbildung 9.29 pflegen wir in den

Feldern **Geschäftsperiode von** und **Geschäftsperiode bis** die Perioden 5 bis 12 und das Geschäftsjahr 2025 (»005.2025« bzw. »012.2005«). Führen Sie eine Validierung des Laufs durch, indem Sie den Button **Validieren** anklicken. Dies zeigt mögliche Fehler im Umlagezyklus an. Überprüfen Sie das Ergebnis der Validierung sorgfältig. Anschließend können Sie den Zyklus über den Button **Lauf** ausführen (nicht in der Abbildung).

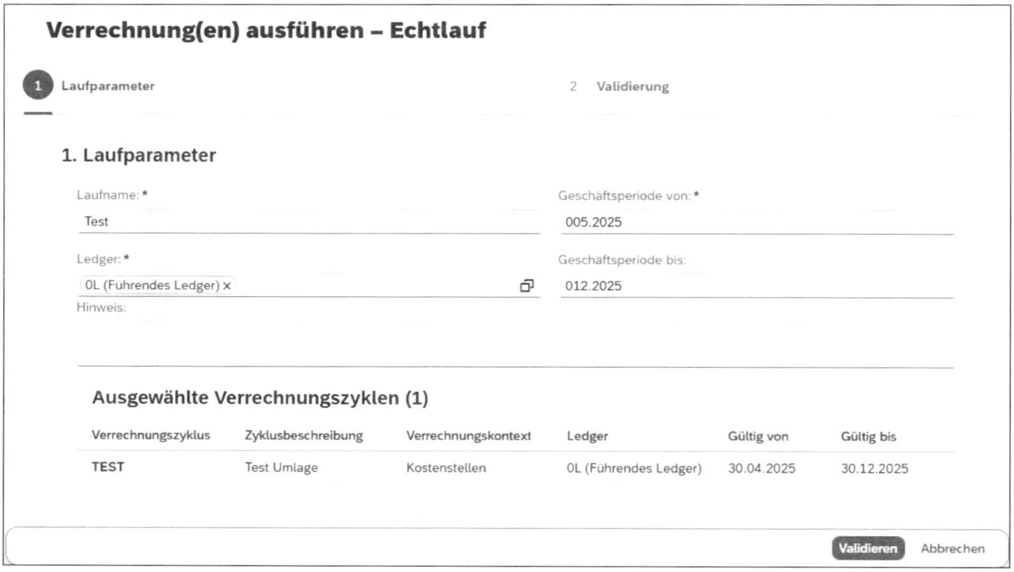

Abbildung 9.29 Istumlage ausführen

Nach der Ausführung der Umlage, können Sie sich das Ergebnis des Umlagezyklus über einen Klick auf **Verrechnungsergebnisse anzeigen lassen**. Nach einem Klick auf **Start** sehen Sie alle abgeschlossenen Zyklen. Wenn Sie auf den soeben ausgeführten Zyklus klicken, sehen Sie in Abbildung 9.30 das Verrechnungsergebnis, ein Protokoll der Ausführung sowie die Anzahl der Sender und Empfänger des Zyklus.

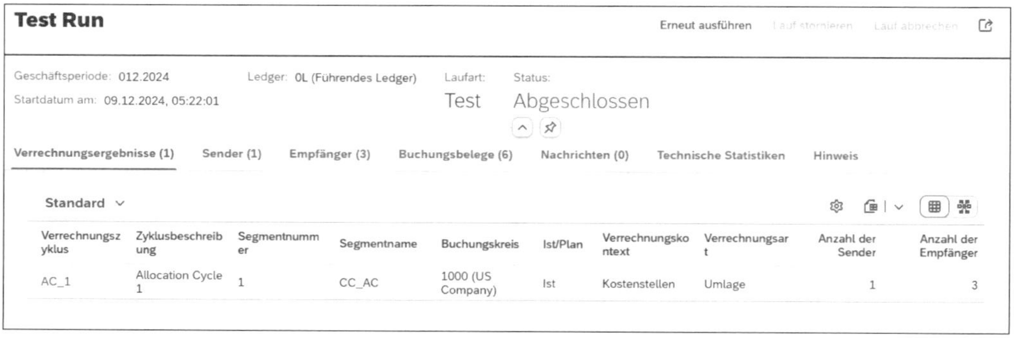

Abbildung 9.30 Grundliste des Umlagezyklus anzeigen

Sehen wir uns nun das Ergebnis der Umlage in einem Kostenstellenbericht in Abbildung 9.31 an. Wir führen den Kostenstellenbericht für die Senderkostenstelle 1101 (Finanzen und Verwaltung) und die Empfängerkostenstelle 1601 (Marketing) aus. Sie sehen, dass alle Kosten der Kostenstelle 1101 zu 100 % mit der Umlagekostenart 943110 auf die Empfängerkostenstelle 1601 umgelegt wurden.

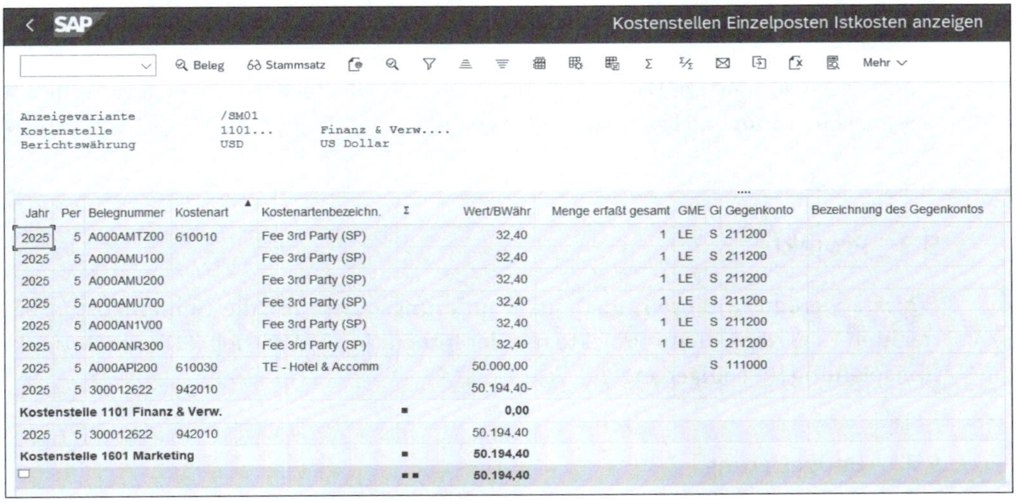

Jahr	Per	Belegnummer	Kostenart	Kostenartenbezeichn.	Σ	Wert/BWähr	Menge erfaßt gesamt	GME	Gl Gegenkonto	Bezeichnung des Gegenkontos
2025	5	A000AMTZ00	610010	Fee 3rd Party (SP)		32,40	1	LE	S 211200	
2025	5	A000AMU100		Fee 3rd Party (SP)		32,40	1	LE	S 211200	
2025	5	A000AMU200		Fee 3rd Party (SP)		32,40	1	LE	S 211200	
2025	5	A000AMU700		Fee 3rd Party (SP)		32,40	1	LE	S 211200	
2025	5	A000AN1V00		Fee 3rd Party (SP)		32,40	1	LE	S 211200	
2025	5	A000ANR300		Fee 3rd Party (SP)		32,40	1	LE	S 211200	
2025	5	A000API200	610030	TE - Hotel & Accomm		50.000,00			S 111000	
2025	5	300012622	942010			50.194,40-				
Kostenstelle 1101 Finanz & Verw.					▪	**0,00**				
2025	5	300012622	942010			50.194,40				
Kostenstelle 1601 Marketing					▪	**50.194,40**				
					▪▪	**50.194,40**				

Abbildung 9.31 Ergebnis der Kostenstellenumlage analysieren

Die verschiedenen Formen der Kostenstellenumlage erfolgen alle auf ähnliche Weise und können anhand des hier dargestellten Beispiels angelegt werden.

Über die SAP-Fiori-App **Verrechnungsfluss** (App-ID F4022) können Sie die Ergebnisse des Verrechnungszyklus simulieren.

Die universellen Verrechnungen werden zukünftig weiter ausgebaut und zum Zentrum für jegliche Verrechnungen in Finanzen und Controlling. Daher ist es sinnvoll, zukünftig mit den gezeigten SAP-Fiori-Apps zu arbeiten, um die Vorteile der universellen Verrechnungen und die neuen Entwicklungen dazu in vollem Ausmaß nutzen zu können.

Situation Handling

Das Situation Handling ist eine neue Funktion in SAP S/4HANA, die es Ihnen ermöglicht, bei Eintreten einer vordefinierten Situation eine ausgewählte Benutzergruppe zu informieren. Wenn die entsprechende Person über eine bestimmte Situation informiert wird, erhält sie zudem Informationen über die eingetretene Situation und ist in der Lage, sofort die notwendigen Aktionen auszuführen, ohne eine separate SAP-Fiori-App aufrufen zu müssen.

SAP stellt verschiedene Templates für das Situation Handling zur Verfügung. Leider ist es (noch) nicht möglich, die Funktionen auszuwählen, für die das Situation Handling eingesetzt werden soll.

Es existiert bereits ein Template für die universellen Verrechnungen. Das Situation Handling für die universellen Verrechnungen informiert Anwenderinnen und Anwender sofort über Warn- und/oder Fehlermeldungen beim Ausführen der universellen Verrechnungen. Sie können diese sofort beheben, ohne das Jobprotokoll auswerten zu müssen. Dies beschleunigt den Monatsabschluss, da etwaige Fehler schneller erkannt und behoben werden können.

9.2 Projekte

Projekte werden in diesem Buch als Kontierungsobjekt für die Gemeinkosten betrachtet. Es wird nicht auf Projekte mit der Integration in Vertrieb (SD) oder Produktionsplanung (PP) eingegangen.

9.2.1 Budgetierung

Sie können auf Projekten ein *Budget* erfassen. Das Budget kann jahresabhängig oder jahresunabhängig erfasst werden und wird als Pauschale auf der Projektebene hinterlegt. Die Planung wird, im Gegensatz dazu, auf detaillierterer Ebene, z. B. der Kostenart, erfasst. Um die Budgetierung zu aktivieren, muss dem Projekt ein *Budgetprofil* zugeordnet werden.

Was Sie beim Customizing der Budgetierung beachten müssen, erfahren Sie in diesem Abschnitt.

Budgetprofil anlegen

Um ein Budgetprofil anzulegen, rufen Sie Transaktion OPS9 (Sicht »Budgetprofil Projekte« ändern) auf, oder Sie folgen dem Customizing-Pfad **Projektsystem • Kosten • Budget • Budgetprofil pflegen**.

Über einen Klick auf den Button **Neue Einträge** oder über die Taste [F5] können Sie ein neues Budgetprofil anlegen. In Abbildung 9.32 sehen Sie das Budgetprofil 000001 (Allgemeines Budgetprofil). Das Budgetprofil ist in mehrere Bereiche unterteilt:

- **Zeithorizont**
  Der Zeithorizont definiert, wie viele Jahre in der Zukunft und in der Vergangenheit ein Budget erfasst werden kann. Tragen Sie einen Wert in das Feld **Start** ein, wird das System diesen Wert zum aktuellen Geschäftsjahr hinzuaddieren. Pflegen Sie

z. B. im Geschäftsjahr 2024 den Wert »2« im Feld **Start**, lässt das System die Pflege des Budgets ab dem Geschäftsjahr 2026 zu. Auch bestimmen Sie im Bereich **Zeithorizont**, ob Sie die Pflege von Gesamtwerten und/oder Jahreswerten zulassen möchten, indem Sie die Kennzeichen **Gesamtwerte** und/oder **Jahreswerte** markieren.

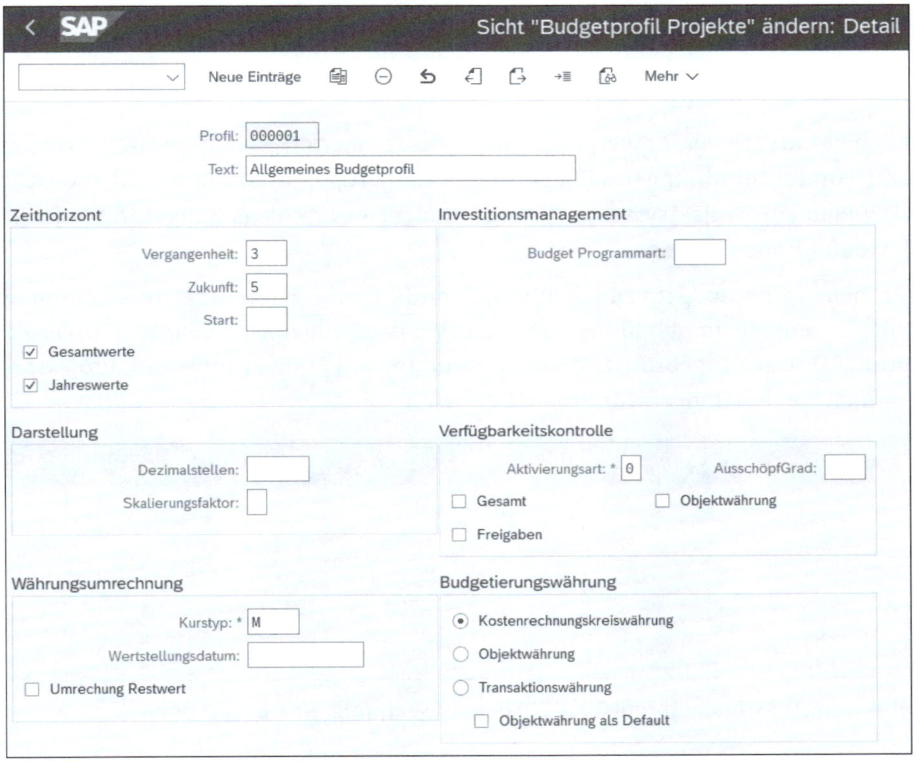

Abbildung 9.32 Budgetprofil 000001 für Projekte anlegen

- **Investitionsmanagement**
  Wenn Sie die Komponente IM (Investitionsmanagement) verwenden, nehmen Sie im Bereich **Investitionsmanagement** einen Eintrag im Feld **Budget Programmart** vor, und das Projekt / PSP-Element darf nur budgetiert werden, wenn er dem Investitionsprogramm zugeordnet ist.
- **Währungsumrechnung Gesamtbudget**
  Hier wird der Kurstyp gepflegt, der für die Umrechnung des Budgets verwendet wird.
- **Verfügbarkeitskontrolle**
  Im Zusammenhang mit der Budgetierung können Sie die Verfügbarkeitskontrolle aktivieren. Die Verfügbarkeitskontrolle kann eine Warn- oder Fehlermeldung aus-

lösen, wenn das Budget fast aufgebraucht oder überschritten ist. Sie erfahren in diesem Kapitel auch, wie Sie die Verfügbarkeitskontrolle aktivieren.

- **Darstellung**
  In diesem Bereich erfolgt die Definition der Anzahl an Dezimalstellen für die Darstellung des Budgets.
- **Budgetierungswährung**
  In diesem Bereich definieren Sie die Währung, in der das Budget gepflegt werden kann.

Nach der Anlage des Budgetprofils muss dieses einem *Projektprofil* zugeordnet werden. Für die Zuordnung des Budgetprofils zum Projektprofil rufen Sie den Customizing-Pfad auf: **Projektsystem • Kosten • Budget • Vorschlags-Budgetprofile für Projektdefinitionen festlegen**

Ordnen Sie das Budgetprofil dem Projektprofil zu, für deren Projekte Sie ein Budget pflegen müssen. In Abbildung 9.33 haben wir das Budgetprofil 000001 dem Projektprofil 0000001 zugeordnet. Mit der Zuordnung des Budgetprofils zum Projektprofil können Sie nun Budgets für Projekte erfassen.

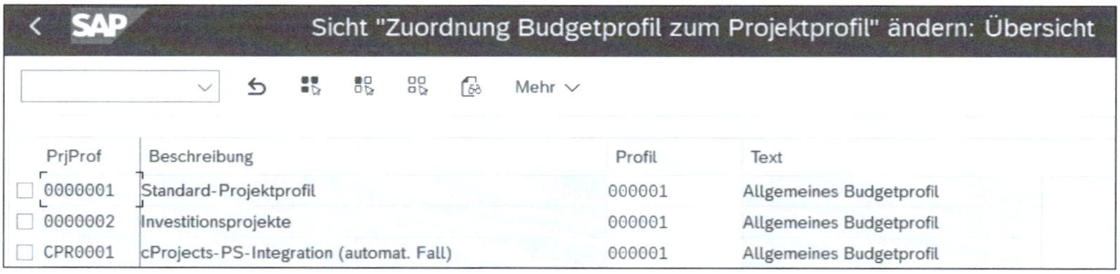

PrjProf	Beschreibung	Profil	Text
0000001	Standard-Projektprofil	000001	Allgemeines Budgetprofil
0000002	Investitionsprojekte	000001	Allgemeines Budgetprofil
CPR0001	cProjects-PS-Integration (automat. Fall)	000001	Allgemeines Budgetprofil

Abbildung 9.33 Budgetprofil 0000001 dem Projektprofil 000001 zuordnen

Budget pflegen

Das Budget wird auf der Ebene des Projekts oder PSP-Elements gepflegt. Das Projekt muss für die Pflege des Budgets nicht freigegeben sein, allerdings ist eine Pflege des Budgets bei der Freigabe des Projekts auch möglich. Zur Pflege des Budgets rufen Sie die SAP-Fiori-App **Originalbudget ändern** (App-ID CJ30) auf.

Im Selektionsbild kann auch die Transaktionswährung, in der das Budget gepflegt werden soll, festgelegt werden (siehe Abbildung 9.34). Das Budget kann, je nach Customizing des Budgetprofils, jahresunabhängig und jahresabhängig gepflegt werden; allerdings gibt es keine Kontrolle, ob die jahresabhängigen Werte in Summe mit dem jahresunabhängigen Wert übereinstimmen. In der Spalte **Aktuel. Budget** sehen Sie das Originalbudget sowie Nachträge und Rückgaben.

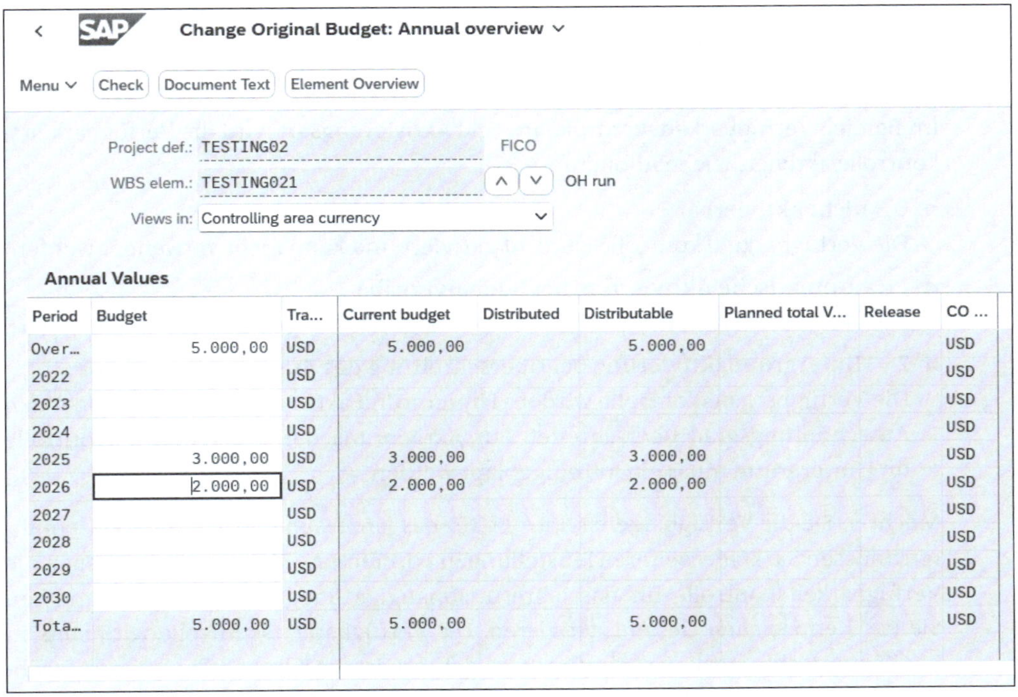

Abbildung 9.34 Budget auf der Projektebene pflegen

> **Nachträge und Rückgaben pflegen**
>
> Die Pflege von Nachträgen und Rückgaben erfolgt über die folgenden separaten SAP-Fiori-Apps:
>
> - **Budgetnachtrag bearbeiten** (App-ID CJ37)
> - **Budgetrückgabe bearbeiten** (App-ID CJ38)

Verfügbarkeitskontrolle aktivieren

Sie können die *Verfügbarkeitskontrolle* in Verbindung mit der Budgetierung aktivieren. Das System überprüft dann bei der Kontierung einer Buchung auf das Projekt, ob noch genügend Budget vorhanden ist, bevor die Buchung gespeichert wird. Im Customizing können Sie festlegen, ob eine Warnmeldung oder eine Fehlermeldung ausgegeben werden soll, wenn eine bestimmte Toleranzgrenze erreicht oder überschritten ist.

Die Verfügbarkeitskontrolle wird im Budgetprofil aktiviert. Für die Anwendung der Verfügbarkeitskontrolle ist es Voraussetzung, dass das Budgetprofil einem Projektprofil zugeordnet und ein Budget für das Projekt gepflegt wurde. Die Aktivierung der

Verfügbarkeitskontrolle erfolgt im Budgetprofil. Rufen Sie das Budgetprofil über Transaktion OPS9 auf, oder folgen Sie dem Customizing-Pfad **Projektsystem • Kosten • Budget • Budgetprofil pflegen**.

Im Bereich **Verfügbarkeitskontrolle** im Feld **Aktivierungsart** wird die Verfügbarkeitskontrolle aktiviert (siehe Abbildung 9.32):

- **0 = nicht aktivierbar**
  Die Verfügbarkeitskontrolle ist nicht aktiviert und kann nicht verwendet werden.
- **1 = automatische Aktivierung bei Budgetvergabe**
  Die Verfügbarkeitskontrolle wird bei der Pflege des Budgets automatisch aktiviert.
- **2 = Hintergrundaktivierung bei Überschreitung des Ausschöpfungsgrads**
  Die Verfügbarkeitskontrolle wird im Hintergrund aktiviert, wenn das Budget den Ausschöpfungsgrad überschreitet. Zur Aktivierung der Verfügbarkeitskontrolle im Hintergrund muss ein Job eingeplant werden.

Möchten Sie die Verfügbarkeitskontrolle für das jahresabhängige Budget durchführen, müssen Sie keine weiteren Einstellungen vornehmen. Möchten Sie hingegen die Verfügbarkeitskontrolle für das jahresunabhängige Budget durchführen, müssen Sie das Kennzeichen **Gesamt** aktivieren. Die Verfügbarkeitskontrolle wird stets in der Kostenrechnungskreiswährung durchgeführt. Ist die Kostenrechnungskreiswährung z. B. EUR, das Budget aber in USD gepflegt, wird das Budget in EUR umgerechnet. In unserem Beispiel in Abbildung 9.32 haben wir die Verfügbarkeitskontrolle bei der Budgetvergabe auf der Gesamtbudgetebene (jahresunabhängig) aktiviert.

Toleranzgrenzen aktivieren

Zusätzlich zur Aktivierung der Verfügbarkeitskontrolle im Budgetprofil müssen *Toleranzgrenzen* für die Verfügbarkeitskontrolle aktiviert werden. Zur Aktivierung der Toleranzgrenzen folgen Sie dem Customizing-Pfad **Projektsystem • Kosten • Budget • Toleranzgrenzen festlegen**. Die Toleranzgrenzen werden in Abhängigkeit von Kostenrechnungskreis und Budgetprofil gepflegt. In unserem Beispiel in Abbildung 9.35 pflegen wir eine Toleranzgrenze von 90 % für das Budgetprofil 000001 im Kostenrechnungskreis 9000. In der Spalte **Akt.** (Aktion der Verfügbarkeitskontrolle) legen Sie die Aktion fest, die ausgeführt werden soll, wenn die Toleranzgrenze erreicht und/oder überschritten wird. Es stehen die folgenden Aktionen zur Auswahl:

- 1 – Warnung
- 2 – Warnung mit E-Mail an den Verantwortlichen
- 3 – Fehlermeldung

Die Toleranzgrenze kann entweder in % oder absolut festgelegt werden. Die prozentuale Toleranzgrenze wird in der Spalte **% Auss** (Ausschöpfungsgrad in %) und die absolute Toleranzgrenze in der Spalte **Absol. Abweichung** gepflegt. Für das Budgetprofil 000001 im Kostenrechnungskreis 9000 definieren wir in unserem Beispiel (siehe Abbildung 9.35) einen Ausschöpfungsgrad von 90 %. Sobald dieser Schwellenwert durch Ist-Buchungen erreicht wird, generiert das System – je nach Konfiguration – eine Warn- oder Fehlermeldung.

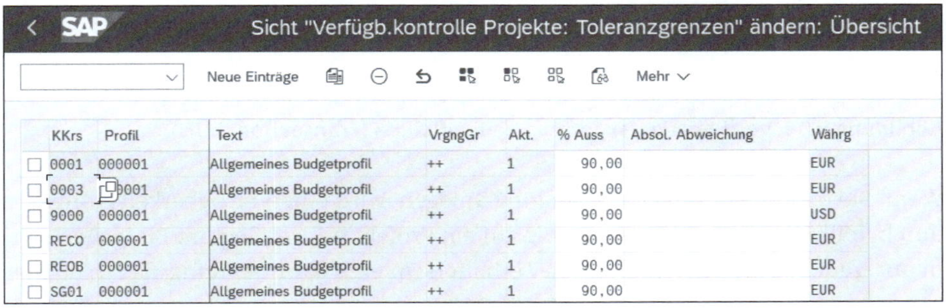

KKrs	Profil	Text	VrgngGr	Akt.	% Auss	Absol. Abweichung	Währg
0001	000001	Allgemeines Budgetprofil	++	1	90,00		EUR
0003	000001	Allgemeines Budgetprofil	++	1	90,00		EUR
9000	000001	Allgemeines Budgetprofil	++	1	90,00		USD
RECO	000001	Allgemeines Budgetprofil	++	1	90,00		EUR
REOB	000001	Allgemeines Budgetprofil	++	1	90,00		EUR
SG01	000001	Allgemeines Budgetprofil	++	1	90,00		EUR

Abbildung 9.35 Toleranzgrenze in der Verfügbarkeitskontrolle pflegen

Unterschied zwischen Ausschöpfungsgrad in % und absoluter Abweichung

Den Unterschied zwischen dem Ausschöpfungsgrad in % und der absoluten Abweichung möchten wir Ihnen anhand eines Beispiels erläutern:

- **Ausschöpfungsgrad in %**
  Bei einem Budget in Höhe von 1.000 EUR und einem Ausschöpfungsgrad von 90 % wird die Verfügbarkeitskontrolle aktiviert, wenn die prozentuale Toleranz erreicht ist; diese läge in diesem Fall bei 900 EUR.
- **Absolute Abweichung**
  Bei einem Budget von 1.000 EUR und einer absoluten Abweichung von 100 EUR wird die Verfügbarkeitskontrolle erreicht, wenn die absolute Abweichung erreicht ist, in diesem Fall bei 1.100 EUR.

Nach Änderungen am Customizing der Verfügbarkeitskontrolle oder deren nachträglicher Aktivierung müssen Sie die Verfügbarkeitskontrolle neu aufbauen. Dieser Neuaufbau der Verfügbarkeitskontrolle für Projekte wird über Transaktion CJ9N oder über den folgenden Customizing-Pfad durchgeführt: **Projektsystem • Kosten • Budget • Verfügbarkeitskontrolle neu aufbauen**.

Der Neuaufbau der Verfügbarkeitskontrolle kann pro Projekt oder für ein Projektintervall durchgeführt werden. Transaktion CJ9N (Neuaufbau Verfügbarkeitskontrolle für Projekte) wird, wie Sie in Abbildung 9.36 sehen, über die Taste [F8] ausgeführt. Sie erhalten ein ausführliches Protokoll nach der Ausführung der Transaktion, wenn Sie das Kennzeichen **Ausführliches Protokoll** im Selektionsbild aktiviert haben.

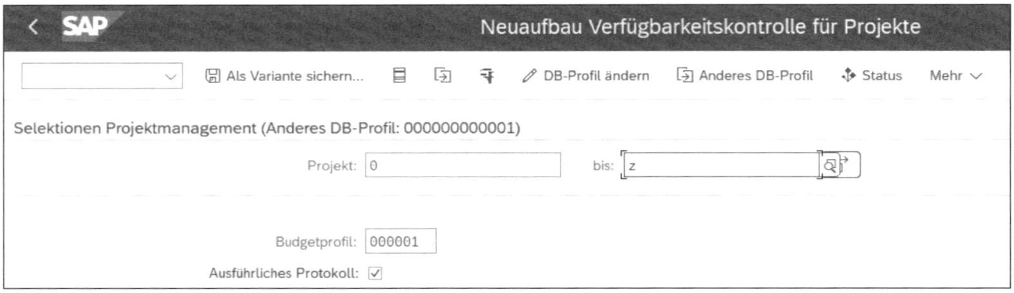

Abbildung 9.36 Verfügbarkeitskontrolle neu aufbauen (Transaktion CJ9N)

Wenn Sie eine Buchung oder Bestellung anlegen, wird eine Verfügbarkeitskontrolle durchgeführt, sofern eine Kontierung auf ein Projekt mit gepflegtem Budget erfolgt. In unserem Beispiel in Abbildung 9.37 erhalten wir eine Warnmeldung, da das Budget beim Speichern der Buchung um 850.000 USD überschritten wird.

Abbildung 9.37 Verfügbarkeitskontrolle beim Buchen einer Kreditorenrechnung

Falls Sie auf Probleme oder Ungereimtheiten bei der Anwendung der Verfügbarkeitskontrolle stoßen, hilft oftmals SAP-Hinweis 1424698 (Budgetüberschreitung trotz aktiver Verfügbarkeitskontrolle) weiter.

9.2.2 Verrechnungsschema pflegen

Ein *Verrechnungsschema* ist erforderlich, um ein Projekt abrechnen zu können. Im Verrechnungsschema pflegen Sie die Regeln, welche Kostenarten in der Abrechnung berücksichtigt werden und welche Empfänger für das Projekt zulässig sind. Zur Anlage eines Verrechnungsschemas rufen Sie den folgenden Customizing-Pfad auf: **Projektsystem • Kosten • Automatische und periodische Verrechnungen • Abrechnung • Abrechnungsprofile • Abrechnungsschema anlegen**. Über einen Klick auf **Neue Einträge** oder über die Taste F5 können Sie ein neues Verrechnungsschema anlegen. Über die Taste F6 oder über den Button (**Kopieren**) können Sie ein bestehendes Verrechnungsschema kopieren. In Abbildung 9.38 haben wir das Verrechnungsschema **Z1 – Verrechnungsschema CO** angelegt.

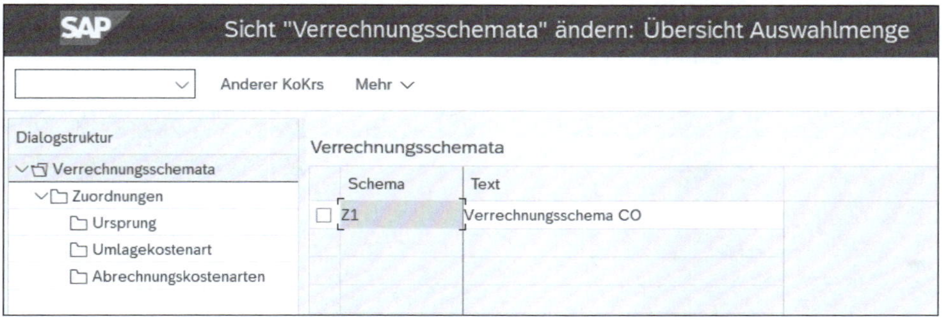

Abbildung 9.38 Verrechnungsschema anlegen

9.2.3 Zuordnungen anlegen

Im nächsten Schritt legen Sie die *Zuordnungen* an. Die Zuordnungen stellen die Struktur dar, in der die Kosten abgerechnet werden sollen. Es besteht die Möglichkeit, zu jeder Zuordnung eine unterschiedliche Sekundärkostenart für die Abrechnung der Kosten sowie verschiedene Empfänger zuzuordnen. Es ist zu empfehlen, das Verrechnungsschema abhängig von den verschiedenen Abrechnungskostenarten anzulegen. In unserem Beispiel legen wir ausschließlich eine Zuordnung für die Abrechnung der Kosten an (siehe Abbildung 9.39).

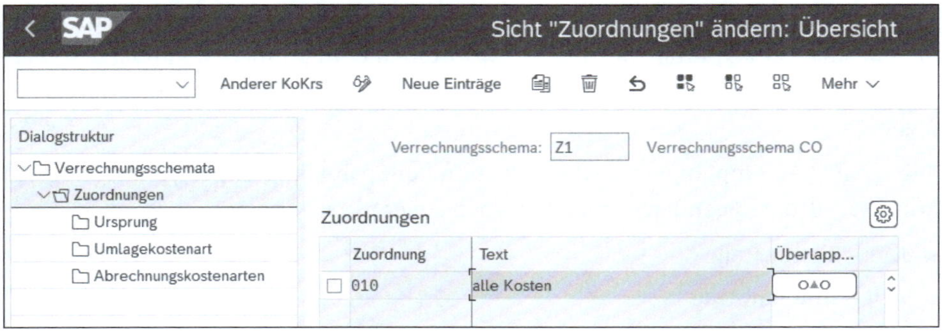

Abbildung 9.39 Zuordnung im Verrechnungsschema anlegen

Für jede Zuordnungszeile muss ein Ursprung angelegt werden. Der Ursprung definiert die Kostenarten, Kostenartenintervalle oder Kostenartengruppen, die bei der Abrechnung des Projekts-/WBS-Element berücksichtigt werden. Markieren Sie die Zeile **Zuordnungen**, die Sie in Abbildung 9.39 sehen, und navigieren Sie im linken Bildbereich in den Ordner **Ursprung**, um die Kostenarten zuzuordnen.

Nun pflegen wir das Kostenartenintervall 0 bis Z für den Ursprung (**Felder Kostenart von** und **Kostenart bis**). Das bedeutet, dass wir alle Kosten auf dem Projekt mit der gleichen Sekundärkostenart abrechnen möchten (siehe Abbildung 9.40). Beim Speichern des Verrechnungsschemas prüft das SAP-System, ob keine Kostenart dem Verrechnungsschema doppelt zugeordnet ist.

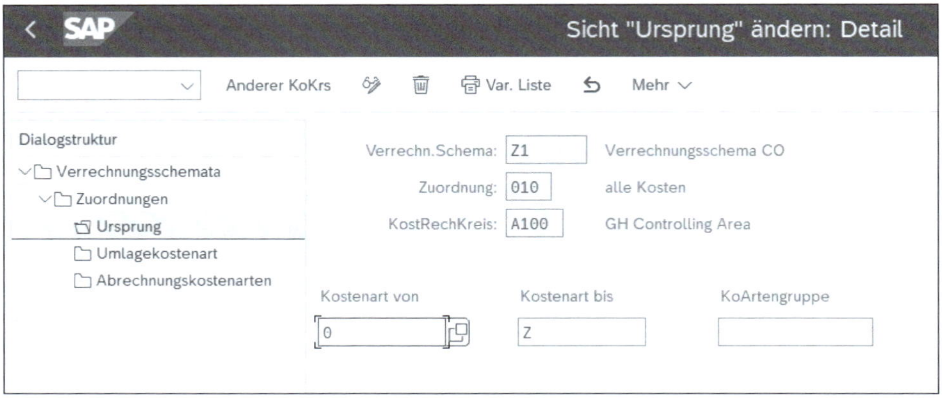

Abbildung 9.40 Ursprung pflegen

9.2.4 Empfängerobjekte und Abrechnungskostenart pflegen

Nach der Pflege des Ursprungs gehen Sie zurück zu den Zuordnungen und navigieren in den Ordner **Abrechnungskostenarten** im linken Bildbereich, um die möglichen Empfängerobjekte und die Abrechnungskostenart zu pflegen. Sie haben die Möglichkeit, kostenartengerecht abzurechnen. Das heißt dass das System die Primärkostenart für die Abrechnung verwendet. Möchten Sie mit einer Sekundärkostenart abrechnen, müssen Sie ein Sachkonto mit dem Kostenartentyp 21 (Abrechnung) anlegen.

Die möglichen Empfängerobjekte werden in der Spalte **Empfängertyp** festgelegt. Es können z. B. die folgenden Empfängertypen zugeordnet werden:

- KST – Kostenstelle
- AUF – Innenauftrag
- ERG – Ergebnisobjekt
- PSP – PSP-Element

Im Beispiel in Abbildung 9.41 haben wir als Empfängertyp ERG (Ergebnisobjekt) und eine Abrechnungskostenart vom Kostenartentyp 21 hinterlegt. Auch können Sie mehrere Empfängertypen pflegen, indem Sie einfach einen neuen Empfängertyp, z. B. KST für Kostenstelle in die nächste Reihe in Spalte **Empfängertyp** eintragen. Dies ermöglicht es Ihnen, die Kosten in der Abrechnung zu splitten. So können Sie z. B. 50 % der Kosten auf die Kostenstelle und 50 % der Kosten auf das PSP-Element abrechnen. Diese Aufteilungsregeln pflegen Sie in der Abrechnungsvorschrift des PSP-Elements.

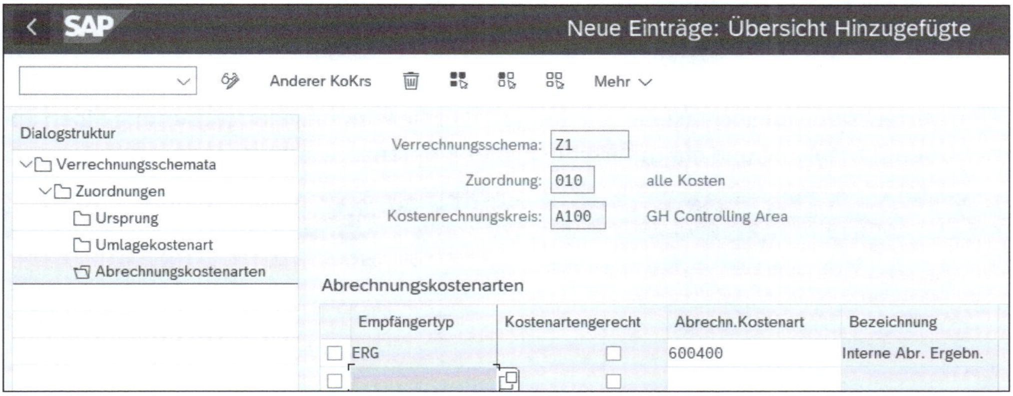

Abbildung 9.41 Abrechnungskostenarten pflegen

Mit der Zuordnung des Ursprungs und der Abrechnungskostenarten ist die Pflege des Verrechnungsschemas komplett.

9.2.5 Ergebnisschema pflegen

Haben Sie die Ergebnisrechnung aktiviert, können Sie Projekte auch in die Ergebnisrechnung abrechnen. Dazu müssen Sie zusätzlich zum Verrechnungsschema ein *Ergebnisschema* pflegen. Das Ergebnisschema erlaubt es Ihnen, die Abrechnung mit Merkmalen anzureichern, und legt bei der Verwendung der kalkulatorischen Ergebnisrechnung fest, in welches Wertfeld die Kosten abgerechnet werden. Um ein Ergebnisschema anzulegen, rufen Sie Transaktion KEI1 auf oder folgen dem Customizing-Pfad **Projektsystem • Kosten • Automatische und periodische Verrechnungen • Abrechnung • Abrechnungsprofile • Ergebnisschema anlegen**.

Über **Neue Einträge** oder über die Taste [F5] legen Sie ein neues Ergebnisschema an. Mit der Taste [F6] oder über den Button (**Kopieren**) können Sie ein bestehendes Ergebnisschema kopieren. In Abbildung 9.42 haben wir das Ergebnisschema Z1 (Ergebnisschema) angelegt.

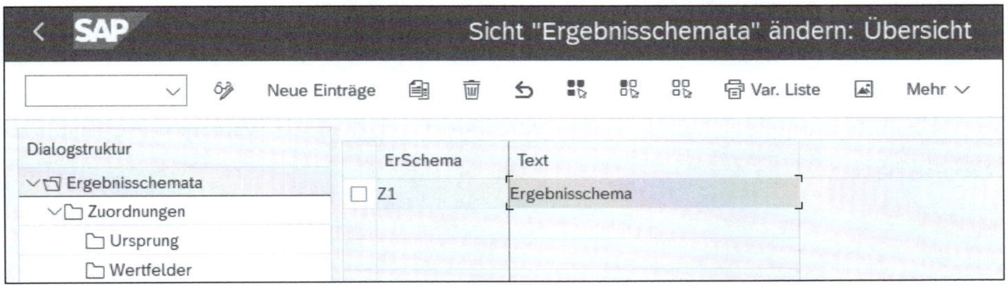

Abbildung 9.42 Ergebnisschema anlegen (Transaktion KEI1)

Navigieren Sie nun im linken Bildbereich in den Ordner **Zuordnungen**, um die Struktur des Ergebnisschemas anzulegen. Die Zuordnungen stellen die Struktur der Abrechnung dar. Im Beispiel haben wir eine Zuordnung **Entwicklungskosten** für die Abrechnung angelegt (siehe Abbildung 9.43). Sie können jeder Zuordnung einen anderen Ursprung und ein unterschiedliches Empfängerwertfeld zuordnen.

Abbildung 9.43 Zuordnung anlegen

Markieren Sie die Zuordnungszeile, und navigieren Sie im linken Bildbereich auf die Registerkarte **Ursprung**, um die Kostenart, das Kostenartenintervall oder die Kostenartengruppe zu pflegen. Zusätzlich zu den Kostenarten müssen Sie auch den Ursprung der Kosten festlegen. Es stehen die folgenden Ursprünge zur Auswahl bereit:

- **Kosten/Erlöse**
  für Kosten und Erlöse auf Projekten/WBS-Elementen
- **Abweichungen auf Fertigungsaufträgen**
  für Abweichungen auf Fertigungs- und Prozessaufträgen, die anhand der Abweichungskategorien abgerechnet werden sollen (nur verfügbar, wenn mit den Produktionskomponenten gearbeitet wird)
- **Berechnungsmotiv auf CS-Aufträgen**
  für verschiedene Berechnungsmotive, die im CS-Auftrag hinterlegt wurden (nur verfügbar, wenn mit der Serviceauftragskomponente CS gearbeitet wird)

Wir pflegen das Kostenartenintervall 0–Z als Ursprung und ordnen dieses der Ursprungsart **Kosten/Erlöse** zu (siehe Abbildung 9.44). Das Ergebnisschema, das wir in diesem Beispiel anlegen, ordnen wir mit dem Verrechnungsschema einem Projektprofil zu. Wir verwenden dabei das Verrechnungsschema, das wir weiter vorn in diesem Abschnitt angelegt haben. Daher ist es sinnvoll, die Zuordnungen identisch zu gestalten.

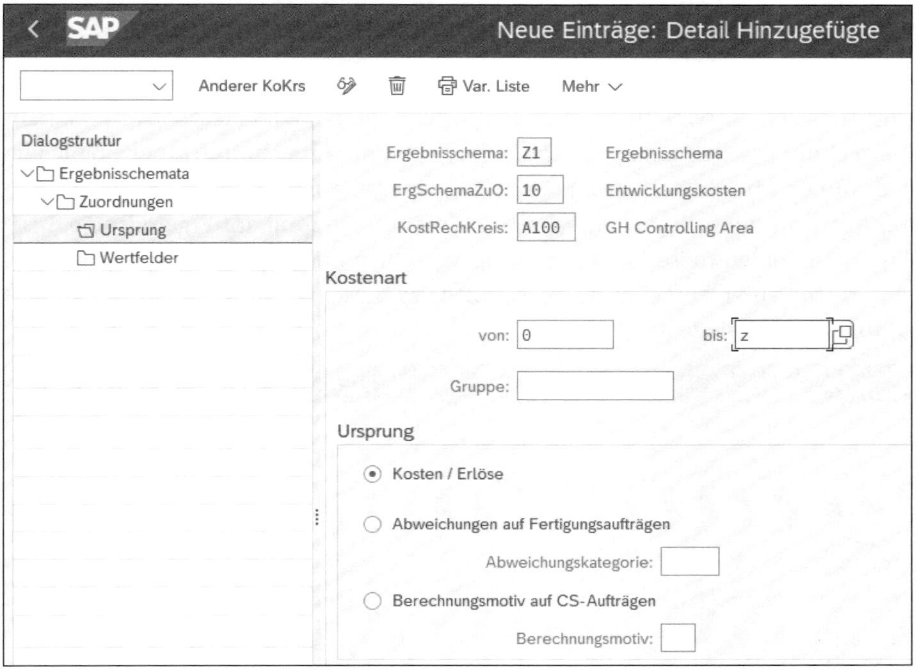

Abbildung 9.44 Ursprung im Ergebnisschema pflegen

9.2.6 Abrechnungsprofil pflegen

Das *Abrechnungsprofil* wird dem Projektprofil zugeordnet und bestimmt, wie und an welches Objekt das Projekt abgerechnet werden kann. Ohne Abrechnungsprofil kann kein Projekt abgerechnet werden. Zur Anlage eines Abrechnungsprofils rufen Sie den folgenden Customizing-Pfad auf: **Projektsystem • Kosten • Automatische und periodische Verrechnungen • Abrechnung • Abrechnungsprofile • Abrechnungsprofil anlegen**.

In unserem Beispiel in Abbildung 9.45 legen wir das Abrechnungsprofil Z001 (Entwicklung) an.

Das Abrechnungsprofil ist in mehrere Bereiche unterteilt:

- **Istkosten/Kosten des Umsatzes**
  In diesem Bereich definieren Sie, ob das Projekt abgerechnet werden muss, abgerechnet oder nicht abgerechnet werden kann.
- **Anzahlungen**
  Wenn Anzahlungen auf Projekten erfasst werden, koennen diese auch abgerechnet werden, z. B. ist dies für Anlagen im Bau relevant. Falls Sie Anzahlungen nicht abrechnen möchten, dann wählen Sie im Abrechnungsprofil **nicht abrechnen** aus.

- **Vorschlagswerte**
  In diesem Bereich können Sie ein Verrechnungsschema und ein Ergebnisschema zuordnen. Wir ordnen das Verrechnungsschema und das Ergebnisschema zu, das wir in diesem Kapitel angelegt haben. Jedes Projekt /WBS-Element muss einem Verrechnungsschema zugeordnet werden, um die Abrechnung zu ermöglichen. Sie können im Feld **Kontierungsvorschlag** einen Empfängertyp zuordnen. Da unser Verrechnungsschema ausschließlich die Abrechnung am Ergebnisobjekt zulässt, wählen wir dieses als Kontierungsvorschlag im Abrechnungsprofil aus. Bei der Anlage einer Abrechnungsvorschrift wird diese mit dem Empfängertyp ERG automatisch vorbelegt.

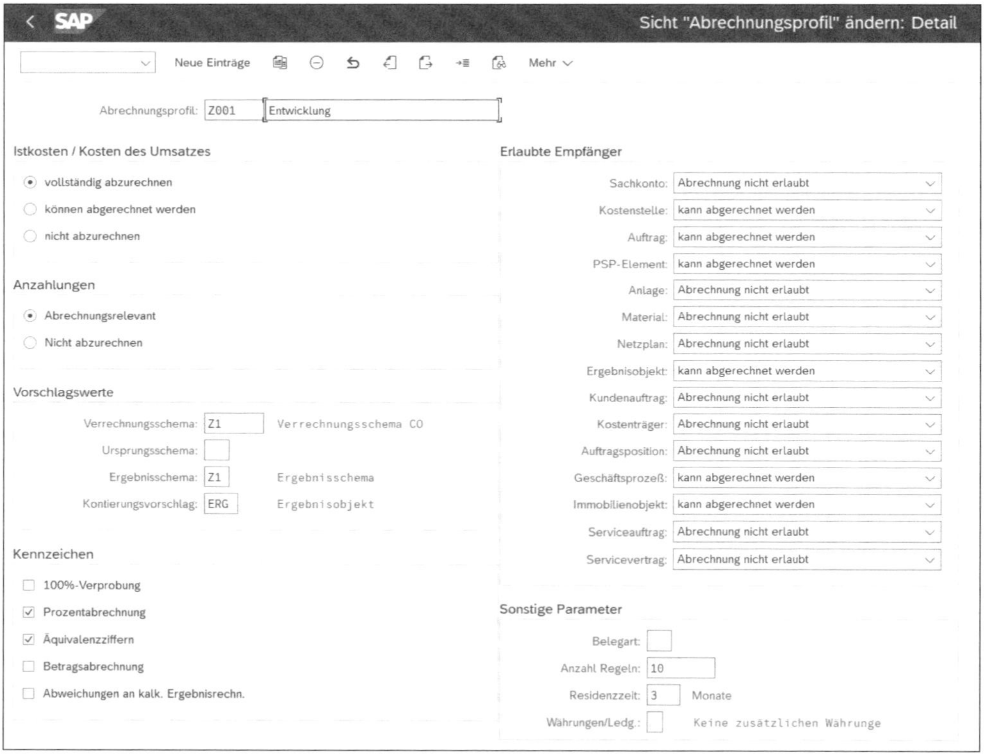

Abbildung 9.45 Abrechnungsprofil anlegen

- **Kennzeichen**
  Im Bereich **Kennzeichen** können Sie verschiedene Einstellungen vornehmen:
  - **100%-Verprobung** überprüft, ob <> 100 % der Gesamtkosten abgerechnet werden. Ist dies nicht der Fall, wird eine Warnmeldung ausgegeben. Ist dieses Kennzeichen nicht gesetzt, wird eine Warnmeldung nur ausgegeben, wenn > 100 % der Gesamtkosten abgerechnet werden.

- **Prozentabrechnung** erlaubt die Pflege der Abrechnungsvorschrift in %.
- **Äquivalenzziffern** erlaubt die Pflege von Abrechnungsvorschriften mit Äquivalenzziffern zur proportionalen Abrechnung der Projekte.
- **Betragsabrechnung** erlaubt die Pflege von Abrechnungsvorschriften mit Beträgen.
- **Abweichungen an kalk. Ergebnisrechn.** erlaubt die Überleitung der Abweichungskategorien aus der Abrechnung von Fertigungs- und Prozessaufträgen an die kalkulatorische Ergebnisrechnung.
- Im Bereich **Erlaubte Empfänger** können Sie anhand von Kennzeichen definieren, an welche Empfänger das Projekt abgerechnet werden muss, kann oder nicht abgerechnet werden kann. Voraussetzung dazu ist, dass der Empfängertyp im Verrechnungsschema hinterlegt ist.

- **Sonstige Parameter**
  In diesem Bereich können Sie im Feld **Belegart** eine separate Belegart für die Abrechnung pflegen. Wird hier keine Belegart gepflegt, erfolgt die Abrechnung mit der SAP-Standardbelegart SA (Sachkontenbuchung). Zusätzlich zur Belegart können Sie auch die Residenzzeit für die Archivierung der Projekte pflegen.

Nach der Anlage des Abrechnungsprofils muss dieses der Projektdefinition zugeordnet werden. Für die Zuordnung des Abrechnungsprofils zur Projektdefinition folgen Sie dem Customizing-Pfad **Projektsystem • Kosten • Automatische und periodische Verrechnungen • Abrechnung • Vorschlags-Abrechnungsprofil für Projektdefinition festlegen**.

In Abbildung 9.46 sehen Sie eine Übersicht aller Projektdefinitionen. Wir hinterlegen das soeben angelegte Abrechnungsprofil Z001 dem Projektprofil 0000001 (Entwicklung). Bei der Anlage eines Projekts mit der Projektdefinition 0000001 wird diesem automatisch das Abrechnungsprofil Z001 zugeordnet.

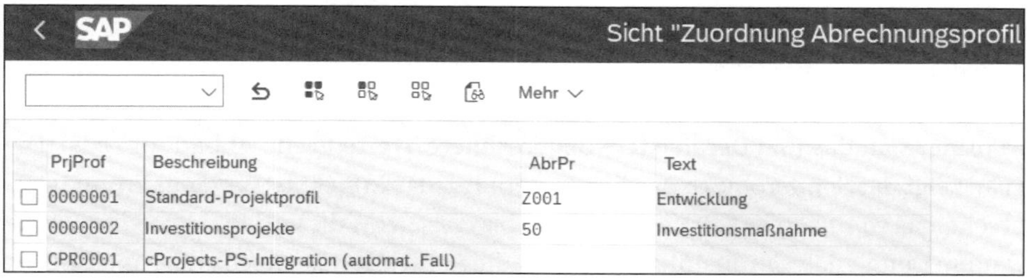

Abbildung 9.46 Abrechnungsprofil einer Projektdefinition zuordnen

Nach der Anlage des Abrechnungsprofils und dessen Zuordnung zur Projektdefinition können Sie Projekte abrechnen. Wie das funktioniert, erfahren Sie im folgenden Abschnitt.

9.2.7 Projekt abrechnen

Projekte werden periodisch abgerechnet, um deren Kosten auf den finalen Empfänger zu verrechnen. Zur *Abrechnung eines Projekts* rufen Sie die SAP-Fiori-App **Abrechnung ausführen** (App-ID CJ88) auf. In Abbildung 9.47 rechnen wir das Projekt 4 für die Abrechnungsperiode 5/2025 ab. Es besteht die Möglichkeit, die Abrechnung im Testlauf durchzuführen; die Abrechnung wird über einen Klick auf **Ausführen** gestartet.

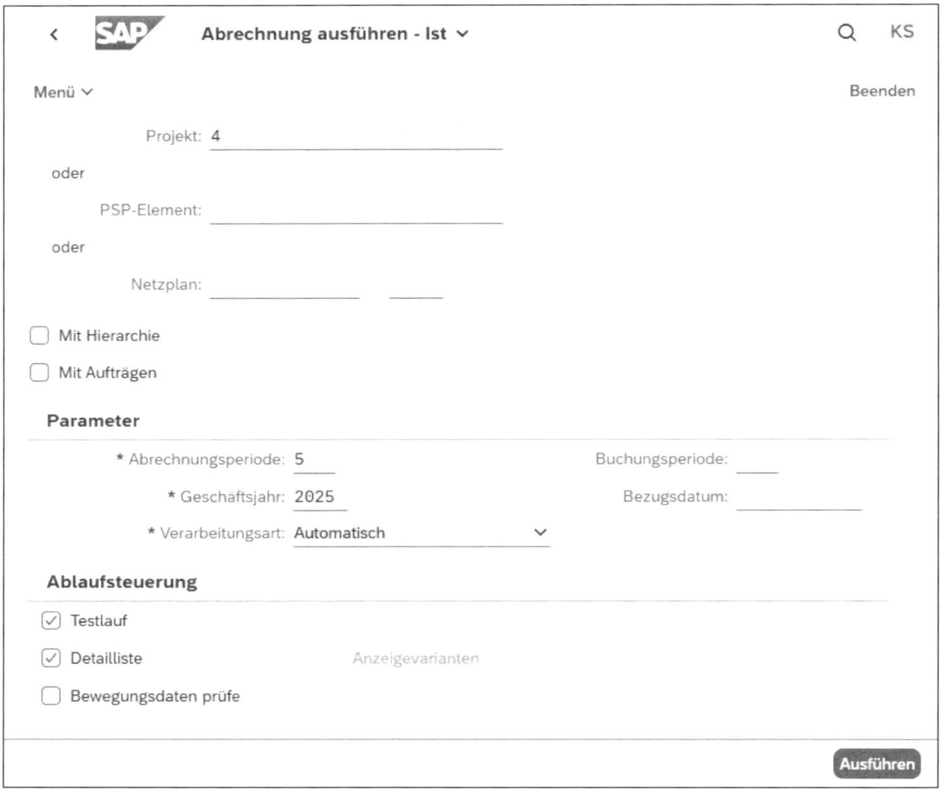

Abbildung 9.47 Projekt abrechnen

Es öffnet sich das Bild **Detailliste – abgerechnete Werte** (siehe Abbildung 9.48). Die Liste zeigt das Senderobjekt, das in unserem Fall das Projekt ist, und das Empfängerobjekt, das in unserem Fall das Ergebnisobjekt ist. Von diesem Bild aus können Sie weitere Detailanalysen ausführen, wie z. B. die Abrechnungsvorschrift zu analysieren oder die erzeugten Rechnungswesenbelege zu überprüfen.

Die Abrechnung der Projekte kann zum Monatsabschluss über das Einplanen von Jobs weitestgehend automatisiert werden.

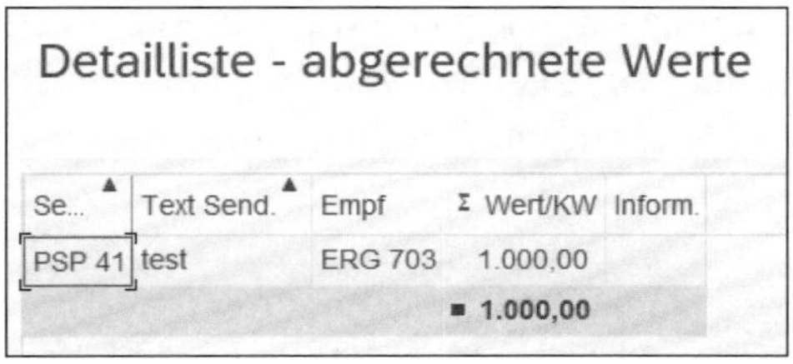

Abbildung 9.48 Abrechnung des Projekts analysieren

9.3 COGS-Split

Der *Split der Kosten des Umsatzes* (COGS = Cost of Goods Sold) in die einzelnen Kostenbestandteile analog den Komponenten des Elementeschemas wird mit SAP S/4HANA Finance ermöglicht. Ursprünglich wird der Warenausgang zur Lieferung auf ein Konto je Bewertungsklasse gebucht. Dieses Konto ist in der MM-Kontenfindung in der Kontomodifikationskonstanten GBB-VAX hinterlegt. In SAP S/4HANA können Sie diese Kosten in die Komponenten des Elementeschemas der zur Bestandsbewertung verwendeten Kalkulation aufteilen.

Der *COGS-Split* ermöglicht es, die Kosten des Umsatzes in der Margenanalyse in die einzelnen Kostenbestandteile gemäß dem Elementeschema der Materialkalkulation zu splitten. Dies eröffnet neue Wege bei der Analyse der Kosten des Umsatzes. Ferner können Sie unterschiedliche Kalkulationen bewerten. Außerdem haben Sie die Möglichkeit, eine Nachbewertung der Kosten des Umsatzes mit der Istkostenkalkulation aus dem Material-Ledger vorzunehmen.

Nutzen Sie den folgenden Customizing-Pfad, um die Aufteilung der Kosten des Umsatzes zu definieren:

Finanzwesen • Hauptbuchhaltung • Periodische Arbeiten • Integration • Materialwirtschaft • Konten für Aufteilung der Kosten des Umsatzes definieren

Für die Aufsplittung der Kosten des Umsatzes muss wie in Abbildung 9.49 ein *Kostenaufteilungsprofil* angelegt werden. Das erledigen Sie mit einem Klick auf **Neue Einträge** oder über die Taste [F5]. Das Kostenaufteilungsprofil wird auf der Ebene des Kostenrechnungskreises angelegt, und der Kontenplan wird aus den Stammdaten des Kostenrechnungskreises ermittelt. Wir legen in unserem Beispiel das Kostenaufteilungsprofil Z8000 im Kostenrechnungskreis 8000 an.

In Abbildung 9.49 gibt es eine weitere Spalte mit dem Kennzeichen **Buchhalt. Auft.** (Kontengesteuerte Aufteilung). Über dieses Kennzeichen wird festgelegt, ob die kontengesteuerte Aufteilung für alle Bewegungen erfolgen soll, die auf das hinterlegte

Quellkonto gebucht werden. Mit allen Bewegungen sind jegliche Warenbewegungen wie der Warenausgang zur Lieferung und Umlagerung gemeint. Ist das Kennzeichen nicht gesetzt, erfolgt die Aufteilung des Quellkontos nur für Bewegungen zu Kundenaufträgen.

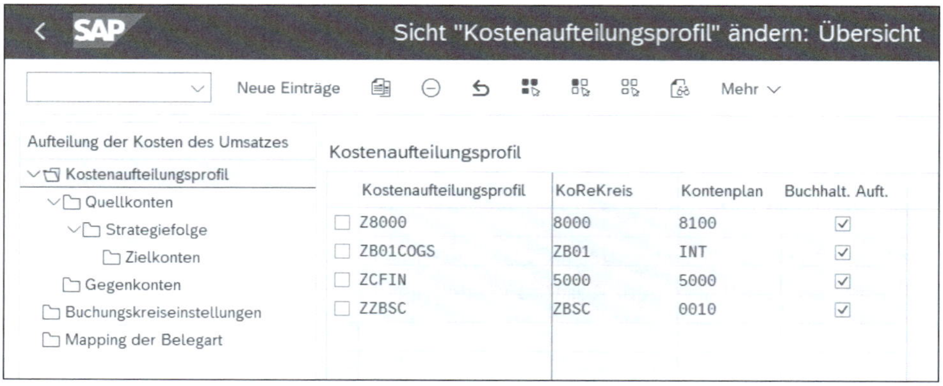

Abbildung 9.49 Kostenaufteilungsprofil anlegen

Nach der Anlage des Kostenaufteilungsprofils navigieren Sie im linken Bildbereich in den Ordner **Quellkonten**. In Abbildung 9.50 haben wir das Quellkonto **510100 – COGS-Standard** hinterlegt. Dies ist das Konto, das in unserem System beim Warenausgang zur Lieferung gebucht wird. Das Konto möchten wir bei der Warenausgangsbuchung in die einzelnen Kostenelemente der Kalkulation aufteilen. In der Spalte **BewertungSicht** können Sie pro Konto eine unterschiedliche Bewertungssicht hinterlegen. Dies erlaubt eine unterschiedliche Aufteilung der Kosten des Umsatzes pro Bewertungssicht (z. B. legale Bewertung oder Konzernbewertung).

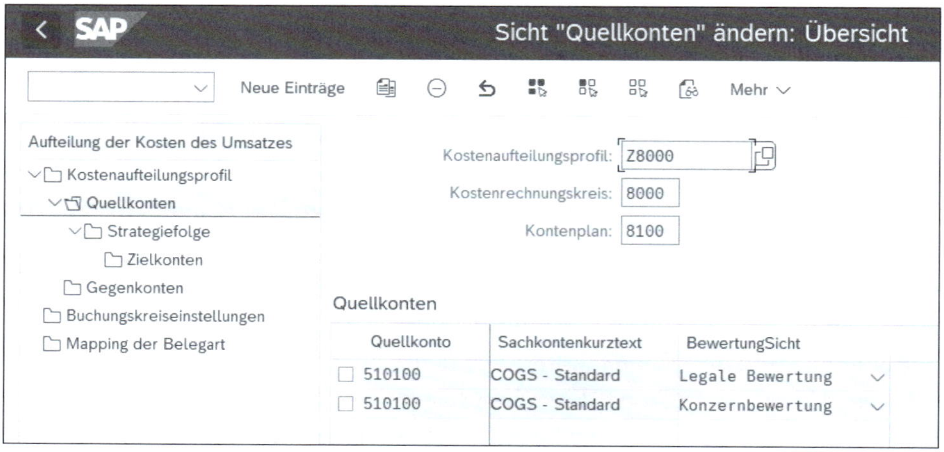

Abbildung 9.50 Quellkonten zuordnen

Navigieren Sie nun in den Ordner **Strategiefolge** im linken Bildbereich. Pro Quellkonto muss eine Strategiefolge angelegt werden. Die Strategiefolge bestimmt, nach welcher Kalkulation zuerst gesucht werden soll. In Abbildung 9.51 legen wir die Strategiefolge zum Quellkonto 510100 an. Die Strategiefolgenummer ist die 10. Dies ist die erste Strategiefolge, die bei der Suche zur Aufteilung einer Kalkulation durchlaufen wird. Ist die Suche in der Strategiefolge 10 erfolglos, sucht das System in der nächsten Strategiefolge. Wird in keiner der zugeordneten Strategiefolgen eine Kalkulation gefunden, erfolgt keine Aufteilung der Kosten des Umsatzes.

Im Bereich **Details** in Abbildung 9.51 legen Sie die Strategieart fest. Die Strategieart bestimmt, nach welcher Kalkulation gesucht wird. Es stehen die folgenden Auswahlmöglichkeiten zur Verfügung:

- **Freigegebene Kalkulationen**
  Das System sucht nach einer freigegebenen Kalkulation zum Zeitpunkt der Buchung des Warenausgangs zur Lieferung. Wird keine freigegebene Kalkulation gefunden, erfolgt keine Splittung der Kosten des Umsatzes.
- **Zukünftige freigegebene Kalkulationen**
  Das System sucht nach einer freigegebenen Kalkulation in der Zukunft. Erfolgt z. B. eine Warenausgangsbuchung am 1. Oktober und ist keine freigegebene Kalkulation am 1. Oktober vorhanden, sucht das System nach der nächsten in der Zukunft freigegebenen Kalkulation.
- **Laufende Plankalkulation**
  Das System übernimmt die laufende Plankalkulation aus dem Materialstamm.
- **Zukünftige Plankalkulation**
  Das System liest die zukünftige Plankalkulation aus dem Materialstamm unabhängig von der Gültigkeit.

In unserem Beispiel in Abbildung 9.51 wählen wir die Strategieart **Laufende Plankalkulation**. Sie können das Kennzeichen **Nachbewerteten Verbrauch mit Ist-Kostenschichtung splitten** setzen, wenn Sie mit der Istkalkulation im Material-Ledger arbeiten. Die Aufteilung der Kosten erfolgt dann anstelle der Plankalkulation mit der Istkosten-Deltaschichtung. Die Istkosten-Deltaschichtung ist die Differenz zwischen der beim Warenausgang verwendeten Istkostenschichtung und der Istkostenschichtung auf Basis der aktuellen Istkalkulation. Wird dieses Kennzeichen nicht gesetzt, erfolgt die Aufteilung der Kosten mit der Plankalkulation.

Nach der Pflege der Strategiefolgen navigieren Sie im linken Bildbereich in den Ordner **Zielkonten**. In diesem Bereich ordnen Sie jedem Kostenelement aus dem Elementeschema ein Sachkonto zu. Das Sachkonto sollte mit Kostenartentyp **01 – Primärkosten** angelegt worden sein. Die Zielkonten definieren die Aufteilung der Kosten des Umsatzes bei der Buchung des Warenausgangs zur Lieferung. Für ein Kostenelement müssen Sie das Kennzeichen in der Spalte **Vorschl** (Vorschlagskonto für nicht zugeordnete Kostenelemente) aktivieren.

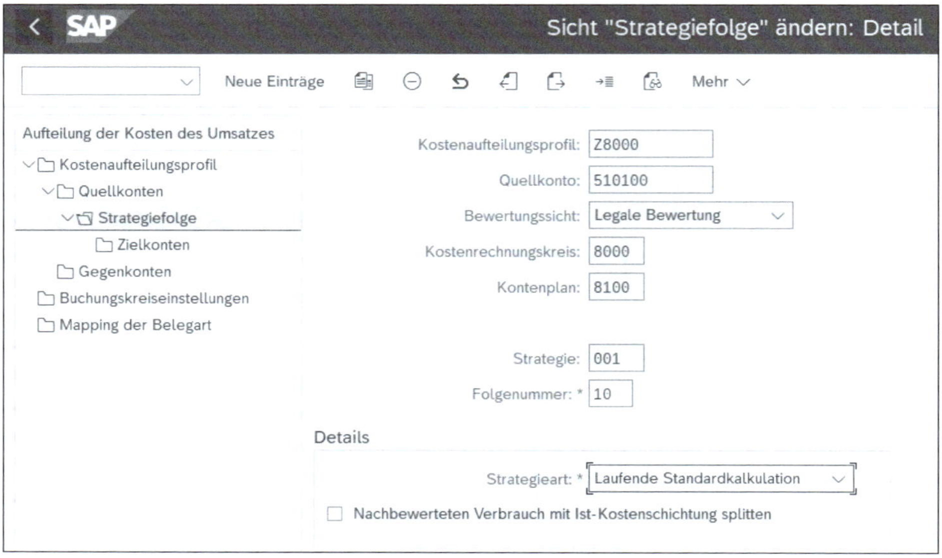

Abbildung 9.51 Strategiefolge anlegen

In Abbildung 9.52 haben wir dieses Kennzeichen für das Konto 5111000 aktiviert. Alle Kosten, die beim Aufteilen der Kalkulation keinem Sachkonto zugeordnet werden können, werden diesem Vorschlagskonto zugeordnet. Über den Ordner **Gegenkonten** im linken Bildbereich bestimmen Sie, ob das ursprüngliche Umsatzkostenkonto nicht ausgeglichen wird und die Kosten auf einem Gegenkonto angegeben werden sollen. Dies ist z. B. erforderlich, wenn Sie über Berichte verfügen, mit denen die ursprünglich gebuchten Kosten mit den Istkosten des Material-Ledgers verglichen werden. Da wir in unserem Beispiel nicht mit der Istkostenkalkulation im Material-Ledger arbeiten, pflegen wir hier keine Daten.

Navigieren Sie nun in den Ordner **Buchungskreiseinstellungen** im linken Bildbereich. Über die Buchungskreiseinstellungen wird das Kostenaufteilungsprofil auf der Ebene des Buchungskreises aktiviert. In Abbildung 9.53 aktivieren wir das Kostenaufteilungsprofil Z8000 für den Buchungskreis 8000 mit dem Datum **Gültig ab** 01.01.2020.

Darüber können Sie über den Ordner **Mapping der Belegart** eine Belegart festlegen, mit der die Aufteilung der Kosten des Umsatzes gebucht werden soll. In unserem Beispiel nehmen wir hier keine Einstellungen vor. Die Buchung der Aufteilung der Kosten des Umsatzes erfolgt mit der gleichen Belegart wie der Warenausgang zur Lieferung. Wir legen nun einen Kundenauftrag an, um die von uns gepflegten Einstellungen in der Ergebnisrechnung im Universal Journal zu überprüfen.

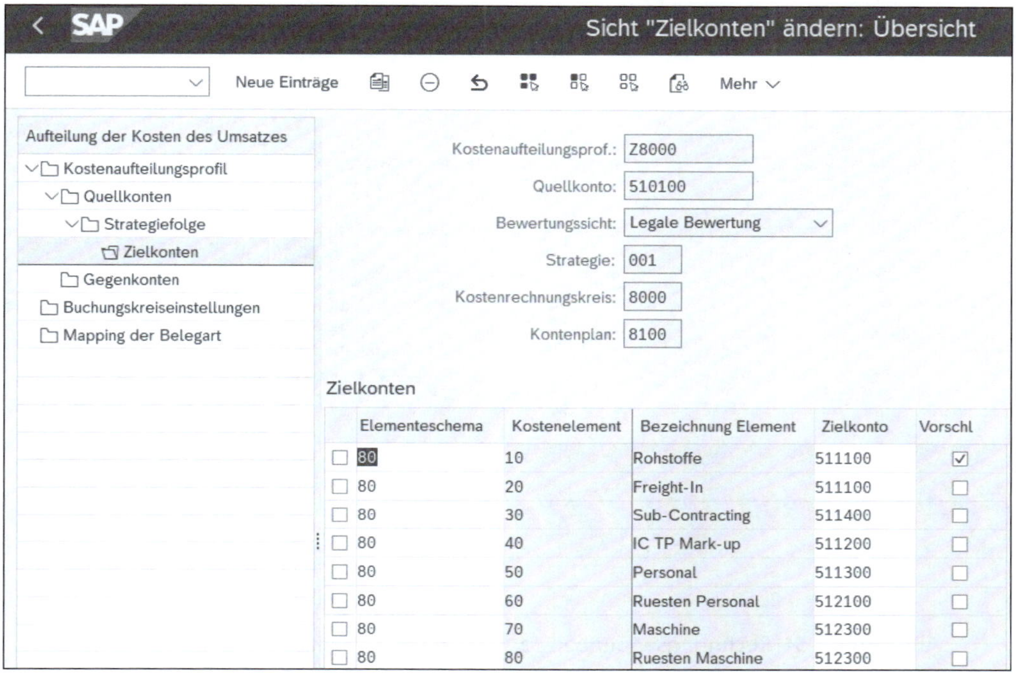

Abbildung 9.52 Zielkonten den Kostenelementen zuordnen

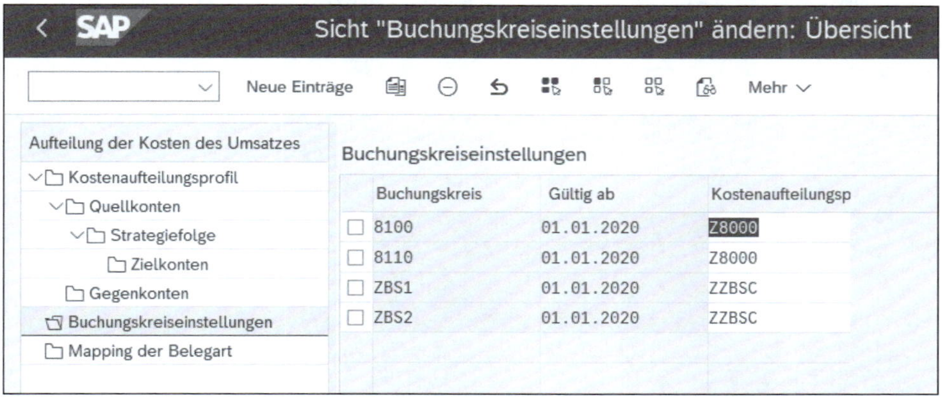

Abbildung 9.53 Buchungskreiseinstellungen anlegen

Die Aufteilung der Kosten des Umsatzes in der Ergebnisrechnung im Universal Journal ist bereits nach der Warenausgangsbuchung zur Lieferung ersichtlich. Schauen wir uns die Rechnungswesenbelege zur Lieferung in Abbildung 9.54 einmal an: Es wurden zwei Buchhaltungsbelege erzeugt.

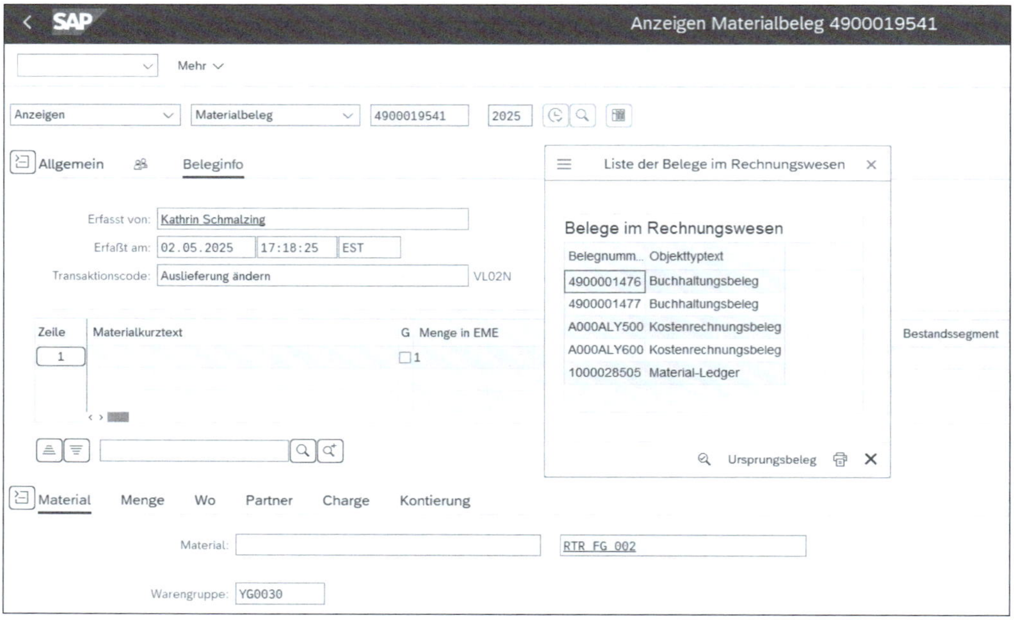

Abbildung 9.54 Rechnungswesenbelege zur Lieferung anzeigen

Schauen wir uns nun in Abbildung 9.55 den Buchhaltungsbeleg 4900001476 an. Der Buchungssatz lautet »Warenausgang an fertige Erzeugnisse«. Dies ist die Bestandsveränderungsbuchung, die wir ohne Aufteilung der Kosten des Umsatzes erwarten.

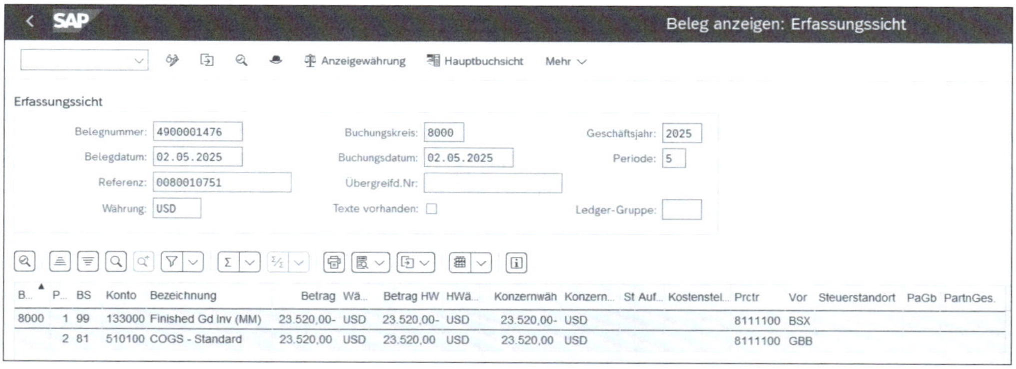

Abbildung 9.55 Buchhaltungsbeleg 4900001476 anzeigen

Schauen wir uns nun in Abbildung 9.56 den zweiten Buchhaltungsbeleg 4900001477 an. In diesem Beleg sehen wir die Aufteilung der Kosten des Umsatzes analog den Kostenelementen der Kalkulation. Das Warenausgangskonto wird mit dieser Buchung entlastet.

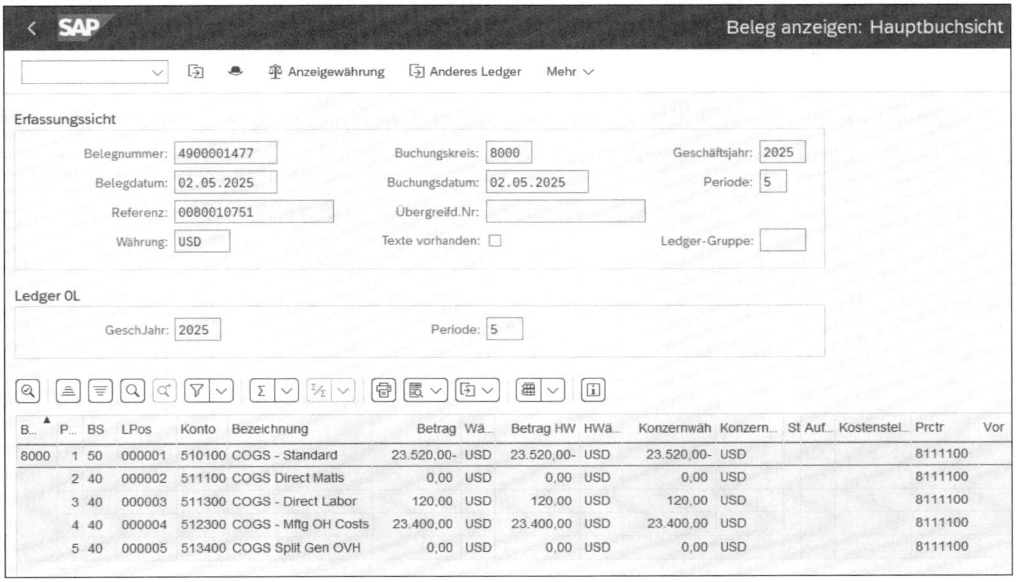

Abbildung 9.56 Buchhaltungsbeleg 4900001477 anzeigen

Die Aufteilung der Kosten des Umsatzes in der Ergebnisrechnung hat also wie erwartet funktioniert.

Mit der Aufteilung der Kosten des Umsatzes hat SAP eine Funktion eingeführt, die von vielen Kunden schon lange gefordert wurde. Diese Funktion ermöglicht eine detaillierte Analyse der Herstellkosten in der Finanzbuchhaltung sowie in der Margenanalyse.

9.4 Zusammenfassung

In diesem Kapitel haben Sie gelernt, wie Gemeinkosten in SAP S/4HANA verursachungsgerecht auf Kostenstellen und Projekte kontiert und verrechnet werden. Sie haben sich mit der Einrichtung der Default-Kontierung und Validierungen sowie der Durchführung direkter Leistungsverrechnungen vertraut gemacht. Darüber hinaus wurde erläutert, wie Gemeinkostenzuschläge und universelle Verrechnungen angelegt und ausgeführt werden.

Für den Projektbereich haben Sie erfahren, wie Budgets gepflegt, die Verfügbarkeitskontrolle aktiviert und Abrechnungs- sowie Ergebnisschemata eingerichtet werden. Abschließend wurde der COGS-Split vorgestellt, der die Aufteilung der Kosten des Umsatzes auf einzelne Kostenbestandteile ermöglicht.

Dieses Wissen versetzt Sie in die Lage, Kosten in Ihrem Unternehmen präzise zu steuern und Transparenz zu schaffen. Es bildet die Grundlage für fundierte Entscheidungen auf Basis einer verursachungsgerechten Kostenverteilung. Mit diesen Kenntnissen können Sie die Effizienz Ihres Kostenmanagements steigern und eine solide Basis für strategische Finanzentscheidungen schaffen.

Kapitel 10
Produktkostenrechnung

Die Produktkostenrechnung besteht aus zwei Komponenten: der Kalkulation von Herstellkosten der Produkte auf der Basis von im System hinterlegten Stammdaten und der Kostenträgerrechnung, der Ermittlung der Produktionskosten und deren Abweichungen.

Die Produktkostenrechnung beschäftigt sich zum einen mit der Planung von Kosten zur Ermittlung eines Planpreises, der für die Bestandsbewertung herangezogen wird. Die notwendigen Customizing-Einstellungen und verwendeten Stammdaten lernen Sie in Abschnitt 10.1, »Produktkostenkalkulation«, dieses Kapitels kennen.

Zum anderen beschäftigt sich die Produktkostenrechnung mit der Auswertung und Analyse der Istkosten der Produktion in der Kostenträgerrechnung. Es gibt verschiedene Arten der Kostenträgerrechnung. Die Unterschiede in der Anwendung und Auswahl der Kostenträger lernen Sie in Abschnitt 10.2, »Kostenträgerrechnung«, kennen. Neben der Ermittlung der Plankosten und der Auswertung der Istkosten auf den Kostenträgern beschäftigen sich Controlling-Teams mit den Kostenträgern im Periodenabschluss.

Die Funktionen, die im Periodenabschluss ausgeführt werden können und deren notwendigen Customizing-Einstellungen erklären wir Ihnen in Abschnitt 10.3, »Periodenabschluss in der Kostenträgerrechnung«. Abschließend gehen wir auf das Material-Ledger und auf SAP-Fiori-Apps für die Produktkostenrechnung ein.

10.1 Produktkostenkalkulation

In der Produktkostenkalkulation werden die *Herstellkosten* anhand von Stammdaten, wie Stücklisten und Arbeitsplänen, errechnet. Die Plankosten werden als Standardpreis in den Materialstamm fortgeschrieben. In diesem Abschnitt erläutern wir die für die Produktkostenkalkulation relevanten Felder im Materialstamm, bevor wir auf das Customizing der Produktkostenkalkulation und anschließend auf die Ausführung der Produktkostenkalkulation eingehen.

Für eine aussagekräftige Produktkostenkalkulation ist eine korrekte Stammdatenpflege ausschlaggebend. Die folgenden Stammdaten nehmen Einfluss auf die Produktkostenkalkulation:

- **Stückliste**
  Die Stückliste enthält Informationen dazu, welche Materialien in welcher Menge für die Produktion eines Artikels benötigt werden.
- **Arbeitsplan**
  Der Arbeitsplan legt fest, wo (Arbeitsplatz) welche Leistung in welcher Menge für die Produktion eines Artikels erbracht werden muss.
- **Arbeitsplatz**
  Der Arbeitsplatz bestimmt, wo die Leistung erbracht wird (z. B. Maschine 1, Halle 1). Der Arbeitsplatz ist einer Kostenstelle zugeordnet.
- **Tarif**
  Der Tarif bestimmt den Preis für eine Leistungseinheit. Die Tarife müssen in der im Arbeitsplatz hinterlegten Kostenstelle geplant werden.
- **Materialstamm**
  Im Materialstamm gibt es eine Vielzahl von Kennzeichen in den Sichten **Kalkulation 1** und **Kalkulation 2**, die Auswirkungen auf das Controlling haben.

10.1.1 Materialstamm

Im Folgenden stellen wir Ihnen die Einstellungen zum *Materialstamm* detailliert vor. Wir zeigen Ihnen, wie Sie die entsprechenden Kennzeichen setzen sollten, um die Abläufe im Controlling zu verbessern und zu beschleunigen. Durch gezieltes Setzen der Kennzeichen im Materialstamm kann die Produktkostenkalkulation vereinfacht werden, und die Analyse der Ergebnisse wird aussagekräftiger.

Rufen Sie den Materialstamm über die SAP-Fiori-App **Material anzeigen** (App-ID MM03) auf.

Geben Sie in das Feld **Material** die Materialnummer eines kalkulierten Materials ein. Bestätigen Sie Ihre Eingaben mit der [↵]-Taste. Markieren Sie in der Sichtenauswahl die Sichten **Kalkulation 1** und **Kalkulation 2**, und bestätigen Sie Ihre Auswahl mit der [↵]-Taste. In der Sicht **Organisationsebenen** wählen Sie im Feld **Werk** das Werk aus, in dem das Material kalkuliert wurde. Bestätigen Sie mit der [↵]-Taste.

Sie gelangen in die Sicht **Kalkulation 1**. Dort sind die folgenden Kennzeichen und Felder relevant (siehe Abbildung 10.1):

- **Nicht kalkulieren**
  Ist das Kennzeichen **nicht kalkulieren** gesetzt, wird für das Material keine Kalkulation (Kostenschichtung) angelegt. Geht das Material in eine andere Kalkulation ein, wird der Preis laut Bewertungsvariante der Kalkulation gezogen. Aus Performancegründen ist es sinnvoll, das Kennzeichen bei den Handelswaren und/oder Rohstoffen zu setzen, vorausgesetzt, dass diese in der Kalkulation keine Gemeinkostenzuschläge oder additiven Kosten enthalten.

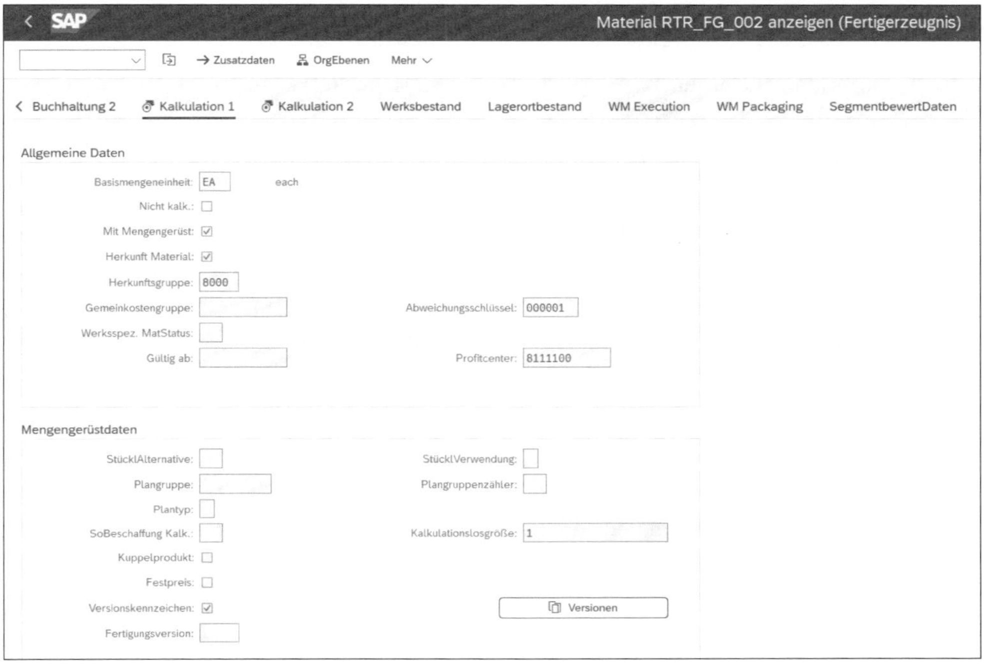

Abbildung 10.1 Sicht »Kalkulation 1« im Materialstamm anzeigen

- **Mit Mengengerüst**
  Wurde die Option **Mit Mengengerüst** ausgewählt, wird bei der Kalkulation bzw. im Kalkulationslauf nach einer Kalkulation mit Mengengerüst gesucht. Wird ausschließlich mit Kalkulationen mit Mengengerüst gearbeitet, muss das Kennzeichen aktiviert werden, damit das SAP-System nicht vergeblich nach einer Kalkulation ohne Mengengerüst sucht. Dies verbessert ebenfalls die Performance. Diese Option sollten Sie nur dann nicht aktivieren, wenn Sie generell mit Kalkulationen ohne Mengengerüst arbeiten.
- **Herkunft Material**
  Ist dieses Kennzeichen gesetzt, wird die Materialnummer im Kostenartennachweis fortgeschrieben. Dies verbessert die Analysemöglichkeiten im Reporting.
- **Herkunftsgruppe**
  Die Herkunftsgruppe wird im Customizing definiert und in eine Kostenart und weitere Gruppen unterteilt. Die Herkunftsgruppe findet in den folgenden Fällen Verwendung: Anlegen von Kostenelementen in der Erzeugniskalkulation für Herkunftsgruppen, Ermittlung von Abweichungen für Materialgruppen, Definition von Regeln pro Materialgruppe für die Aktivierung für Ware in Arbeit und Pflegen von Berechnungsbasen für die Gemeinkostenzuschläge, abhängig von der jeweiligen Herkunftsgruppe.

- **Gemeinkostengruppe**
  Die Gemeinkostengruppe wird im Customizing angelegt. Gemeinkostenzuschläge können für Gemeinkostengruppen definiert werden.
- **Werksspez. MatStatus**
  Über den Materialstatus können Sie ein Material in seiner Verwendung einschränken.
- **Abweichungsschlüssel**
  Der Abweichungsschlüssel steuert die Abweichungsermittlung. Für alle Materialien, die produziert werden (auch Halbfabrikate), muss der Abweichungsschlüssel gesetzt sein. Der Schlüssel wird als Vorschlagswert in den Fertigungsauftrag übernommen und kann dort überschrieben werden.
- **StücklAlternative**
  Normalerweise wird die Stücklistenalternative analog der Auflösungssteuerung der Kalkulationsvariante in der Kalkulation verwendet. Soll eine abweichende Stückliste verwendet werden, kann diese hier fest hinterlegt werden.
- **StücklVerwendung**
  Die Stücklistenverwendung muss gemeinsam mit der Stücklistenalternative gepflegt werden, wenn die Auflösungssteuerung der Kalkulationsvariante für die Findung der Stückliste übersteuert werden soll.
- **Plangruppe**
  Ist das Feld **Plangruppe** leer, wird für die Kalkulation der Arbeitsplan laut Auflösungssteuerung der Kalkulationsvariante gezogen. Soll ein von der Auflösungssteuerung abweichender Arbeitsplan herangezogen werden, müssen Sie diesen hier eintragen.
- **Plangruppenzähler**
  Der Plangruppenzähler muss gemeinsam mit der Plangruppe gepflegt werden, wenn die Auflösungssteuerung der Kalkulationsvariante für die Findung des Arbeitsplans übersteuert werden soll.
- **SoBeschaffung Kalk.**
  Ein Material kann auf verschiedene Arten beschafft werden. Die Beschaffungsart wird in der Sicht **Disposition** gepflegt. Soll mit einer abweichenden Beschaffungsart kalkuliert werden, muss diese hier eingetragen werden. Um auf die Kalkulationsdaten anderer Werke zuzugreifen, muss hier ein Sonderbeschaffungsschlüssel eingetragen werden.
- **Kalkulationslosgröße**
  Die Kalkulationslosgröße entspricht der Menge, mit der eine Kalkulation erstellt wird. Die Kalkulationslosgröße sollte der Preiseinheit in der Sicht **Buchhaltung 1** entsprechen, da es sonst zu Rundungsdifferenzen bei der Umrechnung des Standardpreises kommen könnte.

- **Kuppelprodukt**
  Wird mit Kuppelprodukten gearbeitet, müssen Sie das Kennzeichen bei den Materialien, die als Kuppelprodukt verwendet werden können, setzen.
- **Festpreis**
  Das Material ist ein Kuppelprodukt, es soll aber ein fester Preis für das Material herangezogen werden. Der Preis ermittelt sich aus einer Kalkulation ohne Mengengerüst, oder es wird ein Preis aus dem Materialstamm verwendet.
- **Versionskennzeichen**
  Wird mit der Produktionsplanung für die Prozessindustrie gearbeitet, gibt dieses Kennzeichen an, dass Fertigungsversionen für das Material existieren.
- **Fertigungsversion**
  Wird die Produktionsplanung für die Prozessindustrie eingesetzt und soll mit einem Planrezept, abweichend von der Auflösungssteuerung der Kalkulationsvariante, kalkuliert werden, muss hier die Fertigungsversion eingetragen werden.

10

In der Sicht **Kalkulation 2** sind die folgenden Kennzeichen und Felder für die Produktkostenrechnung relevant (siehe Abbildung 10.2):

- **Zukünftig/Laufend/Vergangen**
  In diesen Feldern speichert das SAP-System die laufende (= aktuell gültige) Plankalkulation, die letzte gültige (= vergangene) Plankalkulation und die zukünftige (= vorgemerkte) Plankalkulation, die die laufende Plankalkulation zu einem bestimmten Zeitpunkt ablösen soll.
- **Planpreis 1 bis 3**
  Die Preisfelder werden manuell gefüllt, ebenso die Felder **Planpreisdatum 1** bis **3**. Das Planpreisdatum ist unabhängig vom Tagesdatum. Die Felder **Planpreis 1** bis **3** können in der Plankalkulation zur Bewertung herangezogen werden.

Wenden Sie die Kennzeichen im Materialstamm richtig an, können Sie zum einen die Performance in der Kalkulation und zum anderen die Aussagekraft der Kalkulationen für einzelne Materialien durch eine gezieltere Auswahl der Kennzeichen in den Stammdaten verbessern.

[«]

Stammdaten in der Produktkostenkalkulation

Meist sind fehlerhafte und unsachgemäß gepflegte Stammdaten der Grund für Fehler oder falsche Werte in der Produktkostenkalkulation. Daher sollte auf die Stammdatenpflege besonderes Augenmerk gelegt werden. Es ist wichtig für die Produktkostenkalkulation, dass die Finanzabteilung in die Prozesse der Stammdatenanlage in Produktion und Materialwirtschaft eingebunden wird.

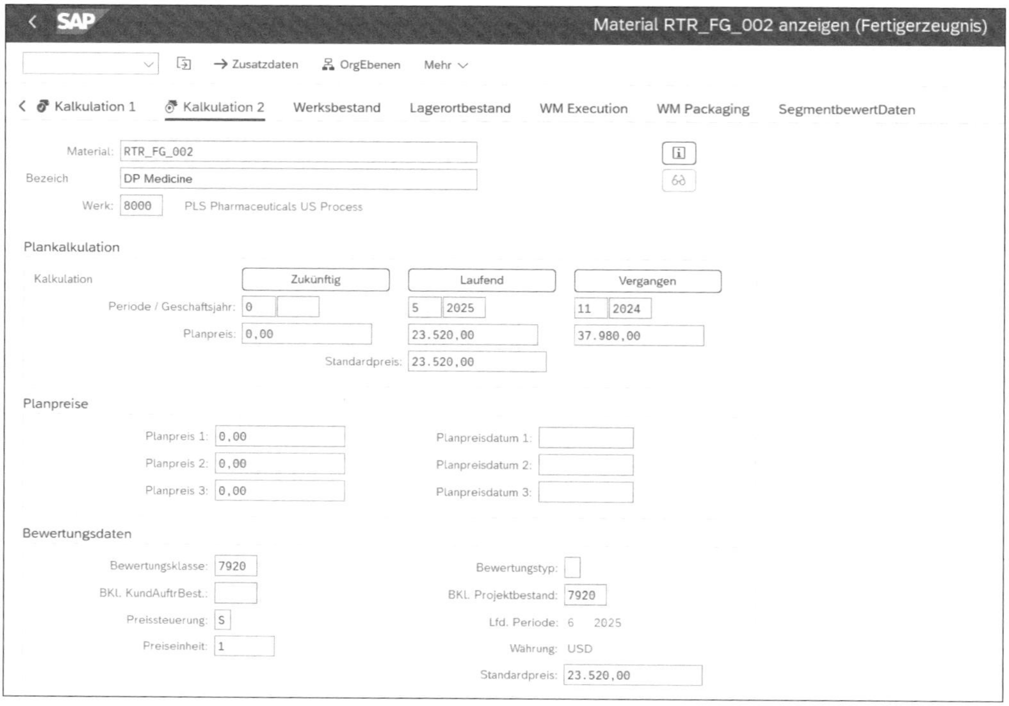

Abbildung 10.2 Sicht »Kalkulation 2« im Materialstamm anzeigen

10.1.2 Die Produktkostenkalkulation einrichten

Die Produktkostenkalkulation erfolgt auf der Basis einer Kalkulationsvariante, die bestimmt, welche Kosten wie berücksichtigt werden. Im Folgenden lernen Sie die einzelnen Bestandteile einer Kalkulationsvariante kennen; wir gehen auf jeden Bestandteil im Einzelnen ein und stellen dar, welche Funktion dieser jeweils hat.

Kalkulationsvariante anlegen

Um Herstellkosten zu kalkulieren, müssen Sie eine *Kalkulationsvariante* im Customizing anlegen. Die Kalkulationsvariante bestimmt:

- wie die Herstellkosten bewertet werden
- welche Stammdaten bewertet werden (z. B. Stücklistenverwendung)
- die Fortschreibung des Preises, wie Standardpreis, Planpreis usw.

Die Kalkulationsvariante ist in verschiedene Bestandteile gegliedert:

- Kalkulationsart
- Bewertungsvariante
- Terminsteuerung
- Auflösungssteuerung
- Übernahmesteuerung
- Referenzvariante

Alle diese Bestandteile werden individuell angelegt und in einer Kalkulationsvariante kombiniert.

Kalkulationsart

Die *Kalkulationsart* legt die Verwendung der Kalkulation fest. Sie bestimmt, in welchem Feld im Materialstamm der Preis fortgeschrieben werden kann. Zur Anlage der Kalkulationsart rufen Sie Transaktion OKKI auf oder folgen dem Customizing-Pfad **Controlling • Produktkosten-Controlling • Produktkostenplanung • Materialkalkulation mit Mengengerüst • Kalkulationsvariante: Bestandteile • Kalkulationsart**.

Über einen Klick auf **Neue Einträge** oder die Taste F5 können Sie eine neue Kalkulationsart anlegen, und über (**Detail**) können Sie sich die Details einer bestehenden Kalkulationsart anzeigen lassen.

In Abbildung 10.3 sehen Sie die Details der Kalkulationsart 01 (Plankalkulation, Mat.). Eine Kalkulationsart besteht aus drei verschiedenen Registerkarten:

- Fortschreibung
- Verbuchung
- Sonstige

In Abbildung 10.3 sehen Sie die Registerkarte **Fortschreibung**. Im Feld **Preisfortschreibung** bestimmen Sie, in welchem Feld im Materialstamm der Preis fortgeschrieben werden kann. Im Feld **Bewertungssicht** legen Sie fest, mit welcher Bewertung bei der Anwendung der parallelen Bewertung gearbeitet werden soll.

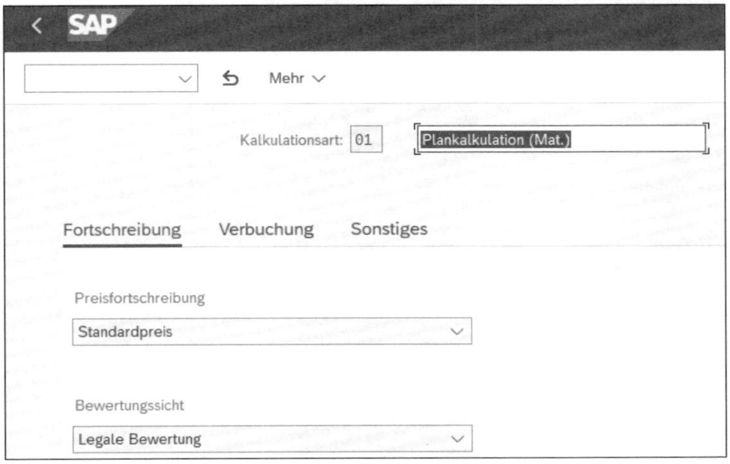

Abbildung 10.3 Fortschreibung in der Kalkulationsart überprüfen

In Abbildung 10.4 sehen Sie die angeklickte Registerkarte **Verbuchung**. Im Feld **Kalkulationen mit Mengengerüst** und/oder im Feld **additive Kalkulationen** legen Sie fest, ob das Datum im Schlüssel der Kalkulation auf der Datenbank fortgeschrieben werden soll. Wir empfehlen, den Schlüssel der Kalkulation mit einem Datum auf der Datenbank fortzuschreiben.

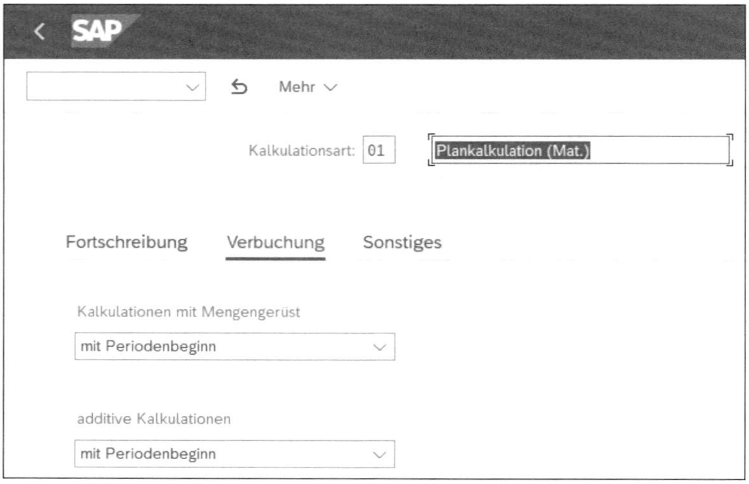

Abbildung 10.4 Verbuchung in der Kalkulationsart pflegen

Auf der Registerkarte **Sonstiges** in Abbildung 10.5 legen Sie im Feld **Kostenanteil für die Gemeinkostenbezuschlagung** fest, welche Kostenelemente als Basis für die Ermittlung der Gemeinkostenzuschläge dienen.

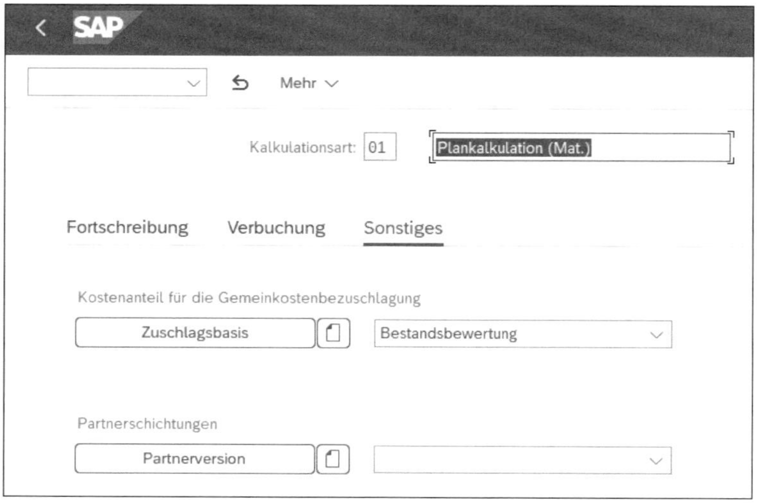

Abbildung 10.5 Sonstiges in der Kalkulationsart pflegen

Im Feld **Partnerschichtungen** bestimmen Sie, welche Merkmale, wie z. B. Buchungskreis, Werk oder Profit-Center, zusammen mit der Kalkulation abgespeichert werden. Diese Merkmale stehen in der Analyse der Herstellkosten zur Verfügung.

Bewertungsvariante

Die *Bewertungsvariante* definiert die Parameter für die Bewertung der Kosten in der Kalkulation. Zur Anlage einer Bewertungsvariante rufen Sie Transaktion OKK4 auf oder folgen dem Customizing-Pfad **Controlling • Produktkosten-Controlling • Produktkostenplanung • Materialkalkulation mit Mengengerüst • Kalkulationsvariante: Bestandteile • Bewertungsvarianten definieren**.

Die Einstellungen für das Anlegen einer Bewertungsvariante sind in sechs Registerkarten aufgeteilt:

- Materialbewertung
- Leistungsarten/Prozesse
- Lohnbearbeitung
- Fremdbearbeitung
- Gemeinkosten
- Sonstiges

Auf der Registerkarte **Materialbewertung** legen Sie fest, mit welchem Preis die Materialien in der Stückliste bewertet werden. Sie können eine Strategiefolge für die Preisfindung mit bis zu fünf Strategien festlegen. In Abbildung 10.6 haben wir die folgende Strategiefolge festgelegt **1** = **Planpreis 1**, **2** = **Standardpreis** und **3** = **Gleitender Durchschnittspreis**. Die Prioritäten **4** und **5** haben wir leer gelassen. Findet das SAP-System in **Priorität 1** keinen Preis, sucht es in **Priorität 2** nach einem Preis usw. Findet das SAP-System in keiner der Prioritäten einen Preis, erscheint in der Kalkulation eine Fehlermeldung. Pro Priorität können Sie über die Aktivierung des Kennzeichens **incl. additive Kosten** festlegen, ob additive Kosten berücksichtigt werden sollen. Additive Kosten sind Kosten, die nicht in der Stückliste festgehalten werden. Wie Sie additive Kosten anlegen, erfahren Sie im Abschnitt »Additive Kosten« in Abschnitt 10.1.3, »Die Produktkostenkalkulation durchführen«.

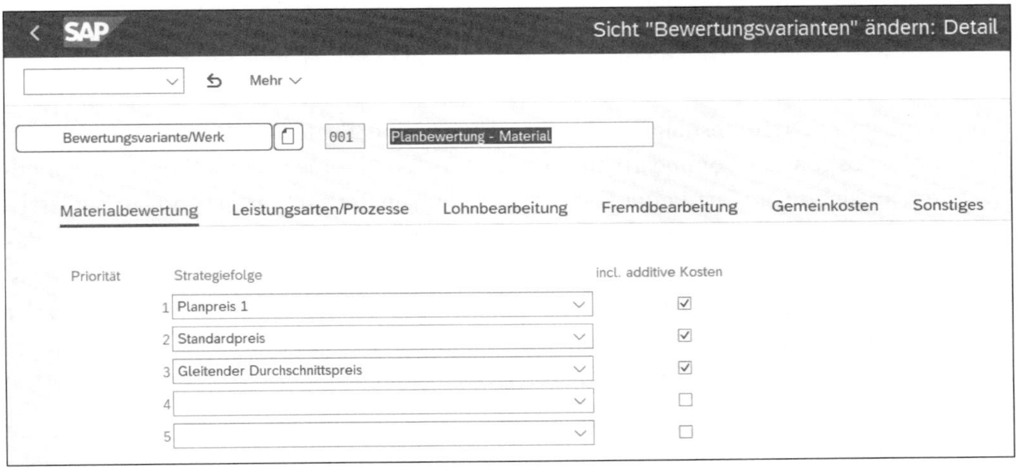

Abbildung 10.6 Materialbewertung in der Bewertungsvariante pflegen

Auf der Registerkarte **Leistungsarten/Prozesse** legen Sie die Strategiefolge für die Preisermittlung der Leistungsarten im Arbeitsplan fest. Sie können, wie in Abbildung 10.7 gezeigt, insgesamt drei Prioritäten für die Preisfindung festlegen. Wir haben nur eine Priorität **Plantarif als Durchschnitt über alle Geschäftsperioden** gepflegt. Zusätzlich legen Sie im Feld **CO-Version Plan/Ist** fest, in welcher Version die Tarife abgespeichert sein sollen. Wir empfehlen, die Werte aus Version 0 zu verwenden, um die Planwerte in der Produktkostenkalkulation mit den Planwerten in der Rückmeldung abgleichen zu können. Für Kalkulationsvarianten, z. B. zur Steuerrechtskalkulation, ist es unter Umständen sinnvoll, Werte einer anderen Version für die Bewertung zu wählen.

Abbildung 10.7 Strategiefolge für Leistungsarten/Prozesse pflegen

Auf der Registerkarte **Lohnbearbeitung** wird die Strategiefolge zur Bewertung der Lohnbearbeitung in der Kalkulation festgelegt. In Abbildung 10.8 haben wir als Strategiefolge **1** = **Nettobestellpreis**, **2** = **Effektivpreis aus Bestellung** und **3** = **Nettoangebotspreis** gewählt. Lohnbearbeitung bedeutet, dass Sie eine oder mehrere Komponenten an einen Lohnbearbeiter liefern, der das finale Produkt fertigt und zurückliefert. Die Materialien sind dabei während des gesamten Prozesses Ihr Eigentum. Wird das Produkt an Sie zurückgeliefert, entstehen Kosten für den Lohnbearbeitungsprozess, die Sie an den Lohnbearbeiter bezahlen. Lohnbearbeitung ist ein Prozess, der in der Stückliste festgelegt wird. Es wird in der Produktion/Materialwirtschaft eine Lohnbearbeitungsstückliste angelegt.

Auf der Registerkarte **Fremdbearbeitung** definieren Sie die Strategiefolge für die Preisfindung der Fremdbearbeitungskosten. In Abbildung 10.9 haben wir als **Priorität 1** den **Preis aus Arbeitsvorgang** und als **Priorität 2** den **Nettoangebotspreis** gepflegt. Sie können bis zu drei Prioritäten festlegen. Fremdbearbeitung bedeutet, dass ein Arbeitsvorgang im Arbeitsplan von einem Drittanbieter ausgeführt wird. Zum Beispiel wird das Lackieren eines Produkts von einem anderen Anbieter ausgeführt. Fremdbearbeitungsvorgänge sind im Arbeitsplan als Arbeitsvorgang angelegt.

Abbildung 10.8 Strategiefolge für die Lohnbearbeitung pflegen

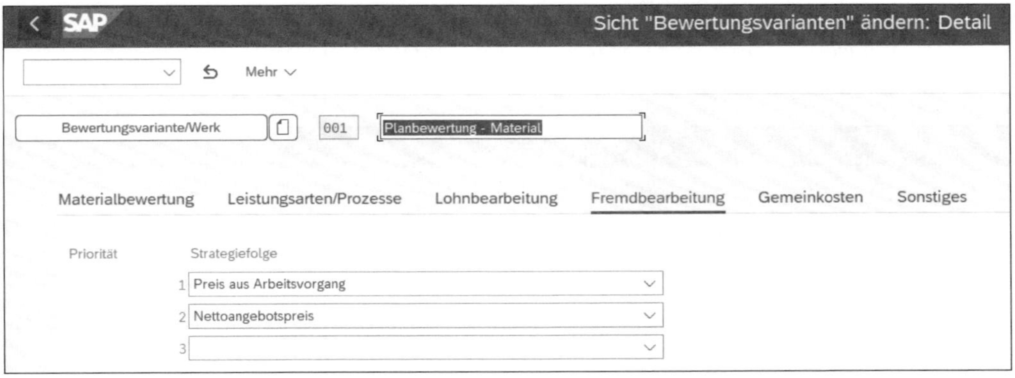

Abbildung 10.9 Strategiefolge für die Fremdbearbeitung pflegen

Auf der Registerkarte **Gemeinkosten** legen Sie fest, ob Gemeinkostenzuschläge für die Kalkulation erhoben werden sollen, indem Sie in der Bewertungsvariante ein Kalkulationsschema hinterlegen. In Abbildung 10.10 haben wir für die Bezuschlagung der Halb- und Fertigmaterialien das Kalkulationsschema **PP-PC-Standard** hinterlegt. Sie haben die Möglichkeit, auch oder nur Einsatzmaterialien zu bezuschlagen. Im Abschnitt »Kalkulationsschema anlegen« (in Abschnitt 10.1, »Produktkostenkalkulation«) lernen Sie, wie Sie ein Kalkulationsschema anlegen.

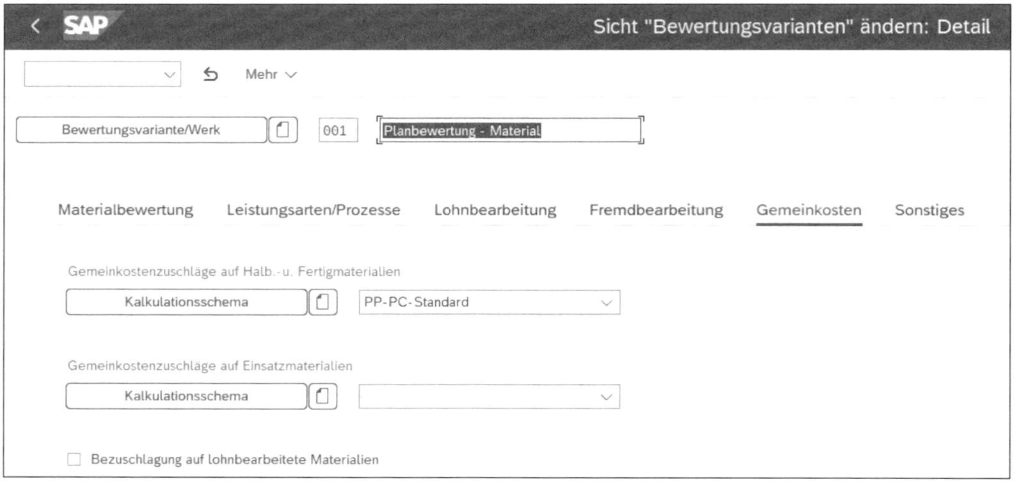

Abbildung 10.10 Kalkulationsschema der Bewertungsvariante zuordnen

Auf der Registerkarte **Sonstiges** können Sie der Bewertungsvariante Preisfaktoren zuordnen (siehe Abbildung 10.11). Preisfaktoren können verwendet werden, um Einzelposten der Kalkulation mit einem Preisfaktor zu multiplizieren; dies wird vor allem in der Kalkulation von steuerrechtlichen Inventurkalkulationen verwendet, um z. B. Vertriebs- und Verwaltungskosten, die nicht in der steuerrechtlichen Kalkulation angesetzt werden dürfen, abzuwerten. In unserem Beispiel pflegen wir keine Preisfaktoren in der Bewertungsvariante.

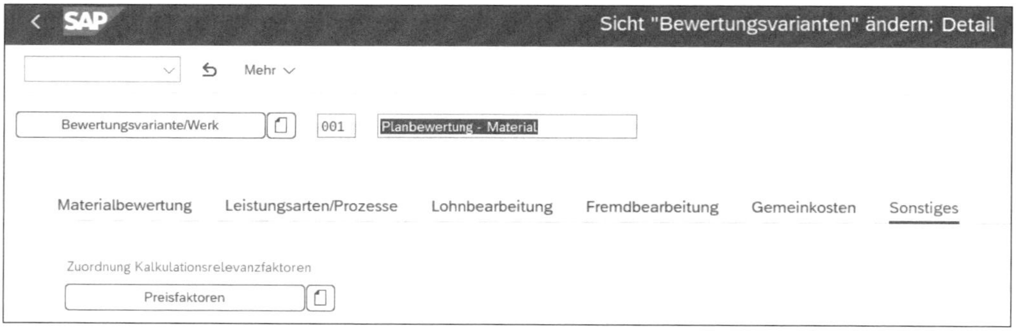

Abbildung 10.11 Preisfaktoren in der Bewertungsvariante pflegen

Terminsteuerung

Die *Terminsteuerung* definiert sowohl die Vorschlagswerte für die Gültigkeit der Kalkulation als auch die Termine für die Auflösung der Stückliste und des Arbeitsplans. Zur Anlage der Terminsteuerung rufen Sie Transaktion OKK6 auf, oder Sie folgen dem Customizing-Pfad **Controlling • Produktkosten-Controlling • Produktkostenpla-**

nung • Materialkostenkalkulation mit Mengengerüst • Kalkulationsvariante: Bestandteile • Terminsteuerung definieren.

Sie können nun für die folgenden Daten Vorschlagswerte definieren (siehe Abbildung 10.12):

- **Kalkulationsdatum ab**
  Datum, von dem an die Kalkulation gültig sein soll; Sie können Kalkulationen nur an dem Tag freigeben, von dem an sie gültig sein sollen – nicht früher und nicht später!
- **Kalkulationsdatum bis**
  Datum, bis wann die Kalkulation gültig sein soll
- **Auflösungstermin**
  Datum, an/ab dem die Stückliste und der Arbeitsplan gültig sein sollen
- **Bewertungstermin**
  Datum, an/ab dem die Preise für die Einsatzmaterialien und Leistungen gültig sein sollen

Wir empfehlen, das Kennzeichen **manuelle Eingabe** zu aktivieren. Mit dem Setzen dieses Kennzeichens haben Sie die Möglichkeit, Daten bei der Anlage der Kalkulation anzupassen; ansonsten sind die Vorschlagswerte ausgegraut.

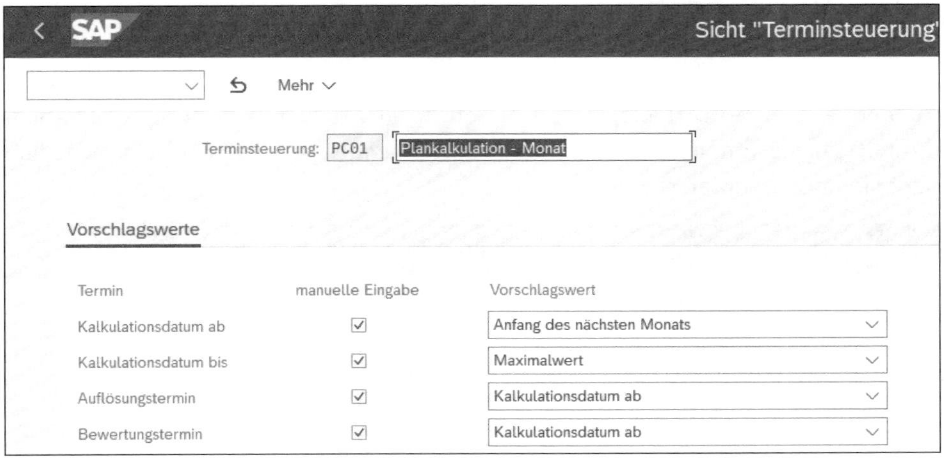

Abbildung 10.12 Terminsteuerung pflegen

Auflösungssteuerung

Die *Auflösungssteuerung* legt fest, wie nach der Stückliste und dem Arbeitsplan gesucht werden soll, der in der Kalkulation aufgelöst wird. Zur Anlage der Auflösungssteuerung rufen Sie Transaktion OKK5 auf, oder Sie folgen dem Customizing-Pfad **Controlling • Produktkosten-Controlling • Produktkostenplanung • Materialkosten-**

kalkulation mit Mengengerüst • Kalkulationsvariante: Bestandteile • Auflösungssteuerung definieren.

Die Auflösungssteuerung umfasst zwei Registerkarten: **Stückliste** und **Arbeitsplan**. Auf der Registerkarte **Stückliste** definieren Sie die Stücklistenfindung. Es gibt mehrere Stücklistenanwendungen. So kann z. B. die Stückliste für die Fertigung von der Stückliste für Vertrieb oder Kalkulation abweichen. In Abbildung 10.13 bestimmen Sie, welche Stückliste für die Kalkulation herangezogen werden soll.

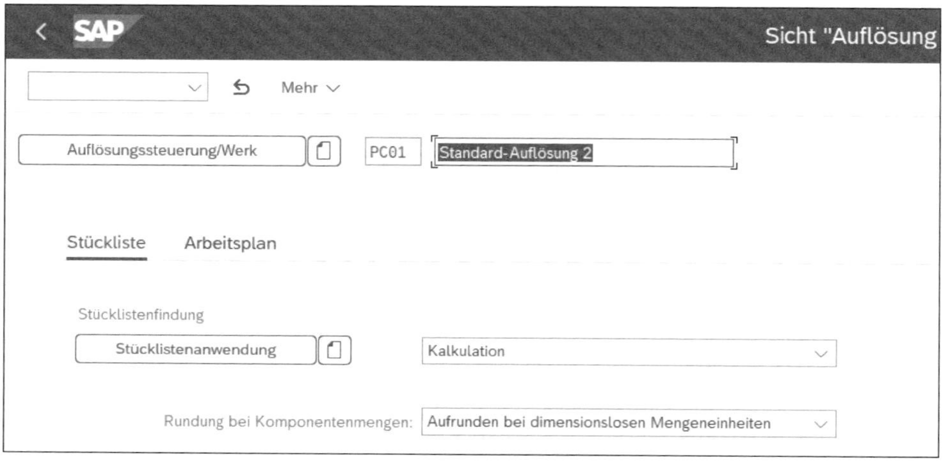

Abbildung 10.13 Auflösungssteuerung für die Stückliste pflegen

Auf der Registerkarte **Arbeitsplan** definieren Sie die Arbeitsplanfindung (siehe Abbildung 10.14). Sie können zwischen verschiedenen Plantypen, z. B. Normalarbeitsplan oder Linienplan) unterscheiden.

Abbildung 10.14 Auflösungssteuerung für den Arbeitsplan pflegen

Übernahmesteuerung

Mit der *Übernahmesteuerung* wird festgelegt, wie das SAP-System nach vorhandenen Kalkulationen suchen soll, um vorhandene Kalkulationsdaten in eine andere Kalkulation zu übernehmen. Zur Anlage der Übernahmesteuerung rufen Sie Transaktion OKKM auf, oder Sie folgen dem Customizing-Pfad **Controlling • Produktkosten-Controlling • Produktkostenplanung • Materialkostenkalkulation mit Mengengerüst • Kalkulationsvariante: Bestandteile • Übernahmesteuerung definieren**.

Auf der Registerkarte **werksbezogen** können Sie eine bis zu dreistufige Strategiefolge anlegen (siehe Abbildung 10.15). Das SAP-System sucht nun nach einer zur ersten Priorität passenden Kalkulation. Wird keine Kalkulation gefunden, springt das SAP-System zur nächsten Priorität usw. Wenn Sie das Kennzeichen **Geschäftsjahr** aktivieren, sucht das SAP-System nur nach Kalkulationen im aktuellen Geschäftsjahr. Im Feld **Perioden** können Sie festlegen, in wie vielen zurückliegenden Monaten das SAP-System nach einer passenden Kalkulation suchen soll.

Abbildung 10.15 Übernahmesteuerung werksbezogen pflegen

Auf der Registerkarte **werksübergreifend** können Sie eine Strategiefolge pflegen, wenn Sie mit Sonderbeschaffungsschlüsseln arbeiten (siehe Abbildung 10.16). Das SAP-System sucht gemäß dem Sonderbeschaffungsschlüssel für Umlagen aus anderen Werken nach Kalkulationen in anderen Werken und übernimmt existierende Kalkulationen, falls welche gefunden werden, die der werksübergreifenden Strategiefolge entsprechen.

Es ist nicht verpflichtend, mit der Übernahmesteuerung zu arbeiten. Wird die Übernahmesteuerung nicht eingesetzt, werden Kalkulationen immer vollständig neu angefertigt.

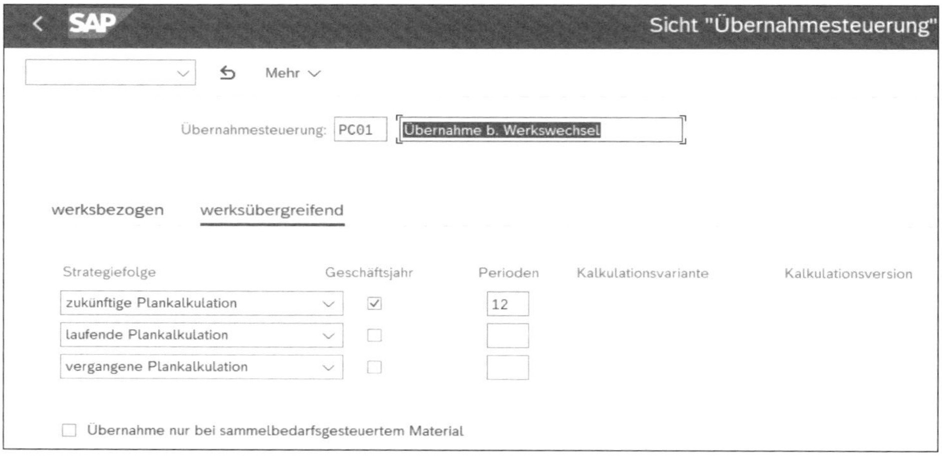

Abbildung 10.16 Übernahmesteuerung werksübergreifend pflegen

Referenzvariante

Die *Referenzvariante* erlaubt es, Kalkulationen basierend auf demselben Mengengerüst zu erstellen, um aussagekräftige Vergleiche anzufertigen. Zur Anlage der Referenzvariante rufen Sie Transaktion OKYC auf, oder Sie folgen dem Customizing-Pfad **Controlling • Produktkosten-Controlling • Produktkostenplanung • Materialkostenkalkulation mit Mengengerüst • Kalkulationsvariante: Bestandteile • Referenzvariante definieren**.

Die Referenzvariante besteht aus drei Registern:

- Kalkulationsvorlage
- Neubewertung
- Sonstiges

Auf der Registerkarte **Kalkulationsvorlage** legen Sie die Strategiefolge fest, wie nach einer Kalkulation gesucht werden soll (siehe Abbildung 10.17). Die Referenzvariante funktioniert nur im Kontext der Übernahmesteuerung.

Auf der Registerkarte **Neubewertung** legen Sie fest, welche Komponenten neu kalkuliert und für welche Komponenten die vorhandene Kalkulation übernommen werden soll. In Abbildung 10.18 sehen Sie, dass Einsatzmaterialien und Gemeinkosten immer neu bewertet, also neu kalkuliert werden.

Auf der Registerkarte **Sonstiges** können Sie festlegen, ob additive Kosten bei der Übernahme von Kalkulationen übernommen werden sollen oder nicht (siehe Abbildung 10.19).

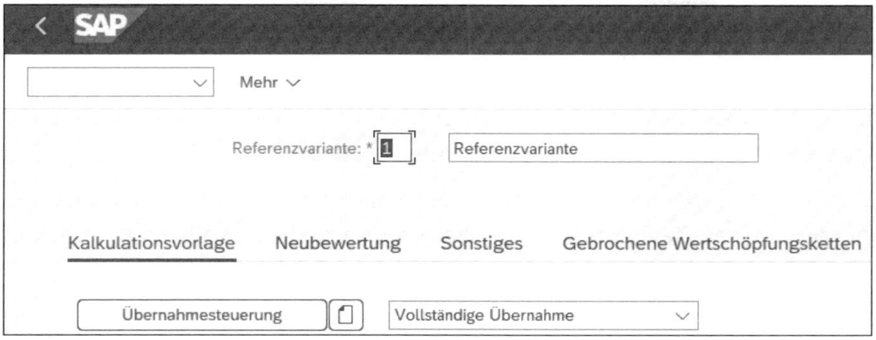

Abbildung 10.17 Kalkulationsvorlage in der Referenzvariante pflegen

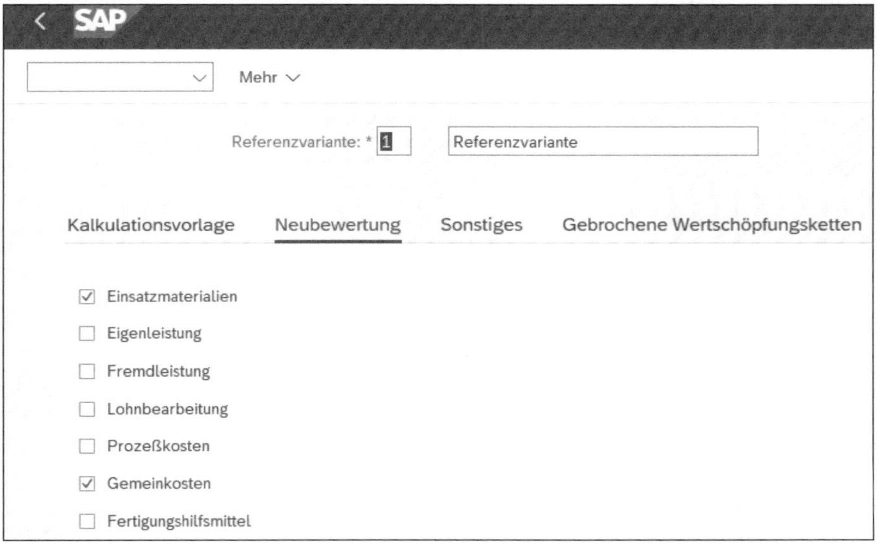

Abbildung 10.18 Neubewertung in der Referenzvariante pflegen

Abbildung 10.19 Sonstiges in der Referenzvariante pflegen

In der Registerkarte **Gebrochene Wertschöpfungsketten** haben Sie die Möglichkeit, das Feld **Sonderbeschaffung Umlagerung** zu markieren, wenn das System bei Rohstoffen automatisch im Materialstamm nach einem Sonderbeschaffungsschlüssel suchen soll. Wird ein Schlüssel für Umlagerungen gefunden, nutzt das System die Kalkulationsdaten aus dem Werk, aus dem umgelagert wird.

Sie sollten das Kennzeichen setzen, wenn Sie sicherstellen möchten, dass bei bereichsübergreifenden Kalkulationen die Wertschöpfungskette vollständig erhalten bleibt.

Nun haben Sie alle Komponenten der Kalkulationsvariante kennengelernt und erfahren jetzt, wie Sie diese einer Kalkulationsvariante zuordnen. Öffnen Sie Transaktion OKKN, oder folgen Sie dem Customizing-Pfad **Controlling • Produktkosten-Controlling • Produktkostenplanung • Materialkostenkalkulation mit Mengengerüst • Kalkulationsvarianten definieren**.

Die Kalkulationsvariante besteht aus sechs Registerkarten:

- Steuerung
- Mengengerüst
- additive Kosten
- Verbuchung
- Zuordnungen
- Sonstiges

Auf der Registerkarte **Steuerung** ordnen Sie die einzelnen Komponenten zu, die Sie soeben angelegt haben (siehe Abbildung 10.20):

- **Kalkulationsart**
  Die Kalkulationsart bestimmt die Verwendung der Kalkulation.
- **Bewertungsvariante**
  Die Bewertungsvariante definiert die Bestimmung der Preise.
- **Terminsteuerung**
  Die Terminsteuerung bestimmt die Vorlage-Werte für die Daten bei der Anlage einer Kalkulation.
- **Auflösungssteuerung**
  Die Auflösungssteuerung definiert, welche Stückliste und welcher Arbeitsplan bei der Anlage der Kalkulation aufgelöst werden sollen.
- **Übernahmesteuerung**
  Die Zuordnung einer Übernahmesteuerung ist keine Pflicht. Die Übernahmesteuerung legt fest, wie nach Kalkulationen bei einer Übernahme von vorhandenen Kalkulationen gesucht werden soll.

- **Referenzvariante**
  Die Zuordnung einer Referenzvariante ist keine Pflicht. Mit der Referenzvariante können Sie, zusammen mit der Übernahmesteuerung, auf vorhandene Mengengerüste im SAP-System zurückgreifen.

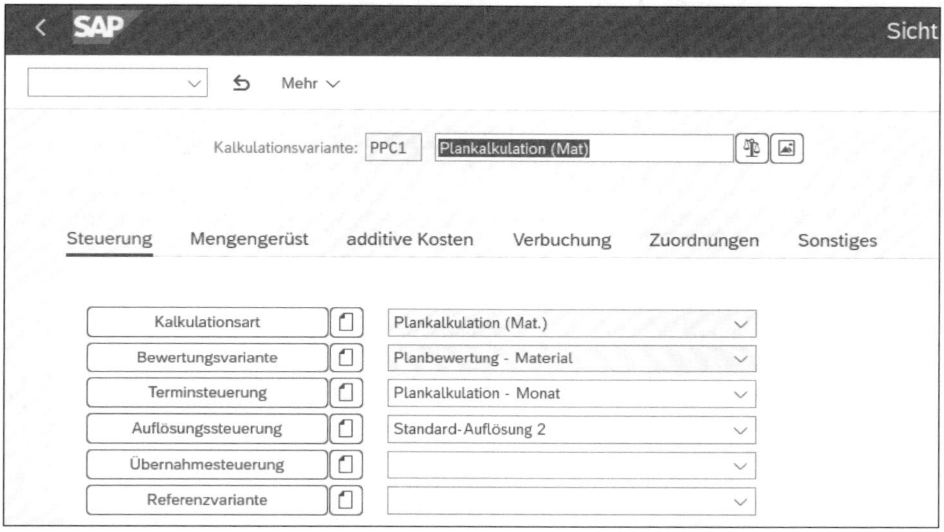

Abbildung 10.20 Steuerung in der Kalkulationsvariante pflegen

Auf der Registerkarte **Mengengerüst** legen Sie die folgenden Parameter fest (siehe Abbildung 10.21):

- **Losgröße durchreichen**
  Reichen Sie die Losgröße nicht durch, kalkuliert das System jedes Material mit der Losgröße analog dem Materialstamm. Wir empfehlen, die Losgröße nicht durchzureichen, um Rundungsdifferenzen zu vermeiden.
- **Kalkulation ohne Mengengerüst ignorieren**
  Ist dieses Kennzeichen gesetzt, ignoriert das SAP-System alle Kalkulationen ohne Mengengerüst.
- **Übernahmesteuerung änderbar**
  Beim Setzen dieses Kennzeichens erlauben Sie, dass eine von der Kalkulationsvariante abweichende Übernahmesteuerung bei der Ausführung der Kalkulation manuell eingegeben werden kann.
- **Übernahme aktive Plankalk bei fehlerhaften Materialien**
  Dieses Kennzeichen bewirkt, dass das SAP-System nach einer vorhandenen Kalkulation sucht, wenn Komponenten in der Kalkulation fehlerhaft kalkuliert wurden. Wird keine Kalkulation gefunden, wird der Preis aus dem Materialstamm zur Bewertung dieser Komponente in der Kalkulation herangezogen.

Auf der Registerkarte **additive Kosten** definieren Sie, ob additive Kosten berücksichtigt werden sollen oder nicht (siehe Abbildung 10.22). Über das Kennzeichen **Bei Umlagerung additive Kosten berücksichtigen** werden die additiven Kosten beim Transfer eines Materials von einem anderen Werk berücksichtigt.

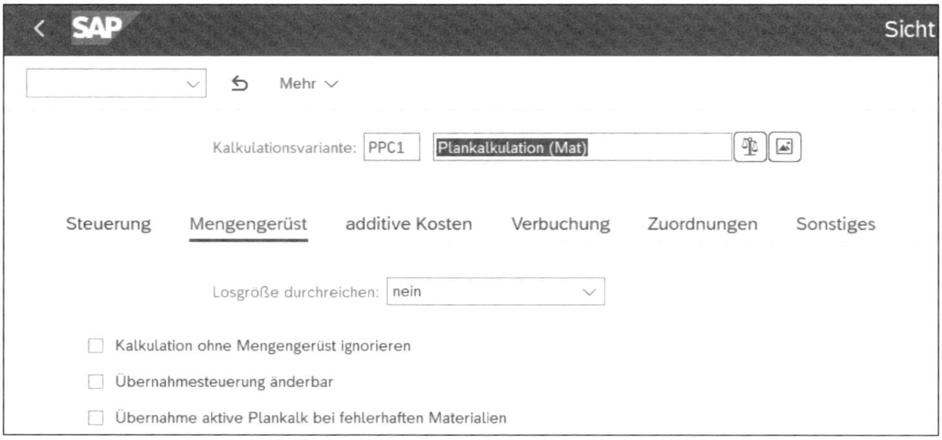

Abbildung 10.21 Mengengerüst in der Kalkulationsvariante pflegen

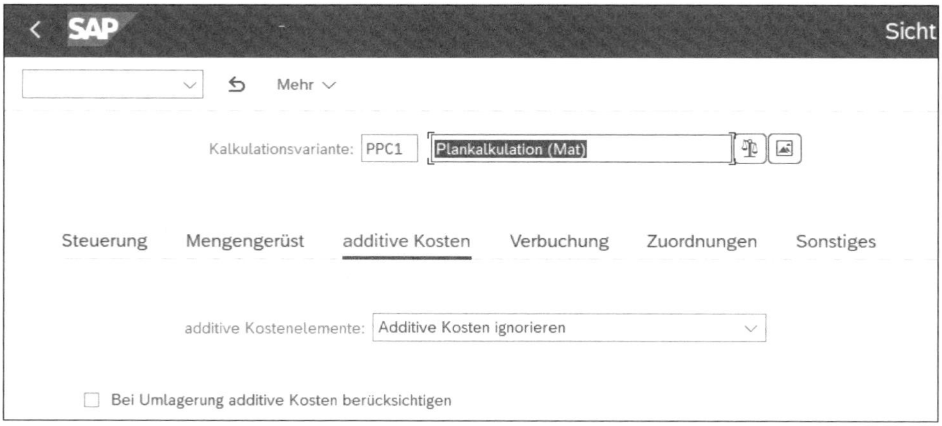

Abbildung 10.22 Additive Kosten in der Kalkulationsvariante pflegen

Auf der Registerkarte **Verbuchung** treffen Sie die folgenden Festlegungen (siehe Abbildung 10.23):

- **Abspeichern erlaubt**
  Dieses Kennzeichen bestimmt, dass die Kalkulation gespeichert werden kann.
- **Abspeichern des Protokolls**
  Dieses Kennzeichen bestimmt, ob ein Fehlerprotokoll beim Speichern der Kalkulation ebenfalls gespeichert werden soll. Legen Sie auf der Registerkarte **Sonstiges**

fest, dass kein Protokoll gespeichert werden soll, hat dieses Kennzeichen keine Auswirkungen und wird von den Einstellungen auf der Registerkarte **Sonstiges** überschrieben.

- **vorgeschlagene Parameter für das Abspeichern änderbar**
  Sie definieren mit diesem Kennzeichen, ob Sie die Vorschlagsparameter für das Speichern beim Speichern der Kalkulation selbst ändern können. Ist das Kennzeichen gesetzt, erscheint beim Speichern der Kalkulation ein Pop-up-Fenster, in dem Sie wählen können, ob die Kalkulation mit Einzelnachweis, mit Protokoll und/oder mit Kostenartennachweis gespeichert werden soll.
- **Einzelnachweis**
  Ist dieses Kennzeichen gesetzt, wird die Kalkulation mit Einzelnachweis gespeichert. Der Einzelnachweis stellt die Kosten in den einzelnen Komponenten und Aktivitäten dar. Wir empfehlen, dieses Kennzeichen zu setzen, da Sie so mehr Flexibilität in Reporting und Analyse erhalten.

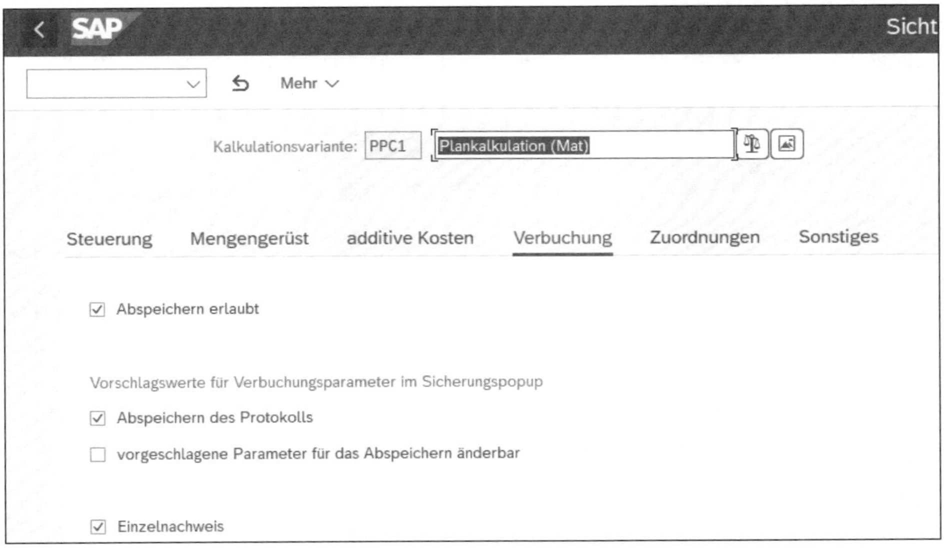

Abbildung 10.23 Verbuchung in der Kalkulationsvariante pflegen

Auf der Registerkarte **Zuordnungen** können Sie die in Abbildung 10.24 dargestellten Einträge vornehmen. (Das Zuordnen der verschiedenen Komponenten ist jedoch erst nach dem Speichern der Kalkulationsvariante möglich, d. h., bei der Erstanlage können Sie diese nicht anlegen.)

- **Elementeschema**
  Das Elementeschema definiert den Aufbau der Kalkulation. Es strukturiert die Kosten in einzelne Komponenten. Über einen Klick auf den Button **Elemente-**

schema können Sie eine Übersicht der Zuordnungen des Elementeschemas zu Buchungskreisen und Werken einsehen.

- **Kalkulationsversion**
  Mithilfe der Option **Kalkulationsversion** können Sie unterschiedliche Kalkulationen für das gleiche Material anlegen. Kalkulationsversionen werden z. B. benötigt, wenn Sie mit Mischkalkulationen arbeiten.
- **Schichtung in Kostenrechnungskreiswährung**
  Mit der Aktivierung der Option **Schichtung in Kostenrechnungskreiswährung** können Sie die Werte der Kalkulation zusätzlich zur Buchungskreiswährung in der Kostenrechnungskreiswährung anzeigen. Voraussetzung dazu ist, dass das Kennzeichen **alle Währungen** im Kostenrechnungskreis gesetzt ist.
- **Buchungskreisübergreifende Kalkulation**
  Die Option **Buchungskreisübergreifende Kalkulation** müssen Sie aktivieren, wenn Sie Kalkulationen mit Mengengerüst über verschiedene Buchungskreise hinweg erstellen möchten.

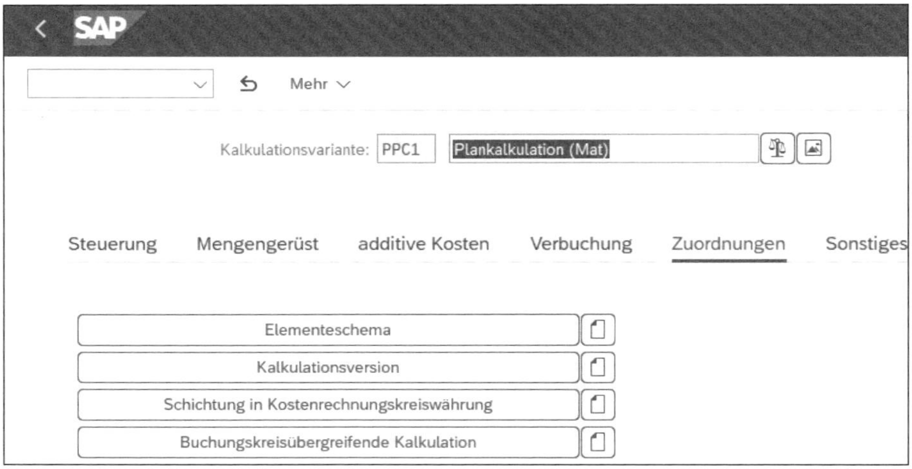

Abbildung 10.24 Zuordnungen in der Kalkulationsvariante pflegen

Auf der Registerkarte **Sonstiges** nehmen Sie Einstellungen zur Fehlersteuerung vor (siehe Abbildung 10.25). Sie definieren hier, ob ein Fehlerprotokoll erstellt und ob es gespeichert werden soll. Außerdem haben Sie die Möglichkeit, das Protokoll automatisch über eine interne SAP-Mail zu verschicken. Voraussetzung ist, dass die Person, an die Sie die Daten senden, einen Benutzer im SAP-System hat. Mit SAP S/4HANA 2020 gibt es eine neue Funktionalität für den Kalkulationslauf: Wenn Sie das Kennzeichen **Späte Sperre der Plankalkulation mit Mengengerüst** setzen, wird die Sperre der Stammdaten von zu kalkulierenden Materialien bei der Durchführung des Kalkulationslaufs pro Material gesetzt und nicht für alle im Kalkulationslauf enthaltenen Materialien. Ist das Kennzeichen nicht gesetzt, und Sie kalkulieren beispielsweise mit einem Kalkulationslauf 500 Materialien, werden bei der Durchführung der Kalkulation alle Materialstämme gesperrt. Ist das Kennzeichen gesetzt, erfolgt die Sperre für die Zeit der Kalkulation, und nach einer erfolgreichen Durchführung der Kalkulation werden die in der Kalkulation verwendeten Materialstämme sofort freigegeben. Ursprünglich wurden die Materialstämme für die komplette Zeit des Kalkulationslaufs gesperrt.

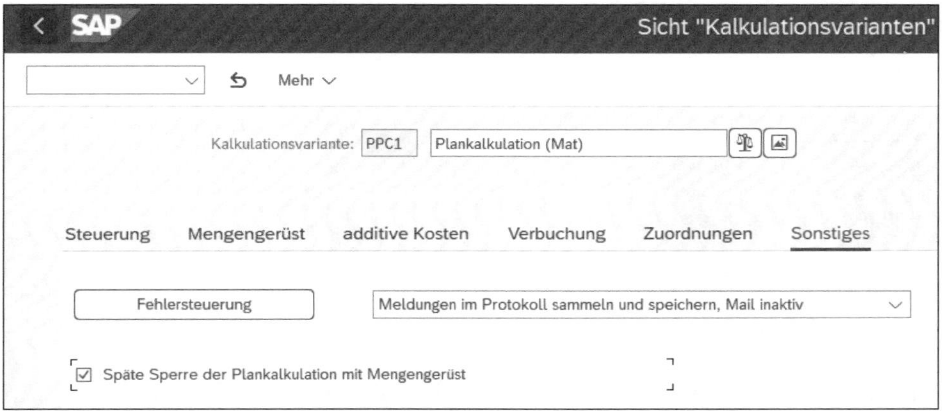

Abbildung 10.25 Sonstiges in der Kalkulationsvariante pflegen

Nun ist das Customizing der Kalkulationsvariante beendet. Bevor wir Ihnen zeigen, wie Sie eine Kalkulation anlegen, möchten wir im Folgenden auf die Anlage des Elementeschemas und des Kalkulationsschemas eingehen.

Elementeschema anlegen

Das *Elementeschema* strukturiert die Kostenbestandteile in der Kalkulation. Es bestimmt, welche Kosten in welcher Komponente dargestellt werden. Die Anlage eines Elementeschemas und die Zuordnung dessen zu einer Kalkulationsvariante sind Grundvoraussetzungen für die Ausführung einer Kalkulation mit Mengengerüst. Ist eine Kostenart nicht dem Elementeschema zugeordnet, kann die Kalkulation nicht fehlerfrei ausgeführt werden. Die Freigabe/Fortschreibung einer fehlerhaften Kalkulation ist nicht möglich. Zur Anlage eines Elementeschemas rufen Sie Transaktion OKTZ auf, oder Sie folgen dem Customizing-Pfad **Controlling • Produktkosten-Controlling • Produktkostenplanung • Grundeinstellungen für die Materialkalkulation • Elementeschema definieren**.

Sie sehen eine Übersicht über alle im SAP-System angelegten Elementeschemata. Markieren Sie das Elementeschema, das Sie bearbeiten möchten, und navigieren Sie im linken Bildbereich zum Ordner **Elemente mit Eigenschaften**. In Abbildung 10.26 sehen Sie die Komponenten des Elementeschemas 01. Es besteht aus insgesamt neun verschiedenen Elementen. Bislang war das Elementeschema auf 40 Elemente beschränkt, in SAP S/4HANA Finance wurde diese Beschränkung jedoch aufgehoben. Die neue Beschränkung liegt bei 120 Elementen pro Schema.

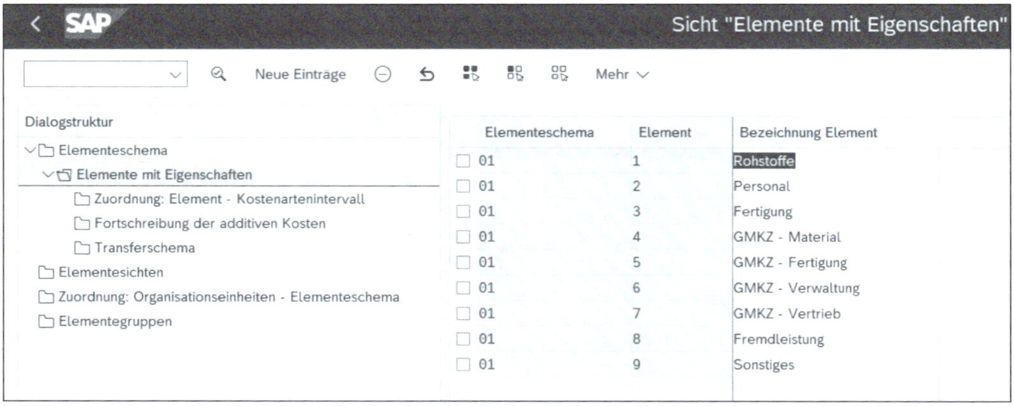

Abbildung 10.26 Elementeschema anzeigen

Markieren Sie eines der Elemente, und klicken Sie auf den Button [🔍] (**Detail**), um sich die Details der einzelnen Elemente anzusehen (siehe Abbildung 10.27). Bei der Anlage eines neuen Elements ist es Pflicht, diese Eigenschaften zu pflegen. Pro Element definieren Sie, ob es einen variablen oder einen fixen und einen variablen Kostenanteil enthalten soll. Die Ausprägung ist für die Anzeige der Kosten in der Kalkulationssicht, aber auch in verschiedenen SAP-Standardreports wichtig. Im Bereich **Filterkriterien für Elementesichten auf Einzelnachweis** legen Sie fest, wie die dem Element zugeordneten Kosten zu betrachten sind. Ordnen Sie das Element z. B. den Vertriebs- und Verwaltungskosten zu, gehen diese nicht unbedingt in den Standardpreis ein, werden aber durchaus im Einzelnachweis der Kalkulation angezeigt.

Navigieren Sie nun im linken Bildbereich zum Ordner **Zuordnung: Element – Kostenartenintervall**, um dem Element die Kostenarten zuzuordnen (siehe Abbildung 10.28). Die Kostenarten werden in Abhängigkeit des Kontenplans zugeordnet. Sie können die Zuordnung der Kostenarten zu den Elementen über die Herkunftsgruppen weiter einschränken, falls Sie z. B. eine Kostenart für den Verbrauch der Rohstoffe verwenden, diese aber abhängig von der Beschaffenheit, z. B. Glas, Kunststoff usw., einem anderen Element zuordnen möchten. Die Herkunftsgruppen werden im Customizing angelegt und müssen im Materialstamm zugeordnet werden.

Herkunftsgruppen können auch zur Detaillierung von Zuschlägen im Kalkulationsschema verwendet werden.

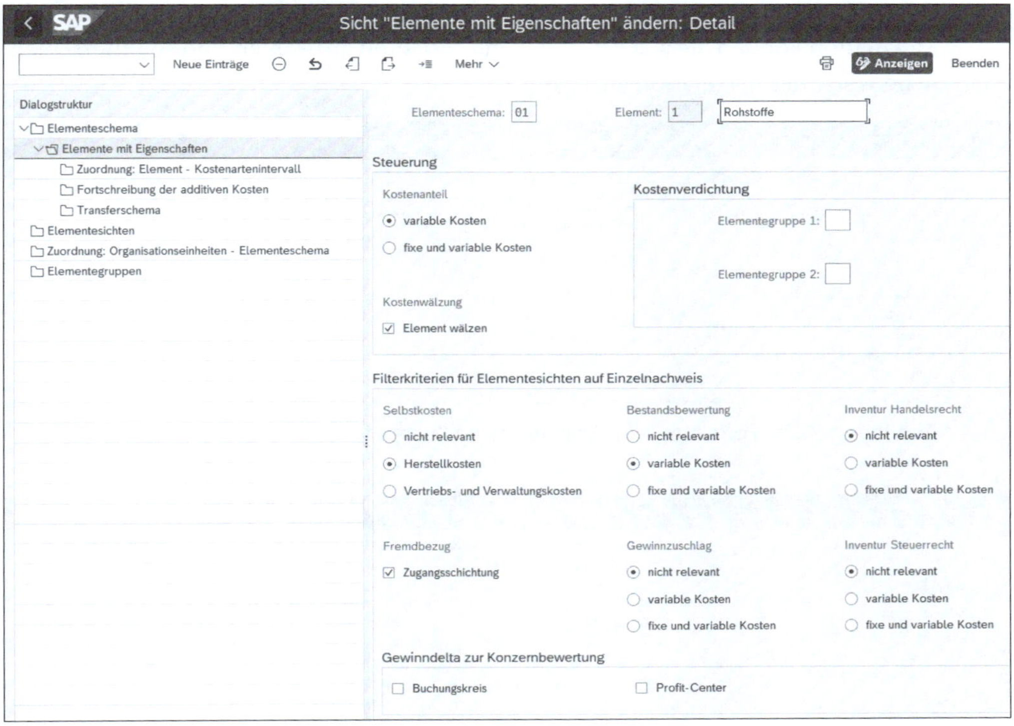

Abbildung 10.27 Eigenschaften eines Elements pflegen

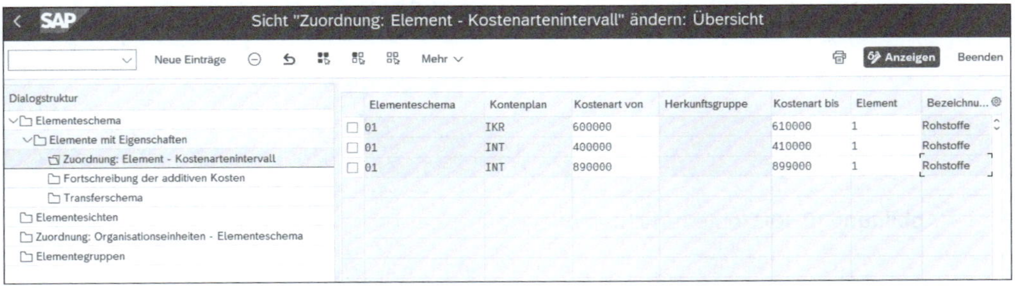

Abbildung 10.28 Einem Element die Kostenarten zuordnen

Falls Sie in Ihrer Kalkulation mit additiven Kosten arbeiten, müssen Sie für die Fortschreibung dieser die Kostenarten ebenfalls einem Element zuordnen. In Abbildung 10.29 navigieren Sie in den linken Bildbereich zum Ordner **Fortschreibung der additiven Kosten** und ordnen die Kostenart für Rohstoffe dem Element **Rohstoffe** zu.

Zusätzlich zu den einzelnen Elementen, die die Kostenkomponenten in der Kalkulation darstellen, können Sie auch zum Standard zusätzliche Elementesichten anlegen. In Abbildung 10.30 sehen Sie die Elementesichten der SAP-Standardauslieferung.

Über Elementesichten werden verschiedene Kalkulationssichten ermöglicht. In der Kalkulation können Sie aus diesen Elementesichten auswählen und so unterschiedliche Werte der Kalkulation anzeigen.

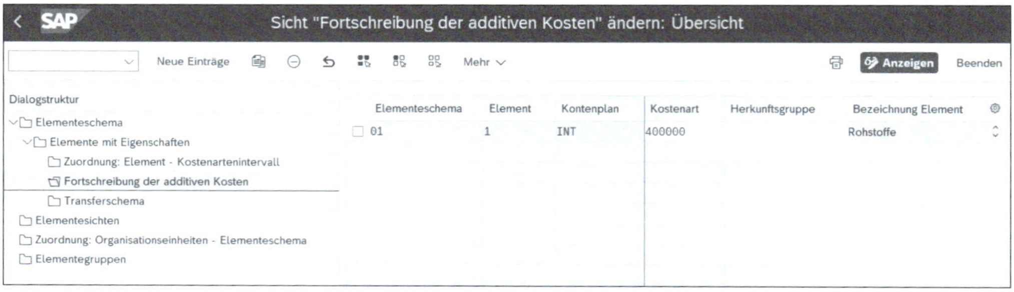

Abbildung 10.29 Fortschreibung von additiven Kosten für ein Element festlegen

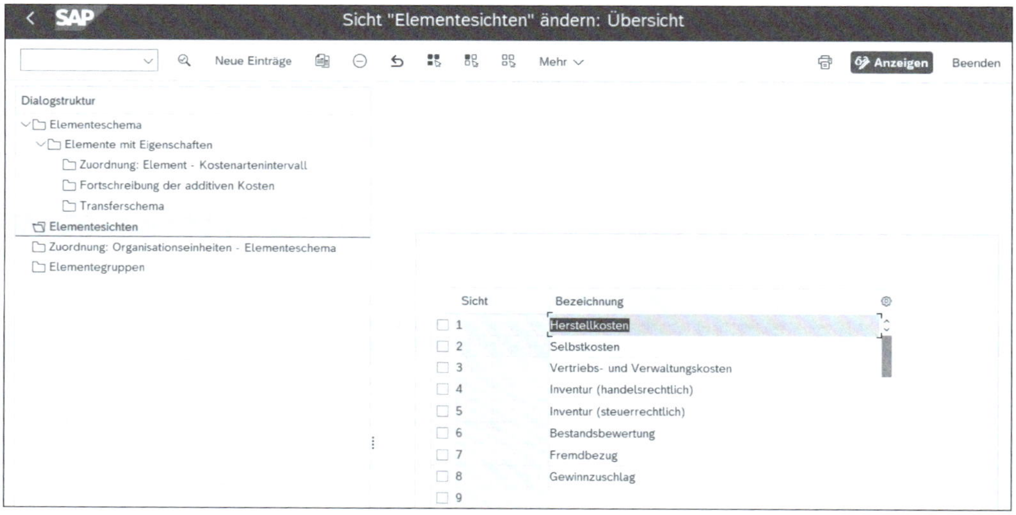

Abbildung 10.30 Elementesichten pflegen

Wie in dem Beispiel in Abbildung 10.30 dargestellt, haben Sie jedes Element einer Elementesicht zugeordnet. In Abbildung 10.31 können Sie neu angelegte Elementesichten einer Kostengruppe zuordnen.

Nach der Anlage des Elementeschemas muss dieses auf den Ebenen **Buchungskreis**, **Werk** und **Kalkulationsvariante** und für einen Gültig-ab-Zeitpunkt aktiviert werden. In Abbildung 10.32 wurde das Elementeschema 01 für alle Buchungskreise, alle Werke und alle Kalkulationsvarianten ab dem 01.01.1900 aktiviert.

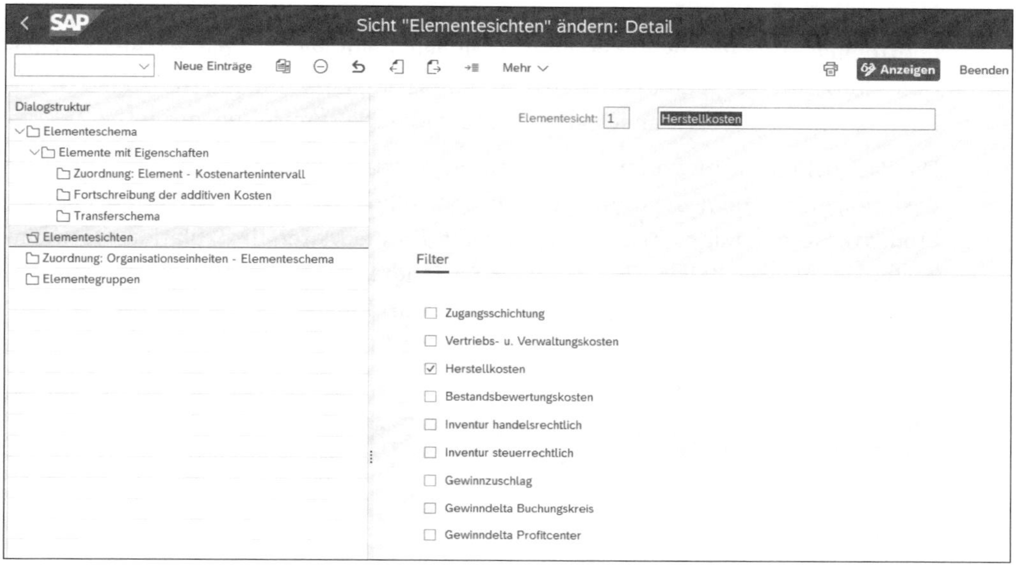

Abbildung 10.31 Elementesichten ändern

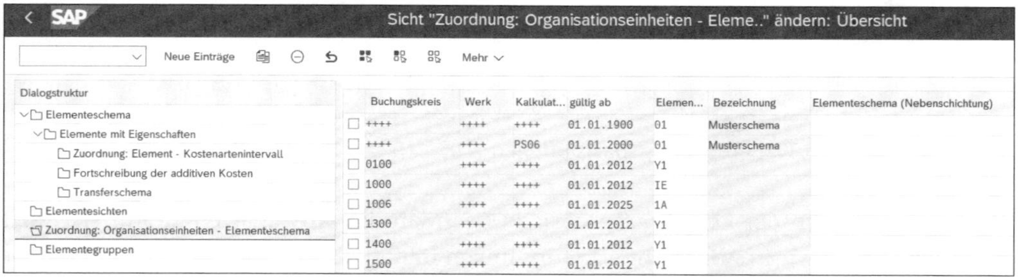

Abbildung 10.32 Elementeschema aktivieren

Kalkulationsschema anlegen

Für die Bezuschlagung von Gemeinkosten muss ein *Kalkulationsschema* angelegt werden. Das Kalkulationsschema besteht aus drei Komponenten: Basis, Zuschläge und Entlastungen. Im Folgenden erfahren Sie mehr über diese Komponenten und darüber, wie sie angelegt werden.

Basis

Die *Basis* definiert die Kostenarten, auf die die Gemeinkostenzuschläge angewandt werden. Die Basis kann aus einzelnen Kostenarten, einem Kostenartenintervall oder einer Kostenartengruppe bestehen. Weiter detaillieren können Sie die Basis über die Verwendung von Herkunftsgruppen. Über Herkunftsgruppen können Sie die Kostenarten weiter unterteilen. Herkunftsgruppen werden im Customizing über Transaktion OKZ1 oder den folgenden Menüpfad angelegt: **Controlling • Produktkosten-Controlling • Produktkostenplanung • Grundeinstellungen für die Materialkalkulation • Herkunftsgruppen definieren**. Herkunftsgruppen werden in Abhängigkeit des Kostenrechnungskreises angelegt und einem Materialstamm zugeordnet.

Die Basis ist die Grundvoraussetzung für ein Kalkulationsschema. Zur Anlage einer Basis folgen Sie dem Customizing-Pfad **Controlling • Produktkosten-Controlling • Produktkostenplanung • Grundeinstellungen für die Materialkalkulation • Gemeinkostenzuschläge • Kalkulationsschema: Bestandteile • Berechnungsbasen definieren**. Es können mehrere Berechnungsbasen als Grundlage für verschiedene Gemeinkostenzuschläge angelegt werden. In Abbildung 10.33 finden Sie eine Übersicht der im SAP-System vorhandenen Berechnungsbasen.

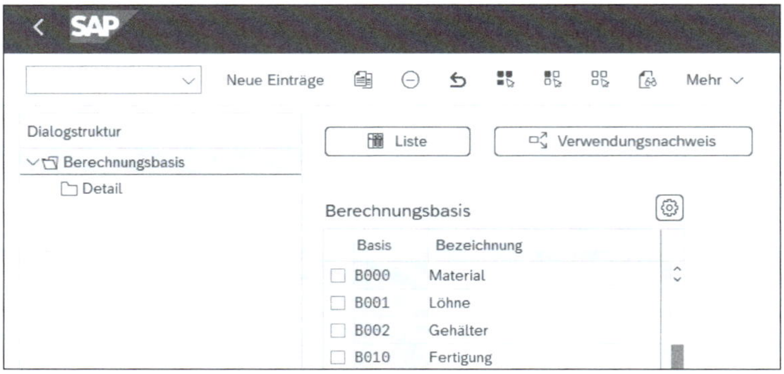

Abbildung 10.33 Berechnungsbasis pflegen

Wir möchten der Berechnungsbasis B000 (Material) Kostenarten zuordnen. Dazu navigieren wir in Abbildung 10.34 im linken Bildbereich in den Ordner **Detail**. Über einen Klick auf **Neue Einträge** oder über die Taste F5 können Sie der Basis neue Kostenarten zuordnen.

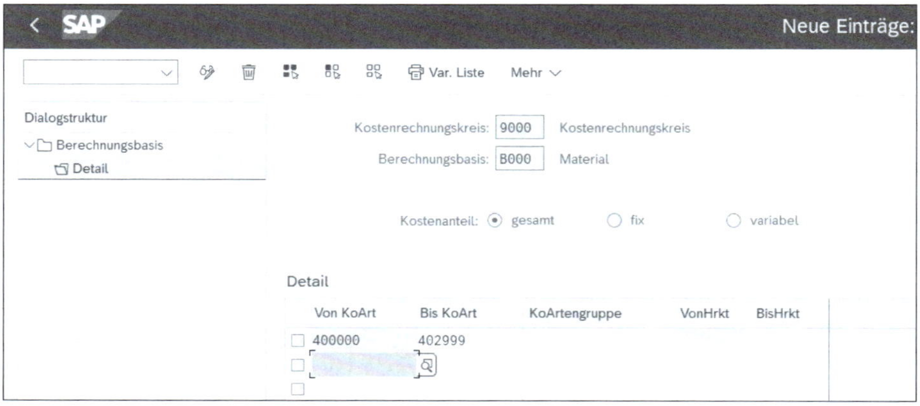

Abbildung 10.34 Kostenarten der Basis zuordnen

Zuschlagssätze

Prozentuale *Zuschlagssätze* definieren den Prozentsatz, mit dem die Kalkulationsbasis bezuschlagt wird. Es gibt zwei verschiedene Arten von Zuschlägen: den prozentualen und den mengenbezogenen Zuschlagssatz.

Einen prozentualen Zuschlagssatz legen Sie über den folgenden Customizing-Pfad an: **Controlling • Produktkosten-Controlling • Produktkostenplanung • Grundeinstellungen für die Materialkalkulation • Gemeinkostenzuschläge • Kalkulationsschema: Bestandteile • Prozentuale Zuschlagsätze definieren**. Gemeinkostenzuschläge werden mit Abhängigkeit angelegt (siehe Abbildung 10.35).

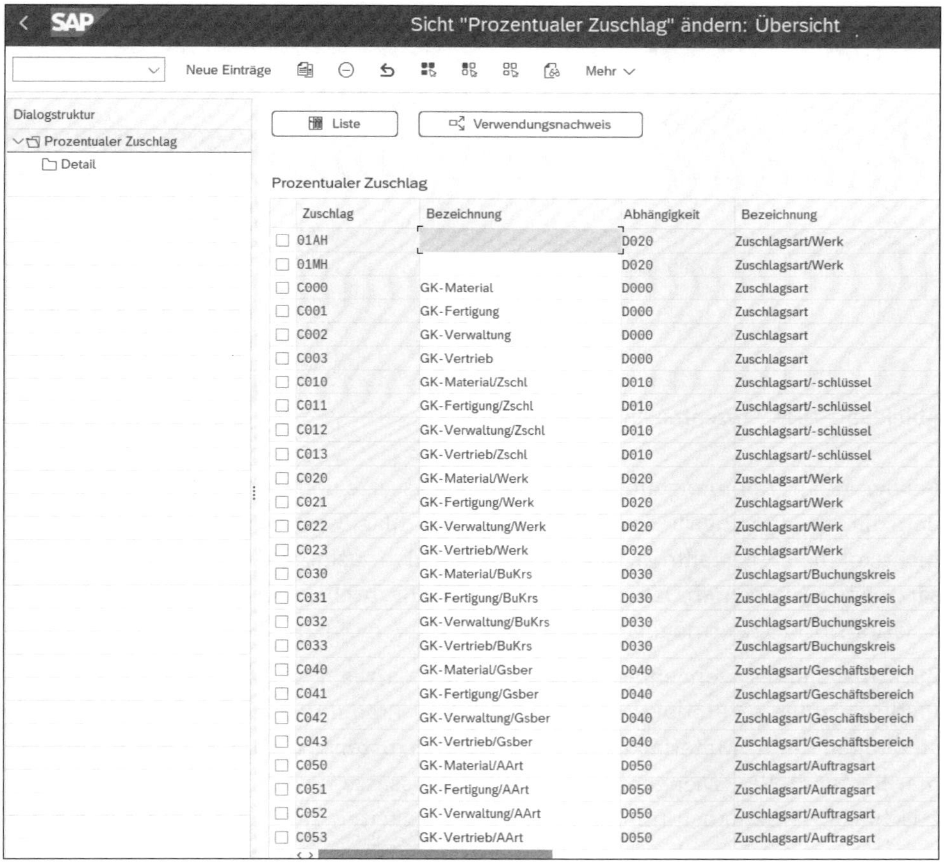

Zuschlag	Bezeichnung	Abhängigkeit	Bezeichnung
01AH		D020	Zuschlagsart/Werk
01MH		D020	Zuschlagsart/Werk
C000	GK-Material	D000	Zuschlagsart
C001	GK-Fertigung	D000	Zuschlagsart
C002	GK-Verwaltung	D000	Zuschlagsart
C003	GK-Vertrieb	D000	Zuschlagsart
C010	GK-Material/Zschl	D010	Zuschlagsart/-schlüssel
C011	GK-Fertigung/Zschl	D010	Zuschlagsart/-schlüssel
C012	GK-Verwaltung/Zschl	D010	Zuschlagsart/-schlüssel
C013	GK-Vertrieb/Zschl	D010	Zuschlagsart/-schlüssel
C020	GK-Material/Werk	D020	Zuschlagsart/Werk
C021	GK-Fertigung/Werk	D020	Zuschlagsart/Werk
C022	GK-Verwaltung/Werk	D020	Zuschlagsart/Werk
C023	GK-Vertrieb/Werk	D020	Zuschlagsart/Werk
C030	GK-Material/BuKrs	D030	Zuschlagsart/Buchungskreis
C031	GK-Fertigung/BuKrs	D030	Zuschlagsart/Buchungskreis
C032	GK-Verwaltung/BuKrs	D030	Zuschlagsart/Buchungskreis
C033	GK-Vertrieb/BuKrs	D030	Zuschlagsart/Buchungskreis
C040	GK-Material/Gsber	D040	Zuschlagsart/Geschäftsbereich
C041	GK-Fertigung/Gsber	D040	Zuschlagsart/Geschäftsbereich
C042	GK-Verwaltung/Gsber	D040	Zuschlagsart/Geschäftsbereich
C043	GK-Vertrieb/Gsber	D040	Zuschlagsart/Geschäftsbereich
C050	GK-Material/AArt	D050	Zuschlagsart/Auftragsart
C051	GK-Fertigung/AArt	D050	Zuschlagsart/Auftragsart
C052	GK-Verwaltung/AArt	D050	Zuschlagsart/Auftragsart
C053	GK-Vertrieb/AArt	D050	Zuschlagsart/Auftragsart

Abbildung 10.35 Übersicht der prozentualen Zuschläge anzeigen

Die Abhängigkeit definiert, welche Merkmale und Organisationselemente zur Pflege der Zuschläge vorhanden sind. Die Zuschlagsart ist in jeder Abhängigkeit enthalten und legt fest, für welche Art von Kosten der Zuschlag angewandt werden soll. Es gibt die folgenden Zuschlagsarten:

- 1 (Istzuschlag)
- 2 (Planzuschlag)
- 3 (Obligozuschlag)

Sie möchten für das Beispiel Details für den Zuschlag C000 (GK-Material) mit der Abhängigkeit D000 (Zuschlagsart) pflegen (siehe Abbildung 10.36). Dazu navigieren Sie im linken Bildbereich in den Ordner **Detail**. Über einen Klick auf **Neue Einträge** oder über die Taste [F5] können Sie prozentuale Zuschlagssätze pflegen. Die Zuschlagssätze werden in Abhängigkeit des Kostenrechnungskreises gepflegt. Pflegen Sie in Abbildung 10.36 für jede Zuschlagsart einen prozentualen Zuschlag.

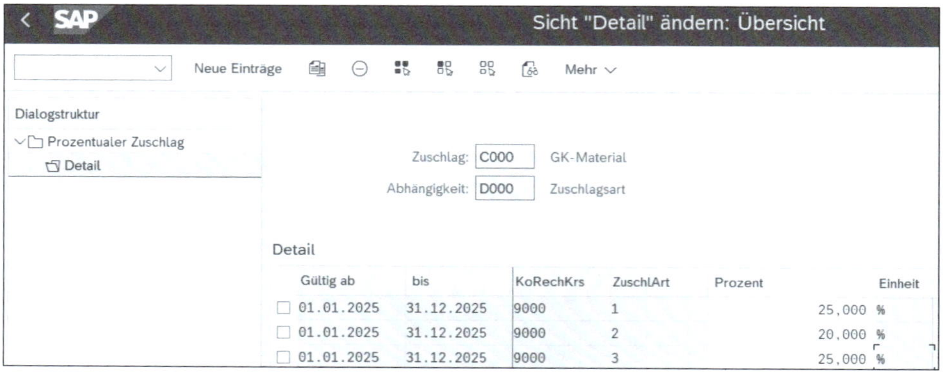

Abbildung 10.36 Prozentualen Zuschlag pflegen

Bei der Anlage der mengenbezogenen Zuschlagssätze definieren Sie einen Wert, mit dem die Einsatzmenge in der Kalkulation bezuschlagt wird. Der Zuschlag bezieht sich nicht auf die hergestellte Menge oder die Kalkulationslosgröße, sondern auf die Einsatzmenge. Über einen User-Exit kann man die Bezuschlagung auf der Ebene der Kalkulationslosgröße ermöglichen.

Zur Anlage eines mengenbezogenen Zuschlagssatzes folgen Sie dem Customizing-Pfad **Controlling • Produktkosten-Controlling • Produktkostenplanung • Grundeinstellungen für die Materialkalkulation • Gemeinkostenzuschläge • Kalkulationsschema: Bestandteile • Mengenbezogene Zuschlagssätze definieren**. Mengenbezogene Zuschläge werden auch mit Bezug zu Abhängigkeiten angelegt. In Abbildung 10.37 sehen Sie eine Übersicht der im SAP-System vorhandenen mengenbezogenen Zuschlagssätze.

In Abbildung 10.38 pflegen Sie einen mengenbezogenen Zuschlagssatz für den Zuschlag C100 (GK-Material) und die Abhängigkeit D000 (Zuschlagsart). Der mengenbezogene Zuschlag wird in Abhängigkeit des Kostenrechnungskreises gepflegt und hat eine Gültigkeit. Sie pflegen einen Wert von 0,50 EUR, der pro 1.000 Stück Einsatzmaterial bezuschlagt wird.

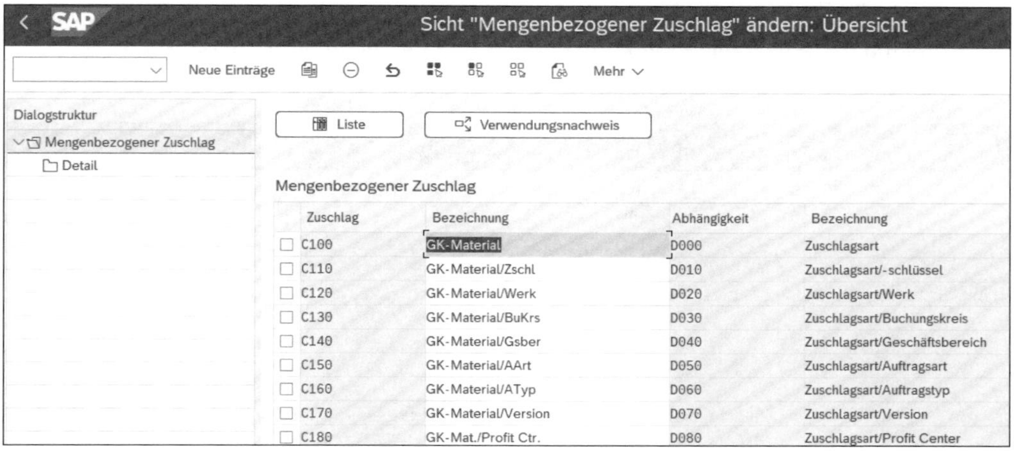

Abbildung 10.37 Übersicht mengenbezogener Zuschlagssätze anzeigen

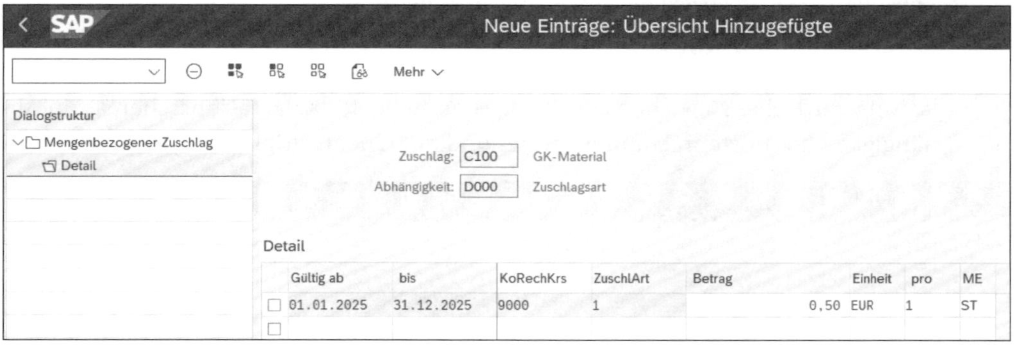

Abbildung 10.38 Mengenbezogenen Zuschlagssatz pflegen

Entlastungen

Entlastungen sind Kontierungsobjekte, die entlastet werden, wenn eine Kalkulation ausgeführt wird. Es findet lediglich im Ist eine tatsächliche Entlastung/Buchung statt. Aus technischen Gründen muss auch ein Entlastungsobjekt für den Plan und das Obligo gepflegt werden, sofern für diese Zuschlagsarten ein Zuschlagssatz gepflegt wurde. Als Entlastungsobjekt kann eine Kostenstelle oder ein Innenauftrag gepflegt werden.

Um eine Entlastung anzulegen, folgen Sie dem Customizing-Pfad **Controlling • Produktkosten-Controlling • Produktkostenplanung • Grundeinstellungen für die Materialkalkulation • Gemeinkostenzuschläge • Kalkulationsschema: Bestandteile • Entlastungen definieren**. In Abbildung 10.39 sehen Sie eine Übersicht der Entlastungen im SAP-System. Markieren Sie eine Entlastung, und navigieren Sie im linken Bildbereich zum Ordner **Detail**, um ein Entlastungsobjekt zu pflegen. Natürlich haben Sie auch die Möglichkeit, eine neue Entlastung über **Neue Einträge** oder die Taste F5 anzulegen.

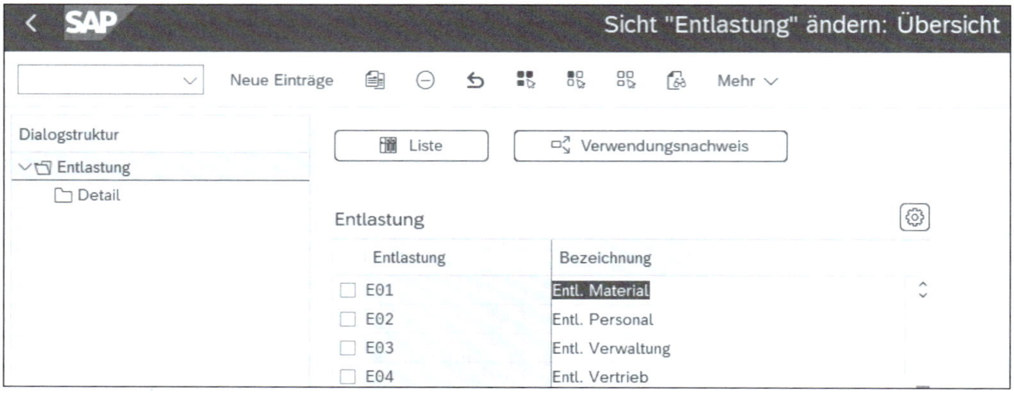

Abbildung 10.39 Übersicht der Entlastungen anzeigen

In Abbildung 10.40 pflegen Sie eine Entlastung für E01 (Entlastung Material). Die Entlastung wird, ebenso wie die anderen Bestandteile des Kalkulationsschemas, in Abhängigkeit des Kostenrechnungskreises und mit einer Gültigkeit angelegt.

Abbildung 10.40 Entlastung pflegen

Für die Anlage der Entlastung benötigen Sie eine Sekundärkostenart mit dem Kostenartentyp 41 (Gemeinkostenzuschläge). Die Kostenart wird für die Belastung in der Kalkulation und die Entlastung der Kostenstelle verwendet.

Nachdem Sie alle Bestandteile eines Kalkulationsschemas wie Basis, Zuschläge und Entlastung gepflegt haben, legen Sie nun ein Kalkulationsschema an. Zur Anlage eines Kalkulationsschemas folgen Sie dem Customizing-Pfad **Controlling • Produktkosten-Controlling • Produktkostenplanung • Grundeinstellungen für die Materialkalkulation • Gemeinkostenzuschläge • Kalkulationsschema definieren**. In Abbildung 10.41

erhalten Sie einen Überblick über alle Kalkulationsschemata im SAP-System. Wir hatten das Kalkulationsschema PP-PC1 (PP-PC-Standard) der Kalkulationsvariante zugeordnet, also werden wir dieses nun anpassen. Markieren Sie das Kalkulationsschema, und navigieren Sie im linken Bildbereich zum Ordner **Kalkulationsschemazeilen**.

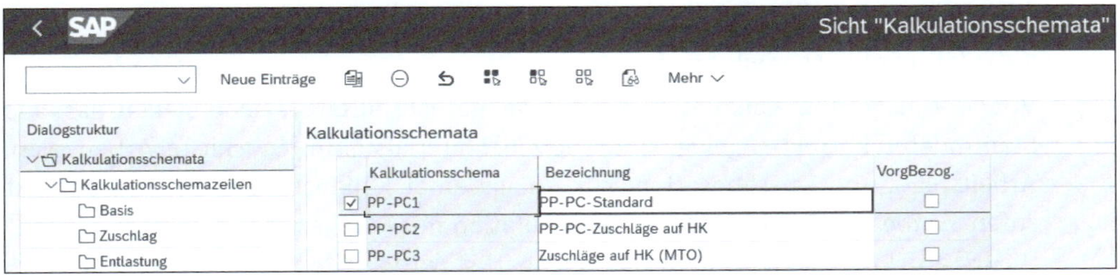

Abbildung 10.41 Kalkulationsschemata anzeigen

Das Kalkulationsschema ist in Kalkulationsschemazeilen organisiert, wie Sie es aus Abbildung 10.42 ersehen können. Die erste Zeile der Kalkulation ist immer die Basis, gefolgt von den Zuschlägen. Zu jedem Zuschlag muss eine Entlastung in der gleichen Zeile gepflegt werden, und es muss pro Zuschlag definiert werden, auf welche Basis er sich bezieht.

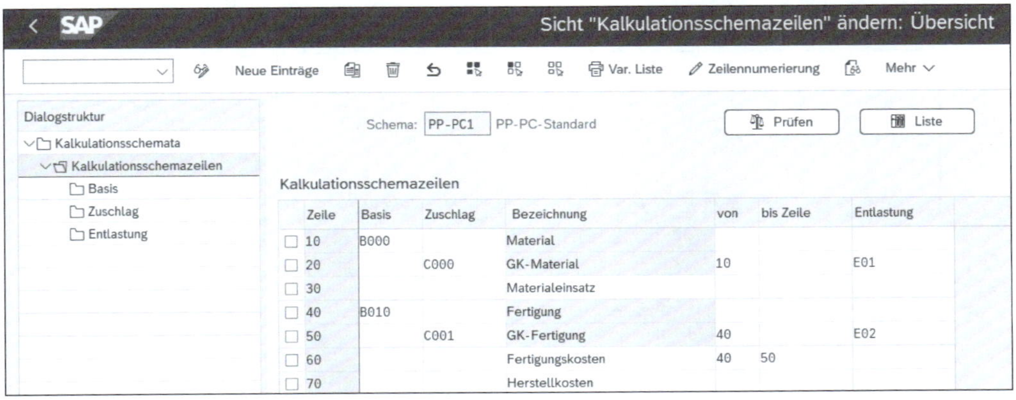

Abbildung 10.42 Kalkulationsschemata ändern

In Abbildung 10.42 haben wir B000 (Material) als Basis zugeordnet, auf die der Zuschlag C000 (Gemeinkosten Material) erhoben werden soll. Dies haben wir durch die Zuordnung der Zeile 10 in der Spalte **von** festgelegt. Die Bezuschlagung soll mit der Entlastung E01 entlastet werden. Dazu haben wir in Zeile 20, derselben Zeile, in der sich der Zuschlag befindet, die Entlastung zugeordnet. Sie können das Kalkulationsschema beliebig komplex gestalten.

10.1.3 Die Produktkostenkalkulation durchführen

Nachdem Sie jetzt gelernt haben, wie das Customizing der Produktkostenkalkulation durchgeführt wird, erfahren Sie nun, wie eine Produktkostenkalkulation angelegt wird.

Kalkulation mit Mengengerüst

Vor der Anlage einer Kalkulation mit Mengengerüst sollten Sie sicherstellen, dass alle Stammdaten korrekt angelegt sind, wie z. B. Materialstamm, Stückliste, Arbeitsplan, Arbeitsplatz und Leistungsarten. Zur Anlage einer Kalkulation mit Mengengerüst rufen Sie die SAP-Fiori-App **Materialkalkulation mit Mengengerüst anlegen** (App-ID CK11N) auf. Eine Kalkulation mit Mengengerüst wird auf den Ebenen **Material**, **Werk** und **Kalkulationsvariante** angelegt. In der Sicht **Kalkulationsdaten** können Sie im Feld **Kalkulationslosgröße** eine von der im Materialstamm gepflegten Kalkulationslosgröße abweichende Kalkulationslosgröße pflegen. Nehmen Sie keinen Eintrag vor, wird die Kalkulationslosgröße aus dem Materialstamm übernommen.

In Abbildung 10.43 legen wir eine Kalkulation für das **Material** RTR_FG_002 im **Werk** 8000 an. Als **Kalkulationsvariante** wählen wir PPC1; das ist die Kalkulationsvariante, die wir in Abschnitt 10.1.2, »Die Produktkostenkalkulation einrichten«, für das Customizing bereits analysiert haben.

Abbildung 10.43 Kalkulation mit Mengengerüst anlegen

Bestätigen Sie Ihre Eingaben mit der [↵]-Taste, und es öffnet sich die Registerkarte **Termine** (siehe Abbildung 10.44). Darauf werden die folgenden Daten gepflegt:

- **Kalkulationsdatum ab**
  Dies ist das Datum, ab dem die Materialkalkulation gültig sein soll. Sie können eine Kalkulation nur an dem Datum, ab dem sie gültig ist, fortschreiben. Eine Fortschreibung in die Zukunft oder in die Vergangenheit ist nicht möglich.
- **Kalkulationsdatum bis**
  Dies ist das Datum, bis zu dem die Kalkulation gültig sein soll.
- **Auflösungstermin**
  Dies ist das Datum, zu dem die Stückliste aufgelöst werden soll. Das SAP-System sucht nach Stammdaten, die zu diesem Datum gültig sind.
- **Bewertungstermin**
  Das SAP-System sucht nach Preisen, die am Bewertungstermin gültig sind.

Die Felder auf der Registerkarte **Termine** können Sie über die Terminsteuerung in der Kalkulationsvariante vorbelegen; dort legen Sie auch fest, ob die Felder bei der Anlage einer Kalkulation änderbar sein sollen.

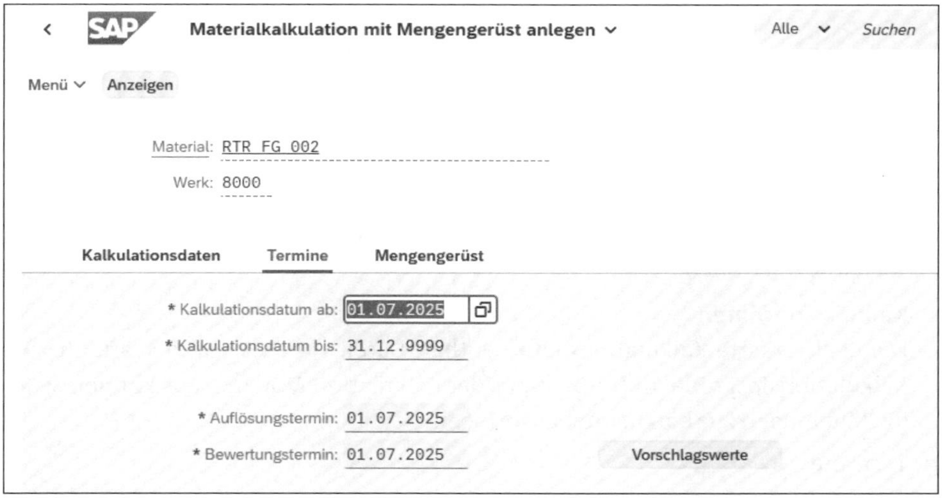

Abbildung 10.44 Termine für die Kalkulation mit Mengengerüst pflegen

Über die Taste [↵] wird die Kalkulation ausgeführt. Es erscheint ein Übersichtsbild, das in drei Teile aufgeteilt ist (siehe Abbildung 10.45). Im linken Bildbereich sehen Sie die Kalkulationsstruktur mit der aufgelösten Stückliste. Die Kalkulationsstruktur gibt einen Überblick über alle in der Kalkulation eingesetzten Materialien. Sie können Mengen und Kosten für die einzelnen Einsatzmaterialien überprüfen und von dort aus in die Kalkulationen und Stammdaten von anderen Materialien springen.

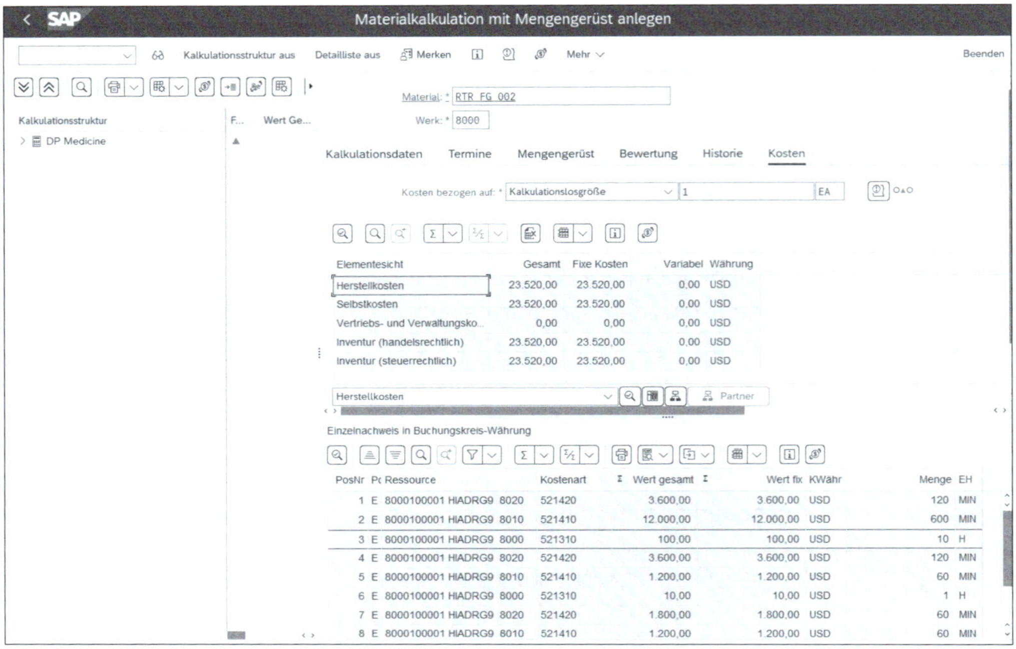

Abbildung 10.45 Materialkalkulation mit Mengengerüst überprüfen

Im Zentrum des Bildes sehen Sie verschiedene Registerkarten, die Informationen zu den Einzelbestandteilen der Kalkulation geben. Die Registerkarten enthalten die folgenden Informationen:

- **Kalkulationsdaten**
  Die Registerkarte **Kalkulationsdaten** enthält Daten zur Kalkulationsvariante, zur Kalkulationslosgröße und zum Status der Kalkulation. Von hier aus können Sie in die Meldungen zur Kalkulation abspringen.
- **Termine**
  Auf der Registerkarte **Termine** sehen Sie eine Übersicht der Termine, die Sie bei Anlage der Kalkulation ausgewählt haben.
- **Mengengerüst**
  Auf der Registerkarte **Mengengerüst** sehen Sie die Stücklistennummer und die Arbeitsplannummer, die für die Kalkulation verwendet wurden. Über einen Doppelklick auf die Stückliste oder den Arbeitsplan können Sie direkt in die Stammdaten verzweigen.
- **Bewertung**
  Auf der Registerkarte **Bewertung** sehen Sie das Kalkulationsschema, den Zuschlagsschlüssel und die Währung, die für die Kalkulation der Kosten angewandt wurden.

- **Historie**
  Auf der Registerkarte **Historie** sehen Sie, wann die Kalkulation erstellt wurde und ob sie bereits vorgemerkt oder freigegeben worden ist, und durch wen dies erfolgt ist.
- **Kosten**
  Die Registerkarte **Kosten** zeigt Ihnen die kalkulierten Kosten auf Elementesichtebene. Sie können sich die Kalkulation für verschiedene Mengen anzeigen lassen, und Sie können die Mengen über das Dropdown-Menü **Kosten bezogen auf** anpassen.

Im unteren Teil des Bildes sehen Sie den Einzelnachweis zur Kalkulation. Sie sehen pro Material, Leistung und Gemeinkostenzuschlag eine Zeile mit den errechneten Kosten, der Kostenart und der Menge. In Abbildung 10.45 sehen Sie, dass drei verschiedene Kostenkomponenten in die Kalkulation eingehen:

- L = Lohnbearbeitung für Infosätze zu einem Material
- M = Material für Materialien aus der Stückliste
- G = Gemeinkostenzuschlag für erhobene Zuschläge gemäß dem der Kalkulationsvariante zugeordneten Kalkulationsschema

Über **Kosten • Elementeanzeige** können Sie die Ansicht der Kalkulation ändern. Anstelle des Einzelnachweises können Sie sich die Aufteilung der Kosten aus der Kalkulation nach dem Elementeschema anzeigen lassen (siehe Abbildung 10.46).

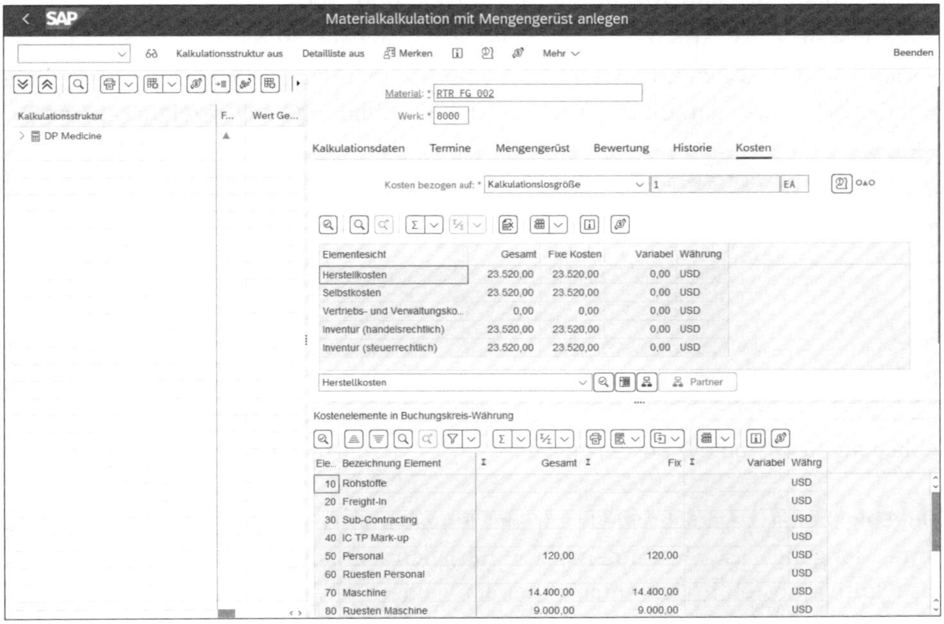

Abbildung 10.46 Elementeschemasicht für Materialkalkulation mit Mengengerüst überprüfen

Additive Kosten

Über *additive Kosten* können Sie die Kosten in der Kalkulation berücksichtigen, die nicht maschinell ermittelbar sind, wie z. B. Frachtkosten. Additive Kosten können auch verwendet werden, um unvollständige Stücklisten oder Arbeitspläne über die Kalkulation zu vervollständigen.

Damit Sie die additiven Kosten in der Kalkulation berücksichtigen können, müssen die folgenden Voraussetzungen erfüllt sein:

- **Kalkulationsvariante**
  In der Kalkulationsvariante muss auf der Registerkarte **Additive Kosten** die Übernahme der additiven Kosten aktiviert worden sein.
- **Bewertungsvariante**
  In der Bewertungsvariante muss auf der Registerkarte **Materialbewertung** das Kennzeichen **incl. additive Kosten** aktiviert worden sein.
- **Elementeschema**
  Im Elementeschema muss pro Element die Fortschreibung der additiven Kosten erlaubt worden sein.

Additive Kosten legen Sie immer mit Bezug zu einem Material, zu einem Werk und zu einer Kalkulationsvariante über die SAP-Fiori-App **Additive Kosten anlegen** (App-ID CK74N) an.

Die Eingabemaske ähnelt sehr der Eingabemaske in der SAP-Fiori-App **Kalkulation mit Mengengerüst** (App-ID CK11N) anlegen. Tragen Sie Material, Werk, Kalkulationsvariante und die Kalkulationstermine in die gleichnamigen Felder ein. Bestätigen Sie mit der [↵]-Taste; daraufhin öffnet sich das in Abbildung 10.47 gezeigte Fenster.

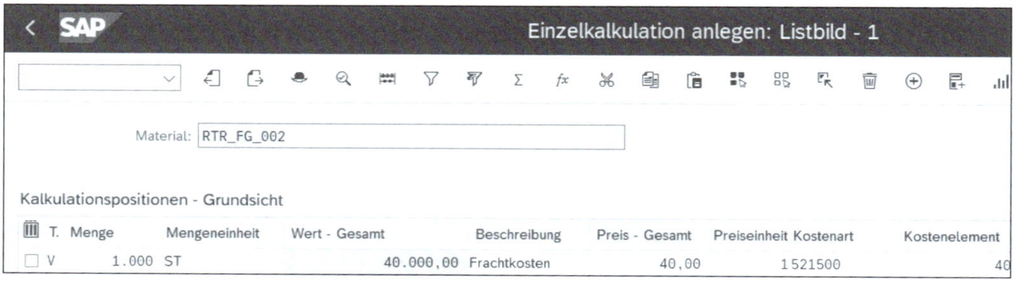

Abbildung 10.47 Additive Kosten pflegen

Die Eingabemaske gleicht wiederum der Eingabemaske für die Materialkalkulation ohne Mengengerüst. Sie können u. a. Materialien, Vorgänge und variable Positionen als additive Kosten in den entsprechenden Feldern pflegen. Wird ein Material oder Vorgang gepflegt, zieht das SAP-System den Preis aus den Stammdaten (beim Material aus der Preissteuerung im Materialstamm; beim Vorgang den Tarif aus der Leistungsart); dieser kann jedoch manuell abgeändert werden.

Nachdem Sie die additiven Kosten angelegt haben, können Sie eine Kalkulation mit Mengengerüst anlegen. Voraussetzung für die Berücksichtigung der additiven Kosten in der Kalkulation mit Mengengerüst ist, dass Sie die additiven Kosten mit derselben Kalkulationsvariante angelegt haben.

Beim Ausführen der Kalkulation sehen Sie die additiven Kosten als separate Positionen im Einzelnachweis. Die additiven Kosten unterscheiden sich jedoch nicht von den anderen Positionen. In den im Einzelnachweis aufgeführten Positionen sind die additiven Kosten nicht separat ausgewiesen. Über einen Klick auf den Button **Additive Kosten** werden die additiven Kosten, die in der angelegten Kalkulation mit Mengengerüst enthalten sind, angezeigt.

Die additiven Kosten können somit auch in die Bewertung der Bestände einfließen. Beachten Sie jedoch, dass die additiven Kosten in der Abweichungsermittlung als Abweichung ausgewiesen werden, wenn sie im Ist nicht auf die Fertigungsaufträge kontiert werden können.

Vormerkung und Freigabe von Materialpreisen

Bevor Sie eine Kalkulation für die Bewertung der Bestände verwenden können, muss die Kalkulation im Materialstamm fortgeschrieben werden. Rufen Sie dazu die SAP-Fiori-App **Preisfortschreibung** (App-ID CK24) auf. Vor der Fortschreibung des Preises müssen Sie diesen vormerken. Geben Sie in die Selektion in Abbildung 10.48 die Buchungsperiode und das Geschäftsjahr ein, in denen der Preis fortgeschrieben werden soll. Die Fortschreibung des Standardpreises ist im SAP-System nur einmal im Monat erlaubt. Geben Sie nun ebenfalls den Buchungskreis, das Werk und das Material ein, das fortgeschrieben werden soll.

Erfolgt die Vormerkung bzw. die Fortschreibung der Kalkulation zum ersten Mal in diesem Monat, müssen Sie die Vormerkerlaubnis erteilen. Klicken Sie auf den Button **Vormerkerlaubnis**, und es öffnet sich das Bild **Preisfortschreibung: organisatorische Maßnahme** (siehe Abbildung 10.49).

Klicken Sie auf den Buchungskreis, in dem Sie die Kalkulation vormerken möchten, und es öffnet sich ein Pop-up-Fenster **Erlaubte Plankalkulationsvariante**. Geben Sie in diesem Pop-up-Fenster die Kalkulationsvariante ein, mit der die Kalkulation erfolgt ist, und speichern Sie Ihre Eingaben. Über die Taste [F3] oder über den Button < (**Zurück**) gehen Sie zum Ausgangsbild zurück.

Nun können Sie die Transaktion über Ausführen (**Ausführen**) oder mit der Taste [F8] ausführen. Der Preis wird im Materialstamm im Feld **zukünftige Plankalkulation** in der Sicht **Kalkulation 1** fortgeschrieben.

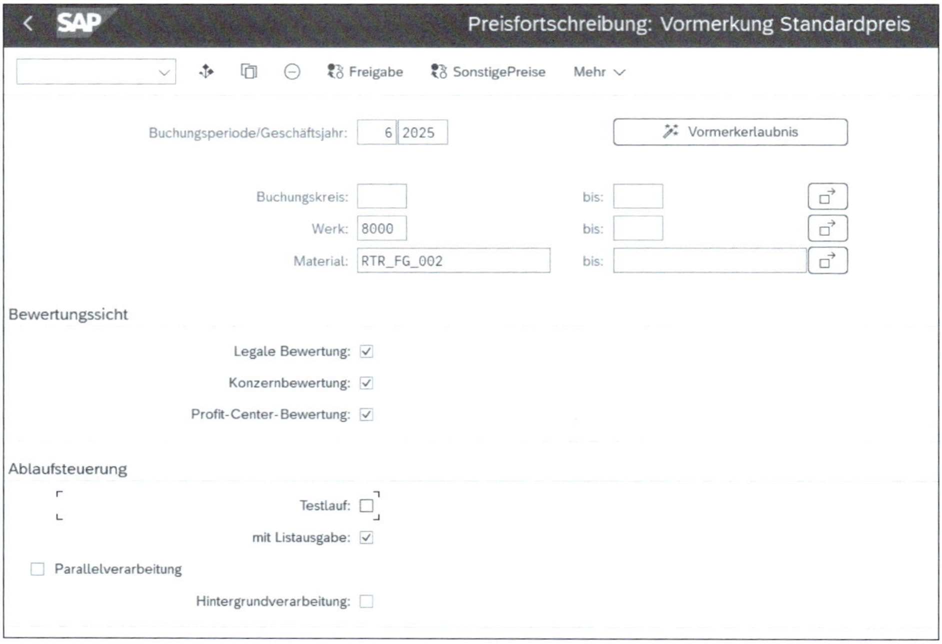

Abbildung 10.48 Materialkalkulation mit Mengengerüst fortschreiben

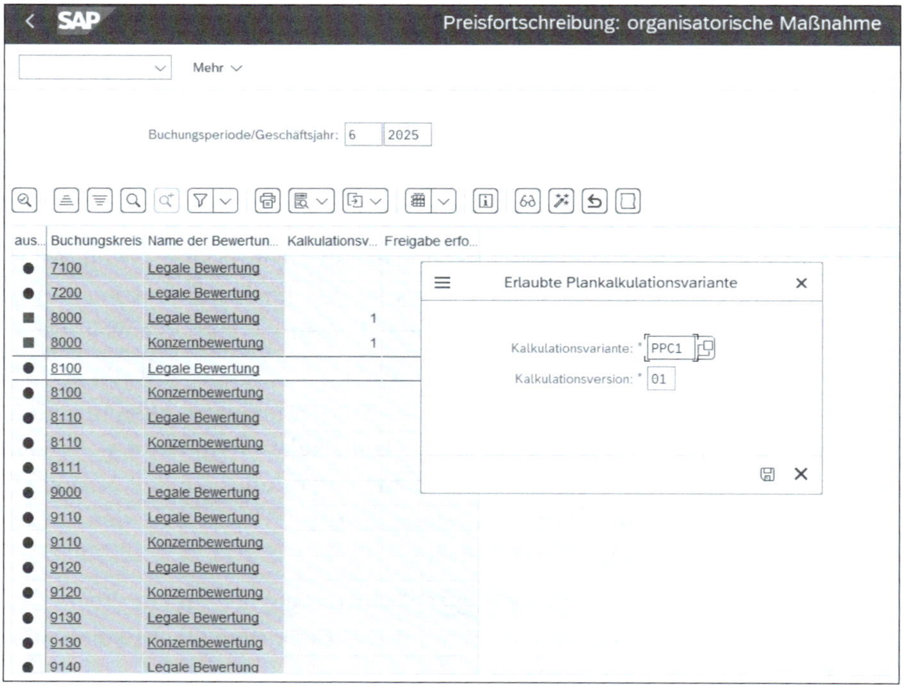

Abbildung 10.49 Vormerkerlaubnis pflegen

Ein Preis kann nur an dem Tag fortgeschrieben werden, von dem an die Kalkulation gültig ist. Sie können einen Preis nicht in die Vergangenheit oder die Zukunft fortschreiben. Zur Fortschreibung eines Preises klicken Sie auf Freigabe (**Freigabe**) und führen die Transaktion über die Taste F8 oder über den Button Ausführen (**Ausführen**) aus.

Der Preis wird nun im Materialstamm im Feld **Standardpreis** in der Sicht **Buchhaltung 1** fortgeschrieben (siehe Abbildung 10.50). In der Sicht **Kalkulation 2** wird der Preis vom Feld **zukünftige Plankalkulation** in die laufende Plankalkulation kopiert.

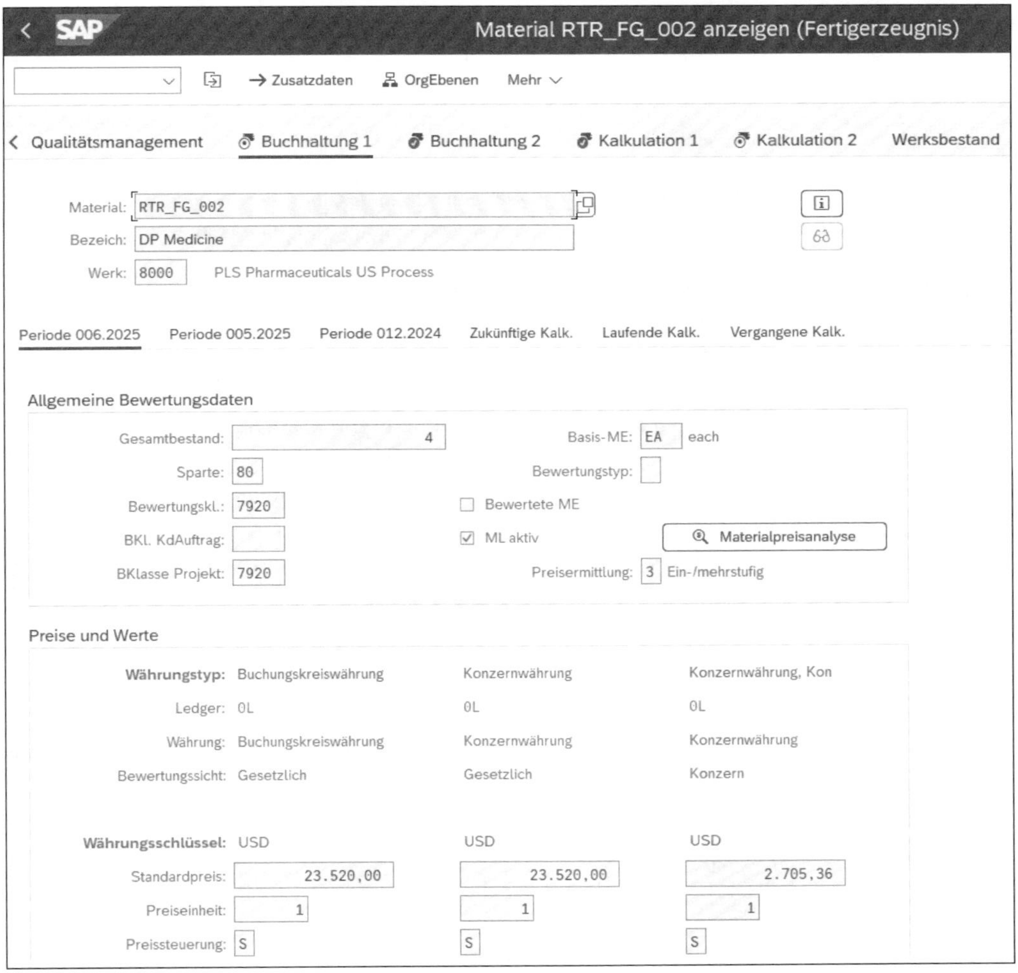

Abbildung 10.50 Materialstamm überprüfen

Ändert sich der Standardpreis durch Kalkulation und Fortschreibung, bewertet das SAP-System automatisch den Bestand mit dem neuen Standardpreis und bucht einen Umbewertungsbeleg im System. Es wird die Differenz aus dem alten und neuen Standardpreis, multipliziert mit dem Bestand, gebucht. In unserem Beispiel wurde der Umbewertungsbeleg gebucht (siehe Abbildung 10.51).

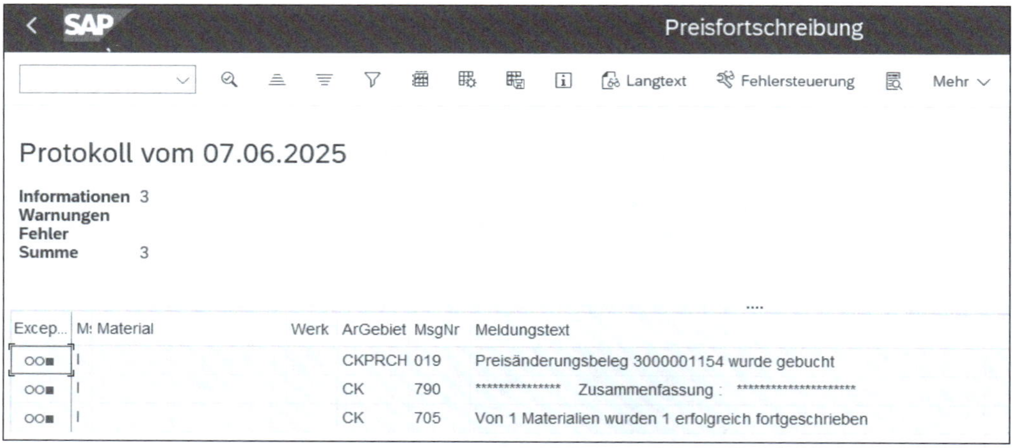

Abbildung 10.51 Umbuchungsbeleg überprüfen

[»]

Materialkalkulation ohne Mengengerüst

Neben der Materialkalkulation mit Mengengerüst gibt es auch die Materialkalkulation ohne Mengengerüst. In der Materialkalkulation ohne Mengengerüst liegen dem zu kalkulierenden Material keine Stückliste und kein Arbeitsplan zugrunde. Sie können Materialien, Stücklisten und Arbeitspläne in die Kalkulation ohne Mengengerüst einbinden und manuell verändern.

Kalkulationslauf

Der *Kalkulationslauf* erlaubt es, mehrere Materialien auf einmal zu kalkulieren und fortzuschreiben. Für gewöhnlich wird der Kalkulationslauf einmal im Monat zur Aktualisierung des Standardpreises verwendet. Sie können einen Kalkulationslauf über die SAP-Fiori-App **Kalkulationsläufe verwalten – Plankosten** (App-ID F1865) anlegen. Klicken Sie auf **Anlegen**, um Selektionskriterien für den Kalkulationslauf zu hinterlegen. Tragen Sie hier die Grunddaten wie die Kalkulationsvariante (PPC1), den Kostenrechnungskreis (9000) und den Buchungskreis (9000) ein (siehe Abbildung 10.52). An dieser Stelle pflegen Sie außerdem auch sämtliche Daten: ab wann und wie lange die Kalkulationen gültig sein sollen, zu welchem Datum die Stücklisten aufgelöst und mit welchem Gültigkeitsdatum die Komponenten bewertet werden sollen.

In der Anlage der Kalkulation gibt es eine neue Funktion **Wiederholung**. Hier können Sie festlegen, wie oft dieser Kalkulationslauf ausgeführt werden soll. Über die Häufigkeit legen Sie fest, ob dieser Kalkulationslauf monatlich ausgeführt werden soll. Das System legt dann eine Kopie des Kalkulationslaufs über einen Job an. Im Feld **Ausf. anhal. nach** (Ausführung anhalten nach) bestimmen Sie, welche Arbeitsschritte automatisiert ausgeführt werden sollen und nach welchem Arbeitsschritt der Job stoppen soll. Mit der Funktion der Wiederholung entfällt die Aufgabe der Anlage des Kalkulationslaufs, und Sie können direkt in die Analyse einsteigen.

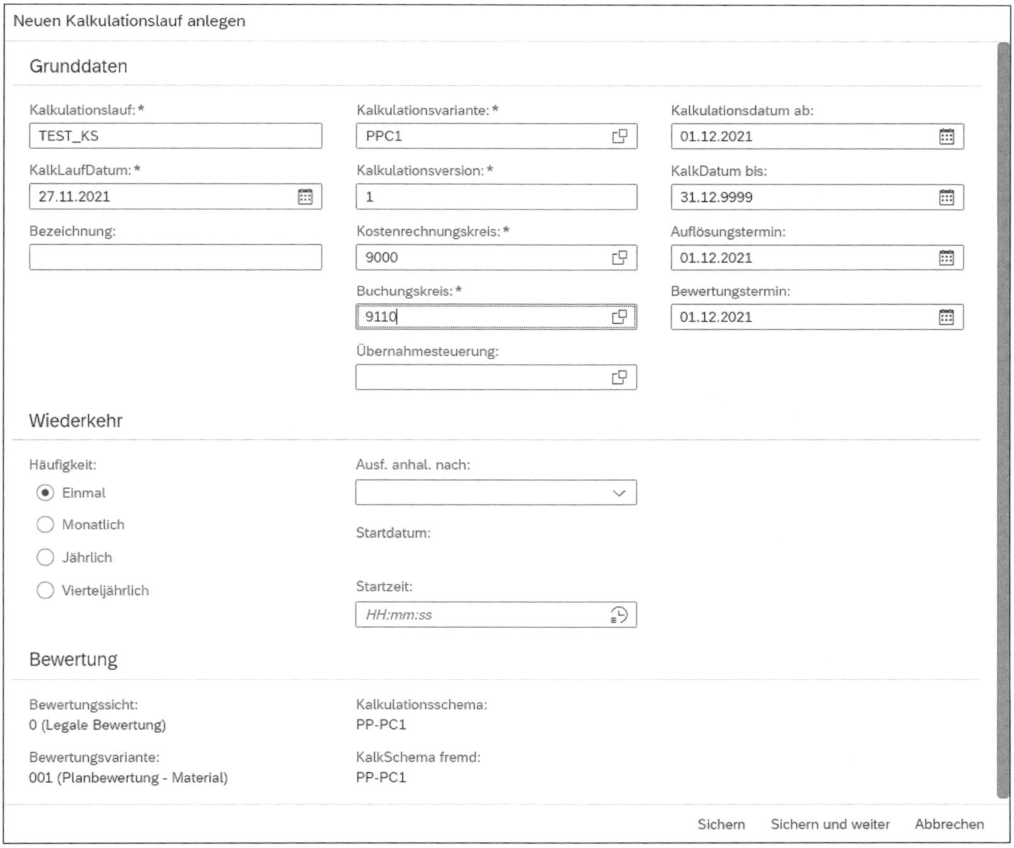

Abbildung 10.52 Kalkulationslauf anlegen

Nach dem Speichern des Kalkulationslaufs öffnet sich eine Tabelle zur Ausführung des Kalkulationslaufs (siehe Abbildung 10.53). Diese Tabelle besteht aus verschiedenen Ablaufschritten:

1. **Selektion**
   In der Selektion wählen Sie, welche Materialien mit dem Kalkulationslauf selektiert werden sollen. Sie können z. B. verschiedene Materialarten von der Selektion ausschließen. Über **Ausführen** (**Ausführen**) oder über die Taste F8 führen Sie die Selektion aus. In der Spalte **Anz. Mat.** (Anzahl Material) wird angezeigt, wie viele

Materialien selektiert wurden. In der Spalte **feh.** (fehlerhaft) sehen Sie, ob es zu Fehlern in der Selektion kam. Ursprünglich gab es im Kalkulationslauf den separaten Arbeitsschritt **Strukturauflösung**, in dem die Stücklisten und Arbeitspläne zur Kalkulation aufgelöst wurden. Dieser Arbeitsschritt wurde mit Release 1809 in den Arbeitsschritt **Selektion** integriert.

2. **Kalkulation**
   In diesem Schritt findet die eigentliche Kalkulation statt.
3. **Analyse**
   Über die Analyse können Sie in verschiedene Reports zur Analyse der Daten abspringen.
4. **Vormerkung**
   Hier können Sie die Materialien des Kalkulationslaufs vormerken.
5. **Freigabe**
   Dieser Ablaufschritt dient zur Freigabe der Kalkulation. Sie können für diesen Ablaufschritt auch einen Job einplanen (für alle anderen Ablaufschritte übrigens auch).

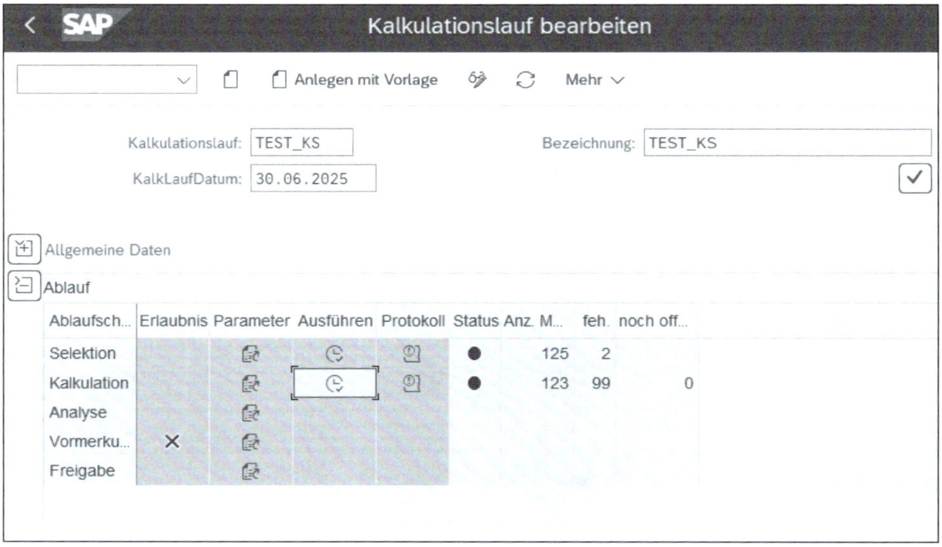

Abbildung 10.53 Kalkulationslauf durchführen

Der Kalkulationslauf ist der effektivste Weg, um eine große Zahl an Materialien zu kalkulieren und fortzuschreiben.

Mit der SAP-Fiori-App **Kalkulationsläufe verwalten – Plankosten** können Sie alle im System angelegten Kalkulationsläufe über eine App verwalten. Wie in Abbildung 10.54 dargestellt, können Sie das Layout anpassen und sämtliche Merkmale aus der

Kalkulation, z. B. Anzahl Materialien, Kalkulationsschema usw. als Spalten einblenden. Die Übersicht über die Kalkulationsläufe gibt Ihnen besonders am Monatsabschluss einen Überblick darüber, ob alle Kalkulationsläufe angelegt sind und was deren Status ist. So wird sichergestellt, dass alle Standardpreise für den neuen Monat kalkuliert und freigegeben sind. Auch haben Sie die Möglichkeit, über den Button Organisationsmaßnahme (**Organisationsmaßnahme**) die Vormerkerlaubnis zu setzen, ohne in einen Kalkulationslauf abzuspringen (siehe Abbildung 10.54).

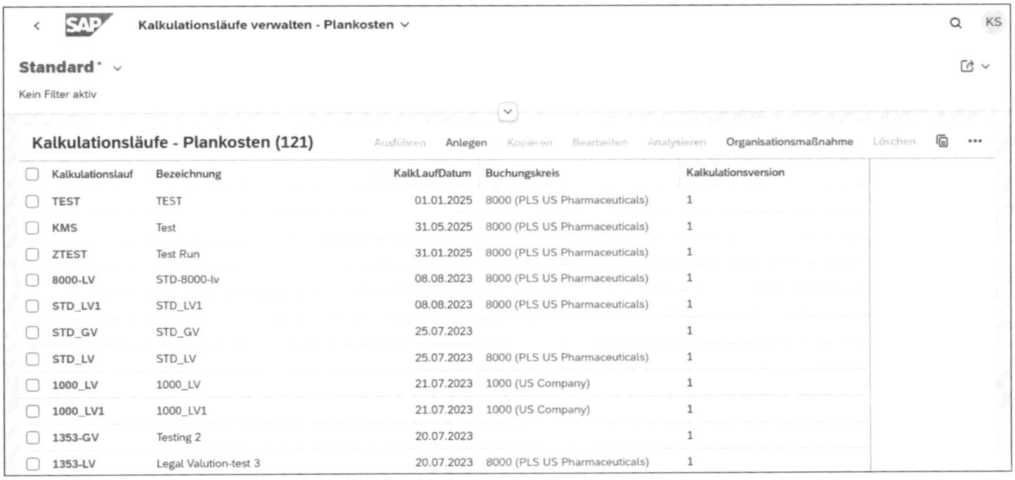

Abbildung 10.54 SAP-Fiori-App »Kalkulationsläufe verwalten – Plankosten« anzeigen

10.1.4 Reporting

Über den Ablaufschritt *Analyse* können Sie in mehrere Berichte abspringen, auch in die im SAP-Anwendermenü zur Verfügung stehenden.

Die SAP-Standardberichte rufen Sie über den Kalkulationslauf auf (Ablaufschritt-Analyse). Die Berichte sind in die folgenden Bereiche unterteilt:

- Verdichtete Analyse
- Objektliste
- Detailberichte
- Objektvergleiche

In Abbildung 10.55 sehen Sie eine Übersicht der Berichte, die über den Kalkulationslauf aufgerufen werden können.

Wir rufen den Bericht **SAP&12** auf, um Materialkalkulationen zu analysieren (siehe Abbildung 10.56). In diesem Bericht sehen wir, wie sich der neue berechnete Preis vom alten Preis im Materialstamm unterscheidet. Außerdem zeigt er uns, wie sich diese Preisänderung auf unseren Lagerbestand auswirkt.

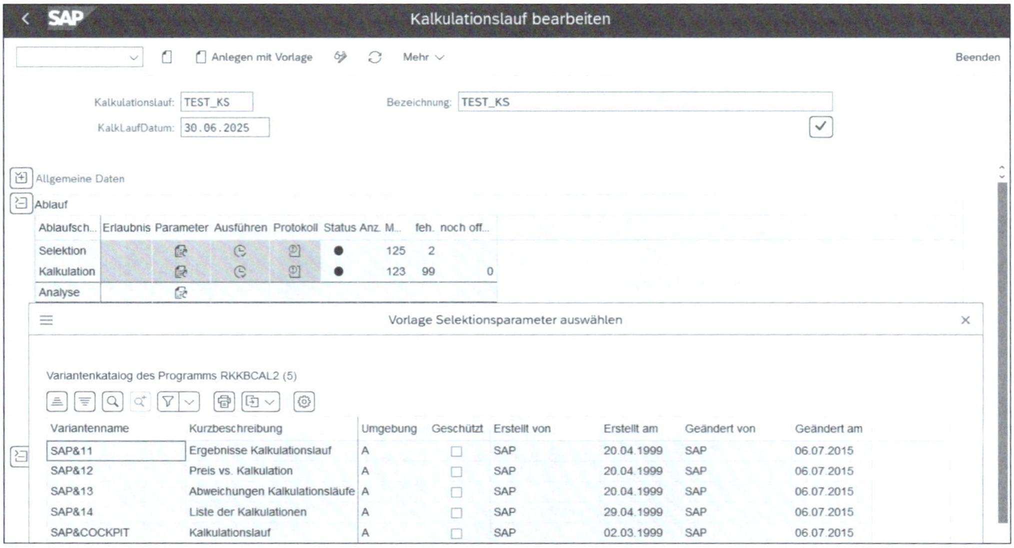

Abbildung 10.55 Reporting zum Kalkulationslauf anzeigen

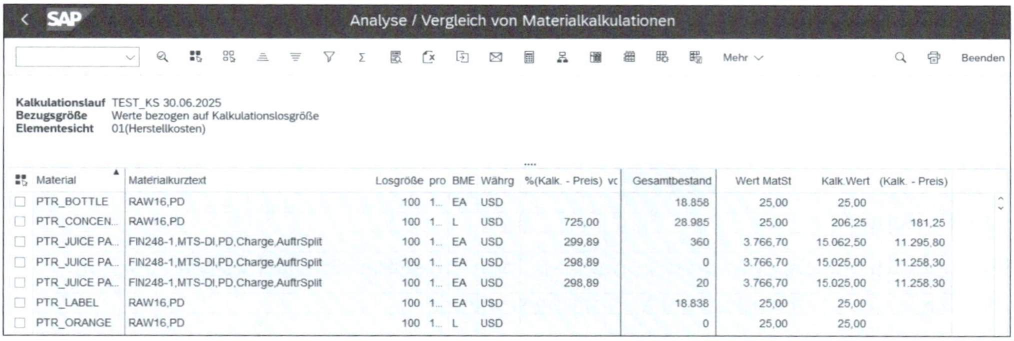

Abbildung 10.56 Materialkalkulationen analysieren

[»]

Empfehlungen für das Reporting

In SAP-Hinweis 2579584 (Empfehlung für Rechnungslegung in SAP) empfiehlt SAP, graduell auf herkömmliche Reporting-Werkzeuge, wie den Report Painter, zu verzichten und auf selbst angelegte CDS Views mit SAP-Fiori-Apps umzusteigen.

10.2 Kostenträgerrechnung

In der Produktkostenplanung wird der Standardpreis eines Produkts geplant/berechnet. Die *Kostenträgerrechnung* sammelt die Kosten im Ist und errechnet Abweichungen von den Plankosten. Es gibt verschiedene Arten der Kostenträgerrechnung, auf die wir in diesem Kapitel detaillierter eingehen. Die Kostenträgerrechnung funktioniert im Kontext der Komponente PP (Produktionsplanung) oder PP-PI (Produktionsplanung Prozessindustrie). Die Kostenträgerrechnung erlaubt es, den aktuellen Verbrauch sowie jegliche Abweichungen vom Standardpreis zu erfassen und zu analysieren.

Es gibt verschiedene Arten der Kostenträgerrechnung. Welcher Typ der Kostenträgerrechnung optimal für Sie ist, entscheidet sich daran, wie Sie Ihre Kosten analysieren möchten. Auch besteht die Möglichkeit, verschiedene Kostenträgerarten parallel zu verwenden. Im Folgenden stellen wir Ihnen die drei Arten der Kostenträgerrechnung im SAP-System vor.

10.2.1 Wertefluss der Kostenträgerrechnung

Bevor wir Ihnen die Arten der Kostenträgerrechnung vorstellen, möchten wir den Wertefluss der Kostenträgerrechnung erklären. Der Wertefluss der Kostenträgerrechnung ist in Abbildung 10.57 dargestellt: Die Kostenstellen der Produktion empfangen Primärkosten (Kosten, die den Kostenstellen direkt zugeordnet werden können), wie z. B. Lohnkosten, Abschreibungen usw.

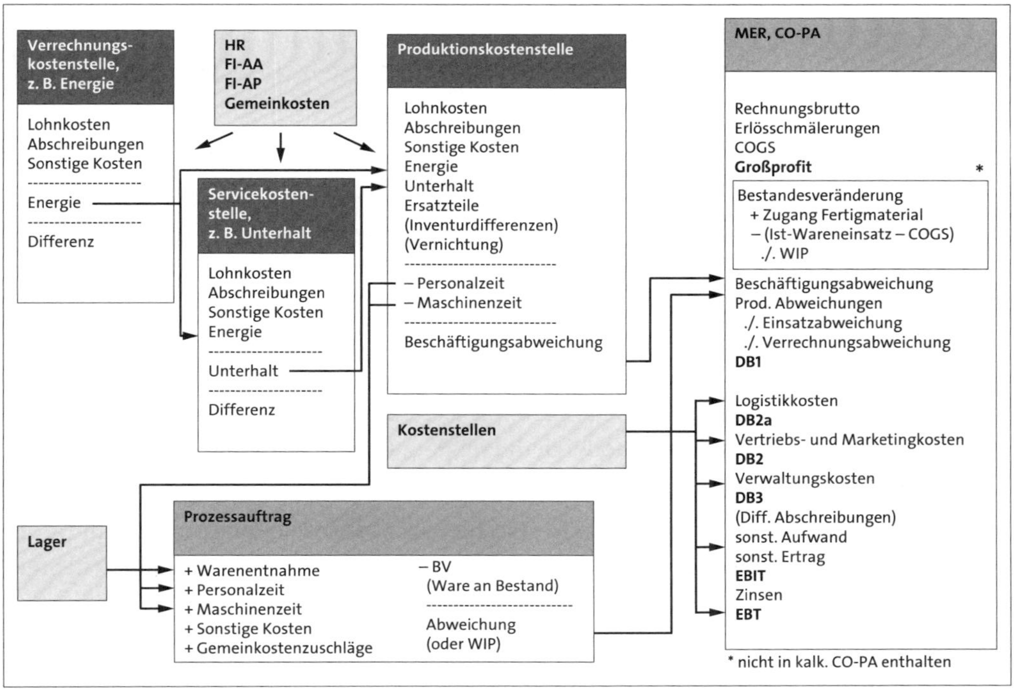

Abbildung 10.57 Wertefluss der Kostenträgerrechnung

Die Kostenstellen der Produktion empfangen auch Kosten von anderen Kostenstellen im Unternehmen. Es handelt sich dabei um Kosten, die nicht direkt den Produktionskostenstellen zugeordnet werden können. Diese Kosten werden als Sekundärkosten bezeichnet und über Verrechnungen, wie z. B. Umlagen und Verteilungen, auf die Kostenstellen gebucht.

Eine Verrechnungskostenstelle ist z. B. eine Kostenstelle, in der die Energiekosten gesammelt werden. Energie kann z. B. über die Größe der Fläche auf die Kostenstellen umgelegt werden. Ferner gibt es auch Servicekostenstellen, wie z. B. Lagerkostenstellen. Die Lagerkosten können z. B. über die Ausbringungsmenge pro Maschine an die Kostenstellen verteilt werden.

Das Ziel sollte es sein, die Gesamtkosten der Produktion auf das Herstellprodukt zu verteilen. Im Planungsprozess werden die zu erwartenden Gesamtkosten der Produktion pro Kostenstelle ermittelt.

Anhand der Gesamtkosten, der Ausbringungsmenge und der Personalstunden werden die Tarife ermittelt. Dabei wird davon ausgegangen, dass sich die Kostenstelle zu 100 % entlastet. Die Tarife können manuell ermittelt werden, SAP bietet aber auch eine automatische Tarifermittlung an.

Diese Tarife werden in der Materialkalkulation der Herstellprodukte herangezogen. Im Arbeitsplan ist festgelegt, wie viele Stunden Maschinenzeit oder Personalzeit in die Herstellung eines Produkts eingehen. Die Materialkosten plus die Kosten für die Arbeitszeit/Maschinenzeit und eventuelle Gemeinkostenzuschläge ergeben die Herstellkosten für das Fertigprodukt.

Die Herstellkosten entsprechen dem Standardpreis eines Produkts und werden in den Materialstamm fortgeschrieben.

Wird ein Prozessauftrag oder Fertigungsauftrag angelegt, werden Stückliste und Arbeitsplan aufgelöst und die Sollkosten des Auftrags bestimmt. Über die Materialentnahme und die Rückmeldung der Zeiten auf Prozessauftrag bzw. Fertigungsauftrag wird der Auftrag mit den entsprechenden Kosten belastet. Ist die Produktion des Auftrags abgeschlossen, wird der Wareneingang des erstellten Produkts zurück an das Lager gebucht. Die Warenbewegung für die Lieferung des Fertigprodukts an das Lager wird mit dem Standardpreis (oder dem Preis laut Preissteuerung im Materialstamm) bewertet.

Verbleibt auf dem Auftrag ein Saldo, spricht man von Abweichungen. Die Summe der Istkosten entspricht also nicht den kalkulierten Herstellkosten. Dies kann mehrere Gründe haben:

- Mehr-/Minderverbrauch an Einsatzmaterialien
- Mehr-/Minderaufwand an Arbeitszeit
- Preisschwankungen der Einsatzmaterialien

In Abbildung 10.58 ist der Wertefluss in der Produktion stark vereinfacht dargestellt.

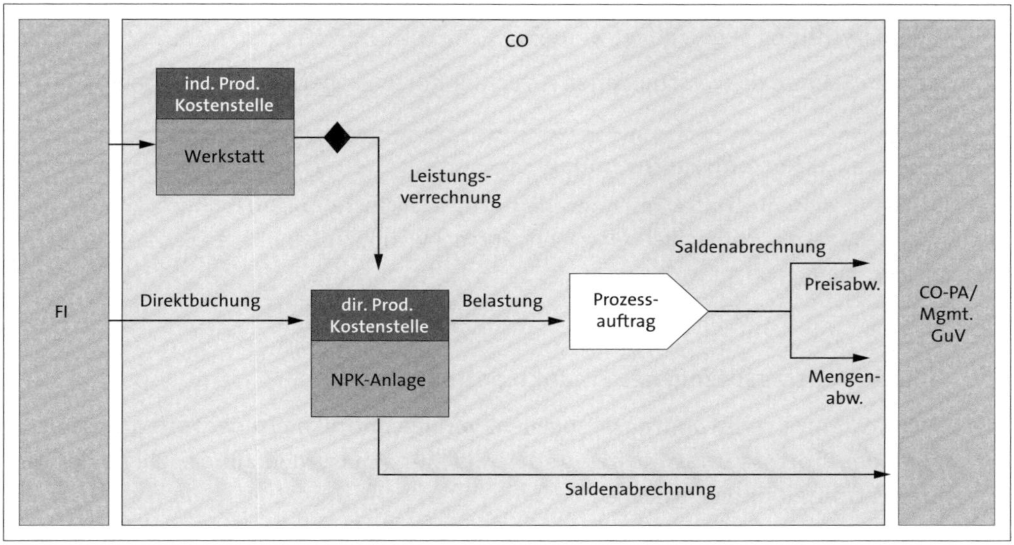

Abbildung 10.58 Standardisierter Wertefluss in der Produktion

Am Monatsende wird auf den Fertigungs-/Prozessaufträgen eine Ermittlung der Ware in Arbeit durchgeführt. Auf allen Aufträgen, die weder den Status **TABG** (technisch abgeschlossen) noch **GLFT** (geliefert) haben, wird Ware in Arbeit ermittelt. Mit der Abrechnung der Aufträge wird eine ergebnisneutrale Buchung erzeugt, die die Istkosten auf dem Auftrag in der Bilanz als Ware in Arbeit aktiviert, wie Sie noch in Abschnitt 10.3.2, »Ware in Arbeit«, erfahren werden.

Auf Aufträgen, die bereits geliefert oder abgeschlossen sind, werden Abweichungen ermittelt. Das SAP-System ermittelt die Art der Abweichungen. Es bietet dazu eine Reihe von Standardabweichungskategorien, die die Abweichungen in Abweichungen auf der Verrechnungsseite und Abweichungen auf der Einsatzseite unterteilen. Mit der Abrechnung der Aufträge wird in der Finanzbuchhaltung eine Preisdifferenz gebucht und das Bestandsveränderungskonto korrigiert. Diese Buchung ist ergebnisneutral. SAP ERP hat bei der Buchung der Abweichungen in der Finanzbuchhaltung auf das Konto, das in der MM-Kontenfindung der Kontomodifikation PRD – PRF hinterlegt ist, zurückgegriffen.

In der Finanzbuchhaltung war es bisher nicht möglich, die Preisdifferenzen analog den Abweichungskategorien aufzuteilen. SAP S/4HANA ermöglicht die Aufteilung der Preisdifferenzen analog den SAP-Standard-Abweichungskategorien auf verschiedene Sachkonten, was die Analyse und das Reporting sehr stark erleichtert.

Beim Einsatz der kalkulatorischen Ergebnisrechnung können die Abweichungen wie bisher, analog den Abweichungskategorien, auf verschiedene Wertfelder in der Ergebnisrechnung abgerechnet werden.

Lernen Sie nun die verschiedenen Arten der Kostenträgerrechnung kennen.

[»]

Arten der Kostenträgerrechnung

Alle in diesem Kapitel beschriebenen Arten der Kostenträgerrechnung können im SAP-System auch parallel verwendet werden, wenn das benötigte Customizing entsprechend gepflegt wurde.

10.2.2 Auftragsbezogenes Produktcontrolling

Der Kostenträger im *auftragsbezogenen Produktcontrolling* ist der Fertigungsauftrag oder der Prozessauftrag. Kosten und Abweichungen werden auf der Ebene des Auftrags ermittelt und analysiert.

Diese Art der Kostenträgerrechnung wird verwendet, wenn Sie auf Lager produzieren und keine Massenproduktion vornehmen. Der Fokus des auftragsbezogenen Produktcontrollings ist der Auftrag. Kosten und Abweichungen werden pro Auftrag analysiert. Das auftragsbezogene Produktcontrolling wird z. B. in der chemischen und in der pharmazeutischen Industrie angewandt.

10.2.3 Periodisches Produktcontrolling

Das *periodische Produktcontrolling* verwendet den Produktkostensammler als Kostenträger. Der Produktkostensammler wird im Controlling auf der Ebene des Fertigmaterials, des produzierenden Werkes und der Fertigungsversion oder des Werkes angelegt. Jeder Fertigungs- und/oder Prozessauftrag wird mit dem Produktkostensammler verknüpft. Kosten und Abweichungen werden auf der Ebene des Produktkostensammlers ermittelt und analysiert.

Das periodische Produktkostencontrolling wird verwendet, wenn Sie auf Lager produzieren und die Massenproduktion einsetzen. Die Kosten werden auf der Ebene des Fertigprodukts analysiert. Das periodische Produktkostencontrolling wird z. B. in der Konsumgüterindustrie angewandt, in der die Kosten bezüglich Produkt und Fertigungslinie analysiert werden.

10.2.4 Kundenauftragscontrolling

Das Kundenauftragscontrolling wird verwendet, wenn Sie mit der Einzelfertigung arbeiten. Sie produzieren ein Produkt für einen bestimmten Auftrag bzw. Kunden. Der

Fertigungs- oder Prozessauftrag wird mit einem Kundenauftrag verknüpft. Die Kalkulation für das Produkt kann dabei direkt im Kundenauftrag oder in einer separaten Transaktion erstellt werden. Im Kundenauftragscontrolling ist der Bestand über ein Sonderbestandskennzeichen gekennzeichnet und für den Kundenauftrag reserviert. Es gibt zwei Arten des Kundenauftragscontrollings:

Unbewerteter Kundenauftragsbestand

Arbeiten Sie mit *unbewertetem Kundenauftragsbestand*, wird der Warenausgang vom Produktionsauftrag an den Kundenauftrag nur mengenmäßig erfasst. Das SAP-System bucht den Aufwand auf ein Aufwandskonto. Die Materialkosten im Kundenbestand sind mit null ausgewiesen, ebenso der Bestand und der Warenausgang an den Kunden.

Es ist schwierig, den Wertefluss für den unbewerteten Kundenauftragsbestand nachzuvollziehen, weshalb SAP empfiehlt, mit dem bewerteten Kundenauftragsbestand zu arbeiten.

Bewerteter Kundenauftragsbestand

Arbeiten Sie mit dem *bewerteten Kundenauftragsbestand*, erfolgen Mengen- und Wertefluss zur gleichen Zeit. Das Material wird während des gesamten Prozesses als Kundenauftragsbestand ausgewiesen. Der Bestand wird dabei mit dem Preis des Materials bewertet. Mit der Warenausgangsbuchung an den Kunden wird der Materialverbrauch verbucht.

Im Folgenden lernen Sie die Grundeinstellungen im Customizing für die unterschiedlichen Formen der Kostenträgerrechnung kennen, bevor wir Ihnen die Periodenabschlussfunktionen vorstellen.

[«]

Herstellkosten in CO-PA

Im kalkulatorischen CO-PA werden die Herstellkosten mit der Faktura zum Zeitpunkt der Erlösbuchung in die Ergebnisrechnung übergeleitet. In der Margenanalyse wird der Ergebnisrechnungsbeleg bei der Warenausgangsbuchung zur Lieferung erstellt.

10.2.5 Auftragsbezogenes Produktkostencontrolling einrichten

Der Fertigungsauftrag oder Prozessauftrag wird in der Regel von den Verantwortlichen der Produktion (Komponente PP und PP-PI) angelegt. Im Auftrag gibt es eine für das Controlling relevante Sicht. Die Daten in dieser Sicht werden durch die Stammdaten aus dem Materialstamm und über das Customizing vorbelegt.

Über Transaktion OPJH oder den folgenden Customizing-Pfad können Sie die Default-Parameter für den Produktionsauftrag festlegen: **Produktion • Fertigungssteuerung • Stammdaten • Auftrag • Auftragsarten definieren**.

Sie sehen in Abbildung 10.59, dass die Fertigungsauftragsart einem Abrechnungsprofil (PP01) zugeordnet ist, das im Periodenabschluss zur Abrechnung der Kosten und Abweichungen verwendet wird.

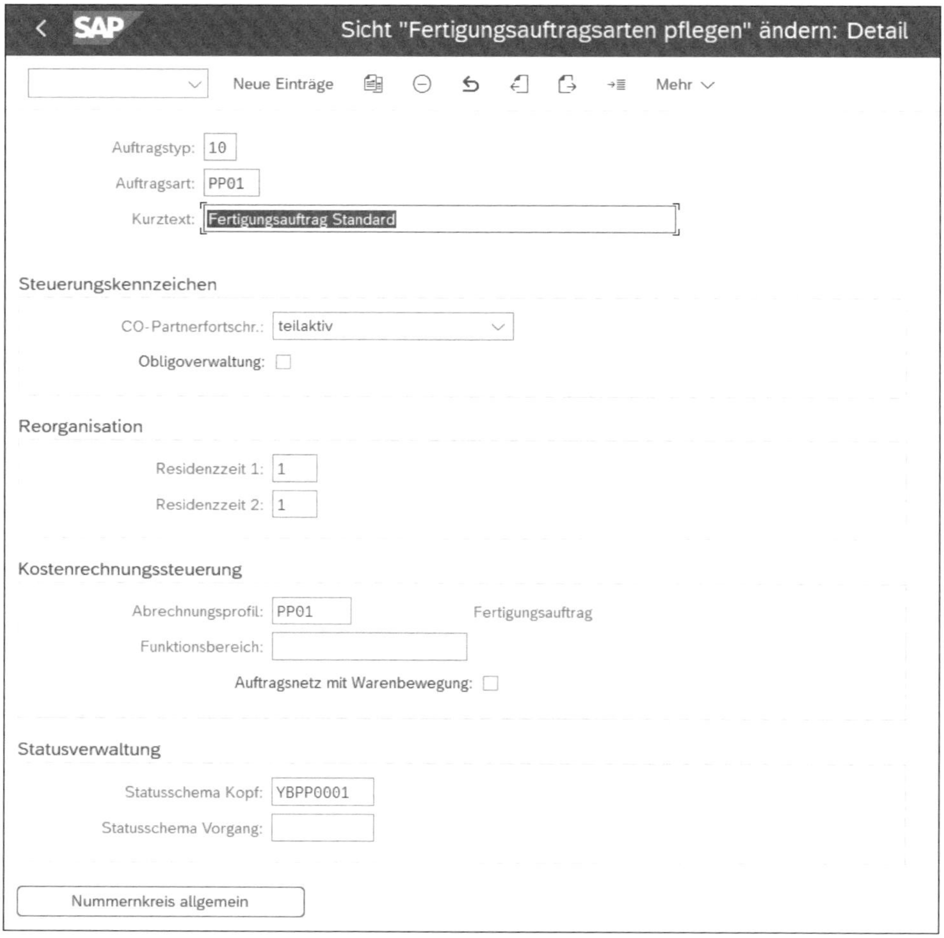

Abbildung 10.59 Kostenrechnungssteuerung in der Fertigungsauftragsart pflegen

In Transaktion OPL8 oder über den Customizing-Pfad **Produktion • Fertigungssteuerung • Stammdaten • Auftrag • Auftragsarten definieren • Auftragsabhängige Parameter definieren** können Sie weitere kostenrelevante Daten für den Fertigungsauftrag pflegen (siehe Abbildung 10.60).

Jeder Fertigungsauftrag ist einer Kalkulationsvariante zugeordnet. Diese Kalkulationsvariante ermittelt die Standardkosten für den Produktionsauftrag mit den aktuellen Kosten zum Zeitpunkt der Anlage des Produktionsauftrags.

Arbeiten Sie mit Ware in Arbeit, können Sie den Produktionsauftrag einem Abgrenzungsschlüssel zuordnen. Dieser wird zur Ermittlung der Ware in Arbeit definiert.

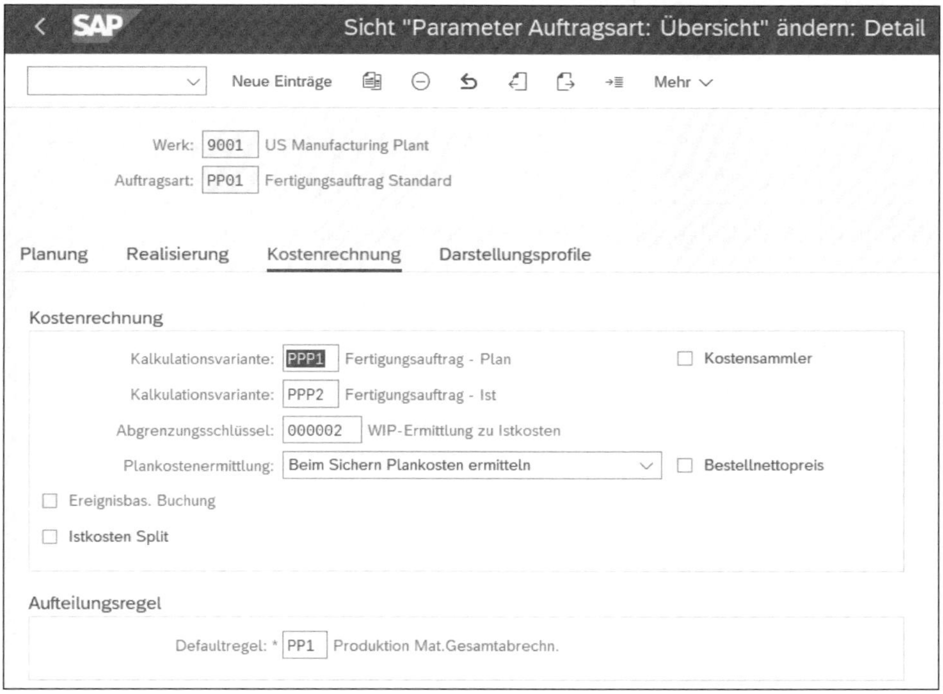

Abbildung 10.60 Auftragsabhängige Parameter in der Fertigungsauftragsart pflegen

Im Feld **Plankostenermittlung** definieren Sie, ob und, wenn ja, wann Plankosten zum Auftrag ermittelt werden. In der Regel werden die Plankosten beim Sichern oder bei der Freigabe automatisch ermittelt.

Wir empfehlen Ihnen, für den Produktionsauftrag dieselbe Kalkulationsvariante zu verwenden wie zur Kalkulation des Standardpreises, um Abweichungen zu vermeiden. Sie können die *Kalkulationsvariante des Produktionsauftrags* über Transaktion OPL1 oder über den folgenden Customizing-Pfad anpassen: **Produktion • Fertigungssteuerung • Integration • Auftragskalkulation • Kalkulationsvarianten festlegen**.

Die Kalkulationsvarianten für Produktionsaufträge sind ähnlich aufgebaut wie die Kalkulationsvarianten für die Ermittlung der Standardpreise, jedoch enthalten diese deutlich weniger Funktionen. In Abbildung 10.61 ist der Aufbau einer Kalkulationsvariante für die Fertigung dargestellt.

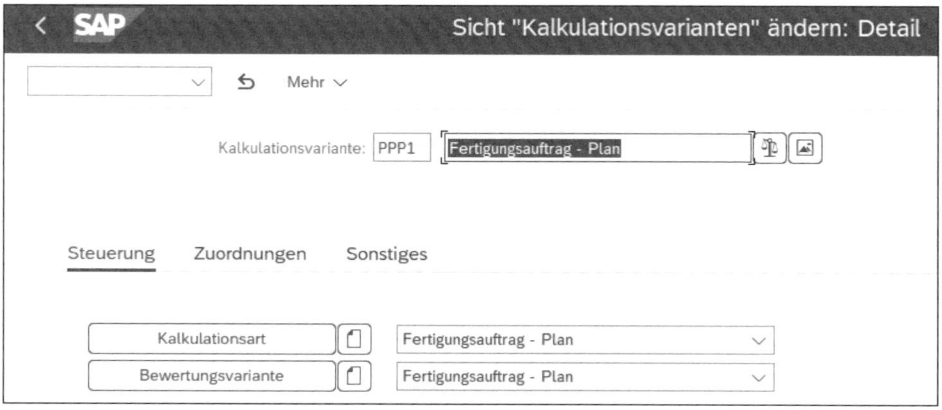

Abbildung 10.61 Kalkulationsvariante für den Fertigungsauftrag pflegen

Die Kalkulationsvariante für Produktionsaufträge beinhaltet drei Registerkarten:

- **Steuerung**
  Auf der Registerkarte **Steuerung** können Sie eine Kalkulationsart und eine Bewertungsvariante zuordnen. Die Kalkulationsart definiert den Zweck und die Bewertungsvariante zum Ermitteln der Preise.
- **Zuordnungen**
  Auf der Registerkarte **Zuordnungen** ordnen Sie die Kalkulationsvariante einem Elementeschema zu. Das Elementeschema definiert, wie die Kosten für das Reporting strukturiert werden.
- **Sonstiges**
  Auf der Registerkarte **Sonstiges** können Sie zusätzliche Einstellungen vornehmen, falls Sie mit konfigurierbaren Materialien oder Netzplänen arbeiten.

Im Produktionsauftrag finden Sie auch eine für das Controlling relevante Sicht: die Registerkarte **Steuerung** (siehe Abbildung 10.62).

Zur Anzeige eines Produktionsauftrags rufen Sie die SAP-Fiori-App **Fertigungsauftrag anzeigen** (App-ID CO03) auf. Sie sehen in den Stammdaten des Produktionsauftrags die folgenden kostenrechnungsrelevanten Felder:

- **Kalkulationsvariante Plan/Ist**
  Dies ist die Kalkulationsvariante für die Ermittlung der Kosten; diese Einstellung wird aus dem Customizing der Auftragsart übernommen.
- **Kalkulationsschema**
  Das Kalkulationsschema ist der Kalkulationsvariante zugeordnet und wird für die Bezuschlagung von Gemeinkosten benötigt.

- **Zuschlagsschlüssel**
  Der Zuschlagsschlüssel wird aus dem Materialstamm übernommen; er kann verwendet werden, um die Gemeinkostenzuschläge im Kalkulationsschema weiter zu detaillieren.
- **Abgrenzungsschlüssel**
  Der Abgrenzungsschlüssel ist über die Auftragsart vorbelegt und wird zur Ermittlung der Ware in Arbeit benötigt.
- **Abweichungsschlüssel**
  Der Abweichungsschlüssel ist über den Materialstamm vorbelegt und Pflicht, wenn Abweichungen im Auftrag ermittelt werden sollen.

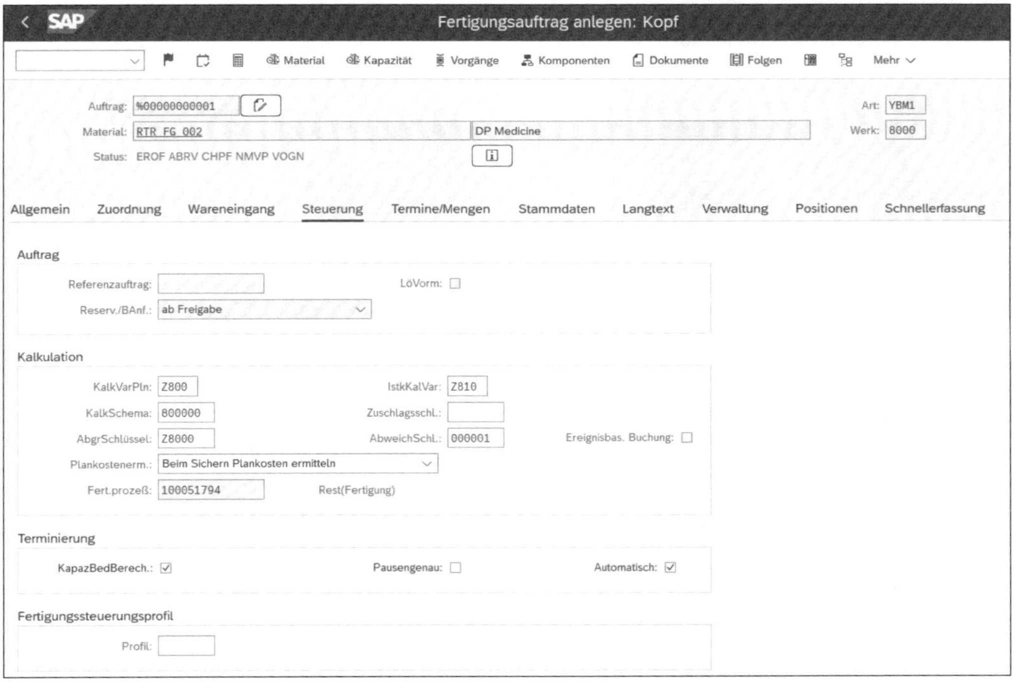

Abbildung 10.62 Fertigungsauftrag überprüfen

10.2.6 Periodisches Produktcontrolling einrichten

Für das periodische Produktcontrolling müssen *Produktkostensammler* angelegt werden. Zur Anlage der Produktkostensammler muss eine Auftragsart definiert werden (siehe Abbildung 10.63). Zur Anlage der Auftragsart rufen Sie Transaktion KOT2_PKOSA oder den Menüpfad **Controlling • Produktkosten-Controlling • Kostenträgerrechnung • Periodisches Produkt-Controlling • Produktkostensammler • Auftragsarten überprüfen** auf.

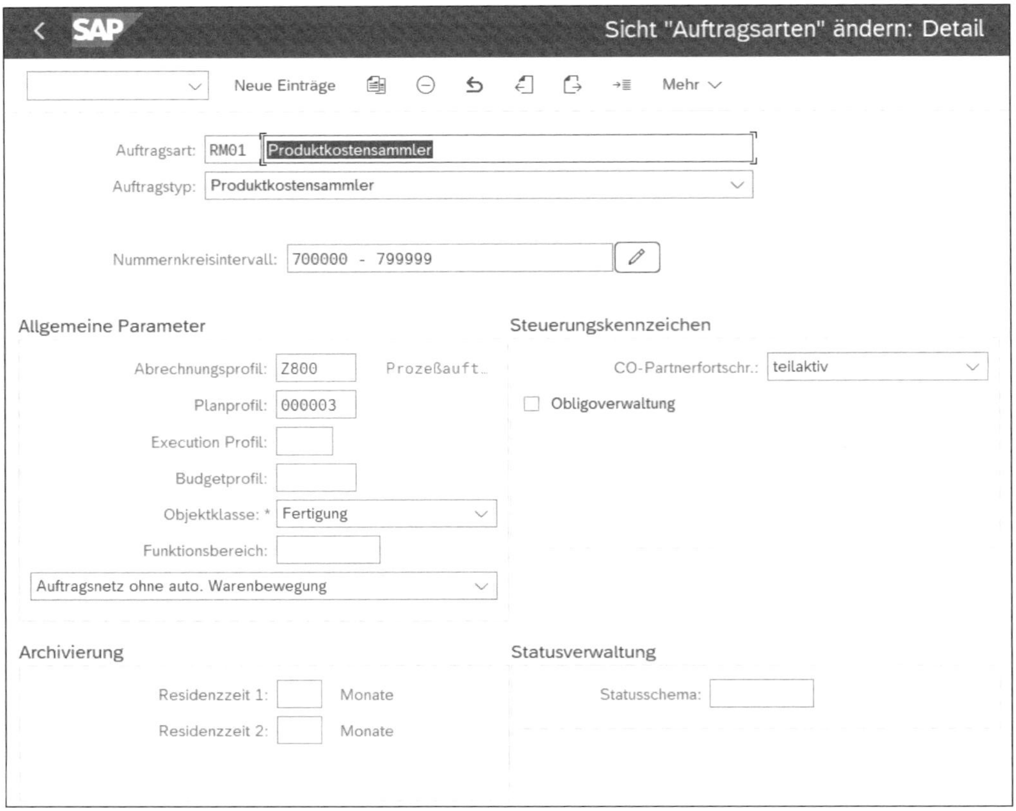

Abbildung 10.63 Auftragsart für den Produktkostensammler anlegen

Die Auftragsart für den Produktkostensammler ähnelt der Auftragsart für Innenaufträge, hat aber sehr viel weniger Funktionen. Es ist wichtig, die Auftragsart einem Abrechnungsprofil (PP01) zuzuordnen, um den Produktkostensammler im Periodenabschluss abrechnen zu können.

Nach der Anlage der Auftragsart für den Produktkostensammler müssen Sie im Fertigungsauftrag das Speichern der Kosten auf dem Produktkostensammler aktivieren. Dies bewirkt, dass die Plankosten und die Istkosten auf dem Produktkostensammler gespeichert werden. Die Ermittlung von Ware in Arbeit und von Abweichungen sowie die Abrechnung erfolgen ebenfalls auf der Ebene des Produktkostensammlers auf periodischer Basis.

Zur Aktivierung des Produktkostensammlers in der Fertigungsauftragsart rufen Sie Transaktion OPL8 auf, oder Sie folgen dem Customizing-Pfad **Produktion • Fertigungssteuerung • Stammdaten • Auftrag • Auftragsarten definieren • Auftragsabhängige Parameter definieren per Periode**. In Abbildung 10.64 haben wir das

Kennzeichen **Kostensammler** aktiviert. Dies bewirkt, dass die Kosten des Fertigungsauftrags im Produktkostensammler des Materials fortgeschrieben werden.

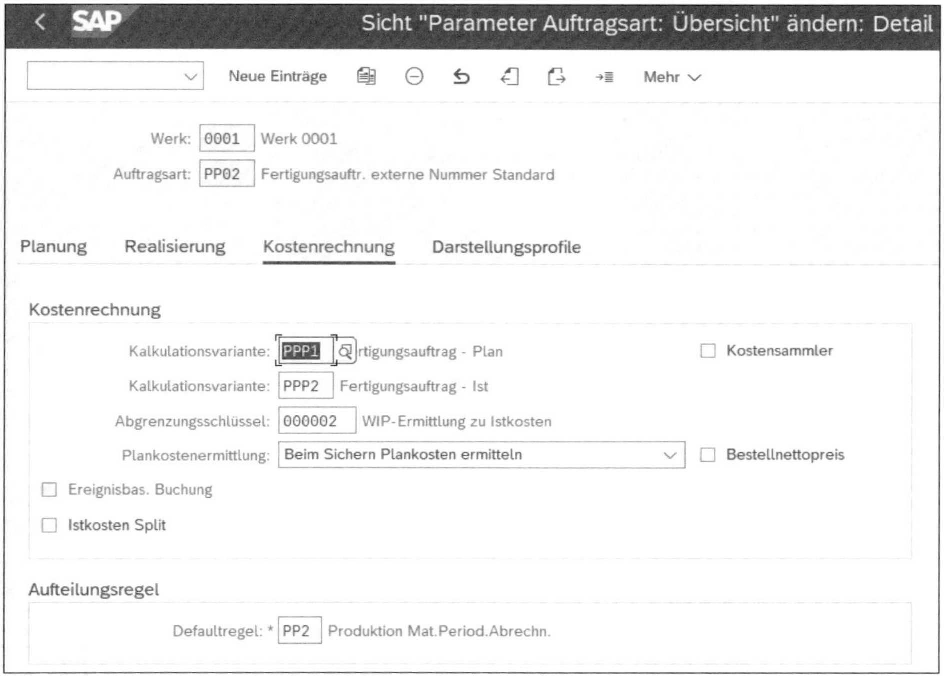

Abbildung 10.64 Produktkostensammler in der Produktionsauftragsart aktivieren

Zur Anlage des Produktkostensammlers rufen Sie die SAP-Fiori-App **Produktkostensammler anlegen** (App-ID KKF6N) auf.

Produktkostensammler werden mit Bezug zu Material und Werk angelegt und können auch mit Bezug zur Fertigungsversion angelegt werden. Der Produktkostensammler verwendet drei verschiedene Registerkarten (siehe Abbildung 10.65):

- **Daten**
  Auf dieser Registerkarte werden alle controllingrelevanten Daten gepflegt.
- **Kopf**
  Auf dieser Registerkarte werden allgemeine Daten, wie Auftragsart und Änderungsprotokoll, abgespeichert.
- **Fertigungsprozess**
  Auf dieser Registerkarte werden die Fertigungsversion, die Kalkulationslosgröße usw. abgespeichert.

Stellen Sie vor dem Speichern des Produktkostensammlers sicher, dass dieser kalkuliert ist.

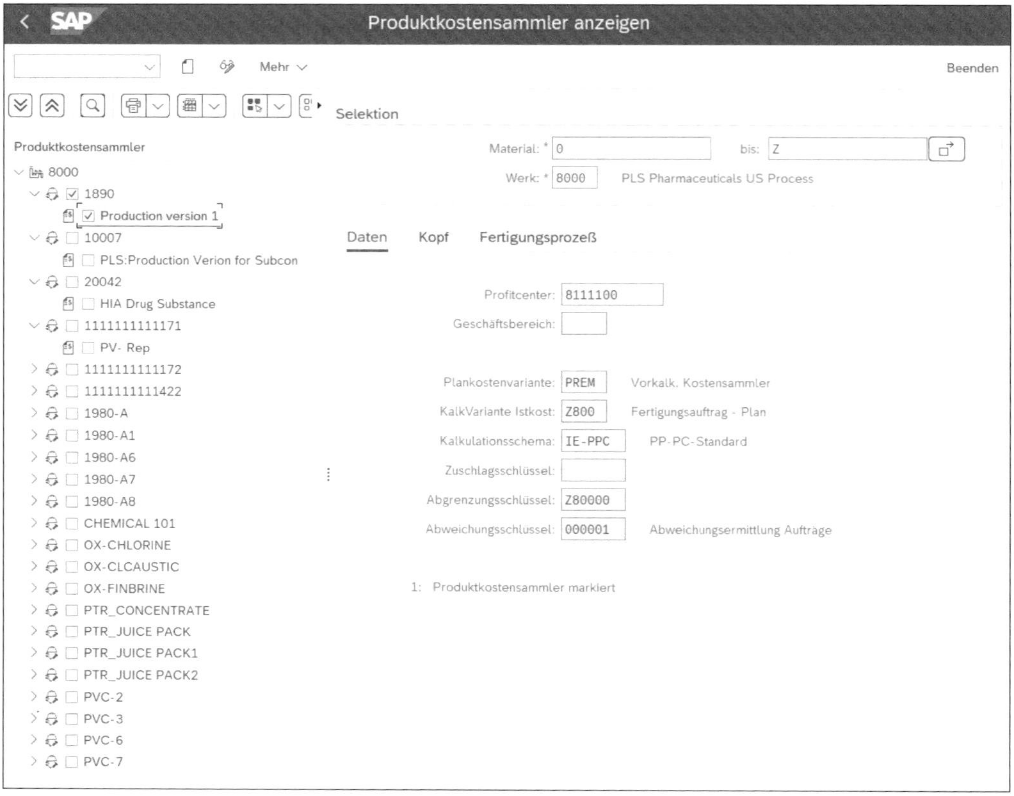

Abbildung 10.65 Produktkostensammler anlegen

10.2.7 Kundenauftragscontrolling einrichten

Kostenrechnungsrelevante Einstellungen im Kundenauftragscontrolling werden über die *Bedarfsklasse* und die *Bedarfsart* gesteuert. Sowohl die Bedarfsklasse als auch die Bedarfsart werden in der Logistik angelegt und dem Material oder der Kundenauftragsposition zugeordnet, die festlegt, dass es sich um eine Eigenfertigung handelt. Im Folgenden stellen wir Ihnen die kostenrechnungsrelevanten Einstellungen der Bedarfsklasse und der Bedarfsart vor.

Zur Anzeige der Bedarfsklasse folgen Sie dem Customizing-Pfad **Controlling • Produktkosten-Controlling • Kostenträgerrechnung • Kundenauftrags-Controlling • Steuerung Kundenauftragsfertigung/Kundenauftrags-Controlling • Bedarfsklassen überprüfen**.

In Abbildung 10.66 sehen Sie die Bedarfsklasse 45 (Kundeneinzelbestand). Die Bedarfsklasse ist in drei Bereiche aufgeteilt: Im Bereich **Kalkulation** sehen Sie alle Merkmale, die für die Erstellung der Kalkulation der Kundenauftragsposition relevant sind. Im Bereich **Kontierung** legen Sie fest, ob Sie mit bewertetem oder unbewertetem Kundeneinzelbestand arbeiten. Die Kontierungstypen A und M werden für den bewerteten Kundeneinzelbestand verwendet.

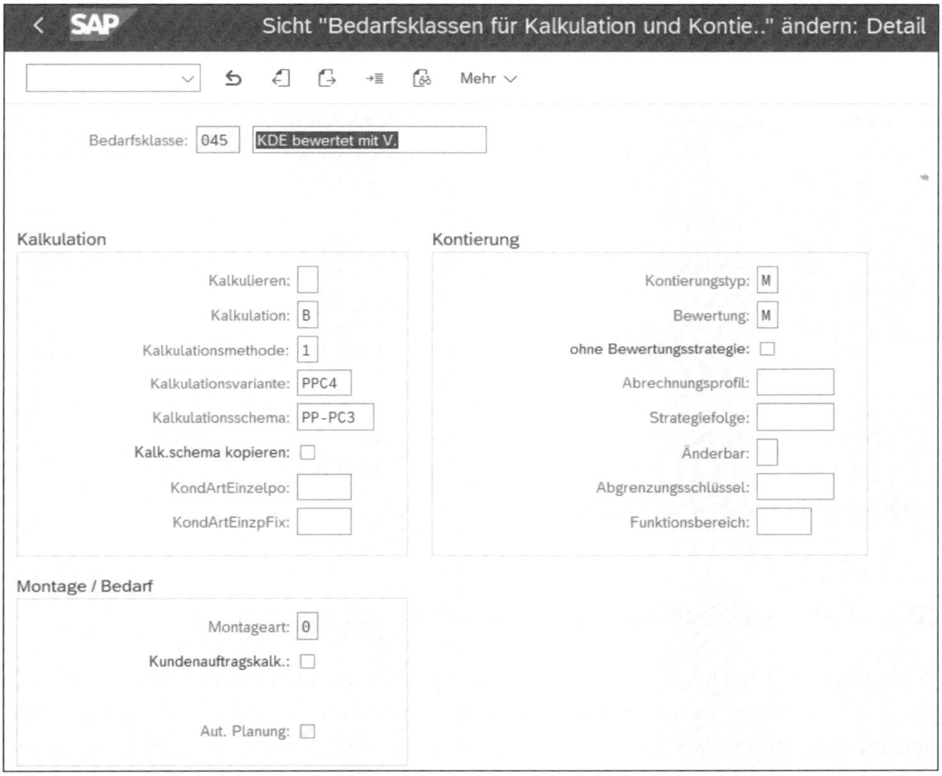

Abbildung 10.66 Bedarfsklasse überprüfen

Nach der Überprüfung der Bedarfsklasse überprüfen Sie deren Zuordnung zur Bedarfsart. Sie können die Zuordnung über Transaktion OVZH oder über den folgenden Customizing-Pfad pflegen: **Controlling • Produktkosten-Controlling • Kostenträgerrechnung • Kundenauftrags-Controlling • Steuerung Kundenauftragsfertigung/Kundenauftrags-Controlling • Bedarfsarten überprüfen**.

In Abbildung 10.67 sehen Sie die Zuordnung der Bedarfsklasse 45 zur Bedarfsart 45 (Einzelfertigung). Die Bedarfsart wird meist über den Positionstyp im Kundenauftrag ermittelt und hat logistische Funktionen bezüglich der Disposition. Die Bedarfsart hat für die Kostenrechnung allein die Funktion, dass über sie die Bedarfsklasse gefunden wird.

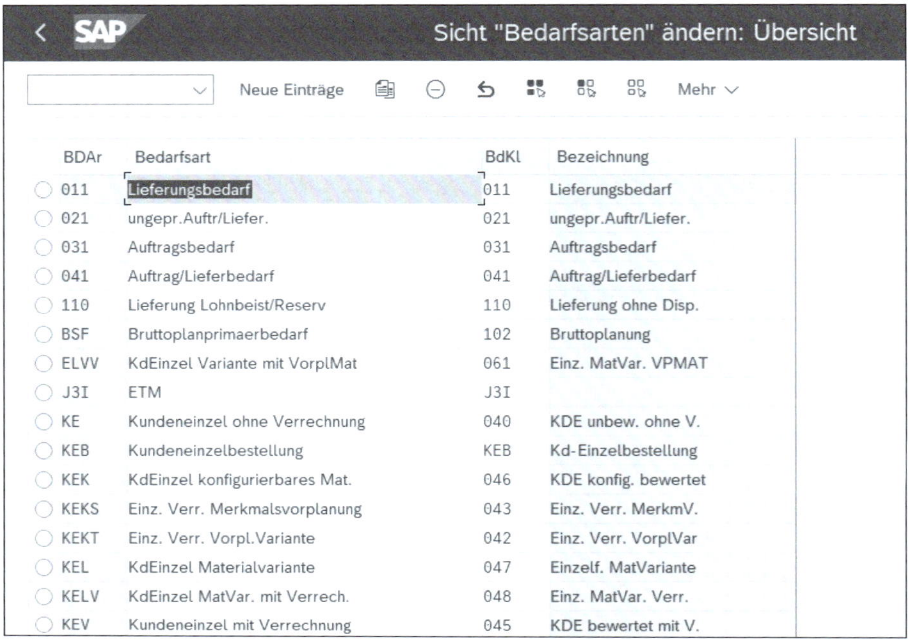

BDAr	Bedarfsart	BdKl	Bezeichnung
011	Lieferungsbedarf	011	Lieferungsbedarf
021	ungepr.Auftr/Liefer.	021	ungepr.Auftr/Liefer.
031	Auftragsbedarf	031	Auftragsbedarf
041	Auftrag/Lieferbedarf	041	Auftrag/Lieferbedarf
110	Lieferung Lohnbeist/Reserv	110	Lieferung ohne Disp.
BSF	Bruttoplanprimaerbedarf	102	Bruttoplanung
ELVV	KdEinzel Variante mit VorplMat	061	Einz. MatVar. VPMAT
J3I	ETM	J3I	
KE	Kundeneinzel ohne Verrechnung	040	KDE unbew. ohne V.
KEB	Kundeneinzelbestellung	KEB	Kd-Einzelbestellung
KEK	KdEinzel konfigurierbares Mat.	046	KDE konfig. bewertet
KEKS	Einz. Verr. Merkmalsvorplanung	043	Einz. Verr. MerkmV.
KEKT	Einz. Verr. Vorpl.Variante	042	Einz. Verr. VorplVar
KEL	KdEinzel Materialvariante	047	Einzelf. MatVariante
KELV	KdEinzel MatVar. mit Verrech.	048	Einz. MatVar. Verr.
KEV	Kundeneinzel mit Verrechnung	045	KDE bewertet mit V.

Abbildung 10.67 Bedarfsart überprüfen

10.3 Periodenabschluss in der Kostenträgerrechnung

Während des *Periodenabschlusses* ist es notwendig, verschiedene Transaktionen in der Kostenträgerrechnung durchzuführen. Welche Transaktionen durchgeführt werden müssen, hängt von den Funktionen ab, die Sie in der Kostenträgerrechnung anwenden. Im Folgenden lernen Sie die Transaktionen des Periodenabschlusses der Kostenträgerrechnung kennen. Die Transaktionen müssen in der beschriebenen Reihenfolge durchgeführt werden.

10.3.1 Gemeinkostenzuschläge definieren

Wenn Sie mit *Gemeinkostenzuschlägen* in der Produktkalkulation arbeiten, müssen diese auch im Ist angewandt werden. Voraussetzung für die Ausführung von Gemeinkostenzuschlägen im Ist ist, dass Sie der Kalkulationsvariante im Fertigungsauftrag/Produktkostensammler ein Kalkulationsschema zugeordnet haben. Außerdem ist es wichtig, dass Sie Zuschlagssätze mit der Zuschlagsart 1 (Ist) im Kalkulationsschema gepflegt haben.

Zur Ausführung von Gemeinkostenzuschlägen auf Kostenträgern können Sie zwischen Einzelverarbeitung und Sammelverarbeitung unterscheiden. In diesem Kapitel stellen wir Ihnen die Transaktion für die Einzelverarbeitung im auftragsbezogenen Produktcontrolling vor. Die Transaktionen ähneln sich sehr in ihrem Aufbau. Zur Ausführung von Gemeinkostenzuschlägen rufen Sie die SAP-Fiori-App **Ist-Zuschlagsberechnung: Fertigungs-/Prozessaufträge** (App-ID CO43) auf.

Als Nächstes führen Sie die Ist-Zuschlagsberechnung für die Fertigungsaufträge im Werk 1000 aus (siehe Abbildung 10.68).

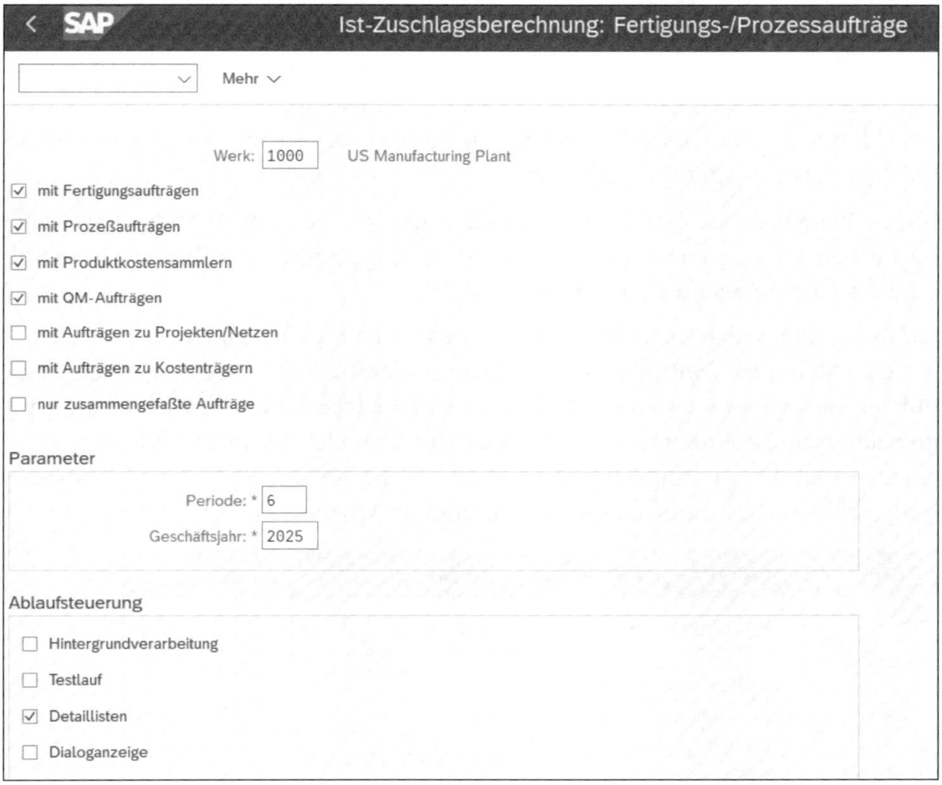

Abbildung 10.68 Ist-Zuschlagsberechnung ausführen

Im Bereich **Ablaufsteuerung** haben Sie die Möglichkeit, zuerst einen Testlauf durchzuführen. Eine Buchung der Ist-Zuschlagsberechnung findet erst statt, wenn die Transaktion nicht im Testlauf, sondern im sogenannten *Echtlauf* durchgeführt wird. Führen Sie die Transaktion über den Button **Ausführen** aus.

Sie erhalten ein Protokoll, das Ihnen mitteilt, ob die Zuschlagsberechnung erfolgreich durchgeführt wurde. Über einen Klick auf (**Detail**) können Sie sich die Details zur Buchung ansehen. In Abbildung 10.69 sehen Sie, dass 341,96 EUR mit der Kostenart 521440 auf den Auftrag gebucht wurden.

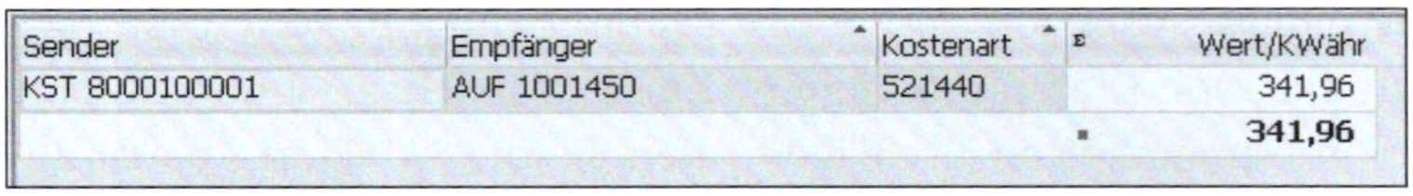

Sender	Empfänger	Kostenart	Wert/KWähr
KST 8000100001	AUF 1001450	521440	341,96
			341,96

Abbildung 10.69 Protokoll der Ist-Zuschlagsberechnung überprüfen

10.3.2 Ware in Arbeit

Ware in Arbeit entsteht, wenn nicht alle Fertigungsaufträge bei der Durchführung des Monatsabschlusses abgeschlossen sind. Die geplante Ausbringungsmenge wurde nicht oder nur teilweise an das Lager geliefert. Die Kostenträger sind bereits mit Kosten belastet. Am Monatsende möchten Sie diese Kosten nicht im Aufwand, aber in der Bilanz als Ware in Arbeit ausweisen.

Um die Ware in Arbeit bestimmen zu können, müssen Sie einen Abgrenzungsschlüssel anlegen. Der Abgrenzungsschlüssel wird in der Auftragsart des Kostenträgers hinterlegt oder manuell im Kostenträger gepflegt.

Zur Anlage eines Abgrenzungsschlüssels rufen Sie Transaktion OKG1 auf, oder Sie folgen dem Menüpfad **Controlling • Produktkosten-Controlling • Kostenträgerrechnung • Auftragsbezogenes Produkt-Controlling • Periodenabschluss • Ware in Arbeit • Abgrenzungsschlüssel definieren**. Über **Neue Einträge** oder die Taste F5 können Sie einen neuen Abrechnungsschlüssel anlegen (siehe Abbildung 10.70). Der Abrechnungsschlüssel bestimmt, ob und wie die Ware in Arbeit kalkuliert wird.

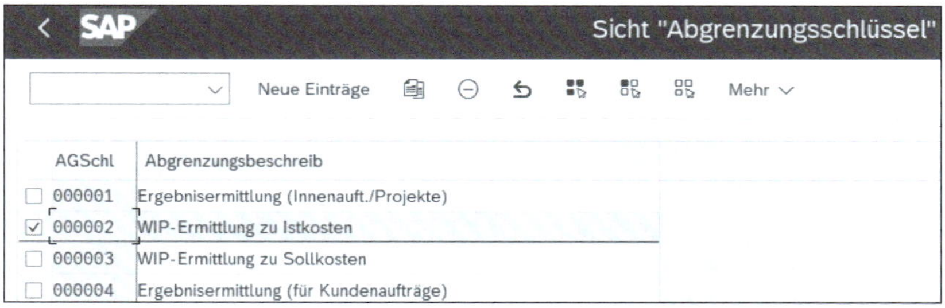

Abbildung 10.70 Abgrenzungsschlüssel anlegen

Im nächsten Schritt legen Sie eine sekundäre Kostenart mit dem Kostenartentyp 31 (Auftrags-/Projektabgrenzung) an. Diese Sekundärkostenart wird für die Kalkulation und die Buchung der Ware in Arbeit auf dem Kostenträger verwendet. Zur Anlage einer sekundären Kostenart rufen Sie SAP-Fiori-App **Sachkontenstammdaten verwalten** (App-ID F0731A) auf. Im Beispiel aus Abbildung 10.71 legen wir die Sekundärkostenart 632100 (WIP/Ergebnisermittlung mit Kostenartentyp 31) an.

Nach der Sekundärkostenart wird die *Abgrenzungsversion* angelegt. Die Kalkulation der Ware in Arbeit erfolgt mit Bezug zur Abgrenzungsversion. Die Abgrenzungsversion wird mit Bezug zum Kostenrechnungskreis angelegt.

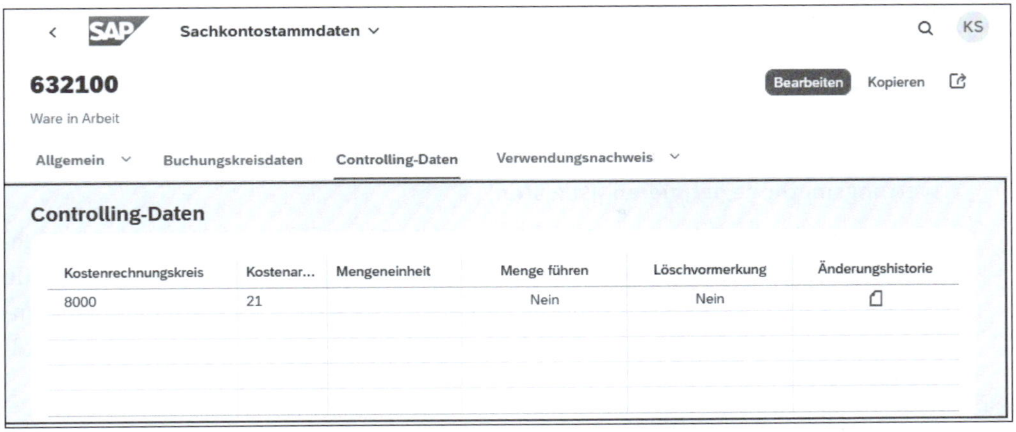

Abbildung 10.71 Sekundärkostenart für die WIP-Ermittlung anlegen

Zur Anlage der Abrechnungsversion rufen Sie Transaktion OKG9 auf, oder Sie folgen dem Customizing-Pfad **Controlling • Produktkosten-Controlling • Kostenträgerrechnung • Auftragsbezogenes Produkt-Controlling • Periodenabschluss • Ware in Arbeit • Abgrenzungsversionen definieren**.

In der Abgrenzungsversion legen Sie über das Aktivieren des Kennzeichens **Weiterleitung in die Finanzbuchhaltung** im Bereich **Istergebnisermittlung/WIP Ermittlung** fest, ob die Werte der Ware in Arbeit an die Finanzbuchhaltung weitergeleitet werden sollen (siehe Abbildung 10.72). Ist dieses Kennzeichen nicht gesetzt, findet bei der Abrechnung des Fertigungsauftrags keine Buchung von Ware in Arbeit an die Finanzbuchhaltung statt.

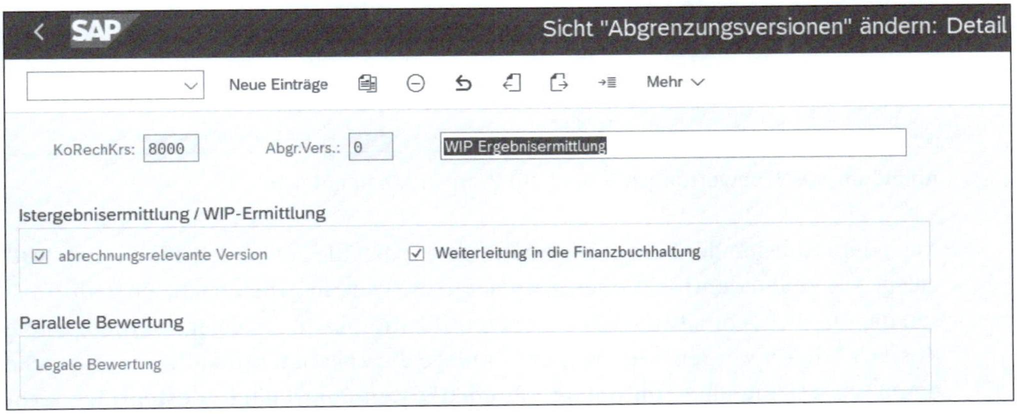

Abbildung 10.72 Abgrenzungsversion anlegen

Nach der Definition der Abgrenzungsversion wird festgelegt, wann die Ware in Arbeit kalkuliert werden soll. Für die Kalkulation der Ware in Arbeit ist der Status des

Kostenträgers ausschlaggebend. Das SAP-System legt fest, welche Status die Kalkulation der Ware in Arbeit auslösen; dies kann im Customizing nicht angepasst werden. Die Bewertungsmethode wird über Transaktion OKGD oder den folgenden Customizing-Pfad angelegt: **Controlling • Produktkosten-Controlling • Kostenträgerrechnung • Auftragsbezogenes Produkt-Controlling • Periodenabschluss • Ware in Arbeit • Bewertungsmethode definieren (Istkosten)**.

Über einen Klick auf **Neue Einträge** oder über die Taste [F5] können Sie eine neue Bewertungsmethode anlegen. In Abbildung 10.73 legen wir eine Bewertungsmethode für den Kostenrechnungskreis 8000, die Abgrenzungsversion 0 und den Abgrenzungsschlüssel 000002 an. Das SAP-System ordnet der Bewertungsmethode die folgenden Status zu:

- **Status FREI (freigegeben)**
  Der Kostenträger ist freigegeben, und die Ware in Arbeit wird kalkuliert.
- **Status GLFT (geliefert)**
  Der Kostenträger ist endbeliefert, und die Ware in Arbeit wird aufgelöst.
- **Status TFRE (teilfreigegeben)**
  Der Kostenträger ist teilfreigegeben, und die Ware in Arbeit wird kalkuliert.
- **Status TABG (technisch abgeschlossen)**
  Die Arbeiten auf dem Kostenträger sind technisch abgeschlossen, und die Ware in Arbeit wird aufgelöst.

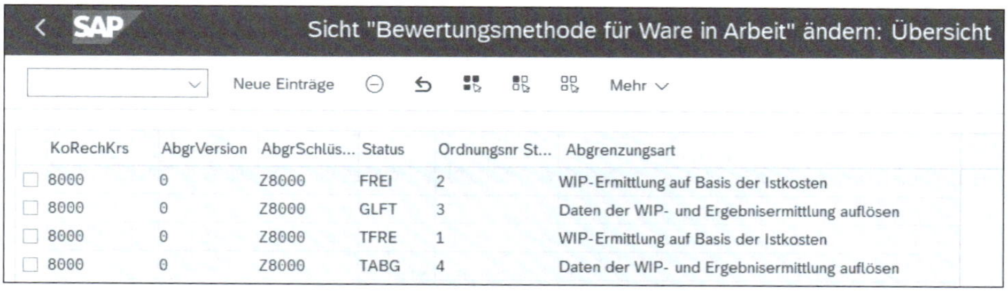

KoRechKrs	AbgrVersion	AbgrSchlüs...	Status	Ordnungsnr St...	Abgrenzungsart
8000	0	Z8000	FREI	2	WIP-Ermittlung auf Basis der Istkosten
8000	0	Z8000	GLFT	3	Daten der WIP- und Ergebnisermittlung auflösen
8000	0	Z8000	TFRE	1	WIP-Ermittlung auf Basis der Istkosten
8000	0	Z8000	TABG	4	Daten der WIP- und Ergebnisermittlung auflösen

Abbildung 10.73 Bewertungsmethode für Ware in Arbeit anlegen

Nach dem Anlegen der Bewertungsmethode werden die Zeilenidentifikationen festgelegt. Die Zeilenidentifikationen gruppieren die Ware in Arbeit nach den Bedürfnissen der Finanzbuchhaltung. Pro Zeilenidentifikation kann festgelegt werden, ob die Kosten aktiviert werden oder nicht. Zur Anlage der Zeilenidentifikationen folgen Sie dem Customizing-Pfad **Controlling • Produktkosten-Controlling • Kostenträgerrechnung • Auftragsbezogenes Produkt-Controlling • Periodenabschluss • Ware in Arbeit • Zeilenidentifikationen definieren**.

In Abbildung 10.74 haben wir vier Zeilen-IDs angelegt:

- COP (Primärkosten)
- COS (Sekundärkosten)
- REV (Erlöse)
- SET (abgerechnete Kosten)

Pro Zeilenidentifikation muss eine Sekundärkostenart mit dem Kostenartentyp 31 (Auftrags/Projektabgrenzung) angelegt werden.

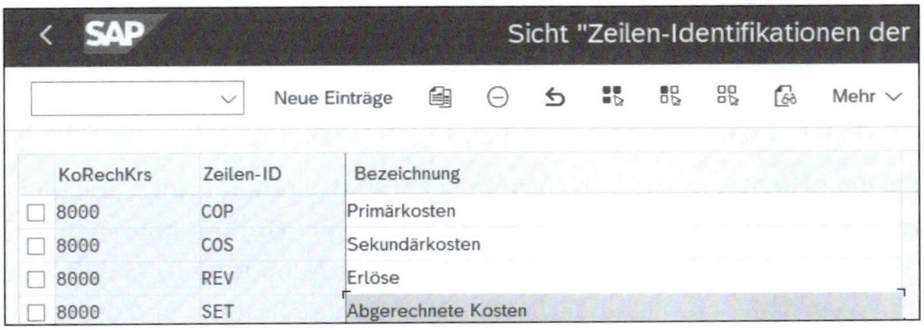

KoRechKrs	Zeilen-ID	Bezeichnung
8000	COP	Primärkosten
8000	COS	Sekundärkosten
8000	REV	Erlöse
8000	SET	Abgerechnete Kosten

Abbildung 10.74 Zeilenidentifikationen festlegen

Zur Zuordnung der *Zeilenidentifikationen* rufen Sie Transaktion OKGB auf, oder Sie folgen dem Customizing-Pfad **Controlling • Produktkosten-Controlling • Kostenträgerrechnung • Auftragsbezogenes Produkt-Controlling • Periodenabschluss • Ware in Arbeit • Zuordnung definieren.**

Die Zuordnung der Zeilenidentifikationen zu den Kostenarten erfolgt in Abhängigkeit vom Kostenrechnungskreis (8000) und der Abgrenzungsversion (0). In Abbildung 10.75 haben wir z. B. in der ersten Zeile für alle Kostenarten, die mit »4« anfangen, die Zeilenidentifikation COP (Primärkosten), die wir in Abbildung 10.74 angelegt haben, definiert. Dies bedeutet, dass alle Kostenarten, die mit »4« beginnen und auf einen Kostenträger gebucht werden, bei der Abrechnung des Kostenträgers als Ware in Arbeit aktiviert werden.

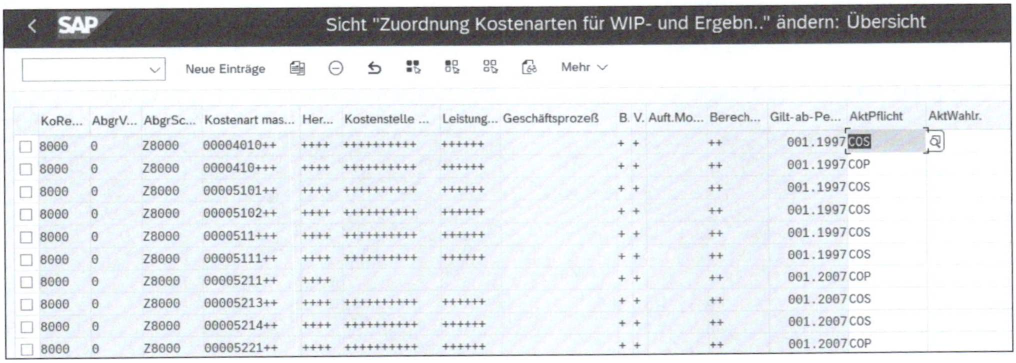

KoRe...	AbgrV...	AbgrSc...	Kostenart mas...	Her...	Kostenstelle ...	Leistung...	Geschäftsprozeß	B.	V.	Auft.Mo...	Berech...	Gilt-ab-Pe...	AktPflicht	AktWahlr.
8000	0	Z8000	00004010++	++++	++++++++++	++++++		+	+		++	001.1997	COS	
8000	0	Z8000	0000410+++	++++	++++++++++	++++++		+	+		++	001.1997	COP	
8000	0	Z8000	00005101++	++++	++++++++++	++++++		+	+		++	001.1997	COS	
8000	0	Z8000	00005102++	++++	++++++++++	++++++		+	+		++	001.1997	COS	
8000	0	Z8000	0000511+++	++++	++++++++++	++++++		+	+		++	001.1997	COS	
8000	0	Z8000	00005111++	++++	++++++++++	++++++		+	+		++	001.1997	COS	
8000	0	Z8000	00005211++	++++				+	+		++	001.2007	COP	
8000	0	Z8000	00005213++	++++	++++++++++	++++++		+	+		++	001.2007	COS	
8000	0	Z8000	00005214++	++++	++++++++++	++++++		+	+		++	001.2007	COS	
8000	0	Z8000	00005221++	++++	++++++++++	++++++		+	+		++	001.2007	COP	

Abbildung 10.75 Zuordnungen für die Ermittlung der Ware in Arbeit definieren

Sie können über die Zuordnung in der Spalte **V** (Variabel-, Fixkennzeichen) definieren, ob nur variable oder nur fixe oder sowohl variable als auch fixe Kosten in die Kalkulation der Ware in Arbeit eingehen sollen. In der Spalte **Gilt-ab-** legen Sie die Gültigkeit fest, d. h., ab welchem Zeitpunkt die Zuordnung gültig sein soll.

Nachdem Sie alle Kostenarten, mit denen ein Kostenträger bebucht werden kann, einer Zeilenidentifikation zugeordnet haben, müssen Sie die Zeilenidentifikation einer Kostenart zuordnen. Zur Zuordnung der Zeilenidentifikation zur Kostenart rufen Sie Transaktion OKGA auf, oder Sie folgen dem Customizing-Pfad **Controlling • Produktkosten-Controlling • Kostenträgerrechnung • Auftragsbezogenes Produkt-Controlling • Periodenabschluss • Ware in Arbeit • Fortschreibung definieren**.

Die Zuordnung der Zeilenidentifikation zu einer Sekundärkostenart erfolgt abhängig vom Kostenrechnungskreis (8000), der Abgrenzungsversion (0), dem Abgrenzungsschlüssel (Z8000) und der Zeilenidentifikation, die wir in Abbildung 10.75 definiert haben. Es können verschiedene Sekundärkostenarten für den Bestand und die Rückstellung der Ware in Arbeit zugeordnet werden. In Abbildung 10.76 haben wir z. B. der Zeilenidentifikation COP für primäre Kosten die Sekundärkostenarten 991110 und 991120 zugeordnet.

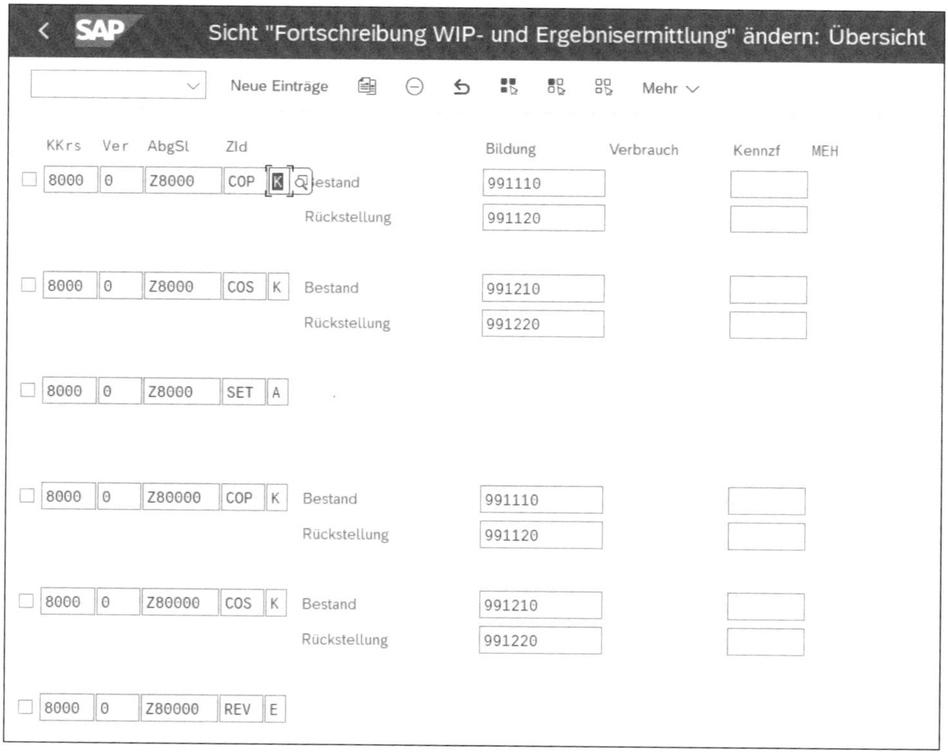

Abbildung 10.76 Fortschreibung der Ware in Arbeit definieren

Jeder Zeilenidentifikation ordnen Sie ein Kennzeichen zu, das festlegt, ob die Kosten fortgeschrieben werden sollen oder nicht. In Abbildung 10.76 haben wir die folgenden Merkmale zugeordnet:

- K – Kosten
- N – nicht zu berücksichtigende Kosten; die Zuordnung einer Kostenart ist nicht möglich.
- A – abgerechnete Kosten; Lieferungen an das Lager – auch hier ist die Zuordnung einer Kostenart nicht möglich.

Nun sind Sie mit dem Customizing der Ware in Arbeit fast fertig. Der letzte Schritt ist die Zuordnung von Konten in der Finanzbuchhaltung zur Überleitung der Abrechnung der Ware in Arbeit in GuV und Bilanz. Zur Zuordnung der Konten rufen Sie Transaktion OKG8 auf, oder Sie folgen dem Customizing-Pfad **Controlling • Produktkosten-Controlling • Kostenträgerrechnung • Auftragsbezogenes Produkt-Controlling • Periodenabschluss • Ware in Arbeit • Buchungsregeln für Abrechnung der Ware in Arbeit definieren**.

Die Buchungsregeln werden abhängig von Kostenrechnungskreis (8000), Buchungskreis (8000) und der Abgrenzungsversion (0) definiert. Die Kategorie WIPA (Ware in Arbeit, aktivierungspflichtig) legt fest, dass ein Finanzbuchhaltungsbeleg bei der Abrechnung des Kostenträgers erzeugt wird. In Abbildung 10.77 legen wir fest, dass die Ware in Arbeit auf das GuV-Konto 5322300 (Bestandsveränderung in Arbeit befindliche Ware) und das Bilanzkonto 132050 (In Arbeit befindliche Ware) abgerechnet wird.

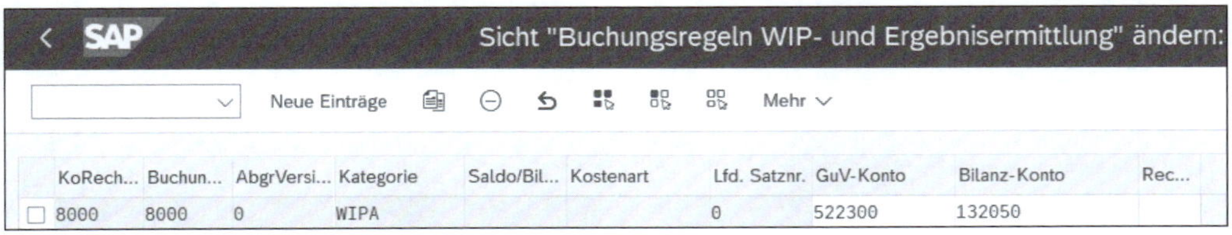

Abbildung 10.77 Buchungsregel für Ware in Arbeit festlegen

Da nun das Customizing der Ermittlung der Ware in Arbeit abgeschlossen ist, können Sie die Ware in Arbeit auf dem *Kostenträger* ermitteln. Es gibt eine Transaktion für die Einzelbearbeitung und die Sammelbearbeitung der Ermittlung der Ware in Arbeit. Für die Sammelbearbeitung der Ware in Arbeit rufen Sie die SAP-Fiori-App **Ware in Arbeit berechnen – Sammelbearbeitung** (App-ID KKAQ) auf.

In Abbildung 10.78 ermitteln Sie die Ware in Werk 8000 in der Periode 62025 für die Abgrenzungsversion 0. Wir führen die Transaktion im Echtlauf aus.

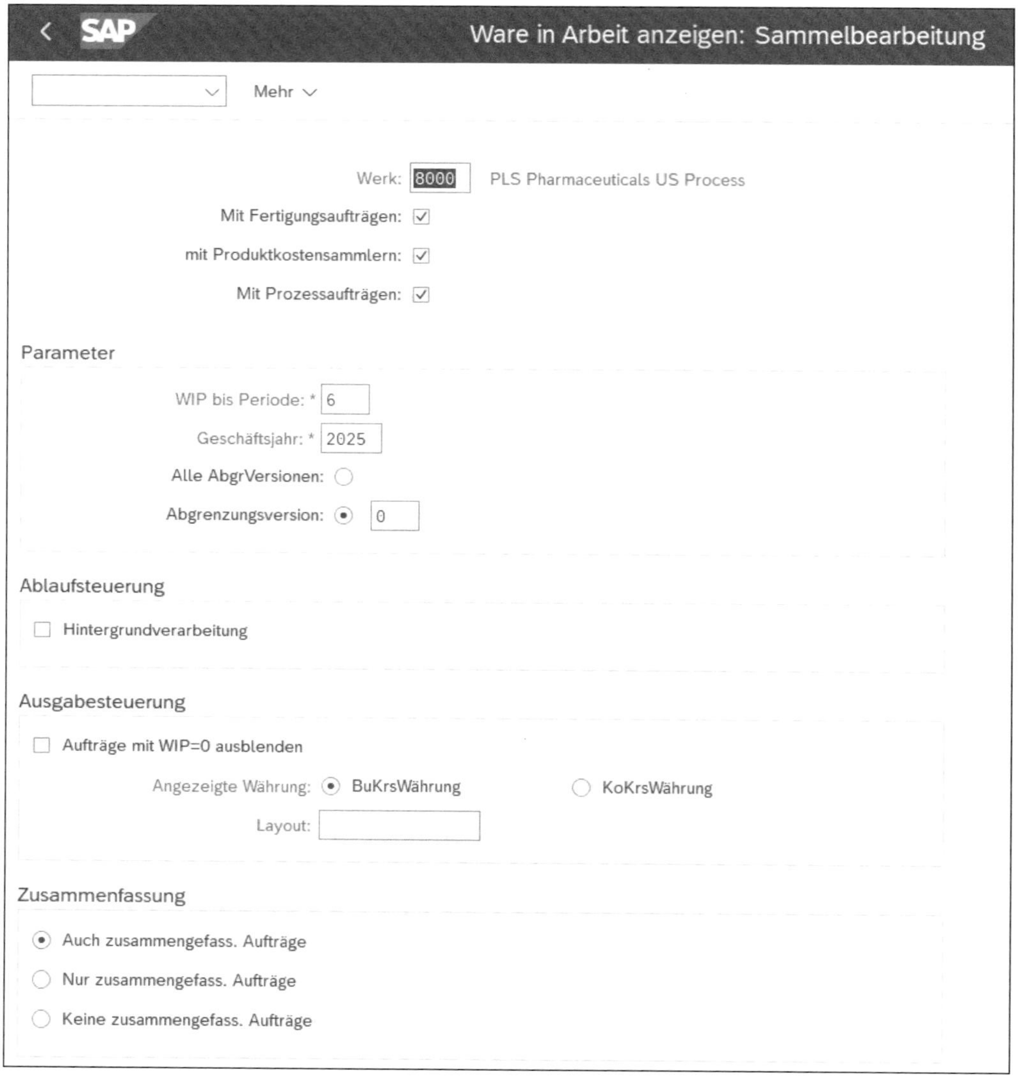

Abbildung 10.78 Ware in Arbeit für den Produktionsauftrag ermitteln

Als Ergebnis sehen wir in Abbildung 10.79, dass Ware in Arbeit im Wert von 20.189,32 USD ermittelt wurde. Nun ändert sich der Status der Produktionsaufträge automatisch im System – an der Statusänderung erkennen Sie, dass die Ware in Arbeit ermittelt wurde. Mit der Abrechnung der Aufträge wird die Ware in Arbeit an die Finanzbuchhaltung abgerechnet. Die Ermittlung der Ware in Arbeit erzeugt keinen Finanzbuchhaltungsbeleg; erst bei der Abrechnung des Kostenträgers wird ein Finanzbuchhaltungsbeleg erstellt.

< SAP Ware in Arbeit anzeigen: Objektliste

WIP-Mengen-Beleg Meh

Exception	Kostenträger	AbgrVers	Bewertungssicht	Währg	Σ WIP	Σ WIP(Änd.)	Materialnummer
OO■	AUF 1002883	0	Legale Bewertung	USD	19.366,00	0,00	RTR_FG_100
OO■	AUF 1002884		Legale Bewertung	USD	0,00	0,00	RTR_FG_100
OO■	AUF 1002886		Legale Bewertung	USD	0,00	0,00	20042
OO■	AUF 1002888		Legale Bewertung	USD	0,00	0,00	RTR_FG_100
OO■	AUF 1002889		Legale Bewertung	USD	0,00	0,00	RTR_FG_100
OO■	AUF 1002890		Legale Bewertung	USD	0,00	0,00	RTR_FG_100
OO■	AUF 1002891		Legale Bewertung	USD	0,00	0,00	FG-TEST01
OO■	AUF 1002892		Legale Bewertung	USD	0,00	0,00	RTR_FG_100
OO■	AUF 1002893		Legale Bewertung	USD	823,32	0,00	RTR_FG_100
OO■	AUF 1002894		Legale Bewertung	USD	0,00	0,00	RTR_FG_100
OO■	AUF 1002899		Legale Bewertung	USD	0,00	0,00	1111111111421
OO■	AUF 1002900		Legale Bewertung	USD	0,00	0,00	1111111111421
OO■	AUF 1002901		Legale Bewertung	USD	0,00	0,00	1111111111421
OO■	AUF 1002902		Legale Bewertung	USD	0,00	0,00	1111111111421
OO■	AUF 1002903		Legale Bewertung	USD	0,00	0,00	1111111111421
OO■	AUF 1002904		Legale Bewertung	USD	0,00	0,00	1111111111421
OO■	AUF 1002905		Legale Bewertung	USD	0,00	0,00	1111111111421
OO■	AUF 1002906		Legale Bewertung	USD	0,00	0,00	1111111111421
OO■	AUF 1002907		Legale Bewertung	USD	0,00	0,00	1111111111421
OO■	AUF 1002908		Legale Bewertung	USD	0,00	0,00	1111111111421
OO■	AUF 1002909		Legale Bewertung	USD	0,00	0,00	1111111111421
OO■	AUF 1002937		Legale Bewertung	USD	0,00	0,00	FG-TEST01
OO■	AUF 1002938		Legale Bewertung	USD	0,00	0,00	FG-TEST01
OO■	AUF 1003041		Legale Bewertung	USD	0,00	0,00	1111111111421
OO■	AUF 1003359		Legale Bewertung	USD	0,00	0,00	RTR_FG_002
OO■	**Auftragsart YBM1**				**■ 20.189,32**	**■ 0,00**	

Abbildung 10.79 Ware in Arbeit im Produktionsauftrag analysieren

10.3.3 Abweichungsermittlung

Damit Abweichungen in einem Fertigungsauftrag/Prozessauftrag ermittelt werden können, muss dieser einem *Abweichungsschlüssel* zugeordnet sein.

Zur Anlage eines Abweichungsschlüssels rufen Sie Transaktion OKV1 auf, oder Sie folgen dem Customizing-Pfad **Controlling • Produktkosten-Controlling • Kostenträgerrechnung • Auftragsbezogenes Produkt-Controlling • Periodenabschluss • Abweichungsermittlung • Abweichungsschlüssel definieren**.

In Abbildung 10.80 können Sie über **Neue Einträge** oder über Taste [F5] einen Abweichungsschlüssel anlegen. Im Abweichungsschlüssel können Sie zwei Kennzeichen aktivieren:

- **Ausschuss**
  Im Bereich **Abw.Ermittlung** (Abweichungsermittlung) können Sie das Kennzeichen **Ausschuß** setzen. Dadurch wird bei der Abweichungsermittlung der Wert für

den Ausschuss ermittelt und von der Gesamtabweichung abgezogen. Voraussetzung dafür ist, dass der Ausschuss korrekt in der Fertigung zurückgemeldet wird.

- **Einzelpost.schreiben**
  Im Bereich **Fortschreibung** können Sie das Kennzeichen **Einzelpost.schreiben** (Einzelposten schreiben) aktivieren, das bewirkt, dass bei der Ermittlung der Abweichung ein zusätzlicher Beleg mit den Informationen, wer die Abweichungen wann ermittelt hat und welche Abweichungen sich verändert haben, erstellt wird. In der Regel wird dieses Kennzeichen nicht aktiviert.

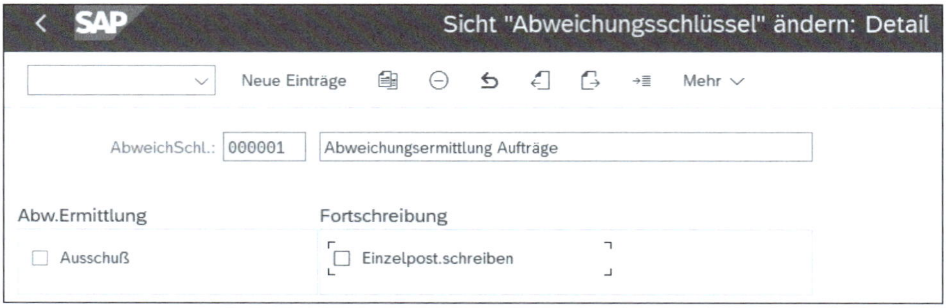

Abbildung 10.80 Abweichungsschlüssel anlegen

Nach der Anlage des Abweichungsschlüssels können Sie diesen über Transaktion OKVW oder über den folgenden Customizing-Pfad als Vorschlagswert im Werk hinterlegen: **Controlling • Produktkosten-Controlling • Kostenträgerrechnung • Auftragsbezogenes Produkt-Controlling • Periodenabschluss • Abweichungsermittlung • Abweichungsschlüssel pro Werk vorschlagen**.

Wie in Abbildung 10.81 gezeigt, hinterlegen Sie den Abweichungsschlüssel 000001 für das Werk 8000. Bei der Anlage eines Materialstammsatzes oder eines Fertigungs-/Prozessauftrags wird dieser Abweichungsschlüssel als Vorschlagswert in den Stamm übernommen und kann manuell überschrieben werden. Die Pflege des Vorschlagswertes stellt sicher, dass alle Aufträge mit einem Abweichungsschlüssel versorgt werden und Abweichungen zum Monatsende ermittelt werden können.

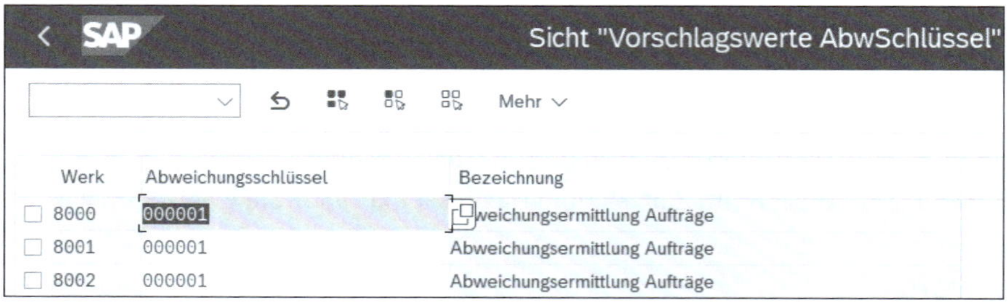

Abbildung 10.81 Abweichungsschlüssel als Vorschlagswert im Werk hinterlegen

Über Transaktion OKVG oder den folgenden Customizing-Pfad legen Sie fest, welche Abweichungskategorien im Abweichungsschlüssel aktiviert sind: **Controlling • Produktkosten-Controlling • Kostenträgerrechnung • Auftragsbezogenes Produkt-Controlling • Periodenabschluss • Abweichungsermittlung • Abweichungsvarianten überprüfen**.

Wir empfehlen, alle Abweichungskategorien zu aktivieren. Entstehen Abweichungen in einer Abweichungskategorie, die nicht aktiviert ist, werden diese Abweichungen der Restabweichung zugeordnet. Im SAP-System gibt es zwei Bereiche für die Abweichungskategorien: die Einsatzseite und die Verrechnungsseite.

Auf der *Einsatzseite* finden Sie die Abweichungen mit den folgenden Kennzeichen:

- **Ausschussabweichung**
  Die Ausschussabweichung bestimmt den Wert von ungeplantem Ausschuss. Ausschuss muss in der Rückmeldung zum Auftrag separat erfasst werden, damit das SAP-System Ausschuss erkennen kann.
- **Einsatzpreisabw.**
  Die Einsatzpreisabweichung bestimmt die Abweichung von Preisen von Einsatzmaterialien und Leistungen. Die Abweichung wird aus der Differenz zwischen Soll- und Istkosten ermittelt.
- **Strukturabweichung**
  Die Strukturabweichung wird aus der Differenz zwischen Soll- und Istkosten ermittelt, wenn eine von der Stückliste abweichende Einsatzkomponente (z. B. Material) verwendet wird.
- **Einsatzmengenabw.**
  Die Einsatzmengenabweichung stellt die Differenz von Sollkosten und Istkosten dar, wenn es eine Differenz zwischen den geplanten und aktuell eingesetzten Mengen gibt.
- **Einsatzrestabw.**
  Alle Abweichungen der Einsatzseite, die keiner der oben genannten Einsatzabweichungen zugeordnet werden können, werden der Einsatzrestabweichung zugeordnet.

Zum anderen werden die Abweichungen der *Verrechnungsseite* unterschieden:

- **Mischpreisabweichung**
  Falls Sie mit Mischpreiskalkulationen arbeiten, ermittelt die Mischpreisabweichung die Abweichung zwischen Standardpreis und Materialkalkulation der in der Produktion ausgewählten Beschaffungsalternative.
- **Verr.preisabweichung**
  Eine Verrechnungspreisabweichung entsteht nur, wenn die Fertigprodukte mit einem vom Standardpreis abweichenden Preis an das Lager geliefert werden (z. B. mit dem gleitenden Durchschnittspreis).

- **Losgrößenabweichung**
  Losgrößenabweichungen entstehen, wenn sich die Istmengen von den geplanten Mengen unterscheiden. Sie ergeben sich dadurch, dass sich ein Teil der Gesamtkosten bei einer Änderung der Herstellmenge nicht verändert.

In Abbildung 10.82 sehen Sie eine Übersicht der beschriebenen Abweichungskategorien.

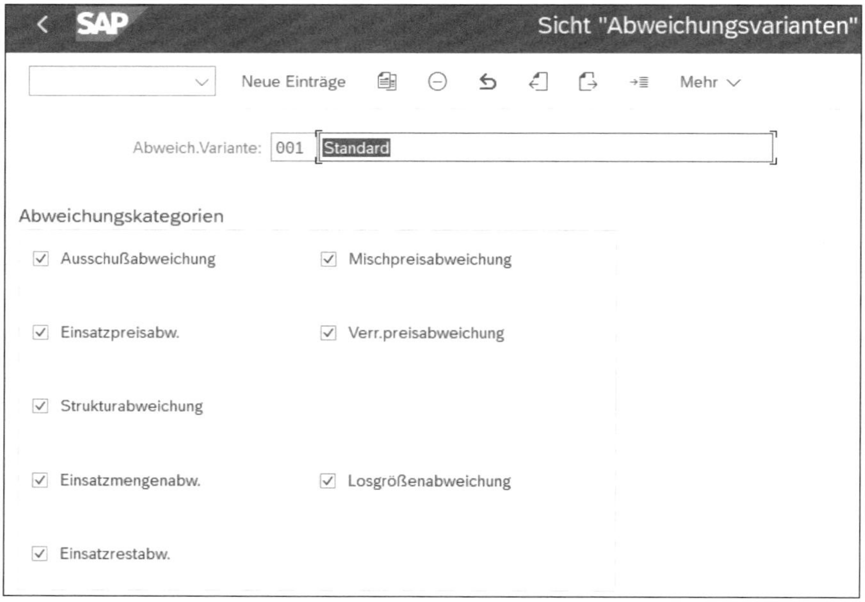

Abbildung 10.82 Abweichungsvarianten aktivieren

Für die Abweichungsermittlung muss im Kostenrechnungskreis eine Sollversion festgelegt werden, die bestimmt, wie die Abweichungen errechnet werden. Zur Anlage einer Sollversion rufen Sie Transaktion OKV6 auf, oder Sie folgen dem Customizing-Pfad **Controlling • Produktkosten-Controlling • Kostenträgerrechnung • Auftragsbezogenes Produkt-Controlling • Periodenabschluss • Abweichungsermittlung • Sollversionen festlegen**.

Über einen Klick auf **Neue Einträge** oder über die Taste [F5] können Sie für den Kostenrechnungskreis (8000) verschiedene Sollversionen anlegen. Die Sollversionen legen fest, auf welche Arten Sie die Abweichungen ermitteln können (welche Kosten/Kalkulationsvariante als Basis für die Abweichungsermittlung herangezogen wird).

In der Sollversion legen Sie im Detail fest, welche Abweichungsvariante für die Abweichungsermittlung angewandt werden soll. Wir haben in Abbildung 10.83 die Sollversion 0 der Abweichungsvariante 001 zugeordnet.

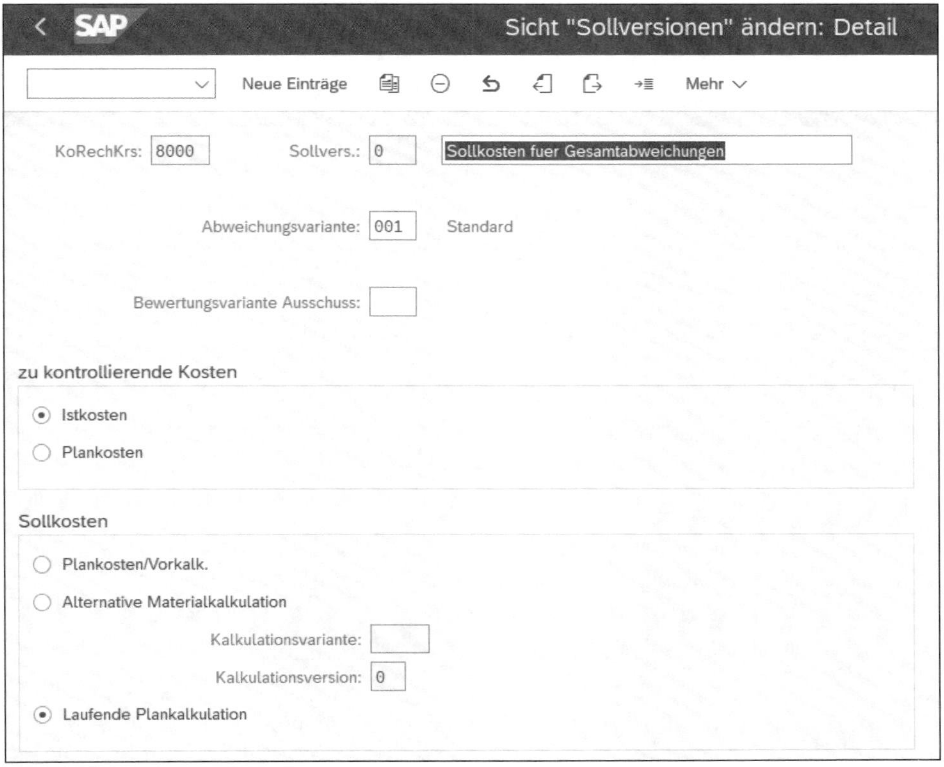

Abbildung 10.83 Sollversionen im Kostenrechnungskreis anlegen

Im Bereich **zu kontrollierende Kosten** geben wir an, dass wir die Istkosten analysieren möchten. Im Bereich **Sollkosten** geben wir die Vergleichsgröße für die Istkosten an, die für die Sollversion 0 in der Regel die laufende Plankalkulation darstellt. Für die Abweichungsermittlung, die später mit der Abrechnung an FI weitergeleitet wird, empfehlen wir die in der Sollversion 0 dargestellten Einstellungen, da diese den Saldo der Aufträge auf null setzen und somit eine einfachere Analyse der Daten möglich ist. Nur so können die Werte beim Einsatz der kalkulatorischen Ergebnisrechnung mit den Werten der Finanzbuchhaltung abgestimmt werden.

Sie haben die Möglichkeit, weitere Sollversionen anzulegen und diese mit alternativen Materialkalkulationen zu vergleichen. Dazu wählen Sie im Bereich **Sollkosten** der Detailansicht der Sollversion die Option **Alternative Materialkalkulation** aus und legen die Kalkulationsvariante fest, deren Kalkulationen zur Ermittlung der Abweichung herangezogen werden sollen.

Im Kopf des Fertigungsauftrags können Sie auf der Registerkarte **Steuerung** überprüfen, ob dem Auftrag ein Abweichungsschlüssel zugeordnet ist. Sie können Fertigungsaufträge über die SAP-Fiori-App **Fertigungsauftrag anzeigen** (App-ID CO03) aufrufen (siehe Abbildung 10.84).

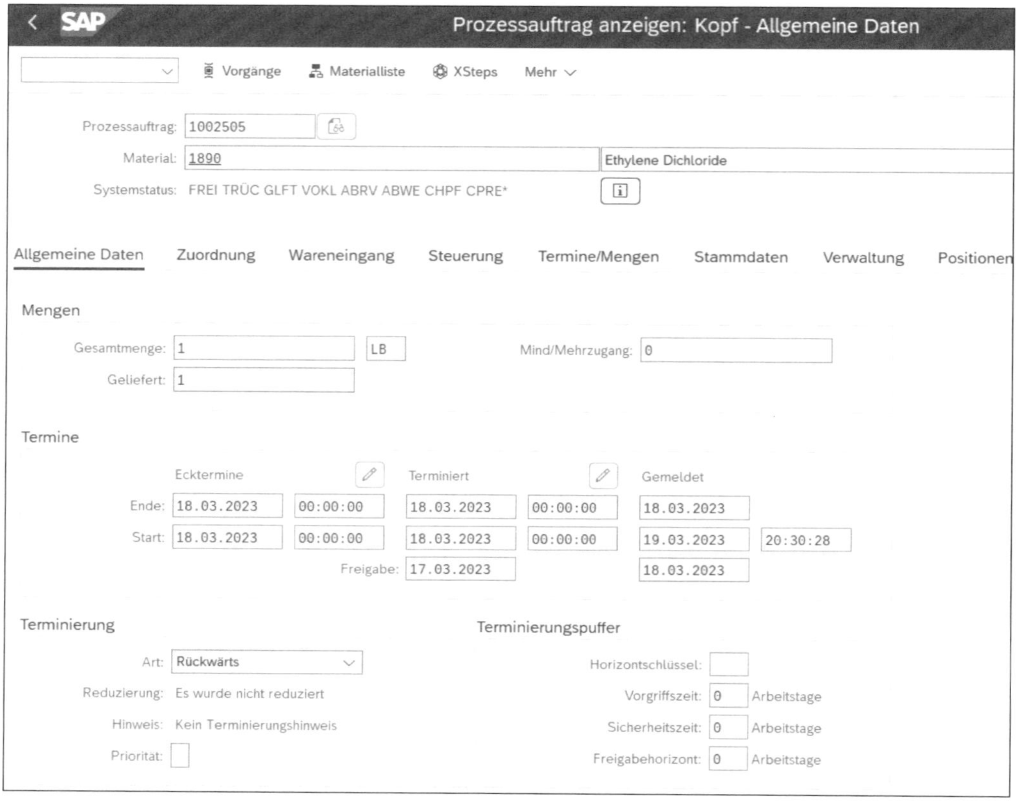

Abbildung 10.84 Fertigungsauftrag anzeigen

Über **Springen • Kosten • Analyse** kann ein Soll-Ist-Vergleich angezeigt werden. In Abbildung 10.85 sehen Sie z. B., dass für die Kostenart 521110 Kosten in Höhe von 167,79 USD geplant waren und im Ist tatsächlich 49,03 USD verbucht wurden. In der Abweichungsermittlung wird dies wahrscheinlich in den Abweichungen der Einsatzseite als Differenz ausgewiesen.

Um in der Abweichungsermittlung berücksichtigt zu werden, muss der Auftrag den Status **TECO** (technisch abgeschlossen) oder **GLFT** (geliefert) vorweisen. Den Status eines Fertigungsauftrags können Sie im Auftragskopf überprüfen (siehe Abbildung 10.86). Rufen Sie dazu die SAP-Fiori-App **Fertigungsauftrag anzeigen** (App-ID CO03) auf.

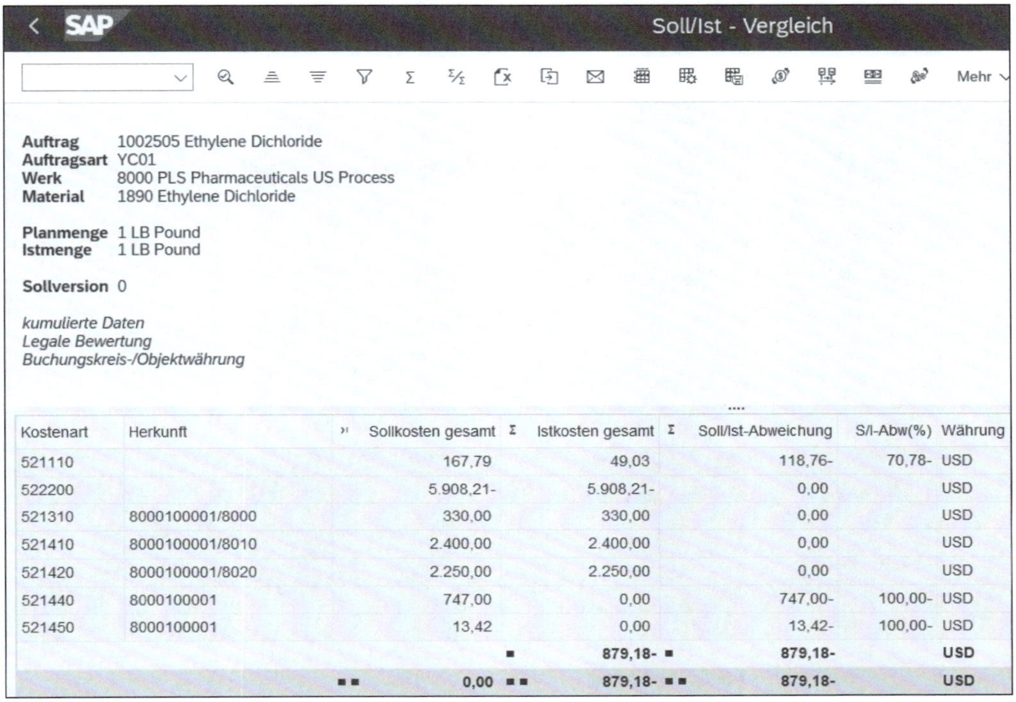

Kostenart	Herkunft	Sollkosten gesamt	Istkosten gesamt	Soll/Ist-Abweichung	S/I-Abw(%)	Währung
521110		167,79	49,03	118,76-	70,78-	USD
522200		5.908,21-	5.908,21-	0,00		USD
521310	8000100001/8000	330,00	330,00	0,00		USD
521410	8000100001/8010	2.400,00	2.400,00	0,00		USD
521420	8000100001/8020	2.250,00	2.250,00	0,00		USD
521440	8000100001	747,00	0,00	747,00-	100,00-	USD
521450	8000100001	13,42	0,00	13,42-	100,00-	USD
		■	**879,18-** ■	**879,18-**		**USD**
	■■	**0,00** ■■	**879,18-** ■■	**879,18-**		**USD**

Abbildung 10.85 Soll-Ist-Vergleich im Fertigungsauftrag anzeigen

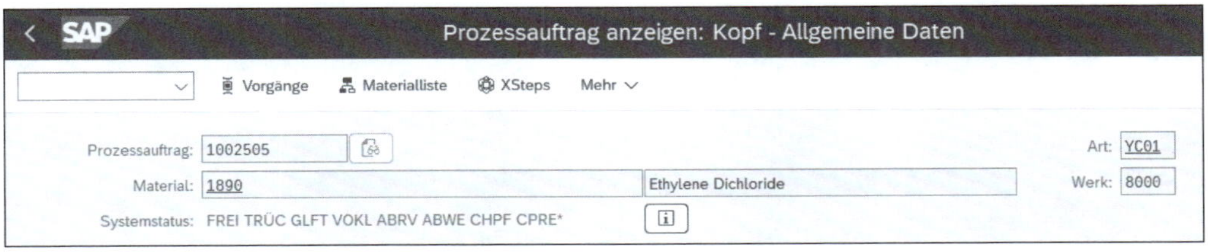

Abbildung 10.86 Status des Fertigungsauftrags überprüfen

Über die SAP-Fiori-App **Abweichungsermittlung durchführen** (App-ID KKS1) können Sie Abweichungen für alle Fertigungsaufträge im Werk durchführen.

In Abbildung 10.87 wird die Abweichungsermittlung für alle Aufträge im Werk 8000 für alle Sollversionen ausgeführt.

Abbildung 10.88 zeigt, wie die Soll-Ist-Abweichungen in die verschiedenen Abweichungskategorien aufgeteilt wurden.

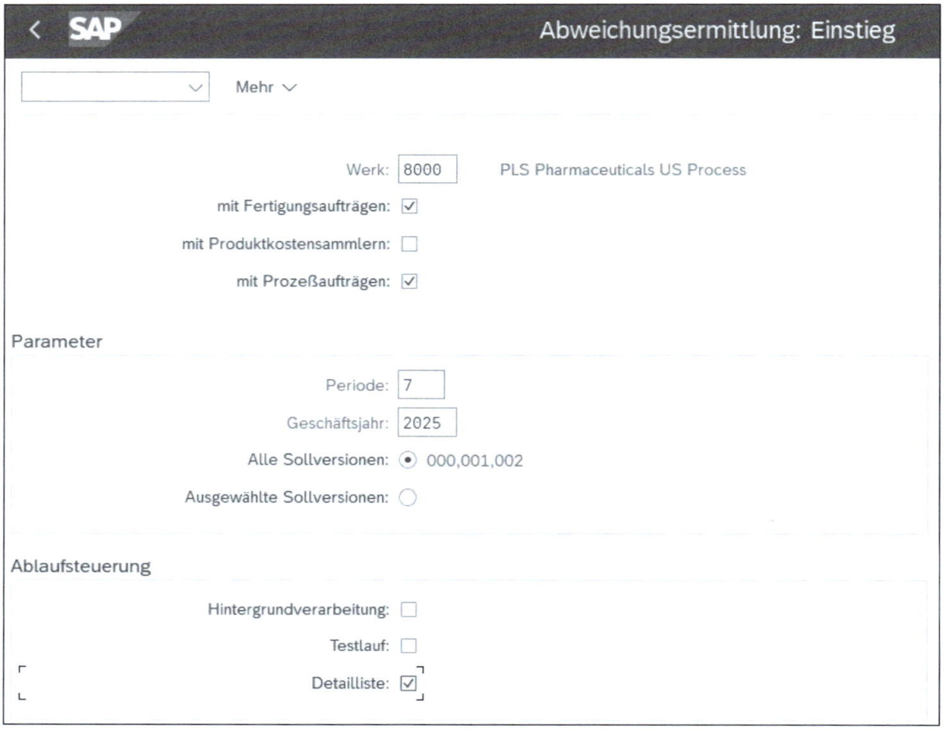

Abbildung 10.87 Abweichungsermittlung ausführen

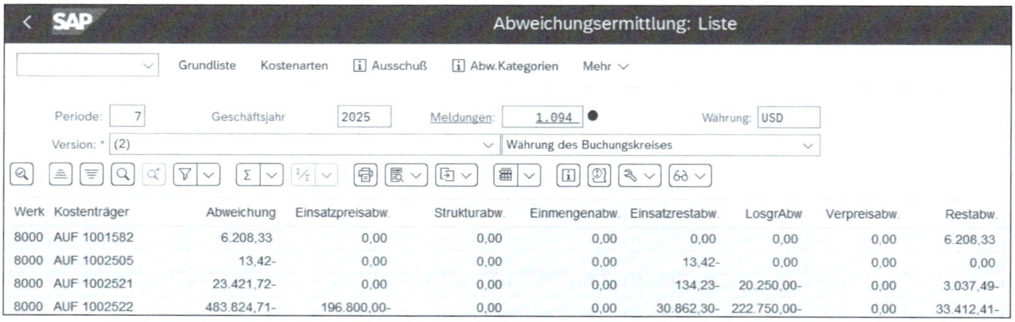

Abbildung 10.88 Abweichungen in den Abweichungskategorien analysieren

[»]

Preisdifferenzensplit

Die Preisdifferenzen können mit SAP S/4HANA in die einzelnen Abweichungskategorien unterteilt und auf verschiedene Konten in der Finanzbuchhaltung abgerechnet werden.

10.3.4 Fertigungsaufträge abrechnen

Um die Abweichungen abrechnen zu können, muss im Customizing ein Ergebnisschema angelegt werden. Über Transaktion KEI1 oder den Customizing-Pfad **Controlling • Ergebnis- und Marktsegmentrechnung • Werteflüsse im Ist • Produktionsabweichungen abrechnen • Ergebnisschema für Abweichungsabrechnung definieren** können Sie ein Ergebnisschema definieren. Über einen Klick auf den Button **Neue Einträge** oder über die Taste [F5] legen Sie in Abbildung 10.89 ein neues Ergebnisschema an, oder Sie können ein bestehendes Ergebnisschema durch Markieren anpassen.

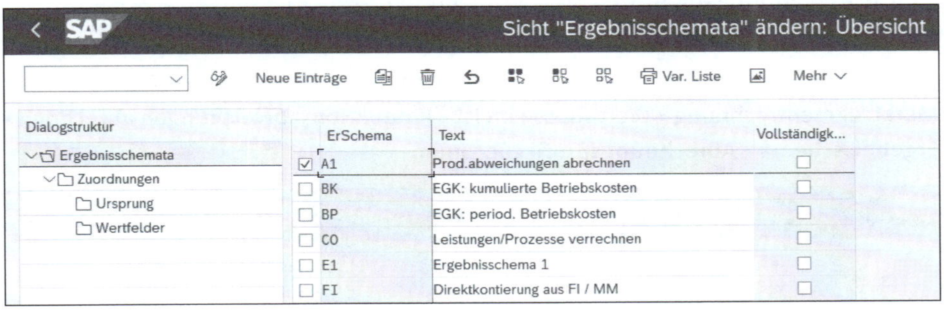

Abbildung 10.89 Ergebnisschema für Abweichungen anlegen

Markieren Sie das angelegte Ergebnisschema, und navigieren Sie im linken Bildbereich **Dialogstruktur** in den Ordner **Zuordnungen**. Über **Neue Einträge** oder über die Taste [F5] können Sie neue Zeilen anlegen. Für die Abrechnung der Abweichungskategorien an die kalkulatorische Ergebnisrechnung müssen Sie pro Abweichungskategorie eine Zeile anlegen (siehe Abbildung 10.90).

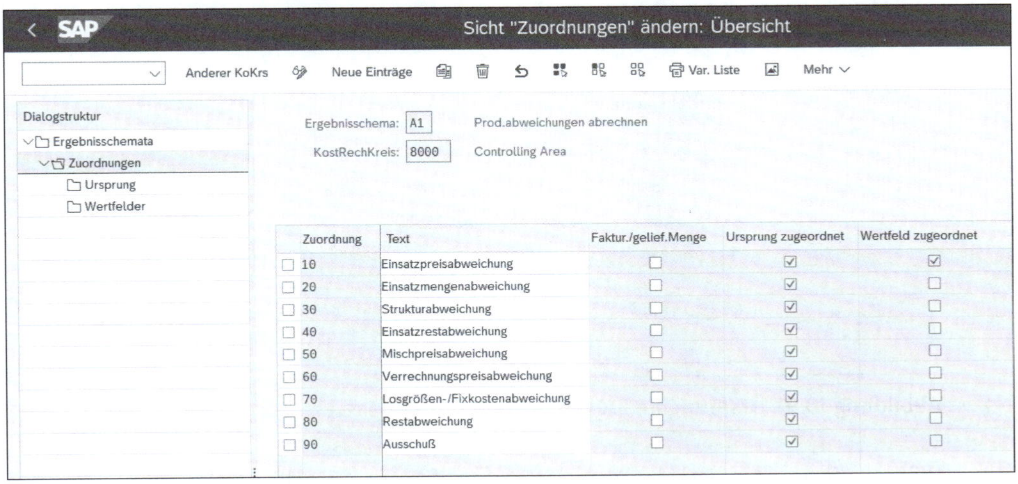

Abbildung 10.90 Zuordnungen im Ergebnisschema anlegen

Markieren Sie eine der Zuordnungszeilen, und navigieren Sie im linken Bildbereich **Dialogstruktur** in den Ordner **Ursprung**. Im Bereich **Kostenart** legen Sie fest, welche Kostenarten in der Abrechnung der im Bereich **Ursprung** festgelegten Abrechnungskategorie abgerechnet werden. Nun möchten wir für unser Beispiel alle Kostenarten, für die eine Einsatzpreisabweichung ermittelt wurde, abrechnen, weshalb wir als Intervall für die Kostenart »0« bis »Z« eingeben (siehe Abbildung 10.91).

Falls Sie die kalkulatorische Ergebnisrechnung aktiviert haben, navigieren Sie nach der Pflege des Ursprungs im linken Bildbereich **Dialogstruktur** in den Ordner **Wertfelder**. Über **Neue Einträge** oder die Taste [F5] können Sie ein Wertfeld zuordnen, auf das die Abrechnung der Abweichung erfolgen soll.

Nach der Pflege des Ergebnisschemas muss dieses einem *Abrechnungsprofil* zugeordnet werden. Folgen Sie dazu dem Customizing-Pfad **Controlling • Ergebnis- und Marktsegmentrechnung • Werteflüsse im Ist • Produktionsabweichungen abrechnen • Ergebnisschema • Abrechnungsprofil zuordnen**.

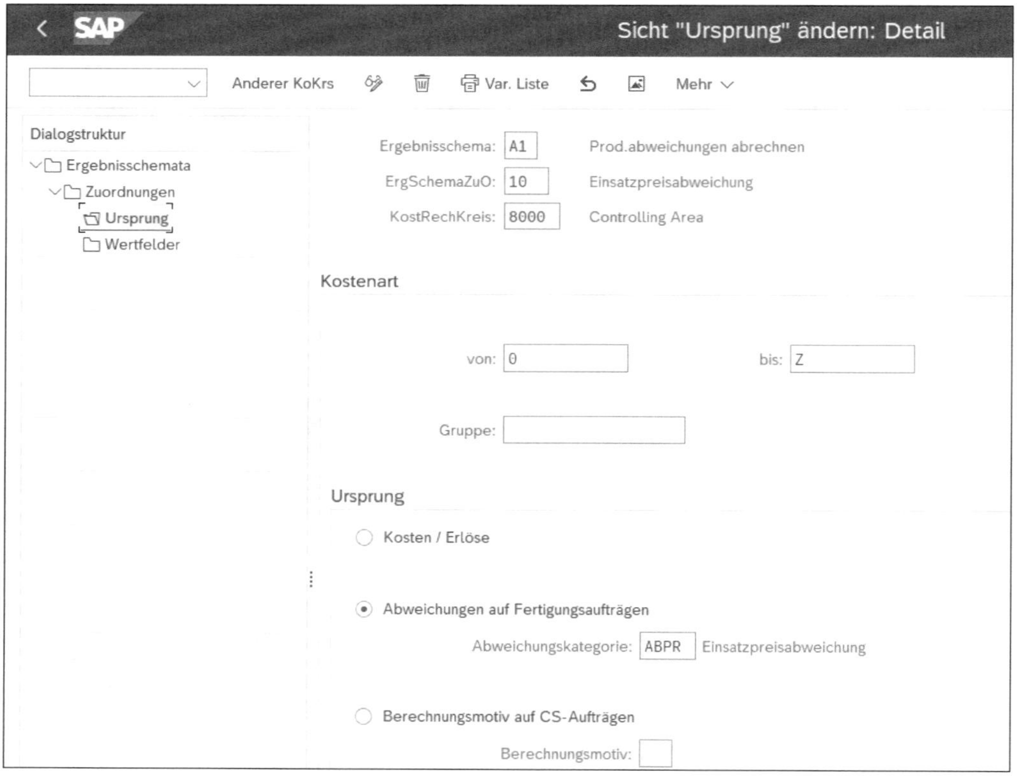

Abbildung 10.91 Ursprung im Ergebnisschema zuordnen

Wählen Sie aus der Liste der Abrechnungsprofile das Abrechnungsprofil aus, das den in Ihrem System verwendeten Fertigungs- bzw. Prozessauftragsarten zugeordnet ist.

Im Bereich **Vorschlagswerte** (siehe Abbildung 10.92) ordnen Sie das soeben angepasste Ergebnisschema A1 (Produktionsabweichungen) im Feld **Ergebnisschema** zu.

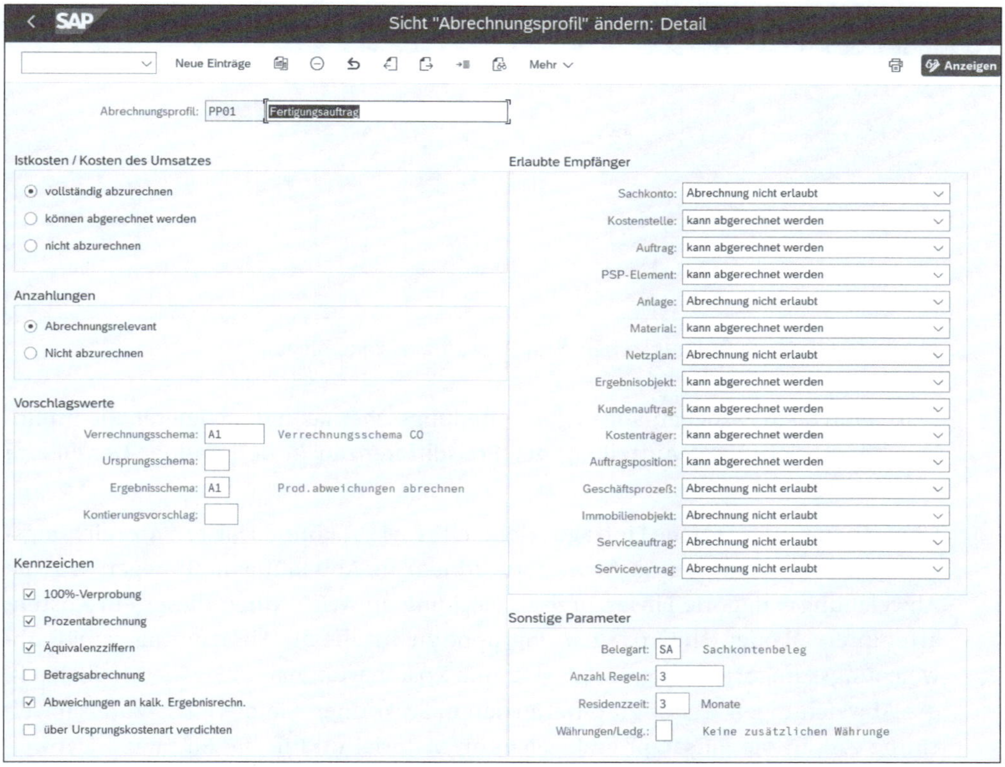

Abbildung 10.92 Abrechnungsprofil pflegen

Im Feld **Kontierungsvorschlag** in Abbildung 10.92 pflegen Sie **muss an Material abgerechnet werden**, da die Abweichungen an das Material und nicht etwa an die Kostenstelle abgerechnet werden.

Im Bereich **Kennzeichen** aktivieren Sie das Kennzeichen **Abweichungen an kalk. Ergebnisrechn.** Dies bewirkt, dass die Abweichungen bei der Auftragsabrechnung an die kalkulatorische Ergebnisrechnung abgerechnet werden. Ist dieses Kennzeichen nicht gesetzt, wird kein Ergebnisrechnungsbeleg für die kalkulatorische Ergebnisrechnung erstellt.

Nun haben wir alle Einstellungen für die Abweichungsermittlung und die Abrechnung der Abweichungen an die kalkulatorische Ergebnisrechnung vorgenommen.

Für die Aufteilung der Preisdifferenzen gemäß den Abweichungskategorien rufen Sie den folgenden Customizing-Pfad auf: **Finanzwesen • Hauptbuchhaltung • Periodische Arbeiten • Integration • Materialwirtschaft • Konten für Aufteilung der Preisdifferenzen definieren**.

Über **Neue Einträge** oder die Taste [F5] legen Sie ein Aufteilungsschema an (hier: 8000SPLIT, das dem Kostenrechnungskreis zugeordnet ist (siehe Abbildung 10.93).

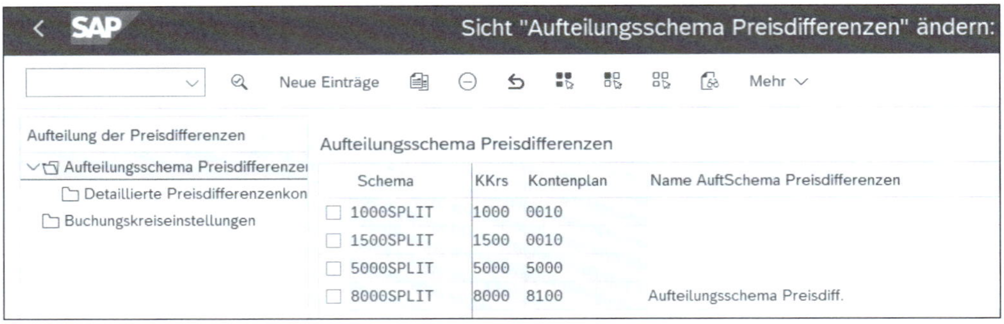

Abbildung 10.93 Aufteilungsschema für Preisdifferenzen anlegen

Markieren Sie das soeben angelegte Aufteilungsschema, und navigieren Sie im linken Bildbereich unter **Aufteilung der Preisdifferenzen** in den Ordner **Detaillierte Preisdifferenzenkonten**.

Über einen Klick auf **Neue Einträge** oder die Taste [F5] können Sie pro Abweichungskategorie ein separates Sachkonto zuordnen. In Abbildung 10.94 legen wir die Abweichungskategorie **Einsatzpreisabweichung** an. Wir ordnen dieser ein Kostenartenintervall oder eine Kostenartengruppe zu, für die die Abrechnung gemäß Abweichungskategorie erfolgen soll. Über die Kostenarten haben Sie die Möglichkeit, die Abweichungen weiter zu differenzieren. So können Sie die Einsatzpreisabweichung z. B. in die Einsatzpreisabweichung Material und in die Einsatzpreisabweichung Personal differenzieren. Ordnen Sie nun die Schemazeile einem Zielkonto zu; es handelt sich dabei um das Sachkonto, mit dem die Preisdifferenzen im SAP-System verbucht werden.

In Abbildung 10.75 haben wir pro Zeile eine Abweichungskategorie gepflegt und ein Sachkonto in den Spalten **Kostenart von** und **Kostenart bis** hinterlegt.

Nach der Pflege der Abweichungskategorien und der Zuordnung der Konten navigieren Sie im linken Bildbereich **Aufteilung der Preisdifferenzen** in den Ordner **Zuordnung von Buchungskreisen**. Über **Neue Einträge** oder die Taste [F5] können Sie das Aufteilungsschema einem Buchungskreis zuordnen.

Wir haben das Aufteilungsschema 8000SPLIT in Abbildung 10.95 dem Buchungskreis 8000 zugeordnet. Pflegen Sie auch eine Gültigkeit, ab der die Aufteilung der Preisdifferenzen bei der Abrechnung der Aufträge erfolgen soll.

Mit SAP S/4HANA Finance haben wir die Möglichkeit, die Preisdifferenzen bei der Abweichung der Aufträge auf verschiedene Konten analog den Abweichungskategorien abzurechnen. Ursprünglich wurden die Preisdifferenzen auf das Konto abgerechnet, das in der Materialkontenfindung im Vorgang PRD-PRF hinterlegt war.

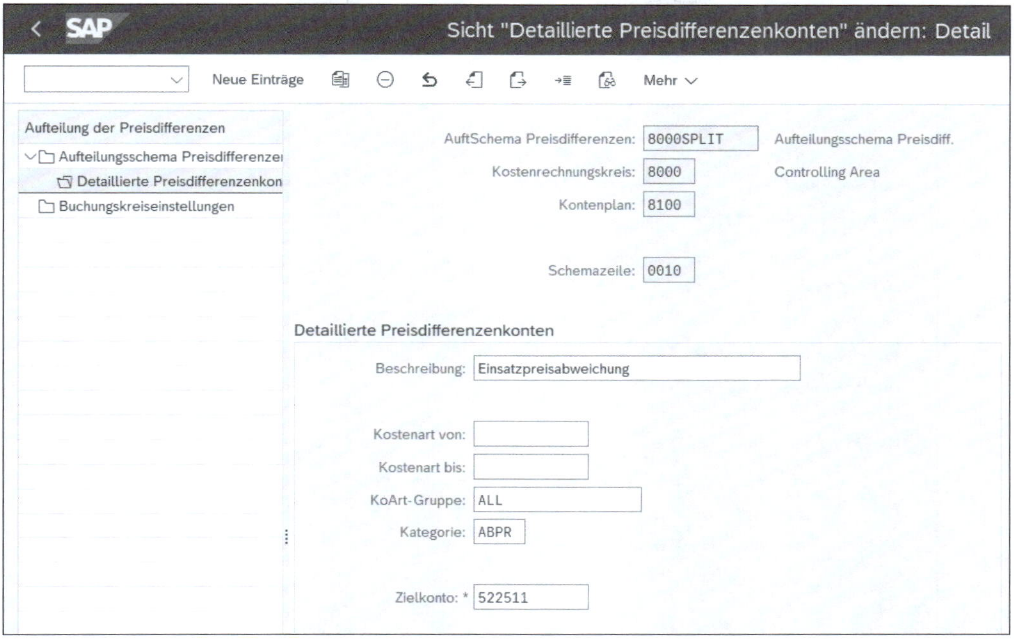

Abbildung 10.94 Preisdifferenzkonten für Abweichungsabrechnung pflegen

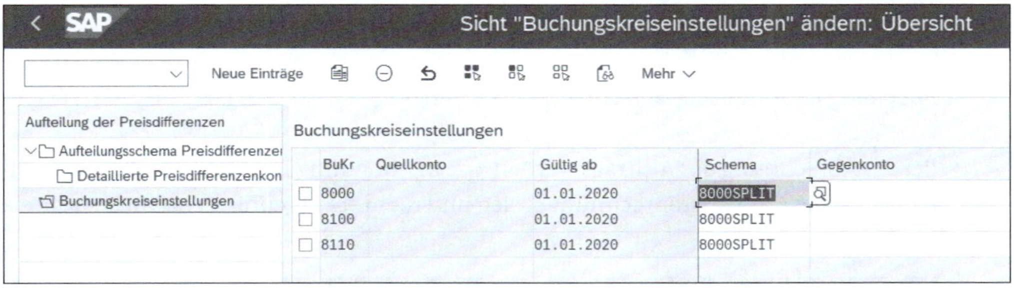

Abbildung 10.95 Aufteilungsschema einem Buchungskreis zuordnen

Beim Einsatz der Margenanalyse ist es aus technischen Gründen notwendig, das Konto, das in der Kontomodifikation PRD-PRF hinterlegt ist, in der *Direktkontierung FI/MM* zu hinterlegen. Um diese Einstellungen vorzunehmen, rufen Sie Transaktion KEI2 auf, oder Sie folgen dem Customizing-Pfad **Controlling • Ergebnis- und Marktsegmentrechnung • Werteflüsse im Ist • Direktkontierung aus FI/MM**.

Nun sind alle Einstellungen für die Abrechnung der Abweichungen vorgenommen worden. Mit der SAP-Fiori-App **Aufträge abrechnen** (App-ID CO88) können Sie alle Fertigungsaufträge in einem Schritt abrechnen. Die Abrechnung der Aufträge erfolgt auf der Monatsebene. In Abbildung 10.96 führen wir die Abrechnung für den Monat Juli im Echtlauf durch.

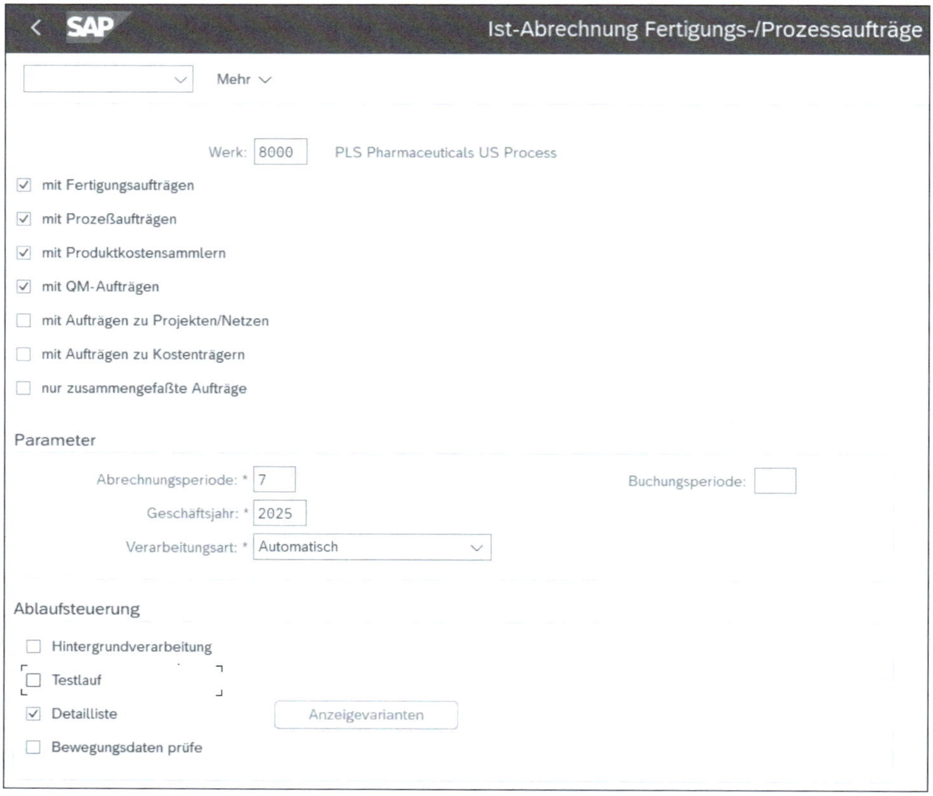

Abbildung 10.96 Auftragsabrechnung durchführen

Bei der Abrechnung des Auftrags werden, wie in Abbildung 10.97 dargestellt, ein Buchhaltungsbeleg, ein Kostenrechnungsbeleg und mehrere Ergebnisrechnungsbelege erzeugt.

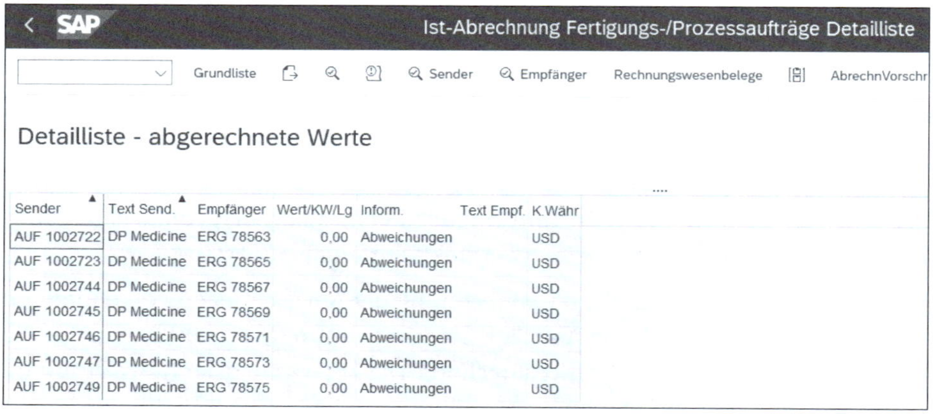

Abbildung 10.97 Auftragsabrechnung anzeigen

Werfen wir nun einen Blick auf die Buchungen aus der Abrechnung der Abweichungen. Die Buchung ohne Aufteilungsschema, wie wir sie aus SAP ERP kennen, sehen Sie in Tabelle 10.1.

Buchungsschlüssel	Sachkonto	Wert
Soll	Produktionsabweichung	501,06
Haben	Auftragsabrechnung	(501,06)

Tabelle 10.1 Abweichungsbuchung in SAP ERP

Diese Buchung sehen wir auch in Abbildung 10.98; allerdings wird der Wert auf dem Preisdifferenzenkonto nivelliert, und die Preisdifferenzen werden analog den Einstellungen im Aufteilungsschema auf die einzelnen Preisdifferenzkonten gebucht. Die Buchung sehen Sie in Tabelle 10.2.

Buchungsschlüssel	Sachkonto	Wert
Soll	Produktionsabweichung	501,06
Haben	Auftragsabrechnung	(501,06)
Soll	Preisdifferenz Auftragsabrechnung	501,06
Soll	Einsatzpreisabweichung	82,60
Soll	Einsatzmengenabweichung	615,42
Haben	Einsatz-Resourcenabweichung	(196,96)

Tabelle 10.2 Abweichungsbuchung in SAP S/4HANA Finance

Die Werte der Abweichungen entsprechen den in der Abweichungsermittlung ermittelten Werten.

[«]

Abweichungsermittlung in der Ergebnisrechnung

In der kalkulatorischen Ergebnisrechnung werden die Abweichungen bei der Abrechnung der Fertigungsaufträge auf verschiedene Wertfelder abgerechnet.

In der Margenanalyse können die Preisdifferenzen bei der Abrechnung der Fertigungsaufträge auf unterschiedliche Sachkonten je Abweichungskategorie gebucht werden.

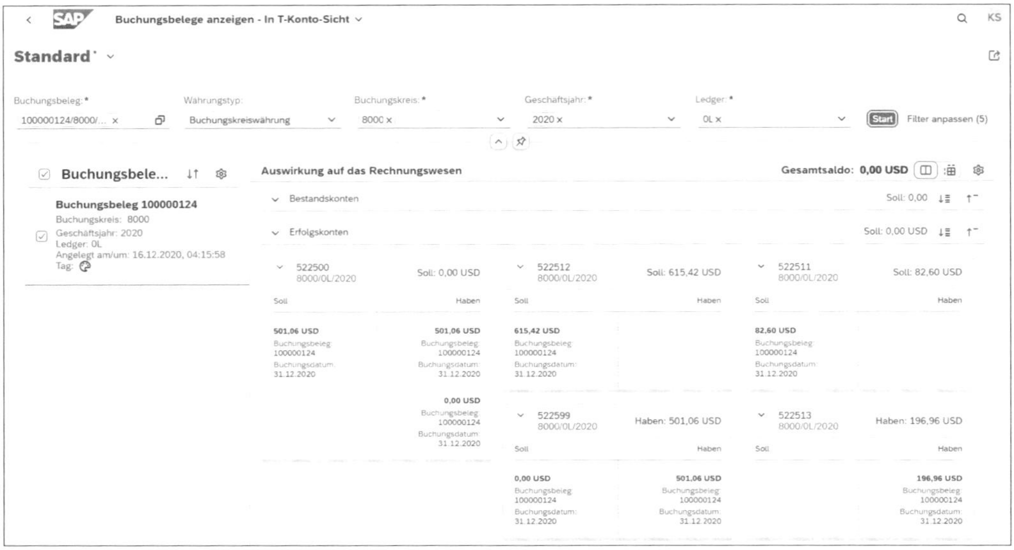

Abbildung 10.98 Buchhaltungsbeleg der Auftragsabrechnung analysieren

10.4 Material-Ledger

Die Aktivierung des *Material-Ledgers* wird in SAP S/4HANA zur Pflicht. Das Material-Ledger hat die folgenden Funktionen:

- **Istkalkulation**
  Preisdifferenzen werden mit Bezug zum Material gespeichert. Am Monatsende errechnet das SAP-System Istpreise für Bestände und Verbräuche.
- **Parallele Währungen und Bewertung**
  Das Material-Ledger ermöglicht das Führen und Bewerten von Materialien und Beständen in mehreren Währungen/Wertansätzen.

Die Aktivierung des Material-Ledgers zwingt Sie nicht, dessen Funktionen anzuwenden. Lediglich das Führen der Materialien in verschiedenen Währungen wird zur Pflicht.

Mit SAP S/4HANA wurden die Tabellen des Material-Ledgers in die Datenbanktabelle ACDOCA integriert oder werden als SAP-HANA-Views mit demselben Namen wie die Datenbanktabelle in SAP ECC zur Verfügung gestellt.

Erfahren Sie nun, was genau Sie im Customizing machen müssen, um das Material-Ledger zu aktivieren.

Vor der Aktivierung des Material-Ledgers müssen Sie einen Material-Ledger-Typ definieren, der bestimmt, in welchen Währungen die Materialien geführt werden. Zur Anlage eines Material-Ledger-Typs rufen Sie Transaktion OMX2 auf, oder Sie folgen dem Customizing-Pfad **Controlling • Produktkosten-Controlling • Istkalkulation/Material-Ledger • Material-Ledger-Typen definieren und Währungstypen zuordnen**.

Sie können die Währungstypen aus FI übernehmen oder dem Material-Ledger-Typ manuell Währungstypen zuordnen. In Abbildung 10.99 ordnen wir einen Währungstyp manuell zu.

Abbildung 10.99 Material-Ledger-Typ definieren

Für die manuelle Zuordnung eines Währungstyps navigieren Sie im linken Bildbereich in den Ordner **individuelle Ausprägung definieren**. In Abbildung 10.100 ordnen wir dem Material-Ledger-Typ den Währungstyp 10 für die Buchungskreiswährung zu. Sie können hier mehr als einen Währungstyp zuordnen.

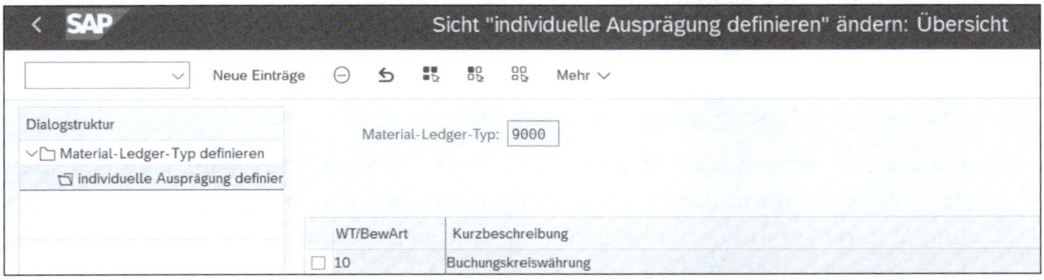

Abbildung 10.100 Ausprägung des Material-Ledger-Typs definieren

Nach der Anlage des Material-Ledger-Typs muss dieser dem Werk zugeordnet werden. Die Zuordnung erfolgt über Transaktion OMX3 oder über den Customizing-Pfad **Controlling • Produktkosten-Controlling • Istkalkulation/Material-Ledger • Material-Ledger-Typen einem Bewertungskreis zuordnen**. In Abbildung 10.101 ordnen wir dem Bewertungskreis 9001, der dem Werk entspricht, und dem Buchungskreis 9000 den soeben angelegten Material-Ledger-Typ 9000 zu.

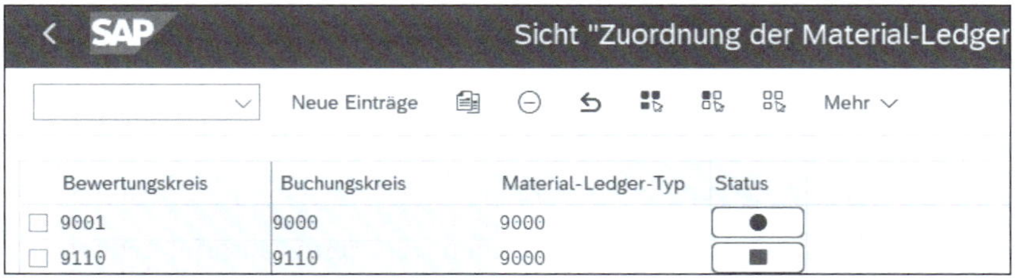

Abbildung 10.101 Material-Ledger-Typ dem Werk zuordnen

Nach der Zuordnung des Material-Ledger-Typs zu einem Bewertungskreis (der in unserem Fall dem Werk entspricht) können Sie die Customizing-Einstellungen des Material-Ledgers überprüfen, bevor Sie dieses aktivieren. Die Überprüfung der Material-Ledger-Einstellungen erfolgt pro Werk. Rufen Sie Transaktion CKM9 auf, oder folgen Sie dem Customizing-Pfad **Controlling • Produktkosten-Controlling • Istkalkulation/ Material-Ledger • Material-Ledger für Bewertungskreise aktivieren • Einstellungen des Material-Ledgers überprüfen**, um die Customizing-Einstellungen zu analysieren. Sie sehen eine Übersicht über alle für das Material-Ledger relevanten Einstellungen (siehe Abbildung 10.102). Das Bild zeigt Ihnen über das grüne Häkchen, ob alle Einstellungen korrekt sind.

Nach der Überprüfung der Einstellungen können Sie das Material-Ledger über Transaktion OMX1 oder über den folgenden Customizing-Pfad aktivieren **Controlling • Produktkosten-Controlling • Istkalkulation/Material-Ledger • Material-Ledger für Bewertungskreise aktivieren • Material-Ledger aktivieren**.

Wir aktivieren das Material-Ledger für den Bewertungskreis 9001, indem wir das Kennzeichen **ML aktiv** setzen (siehe Abbildung 10.103).

Für die Preisermittlung wählen wir den Wert 2 (vorgangsbezogen). Dies bedeutet, dass Materialien mit der Preissteuerung V mit dem gleitenden Durchschnittspreis und Materialien mit der Preissteuerung S mit dem Standardpreis bewertet werden. Eine abweichende Preissteuerung müsste bei der Anwendung der Istkalkulation gewählt werden.

Vor der Aktivierung des Material-Ledgers müssen keine Materialien im SAP-System angelegt werden, da das Material-Ledger sonst nur sehr schwierig und mit einer Menge Korrekturen aktiviert werden kann. Nach der Aktivierung des Material-Ledgers sieht die Sicht **Buchhaltung 1** im Materialstamm etwas anders als gewohnt aus. Rufen Sie einen Materialstamm über Transaktion MM03 oder über den folgenden Menüpfad auf: **Logistik • Materialwirtschaft • Materialstamm • Material • Anzeigen • Anzeigen akt. Stand**. Navigieren Sie dann in die Sicht **Buchhaltung 1**.

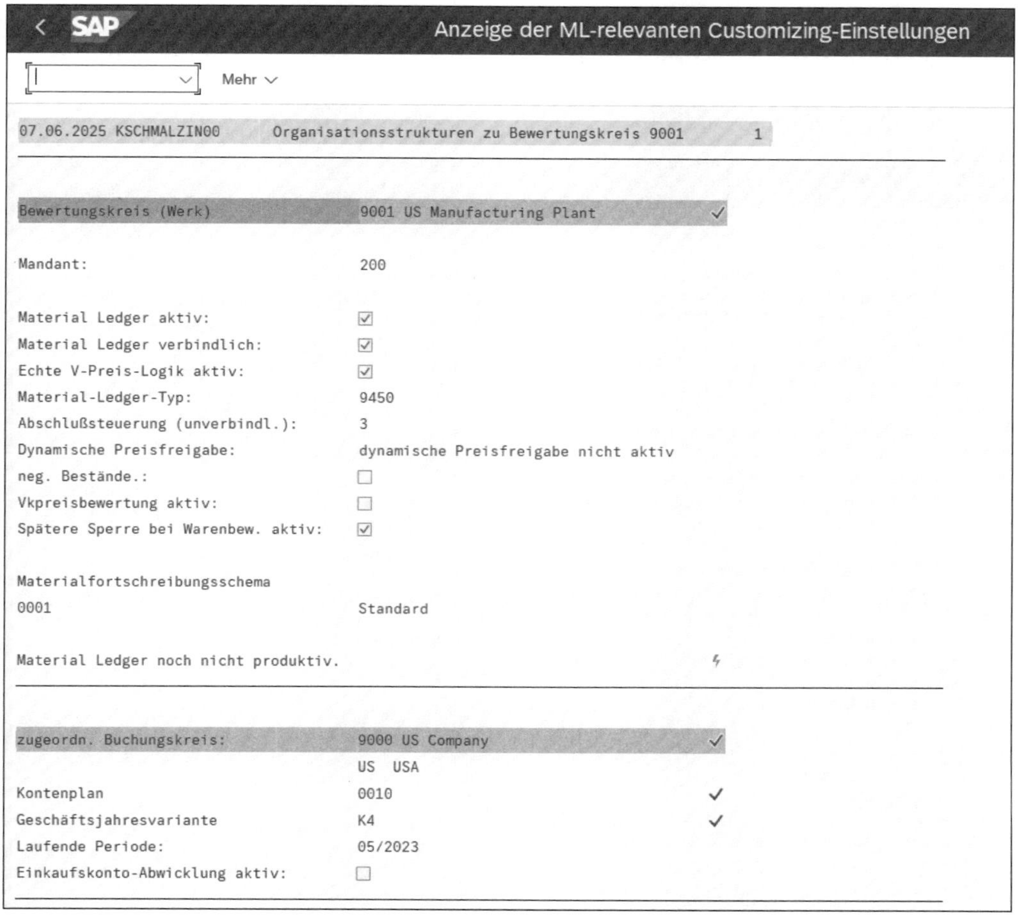

Abbildung 10.102 Für das Material-Ledger relevante Customizing-Einstellungen überprüfen

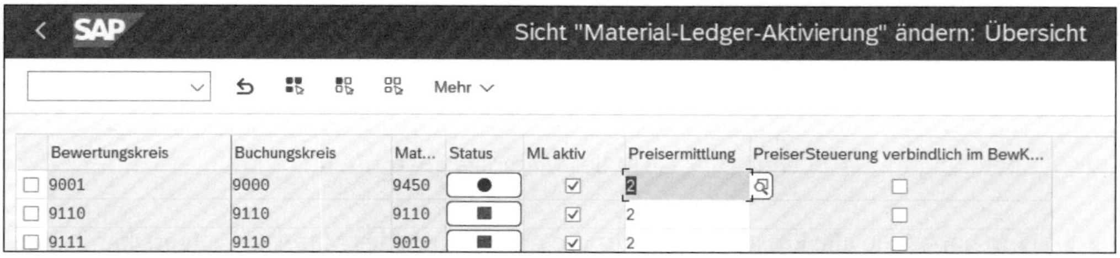

Abbildung 10.103 Material-Ledger aktivieren

In Abbildung 10.104 sehen Sie die Sicht **Buchhaltung 1** des Materials 1101. Sie sehen, dass pro Periode eine Registerkarte existiert. Diese Registerkarte enthält Informationen über den Preis des Materials in der besagten Periode. Sie sehen ebenfalls, dass das Material-Ledger aktiv ist.

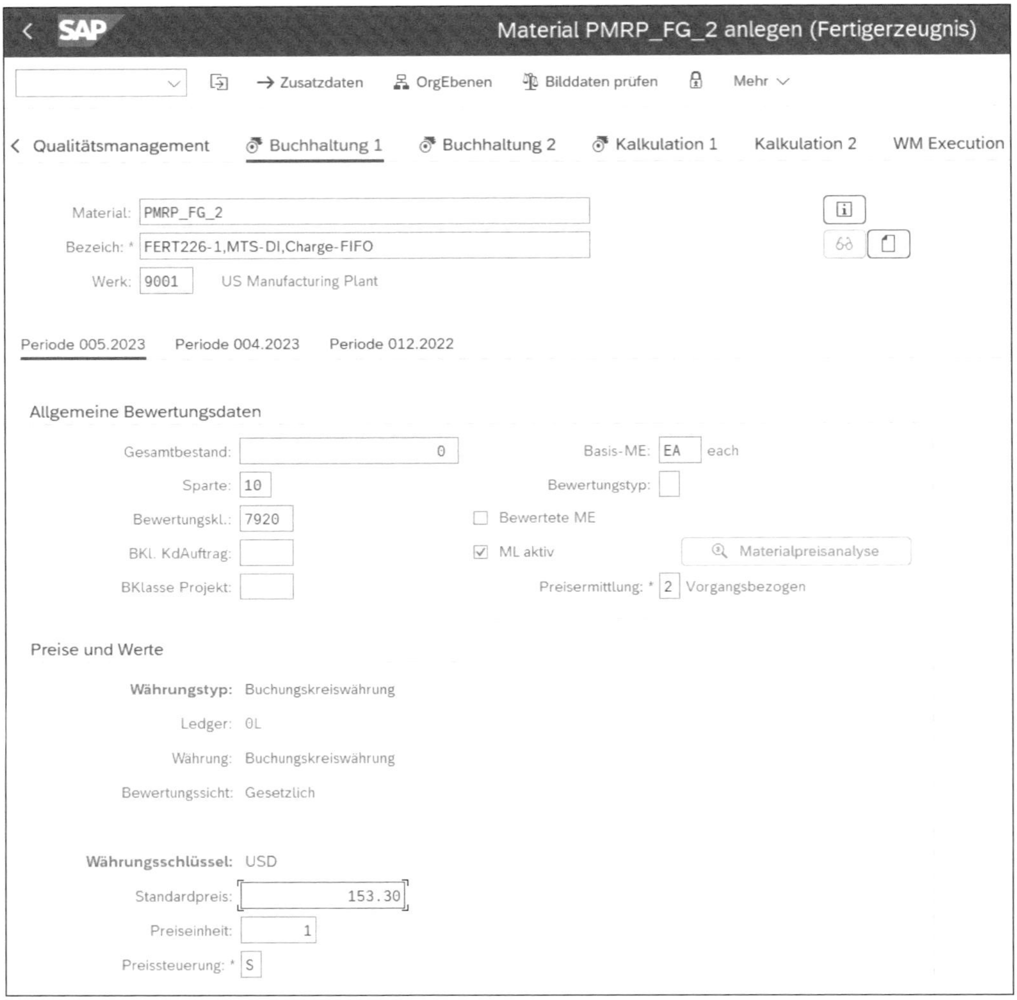

Abbildung 10.104 Buchhaltungssicht des Materials überprüfen

Nun haben Sie alle Einstellungen für die Aktivierung des Material-Ledgers kennengelernt. Wir gehen hier nicht weiter auf die Funktionen des Material-Ledgers ein, da dies den Rahmen des Buches sprengen würde.

10.5 Zusammenfassung

In diesem Kapitel haben Sie die Funktionen der Produktkostenrechnung kennengelernt. Sie haben gelernt, wie Sie eine Kalkulation anlegen und wie die Kostenträgerrechnung aufgebaut ist. Wir haben Ihnen die einzelnen Transaktionen des Periodenabschlusses in der Kostenträgerrechnung erläutert und Ihnen aufgezeigt, wie das Material-Ledger aktiviert wird.

Das Material-Ledger ist die einzige Teilkomponente in der Produktkostenrechnung, die neben der Integration in die Datenbanktabelle ACDOCA mit SAP S/4HANA neue Funktionen erhalten hat. Die Grundfunktionen der Produktkostenrechnung bieten bislang eher wenig Neues. Die Möglichkeit der Aufteilung der Preisabweichungen in der Finanzbuchhaltung ist eine der wichtigsten Änderungen an der Produktkostenrechnung in SAP S/4HANA.

Erfahren Sie im nächsten Kapitel, was sich für die Ergebnisrechnung mit SAP S/4HANA geändert hat.

Kapitel 11
Ergebnis- und Marktsegmentrechnung

In der Ergebnis- und Marktsegmentrechnung haben Sie die Möglichkeit, die Unternehmensprozesse zu analysieren und mit Merkmalen anzureichern, die ausschlaggebend für die Gestaltung Ihres internen Reportings sind.

Die Ergebnis- und Marktsegmentrechnung (CO-PA, im Folgenden kurz *Ergebnisrechnung* genannt) ist Teil der Komponente Controlling (CO) und soll die Anforderungen an die interne Ergebnisrechnung erfüllen. Die Ergebnisrechnung ermöglicht es Ihnen, eine Deckungsbeitragsrechnung oder kurzfristige Erfolgsrechnung darzustellen. Der Fokus der Berichterstattung in der Ergebnisrechnung liegt in den Bereichen Vertrieb, Marketing und Produktmanagement. Die Ergebnisrechnung reichert Istdaten mit zusätzlichen, frei definierbaren Merkmalen an, die dem Benutzer die Möglichkeit einer detaillierteren Datenanalyse geben.

In diesem Kapitel stellen wir Ihnen die Arten der Ergebnisrechnung und deren Unterschiede vor. Im Anschluss daran gehen wir auf die Grundeinstellungen und den Istwertefluss der Margenanalyse ein, bevor wir das Kapitel mit einem Einblick in das Reporting abschließen. Da die kalkulatorische Ergebnisrechnung nicht mehr weiterentwickelt und im Allgemeinen mit der Einführung von SAP S/4HANA nicht mehr aktiviert wird, beschränken wir uns mit der Beschreibung der Customizing-Einstellungen auf die Margenanalyse.

11.1 Einführung in die Ergebnisrechnung

SAP liefert die Ergebnisrechnung ohne Strukturen und Stammdaten, wie etwa Standardberichte, aus. Sie können die Ergebnisrechnung also nach Ihren eigenen Bedürfnissen strukturieren und ausprägen. Durch die hohe Integration der Finanzbuchhaltung und des Controllings mit den logistischen Komponenten im SAP-System ist die Ergebnisrechnung stark auf die Definition von korrekten Werteflüssen angewiesen. In SAP S/4HANA ist die Margenanalyse in das Universal Journal, die Tabelle ACDOCA integriert.

Die Ergebnisrechnung ermöglicht Ihnen, Informationen nach verschiedensten Kriterien aufzuarbeiten und ein Reporting auf den unterschiedlichsten Ebenen zu erstellen. Die Analysemöglichkeiten sind mehrdimensional und nicht nur auf zwei Dimensionen beschränkt, wie es Abbildung 11.1 zeigt.

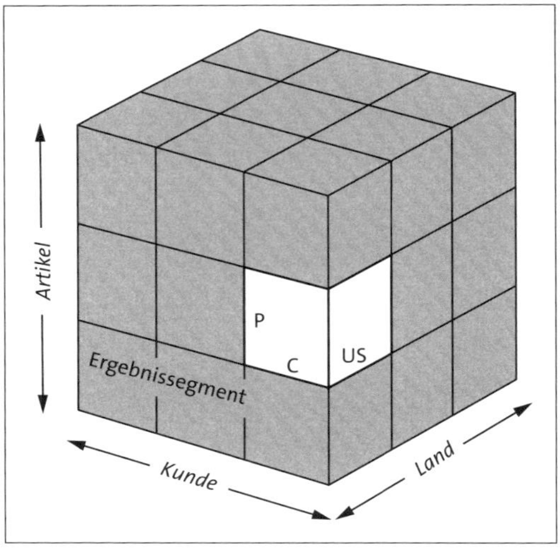

Abbildung 11.1 Ergebnissegment in der Ergebnisrechnung

Die Kosten und Erlöse werden auf ein mehrdimensionales, benutzerdefiniertes *Ergebnisobjekt* kontiert, nicht nur auf eine Kostenstelle, einen Innenauftrag oder Ähnliches. Das Ergebnisobjekt kann eine Vielzahl von Merkmalen enthalten, wie z. B. Material, Kunde, Materialgruppe, Kundengruppe, Land und weitere benutzerspezifische Merkmale.

Es gibt zwei Arten der Ergebnisrechnung im SAP-System: die kalkulatorische und die buchhalterische Ergebnisrechnung in SAP ECC bzw. die Margenanalyse. Diese beiden Formen erklären wir im Folgenden im Detail.

11.1.1 Kalkulatorische Ergebnisrechnung

Die *kalkulatorische Ergebnisrechnung* ist die in SAP ECC am meisten genutzte Funktion der Ergebnisrechnung im SAP-System, wohingegen in SAP S/4HANA die kalkulatorische Ergebnisrechnung kaum mehr implementiert wird. Wie der Name es bereits sagt, erlaubt sie Ihnen die Verwendung von kalkulatorischen Werten.

Zum Aufbau der Ergebnisrechnung müssen Sie Merkmale und Wertfelder definieren. Merkmale sind Charakteristika wie z. B. *Kunde, Artikel* usw. Wertfelder sind eine Gruppierung von Kosten, wie z. B. *Erlöse, Materialkosten* usw., die die Zeilenstruktur in der Ergebnisrechnung definieren. In Abbildung 11.2 sehen Sie ein Beispiel für den Aufbau einer Zeilenstruktur in der kalkulatorischen Ergebnisrechnung.

Kalkulatorische Ergebnisrechnung		
Wertfeld		**Betrag**
VVREV	Erlöse	EUR 1.000.000
VVQDI	Mengenrabatt	EUR 20.000
VVREB	Rabatte	EUR 80.000
	Netto-Erlöse	EUR 900.000
VVMCT	var. Materialkosten	EUR 400.000
VVPCT	var. Produktionskosten	EUR 190.000
VVPVR	Fertigungskosten	EUR 10.000
	DB I	EUR 300.000
VVMAT	Gemeinkosten Material	EUR 50.000
VVDIF	Gemeinkosten Fertigung	EUR 50.000
VVRED	Forschung und Entwicklung	EUR 10.000
VVSMR	Vertrieb, Admin und Marketing	EUR 90.000
	DB II	EUR 100.000

Abbildung 11.2 Zeilenstruktur in der kalkulatorischen Ergebnisrechnung

Die kalkulatorische Ergebnisrechnung ist nicht an Strukturen gebunden, sondern sie wird vielmehr von SAP »leer« ausgeliefert. Mit der Definition des Ergebnisbereichs, des Organisationselements der Ergebnisrechnung, definieren Sie auch die Merkmale und Wertfelder für Ihre Ergebnisrechnung. Somit ist die Ausprägung der kalkulatorischen Ergebnisrechnung rein kundenspezifisch. Mit der Definition der Merkmale definieren Sie die Charakteristika, nach denen Sie Ihr Ergebnis analysieren möchten. Ist für Sie z. B. eine Auswertung nach der Materialgruppe interessant, definieren Sie dieses Merkmal für Ihre Ergebnisrechnung und ordnen es dem Ergebnisbereich zu. Die Definition der Wertfelder hängt sehr stark von der Zeilenstruktur der Deckungsbeitragsrechnung ab. Es wird empfohlen, die Wertfelder nicht zu detailliert zu definieren, da die Werte in dem Wertfeld mithilfe der Merkmale detaillierter analysiert werden können.

Mit der Definition der Merkmale und Wertfelder im Ergebnisbereich definieren Sie also die Struktur. Doch wie wird die Ergebnisrechnung mit Daten versorgt? Sehr selten wird direkt in der Ergebnisrechnung ein Beleg erstellt. Die kalkulatorische Ergebnisrechnung erhält die Daten von den Vorgängerkomponenten, wie z. B. Vertrieb (SD), Materialwirtschaft (MM) und Produktionsplanung (PP). Auf welches Merkmal die Werte aus den Vorgängerkomponenten gebucht werden, wird über Schnittstellen zur Ergebnisrechnung festgelegt. In Abbildung 11.3 sehen Sie, wie der Istwertefluss in die kalkulatorische Ergebnisrechnung erfolgt.

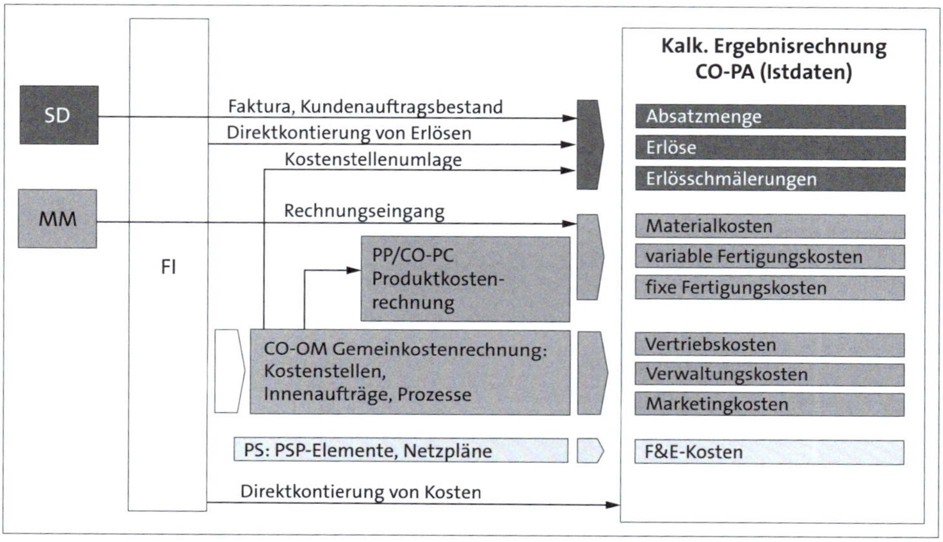

Abbildung 11.3 Wertefluss in der kalkulatorischen Ergebnisrechnung

Die kalkulatorische Ergebnisrechnung ist nach dem *Umsatzkostenverfahren* aufgebaut. Mit der Überleitung der SD-Faktura wird die kalkulatorische Ergebnisrechnung mit Erlösen versorgt. Die Absatzmenge der Faktura wird ebenfalls in die Ergebnisrechnung übergeleitet und mit einer Kalkulationsvariante bewertet. So werden die Kosten des Umsatzes in die kalkulatorische Ergebnisrechnung übergeleitet.

Die Abstimmung der kalkulatorischen Ergebnisrechnung mit der Finanzbuchhaltung ist eine der großen Herausforderungen. Der gewöhnliche Prozess im Vertrieb ist die Anlage eines *Kundenauftrags* und im Anschluss die Anlage einer Lieferung mit Buchung des *Warenausgangs*. Mit der Anlage der *Faktura* und der Überleitung dieser in die Finanzbuchhaltung wird der Umsatz gebucht, und sowohl der Umsatz als auch die Kosten des Umsatzes werden in die Ergebnisrechnung übergeleitet. Die Umsatzbuchung und die Warenausgangsbuchung sind entkoppelt. In der kalkulatorischen Ergebnisrechnung kommt die Buchung jedoch in einem Beleg an. Zum Monatsende sind daher eine Analyse und eine Abgrenzung der Warenausgänge in der Finanzbuchhaltung erforderlich, wenn eine Abstimmung mit der kalkulatorischen Ergebnisrechnung gewünscht ist.

Neben den Kosten des Umsatzes ist generell der Einsatz der Wertfelder, die nicht einem oder mehreren Konten in der Finanzbuchhaltung entsprechen, für die Abstimmung der kalkulatorischen Ergebnisrechnung eine Herausforderung. Es gibt mehrere Transaktionen, die den Wertefluss in die Ergebnisrechnung simulieren und die bei der Abstimmung mit der Finanzbuchhaltung behilflich sein sollen. Unserer Erfahrung nach gelingt die Abstimmung nur, wenn die Istwerteflüsse detailliert definiert und umfangreich getestet wurden. Jeder Prozessfehler in den Vorgängerkomponenten schlägt sich jedoch in der Ergebnisrechnung nieder und erfordert eine eingehende Analyse.

Mit SAP S/4HANA Finance bleibt das derzeitige Datenmodell für die kalkulatorische Ergebnisrechnung bestehen. Im Folgenden finden Sie einen Überblick der Tabellen, in denen die Belege der kalkulatorischen Ergebnisrechnung gespeichert sind. Mit SAP S/4HANA Finance ändert sich die Tabellenstruktur der kalkulatorischen Ergebnisrechnung nicht (siehe Tabelle 11.1). Die Belege der kalkulatorischen Ergebnisrechnung werden nicht in das Universal Journal aufgenommen, weshalb eine Abstimmung der Finanzbuchhaltung mit der kalkulatorischen Ergebnisrechnung weiterhin eine Herausforderung bleibt. Allerdings profitiert die kalkulatorische Ergebnisrechnung von den SAP-HANA-Vorteilen, wie z. B. einer deutlichen Verbesserung der Performance.

Tabellenname	Bedeutung
CE0xxxx	logische Einzelpostenstruktur
CE1xxxx	Isteinzelpostentabelle
CE2xxxx	Planeinzelpostentabelle
CE3xxxx	Objektebene
CE4xxxx	Objekttabelle
CE4xxxx_KENC	Zuordnungsänderungen
CE4xxxx_ACCT	Kontierung
CE4xxxx_FLAG	kontierte Merkmale
CE5xxxx	logische Objektebene
CE7xxxx	interne Hilfsstruktur für Umlagen
CE8xxxx	interne Hilfsstruktur für Umlagen

Tabelle 11.1 Tabellen der kalkulatorischen Ergebnisrechnung

»xxxx« in der oben dargestellten Tabelle wird durch die technische Bezeichnung des Ergebnisbereichs ersetzt.

11.1.2 Margenanalyse

Die *Margenanalyse* wurde aufgrund der eingeschränkten Funktionen in SAP ERP in der Praxis nicht sehr oft eingesetzt. Oft wurden die Margenanalyse und die kalkulatorische Ergebnisrechnung parallel genutzt, weil man sich davon eine bessere Abstimmung der kalkulatorischen Ergebnisrechnung mit der Finanzbuchhaltung erhofft hat, was aber nicht der Fall ist.

Die klassische buchhalterische Ergebnisrechnung arbeitet, im Unterschied zur kalkulatorischen Ergebnisrechnung, nicht mit Wertfeldern, sondern mit Kostenarten. Alle GuV-Sachkonten in der buchhalterischen Ergebnisrechnung müssen als Kostenarten angelegt sein, um in die Ergebnisrechnung übernommen werden zu können. Mit der neuen Margenanalyse in SAP S/4HANA Finance gibt es keine Kostenarten mehr, genauer gesagt wurde die Anlage von Kostenarten mit der Anlage von Sachkonten kombiniert. Daher müssen die Sachkonten in SAP S/4HANA Finance als Kostenarten ausgeprägt sein. Die Zuordnung des Kostenartentyps erfolgt in SAP S/4HANA Finance direkt bei der Anlage des Sachkontos auf der Registerkarte **Steuerungsdaten** im Bereich **Kontoeinstellungen am Kostenrechnungskreis 9000**. Die Ausprägungen und Bedeutungen der Kostenarten ändern sich dabei nicht.

[»]

Margenanalyse

Die Ergebnisrechnung im Universal Journal wurde in Margenanalyse umbenannt. Ziel ist es, die kalkulatorische Ergebnisrechnung von der Margenanalyse komplett zu separieren und den Ergebnisbereich für die Margenanalyse abzuschaffen, was mit der Einführung des Universal Parallel Accounting umgesetzt wurde.

Eine Beispielstruktur der klassischen buchhalterischen Ergebnisrechnung sehen Sie in Abbildung 11.4. Mit der klassischen buchhalterischen Ergebnisrechnung war es möglich, einen Ergebnisbericht sowohl im Gesamtkosten- als auch im Umsatzkostenverfahren darzustellen, was für viele Unternehmen der ausschlaggebende Grund für den Einsatz der buchhalterischen Ergebnisrechnung war.

Im Vergleich zur kalkulatorischen Ergebnisrechnung hatte die klassische buchhalterische Ergebnisrechnung deutlich weniger Funktionen. Mit SAP S/4HANA Finance wurde die Margenanalyse erweitert, um einige der Funktionen der kalkulatorischen Ergebnisrechnung in die Margenanalyse mit aufzunehmen. Die kalkulatorische Ergebnisrechnung wird zukünftig nicht mehr weiterentwickelt, weshalb dringend empfohlen wird, mit jeder Neueinführung die Margenanalyse einzuführen. In die Margenanalyse aufgenommen wurden z. B. folgende Funktionen:

- COGS-Split (Cost of Goods Sold/Kosten des Umsatzes)
- Abweichungssplit
- Mengenfelder
- Datenhaltung im Universal Journal (ACDOCA)
- Übernahme Kundenauftragsbestand
- Berücksichtigung statistischer Konditionen
- COGS-Split mit der Istkalkulation

Buchhalterische Ergebnisrechnung		
Kosten- und Erlöskonten		**Wert**
40000	Erlöse	EUR 1.000.000
50000	Erlösschmälerungen	EUR 100.000
	Nettoumsatz	EUR 900.000
60000	COGS	EUR 690.000
61000	Preisdifferenzen	EUR 10.000
62000	Forschung & Entwicklung	EUR 10.000
63000	Marketing	EUR 50.000
64000	Vertriebskosten	EUR 40.000
	Betriebsergebnis	EUR 100.000

Abbildung 11.4 Zeilenstruktur in der buchhalterischen Ergebnisrechnung

Es ist nun möglich, einen sogenannten *COGS-Split* durchzuführen. In der kalkulatorischen Ergebnisrechnung kann die Absatzmenge bei der Überleitung der Faktura mit unterschiedlichen Kalkulationsvarianten bewertet werden. Die Kosten des Umsatzes können in den Kostenbestandteilen analog den Elementen im Elementeschema dargestellt werden. Die neue Margenanalyse in SAP S/4HANA Finance erlaubt das Splitten der Kosten des Umsatzes in die Kostenbestandteile laut Elementeschema. Die neue Margenanalyse erlaubt ab Release 1809 die Darstellung der Kosten des Umsatzes mit alternativen Bewertungen. Der COGS-Split kann über den folgenden Customizing-Pfad eingestellt werden: **Finanzwesen (neu) • Hauptbuchhaltung (neu) • Periodische Arbeiten • Integration • Materialwirtschaft • Konten für Aufteilung der Kosten des Umsatzes definieren**.

Überdies ist auch der sogenannte *Abweichungssplit* möglich. Bei der Abrechnung von Produktionsabweichungen werden diese in Abweichungskategorien dargestellt. Die Darstellung der Abweichungskategorien war bislang nur in der kalkulatorischen Ergebnisrechnung möglich. Mit SAP S/4HANA Finance kann je Abweichungskategorie ein anderes GuV-Konto hinterlegt werden, was eine Darstellung der Abweichungskategorien nun auch im Berichtswesen der Margenanalyse erlaubt. Sie können den Abweichungssplit über den folgenden Customizing-Pfad konfigurieren: **Finanzwesen (neu) • Hauptbuchhaltung (neu) • Periodische Arbeiten • Integration • Materialwirtschaft • Konten für Aufteilung der Preisdifferenzen definieren**.

Die Margenanalyse in SAP S/4HANA Finance erlaubt es, bis zu drei Mengenfelder mit unterschiedlichen Mengeneinheiten darzustellen. Diese Mengenfelder werden über den Customizing-Pfad **Controlling • Controlling Allgemein • Zusätzliche Mengen • Zusätzliche Mengenfelder definieren** aktiviert.

In SAP ERP wurden die Daten der buchhalterischen Ergebnisrechnung auch in den Tabellen des Ergebnisbereichs gespeichert, die bei der Anlage des Ergebnisbereichs im SAP-System generiert werden. In SAP S/4HANA werden die Daten der Margenanalyse jedoch in Echtzeit in der Tabelle des Universal Journals (ACDOCA) abgespeichert. Die Integration der Margenanalyse in die Tabelle des Universal Journals bietet eine Menge Vorteile, wie z. B. die Erweiterung des Universal Journals um zusätzliche Merkmale, das Speichern der Daten in Echtzeit und die garantierte Abstimmung mit der Finanzbuchhaltung.

Die Funktionen der Margenanalyse haben sich mit SAP S/4HANA somit drastisch erweitert. Die kalkulatorische Ergebnisrechnung in SAP ERP hat wesentlich mehr Möglichkeiten geboten als die buchhalterische Ergebnisrechnung in SAP ERP. In SAP S/4HANA bestehen viele dieser Einschränkungen nicht mehr. Für Sie bedeutet das, dass Sie Ihre bisherige Strategie im Hinblick auf die Wahl der Art der Ergebnisrechnung überdenken sollten. In Tabelle 11.2 finden Sie einen Vergleich der Ergebnisrechnungen.

	SAP ERP		SAP S/4HANA
Bereich	kalkulatorisches CO-PA	buchhalterisches CO-PA	Margenanalyse
Kostensammler	Wertfelder	Kostenarten	Sachkonten
Abstimmung mit FI	nicht gewährleistet	ja	ja
Auftragsbestand in CO-PA	ja	nein	ja
Statistische Konditionen	ja	nein	ja
Bewertung	Bewertung mit verschiedenen Kalkulationsvarianten möglich	Bewertung ausschließlich mit führender Bewertung in der Finanzbuchhaltung	Bewertung mit verschiedenen Kalkulationsvarianten möglich
Darstellung von COGS	Darstellung der COGS in den Kostenkomponenten (z. B. Material, Personal, Zuschläge) analog dem Elementeschema in der Produktkostenrechnung	einzelnes Sachkonto für die Darstellung der COGS	Darstellung der COGS in den Kostenkomponenten (z. B. Material, Personal, Zuschläge) analog dem Elementeschema in der Produktkostenrechnung
Produktionsabweichungen	Darstellung der Abweichungskategorien	Darstellung der Produktionsabweichungen auf einem GuV-Sachkonto	Darstellung der Produktionsabweichungen mit verschiedenen Konten pro Abweichungskategorie
Mengenfelder	mehrere Mengenfelder unterstützt	ein Mengenfeld für die Darstellung der Absatzmenge	bis zu drei Mengenfelder unterstützt
Mengeneinheit	mehrere Mengeneinheiten unterstützt	eine Mengeneinheit unterstützt	bis zu drei Mengeneinheiten unterstützt

Tabelle 11.2 Überblick über die Funktionen der Ergebnisrechnung in SAP S/4HANA

11.2 Grundeinstellungen für die Margenanalyse

In diesem Abschnitt lernen Sie, welche Einstellungen notwendig sind, um die Ergebnisrechnung zu aktivieren sowie Merkmale anzulegen.

[»]

Ergebnisbereich anlegen

Um die Ergebnisrechnung nutzen zu können, müssen Sie zuerst einen Ergebnisbereich anlegen. Diesem Ergebnisbereich müssen Sie Ihre Kostenrechnungskreise zuordnen. Wie Sie einen Ergebnisbereich anlegen, erfahren Sie in Abschnitt 2.7, »Ergebnisbereich«.

Sowohl für die Margenanalyse als auch für die kalkulatorische Ergebnisrechnung müssen Sie *Merkmale* pflegen. Merkmale definieren die Kriterien, nach denen Sie die Werte in der Ergebnisrechnung auswerten können. Im SAP-Standard steht bereits eine Reihe von Merkmalen zur Verfügung, z. B. Kostenstelle, Innenauftrag und Buchungskreis. Zusätzlich zu diesen festen Feldern können Sie weitere Merkmale anlegen.

[»]

Merkmale in der Ergebnisrechnung

Sowohl in der kalkulatorischen Ergebnisrechnung als auch in der Margenanalyse legen Sie Merkmale an und ordnen diese dem Ergebnisbereich zu. Im herkömmlichen SAP-ERP-System konnten Sie dem Ergebnisbereich 50 Merkmale zuordnen. In SAP S/4HANA wurde dies auf 60 Merkmale erweitert.

Nahezu jedes Datenfeld kann als Merkmal definiert werden. Es können Merkmalsableitungen festgelegt werden, mit denen Merkmale, die nicht direkt dem Ergebnisbereich zugeordnet werden können, abgeleitet werden können.

Die Regeln für die Zuordnung und Ableitung von Merkmalen unterscheiden sich in den beiden Arten der Ergebnisrechnung nicht.

Es gibt die folgenden Arten von Merkmalen in der Ergebnisrechnung:

- Merkmale aus Vorlage-Tabellen
- Merkmale aus einer bestehenden SAP-Standardtabelle
- Merkmal mit eigener Vorlage-Tabelle

Zu einem selbst definierten Merkmal können Sie eigene Ausprägungen anlegen:

- **Merkmal ohne Wertepflege**
  Das Merkmal hat keine eigenen Ausprägungen. Dem Merkmal können Werte zugewiesen werden. Oft werden diese Merkmale aus technischen Gründen angelegt.

- **Merkmal mit Bezug auf vorhandene Werte**
  Es wird ein existierendes Merkmal mit dessen Ausprägungen kopiert.

Im Folgenden zeigen wir Ihnen, wie Sie die einzelnen Merkmalskategorien anlegen und nutzen.

Um ein Merkmal anzulegen, rufen Sie Transaktion KEA5 auf, oder Sie folgen dem Customizing-Pfad **Controlling • Ergebnis- und Marktsegmentrechnung • Strukturen • Ergebnisbereich definieren • Merkmale pflegen**. Im Bild **Merkmale bearbeiten: Einstieg** können Sie im Bereich **Merkmale auswählen** zwischen den folgenden drei Funktionen wählen:

- **Alle Merkmale**
  Alle im SAP-System angelegten Merkmale werden angezeigt/sind im Änderungsmodus verfügbar.
- **Merkmale aus Ergebnisbereich**
  Es werden nur die Merkmale eines vorausgewählten Ergebnisbereichs angezeigt/sind im Änderungsmodus verfügbar.
- **Merkmale, die nicht in Ergebnisbereichen verwendet werden**
  Anzeige oder Änderungsmodus von Merkmalen, die in keinem der im SAP-System vorhandenen Ergebnisbereiche verwendet werden

In unserem Beispiel rufen wir die Merkmale im Änderungsmodus auf, die bereits dem Ergebnisbereich 9000 zugeordnet sind (siehe Abbildung 11.5).

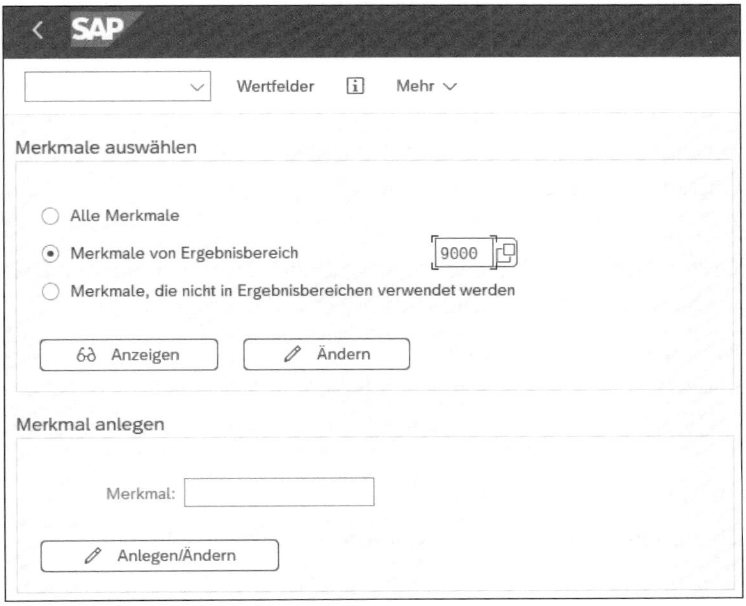

Abbildung 11.5 Merkmale bearbeiten

Wir möchten uns einen Überblick über die im Ergebnisbereich bereits zugeordneten Merkmale verschaffen. Dazu wählen Sie **Merkmale von Ergebnisbereich 9000** im Bereich **Merkmale auswählen** aus und klicken auf den Button [Ändern] (**Ändern**).

Es erscheint eine Liste in Abbildung 11.6, die alle dem Ergebnisbereich 9000 zugeordneten Merkmale zeigt. Da Sie die Funktion im Änderungsmodus aufgerufen haben, besteht die Möglichkeit, die Bezeichnung der selbst definierten Merkmale zu ändern.

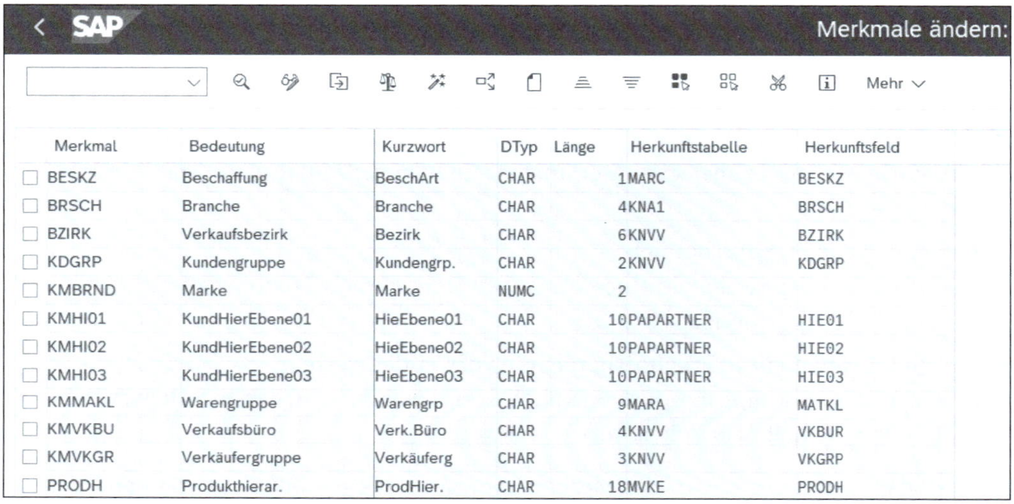

Merkmal	Bedeutung	Kurzwort	DTyp	Länge	Herkunftstabelle	Herkunftsfeld
BESKZ	Beschaffung	BeschArt	CHAR	1	MARC	BESKZ
BRSCH	Branche	Branche	CHAR	4	KNA1	BRSCH
BZIRK	Verkaufsbezirk	Bezirk	CHAR	6	KNVV	BZIRK
KDGRP	Kundengruppe	Kundengrp.	CHAR	2	KNVV	KDGRP
KMBRND	Marke	Marke	NUMC	2		
KMHI01	KundHierEbene01	HieEbene01	CHAR	10	PAPARTNER	HIE01
KMHI02	KundHierEbene02	HieEbene02	CHAR	10	PAPARTNER	HIE02
KMHI03	KundHierEbene03	HieEbene03	CHAR	10	PAPARTNER	HIE03
KMMAKL	Warengruppe	Warengrp	CHAR	9	MARA	MATKL
KMVKBU	Verkaufsbüro	Verk.Büro	CHAR	4	KNVV	VKBUR
KMVKGR	Verkäufergruppe	Verkäuferg	CHAR	3	KNVV	VKGRP
PRODH	Produkthierar.	ProdHier.	CHAR	18	MVKE	PRODH

Abbildung 11.6 Übersicht der änderbaren Merkmale

Die Liste zeigt den fünfstelligen technischen Namen des Merkmals. Selbst definierte Merkmale müssen immer mit den Buchstaben »WW« anfangen, gefolgt von drei frei wählbaren Zeichen. In der Spalte **DT...** ist festgelegt, ob es sich bei dem Merkmal um ein numerisches Merkmal handelt (NUMC) oder ob auch andere Zeichen in der Merkmalsausprägung vorkommen dürfen (CHAR). Die Spalte **Länge** gibt die Länge der Merkmalswerte an.

Wurde das Merkmal mit der Vorlage-Tabelle angelegt, finden Sie in den Spalten **Herkunftstabelle** und **Herkunftsfeld** die Ursprungstabelle bzw. das Ursprungsfeld.

Markieren Sie das Merkmal, das Sie ändern möchten, indem Sie auf den Zeilenanfang klicken. In unserem Beispiel ist BRSCH (Branche) ausgewählt. Lassen Sie sich das Detailbild über [Detail] (**Detail**) anzeigen. Es ist in mehrere Bereiche gegliedert (siehe Abbildung 11.7):

- **Texte**
  In diesem Bereich wird die Bedeutung/der Name des Merkmals definiert.
- **Dictionary**
  Der Bereich zeigt den technischen Namen des Merkmals an.

- **Herkunft**
  Wenn das Merkmal mit Vorlage-Tabelle angelegt wurde, finden Sie hier die Herkunftstabelle und den Herkunftsnamen.
- **Weitere Eigenschaften**
  Hier finden Sie u. a. Informationen darüber, ob das Merkmal bereits aktiviert ist.
- **Verprobung**
  Der Bereich gibt Aufschluss darüber, ob dem Merkmal eine Prüftabelle zugrunde liegt oder nicht. Wie bereits erwähnt, gibt es verschiedene Arten von Merkmalswerten (ohne Wertepflege, mit Wertepflege usw.). Im Bereich **Verprobung** ist erkennbar, um welche Art von Merkmal es sich handelt.

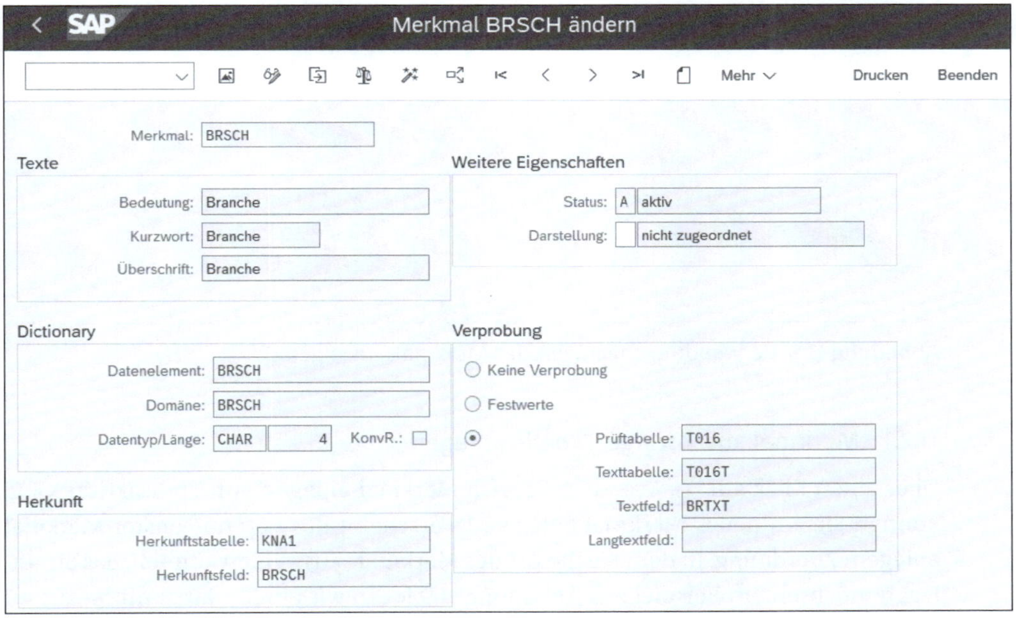

Abbildung 11.7 Details des Merkmals »Branche« anzeigen

Über einen Klick auf (**Verwendung**) können Sie sich den Verwendungsnachweis des Merkmals anzeigen lassen.

Der Verwendungsnachweis zeigt Ihnen, welchen Ergebnisbereichen das Merkmal zugeordnet ist. In Abbildung 11.8 ist das Merkmal BRSCH u. a. den Ergebnisbereichen 9000, A000 und vielen weiteren Ergebnisbereichen zugeordnet. Mit der ↵-Taste gelangen Sie zurück in das Detailbild des Merkmals.

Nach der Ansicht der bereits dem Ergebnisbereich zugeordneten Merkmale legen wir nun eigene Merkmale an, die wir später dem Ergebnisbereich zuordnen werden.

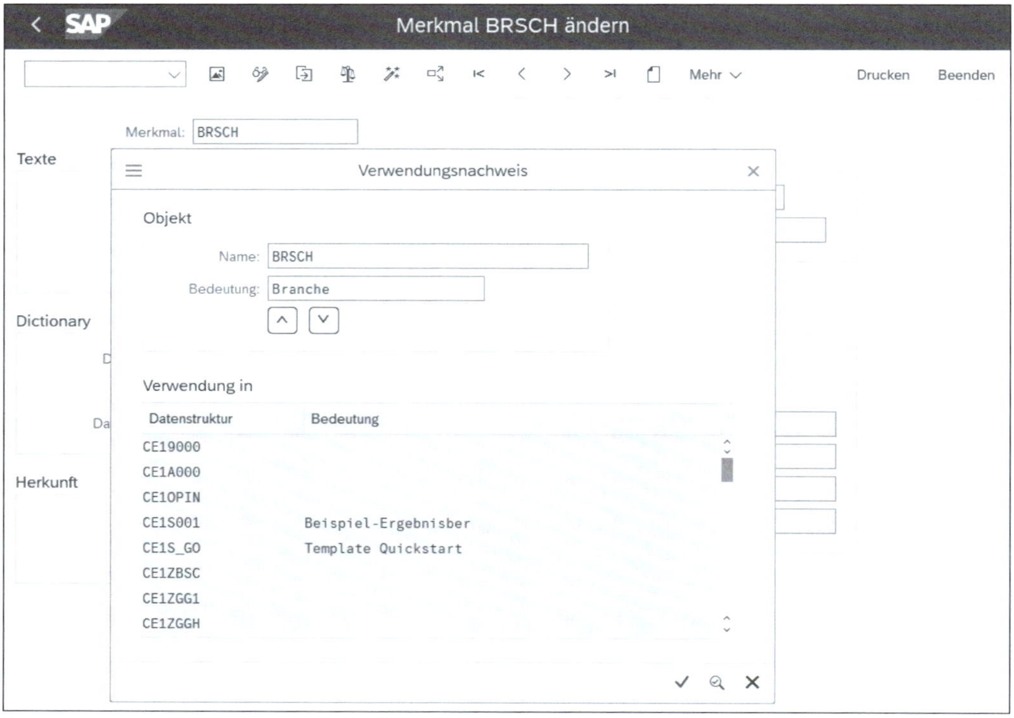

Abbildung 11.8 Verwendungsnachweis des Merkmals anzeigen

11.2.1 Merkmal aus Vorlage-Tabelle anlegen

Über einen Klick auf [→ Ändern] im Bereich **Merkmal anlegen** von Transaktion KEA5 können Sie ein neues Merkmal anlegen. Es erscheint das Pop-up-Fenster **Merkmal anlegen: Zuordnung**, in dem Sie die Art des Merkmals auswählen können, das Sie anlegen möchten. Im Beispiel aus Abbildung 11.9 legen wir ein Merkmal mit Bezug zu einer Vorlage-Tabelle an.

Wählen Sie **Vorlagetabelle anlegen** im oberen Teil des Pop-up-Fensters aus. Es steht nun eine große Auswahl an Datenbanktabellen zur Verfügung, aus denen Sie Merkmale übernehmen können. Sie müssen allerdings wissen, wie der technische Name des Merkmals lautet, das Sie übernehmen möchten, und in welcher Datenbanktabelle es abgelegt ist. Sie können Merkmale aus den in Tabelle 11.3 aufgeführten Vorlage-Tabellen verwenden.

Im Beispiel in Abbildung 11.9 übernehmen wir ein Merkmal aus Tabelle KNA1 (Kundenstamm). Tragen Sie in das Feld **Tabelle** »KNA1« ein, und bestätigen Sie Ihre Eingaben mit der [↵]-Taste.

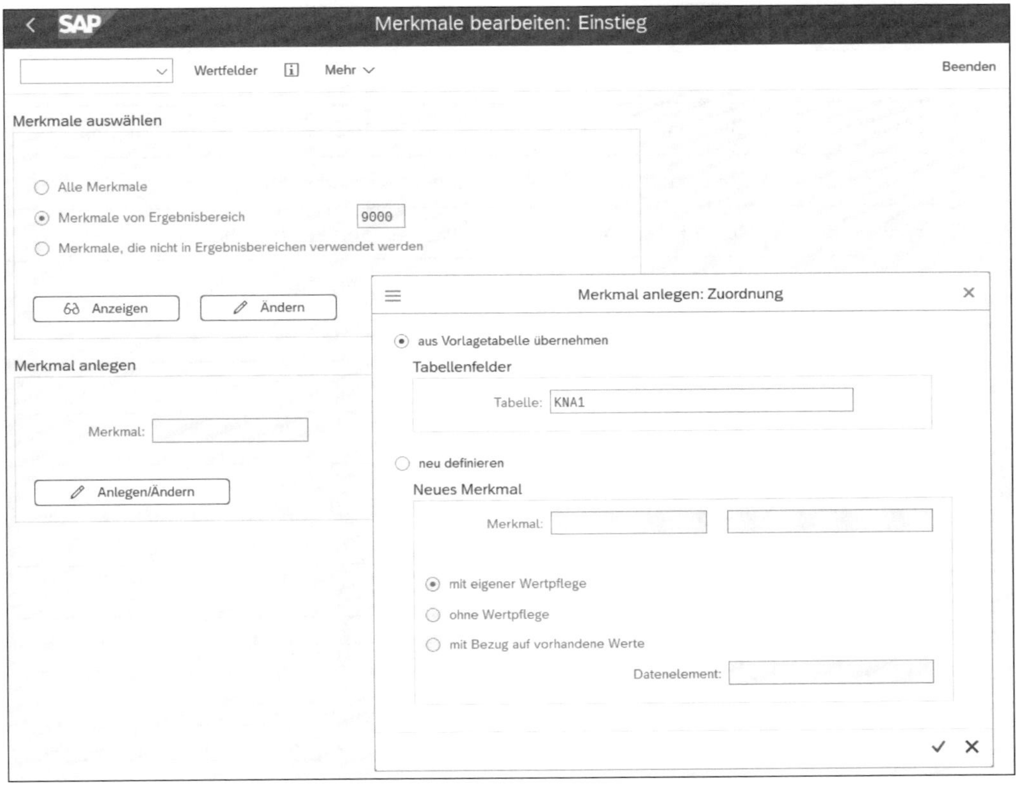

Abbildung 11.9 Merkmal aus der Vorlage-Tabelle anlegen

Tabelle	Bezeichnung
KNA1	Kundenstamm (allgemeiner Teil)
KNB1	Kundenstamm (Buchungskreis)
KNVV	Kundenstamm (Vertriebsdaten)
MARA	Allgemeine Materialdaten
MARC	Werksdaten zum Material
MVKE	Verkaufsdaten zum Material
PACPROJECT	Merkmale aus cProjects, die in CO-PA verwendet werden können
PACRMIPM	Merkmale aus CRM IPM (IPM = Intellectual Property Management), die in CO-PA verwendet werden können

Tabelle 11.3 Übersicht über die vorhandenen Vorlage-Tabellen

Tabelle	Bezeichnung
PACRMSLS	Merkmale von CRM Sales, die in CO-PA verwendet werden können
PACRMSRV	Merkmale von CRM Service, die in CO-PA verwendet werden können
PAPARTNER	SD-Partner, die in CO-PA verwendet werden können
PARETAIL	Retail-Felder, die in CO-PA verwendet werden können
PRPS	PSP-Element (Projektstrukturplanelement) Stammdaten
T001W	Werke/Niederlassungen
VBAK	Verkaufsbeleg: Kopfdaten
VBAP	Verkaufsbeleg: Positionsdaten
VBKD	Verkaufsbeleg: Kaufmännische Daten
VIAUFKST	Generierte Tabelle zum View VIAUFKST
WTY_COPA	Garantieabwicklung: Merkmale für CO-PA

Tabelle 11.3 Übersicht über die vorhandenen Vorlage-Tabellen (Forts.)

Es öffnet sich das Pop-up-Fenster **Referenztabelle: KNA1 Kundenstamm (allgemein)**, in dem alle Merkmale von Tabelle KNA1 gelistet sind. Merkmale, die blau hinterlegt sind, können nicht übernommen werden, weil diese entweder bereits als Merkmale angelegt sind oder eine Übernahme aus technischen Gründen nicht unterstützt wird. Markieren Sie das Merkmal KTOKD (Kontengruppe) über einen Klick auf den Zeilenanfang, und wählen Sie dieses mit der [↵]-Taste aus (siehe Abbildung 11.10).

Es öffnet sich das Ihnen bereits vertraute Bild **Merkmal KTOKD anlegen** zur Detailpflege des Merkmals. Da das Merkmal aus einer Vorlage-Tabelle übernommen wird, sind bereits alle Felder vorausgefüllt. Es sind für unser Beispiel keine Änderungen erforderlich. Aktivieren Sie das Merkmal mit einem Klick auf (**Aktivieren**), siehe Abbildung 11.11. Speichern Sie das neue Merkmal mit Sichern (**Sichern**) oder über die Tastenkombination [Strg] + [S].

Damit das Merkmal im Ergebnisbereich zur Verfügung steht, muss es nun dem Ergebnisbereich zugeordnet werden. Rufen Sie dazu Transaktion KEA0 oder den Customizing-Pfad **Controlling • Ergebnis- und Marktsegmentrechnung • Strukturen • Ergebnisbereich definieren • Ergebnisbereich pflegen** auf. In Transaktion KEA0 können Sie das Merkmal dem Ergebnisbereich zuordnen und den Ergebnisbereich aktivieren, damit das neu angelegte Merkmal zur Verwendung bereitsteht.

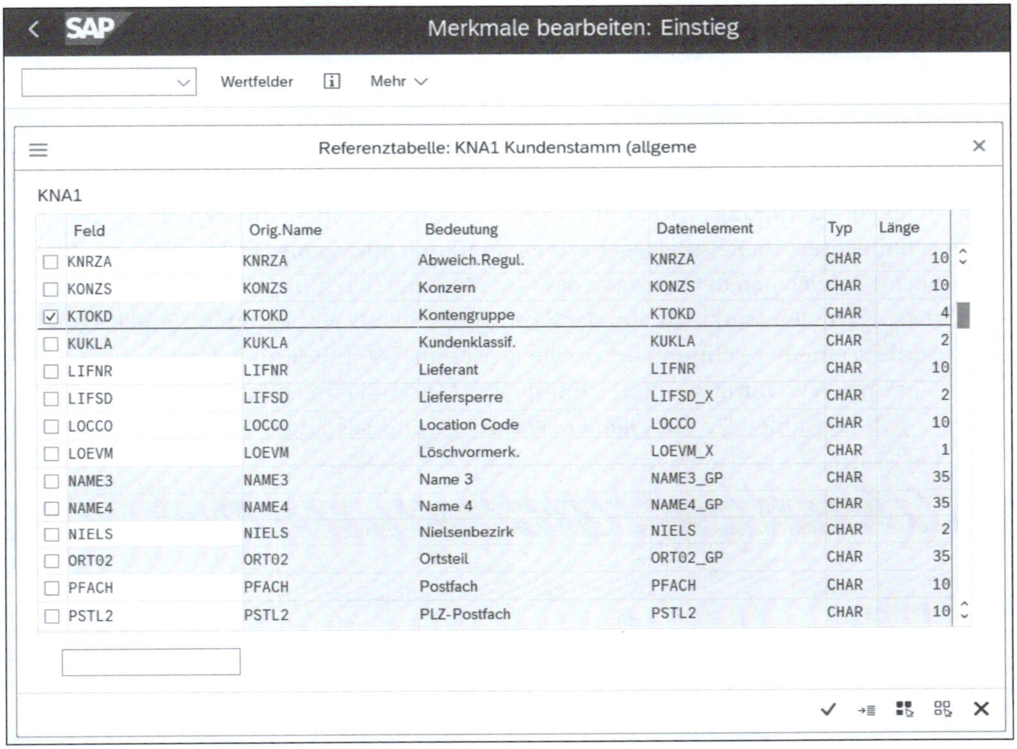

Abbildung 11.10 Merkmal aus der Vorlage-Tabelle wählen

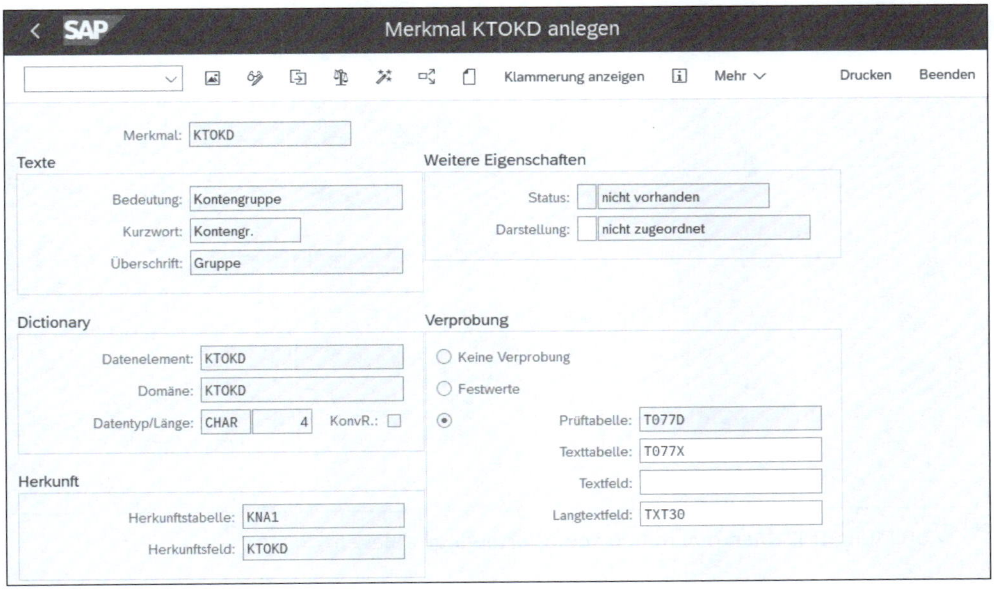

Abbildung 11.11 Merkmal aktivieren

11.2.2 Merkmal mit eigener Wertepflege anlegen

Erfahren Sie nun, wie Sie ein Merkmal mit eigener Wertepflege anlegen. In der Wertepflege können Sie dem Merkmal kundenspezifische Werte zuordnen.

Über einen Klick auf [→ Ändern] im Bereich **Merkmal anlegen** in Transaktion KEA5 können Sie ein neues Merkmal anlegen. Es erscheint das Pop-up-Fenster **Merkmal anlegen: Zuordnung**. Dort können Sie die Art des Merkmals auswählen, das Sie anlegen möchten. Im Beispiel legen wir ein Merkmal mit eigener Wertepflege an. Tragen Sie im Bereich **neu definieren** in das Feld **Merkmal** den fünfstelligen technischen Namen des neuen Merkmals ein. Der Name muss mit »WW« beginnen. Vergeben Sie außerdem eine Bezeichnung für das neue Merkmal. In unserem Beispiel legen wir das Merkmal WW111 mit der Bezeichnung »In-/Ausland« an (siehe Abbildung 11.12). Im Anschluss wählen Sie **mit eigener Wertpflege** und bestätigen Ihre Eingaben mit der [↵]-Taste.

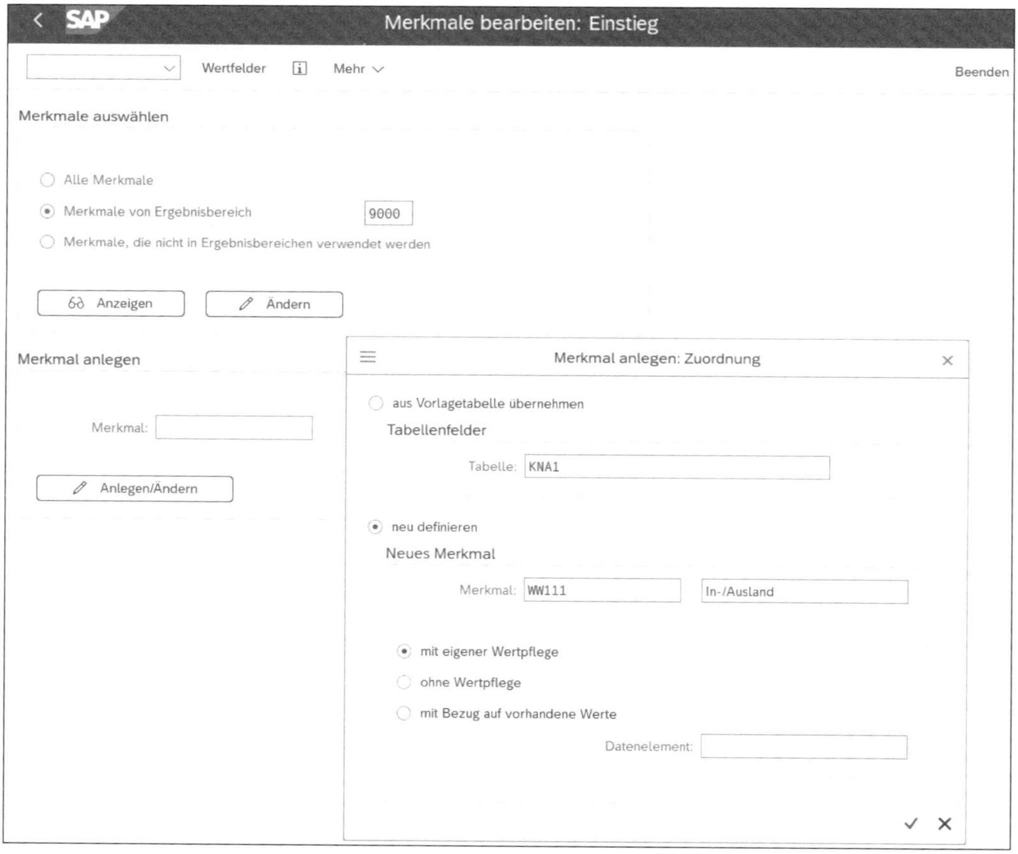

Abbildung 11.12 Merkmal mit eigener Wertepflege anlegen

Es öffnet sich ein neues Bild **Merkmal WW111 anlegen**, in dem Sie die Details des neuen Merkmals pflegen können (siehe Abbildung 11.13). Geben Sie im Bereich **Texte** eine Bezeichnung in die Felder **Kurzwort** und **Überschrift** ein. Im Feld **Datentyp/Länge** legen Sie fest, wie die Pflege des Merkmals erfolgen soll. Sie haben die Auswahl zwischen numerischer und alphanumerischer Merkmalspflege:

- NUMC (numerisch)
- CHAR (alphanumerisch)

Darüber hinaus legen Sie die Länge des Merkmals fest. Im Beispiel in Abbildung 11.13 legen wir das Merkmal WW111 alphanumerisch (CHAR) und mit der Länge 2 an. Nachdem Sie die Pflege dieser Felder vorgenommen haben, aktivieren Sie das Merkmal über den Button (**Aktivieren**).

Abbildung 11.13 Datentyp/Länge pflegen

Es erscheint das Pop-up-Fenster **Generierung neuer Prüftabellen** in Abbildung 11.14, das Sie darauf hinweist, dass neue Prüftabellen für dieses Merkmal im Hintergrund angelegt werden, damit Sie die Merkmalspflege vornehmen können. Das Pop-up-Fenster fragt, wie die Nummernvergabe für diese Prüftabellen erfolgen soll. Es empfiehlt sich, die Nummernvergabe und die Anlage der Prüftabellen automatisch vom SAP-System vornehmen zu lassen. Bestätigen Sie aus diesem Grund das Pop-up-Fenster mit dem Button Automatisch, und die Generierung der Prüftabellen erfolgt im Hintergrund.

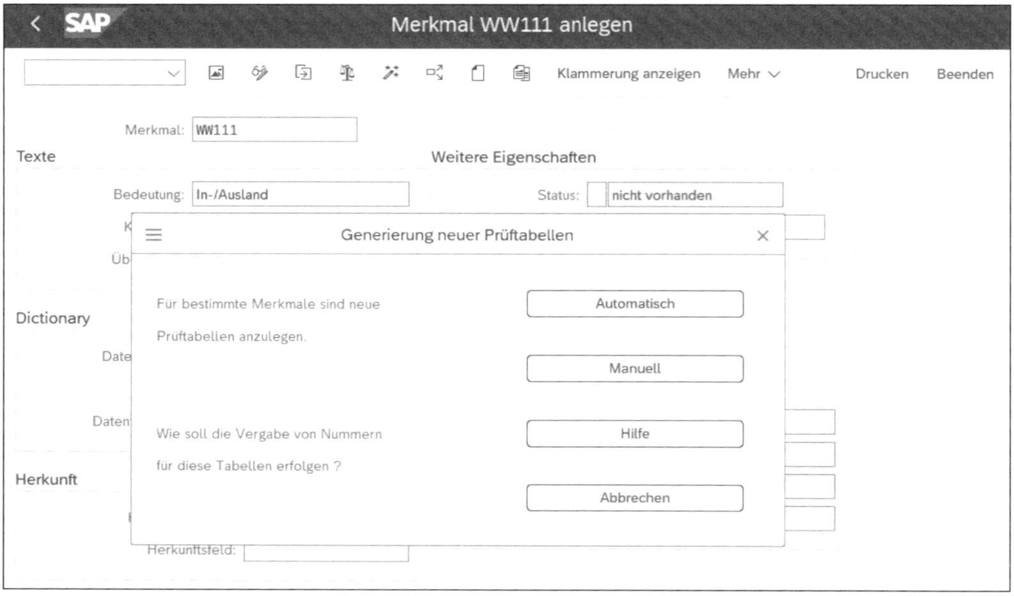

Abbildung 11.14 Neue Prüftabellen für Merkmale mit Wertepflege generieren

Nach der Generierung der Tabellen sehen Sie im Detailbild des Merkmals, dass im Bereich **Verprobung** Prüftabellen hinterlegt wurden.

Aktivieren Sie das Merkmal mit [Symbol] (**Aktivieren**), und speichern Sie es mit **Sichern** (**Sichern**) oder über die Tastenkombination Strg + S. Sie müssen das Merkmal nun dem Ergebnisbereich zuordnen, bevor Sie die Pflege der Merkmalsausprägung vornehmen können.

11.2.3 Merkmal zum Ergebnisbereich zuordnen

In diesem Abschnitt lernen Sie, wie Sie weitere und neu angelegte Merkmale dem Ergebnisbereich zuordnen. Nur nach der Zuordnung der Merkmale zum Ergebnisbereich und der Aktivierung dessen stehen die Merkmale zur Anwendung bereit. Für die Zuordnung des Merkmals zum Ergebnisbereich rufen Sie Transaktion KEA0 auf oder folgen dem Customizing-Pfad **Controlling • Ergebnis- und Marktsegmentrechnung • Strukturen • Ergebnisbereich definieren • Ergebnisbereich pflegen**. Geben Sie in das Feld **Ergebnisbereich** den Ergebnisbereich ein, zu dem Sie das Merkmal zuordnen möchten. In unserem Beispiel in Abbildung 11.15 ordnen wir das Merkmal dem Ergebnisbereich 9000 zu. Klicken Sie auf [Symbol] (**Anzeigen/Ändern**), um die Datenstruktur ändern zu können. Im Anschluss klicken Sie auf → Ändern.

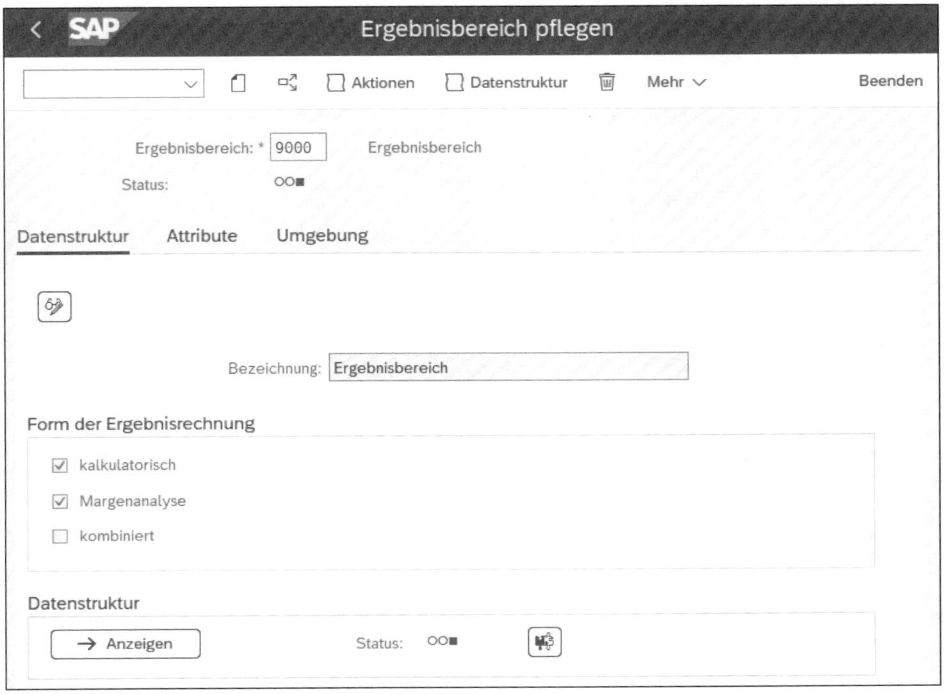

Abbildung 11.15 Datenstrukturen des Ergebnisbereichs ändern

Danach erhalten Sie einen Überblick über die Merkmale. Das Bild **Datenstruktur bearbeiten: Merkmalsbild** ist in zwei Teile gegliedert: Im Bereich **Datenstruktur** sind die Merkmale gelistet, die bereits im Ergebnisbereich aktiviert sind. Im Bereich **Vorlage** sind alle Merkmale aufgeführt, die im SAP-System angelegt sind. Merkmale in blauer Schrift sind entweder bereits dem Ergebnisbereich zugeordnet oder nicht zuzuordnen. Über die Pfeile in der Mitte der beiden Tabellen (**Felder übernehmen/ Felder zurückstellen**) können Merkmale dem Ergebnisbereich zugeordnet bzw. kann die Zuordnung rückgängig gemacht werden. Nach der Aktivierung des Ergebnisbereichs ist es jedoch nur sehr schwer möglich, die Zuordnung zum Ergebnisbereich rückgängig zu machen. In Abbildung 11.16 ordnen wir das Merkmal WW111 dem Ergebnisbereich zu.

Nach der Zuordnung des Merkmals WW111 (In-/Ausland) aktivieren Sie die Zuordnung über (**Aktivieren**). Kehren Sie über (**Zurück**) oder über die Taste F3 zum Ergebnisbereich zurück. Es erscheint ein Pop-up-Fenster mit der Frage, ob die Umgebung des Ergebnisbereichs aktualisiert werden solle (siehe Abbildung 11.17). Bestätigen Sie dieses Pop-up-Fenster mit **Ja**, damit der Ergebnisbereich aktiviert wird und wieder zur Verwendung zur Verfügung steht.

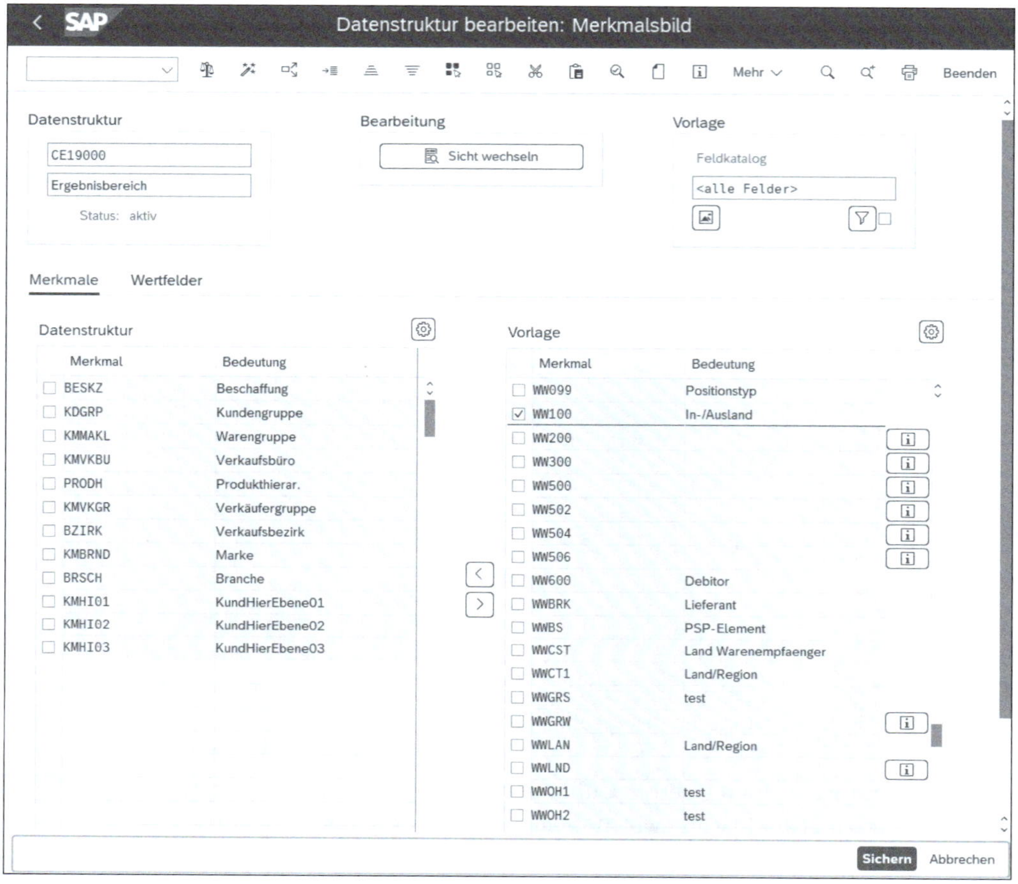

Abbildung 11.16 Merkmal WW111 zum Ergebnisbereich zuordnen

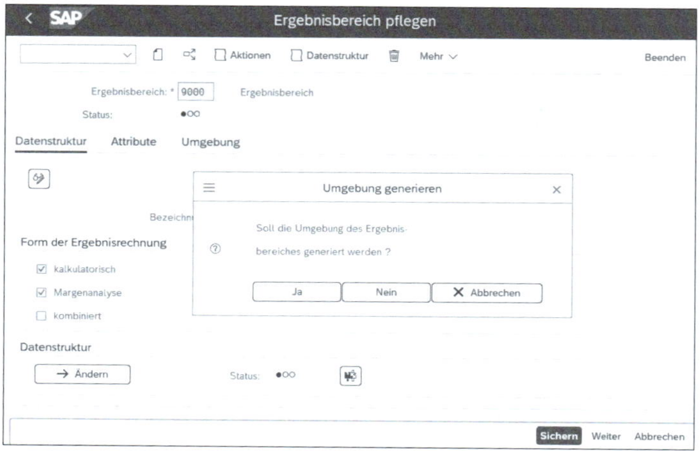

Abbildung 11.17 Umgebung des Ergebnisbereichs generieren

Ist die Generierung des Ergebnisbereichs erfolgreich, ist der Status des Ergebnisbereichs grün. Ist die Generierung allerdings nicht erfolgreich, ist der Status rot, und in der Regel erscheint ein Pop-up-Fenster mit der Meldung: »Umgebung des Ergebnisbereichs konnte nicht vollständig generiert werden.« Beachten Sie, dass bei nicht erfolgreicher Generierung des Ergebnisbereichs keine Buchungen möglich sind, die für die Gewinn-und-Verlust-Rechnung (GuV) relevant sind, bis der Ergebnisbereich vollständig generiert ist.

War die Generierung des Ergebnisbereichs nicht erfolgreich, können Sie über den Pfad **Zusätze • Aktionsprotokoll** den Grund für die nicht vollständige Generierung in Erfahrung bringen. In Abbildung 11.18 sehen Sie das Aktivierungsprotokoll. Prüfen Sie die fehlerhaften Nachrichten, die Sie an der roten Kennzeichnung erkennen. In unserem Fall lautet die Fehlermeldung »Neues CO-PA-Merkmal für ACDOCA; starten Sie Report FCO_ADD_COPA_FIELD_TO_ACDOCA im Hintergrund«. Da wir in unserem Beispiel die Margenanalyse aktiviert haben, sind alle Merkmale als Spalte im Universal Journal (der Datenbanktabelle ACDOCA) enthalten. Diese Tabelle muss beim Hinzufügen von neuen Merkmalen erweitert werden.

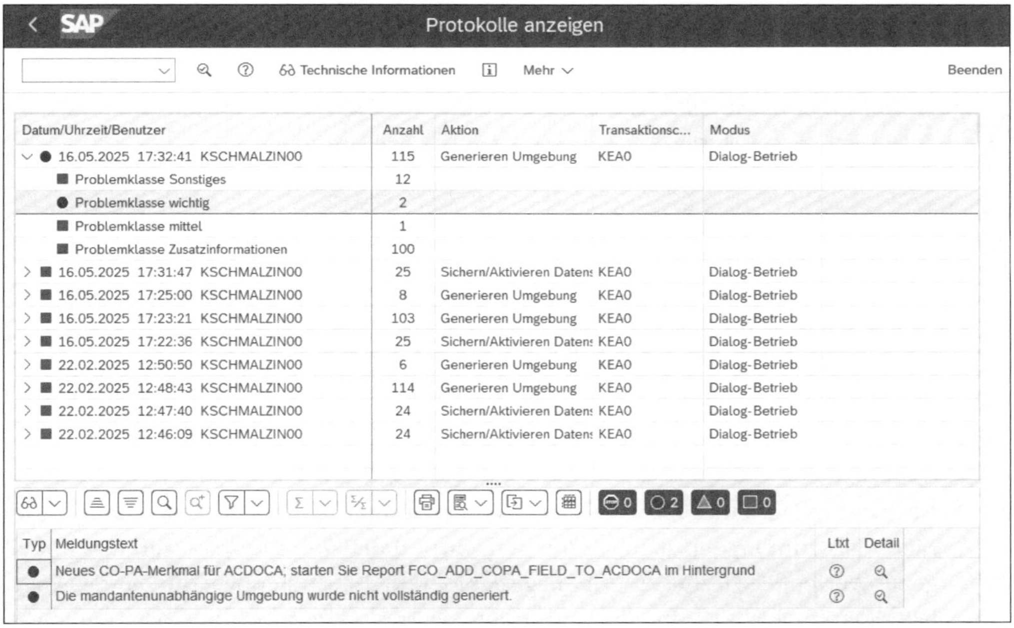

Abbildung 11.18 Aktionsprotokoll anzeigen

Wie die Meldung besagt, muss der Report FCO_ADD_COPA_FIELD_TO_ACDOCA ausgeführt werden. Dazu rufen Sie Transaktion SA38 auf (siehe Abbildung 11.19). Bevor der Report ausgeführt werden kann, müssen Sie eine Variante anlegen. Diese Variante enthält lediglich den Ergebnisbereich, für den Merkmale hinzugefügt wurden.

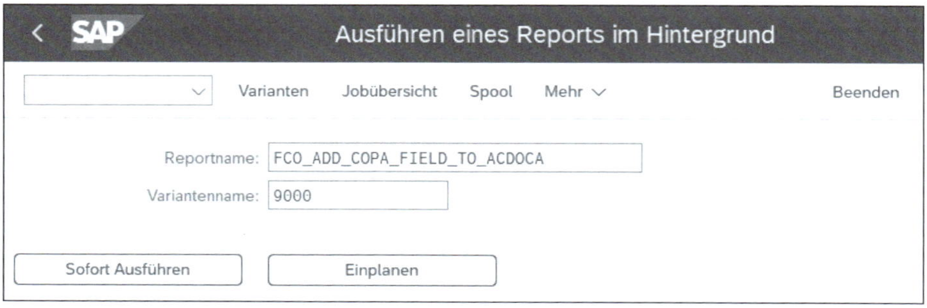

Abbildung 11.19 Report zur Erweiterung von Tabelle ACDOCA ausführen

Report FCO_ADD_COPA_FIELD_TO_ACDOCA über Nacht ausführen

Der Report FCO_ADD_COPA_FIELD_TO_ACDOCA hat eine sehr lange Laufzeit, und die Laufzeit verlängert sich je nach Datenvolumen von Tabelle ACDOCA. Deswegen empfehlen wir, den Report über Nacht auszuführen.

Wurde der Report erfolgreich ausgeführt, nehmen Sie die Generierung des Ergebnisbereichs erneut vor, bevor Sie Ihre Arbeit fortsetzen können.

Short Dump nach Generierung des Ergebnisbereichs

Für SAP S/4HANA 1709 gibt es zwei SAP-Hinweise, die eingespielt werden müssen, falls es zu Short Dumps nach der Generierung des Ergebnisbereichs bei der Ausführung von Buchungen kommt. Es handelt sich um SAP-Hinweis 2534580 (CO-PA-Merkmale in Buchungsbeleg nicht gefüllt oder Kurzdump bei Generierung der CO-PA-Umgebung) und SAP-Hinweis 2578433 (Kurzdump CX_SY_DYNAMIC_OSQL_SEMANTICS: Fehler in CO-PA nach Upgrade auf SAP S/4HANA 1709).

11.2.4 Merkmalswerte pflegen

Nach der Anlage eines Merkmals mit eigener Wertepflege und der Zuordnung dieses Merkmals zum Ergebnisbereich müssen wir nun die Werte für das Merkmal mit eigener Wertepflege festlegen. Zur Pflege der Merkmalsausprägungen für das neu angelegte Merkmal WW111 (In-/Ausland) rufen Sie Transaktion KES1 auf, oder Sie folgen dem Customizing-Pfad **Controlling • Ergebnis- und Marktsegmentrechnung • Stammdaten • Merkmalswerte • Merkmalswerte pflegen**. In Abbildung 11.20 finden Sie eine Übersicht der selbst definierten Merkmale im Ergebnisbereich. Über einen Klick auf ein Merkmal, in unserem Beispiel **In-/Ausland**, können Sie die Merkmalswerte für das Merkmal WW111 pflegen.

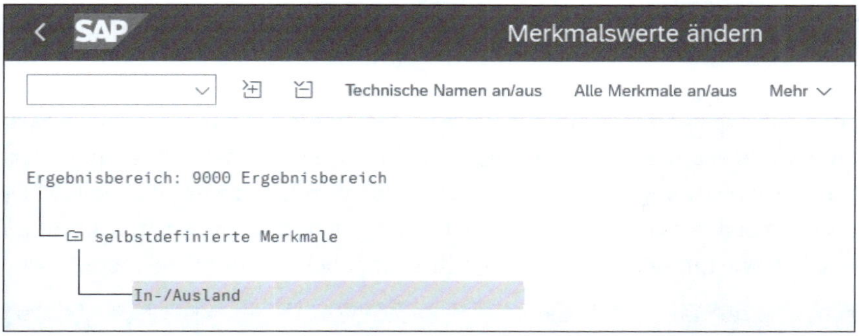

Abbildung 11.20 Wertepflege für das Merkmal WW111 anlegen

Sie können über einen Klick auf **Neue Einträge** eigene Merkmalswerte anlegen. In der Spalte **In-/Ausland** legen Sie den technischen Wert des Merkmals fest. Länge und Ausprägung des Merkmals (numerisch oder alphanumerisch) werden bei der Anlage des Merkmals in den Merkmalsdetails festgelegt. In unserem Beispiel legen wir das Merkmal I mit der Bezeichnung »Inland« und das Merkmal A mit der Bezeichnung »Ausland« an (siehe Abbildung 11.21). Speichern Sie Ihre Einstellungen mit **Sichern** (**Sichern**) oder über die Tastenkombination Strg + S.

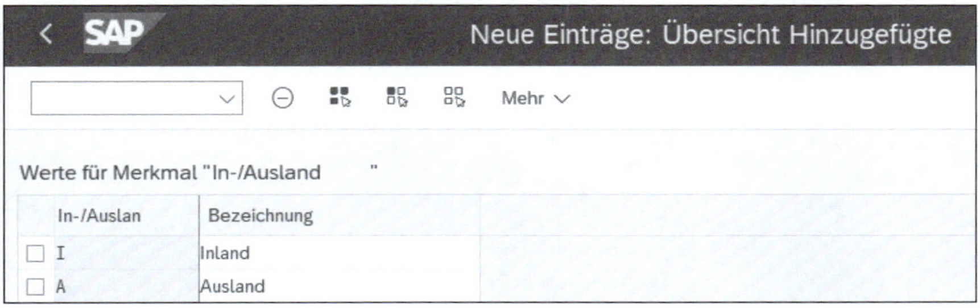

Abbildung 11.21 Werte für das Merkmal WW111 anlegen

Damit eine Ableitung des Merkmals in den Belegen erfolgen kann, müssen Sie zusätzlich eine Ableitungsregel anlegen, damit das SAP-System weiß, welche Belege mit diesem Merkmal versorgt werden und welche Kriterien dazu erfüllt sein müssen. Wie Sie eine Merkmalsableitung anlegen, erfahren Sie ebenfalls in diesem Kapitel in Abbildung 11.31.

11.2.5 Merkmal ohne Wertepflege anlegen

In diesem Abschnitt lernen Sie, wie Sie ein Merkmal ohne Wertepflege anlegen. Merkmale ohne Wertepflege werden z. B. angelegt, um Ergebnisobjekte mit einem bestimmten Merkmal zu kennzeichnen. Über einen Klick auf Anlegen/Ändern im Bereich **Merkmal anlegen** in Transaktion KEA5 können Sie ein neues Merkmal anlegen.

Es erscheint das Pop-up-Fenster **Merkmal anlegen: Zuordnung**, in dem Sie die Art des Merkmals, das Sie anlegen möchten, auswählen können. Im Beispiel legen wir ein Merkmal ohne Wertepflege an. Tragen Sie im Bereich **neu definieren** in das Feld **Merkmal** den fünfstelligen technischen Namen des neuen Merkmals ein. Wie auch bei den bereits vorgestellten Ansätzen muss dieser Name mit »WW« beginnen. Vergeben Sie außerdem eine Bezeichnung für das neue Merkmal. In Abbildung 11.22 legen wir das Merkmal WW002 mit der Bezeichnung »nicht planen« an. Im Anschluss wählen Sie **ohne Wertpflege** und bestätigen Ihre Eingaben mit der [↵]-Taste.

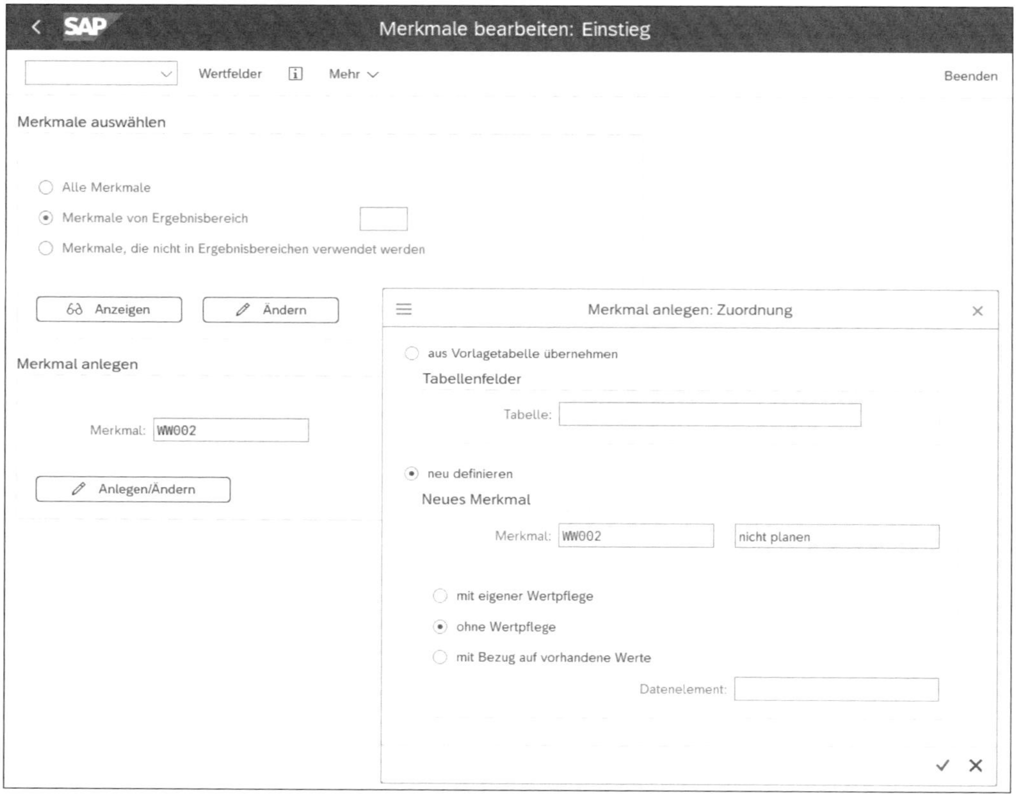

Abbildung 11.22 Merkmal ohne Wertepflege anlegen

Im Bild **Merkmal WW002 anlegen** legen Sie das Kurzwort und die Überschrift fest. Das neue Merkmal soll Materialien kennzeichnen, die nicht für die Planung relevant sind. Im Bereich **Dictionary** legen Sie im Feld **Datentyp/Länge** den Datentyp fest:

- CHAR = alphanumerisch
- NUMC = numerisch

Außerdem müssen Sie die Datenlänge definieren. Das Merkmal WW002, das wir in unserem Beispiel anlegen, ist alphanumerisch und hat die Datenlänge 1 (siehe Abbildung 11.23).

Abbildung 11.23 Merkmal WW002 anlegen

Aktivieren Sie das Merkmal mit einem Klick auf [Symbol] (**Aktivieren**), und speichern Sie Ihre Einstellungen mit **Sichern** (**Sichern**) oder über die Tastenkombination Strg + S. Ordnen Sie nun das Merkmal über Transaktion KEA0 dem Ergebnisbereich zu.

Damit eine Ableitung des Merkmals in den Belegen erfolgen kann, müssen Sie zusätzlich eine Ableitungsregel anlegen, die bestimmt, welche Kriterien erfüllt werden müssen. Nur so kann das SAP-System die korrekten Belege mit diesem Merkmal versorgen. Wie Sie eine Merkmalsableitung anlegen, lernen Sie ebenfalls in diesem Abschnitt (z. B. im Abschnitt »Merkmalsableitung mit Tabellenzugriff anlegen«).

11.2.6 Merkmal mit Bezug auf vorhandene Werte anlegen

In diesem Abschnitt erfahren Sie, wie ein Merkmal mit Bezug auf vorhandene Werte angelegt wird. Merkmale mit Bezug auf vorhandene Werte sind gewissermaßen eine Kopie eines vorhandenen Merkmals. Über einen Klick auf Anlegen/Ändern im Bereich **Merkmal anlegen** in Transaktion KEA5 können Sie ein neues Merkmal anlegen. Es erscheint das Pop-up-Fenster **Merkmal anlegen: Zuordnung**, in dem Sie die Art des neuen Merkmals auswählen können. In unserem Beispiel legen wir ein Merkmal mit Bezug auf vorhandene Werte an. Tragen Sie im Bereich **neu definieren** in das Feld **Merkmal** den fünfstelligen technischen Namen des neuen Merkmals ein (mit »WW« beginnend). Außerdem vergeben Sie eine Bezeichnung für das neue Merkmal.

In Abbildung 11.24 legen wir das Merkmal WW003 mit der Bezeichnung »Land« an. Im Anschluss wählen Sie **mit Bezug auf vorhandene Werte** und tragen in das Feld **Datenelement** den technischen Namen des Merkmals ein, das die gleichen Merkmalsausprägungen hat, und bestätigen Ihre Eingaben mit der [↵]-Taste.

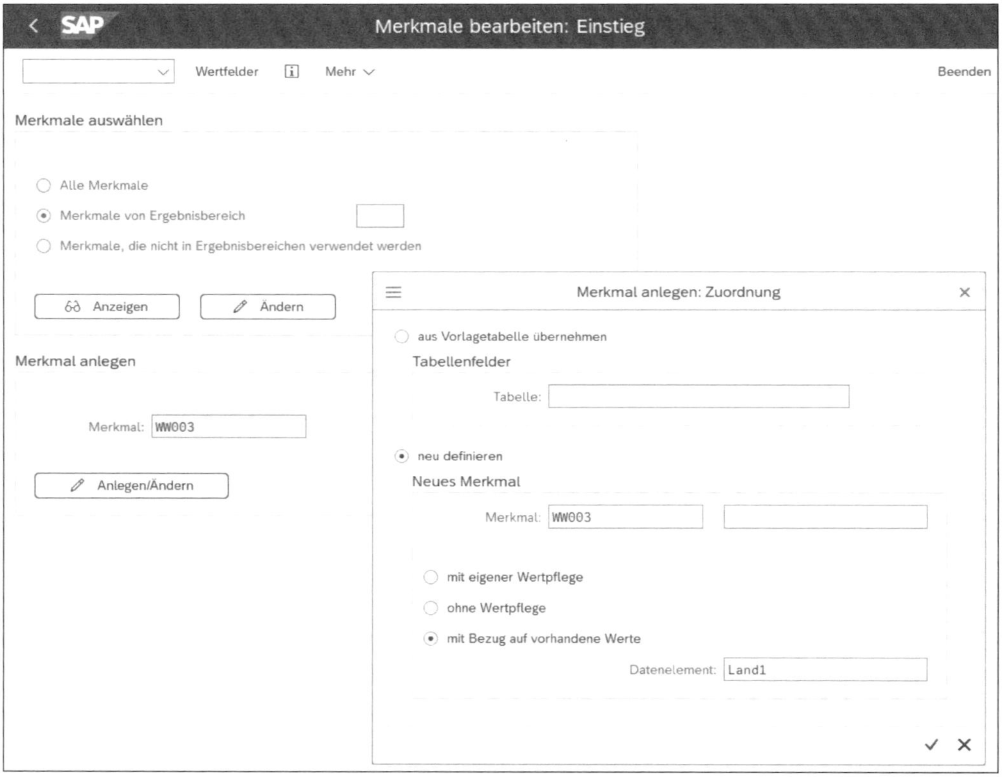

Abbildung 11.24 Merkmal mit Bezug auf vorhandene Werte anlegen

Im Bild **Merkmal WW003 anlegen** legen Sie das Kurzwort und die Überschrift fest (siehe Abbildung 11.25). Das neue Merkmal soll das Land des Warenempfängers darstellen. In der Praxis weicht das Empfängerland meist von dem Land des Auftraggebers ab. Alle weiteren Werte werden vom Bezugsmerkmal LAND1 kopiert, und es sind keine weiteren Eingaben in diesem Bild erforderlich.

Aktivieren Sie das Merkmal mit einem Klick auf [Aktivieren-Symbol] (**Aktivieren**), und speichern Sie Ihre Einstellungen mit **Sichern** (**Sichern**) oder über die Tastenkombination [Strg] + [S]. Ordnen Sie nun das Merkmal über Transaktion KEA0 dem Ergebnisbereich zu.

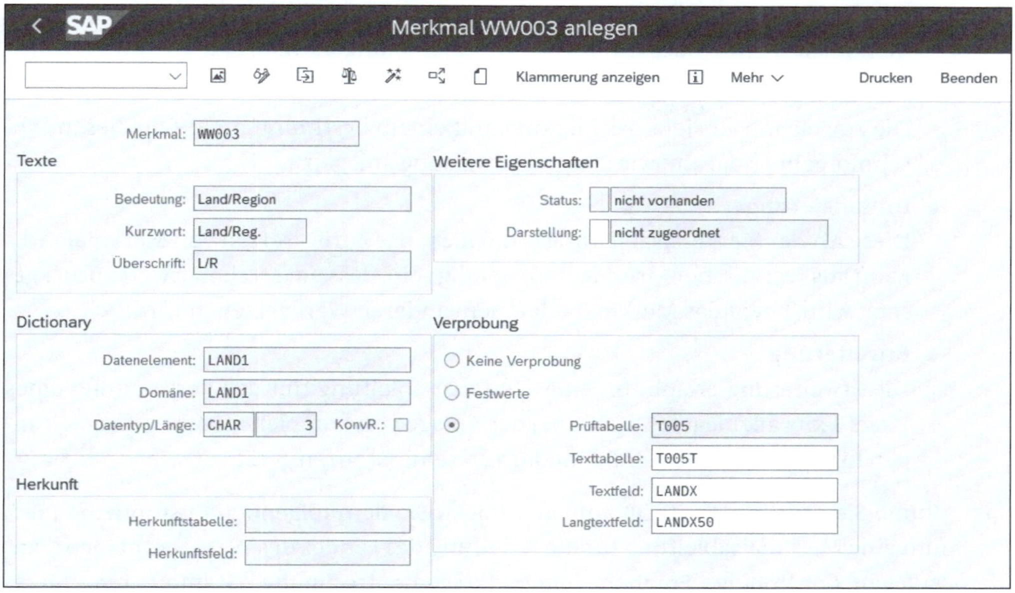

Abbildung 11.25 Merkmal WW003 anlegen

Außerdem müssen Sie eine Ableitungsregel anlegen, damit das Merkmal in den Belegen abgeleitet werden kann. Damit legen Sie zum einen fest, welche Belege mit diesem Merkmal versorgt werden, und bestimmen zum anderen, welche Kriterien dazu erfüllt sein müssen. Wie Sie eine Merkmalsableitung anlegen, erfahren Sie ebenfalls in diesem Kapitel (z. B. im folgenden Abschnitt »Merkmalsableitung mit Tabellenzugriff anlegen«).

11.2.7 Merkmalsableitung mit Tabellenzugriff anlegen

Im letzten Abschnitt haben wir ein Merkmal angelegt, das wir für die Ableitung des Landes des Warenempfängers verwenden können. Damit das Merkmal mit Werten gefüllt wird, müssen wir, wie bereits mehrfach erwähnt, eine Ableitungsregel anlegen. Im SAP-System gibt es verschiedene Arten der Merkmalsableitung:

- **Ableitungsregel**
  Die Ableitungsregel ist die am meisten verwendete Merkmalsableitung in der Ergebnisrechnung. Sie ermöglicht es, Merkmalswerte anhand von verschiedenen Merkmalskombinationen abzuleiten. In diesem Abschnitt erfahren Sie, wie Sie eine Merkmalsableitung für das eigendefinierte Merkmal **In-/Ausland** anlegen.
- **Tabellenzugriff**
  Mit dieser Art der Merkmalsableitung wird es ermöglicht, auf Tabellen von z. B. Stammdaten zuzugreifen, die im Beleg enthalten sind, und Merkmale aus diesen

abzuleiten. In diesem Abschnitt erfahren Sie, wie Sie einen Tabellenzugriff für die Merkmalsableitung des Landes des Warenempfängers anlegen.

- **Zuweisung**
  Die Zuweisung versieht das Merkmal mit einem bestimmten Wert. In diesem Abschnitt geht es darum, wie Sie eine Zuweisung anlegen.
- **Initialisierung**
  Diese Art der Merkmalsableitung ermöglicht das Zurücksetzen von Merkmalen. Es kann aus technischen Gründen notwendig sein, dass ein Merkmalswert zurückgesetzt wird, bevor das Merkmal mit einem anderen Wert versehen wird.
- **Erweiterung**
  Die Erweiterung erlaubt es, eine Merkmalsableitung mit der Verwendung eines Users-Exits anzulegen. Dies ist bei der Anlage von komplexen Merkmalsableitungen hilfreich, wenn der SAP-Standard an seine Grenzen gerät.

Rufen Sie Transaktion KEDR auf, oder folgen Sie dem folgenden Customizing-Pfad, um eine Merkmalsableitung für die Ableitung des Landes des Warenempfängers anzulegen: **Controlling • Ergebnis- und Marktsegmentrechnung • Stammdaten • Merkmalsableitung definieren**.

Zum Anlegen einer Merkmalsableitung klicken Sie zuerst auf [icon] (**Anzeigen/Ändern**), um in den Änderungsmodus der Merkmalsableitung zu wechseln. Im Änderungsmodus können Sie eine neue Merkmalsableitung über einen Klick auf [icon] (**Neu anlegen**) erstellen.

Es erscheint das Pop-up-Fenster **Schritt anlegen**, das Sie in Abbildung 11.26 sehen. Hier wählen Sie die Art der Merkmalsableitung aus, die Sie anlegen möchten. In unserem Beispiel wählen wir **Tabellenzugriff**, um das Land des Warenempfängers ableiten zu können. Bestätigen Sie Ihre Auswahl mit der [↵]-Taste.

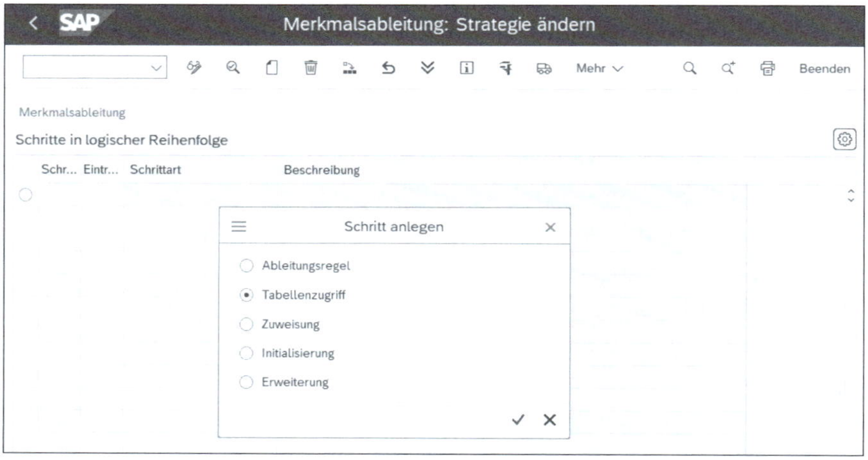

Abbildung 11.26 Tabellenzugriff anlegen

Nach der Bestätigung Ihrer Auswahl mit der [↵]-Taste erscheint das Pop-up-Fenster **Tabellenname eingeben**. Geben Sie die Tabelle ein, aus der Sie das Merkmal ableiten möchten. In unserem Beispiel in Abbildung 11.27 wählen wir Tabelle `KNA1` aus, in der das Land des Warenempfängers abgelegt ist. Bestätigen Sie Ihre Auswahl mit der [↵]-Taste.

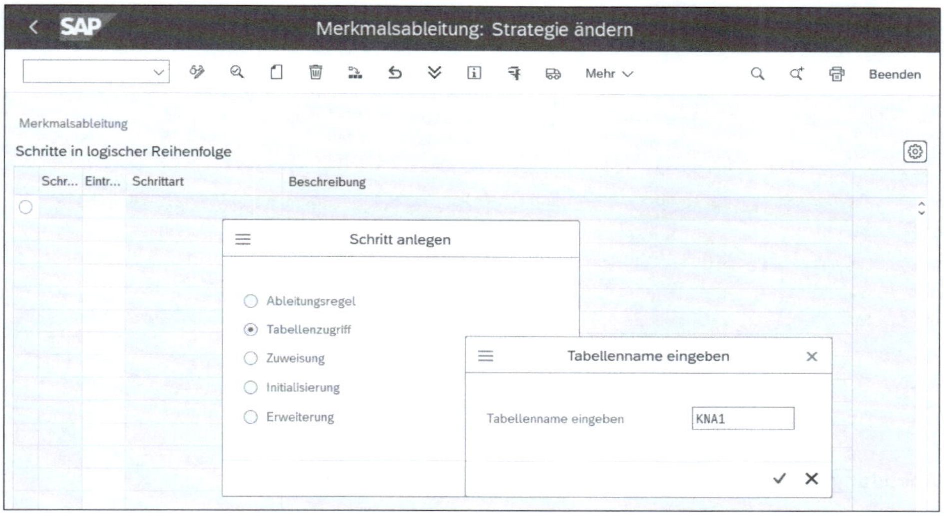

Abbildung 11.27 Zugriffstabelle auswählen

Nach der Auswahl und Bestätigung der Tabelle öffnet sich das Bild **Merkmalsableitung: Tabellenzugriff ändern**. Im Feld **Schrittext** können Sie eine Bezeichnung für den Tabellenzugriff vergeben. In Abbildung 11.28 pflegen wir die Ableitung »Land Warenempfänger« im Feld **Schrittext**.

Nach der Anlage der Merkmale legen wir die Quellfelder zur Ableitung der Zielfelder fest. Die Registerkarte **Definition** im Bild **Merkmalsableitung: Tabellenzugriff ändern** ist in zwei Teile geteilt.

Der obere Teil **Tabellenzugriff über Quellfelder** enthält das Schlüsselfeld der Tabelle, aus der das Merkmal mithilfe des Tabellenzugriffs abgeleitet werden soll. In unserem Beispiel ist das Schlüsselfeld aus Tabelle `KNA1` das Feld **KUNNR** = **Debitorennummer**. Diesem Schlüsselfeld muss das entsprechende Merkmal in der Ergebnisrechnung zugeordnet werden. Dem Feld **Debitorennummer** ordnen wir das entsprechende Merkmal zu, in dem der Warenempfänger in der Ergebnisrechnung gespeichert ist. In unserem Beispiel ordnen wir das Merkmal KUNWE zu. Die Zuordnung im Bereich **Tabellenzugriff über Quellfelder** sagt somit aus, dass in Tabelle `KNA1` mit dem Quellfeld `KUNNR` nach Merkmalsausprägungen gesucht wird. Der Wert, der als Suchbegriff für `KUNNR` verwendet wird, wird dem Merkmal KUNWE in der Ergebnisrechnung entnommen.

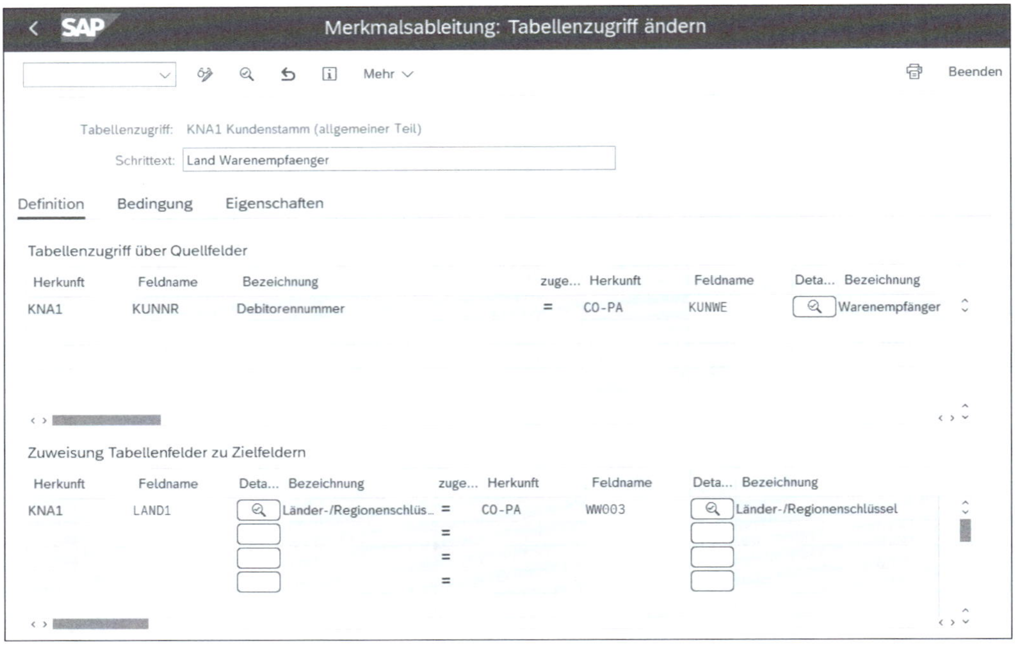

Abbildung 11.28 Quell- und Zielfelder für den Tabellenzugriff pflegen

Im unteren Bereich **Zuweisung Tabellenfelder zu Zielfeldern** legen Sie fest, welches Feld aus Tabelle KNA1 in das Merkmal WW003 übernommen werden soll. In der Spalte **Feldname** wählen Sie die Merkmale von Tabelle KNA1 aus, die Sie in das neu angelegte Merkmal übernehmen möchten. In unserem Beispiel zur Übernahme des Landes des Warenempfängers wählen wir das Merkmal LAND1 aus, das dem Länderschlüssel des Kundenstamms entspricht. Das Land des Warenempfängers möchten wir dem Merkmal WW003 zuweisen. Bestätigen Sie Ihre Auswahl mit der [↵]-Taste.

Nach der Pflege der Zuweisung für Quell- und Zielfelder wechseln Sie auf die Registerkarte **Bedingung**. Auf dieser Registerkarte können Sie weitere Einschränkungen vornehmen, z. B., dass die Zuweisung nur für bestimmte Warenempfänger erfolgen soll. Im Zusammenhang mit der Zugriffspflege ist dies allerdings nicht sinnvoll; aus diesem Grund pflegen wir hier keine Bedingung (siehe Abbildung 11.29).

Wechseln Sie auf die Registerkarte **Eigenschaften**. Sie haben die Möglichkeit, das Kennzeichen **Fehlermeldung ausgeben, wenn kein Wert gefunden wurde** zu setzen (siehe Abbildung 11.30). Dieses Kennzeichen bewirkt, dass alle Belege, die in die Ergebnisrechnung übergeleitet werden und das Merkmal KUNWE beinhalten, auch das Merkmal WW003 enthalten müssen. Wird für einen Beleg kein Merkmalswert für WW003 gefunden, kann der Beleg nicht in die Ergebnisrechnung übergeleitet werden. Sie müssen also entscheiden, wie wichtig das Merkmal WW003 für Sie ist und ob Sie eine Prozessunterbrechung für gerechtfertigt halten.

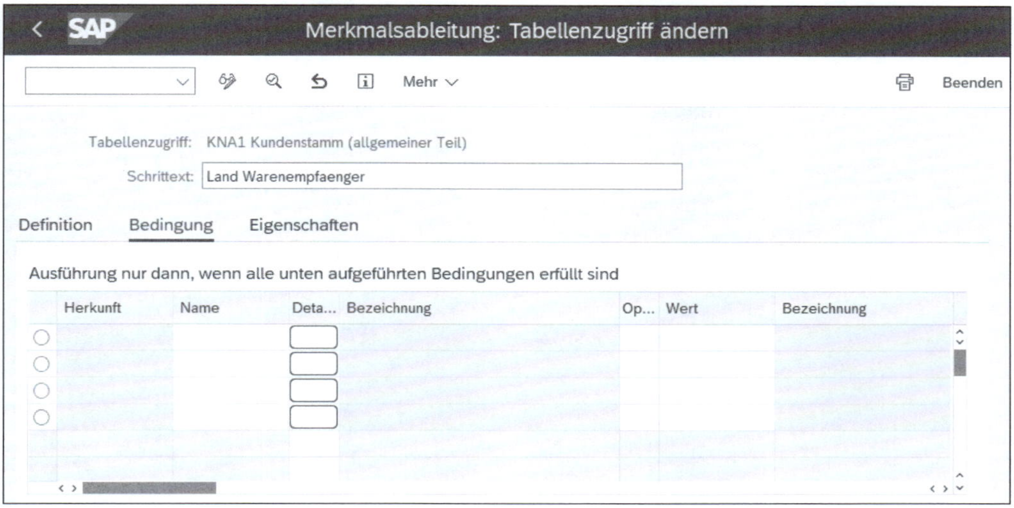

Abbildung 11.29 Bedingung pflegen

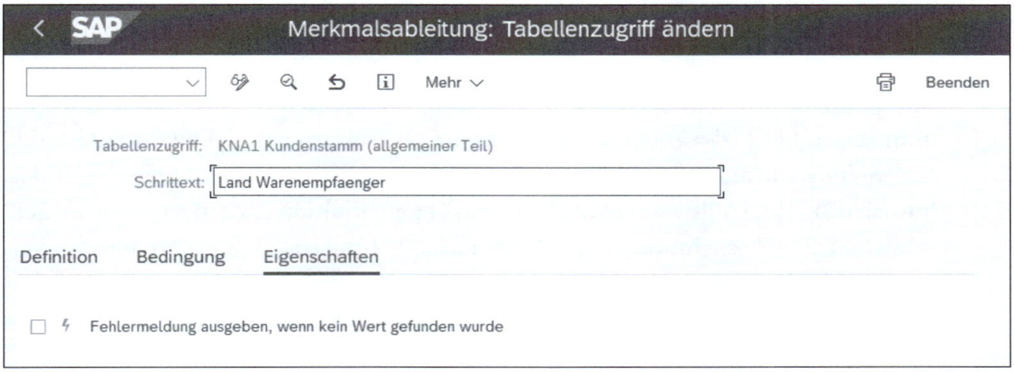

Abbildung 11.30 Eigenschaften für das Merkmal pflegen

11.2.8 Merkmalsableitung mit Ableitungsregel anlegen

Im folgenden Beispiel legen wir eine Ableitungsregel für das eigendefinierte Merkmal **In-/Ausland** an. Rufen Sie Transaktion KEDR auf, oder folgen Sie dem Customizing-Pfad **Controlling • Ergebnis- und Marktsegmentrechnung • Stammdaten • Merkmalsableitung definieren**.

Zum Anlegen einer Merkmalsableitung klicken Sie zuerst auf (**Anzeigen/ändern**), um in den Änderungsmodus der Merkmalsableitung zu wechseln. Im Änderungsmodus können Sie eine neue Merkmalsableitung über einen Klick auf (**Neu anlegen**) anlegen. Es erscheint das Pop-up-Fenster **Schritt anlegen** (siehe Abbildung 11.31).

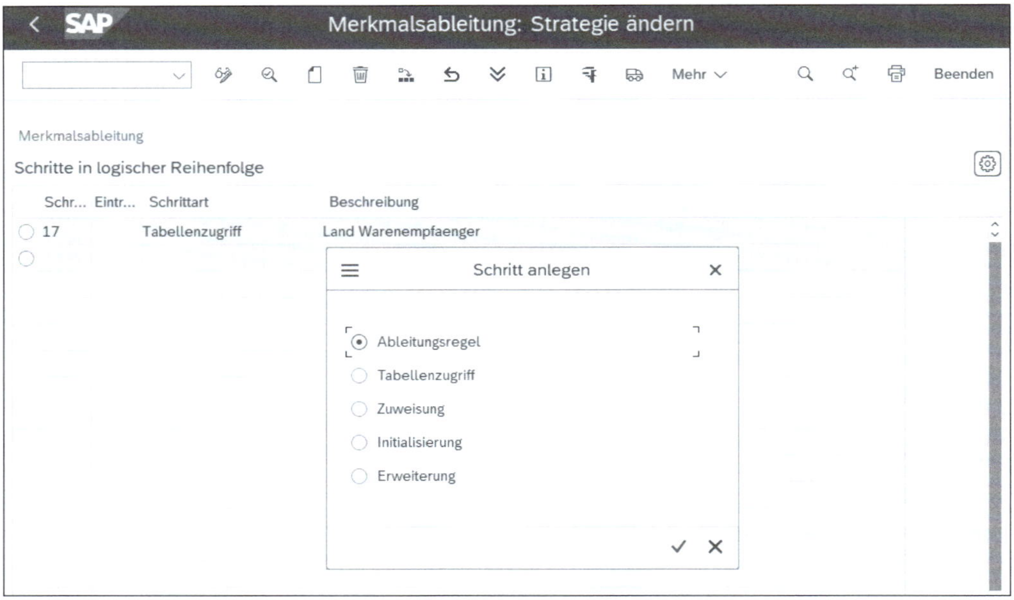

Abbildung 11.31 Ableitungsregel anlegen

Dort können Sie die Art der Merkmalsableitung auswählen, die Sie anlegen möchten. In unserem Beispiel wählen wir **Ableitungsregel** aus, um das eigendefinierte Merkmal **In-/Ausland** ableiten zu können. Bestätigen Sie Ihre Auswahl mit der ↵-Taste. Im sich öffnenden Bild **Merkmalsableitung: Regeldefinition ändern** legen Sie im Feld **Schrittext** eine Bezeichnung für die Merkmalsableitung fest. In unserem Beispiel verwenden wir die Bezeichnung »Ableitung In-/Ausland«. Das Bild ist auf der Registerkarte **Definition** in zwei Teile geteilt (siehe Abbildung 11.32):

- **Quellfelder**
  In diesem Bereich legen Sie die Felder fest, die für die Ableitung des eigendefinierten Merkmals erforderlich sind. Sie können hier mehrere Felder pflegen. In unserem Beispiel pflegen wir für die Ableitung des Merkmals **In-/Ausland** das Merkmal KMLAND (Länderschlüssel). Die Ableitung legt fest, für welches Land das Merkmal **Inland** oder **Ausland** gefüllt wird.
- **Zielfelder**
  Im Bereich **Zielfelder** legen Sie die Felder fest, die mit Merkmalswerten gefüllt werden sollen. In unserem Beispiel pflegen wir das Merkmal WW111 (In-/Ausland).

Wechseln Sie nun auf die Registerkarte **Bedingung**. Dort können Sie zusätzliche Bedingungen definieren, die erfüllt werden müssen, damit eine Ableitung erfolgt. Sie könnten etwa hier ein Merkmal **Kundengruppe** sowie eine spezifische Ausprägung für dieses Merkmal hinterlegen.

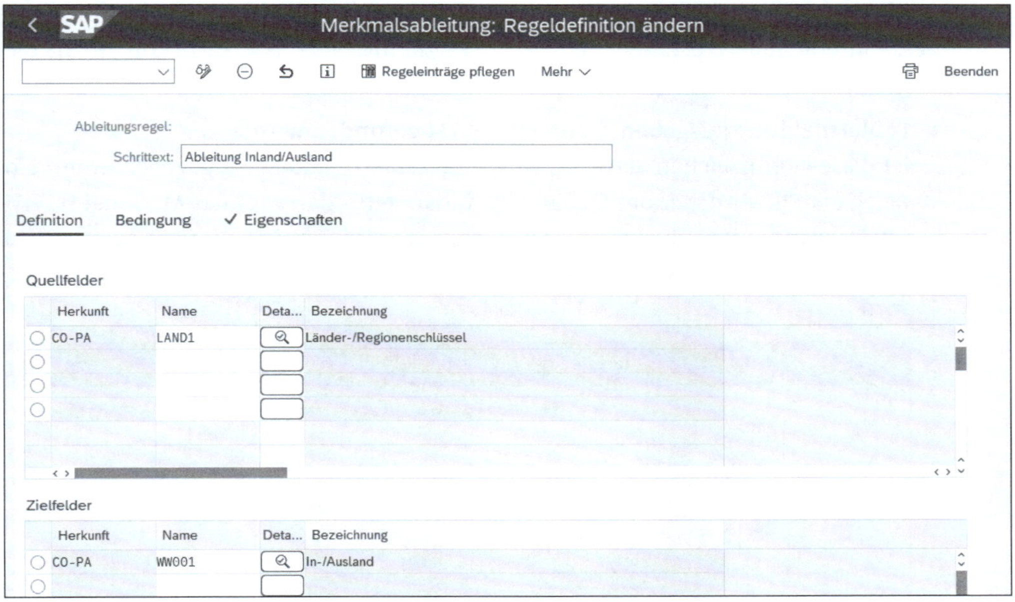

Abbildung 11.32 Quell- und Zielfelder pflegen

Die Merkmalsableitung würde dann nur für die Kundengruppe mit der spezifischen Ausprägung erfolgen. In unserem Beispiel schränken wir die Bedingungen für eine erfolgreiche Merkmalsableitung nicht weiter ein (siehe Abbildung 11.33).

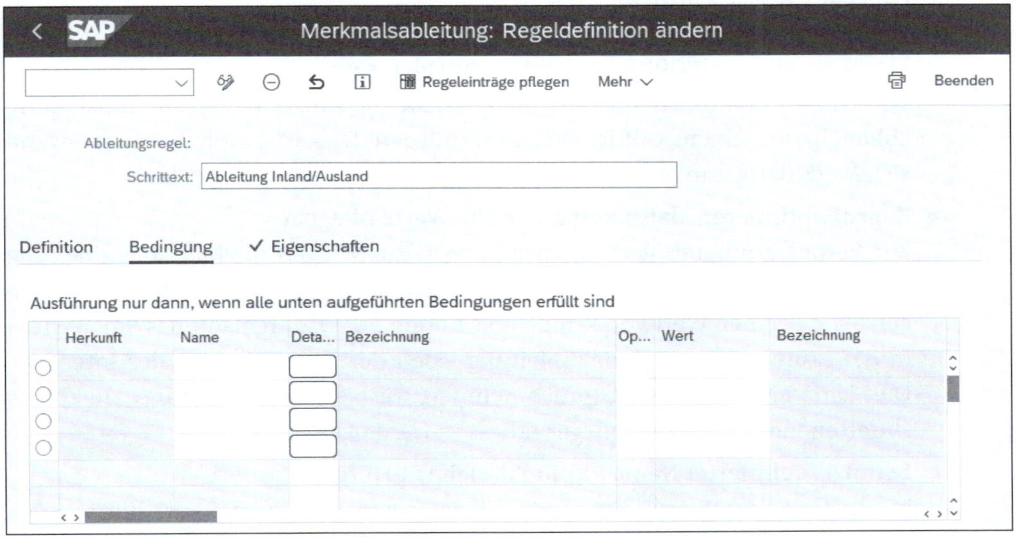

Abbildung 11.33 Bedingung pflegen

Navigieren Sie auf die Registerkarte **Eigenschaften** im Bild **Merkmalsableitung: Regeldefinition ändern** (siehe Abbildung 11.34). Auf dieser Registerkarte können Sie die folgenden Einstellungen pflegen:

- **Fehlermeldung ausgeben, wenn kein Wert gefunden wurde**
  Ist dieses Kennzeichen aktiviert, wird eine Fehlermeldung ausgegeben, wenn ein Beleg erstellt wird, der das Quellfeld beinhaltet, für den aber das Merkmal WW111 (In-/Ausland) nicht abgeleitet werden kann. Sie sollten sich gut überlegen, ob Sie dieses Kennzeichen setzen oder nicht, weil dadurch der Prozess unterbrochen wird.

Abbildung 11.34 Eigenschaften pflegen

- **Einträge sollen mit Gültigkeitsdatum pflegbar sein**
  Wird dieses Kennzeichen gesetzt, können Sie die Ableitung der Merkmalswerte abhängig von einem Gültigkeitsdatum pflegen. Dies ist empfehlenswert, wenn sich Merkmalswerte oft ändern, um eine gewisse Historie zu erhalten.
- **Zugriff optimieren, dafür keine Von-Bis-Werte pflegbar**
  Zur Verbesserung der Performance können Zugriffe auf die Merkmalsableitung optimiert werden, indem auf die Pflege von Von-bis-Werten verzichtet wird. Pflegen Sie z. B. einen Wert von Kunde 1 bis Kunde 2.000, durchläuft das SAP-System in der Prüfung der Merkmalsableitung jeden der 2.000 Kunden des Intervalls. Dies kann einige Zeit in Anspruch nehmen, weshalb die Performance durch das Unterbinden der Intervallpflege verbessert werden kann.
- **Benutzerdefinierter Name (optional, siehe F1-Hilfe)**
  In diesem Feld kann ein Schrittidentifizierer vergeben werden, der hilfreich bei der Verwendung von User-Exits ist. Zudem erlaubt der Schrittidentifizierer einen direkten Absprung in die Regelpflege aus dem Einstiegsbild heraus.

Speichern Sie Ihre Einstellungen, und klicken Sie auf den Button Regeleinträge pflegen um die Ableitungsregeln für das Merkmal W111 (In-/Ausland) zu pflegen.

Im Bild **Merkmalsableitung: Regeleinträge ändern** sehen Sie eine Tabelle zur Pflege der Quell- und Zielfelder. In der Spalte **Länderschlüssel** pflegen wir die Ausprägungen für das Quellfeld **KMLAND** (Länderschlüssel). In der Spalte **In-/Ausland** ordnen wir das Quellfeld einem Zielfeld zu. Für das Merkmal DE (Deutschland) würde das eigendefinierte Merkmal I (Inland) abgeleitet (siehe Abbildung 11.35).

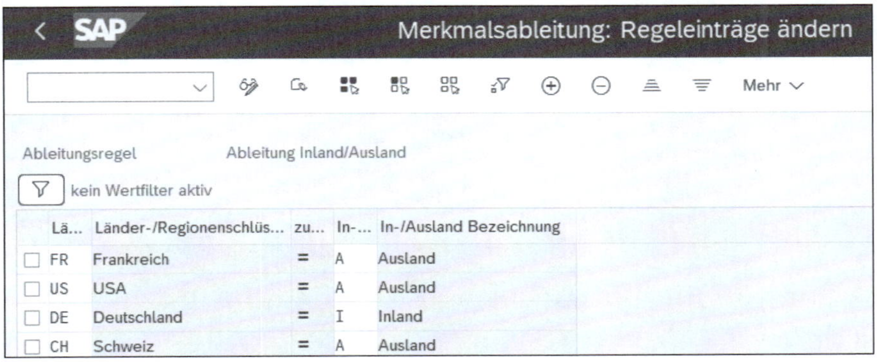

Abbildung 11.35 Regeleinträge pflegen

Die Regeleinträge können über (**Regeleinträge transportieren**) in einen Transportauftrag aufgenommen und in das Zielsystem transportiert werden. Ist das Zielsystem jedoch als Produktivsystem gekennzeichnet, sind die Regeleinträge über Transaktion KEDR direkt im Zielsystem pflegbar. Dies ist sinnvoll, da in den Ableitungsregeln oftmals Stammdaten verwendet werden, die nicht im Quellsystem vorhanden sind.

Nach vollendeter Pflege speichern Sie die Merkmalsableitung über Sichern (**Sichern**) oder über die Tastenkombination `Strg` + `S`.

11.2.9 Merkmalsableitung mit Zuweisung anlegen

In diesem Abschnitt erfahren Sie, wie Sie eine Merkmalsableitung mit Zuweisung anlegen. In unserem Beispiel legen wir eine Merkmalsableitung mit Zuweisung für das in diesem Kapitel angelegte Merkmal **nicht planbar** an. Das Ziel dieses Merkmals ist es, Materialien zu kennzeichnen, die von der Planung ausgeschlossen werden sollen. Zur Anlage einer Merkmalsableitung mit Zuweisung rufen Sie Transaktion KEDR auf, oder Sie folgen dem Customizing-Pfad **Controlling • Ergebnis- und Marktsegmentrechnung • Stammdaten • Merkmalsableitung definieren**.

Zum Anlegen einer Merkmalsableitung klicken Sie zuerst auf den Button (**Anzeigen/ändern**), um in den Änderungsmodus der Merkmalsableitung zu wechseln. Im Änderungsmodus können Sie eine neue Merkmalsableitung über einen Klick auf

(**Neu anlegen**) anlegen. Es erscheint ein Pop-up-Fenster **Schritt anlegen**, in dem Sie die Art der neuen Merkmalsableitung auswählen (siehe Abbildung 11.36).

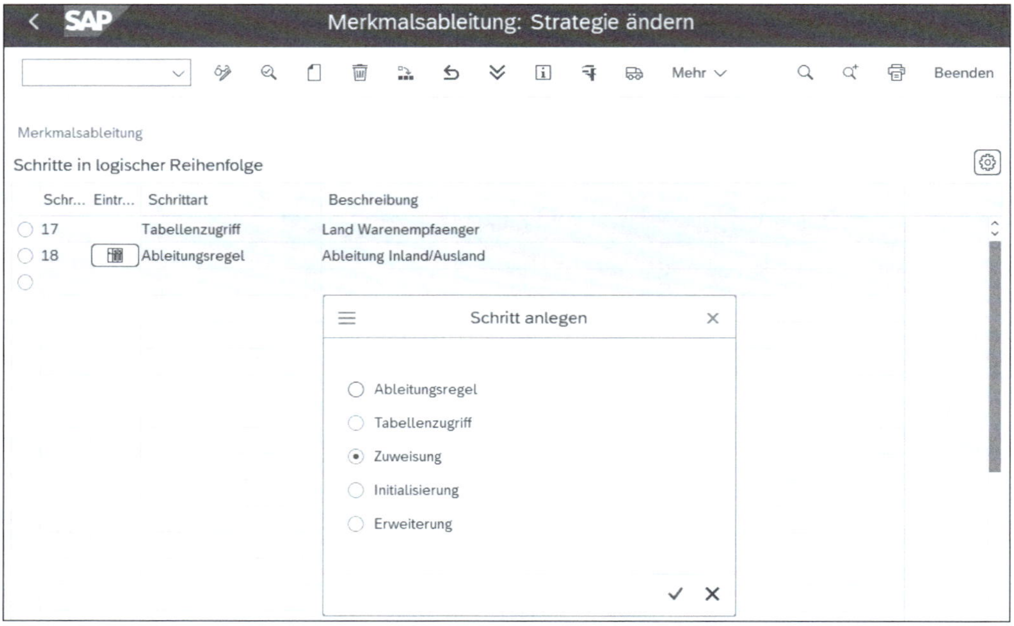

Abbildung 11.36 Zuweisung pflegen

In unserem Beispiel wählen wir **Zuweisung** aus, um das Merkmal **nicht planbar** mit einem Merkmalswert versorgen zu können. Bestätigen Sie Ihre Auswahl mit der [↵]-Taste. Im Bild **Merkmalsableitung: Zuweisung ändern** können Sie im Feld **Schrittext** eine Bezeichnung für die Merkmalsableitung festlegen. In Abbildung 11.37 pflegen wir die Bezeichnung **nicht planen**.

Abbildung 11.37 Konstante und Zielfeld pflegen

Auf der Registerkarte **Definition** legen Sie fest, mit welchem Wert Sie das Merkmal versorgen möchten. Sie haben dazu zwei Auswahlmöglichkeiten:

- **Quellfeld**
  Wenn Sie die Auswahl **Quellfeld** aktivieren, können Sie ein Merkmal, das dem Ergebnisbereich zugeordnet ist, auswählen. Es stehen auch einige globale Merkmale zur Verfügung, wie z. B. das Merkmal PLIKZ (Plan-Ist-Kennzeichen).
- **Konstante**
  Ist die Auswahl **Konstante** aktiviert, können Sie einen bis zu zehnstelligen Merkmalswert als Konstante pflegen.

In der Zeile **Zielfeld** legen Sie das Merkmal fest, in das der Wert des Quellfeldes oder die Konstante übernommen werden soll. In unserem Beispiel soll die Konstante X in das Merkmal WW002 (nicht relevant) übernommen werden.

Wechseln Sie auf die Registerkarte **Bedingung**.

Hier können Sie festlegen, unter welchen Bedingungen die Zuweisung erfolgen soll. Werden auf dieser Registerkarte keine Einträge gepflegt, wird jedem Beleg die Konstante zugewiesen. In unserem Beispiel in Abbildung 11.38 zur Zuweisung des Merkmals **nicht planbar** schränken wir die Bedingung ein, damit einschließlich des Merkmals ARTNR (Artikelnummer 8) die Zuweisung der Konstanten X in das Merkmal **nicht planbar** erfolgen soll. Speichern Sie die Zuweisung über einen Klick auf **Sichern** (**Sichern**) oder über die Tastenkombination [Strg] + [S].

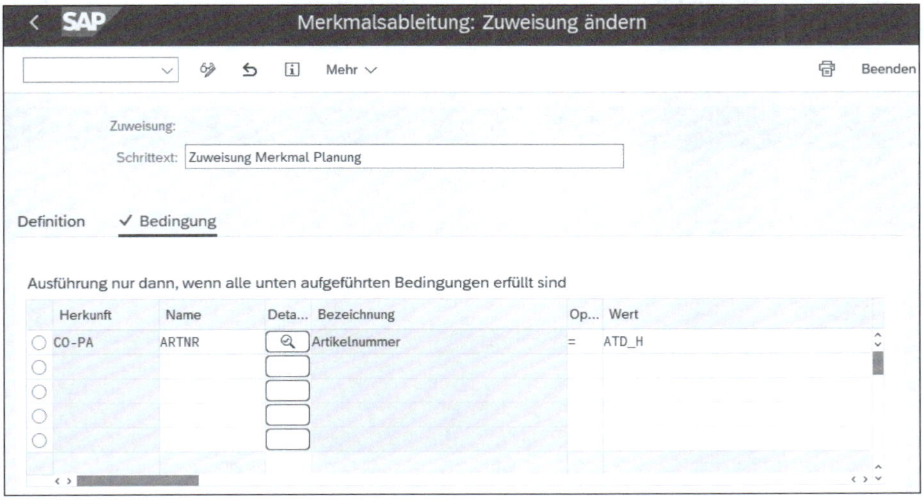

Abbildung 11.38 Bedingung für die Zuweisung pflegen

Gehen Sie über die Taste [F3] oder mit einem Klick auf den Button < (**Zurück**) in das Bild **Merkmalsableitung: Strategie ändern** zurück; dort finden Sie eine Übersicht über alle Merkmalsableitungen (siehe Abbildung 11.39).

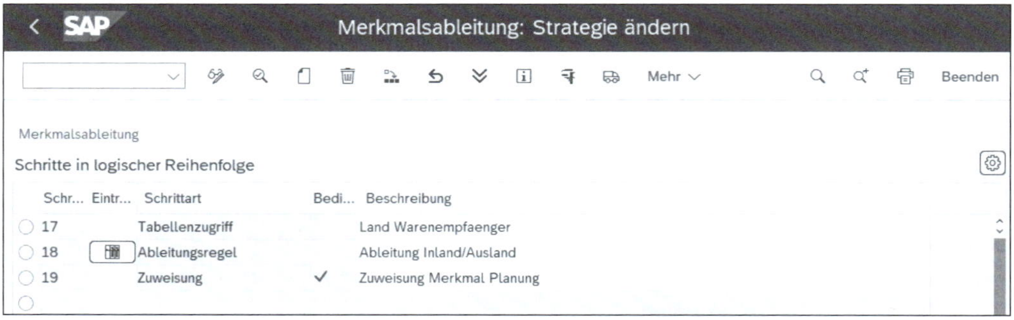

Abbildung 11.39 Übersicht über alle Merkmalsableitungen anzeigen

[»]

Reihenfolge der Merkmalsableitungen

Ist die Ableitung eines Merkmals abhängig von einer anderen Merkmalsableitung, muss die Reihenfolge der Ableitung eingehalten werden, damit das SAP-System für beide Merkmale einen Wert ableiten kann. Möchten Sie z. B. anhand des Landes des Warenempfängers Ihre Erlöszahlen in Regionen gruppieren, ist es notwendig, dass die Ableitung des Landes des Warenempfängers vor der Ableitung der Region durchgeführt wird, da das SAP-System sonst bei Ableitung der Region keinen Wert finden kann.

Schauen wir uns nun das Ergebnis der Merkmalsableitung **Tabellenzugriff** für das Merkmal **Land Warenempfänger** an. Prüfen Sie das Land im Stammsatz des Warenempfängers. (siehe Abbildung 11.40). Das Land für den Warenempfänger ist in unserem Beispiel US (Vereinigte Staaten von Amerika).

Abbildung 11.40 »Land Warenempfänger« anzeigen

Testen wir nun die Merkmalsableitung über die Funktion **Testen** (Icon). In der Abbildung 11.41 tragen wir den Kunden 150 ein, wessen Warenempfänger das Land US zugeordnet ist. Über einen Klick auf den Button **Ableitung** wird das Land des Warenempfängers US abgeleitet (siehe Abbildung 11.42).

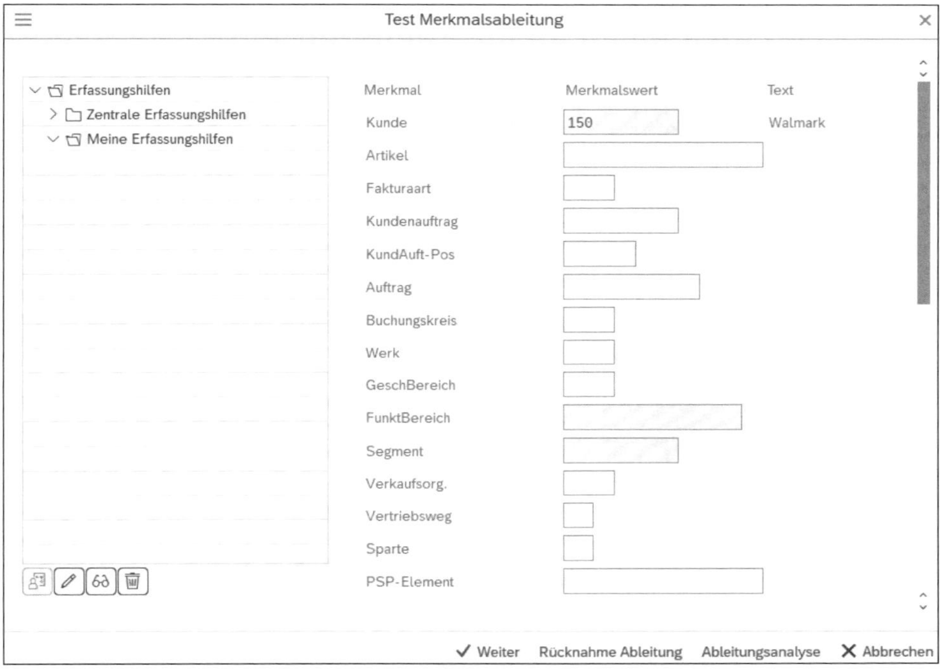

Abbildung 11.41 Land des Warenempfängers 150 ableiten

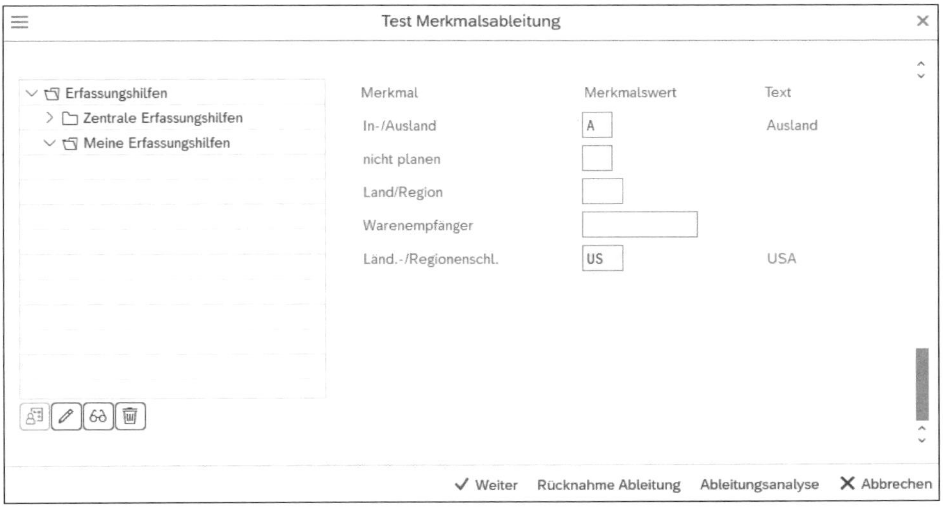

Abbildung 11.42 Ableitung anzeigen

11.3 Istwertefluss

In diesem Abschnitt lernen Sie, wie Sie Fakturen und Herstellkosten an die Margenanalyse überleiten. Darüber hinaus erfahren Sie, wie Sie Gemeinkosten an die Margenanalyse überleiten.

11.3.1 Faktura in die Ergebnisrechnung überleiten

In diesem Abschnitt erläutern wir, wie Fakturen und somit Umsätze, Erlösschmälerungen und Kosten des Umsatzes in die Ergebnisrechnung übergeleitet werden.

In der Margenanalyse wird ein Ergebnisrechnungsbeleg für die Faktura mit dem Buchen der Faktura erzeugt, ebenso wie der Finanzbuchhaltungsbeleg. Wird eine Faktura in der Komponente SD erzeugt, kann der Finanzbuchhaltungsbeleg automatisch beim Speichern der Faktura erzeugt werden. Über die SD-Kontenfindung werden die FI-Konten ermittelt und bebucht.

Die Preisfindung in der Komponente SD im SAP-System erfolgt anhand der sogenannten *Konditionstechnik*. Konditionen stellen eine Reihe von Bedingungen dar, die für die Ermittlung des Preises verantwortlich sind. Zum Beispiel ermittelt das SAP-System automatisch den Bruttopreis und die Zu- und Abschläge, die für einen bestimmten Kunden nach den Regeln der Preisfindung relevant sind. Konditionen werden im Customizing eingerichtet. In Abbildung 11.43 sehen Sie die Details für die Kondition PROO (Preis).

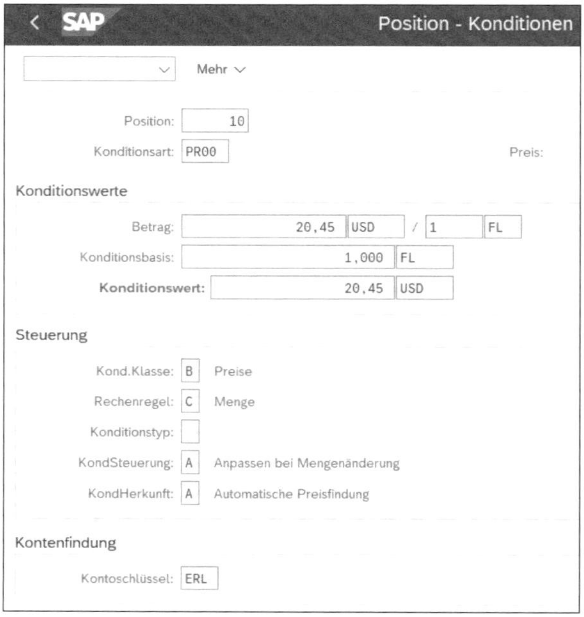

Abbildung 11.43 Konditionsdetails anzeigen

Diese Kondition ist eine SAP-Standardkondition, die dem Bruttopreis entspricht. Wichtig für die Ermittlung des FI-Kontos ist der Kontoschlüssel, der im Bereich **Kontenfindung** im Feld **Kontoschlüssel** im unteren Teil der Abbildung hinterlegt ist. Der Konditionsart PROO ist der Kontoschlüssel ERL (Erlös) zugeordnet. Dieser Kontoschlüssel wird in der automatischen Kontenfindung verwendet.

Über Transaktion VKOA oder den folgenden Menüpfad können Sie die SD-Kontenfindung aufrufen: **Vertrieb • Grundfunktionen • Kontierung/Kalkulation • Erlöskontenfindung • Sachkonten zuordnen**.

In Abbildung 11.44 sehen Sie eine Übersicht der Tabellen, die die Merkmale bestimmen, auf deren Basis die Sachkontenpflege vorgenommen werden kann. Über das Customizing können Sie weitere Tabellen anlegen, falls der Detailgrad der Standardtabellen nicht ausreicht.

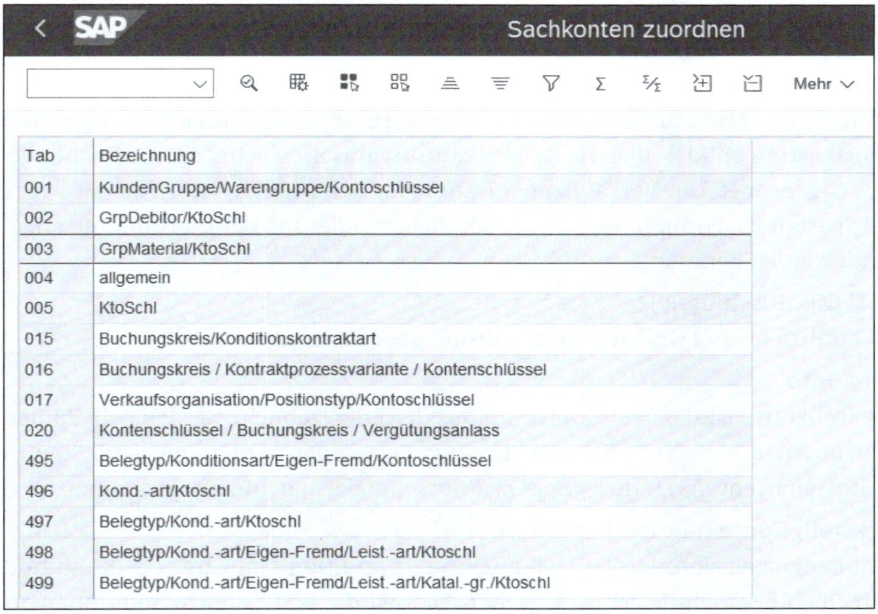

Tab	Bezeichnung
001	KundenGruppe/Warengruppe/Kontoschlüssel
002	GrpDebitor/KtoSchl
003	GrpMaterial/KtoSchl
004	allgemein
005	KtoSchl
015	Buchungskreis/Konditionskontraktart
016	Buchungskreis / Kontraktprozessvariante / Kontenschlüssel
017	Verkaufsorganisation/Positionstyp/Kontoschlüssel
020	Kontenschlüssel / Buchungskreis / Vergütungsanlass
495	Belegtyp/Konditionsart/Eigen-Fremd/Kontoschlüssel
496	Kond.-art/Ktoschl
497	Belegtyp/Kond.-art/Ktoschl
498	Belegtyp/Kond.-art/Eigen-Fremd/Leist.-art/Ktoschl
499	Belegtyp/Kond.-art/Eigen-Fremd/Leist.-art/Katal.-gr./Ktoschl

Abbildung 11.44 SD-Kontenfindung anzeigen

Über einen Doppelklick auf eine der Tabellen in Abbildung 11.44 gelangen Sie in die Detailpflege, in der die Sachkonten hinterlegt werden können. Abbildung 11.45 zeigt Ihnen die Detailpflege von Tabelle 003 (**GrpMaterial/KtoSchl**). Die Tabelle enthält die folgenden Spalten:

- **Apl (Applikation)**
  Die Applikation bestimmt die Verwendung der Kondition. »V« steht dabei für den Vertrieb.

- **K.Art. (Konditionsart für Kontenfindung)**
  Es gibt zwei Konditionsarten für die Kontenfindung:
  - KOFI für Fakturen ohne Kontierungsobjekt
  - KOFK für Fakturen mit Kontierungsobjekt

  KOFI ist die Konditionsart, die verwendet wird, wenn für Fakturen ein Ergebnisobjekt erzeugt wird. KOFK wird eingesetzt, wenn Fakturen z. B. auf einen Innenauftrag kontiert werden. Dies ist z. B. der Fall, wenn die Komponente CS (Kundenservice) im Einsatz ist. Für die Überleitung der Fakturen in die Ergebnisrechnung wird somit die Konditionsart KOFI gepflegt.
- **KtPl (Kontenplan)**
  Der Kontenplan legt fest, in welchem Kontenplan das Sachkonto hinterlegt ist. In unserem Beispiel aus Abbildung 11.45 ist dies der Kontenplan INT, der unserem Beispielbuchungskreis 9000 zugeordnet ist.
- **VkOrg (Verkaufsorganisation)**
  Die Verkaufsorganisation ist ein Organisationselement aus der Komponente SD, das den Verantwortungsbereich für den Vertrieb bestimmter Produkte oder Dienstleistungen klassifiziert. Die Verkaufsorganisation wird einem Buchungskreis zugeordnet. Der Verkaufsorganisation können beliebig viele Vertriebswege und Sparten zugeordnet werden, die für die Detaillierung der Preisfindung angewandt werden können.
- **KtoSl (Kontoschlüssel)**
  Der Kontoschlüssel wird aus der Kondition übernommen.
- **Sachkonto**
  Das Sachkonto ist das Erlöskonto, auf das der Erlös gebucht werden soll. Zu den Sachkonten, die in der Erlöskontenfindung verwendet werden, muss im Stamm der Kostenartentyp 11 (Erlöse) oder 12 (Erlösschmälerung) hinterlegt werden.
- **RückstellgKonto (Rückstellungskonto)**
  In Abhängigkeit von den Einstellungen der Kondition kann mit der Kondition auch eine Rückstellung gebucht werden. Dies wird z. B. für Bonuskonditionen oft angewandt.

In Abbildung 11.45 ist die Erlöskontenfindung für die Applikation V (Vertrieb), den Kontenplan INT, die Verkaufsorganisation 9000 und den Kontoschlüssel ERL gepflegt. Sind all diese Bedingungen erfüllt, wird das Sachkonto 800000 (Erlöse) gefunden.

Ist eine Faktura gebucht, kann über **Umfeld • Kontierungsanalyse • Erlöskonten** die Kontenfindung analysiert werden. Dies ist besonders hilfreich, falls die Kontenfindung nicht erfolgreich war. Im linken Bildbereich **Schema** sehen Sie die Erlöskonten, die in der Faktura gefunden wurden. Es sind alle Konditionen aufgelistet, die in der Preisfindung der Faktura vorhanden sind. Im vorliegenden Beispiel (siehe Abbildung 11.46) ist das die Kondition PR00 (Bruttopreis).

Abbildung 11.45 Sachkonten in SD-Kontenfindung zuordnen

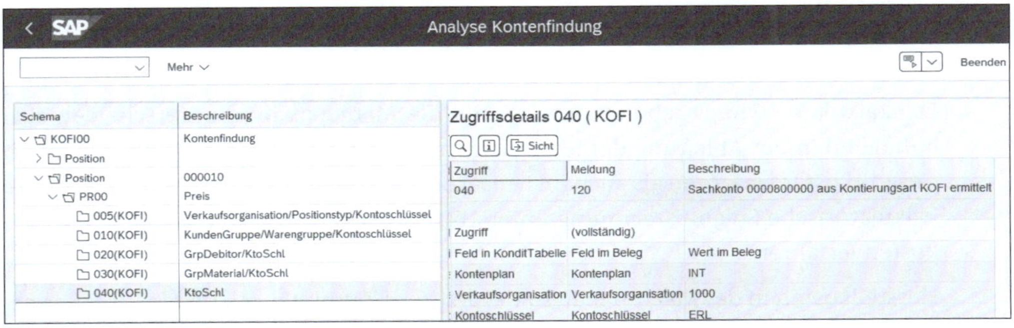

Abbildung 11.46 Kontenfindung analysieren

Klicken Sie auf den Ordner **PR00**, und es öffnen sich die unterschiedlichen Zugriffsfolgen. Die Zugriffsfolgen bestimmen den Detailgrad, nach dem ein Preis für eine Kondition geplant werden kann. Das SAP-System sucht von der detailliertesten zur einfachsten Zugriffsfolge. In Abbildung 11.46 sehen Sie im rechten Bildbereich Details zum Zugriff auf die Merkmale als Bedingungen für die Preisfindung, die in der Faktura erfüllt sind. In unserem Beispiel wird ein Sachkonto 800000 für die Preiskondition PR00 anhand der Zugriffsfolge (030) gefunden.

Die *Kontenfindung* steuert somit, welche Konten bei der Buchung der Faktura gefunden werden. Eine korrekte Pflege der Stammdaten ist dabei von hoher Wichtigkeit, damit die richtige Preiskondition gefunden werden kann und der Aufwand für die Nachbearbeitung von Fakturen, die nicht nach FI übergeleitet werden können, gering gehalten wird. Bei der Überleitung der Faktura nach FI werden sowohl in der Margenanalyse als auch der kalkulatorischen Ergebnisrechnung sämtliche Merkmale abgeleitet, die in der Faktura oder in dem Kundenauftrag vorhanden und dem Ergebnisbereich zugeordnet sind.

[»]

Zusammenfassung – Fakturaüberleitung in der Ergebnisrechnung

In der Margenanalyse wird beim Buchen des Finanzbuchhaltungsbelegs auch der Ergebnisrechnungsbeleg erstellt. Es sind keine separaten Customizing-Einstellungen notwendig, um Fakturen in die Margenanalyse überzuleiten.

In der kalkulatorischen Ergebnisrechnung werden Fakturen über die Zuordnung von SD-Konditionen zu Wertfeldern an die kalkulatorische Ergebnisrechnung übergeleitet. Mit den Erlösen werden auch die Kosten des Umsatzes in die kalkulatorische Ergebnisrechnung übergeleitet, was zu Herausforderungen in der Abstimmung mit der Finanzbuchhaltung führt.

Im Gegensatz zur Margenanalyse können mit der kalkulatorischen Ergebnisrechnung auch statistische Konditionen in die Ergebnisrechnung übernommen werden.

11.3.2 Herstellkosten

Die kalkulatorische Ergebnisrechnung und die Margenanalyse unterscheiden sich auffallend in der Ableitung der Herstellkosten. Die Margenanalyse kann sowohl im Gesamtkostenverfahren als auch im Umsatzkostenverfahren dargestellt werden. Die kalkulatorische Ergebnisrechnung unterstützt hingegen ausschließlich das Umsatzkostenverfahren.

Herstellkosten in der Margenanalyse werden zum Zeitpunkt des Warenausgangs gebucht. Wird ein Warenausgang zur Lieferung gebucht, wird ein Finanzbuchhaltungsbeleg erstellt und gleichzeitig auch ein Ergebnisobjekt, das mit SAP S/4HANA Finance in den Buchhaltungsbeleg integriert ist. Vor SAP S/4HANA Finance wurden mit der Warenausgangsbuchung ein Finanzbuchhaltungsbeleg, ein Controlling-Beleg und ein Beleg der Margenanalyse erstellt. Diese drei Belege sind mit SAP S/4HANA Finance in einem Beleg im Universal Journal (Datenbanktabelle ACDOCA) verschmolzen.

In der kalkulatorischen Ergebnisrechnung werden die Herstellkosten mit der Faktura in die Ergebnisrechnung übergeleitet. Dies stellt, wie bereits in diesem Kapitel in der Einführung in die Ergebnisrechnung erwähnt, eine Herausforderung in der Abstimmung mit der Finanzbuchhaltung dar. In der Faktura entspricht die Kondition VPRS (Verrechnungspreis) den Herstellkosten. Sie wird bei der Anlage des Kundenauftrags aus dem Preis laut Preissteuerung im Materialstamm ermittelt. Die Kondition VPRS (Verrechnungspreis) wird bei der Zuordnung der SD-Konditionen zu Wertfeldern (Transaktion KE4I) einem Wertfeld für die Materialkosten zugeordnet. Bei der Buchung des Warenausgangs zur Lieferung wird der Finanzbuchhaltungsbeleg erstellt und der Warenausgang mit dem Wert des zur Warenausgangsbuchung gültigen Standardpreises oder des gleitenden Durchschnittspreises gebucht (abhängig von der Preissteuerung im Materialstamm). Mit der Buchung der Faktura wird der Beleg für die kalkulatorische Ergebnisrechnung erstellt, und die Herstellkosten/Kosten des Umsatzes werden mit der Faktura in die Ergebnisrechnung übergeleitet.

In Abbildung 11.47 sehen Sie einen Vergleich der Darstellung des Umsatzkostenverfahrens in der Finanzbuchhaltung/Margenanalyse mit dem Umsatzkostenverfahren in der kalkulatorischen Ergebnisrechnung.

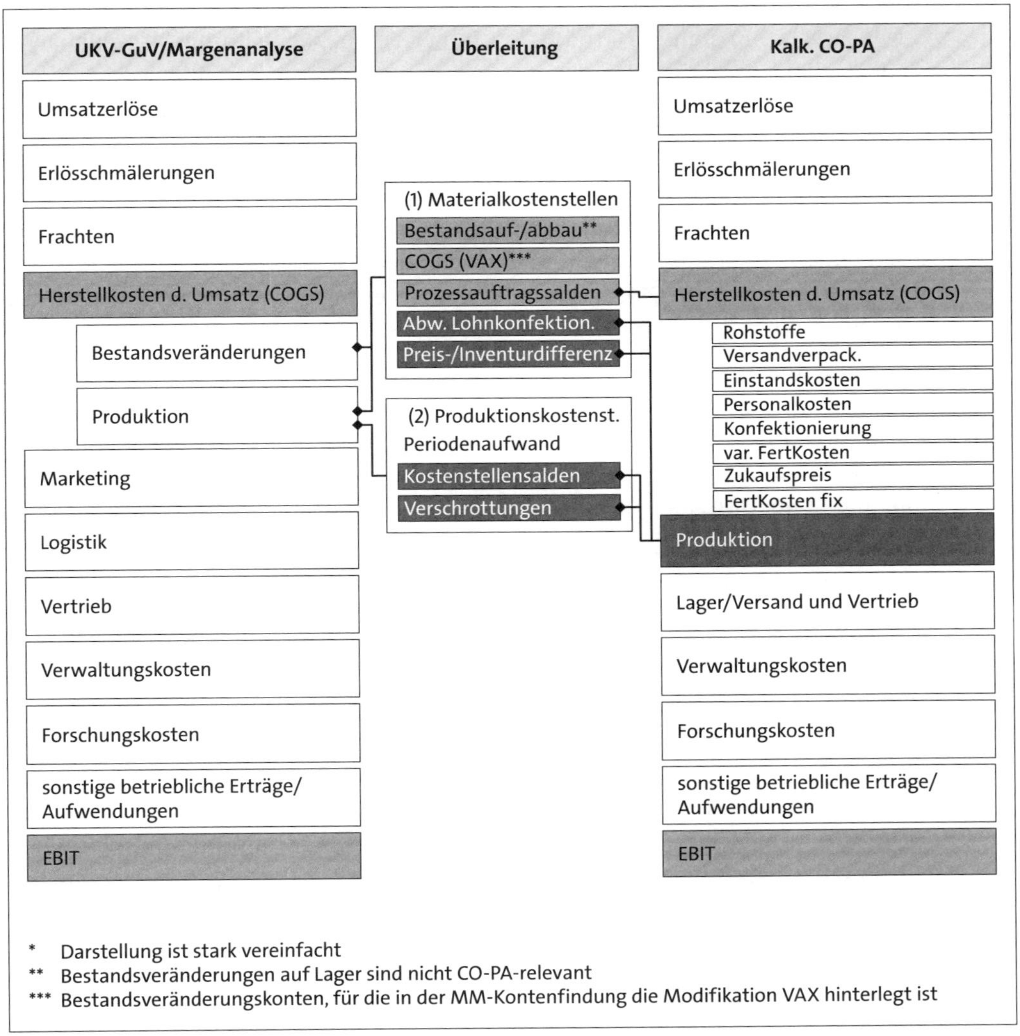

Abbildung 11.47 Überleitung der Herstellkosten im Vergleich von Margenanalyse und kalkulatorischer Ergebnisrechnung

In der Margenanalyse werden die Bestandsveränderungen und die Kosten der Produktion in der Periode dargestellt, in der sie anfallen; in der kalkulatorischen Ergebnisrechnung werden die Herstellkosten des Umsatzes in der Periode dargestellt, in der die Erlöse gebucht werden. Die Kosten der Produktion werden in der kalkulatorischen Ergebnisrechnung und in der Margenanalyse über die Abweichungsermittlung, über die Abrechnung von Innenaufträgen und über die Kostenstellenumlagen dargestellt.

In der Spalte **Überleitung** sehen Sie eine Erläuterung dazu, wie die Bestandsveränderungen und die Kosten der Produktion in der Finanzbuchhaltung/Margenanalyse mit der kalkulatorischen Ergebnisrechnung abgestimmt werden können. Dabei müssen die folgenden Kostenkomponenten berücksichtigt werden:

- **COGS (VAX)**
  Grundsätzlich entsprechen die COGS (Cost of Goods Sold = Kosten des Umsatzes), die mit der Faktura in die kalkulatorische Ergebnisrechnung übergeleitet werden, den Warenausgangsbuchungen. Diese werden in der Finanzbuchhaltung mit dem Konto, das in der MM-Kontenfindung hinter dem Vorgang GBB (VAX) hinterlegt ist, verbucht.
- **Prozessauftragssalden/Fertigungsauftragssalden**
  Die Salden in den Prozessaufträgen/Fertigungsaufträgen werden, abhängig vom Auftragsstatus, entweder als Ware in Arbeit ergebnisneutral an die Finanzbuchhaltung abgerechnet oder als Abweichungen der Einsatz- oder Verrechnungsseite an die kalkulatorische Ergebnisrechnung in der Finanzbuchhaltung als Preisdifferenz verbucht, die als Gegenkonto die Bestandsveränderungen korrigiert.
- **Abweichung Lohnkonfektionierung**
  Kosten für Lohnfertigung werden im SAP-System auf eine Kostenstelle kontiert, die dann über eine Kostenstellenumlage in die Ergebnisrechnung abgerechnet wird.
- **Preis-/Inventurdifferenz**
  Preisdifferenzen, die z. B. bei der Umbewertung von Beständen durch die Neubestimmung des Standardpreises entstehen, und Inventurdifferenzen werden im SAP-System in der Regel auf pro Buchungskreis und/oder Profit-Center verschiedene Kostenstellen kontiert und über eine Kostenstellenumlage in die kalkulatorische Ergebnisrechnung abgerechnet.
- **Kostenstellensalden Produktion**
  In den Kostenstellen der Produktion werden die Kosten für Personal, Materialgemeinkosten und Abschreibungen für die in der Produktion eingesetzten Maschinen geplant und im Ist gebucht. In der Kostenstelle werden pro Leistungsart Tarife geplant, die den Preis für eine gewisse Leistung darstellen, z. B. 1 Stunde Personal = 20 EUR. Im Arbeitsplan ist die Arbeitszeit zur Herstellung eines bestimmten Produkts hinterlegt. In der Produktion dieses Produkts wird die Arbeitszeit auf den Fertigungsauftrag zurückgemeldet; dabei wird die Kostenstelle um die Anzahl der rückgemeldeten Stunden, multipliziert mit dem Tarif, entlastet. Am Monatsende

bleibt in den Kostenstellen meist ein Saldo zurück. Dieser Saldo (Differenz aus Be- und Entlastungen) wird über eine Kostenstellenumlage in die Ergebnisrechnung abgerechnet.

- **Verschrottungen**
  Verschrottungen werden im SAP-System wie Inventurdifferenzen über eine Default-Kontierung in der Kostenstelle oder im Innenauftrag verbucht. Am Monatsende werden diese Kosten über eine Kostenstellenumlage oder eine Auftragsabrechnung in die kalkulatorische Ergebnisrechnung abgerechnet.

Die Darstellung in Abbildung 11.47 kann pro Industrie und Unternehmen stark variieren.

In Abbildung 11.48 können Sie anhand eines Buchungsbeispiels nachvollziehen, wie die Buchung der Herstellkosten in der Margenanalyse im Vergleich zur kalkulatorischen Ergebnisrechnung erfolgt.

CO-PC (Kalkulation)		
Element	**fix**	**var**
Transferkosten		
Rohstoffkosten		**1.000**
Verpackungsmaterial		**20**
Fertigerzeugnisse		**–5**
Personalkosten	**10**	
Fertigungskosten	**25**	**3**
Fertigungs-GMK		
Konfektionierung		
Einstandskosten HaWa		
UmlFrachtFertigware		
sonstige Kosten		
Zwischensumme	**35**	**1.018**
Summe	**1.053**	

Kalk. CO-PA	
Wertfeld	**Wert**
Rohstoffe ROHST	**995**
Verpackung VSVP	**20**
Einstandsk. VVEIS	
Personalk. VVPER	10
Konfektionierung VVZEP	
var. Fertigungskosten KWFKVA	3
Zukaufspreis VVZUK	
fixe Fertigungskosten KWFKFX	25
Summe	**1.053**

FI-Buchung	Konto Warenausgang Fertige Erzeugnisse an Bestand Fertige Erzeugnisse	**1.053**

Abbildung 11.48 Darstellung der Warenausgangsbuchung in der kalkulatorischen Ergebnisrechnung

Dabei ist der Wertefluss vom Einkauf des Produkts bis zum Verkauf mit Buchungssätzen dargestellt. Im linken Teil von Abbildung 11.48 sehen Sie die Buchungen in der Finanzbuchhaltung, dargestellt in T-Konten, während Sie im rechten Teil sehen, wie die Buchungen in der GuV der Margenanalyse und der kalkulatorischen Ergebnisrechnung dargestellt werden. Die Margenanalyse ist in SAP S/4HANA Finance identisch mit der Finanzbuchhaltung.

In Abbildung 11.48 und Abbildung 11.49 ist dargestellt, wie eine Warenausgangsbuchung eines Fertigerzeugnisses, für das eine Kalkulation in der Ergebnisrechnung existiert, in der Margenanalyse und der kalkulatorischen Ergebnisrechnung dargestellt werden kann. Im linken Bereich der jeweiligen Abbildung sehen Sie eine Kalkulation eines Fertigprodukts, aufgeteilt in die einzelnen Kostenelemente.

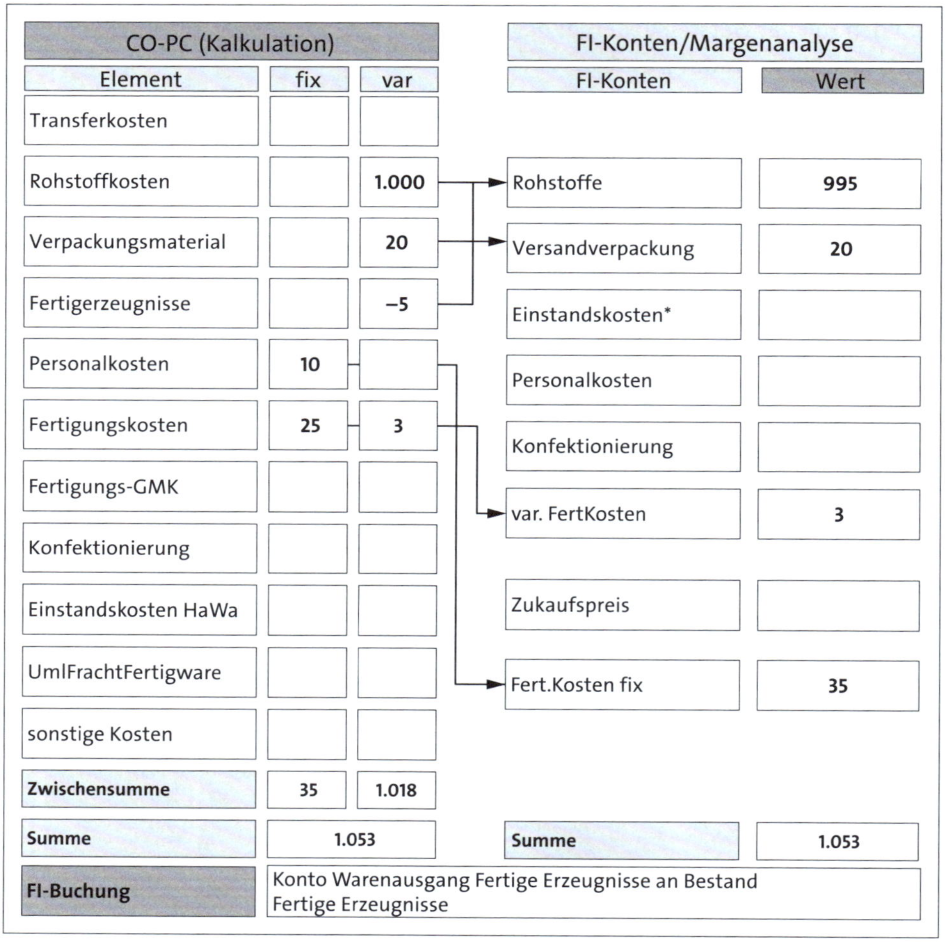

Abbildung 11.49 Warenausgangsbuchung in der Margenanalyse

In Abbildung 11.48 sehen Sie die Aufteilung der Kostenkomponenten der Kalkulation auf die Wertfelder in der kalkulatorischen Ergebnisrechnung.

In Abbildung 11.49 sehen Sie die Aufteilung der Werte auf FI-Sachkonten in der Margenanalyse. (In der herkömmlichen buchhalterischen Ergebnisrechnung war es lediglich möglich, den Warenausgang zur Lieferung auf einem Konto darzustellen.)

Dieses Konto ermittelt das SAP-System aus dem Vorgang GBB (VAX) in der Materialkontenfindung. Mit SAP S/4HANA Finance haben Sie die Möglichkeit, die Warenausgangsbuchung analog den Kostenkomponenten des Elementeschemas der Kalkulation zu splitten.

In Abbildung 11.50 sehen Sie eine Zusammenfassung aller Einflussfaktoren/Komponenten der Herstellkosten in der kalkulatorischen Ergebnisrechnung, die Ihnen bei der Einführung oder bei einer Werteflussanalyse behilflich sind, um eine Abstimmung der kalkulatorischen Ergebnisrechnung mit der Finanzbuchhaltung (der Margenanalyse) zu ermöglichen:

Abbildung 11.50 Einflussfaktoren der Herstellkosten in der kalkulatorischen Ergebnisrechnung

- **Abstimmprozess**
  Wir empfehlen, eine Checkliste für die Abstimmung der Margenanalyse/Finanzbuchhaltung mit der kalkulatorischen Ergebnisrechnung anzulegen, die den Ursprung der Kosten in den einzelnen Wertfeldern sehr detailliert darlegt. Auf diese Checkliste kann zum Monatsabschluss zur Erleichterung und Beschleunigung der Abstimmung zurückgegriffen werden.

- **Stammdatenpflege**
  Für eine korrekte Ermittlung der Herstellkosten ist eine saubere Stammdatenpflege Voraussetzung. Die Kalkulation der Fertigprodukte erfolgt auf der Basis von Stammdaten, etwa Stücklisten und Arbeitsplänen. Je sorgfältiger diese gepflegt sind, desto weniger Abweichungen entstehen bei der Produktion, und desto eindeutiger können die Herstellkosten in der kalkulatorischen Ergebnisrechnung mit der Finanzbuchhaltung/Margenanalyse abgestimmt werden.
- **Bewertungsmoment**
  Mit der Bewertung der Absatzmenge durch verschiedene Kalkulationsvarianten in der kalkulatorischen Ergebnisrechnung können Sie auch das Bewertungsmoment festlegen. Es definiert, mit welchem Gültigkeitsdatum die Kalkulation aufgelöst wird. Es stehen mehrere Bewertungsmomente zur Auswahl. Für die Gewährleistung einer Abstimmung der Herstellkosten mit der Finanzbuchhaltung/Margenanalyse muss das Bewertungsmoment **Warenausgangsdatum** gewählt werden. Abhängig von den Prozessen in der Logistik sind eine Analyse und Abgrenzung der »Ware unterwegs« erforderlich. Dies ist z. B. der Fall, wenn eine Warenausgangsbuchung im Monat September erfolgt und der Erlös erst im Oktober gebucht wird. In der kalkulatorischen Ergebnisrechnung werden die Herstellkosten im Oktober mit dem Erlös gebucht, was zu Diskrepanzen mit der Finanzbuchhaltung/Margenanalyse führt.
- **Kalkulationsvariante**
  In der kalkulatorischen Ergebnisrechnung können Sie die Herstellkosten mit verschiedenen Kalkulationsvarianten bewerten. Um eine Abstimmung mit der Finanzbuchhaltung (der Margenanalyse) zu gewährleisten, ist es wichtig, die Kalkulationsvariante, die zur Kalkulation des Standardpreises verwendet wird, in der Bewertung der Herstellkosten zu verwenden.

  Für eine einfachere Abstimmung der Herstellkosten in der kalkulatorischen Ergebnisrechnung wird empfohlen, alle Verkaufsprodukte mit dem Standardpreis zu bewerten.
- **Direktkontierung FI/MM**
  Einzelne Kosten können über die Direktkontierung direkt auf ein Wertfeld in der kalkulatorischen Ergebnisrechnung gebucht werden. Die Direktkontierung wird oft für Kosten wie Aufwand/Ertrag aus Verschrottung und Preisdifferenzen angewandt, ebenso für Sondereinzelkosten wie Frachtkosten oder Verpackungskosten. Für die Abstimmung/Werteflussanalyse empfehlen wir, eine Dokumentation dazu zu erstellen, welche Kosten auf welches Wertfeld direkt kontiert werden.
- **Prozessaufträge/Fertigungsaufträge**
  Vor der Abrechnung der Prozessaufträge/Fertigungsaufträge wird die Ware in Arbeit ermittelt. Alle Prozessaufträge/Fertigungsaufträge, die weder den Status

TABG (technisch abgeschlossen) noch den Status **GLFT** (geliefert) aufweisen, werden als Ware in Arbeit gekennzeichnet. Bei der Abrechnung des Prozessauftrags/Fertigungsauftrags wird der Saldo des Auftrags in der Bilanz als Ware in Arbeit aktiviert. Die FI-Buchung, die bei der Abrechnung eines Auftrags mit Ware in Arbeit erzeugt wird, ist ergebnisneutral.

Befindet sich der Auftrag im Status **TABG** oder **GLFT**, wird eine Abweichungsermittlung ausgeführt. Die Abweichungsermittlung analysiert den Saldo des Auftrags und teilt diesen in unterschiedliche Abweichungskategorien ein. Mit der Abrechnung des Auftrags wird dieser Saldo in der kalkulatorischen Ergebnisrechnung in Wertfeldern fortgeschrieben, und in der Finanzbuchhaltung werden Preisdifferenzen verbucht. Das Gegenkonto ist das Bestandsveränderungskonto; es handelt sich dabei also, wie bei der Ware in Arbeit, um eine ergebnisneutrale Buchung.

- **Kostenstellen**
  Die Kostenstellen der Produktion weisen am Monatsende meist einen Saldo auf. Der Saldo entspricht der Differenz aus Belastungen und Entlastungen, die über eine Kostenstellenumlage in die kalkulatorische Ergebnisrechnung abgerechnet werden. Ähnlich wie bei den Direktkontierungen empfiehlt sich eine Aufstellung der Sender und Empfänger der Kostenstellenumlagen, um eine schnelle Abstimmung zu gewährleisten.

  Unter Umständen ist es sinnvoll, die Tarife in den Kostenstellen anzupassen, wenn die Salden in den Kostenstellen sehr hoch sind. Es gilt zu analysieren, ob eine Ist-Rückmeldung der Stunden erfolgt. Oft findet man in der Praxis einige Aufträge, zu denen die Rückmeldung vergessen wurde.

  Weitere Gemeinkostenstellen, in denen keine Sekundärkostenverrechnungen stattfinden, wie z. B. Verwaltungskostenstellen, werden zu 100 % an das Ergebnis verrechnet.

- **User-Exit**
  Es gibt einen User-Exit für die Bewertung der Absatzmenge bei der Überleitung von Fakturen an die kalkulatorische Kostenrechnung. Dieser User-Exit COPA0002 erlaubt es, in die Bewertung einzugreifen. Viele Unternehmen sind sich nicht bewusst, dass dieser User-Exit im SAP-System aktiv ist. Wir empfehlen zu überprüfen, ob dieser User-Exit im Einsatz ist, und seine Notwendigkeit infrage zu stellen.

- **Fakturierung**
  Außerdem sollte überprüft werden, ob alle Konditionen, die in SD verwendet werden, einem Wertfeld zugeordnet sind. Statistische Konditionen sollten in einem separaten Wertfeld fortgeschrieben werden, um echte Werte nicht mit statistischen Werten zu vermischen.

Neben der Analyse der Konditionen empfehlen wir eine Analyse der Fakturaarten. Für Fakturaarten, denen keine Warenbewegung zugrunde liegt, müssen die Wertfelder für die Absatzmenge und die Überleitung der Herstellkosten zurückgesetzt werden.

- **Sondersachverhalte**
  Es gibt einige Sonderprozesse im SAP-System, die eine besondere Betrachtung in der kalkulatorischen Ergebnisrechnung erfordern. Dazu gehören z. B. die Funktion der Werke im Ausland oder die buchungskreisübergreifenden Buchungen. In diesen Prozessen werden zumeist Fertigprodukte in nicht produzierende Werke umgelagert. Über Sonderbeschaffungsschlüssel können Sie dennoch einen Split der Herstellkosten im verkaufenden Werk darstellen.

[»]

Herstellkosten in der Ergebnisrechnung

In der kalkulatorischen Ergebnisrechnung werden die Herstellkosten mit der Faktura zum Zeitpunkt der Erlösbuchung in die Ergebnisrechnung übergeleitet.

In der Margenanalyse wird der Ergebnisrechnungsbeleg bei der Warenausgangsbuchung zur Lieferung erstellt.

Die Buchung der Herstellkosten ist einer der größten Unterschiede zwischen der Margenanalyse und der kalkulatorischen Ergebnisrechnung und führt zu Abstimmungsschwierigkeiten.

11.3.3 Gemeinkosten

Gemeinkosten werden in der Regel zum Monatsende in die Ergebnisrechnung übergeleitet. PSP-Elemente werden in die Ergebnisrechnung abgerechnet.

Im *Abrechnungsprofil* des PSP-Elements muss ein Ergebnisschema hinterlegt werden. Darin wird festgelegt, mit welcher Kostenart die Abrechnung erfolgt und, falls die kalkulatorische Ergebnisrechnung aktiviert ist, in welches Wertfeld bzw. in welche Wertfelder die Abrechnung erfolgen soll. Die Anlage des Abrechnungsprofils und des Ergebnisschemas ist ausführlich in Kapitel 9, »Gemeinkostencontrolling«, beschrieben. Daher gehen wir in diesem Kapitel nicht näher darauf ein.

Die Überleitung der Kostenstellen erfolgt über die Anlage und Ausführung einer Kostenstellenumlage. Dazu wird ein Umlagezyklus angelegt, dem Segmente zugeordnet werden. Die Segmente enthalten Informationen, wie Kostenstellenkosten in die Ergebnisrechnung umgelegt werden; dies umfasst z. B., mit welcher Kostenart Kosten umgelegt werden und welche Senderobjekte (Kostenarten, Kostenstellen) wie auf welche Empfängerobjekte – Merkmale, Wertfelder (in der kalkulatorischen Ergebnisrechnung) – umgelegt werden. Anlage und Ausführung der Kostenstellenumlagen werden ebenfalls ausführlich in Kapitel 9, »Gemeinkostencontrolling«, beschrieben. Deshalb gehen wir in diesem Kapitel auch darauf nicht näher ein.

Neben den PSP-Elementen und Kostenstellen können Kosten über die Direktkontierung direkt in die Ergebnisrechnung abgerechnet werden. Für die direkte Abrechnung von Kosten in die kalkulatorische Ergebnisrechnung muss zuerst die Kostenart für die Direktkontierung im Ergebnisschema einem Wertfeld zugeordnet werden. Zur Anpassung des Ergebnisschemas rufen Sie Transaktion KEI1 auf, oder Sie folgen dem Customizing-Pfad **Controlling • Innenaufträge • Istbuchungen • Abrechnung • Verrechnungsschemata pflegen**.

Das Ergebnisschema FI ist in der SAP-Standardauslieferung enthalten und muss für die Direktkontierung angepasst werden. Markieren Sie das Ergebnisschema FI (siehe Abbildung 11.51).

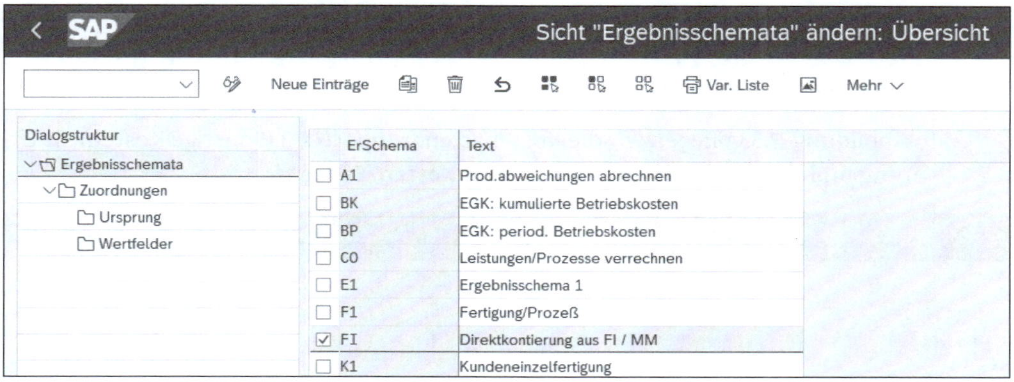

Abbildung 11.51 Ergebnisschema FI anpassen

Navigieren Sie nun im linken Bildbereich in den Ordner **Zuordnungen**, um die Struktur des Ergebnisschemas anzulegen. Die Zuordnungen stellen die Struktur der Abrechnung dar. In Abbildung 11.52 haben wir die Zuordnung 30 (Sonstige Kosten) markiert. Sie können jeder Zuordnung einen unterschiedlichen Ursprung und ein unterschiedliches Empfängerwertfeld zuordnen.

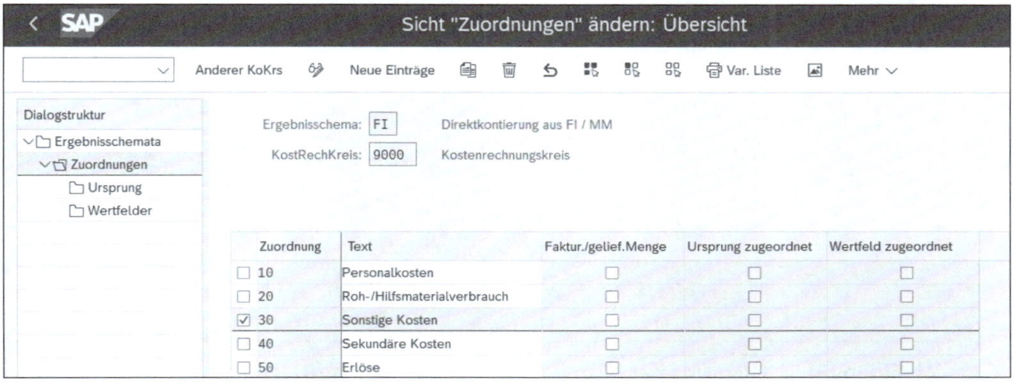

Abbildung 11.52 Zuordnungen anpassen

Markieren Sie die Zuordnungszeile, und navigieren Sie im linken Bildbereich zum Ordner **Ursprung**, um die Kostenart, das Kostenartenintervall oder die Kostenartengruppe zu pflegen. Zusätzlich zu den Kostenarten müssen Sie auch den Ursprung der Kosten festlegen. Es stehen die folgenden Ursprünge zur Auswahl bereit:

- **Kosten/Erlöse**
  für Kosten und Erlöse in Innenaufträgen oder Direktkontierungen
- **Abweichungen auf Fertigungsaufträgen**
  für Abweichungen in Fertigungs- und Prozessaufträgen, die anhand der Abweichungskategorien abgerechnet werden sollen (nur verfügbar, wenn mit den Produktionskomponenten gearbeitet wird)
- **Berechnungsmotiv auf CS-Aufträgen**
  für verschiedene Berechnungsmotive, die im CS-Auftrag hinterlegt wurden (nur verfügbar, wenn mit der SAP-Komponente Customer Service (CS) gearbeitet wird)

In Abbildung 11.53 pflegen wir die Kostenartengruppe INT-3 (Sonstige Kosten) als Ursprung und ordnen diese der Ursprungsart **Kosten/Erlöse** zu.

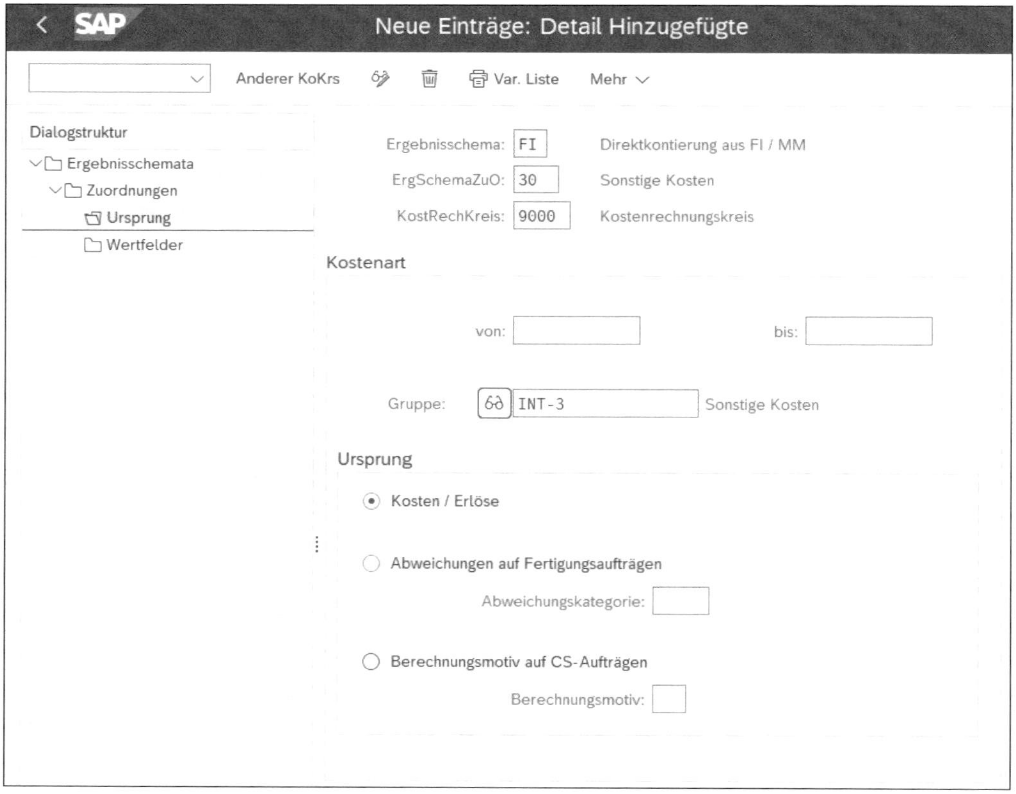

Abbildung 11.53 Ursprung der Kosten im Ergebnisschema festlegen

Gehen Sie zurück zu den Zuordnungen, und navigieren Sie im linken Bildbereich in den Ordner **Wertfelder** falls Sie die kalkulatorische Ergebnisrechnung verwenden. Speichern Sie Ihre Einstellungen.

Mit Transaktion OKB9 oder über den folgenden Customizing-Pfad können Sie die Default-Kontierung pflegen: **Controlling • Kostenstellenrechnung • Istbuchungen • Manuelle Istbuchungen • Automatische Kontierungsfindung bearbeiten**.

Über **Neue Einträge** oder die Taste [F5] können Sie per Buchungskreis (9000) und Sachkonto (473000) verschiedene Kontierungsobjekte zuordnen; es stehen Ihnen Kostenstelle, Innenauftrag, Ergebnisobjekt (Buchung erfolgt direkt in die Ergebnisrechnung), Geschäftsbereich und Profit-Center zur Verfügung (siehe Abbildung 11.54). Es können keine Buchungen direkt oder »nur« auf Geschäftsbereich und Profit-Center erfolgen, sondern es muss immer ein echtes Kontierungsobjekt, wie z. B. eine Kostenstelle, mit angegeben werden.

In Abbildung 11.54 pflegen wir die Kostenart 473000 – die in der Kostenartengruppe, die wir in dem Ergebnisschema für die Default-Kontierung hinterlegt haben, enthalten ist, und aktivieren das Kennzeichen in der Spalte **Ergebnisobjekt** für eine Direktkontierung auf ein Ergebnisobjekt. Damit Sie die Kosten der Kostenart 473000 auf das Ergebnisobjekt kontieren können, muss die Kontierung auf das Ergebnisobjekt in der Feldstatusgruppe des Sachkontos 473000 erlaubt sein.

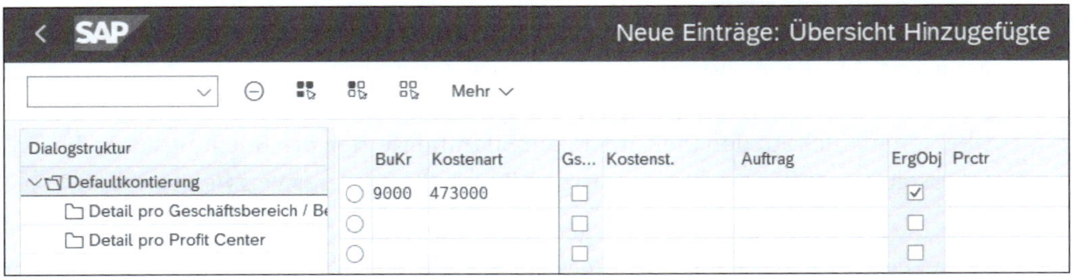

Abbildung 11.54 Default-Kontierung pflegen

Bei der Sachkontenbuchung werden ein Finanzbuchhaltungsbeleg und ein Ergebnisobjekt für die Margenanalyse erstellt. Haben Sie, wie in unserem Beispiel, sowohl die Margenanalyse als auch die kalkulatorische Ergebnisrechnung aktiviert, wird zusätzlich ein Beleg für die kalkulatorische Ergebnisrechnung erzeugt.

11.3.4 Reporting in der Margenanalyse

Für das Reporting in der Margenanalyse stehen zahlreiche neue SAP-Fiori-Apps zur Verfügung. Im Folgenden stellen wir Ihnen zwei dieser Apps vor.

Die SAP-Fiori-App **Einzelposten anzeigen Margenanalyse** (App-ID F4818) ermöglicht die Anzeige der Einzelposten. In Abbildung 11.55 können verschiedene Selektionskriterien eingegeben werden, oder der Bericht kann über die Funktion **Start** ausgeführt werden.

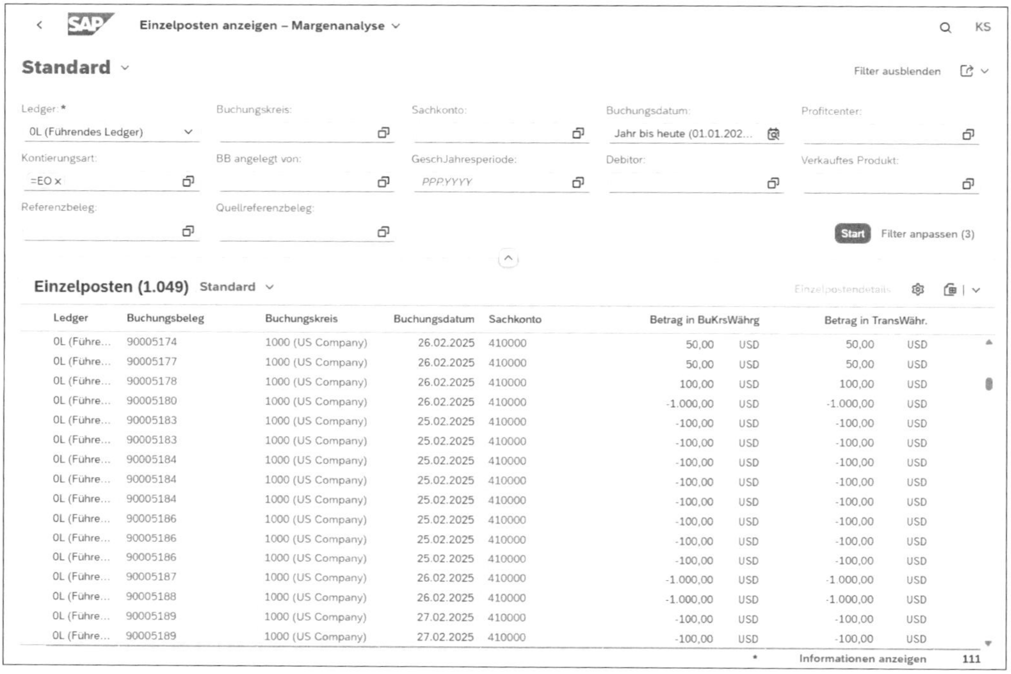

Abbildung 11.55 Einzelposten in der Margenanalyse anzeigen

Über einen Klick auf den Pfeil am linken Bildrand werden pro Buchungskreis die Einzelposten angezeigt, und es kann in den Buchhaltungsbeleg verzweigt werden.

Über die SAP-Fiori-App **Bruttomarge – Vermutet/Ist** (App-ID F3417) können Umsätze sowie die Kosten des Umsatzes angezeigt werden. Die App zeigt auch Umsätze in der Zukunft an, die im Predictive Accounting ermittelt wurden. In Abbildung 11.55 werden die Selektionskriterien ausgewählt. Achten Sie darauf, dass Sie das Erweiterungs-Ledger auswählen, das Sie dem Predictive Accounting zugeordnet haben, sodass die vermuteten Umsätze in der Zukunft auch angezeigt werden.

In Abbildung 11.56 sehen Sie den Bericht **Bruttomarge**. Dieser ist in drei Teile aufgeteilt, die Sie nach Ihren Wünschen ein- oder ausblenden können. Im oberen Bildbereich sehen Sie eine Übersicht der vermuteten Mengen aus dem Predictive Accounting. Im mittleren Bildbereich sehen Sie eine grafische Übersicht der vermuteten und tatsächlich gebuchten Umsätze in der Geschäftsjahresperiode. Im unteren Bildbereich können Sie die einzelnen Belege analysieren. Über Selektionen können weitere Merkmale der Ergebnisrechnung eingeblendet werden. Auch haben Sie die Möglichkeit, die Belege nach Excel zu exportieren, sie in der SAP-Fiori-App zu filtern oder auch die Spaltenreihenfolge anzupassen.

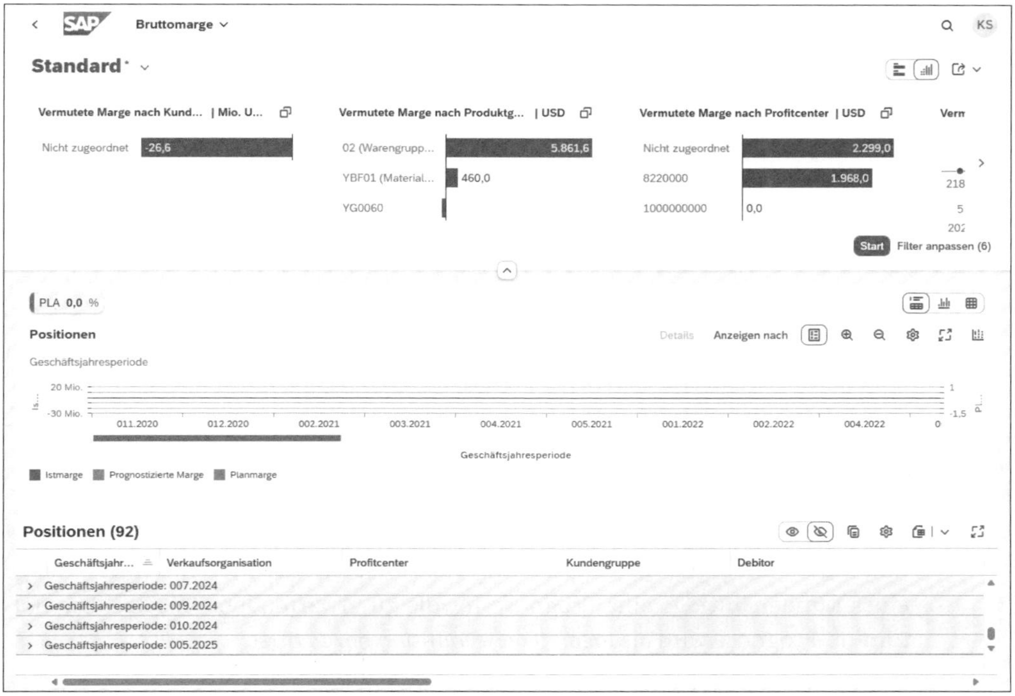

Abbildung 11.56 Bericht Bruttomarge Ist anzeigen

Reporting in der Margenanalyse

Die Margenanalyse profitiert davon, dass sie mit den Finanzbuchhaltungs- und Controlling-Transaktionen eine gemeinsame Datenbank nutzt. Über SAP-Hinweis 3095004 können kundeneigene Merkmale der Margenanalyse in die SAP-Fiori-Apps der Margenanalyse aufgenommen werden.

11.4 Predictive Accounting in SAP S/4HANA

Berichte und Analysen in Finanzbuchhaltung und Controlling waren meist vergangenheitsorientiert. Am Ende der Periode hat man analysiert, was während der Periode passiert ist. Mit dem immer stärkeren Wettbewerb und der erhöhten Schnelligkeit am Markt wurde es immer wichtiger, zu verstehen, was jetzt passiert. Die Anforderungen an das Echtzeit-Reporting sind immer weiter gewachsen und werden heute sogar als Mindestanforderungen bei der Auswahl eines ERP-Systems genannt. Mit SAP S/4HANA sind wir dem Echtzeit-Reporting, dem sogenannten *Continuous Accounting*, einen bedeutenden Schritt näher gekommen. Das Universal Journal bietet Ihnen eine Echtzeitintegration sowie Analysemöglichkeiten auf höchstem Detaillevel. Doch selbst das genügt nicht mehr – der Markt fordert immer schnellere Entscheidungen. Diese Entscheidungen können jedoch nicht auf Monatsabschlussberichten fundieren, sondern es werden Einblicke in die Zukunft erwartet. Das Predictive Accounting (also das vorausschauende Rechnungswesen) gibt einen Einblick in zukünftige Unternehmensperformance und unterstützt Sie damit bei der Entscheidungsfindung für Ereignisse in der Zukunft.

Es gibt zwei Herangehensweisen im Zusammenhang mit dem Predictive Accounting:

1. **Top-down-Prognose**
   Die Top-down-Prognose verwendet mathematische Logik, um historische Daten zu analysieren. Sie ermöglicht die Erstellung einer Prognose für die Zukunft, basierend auf Trends, vergangenen Perioden und Fluktuation. Im SAP-System kann das Machine Learning für die Top-down-Prognose verwendet werden.
2. **Bottom-up-Prognose**
   Die Bottom-up-Prognose basiert auf aktuellen Belegen eines Geschäftsprozesses und sagt deren Ergebnis voraus. Zum Beispiel erstellt das System bei der Anlage eines Kundenauftrags eine Prognose für die zu erwartenden Umsätze. Die Bottom-up-Prognose wird als *Predictive Accounting* bezeichnet.

Mit SAP S/4HANA hat SAP zwei Funktionen im Predictive Accounting für die Bottom-up-Prognose geschaffen:

- **Kundenauftragsbestand**
  Vorhersage der zu erwartenden Umsätze
- **Verbindlichkeiten aus Bestellungen**
  Vorhersage der zu erwartenden Kosten

In diesem Abschnitt gehen wir näher auf das Customizing des Kundenauftragsbestands zur Anzeige der zu erwartenden Umsätze ein. Voraussetzung für das Predictive Accounting ist die Anlage eines Erweiterungs-Ledgers.

Das Erweiterungs-Ledger ist ein Ledger, das auf Basis eines Standard-Ledgers angelegt wird. Bei der Auswertung eines Erweiterungs-Ledgers werden auch die Buchungen des zugrunde liegenden Ledgers angezeigt. Sie können Buchungen erstellen, die ausschließlich für das Erweiterungs-Ledger relevant sind. Erweiterungs-Ledger werden z. B. für Buchungen, die ausschließlich für die Managementsicht relevant sind, verwendet, ohne dabei die Buchungen der Finanzbuchhaltung zu beeinflussen.

In Abbildung 11.57 sehen Sie eine Übersicht über den Wertefluss im Predictive Accounting für den Kundenauftragsbestand. Im Vertrieb wird bei der Bestellung ein Kundenauftrag angelegt. Dieser Kundenauftrag enthält Informationen über die Materialien, die der Kunde in einer bestimmten Menge und zu einem bestimmten Preis bestellt. Das Kalkulationsschema im Kundenauftrag kalkuliert unter Berücksichtigung der Produktions- und Beschaffungskosten einen Deckungsbeitrag. Zu diesem Zeitpunkt entstehen keinerlei Buchungen in der Finanzbuchhaltung. Nach Anlage des Kundenauftrags werden, abhängig von der Verfügbarkeit, eine Lieferung erstellt und ein Warenausgang gebucht. Die Warenausgangsbuchung löst eine Buchung in der Finanzbuchhaltung aus. Mit Bezug auf die Lieferung wird dann eine Faktura erstellt, die die Kosten an den Kunden fakturiert und somit eine Erlösbuchung und Forderungsbuchung erstellt. Die Faktura löst wiederum einen Buchhaltungsbeleg aus. All diese Finanzbuchhaltungsbelege werden in das führende Ledger 0L und, je nach den Einstellungen, in parallele Ledger gebucht. Keiner dieser Belege wird in das Erweiterungs-Ledger gebucht. Mit dem Predictive Accounting haben Sie nun die Möglichkeit, bei der Anlage eines Kundenauftrags die zu erwartenden Umsätze, die Materialkosten und damit auch den Deckungsbeitrag in ein Erweiterungs-Ledger zu buchen. Sie können sich die GuV und die Bilanz für das Erweiterungs-Ledger anzeigen lassen und sehen in diesem Bericht alle Buchungen des Erweiterungs-Ledgers und des zugrunde liegenden Ledgers, das in unserem Beispiel dem Ledger 0L entspricht.

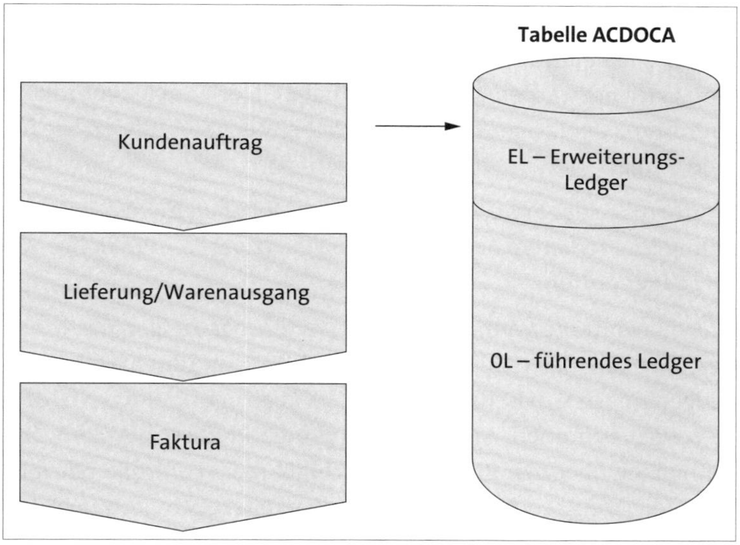

Abbildung 11.57 Wertefluss im Predictive Accounting für den Kundenauftragsbestand

Der Bericht gibt Ihnen somit einen Ausblick in die Zukunft und zeigt Erlöse und Kosten an, bevor diese gebucht werden.

Ein Erweiterungs-Ledger legen Sie im Customizing der Finanzbuchhaltung über den folgenden Pfad an: **Finanzwesen • Grundeinstellung Finanzwesen • Bücher • Ledger • Einstellungen für Ledger und Währungstypen definieren**. In Abbildung 11.58 haben wir das Erweiterungs-Ledger **EL** angelegt. Für ein Erweiterungs-Ledger für das Predictive Accounting müssen die folgenden Einstellungen vorgenommen werden:

- Ledger-Typ: **Erweiterungsledger**
- Erweiterungs-Ledger-Art: **Einzelposten mit technischen Nummern/Löschen nicht möglich** oder Erweiterungs-Ledger-Art **P**
- Zugrunde liegendes Ledger: **führendes** oder **paralleles Ledger**; in Abbildung 11.57 haben wir Ledger 0L als zugrunde liegendes Ledger gewählt.

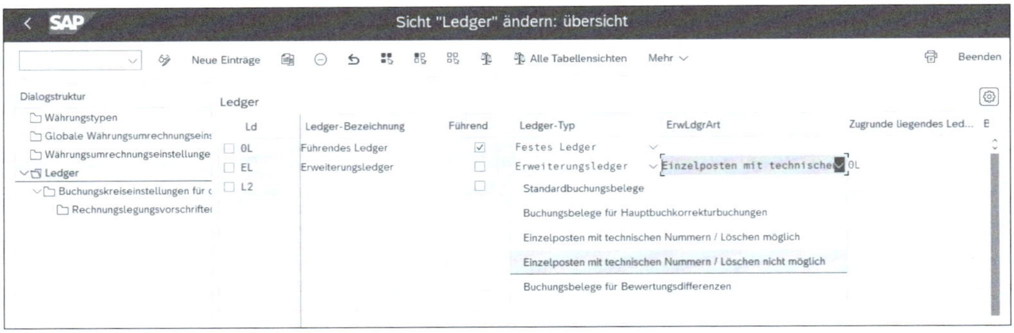

Abbildung 11.58 Prediction Ledger anlegen

Außerdem müssen Sie das Erweiterungs-Ledger den Buchungskreisen, in denen das Predictive Accounting aktiviert werden soll, sowie einer Ledger-Gruppe zuordnen. Sie wählen für die Zuordnung der Ledger-Gruppen dieselben Ledger-Gruppen wie für das zugrunde liegende Ledger.

Im nächsten Schritt ordnen Sie das Erweiterungs-Ledger in folgendem Customizing-Pfad für die Anwendung im Predictive Accounting zu: **Finanzwesen • Predictive Accounting • Prediction Ledger prüfen**.

Über einen Klick auf **Neue Einträge** können Sie das Erweiterungs-Ledger, das wir in Abbildung 11.57 angelegt haben, der Tabelle in Abbildung 11.58 zuordnen. Haben Sie das Erweiterungs-Ledger mit den falschen Merkmalen angelegt, können Sie dies nicht als Vorhersage-Ledger zuordnen. Arbeiten Sie mit dem Predictive Accounting für Bestellungen, können Sie über den Button **Für Verfügbarkeitskontrolle relevant** definieren, dass das Predictive Accounting die Verfügbarkeitskontrolle mit in Betracht zieht (siehe Abbildung 11.59).

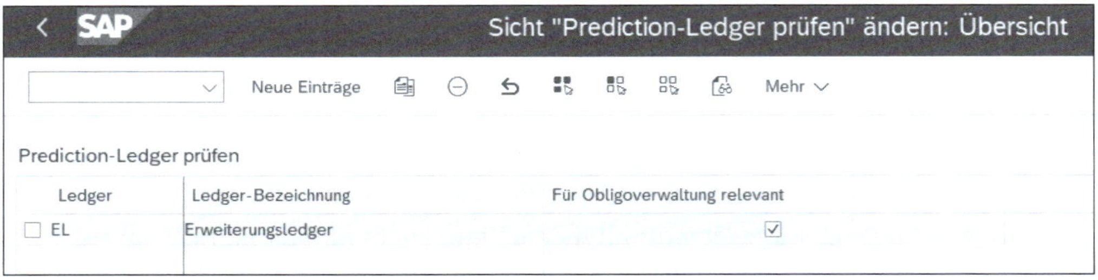

Abbildung 11.59 Vorhersage-Ledger definieren

Diesen Button können Sie nur für ein Erweiterungs-Ledger nutzen. Arbeiten Sie mit mehreren Erweiterungs-Ledgern in Ihrem System, müssen Sie festlegen, für welches dieser Button verwendet werden soll.

Nach der Anlage des Erweiterungs-Ledgers und der Aktivierung dessen für das Predictive Accounting aktivieren wir nun das Predictive Accounting für den Kundenauftragsbestand. Die Aktivierung erfolgt im Customizing über den folgenden Pfad: **Finanzwesen • Predictive Accounting • Predictive Accounting für Verkaufsprozesse aktivieren**

Die Aktivierung erfolgt auf der Ebene des Kostenrechnungskreises. In Abbildung 11.60 aktivieren wir das Predictive Accounting für den Kundenauftragsbestand im Kostenrechnungskreis 9000.

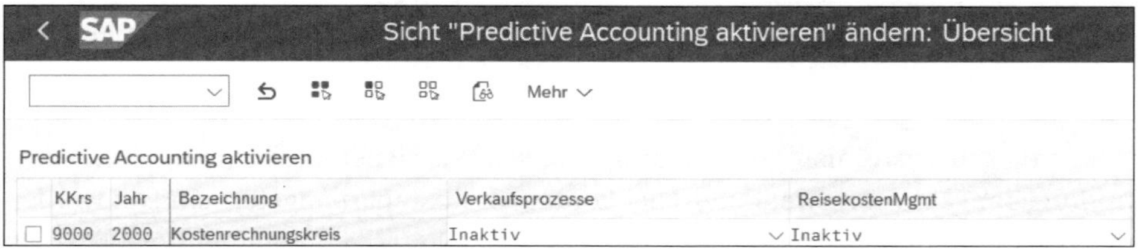

Abbildung 11.60 Predictive Accounting für den Kundenauftragsbestand im Kostenrechnungskreis aktivieren

Predictive Accounting für Bestellungen

Sie können das Predictive Accounting auch für Bestellungen aktivieren, um zukünftige Kosten im Erweiterungs-Ledger anzuzeigen. Auch haben Sie die Möglichkeit, die Verfügbarkeitskontrolle im Predictive Accounting zu berücksichtigen. Bestellobligos werden dabei in das Erweiterungs-Ledger gebucht, und bei Wareneingang werden diese Buchungen aufgelöst. Auf diese Weise können Sie zukünftige Kosten in Ihrem Berichtswesen berücksichtigen.

Sicherlich kennen Sie die Einstellungen zur Fakturaüberleitung oder zur Übernahme des Kundenauftragsbestands aus der kalkulatorischen Ergebnisrechnung – pro Konditionsart des Kalkulationsschemas definieren Sie, welche Werte in die kalkulatorische Ergebnisrechnung übernommen werden. Für die Übernahme des Kundenauftragsbestands im Predictive Accounting müssen hingegen Verkaufsbelegarten und Kundenauftragspositionen für die Überleitung im Customizing gepflegt werden.

Pflegen Sie nun die Kundenauftragspositionstypen für die Übernahme. Die Pflege der Kundenauftragspositionstypen erfolgt im Customizing über den Pfad **Finanzwesen • Predictive Accounting • Predictive Accounting für Kundenauftragspositionen aktivieren**.

In Abbildung 11.61 haben wir für den Positionstyp **TAN** (Normalposition) einen Eintrag gepflegt und das Kennzeichen in der Spalte **Aktiv** gesetzt. Nun wird für alle Kundenaufträge mit Auftragsart TA und Positionstyp TAN der Kundenauftragsbestand in das Erweiterungs-Ledger übergeleitet. Sie können in Abbildung 11.61 über **Mehr • Fehlende Positionstypen holen** alle im System aktiven Positionstypen einblenden und einzeln/im Block für die Übernahme des Kundenauftragsbestands aktivieren.

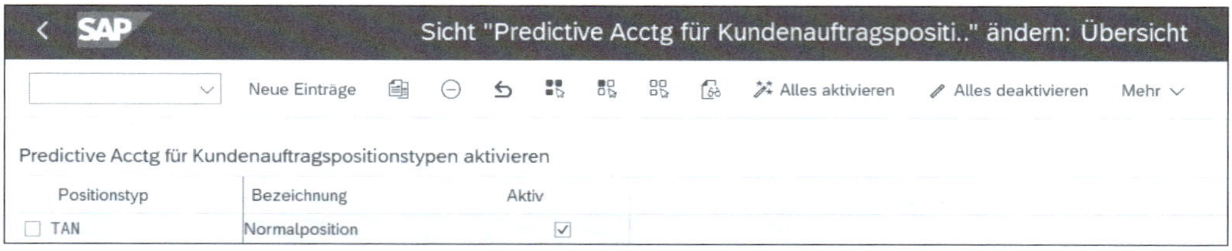

Abbildung 11.61 Kundenauftragspositionen für die Übernahme des Kundenauftragsbestands aktivieren

Neben diesen Customizing-Einstellungen stellen Sie sicher, dass alle in der Kontenfindung der Faktura verwendeten Sachkonten als Kostenart angelegt sind. Es werden nur die Werte in das Erweiterungs-Ledgers übergeleitet, die auf eine Kostenart gebucht werden.

Das Predictive Accounting visualisiert Ereignisse im Unternehmen, bevor diese realisiert sind, und erlaubt Ihnen, entsprechend zu reagieren und vorausschauend Entscheidungen zu treffen. Wurde im Customizing z. B. die Erlöskontenfindung nicht richtig gepflegt oder ist zum Zeitpunkt des Speicherns keine Materialkalkulation vorhanden, obwohl der COGS-Split aktiviert ist, kann das System keinen Beleg für das Erweiterungs-Ledger erstellen. Mit der SAP-Fiori-App **Predictive Accounting überwachen** (App-ID F3828) können Sie überwachen, welche Belege übergeleitet wurden – und welche nicht – und daraufhin entsprechende Gegenmaßnahmen einleiten. Alle Belege, die nicht an das Erweiterungs-Ledger weitergeleitet werden können, können mit hoher Wahrscheinlichkeit auch nicht an das führende Ledger und somit in die Finanzbuchhaltung gebucht werden.

11.5 Zusammenfassung

In diesem Kapitel haben Sie einen Überblick über die Ergebnisrechnung erhalten. Sie haben gelernt, welche Grundeinstellungen für die Aktivierung der Ergebnisrechnung notwendig sind. Anschließend haben Sie gelernt, welchen Einfluss die Werteflüsse in Ihrem Unternehmen auf die Ergebnisrechnung haben und wie diese mit Werten angereichert wird.

Abschließend haben Sie die verschiedenen Reporting und Predictive Accounting Möglichkeiten in der Ergebnisrechnung kennengelernt.

Kapitel 12
Abschlussarbeiten

Lernen Sie in diesem Kapitel, wie Sie das Customizing, das Sie für die einzelnen Komponenten des Rechnungswesens vorgenommen haben, vervollständigen, um es für Ihre Abschlussarbeiten zu nutzen. Wir zeigen Ihnen, welche Einstellungen Sie dafür in der Haupt- und in der Anlagenbuchhaltung vornehmen.

In den bisherigen Kapiteln dieses Buches haben wir in verschiedenen Komponenten des Rechnungswesens Einstellungen vorgenommen. Dabei haben wir uns auf die Konfigurationsschritte beschränkt, die Sie durchführen müssen, damit Sie das Tagesgeschäft in Buchhaltung und Controlling abbilden können. Für den Periodenabschluss sind weitere Einstellungen erforderlich, damit alle Abschlussarbeiten korrekt durchgeführt werden. Dazu gehören:

- das Öffnen und Schließen der Buchungsperioden (Abschnitt 12.1.1)
- Fremdwährungsbewertung (Abschnitt 12.1.2)
- Umgliederung (Abschnitt 12.1.3)
- Reporting in der Anlagenbuchhaltung, z. B. Anlagengitter (Abschnitt 12.2)
- Abgrenzungsverwaltung für Bestellungen (Abschnitt 12.3)
- Erstellung des Rückstellungsspiegels mittels SAP Fiori (Abschnitt 12.4)

[«]

SAP S/4HANA Financial Closing Cockpit und SAP Advanced Financial Closing

Es gibt aber auch einige Abschlussarbeiten, die keiner weiteren Einstellungen bedürfen, sondern die mit SAP S/4HANA Financial Closing Cockpit orchestriert werden können. Diese behandeln wir im Zusatzkapitel zu SAP S/4HANA Financial Closing Cockpit, das Sie auf unserer Website im Bereich **Materialien zum Buch** finden: *www.sap-press.de/6067/*. Falls Sie SAP Advanced Financial Closing einsetzen, finden Sie die dafür notwendigen Einstellungen in Kapitel 13, »SAP Advanced Financial Closing«.

Im folgenden Abschnitt betrachten wir die Einstellungen, die Sie für die Hauptbuchhaltung vornehmen müssen.

12.1 Abschlussarbeiten in der Hauptbuchhaltung

Wie in vielen anderen SAP-Komponenten, gibt es auch im Hauptbuch Abschlussarbeiten. Manche von ihnen funktionieren einfach, wie der Saldovortrag oder das Öffnen von Buchungsperioden; andere benötigen umfangreicheres Customizing, damit sie genutzt werden können. Ein Beispiel für eine Abschlussfunktion, die Customizing, aber auch ein entsprechendes Fachkonzept erfordert, wäre die Fremdwährungsbewertung.

Im folgenden Abschnitt beschäftigen wir uns mit dem Öffnen von Buchungsperioden.

12.1.1 Buchungsperioden öffnen – Finanzwesen/Controlling/ Materialwirtschaft

In SAP ERP und in SAP S/4HANA müssen Buchungsperioden geöffnet oder geschlossen werden, um Buchungsvorgänge zu ermöglichen oder zu verhindern, wenn die Buchungsperiode abgeschlossen ist. Finanzwesen und Controlling sind in SAP S/4HANA noch näher zusammengerückt und teilen sich für die Ablage der Buchungsbelege eine große Tabelle (Tabelle ACDOCA). Dennoch ist es nach wie vor erforderlich, Buchungsperioden im Finanzwesen und Controlling zu öffnen oder zu schließen. Ferner gibt es noch weitere Buchungsperioden, die geöffnet werden müssen, z. B. die Buchungsperioden der Materialwirtschaft. Dies erfolgt mit Transaktion MMPV (Periodenverschiebung Materialwirtschaft). Da die Materialwirtschaft immer mit dem Tagesdatum bucht, genügt es, wenn jeweils die aktuelle Periode geöffnet ist. Daher wird in der Materialwirtschaft von einem *Verschieben der Perioden* gesprochen.

Eins haben die verschiedenen Stellen in SAP S/4HANA zur Periodensteuerung gemeinsam: Es nützt nichts, die Periode nur in einem Bereich (z. B. in der Materialwirtschaft) zu öffnen, wenn sie in einem anderen Bereich (z. B. dem Controlling oder Finanzwesen) noch geschlossen ist. Ein Prozess kann nur durchgängig richtig funktionieren, wenn die Buchungsperioden in allen beteiligten Bereichen richtig geöffnet worden sind.

[zB]

Periodenverschiebung in der Materialwirtschaft

Das Tagesdatum ist der 20.09.2025. Für die Perioden bedeutet das:

- Die vorherige Periode 08/2025 ist abgeschlossen.
- Die aktuelle Periode 09/2025 ist geöffnet.
- Die nächste Periode 10/2025 kann geöffnet werden.
- Die übernächste Periode 11/2025 kann noch nicht geöffnet werden.

Mit Transaktion MMPV können Sie Perioden verschieben: Mithilfe dieser Funktion wird die aktuelle Periode in der Materialwirtschaft um eine Periode verschoben. Zurückliegende Perioden können nicht wieder geöffnet werden. Deswegen ist eine Rückbuchung in zurückliegende Perioden auch nicht notwendig.

Transaktion MMPV verhindert eine Verschiebung in zukünftige Perioden, um zu verhindern, dass diese versehentlich geöffnet wird. In Abbildung 12.1 sehen Sie das Selektionsbild von Transaktion MMPV. Mit dieser Transaktion können Sie ein Intervall von Buchungskreisen aus der aktuellen Buchungsperiode in die nächstfolgende Periode verschieben. Über einen Klick auf den Button Ausführen (**Ausführen**) oder mit der Taste F8 können Sie die Ausführung der Periodenverschiebung starten.

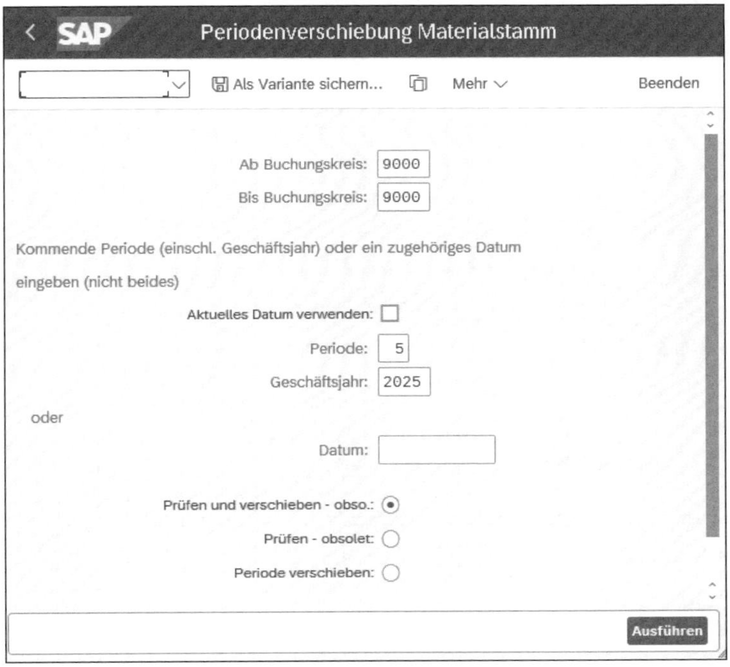

Abbildung 12.1 Perioden verschieben (Transaktion MMPV)

Wenn Sie eine Reportvariante zur Transaktion anlegen, können Sie die Verschiebung der Periode in der Materialwirtschaft über SAP S/4HANA Financial Closing Cockpit automatisiert ausführen lassen. Dadurch benötigen Sie für die Ausführung eines Jobs über SAP S/4HANA Financial Closing Cockpit nur noch eine Variante. Dazu nutzen wir die Selektionsvariable `SAP_FAST_CLOSE*`, die bei der Ausführung durch SAP S/4HANA Financial Closing Cockpit mit einem Wert, hier mit dem Buchungskreis, versorgt wird (siehe Abbildung 12.2). Der Wert des Buchungskreises kommt dabei aus einem der Ordner, die Sie in der Vorlage von SAP S/4HANA Financial Closing Cockpit angelegt haben.

Für bestimmte Selektionsvariablen können Sie Transaktion SAP_FAST_CLOSE* nicht verwenden, da im Aufgabenplan von SAP S/4HANA Financial Closing Cockpit nur der Monat vorliegt, der gerade abgeschlossen wird.

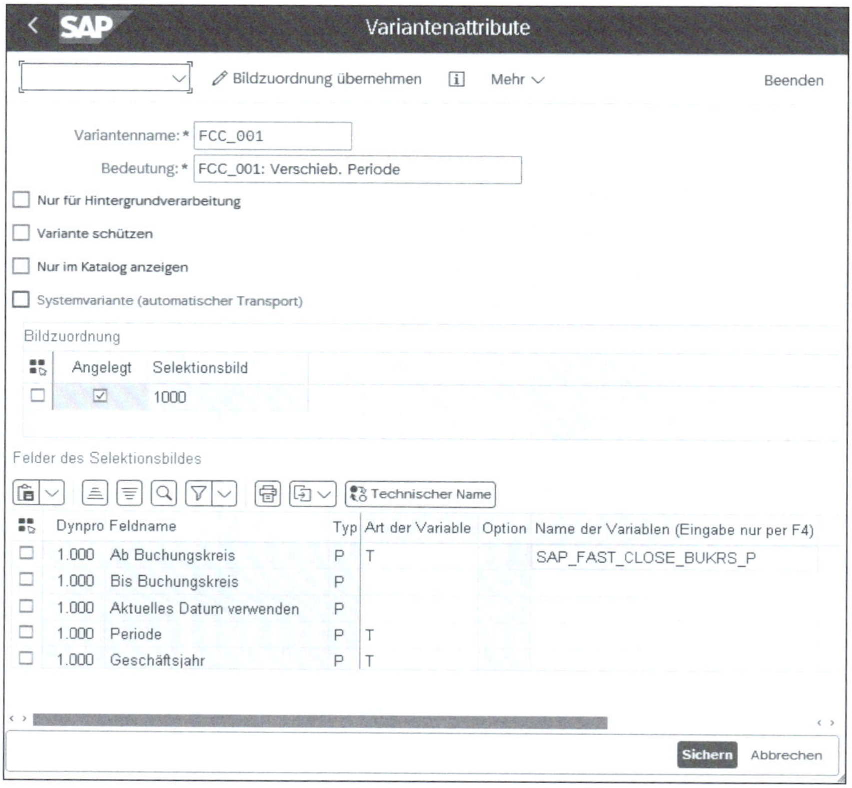

Abbildung 12.2 Variante anlegen

Um die Folgeperiode Juni zu öffnen, legen Sie eine eigene zeitabhängige Selektionsvariable in Tabelle TVARC (Transaktion STVARV) an. Damit diese in Tabelle TVARC nicht jeden Monat angepasst werden muss, wird noch ein kleines Hilfsprogramm entwickelt. Das Hilfsprogramm planen Sie als Job einmal täglich ein. Aufgabe des Programms ist es, Tabelle TVARC, abhängig vom Systemdatum Ihres SAP-S/4HANA-Systems, bestimmten Selektionsvariablen anzupassen. In Tabelle 12.1 finden Sie einige Beispiele für mögliche Selektionsvariablen.

Selektionsvariable	Beispielwert	Anpassungszyklus
ZFI_AKTUELLER_MONAT	6	monatlich
ZFI_NEUES_GJAHR	2025	jährlich

Tabelle 12.1 Beispiele von Selektionsvariablen

Die Buchungsperioden für das Finanzwesen werden mit Transaktion OB52 gesteuert. Beim Einstieg erhalten Sie das Pop-up-Fenster **Arbeitsbereich festlegen: Eingabe** (siehe Abbildung 12.3). Wenn Sie hier eine Ihrer Buchungsvarianten eintragen und Ihre Eingabe mit der [↵]-Taste oder über einen Klick auf [✓] (**Weiter**) bestätigen, wird die entsprechende Tabelle nur für die ausgewählte Buchungsvariante gesperrt.

Abbildung 12.3 Arbeitsbereich festlegen (Transaktion OB52)

12

Je nach der Ihnen zugeordneten Berechtigung können Sie die Buchungsperioden öffnen oder schließen (siehe Abbildung 12.4). Klicken Sie zum Sichern Ihrer Änderungen auf den Button Sichern (**Sichern**), oder verwenden Sie die Tastenkombination [Strg] + [S]. Verlassen Sie die Sicht über die Taste [F3] oder über einen Klick auf [<] (**Zurück**).

Zeilenweise Berechtigungen (Transaktion OB52)

Transaktion OB52 unterstützt auch zeilenweise Berechtigungen. In SAP-Hinweis 2523830 (Buchungskreisspezifisches Bearbeiten von Buchungsperioden über Programm RFOB5200) sowie in SAP-Hinweis 2421622 (RFOB5200 berücksichtigt S_TABU_LIN nicht) finden Sie weitere Informationen zu diesem Thema.

Wenn Sie erneut in Transaktion OB52 einsteigen, dieses Mal die Buchungsvariante leer lassen und gleich die [↵]-Taste drücken oder auf [✓] (**Weiter**) klicken, wird die Tabelle mit den Buchungsperioden für alle Buchungsvarianten gesperrt (siehe Abbildung 12.5). Die Darstellung der offenen Buchungsperioden kann etwas unübersichtlich sein, was an der schieren Anzahl der Einträge liegen kann. Sie sollten Ihre Anpassungen zügig vornehmen und anschließend die Transaktion wieder verlassen. Andernfalls behindern Sie gegebenenfalls andere Anwender.

Sie haben die Möglichkeit, im Finanzwesen drei verschiedene Intervalle zu öffnen. Meist wird im ersten Intervall (**Von Per. 1**, **Bis Per. 1**) die aktuelle Buchungsperiode geöffnet.

Abbildung 12.4 Ausgewählte Buchungsvariante (Transaktion OB52)

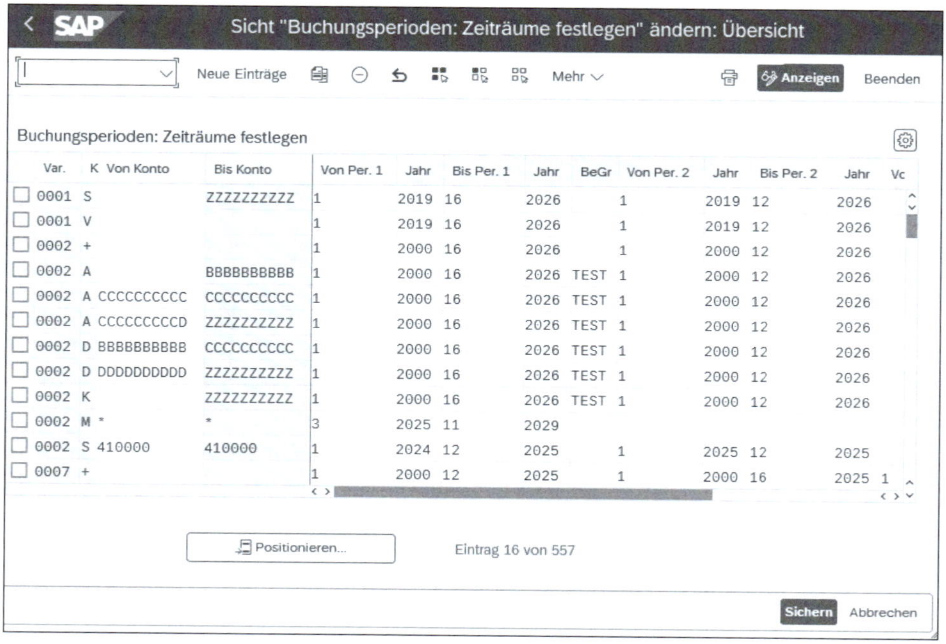

Abbildung 12.5 Alle Buchungsvarianten (Transaktion OB52)

Im zweiten Intervall öffnen die Kunden mitunter noch ältere Perioden, wie das alte Geschäftsjahr, in denen der Fachbereich noch Korrekturen vornimmt. Das dritte Intervall ist ausschließlich dazu da, die Perioden im Hauptbuch für CO-Buchungen zu öffnen. Schon mit SAP ERP und dem neuen Hauptbuch gab es die Herausforderung, dass die Controlling-Buchungen nicht in das Hauptbuch gebucht werden konnten, wenn die Buchungsperioden im Hauptbuch bereits geschlossen wurden, aber im Controlling noch Monatsabschlussarbeiten ausgeführt worden sind. In SAP S/4HANA bietet Ihnen die SAP-Fiori-App **Buchungsperioden verwalten** (App-ID F2293) einen guten Überblick über die Buchungsperioden im Finanzwesen.

Mit der SAP-Fiori-App **Buchungsperioden verwalten** (siehe Abbildung 12.6) können Sie anstelle von Transaktion OB52 die Buchungsperioden steuern und kontrollieren.

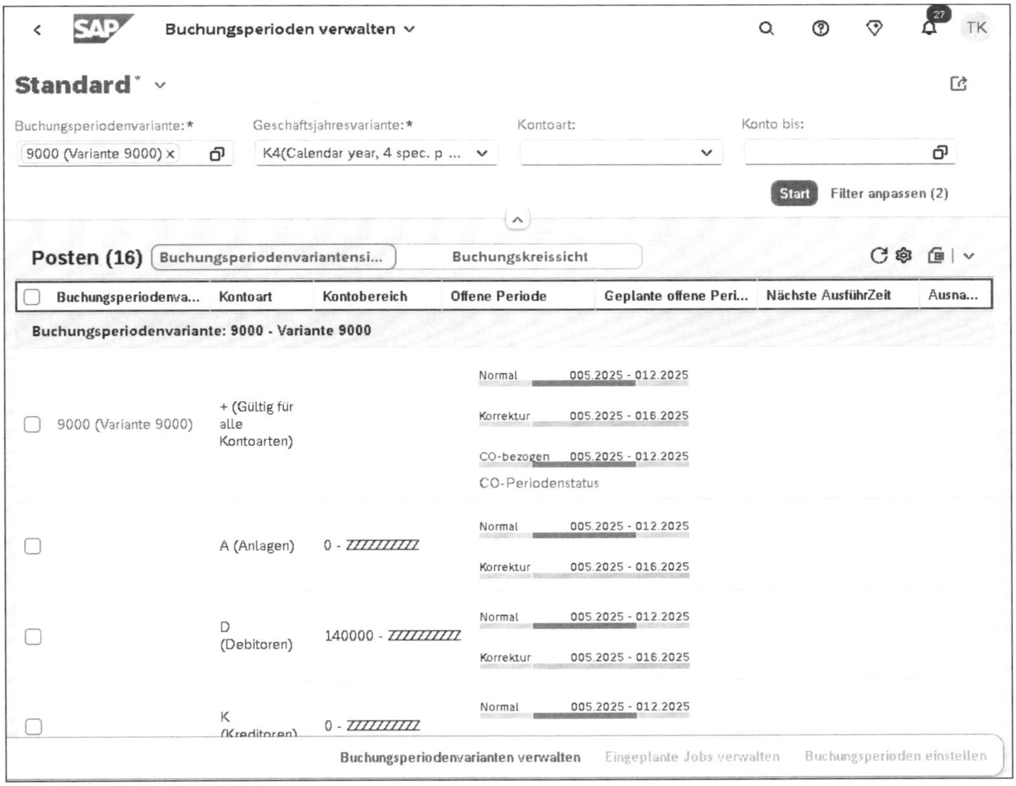

Abbildung 12.6 SAP-Fiori-App »Buchungsperioden verwalten«

Die Darstellung in der SAP-Fiori-App **Buchungsperioden verwalten** zeigt:

- **Normal** – bezieht sich auf das Intervall 2 in Transaktion OB52.
- **Korrektur** – bezieht sich auf das Intervall 1 in Transaktion OB52.
- **CO-bezogen** – bezieht sich auf die CO-Periodensteuerung.

Auf der Registerkarte **Sicht – Buchungskreis** können Sie kontrollieren, für welche Buchungskreise und Ledger Ihre Buchungsperiodenvariante verwendet wird (siehe Abbildung 12.7).

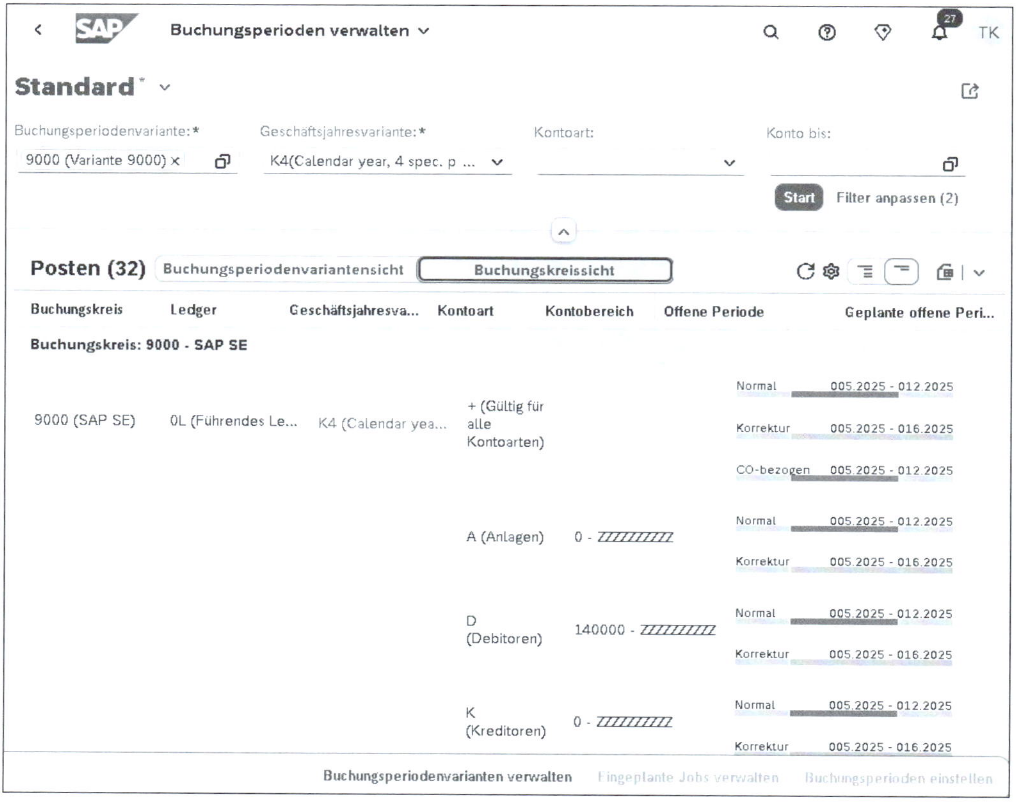

Abbildung 12.7 SAP-Fiori-App »Buchungsperiode verwalten« – Sicht pro Buchungskreis

Abbildung 12.8 zeigt die SAP-Fiori-App **Buchungsperiodenvarianten verwalten**. Diese bietet Ihnen für die Pflege der Buchungsperiodenvarianten mehr Möglichkeiten als Transaktion OB52. Sie können recht einfach einen Eintrag kopieren, bearbeiten, aufteilen oder auch löschen.

Für die Durchbuchung vom Controlling in die Finanzbuchhaltung hat SAP das dritte Intervall eingeführt, das aber nur für das Durchbuchen vom Controlling ins Hauptbuch zur Anwendung kommt. Damit können Sie den Monatsabschluss im Hauptbuch beenden und die Perioden schließen, und das Controlling kann seinen Monatsabschluss ungehindert fortsetzen. Möchten Sie nun aber das Öffnen der Buchungsperioden automatisieren, funktioniert dies nicht mit Transaktion OB52. Dafür steht im SAP-System Transaktion OB52B zur Verfügung (siehe Abbildung 12.9). Dazu wird das Programm RFOB5200 genutzt.

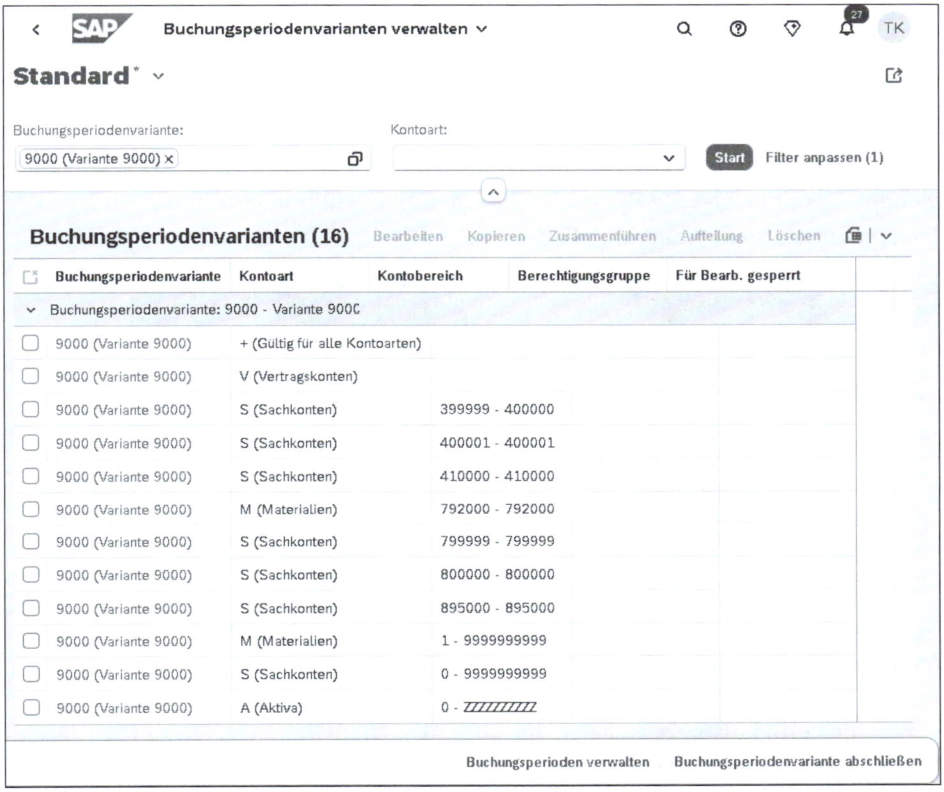

Abbildung 12.8 SAP-Fiori-App »Buchungsperiodenvarianten verwalten«

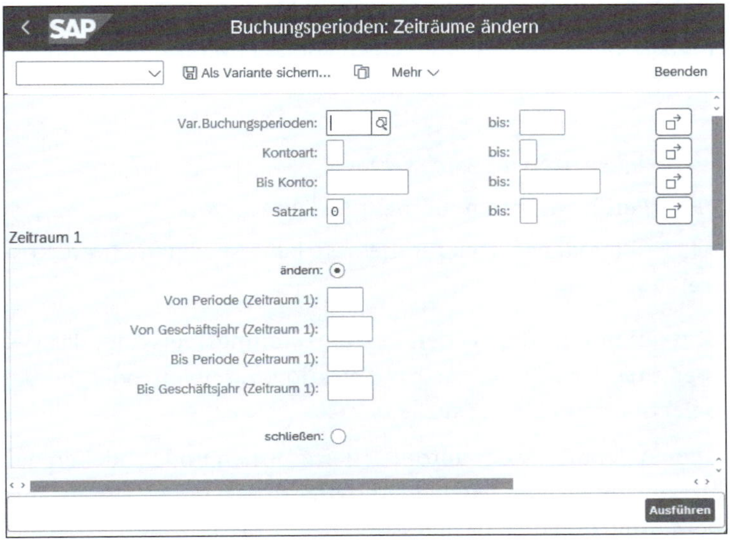

Abbildung 12.9 Buchungsperioden – Zeiträume ändern (Transaktion OB52B)

Für das Programm RFOB5200 können Sie eine oder mehrere Varianten, entsprechend Ihren Kontenintervallen, die zu öffnen oder zu schließen sind, anlegen. Die Anlage der Reportvariante erfolgt dabei nach dem gleichen Prinzip, wie wir es weiter vorn in diesem Abschnitt erklärt haben (siehe Abbildung 12.2).

Für das Öffnen und Schließen der Perioden im Controlling wird Transaktion OKP1 verwendet. Damit erfolgt die Pflege der Perioden manuell und getrennt nach Ist- bzw. Planversionen (siehe Abbildung 12.10).

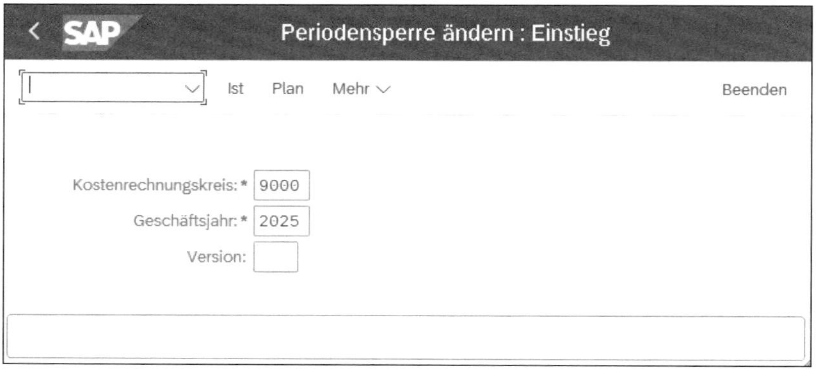

Abbildung 12.10 Perioden pflegen (Transaktion OKP1)

Um in die Periodensperre zu gelangen, klicken Sie in dem in Abbildung 12.10 gezeigten Bild auf **Ist** bzw. **Plan**. Dadurch gelangen Sie in den Pflegedialog der Periodensperre (siehe Abbildung 12.11).

Durch Klicks auf die entsprechenden Buttons in der Kopfzeile können Sie alle oder einzelne Perioden oder Vorgänge im Controlling sperren. Da dies als Transaktion ebenfalls nicht automatisierbar ist, bietet SAP verschiedene Programme an, für die Sie wiederum eine oder mehrere Varianten anlegen können. Es handelt sich um folgende Programme:

- Report RKCOOKP1 – Periodensperren im Batch setzen
- Report RKCOOKP1_MORE – Periodensperren für mehrere Jahre setzen
- Report RKCOOKP1_MULTI – Periodensperren für mehrere Jahre setzen (mehrere Kostenrechnungskreise)

In der jeweiligen Reportvariante setzen Sie den Kostenrechnungskreis oder das Geschäftsjahr wieder über eine der SAP_FAST_CLOSE*-Selektionsvariablen, oder Sie benötigen eine eigene Selektionsvariable in Tabelle TVARC.

Abbildung 12.12 zeigt einen Report für das automatisierte Öffnen und Schließen der Buchungsperioden im Controlling. Im folgenden Abschnitt beschäftigen wir uns mit der *Fremdwährungsbewertung* und dem dazu notwendigen Customizing.

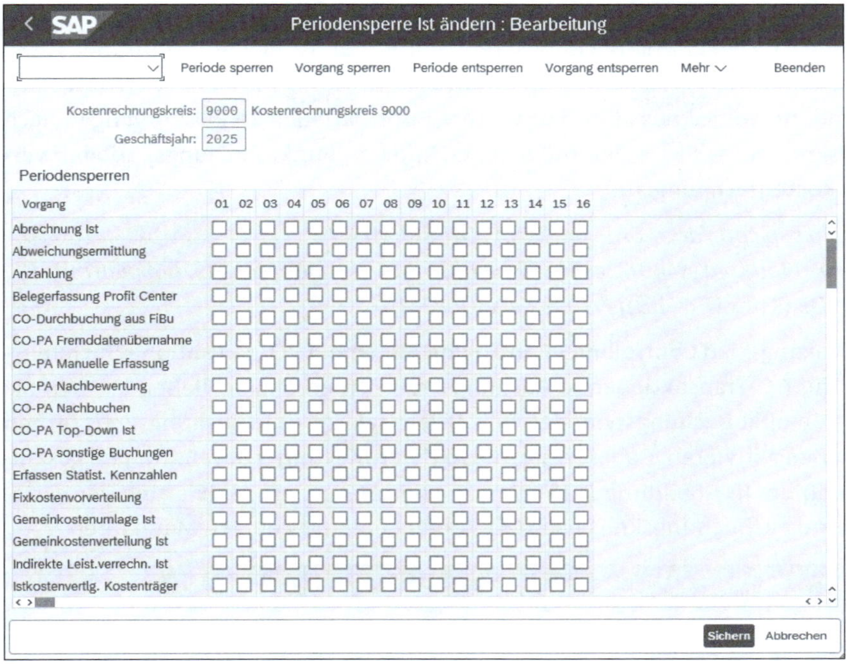

Abbildung 12.11 Periodensperre pflegen (Transaktion OKP1)

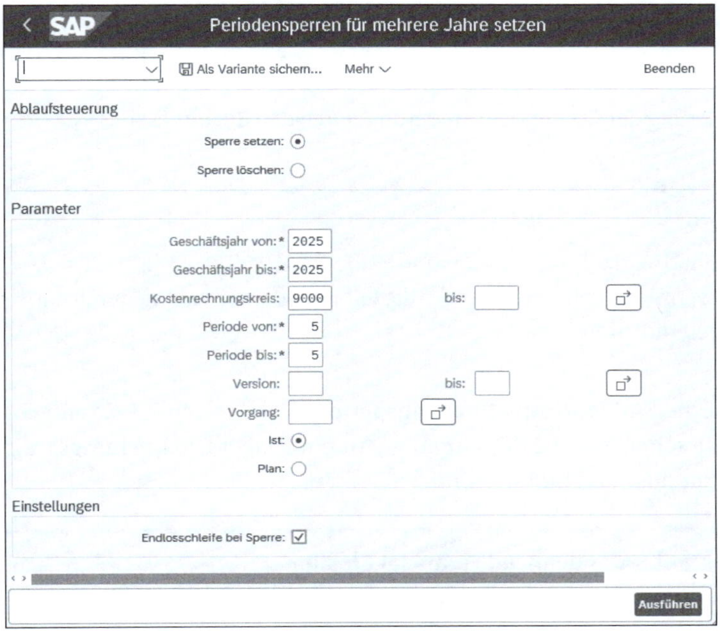

Abbildung 12.12 Buchungsperioden automatisiert öffnen und schließen (Report RKCOOKP1_MULTI)

Wenn Sie beim Ausführen von Transaktion OKP1 die Fehlermeldung »CO-Periodensteuerung nach Ledger und Buchungskreis ist im Ist aktiv. Meldungsnummer FINS_BTTYPE_CHECKS 004« erhalten, ist in Ihrem System die CO-Periodensteuerung nach Ledger und Buchungskreis aktiv. Für weitere Informationen zu CO-Vorgängen nach Buchungskreis rufen Sie in der SAP-Online-Hilfe den Punkt **Buchungsperioden verwalten – Kostenrechnung** auf:

https://help.sap.com/docs/SAP_S4HANA_ON-PREMISE/651d8af3ea974ad1a4d74449122c620e/044eb1694b564390a6479c62497b6bc1.html?locale=de-DE (Kurz-URL: *http://s-prs.de/v10687011*)

Im Customizing-Pfad **Controlling • Controlling Allgemein • Organisation • Buchungsperioden für CO-Transaktionen je Buchungskreis öffnen und schließen** können Sie die Funktionalität **Buchungsperioden für CO-Transaktionen je Buchungskreis öffnen und schließen** aktivieren. Dabei erfolgt die Aktivierung immer jeweils für den gesamten Mandanten. In Abbildung 12.13 sehen Sie den Haken zur Aktivierung der Periodensteuerung je Buchungskreis nach CO-Vorgängen im jeweiligen Mandanten.

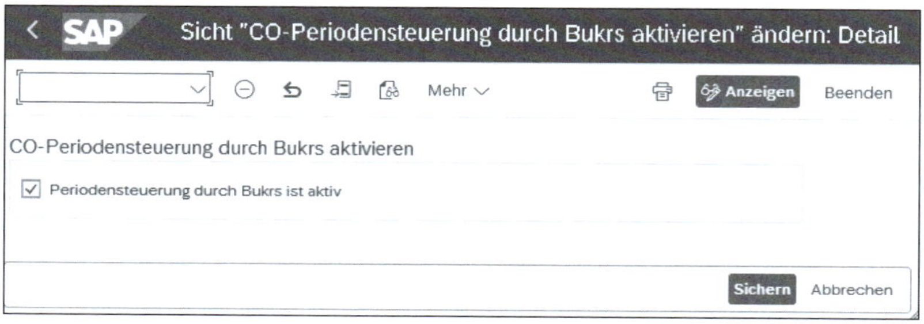

Abbildung 12.13 Aktivierung der CO-Periodensteuerung durch den Buchungskreis

[»]

CO-Periodensteuerung

Mit SAP S/4HANA hat SAP die Business Function FINS_PERIOD_CTRL_BY_BTTYPE ausgeliefert. Diese müssen Sie aktivieren, wenn Sie die CO-Periodensteuerung durch den Buchungskreis nutzen möchten.

Abbildung 12.14 zeigt die SAP-Fiori-App **Buchungsperioden verwalten – Kostenrechnung**. Hier können Sie sehen, welche CO-Vorgänge für ein Ledger pro Buchungskreis erlaubt, sprich geöffnet oder geschlossen sind.

[»]

Periodensteuerung mit SAP Advanced Financial Closing

Das als Beispiel mit dem SAP S/4HANA Financial Closing Cockpit erläuterte Öffnen und Schließen der Buchungsperioden können Sie natürlich auch mit SAP Advanced Financial Closing abbilden (siehe Kapitel 13, »SAP Advanced Financial Closing«).

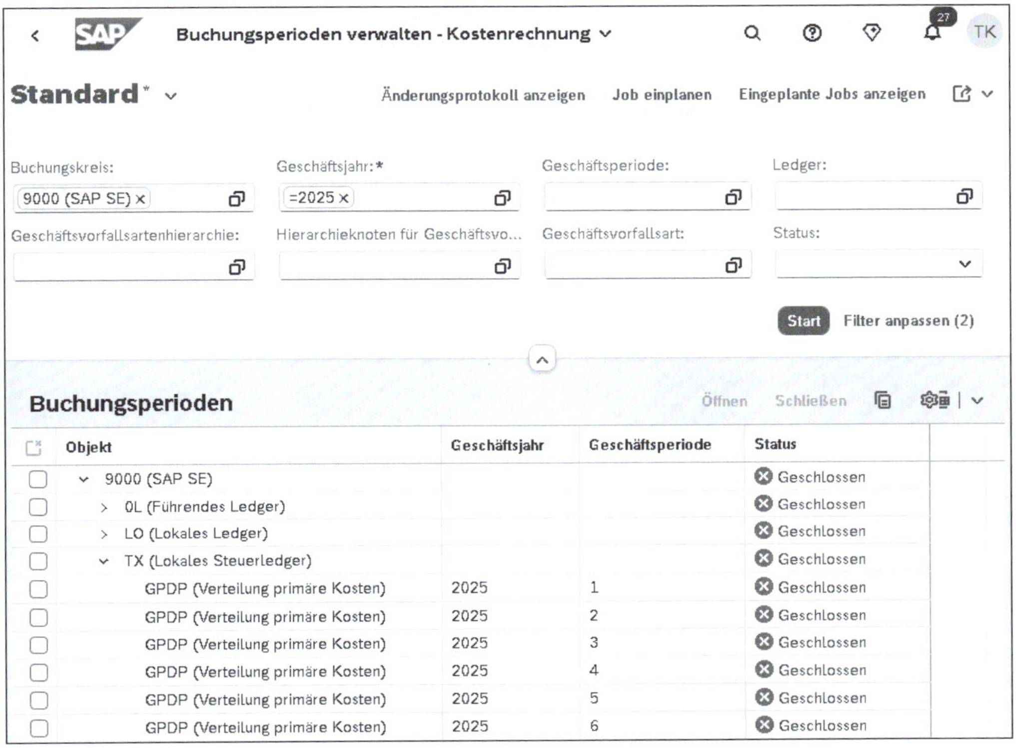

Abbildung 12.14 Übersicht der CO-Periodensteuerung pro Buchungskreis

12.1.2 Fremdwährungsbewertung einstellen

Für die Fremdwährungsbewertung nutzen Sie in SAP S/4HANA Transaktion FAGL_FCV. Bekannt ist diese Transaktion schon aus SAP ERP und dem neuen Hauptbuch. Mit SAP S/4HANA gab es aber einige Änderungen:

- Transaktion FAGL_FCV bucht jetzt direkt, ohne zuerst eine Batch-Input-Mappe zu erzeugen.
- Fehlermeldungen werden in das *Error Correction System* (ECS) geschrieben.
- Alternativ können Sie eine Batch-Input-Mappe mit den Fehlern erzeugen lassen. Diese müssen Sie dann, wie bisher, manuell abspielen.

Im Selektionsbild erkennen Sie die Veränderungen im Bereich **Buchungsmodus** (siehe Abbildung 12.15). Sie müssen nur den Stichtag der Bewertung angeben. Wenn das Kennzeichen **Automatisch ermitteln** gesetzt ist, werden die restlichen notwendigen Datumsangaben und Perioden grau hinterlegt und automatisch ermittelt. Die Bewertung wird immer für einen *Bewertungsbereich*, d. h. für eine Rechnungslegungsvorschrift (RLV), durchgeführt.

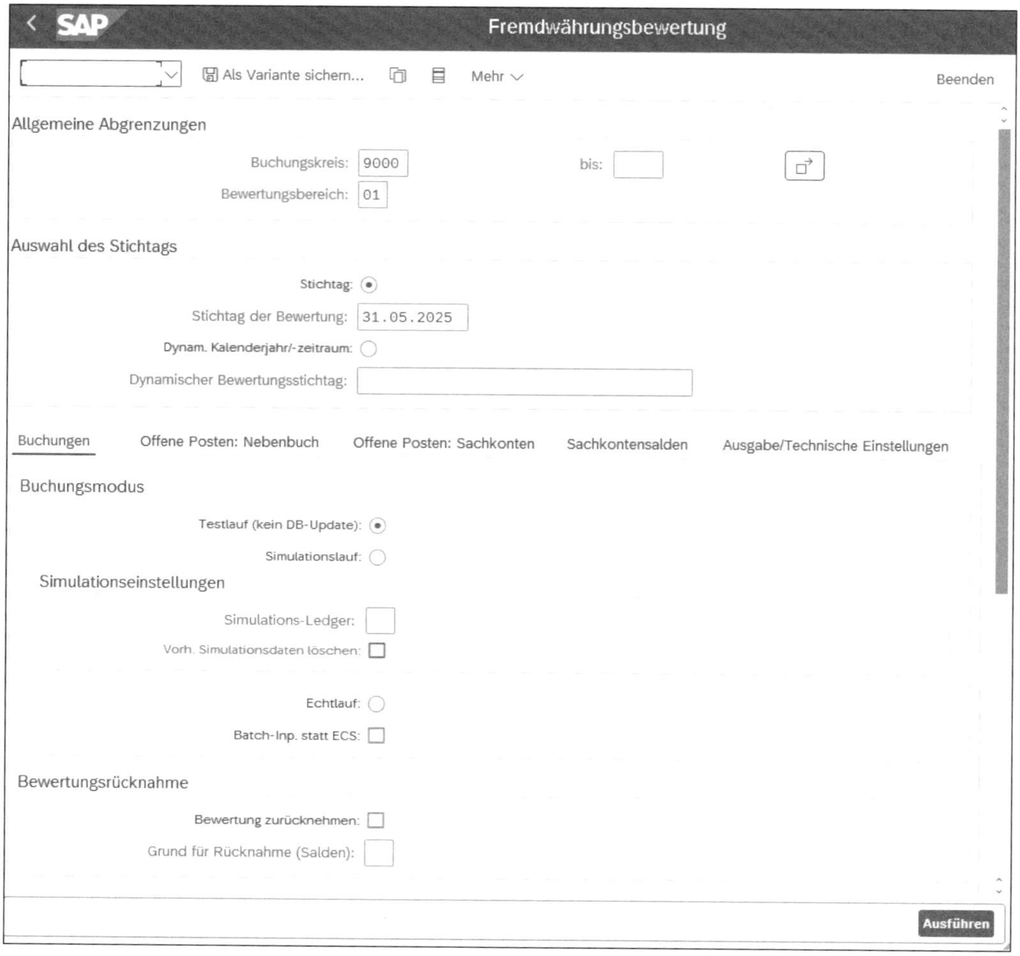

Abbildung 12.15 Fremdwährungsbewertung durchführen (Transaktion FAGL_FCV)

Besonders für diese Transaktion empfiehlt es sich, eine Reportvariante anzulegen: Auf der einen Seite natürlich, um Transaktion FAGL_FCV später über SAP S/4HANA Financial Closing Cockpit automatisch verarbeiten zu lassen, auf der anderen Seite für die manuelle Ausführung von Transaktion FAGL_FCV.

Wir haben es schon öfter in Kundenprojekten erlebt, dass sich jeder Buchungskreis eigene Varianten angelegt hat, aber die Intervalle der Konten, die bewertet worden sind, nicht mehr passten. Damit kam es immer wieder zu dem Problem, dass nicht in allen Buchungskreisen alle zu bewertenden Konten auch bewertet worden sind. Legen Sie dazu am besten eine Reportvariante `DEFAULT` an, die vom zentralen Fachbereich richtig gepflegt wird und als Kopiervorlage dient, falls Sie SAP S/4HANA Financial Closing Cockpit nicht einsetzen sollten. Aber bevor wir die Fremdwährungsbewertung ausführen können, müssen wir uns um das notwendige Customizing kümmern. Ein Bewertungsbereich, wie er im Selektionsbild zu sehen ist, wird immer zwingend benötigt.

Als Erstes legen Sie die *Bewertungsmethode*, die Sie verwenden wollen, an oder kontrollieren diese. Folgen Sie zur Anlage von Bewertungsmethoden dem Customizing-Pfad **Finanzwesen • Hauptbuchhaltung • Periodische Arbeiten • Bewerten • Bewertungsmethoden definieren**. Auch für die Fremdwährungsbewertung benötigen Sie ein Fachkonzept oder ein entsprechendes Kapitel in einem Fachkonzept. Die Bewertungsszenarien können sich von Land zu Land unterscheiden; dadurch kann es mit der Kombination von Bewertungsmethoden und Bewertungsbereichen komplex werden. Markieren Sie zuerst eine beliebige Bewertungsmethode (hier **KTO**), und klicken Sie auf [icon] (**Detail**), oder verwenden Sie die Tastenkombination [Strg] + [A] + [F2] (siehe Abbildung 12.16).

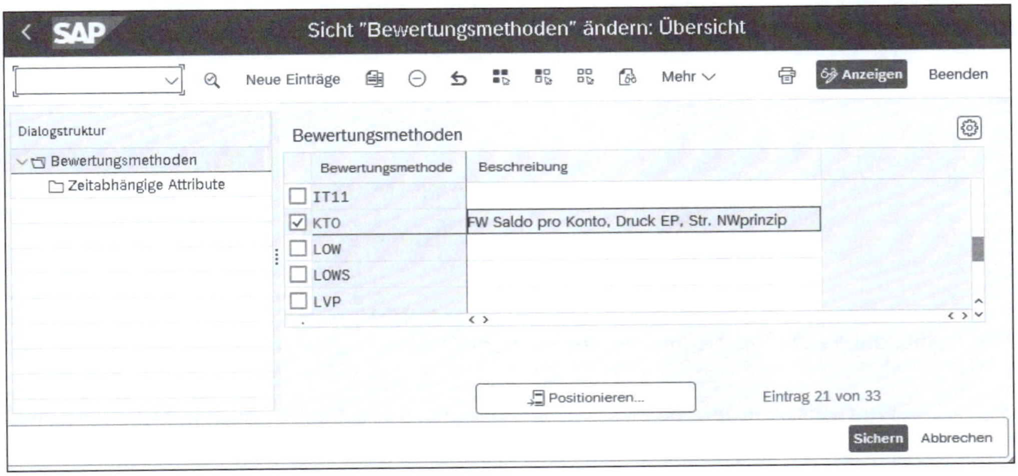

Abbildung 12.16 Übersicht der Bewertungsmethoden anzeigen

Dies bringt Sie in das Fenster **Sicht "Bewertungsmethoden" ändern: Detail** (siehe Abbildung 12.17). Sie können mit **Neue Einträge** oder über die Taste [F5] eine komplett neue Bewertungsmethode anlegen. Sie können aber auch eine bereits bestehende Bewertungsmethode kopieren und diese dann nach Ihren Bedürfnissen anpassen.

Im Fenster **Sicht "Bewertungsmethoden" ändern: Detail** stellen Sie das Bewertungsverfahren ein. Dazu stehen Ihnen die folgenden Radiobuttons im Bereich **Bewertungsverfahren** zur Verfügung:

- Niederstwertprinzip
- Strenges Niederstwertprinzip
- Aufwertung
- Nur Aufwertung

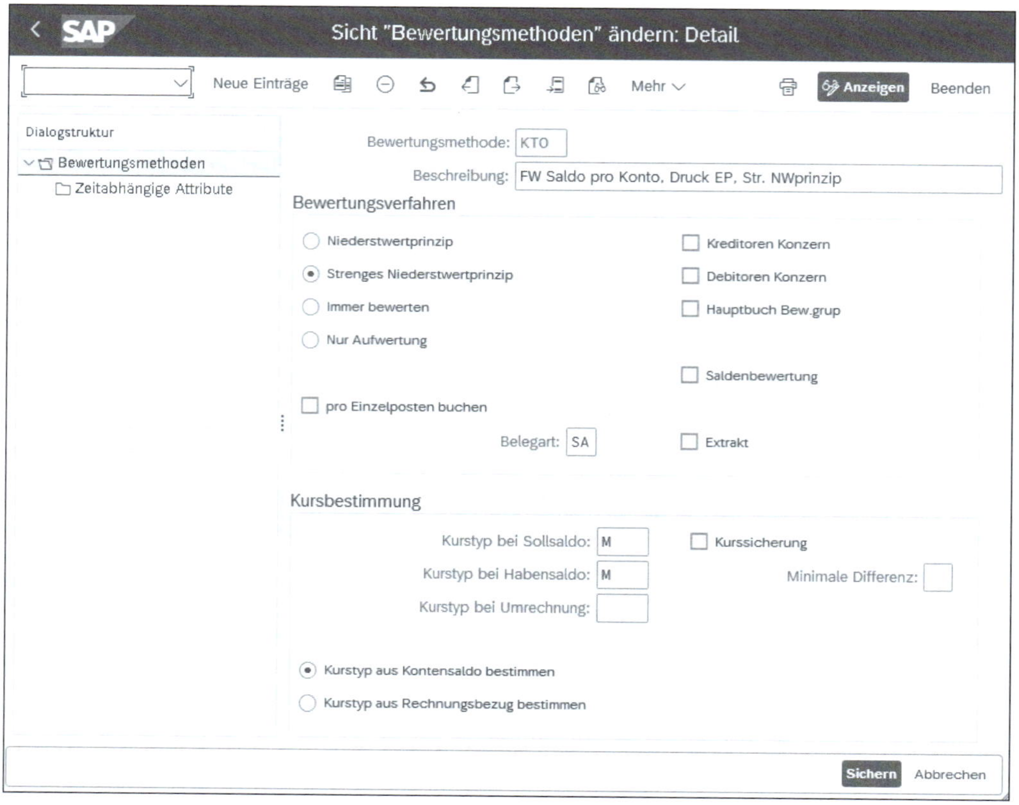

Abbildung 12.17 Bewertungsmethode ändern

Üblicherweise werden die Bewertungsergebnisse verdichtet gebucht. Mit dem Kennzeichen **pro Einzelposten buchen** können Sie erreichen, dass pro bewertetem Posten eine Belegzeile erzeugt wird. Natürlich müssen Sie für den Bewertungsbeleg auch eine Belegart vorgeben, hier **SA**.

Im Bereich **Kursbestimmung** stellen Sie ein, welche *Kurstypen* für den Sollsaldo (**Kurstyp bei Sollsaldo**) oder für den Habensaldo (**Kurstyp bei Habensaldo**) verwendet werden sollen. Mit dem Kurstyp definieren Sie, um welche Art von Währungskurs es sich dabei handelt. Dies kann ein Geld-, Brief- oder Mittelkurs sein. Die Währungskurse werden entsprechend den verwendeten Kurstypen gepflegt. Meist werden die Währungskurse täglich oder wöchentlich hochgeladen. Dazu verwenden die Kunden entweder von SAP ausgelieferte oder eigenprogrammierte Schnittstellen. Klicken Sie in der Dialogstruktur doppelt auf **Zeitabhängige Attribute**.

Bei den zeitabhängigen Attributen können Sie abhängig von einer Mindestlaufzeit eines offenen Postens hinterlegen, dass ein anderes Bewertungsverfahren verwendet werden soll (siehe Abbildung 12.18).

Ebenso können Sie einen anderen Kurstyp angeben. Wenn Sie Ihre Einstellungen vorgenommen oder kontrolliert haben, sichern Sie die Einstellungen mit einem Klick auf Sichern (**Sichern**) oder über die Tastenkombination [Strg] + [S]. Verlassen Sie nun die Sicht über die Taste [F3], oder klicken Sie mehrfach auf < (**Zurück**).

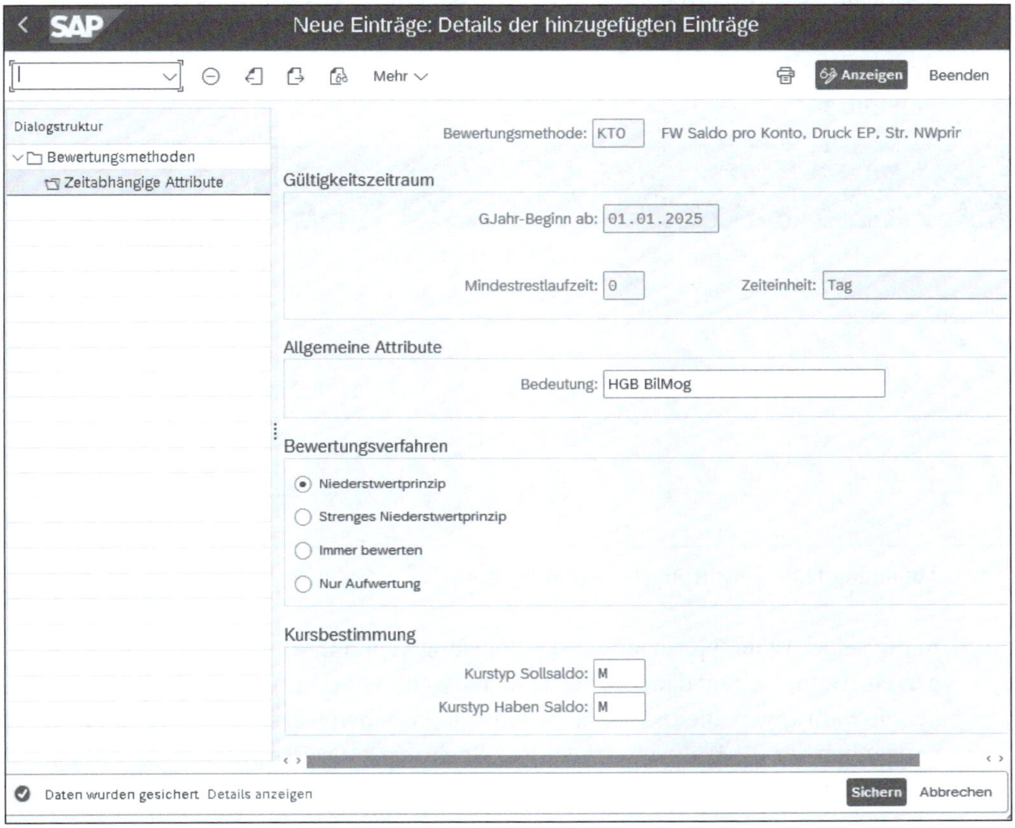

Abbildung 12.18 Zeitabhängige Attribute einer Bewertungsmethode

Folgen Sie nun dem Customizing-Pfad **Finanzwesen • Hauptbuchhaltung • Periodische Arbeiten • Bewerten • Bewertungsbereiche definieren**. Hier definieren Sie einen Bereich und die zu bewertenden Währungen.

Parallele Hauswährungen

Wenn Sie parallele Hauswährungen in Tabelle BSEG führen, sollten Sie diese bei der Fremdwährungsbewertung nicht vergessen! Selbst wenn die parallelen Hauswährungen vorübergehend nur informativ für Sie sind, sollten Sie diese bewerten. Damit verhindern Sie später unerwünschte Effekte oder hohe Währungsdifferenzen bei erstmaliger Bewertung.

Damit Sie einen neuen Bewertungsbereich definieren können, wie Sie in Abbildung 12.19 sehen, klicken Sie auf den Button **Neue Einträge** oder drücken die Taste F5. Vergeben Sie einen technischen Namen im Feld **Bewertung**. Bewährt haben sich zweistellige Nummern, wobei zusammengehörige Bewertungsbereiche aufeinanderfolgende Nummern haben. »Zusammengehörige Bewertungsbereiche« kann bedeuten, dass alle lokalen Bewertungsbereiche zusammen gruppiert werden, oder die Gruppierung erfolgt nach Ländern/Regionen. Diesbezüglich sind Sie in der Definition frei.

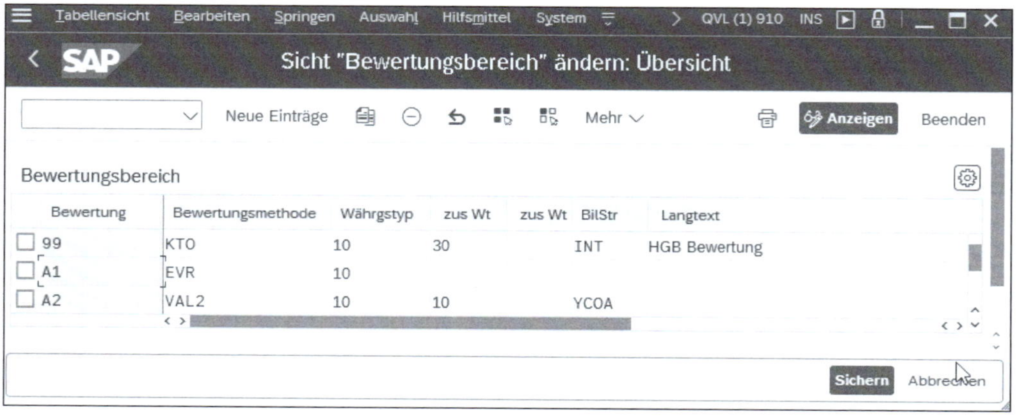

Abbildung 12.19 Bewertungsbereich definieren

In die Felder **WährTyp** tragen Sie die Währungstypen Ihrer parallelen Hauswährungen ein. Gemeint sind damit die aus SAP ERP schon bekannten maximal zwei zusätzlichen Währungen, die in Tabelle BSEG fortgeschrieben werden. In unserem Beispiel verwenden wir die Währungstypen 10 = Buchungskreiswährung und 30 = Konzernwährung. Wenn Sie mehrere Währungstypen hinterlegen, erreichen Sie, dass weitere Währungstypen bei der Fremdwährungsbewertung mitgebucht werden. Möchten Sie hingegen erreichen, dass weitere Währungstypen mit einer anderen Bewertungsmethode und/oder einem anderen Währungskurs bewertet werden, müssen Sie zwingend einen weiteren Bewertungsbereich anlegen!

Tabelle 12.2 können Sie entnehmen, dass für den deutschen Buchungskreis (9000) bei der 2. Hauswährung (HW 2) keine Differenz oder der gleiche Betrag zu buchen ist wie bei der HW 1, zumal Sie die gleichen Kurstypen und damit die gleichen Umrechnungskurse für beide Währungen verwenden. Im schweizerischen Buchungskreis (9010) weicht die Buchungskreiswährung von der Konzernwährung ab. Damit ist zu erwarten, dass es in beiden Währungen Differenzen, also *Bewertungsbuchungen*, geben wird.

BUKRS	HW 1	HW 2
9000 – DE	EUR	EUR
9010 – CH	CHF	EUR

Tabelle 12.2 Übersicht der Buchungskreise und Währungen

Den dritten möglichen Währungstyp nutzen wir nicht; daher bleibt das entsprechende Feld leer. Im Feld **Langtext** vergeben Sie einen sprechenden Namen für Ihren Bewertungsbereich. Vergessen Sie nicht, den Langtext gegebenenfalls zu übersetzen.

[«]

Customizing-Einträge übersetzen

Customizing-Einträge, die die Endanwender sehen, wie Ledger, Ledger-Gruppen, Bewertungsbereiche usw., sollten Sie übersetzen, sofern Sie mehrere Länder abbilden dürfen. Dazu können Sie in der jeweiligen Customizing-Transaktion im Menü **Springen • Übersetzung** wählen. Nun wählen Sie die Sprache(n) aus, die Sie benötigen, und pflegen die Texte. Alternativ können Sie sich in der jeweiligen Anmeldesprache anmelden und die Texte pflegen oder den SAP Translation Hub verwenden. Weitere Informationen zum SAP Translation Hub finden Sie hier:

https://help.sap.com/viewer/sth-latest

Wenn Sie Ihre Einstellungen vorgenommen oder kontrolliert haben, sichern Sie sie mit einem Klick auf Sichern (**Sichern**) oder über [Strg] + [S]. Verlassen Sie die Sicht mit [F3], oder klicken Sie mehrfach auf < (**Zurück**). Folgen Sie nun dem Customizing-Pfad **Finanzwesen • Hauptbuchhaltung • Periodische Arbeiten • Bewerten • Zuordnung Rechnungslegungsvorschrift Ledger-Gruppe prüfen**. Über die RLV wird die *Ledger-Gruppe* ermittelt, für die Bewertungsbuchungen vorgenommen werden müssen. Über die Ledger-Gruppe werden wiederum die Ledger ermittelt, in denen der Bewertungsbeleg fortgeschrieben werden soll. Überprüfen Sie Ihre Einstellungen. Gegebenenfalls haben Sie die Einstellungen bei der Einrichtung der Ledger schon vorgenommen (siehe Abbildung 12.20). Wenn Sie Ihre Einstellungen vorgenommen oder kontrolliert haben, sichern Sie sie mit einem Klick auf Sichern (**Sichern**) oder über [Strg] + [S]. Verlassen Sie die Sicht mit [F3], oder klicken Sie auf < (**Zurück**).

Nun müssen wir unserem Bewertungsbereich eine RLV zuordnen. Folgen Sie dazu dem Customizing-Pfad **Finanzwesen • Hauptbuchhaltung • Periodische Arbeiten • Bewerten • Bewertungsbereich Rechnungslegungsvorschrift zuordnen**. Hier ordnen Sie Ihrem soeben angelegten Bewertungsbereich eine Rechnungslegungsvorschrift zu (siehe Abbildung 12.21).

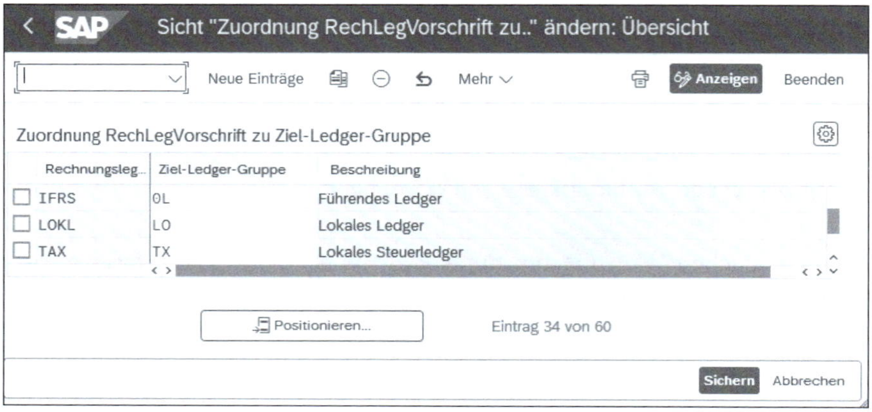

Abbildung 12.20 Ledger-Gruppe zu einer RLV zuordnen

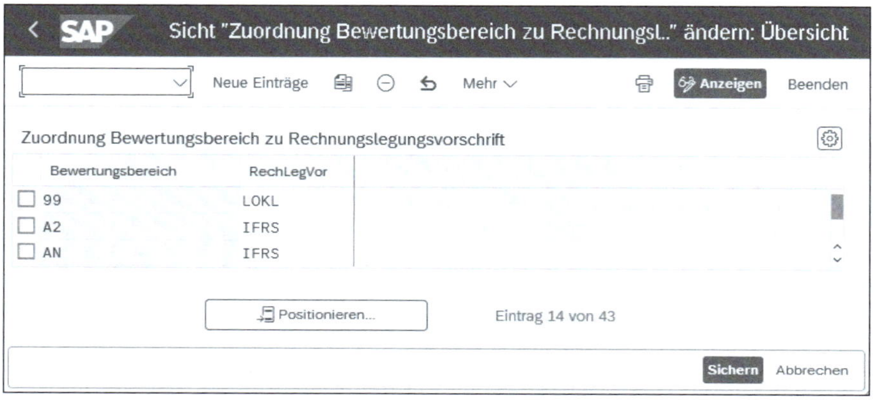

Abbildung 12.21 Bewertungsbereich zu einer RLV zuordnen

Wenn Sie Ihre Einstellungen vorgenommen haben, sichern Sie diese mit einem Klick auf Sichern (**Sichern**) oder über Strg + S. Verlassen Sie die Sicht mit F3, oder klicken Sie auf den Button < (**Zurück**).

[»]

Unterscheidung von RLVs

Achten Sie darauf, dass die RLVs sauber von den Ledger-Gruppen und Ledgern getrennt sind. Die in der Vergangenheit übliche Anlage von künstlichen RLVs – z. B. ALLE oder LOTX –, um damit mehrere Ledger gleichzeitig bewerten zu können, ist zukünftig nicht mehr gewollt. Die Bewertung soll immer pro RLV ausgeführt werden. Sofern bei Ihnen die Bewertung für alle Ledger gleich sein soll, sollten Sie es sich trotzdem so einrichten, dass die Ausführung der Bewertung mehrfach stattfinden muss. Daher sollten Sie eine Ledger-Gruppe BLANK vermeiden, auch wenn das System sie zurzeit noch zulässt.

Für die Buchungen der Wertkorrekturen als Währungsgewinn oder Währungsverlust wird eine *Kontenfindung* benötigt. Unter Kontenfindung versteht man in SAP S/4HANA, dass anhand der genutzten Transaktion oder SAP-Komponente, die gerade versucht, eine Buchung im Hauptbuch vorzunehmen, die im Hauptbuch zu bebuchenden Konten automatisch gefunden werden. In der Kontenfindung stellen Sie je nach Vorgang ein, welche Konten bewertet werden sollen und auf welche Konten die Währungsgewinne bzw. Währungsverluste gebucht werden. Folgen Sie dem Customizing-Pfad **Finanzwesen • Hauptbuchhaltung • Periodische Arbeiten • Bewerten • Fremdwährungsbewertung • Automatische Buchungen für Fremdwährungsbewertung vorber**, oder rufen Sie Transaktion OBA1 auf. Die Zuordnung der Sachkonten erfolgt dabei pro *Vorgang*. Der Vorgang, auch *Vorgangsschlüssel* genannt, dient zur Ermittlung von Sachkonten bzw. von Buchungsschlüsseln für Belegpositionen, die automatisch, d. h. vom System, erstellt werden. Die Vorgangsschlüssel sind im System definiert und können nicht durch den Anwender geändert werden. Für die Kontenfindungen wird das gleiche Prinzip angewandt, das Sie vielleicht schon aus SAP ERP kennen.

Nach dem Einstieg werden alle Vorgangsschlüssel angezeigt, die SAP für *Kursdifferenzen* vorgesehen hat. Wählen Sie mit einem Doppelklick **KDF** aus (siehe Abbildung 12.22).

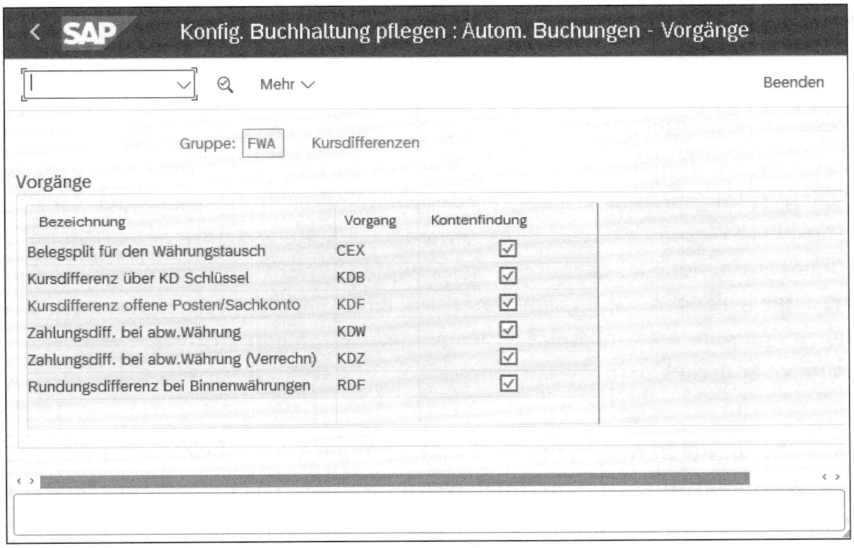

Abbildung 12.22 Kontenfindung bei der Fremdwährungsbewertung

In einem Pop-up-Fenster müssen Sie Ihren Kontenplan eingeben. Bestätigen Sie Ihre Eingabe mit der [↵]-Taste, oder klicken Sie auf [✓] (**Weiter**). Damit gelangen Sie in das Fenster **Sicht "Kontenfindung für OP-Kursdifferenzen"** (siehe Abbildung 12.23).

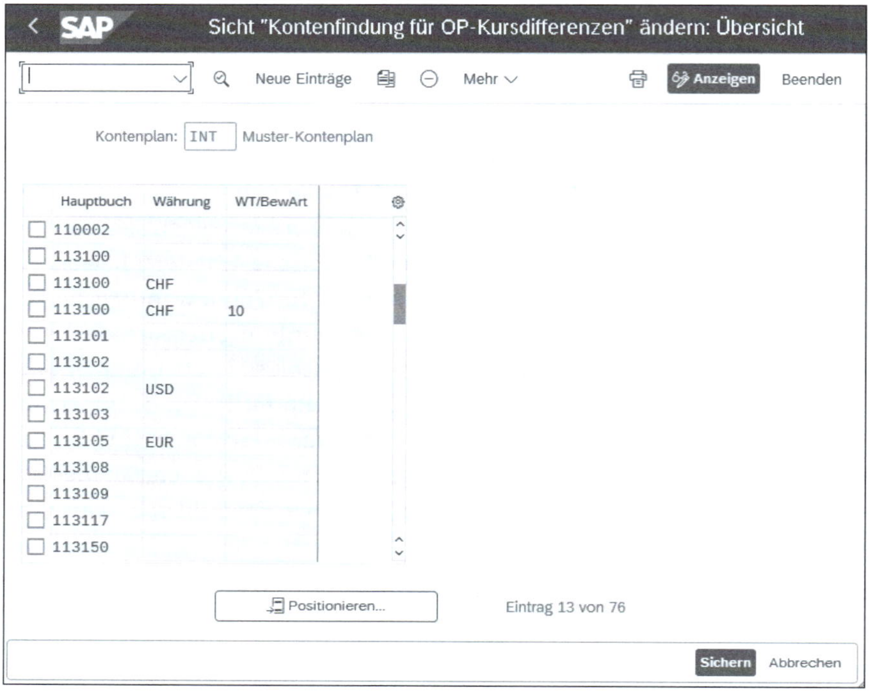

Abbildung 12.23 Kontenfindung für OP-Kursdifferenzen

[»]

Benutzerparameter hinterlegen

Um die Eingabe des Kontenplans im Pop-up-Fenster zu vermeiden, können Sie in Ihrem Benutzerstammsatz auf der Registerkarte **Parameter** in der Spalte **Set-/Get-Parameter-Id** »KPL« und den Wert Ihres Kontenplans hinterlegen (siehe Abbildung 12.24). Über Transaktion SU3 oder über den Menüpfad **System • Benutzervorgaben • Benutzerdaten** gelangen Sie zu den Daten für Ihren SAP-Benutzer. Sollten diese Daten nicht änderbar sein, müssen Sie sich an Ihre Systemadministration wenden; diese kann die Änderungen für Sie vornehmen.

In der Übersicht, die Sie in Abbildung 12.23 finden, sehen Sie alle Konten, für die eine Fremdwährungsbewertung vorgenommen werden soll. Durch einen Doppelklick auf ein beliebiges Konto gelangen Sie eine Ebene tiefer und können die Sachkonten (Kontenfindung) für die von Ihrem Unternehmen genutzten oder erwarteten Kursdifferenzen vornehmen (siehe Abbildung 12.25).

Die Felder **Währung** und **Währungstyp** sollten Sie leer lassen. Leer bedeutet dabei, dass die hinterlegte Kontenfindung für alle Währungen und Währungstypen gilt. Schränken Sie die Kontenfindung ein, wie es in Abbildung 12.25 der Fall ist, gilt diese nur für die Fremdwährung CHF, aber für alle Währungstypen. Separate Sachkonten je

Währung und Währungstyp sind eher ungewöhnlich und würden Ihren Kontenplan aufblähen.

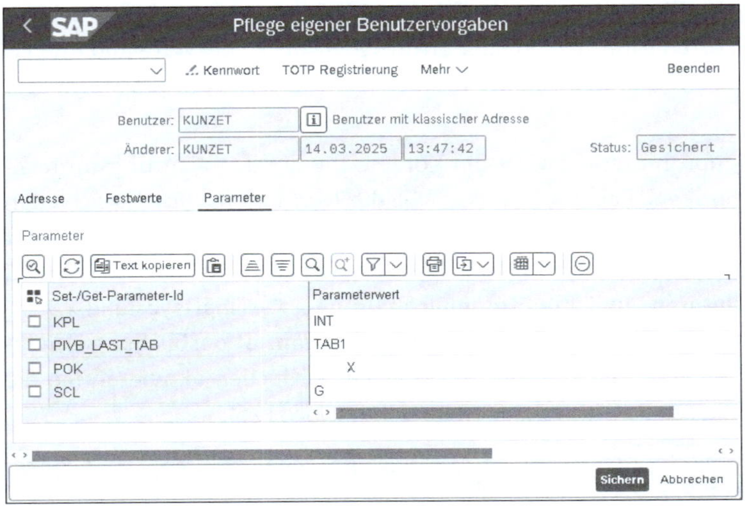

Abbildung 12.24 Benutzerstammdaten des eigenen Benutzers pflegen

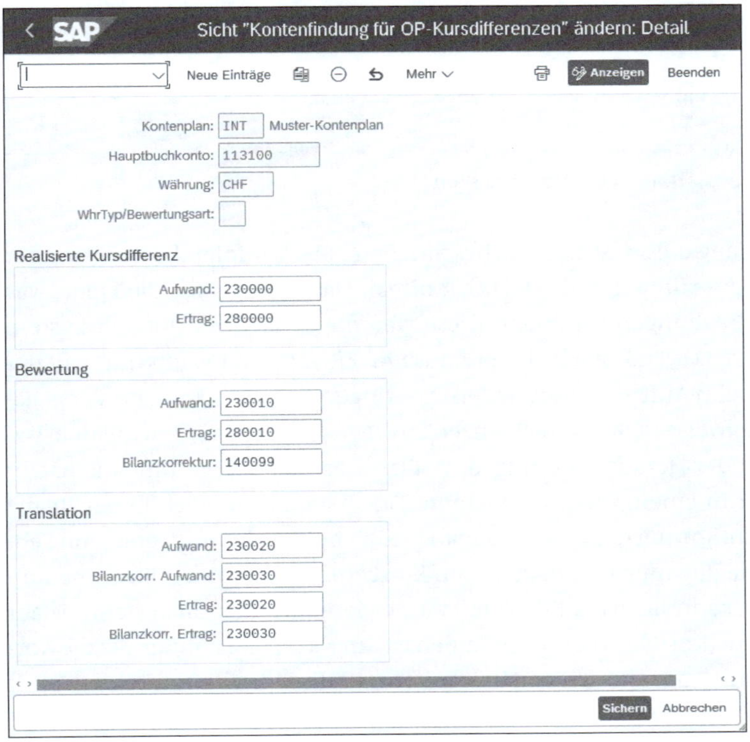

Abbildung 12.25 Kontenfindung für den Vorgang KDF im Detail

Die realisierte Kursdifferenz (Bereich **Realisierte Kursdifferenz**) wird beim Ausgleichen von offenen Posten in Fremdwährung realisiert, also gebucht.

Im Bereich **Bewertung** hinterlegen Sie die Konten, die bei der Fremdwährungsbewertung von offenen Posten für Aufwand oder Ertrag (siehe die Felder **Aufwand** und **Ertrag**) verwendet werden. Das Gegenkonto für diese Buchung hinterlegen Sie im Feld **Bilanzkorrektur**.

Im Bereich **Translation** hinterlegen Sie die Konten, die bei der Währungsumrechnung verwendet werden sollen. Dazu müssen Sie die *Translationsbuchung* für jeden Buchungskreis zuvor separat aktivieren. Wenn Sie die Funktion der Translation nicht nutzen, können Sie die Kontenfindung leer lassen. Folgen Sie dem Customizing-Pfad **Finanzwesen • Debitoren- und Kreditorenbuchhaltung • Geschäftsvorfälle • Zahlungseingang • Grundeinstellungen Zahlungseingang • Translationsbuchung ermöglichen**. Durch das Setzen des Kennzeichens **Translation buchen** aktivieren Sie die Translationsbuchung pro Buchungskreis (siehe Abbildung 12.26).

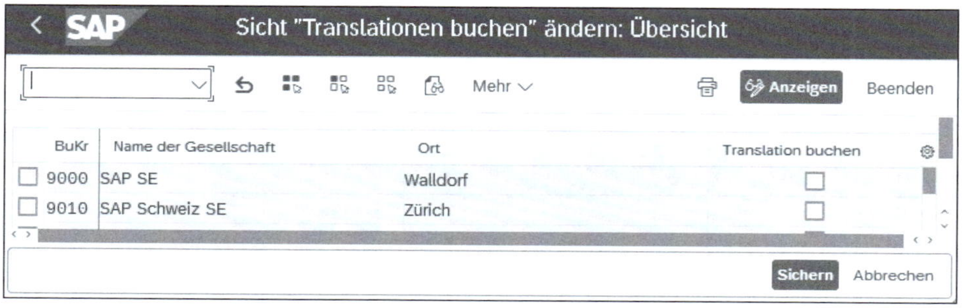

Abbildung 12.26 Translationsbuchung aktivieren

Wie wir es am Anfang dieses Abschnitts beschrieben haben, erfolgt die Buchung der Fremdwährungsbewertung in SAP S/4HANA direkt. Daher stellt sich die Frage, was mit fehlerhaften Buchungen geschieht. Diese werden im Error Correction System (ECS) dokumentiert. Das ECS ist eine bereits aus SAP ERP bekannte Funktion, mit der man das Buchen beim Auftreten von Fehlern erzwingen kann. Banken und Versicherungen müssen teilweise täglich ihre Bilanzen an die Aufsichtsbehörden melden. Damit stehen sie vor der Herausforderung, dass alles, was als fehlerhaft in eine Batch-Input-Mappe oder in einem nicht verbuchten IDoc hängt, eben auch in der Bilanz fehlt. Durch die Einführung des ECS kann man die Buchung beim Auftreten von Fehlern erzwingen. Die Buchung erfolgt dabei auf *Korrekturkonten*. Da die Buchung nun stattgefunden hat, kann sie in der Bilanz mit ausgewiesen werden, auch wenn sie auf dem falschen Konto (Korrekturkonto) zu finden ist. Im Nachgang können Sie die Korrekturkonten manuell oder maschinell bearbeiten und die fehlerhaften Belege damit korrigieren und auf die richtigen Konten buchen.

Die Fremdwährungsbewertung nutzt in SAP S/4HANA ebenfalls das ECS. Dabei werden aber die fehlerhaften Belege nur im ECS dokumentiert. Dazu müssen wir ein *ECS-Umfeld* für die Fremdwährungsbewertung festlegen. Das ECS-Umfeld steuert den Ablauf der Buchung von Rechnungsbelegen mit der Autokorrektur (*ECS Direct Input*). Sie können zu den folgenden Punkten Einstellungen zum ECS-Umfeld vornehmen:

- die Prozessschritte des ECS Direct Inputs
- die First-Level-Prüfung
- die Autokorrekturstrategie
- die Parallelisierung

Indem Sie bei einer Buchung ein ECS-Umfeld angeben, verarbeitet das System die entsprechenden Belege mit den gleichen Einstellungen. Folgen Sie nun dem Customizing-Pfad **Finanzwesen • Hauptbuchhaltung • Periodische Arbeiten • Bewerten • Fremdwährungsbewertung • Fremdwährungsbewertung: Zuordnung des ECS-Umfelds**. Kontrollieren Sie, ob im Feld **ECS-Umfeld** »FAGL_FCV« eingetragen ist (siehe Abbildung 12.27).

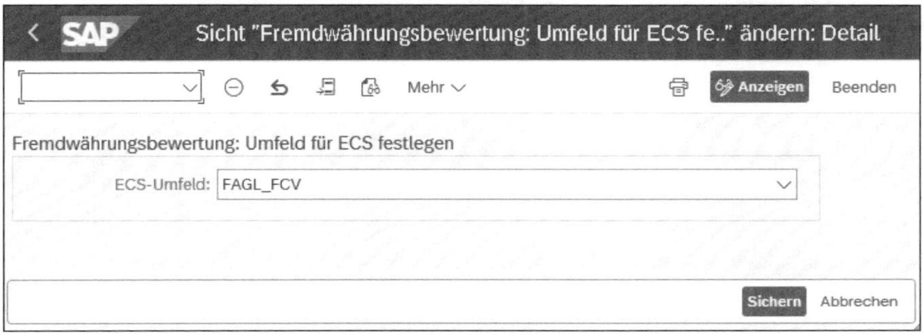

Abbildung 12.27 Zuordnung von FAGL_FCV im Feld »ECS-Umfeld«

Das Customizing für das ECS finden Sie in SAP S/4HANA unter dem folgenden Customizing-Pfad: **Finanzwesen • Grundeinstellungen Finanzwesen • Beleg • Vorabkontierung und Fehlerkorrektur**. Hier können Sie weitere Einstellungen vornehmen, wenn Sie das ECS über das in der Fremdwährungsbewertung genutzte Maß hinaus nutzen möchten.

Zum ECS-Umfeld `FAGL_FCV` müssen wir noch einen Nummernkreis für ECS-interne Belegnummern anlegen. Folgen Sie dazu dem Customizing-Pfad **Finanzwesen • Grundeinstellungen Finanzwesen • Beleg • Vorabkontierung und Fehlerkorrektur • Allgemeine Einstellungen • Nummernkreise für ECS-interne Belegnummern anlegen**, oder rufen Sie Transaktion ACC_ECS_SNUM_AWREF auf. Dazu wird der Nummernkreis `GLE_AWREF` verwendet (siehe Abbildung 12.28). Klicken Sie auf [Intervalle] (**Intervalle pflegen**), und pflegen Sie ein Intervall.

Das Intervall kann jahresabhängig sein, wie hier im Beispiel (siehe Abbildung 12.29). Besser wäre es, wenn Sie den Nummernkreis jahresunabhängig pflegen, also z. B. für das Jahr 9999, sodass er quasi für immer gültig ist. Damit müssen Sie den Nummernkreis nicht mehr anpassen.

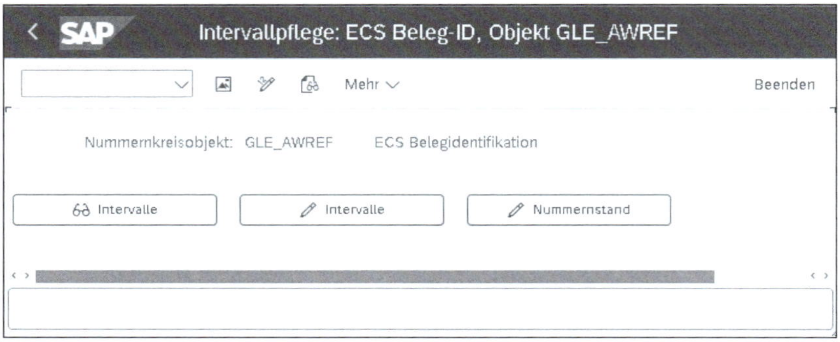

Abbildung 12.28 Nummernkreis GLE_AWREF für ECS-interne Belege

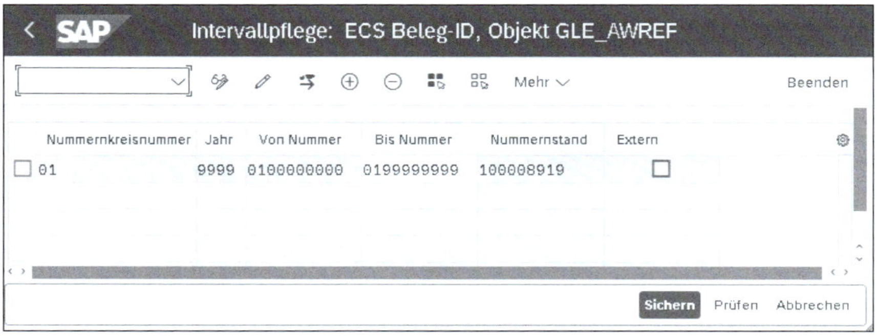

Abbildung 12.29 Nummernkreis GLE_AWREF für ECS-interne Belege – Details

Wenn Sie die Fremdwährungsbewertung ausführen und im Testlauf nicht nach und nach alle Fehler behoben haben, finden Sie diese später im ECS-Reporting. Rufen Sie zur Anzeige der ECS-Posten Transaktion ACC_ECS_LIST (ECS-Posten anzeigen) auf. Sie finden diese im Anwendungsmenü über den Menüpfad **Rechnungswesen • Finanzwesen • Hauptbuch • Buchung • Vorabkontierung und Fehlerkorrektur • ECS-Berichte • ECS-Posten anzeigen**. Im Selektionsbild schränken Sie die Auswahl auf Ihr aktuelles Geschäftsjahr und auf den Buchungskreis ein. Anschließend führen Sie den Bericht mit der Taste [F8] oder durch einen Klick auf [Ausführen-Symbol] (**Ausführen**) aus. Die ECS-Posten werden nun angezeigt (siehe Abbildung 12.30), und Sie können sie nachbearbeiten.

Die Dokumentation zum ECS finden Sie über die folgende URL: *https://help.sap.com/viewer/index*. Im Deutschen verwendet SAP die Bezeichnung *Vorabkontierung und Fehlerkorrektur* für das Error Correction System.

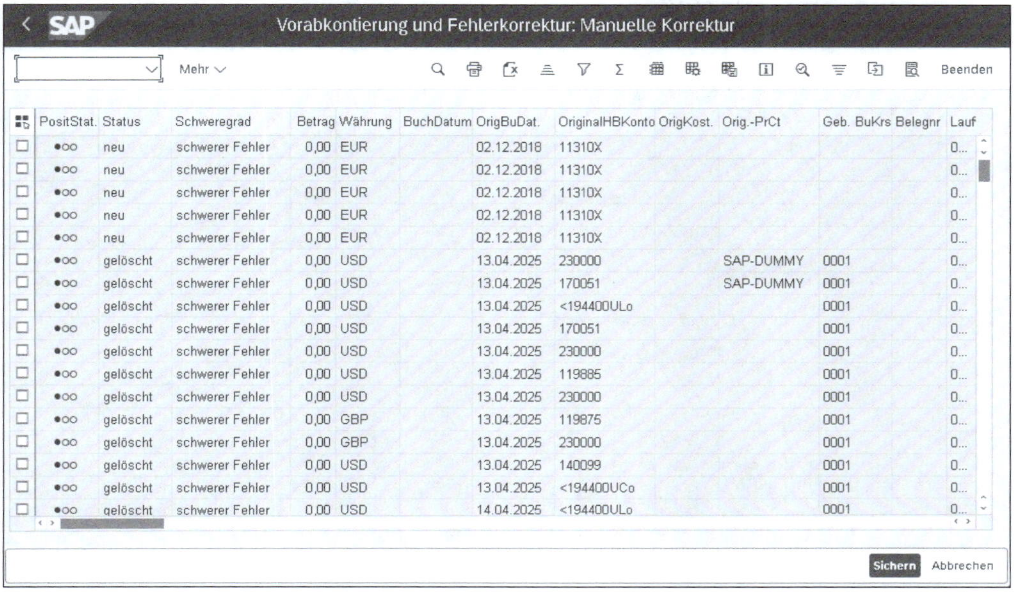

PositStat.	Status	Schweregrad	Betrag	Währung	BuchDatum	OrigBuDat.	OriginalHBKonto	OrigKost.	Orig.-PrCt	Geb. BuKrs	Belegnr	Lauf
●○○	neu	schwerer Fehler	0,00	EUR		02.12.2018	11310X					0...
●○○	neu	schwerer Fehler	0,00	EUR		02.12.2018	11310X					0...
●○○	neu	schwerer Fehler	0,00	EUR		02.12.2018	11310X					0...
●○○	neu	schwerer Fehler	0,00	EUR		02.12.2018	11310X					0...
●○○	neu	schwerer Fehler	0,00	EUR		02.12.2018	11310X					0...
●○○	gelöscht	schwerer Fehler	0,00	USD		13.04.2025	230000		SAP-DUMMY	0001		0...
●○○	gelöscht	schwerer Fehler	0,00	USD		13.04.2025	170051		SAP-DUMMY	0001		0...
●○○	gelöscht	schwerer Fehler	0,00	USD		13.04.2025	<194400ULo			0001		0...
●○○	gelöscht	schwerer Fehler	0,00	USD		13.04.2025	170051			0001		0...
●○○	gelöscht	schwerer Fehler	0,00	USD		13.04.2025	230000			0001		0...
●○○	gelöscht	schwerer Fehler	0,00	USD		13.04.2025	119885			0001		0...
●○○	gelöscht	schwerer Fehler	0,00	USD		13.04.2025	230000			0001		0...
●○○	gelöscht	schwerer Fehler	0,00	GBP		13.04.2025	119875			0001		0...
●○○	gelöscht	schwerer Fehler	0,00	GBP		13.04.2025	230000			0001		0...
●○○	gelöscht	schwerer Fehler	0,00	USD		13.04.2025	140099			0001		0...
●○○	gelöscht	schwerer Fehler	0,00	USD		13.04.2025	<194400UCo			0001		0...
●○○	gelöscht	schwerer Fehler	0,00	USD		14.04.2025	<194400ULo			0001		0...

Abbildung 12.30 ECS-Posten anzeigen

Im folgenden Abschnitt beschäftigen wir uns mit der *Umgliederung*. Die Umgliederung ist in vielen Unternehmen eine Folgeaktivität nach der Fremdwährungsbewertung.

12.1.3 Umgliederung

Mit der Umgliederung, auch *Bilanz – OP-Analyse* (OP = offener Posten) genannt, werden die Forderungen und Verbindlichkeiten gemäß einem gewünschten Raster, z. B. gemäß der 4. EG-Richtlinie, umgegliedert. Dazu werden Umbuchungen ausgeführt. Bei der Umgliederung werden die offenen Posten, also die Forderungen und Verbindlichkeiten, nach ihrer Laufzeit auf entsprechende Sachkonten umgegliedert (umgebucht). Weitere Korrekturbuchungen sind in den folgenden Fällen erforderlich:

- debitorische Kreditoren und kreditorische Debitoren
- geänderte Abstimmkonten oder Partner (VBUND)
- Ausweis der Investitionen

Es werden alle Konten behandelt, die mit der OP-Verwaltung geführt werden. Transaktion FAGL_FCV und Transaktion FAGLF101 funktionieren dabei ähnlich, da sie teilweise auf dem gleichen Customizing beruhen. Dies erkennen Sie z. B. daran, dass das Customizing des Bewertungsbereichs gleich ist, und in beiden Transaktionen das ECS genutzt wird (siehe Abbildung 12.31).

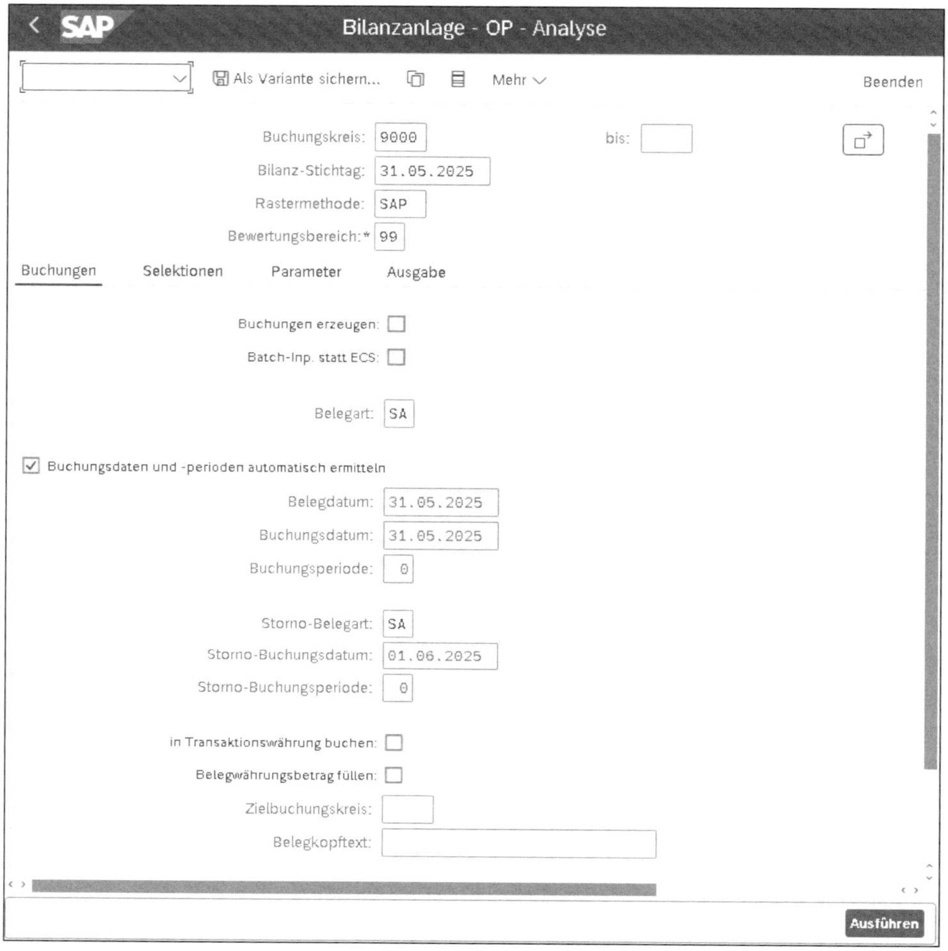

Abbildung 12.31 Offene Posten analysieren (Transaktion FAGLF101)

Wenn Sie anstelle des ECS lieber eine *Batch-Input-Mappe* im Falle von aufgetretenen Fehlern verwenden möchten, wählen Sie **Batch-Input anstelle von ECS**. Drücken Sie die Taste [F8], oder klicken Sie auf [Symbol] (**Ausführen**), wenn Sie das Selektionsbild ausgefüllt haben.

Vergessen Sie nicht, die weiteren Registerkarten **Selektionen**, **Parameter** und **Ausgabe** zu prüfen. Ähnlich wie bei der Fremdwährungsbewertung erhalten Sie im Testlauf eine Liste der geprüften Belege und der möglicherweise daraus resultierenden Buchungen bzw. Meldungen (siehe Abbildung 12.32). Wenn Sie den Echtlauf anstoßen möchten, markieren Sie das Kennzeichen **Buchungen erzeugen**, das Sie in Abbildung 12.31 sehen.

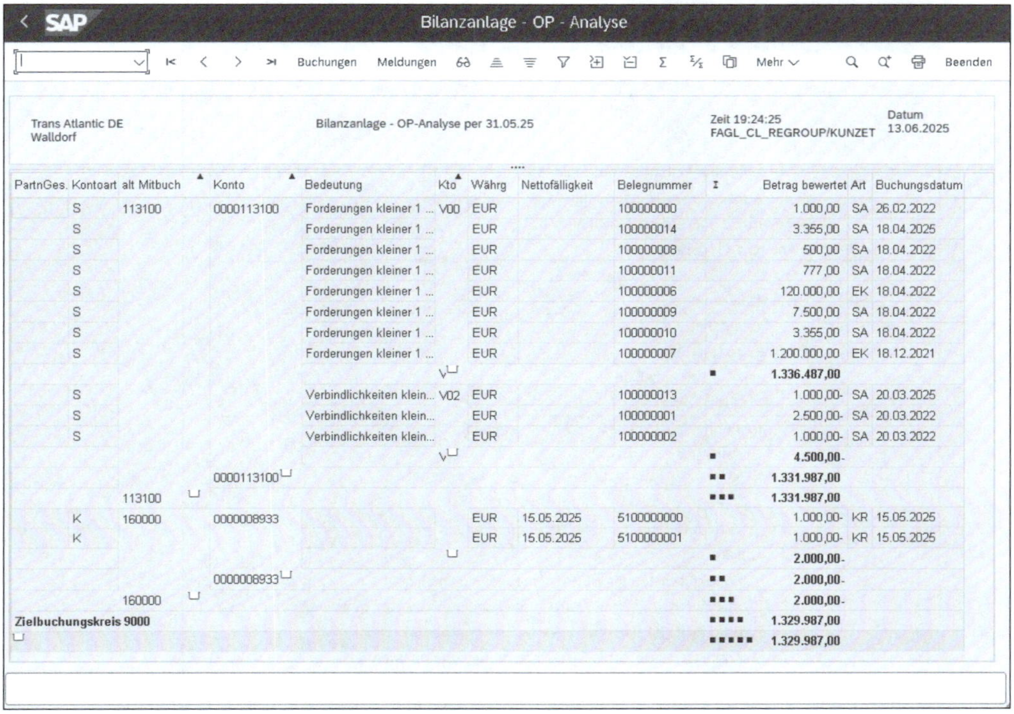

Abbildung 12.32 Analysierte Belege in einer Liste ausgeben

In der Listausgabe können Sie sich Buchungen oder auch die Meldungen anschauen, die aufgetreten sein können. Mit SAP-Hinweis 1096309 (FAGL_CL_REGROUP: Zusätzliche Merkmale in Buchungen) können Sie die Anzeige des Reports erweitern, sodass Ihnen z. B. auch Merkmale wie **Profit-Center** oder **Segment** angezeigt werden.

Das notwendige Customizing für die Umgliederung finden Sie an der gleichen Stelle wie das Customizing der Fremdwährungsbewertung. Folgen Sie dazu dem Customizing-Pfad **Finanzwesen • Hauptbuchhaltung • Periodische Arbeiten • Bewerten • Umgliedern** (siehe Abbildung 12.33).

Dabei wiederholen sich einige Customizing-Punkte aus der Fremdwährungsbewertung oder sind genauso aufgebaut wie die Kontenfindungen. Für die einzelnen Kontenfindungen prüfen Sie die jeweiligen Customizing-Einstellungen und die Konten, die zu den einzelnen Vorgängen hinterlegt sind. Dabei müssen Sie nur für die Vorgänge Konten hinterlegen, die Sie auch wirklich umgliedern möchten. Den wichtigsten Customizing-Punkt **Rastermethode definieren und Korrekturkonten Ford./Verb. Umgliederung** finden Sie über den folgenden Customizing-Pfad: **Finanzwesen • Hauptbuchhaltung • Periodische Arbeiten • Bewerten • Umgliedern • Umbuchen und Rastern der Forderungen und Verbindlichkeiten • Rastermethode definieren und Korrekturkonten Ford./Verb. Umgliederung**.

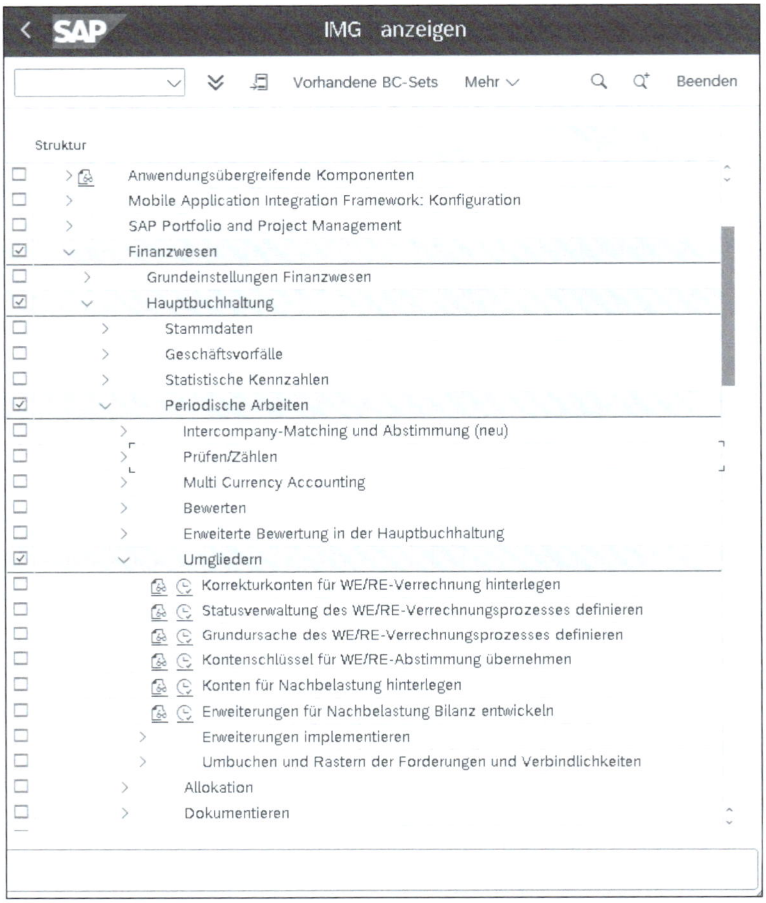

Abbildung 12.33 Customizing-Pfad für das Umgliedern

Alternativ rufen Sie Transaktion OBBU auf. Hier stellen Sie die *Rastermethode* ein. Über die Rastermethode definieren Sie die zeitlichen Intervalle und deren unterschiedliche Rasterung (Umgliederung) auf andere Sachkonten. SAP liefert die Rastermethode **SAP** als Beispiel aus (siehe Abbildung 12.34).

Markieren Sie eine Rastermethode (**Raster**), und klicken Sie in der Dialogstruktur doppelt auf **Forderungen**. Damit gelangen Sie in das Fenster **Sicht "Forderungen" ändern: Übersicht**, in dem Sie die Einstellungen für das Raster **SAP** vornehmen können (siehe Abbildung 12.35). Bei **ab** und **Zeiteinh.** hinterlegen Sie die Zeiträume, für die die Umgliederungen ausgeführt werden sollen. Üblicherweise erfolgt die Angabe in der Zeiteinheit »Jahr«. Über die Kennzeichen **Deb Buchg**, **Kred Buchg** und **Sachk Buchg** bestimmen Sie, welche Kontoarten umgegliedert werden sollen. Über den Button **Konto** in der Spalte **Kto** können Sie direkt in die Kontenfindung für den jeweiligen Vorgang abspringen.

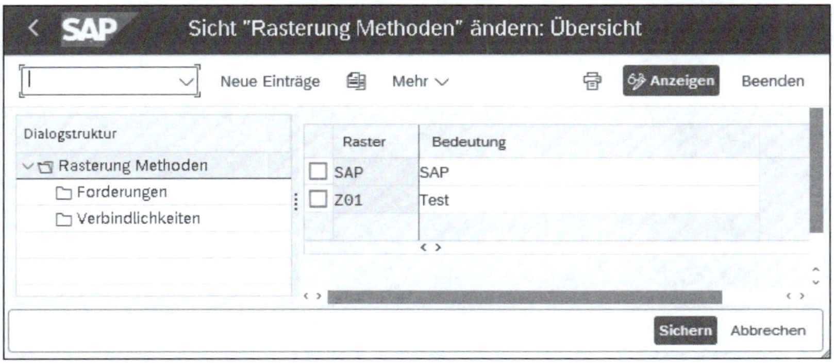

Abbildung 12.34 Einstieg in die Definition der Rastermethoden

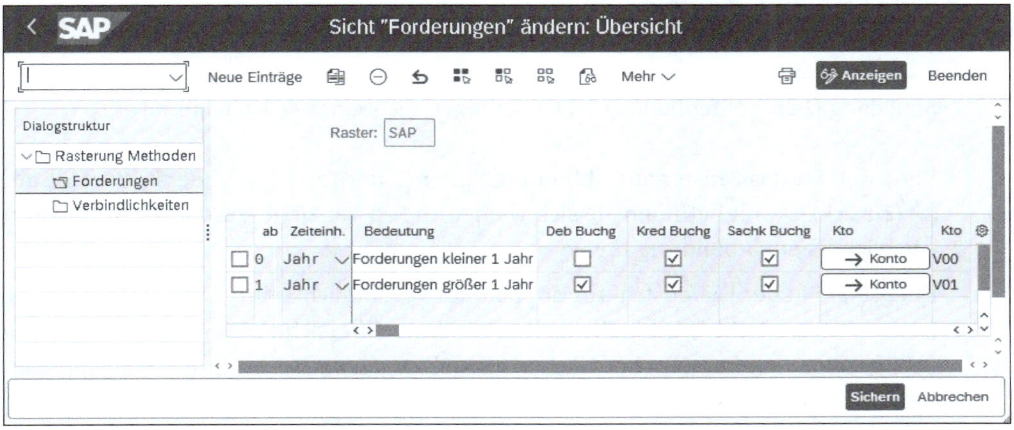

Abbildung 12.35 Forderungen in der Rastermethode definieren

In dem in Abbildung 12.36 gezeigten Fenster hinterlegen Sie die Abstimmkonten, für die Sie die Umgliederung vornehmen möchten. Das Zielkonto definiert dabei das Sachkonto, über das Sie es in der Bilanz ausweisen. Den unterschiedlichen Zielkonten weisen Sie in Ihren Bilanz- und GuV-Strukturen unterschiedliche Bilanzpositionen zu. Diese heißen dann meist:

- Forderungen bzw. Verbindlichkeiten bis 1 Jahr
- Forderungen bzw. Verbindlichkeiten 1 Jahr bis 5 Jahre
- Forderungen bzw. Verbindlichkeiten größer 5 Jahre

Sie können also die gesetzlichen Anforderungen erfüllen, indem Sie die Umbuchungen mit nur einem Report vornehmen. Damit sind manuelle Umgliederungen nicht notwendig.

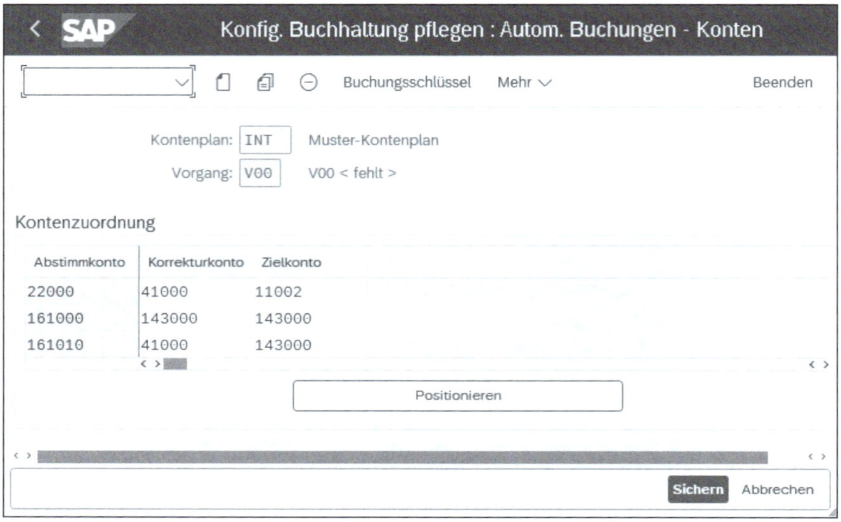

Abbildung 12.36 Kontenfindung für Forderungen, die kleiner als ein Jahr sind

Verlassen Sie das Fenster aus Abbildung 12.36 mit der Taste F3, oder klicken Sie auf (**Zurück**). Damit befinden Sie sich wieder im Fenster **Sicht "Forderungen" ändern: Übersicht** (siehe Abbildung 12.35).

Klicken Sie in der Dialogstruktur doppelt auf **Verbindlichkeiten**. Damit gelangen Sie in das Fenster **Sicht "Verbindlichkeiten" ändern: Übersicht**. Hier, wie in Abbildung 12.37 gezeigt, nehmen Sie ebenfalls die Einstellungen nach Zeiträumen (meist in Jahren) vor, bestimmen, wann welche Kontoart umgegliedert werden soll, und hinterlegen die Kontenfindungen.

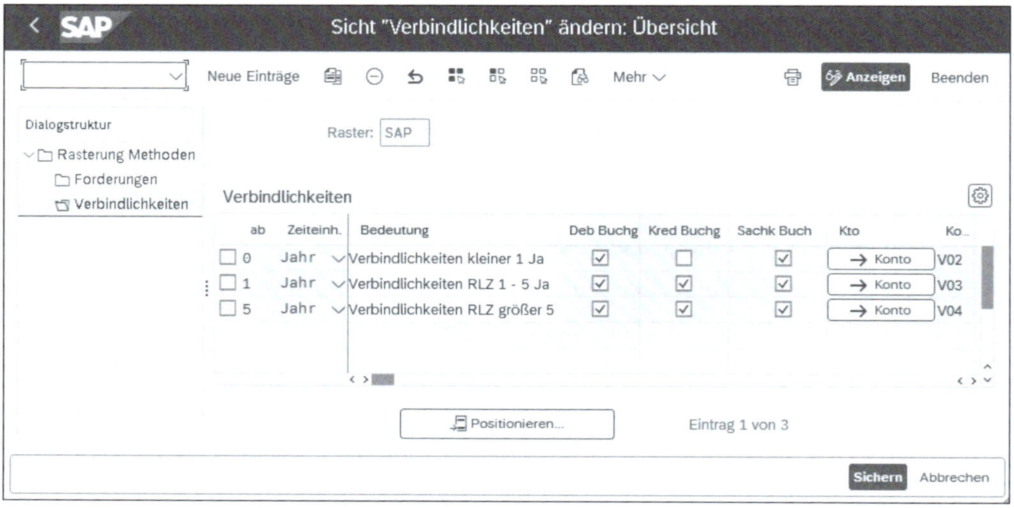

Abbildung 12.37 Verbindlichkeiten in der Rastermethode definieren

Sichern Sie Ihre Einstellungen mit [Strg] + [S], oder klicken Sie auf Sichern (**Sichern**). Verlassen Sie die Sicht mit [F3], oder klicken Sie auf < (**Zurück**), bis Sie sich wieder im Customizing-Pfad befinden.

Nun definieren Sie noch einen Bewertungsbereich bzw. kontrollieren die Einstellungen (siehe Abschnitt 12.1.2, »Fremdwährungsbewertung einstellen«). Nachdem Sie die Kontenfindung für die von Ihnen benötigten Vorgänge vollständig gepflegt haben, können Sie mit dem Testen von Transaktion FAGLF101 beginnen. Voraussetzung ist, dass Sie einige Belege gebucht haben, deren Buchungsdatum hinreichend alt ist. Beachten Sie hierbei die Einstellungen, die Sie im Customizing für die Rastermethode vorgenommen haben.

Im nächsten Abschnitt beschäftigen wir uns mit der erweiterten Bewertung in der Hauptbuchhaltung.

12.1.4 Erweiterte Bewertung in der Hauptbuchhaltung

Im Rahmen des Customizings des Umgliederns ist Ihnen im IMG vielleicht schon der neue Ordner **Erweiterte Bewertung in der Hauptbuchhaltung** aufgefallen (siehe Abbildung 12.33 weiter vorn). Mit der erweiterten Bewertung in SAP S/4HANA stellt SAP neu entwickelte Bewertungsprogramme bereit. Für einen Übergangszeitraum werden beide Bewertungsansätze, die erweiterte und die klassische Bewertung, parallel bestehen.

Mithilfe der erweiterten Bewertung in der Finanzbuchhaltung können Sie Abschlussschritte durch einheitlich gestaltete und benutzerfreundliche Transaktionen durchführen. Diese unterstützt Sie bei der Einhaltung verschiedener RLVs, z. B. IFRS 9. Die erweiterte Bewertung in der Finanzbuchhaltung beinhaltet folgende Jobvorlagen und Transaktionen:

- Diskontierung langfristiger Vermögenswerte und Verbindlichkeiten buchen (Transaktion FINS_DIS)
- Erweiterte Fremdwährungsbewertung (Transaktion FINS_FXV)
- Kreditrisikobasierte Wertminderung buchen (Transaktion FINS_IMPAIRMENT)
- Bilanzumgliederung buchen (Transaktion FINS_RECL)

Weitere Informationen zur erweiterten Bewertung finden Sie in der SAP-Online-Hilfe unter:

https://help.sap.com/docs/SAP_S4HANA_ON-PREMISE/651d8af3ea974ad1a4d74449122c620e/c0a967eee7d843f8aceb44219b6f40b3.html?locale=de-DE& (Kurz-URL: *http://s-prs.de/v10687012*)

Wie bei allen neuen Funktionen gibt es auch hier anfängliche Einschränkungen, Änderungen bestehender Funktionen und kontinuierliche Weiterentwicklungen. In diesem Buch erwähnen wir die erweiterte Bewertung daher lediglich, ohne sie im Detail zu behandeln – wollten sie jedoch nicht unerwähnt lassen. Falls Sie für Ihr SAP S/4HANA-System zwischen der klassischen und der erweiterten Bewertung wählen müssen, berücksichtigen Sie die folgenden Hinweise:

SAP-Hinweis 3289350 – Einschränkungen für klassische Bewertungsläufe in SAP S/4HANA Cloud Private Edition

- SAP-Hinweis 3289507 – Einschränkungen für erweiterte Bewertungsläufe/Reports in SAP S/4HANA Cloud Private Edition
- SAP-Hinweis 3250812 – Erweiterte Bewertung in der Finanzbuchhaltung – Einschränkungen und allgemeine Informationen

Zu jeder der neuen Bewertungsfunktionen bietet SAP Blogbeiträge in der SAP Community an. Als Beispiel sei hier der Beitrag »Discounting for Long-Term Assets and Liabilities in SAP S/4HANA Cloud« genannt: *https://community.sap.com/t5/enterprise-resource-planning-blog-posts-by-sap/post-discounting-for-long-term-assets-and-liabilities-in-sap-s-4hana-cloud/ba-p/13539831* (Kurz-URL: *http://s-prs.de/v10687013*).

Von diesem Blogbeitrag aus gelangen Sie zu weiteren themenrelevanten Artikeln. Obwohl der Beitrag »Discounting for Long-Term Assets and Liabilities in SAP S/4HANA Cloud« ursprünglich für die Public Cloud verfasst wurde, lassen sich die beschriebenen Konzepte auch auf SAP S/4HANA Cloud Private Edition und On-Premise-Installationen übertragen.

In Abbildung 12.38 sehen Sie den Customizing-Pfad der erweiterten Bewertung: **Finanzwesen • Hauptbuchhaltung • Periodische Arbeiten • Bewerten • Erweiterte Bewertung in der Hauptbuchhaltung**.

Eine der Grundideen der erweiterten Bewertung besteht darin, dass Sie im Ordner **Allgemeine Einstellungen** übergreifende Konfigurationen vornehmen können, die für sämtliche Bewertungsreports gelten. Spezifische Anpassungen für einzelne Reports finden Sie in den entsprechenden Unterordnern. Ein wichtiges allgemeingültiges Merkmal ist, dass Sie pro RLV entweder die klassische oder die erweiterte Bewertung nutzen können – nicht beide gleichzeitig.

[»]

Aktivierung der erweiterten Bewertung

Sobald die erweiterte Bewertung aktiviert wurde, ist ein Zurückwechseln zur klassischen Bewertung nicht mehr möglich!

In der klassischen Bewertung müssen Sie für jedes einzelne zu bewertende Sachkonto eine separate Kontenfindung im Customizing hinterlegen. Dies ist zeitaufwendig und fehleranfällig. Die erweiterte Bewertung bietet einen effizienteren Ansatz: Sie hinterlegen die Kontenfindung nur einmal pro Tag. Ein Tag ist ein Schlagwort, unter dem bestimmte Sachkonten zusammengefasst werden. So können Sie z. B. allen Bankkonten in Ihrem Kontenplan das Tag **BANK** zuweisen und im Customizing der erweiterten Bewertung nur einmal für dieses Tag die Kontenfindung definieren.

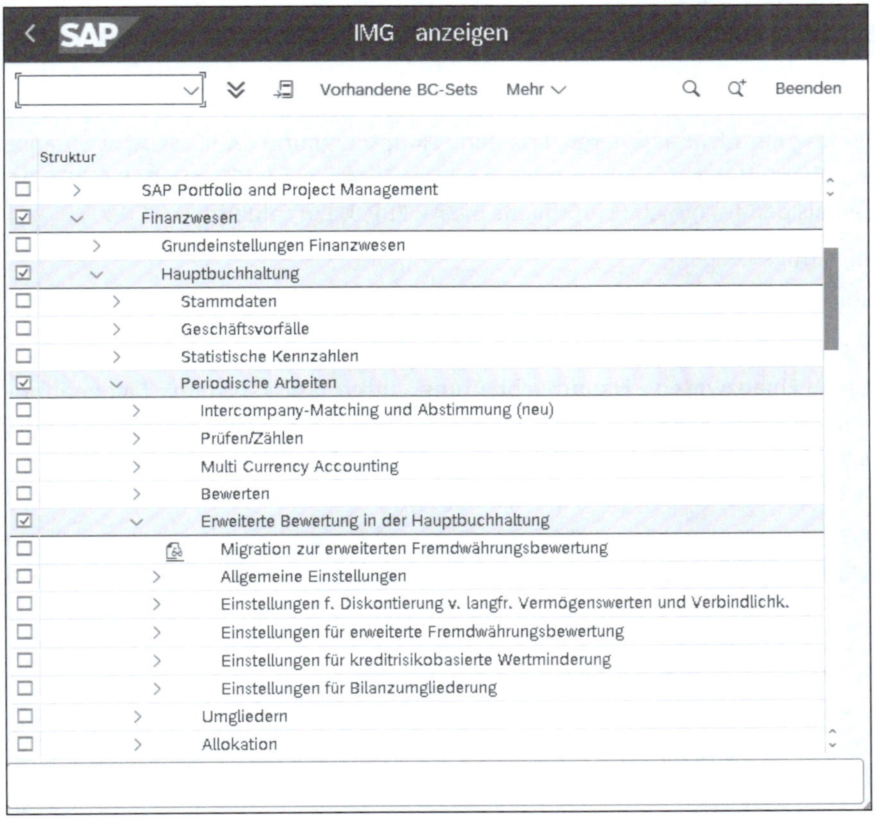

Abbildung 12.38 Customizing der erweiterten Bewertung

[«]

Aktivierung der erweiterten Bewertung pro RLV

Da die Aktivierung und das Customizing der erweiterten Bewertung pro RLV erfolgt, hat dies Auswirkungen auf Ihre RLV. Die RLV **IFRS** wird für alle Buchungskreise einheitlich angewendet, was die Konfiguration vereinfacht. Für lokale, steuerliche und weitere Ledger empfiehlt sich künftig, pro Land und Ledger eine separate RLV zu definieren. Beispielsweise könnten Sie DELO für das deutsche lokale Ledger, DETX für das deutsche Steuerledger oder CHLO für das Schweizer lokale Ledger verwenden. Bei der Namenskonvention haben Sie freie Hand – dies ist lediglich ein Vorschlag.

Im nächsten Abschnitt beschäftigen wir uns mit dem Customizing der Saldenanzeige im Hauptbuch.

12.1.5 Saldenanzeige für Transaktion FAGLB03

Ein häufiges Missverständnis besteht darin, dass für eine Konvertierung zu SAP S/4HANA zwingend das neue Hauptbuch aktiviert werden müsse. Tatsächlich trifft das nicht zu: SAP S/4HANA Finance basiert zwar auf dem neuen Hauptbuch, man muss dieses aber nicht aktivieren. Das neue Hauptbuch und SAP S/4HANA Finance verfügen über unterschiedliche Funktionen. Der Funktionsumfang in SAP S/4HANA ist größer als der des neuen Hauptbuchs in SAP ERP. Dazu zählen z. B.:

- Erweiterungs-Ledger
- flexible Währungen in Tabelle ACDOCA

Um die Saldenanzeige für Transaktion FAGLB03 einzustellen, folgen Sie dem Customizing-Pfad **Finanzwesen • Hauptbuchhaltung • Informationssystem • Saldenanzeige definieren**. Damit gelangen Sie in das Fenster **Sicht "Interaktive Merkmale für die flexible Saldenanzeige" ändern**. Klicken Sie auf den Button **Neue Einträge**, oder drücken Sie die Taste [F5] (siehe Abbildung 12.39).

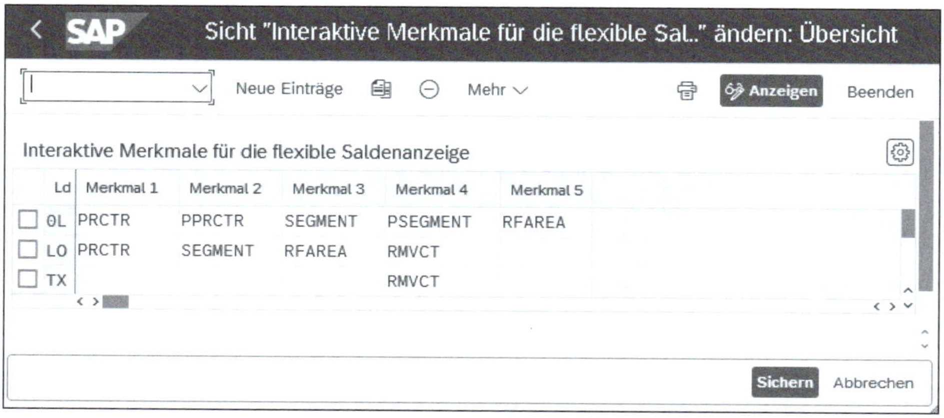

Abbildung 12.39 Flexible Merkmale für die Saldenanzeige

Pro Ledger können Sie bis zu fünf Merkmale auswählen. Da in SAP S/4HANA immer alle aus SAP ERP bekannten *Szenarien des neuen Hauptbuches* aktiv sind, stehen Ihnen in jedem Ledger alle Merkmale zur Verfügung. Die einem Ledger im neuen Hauptbuch in SAP ERP zugeordneten Szenarien bestimmen, welche Informationen in der Einzelpostentabelle FAGLFLEXA bzw. in der Summensatztabelle FAGLFLEXT fortgeschrieben worden sind.

Bei den meisten Kunden wurden die Ledger im neuen Hauptbuch unterschiedlich fortgeschrieben, je nach Anforderungen an das jeweilige Ledger. Daher erfolgt die Festlegung der flexiblen Merkmale für die Saldenanzeige auch pro Ledger. Sichern Sie Ihre Einstellungen mit [Strg] + [S], oder klicken Sie auf Sichern (**Sichern**). Verlassen Sie die Sicht mit [F3], oder klicken Sie auf < (**Zurück**), bis Sie sich wieder im Customizing-Pfad befinden. Rufen Sie nun Transaktion FAGLB03 auf. Das Einstiegsbild dürfte Ihnen aus dem neuen Hauptbuch bekannt vorkommen. Das führende Ledger ist immer voreingestellt, hier mit **0L** (siehe Abbildung 12.40).

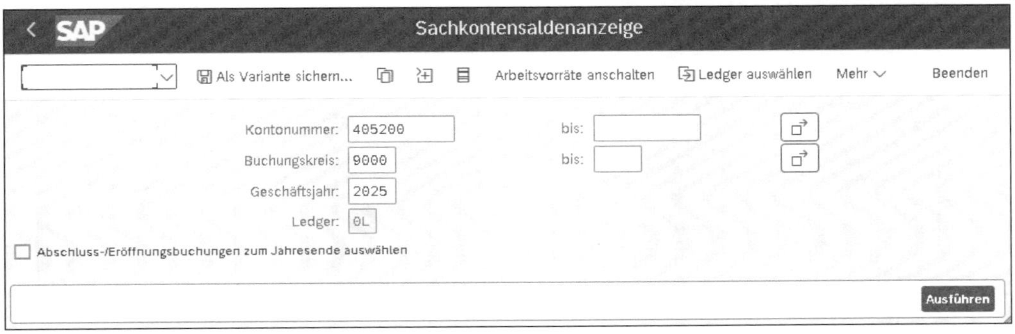

Abbildung 12.40 Sachkontensalden anzeigen (Transaktion FAGLB03)

Über den Button [Ledger auswählen] (**Ledger auswählen**) können Sie eines Ihrer anderen Ledger auswählen. Führen Sie den Report aus, indem Sie die Taste [F8] drücken oder auf [Ausführen-Symbol] (**Ausführen**) klicken. Damit gelangen Sie in die Saldenanzeige im Hauptbuch, die *Hauptbuchsicht*.

Seit dem neuen Hauptbuch in SAP ERP ermöglicht SAP für die FI-Belege die *Erfassungssicht*. Hier werden die Belege so angezeigt, wie Sie sie erfasst haben. Die Erfassungssicht wird in Tabelle BSEG abgelegt. Die Hauptbuchsicht wird beim Buchen des Belegs automatisch generiert und in Tabelle ACDOCA abgelegt. Die Hauptbuchsicht kann sich von der Erfassungssicht unterscheiden, da sie die Sicht pro Ledger auf einen Beleg, aber auch die gesplitteten Belegzeilen bzw. durch die Belegaufteilung zusätzlich generierte Saldo-null-Belegzeilen enthält. Klicken Sie auf den Button [weitere Merkmale anzeigen] (**Ausklappen von Datenbereichen**), um die weiteren Merkmale sichtbar werden zu lassen (siehe Abbildung 12.41).

Beim Aufrufen der Saldenanzeige wird der Gesamtsaldo des ausgewählten Sachkontos angezeigt, hier 1.840,34 EUR. Jetzt können Sie auf eines der zuvor im Customizing hinzugefügten Merkmale klicken. Klicken Sie z. B. auf **Ändern** bei **Profitcenter**. Im folgenden Pop-up-Fenster sehen Sie dann die Profit-Center, die auf das Konto gebucht haben (siehe Abbildung 12.42). Nun interessiert uns der Teilsaldo, der für das Profit-Center 9000 auf das Konto gebucht worden ist. Klicken Sie also doppelt auf **9000**.

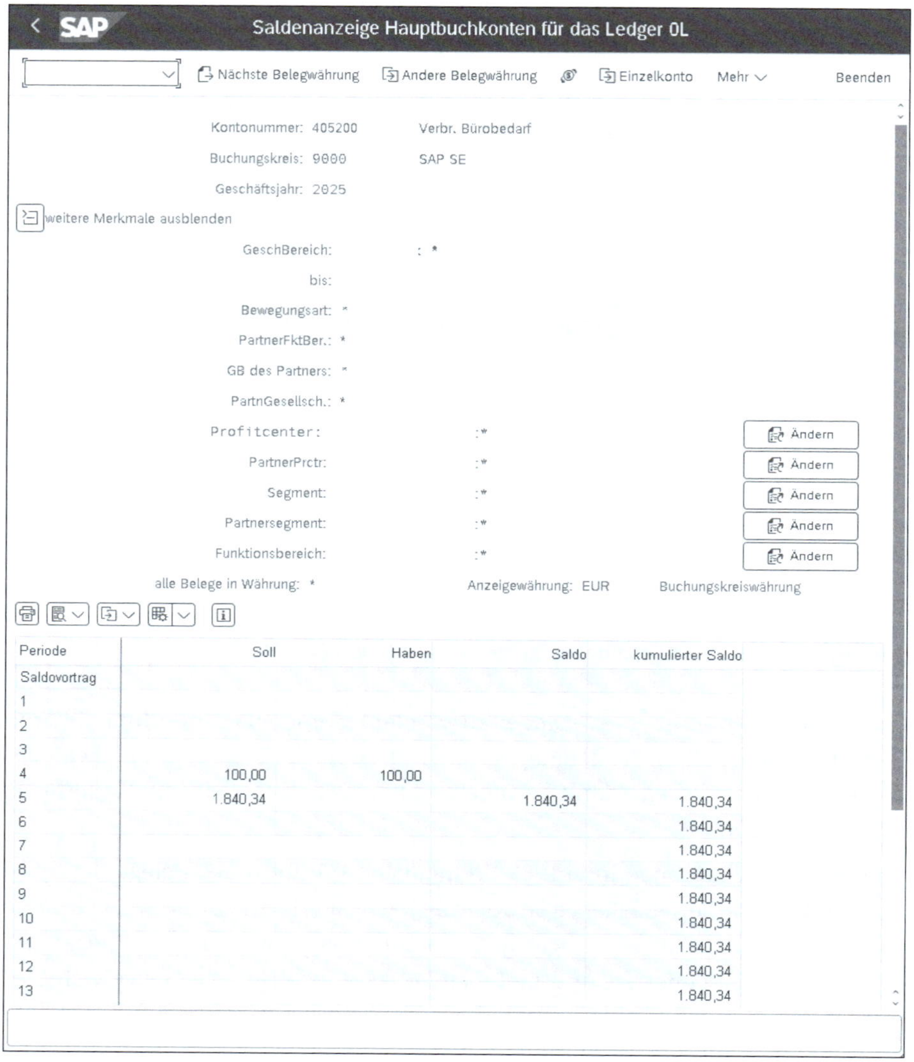

Abbildung 12.41 Merkmale in der Saldenanzeige anzeigen

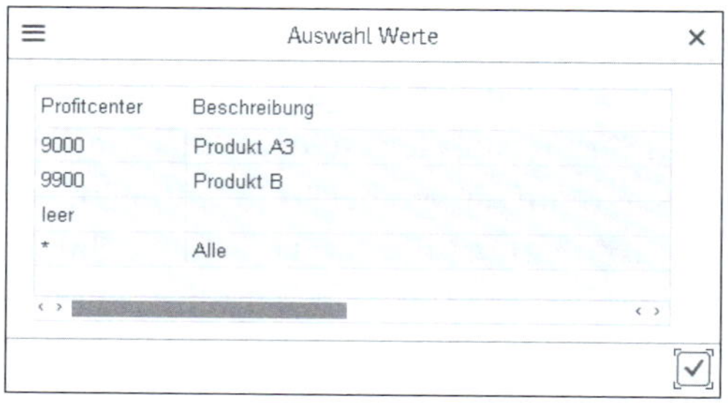

Abbildung 12.42 Werte für die Saldenanzeige auswählen

Bei den ausgewählten Merkmalen wird nun das Profit-Center 9000 angezeigt. Damit wird der Saldo in der Saldenanzeige auf dieses eingeschränkt. Insgesamt sind 1.004,20 EUR für das Profit-Center 9000 auf dieses Konto gebucht worden (siehe Abbildung 12.43).

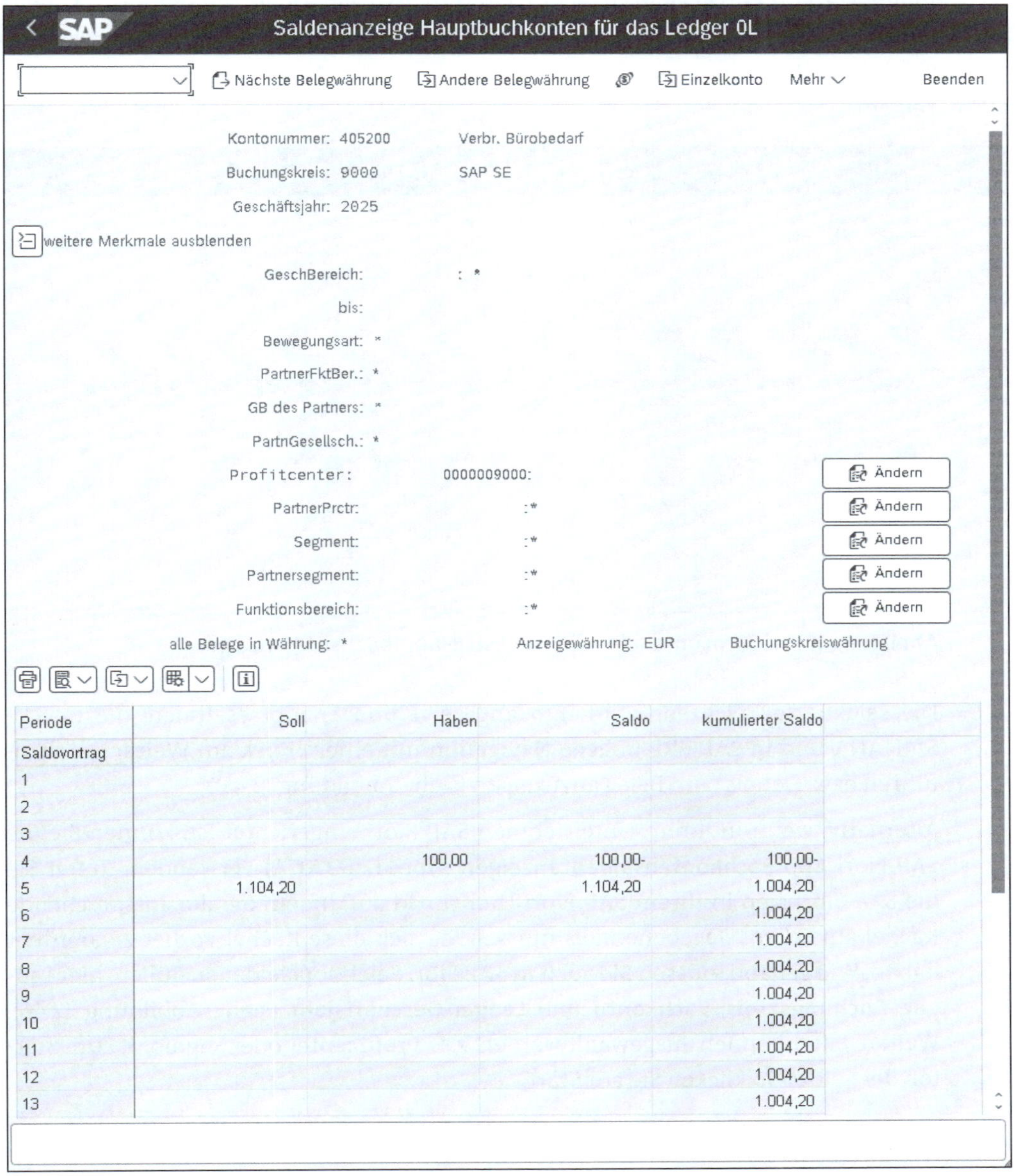

Abbildung 12.43 Saldenanzeige für das Profit-Center 9000

Durch einen Doppelklick auf einen Soll- oder Habensaldo oder auf den kumulierten Saldo werden die Einzelposten selektiert, die zu dem jeweiligen Saldo geführt haben. In der *Sachkonteneinzelpostenliste* der Hauptbuchsicht können Sie einen weiteren Drilldown bis zur Beleganzeige durchführen. Markieren Sie dazu einen Beleg, indem Sie das Kennzeichen zu Beginn einer Zeile setzen (siehe Abbildung 12.44), oder klicken Sie einmal an eine beliebige Stelle auf der jeweiligen Belegzeile, verwenden Sie danach die Tastenkombination [Strg] + [⇧] + [F7], oder klicken Sie auf [6∂] (**Anzeigen**).

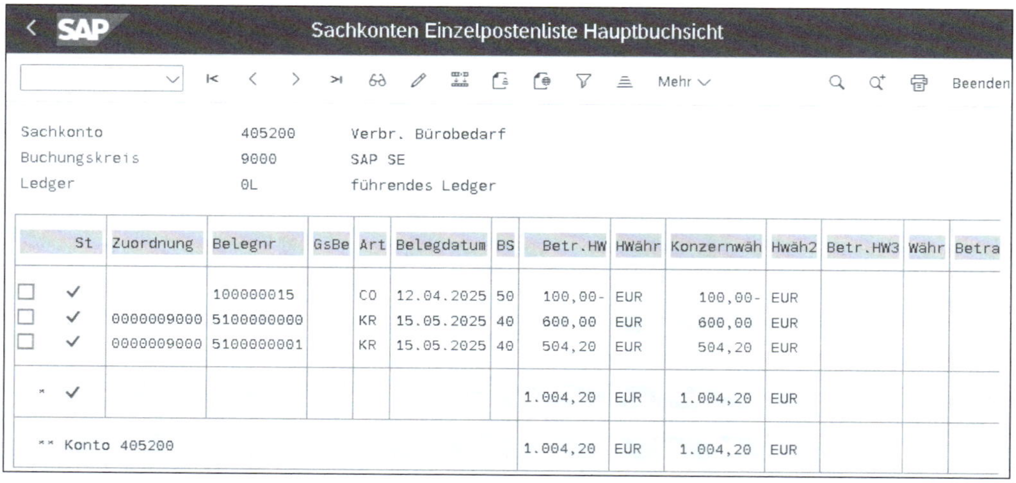

Abbildung 12.44 Sachkonteneinzelpostenliste Hauptbuchsicht anzeigen

Die selektierte Belegzeile wird nun angezeigt und erlaubt es Ihnen, die in SAP S/4HANA und in SAP ERP übliche Navigation mit einem Klick auf **Weiter** durchzuführen bzw. Details zum Beleg anzuzeigen (siehe Abbildung 12.45).

Alternativ, wenn in Ihrem Unternehmen SAP Fiori eingerichtet ist, können Sie die SAP-Fiori-App **Sachkontensalden anzeigen** (App-ID F0707A) verwenden. Rufen Sie die SAP-Fiori-App in Ihrem SAP Fiori Launchpad auf, indem Sie die entsprechende Kachel anklicken. Gegebenenfalls müssen Sie sich diese Kachel vorher zugeordnet haben. Wie gehabt, müssen Sie auch in SAP Fiori Selektionsfelder ausfüllen, hier **Ledger**, **Buchungskreis**, **Sachkonto** und **Ledger-Geschäftsjahr** (siehe Abbildung 12.46). Weitere Filter können ausgewählt werden, z. B. **Profitcenter** oder **Segment**. Zum Starten der Selektion klicken Sie auf **Start**.

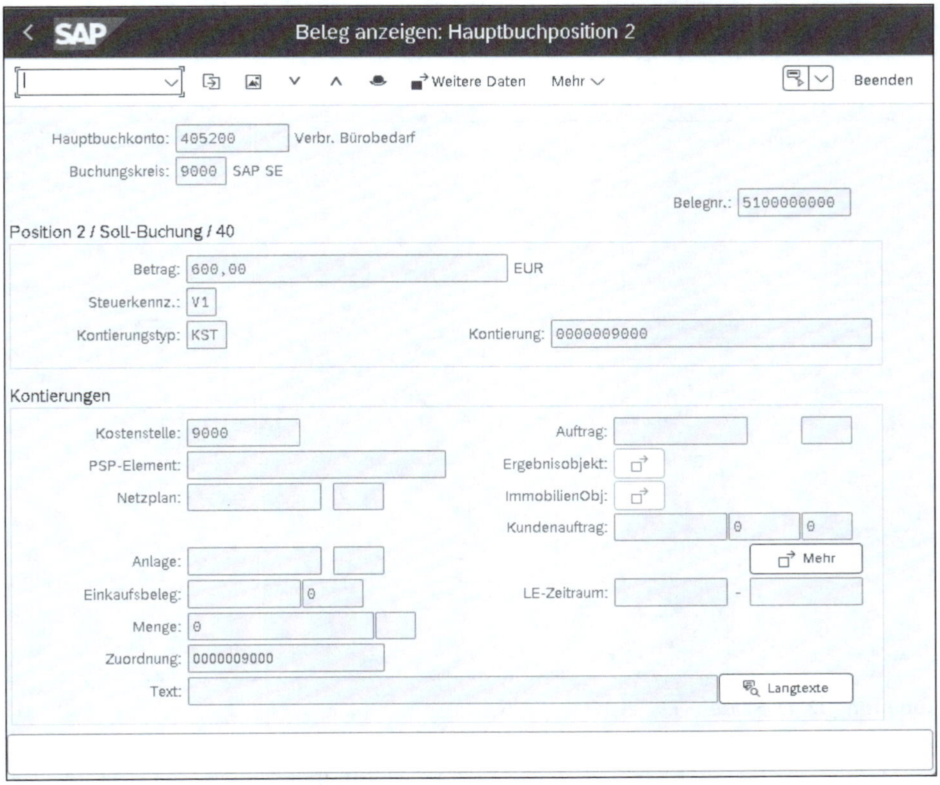

Abbildung 12.45 Selektierte Belegzeile anzeigen

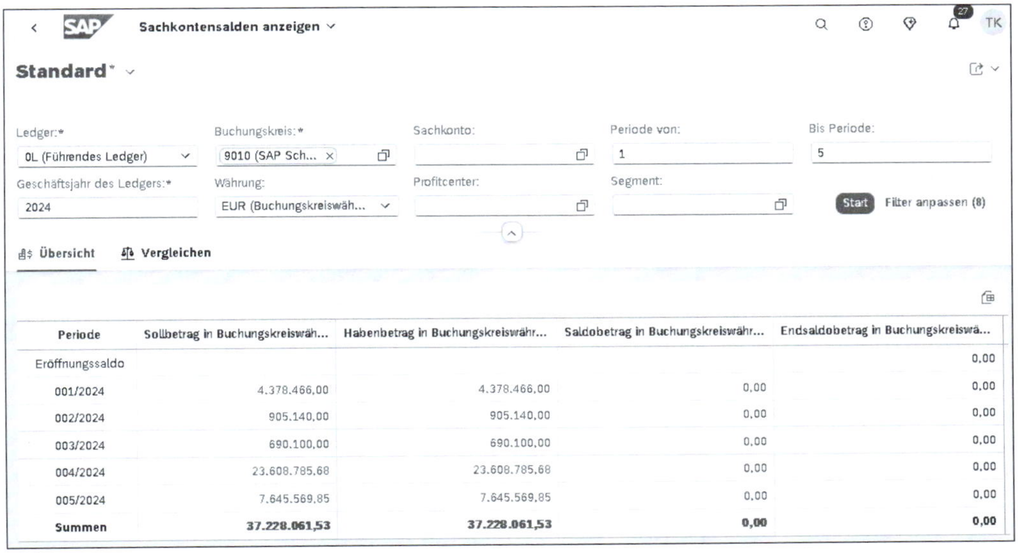

Abbildung 12.46 Einstiegsbild in die SAP-Fiori-App »Sachkontensalden anzeigen«

Sie haben die Möglichkeit, die Salden aus dem aktuellen Geschäftsjahr mit den Salden aus dem vorangegangenen Geschäftsjahr zu vergleichen. Klicken Sie dazu auf **Vergleichen** (siehe Abbildung 12.47).

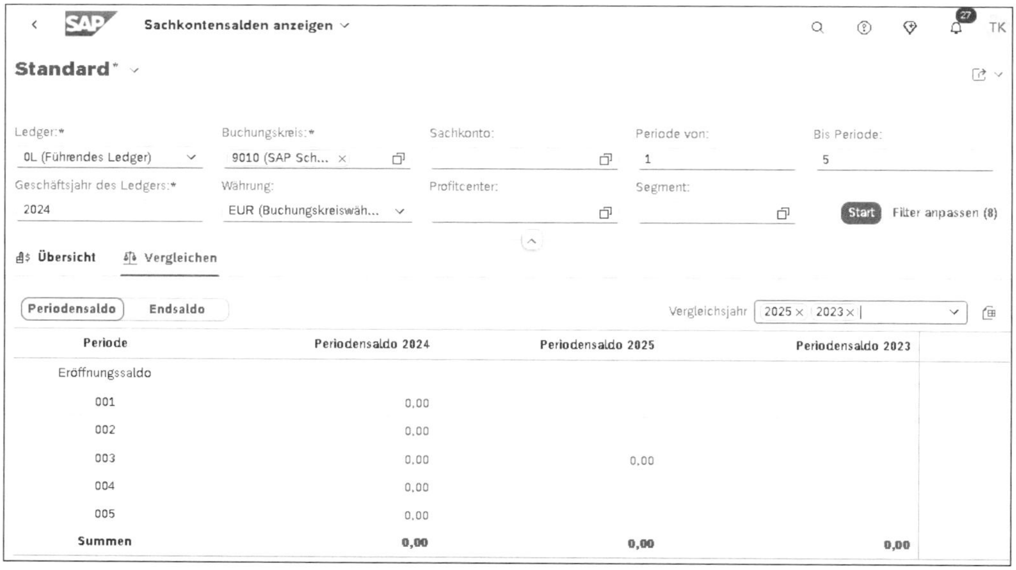

Abbildung 12.47 Salden vergleichen

Ein Vergleich über mehrere Geschäftsjahre ist ebenfalls möglich. Die verfügbaren Geschäftsjahre wählen Sie im Feld **Vergleichen mit** aus. Öffnen Sie dazu das Dropdown-Menü, und selektieren Sie die entsprechenden Geschäftsjahre.

Darüber hinaus steht Ihnen ein Drilldown auf die Einzelposten zur Verfügung. Klicken Sie dazu einfach einen der blau hinterlegten Salden an. Die Selektionsmerkmale, wie **Ledger**, **Buchungskreis**, **Sachkonto** usw., werden in die Selektion der SAP-Fiori-App **Sachkonteneinzelposten** übernommen. Im Ergebnis werden die Einzelposten angezeigt (siehe Abbildung 12.48).

Mit einem Klick auf eine beliebige blau hinterlegte Belegnummer sehen Sie, welche weiteren SAP-Fiori-Apps in diesem Kontext zur Verfügung stehen (siehe Abbildung 12.49).

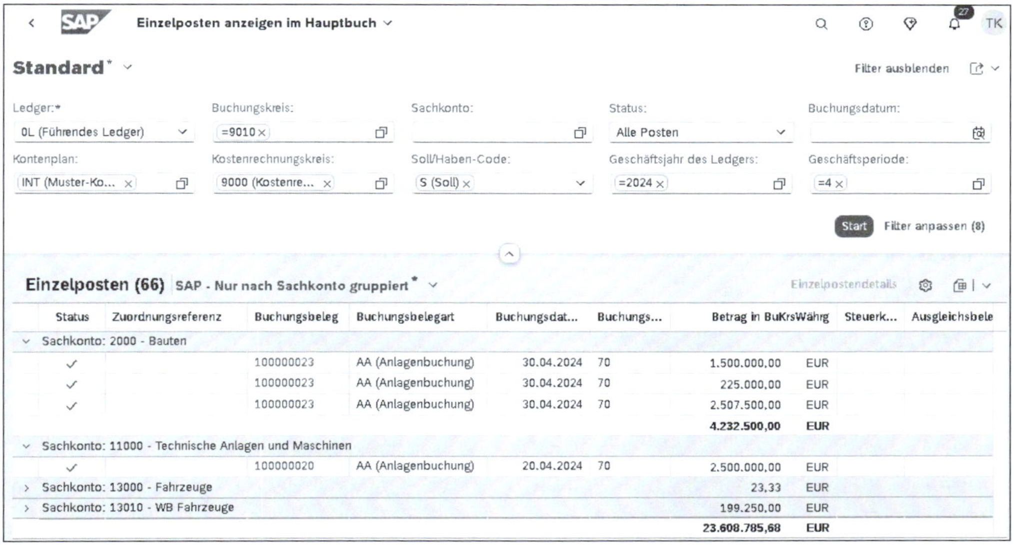

Abbildung 12.48 Einzelposten anzeigen

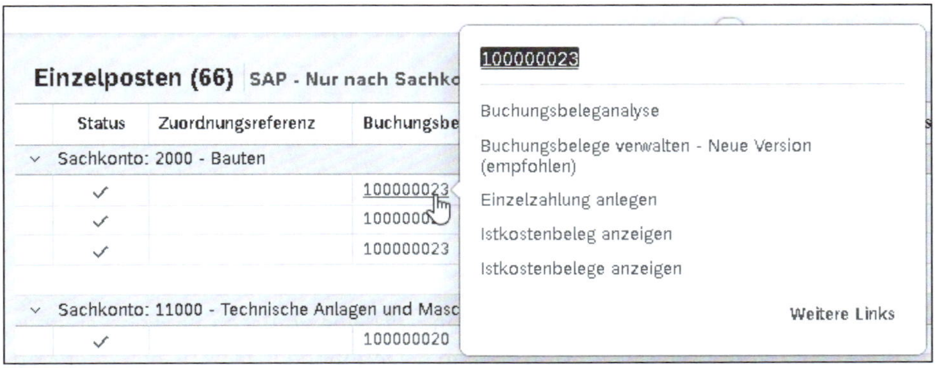

Abbildung 12.49 Weitere SAP-Fiori-Apps auswählen

Damit können Sie den Drilldown weiter fortsetzen, um sich z. B. den Beleg im Detail anschauen zu können (siehe Abbildung 12.50).

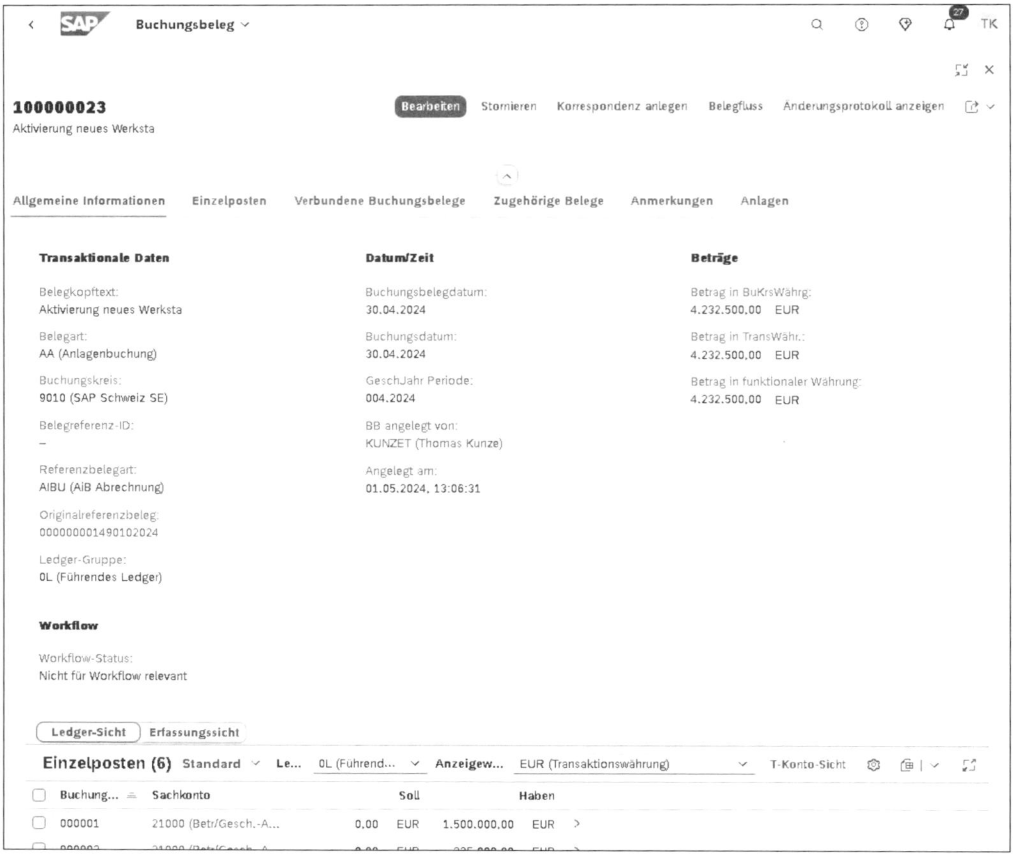

Abbildung 12.50 Beleganzeige

In der *Beleganzeige* von SAP Fiori wird Ihnen der Beleg grafisch übersichtlich angezeigt. Auf einen Blick sehen Sie so, ob zu dem betreffenden Beleg Anlagen oder Notizen vorhanden sind. Bei der Beleganzeige können Sie in SAP Fiori in eine Ansicht als T-Konten-Darstellung wechseln (siehe Abbildung 12.51).

Dies ist nur ein Beispiel dafür, wie unterschiedlich die Saldenanzeige im SAP GUI und in SAP Fiori aussehen kann. Bei den meisten Kunden wird weiterhin vorwiegend das SAP GUI genutzt und SAP Fiori nach und nach eingeführt. Damit können Sie beide Anwenderoberflächen parallel nutzen, so wie Sie es gerade für den jeweiligen Geschäftsprozess benötigen.

Wie die jeweilige SAP-Fiori-App aktiviert wird, entnehmen Sie der Dokumentation, die von SAP zu jeder SAP-Fiori-App zur Verfügung gestellt wird. Diese Einstellungen nimmt meist ein Mitarbeiter der SAP-Basis vor. Ebenfalls benötigen Sie dazu Unterstützung von Ihrer Berechtigungsabteilung.

Abbildung 12.51 Beleganzeige als T-Konten-Ansicht

Im nächsten Abschnitt schauen wir uns den *Saldovortrag* an.

12.1.6 Saldovortrag

Durch den Saldovortrag werden die *Eröffnungssalden* für das neue Geschäftsjahr vorbereitet. Dies ist notwendig, damit die Saldenanzeige im neuen Geschäftsjahr die Salden richtig anzeigen kann. Sie können das Programm beliebig oft ausführen. Da das System bei nachträglichen Buchungen in das Vorjahr automatisch den Saldovortrag korrigiert, ist eine wiederholte Ausführung jedoch in der Regel nicht erforderlich. Es handelt sich vielmehr um einen technisch notwendigen Schritt, der die folgenden Ereignisse bewirkt:

- Der Jahresendsaldo der GuV-Konten wird auf ein Ergebnisvortragskonto geschoben.
- Der Jahresendsaldo der Bilanzkonten wird auf das gleiche Bilanzkonto vorgetragen.
- In SAP S/4HANA wird mit dem Saldovortrag ebenfalls die Anlagenbuchhaltung vorgetragen. Der bisher in SAP ERP übliche Jahreswechsel in der Anlagenbuchhaltung entfällt damit.

Dabei erfolgt der Saldovortrag immer einzeln pro Ledger. Auch dazu sind einige Customizing-Aktivitäten notwendig:

- Ergebnisvortragskonto festlegen
- FIORI: Nur für Vorschaubelege in Saldovortrag verwendete NK definieren
- Detaillierung der Bestandskonten
- Detaillierung der GuV-Konten

Folgen Sie dem Customizing-Pfad **Finanzwesen • Hauptbuchhaltung • Periodische Arbeiten • Vortragen • Ergebnisvortragskonto festlegen**. Dort hinterlegen Sie für den *Erfolgskontentyp* ein Sachkonto. Der Erfolgskontentyp legt für die GuV-Konten fest, auf welches Gewinnvortragskonto das Ergebnis im Rahmen des Jahresabschlusses/Saldovortrags übertragen werden soll (siehe Abbildung 12.52).

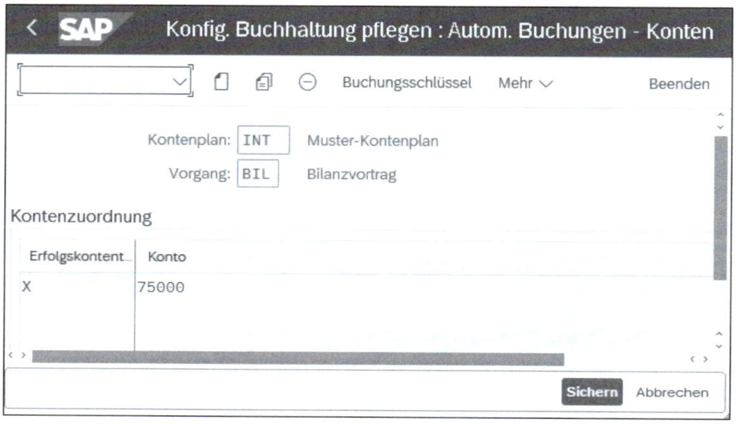

Abbildung 12.52 Erfolgskontentyp und Konto hinterlegen

In den meisten Fällen genügt bei einer Ledger-Lösung genau ein Erfolgskontentyp. Diesen ordnen Sie den GuV-Konten in Transaktion FS00 zu. Dadurch wird beim Saldovortrag der Jahresendsaldo eines GuV-Kontos auf das Ergebnisvortragskonto (Spalte **Konto** in Abbildung 12.52) vorgetragen. Sichern Sie Ihre Einstellungen mit [Strg] + [S], oder klicken Sie auf Sichern (**Sichern**). Verlassen Sie die Sicht mit der Taste [F3], oder klicken Sie auf < (**Zurück**), bis Sie sich wieder im Customizing-Pfad befinden.

Der Customizing-Punkt **FIORI: Nur für Vorschaubelege in Saldovortrag verwendeten NK definieren** wird nur benötigt, wenn Sie die SAP-Fiori-App für den Saldovortrag nutzen. Dazu hinterlegen Sie für das vorgegebene Nummernkreisobjekt **FGLPRE** einen Nummernkreis (siehe Abbildung 12.53).

Klicken Sie auf Intervalle (**Intervalle pflegen**), um einen Nummernkreis einzugeben. Da dieser Nummernkreis nur technisch benötigt wird, genügt ein Nummernkreis, der z. B. mit 1 beginnt und bei 999.999.999 endet. Dieser Nummernkreis sollte ausreichend groß gewählt sein, sodass er für die gesamte Lebenszeit Ihres SAP-S/4HANA-Systems ausreichend ist (siehe Abbildung 12.54).

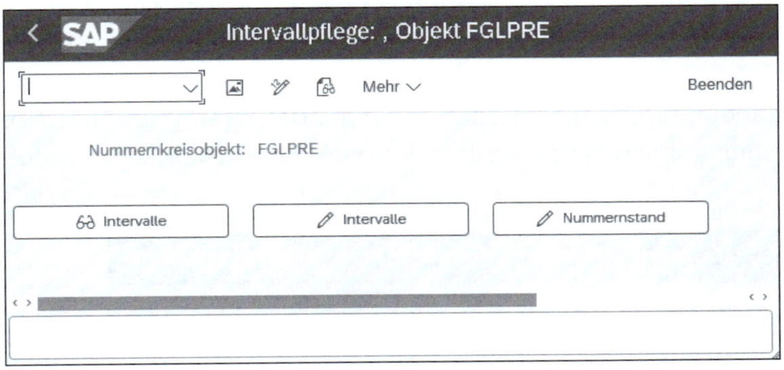

Abbildung 12.53 Nummernkreis pflegen

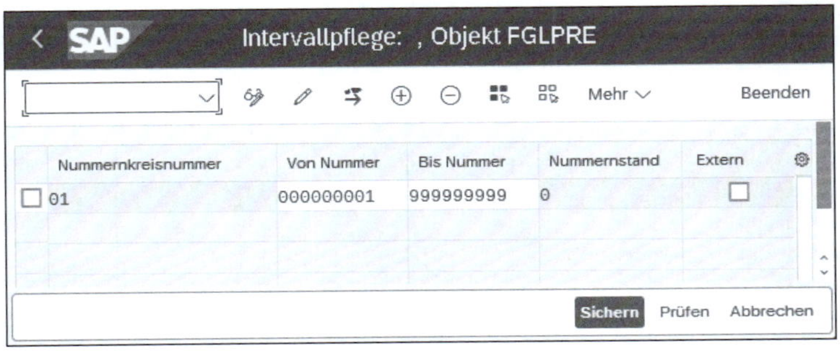

Abbildung 12.54 Nummernkreis festlegen

Sichern Sie Ihre Einstellungen mit Strg + S, oder klicken Sie auf Sichern (**Sichern**). Verlassen Sie die Sicht mit der Taste F3, oder klicken Sie auf < (**Zurück**), bis Sie sich wieder im Customizing-Pfad befinden.

Die nächsten beiden Customizing-Punkte **Detaillierung der Bestandskonten vornehmen** und **Detaillierung der GuV-Konten vornehmen** sind zentral. Sie bestimmen, wie detailliert Ihre Bilanzkonten bzw. das Ergebnisvortragskonto vorgetragen werden. Je detaillierter dies erfolgt, umso mehr Belegzeilen werden dafür für den Saldovortrag erzeugt.

Detaillierung des Saldovortrags

Prüfen Sie die Einstellungen. Details (Felder), die Sie nicht zwingend im Saldovortrag benötigen, sollten Sie, sofern nicht vom SAP-System zwingend vorgegeben, deaktivieren. Dies reduziert das Datenvolumen in Tabelle ACDOCA.

Folgen Sie dem Customizing-Pfad **Finanzwesen • Hauptbuchhaltung • Periodische Arbeiten • Vortragen • Detaillierung der Bestandskonten vornehmen**. Dort legen Sie fest, welche Felder im Saldovortrag mitkontiert werden sollen. Bestimmte Felder sind in SAP S/4HANA technisch vorgegeben und können nicht abgewählt werden. Diese Felder sind grau hinterlegt, wenn Sie in den Änderungsmodus gehen. Klicken Sie auf den Button Anzeigen (**Anzeigen • Ändern**), oder drücken Sie [Strg] + [F4], um in den Änderungsmodus zu gelangen. Felder, wie z. B. **AUFNR** (Auftragsnummer), die eingabebereit sind, können Sie zusätzlich ein- oder ausschalten (siehe Abbildung 12.55).

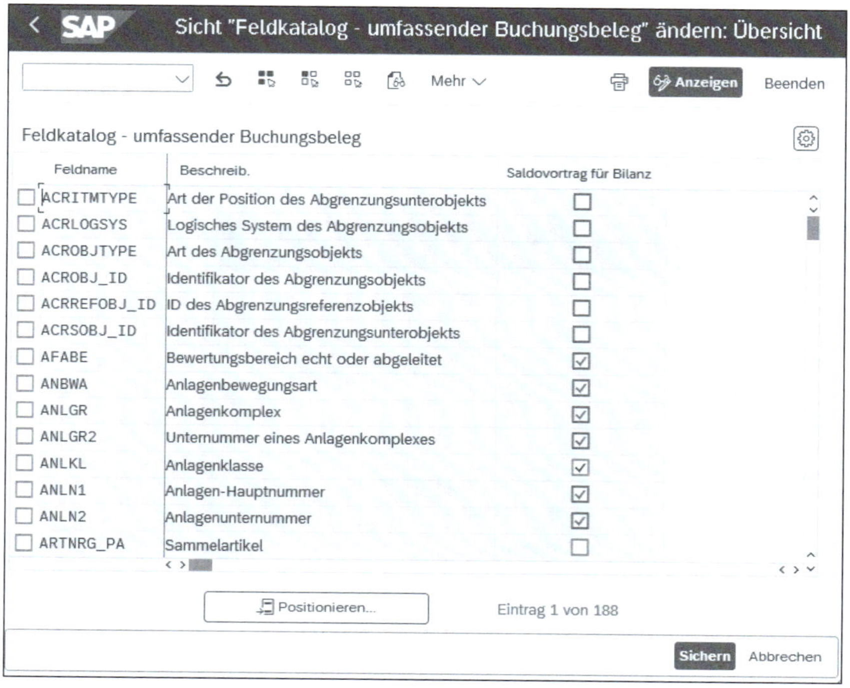

Abbildung 12.55 Detaillierung des Saldovortrags in den Bilanzkonten

Sichern Sie Ihre Einstellungen mit [Strg] + [S], oder klicken Sie auf Sichern (**Sichern**). Verlassen Sie die Sicht mit der Taste [F3], oder klicken Sie auf < (**Zurück**), bis Sie sich wieder im Customizing-Pfad befinden.

Prüfen Sie nun den Detaillierungsgrad für den Saldovortrag der GuV-Konten (siehe Abbildung 12.56). Folgen Sie dem Customizing-Pfad **Finanzwesen • Hauptbuchhaltung • Periodische Arbeiten • Vortragen • Detaillierung der Bestandskonten vornehmen**. Dort legen Sie die Detaillierung für die GuV-Konten fest. Klicken Sie auf Anzeigen (**Anzeigen • Ändern**), oder drücken Sie [Strg] + [F4], um in den Änderungsmodus zu gelangen.

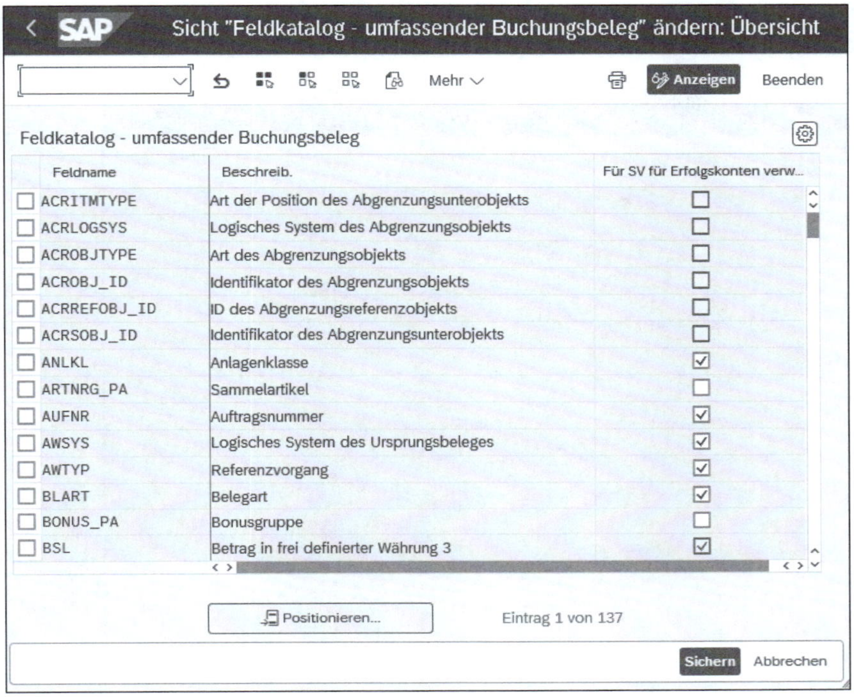

Abbildung 12.56 Detaillierung des Saldovortrags in den GuV-Konten

Sichern Sie Ihre Einstellungen mit Strg + S, oder klicken Sie auf Sichern (**Sichern**). Verlassen Sie die Sicht mit F3, oder klicken Sie auf (**Zurück**), bis Sie sich wieder im Customizing-Pfad befinden.

Saldovortrag und kundeneigene Felder

Da die kundeneigenen Felder im Include CI_COBL angelegt sind, stehen sie automatisch im Feldkatalog für die Detaillierung des Saldovortrags zur Verfügung.

Nachdem wir nun alle Einstellungen für den Saldovortrag vorgenommen haben, können Sie den Saldovortrag durchführen. Rufen Sie dazu Transaktion FAGLGVTR auf. Füllen Sie das Selektionsbild, wie in Abbildung 12.57 gezeigt, aus. Klicken Sie auf (**Ausführen**), oder verwenden Sie die Taste F8, um die Ausführung im Testlauf bzw. im Echtlauf zu starten.

Ein Pop-up-Fenster mit dem Text »Keine Buchungen in das Jahr 2024 während des Saldovortrages → Langtext!, Meldungsnr. GU636« weist Sie darauf hin, dass während der Durchführung des Saldovortrags im SAP-S/4HANA-System die Buchungsperioden für das alte Geschäftsjahr geschlossen sein sollen. Dies hat performancetechnische Hintergründe und stellt gleichzeitig sicher, dass der richtige Saldo vorgetragen wird. Andernfalls kann es passieren, dass beim Saldovortrag gleichzeitig gebucht werden kann; dies kann die vorzutragenden Salden verfälschen.

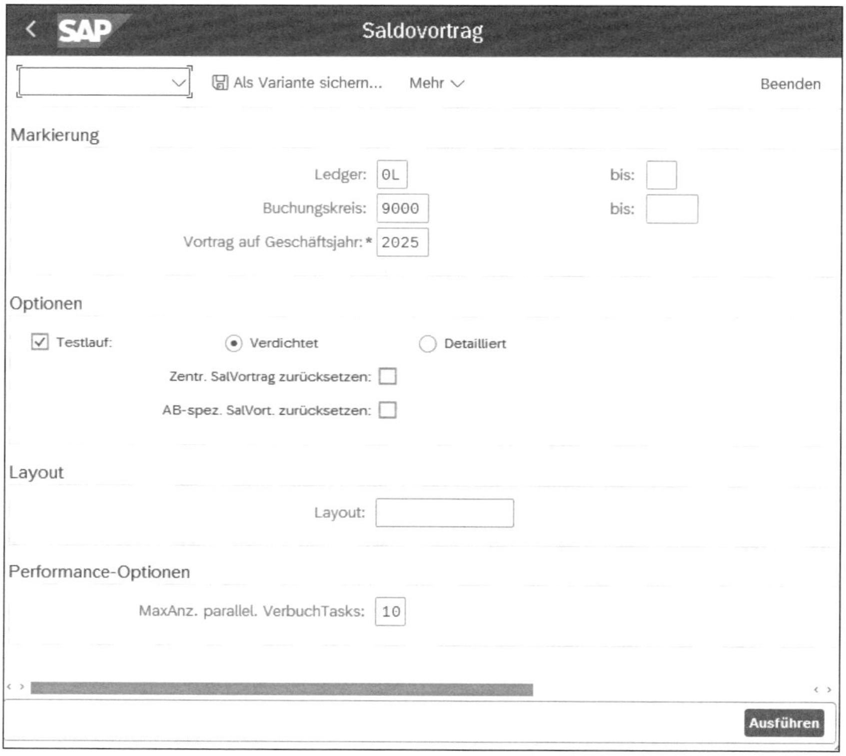

Abbildung 12.57 Saldovortrag definieren (Transaktion FAGLGVTR)

Nach einem Testlauf oder einem Echtlauf können Sie sich die Details der Bilanzkonten oder der Ergebnisvortragskonten anschauen. Klicken Sie dazu auf den jeweiligen Button **Details: Bestandskonten** oder **Details: Ergebnisvortragskonten** (siehe Abbildung 12.58).

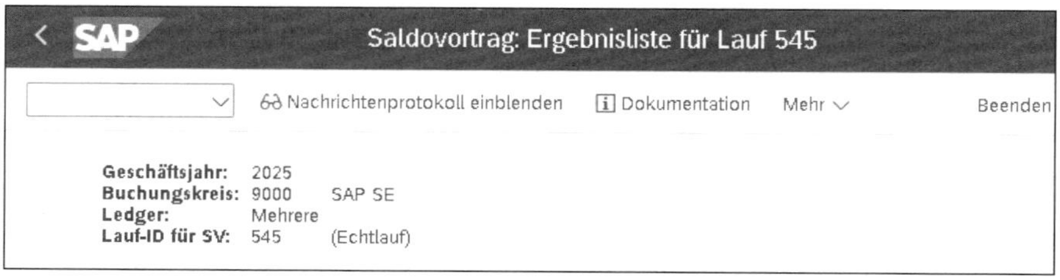

Abbildung 12.58 Ergebnis des Testlaufs anzeigen

In den Bestandskontendetails sehen Sie die Salden, die vorgetragen werden (Testlauf) oder wurden (Echtlauf). In der ALV-Liste (ALV = ABAP List Viewer) können Sie zusätzliche Spalten, wie **Prctr** (Profit-Center) oder **Segment**, einblenden (siehe Abbildung 12.59).

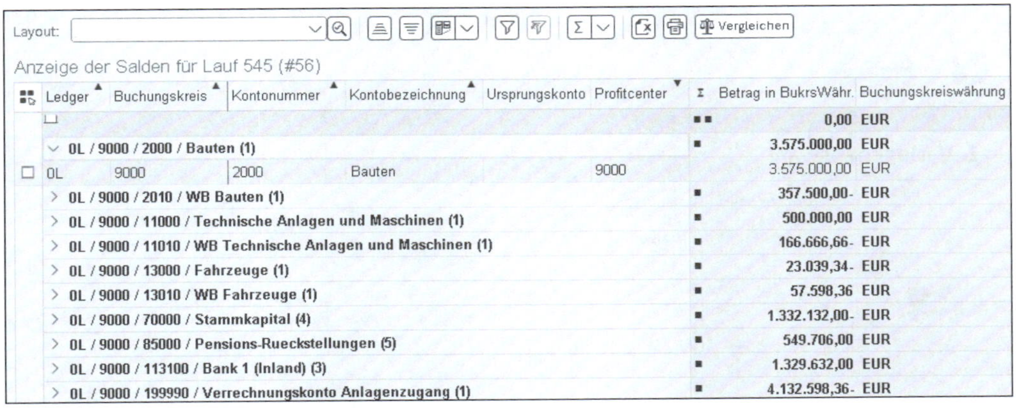

Abbildung 12.59 Details des Saldovortrags für Bilanzkonten

Sofern Sie den Saldovortrag wiederholen, zeigt das SAP-S/4HANA-System Ihnen an, welche Salden schon bestehen und welche neu dazukommen würden. Wenn Sie den Saldovortrag einmalig ausgeführt haben, trägt das SAP-S/4HANA-System bei Rückbuchungen ins alte Geschäftsjahr die Saldenänderungen automatisch ins neue Geschäftsjahr mit vor.

Schauen wir uns nun noch alternativ den Saldovortrag in SAP Fiori an. Melden Sie sich dazu wieder an Ihrem SAP Fiori Launchpad an. Suchen Sie die SAP-Fiori-App **Hauptbuch – Jobs einplanen** (App-ID F1927), und klicken Sie auf den Button **Anlegen** (**Job anlegen**) (siehe Abbildung 12.60). In der dargestellten Abbildung ist die Listenansicht noch leer, da für den aktuellen Tag bisher keine Jobs im Hauptbuch eingeplant wurden.

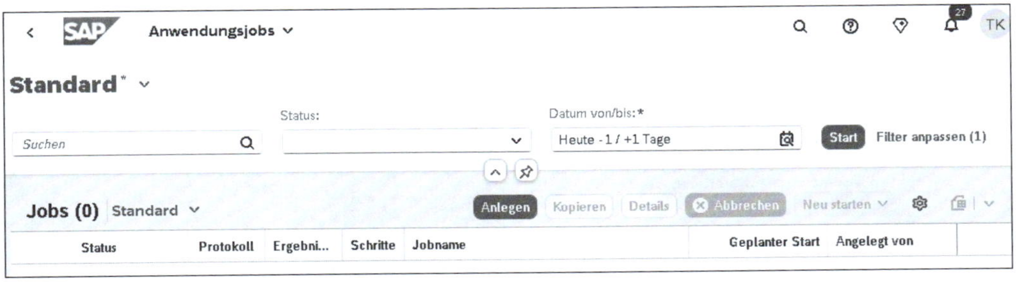

Abbildung 12.60 SAP-Fiori-App »Hauptbuch – Jobs einplanen«

In Abbildung 12.61 sehen Sie den Schritt 1 (**Vorlagenauswahl**) zum Anlegen eines Hauptbuchjobs.Wählen Sie die Jobvorlage Saldovortrag aus, und klicken Sie auf den Button **Schritt 2** (**Schritt 2**).

Abbildung 12.61 Saldovortragsjob anlegen – Schritt 1

In Schritt 2 (**Einplanungsoptionen**) können Sie ein Startdatum und eine Startuhrzeit wählen und gegebenenfalls über den Button **Wiederholungsmuster definieren** einrichten, wie oft der Job wiederholt werden soll (siehe Abbildung 12.62).

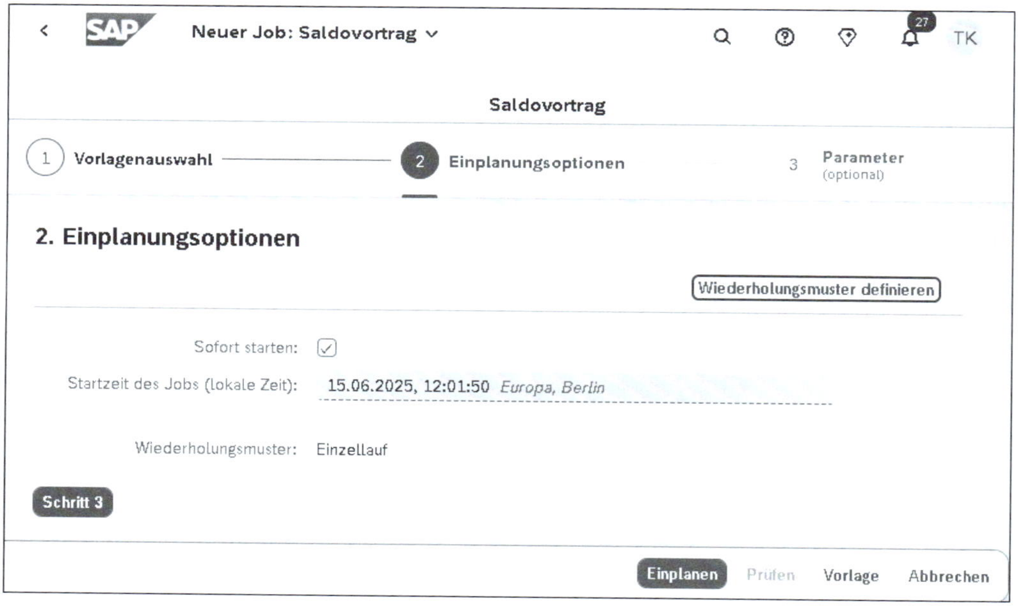

Abbildung 12.62 Saldovortragjob anlegen – Schritt 2

Klicken Sie auf den Button **Schritt 3** (**Schritt 3**). In Abbildung 12.63 sehen Sie die Auswahl der Ledger, Buchungskreise und des vorzutragenden Geschäftsjahres.

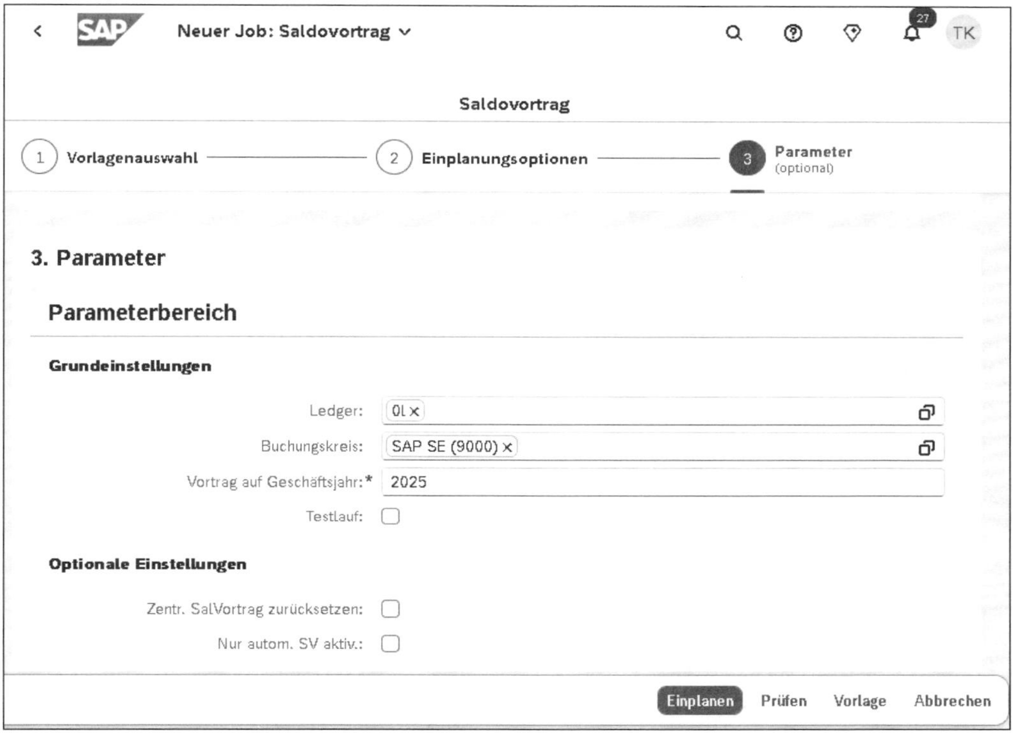

Abbildung 12.63 Saldovortragjob anlegen – Schritt 3

> **Jobeinplanung mit SAP Fiori**
>
> Die hier für den Saldovortrag beschriebene Vorgehensweise mit der Auswahl der Jobvorlage, Einplanungsoptionen und Parameter (Selektionsparameter) können Sie so auf andere Jobs bzw. Abschlussprogramme übertragen.

Durch einen Klick auf den Button Einplanen (**Einplanen**) planen Sie den Saldovortrag als Job ein. Damit gelangen Sie wieder auf die Übersichtsseite der SAP-Fiori-App **Hauptbuch – Jobs einplanen** und können hier nun Ihren Saldovortragjob überwachen (siehe Abbildung 12.64).

Mit der SAP-Fiori-App **Saldovortragsstatus** (App-ID F4683) können Sie kontrollieren, für welche Buchungskreise oder Ledger bereits ein Saldovortrag erfolgt ist oder nicht. Abbildung 12.65 zeigt den Saldovortragsstatus für unsere Buchungskreise **9000** und **9010**.

Im nächsten Abschnitt geben wir Ihnen einen Überblick über die *Intercompany-Abstimmung*.

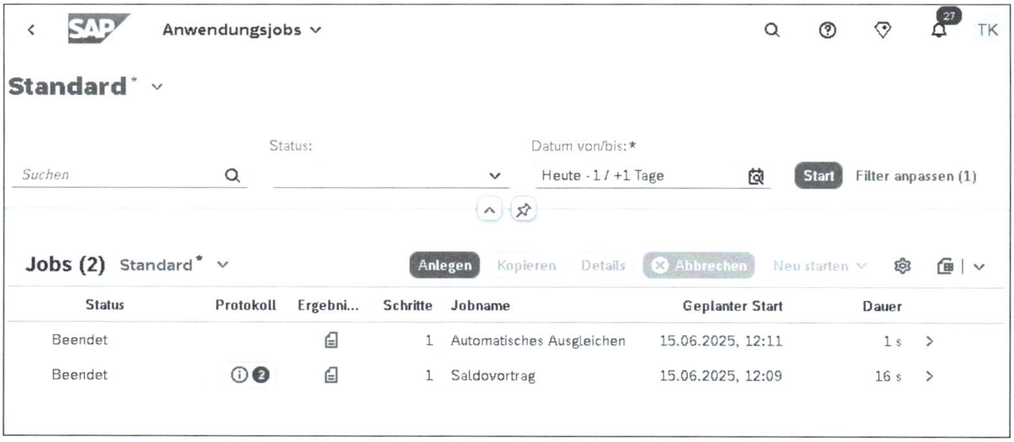

Abbildung 12.64 Hauptbuch – Jobs überwachen

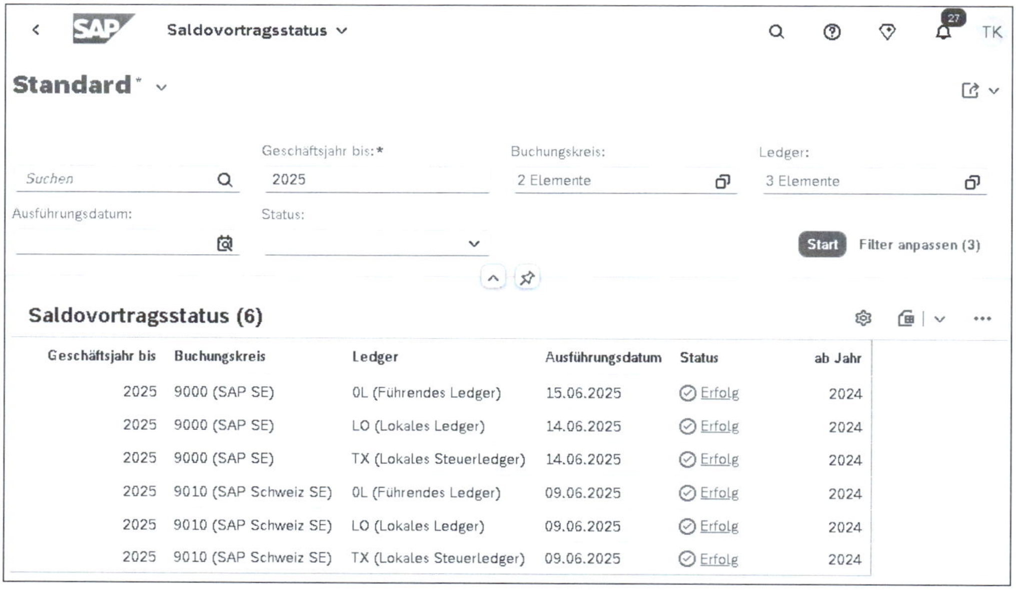

Abbildung 12.65 Saldovortragsstatus

12.1.7 Intercompany Matching and Reconciliation (Intercompany-Abstimmung)

Nachdem wir uns in den vorhergehenden Abschnitten mit dem Customizing für die Abschlusstätigkeiten im Rahmen des Einzelabschlusses befasst haben, erläutern wir nun die wichtigsten Konfigurationseinstellungen für die Vorbereitung des *Konzernabschlusses*.

Als Einzelabschluss bezeichnet man den periodischen Abschluss einer rechtlichen Einheit, was in SAP S/4HANA dem Abschluss eines Buchungskreises entspricht. Im Gegensatz dazu steht der Konzernabschluss – der konsolidierte Abschluss einer gesamten Unternehmensgruppe, die sich aus verschiedenen rechtlichen Einheiten und Buchungskreisen zusammensetzt.

Intercompany Matching and Reconciliation dient der Beschleunigung konzerninterner Abstimmungsprozesse vom Einzel- zum Konzernabschluss. Die Lösung ist in SAP S/4HANA integriert und ermöglicht Abgleich sowie Abstimmung der Finanzdaten in Echtzeit, ohne dass separate Extraktions-, Transformations- und Ladeprozesse (ETL) erforderlich sind.

ETL-Prozesse umfassen das Extrahieren, Umwandeln und Laden von Finanzdaten aus verschiedenen Quellsystemen mithilfe einer Middleware. Diese Prozesse ermöglichen die Vereinheitlichung der Daten für die anschließende Abstimmung. Klar definierte Abstimmungsregeln automatisieren dabei große Teile der Buchhaltung. Die integrierten Kommunikations- und Workflow-Funktionen verkürzen die Bearbeitungszeit bei konzerninternen Differenzen und machen die Abstimmungsprozesse transparenter.

Nach der Durchführung konzerninterner Buchungen müssen diese im Rahmen des Periodenabschlusses abgestimmt werden. Dabei wird sichergestellt, dass die zwischen den Gesellschaften ausgetauschten Rechnungen und Beträge korrekt sind. Diese Abstimmung erfolgt in SAP S/4HANA über die Funktion Intercompany Matching and Reconciliation, die Teil von SAP S/4HANA Finance for Group Reporting ist.

Lizenz notwendig

Klären Sie mit Ihrer SAP S/4HANA-Administration, welche Funktionen von Intercompany Matching and Reconciliation in Ihrem Unternehmen verfügbar sind. Da diese Funktion teilweise zu SAP S/4HANA Finance Group Reporting gehört, ist eine entsprechende Lizenz erforderlich.

Die Einführung von Intercompany Matching and Reconciliation ist sinnvoll, wenn Sie zukünftig das Group Reporting für die Konzernkonsolidierung nutzen wollen. Dabei ergeben sich Vorteile bei Customizing, Datenhaltung und im Konsolidierungsprozess. So vermeiden Sie z. B. eine redundante Datenhaltung und zusätzliche Schnittstellen zu anderen Konsolidierungssystemen. Die gemeinsame Nutzung von Intercompany Matching and Reconciliation und dem Group Reporting ermöglicht zudem eine detaillierte Rückverfolgung (Drillback) bis zu den einzelnen Hauptbuchposten.

Wie Abbildung 12.66 zeigt, können Sie für Gesellschaften, die im selben System wie Intercompany Matching and Reconciliation arbeiten, eine kontinuierliche Abstimmung der Daten durchführen. Für Gesellschaften außerhalb von SAP S/4HANA können Sie die Daten regelmäßig durch einen Upload bereitstellen. »Regelmäßig« kann dabei heißen, dass Sie die Daten nur am Periodenende oder z. B. wöchentlich hochladen.

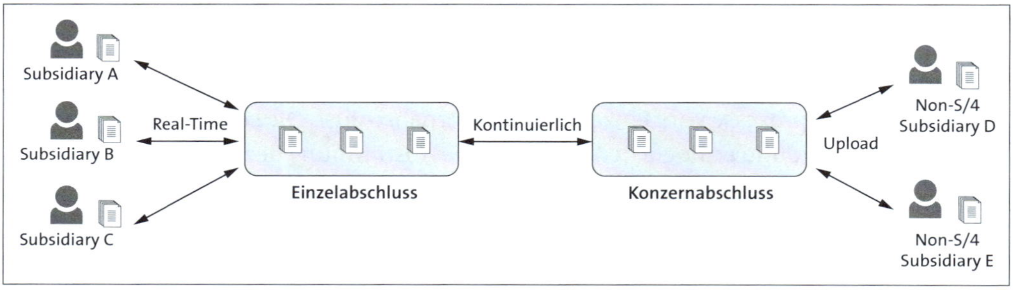

Abbildung 12.66 Prozessablauf in Intercompany Matching and Reconciliation

Intercompany Matching and Reconciliation bietet die folgenden grundlegenden Funktionen:

- Transaktionsbezogenes Matching und Abgleich auf Belegebene erfolgen in Echtzeit für alle Gesellschaften in SAP S/4HANA.
- Die Abstimmung auf Positionsebene ist auch für Gesellschaften möglich, die erst auf Konsolidierungsebene hinzukommen.
- Matching- und Abstimmungsregeln können durch den Finanzbereich selbst gepflegt werden.
- Ein integrierter Workflow sowie eine teamübergreifende Kommentar- und Notizfunktion stehen zur Verfügung.

Intercompany Matching and Reconciliation ist somit eine in SAP S/4HANA integrierte Lösung zur Optimierung Ihrer konzerninternen Abstimmungsprozesse. Durch flexible Matching- und Abstimmungsregeln ermöglicht sie einen hohen Automatisierungsgrad und unterstützt kontinuierliche Buchhaltung. Die integrierten Kommunikations- und Workflow-Funktionen minimieren Verzögerungen bei der Bearbeitung von Intercompany-Diskrepanzen und erhöhen die Transparenz der Abstimmungsprozesse.

Einen vollständigen Überblick über Intercompany Matching and Reconciliation finden Sie in der SAP-Online-Hilfe unter dem folgenden Link: *https://help.sap.com/s4_op_icmr*.

In Abbildung 12.67 sehen Sie die Prozessschritte, die SAP für die Intercompany Matching and Reconciliation vorgesehen hat.

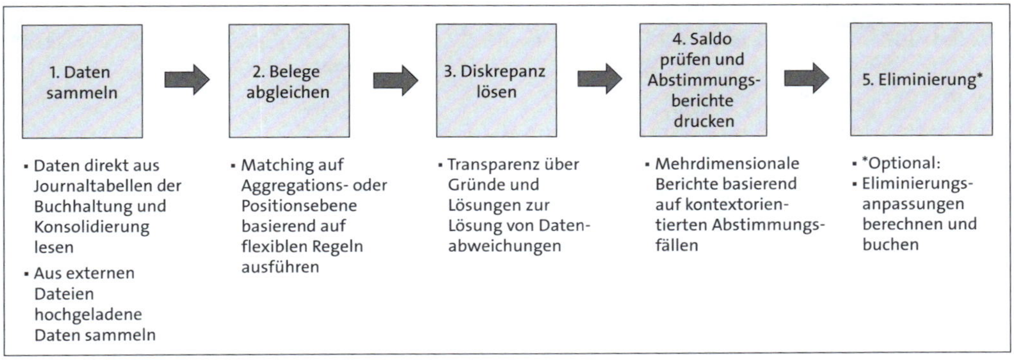
1. Daten sammeln
2. Belege abgleichen
3. Diskrepanz lösen
4. Saldo prüfen und Abstimmungs-berichte drucken
5. Eliminierung*
▪ Daten direkt aus Journaltabellen der Buchhaltung und Konsolidierung lesen
▪ Aus externen Dateien hochgeladene Daten sammeln
▪ Matching auf Aggregations- oder Positionsebene basierend auf flexiblen Regeln ausführen
▪ Transparenz über Gründe und Lösungen zur Lösung von Daten-abweichungen
▪ Mehrdimensionale Berichte basierend auf kontextorien-tierten Abstimmungs-fällen
▪ *Optional:
▪ Eliminierungs-anpassungen berechnen und buchen

Abbildung 12.67 Prozessschritte für Intercompany Matching and Reconciliation

Dies umfasst die folgenden Schritte:

1. Im ersten Schritt sammeln Sie die abzustimmenden Daten. Idealerweise liegen Ihre Buchungen bereits in der Tabelle ACDOCA Ihres SAP-S/4HANA-Systems vor. Falls erforderlich, können Sie auch externe Daten über eine Upload-Funktion in Intercompany Matching and Reconciliation einlesen und für die Abstimmung bereitstellen.
2. Im zweiten Schritt erfolgen die Abstimmung und Aggregation der Belege. SAP S/4HANA bietet Ihnen dafür vielfältige Customizing-Optionen. Mit diesen Einstellungsmöglichkeiten können Sie Abstimmungsregeln gemäß Ihren fachlichen Anforderungen definieren und hinterlegen.
3. Im dritten Schritt analysieren Sie die Differenzen und deren Ursachen. Sie können Abweichungen entweder manuell klären und beseitigen oder – wo möglich – automatisch anpassen lassen. Für die Abstimmung von Differenzen steht Ihnen ein Workflow zur Verfügung, über den Sie notwendige Anpassungen zur Genehmigung vorlegen können.
4. Im vierten Schritt können Sie sich das Abstimmungsergebnis anzeigen lassen und dieses dokumentieren.
5. Im fünften Schritt können Sie, falls das für Ihre SAP S/4HANA-Umgebung relevant ist, Eliminierungsbuchungen ermitteln und durchführen lassen. Diese Buchungen dienen der Neutralisierung von Intercompany-Umsätzen. Das sind Umsätze, die Ihre Konzerngesellschaften untereinander getätigt haben. Die Eliminierung ist notwendig, um eine Aufblähung der Konzernbilanz durch interne Umsätze zu verhindern.

Für die Nutzung von Intercompany Matching and Reconciliation in SAP Fiori benötigen Sie die Geschäftsrolle (Business Role) `SAP_BR_RECON_ACCOUNTANT`. Diese finden Sie in der SAP Fiori Apps Reference Library. In Abbildung 12.68 sehen Sie die Suche nach der Geschäftsrolle `SAP_BR_RECON_ACCOUNTANT` und das Ergebnis.

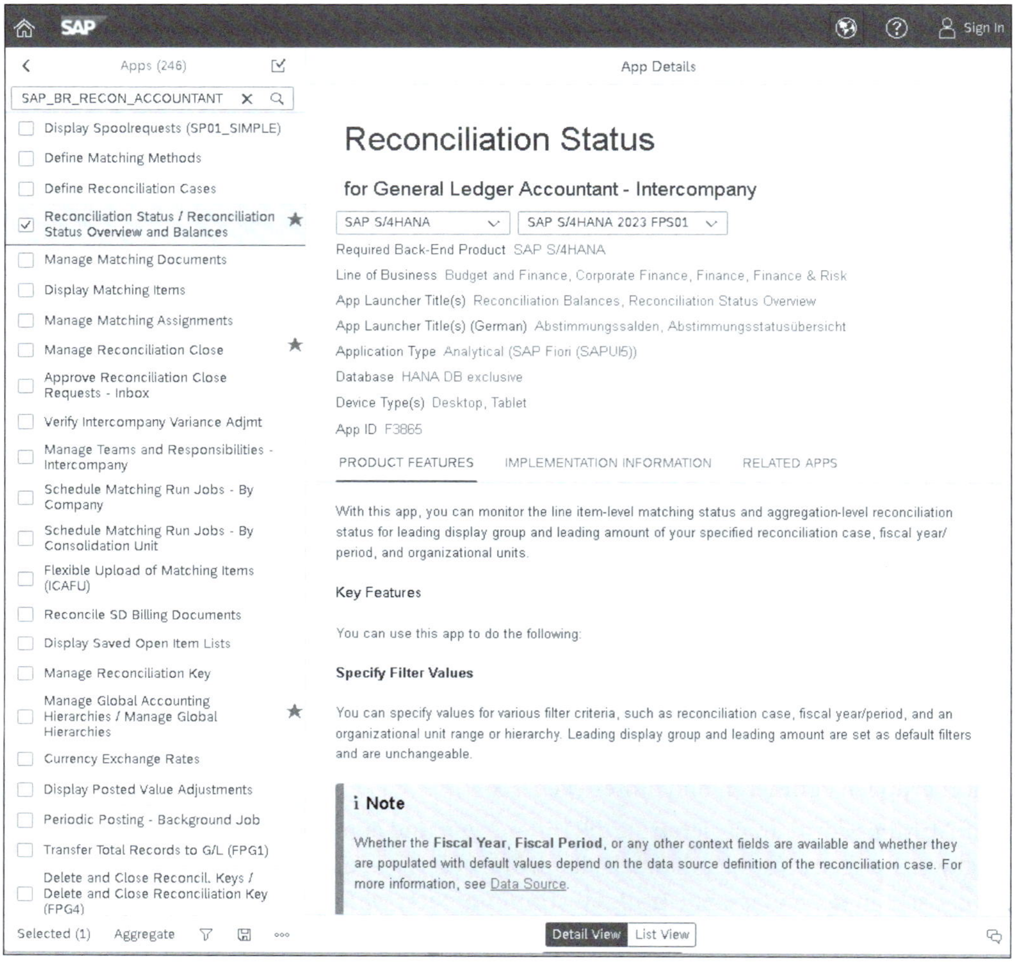

Abbildung 12.68 Suche in der SAP Fiori Apps Reference Library

SAP liefert für SAP S/4HANA zahlreiche vordefinierte Geschäftsrollen aus. Jede dieser Rollen enthält alle SAP-Fiori-Apps, die für die jeweilige Funktion benötigt werden.

Alternativ können Sie in der Suchmaske eine Ihnen bekannte Transaktion oder App-ID eingeben. Bei der Suche nach einer Transaktion wird die SAP Fiori Apps Reference Library Ihnen voraussichtlich eine oder mehrere SAP-Fiori-Apps anzeigen. Wenn Sie nach einer App-ID suchen, erhalten Sie stets genau eine SAP-Fiori-App als Ergebnis.

Wenn Sie wissen möchten, welche Geschäftsrolle Sie sich in SAP S/4HANA zuordnen müssen, um die gewünschte SAP-Fiori-App zu nutzen, klicken Sie auf die Registerkarte **Implementation Information** und öffnen den Bereich **Configuration**. In Abbildung 12.69 sehen Sie die Registerkarte **Implementation Information** und den aufgeklappten Bereich **Configuration**.

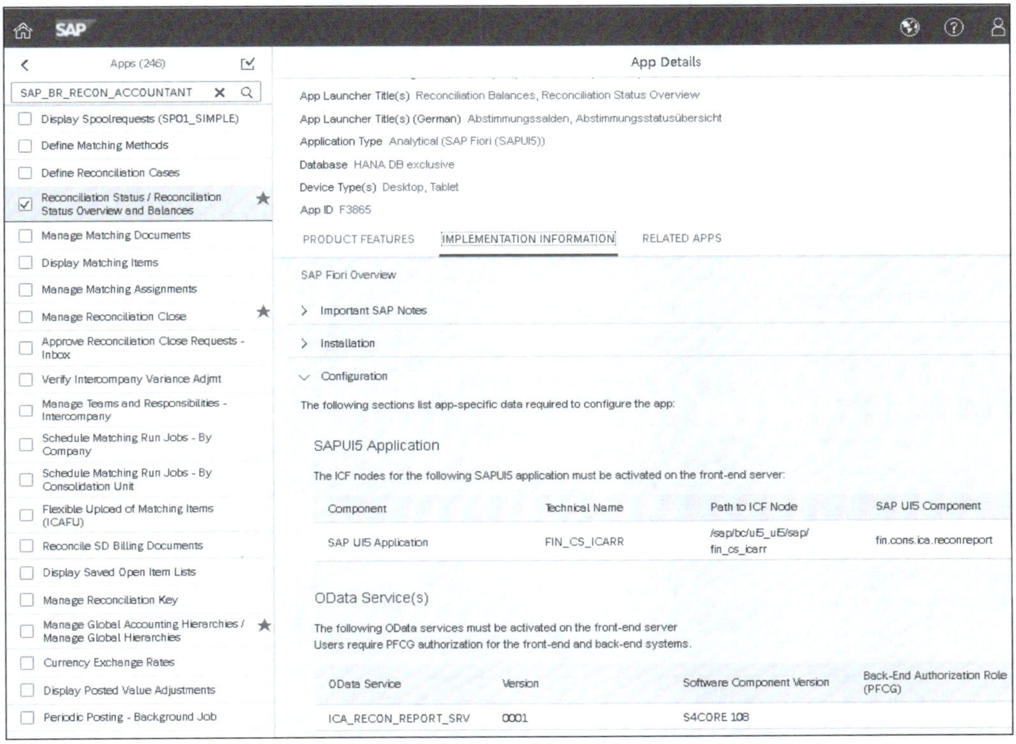

Abbildung 12.69 Implementation Information für eine SAP-Fiori-App

Nun müssen Sie mit der Maus bis ganz nach unten scrollen, um die Geschäftsrolle zu sehen. In Abbildung 12.70 sehen Sie die Geschäftsrolle SAP_BR_RECON_ACCOUNTANT.

Im vorliegenden Beispiel war uns die Geschäftsrolle bereits bekannt, daher konnten wir gleich nach der Geschäftsrolle SAP_BR_RECON_ACCOUNTENT suchen.

Zuordnung bzw. Beantragung von Geschäftsrollen

Klären Sie mit Ihrer SAP-S/4HANA-Administration, ob bestimmte Geschäftsrollen in SAP Fiori in Ihrem SAP-S/4HANA-System aktiviert worden sind. Im Regelfall passiert dies zusammen mit der Implementierung einer bestimmten Funktion von SAP S/4HANA. Mitunter kopieren Kunden die von SAP ausgelieferten Geschäftsrollen auf Ihren Namensraum und passen diese entsprechend ihren fachlichen Anforderungen an. Damit kann die zu beantragende Geschäftsrolle sich in Ihrem SAP-S/4HANA-System vom SAP-Standard unterscheiden.

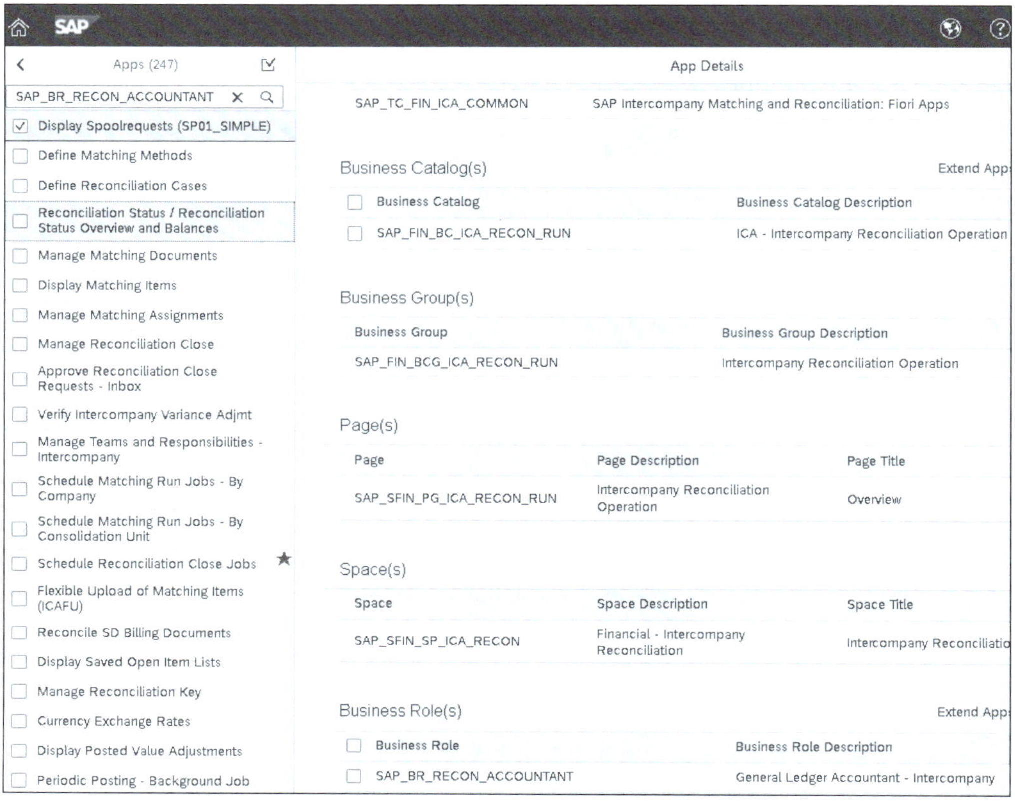

Abbildung 12.70 Geschäftsrolle für eine SAP-Fiori-App

In Abbildung 12.71 sehen Sie eine Auswahl der SAP-Fiori-Apps, die Ihnen für die Intercompany-Abstimmung mit der Geschäftsrolle `SAP_BR_RECON_ACCOUNTENT` zur Verfügung stehen.

Im Folgenden wollen wir Ihnen noch zwei SAP-Fiori-Apps von Intercompany Matching and Reconciliation kurz vorstellen, damit Sie einen Einblick von der Darstellung und den Funktionen bekommen. In Abbildung 12.72 sehen Sie die SAP-Fiori-App **Abstimmungsübersicht** (App-ID F3865).

In der SAP-Fiori-App **Abstimmungsübersicht** erhalten Sie einen Überblick über den aktuellen Stand der Abstimmung. Nach Auswahl eines Abstimmungsfalls sehen Sie direkt eine Auflistung aller darin enthaltenen Gesellschaften.

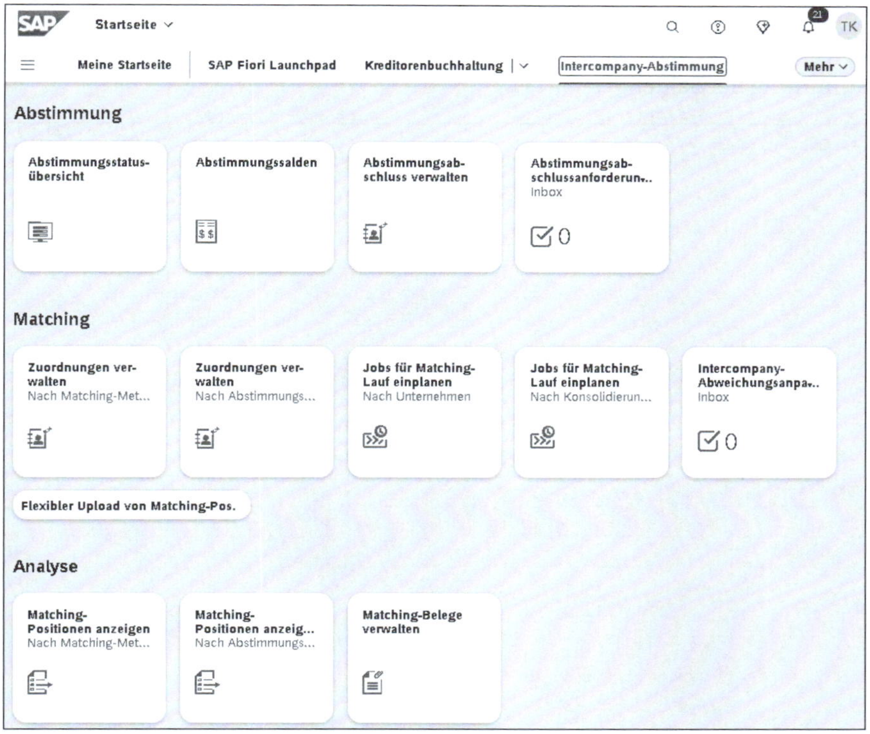

Abbildung 12.71 Übersicht über die SAP-Fiori-Apps für Intercompany-Abstimmung

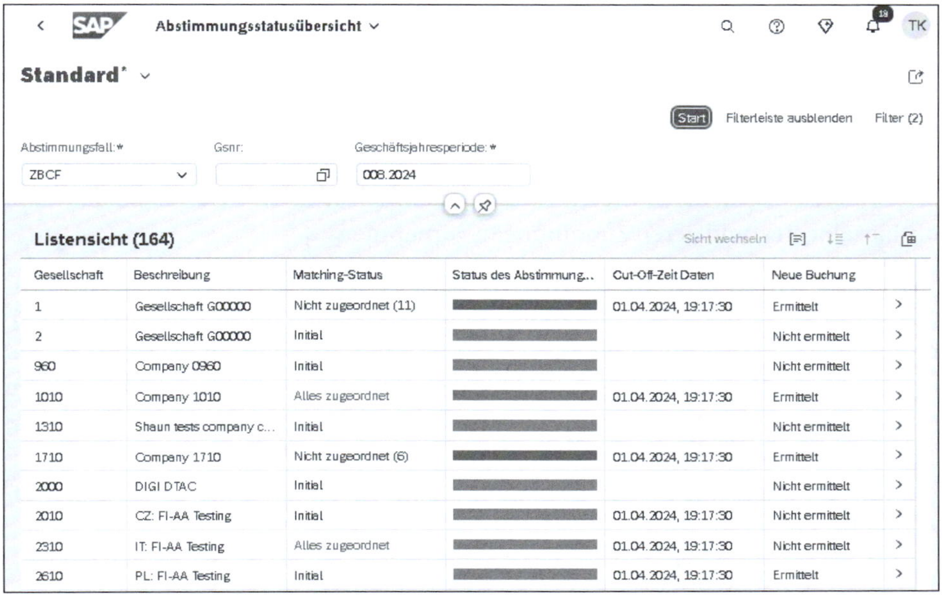

Abbildung 12.72 SAP-Fiori-App »Abstimmungsübersicht«

Über einen Klick auf den Button [>] (**Details**) gelangen Sie in die SAP-Fiori-App **Abstimmungssalden** (App-ID F3865). In Abbildung 12.73 sehen Sie den aktuellen Stand der Abstimmung der Salden.

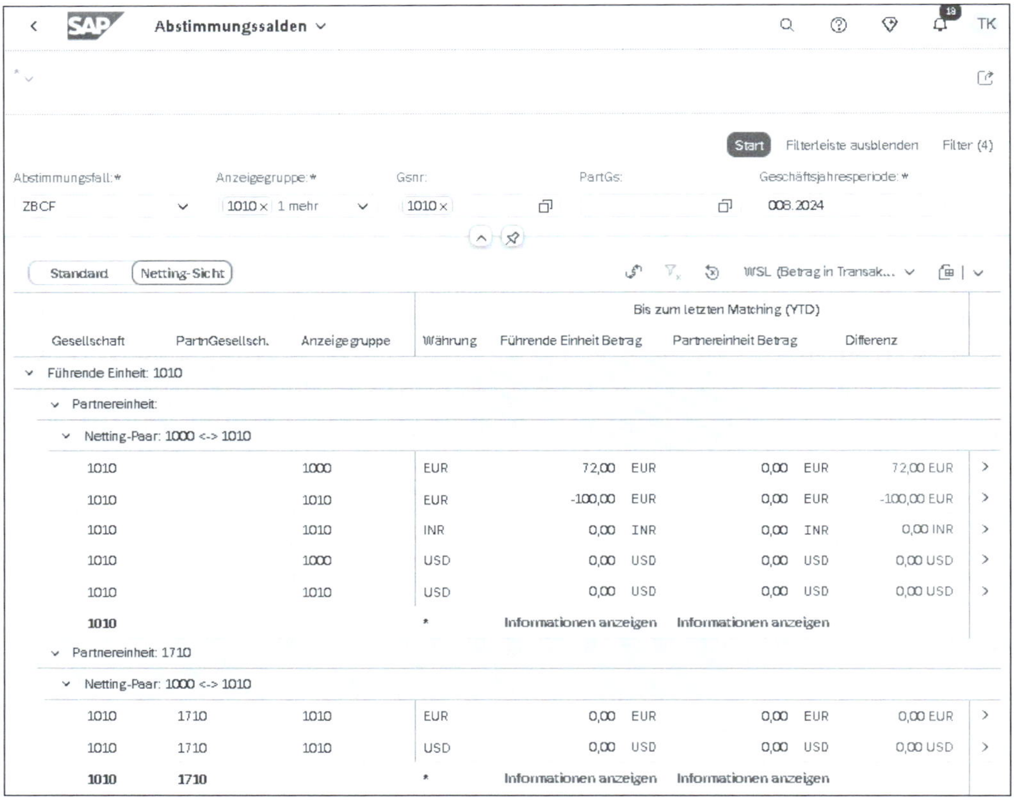

Abbildung 12.73 Übersicht der abgestimmten Salden

Über einen Klick auf den Button [>] (**Details**) können Sie einen weiteren Drilldown in die Einzelposten und deren Zuordnungen vornehmen.

Wie Sie schon an diesem kleinen Einblick erkennen können, ist die Funktion Intercompany Matching and Reconciliation umfangreich und mächtig. Für deren Einführung sollten Sie sich mit Ihrer SAP-S/4HANA-Administration intensiv abstimmen und genügend Zeit einplanen! Sobald Sie die ersten Intercompany-Abstimmungen in Ihrer SAP-S/4HANA-Testlandschaft vornehmen, werden Sie eventuell auf Hürden stoßen. Eine der möglichen Herausforderungen kann darin bestehen, dass Sie in Ihren Intercompany-Buchungen bisher auf die Mitgabe der Partnergesellschaft verzichtet haben.

Einführung von Intercompany Matching and Reconciliation

Für die Einführung und damit für das Testen der Intercompany-Abstimmung ist es unerlässlich, dass Sie mit Ihrem aktuellen Datenbestand eine Testabstimmung vornehmen. Diese wird Ihnen zeigen, wie gut Ihre Datenqualität bisher ist oder ob Sie noch umfangreichere Datenbereinigungen vornehmen müssen.

Mit dem Customizing im Hauptbuch können Sie im Tagesgeschäft mit zusätzlichen Feldern wie **Konzernwährung**, **Partnergesellschaft** und **Bewegungsart** sowohl den Einzelabschluss als auch den Konzernabschluss unterstützen können. Die Nutzung der Partnergesellschaft ist sogar zwingend erforderlich, um den Konzernabschluss zu ermöglichen.

Im SAP-Hinweis 2815304 (Häufig gestellte Fragen (FAQ) zu Intercompany-Matching und -Abstimmung in SAP S/4HANA) finden Sie FAQ rund um Intercompany Matching and Reconciliation in SAP S/4HANA On-Premise und Private Cloud.

Vergleich zwischen klassischer Intercompany-Abstimmung und Intercompany Matching and Reconciliation

Die klassische Intercompany-Abstimmung ist bereits aus SAP ERP bekannt und kann weiterhin in SAP S/4HANA genutzt werden. Detaillierte Informationen zum Vergleich beider Lösungen sowie zur Datenmigration von der Intercompany-Abstimmung in SAP ERP zu Intercompany Matching and Reconciliation in SAP S/4HANA finden Sie in den folgenden SAP-Hinweisen:

- 2932076 (ICA-Datenmigration (SAP-ERP-ICR-System nach SAP S/4HANA ICMA))
- 3114271 (Vergleich der Funktionen von ICMA in SAP S/4HANA mit den Funktionen der klassischen ICA (ERP))

Das Customizing finden Sie unter dem Customizing-Pfad **Finanzwesen • Hauptbuchhaltung • Periodische Arbeiten • Intercompany-Matching und Abstimmung (neu)**. In Abbildung 12.74 sehen Sie den Customizing-Pfad für Intercompany Matching and Reconciliation im IMG von SAP S/4HANA.

In Abbildung 12.75 sehen Sie einige Einstellungen, die für Intercompany-Matching and Reconciliation in SAP Fiori vorgenommen werden müssen. Zudem erkennen Sie, dass für die Verwaltung der benötigten Hierarchien die SAP-Fiori-App **Globale Hierarchien verwalten** (App-ID F2918) verwendet werden muss.

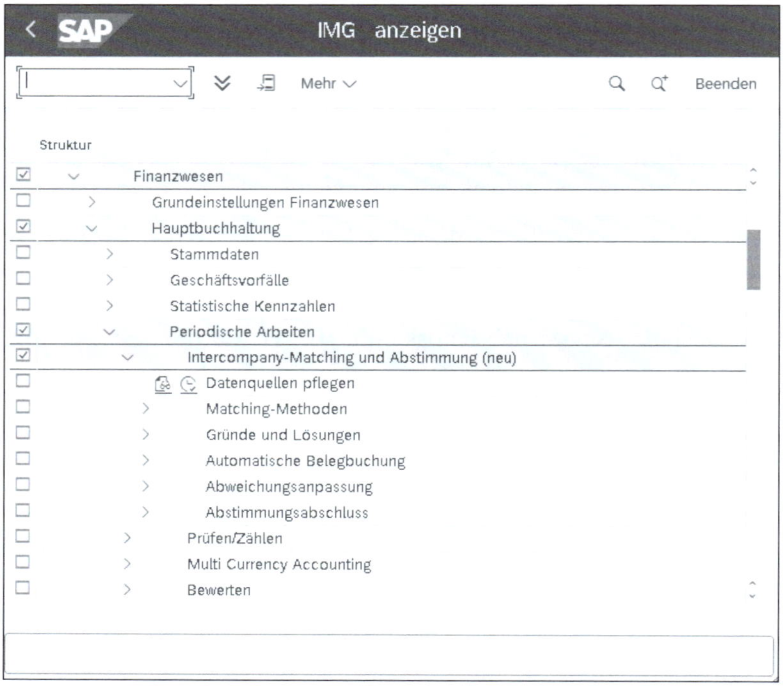

Abbildung 12.74 Customizing für Intercompany Matching and Reconciliation (neu)

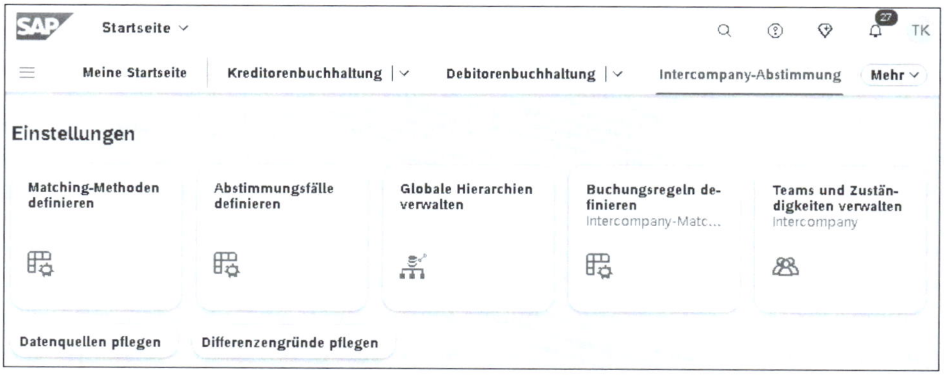

Abbildung 12.75 Übersicht über die SAP-Fiori-Apps zur Konfiguration von Intercompany Matching and Reconciliation

Zum Beispiel sind die Einstellungen für Buchungsregeln nun nur noch über die SAP-Fiori-App **Buchungsregeln definieren** (App-ID F4773) möglich. Die in früheren SAP S/4HANA-Releases (bis SAP S/4HANA 1909) verfügbaren Customizing-Einstellungen wurden abgekündigt und durch die SAP-Fiori-App **Buchungsregeln definieren** ersetzt.

Aufgrund des umfangreichen Anpassungsbedarfs für Intercompany Matching and Reconciliation und weil das Customizing zwischen dem IMG im SAP GUI und verschiedenen SAP-Fiori-Apps verteilt ist, können wir dieses Thema hier nicht vollständig darstellen. Beachten Sie bei der Einführung dieser Funktion in Ihrem Projekt auch die Zusammenhänge mit dem Group Reporting.

Im folgenden Abschnitt geben wir Ihnen noch einen Einblick in das Vorbereitungs-Ledger für die Konsolidierung.

12.1.8 Vorbereitungs-Ledger

Mit dem *Vorbereitungs-Ledger* in SAP S/4HANA hat SAP eine weitere Funktion eingeführt, mit der Sie den Periodenabschluss vorziehen können. Auch den Konzernabschluss können Sie mit dem Vorbereitungs-Ledger beschleunigen. »Vorziehen« bedeutet hier, dass bestimmte Tätigkeiten für den Konzernabschluss bereits fortlaufend oder während des Einzelabschlusses durchgeführt werden können.

12

In Abbildung 12.76 sehen Sie das herkömmliche Vorgehen beim Periodenabschluss. Zunächst wird der Einzelabschluss fertiggestellt, bevor mit der Erstellung des Konzernabschlusses begonnen wird.

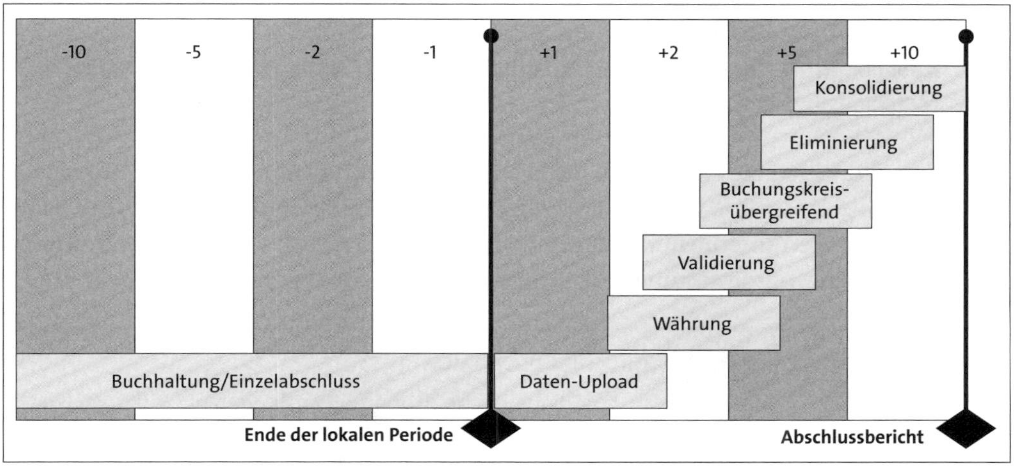

Abbildung 12.76 Überblick über das herkömmliche Vorgehen im Konzernabschluss

Da Sie auf den fertigen Einzelabschluss warten müssen, verzögert sich unweigerlich die Fertigstellung des Konzernabschlusses. In Abbildung 12.77 sehen Sie SAPs Ziel für den zukünftigen Ablauf des Konzernabschlusses.

SAP spricht in diesem Kontext oft von *Continuous Close* oder *Continuous Accounting* (kontinuierliche Buchhaltung). Mit kontinuierlicher Buchhaltung ist gemeint, dass die hier im Buch vorgestellten Abschlussschritte, wie die Advanced Valuation (Erweiterte Bewertung), siehe Abschnitt 12.1.4, deltafähig sind und damit täglich (kontinuierlich) ausgeführt werden können.

Der Prozess läuft folgendermaßen ab:

1. Daten sammeln
2. Belege abgleichen
3. Diskrepanzen lösen
4. Saldo prüfen und Abstimmungsberichte drucken
5. Eliminierung

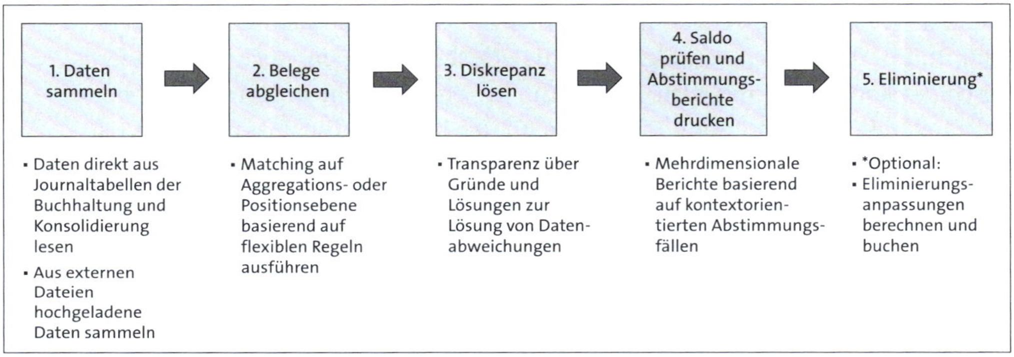
1. Daten sammeln
2. Belege abgleichen
3. Diskrepanz lösen
4. Saldo prüfen und Abstimmungsberichte drucken
5. Eliminierung*
▪ Daten direkt aus Journaltabellen der Buchhaltung und Konsolidierung lesen
▪ Aus externen Dateien hochgeladene Daten sammeln
▪ Matching auf Aggregations- oder Positionsebene basierend auf flexiblen Regeln ausführen
▪ Transparenz über Gründe und Lösungen zur Lösung von Datenabweichungen
▪ Mehrdimensionale Berichte basierend auf kontextorientierten Abstimmungsfällen
▪ *Optional:
▪ Eliminierungsanpassungen berechnen und buchen

Abbildung 12.77 Überblick über die kontinuierliche Buchhaltung mit Intercompany Matching and Reconciliation

Damit dies gelingen kann, müssen bestimmte Abschlussarbeiten bzw. Prüfungen in den Einzelabschluss oder in die tägliche Belegbuchung vorgezogen werden. Dabei sollen konzerninterne Buchungen und deren Abstimmung, Validierungen sowie die Fremdwährungsbewertung bereits im Einzelabschluss durchgeführt werden.

[»]

Einführung der kontinuierlichen Buchhaltung

Beachten Sie, dass die kontinuierliche Buchhaltung teilweise noch ein Zukunftskonzept darstellt. SAP wird in kommenden SAP-S/4HANA-Releases schrittweise weitere Funktionen für diesen Ansatz entwickeln. Im Übrigen hängt die kontinuierliche Buchhaltung von Ihren fachlichen Anforderungen und den von Ihrem Unternehmen genutzten Funktionen ab. So nutzen noch viele Unternehmen die klassischen Bewertungsprogramme anstelle der erweiterten Bewertung (Advanced Valuation).

In der SAP-Online-Hilfe finden Sie ein separates Kapitel zur Integration mit dem Vorbereitungs-Ledger des Konzernberichtswesens unter dem Link: *https://help.sap.com/docs/SAP_S4HANA_ON-PREMISE/4ebf1502064b406c964b0911adfb3f01/2b27073df8264896993169f6ebe764c2.html?locale=de-DE* (Kurz-URL: *http://s-prs.de/v10687014*).

Mit dem Vorbereitungs-Ledger oder genauer gesagt, mit der Integration des Hauptbuches in das Vorbereitungs-Ledger des Konzernberichtswesens will SAP in SAP S/4HANA bestimmte Funktionen und Details bereits im Hauptbuch anwenden oder sichtbar machen.

Im Hauptbuch könnte z. B. der Fall auftreten, dass Sie mehrere Buchungskreise führen, die in der Konsolidierung jedoch als eine einzige Gesellschaft (Konsolidierungseinheit) betrachtet werden. Bisher würden Sie die Details der Konsolidierungseinheit erst im Rahmen der Konsolidierung in SAP S/4HANA Finance for Group Reporting sehen. Das Vorbereitungs-Ledger ermöglicht Ihnen, bereits während der laufenden Periode einen Blick auf die Daten zu werfen, wie sie gemäß dem Mapping im Group Reporting dargestellt werden.

Um den Konsolidierungsprozess zu beschleunigen, hat SAP verschiedene Konzernfelder in das Hauptbuch – genauer gesagt, in das Vorbereitungs-Ledger – integriert. Dazu gehören:

- **Konsolidierungseinheit**
- **Partnerkonsolidierungseinheit**
- **Gesellschaft**
- **Positionsplan**
- **Position**
- **Unterpositionstyp**
- **Unterposition**

Mit der SAP-Fiori-App **Substitutions- und Validierungsregeln verwalten** (App-ID F4406) können Sie die folgenden Felder mit einer eigenen Substitution anpassen oder die Validierung prüfen:

- **Position**
- **Partnerkonsolidierungseinheit**
- **Unterposition**
- **Konsolidierungseinheit**

[«]

Die SAP-Fiori-App »Substitutions- und Validierungsregeln verwalten«

Für das Anlegen neuer Regeln wählen Sie die *Geschäftskontexte* **Kernfelder des Vorbereitungs-Ledger** und **Unterkontierungen des Vorbereitungs-Ledgers zu Positionen**. Geschäftskontexte beschreiben ein bestimmtes Szenario in SAP S/4HANA, hier Intercompany-Matching- und Intercompany-Abstimmungsprozess. Diese werden zum Anlegen benutzerdefinierter Substitutionsregeln verwendet und stellen zwei Teile des Substitutionsprozesses dar.

Auf die übrigen Felder wird ausschließlich durch von SAP vordefinierte Regeln zugegriffen, weshalb Sie diese nicht anpassen können. Die Ableitungsregeln werden an drei Stellen ausgeführt: bei der Buchhaltungsjournalbuchung, bei Zuordnungsänderungen im Vorbereitungs-Ledger sowie beim Buchhaltungssaldovortrag.

Die Verknüpfung zwischen Hauptbuchhaltung und Konzernberichtswesen ohne einen separaten Datenabruf aus dem Hauptbuch bietet folgende Vorteile:

- Sie erhalten frühzeitigen Zugang zu detaillierten Finanzdaten, was die Analyse beschleunigt.
- Es steht Ihnen jederzeit der Zugriff auf aktuelle Informationen zur Verfügung, einschließlich der neuesten Prognosen, die auf logistischen Belegen basieren.
- Sie haben die Möglichkeit, nur geänderte Daten (Delta-Freigabe) an das Group Reporting freizugeben, wodurch eine vollständige Datenfreigabe vermieden und die Systemleistung verbessert wird.
- Die Freigabe von Daten für Sonderperioden stellt sicher, dass diese nicht der letzten regulären Periode zugeordnet werden.

Durch die Integration von Hauptbuchhaltung und Konsolidierung entfällt der Bedarf, bestimmte Felddaten zwischen der Hauptbuchhaltung und dem Konzernberichtswesen hin und her zu übertragen. Stattdessen stehen die Daten aus diesen Feldern in der Hauptbuchhaltung für Konzernberichtswesen-Aktivitäten zur Verfügung und können von dort aus verwendet werden. Daher ermöglicht die Integration der Hauptbuchhaltungsdaten eine effizientere und schnellere Nutzung der Daten.

Für das Customizing von SAP S/4HANA Finance for Group Reporting folgen Sie dem Customizing-Pfad **SAP S/4HANA für Konzernberichtswesen**. Im Customizing-Pfad von SAP S/4HANA für das Konzernberichtswesen finden Sie alle Einstellungen sowohl zum Group Reporting als auch für das Vorbereitungs-Ledger. In Abbildung 12.78 sehen Sie den kompletten und umfangreichen Customizing-Pfad des Group Reportings.

Für die Definition des Vorbereitungs-Ledgers folgen Sie dem Customizing-Pfad **SAP S/4HANA für Konzernberichtswesen • Stammdaten • Vorbereitungs-Ledger definieren**.

Wie Sie Abbildung 12.78 entnehmen können, sind die möglichen Einstellungen für die Konsolidierung sehr umfangreich. Bevor Sie mit der Implementierung des Group Reportings beginnen, ist es daher zwingend erforderlich, sich intensiv mit Ihren fachlichen Anforderungen auseinanderzusetzen.

Wie wir in Abschnitt 12.1.7 erläutert haben, können Sie im Einzelabschluss bereits Vorbereitungen für den Konzernabschluss treffen und so den Konzernabschluss erleichtern. Im Umkehrschluss kann es sein, dass Sie zur Vereinfachung oder Beschleunigung des Konzernabschlusses ebenfalls Customizing-Anpassungen an den Einstellungen Ihres Hauptbuches vornehmen müssen.

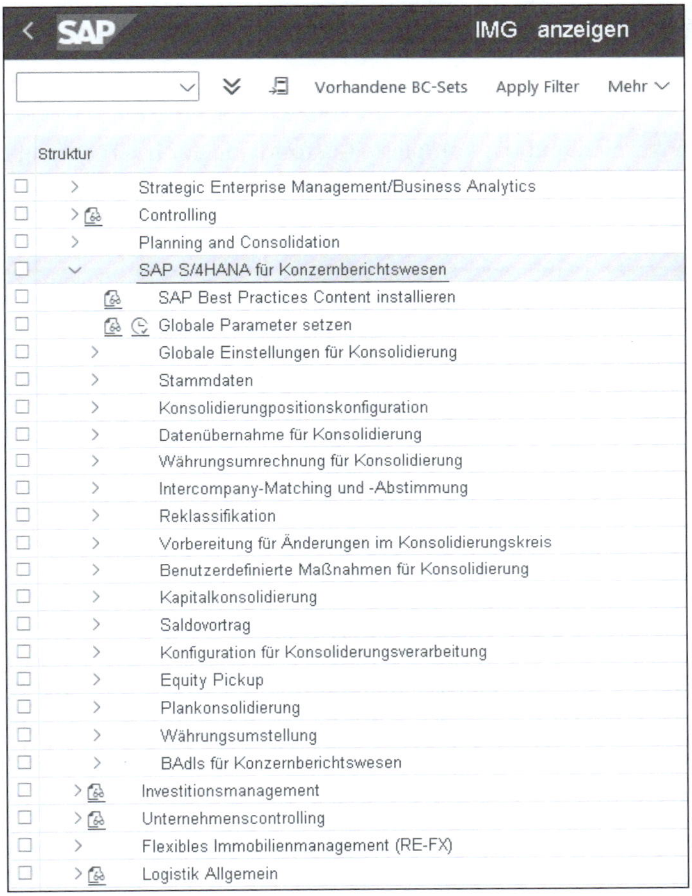

Abbildung 12.78 Customizing-Pfad für das Konzernberichtswesen in SAP S/4HANA (Group Reporting)

Anpassungen am produktiven Hauptbuch müssen Sie unbedingt umfangreich testen, bevor Sie diese durchführen. Eine Implementierung von SAP S/4HANA Finance for Group Reporting sollte immer in enger Abstimmung mit der Hauptbuchhaltung erfolgen, um für Ihr Unternehmen den größtmöglichen Nutzen zu erzielen. Damit kann gemeint sein, dass Sie möglichst wenig Arbeitsaufwand mit der Erstellung des Konzernabschlusses haben oder dass das Hauptbuch die bestmögliche Datenqualität anliefert, um das Konzernberichtswesen in SAP S/4HANA zu unterstützen. Oder Sie achten aufgrund der Größe Ihres Unternehmens auf eine möglichst performante Datenanlieferung, die zu einer schnelleren Erstellung des Konzernabschlusses beiträgt.

[»]

Weiterführende Informationen zum Group Reporting

Mehr Informationen zum Group Reporting finden Sie in dem Buch »Konzernabschluss mit SAP S/4HANA for Group Reporting« von Patrik Monz, Cynthia Glodeanu-Kerkhoff, Jan Gräter, Fabian Zollikofer (Rheinwerk Verlag 2021).

An dieser Stelle können wir nicht auf das komplette Customizing der Intercompany Matching and Reconciliation und dem Vorbereitungs-Ledger in SAP S/4HANA eingehen.

[»]

Informationen zur klassischen Intercompany-Abstimmung

Weitere Informationen zur klassischen Intercompany-Abstimmung finden Sie in einem Zusatzkapitel, das Sie auf unserer Website im Bereich **Materialien zum Buch** finden: *www.sap-press.de/6067/*.

Im nächsten Abschnitt beschäftigen wir uns mit den Abschlussarbeiten in der Anlagenbuchhaltung.

12.2 Abschlussarbeiten in der Anlagenbuchhaltung

Die wichtigsten Einstellungen für die Anlagenbuchhaltung haben wir in Kapitel 8, »Anlagenbuchhaltung«, vorgenommen. Damit sind die Einstellungen für den Abschreibungslauf ebenfalls erledigt. Im folgenden Abschnitt erfahren Sie, wie Sie den Abschreibungslauf durchführen.

[»]

Weiterführende Informationen zur Anlagenbuchhaltung

Weiterführende Informationen zur Anlagenbuchhaltung finden Sie in dem Buch »Anlagenbuchhaltung mit SAP S/4HANA« von Lena Sophie Lampe (Rheinwerk Verlag 2025).

12.2.1 Abschreibungslauf durchführen

Um die Abschreibungen im Hauptbuch zu buchen, muss der sogenannte *Abschreibungslauf* ausgeführt werden. Rufen Sie dazu Transaktion AFAB auf. Dabei wird nicht mehr der aus dem SAP-ERP-System bekannte Report `RAPOST2000` verwendet, sondern der neue Report `FAA_DEPRECIATION_POST`. Im Vergleich zu SAP ERP hat sich das Selektionsbild verändert (siehe Abbildung 12.79).

Sie können den Abschreibungslauf getrennt nach Rechnungslegungsvorschriften starten. Meist wird der Abschreibungslauf aber gleichzeitig für alle Rechnungslegungsvorschriften gestartet. Sollten Sie z. B. Ihre lokale Rechnungslegung/Ihr Ledger später abschließen oder nur einmal im Jahr den Abschluss benötigen, können Sie trotzdem notwendige Korrekturbuchungen vornehmen und selektiv für eine Rechnungslegungsvorschrift den Abschreibungslauf wiederholen.

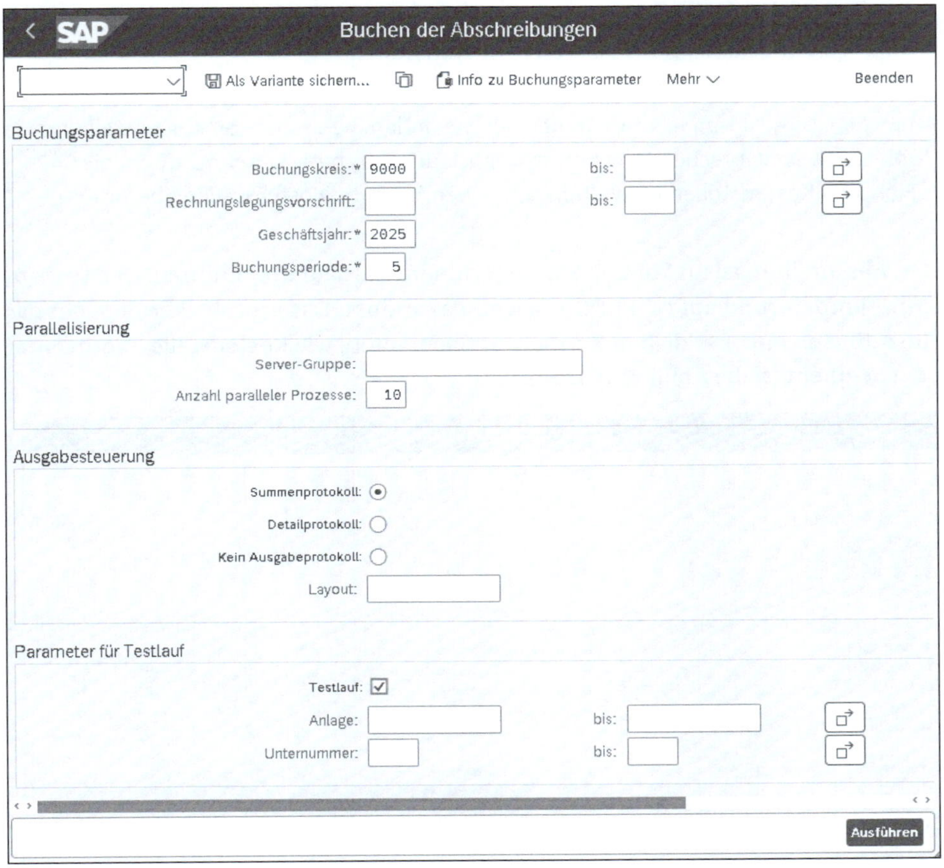

Abbildung 12.79 Abschreibungslauf durchführen (Transaktion AFAB)

Wenn Sie in Transaktion AFAB den Button **Info zu Buchungsparameter** anklicken, wird Ihnen das entsprechende Pop-up-Fenster angezeigt (siehe Abbildung 12.80).

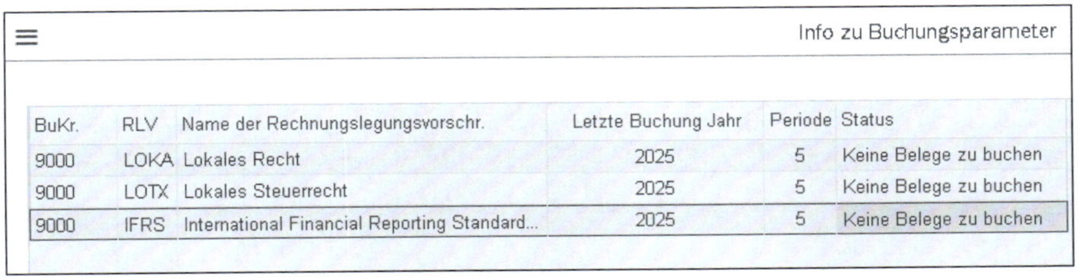

BuKr.	RLV	Name der Rechnungslegungsvorschr.	Letzte Buchung Jahr	Periode	Status
9000	LOKA	Lokales Recht	2025	5	Keine Belege zu buchen
9000	LOTX	Lokales Steuerrecht	2025	5	Keine Belege zu buchen
9000	IFRS	International Financial Reporting Standard...	2025	5	Keine Belege zu buchen

Abbildung 12.80 Pop-up-Fenster »Info zu Buchungsparameter«

Dem Pop-up-Fenster **Info zu Buchungsparameter** können Sie entnehmen, in welchem Monat der oder die selektierten Buchungskreise hinsichtlich der gebuchten Abschreibung stehen. In unserem Beispiel befinden sich für den Buchungskreis 9000 alle Rechnungslegungsvorschriften im Monat Mai 2025.

[»]

Abschreibungslauf versus gesperrte Kostenstellen

In der Vergangenheit ist der Abschreibungslauf bei gesperrten Kostenstellen abgebrochen. Dies ist nun nicht mehr der Fall. Sie finden die gesperrten Kostenstellen im Job-Log des entsprechenden Abschreibungslaufs. Alternativ können Sie über die SAP-Fiori-App **Kostenstellen verwalten** die Verwendung von Kostenstellen überprüfen.

Den Abschreibungslauf können Sie weiterhin im Testlauf durchführen. Der Testlauf ist im Vordergrund auf ca. 1.000 Anlagen beschränkt. Das Protokoll ermöglicht das Hinzufügen von zusätzlichen Kontierungselementen, wie **Kostenstelle**, **Profitcenter** oder **Segment** (siehe Abbildung 12.81).

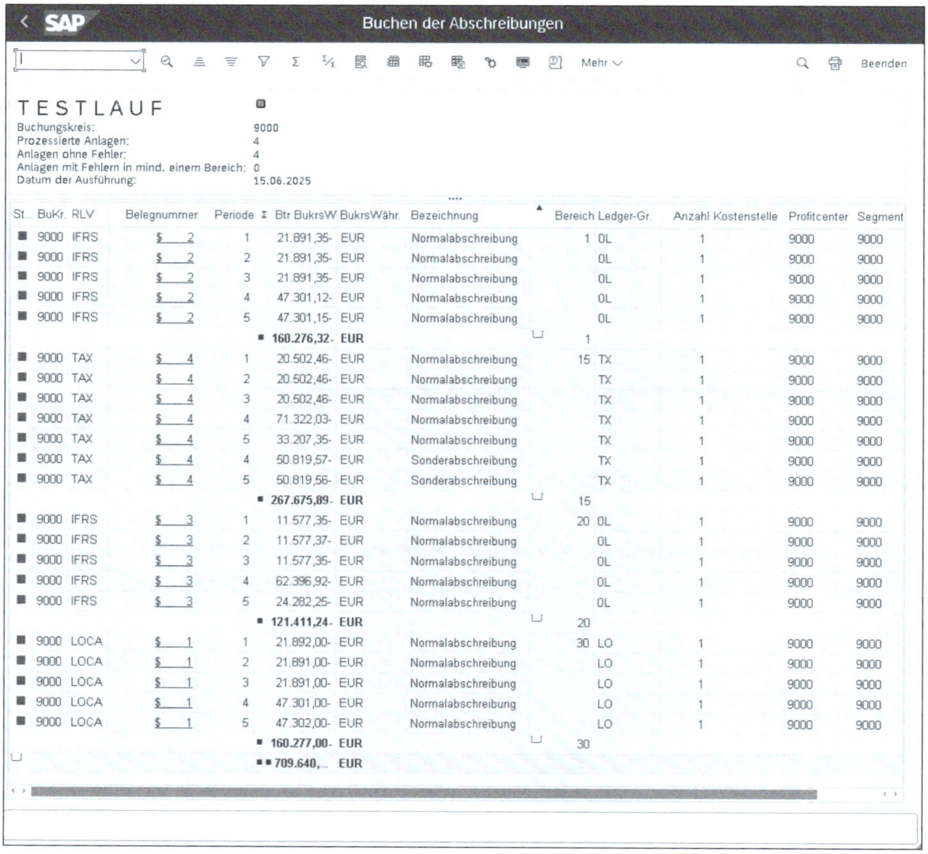

St...	BuKr.	RLV	Belegnummer	Periode	Btr BukrsW	BukrsWähr.	Bezeichnung	Bereich	Ledger-Gr.	Anzahl	Kostenstelle	Profitcenter	Segment
■	9000	IFRS	$ 2	1	21.891,35-	EUR	Normalabschreibung	1	0L	1		9000	9000
■	9000	IFRS	$ 2	2	21.891,35-	EUR	Normalabschreibung		0L	1		9000	9000
■	9000	IFRS	$ 2	3	21.891,35-	EUR	Normalabschreibung		0L	1		9000	9000
■	9000	IFRS	$ 2	4	47.301,12-	EUR	Normalabschreibung		0L	1		9000	9000
■	9000	IFRS	$ 2	5	47.301,15-	EUR	Normalabschreibung		0L	1		9000	9000
					■ **160.276,32-**	**EUR**		1					
■	9000	TAX	$ 4	1	20.502,46-	EUR	Normalabschreibung	15	TX	1		9000	9000
■	9000	TAX	$ 4	2	20.502,46-	EUR	Normalabschreibung		TX	1		9000	9000
■	9000	TAX	$ 4	3	20.502,46-	EUR	Normalabschreibung		TX	1		9000	9000
■	9000	TAX	$ 4	4	71.322,03-	EUR	Normalabschreibung		TX	1		9000	9000
■	9000	TAX	$ 4	5	33.207,35-	EUR	Normalabschreibung		TX	1		9000	9000
■	9000	TAX	$ 4	4	50.819,57-	EUR	Sonderabschreibung		TX	1		9000	9000
■	9000	TAX	$ 4	5	50.819,56-	EUR	Sonderabschreibung		TX	1		9000	9000
					■ **267.675,89-**	**EUR**		15					
■	9000	IFRS	$ 3	1	11.577,35-	EUR	Normalabschreibung	20	0L	1		9000	9000
■	9000	IFRS	$ 3	2	11.577,37-	EUR	Normalabschreibung		0L	1		9000	9000
■	9000	IFRS	$ 3	3	11.577,35-	EUR	Normalabschreibung		0L	1		9000	9000
■	9000	IFRS	$ 3	4	62.396,92-	EUR	Normalabschreibung		0L	1		9000	9000
■	9000	IFRS	$ 3	5	24.282,25-	EUR	Normalabschreibung		0L	1		9000	9000
					■ **121.411,24-**	**EUR**		20					
■	9000	LOCA	$ 1	1	21.892,00-	EUR	Normalabschreibung	30	LO	1		9000	9000
■	9000	LOCA	$ 1	2	21.891,00-	EUR	Normalabschreibung		LO	1		9000	9000
■	9000	LOCA	$ 1	3	21.891,00-	EUR	Normalabschreibung		LO	1		9000	9000
■	9000	LOCA	$ 1	4	47.301,00-	EUR	Normalabschreibung		LO	1		9000	9000
■	9000	LOCA	$ 1	5	47.302,00-	EUR	Normalabschreibung		LO	1		9000	9000
					■ **160.277,00-**	**EUR**		30					
					■■ **709.640,...**	**EUR**							

Abbildung 12.81 Protokoll des Abschreibungstestlaufs

Drücken Sie die Taste [F7], und das Meldungsprotokoll erscheint in einem Pop-up-Fenster. Interessant sind vor allem die roten Fehlermeldungen. Bevor Sie für die betreffenden Bewertungsbereiche/Buchungskreise die Abschreibung buchen können, sollten Sie die Fehlermeldungen prüfen und beheben. Auch wenn der Abschreibungslauf nicht abbricht, können für die gemeldeten Fehler keine Abschreibungen gebucht werden.

Wenn Sie den Abschreibungslauf im Echtlauf starten möchten, verlassen Sie das Protokoll des Testlaufs mit der Taste [F3], oder Sie klicken auf < (**Zurück**). Nun befinden Sie sich wieder im Selektionsbild des Abschreibungslaufs (siehe Abbildung 12.79 weiter vorn). Dort entfernen Sie das Kennzeichen **Testlauf**. Wählen Sie nun über das Menü den Pfad **Programm • Im Hintergrund ausführen** aus. Damit starten Sie den Abschreibungslauf im Hintergrund. Ein Echtlauf kann immer nur im Hintergrund, also als eingeplanter Job, ausgeführt werden. Über Transaktion SM37 können Sie den Fortschritt Ihres eingeplanten Jobs für den Abschreibungslauf kontrollieren. Wenn Sie feststellen, dass der Job abgeschlossen ist, rufen Sie Transaktion FB03 auf. Klicken Sie in das Einstiegsbild **Liste Belege** (siehe Abbildung 12.82).

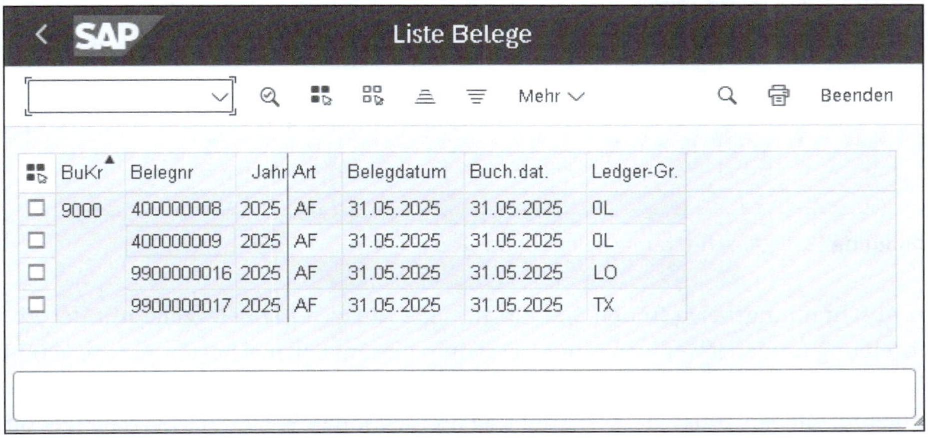

BuKr	Belegnr	Jahr	Art	Belegdatum	Buch.dat.	Ledger-Gr.
9000	400000008	2025	AF	31.05.2025	31.05.2025	0L
	400000009	2025	AF	31.05.2025	31.05.2025	0L
	9900000016	2025	AF	31.05.2025	31.05.2025	LO
	9900000017	2025	AF	31.05.2025	31.05.2025	TX

Abbildung 12.82 Gebuchte Belege des Abschreibungslaufs

Der Abschreibungslauf bucht die Abschreibungen pro Rechnungslegungsvorschrift, also pro Ledger-Gruppe. Daher bekommen wir in unserem Beispiel für den Buchungskreis 9000 genau drei Belege, jeweils einen Beleg pro Ledger. Wählen Sie einen beliebigen *Abschreibungsbeleg* aus, und klicken Sie ihn doppelt an. Damit gelangen Sie in die Erfassungssicht des gebuchten Abschreibungsbelegs (siehe Abbildung 12.83).

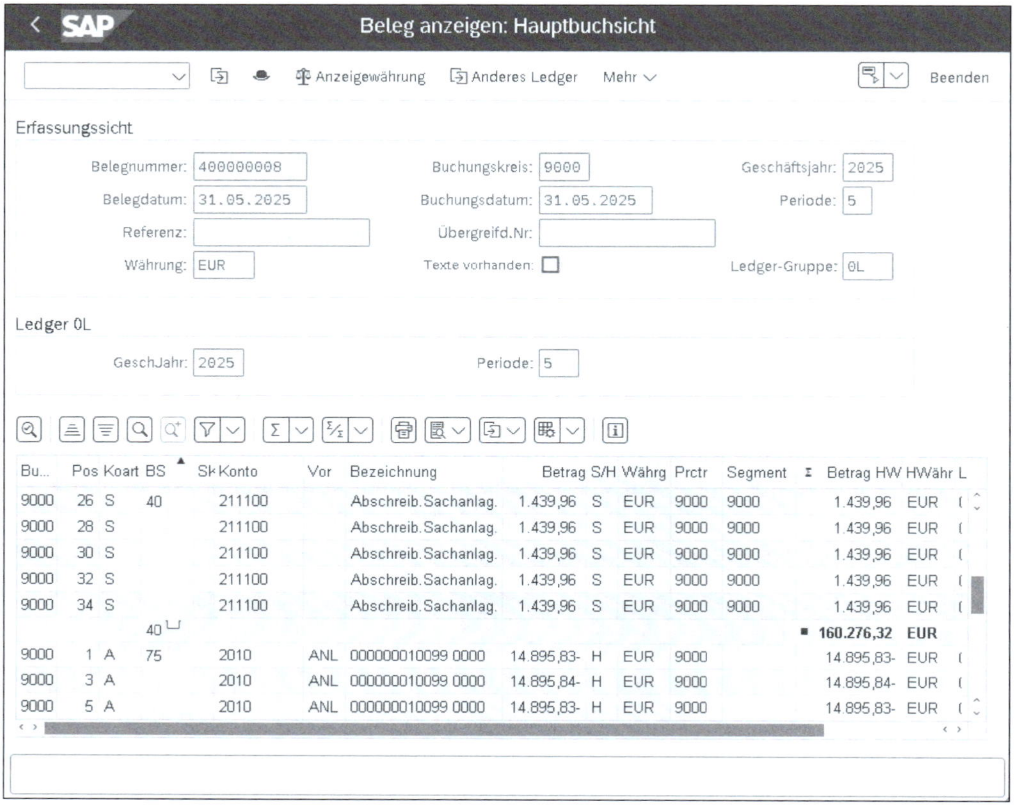

Abbildung 12.83 Abschreibungsbeleg für das Ledger 0L

Im Abschreibungsbeleg finden Sie nun für jede Anlage eine Belegzeile mit der Abschreibung für den jeweiligen Monat. Da wir in diesem Beispiel bei der Anlage 10099 einen Zugang im Januar 2025 hatten, aber erst im Mai 2025 den Abschreibungslauf ausgeführt haben, muss die Abschreibung für die Monate Januar bis Mai nachgeholt werden. Dazu wird ebenfalls im Abschreibungsbeleg pro Monat jeweils eine eigene Belegzeile erzeugt. Klicken Sie doppelt auf eine beliebige Belegzeile (siehe Abbildung 12.84).

Damit gelangen Sie in die selektierte Position. In der Belegposition können Sie dem Belegtext »AFB/01/2025/005« entnehmen, dass es sich um Abschreibungen, das Geschäftsjahr, den Monat und den Bewertungsbereich handelt (siehe Abbildung 12.84).

Für den Abschreibungslauf können Sie ebenfalls wieder alternativ eine SAP-Fiori-App benutzen. Suchen Sie dazu im App-Katalog des SAP Fiori Launchpads die Kachel **Anlagenbuchhaltungs-Job einplanen** (App-ID F1914). Starten Sie die App mit einem Klick. Nach dem Einstieg in die SAP-Fiori-App **Anlagenbuchhaltungs-Job einplanen** sehen Sie eine Übersicht der in den vergangenen Tagen gelaufenen Jobs (siehe Abbildung 12.85). Dabei können Sie das Zeitintervall oder den Status des Jobs selbst bestimmen, der Sie interessiert. Klicken Sie anschließend auf Start (**Start**), um die Selektion zu starten.

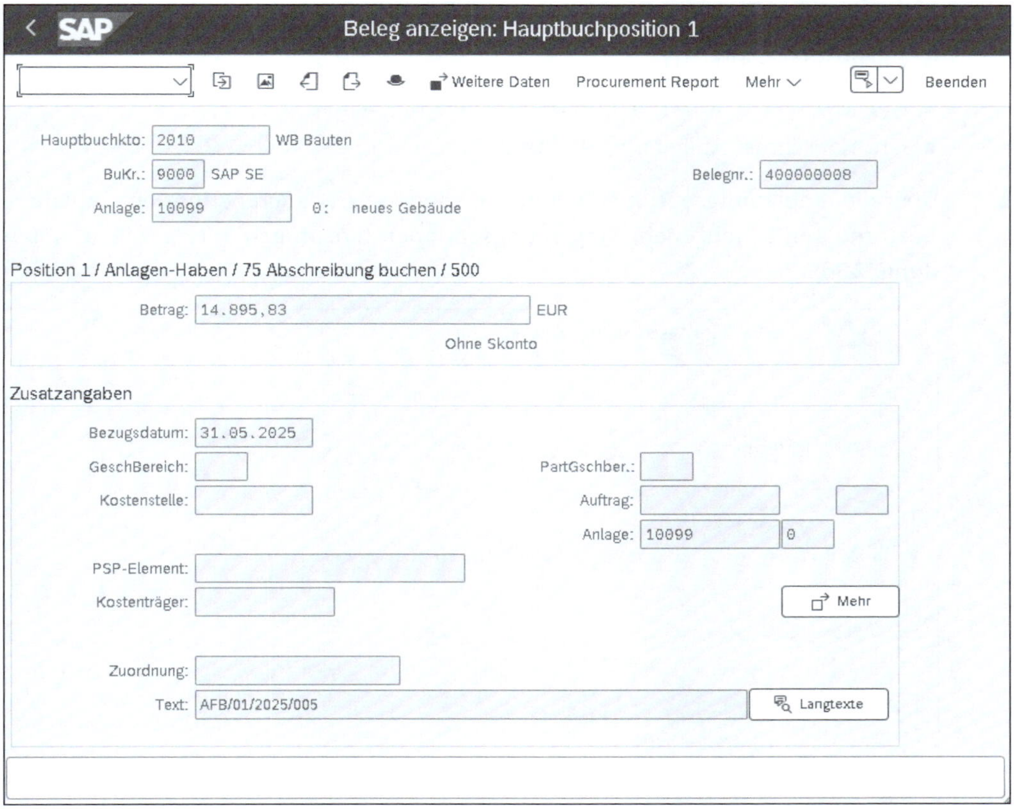

Abbildung 12.84 Positionsdetails anzeigen

Abbildung 12.85 Selektionsbild für Anlagenreports

Über einen Klick auf **Neu** können Sie einen neuen Job anlegen. Als Erstes müssen Sie im Feld **Jobvorlage** eine Vorlage auswählen. Als Jobvorlage bietet SAP in dem Dropdown-Menü die folgenden anlagentypischen Vorlagen an:

- Abschreibungen neu berechnen
- Abschreibungslauf
- Anlagenbewegungen
- Anlagenstamm für Segmentberichterstattung füllen
- Jahresabschluss Anlagenbuchhaltung

Über die Einplanungsoptionen können Sie den Job z. B. auch periodisch einplanen. Dazu müssen Sie auf **Mehr Einplanungsoptionen hinzufügen** klicken (siehe Abbildung 12.86).

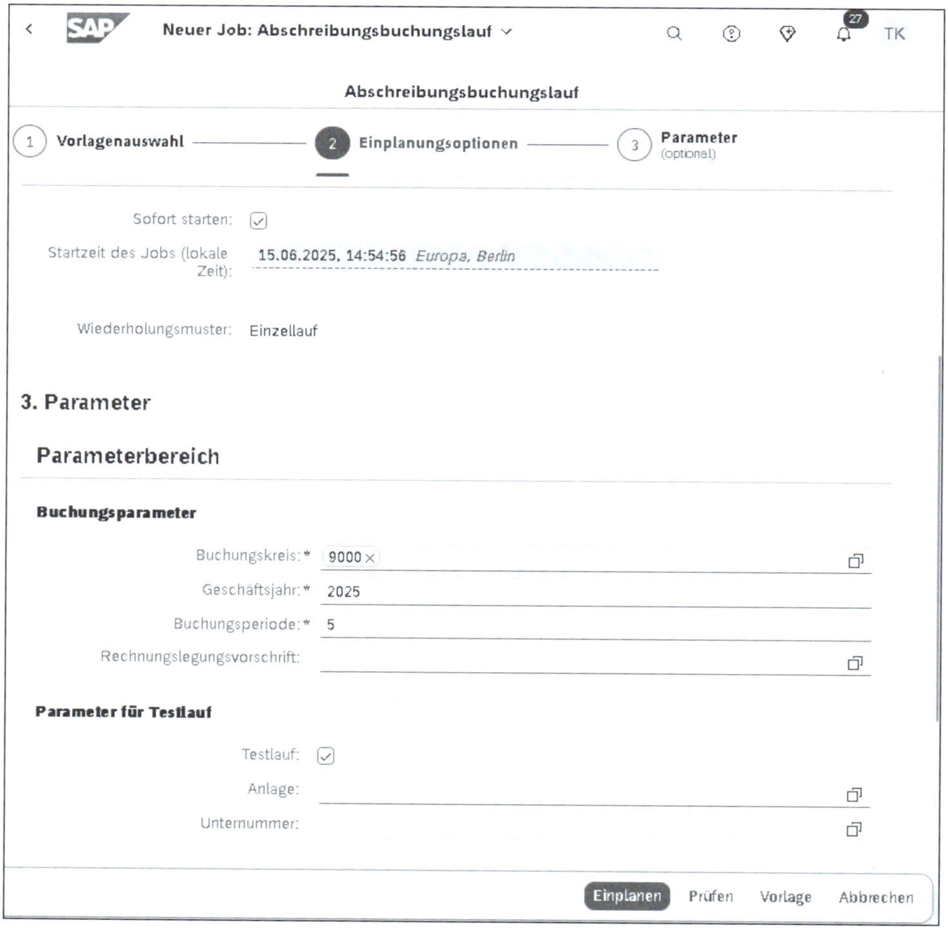

Abbildung 12.86 Neuer Job – Abschreibungslauf

Im Bereich **Parameterbereich** legen Sie in den entsprechenden Feldern fest, für welche Buchungskreise, für welches Geschäftsjahr und für welche Periode der Abschreibungslauf durchgeführt werden soll. Das Kennzeichen **Testlauf** bzw. der Bereich **Optionen** mit den Kennzeichen **Kein Ausgabeprotokoll**, **Summenprotokoll** und **Detailprotokoll**, wie Sie dies von Transaktion AFAB aus dem SAP GUI kennen, stehen ebenfalls zur Verfügung.

Unten rechts im Bild finden Sie die Buttons **Einplanen**, **Prüfen**, **Vorlage** und **Abbrechen**. Wenn der Prüfvorgang keine weiteren Fehler meldet, können Sie den Job einplanen. Klicken Sie dazu auf **Einplanen**. Anschließend kehrt die SAP-Fiori-App zum Ausgangsbild mit der Übersicht über die Jobs zurück. Dort können Sie Ihren soeben eingeplanten Job überwachen oder nach dessen Abschluss das Ergebnis kontrollieren. Aktualisieren Sie die Jobübersicht ab und zu durch einen Klick auf den Button Start (**Start**). Wenn Sie sich nun das Protokoll des Abschreibungslaufs anschauen möchten, klicken Sie einfach in der Spalte **Protokoll** auf den Button mit dem Häkchen (Abbildung 12.87).

Abbildung 12.87 Jobübersicht anzeigen

Damit öffnet sich das Jobprotokoll Ihres Jobs. Die Farbgebung in der Spalte **Protokoll** zeigt dabei an, mit welchem Status der Job abgeschlossen worden ist:

- Rot: Es sind Fehler aufgetreten.
- Gelb: Es sind Warnungen aufgetreten.
- Grün: Der Job wurde fehlerfrei abgeschlossen.

Die Jobdetails zum Abschreibungslauf zeigen das Job-Log, das Sie aus Transaktion SM37 kennen (siehe Abbildung 12.88). Allerdings ist es hier optisch ansprechender aufbereitet. Die Fehlermeldungen sind die gleichen.

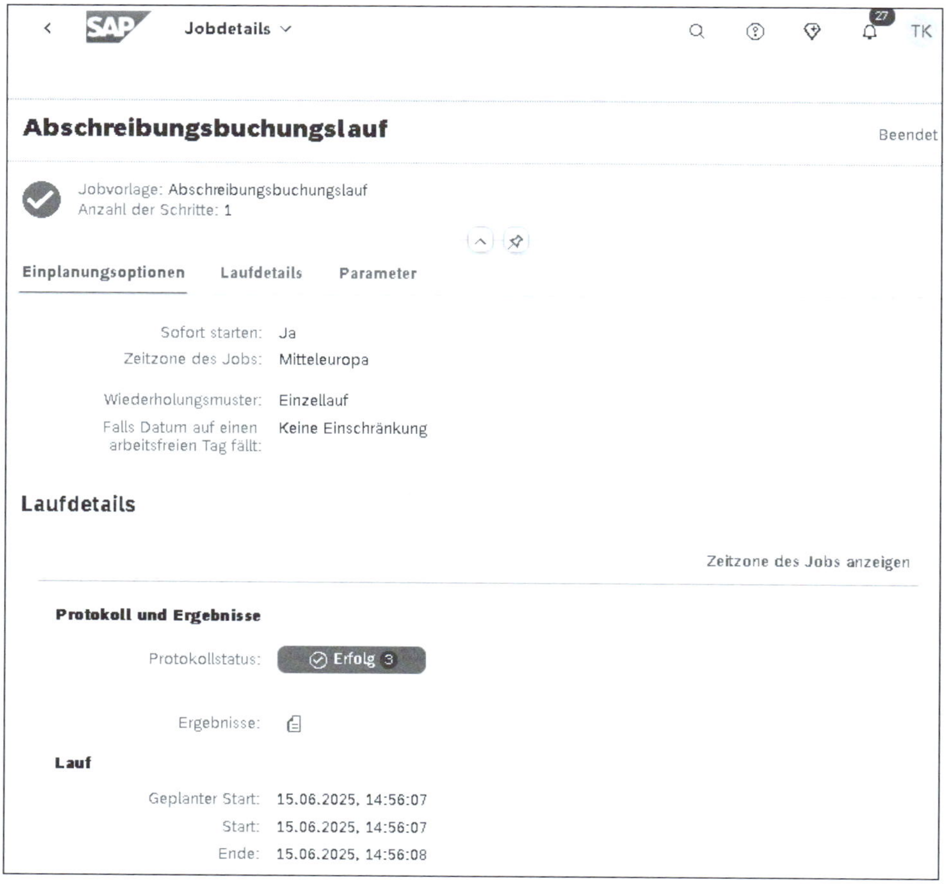

Abbildung 12.88 Abschreibungslauf – Jobdetails

Nutzen Sie den am oberen linken Bildrand befindlichen Button [<] (**Zurück**), um in die Jobübersicht zurückzugelangen. Anschließend klicken Sie in der Spalte **Ergebnisse** auf einen Ihrer Jobs (siehe Abbildung 12.87).

So gelangen Sie in die Sicht **Ergebnisse für Anwendungsjob anzeigen** (siehe Abbildung 12.89). Damit sind die durch den jeweiligen Job erstellten Spool-Listen gemeint.

Klicken Sie doppelt auf eine der angezeigten Zeilen, und öffnen Sie so die ausgewählte Spool-Liste (siehe Abbildung 12.90).

Die Spool-Liste wird dabei genauso angezeigt, wie Sie sie auch im SAP GUI in SAP S/4HANA wiederfinden. Wenn Sie am oberen linken Bildrand der App auf **Mehr** klicken, stehen Ihnen die aus dem SAP GUI bekannten Möglichkeiten, wie z. B. **System • Liste • Sichern/Senden**, zur Verfügung.

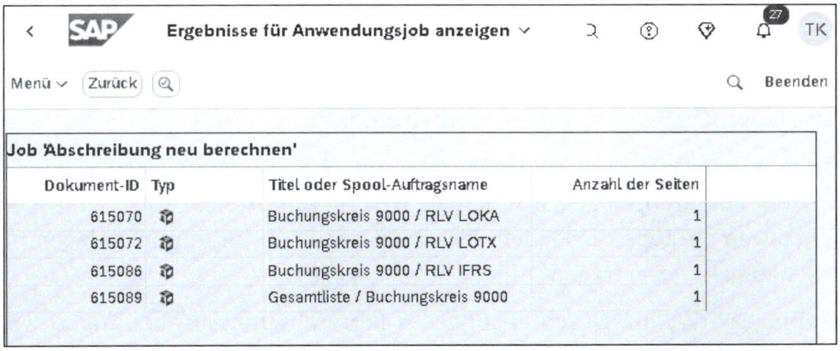

Job 'Abschreibung neu berechnen'

Dokument-ID	Typ	Titel oder Spool-Auftragsname	Anzahl der Seiten
615070		Buchungskreis 9000 / RLV LOKA	1
615072		Buchungskreis 9000 / RLV LOTX	1
615086		Buchungskreis 9000 / RLV IFRS	1
615089		Gesamtliste / Buchungskreis 9000	1

Abbildung 12.89 Ergebnisse für den Anwendungsjob anzeigen

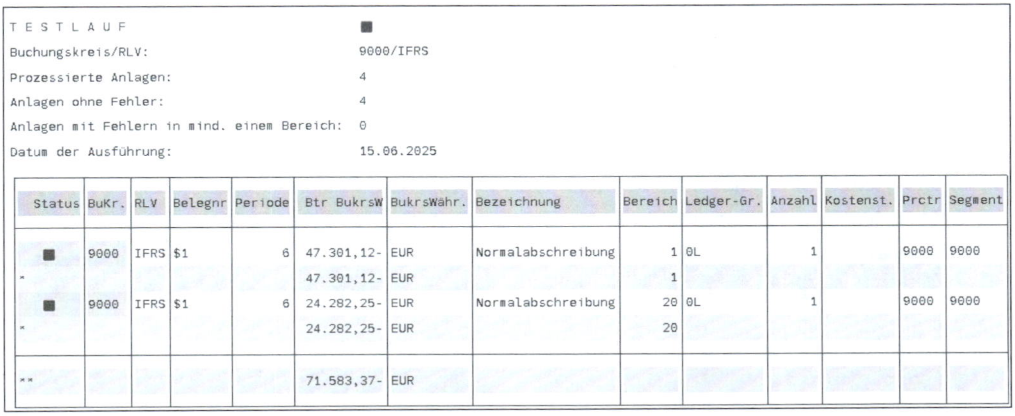

T E S T L A U F ■
Buchungskreis/RLV: 9000/IFRS
Prozessierte Anlagen: 4
Anlagen ohne Fehler: 4
Anlagen mit Fehlern in mind. einem Bereich: 0
Datum der Ausführung: 15.06.2025

Status	BuKr.	RLV	Belegnr	Periode	Btr BukrsW	BukrsWähr.	Bezeichnung	Bereich	Ledger-Gr.	Anzahl	Kostenst.	Prctr	Segment
■	9000	IFRS	$1	6	47.301,12-	EUR	Normalabschreibung	1	0L	1		9000	9000
*					47.301,12-	EUR		1					
■	9000	IFRS	$1	6	24.282,25-	EUR	Normalabschreibung	20	0L	1		9000	9000
*					24.282,25-	EUR		20					
**					71.583,37-	EUR							

Abbildung 12.90 Dokument anzeigen – Spool-Liste

[«]

Abschreibungslauf

Der Abschreibungslauf erstellt jetzt immer pro Buchungskreis und Rechnungslegungsvorschrift eine eigene Spool-Liste.

Nachdem wir uns nun ausführlich mit dem Abschreibungslauf im SAP GUI bzw. in SAP Fiori beschäftigt und die Unterschiede zwischen beiden Oberflächen herausgearbeitet haben, widmen wir uns im nächsten Abschnitt dem *Jahreswechsel* und dem *Jahresabschluss*.

12.2.2 Jahreswechsel/Jahresabschluss

Der Jahreswechsel und der Jahresabschluss in der Anlagenbuchhaltung bestehen in SAP ERP bzw. SAP S/4HANA traditionell aus zwei Schritten: Der erste Schritt ist der

Jahreswechsel und der zweite Schritt der *Jahresabschluss*. Der erste Schritt, die Durchführung des Jahreswechsels, wird durch den Saldovortrag im Hauptbuch ersetzt. Dies hängt damit zusammen, dass die Anlagenbuchhaltungstabellen mit in Tabelle ACDOCA und so in das Hauptbuch aufgenommen worden sind.

Das heißt, sobald Sie einmalig entweder Transaktion FAGLGVTR oder die SAP-Fiori-App **Saldovortrag durchführen** gestartet haben, werden unmittelbar sowohl die Salden der Sachkonten als auch die Salden der Kreditoren, Debitoren und Anlagen in das neue Geschäftsjahr vorgetragen.

Für den zweiten Schritt, die Durchführung des Jahresabschlusses, benötigen wir einen Report in der Anlagenbuchhaltung. Starten Sie Transaktion AJAB, die Sie im Menü unter **Rechnungswesen • Finanzwesen • Anlagen • Periodische Arbeiten • Jahresabschluss • AJAB – durchführen** finden. Das Customizing, um diese Abschlussarbeit durchführen zu können, ist bereits in Kapitel 8, »Anlagenbuchhaltung«, erklärt worden. Daher können wir Transaktion AJAB direkt starten.

Im Selektionsbild von Transaktion AJAB legen Sie nur den Buchungskreis und das abzuschließende Geschäftsjahr fest (siehe Abbildung 12.91). Starten Sie zuerst einen Testlauf, und prüfen Sie das Ergebnis. Klicken Sie dazu auf [icon] (**Ausführen**), oder drücken Sie die Taste F8.

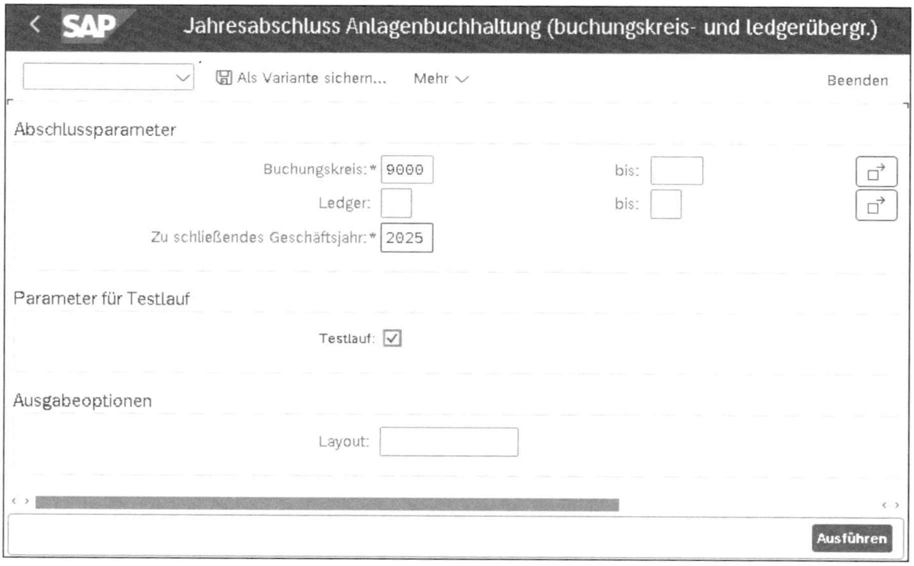

Abbildung 12.91 Jahresabschluss in der Anlagenbuchhaltung (Transaktion AJAB)

Das *Protokoll des Jahresabschlusses* der Anlagenbuchhaltung gibt Ihnen Aufschluss darüber, ob man den Jahresabschluss durchführen kann. Im Testlauf wird immer **Nein** in der Spalte **Abschluß durchgeführt** angezeigt. Etwaige Fehlermeldungen, dass die Abschreibungen noch nicht vollständig gebucht worden sind, müssen außerhalb von Transaktion AJAB behoben werden (siehe Abbildung 12.92).

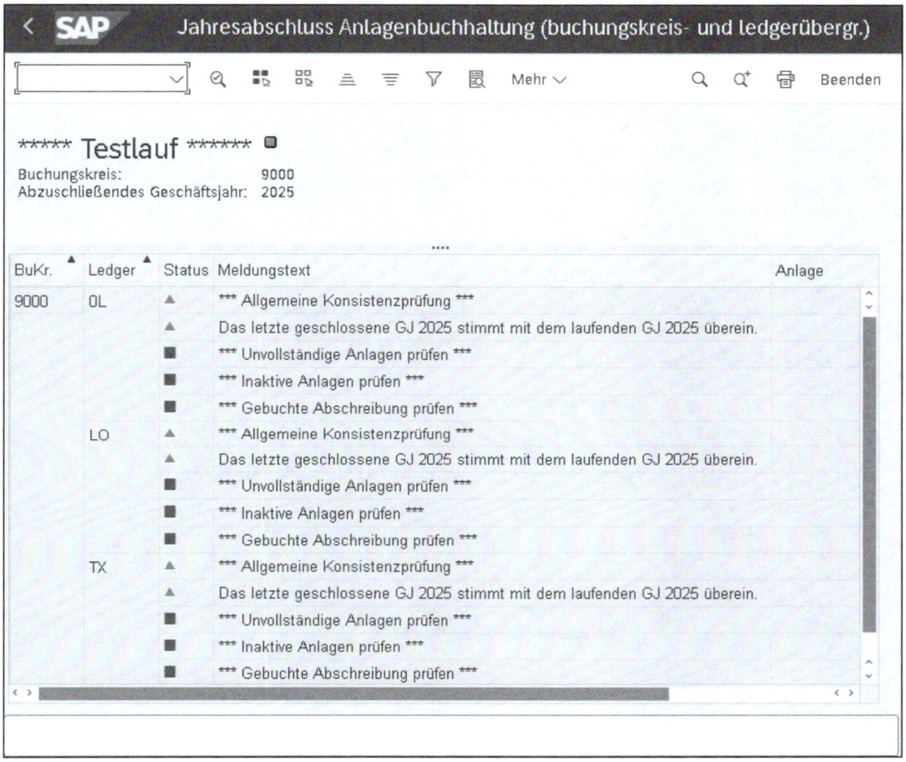

Abbildung 12.92 Protokoll des Jahresabschlusses der Anlagenbuchhaltung

Im vorliegenden Beispiel sind die Abschreibungen für den Buchungskreis 9000 noch nicht vollständig gebucht, daher ist ein Jahresabschluss für 2022 noch nicht möglich. Um einen fehlerfreien Testlauf des Jahresabschlusses zu ermöglichen, muss also mindestens der Abschreibungslauf für 12/2022 erfolgreich durchgeführt werden. Wenn Sie den Jahresabschluss durchgeführt haben, ist das abgeschlossene Geschäftsjahr in der Anlagenbuchhaltung nicht mehr bebuchbar. Sollten Sie dennoch in einem für die Anlagenbuchhaltung abgeschlossenen Geschäftsjahr buchen wollen, müssen Sie den Jahresabschluss für einen Buchungskreis oder auch nur für einen Bewertungsbereich eines Buchungskreises zurücknehmen. Diese Möglichkeit finden Sie im Menü unter **Rechnungswesen • Finanzwesen • Anlagen • Periodische Arbeiten • Jahresabschluss • Zurücknehmen • FAA_CMP – Durchführen/zurücknehmen**.

Rufen Sie nun Transaktion FAA_CMP auf. In der Tabelle wird in der Spalte **AbgGJ** das letzte abgeschlossene Geschäftsjahr angezeigt (siehe Abbildung 12.93).

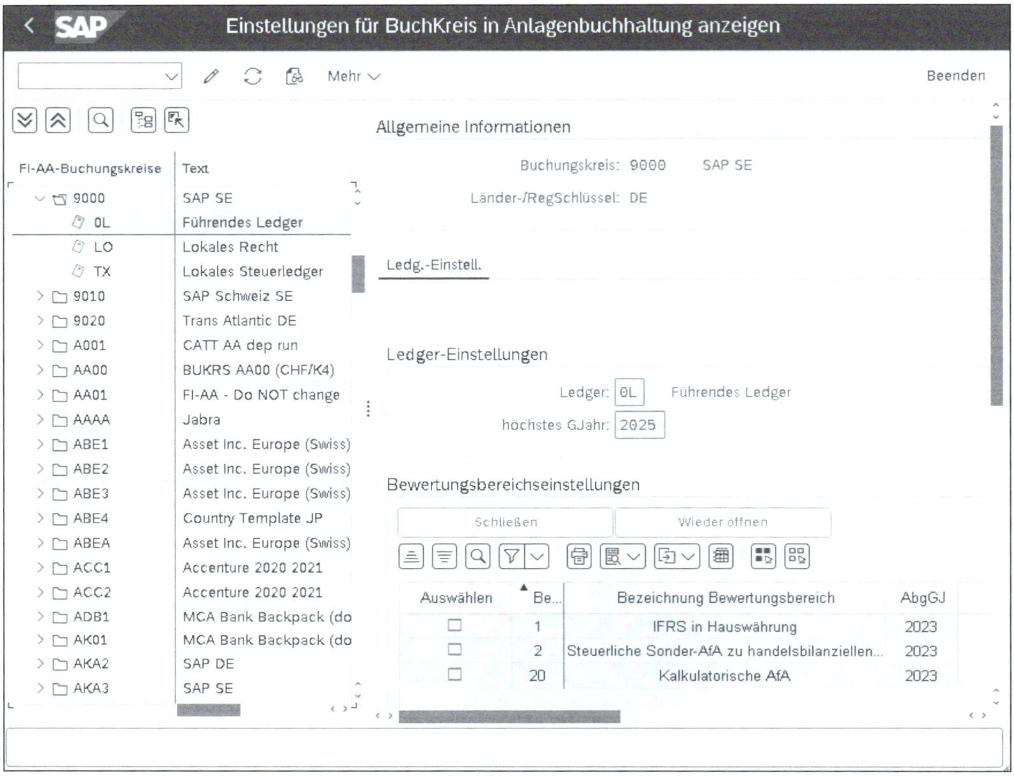

Abbildung 12.93 Jahresabschluss des Buchungskreises zurücknehmen

Durch einfaches Überschreiben des Geschäftsjahres durch das vorangegangene Geschäftsjahr öffnen Sie das aktuelle Geschäftsjahr wieder. Sichern Sie Ihre Einstellungen mit [Strg] + [S], oder klicken Sie auf (**Sichern**). Verlassen Sie die Sicht mit der Taste [F3], oder klicken Sie auf (**Zurück**), bis Sie sich wieder im Anwendungsmenü befinden.

Rücknahme des Jahresabschlusses

Nach der Rücknahme des Jahresabschlusses müssen Sie den Abschreibungslauf und den Jahresabschluss der Anlagenbuchhaltung für den betreffenden Buchungskreis wiederholen. Zur Sicherheit sollten Sie auch den Jahreswechsel, also den Saldovortrag, wiederholen, damit definitiv alle Salden ins neue Geschäftsjahr vorgetragen worden sind.

Alternativ können Sie den Jahresabschluss auch über SAP Fiori ausführen. Die Rücknahme des Jahresabschlusses wird dabei ebenfalls unterstützt.

Im nächsten Abschnitt beschäftigen wir uns mit dem *Reporting* in der Anlagenbuchhaltung.

12.2.3 Reporting für das neue CDS-View-Anlagen-Reporting APP

Das Reporting für die Anlagenbuchhaltung in SAP S/4HANA ist weiterhin über das SAP GUI möglich. Dazu rufen Sie im Anwendungsmenü die bisher bekannten Transaktionen auf. Der einzige Unterschied zum SAP-ERP-System ist, dass die alten Reports, wie z. B. `RAGITT01`, nicht mehr zur Verfügung stehen. SAP nutzt jetzt in der Anlagenbuchhaltung überall die *ALV-basierten* Reports, z. B. `RAGITT_ALV01` (*Anlagengitter*). ALV steht für »ABAP List Viewer« und bezeichnet damit die Art und Weise, wie eine Liste angezeigt wird. Dabei können die Spalten beliebig hin- und herverschoben bzw. ein- und ausgeblendet werden. Wenn Sie einen der alten Reports (RAGITT01) über Transaktion SE38 oder Transaktion SA38 ausführen, erhalten Sie die Fehlermeldung »Das Programm RAGITT01 ist nicht vorhanden« (siehe Abbildung 12.94).

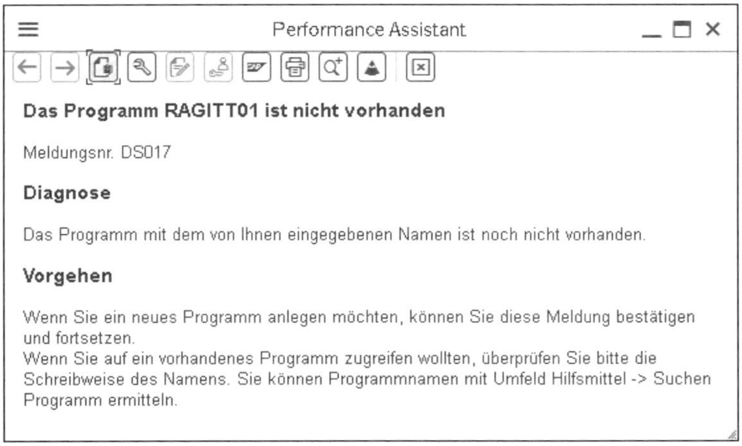
Performance Assistant
Das Programm RAGITT01 ist nicht vorhanden
Meldungsnr. DS017
Diagnose
Das Programm mit dem von Ihnen eingegebenen Namen ist noch nicht vorhanden.
Vorgehen
Wenn Sie ein neues Programm anlegen möchten, können Sie diese Meldung bestätigen und fortsetzen.
Wenn Sie auf ein vorhandenes Programm zugreifen wollten, überprüfen Sie bitte die Schreibweise des Namens. Sie können Programmnamen mit Umfeld Hilfsmittel -> Suchen Programm ermitteln.

Abbildung 12.94 Fehlermeldung DS017

Sie bestätigen die Meldung mit der [↵]-Taste oder über den Button [Beenden] (**Beenden**). Damit gelangen Sie wieder in das Anwendungsmenü. Rufen Sie nun das Anlagengitter über das Anwendungsmenü auf. Folgen Sie dazu dem Pfad **Rechnungswesen • Anlagen • Infosystem • Erläuterungen zur Bilanz • International • Anlagengitter**. Klicken Sie doppelt auf **Anlagengitter**. Damit wird der Report `RAGITT_ALV01` gestartet. Abbildung 12.95 zeigt das Selektionsbild, so wie Sie es bereits aus SAP ERP kennen. Sie müssen mindestens die folgenden Felder ausfüllen:

- Buchungskreis
- Berichtsdatum
- Bewertungsbereich
- Sortiervariante
- Gitterversion

Nun können Sie mit der Taste F8 oder über einen Klick auf (**Ausführen**) den Report ausführen.

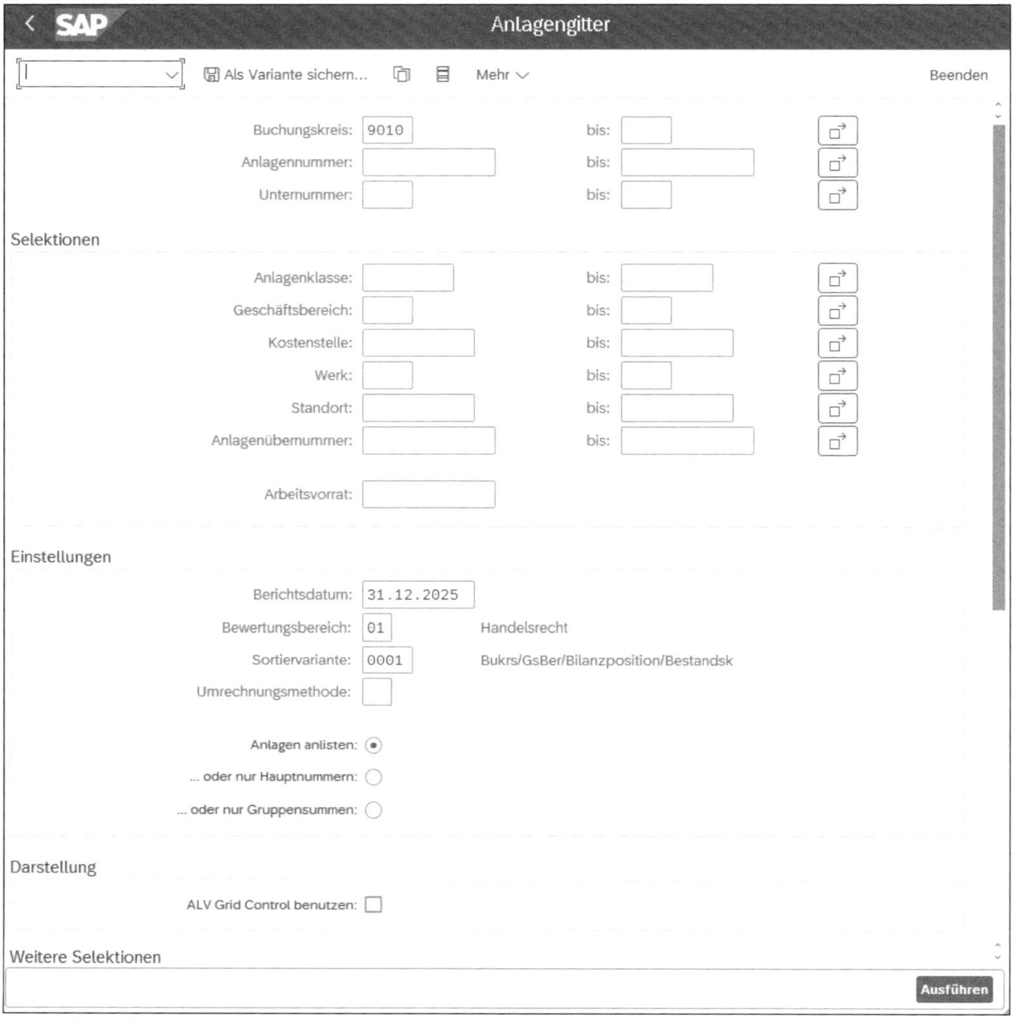

Abbildung 12.95 Selektionsbild des Anlagengitters

Abbildung 12.96 zeigt das Ergebnis. Über die am oberen Bildrand befindlichen Buttons (**Layout ändern**), (**Layout auswählen**) und (**Layout sichern**) können Sie Spalten ein- oder ausblenden. Damit kann der Report für den Anwender flexibel an seine Bedürfnisse angepasst werden. Mit (**Layout sichern**) können Sie ein angepasstes Layout sichern und später wiederverwenden, ohne es neu erstellen zu müssen.

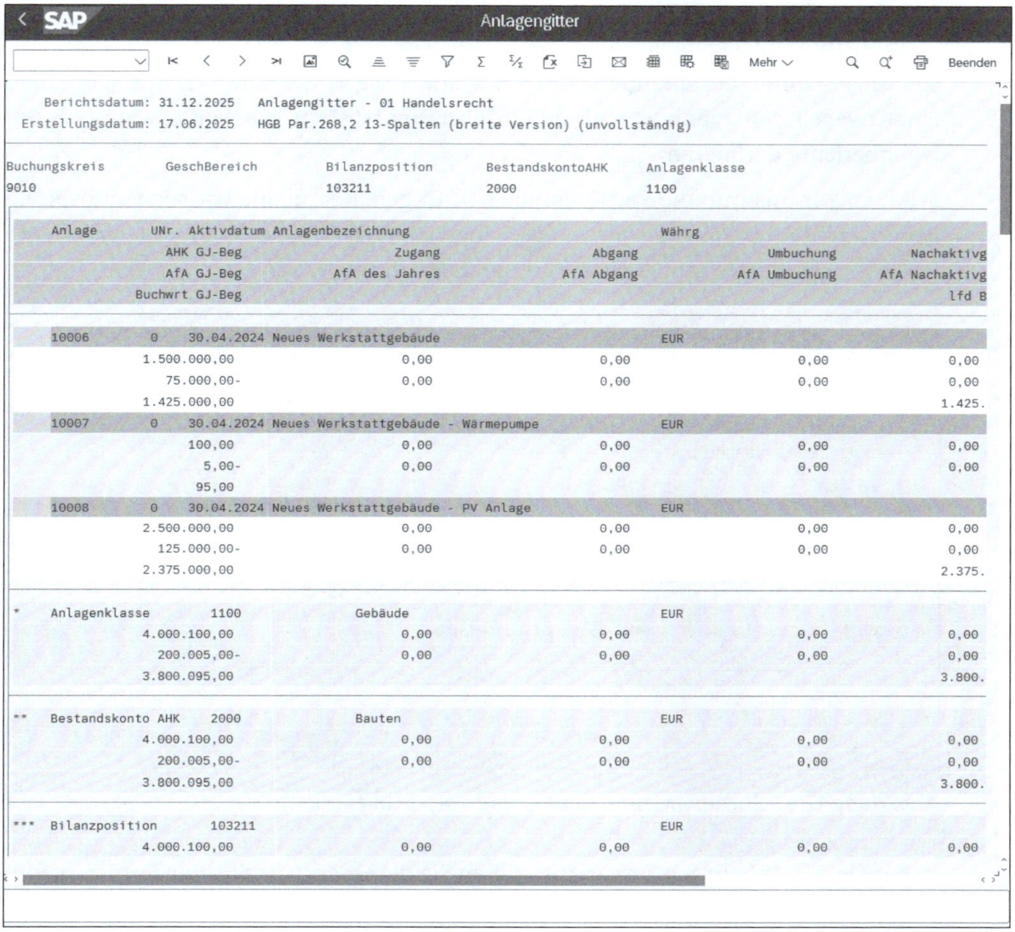

Abbildung 12.96 Ergebnis des Anlagengitters

Im Selektionsbild haben Sie eine *Sortiervariante* und eine *Gitterversion* ausgewählt. Diese bestimmen, wie die Anzeige aufgebaut ist. Sowohl bei der Sortiervariante als auch bei der Gitterversion gibt es viele von SAP ausgelieferte Beispiele, die die meisten Anforderungen abdecken. Die Sortiervariante definiert die Gruppen- und Summenbildung in einem Anlagenreport. In der Definition einer Sortiervariante können alle Felder des Anlagenstammsatzes als Gruppen- bzw. Sortierkriterium verwendet werden. Den Schlüssel der Sortiervariante müssen Sie bei Reportstart angeben. Die Gitterversion definiert die Entwicklung des Anlagevermögens vom Anfangs- bis zum Endbestand. Dies geschieht über:

- Zugänge
- Abgänge
- Umbuchungen
- Wertberichtigungen

Sollten Sie darüber hinausgehende Anforderungen haben, können Sie diese im Customizing umsetzen. Für eine eigene Sortiervariante oder zur Kontrolle der Einstellungen einer bestehenden Sortiervariante folgen Sie dem Customizing-Pfad **Finanzwesen • Anlagenbuchhaltung • Informationssystem • Sortiervarianten für Anlagenberichte definieren**.

Schauen wir uns nun die Sortiervariante 0001 genauer an, die wir soeben im Anlagengitter im Selektionsbild verwendet haben. Markieren Sie dazu die Sortiervariante 0001, und klicken Sie auf (**Details**), siehe Abbildung 12.97.

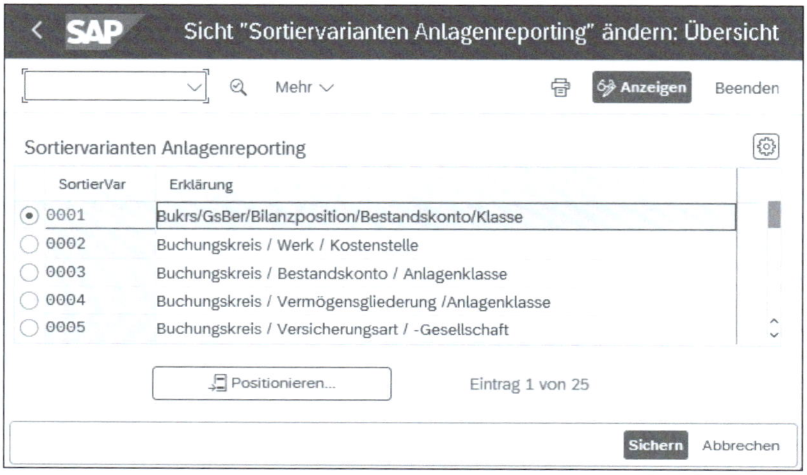

Abbildung 12.97 Sortiervarianten im Anlagen-Reporting ändern

In der Detailsicht zur Sortiervariante sehen Sie die Felder, für die eine Summe gebildet wird (siehe Abbildung 12.98). Dazu ist das Kennzeichen in der Spalte **Summe** gesetzt. Anstatt die von SAP ausgelieferten Sortiervarianten zu ändern, können Sie sie kopieren und als Startpunkt für Ihre eigenen Anpassungen verwenden.

Markieren Sie in der Übersicht eine Sortiervariante, oder gehen Sie in die Sicht **Detail**. Anschließend drücken Sie die Taste [F6], oder Sie klicken auf (**Kopieren als ...**). Es wird eine Kopie der selektierten Sortiervariante erzeugt. Vergeben Sie einen neuen Namen im Feld **Sortiervariante**. Meist beginnt dieser mit dem Kundennamensraum »Z«, z. B. »Z001«. Bestätigen Sie Ihre Änderungen mit der [↵]-Taste, und speichern Sie die Eingaben mit [Strg] + [S], oder klicken Sie auf (**Sichern**). Verlassen Sie die Sicht mit der Taste [F3], oder klicken Sie auf (**Zurück**), bis Sie sich wieder im Customizing-Pfad befinden.

Für die Abstimmung des Anlagevermögens mit den Salden im Hauptbuch pro Profit-Center und Segment kann es notwendig sein, dass Sie eigene Sortiervarianten festlegen. SAP liefert dazu zwei Sortiervarianten aus:

- 0016 – Buchungskreis/Profit-Center
- 0024 – Buchungskreis/Segment

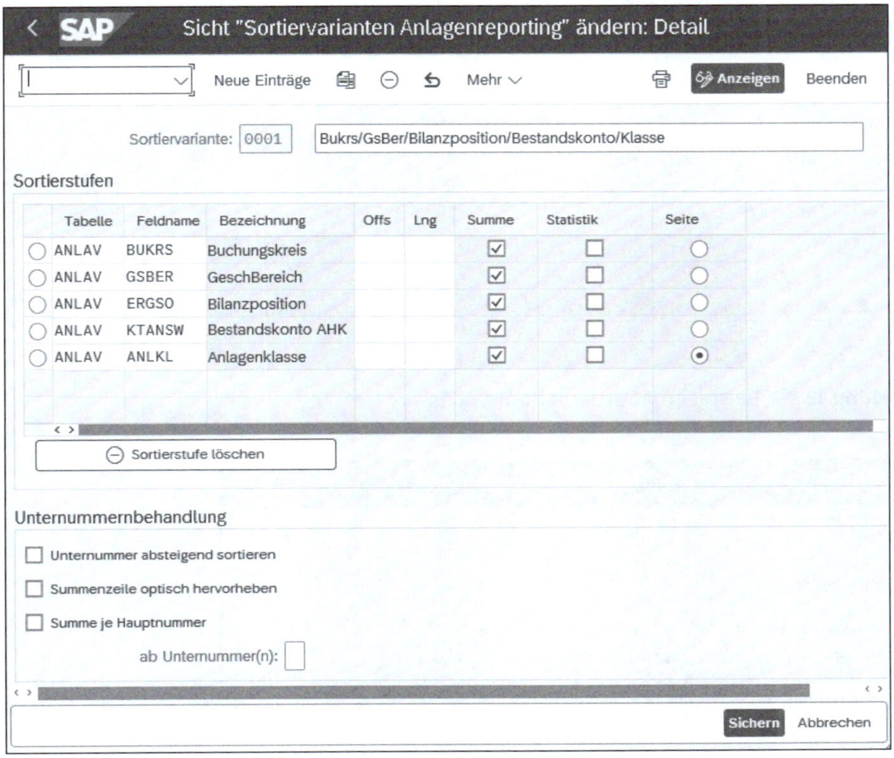

Abbildung 12.98 Sortiervarianten im Anlagen-Reporting ändern

Bei den Sortiervarianten 0016 und 0024 fehlt jeweils das Bestandskonto. Die Abstimmung kann insbesondere bei der Verwendung der Belegaufteilung interessant sein, da Sie mit der Belegaufteilung Bilanzen pro Profit-Center bzw. Segment erstellen möchten. Ausgangspunkt für die kopierte Sortiervariante Z024 war die Sortiervariante 0024. Das Bestandskonto ist nach dem Buchungskreis eingefügt worden (siehe Abbildung 12.99).

Für eine eigene Gitterversion, oder wenn Sie die Einstellungen einer Gitterversion kontrollieren möchten, folgen Sie dem Customizing-Pfad **Finanzwesen • Anlagenbuchhaltung • Informationssystem • Anlagengitter • Gitterversionen definieren**. Schauen wir uns nun die Gitterversion 0001, die wir soeben im Anlagengitter im Selektionsbild verwendet hatten, genauer an. Markieren Sie dazu die Gitterversion (**Version Gitter**) 0001, und klicken Sie auf [Details-Symbol] (**Details**), wie in Abbildung 12.100 dargestellt.

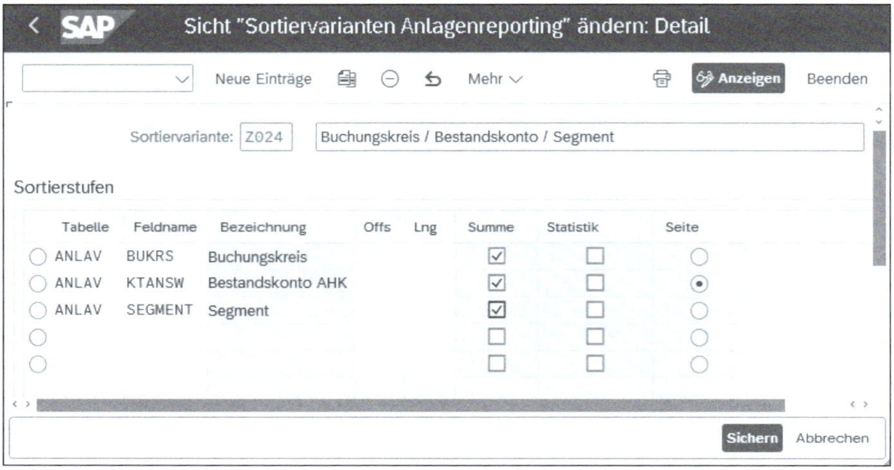

Abbildung 12.99 Beispiel für Sortiervariante Z024

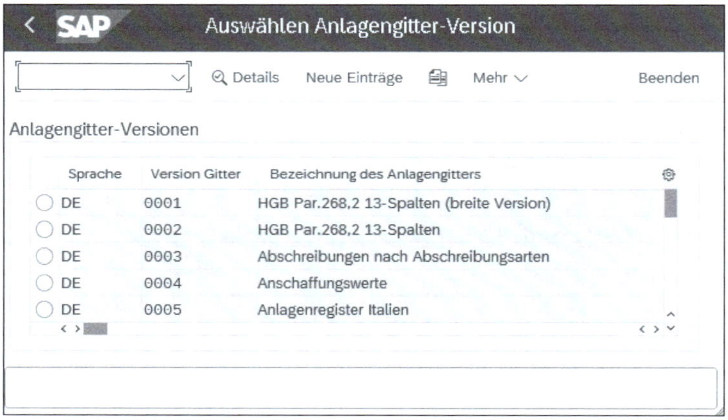

Abbildung 12.100 Gitterversion selektieren

Abbildung 12.101 zeigt den Zeilenaufbau in der ausgewählten Gitterversion. Dies entspricht der Darstellung im Report aus Abbildung 12.96.

Klicken Sie eine beliebige Zelle an, und drücken Sie anschließend die F2-Taste, oder klicken Sie auf Details (**Details**). Damit gelangen Sie eine Ebene tiefer in die Definition, wie sich die selektierte Zelle im Detail zusammensetzt (siehe Abbildung 12.102). Prüfen Sie die Einstellungen nur, und verändern Sie diese nicht! SAP-Gitterversionen dürfen nicht verändert werden. Sie können sich aber auf der Basis einer SAP-Gitterversion eine eigene Gitterversion anlegen, die die zusätzlichen Anforderungen in Ihrem Unternehmen erfüllt.

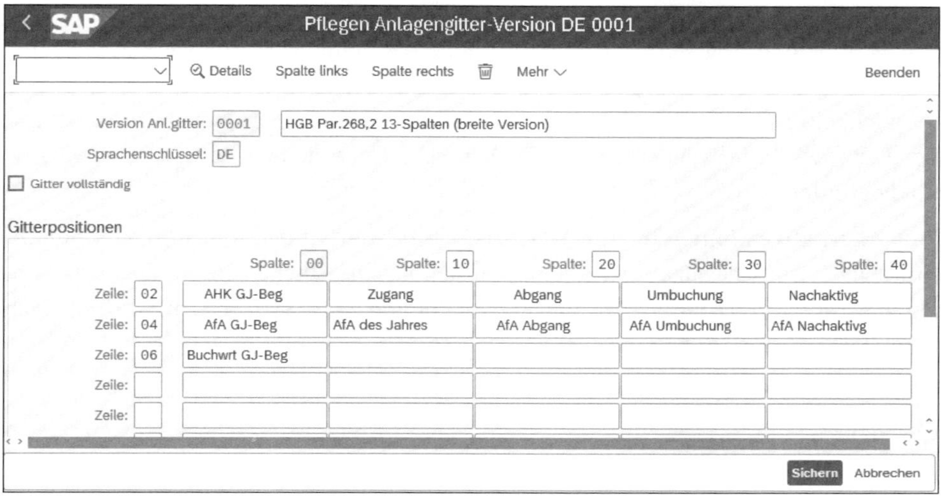

Abbildung 12.101 Zeilenaufbau in der Gitterversion

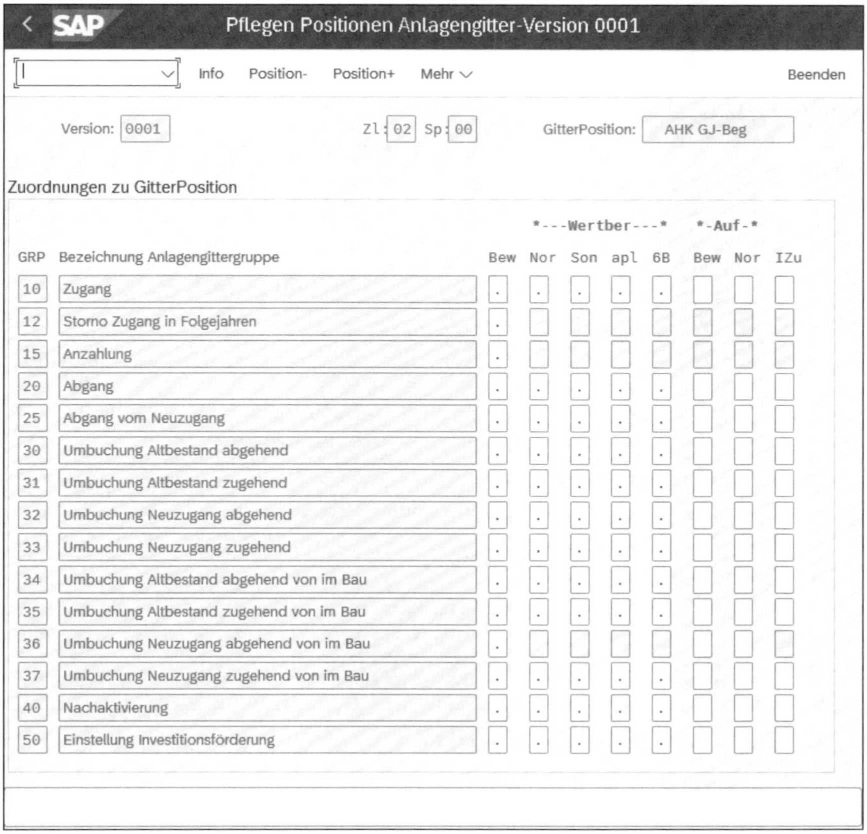

Abbildung 12.102 Positionen der Anlagengitterversion pflegen

Das Anlegen einer eigenen Gitterversion sollten Sie einem erfahrenen Berater in der Anlagenbuchhaltung überlassen, da die Einstellungen nicht selbsterklärend sind. Vielleicht gibt es für die Umsetzung Ihrer funktionalen Anforderungen auch andere Möglichkeiten, die Ihr Berater mit Ihnen besprechen wird. Verlassen Sie die Sicht mit der Taste [F3], oder klicken Sie auf (**Zurück**), bis Sie sich wieder im Customizing-Pfad befinden.

Eine Alternative können die in SAP Fiori angebotenen Apps für das Anlagen-Reporting sein. Starten Sie dazu Ihr SAP-Fiori-Launchpad, und klicken Sie auf die Kachel **Anlagengitter** (App-ID F1615), um die entsprechende SAP-Fiori-App zu starten. Nach dem Start müssen Sie folgende Felder ausfüllen:

- **Buchungskreis**
- **Ledger**
- **Bewertungsbereich**
- **Geschäftsjahr**
- **Bis-Periode**
- **Währungstyp**

Klicken Sie nun auf Start (**Start**). Das Anlagengitter wird im SAP-Fiori-Stil dargestellt (siehe Abbildung 12.103).

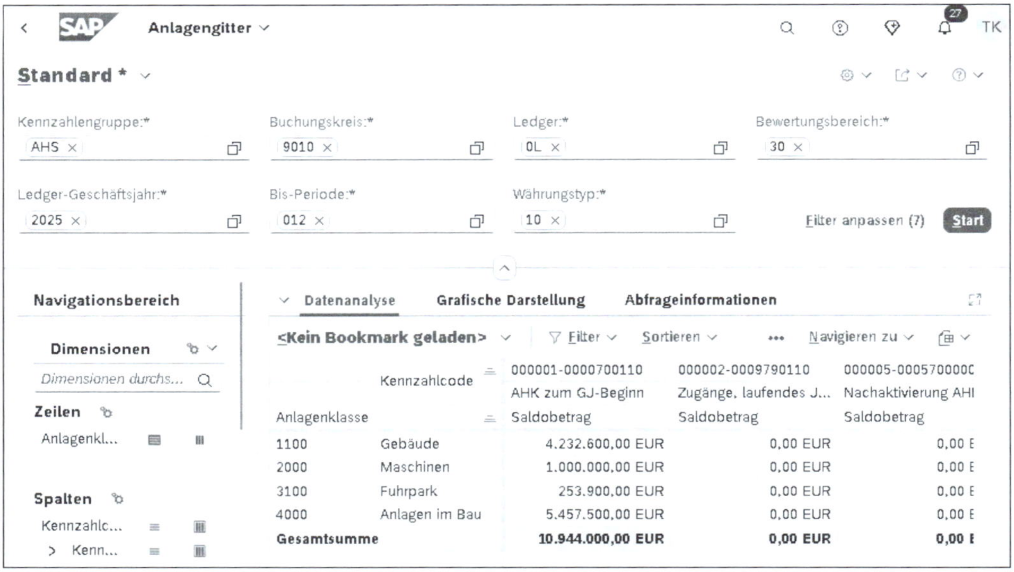

Abbildung 12.103 SAP-Fiori-Anlagengitter

Links im Navigationsbereich haben Sie die Möglichkeit, viele zusätzliche Felder/Merkmale auszuwählen. Klicken Sie dazu auf den Button [▤] (**Feld in Zeilenachse hinzufügen**) oder auf den Button [▥] (**Feld in Spaltenachse hinzufügen**). An der von Ihnen ausgewählten Stelle wird nun das jeweilige Feld/Merkmal hinzugefügt. Abbildung 12.104 zeigt die Werte pro Profit-Center an. 9000/9000 steht dabei für Kostenrechnungskreis/Profit-Center. Im Navigationsbereich können Sie ein zusätzliches Feld/Merkmal auch wieder entfernen.

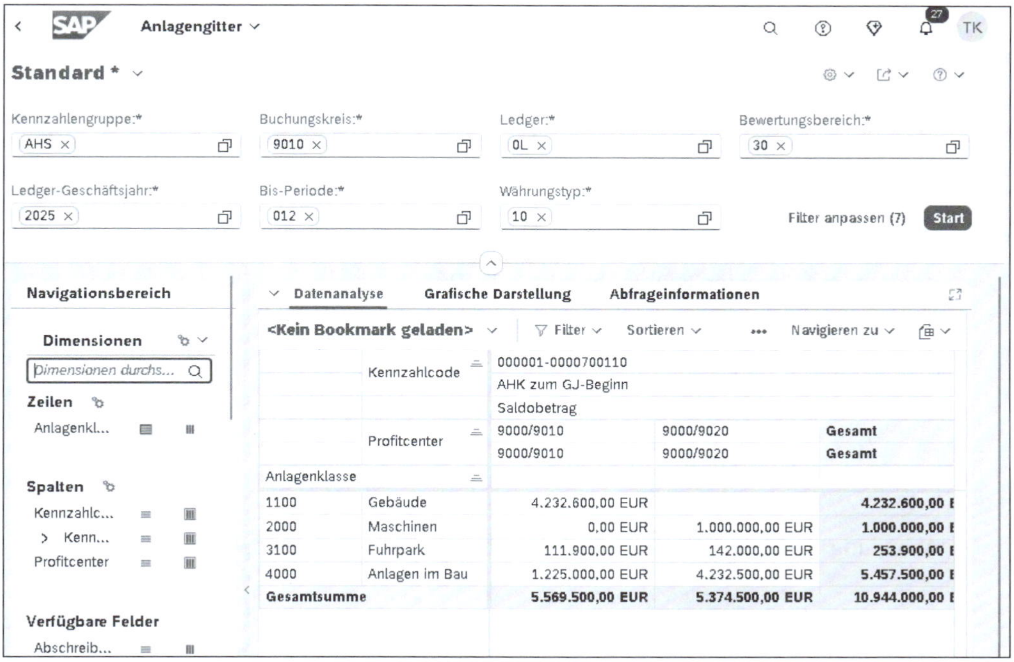

Abbildung 12.104 Anlagengitter mit Profit-Center

Für die Kontrolle der Kennzahlengruppe **AHS** folgen Sie dem Customizing-Pfad **Finanzwesen • Anlagenbuchhaltung • Informationssystem • Anlagengitter • Kennzahlengruppen für Anlagengitter definieren (Fiori)**. Im jeweiligen Anlagen-Reporting über SAP-Fiori-Apps ist bereits eine Kennzahlengruppe vorbelegt. Die von SAP ausgelieferten Kennzahlengruppen sind umfangreich und erfüllen alle Kundenanforderungen (siehe Abbildung 12.105). Daher gehen wir an dieser Stelle nicht weiter auf die Definition von Kennzahlengruppen ein.

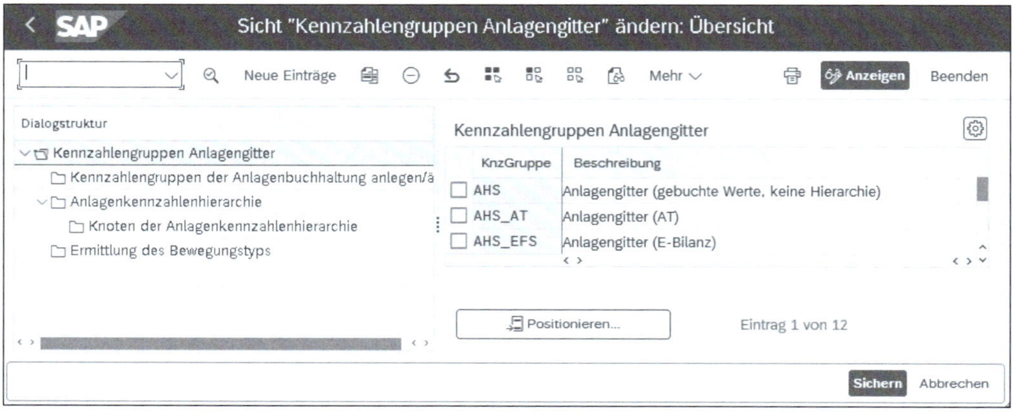

Abbildung 12.105 Sicht »Kennzahlengruppen Anlagengitter«

Eine weitere SAP-Fiori-App in der Anlagenbuchhaltung heißt **Arbeitsliste der Anlagenstämme anzeigen** (siehe Abbildung 12.106).

Abbildung 12.106 SAP-Fiori-App »Arbeitsliste der Anlagenstämme anzeigen«

Starten Sie Ihr SAP Fiori Launchpad, und suchen Sie die Kachel **Arbeitsliste der Anlagenstämme anzeigen** (App-ID F1592). Klicken Sie die App einmal an.

Grenzen Sie die Selektion auf Ihren Buchungskreis ein, und drücken Sie anschließend die [↵]-Taste, oder klicken Sie auf Start (**Start**). Das Selektionsergebnis wird wie in Abbildung 12.107 angezeigt.

Oberhalb der aufgelisteten Anlagen können Sie den Status der Anlagen vorfiltern. Wenn Sie einen der Status anklicken, werden nur noch die unvollständigen, die sich in Bearbeitung befindenden, die aktiven oder die abgegangenen Anlagen angezeigt.

Klicken Sie auf eine der selektierten Anlagen, sehen Sie in einem Pop-up-Fenster einige Details dazu (siehe Abbildung 12.108).

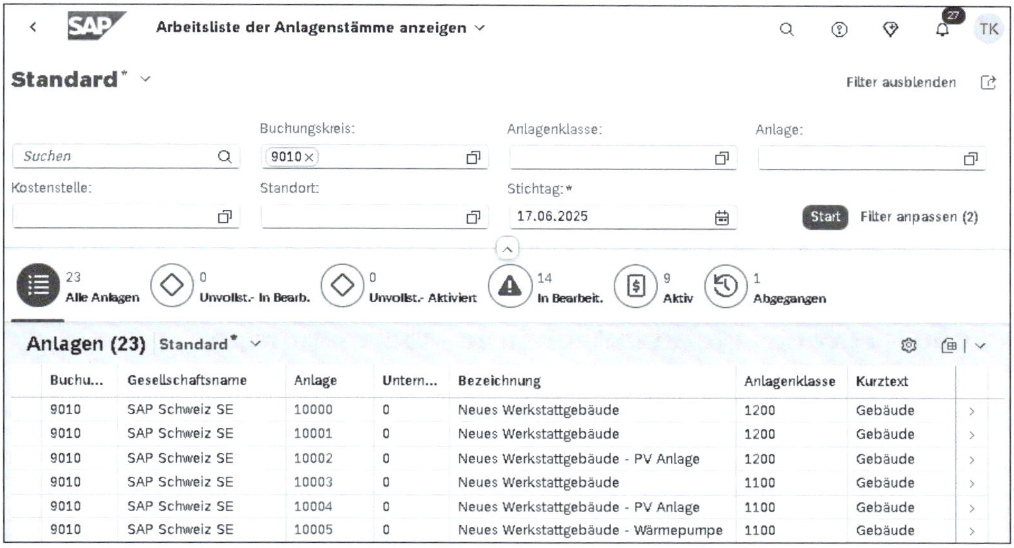

Abbildung 12.107 Einstiegsbild der SAP-Fiori-App »Arbeitsliste der Anlagenstämme anzeigen«

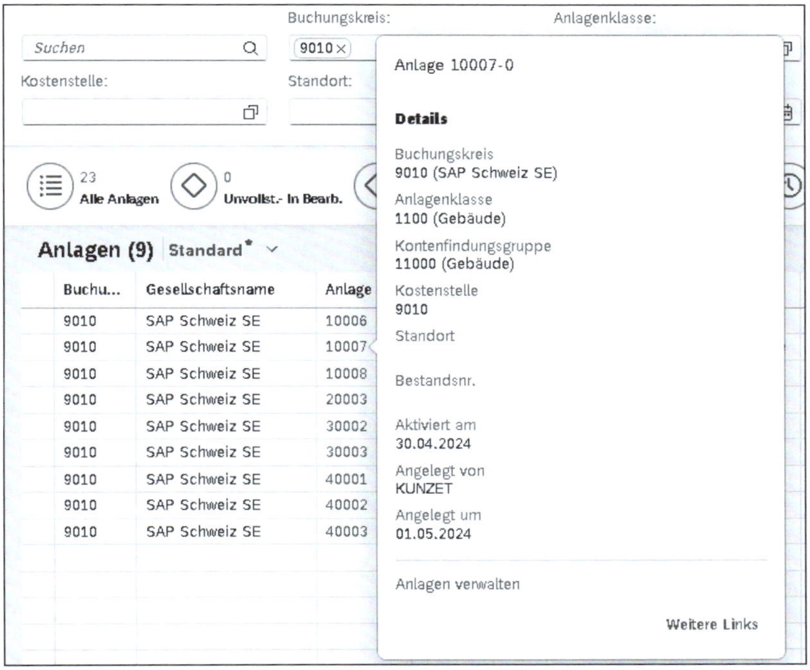

Abbildung 12.108 Einige Details einer Anlage anzeigen

Über den Button **Weitere Links** haben Sie die Möglichkeit, weitere SAP-Fiori-Apps auszuwählen und diese direkt in dem Abbildung 12.108 gezeigten Pop-up-Fenster auswählbar zu machen. Klicken Sie irgendwo in die SAP-Fiori-App, oder drücken Sie [Esc], damit sich das Pop-up-Fenster wieder schließt. Rechts am Bildrand finden Sie den Button [>] (**Anlage verwalten**), auf den Sie nun klicken. Damit springen Sie eine Ebene tiefer in die SAP-Fiori-App **Anlagen verwalten** (App-ID F3425) ab (siehe Abbildung 12.109).

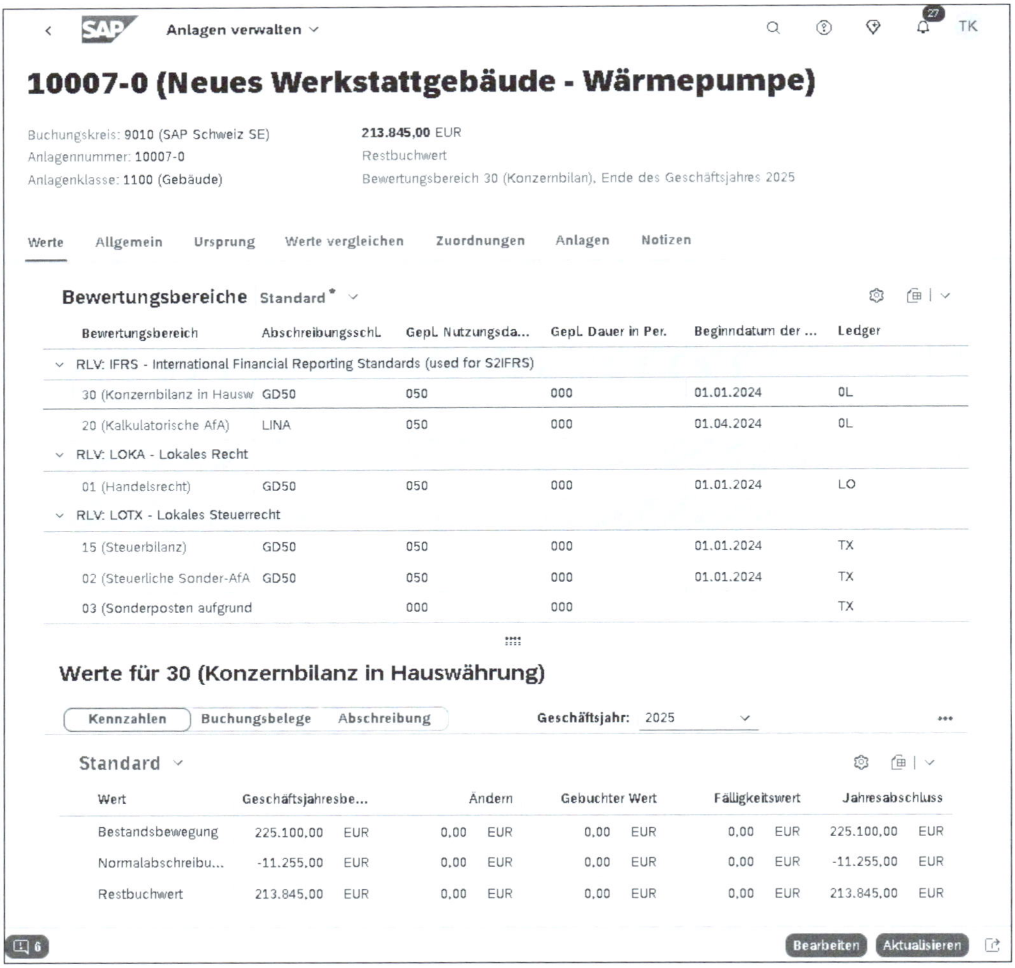

Abbildung 12.109 SAP-Fiori-App »Anlagen verwalten«

Hier finden Sie alle Details zu der ausgewählten Anlage. Die Anlagenwerte werden so wie im Anlagengitter dargestellt, also im zeitlichen Verlauf eines Jahres: **Geschäftsjahresbeginn • Ändern • Gebuchter Wert • Fälligkeitswert • Jahresabschluss**. Sie können zwischen **Gespeicherte Werte** und **Simulierte Werte** umschalten. In Abbildung 12.109 ist der Bewertungsbereich 30 (Konzernbilanz) ausgewählt. Auch hier erfolgt die Darstellung der Bewertungsbereiche nach der Zuordnung zu den Rechnungslegungsvorschriften. Die parallelen Bewertungsbereiche für parallele Hauswährungen werden nicht als Bewertungsbereiche angezeigt. Dafür müssen Sie die parallele Hauswährung im Dropdown-Feld **Währung** auswählen.

Am unteren Rand der App, bei **Werte für 30 (Konzernbilanz in Hauswährung)**, können Sie über die entsprechenden Buttons zwischen Kennzahlen, Buchungsbelegen und Abschreibungen umschalten. Die Darstellungen der Abschreibungen erfolgen dabei wie bei der Anlagenwertanzeige von Transaktion AW01N. Gebuchte Abschreibungen erhalten den Status **Grün** und geplante Abschreibungen den Status **Gelb**. Wenn Sie in der App weiter nach unten scrollen, können Sie sich noch den Lebenszyklus der Anlage als Balkendiagramm genauer anschauen (siehe Abbildung 12.110). Auf diese Weise wird erkennbar, wie sich der Restbuchwert einer Anlage über die Jahre durch die Abschreibungen reduziert.

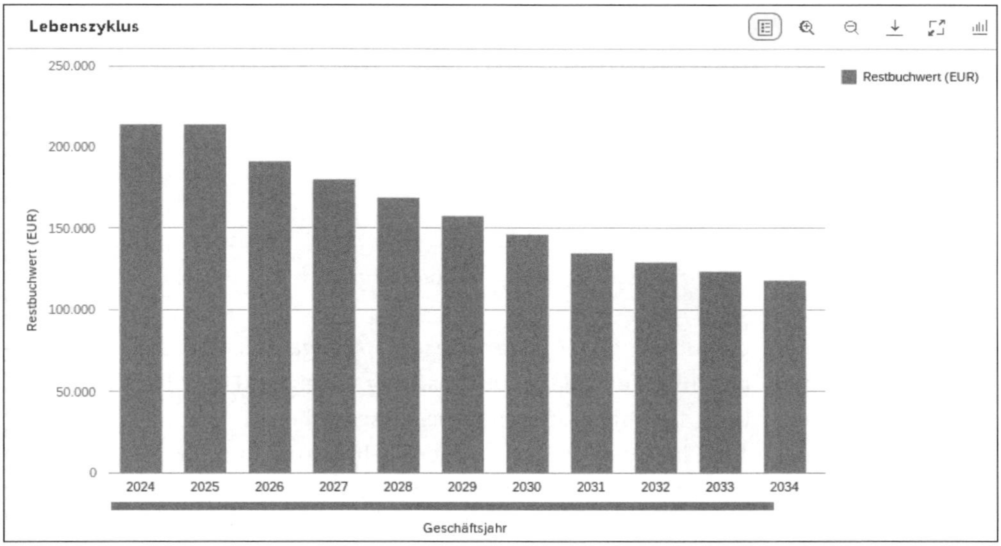

Abbildung 12.110 Lebenszyklus einer Anlage – Säulendiagramm

Im Diagramm **Lebenszyklus** können Sie über den Button [icon] (**Ausgewählte Diagrammart**) zwischen dem Säulendiagramm und einem Liniendiagramm umschalten. Das Liniendiagramm sehen Sie in Abbildung 12.111.

Um die Darstellungen in SAP Fiori mit den Kennzahlen anbieten zu können, hat SAP das Customizing dafür erweitert. Folgen Sie dem Customizing-Pfad **Finanzwesen • Anlagenbuchhaltung • Informationssystem**. Dort finden Sie die folgenden Customizing-Punkte:

- Kennzahlen für Anlagenbuchhaltung anzeigen (SAP Fiori)
- Kennzahlengruppen für Anlagenbestandsliste definieren (SAP Fiori)
- Kennzahlengruppen für Anlagenbewegungen definieren (SAP Fiori)

Das Customizing für die Kennzahlen und Kennzahlengruppen ersetzt in SAP Fiori die Sortiervariante und die Gitterversion, die bei den ABAP-Reports der Anlagenbuchhaltung benötigt werden.

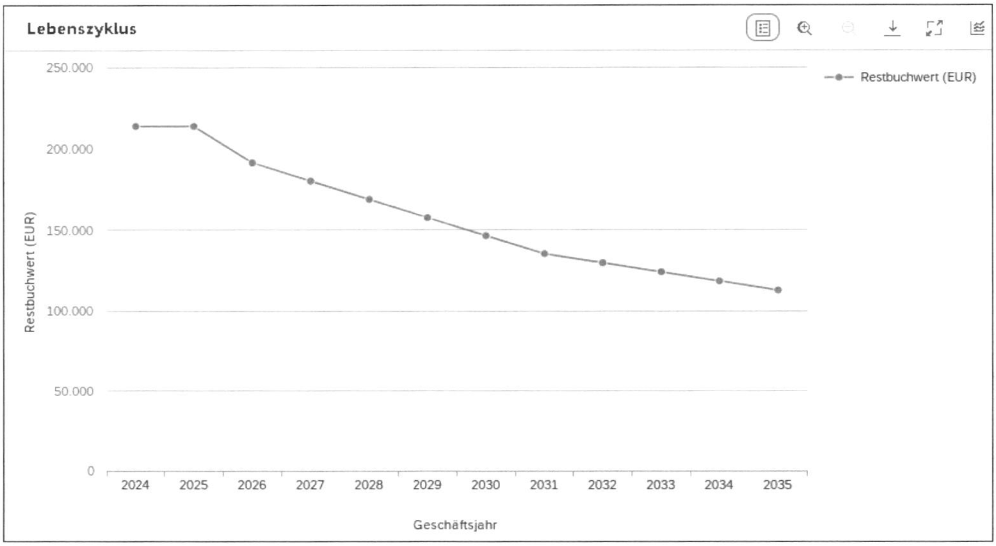

Abbildung 12.111 Lebenszyklus einer Anlage – Liniendiagramm

Folgen Sie dem Customizing-Pfad **Finanzwesen • Anlagenbuchhaltung • Informationssystem • Kennzahlen für Anlagenbuchhaltung anzeigen (Fiori)**. Dort finden Sie die *Kennzahlen* und die zugeordneten Geschäftsvorfälle. Die Kennzahl definiert einen Wert aus den Einzelposten der Anlagenbuchhaltung, z. B. Abgang (AHK). In einer Kennzahl kann zwischen gebuchten, geplanten oder noch zu buchenden *Geschäftsvorfällen* unterschieden werden, z. B. gebuchte Normal-AfA oder noch zu buchende Normal-AfA. Unter Geschäftsvorfällen in der Anlagenbuchhaltung versteht man die Art der Buchung auf den Anlagen. Dies kann z. B. ein Zugang, ein Abgang oder eine normale Abschreibung sein. Die Kennzahlen und ihre zugeordneten Geschäftsvorfälle werden nur in den SAP-Fiori-Apps der Anlagenbuchhaltung, also für das Reporting, benötigt. Beim Buchen von Anlagenbewegungen erfassen Sie diese weiterhin über eine Bewegungsart, wobei die Bewegungsart dann den Geschäftsvorfall darstellt. Im Fenster von Abbildung 12.112 wählen Sie eine der Kennzahlen aus und klicken in der Dialogstruktur doppelt auf **Zugeordnete Geschäftsvorfälle**.

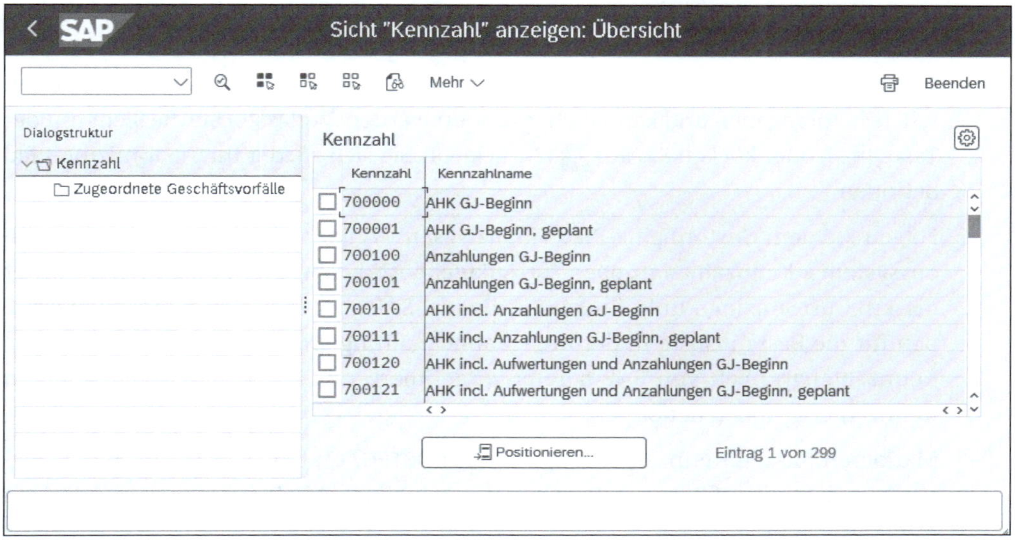

Abbildung 12.112 Vordefinierte Kennzahlen

Damit gelangen Sie in das Fenster **Sicht "Zugeordnete Geschäftsvorfälle" anzeigen: Übersicht**. Der Kennzahl 700000 (**AHK GJ-Beginn**) sind die folgenden Geschäftsvorfälle zugeordnet (siehe Abbildung 12.113):

- Saldovortrag
- Altdatenübernahme Anlagen im Bau AHK
- Altdatenübernahme GJ-Beginn
- Altdatenübernahme GJ-Endsaldo

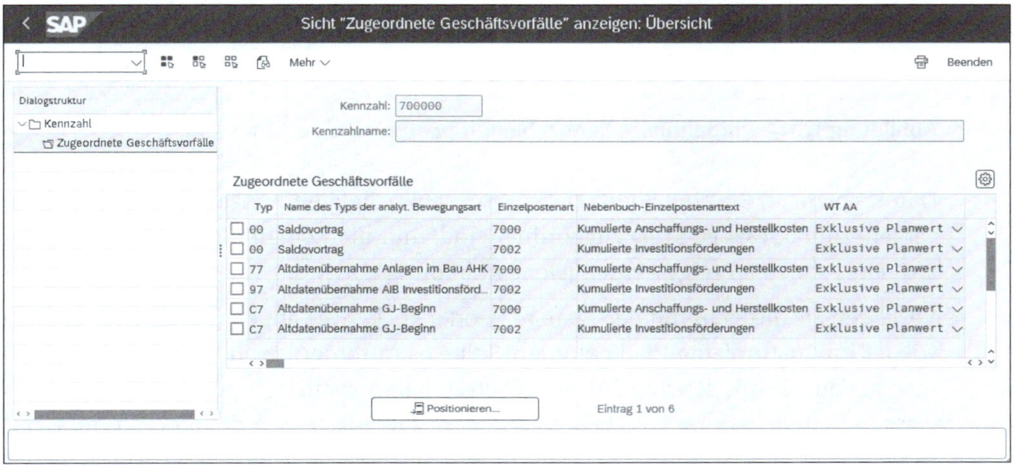

Abbildung 12.113 Vordefinierte Kennzahlen – zugeordnete Geschäftsvorfälle

Die Anschaffungskosten einer Anlage am Geschäftsjahresbeginn setzen sich immer entweder aus dem Saldovortrag des vorangegangenen Geschäftsjahrs oder aus dem Saldovortrag aus einer Altdatenübernahme zusammen. Dieses Customizing ist von SAP fest vorgegeben und kann nicht geändert werden. Verlassen Sie die Sicht mit der Taste [F3], oder klicken Sie auf < (**Zurück**), bis Sie sich wieder im Customizing-Pfad befinden.

Folgen Sie dem Customizing-Pfad **Finanzwesen • Anlagenbuchhaltung • Informationssystem • Kennzahlengruppen für Anlagenbestandsliste definieren (Fiori)**. Unter diesem Customizing-Punkt finden Sie die von SAP ausgelieferten Kennzahlengruppen für die Bestandsliste in der Anlagenbuchhaltung. Dabei sind alle notwendigen Kennzahlengruppen von SAP bereits vordefiniert, und Sie sollten keine weiteren Kennzahlengruppen benötigen.

Markieren Sie die Kennzahlengruppe **ABS_POSTED**, und klicken Sie in der Dialogstruktur doppelt auf **KennzahlGruppen der Anlagenbuchhaltung anlegen/änd** (siehe Abbildung 12.114).

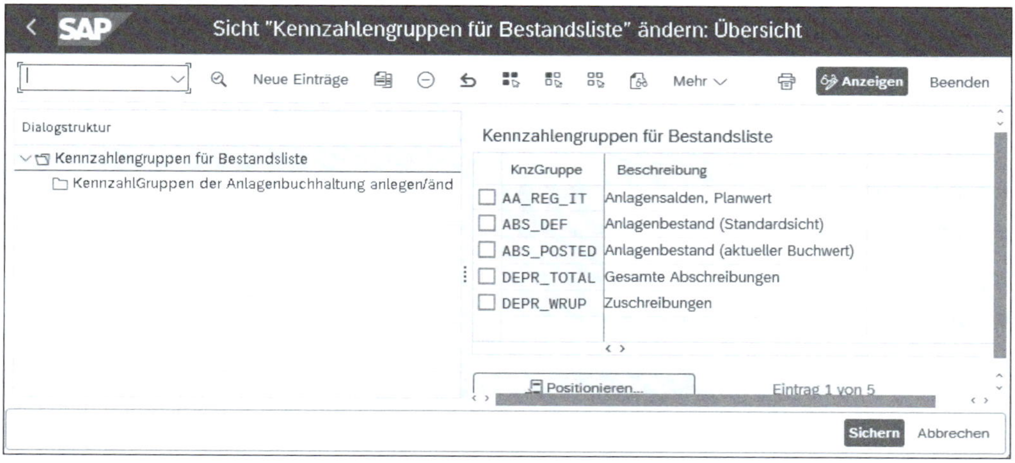

Abbildung 12.114 Vordefinierte Kennzahlengruppen für die Bestandsliste

Damit gelangen Sie eine Ebene tiefer. Nun sehen Sie die Kennzahlen, die der Kennzahlengruppe **ABS_POSTED** zugeordnet sind, und die Reihenfolge, wie diese in der SAP-Fiori-App angezeigt werden (siehe Abbildung 12.115).

Verlassen Sie die Sicht mit der Taste [F3], oder klicken Sie auf < (**Zurück**), bis Sie sich wieder im Customizing-Pfad befinden. Sollte es Anforderungen in Ihrem Unternehmen geben, die mit den von SAP ausgelieferten Kennzahlengruppen nicht abgedeckt werden können, können Sie hier eigene Kennzahlengruppen definieren und Kennzahlen zuordnen.

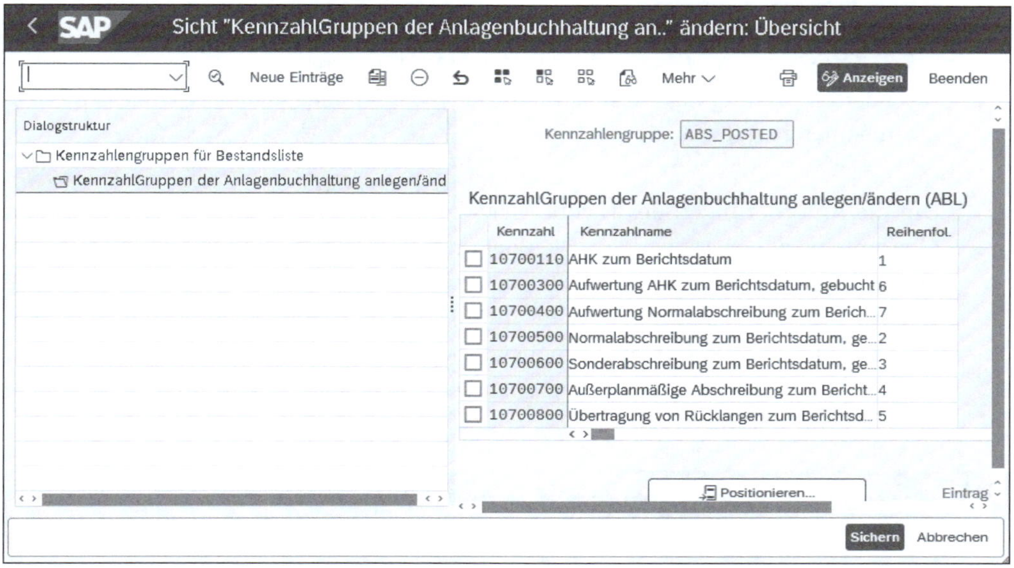

Abbildung 12.115 Vordefinierte Kennzahlengruppe mit Kennzahlen

Unter dem Customizing-Punkt **Kennzahlengruppen für Anlagenbewegungen definieren (Fiori)** können Sie die Kennzahlengruppen und die zugeordneten Kennzahlen für die Anlagenbewegungen überprüfen. Auch diese sollten vollumfänglich von SAP ausgeliefert sein und alle Ihre Anforderungen abdecken. Sie gehen dabei genauso wie unter dem Customizing-Punkt **Kennzahlengruppen für Anlagenbestandsliste definieren (Fiori)** vor. Damit haben wir nun auch das Customizing, sofern notwendig, und das Reporting in der Anlagenbuchhaltung erläutert.

12.3 Abgrenzungsverwaltung mit dem Accruals Management

Die *Abgrenzungsverwaltung* (*Accrual Engine*) wurde entwickelt, um Verbindlichkeiten abzugrenzen, die gegenüber Geschäftspartnern (u. a. Lieferanten) entstanden sind, aber noch nicht ausgeglichen wurden. Die Rechnungslegung dieser Aufwendungen erfolgt in der verursachten Periode unabhängig vom Zeitpunkt der tatsächlichen Buchung der Aufwendungen.

Accruals Management vs. Accrual Engine

Mit SAP S/4HANA wurde das Accruals Management eingeführt. Der Begriff Accruals Management ist gleichbedeutend mit Accrual Engine zu verstehen. Die Accrual Engine ist im Hinblick auf einige Abgrenzungsarten Bestandteil der Tabelle ACDOCA.

Daher sprechen wir im Folgenden weiterhin von der Accrual Engine. Das Accruals Management ist Bestandteil der SAP-S/4HANA-Lizenz und bedarf daher keiner gesonderten Lizenzierung. Es ist verfügbar, und wir empfehlen Ihnen, es in Ihrem Unternehmen zu nutzen.

Um die Anforderungen des Fachbereichs zu erfüllen, muss die Accrual Engine im Customizing angepasst werden. Die Buchungen werden meist zum Monatsende getätigt, da erst dann die Höhe der tatsächlichen Abgrenzungsbeträge bekannt wird. Daher ist es sinnvoll, diese Aktivität in SAP Advanced Financial Closing (siehe Kapitel 13) oder in SAP S/4HANA Financial Closing Cockpit in die Abschlussvorlagen aufzunehmen. Oft werden die Abgrenzungsbeträge auch nur summarisch für eine Periode ermittelt und gebucht.

[»]

SAP S/4HANA Financial Closing Cockpit

Weitere Informationen zu SAP S/4HANA Financial Closing Cockpit finden Sie in dem Zusatzkapitel zum Thema, das Sie auf unserer Website im Bereich **Materialien zum Buch** finden: *www.sap-press.de/6067/*.

In diesem Abschnitt gehen wir auf einen Standardprozess mit Materialwirtschaftsbezug, also auf die Bestellungsabgrenzungen, ein. Eine Bestellung wird zunächst angelegt und an das Accruals Management weitergegeben. Dort wird der Abgrenzungslauf erzeugt bzw. werden die monatlichen Beträge berechnet. Im zweiten Schritt wird nun die monatliche Buchung im Rahmen der Abschlussarbeiten im Hauptbuch gebucht. In Abbildung 12.116 sehen Sie schematisch den Prozess der Abgrenzungsverwaltung.

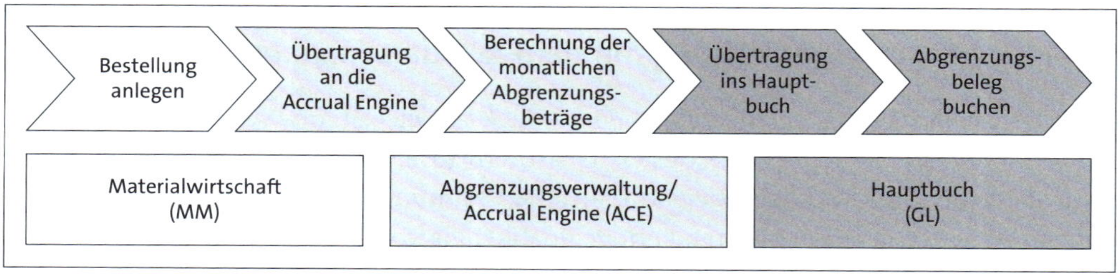

Abbildung 12.116 Überblick über die Abgrenzungsverwaltung für Bestellungen

SAP liefert ein Standard-Customizing mit der Installation von jedem System bei einem Release-Upgrade oder einer SAP-S/4HANA-Conversion aus. Da es im Accruals Management in SAP S/4HANA noch viele Veränderungen (Weiterentwicklungen und

Fehlerbehebungen) gibt, planen Sie die Einführung von Accruals Management am besten für den Zeitpunkt nach einem Upgrade auf das jeweils aktuelle SAP-S/4HANA-Release ein. Damit können Sie sicherstellen, dass Sie mit dem aktuellen Stand der Funktionen Ihr Projekt beginnen. In SAP S/4HANA ist die Accrual Engine in die Tabelle ACDOCA aufgenommen worden. Hier sprechen wir dann von Accruals Management in SAP S/4HANA. Dadurch sind bei einem Upgrade oder einer Conversion von einem früheren SAP-S/4HANA-Release auf SAP S/4HANA zusätzliche Schritte im Customizing notwendig. Diese finden Sie im Customizing-Pfad der SAP-S/4HANA-Konvertierung: **Konvertierung des Rechnungswesens auf SAP S/4HANA • Customizing: Vorbereitungen und Migration • Vorbereitungen und Migration: Customizing für Accrual Engine**.

[«]

SAP-Hinweise für das Accruals Management

Bevor Sie mit der Einrichtung der Abgrenzungsverwaltung anfangen, lesen Sie den folgenden SAP-Hinweis aufmerksam durch: SAP-Hinweis 2812479 (Abgrenzung für Bestellungen: Zusatzinformationen). Das Accruals Management umfasst derzeit zwei Bereiche: manuelle Abgrenzungen und Abgrenzungen für MM-Bestellungen (Materialmanagement-Bestellungen).

12.3.1 Abgrenzungsverwaltung mit der Accrual Engine

Sie finden das Customizing für das Accruals Management bzw. die Abgrenzungsverwaltung im SAP-Einführungsleitfaden (IMG) unter dem Pfad **Einführungsleitfaden anzeigen (SPRO) • Finanzwesen • Hauptbuchhaltung • Geschäftsvorfälle • Abgrenzungsverwaltung**. Wenn Sie diesen Pfad oder alternativ Transaktion ACEIMG aufrufen, öffnet sich das Fenster **Abgrenzungsverwaltung** (siehe Abbildung 12.117).

[«]

Weiternutzung der Accrual Engine

In SAP S/4HANA 1809 oder höher finden Sie weiterhin die Accrual Engine, bekannt aus SAP ERP, vor. Hintergrund ist, dass die Accrual Engine weiterhin von einigen SAP-Komponenten verwendet wird, die noch nicht auf das Accruals Management umgestellt sind. Dazu zählt z. B. das flexible Immobilienmanagement (RE-FX). Somit findet man beide Customizing-Einstellungen im Customizing-Pfad. In diesem Abschnitt beschäftigen wir uns ausschließlich mit dem Accruals Management.

Wählen Sie die anzupassende Anwendungskomponente POAC (**Bestellungsabgrenzungen**) aus (siehe Abbildung 12.118).

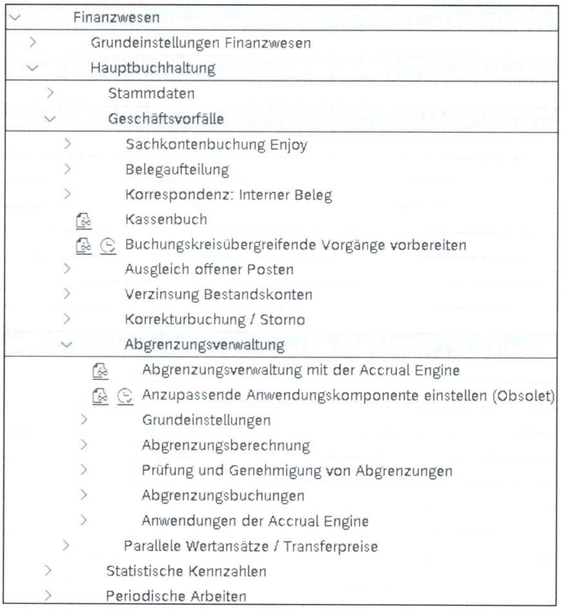

Abbildung 12.117 Abgrenzungsverwaltung im SAP-Einführungsleitfaden

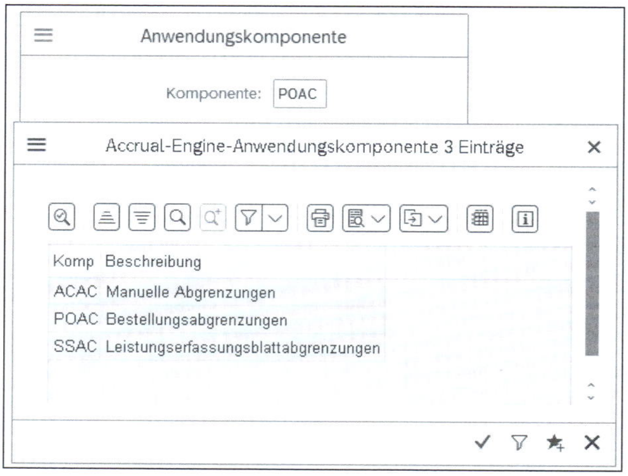

Abbildung 12.118 Anwendungskomponente auswählen

12.3.2 Grundeinstellungen der Abgrenzungsverwaltung

In diesem Abschnitt werden die Grundeinstellungen für die Accrual Engine und das Accruals Management erläutert:

1. Buchungskreise zuordnen
2. Geschäftsjahr für Änderungen an Abgrenzungsobjekten abschließen

3. Abgrenzungspositionsarten definieren
4. technische Einstellungen vornehmen
5. Abgrenzungsobjekte erweitern

Buchungskreise zuordnen

Alle Buchungskreise, die Abgrenzungen mit der Accrual Engine buchen sollen, müssen der Accrual Engine zugeordnet werden. Achten Sie darauf, dass Sie die richtige Anwendungskomponente (hier: POAC) gewählt haben.

Für den Zugriff auf diese Einstellung nutzen Sie den folgenden Customizing-Pfad: **Einführungsleitfaden anzeigen (SPRO) • Finanzwesen • Hauptbuchhaltung • Geschäftsvorfälle • Abgrenzungsverwaltung • Grundeinstellungen • Buchungskreise zuordnen**

In Abbildung 12.119 sehen Sie, dass der Anwendungskomponente POAC der Buchungskreis 9000 zugeordnet worden ist.

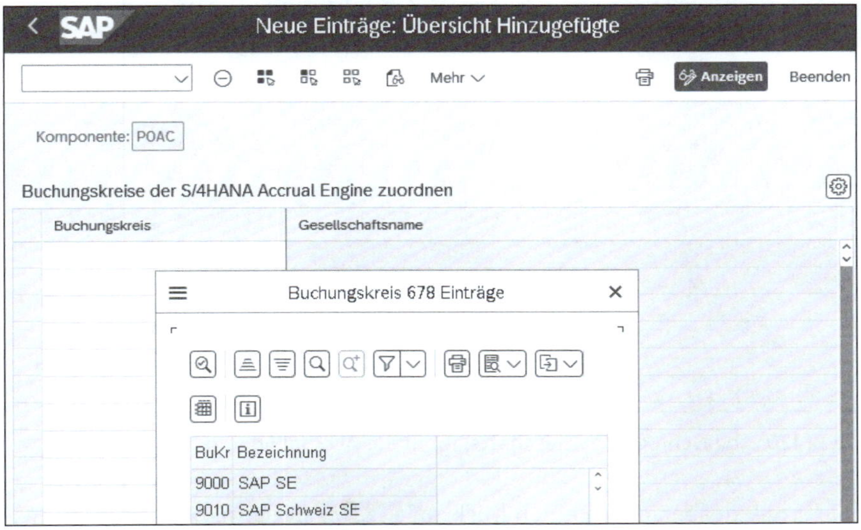

Abbildung 12.119 Buchungskreis zur Accrual Engine zuordnen

Sichern Sie Ihre Eingaben durch einen Klick auf Sichern (**Sichern**) oder über die Tastenkombination [Strg] + [S].

Geschäftsjahr für Änderungen an Abgrenzungsobjekten abschließen

In abgeschlossenen Geschäftsjahren dürfen keine Änderungen an Abgrenzungsobjekten durchgeführt werden. Daher müssen Sie das letzte abgeschlossene Geschäftsjahr für die relevanten Buchungskreise eingeben. Die Werte bei einer Altdatenübernahme in der Accrual Engine werden wie folgt ermittelt:

- Daten aus abgeschlossenen Geschäftsjahren erhalten als Stichtag den letzten Tag des letzten abgeschlossenen Geschäftsjahres. So wird verhindert, dass hier Änderungen an den Abgrenzungsobjekten vorgenommen werden.
- Daten aus dem aktuellen, nicht abgeschlossenen Geschäftsjahr erhalten als Datum den Stichtag der Altdatenübernahmen im aktuellen Geschäftsjahr und somit auch die Eröffnungsbuchung.

Folgen Sie dem Customizing-Pfad **Einführungsleitfaden anzeigen (SPRO) • Finanzwesen • Hauptbuchhaltung • Geschäftsvorfälle • Abgrenzungsverwaltung • Grundeinstellungen Geschäftsjahr für Änderungen an Abgrenzungsobjekten abschließen**. Wählen Sie dann den gewünschten Buchungskreis aus. Tragen Sie unter **Abgeschl. Geschäftsjahr** das letzte abgeschlossene Geschäftsjahr ein.

Achten Sie darauf, dass Sie auch hier die Anwendungskomponente POAC ausgewählt haben. Abbildung 12.120 zeigt das letzte abgeschlossene Geschäftsjahr in der Accrual Engine.

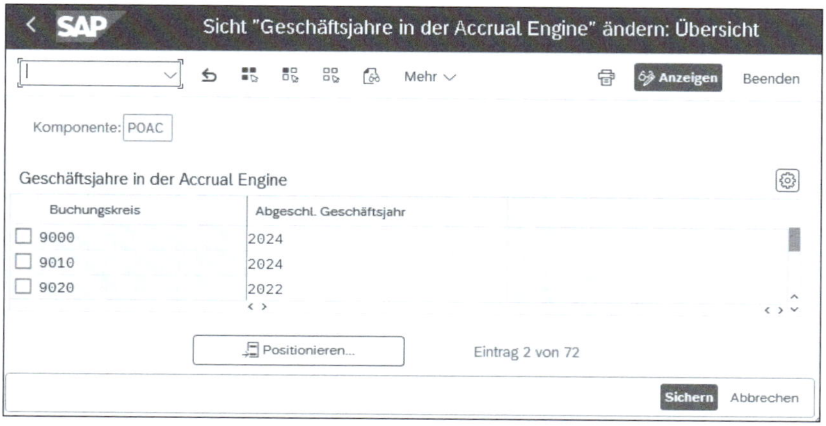

Abbildung 12.120 Abgeschlossenes Geschäftsjahr in der Accrual Engine

Sichern Sie Ihre Eingaben durch einen Klick auf Sichern (**Sichern**) oder über die Tastenkombination `Strg` + `S`.

Abgrenzungsbuchungen im laufenden oder im geschlossenen Geschäftsjahr werden mithilfe der Periodensperre in der Finanzbuchhaltung verhindert (siehe Abschnitt 12.1.1, »Buchungsperioden öffnen – Finanzwesen/Controlling/Materialwirtschaft«).

Abgrenzungspositionsarten definieren

Die *Abgrenzungspositionsart* gibt an, welche betriebswirtschaftliche Bedeutung (z. B. Kosten oder Erlöse) der abzugrenzende Betrag hat. Die Einstellungen für die Berechnung der abzugrenzenden Werte oder das Erstellen von Buchungen werden in diesem Abschnitt vorgenommen.

Da die Abgrenzungspositionsart die Buchungen auf Ledger-Gruppen bzw. Ledger steuern kann, sollten Sie sich überlegen, für welche Ihrer Ledger-Gruppen die Abgrenzungsbuchung relevant sein könnte. In diesem Konfigurationsschritt ordnen Sie eine Abgrenzungspositionsart einer oder mehreren Ledger-Gruppen zu. Somit wird in jeder Ledger-Gruppe für alle Ledger eine separate Abgrenzungsbuchung durchgeführt.

Für die Bestellungsabgrenzungen sind im Standard drei Abgrenzungspositionsarten vorhanden (siehe Tabelle 12.3).

Komponente	Abgrenzungspositionsart	Beschreibung
POAC	ACCRL	Abgrenzungsbetrag: Plan minus Ist (immer > 0)
POAC	ACTCST	Istkosten
POAC	PLNCST	Plankosten

Tabelle 12.3 Abgrenzungspositionsarten für Bestellungsabgrenzungen

Für den Zugriff auf diese Einstellung nutzen Sie den folgenden Customizing-Pfad: **Einführungsleitfaden anzeigen (SPRO) • Finanzwesen • Hauptbuchhaltung • Geschäftsvorfälle • Abgrenzungsverwaltung • Grundeinstellungen • Abgrenzungspositionsarten • Abgrenzungspositionsarten definieren**.

Wählen Sie nun die Abgrenzungspositionsart ACCRL (**Abgrenzungsbetrag**) aus. Dazu wählen Sie die entsprechende Zeile und klicken doppelt auf den Ordner **Positionsarteinstellungen für LG inkl. rep. Ledger** im Bereich der Dialogstruktur (siehe Abbildung 12.121). Sie sehen nun die Einstellungen für die Abgrenzungspositionsart.

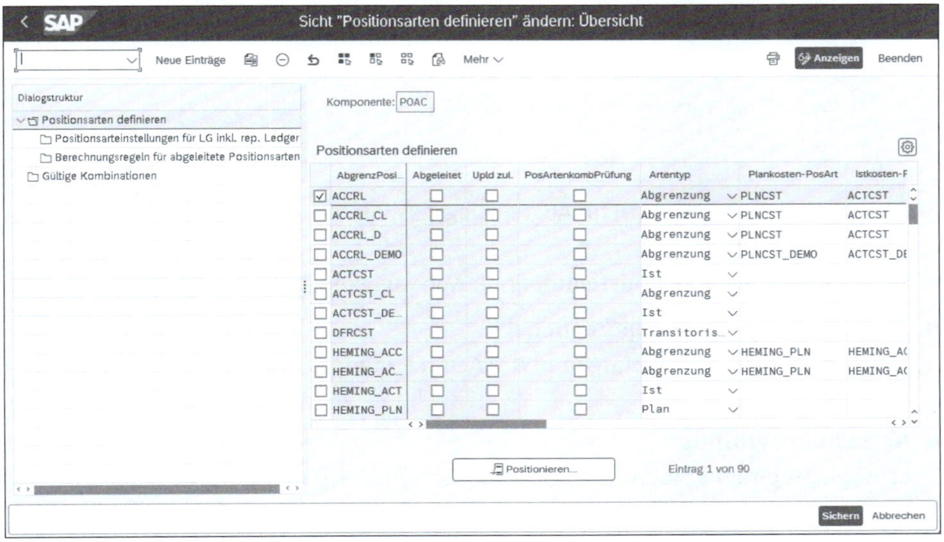

Abbildung 12.121 Positionsarteinstellung für Ledger-Gruppe (LG)

Wählen Sie einen neuen Eintrag aus. Klicken Sie dazu auf den Button **Neue Einträge**. Falls Sie das Feld **Ledger-Gruppe**, das Sie einer Abgrenzungspositionsart zugeordnet haben, leer lassen, erfolgt die Buchung auf alle Standard-Ledger. In Abbildung 12.122 sehen Sie die möglichen Einstellungen für eine Abgrenzungspositionsart in Bezug auf ein Ledger.

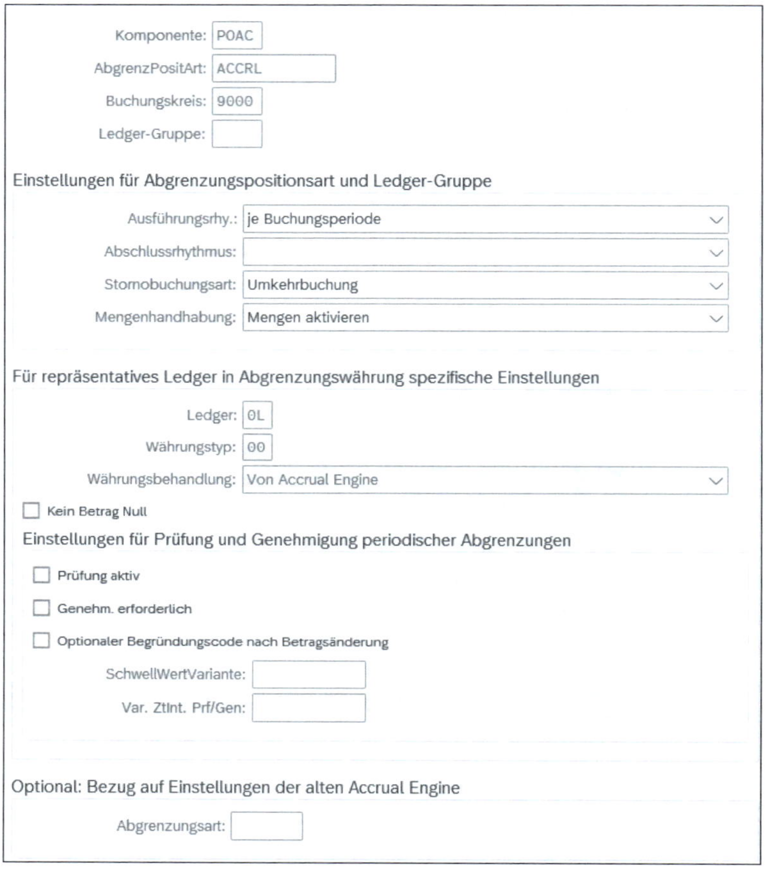

Abbildung 12.122 Einstellungen für Abgrenzungspositionsart und Ledger-Gruppe

Pflegen Sie die folgenden Einstellungen in Abhängigkeit Ihrer Bedürfnisse:

- **Buchungsfreq. (Buchungsfrequenz)**
  Gibt die Anzahl der Buchungen in der Accrual Engine (monatlich, täglich, jährlich usw.) an.
- **Abschlussrhythmus**
  Ermöglicht einen besseren Vergleich zwischen Verbrauch und Freigabe von Abgrenzungen im aktuellen und im vorangegangenen Jahr. Wird dieser Vergleich nicht benötigt, kann das Feld leer bleiben.

- **Stornobuchungsart**
  Definiert die Buchungsart beim Storno (Umkehrbuchung oder Negativbuchung).
- **Mengenhandhabung**
  Definiert die Mengennutzung während einer Abgrenzungsverwaltung.
- **Kein Betrag Null**
  Wird dieses Kennzeichen aktiviert, darf der Gesamtbetrag bei einer Abgrenzung in der gewählten Währung nicht gleich null sein.
- **Prüfung aktiv**
  Die Aktivierung dieses Kennzeichens erlaubt es dem Prüfer, die Abgrenzungsvorschläge manuell anzupassen. Es ist sinnvoll, dieses Feld bei Bestellungsabgrenzungen auszuwählen.
- **Genehm. erforderlich**
  Das Markieren dieses Feldes setzt das Genehmigungsverfahren voraus. Es kann alternativ oder zusätzlich zum Prüfungsprozess genutzt werden (siehe Abschnitt 12.3.4, »Abgrenzungen prüfen und genehmigen«).
- **SchwellWertVariante**
  Eine Definition von Schwellwertvarianten erlaubt es, einen Schwellenwert auf Abgrenzungsbeträge festzulegen (siehe ebenfalls Abschnitt 12.3.4)
- **Optionaler Begründungscode nach Betragsänderung**
  Setzen Sie das Kennzeichen **Optionaler Begründungscode**, um die Musseingabe eines Begründungscodes nach einer Betragsanpassung zu eliminieren.
- **Var. ZtInt. Prf/Gen**
  Dieses Feld bezeichnet ein Zeitintervall, das für die Prüfungen und Genehmigungen der periodischen Abgrenzungsbeträge benutzt wird (siehe ebenfalls Abschnitt 12.3.4).
- **Abgrenzungsart**
  Die Abgrenzungsart erlaubt eine Kompatibilitätssicht. Diese wird mit SAP S/4HANA Accrual Engine nicht mehr verwendet, es sei denn, die Werte wurden aus der früheren Accrual Engine migriert.

Doppelte Buchung vermeiden!

Jedes Ledger darf nur einmal in einer Ledger-Gruppe auftreten. Falls Sie in derselben Abgrenzungspositionsart mehrere Ledger-Gruppen zugeordnet haben, riskieren Sie hier, eine Abgrenzung doppelt zu buchen.

Die Abgrenzungsbeträge in der Accrual Engine werden standardmäßig in die Transaktionswährung umgerechnet (Währungstyp 00).

Um der Abgrenzungspositionsart einen zusätzlichen Währungstyp zuzuordnen, öffnen Sie den SAP-Einführungsleitfaden (IMG) über den Pfad **Einführungsleitfaden anzeigen (SPRO) • Finanzwesen • Hauptbuchhaltung • Geschäftsvorfälle • Abgrenzungsverwaltung • Grundeinstellungen • Abgrenzungspositionsarten • Währungstyp zur Abgrenzungspositionsart zuordnen**.

Wählen Sie einen neuen Eintrag aus, indem Sie auf den Button **Neue Einträge** klicken. Ordnen Sie die Abgrenzungspositionsart im Zusammenhang mit Buchungskreis, Ledger und Währungstyp zu. Dann entscheiden Sie sich für die Behandlung der Währung. In Abbildung 12.123 sehen Sie die Währungsumrechnungsoption für einen Buchungskreis und ein Ledger.

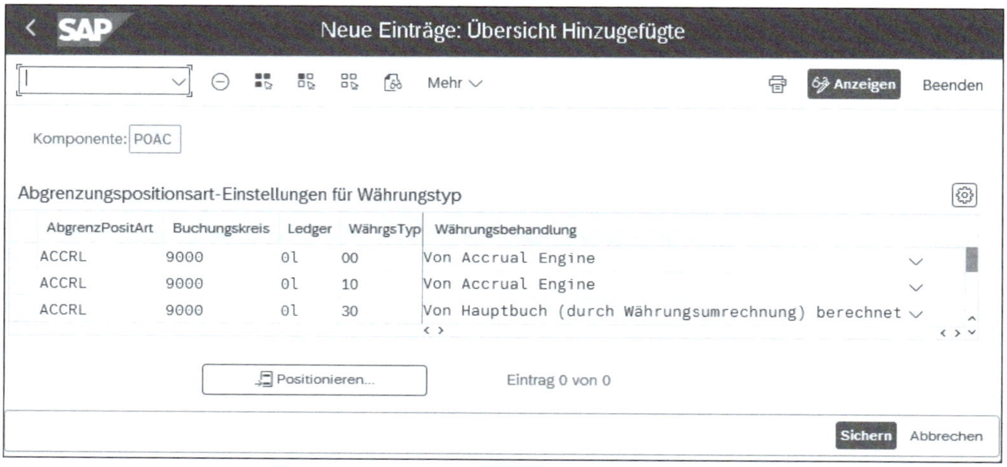

Abbildung 12.123 Abgrenzungspositionsart mit einer zweiten Währungsumrechnungsoption

Im Feld **Währungsbehandlung** stehen Ihnen drei Optionen zur Verfügung:

- **Keine (Werte bleiben immer gleich 0)**
  Beim Buchen von Abgrenzungen findet hier keine Währungsumrechnung statt.
- **Von Accrual Engine**
  Das System berechnet und bucht periodische Abgrenzungsbeträge (Transaktionswährung 00).
- **Von Hauptbuch (durch Währungsumrechnung) berechnet**
  Hier wird das Hauptbuch verwendet, um die periodischen Abgrenzungsbeträge gemäß den Customizing-Einstellungen der Währungsumrechnung im Hauptbuch zu berechnen. Diese Option ist auch die Standardeinstellung, falls Sie einen von der Transaktionswährung 00 abweichenden Währungskurs nehmen möchten.

Somit ergibt sich die Option, mehrere Währungen in Bezug auf die Abgrenzungspositionsart bzw. die Ledger zu unterstützen (siehe Abbildung 12.124).

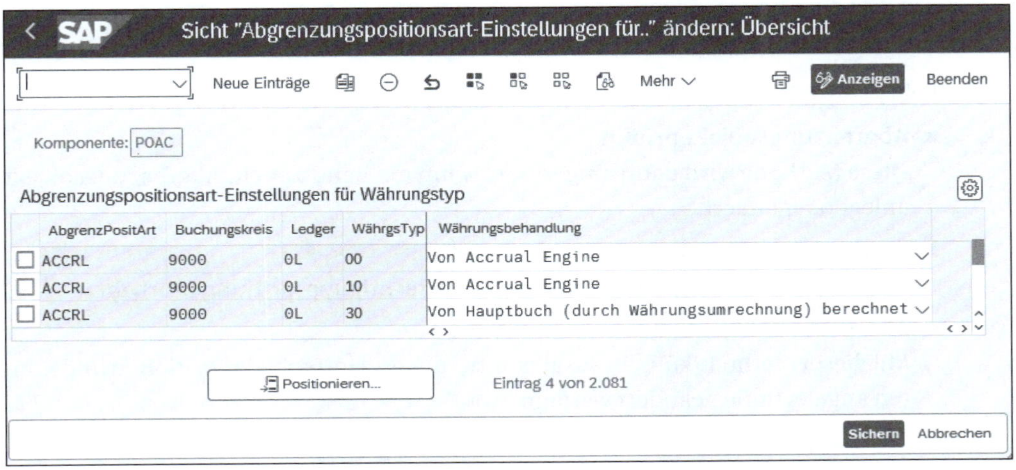

Abbildung 12.124 Einstellungen bei den Währungstypen zur Abgrenzungspositionsart

Ledger in der Accrual Engine!
Sie können nur repräsentative Ledger oder führende Ledger konfigurieren.

Technische Einstellungen vornehmen

Um auf die technischen Einstellungen zugreifen zu können, nutzen Sie den SAP-Einführungsleitfaden (IMG) unter dem Pfad **Einführungsleitfaden anzeigen (SPRO) • Finanzwesen • Hauptbuchhaltung • Geschäftsvorfälle • Abgrenzungsverwaltung • Grundeinstellungen • Abgrenzungspositionsarten • technische Einstellungen**.

Unter diesem Pfad finden Sie die folgenden Customizing-Punkte:

- alte Anwendungskomponenten aus der Benutzer-Wertehilfe ausblenden lassen
- Layout-Varianten definieren, mit denen Sie den Bildaufbau beim Anlegen, Ändern und Anzeigen von Abgrenzungsobjekten bestimmen
- Performance optimieren bzw. den Datenpuffer für die Verarbeitung von Abgrenzungsobjekten automatisch füllen lassen (über ein BAdI)
- Altdatenübername für Abgrenzungen definieren bzw. hochladen und/oder löschen
- Archivierung vorbereiten bzw. erweitern

Abgrenzungsobjekte erweitern

Bei der Erweiterung der Abgrenzungsobjekte haben Sie die Möglichkeit, verschiedene BAdIs zu aktivieren und in den Anwendungen zur Abgrenzungsverwaltung zu verwenden.

Folgende BAdIs werden angeboten:

- **Abgrenzungsobjekt prüfen**
  Diese Methode wird dann aufgerufen, wenn ein Benutzer ein Abgrenzungsobjekt anlegt oder ändert.
- **Berechtigung für Abgrenzungsobjekt prüfen**
  Mit dieser BAdI-Methode können Sie die Berechtigungsprüfung bearbeiten.
- **Abgrenzungsobjekt ändern**
  Mit dieser Methode können Zusatzkontierungen, Unterobjektpositionen und Konten angelegt und geändert werden.

12.3.3 Abgrenzungsberechnung

In diesem Abschnitt zeigen wir, wie Sie die Standardeinstellungen für die Abgrenzungsberechnung ergänzen können.

Abgrenzungsmethoden definieren

Mit der *Abgrenzungsmethode* lässt sich bestimmen, ob Abgrenzungsbeträge linear oder degressiv ermittelt werden.

In Abschnitt 12.3 »Abgrenzungsverwaltung mit dem Accruals Management«, wurde bereits beschrieben, wie Sie das SAP-Standard-Customizing aus dem Mandanten 00 importieren können. In Abbildung 12.125 sehen Sie die von SAP ausgelieferten Abgrenzungsmethoden. Dazu folgen Sie dem Customizing-Pfad **Einführungsleitfaden anzeigen (SPRO) • Finanzwesen • Hauptbuchhaltung • Geschäftsvorfälle • Abgrenzungsverwaltung • Abgrenzungsberechnung • Abgrenzungsmethoden definieren**.

Falls die Standardmethoden Ihre Anforderungen nicht abbilden können, haben Sie die Möglichkeit, weitere Abgrenzungsmethoden zu definieren. Beachten Sie, dass Sie dafür eigene Klassen entwickeln müssen und erst dann den neu definierten Methoden zuordnen können.

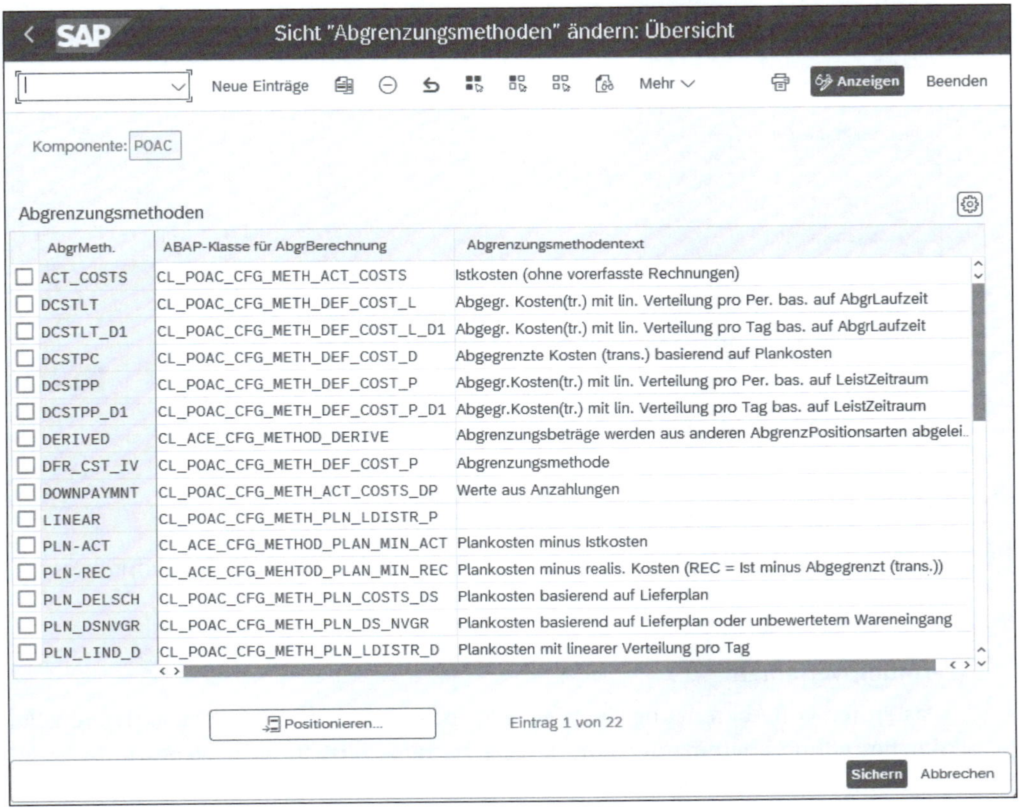

AbgrMeth.	ABAP-Klasse für AbgrBerechnung	Abgrenzungsmethodentext
ACT_COSTS	CL_POAC_CFG_METH_ACT_COSTS	Istkosten (ohne vorerfasste Rechnungen)
DCSTLT	CL_POAC_CFG_METH_DEF_COST_L	Abgegr. Kosten(tr.) mit lin. Verteilung pro Per. bas. auf AbgrLaufzeit
DCSTLT_D1	CL_POAC_CFG_METH_DEF_COST_L_D1	Abgegr. Kosten(tr.) mit lin. Verteilung pro Tag bas. auf AbgrLaufzeit
DCSTPC	CL_POAC_CFG_METH_DEF_COST_D	Abgegrenzte Kosten (trans.) basierend auf Plankosten
DCSTPP	CL_POAC_CFG_METH_DEF_COST_P	Abgegr.Kosten(tr.) mit lin. Verteilung pro Per. bas. auf LeistZeitraum
DCSTPP_D1	CL_POAC_CFG_METH_DEF_COST_P_D1	Abgegr.Kosten(tr.) mit lin. Verteilung pro Tag bas. auf LeistZeitraum
DERIVED	CL_ACE_CFG_METHOD_DERIVE	Abgrenzungsbeträge werden aus anderen AbgrenzPositionsarten abgelei…
DFR_CST_IV	CL_POAC_CFG_METH_DEF_COST_P	Abgrenzungsmethode
DOWNPAYMNT	CL_POAC_CFG_METH_ACT_COSTS_DP	Werte aus Anzahlungen
LINEAR	CL_POAC_CFG_METH_PLN_LDISTR_P	
PLN-ACT	CL_ACE_CFG_METHOD_PLAN_MIN_ACT	Plankosten minus Istkosten
PLN-REC	CL_ACE_CFG_MEHTOD_PLAN_MIN_REC	Plankosten minus realis. Kosten (REC = Ist minus Abgegrenzt (trans.))
PLN_DELSCH	CL_POAC_CFG_METH_PLN_COSTS_DS	Plankosten basierend auf Lieferplan
PLN_DSNVGR	CL_POAC_CFG_METH_PLN_DS_NVGR	Plankosten basierend auf Lieferplan oder unbewertetem Wareneingang
PLN_LIND_D	CL_POAC_CFG_METH_PLN_LDISTR_D	Plankosten mit linearer Verteilung pro Tag

Abbildung 12.125 Abgrenzungsmethoden

Obligatorische Abgrenzungsmethoden einfügen

Über den Customizing-Punkt **Obligatorische Abgrenzungsmethoden einfügen** werden alle alten Accrual-Engine-Customizing-Tabellen in die SAP-S/4HANA-Tabellen migriert. Dieser Punkt ist dann relevant, wenn Sie bereits in Ihrem alten SAP-ERP-System die Accrual Engine verwenden und eine Conversion von der alten in die neue Logik durchführen. Dazu folgen Sie dem Customizing-Pfad **Einführungsleitfaden anzeigen (SPRO) • Finanzwesen • Hauptbuchhaltung • Geschäftsvorfälle • Abgrenzungsverwaltung • Abgrenzungsberechnung • Obligatorische Abgrenzungsmethoden einfügen**.

In Abbildung 12.126 sehen Sie den Report, um die obligatorischen Abgrenzungsmethoden einzufügen. Starten Sie diesen einmal im Testlauf, und wenn der Testlauf erfolgreich ist, starten Sie den Report erneut im Echtlauf, indem Sie den Haken bei **Testlauf** entfernen.

12

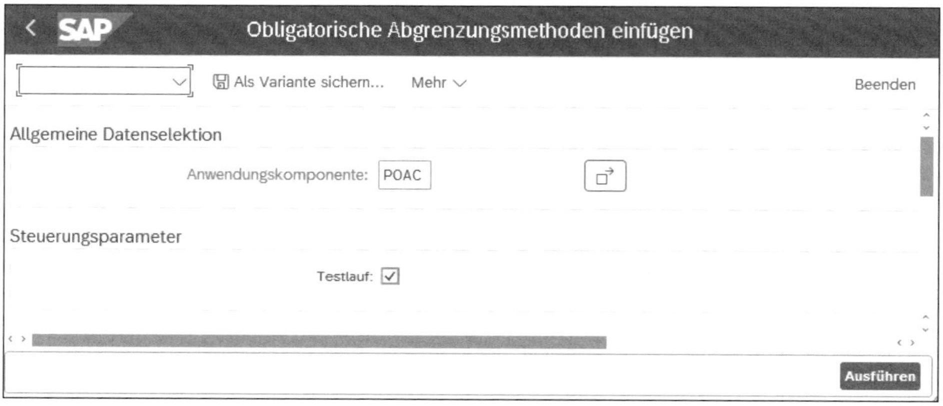

Abbildung 12.126 Report »Obligatorische Abgrenzungsmethoden einfügen«

12.3.4 Abgrenzungen prüfen und genehmigen

Im Folgenden erläutern wir das Einrichten von Prüfungs- und Genehmigungsverfahren.

Prüfungsverfahren

Das Prüfen von Abgrenzungsbeträgen ist je nach Szenario sinnvoll zu aktivieren. Bei den Bestellungsabgrenzungen werden die Abgrenzungsbeträge nach bestimmten Algorithmen berechnet. Somit können die Prüfer, sofern diese Einstellung aktiviert wurde, die von der Accrual Engine vorgeschlagenen periodischen Abgrenzungsbeträge manuell anpassen. Erst nach der Prüfung werden diese vorgeschlagenen geänderten Beträge dann gebucht.

Genehmigungsverfahren:

Das Genehmigungsverfahren kann alternativ oder auch zusätzlich zum Prüfungsverfahren aktiviert werden. Beim Genehmigungsverfahren wird ein Vier-Augen-Prinzip angewendet. Erst nach Genehmigung der Abgrenzungsbuchung durch einen Hauptbuchhalter werden die berechneten Abgrenzungsbeträge im System gebucht.

Schwellenwert der Zuverlässigkeit des maschinellen Lernens definieren

Wenn Sie die Funktion **Schwellenwert der Zuverlässigkeit des maschinellen Lernens definieren** nutzen möchten, müssen Sie zuerst den Cloud-Service an Ihr On-Premise-System anbinden.

Sobald dieser Cloud-Service aktiv ist, können Sie unter diesem Customizing-Punkt den *Schwellenwert* von Abgrenzungen definieren, damit der Service die Abgrenzungsverwaltung beobachtet und Empfehlungen für jede Bestellung vorschlägt.

Für den Zugriff auf diese Einstellung nutzen Sie den SAP-Einführungsleitfaden (IMG) über den Pfad **Einführungsleitfaden anzeigen (SPRO) • Finanzwesen • Hauptbuchhaltung • Geschäftsvorfälle • Abgrenzungsverwaltung • Prüfung und Genehmigung von Abgrenzungen • Schwellenwert der Zuverlässigkeit des maschinellen Lernens definieren**.

Sie haben die Möglichkeit, diese Vorschläge zu bestätigen oder gegebenenfalls manuell anzupassen.

Gründe für die Anpassung periodischer Abgrenzungsbeträge definieren

Wenn ein Benutzer einen periodischen Betrag manuell anpasst, muss dieser Benutzer einen Grund für die Änderung angeben. Sie haben die Möglichkeit, Vorschläge zu definieren, um einen besseren Überblick über die Gründe für eine periodische Betragsänderung zu bekommen.

Für den Zugriff auf diese Einstellung nutzen Sie den SAP-Einführungsleitfaden (IMG) über den Pfad **Einführungsleitfaden anzeigen (SPRO) • Finanzwesen • Hauptbuchhaltung • Geschäftsvorfälle • Abgrenzungsverwaltung • Prüfung und Genehmigung von Abgrenzungen • Gründe für die Anpassung periodischer Abgrenzungsbeträge definieren**.

In Abbildung 12.127 sehen Sie einen möglichen Anpassungsgrund. Sie können weitere Anpassungsgründe definieren, um damit Anpassungen, die Sie an vorgeschlagenen Abgrenzungen vornehmen, detaillierter zuordnen zu können.

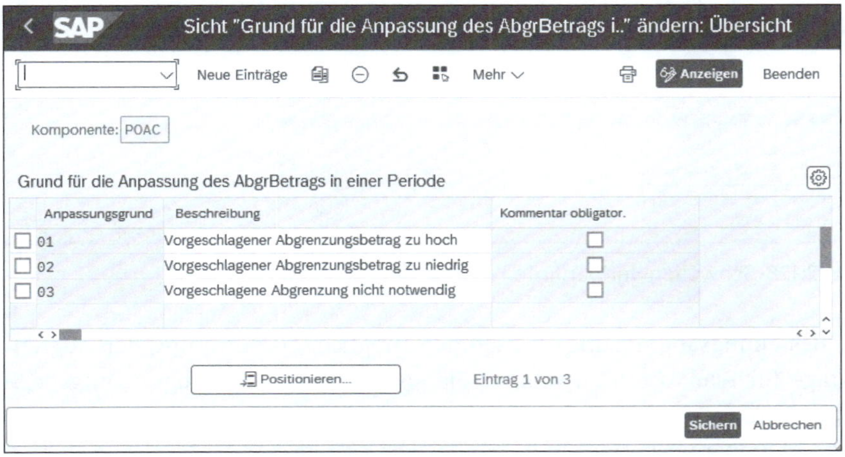

Abbildung 12.127 Gründe für Anpassungen

Schwellenwertvarianten definieren

Schwellenwertvarianten können für periodische Abgrenzungsbeträge definiert werden. Diese könne nicht auf Plan- oder Istkosten angewendet werden. Die Schwellenwertvariante kann auf der Buchungskreis-, der Abgrenzungspositionsart-, der Ledger- und der Währungstypebene zugeordnet werden.

Für den Zugriff auf diese Einstellung nutzen Sie den SAP-Einführungsleitfaden (IMG) über den Pfad **Einführungsleitfaden anzeigen (SPRO) • Finanzwesen • Hauptbuchhaltung • Geschäftsvorfälle • Abgrenzungsverwaltung • Prüfung und Genehmigung von Abgrenzungen • Schwellenwerte für Prüfung und Genehmigung von period. Abgrenzungsbeträgen • Schwellenwertvarianten definieren**.

Hier können Sie die Schwellenwerte für manuell überprüfte Abgrenzungsbeträge definieren. Analog zu den anderen Aktivitäten muss auch hier eine Variante angelegt werden. Diese Schwellenwertvariante enthält einen unteren und einen oberen Schwellenwertbetrag sowie eine Währung.

In der Aktivität **AbgrenzPositArt** (Abgrenzungspositionsarten) können Sie anschließend diese Variante im Feld **SchwWVar.** (Schwellenwertvariante) zuordnen (siehe Abbildung 12.128).

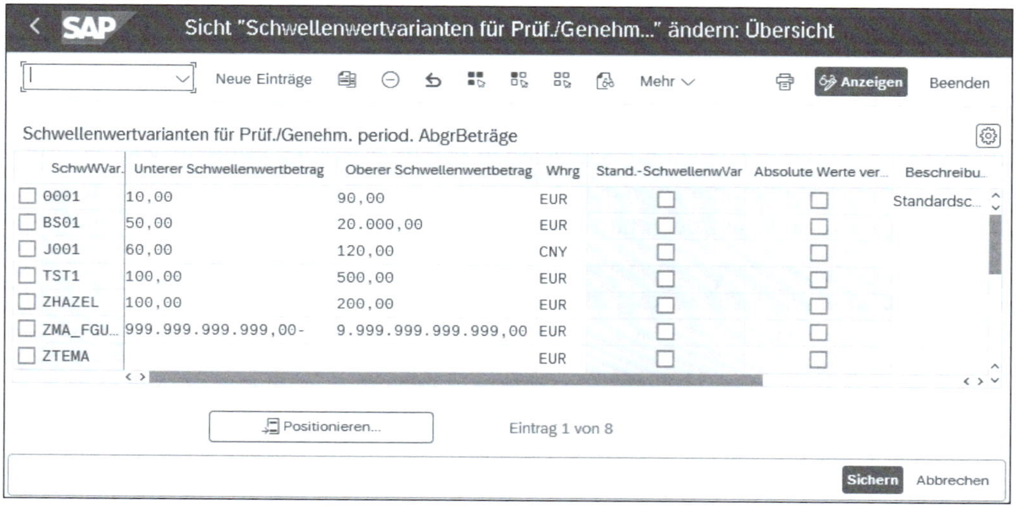

Abbildung 12.128 Schwellenwertvarianten definieren

Bei einer Bestellungsabgrenzung ist es Ihnen möglich, eine Prüfung der Abgrenzungsbeträge für Plankosten zu wählen. Sie sollten jedoch der Abgrenzungspositionsart für Plankosten keine Schwellenwertvarianten zuordnen, da diese nur für periodische Abgrenzungsbeträge gültig sind (siehe Abbildung 12.128).

Der Prüfungs- oder Genehmigungsprozess muss für mindestens eine Positionsart aktiviert worden sein.

Zeitintervallvarianten definieren

Zeitintervalle für den Prüfungs- und Genehmigungsprozess werden mithilfe von Zeitintervallvarianten definiert. Für den Zugriff auf diese Einstellung nutzen Sie den Customizing-Pfad **Einführungsleitfaden anzeigen (SPRO) • Finanzwesen • Hauptbuchhaltung • Geschäftsvorfälle • Abgrenzungsverwaltung • Prüfung und Genehmigung von Abgrenzungen • Zeitintervalle für Prüfung und Genehmigung für periodische Abgrenzungen • Zeitintervallvarianten definieren**.

Hier können Sie die *Datums- und Zeitintervalle* festlegen, in denen eine Prüfung oder Genehmigung der Abgrenzungsbeträge in einer definierten Periode stattfinden kann (siehe Abbildung 12.129).

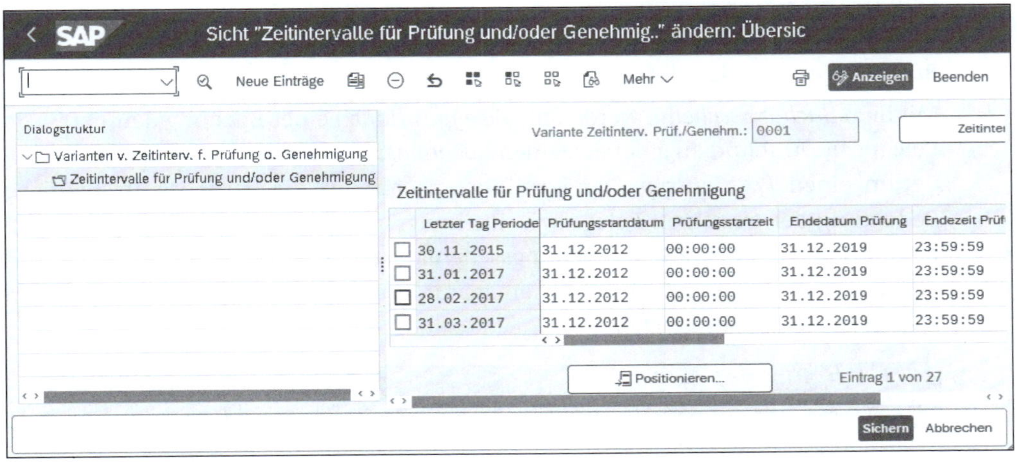

Abbildung 12.129 Zeitintervalle für die Prüfung festlegen

Für jede Periode in der Accrual Engine muss ein separates Zeitfenster für die Prüfung und Genehmigung definiert werden. Diese werden in einer Variante zusammengefasst. In der Aktivität **Abgrenzungspositionsarten** können Sie im Feld **Variante Zeitinterv. Prüf/Genehm.** diese Variante zuordnen (siehe Abbildung 12.129).

Der Prüfungs- oder Genehmigungsprozess muss für mindestens eine Positionsart aktiviert worden sein.

Abgrenzungsprüfung und -genehmigung erweitern

Um die Standardfunktionen der Abgrenzungsprüfung zu erweitern, werden verschiedene Erweiterungsmöglichkeiten angeboten. Für den Zugriff auf diese Einstellung nutzen Sie den SAP-Einführungsleitfaden (IMG) unter dem Pfad **Einführungsleitfaden anzeigen (SPRO) • Finanzwesen • Hauptbuchhaltung • Geschäftsvorfälle • Abgrenzungsverwaltung • Prüfung und Genehmigung von Abgrenzungen • Abgrenzungsprüfung und -genehmigung erweitern**.

Hier stehen Ihnen folgende Menüpunkte bzw. BAdIs zur Verfügung:

- die Logiken der Berechtigungsprüfungen erweitern
- die Prüflogiken der genehmigten bzw. überarbeiteten Beträge akzeptieren. Es muss allerdings für mindestens eine Positionsart und das entsprechende Ledger ein Prüfungs- oder Genehmigungsprozess aktiv sein.

12.3.5 Abgrenzungsbuchungen vornehmen

In diesem Abschnitt werden die unterschiedlichen Kriterien für die Berechnung der Abrechnungsbuchung sowie die Kontenfindung für diese Abrechnungsbuchung erläutert.

Buchungsschema definieren

Mit dem *Buchungsschema* werden die *Belegpositionen* einer Buchung definiert. Jede Belegposition gehört zu einer einzelnen *Buchungsschemaposition*. Diese enthält wiederum einen *Positionstyp*. Der Positionstyp definiert die betriebswirtschaftliche Bedeutung der einzelnen Beleg- bzw. Buchungsschemaposition. SAP liefert im Finanzwesen eine Auswahl an Buchungsschemata, die gegebenenfalls erweitert werden kann, falls die ausgelieferten Schemata für Ihre Anforderungen nicht ausreichen sollten (siehe Abbildung 12.130).

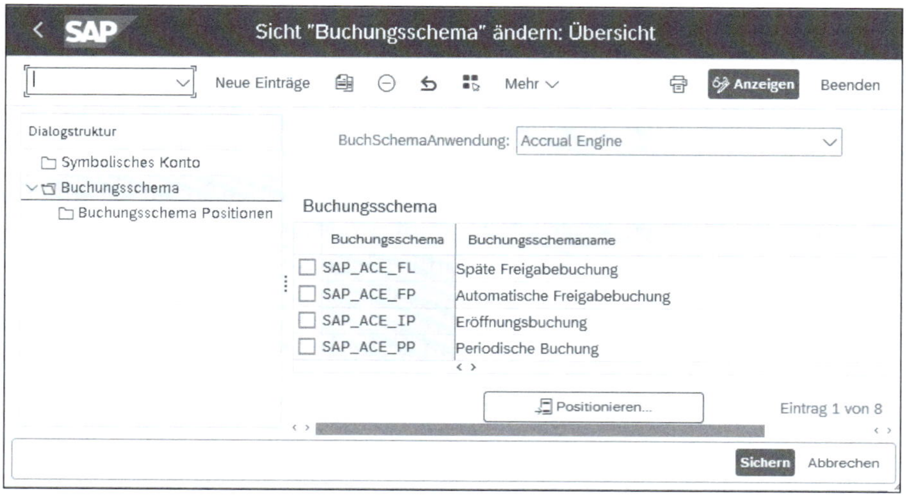

Abbildung 12.130 Buchungsschema für die Accrual Engine

Für den Zugriff auf diese Einstellung nutzen Sie den SAP-Einführungsleitfaden (IMG) über den Pfad **Einführungsleitfaden anzeigen (SPRO) • Finanzwesen • Hauptbuchhaltung • Geschäftsvorfälle • Abgrenzungsverwaltung • Abgrenzungsbuchungen • Buchungsschema definieren**.

Nehmen wir die periodische Buchung als Beispiel. Diese hat den Schlüssel **SAP_ACE_PP** als Buchungsschema. Wenn Sie diesen Schlüssel auswählen und auf die Dialogstruktur **Buchungsschema Positionen** mit Doppelklick navigieren, springen Sie auf die Zuordnung der *symbolischen Konten* (siehe Abbildung 12.131).

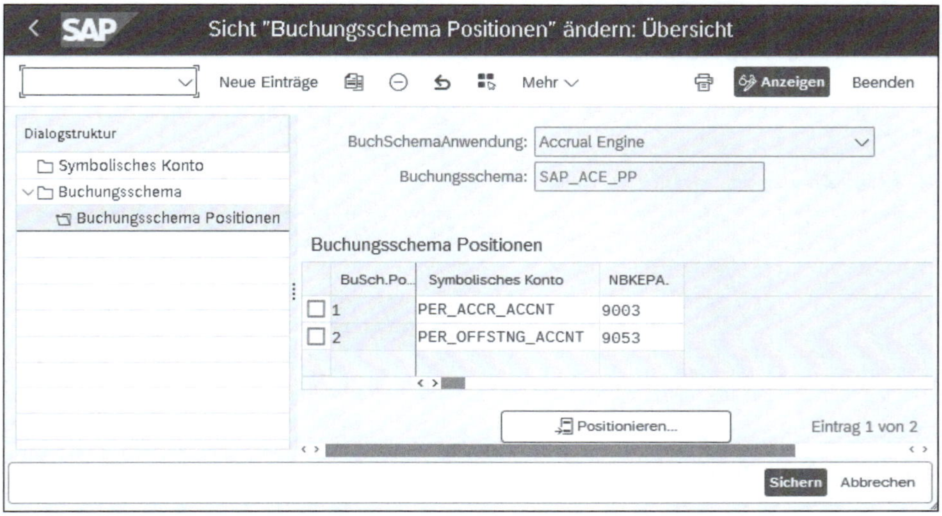

Abbildung 12.131 Buchungsschemapositionen

Hier werden zusätzlich zur Buchungsschemaposition das symbolische Konto und die *nebenbuchspezifische Einzelpostenart* angezeigt.

Das symbolische Konto ist im Customizing ein frei definierbares Konto und kann hier unter der Dialogstruktur **Symbolisches Konto** definiert werden. Erst nach dem Einstellen der Kontenfindung lässt sich durch Ableitung des symbolischen Kontos beim Buchen das richtige Sachkonto ermitteln.

Die nebenbuchspezifische Einzelpostenart gibt den Einzelposten den gebuchten Betrag an. In dem Fall wäre 9003 die periodische Auflösung und 9053 die Gegenbuchung der periodischen Auflösung. In der Tabelle `ACDOCA` finden Sie dies in dem Feld `SLALITTY`. Alle Inhalte finden Sie in der Tabelle `FINSTS_SLALITTY` unter der Anwendungskomponente FI-GL-GL-ACE.

Abgrenzungspositionsarten zu Belegarten und Buchungsschemata zuordnen

Nach der Definition der Buchungsschemata, also der Festlegung, welche Belegpositionen eine Buchung enthalten kann, ordnen Sie die Belegart zu jeder Abgrenzungsbuchung bzw. jedem Buchungsschema zu.

Für den Zugriff auf diese Einstellung nutzen Sie den Customizing-Pfad **Einführungsleitfaden anzeigen (SPRO) • Finanzwesen • Hauptbuchhaltung • Geschäftsvorfälle •**

Abgrenzungsverwaltung • Abgrenzungsbuchungen • Abgrenzungspositionsarten zu Belegarten und Buchungsschemata zuordnen.

Zunächst wird in dieser Aktivität die Abgrenzungspositionsart dem Buchungskreis und der Abgrenzungsbewegungsart zugeordnet (siehe Abbildung 12.132).

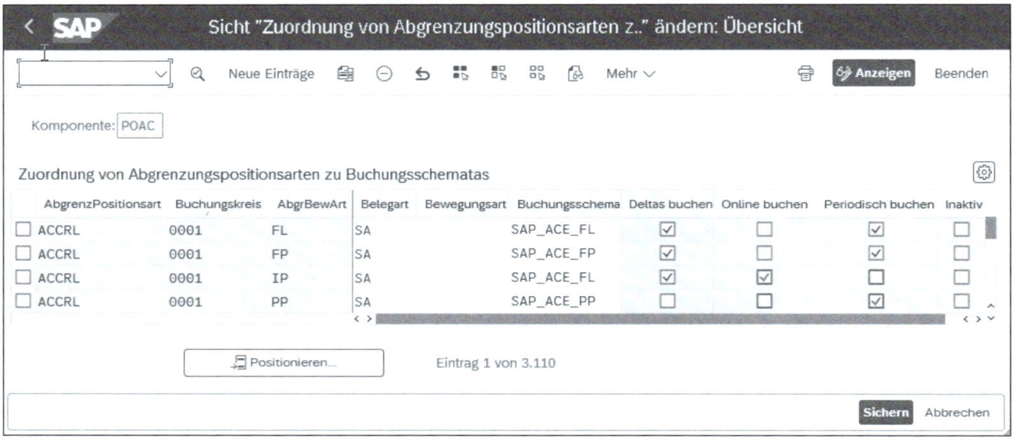

Abbildung 12.132 Zuordnung der Abgrenzungspositionsart zu den Buchungsschemata

Folgende Abgrenzungsbewegungsarten (**AbgrBewArt**) sind möglich:

- **IP – Eröffnungsbuchung**
  Beim Anlegen eines Abgrenzungsobjekts kann der Gesamtbetrag gebucht werden.
- **PP – Periodische Buchung**
  Der für einzelne Perioden mit der Abgrenzungsmethode berechnete Betrag kann gebucht werden.
- **UP – Verbrauchsbuchung**
  Nur relevant, wenn Abgrenzungen bereits gebucht wurden. Die Buchung verringert die bestehenden Abgrenzungen.
- **RP – Manuelle Freigabebuchung**
  Reduzieren Sie die Abgrenzungen, indem Sie sie auf ein anderes Konto (z. B. ein GuV-Konto) buchen.
- **FP – Automatische Freigabebuchung (auch endgültige Buchung genannt)**
  Reduzieren Sie die Abgrenzungen, indem Sie sie auf ein anderes Konto (z. B. ein GuV-Konto) buchen. Diese Art der Buchung erfolgt, wenn der Status des Abgrenzungsobjekts in **Vorzeitig beendet** geändert wird.

In der Spalte **Bewegungsart** können Sie eine Konsolidierungsbewegungsart mitgeben. Dies ermöglicht Ihnen die Darstellung der Buchungen in einem Abgrenzungsspiegel. Dazu nutzen Sie die SAP-Fiori-App **Kontenverlauf im Hauptbuch**. Wir beschreiben das Customizing für die SAP-Fiori-App **Kontenverlauf im Hauptbuch** in Abschnitt 12.4, »SAP-Fiori-App ›Kontenverlauf im Hauptbuch‹«.

Wenn Sie in der Customizing-Aktivität **Abgrenzungspositionsarten definieren** einen Abschlussrhythmus eingegeben haben, stehen weitere Buchungsarten zur Verfügung:

- **UL – Späte Verbrauchsbuchung**
  Ähnelt der Bewegungsart UP (Verbrauchsbuchung), jedoch wird die Rechnung hier in eine andere Abgrenzungsabschlussperiode gebucht. Dabei handelt es sich üblicherweise um ein anderes Geschäftsjahr.
- **RL – Späte manuelle Freigabebuchung**
  Ähnelt der Bewegungsart RP (manuelle Freigabebuchung). Hier wird die Freigabe jedoch in eine andere Abgrenzungsabschlussperiode gebucht.
- **FL – Späte automatische Freigabebuchung**
  Ähnelt der Bewegungsart FP (automatische Freigabebuchung). Hier wird die Freigabe jedoch in eine andere Abgrenzungsabschlussperiode gebucht.

[«]

Abgrenzungsbewegungsarten

Die Abgrenzungsbewegungsart wird verwendet, um die Abgrenzungsbuchung zu steuern. Sie wird jedoch nicht im Buchungsbeleg gespeichert. Dort wird die nebenbuchspezifische Einzelpostenart gesichert. Diese definiert den betriebswirtschaftlichen Geschäftsvorgang des gebuchten Belegs. Die Abgrenzungsbewegungsart wird hingegen im Customizing der nebenbuchspezifischen Einzelpostenart zugeordnet, und auf diese Weise werden beide Objekte in der Accrual Engine verlinkt.

Dabei sind folgende View-Tabellen interessant:

- V_TACE_TTYPE (Pflege-View für Bewegungsarten in der Accrual Engine)
- V_TACESLALITTYPE (Pflege-View für Abgrenzung Slalittypes bzw. die nebenbuchspezifische Einzelpostenart)

- **Delta buchen**
  Sie haben die Möglichkeit, sich für die *Deltabuchung* oder die *vollständige Buchung* zu entscheiden.

  Falls die Sie Deltabuchung auswählen, wird die Accrual Engine die Deltabeträge zur vorangegangenen Periode buchen.

  Falls Sie die Deltabuchung nicht auswählen, geht das System von einer vollständigen Buchung aus. Die Accrual Engine storniert den bereits gebuchten Betrag; danach wird der neue Betrag berechnet und vollständig in der angegebenen Periode gebucht. Auch die Stornobuchung findet in der angegebenen Periode statt.

- **Online buchen**
  Falls Sie diese Option wählen, wird die Abgrenzungsbuchung sofort angestoßen, sobald eine initiale Anlage oder die Anlage eines Abgrenzungsbetrags erforderlich ist. Wird diese Option nicht gewählt, findet die Abgrenzungsbuchung während der periodischen Buchungsläufe statt.

Einstellungen für Abgrenzungsbuchungen auf der Anwendungsebene

Als Nächstes wird die nächste offene Periode ermittelt. Diese Einstellung ist optional; sie ist nach der Aktivierung für die komplette Anwendung gültig, in diesem Fall für die Anwendung *Bestellungsabgrenzungen*.

Für den Zugriff auf diese Einstellung nutzen Sie den SAP-Einführungsleitfaden (IMG) unter dem Pfad **Einführungsleitfaden anzeigen (SPRO) • Finanzwesen • Hauptbuchhaltung • Geschäftsvorfälle • Abgrenzungsverwaltung • Abgrenzungsbuchungen • Einstellungen für Abgrenzungsbuchungen auf Anwendungsebene**.

Ist die Option **Einstellungen für Abgrenzungsbuchungen auf Anwendungsebene** gewählt, versucht das SAP-System, die nächste offene Buchungsperiode zu ermitteln. Dementsprechend ist es wichtig, dass alle Perioden, die noch nicht für eine Buchung vorgesehen sind, auch für das Buchen gesperrt sind (siehe Abschnitt 12.1.1, »Buchungsperioden öffnen – Finanzwesen/Controlling/Materialwirtschaft«). Falls alle Perioden gesperrt sind, wird eine Fehlermeldung vom System ausgegeben. Die Ermittlung der nächsten Periode findet entsprechend der Buchungskreis-Geschäftsjahresvariante statt.

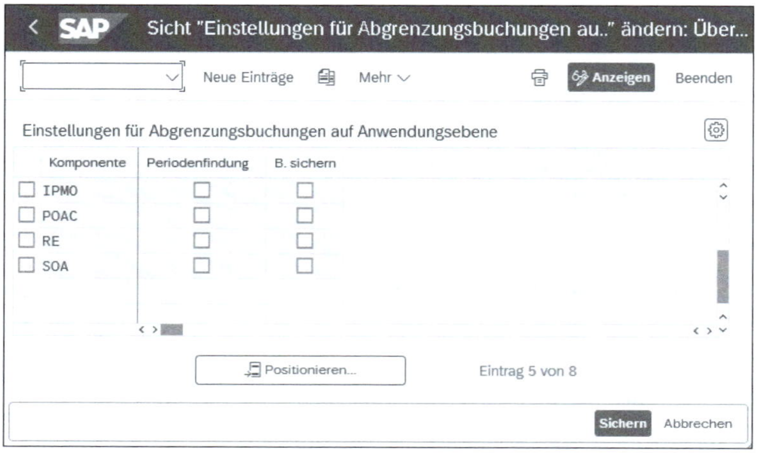

Abbildung 12.133 Einstellungen für Abgrenzungsbuchungen auf der Anwendungsebene

Bei manueller Eingabe eines Buchungsdatums wird die nächste offene Buchungsperiode nicht ermittelt. Falls das eingegebene Datum in einer geschlossenen Periode liegt, wird eine Fehlermeldung vom System ausgegeben.

Ist diese Option nicht ausgewählt, findet keine automatische Ermittlung der nächsten offenen Periode statt (siehe Abbildung 12.133). Eine Fehlermeldung wird auch dann vom System ausgegeben.

Kontenfindung

Für den Zugriff auf die Kontenfindung nutzen Sie den folgenden Customizing-Pfad: **Einführungsleitfaden anzeigen (SPRO) • Finanzwesen • Hauptbuchhaltung • Geschäftsvorfälle • Abgrenzungsverwaltung • Abgrenzungsbuchungen • Kontenfindung • Kontenfindung anlegen und bearbeiten.**

Wie es in Abschnitt 12.3.5, »Abgrenzungsbuchungen vornehmen«, beschrieben wurde, wird das symbolische Konto initial frei definiert, um später der Kontenfindung zugeordnet zu werden. Nun sollte zusätzlich zum symbolischen Konto noch ein Hauptbuchkonto mitgegeben werden (siehe Abbildung 12.134).

Abbildung 12.134 Kontenfindung für Bestellungsabgrenzungen

Darüber hinaus gibt es weitere Felder, um die Kontenfindung detaillierter einzugrenzen. Möchten Sie die Tabelleneinträge minimal halten, können Sie einige Felder leer lassen. Diese Einstellungen sind für alle Objekte gültig. Wird z. B. das Feld **Buchungskreis** leer gelassen, wird die Kombination von symbolischem Konto und Sachkonto für alle Buchungskreise gelten (vorausgesetzt, das Hauptbuchkonto existiert in allen Buchungskreisen). Das Gleiche gilt für die Abgrenzungspositionsart oder Bestellart usw. Es handelt sich im Detail um die folgenden Felder:

- **Bestellart**

  Die Bestellart wird in der Materialwirtschaft verwendet, um die Nummernvergabe einer Bestellung zu steuern. Außerdem wird festgelegt, welche Felder während der Anlage einer Bestellung gepflegt werden müssen.

  Mit diesem Feld können Sie in der Accrual Engine festlegen, für welche Bestellungen bzw. Bestellarten eine Abgrenzung berechnet und gebucht werden muss.

- **Produkttypgruppe**
  In der Beschaffung kann man nicht nur Materialien einkaufen, sondern auch Dienstleistungen. Die Produktgruppe ist der Oberbegriff dafür. Der Einkaufsprozess dieser beiden Produktgruppen ist unterschiedlich.

  Falls Sie die Abgrenzungen entsprechend den Produktgruppen eingrenzen möchten, wählen Sie den Eintrag **1** für Materialien und **2** für Dienstleistungen. Falls die Kontenfindung für alle Produktgruppen gleich ist, lassen Sie das Feld leer.

Kontenfindung oder Abgrenzungsbuchungen erweitern

Falls Sie die Kontenfindung oder die Abgrenzungsbuchungen erweitern möchten, stehen Ihnen verschiedene BAdIs zur Verfügung.

Für den Zugriff auf die Erweiterung der Kontenfindung nutzen Sie den SAP-Einführungsleitfaden (IMG) unter dem Pfad **Einführungsleitfaden anzeigen (SPRO) • Finanzwesen • Hauptbuchhaltung • Geschäftsvorfälle • Abgrenzungsverwaltung • Abgrenzungsbuchungen • Kontenfindung • Kontenfindung erweitern • BAdI: Kontenfindung**.

Dazu gehören die folgenden Funktionen:

- **Kontenfindung**
  Für die Kontenfindung stehen Ihnen zwei Methoden zur Verfügung:
  - Methode `ACCOUNT_DETERMINATION`:
    Mit dieser Methode können Sie eine eigene Tabelle/Datenbank anlegen, in der Sie Ihre eigenen Sachkonten hinterlegen. Entsprechend Ihren definierten Anforderungen werden die Konten dann ermittelt.
  - Methode `CHANGE_SEQUENCE`:
    Mit diesem BAdI können Sie die Reihenfolge in der Kontenfindung ändern. Die eigentliche Kontenfindungslogik sieht wie folgt aus: Initial versucht das System, die Sachkonten aus den Abgrenzungsobjekten zu ermitteln. Sind diese nicht eingepflegt, wird die Kontenfindung im Standard-Abgrenzungsverwaltungs-Customizing durchforstet. Falls diese auch nicht vorhanden ist, springt das System auf die Methode `ACCOUNT_DETERMINATION`.
  - Für den Zugriff auf die Erweiterung der Abgrenzungsbuchung nutzen Sie den SAP-Einführungsleitfaden (IMG) unter dem Pfad **Einführungsleitfaden anzeigen (SPRO) • Finanzwesen • Hauptbuchhaltung • Geschäftsvorfälle • Abgrenzungsverwaltung • Abgrenzungsbuchungen • Abgrenzungsbuchungen erweitern • BAdI: Zusätzliche Kontierungen ändern** oder **BAdI: Buchungsbelegpositionen vor Buchung ändern**.

- **Abgrenzungsbuchungen**
  Für die Abgrenzungsbuchungen stehen Ihnen zwei Methoden zur Verfügung:
  - Methode `ACCOUNT_ASSIGNMENT`:
    Mit dieser Methode können die Kontierungsobjekte (Kostenstellen, Profit-Center usw.), die in der Abgrenzungsbuchung verwendet wurden, geändert werden.
  - Methode `CHANGE_CALCULATED_SCHEMA`:
    Damit werden die Abgrenzungsbelegpositionen geändert, bevor sie gebucht werden. Hier wird jede Belegposition sukzessive aufgerufen.

12.3.6 Anwendung der Accrual Engine für Bestellungsabgrenzungen

In diesem Abschnitt wird erläutert, wie das Customizing eingerichtet werden soll, um den Transfer von Bestellungen aus der Materialwirtschaft zu ermöglichen.

Abgrenzungspositionsarten und -methoden für MM-Bestellpositionen definieren

Um die Abgrenzungspositionsarten für MM-Bestellpositionen zu definieren, nutzen Sie den SAP-Einführungsleitfaden (IMG) unter dem Pfad **Einführungsleitfaden anzeigen (SPRO) • Finanzwesen • Hauptbuchhaltung • Geschäftsvorfälle • Abgrenzungsverwaltung • Anwendungen der Accrual Engine • Bestellabgrenzungen • Transfer von Bestellungen aus MM in die Accrual Engine • Abgrenzungspositionsarten und -methoden für MM-Bestellpositionen definieren**.

In diesem Bereich können Sie die relevanten Bestellungen definieren, für die Abgrenzungen gebucht werden sollen. Außerdem wird hier auch der für diese Berechnungen notwendige Algorithmus festgelegt.

- **Varianten für Bestellungsdatentransfer**
  Hier wird eine *Transfervariante* für den Datentransfer definiert. Sie finden sie im Feld **BestTransfervariante** (siehe Abbildung 12.135).

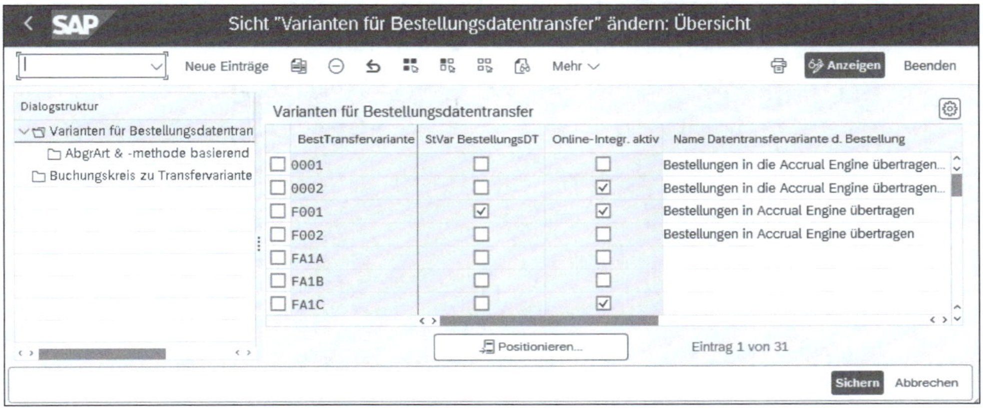

Abbildung 12.135 Varianten für Bestellungsdatentransfer definieren

- Wenn Sie das Kennzeichen **StVar BestellungsDT** aktivieren, wird diese Variante für alle Buchungskreise relevant, sofern Sie keine abweichende Variante zugeordnet haben.
- Wenn Sie das Kennzeichen **Online-Integr. aktiv** aktivieren, wird ein Abgrenzungsobjekt in der Accrual Engine angelegt oder aktualisiert, sobald Sie eine Bestellung anlegen oder bearbeiten.

- **Abgrenzungspositionsart und -methode basierend auf Bestellposition definieren**
  Diese Variante legt fest, wie die Abgrenzungen für übertragene Bestellungen berechnet werden sollen. Hier ist es sinnvoll, zu den relevanten Belegarten die Abgrenzungspositionsart und -methode festzulegen (siehe Abbildung 12.136).

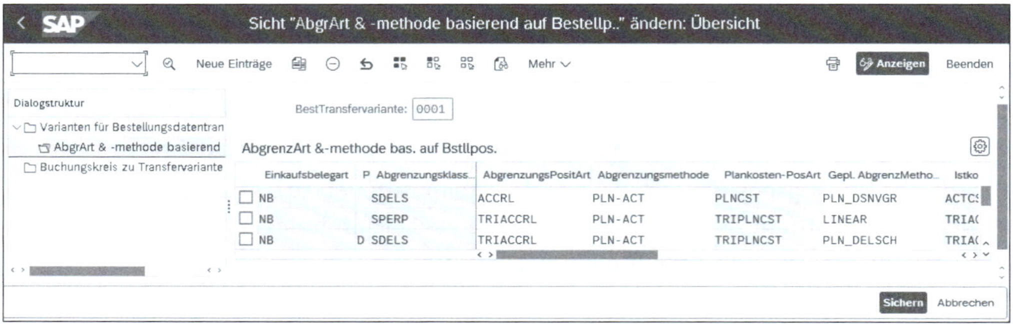

Abbildung 12.136 Abgrenzungspositionsart und -methode

- **Buchungskreis zu Transfervariante zuordnen**
  Hier legen Sie fest, ob einem oder mehreren Buchungskreisen eine oder mehrere *Transfervarianten* zugeordnet werden sollen. Falls Sie nur eine Transfervariante haben und mehreren Buchungskreisen diese Transfervariante zugeordnet werden soll, reicht es, wenn Sie beim Definieren einer Transfervariante das Kennzeichen **StVar BestellungsDT** aktivieren (siehe Abbildung 12.27). In diesem Fall wird dieser Customizing-Punkt überflüssig. In Abbildung 12.137 sehen Sie die Bestelltransfervariante, die dem Buchungskreis 9000 zugeordnet ist.

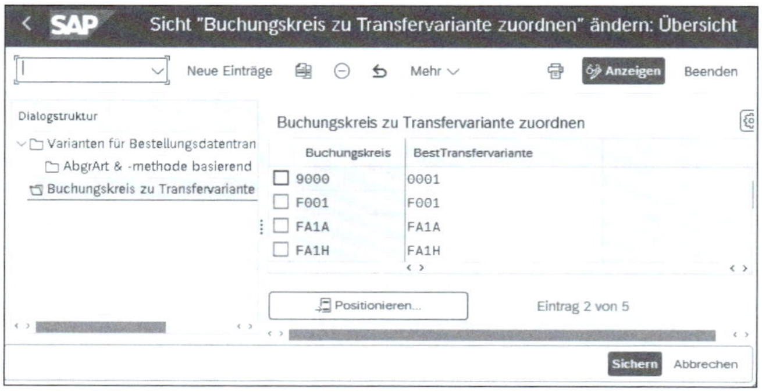

Abbildung 12.137 Buchungskreis zu Transfervariante zuordnen

MM-Bestellungen in die Accrual Engine übertragen

Um MM-Bestellungen in die Accrual Engine zu übertragen, nutzen Sie den SAP-Einführungsleitfaden (IMG) über den Pfad **Einführungsleitfaden anzeigen (SPRO) • Finanzwesen • Hauptbuchhaltung • Geschäftsvorfälle • Abgrenzungsverwaltung • Anwendungen der Accrual Engine • Bestellabgrenzungen • Transfer von Bestellungen aus MM in die Accrual Engine • MM-Bestellungen in die Accrual Engine übertragen**.

Alternativ können Sie auch den Report POAC_MMPO_2_ACE_TRANSFER nutzen.

Neu angelegte Bestellungen, die für die Abgrenzungsverwaltung relevant sind, werden automatisch in die Accrual Engine übertragen. In Abbildung 12.138 sehen Sie das Selektionsbild des Programms POAC_MMPO_2_ACE_TRANSFER, mit dem Sie fehlende Bestellungen ergänzen oder einen initialen Upload der Bestellungen in die Accrual Engine durchführen können.

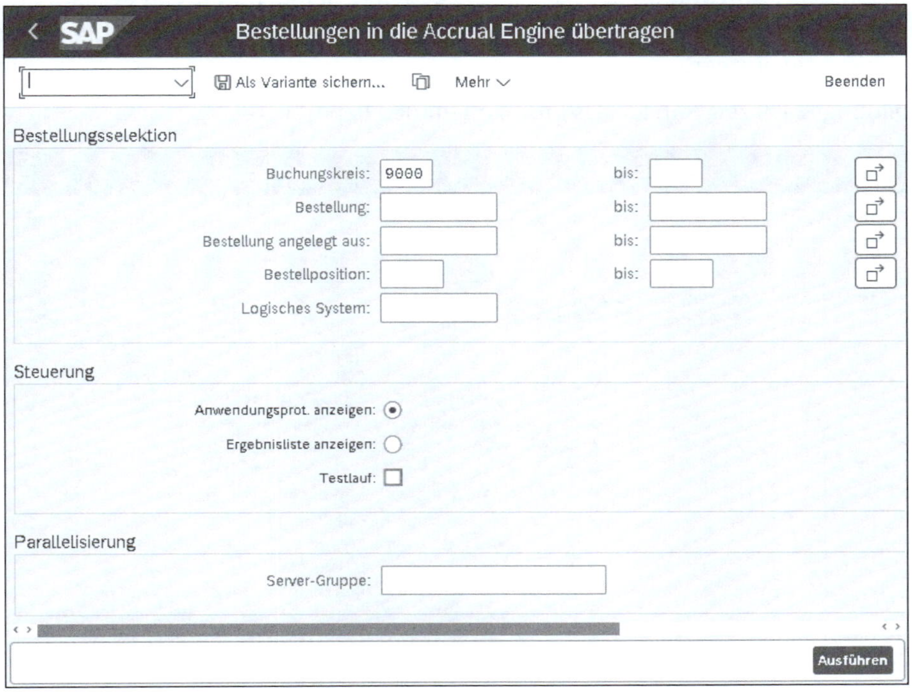

Abbildung 12.138 Bestellungen in die Accrual Engine übertragen

Der Report POAC_MMPO_2_ACE_TRANSFER liefert Ihnen ein Protokoll über die Bestellungsübertragung. Sie können darin sowohl erfolgreich übertragene als auch fehlerhafte Bestellungen einsehen. Mit diesem Report werden alle relevanten Bestellungen in der Materialwirtschaft ausgewählt und der Abgrenzungsverwaltung übergeben. Dadurch werden die Abgrenzungsobjekte neu angelegt oder aktualisiert, wenn Sie

z. B. die Accrual Engine in einem produktiven System neu einrichten und bestehende Bestellungen für Abgrenzungen berücksichtigen möchten.

Customizing-Einstellungen für Bestellungsabgrenzungen prüfen

Um MM-Bestellungen in die Accrual Engine zu übertragen, nutzen Sie den SAP-Einführungsleitfaden (IMG) über den Pfad **Einführungsleitfaden anzeigen (SPRO) • Finanzwesen • Hauptbuchhaltung • Geschäftsvorfälle • Abgrenzungsverwaltung • Anwendungen der Accrual Engine • Bestellabgrenzungen • Customizing-Einstellungen für Bestellungsabgrenzungen prüfen**.

Damit wird ein Report angestoßen, der alle Customizing-Aktivitäten in der Bestellungsabgrenzung auf Konsistenz prüft. Falls Fehlermeldungen ausgegeben werden, sollte man diese Fehler zunächst korrigieren. Es empfiehlt sich, diesen Report schon während der Konfiguration bzw. in verschiedenen Abständen während des Einrichtens der Abgrenzungsverwaltungsaktivitäten zu starten und auf diese Fehler entsprechend einzugehen.

Abbildung 12.139 zeigt ein ideales Protokoll für den Report POAC_IMG_CHECK.

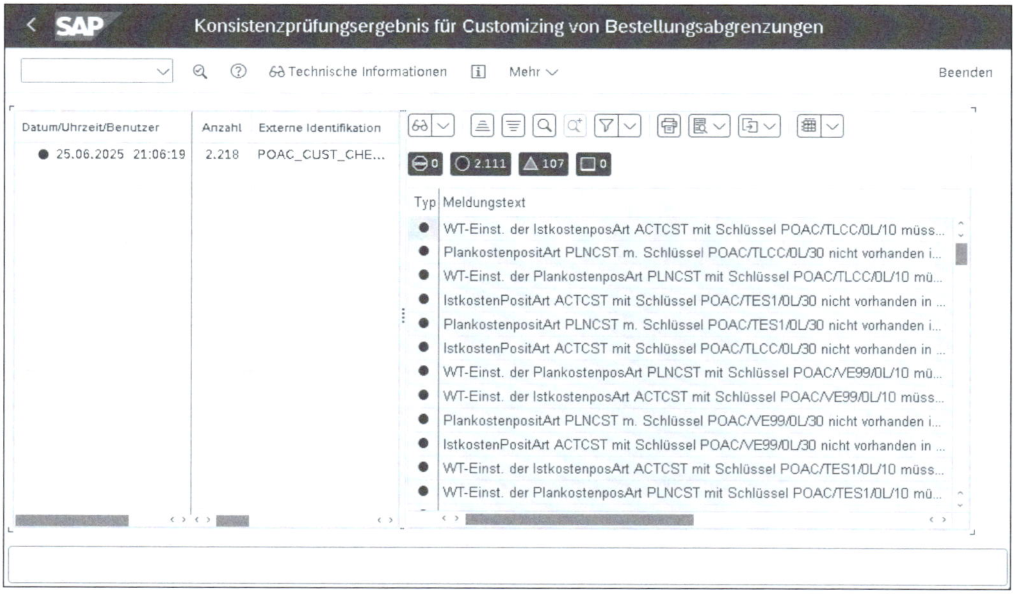

Abbildung 12.139 Customizing-Einstellungen prüfen

Im folgenden Abschnitt schauen wir uns die SAP-Fiori-App **Kontenverlauf im Hauptbuch** an.

12.4 SAP-Fiori-App »Kontenverlauf im Hauptbuch«

Mit SAP S/4HANA und der gemeinsamen Datenablage in der Tabelle ACDOCA wird das Reporting deutlich einfacher, da wir immer auf den gleichen einheitlichen Datenbestand zugreifen. Die SAP-Fiori-App **Kontenverlauf im Hauptbuch** (App-ID W0162) ermöglicht es, jegliche Art von Eigenkapital-, Rückstellungs-, und Abgrenzungsspiegel darzustellen. Voraussetzung dafür ist, neben dem Customizing einer Hierarchie in der SAP-Fiori-App **Globale Hierarchien verwalten**, das Buchen mit Konsolidierungsbewegungsarten, da diese in der SAP-Fiori-App **Kontenverlauf im Hauptbuch** ausgewertet werden.

In der SAP-Fiori-App **Globale Hierarchien verwalten** (App-ID F2918) haben wir bereits eine Sachkontenhierarchie angelegt. Um diese anzuzeigen, selektieren Sie in der SAP-Fiori-App als **Typ** die **Sachkontenhierarchie** und klicken auf den Button Start (**Start**). Nun werden alle bereits existierenden Sachkontenhierarchien angezeigt (siehe Abbildung 12.140).

Abbildung 12.140 Selektion aller Sachkontenhierarchien

Mit einem Klick auf den Button > (**Details**) gelangen Sie in die Details zu unserer Sachkontenhierarchie EIGENKAPIT (siehe Abbildung 12.141). Sie sehen die Hierarchie mit den entsprechenden Sachkonten und dem zugeordneten semantischen Tag.

Die Sachkontenhierarchie EIGENKAPIT benötigen wir im folgenden Customizing für den Kontenverlaufstyp. Da die globalen Hierarchien kein Customizing sind, sondern wie Stammdaten behandelt werden, kann man sie nicht transportieren. Daher müssen Sie sie in jedem System bzw. in jedem Mandanten neu anlegen oder über den Export/Import von Excel-Dateien für die globalen Hierarchien importieren. Das Tag, das Sie Ihren Knoten in der globalen Hierarchie zuordnen, können Sie aus den von SAP ausgelieferten Tags frei wählen oder selbst im Customizing definieren.

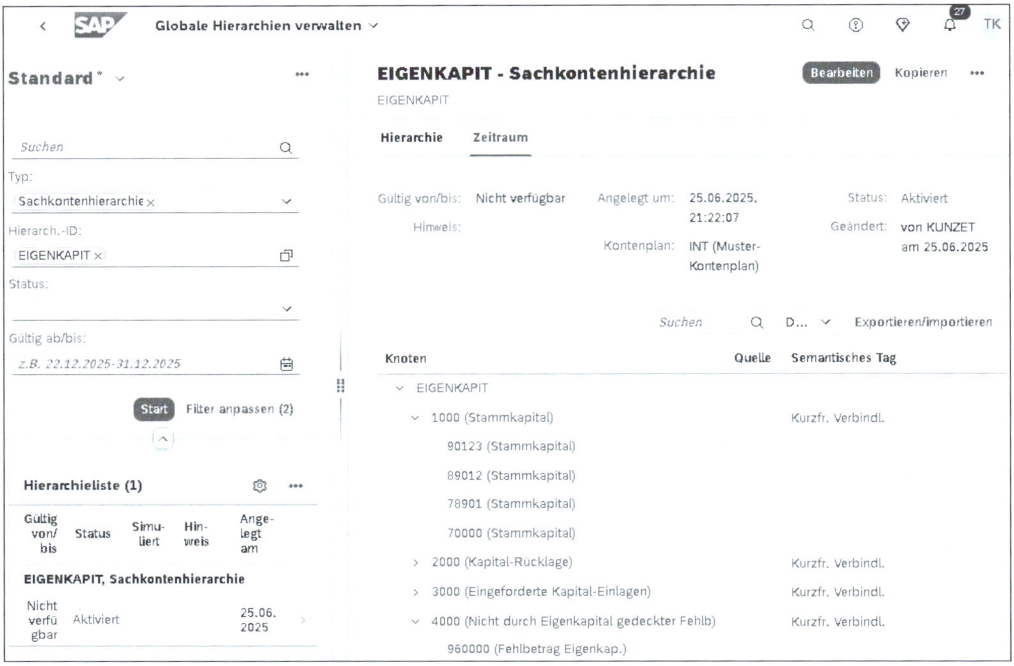

Abbildung 12.141 Details der Sachkontenhierarchie EIGENKAPIT

Folgen Sie dem Customizing-Pfad **Einführungsleitfaden anzeigen (SPRO) • Finanzwesen • Hauptbuchhaltung • Informationssystem • Struktur für Kontenverlauf im Hauptbuch definieren**. Hier legen Sie einen Kontenverlaufstyp an und ordnen die dafür benötigten Konsoliderungsbewegungsarten und globalen Hierarchien zu.

Klicken Sie auf das **Neue Einträge** oder betätigen Sie die Taste [F5] auf der Tastatur. In die Spalte **Kontvertyp** tragen Sie »EIKP« ein und in die Spalte **Beschreibung** tragen Sie »Eigenkapitalspiegel« ein (siehe Abbildung 12.142). Bestätigen Sie Ihre Eingaben mit [↵].

Nun markieren Sie den neu angelegten Eintrag und klicken doppelt in der **Dialogstruktur** auf **Semantische Tags zu Kontenverlaufstyp zuordnen**. Damit gelangen Sie eine Ebene tiefer und klicken auf **Neue Einträge** oder drücken [F5] auf der Tastatur. Wählen Sie in der Spalte **Seman. Tag** das Tag aus, das Sie in der globalen Hierarchie `EIGENKAPIT` hinterlegt haben, in unserem Falle das Tag `CURLIABEQU` (siehe Abbildung 12.143). In der Spalte **Sachkontenhierarchie** wählen Sie nun über die [F4]-Wertehilfe die gewünschte Hierarchie aus, hier `H109/INT/EIGENKAPIT`.

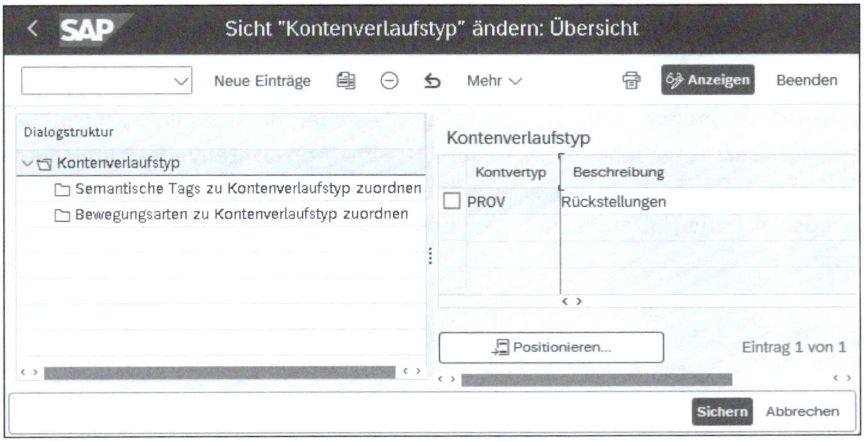

Abbildung 12.142 Pflege-View für die Anlage des Kontenverlaufstyps

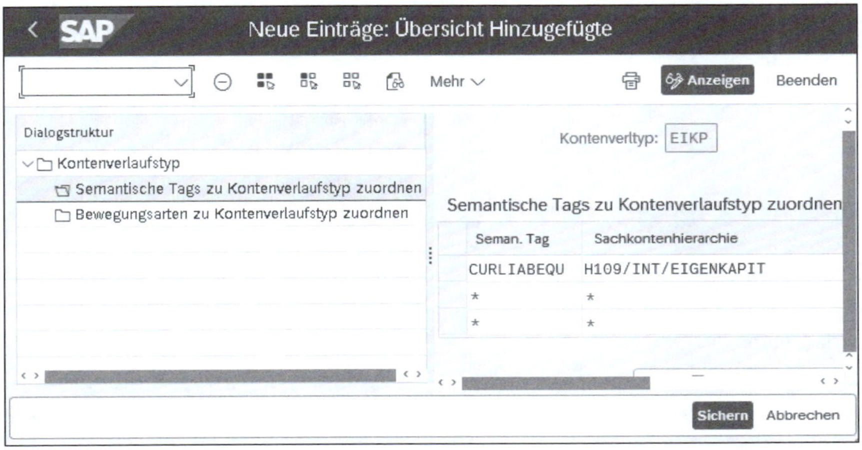

Abbildung 12.143 Pflege-View für die Zuordnung der semantischen Tags und der Sachkontenhierarchie

[«]

Eigene Tags anlegen

SAP liefert einige Tags als Beispiel aus, die Sie verwenden können. Sie können weitere Tags selbst im Customizing anlegen. Folgen Sie dazu dem folgenden Customizing-Pfad: **Finanzwesen • Hauptbuchhaltung • Stammdaten • Stammdaten • Bilanz/GuV-Strukturen • Semantische Tags für Bilanz-/GuV-Strukturen**.

Bestätigen Sie Ihre Eingaben mit [↵] auf der Tastatur, und klicken Sie in der Dialogstruktur doppelt auf **Bewegungsarten zu Kontenverlaufstyp zuordnen**.

In Abbildung 12.144 sehen Sie die Zuordnung der Konsolidierungsbewegungsarten, die Sie beim Buchen für das Eigenkapital verwenden wollen. Dafür ist Voraussetzung, dass in der Feldstatusgruppe des jeweiligen Sachkontos die Konsolidierungsbewegungsart auf **Kanneingabe** steht. Damit stellen Sie sicher, dass das Feld **Konsolidierungsbewegungsart** eingabebereit ist. In der SAP-Fiori-App **Kontenverlauf im Hauptbuch** (App-ID W0162) erscheint automatisch eine Kontrollspalte, die in Summe die FI-Belege ausweist, die mit einer nicht gewünschten Konsolidierungsbewegungsart erfolgt sind.

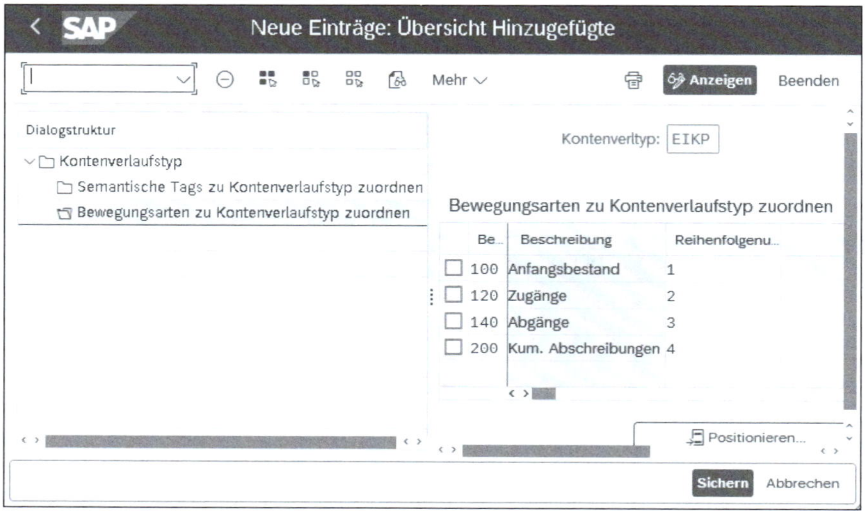

Abbildung 12.144 Pflege-View für die Zuordnung der Bewegungsarten zum Kontenverlaufstyp

[»]

Konsolidierungsbewegungsart

Bei einer SAP-S/4HANA-Neueinführung sollten Sie das Buchen mit Konsolidierungsbewegungsarten von Anfang an mit berücksichtigen. Damit ersparen Sie sich später aufwendige Migrationen von Belegen ohne Konsolidierungsbewegungsart. Darüber hinaus sollte die Konsolidierungsbewegungsart auf **Musseingabe** stehen, sodass der Anwender gezwungen wird, eine Eingabe vorzunehmen. Über eine entsprechende Validierung des FI-Belegs können Sie dann noch prüfen, ob auch die richtigen Konsolidierungsbewegungsarten verwendet werden.

In einem bereits produktiven SAP-S/4HANA-System, in dem Sie die Verwendung von Konsolidierungsbewegungsarten neu einführen wollen, ist Ein- und Ausbuchen der Belege notwendig, damit Sie eine gültige Konsolidierungsbewegungsart mitgeben können. Alternativ erlauben Sie die Konsolidierungsbewegungsart nur für neue FI-Belege, aber dann dauert es eine gewisse Zeit, bis sich die alten Buchungen ausgeschlichen haben, also ausgeglichen sind. Eigenkapitalbuchungen werden nicht mit offenen Posten verwaltet und sind daher schnell umzubuchen. Rückstellungen und Abgrenzungen, die mit offenen Posten verwaltet werden, müssten pro offenem Posten aus- und wieder eingebucht werden. Sehen wir uns nun noch das Ergebnis in der SAP-Fiori-App **Kontenverlauf im Hauptbuch** an, nachdem wir einige Buchungen mit den entsprechenden Konsolidierungsbewegungsarten gemacht haben. Füllen Sie die Selektion entsprechend aus, und klicken Sie auf den Button Start (**Start**). Die Selektion der Daten beginnt.

In Abbildung 12.145 sehen Sie den Eigenkapitalspiegel mit seinen Bewegungen innerhalb eines Geschäftsjahrs. In der Spalte **Nicht zugeordnet** finden Sie die Buchungen, die im Customizing mit der Konsolidierungsbewegungsart BLANK, also ohne Konsolidierungsbewegungsart, hinterlegt worden sind, und die Buchungen mit einer Konsolidierungsbewegungsart, die nicht im Customizing für den Eigenkapitalspiegel hinterlegt worden ist. Die SAP-Fiori-App **Kontenverlauf im Hauptbuch** ermöglicht ebenfalls einen Drilldown auf die Einzelposten, so wie Sie dies von anderen SAP-Fiori-Apps kennen.

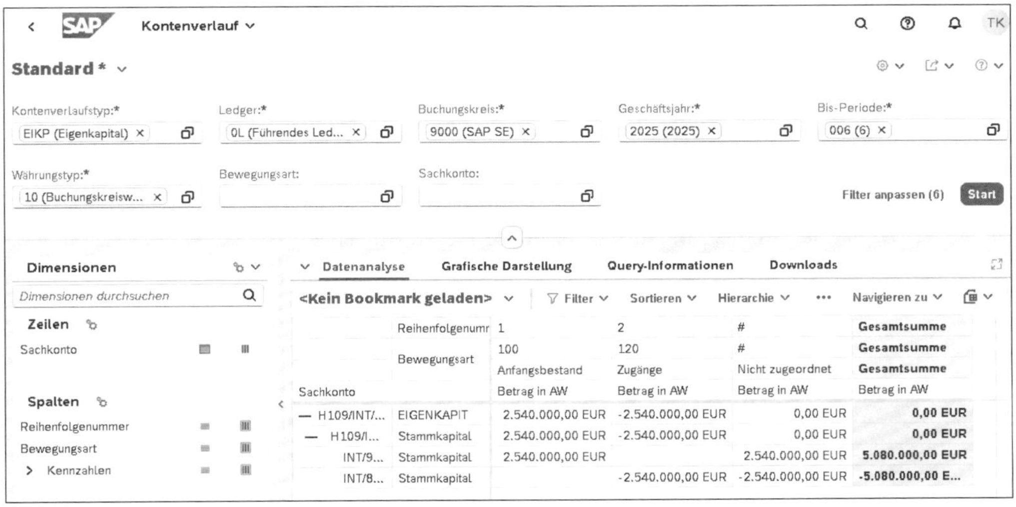

Abbildung 12.145 Darstellung des Eigenkapitalspiegels

12.5 Zusammenfassung

In diesem Kapitel haben wir uns die wichtigsten Einstellungen zu den Abschlusstransaktionen und zum Reporting im Hauptbuch und in der Anlagenbuchhaltung angeschaut. Mit einigen Beispielen haben wir Ihnen die unterschiedlichen Möglichkeiten der traditionellen SAP-GUI-Transaktionen und -Reports sowie von SAP Fiori nähergebracht. Weiterhin haben wir Ihnen einen kurzen Überblick über das

S/4HANA Abgrenzungsmanagement bezogen auf die Bestellabgrenzungen und die Erstellung eine Rückstellungsspiegels mittels SAP-Fiori-App Kontenverlauf im Hauptbuch gegeben.

Wir hoffen, dass anhand der Beispiele deutlich geworden ist, dass SAP Fiori nicht einfach ein Abbild der jeweiligen Transaktion darstellt, sondern neu erdacht worden ist. Das ist für erfahrene SAP-Anwenderinnen und -Anwender sicher gewöhnungsbedürftig, aber SAP und wir müssen natürlich auch an andere Benutzergruppen oder jüngere Benutzer denken. Die jüngeren Generationen sind mit dem Wischen und Schieben auf Smartphones und Tablets herangewachsen. Diese Art von Benutzerführung erwarten sie auch von Business-Anwendungen wie SAP S/4HANA.

[»]

Weiterführende Informationen zum Abschlussprozess

In unserem Buch »Abschlüsse in SAP S/4HANA«, das wir (Thomas Kunze und Christian Kurzke) zusammen mit Mareike Stehr geschrieben haben, gehen wir detailliert auf die Prozesse im Periodenabschluss ein (Rheinwerk Verlag 2025).

Im folgenden Kapitel gehen wir ausführlich auf die Customizing-Einstellungen von SAP Advanced Financial Closing ein. SAP Advanced Financial Closing ist die ideale Ergänzung in Ihrem SAP-S/4HANA-System, um Ihren periodischen Abschluss zu orchestrieren. Dabei haben Sie die Möglichkeit – je nach Ihren Anforderungen und Ihrem Kenntnisstand –, viele Einstellungen manuell durchzuführen oder bereits vieles automatisiert von SAP S/4HANA ausführen zu lassen, sodass Sie sich nur noch auf das Überwachen des Abschlusses konzentrieren müssen.

Kapitel 13
SAP Advanced Financial Closing

SAP Advanced Financial Closing ist der Nachfolger von SAP Financial Closing Cockpit und bietet Ihnen eine moderne Cloud-Lösung zur Steuerung Ihrer Abschlussprozesse. In diesem Kapitel erhalten Sie einen Überblick über die neue Lösung.

Geschwindigkeit spielt auch im Finanzabschluss eine immer größere Rolle. Die richtigen Aktivitäten müssen zur richtigen Zeit durchgeführt werden, und dabei muss stets der Überblick über den Fortschritt gewahrt werden. Um jederzeit schnell reagieren zu können, bedarf es einer Plattform, auf der zentral alle Informationen zum Finanzabschluss übersichtlich erfasst sind. Mithilfe automatischer Prozesse wie Jobplanung, Genehmigungsszenarien und Dokumentation können Sie Ihre Abschlussprozesse zunehmend digitalisieren und optimieren.

Seit Februar 2019 (Release SAP S/4HANA 1809) steht Ihnen *SAP Advanced Financial Closing* zur Verfügung. Mit dieser Lösung können Sie den Abschlussprozess Ihrer gesamten Organisation definieren, verarbeiten und überwachen. Die Cloud-Anwendung ermöglicht es Ihnen, Ihre Abschlussprozesse in SAP S/4HANA Cloud for Public Edition, SAP ERP 6.0 oder in der On-Premise-Version von SAP S/4HANA durchzuführen.

In SAP S/4HANA, On-Premise-Version, benötigen Sie dafür mindestens Release SAP S/4HANA 1809 SP04 von Mai 2019. Damit lässt sich SAP Advanced Financial Closing nicht nur im Zusammenhang mit reinen Cloud-Anwendungen nutzen, sondern es kann auch in hybride Systemlandschaften eingebettet werden.

In diesem Kapitel stellen wir die Funktionen von SAP Advanced Financial Closing dar und zeigen Ihnen die relevanten Customizing-Einstellungen für die On-Premise-Version von SAP S/4HANA.

Wir beschreiben zum einen, welche Einstellungen Sie in Ihrem Backend-System vornehmen müssen. Unter einem *Backend-System* verstehen wir in diesem Zusammenhang das jeweilige SAP-S/4HANA-On-Premise-System. Wir zeigen Ihnen auch, wie Sie die Vorlage aus dem Backend-System in Ihrer Cloud-Umgebung verwenden und welche Einstellungen Sie im Frontend-System in SAP Fiori vornehmen können.

13.1 Einführung in SAP Advanced Financial Closing

SAP Advanced Financial Closing spielt eine wichtige Rolle bei der Orchestrierung des Abschlusses. Mithilfe der Funktionen zum Verwalten und Überwachen von Aufgaben wissen Sie stets, wo Sie im Abschlussprozess stehen. SAP Advanced Financial Closing fungiert als *Abschluss-Hub* – als zentraler Knotenpunkt für die Durchführung aller Abschlussaktivitäten.

SAP Advanced Financial Closing baut auf den Funktionen auf, die Sie aus SAP S/4HANA Financial Closing Cockpit kennen. Der grundlegende Funktionsumfang beider Lösungen ist vergleichbar, obwohl SAP Advanced Financial Closing als Cloud-Software und SAP S/4HANA Financial Closing Cockpit als On-Premise-Lösung bereitgestellt wird.

Die folgenden Funktionen sind neu in SAP Advanced Financial Closing:

- bessere Benutzerfreundlichkeit durch die alleinige Nutzung von SAP Fiori
- Integration eines eigenen Kalenders
- Genehmigungsszenario und Nachrichteneingangsintegration über die SAP-Fiori-Inbox und E-Mail-Benachrichtigung
- Analyse der Abschlussaktivitäten, basierend auf Transaktionsdaten
- vereinfachte Erstellung von Vorlagen
- Unterstützung für zentrales Schließen der Buchungsperioden, d. h. eine systemübergreifende Aufgabenliste

Im Fokus der Roadmap von SAP Advanced Financial Closing steht das sogenannte *Closing-Hub-Szenario*. Mithilfe des Closing Hub ist es möglich, On-Premise-Systeme, Cloud-Systeme, Nicht-SAP-Systeme sowie externe Scheduler anzubinden und von einer zentralen Stelle aus im Finanzabschluss zu steuern. In Abbildung 13.1 sehen Sie, wie das Closing-Hub-Szenario aussehen kann, wenn Sie mehrere ERP-Systeme betreiben.

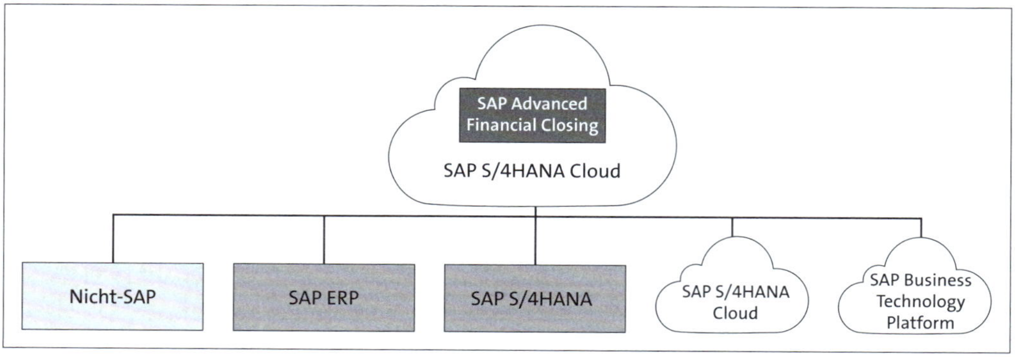

Abbildung 13.1 Closing-Hub-Szenario

Demnach können Sie Vorlagen zum Monats-, Quartals- oder Jahresabschluss zentral verwalten und einzelne Aufgabenlisten für mehrere Backend-Systeme generieren. Die folgenden Systeme können dabei integriert werden: SAP ERP 6.0, SAP S/4HANA 1809 SP04 (und höhere Releases) sowie SAP-S/4HANA-Cloud-Systeme, die SAP Business Technology Platform (SAP BTP) und auch Nicht-SAP-Systeme.

Ferner wird mit SAP Advanced Financial Closing ein sogenanntes *Intelligent Closing* möglich sein. Darunter versteht SAP die Nutzung intelligenter Technologien, um den Abschlussprozess zu automatisieren und weiter zu optimieren. Hier spielen KI-Szenarien und die Bot-Integration über SAP Build Process Automation (BPA) eine zentrale Rolle.

Spezielle Aufgaben können durch individuelle Lösungen automatisiert werden. Zum Beispiel wünschen sich viele Unternehmen im Rahmen des Sarbanes-Oxley Acts (SOX) die Prüfung, dass der verantwortliche und ausführende Mitarbeitende einer Aufgabe nicht die gleiche Person ist. Die Einstellung dazu erklären wir in Abschnitt 13.4.5 »Konformitätseinstellungen«.

SAP Advanced Financial Closing ist nicht nur auf den Einzelabschluss fokussiert. Im Gegensatz zu SAP S/4HANA Financial Closing Cockpit ist eine zentrale Orchestrierung des Einzel- und Gruppenabschlusses bis hin zur Finanzberichterstattung entlang der gesamten Wertschöpfungskette möglich (siehe Abbildung 13.2).

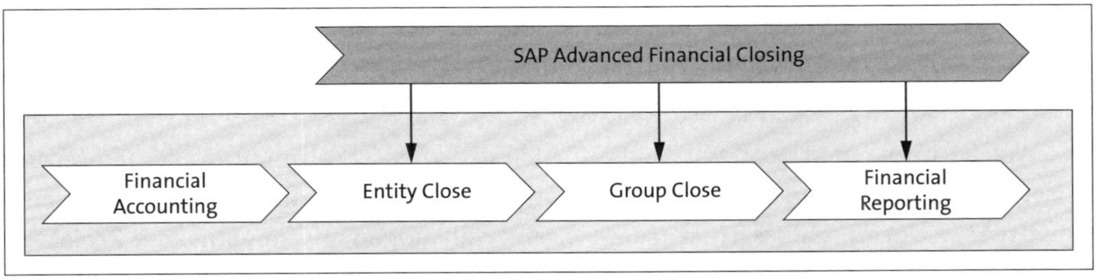

Abbildung 13.2 Zentrale Steuerung entlang der Wertschöpfungskette

Im nächsten Abschnitt erklären wir Ihnen zunächst die relevanten Vorbereitungen und die möglichen Implementierungsstrategien, bevor wir dann im darauffolgenden Abschnitt auf die Customizing-Einstellungen eingehen.

13.2 Implementierung von SAP Advanced Financial Closing

Bei der Implementierung von SAP Advanced Financial Closing sollte Ihnen gegebenenfalls ein überarbeiteter Abschlussplan vorliegen. Vor dem Implementierungsbeginn sollten Sie die Abschlussprozesse nochmals analysieren und gemeinsam mit den betreffenden Abteilungen ermitteln, welche Aktivitäten zu welchem Zeitpunkt und in welcher Abhängigkeit durchgeführt werden.

Notieren Sie sich hierbei auch, ob es sich um Monats-, Quartals- oder Jahresabschlussaktivitäten handelt. Es geht hierbei nicht darum, eine Checkliste mit den im Abschlusskalender auszuführenden Aktivitäten zu erstellen. Vielmehr interessiert uns, welche Transaktionen, SAP-Fiori-Apps oder Programme ausgeführt werden, und in welchen Abhängigkeiten diese Tätigkeiten zueinander stehen.

Neben den inhaltlichen Vorbereitungen und Abstimmungen mit den Abteilungen müssen Sie noch die kommerziellen Vorbereitungen hinsichtlich der Lizenzen treffen. Nachdem diese vertraglichen Vorbereitungen getroffen worden sind, erhalten Sie automatisch eine E-Mail aus der SAP BTP.

Dann können Sie mit den technischen Vorbereitungen auf der SAP BTP beginnen. Planen Sie hierzu einen Zeitraum von bis zu zwei Wochen ein, da es immer passieren kann, dass Fragen aufkommen, die mit Ihrem SAP-Basis-Support geklärt werden müssen.

Mehr Informationen über die vorbereitenden Basisaktivitäten in der SAP BTP können Sie der SAP-Hilfe entnehmen. Unter diesem Link finden Sie einen Administration Guide, der Sie Schritt für Schritt durch die relevanten Punkte begleitet: *https://help.sap.com/docs/advanced-financial-closing/administration/document-history?locale=en-US&mt=de-DE* (Kurz-URL: *http://s-prs.de/v871507*).

Sie können von hier aus auch in die Online-Dokumentation zum Cloud Connector abspringen oder dem folgenden Link folgen:

https://help.sap.com/viewer/cca91383641e40ffbe03bdc78f00f681/Cloud/en-US/e6c7616abb5710148cfcf3e75d96d596.html (Kurz-URL: *http://s-prs.de/v871508*).

Welche Implementierungsstrategie für Sie geeignet ist, ob Pilot-Implementierung mit anschließendem Rollout oder Big Bang, sollten Sie anhand Ihrer Unternehmensstruktur, der Abschlussstruktur und Ihren Erfahrungen aus vergangenen Projekten ableiten. Meist ist es ratsam, einen oder zwei Pilot-Buchungskreise zu benennen, für die Sie die grundlegenden Abschlussprozesse abbilden. Auch hier kann in mehreren Clustern gearbeitet werden, indem Sie die Aufgaben nach Prioritäten sortieren und mit einem ersten Entwurf starten, um die Einstellungen im SAP Advanced Financial Closing besser zu verstehen. In einem weiteren Monat kann das nächste Cluster hinzukommen. Im weiteren Verlauf können diese Erkenntnisse dann auf weitere Buchungskreise ausgerollt werden. Hinterfragen Sie hierbei stets, wer die Hauptakteure bei der Implementierung sind. Werden die Einstellungen zentral von einem Key-User-Team gesteuert, oder soll es in jedem Land einen zentralen Ansprechpartner geben? Während der Pilot-Implementierung können Sie Ihre Erkenntnisse zum Umgang mit SAP Advanced Financial Closing sowie zum Ablauf Ihrer Abschlussprozesse sammeln, die dann in das weitere Rollout einfließen.

Die Laufzeit der Pilot-Implementierung ist von der Komplexität Ihrer Abschlussstruktur und Ihrer Projekt- und Unternehmensstruktur abhängig und kann zwischen drei bis sechs Monaten variieren.

Planen Sie neben der Implementierung auch Zeit für Tests und für die Anwenderschulung ein. Dabei können Sie die Anwenderinnen und Anwender gut in die Testaktivitäten einbeziehen. Dadurch sind meist separate Schulungen nicht mehr erforderlich.

Nach dem Go-live des ersten Pilot-Monatsabschlusses notieren Sie sich gegebenenfalls notwendige Anpassungen. Tauschen Sie sich dann in einem Lessons-Learned-Termin mit den End-Usern über die ersten Erfahrungen, Wünsche und Änderungen aus.

[«]

SAP Best Practices – Building Block

Ebenso wie für jede andere Cloud-Anwendung von SAP gibt es auch für SAP Advanced Financial Closing einen *Building Block* bei *SAP Best Practices*. Unter der folgenden URL finden Sie den SAP Best Practices Explorer:

https://rapid.sap.com/bp/#/browse/scopeitems/4HG.

[«]

Setup Instructions

Über den Link *https://support.sap.com/content/dam/SAAP/Sol_Pack/Library/Setup/4HG_Set-Up_EN_XX.pdf* (Kurz-URL: *http://s-prs.de/v871509*) finden Sie ein PDF-Dokument, das zusätzliche Konfigurationsschritte beschreibt, um die Integration von SAP S/4HANA Cloud und der SAP-S/4HANA-On-Premise-Version mithilfe der Financial Closing Integration (SAP_COM_0416) zu aktivieren.

Im folgenden Abschnitt erläutern wir Ihnen die für SAP Advanced Financial Closing notwendigen Customizing-Einstellungen in Ihrem SAP-S/4HANA-Backend-System.

13.3 Allgemeine Customizing-Einstellungen für SAP Advanced Financial Closing

Die notwendigen Einstellungen für SAP Advanced Financial Closing gliedern sich in zwei Blöcke:

1. Customizing-Einstellungen im jeweiligen Backend-System von SAP S/4HANA 1809 SP 4 oder höher bzw. SAP ERP 6.0, EHP 4 bis 8
2. Einstellungen in SAP Advanced Financial Closing

Im Folgenden fokussieren wir uns auf Punkt 1, also die Einstellungen im Backend, und geben Ihnen einen Überblick über die Konfigurationsschritte. Im integrierten Closing-Hub-Szenario mit der On-Premise-Version von SAP S/4HANA als Backend finden Sie die Einstellungen im Customizing des Backend-Systems. Im Folgenden geben wir Ihnen einen Überblick über die Konfigurationsschritte. Viele Einstellungen kommen Ihnen vermutlich aus SAP S/4HANA Financial Closing Cockpit bekannt vor.

[»]

FAQ zu SAP Advanced Financial Closing

Für SAP Advanced Financial Closing steht Ihnen SAP-Hinweis 2873915 (FAQ SAP Advanced Financial Closing) zur Verfügung. Dieser wird regelmäßig erweitert.

Sie erreichen die Customizing-Einstellungen über Ihren SAP-Einführungsleitfaden (IMG) über den Pfad **Anwendungsübergreifende Komponenten • Erweiterter Finanzabschluss – Lokale Einstellungen**.

In Abbildung 13.3 sehen Sie, dass sich neben den Einstellungen für SAP Advanced Financial Closing auch die Einstellungen für SAP S/4HANA Financial Closing Cockpit unter den anwendungsübergreifenden Komponenten befinden.

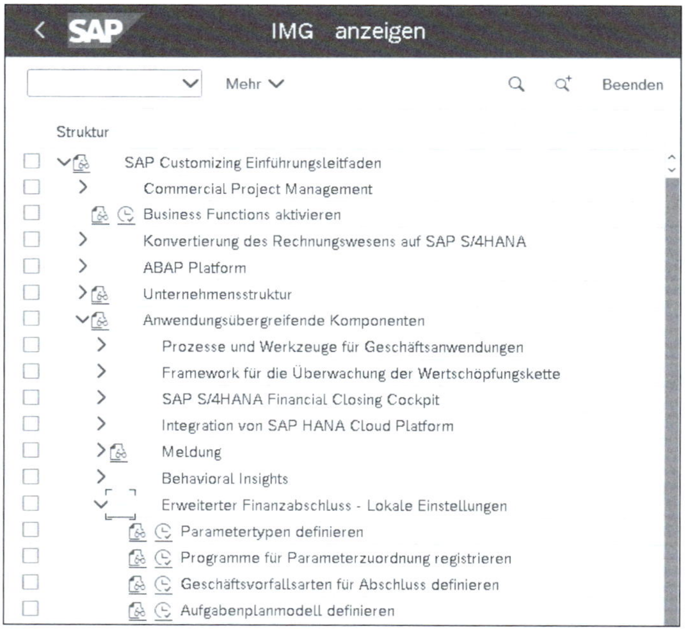

Abbildung 13.3 Einführungsleitfaden in der On-Premise-Version des SAP-S/4HANA-Backend-Systems

Dies hängt damit zusammen, dass SAP S/4HANA Financial Closing Cockpit ursprünglich als Add-on zu SAP NetWeaver ausgeliefert wurde. Verwechseln Sie also nicht die

Einstellung **Erweiterter Finanzabschluss – Lokale Einstellungen** mit der Einstellung **SAP S/4HANA Financial Closing Cockpit**.

In den folgenden Abschnitten werfen wir einen Blick auf die vier Customizing-Einstellungen des erweiterten Finanzabschlusses. Hierbei gehen wir bewusst von unten nach oben vor, um Ihnen die Funktionsweise besser zu verdeutlichen:

1. Aufgabenplanmodell definieren
2. Geschäftsvorfallarten für Abschluss definieren
3. Programme für Parameter-Mapping registrieren
4. Parametertypen definieren

Wir beginnen mit der Definition des Aufgabenplanmodells.

13.3.1 Aufgabenplanmodell definieren

Analog zur Vorlagenpflege in SAP S/4HANA Financial Closing Cockpit können Sie mit dieser Customizing-Aktivität eine Vorlage für den Finanzabschluss definieren. Diese Vorlage wird in SAP Advanced Financial Closing als *Aufgabenplanmodell* bezeichnet. Dabei definieren Sie, welche Aufgaben für einen vollständigen Finanzabschluss Ihrer Entität erforderlich sind.

Wir springen zunächst direkt auf den Menüpunkt **Aufgabenplanmodell**. Ein Aufgabenplanmodell beinhaltet mehrere Abschlussaufgaben, wobei eine Abschlussstruktur in Ordnern genutzt werden kann. Es werden Ihnen bereits zwei Planmodelle aus dem SAP-Standard-Content angezeigt. Dieser SAP-Standard-Content beinhaltet einen Vorschlag mit vordefinierten Aufgaben, die mit der Zeit durch neue Releases erweitert werden. Diese vordefinierten Planmodelle können direkt verwendet werden. Sollten Sie jedoch eine eigene Struktur anlegen wollen, empfiehlt es sich, im Kundennamensraum ein eigenes Planmodell anzulegen.

In Abbildung 13.4 sehen Sie das Planmodell Z_CLOSE mit der Beschreibung **Abschlussplan 01**, das wir für unser kleines Beispiel nutzen möchten. Ihm ist die Hierarchie-Art (**HierarArt**) **Buchungskreis** zugeordnet. Alternativ können Sie das Planmodell auch ohne Hierarchie anlegen.

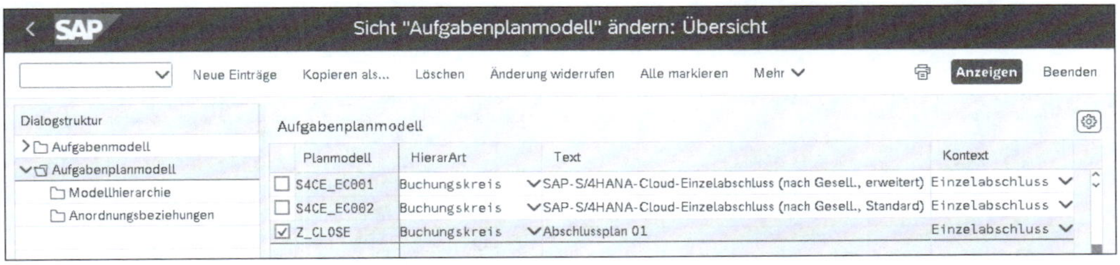

Abbildung 13.4 Aufgabenplanmodell im Z-Namensraum

Unter der Ebene **Modellhierarchie** können Sie Ihre eigene Struktur anlegen, indem Sie z. B. Ordner und Unterordner anlegen und in diesen Aufgabenmodelle zuordnen.

In unserem Beispiel haben wir lediglich auf der Ebene **Buchungskreis** drei Aufgabenmodelle zugeordnet (siehe Abbildung 13.5). Wir haben diese rechts in der Liste ausgewählt und mit der Maus nach links auf den Ordner **Buchungskreis** geschoben.

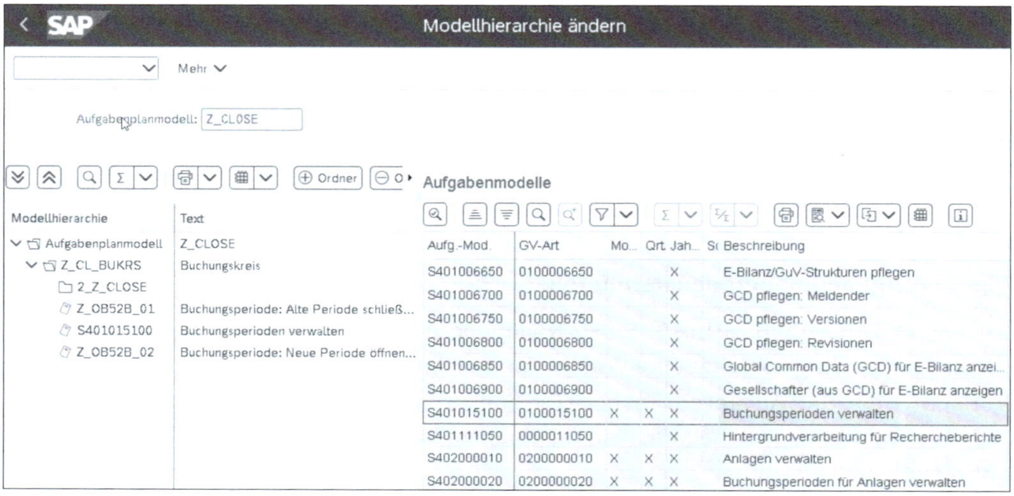

Abbildung 13.5 Modellhierarchie eines Aufgabenplanmodells

Unter dem Menüpunkt **Anordnungsbeziehung** können Sie nun zu Ihrem Aufgabenplanmodell Abhängigkeiten definieren (siehe Abbildung 13.4). In diesem Beispiel haben wir die drei Aufgabenmodelle so miteinander verknüpft, dass sie in der dargestellten Reihenfolge in Abhängigkeit zueinander stehen. Das Aufgabenmodell Z_OB52_01 hat z. B. den Nachfolger S401015100 (siehe Abbildung 13.6). Auf diese Weise können Sie innerhalb eines Aufgabenplanmodells auch ordnerübergreifende Abhängigkeiten zwischen Ihren Aufgaben herstellen.

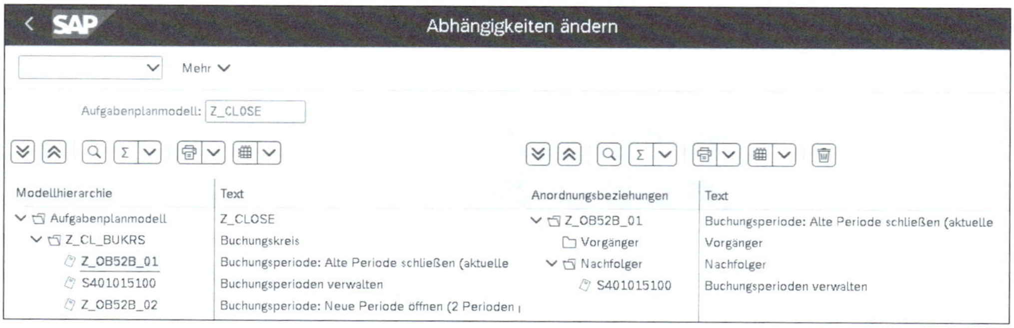

Abbildung 13.6 Abhängigkeiten in der Modellhierarchie eines Aufgabenplanmodells

Die Pflege dieser Abhängigkeiten im Backend hat den Vorteil, dass Sie dabei das Aufgabenplanmodell im Frontend von SAP Advanced Financial Closing mit Ihrer Buchungskreisstruktur verknüpfen und alle Buchungskreise diese Ausprägung erhalten, die dann natürlich noch angepasst werden kann. Der Pflegeaufwand besteht somit einmalig im Backend-Customizing und muss nicht für jeden Buchungskreis manuell wiederholt werden.

Wo jedoch kommen diese drei Aufgabenmodelle in unserem Aufgabenplanmodell her?

Um dies zu verstehen, gehen wir nochmals an den Anfang des Customizing-Punktes **Aufgabenplanmodell definieren**. Wir sehen hier den Ordner **Aufgabenmodell**, der alle vordefinierten Aufgabenmodelle aus dem SAP-Standard enthält. Außerdem finden wir am Ende dieser Auflistung die Aufgabenmodelle im Kundennamensraum. Die beiden Aufgabenmodelle Z_0B52B_01 und Z_0B52B_02 wurden für dieses Beispiel angelegt (siehe Abbildung 13.7).

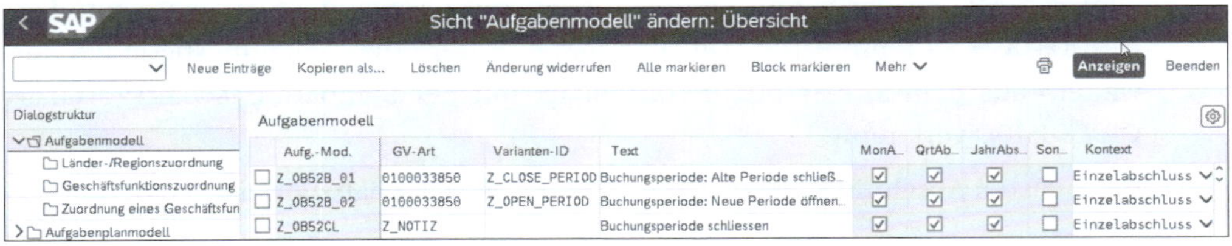

Abbildung 13.7 Aufgabenmodell pflegen

Sie beziehen sich auf die gleiche Geschäftsvorfallart 0100033850, die wir im nächsten Abschnitt 13.3.2, »Geschäftsvorfallarten für Abschluss definieren«, näher erläutern. Sie unterscheiden sich jedoch in der Varianten-ID. Am Text erkennen wir, dass unterschiedliche Aktionen mit diesen beiden Varianten-IDs verbunden sind. Dieser Text wird dann auch im Frontend angezeigt. Des Weiteren definieren die Aufgabenmodelle hier, zu welchem Abschlussprozess diese Aufgabe gehört. Je nachdem, ob Sie hier nur Jahresabschluss oder wie in unserem Beispiel auch Monats- und Quartalsabschluss auswählen, erscheint die Aufgabe im jeweils freigegebenen Abschlusskalender.

Unter dem Customizing-Punkt **Länder-/Regionszuordnung** können Sie die Aufgabe nun noch weiter einschränken (siehe Abbildung 13.8). Dies kann hilfreich sein, wenn Sie gewisse Aufgaben nur in bestimmten Ländern benötigen und erlauben möchten.

Sollten Sie Aufgabenmodelle aus dem SAP-Standard-Content verwenden, jedoch die Beschreibung anpassen wollen, empfiehlt es sich, diese Aufgabenmodelle ebenfalls in den Kundennamensraum zu kopieren.

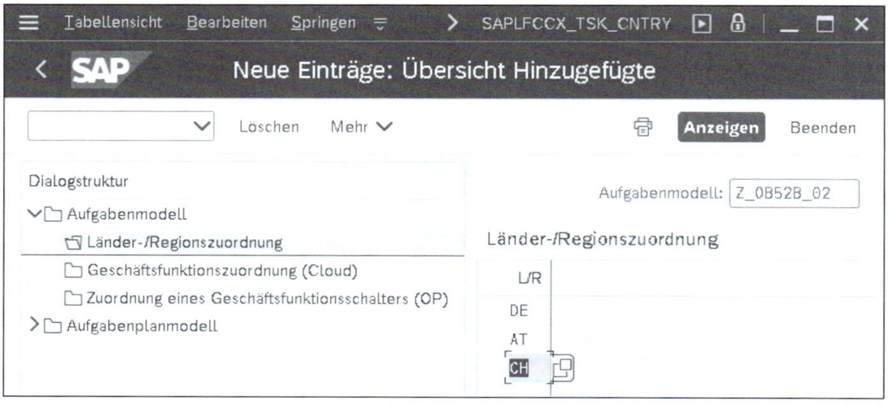

Abbildung 13.8 Länder-/Regionszuordnung pflegen

Das Aufgabenmodell Z_0B52B_01 (Buchungsperiode: Alte Periode schließen (aktuelle geöffnet)) ist, wie wir bereits gesehen haben, mit der Standard-Geschäftsvorfallart 0100033850 verknüpft. Das Aufgabenmodell S401015100 (Buchungsperioden verwalten) aus dem SAP-Standard-Content ist mit der Standard-Geschäftsvorfallart 0100015100 verknüpft.

Im nächsten Abschnitt schauen wir uns an, wie wir Geschäftsvorfallarten definieren.

13.3.2 Geschäftsvorfallarten für Abschluss definieren

Die *Geschäftsvorfallart* definiert über den Aufgabentyp, wie eine Aufgabe ausgeführt werden soll. Es kann sich dabei um SAP-Fiori-Apps handeln, die auf dem SAP Fiori Launchpad definiert wurden und direkt aufgerufen werden können. SAP-Fiori-Apps senden auch einen Status an SAP Advanced Financial Closing zurück. Außerdem können Notizen definiert werden, die manuell bearbeitet werden. Der Aufgabentyp **Webanwendung** meint eine URL, die hinterlegt werden muss, um einen Service oder eine HTML-URL-Seite aufzurufen. Dies erleichtert das Aufrufen einer externen Webseite. Eine Statusrückmeldung in SAP Advanced Financial Closing kann dabei nicht erfolgen.

Alternativ kann der Aufgabentyp **Job** gewählt werden. Als Job definieren Sie alle automatischen Prozessschritte. Dabei geben Sie den Programmnamen an.

Die Geschäftsvorfallart 0100033850 für die automatische Buchungsperiodensteuerung ist als Aufgabentyp **Job** definiert. Dahinter wurde das entsprechende SAP-Standard-Programm RFOB5200 definiert (siehe Abbildung 13.9).

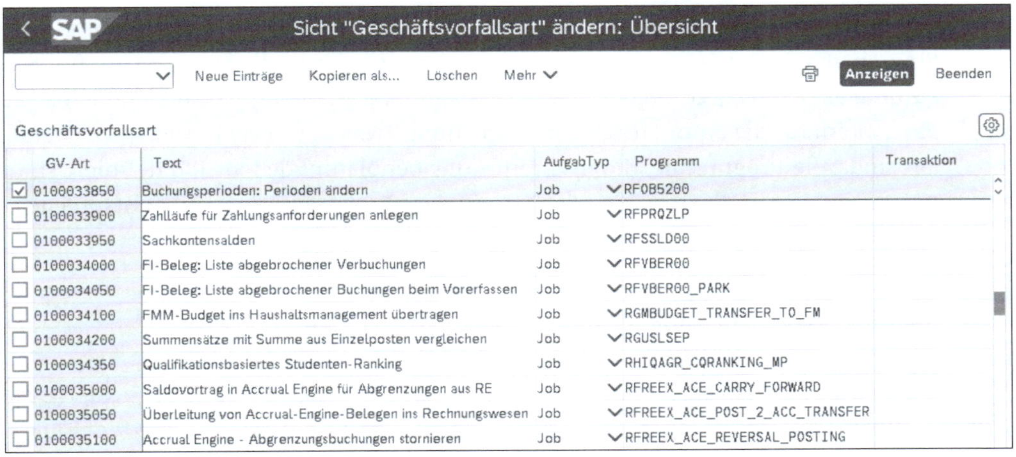

Abbildung 13.9 Geschäftsvorfallart – Job

In Abbildung 13.10 sehen wir die Geschäftsvorfallart 0100015100, **Buchungsperioden für Hauptbuch verwalten**, die als SAP-Fiori-App definiert wurde. Bei SAP-Fiori-Apps müssen Sie das semantische Objekt und die semantische Aktion angeben. Diese finden Sie online in der SAP Fiori Apps Reference Library unter *https://fioriappslibrary.hana.ondemand.com*.

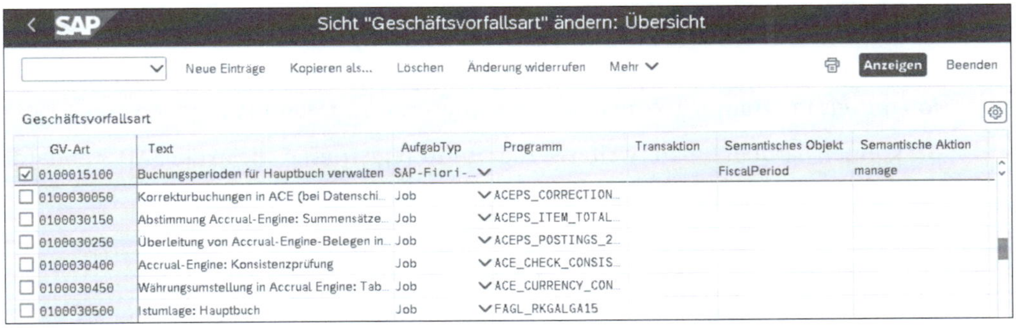

Abbildung 13.10 Geschäftsvorfallart als SAP-Fiori-App

Sie können auch fehlende Geschäftsvorfallarten, die für einen vollständigen Abschlussprozess erforderlich sind, im Kundennamensraum hinzufügen.

Alle Programme, die in diesem Customizing-Punkt gelistet sind, wurden vorab im Backend-System für die Parameterzuordnung registriert. Dies schauen wir uns im folgenden Abschnitt an.

13.3.3 Programme für Parameter-Mapping registrieren

Eine entscheidende Customizing-Aktivität besteht darin, die Programme für das *Parameter-Mapping* zu registrieren. Das Parameter-Mapping ist notwendig, damit das System für die automatische Jobeinplanung »weiß«, welche Felder wie zu befüllen sind. Alle Programme, die in Ihrem Aufgabenplanmodell als Job definiert sind, müssen in diesem Customizing-Schritt mit dem Programm und einer entsprechenden Varianten-ID gepflegt sein.

[»]

Einsatz von Reportvarianten

Im Gegensatz zu SAP S/4HANA Financial Closing Cockpit, in dem für jedes Programm eine oder mehrere Reportvarianten mit verschiedenen Selektionsvariablen angelegt werden müssen, werden für die Jobsteuerung über SAP Advanced Financial Closing keine Reportvarianten mehr benötigt. Diese werden jetzt jeweils zur Laufzeit über die Parametertypen und die hinterlegten Parameter pro Programm automatisch generiert. Daher ist nun aber in jedem Backend-System eine Registrierung der Programme notwendig.

Jedes Programm ist demnach mindestens einer *Varianten-ID* zugeordnet. Im Vergleich zu SAP S/4HANA Financial Closing Cockpit können Sie sich die Varianten-IDs als Varianten vorstellen, die Sie mit Variablen aus der Tabelle TVARVC bzw. den SAP_FAST_CLOSE*-Variablen von SAP S/4HANA Financial Closing Cockpit pflegen.

Außerdem definieren wir in diesem Abschnitt die notwendigen Parameter, damit ein Job mittels Programm automatisch im Hintergrund ausgeführt werden kann.

Sie können darüber hinaus weitere Programme registrieren, die in der SAP-Standardauslieferung zunächst nicht enthalten sind.

[»]

Kundeneigene Programme registrieren

Prüfen Sie Ihre Entwicklungsrichtlinien, und nehmen Sie dort gegebenenfalls mit auf, dass alle abschlussrelevanten Programme an SAP Advanced Financial Closing angeschlossen (siehe SAP-Hinweis 2879220 (Advanced Financial Closing: integration of customer-specific reports)) und in jedem Backend registriert werden müssen! In der funktionalen Spezifikation bzw. bei der Abnahme kundeneigener Programme sollten diese beiden Punkte auch Bestandteil der relevanten Checkliste für die Programmabnahme sein.

In unserem Beispiel haben wir zum Programm RFOB5200 mehrere Varianten definiert. Die Kurzbeschreibung sollte hierbei schon den Unterschied verdeutlichen (siehe Abbildung 13.11). Wir wählen das Programm RFOB5200 mit der Varianten ID Z_CLOSE_PERIOD aus und gehen links einen Menüpunkt tiefer zur **Parameterpflege**. Mit dieser Varianten-ID ist geplant, dass mittels Programm RFOB5200 die alte Periode geschlossen wird und lediglich die aktuelle Periode offen bleibt.

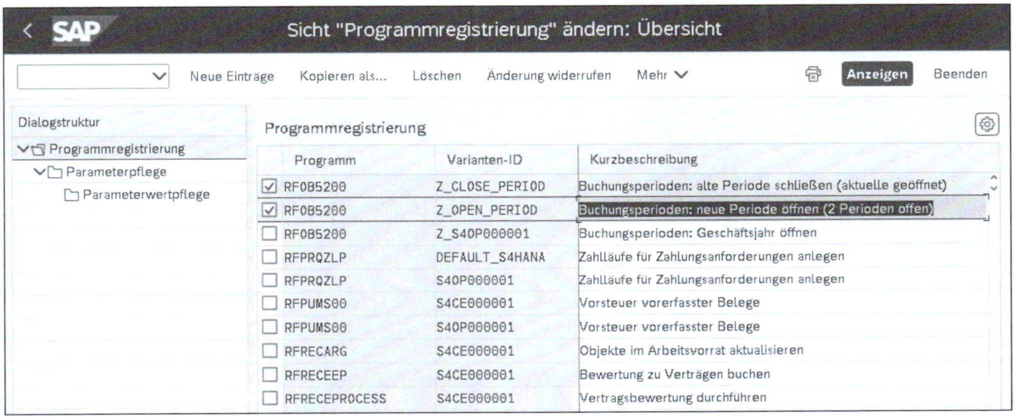

Abbildung 13.11 Programmregistrierung

Für jede Kombination aus Programm und Varianten-ID können Sie die Programmparameter pflegen und einem Parametertyp zuordnen. Zu jedem registrierten Programm werden automatisch die entsprechenden Parameter gezogen, die für eine Variantenpflege relevant sein können.

Um die Parameter zu pflegen, markieren Sie mit einem Klick den Parameter, und danach klicken Sie doppelt auf **Parameterpflege** in der Dialogstruktur (siehe Abbildung 13.11).

Dem Parameter FRPE2 definieren wir einen Festwert. Wir markieren, wie in Abbildung 13.12 dargestellt, die Zeile und gehen einen Schritt tiefer zur **Parameterwertpflege**.

Im nächsten Schritt können Sie entweder Regeln, feste Parameterwerte oder Festwertintervalle hinterlegen. In unserem Fall ist zu dem Parameter FRPE2 die untergeordnete Regel 0037 (Ende der laufenden Geschäftsperiode) hinterlegt (siehe Abbildung 13.13). Beim Einplanen des Programms RFOB52B00 mit dieser Varianten-ID Z_CLOSE_PERIOD über SAP Advanced Financial Closing wird das Feld **Periode Von** im Buchungsbereich 2 automatisch mit dem Wert der aktuellen Periode gesetzt.

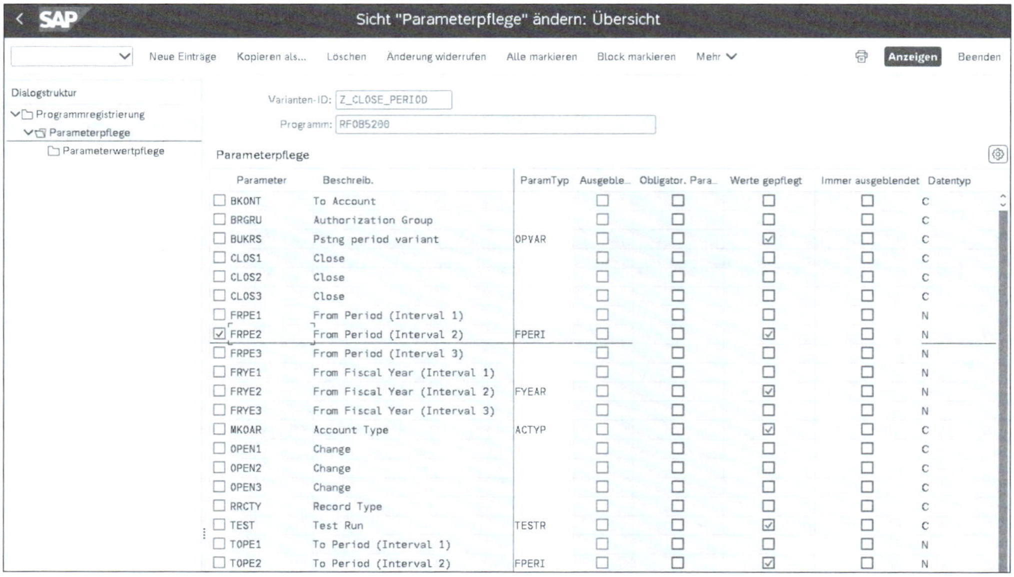

Abbildung 13.12 Programmregistrierung – Parameterpflege

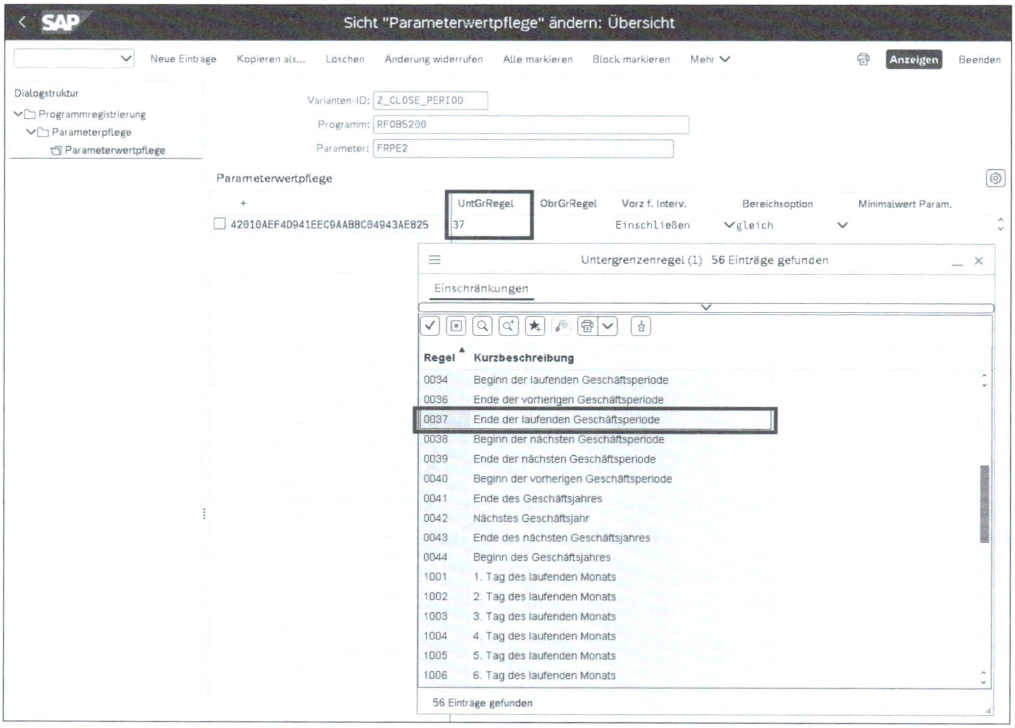

Abbildung 13.13 Parameterwertpflege

Den in Abbildung 13.12 markierten Parameter haben wir so definiert, dass im Periodenblock 2 über die Regel 0037 das Ende der laufenden Geschäftsperiode, also nur die aktuelle Periode, gesetzt wird. Die alte Periode wird demnach geschlossen. Sie sehen in Abbildung 13.12 und Abbildung 13.14 außerdem die Spalte **Parametertyp** (**ParamTyp**). Dieser ist für die markierten Parameter obsolet. Jedoch kann dieser auch wie in folgendem Beispiel relevant werden. In Abbildung 13.14 sehen Sie das Programm FAGL_FCV zur Fremdwährungsbewertung.

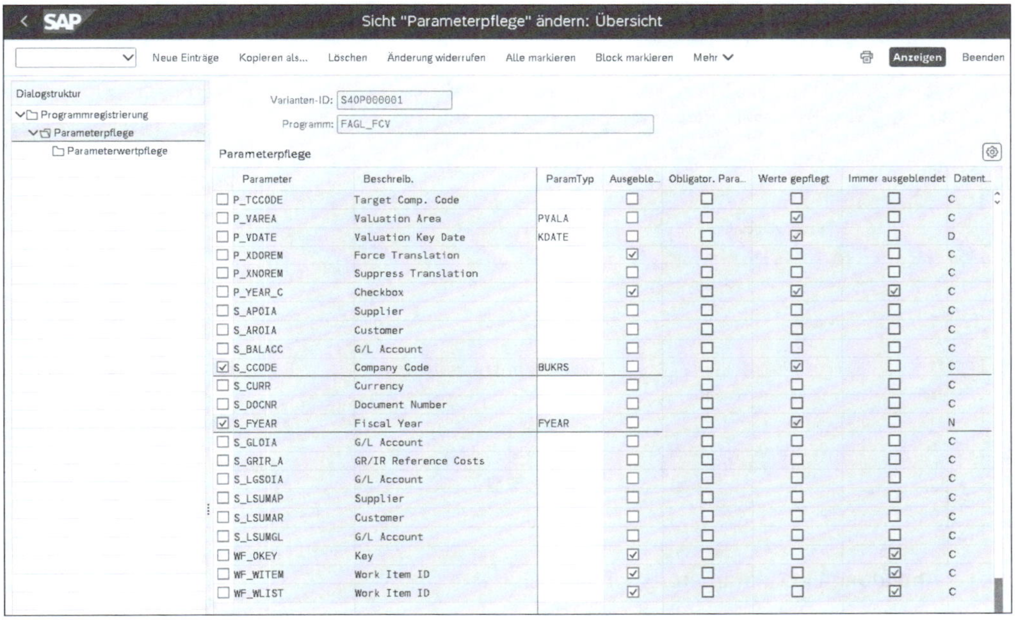

Abbildung 13.14 Programmregistrierung – Parameterpflege – Parametertyp

Die Parameter **Buchungskreis** und **Geschäftsjahr** bedienen sich Parametertypen, die wir im folgenden Abschnitt erläutern möchten.

13.3.4 Parametertypen definieren

Mit einem Klick auf den ersten Customizing-Punkt **Parametertypen definieren** gelangen Sie in eine Pflegetabelle für Parametertypen. Die SAP-Standardauslieferung enthält bereits eine Vielzahl an möglichen Parametertypen.

Parametertypen können Sie sich als eine Gruppierung vorstellen, in der sich mehrere Programme dieselben Parameter oder Selektionsoptionen teilen. Dies kann ein Parameter sein, der auf einen anderen Parameter referenziert, der in einem Aufgabenplan logisch definiert wurde. Beispiele dafür sind Buchungskreis, Rechnungslegungsvorschrift, Ledger, Geschäftsjahr und Geschäftsperiode. Letztlich können

Parametertypen also immer dann verwendet werden, wenn sich mehrere Programme dieselben Parameter oder Selektionsoptionen teilen. In Abbildung 13.15 sehen Sie die vordefinierten Parametertypen.

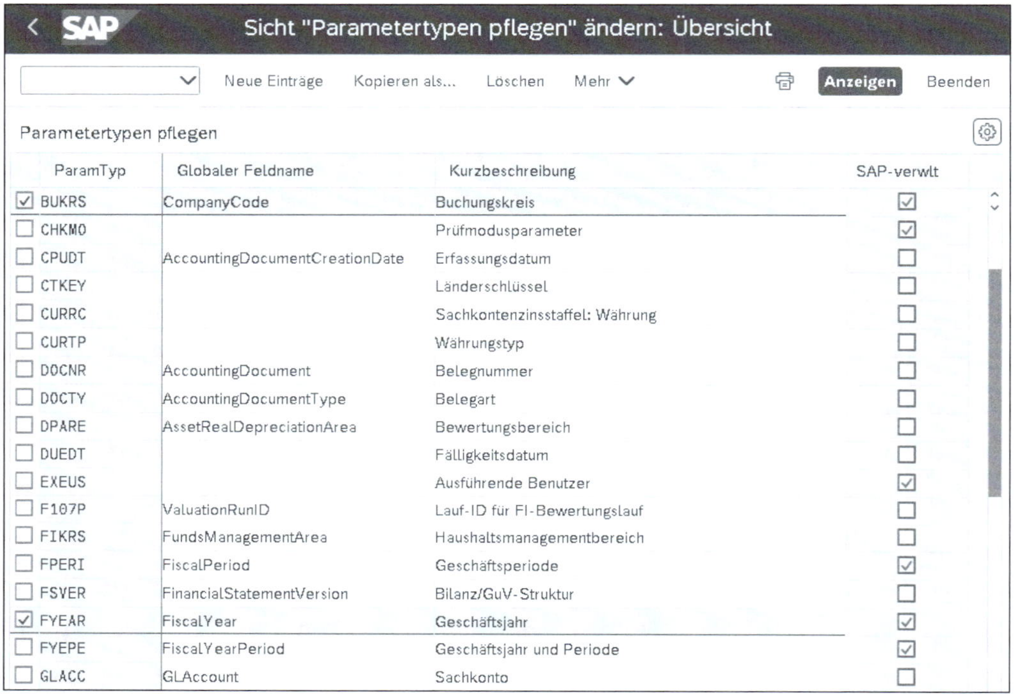

	ParamTyp	Globaler Feldname	Kurzbeschreibung	SAP-verwlt
☑	BUKRS	CompanyCode	Buchungskreis	☑
☐	CHKMO		Prüfmodusparameter	☑
☐	CPUDT	AccountingDocumentCreationDate	Erfassungsdatum	☐
☐	CTKEY		Länderschlüssel	☐
☐	CURRC		Sachkontenzinsstaffel: Währung	☐
☐	CURTP		Währungstyp	☐
☐	DOCNR	AccountingDocument	Belegnummer	☐
☐	DOCTY	AccountingDocumentType	Belegart	☐
☐	DPARE	AssetRealDepreciationArea	Bewertungsbereich	☐
☐	DUEDT		Fälligkeitsdatum	☐
☐	EXEUS		Ausführende Benutzer	☑
☐	F107P	ValuationRunID	Lauf-ID für FI-Bewertungslauf	☐
☐	FIKRS	FundsManagementArea	Haushaltsmanagementbereich	☐
☐	FPERI	FiscalPeriod	Geschäftsperiode	☑
☐	FSVER	FinancialStatementVersion	Bilanz/GuV-Struktur	☐
☑	FYEAR	FiscalYear	Geschäftsjahr	☑
☐	FYEPE	FiscalYearPeriod	Geschäftsjahr und Periode	☑
☐	GLACC	GLAccount	Sachkonto	☐

Abbildung 13.15 Parametertypen pflegen

Die Parameter BUKRS (Buchungskreis) und FYEAR (Geschäftsjahr) aus Abbildung 13.15 sind außerdem als von SAP verwaltet markiert (**SAP-verwlt**). Dies bedeutet, dass diese beim Einplanen im erweiterten Finanzabschluss automatisch mit Werten, wie dem Buchungskreis, befüllt werden.

Einige der SAP-Abschlussarbeiten verwenden z. B. weiterhin einen Parameter für den Bewertungsbereich. Daher könnte der Parametertyp PVALA (Hauptbuch-Bewertungsbereich) in allen Ordnern (Knoten) der Abschlusshierarchie verwendet werden, wo solche Programme den entsprechenden Abschlussarbeiten zugeordnet sind (siehe Abbildung 13.16).

Außerdem ist es hier auch möglich, neue Parametertypen zu definieren.

Darüber hinaus können Sie Parameter nutzen, die in der Customizing-Aktivität **Programme für Parameter-Mapping registrieren** (siehe Abschnitt 13.3.3) registriert wurden. Sie können diese explizit registrierten Parametertypen auf Knotenebene Ihrer Abschlussaufgabenvorlage pflegen (z. B. pro Ordner).

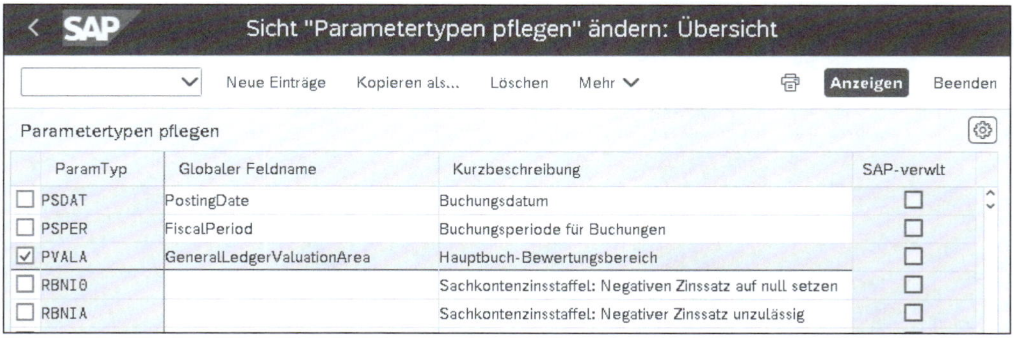

Abbildung 13.16 Parametertyp PVALA (Hauptbuch-Bewertungsbereich)

Die Parametertypen funktionieren ähnlich wie die Parameter der Tabelle TVARVC, die im SAP Financial Closing Cockpit verwendet wurden.

Wir haben nun alle vier Customizing-Schritte von unten nach oben durchlaufen und verstanden, wie diese miteinander verknüpft sind.

Beim Definieren des Abschlussplans müssen Sie stets zwischen diesen Customizing-Punkten springen, um alle Ihre Aufgaben in Ihrem Aufgabenplanmodell zu pflegen. Viele Inhalte aus dem SAP-Standard-Content können bereits verwendet werden. Neue Programme oder auch veränderte Bezeichnungen in den Aufgabenmodellen bedingen neue Definitionen im Kundennamensraum. Außerdem sollte bei Aufgaben des Typs **Job** stets geprüft werden, welche Parameter in einer eigenen Varianten-ID pro Programm vorbelegt werden können.

Unsere Erfahrung hat gezeigt, dass es sich empfiehlt, möglichst viel im Backend-System zu pflegen. Es sollten alle Aufgaben mit Abhängigkeiten und alle Programme mit Varianten-ID gepflegt werden, die sich in den einzelnen Buchungskreisen nicht unterscheiden. Im Frontend können dann trotzdem Aufgaben ergänzt, gelöscht oder gepflegt werden. Parameter, die sich in ihren Buchungskreisen unterscheiden, sollten direkt im Frontend pro Buchungskreis gepflegt werden.

Welche speziellen Einstellungen im Frontend möglich sind, erläutern wir im nächsten Abschnitt.

13.4 Spezielle Customizing-Einstellungen in SAP Advanced Financial Closing

Nachdem Sie die notwendigen Einstellungen im lokalen Backend-System vorgenommen haben, werfen wir nun einen Blick auf unser SAP-Fiori-Frontend-System für SAP Advanced Financial Closing. Hier gibt es, wie in Cloud-Systemen üblich, nur wenige Einstellungen, die jedoch ausreichend Flexibilität in der Abschlussplanung erlauben.

Wenn Sie die Key-User-Berechtigung in der SAP BTP erhalten haben, sehen Sie in SAP Advanced Financial Closing alle SAP-Fiori-Apps (siehe Abbildung 13.17).

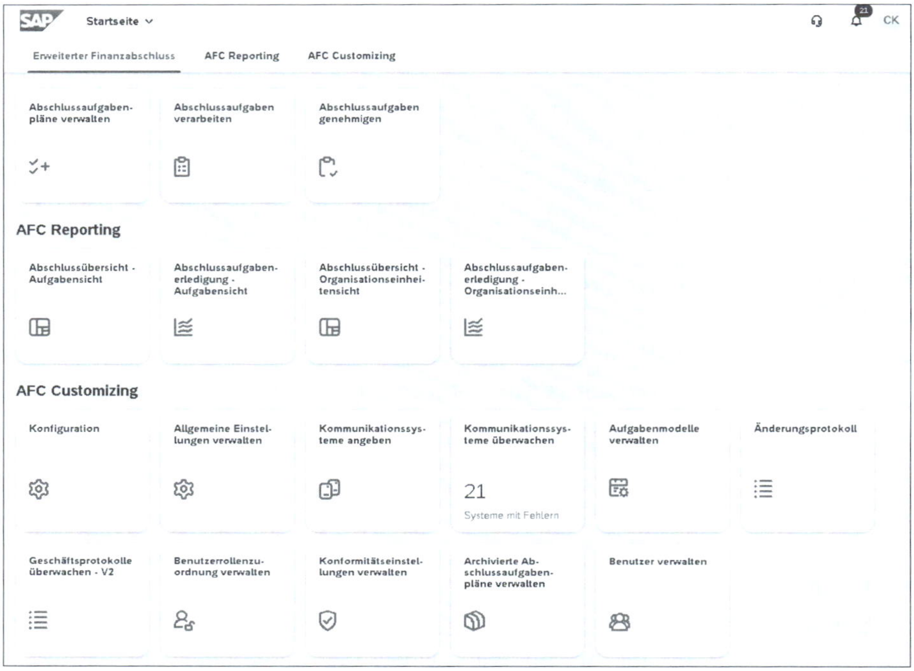

Abbildung 13.17 SAP-Fiori-Startseite – erweiterter Finanzabschluss

Dabei lassen sich grundsätzlich drei Kategorien unterscheiden: funktionale Apps, Reporting-Apps und Konfigurations-Apps. Die folgenden funktionalen Apps unterstützen Sie bei der Optimierung Ihres gesamten Abschlussprozesses:

- Mit der SAP-Fiori-App **Abschlussaufgabenpläne verwalten** (App-ID F5498) wird die Vorlage ausgeprägt und anschließend als Aufgabenplan freigegeben.
- Mit der SAP-Fiori-App **Abschlussaufgaben verarbeiten** (App-ID F4352) wird der Aufgabenplan mit seinen einzelnen Aufgaben abgearbeitet.
- Die SAP-Fiori-App **Abschlussaufgaben genehmigen** (App-ID F4348) bietet die Möglichkeit des 4-Augen-Prinzips, um Abschlussaufgaben von unterschiedlichen Personen genehmigen zu lassen.
- Die SAP-Fiori-Apps **Abschlussübersicht – Aufgabensicht und Abschlussübersicht – Organisationssicht** (App-ID F7393) geben einen Überblick über den Status des Abschlussprozesses.
- Mit den SAP-Fiori-Apps **Abschlussaufgabenerledigung – Aufgabensicht und Abschlussaufgabenerledigung – Organisationseinheiten** (App-ID F7395) kann ebenso der Status einer Aufgabe angezeigt werden.

- Die SAP-Fiori-Apps **Änderungsprotokoll und Geschäftsprotokolle überwachen** (App-ID F4351) listen alle Änderungen in der Vorlage, in den Aufgabenplänen und in den jeweiligen Aufgaben auf.

Über die SAP-Fiori-App **Aufgabenmodelle verwalten** können Sie auf die in Abschnitt 13.3, »Allgemeine Customizing-Einstellungen für SAP Advanced Financial Closing«, gezeigten Customizing-Tabellen im Fiori-Frontend zugreifen. Diese werden im Anzeigemodus dargestellt.

Wählen Sie auf der linken Seite das Kommunikationssystem aus (siehe Abbildung 13.18). Sie sehen zunächst die Aufgabenmodelle analog zur Backend-Customizing-Tabelle aus Abschnitt 13.3.1, »Aufgabenplanmodell definieren«. Auf den weiteren Registerkarten werden außerdem die Aufgabenmodellarten analog zu gezeigten Geschäftsvorfallsarten dargestellt. Zusätzlich finden Sie die Jobvarianten sowie eine Übersicht der Jobvariantenparameter analog zu den Parametertypen.

Die SAP-Fiori-App **Aufgabenmodelle verwalten** soll dabei helfen, die Backend-Einstellungen für Benutzer im Frontend besser sichtbar zu machen. Dies betrifft insbesondere Personen, die keine Customizing-Berechtigung im Backend-System haben oder die intuitive Navigation im Fiori-Frontend bevorzugen.

Abbildung 13.18 SAP-Fiori-App »Aufgabenmodelle verwalten«

Wir gehen im nächsten Abschnitt genauer auf die SAP-Fiori-Apps für Konfigurationszwecke ein, bevor wir in Abschnitt 13.5 das Vorlagenset verwenden und eine Vorlage anlegen.

13.4.1 Kommunikationssysteme angeben

Mit der SAP-Fiori-App **Kommunikationssystem angeben** definieren Sie die relevanten Kommunikationssysteme. In der Regel werden hier das Backend-Testsystem und das Produktivsystem als Kommunikationssysteme hinterlegt. Selbstverständlich können auch weitere Systeme – das Entwicklungssystem oder angrenzende SAP-Systeme (z. B. ein SAP-S/4HANA-System, ein SAP-ECC-System oder ein Public-Cloud-System) – hinterlegt werden.

Der Name der Zielkonfiguration muss dem Namen im SAP-BTP-Cockpit entsprechen, wie in unserem Beispiel `QKK_910` (siehe Abbildung 13.19).

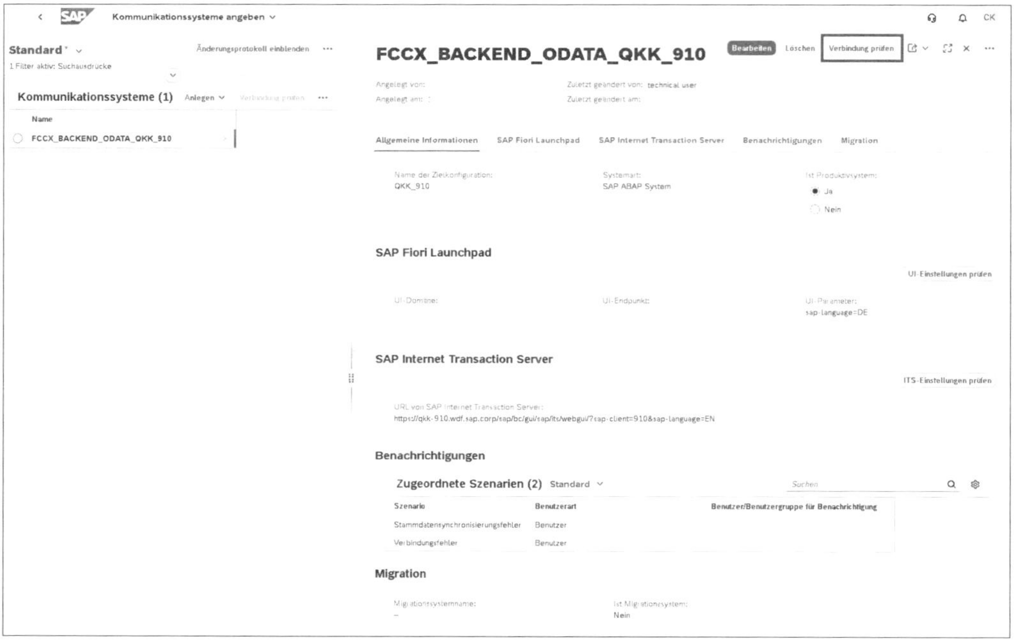

Abbildung 13.19 Kommunikationssystem Prüfung und Synchronisation

Die Verlinkung erfolgt über das SAP Fiori Launchpad. Geben Sie die Domäne des SAP Fiori Launchpad Gateways Ihres Zielkommunikationssystems ein, über die die Benutzer auf die UI der SAP-Fiori-App zugreifen können.

Um diese Domäne zu erhalten, öffnen Sie das SAP Fiori Launchpad Ihres Kommunikationssystems. Kopieren Sie nur die Domäne, und fügen Sie sie in das Feld **UI-Domäne** ein.

Geben Sie die UI-Parameter ein, die für die Verbindung mit dem Kommunikationssystem angewendet werden sollen. Die UI-Domäne ist daher der erste Teil der URL des Kommunikationssystems.

Geben Sie den UI-Endpunkt für das SAP Fiori Launchpad Ihres Kommunikationssystems ein. Der UI-Endpunkt wird später der URL des Kommunikationssystems nach der UI-Domäne hinzugefügt.

Die in Abbildung 13.19 eingerahmten Funktionen sind sehr hilfreich, um zum einen über **Verbindung prüfen** sicherzustellen, dass die Verbindung zum Backend-System korrekt eingestellt wurde und auch besteht. In der Regel erfolgt einmal über Nacht eine Synchronisation des Backend-Systems mit dem Frontend-System, um gegebenenfalls im Backend neu erzeugte Aufgabenmodelle oder geänderte Parameter aus dem Backend in das Frontend-System zu überführen.

13.4.2 Kommunikationssysteme überwachen

Sollten die Einstellungen aus dem Backend-System jedoch unmittelbar im Frontend-System benötigt werden, können Sie über die SAP-Fiori-App **Kommunikationssysteme überwachen** (App-ID F6891) die Synchronisation gezielt anstoßen. Gehen Sie in die SAP-Fiori-App **Kommunikationssysteme überwachen** und suchen Sie zunächst nach dem jeweiligen System.

In Abbildung 13.20 sehen Sie im Bereich **Verbindungsprüfung** den Status der Systemverbindung. Der Verbindungsstatus ist in dem Beispiel OK und die Synchronisierung abgeschlossendas System QKK ist demnach erfolgreich angebunden.

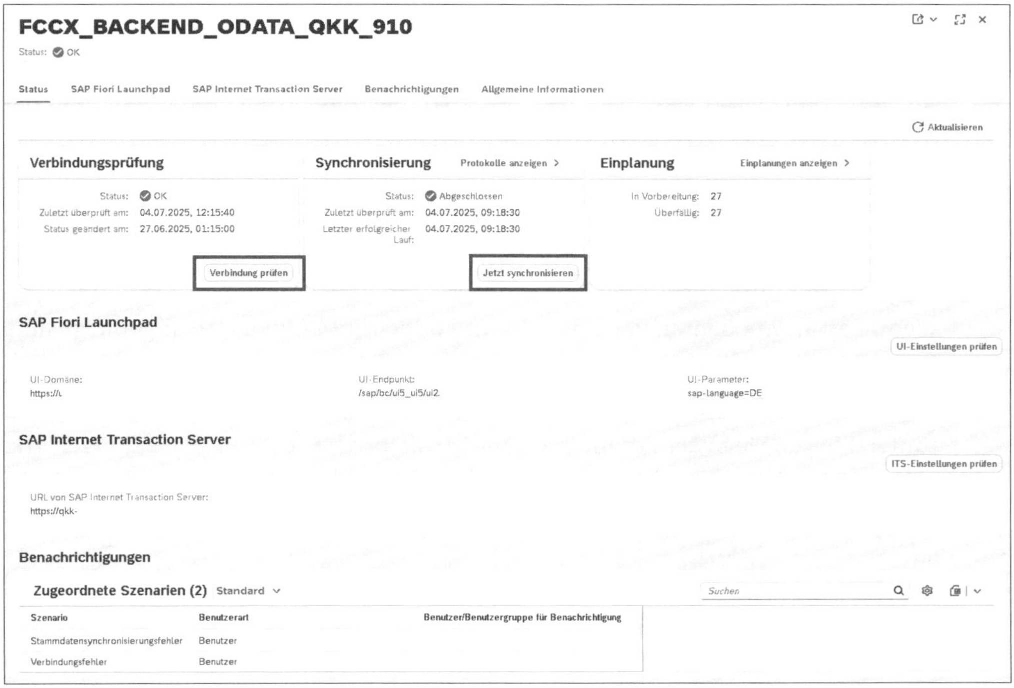

Abbildung 13.20 Kommunikationssysteme überwachen

Neben dem Verbindungsstatus, den Sie von hier aus überprüfen können, sehen Sie den Status der letzten Synchronisation und können diese über einen Klick auf **Jetzt synchronisieren** direkt anstoßen.

13.4.3 Geschäftsprotokolle überwachen

Nachdem Sie die Synchronisation vom Backend-System in das Frontend-System manuell angestoßen haben, können Sie über die SAP-Fiori-App **Geschäftsprotokolle überwachen** prüfen, ob die Einstellungen übernommen wurden oder ob es zu Fehlern gekommen ist.

Es werden Ihnen chronologisch und in Blöcken Fehler, Warnungen und Informationen angezeigt. So können Sie direkt reagieren, sollte die Synchronisation fehlgeschlagen sein.

13.4.4 Benutzer verwalten

Über die SAP-Fiori-App **Benutzer verwalten** (App-ID F4354) erhalten Sie einen Überblick aller in SAP Advanced Financial Closing angelegten Benutzer. Wenn Ihre Benutzer im Identity Provider – einem Service, der die Benutzeridentität speichert und verifiziert – gepflegt sind, können sie sich ohne zusätzliche Einstellung bei SAP Advanced Financial Closing anmelden. Sie können entsprechend den ihnen in der SAP BTP zugeordneten statischen Rollenvorlagen auf die Apps zugreifen.

Darüber hinaus können Sie Benutzer manuell im Voraus in SAP Advanced Financial Closing hochladen, sodass Sie ihnen Benutzerrollen zuordnen und sie z. B. als verantwortliche Benutzer oder ausführende Benutzer angeben können. Für alle Benutzerattribute, die im Identity Provider gepflegt sind, müssen Sie dies nur einmal tun. Wenn bestimmte Benutzerattribute in Ihrem Identity Provider nicht gepflegt sind, können Sie die Upload-Funktion verwenden, um diese Attribute aktuell zu halten.

Laden Sie für diesen Zweck entweder die Vorlage oder die aktuelle Benutzerliste herunter. Pflegen Sie in der heruntergeladenen Microsoft-Excel-Liste die Benutzer, und laden Sie die Liste wieder hoch. In der folgenden Abbildung 13.21 sehen Sie als Beispiel den Benutzer `GL_ACOUNTANT` in der SAP-Fiori-App **Benutzer verwalten**.

Abbildung 13.21 Benutzer verwalten

Die vom Identity Provider bereitgestellten Informationen haben immer Vorrang. Benutzerattribute aus dem Identity Provider überschreiben die SAP Advanced Financial Closing gespeicherten Informationen, wenn sich die Benutzer anmelden.

Stellen Sie sicher, dass das Benutzerattribut **E-Mail** nicht leer und immer korrekt gepflegt ist.

13.4.5 Konformitätseinstellungen

Mit der SAP-Fiori-App **Konformitätseinstellungen** (App-ID F4355) haben Sie die Möglichkeit, verschiedene Compliance-Einstellungen vorzunehmen oder die Standardeinstellungen zu verändern. In Abbildung 13.22 sehen Sie die Einstellungen in unserem Testsystem.

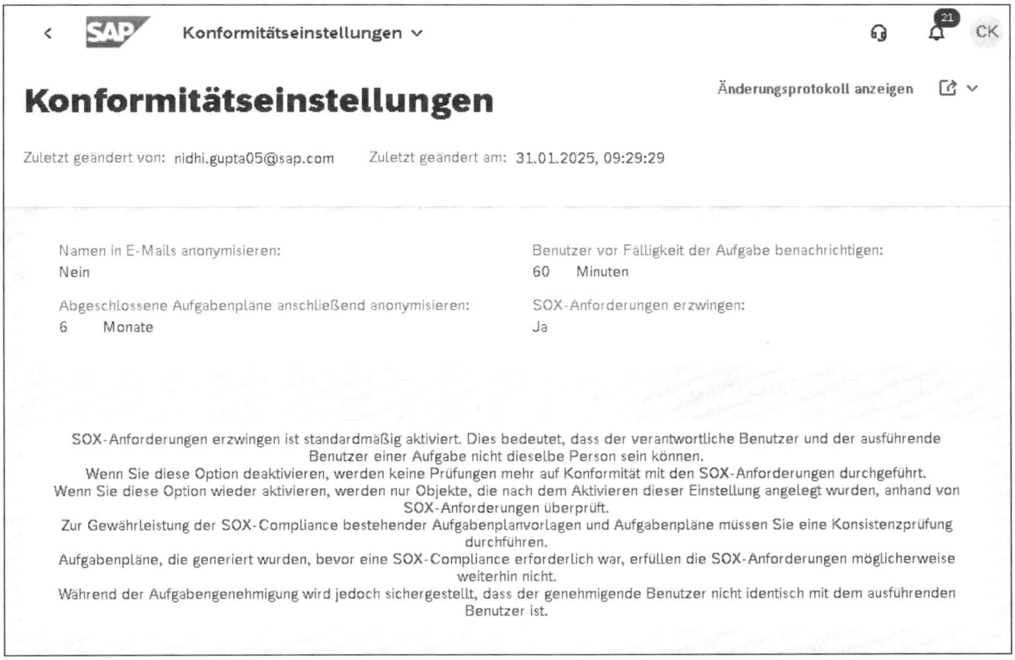
Konformitätseinstellungen
21
CK
Konformitätseinstellungen
Änderungsprotokoll anzeigen
Zuletzt geändert von: nidhi.gupta05@sap.com
Zuletzt geändert am: 31.01.2025, 09:29:29
Namen in E-Mails anonymisieren:
Nein
Benutzer vor Fälligkeit der Aufgabe benachrichtigen:
60 Minuten
Abgeschlossene Aufgabenpläne anschließend anonymisieren:
6 Monate
SOX-Anforderungen erzwingen:
Ja
SOX-Anforderungen erzwingen ist standardmäßig aktiviert. Dies bedeutet, dass der verantwortliche Benutzer und der ausführende Benutzer einer Aufgabe nicht dieselbe Person sein können.
Wenn Sie diese Option deaktivieren, werden keine Prüfungen mehr auf Konformität mit den SOX-Anforderungen durchgeführt.
Wenn Sie diese Option wieder aktivieren, werden nur Objekte, die nach dem Aktivieren dieser Einstellung angelegt wurden, anhand von SOX-Anforderungen überprüft.
Zur Gewährleistung der SOX-Compliance bestehender Aufgabenplanvorlagen und Aufgabenpläne müssen Sie eine Konsistenzprüfung durchführen.
Aufgabenpläne, die generiert wurden, bevor eine SOX-Compliance erforderlich war, erfüllen die SOX-Anforderungen möglicherweise weiterhin nicht.
Während der Aufgabengenehmigung wird jedoch sichergestellt, dass der genehmigende Benutzer nicht identisch mit dem ausführenden Benutzer ist.

Abbildung 13.22 Konformitätseinstellungen

So kann es z. B. notwendig sein, echte Namen aus E-Mails zu entfernen, die vom Benachrichtigungsservice von SAP Advanced Financial Closing gesendet werden. Als Standardwert ist **Nein** gesetzt. Über die Auswahl **Bearbeiten** können Sie die Einstellung anpassen.

Abgeschlossene Aufgabenpläne können nach einer bestimmten Zeit automatisch anonymisiert werden. Definieren Sie eine Anzahl von Monaten als Zeitversatz, nach dessen Ablauf Benutzernamen aus abgeschlossenen Aufgabenplänen entfernt werden. Der Standardwert beträgt 18 Monate. Diese Funktion können Sie deaktivieren, indem Sie den Wert »0« eingeben.

Um sicherzustellen, dass Aufgaben vor ihrem geplanten Enddatum abgeschlossen werden, können Sie E-Mail- und SAP-Fiori-Benachrichtigungen an den ausführenden Benutzer oder an den verantwortlichen Benutzer senden. Legen Sie fest, wie viele Minuten vor Fälligkeit einer Aufgabe Benutzer an die Aufgabe erinnert werden sollen. Der Mindestwert beträgt 10 Minuten.

Um diese Funktion nutzen zu können, muss eine E-Mail-Benachrichtigungskonfiguration, einschließlich des Szenarios **Geplanter Endzeitpunkt der Aufgabe steht bevor**, zugeordnet werden (siehe auch den Abschnitt »E-Mail-Benachrichtigungskonfigurationen verwalten«)

Eine letzte Einstellung in dieser App ist der Sarbanes-Oxley-Act-Indikator. Legen Sie fest, ob die Einhaltung des Sarbanes-Oxley Act (SOX) gilt. Der Standardwert ist **Ja**. In dem Fall dürfen verantwortlicher Benutzer und ausführender Benutzer einer Aufgabe oder eines Ordners nicht identisch sein. Außerdem dürfen die verantwortliche und die ausführende Benutzergruppe einer Aufgabe oder eines Ordners nicht identisch sein. Wenn eine Benutzergruppe nur einen Benutzer enthält und die Gruppe als verantwortliche oder ausführende Benutzergruppe zugeordnet ist, darf der Benutzer der Gruppe nicht derselbe Benutzer sein wie der Benutzer, der für die andere Rolle gepflegt ist.

Beachten Sie, dass bei jeder Änderung der Vorlage manuell der SOX-Compliance-Check durchgeführt werden muss.

13.4.6 Konfiguration

Mit der SAP-Fiori-App **Konfiguration** (App-ID F4357) haben Sie Zugriff auf folgende weitere Einstellungen (siehe Abbildung 13.23):

- Berechtigungsgruppen
- E-Mail-Benachrichtigungen
- Buchungskreisgruppen
- Benutzergruppen
- Benutzerrollen

Der Konfigurationsschritt **Länder-/Regionsgruppen** ist veraltet und aufgrund des neuen Reporting-Konzeptes nicht mehr erforderlich.

Konfiguration
21
CK
Konfiguration
Berechtigungsgruppen
Legen Sie Berechtigungsgruppen an, um Aufgabenplanvorlagen, Aufgabenpläne und einzelne Aufgaben zu definieren, zu denen Benutzer, die Abschlussaufgaben verarbeiten, Aktivitäten ausführen können.
154 Einträge
Länder-/Regionengruppen (abgekündigt)
Definieren Sie Länder-/Regionengruppen, um den Erledigungsgrad und Status der Abschlussaktivitäten auf der Länder-/Regionengruppenebene zu überwachen.
48 Einträge
E-Mail-Benachrichtigungskonfigurationen
Definieren Sie Benachrichtigungskonfigurationen und ordnen Sie einem Aufgabenplan verschiedene E-Mail-Benachrichtigungsszenarios zu. Ein Benachrichtigungsszenario steuert, wann und wie ausführende oder verantwortliche Benutzer benachrichtigt werden.
100 Einträge
Buchungskreisgruppen
Definieren Sie Buchungskreisgruppen, um den Erledigungsgrad und den Status der Finanzabschlussaktivitäten anhand mehrerer Gruppierungsmerkmale für Buchungskreise überwachen zu können.
2707 Einträge
Benutzergruppen
Definieren Sie Benutzergruppen, die Sie als Eigentümer, verantwortliche oder ausführende Benutzer zu Aufgabenplänen zuordnen können.
335 Einträge
Benutzerrollen
Definieren Sie die Benutzerrollen, um die Objekte und Organisationseinheiten anzugeben, auf die Benutzer Zugriff haben.
481 Einträge

Abbildung 13.23 Konfiguration – Übersicht

Berechtigungsgruppen definieren

Im ersten Konfigurationsschritt haben Sie die Möglichkeit, Berechtigungsgruppen anzulegen, die Sie für den Abschluss verwenden möchten. Mit den Berechtigungsgruppen können Sie Benutzerrollen für Vorlagen, Aufgabenpläne und einzelne Aufgaben aussteuern.

Wenn Sie eine Berechtigungsgruppe anlegen, geben Sie an, ob Sie die Berechtigungsgruppe für Vorlagen und Aufgabenpläne oder für einzelne Aufgaben verwenden möchten. Sie können die Berechtigungsgruppen, die Sie in dieser Konfigurationsaktivität anlegen, den Vorlagen, Aufgabenplänen und Aufgaben zuordnen, die Sie in der SAP-Fiori-App **Abschlussaufgaben definieren** (App-ID F5499) anlegen (siehe Abschnitt 13.5.1, »Vorlage anlegen«).

In Abbildung 13.24 sehen Sie ein Beispiel für eine mögliche Berechtigungsgruppe, die für alle Aufgaben im Bereich Accounting in Deutschland genutzt und zugeordnet werden soll.

Abbildung 13.24 Berechtigungsgruppen definieren

Um diese Berechtigungsgruppen nutzen zu können, definieren Sie systemunabhängige Benutzerrollen (siehe Abschnitt »Benutzerrollen verwalten«). Der Zugriff auf bestimmte Aufgabenplanvorlagen, Aufgabenpläne und Aufgaben wird indirekt über Berechtigungsgruppen definiert. Somit stellt die Benutzerrolle die Klammer dar zwischen der Berechtigungsgruppe, die z. B. auf Aufgabenebene hinterlegt wird, und der Berechtigung mit ihr entsprechend zugeordneten Nutzern.

E-Mail-Benachrichtigungskonfigurationen verwalten

Im dritten Konfigurationsschritt können Sie Benachrichtigungskonfigurationen anlegen und verschiedene E-Mail-Benachrichtigungsszenarien zuordnen. Ein Benachrichtigungsszenario steuert, wann und wie Ausführende und Verantwortliche benachrichtigt werden. Die Einstellungen in der Benachrichtigungskonfiguration gelten für den Aufgabenplan und sämtliche Aufgaben in der Vorlage bzw. im Aufgabenplan.

In Abbildung 13.25 sehen Sie eine Übersicht aller Benachrichtigungskonfiguration aus der SAP-Standardauslieferung.

Legen Sie eine neue Benachrichtigungskonfiguration an, indem Sie in der SAP-Fiori-App **E-Mail-Benachrichtigungskonfigurationen verwalten** auf **Anlegen** klicken (siehe Abbildung 13.26).

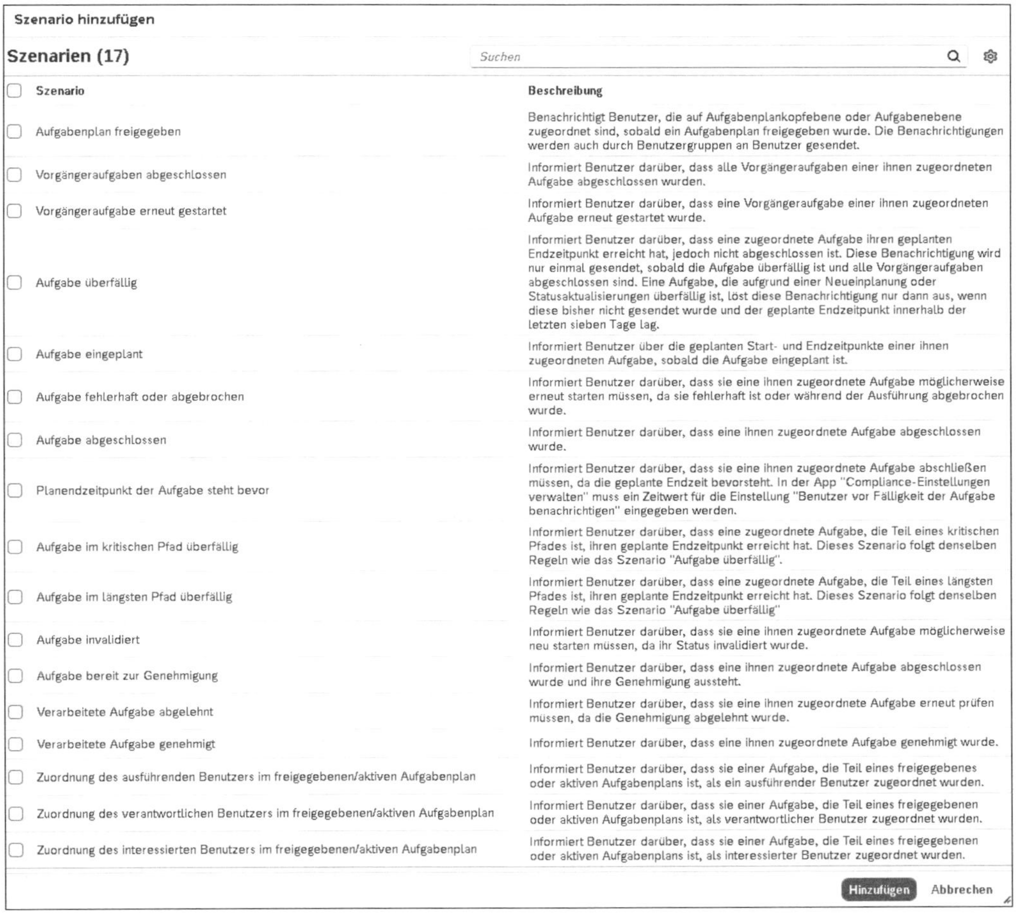
Szenario hinzufügen
Szenarien (17)
Suchen
Szenario
Beschreibung
Aufgabenplan freigegeben
Benachrichtigt Benutzer, die auf Aufgabenplankopfebene oder Aufgabenebene zugeordnet sind, sobald ein Aufgabenplan freigegeben wurde. Die Benachrichtigungen werden auch durch Benutzergruppen an Benutzer gesendet.
Vorgängeraufgaben abgeschlossen
Informiert Benutzer darüber, dass alle Vorgängeraufgaben einer ihnen zugeordneten Aufgabe abgeschlossen wurden.
Vorgängeraufgabe erneut gestartet
Informiert Benutzer darüber, dass eine Vorgängeraufgabe einer ihnen zugeordneten Aufgabe erneut gestartet wurde.
Aufgabe überfällig
Informiert Benutzer darüber, dass eine zugeordnete Aufgabe ihren geplanten Endzeitpunkt erreicht hat, jedoch nicht abgeschlossen ist. Diese Benachrichtigung wird nur einmal gesendet, sobald die Aufgabe überfällig ist und alle Vorgängeraufgaben abgeschlossen sind. Eine Aufgabe, die aufgrund einer Neueinplanung oder Statusaktualisierungen überfällig ist, löst diese Benachrichtigung nur dann aus, wenn diese bisher nicht gesendet wurde und der geplante Endzeitpunkt innerhalb der letzten sieben Tage lag.
Aufgabe eingeplant
Informiert Benutzer über die geplanten Start- und Endzeitpunkte einer ihnen zugeordneten Aufgabe, sobald die Aufgabe eingeplant ist.
Aufgabe fehlerhaft oder abgebrochen
Informiert Benutzer darüber, dass sie eine ihnen zugeordnete Aufgabe möglicherweise erneut starten müssen, da sie fehlerhaft ist oder während der Ausführung abgebrochen wurde.
Aufgabe abgeschlossen
Informiert Benutzer darüber, dass eine ihnen zugeordnete Aufgabe abgeschlossen wurde.
Planendzeitpunkt der Aufgabe steht bevor
Informiert Benutzer darüber, dass sie eine ihnen zugeordnete Aufgabe abschließen müssen, da die geplante Endzeit bevorsteht. In der App "Compliance-Einstellungen verwalten" muss ein Zeitwert für die Einstellung "Benutzer vor Fälligkeit der Aufgabe benachrichtigen" eingegeben werden.
Aufgabe im kritischen Pfad überfällig
Informiert Benutzer darüber, dass eine zugeordnete Aufgabe, die Teil eines kritischen Pfades ist, ihren geplante Endzeitpunkt erreicht hat. Dieses Szenario folgt denselben Regeln wie das Szenario "Aufgabe überfällig".
Aufgabe im längsten Pfad überfällig
Informiert Benutzer darüber, dass eine zugeordnete Aufgabe, die Teil eines längsten Pfades ist, ihren geplante Endzeitpunkt erreicht hat. Dieses Szenario folgt denselben Regeln wie das Szenario "Aufgabe überfällig"
Aufgabe invalidiert
Informiert Benutzer darüber, dass sie eine ihnen zugeordnete Aufgabe möglicherweise neu starten müssen, da ihr Status invalidiert wurde.
Aufgabe bereit zur Genehmigung
Informiert Benutzer darüber, dass eine ihnen zugeordnete Aufgabe abgeschlossen wurde und ihre Genehmigung aussteht.
Verarbeitete Aufgabe abgelehnt
Informiert Benutzer darüber, dass sie eine ihnen zugeordnete Aufgabe erneut prüfen müssen, da die Genehmigung abgelehnt wurde.
Verarbeitete Aufgabe genehmigt
Informiert Benutzer darüber, dass eine ihnen zugeordnete Aufgabe genehmigt wurde.
Zuordnung des ausführenden Benutzers im freigegebenen/aktiven Aufgabenplan
Informiert Benutzer darüber, dass sie einer Aufgabe, die Teil eines freigegebenes oder aktiven Aufgabenplans ist, als ein ausführender Benutzer zugeordnet wurden.
Zuordnung des verantwortlichen Benutzers im freigegebenen/aktiven Aufgabenplan
Informiert Benutzer darüber, dass sie einer Aufgabe, die Teil eines freigegebenen oder aktiven Aufgabenplans ist, als verantwortlicher Benutzer zugeordnet wurden.
Zuordnung des interessierten Benutzers im freigegebenen/aktiven Aufgabenplan
Informiert Benutzer darüber, dass sie einer Aufgabe, die Teil eines freigegebenen oder aktiven Aufgabenplans ist, als interessierter Benutzer zugeordnet wurden.
Hinzufügen
Abbrechen

Abbildung 13.25 Benachrichtigungsszenarien

E-Mail-Benachrichtigungskonfigurationen verwalten
21
CK
Standard*
Änderungsprotokoll einblenden
Bearbeitungsstatus:
Suchen
Alle
Start
Filter anpassen
E-Mail-Benachrichtigungskonfigurationen
Als Standard festlegen
Anlegen
Löschen
Name
Ist Standard
Zuletzt geändert von
Entsprechende Filter für Start setzen und "Start" wählen.

Abbildung 13.26 E-Mail-Benachrichtigungskonfiguration anlegen

Geben Sie einen Namen und eine Beschreibung in die entsprechenden Felder ein (siehe Abbildung 13.27).

Abbildung 13.27 E-Mail-Benachrichtigungskonfiguration definieren

Wechseln Sie auf die Registerkarte **Zugeordnete Szenarien**, klicken Sie dort auf **Hinzufügen**, und wählen Sie die relevanten Szenarien aus.

Markieren Sie für jedes Benachrichtigungsszenario die Option **E-Mail an verantwortlichen Benutzer**, **E-Mail an ausführenden Benutzer** oder **E-Mail an interessierten Benutzer**, wenn die E-Mail-Benachrichtigungen an den verantwortlichen, an den ausführenden oder an den interessierten Benutzer einer Aufgabe gesendet werden sollen.

Die Benutzer haben selbst die Möglichkeit, in ihren Benutzereinstellungen die Benachrichtigungen zu aktivieren oder zu deaktivieren (siehe Abbildung 13.28).

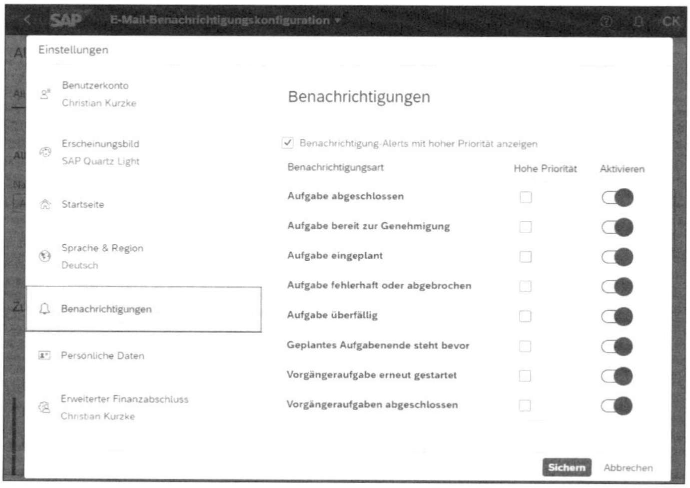

Abbildung 13.28 Benachrichtigungsszenarien aktivieren/deaktivieren

Des Weiteren gibt es eine zusätzliche Einstellungsmöglichkeit in den Benutzereinstellungen zum generellen Aktivieren und Deaktivieren von E-Mail Benachrichtigungen (siehe Abbildung 13.29).

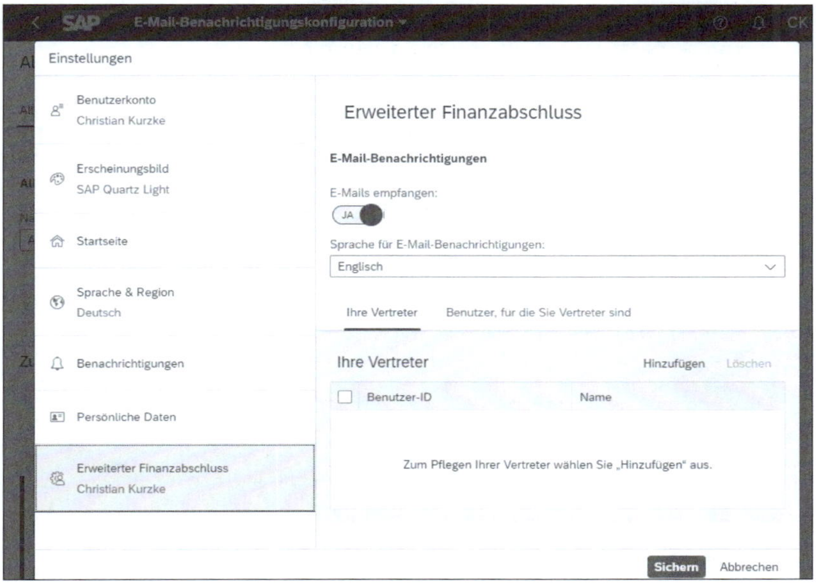

Abbildung 13.29 E-Mail-Benachrichtigungen aktivieren/deaktivieren

Mit diesen Einstellungen erhalten Sie mehr Flexibilität in der Steuerung der Abschlussplanung. Das bedeutet, dass Sie die Benachrichtigungsszenarien generell einrichten und Mitarbeiter trotzdem selbst entscheiden können, ob sie die Benachrichtigungen per E-Mail erhalten wollen.

Buchungskreisgruppen definieren

Buchungskreisgruppen dienen der Organisation und Strukturierung von Buchungskreisen in einem Unternehmen. Sie ermöglichen ein flexibleres und unabhängiges Finanz-Reporting. Eine Buchungskreisgruppe ist eine Zusammenfassung mehrerer Buchungskreise, basierend auf einem gemeinsamen Merkmal (z. B. Region oder Unternehmensgröße). Diese Buchungskreisgruppen sind unabhängig von Länder- oder Regionszuordnungen und basieren auf sogenannten *Gruppierungsmerkmalen* wie Region, Unternehmensgröße oder Unternehmensart.

Innerhalb eines Gruppierungsmerkmals werden Gruppen mit bestimmten Buchungskreisen gebildet. Dabei kann ein Buchungskreis für jedes Merkmal genau einer Gruppe zugeordnet sein. Dies erleichtert die Auswertung von Finanzabschlüssen aus verschiedenen Perspektiven. Gruppierungsmerkmale sind also Eigenschaften, nach denen Buchungskreise gruppiert werden. Es gibt in SAP Advanced Financial

Closing bis zu vier Merkmale, die je nach unternehmerischen Anforderungen definiert werden können.

Ein Buchungskreis kann pro Gruppierungsmerkmal nur einer einzigen Gruppe zugeordnet werden. Gleichzeitig ist es jedoch möglich, denselben Buchungskreis in allen vier Gruppierungsmerkmalen unterschiedlich zu gruppieren.

In Abbildung 13.30 sehen Sie als Beispiel drei Buchungskreise, die der Region EMEA (Gruppierungsmerkmal 1) zugeordnet sind. Diese können in einem zweiten Gruppierungsmerkmal einer Produktsparte zugeordnet sein. So kann eine Analyse sowohl nach Region als auch nach Produktsparte erfolgen.

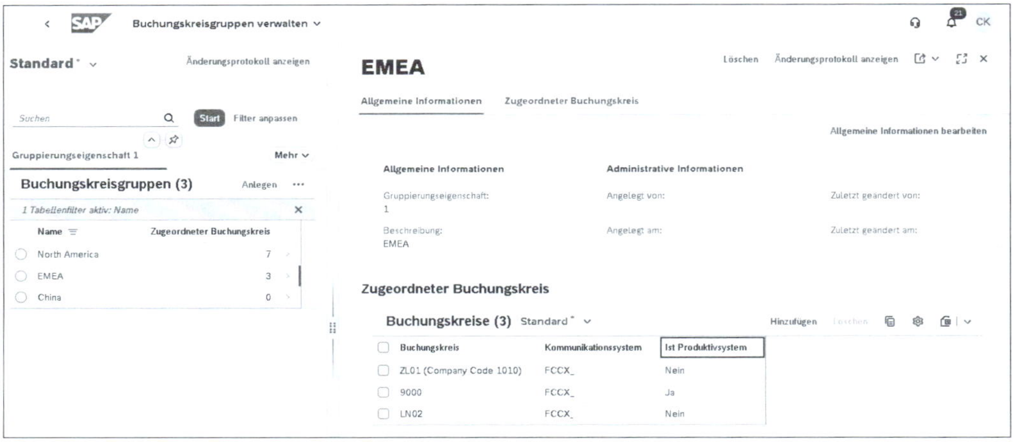

Abbildung 13.30 Buchungskreisgruppen verwalten

Benutzergruppen definieren

Benutzergruppen dienen der Gruppierung von mehreren Benutzern als Eigentümer eines Aufgabenplans, verantwortliche Benutzer oder ausführende Benutzer einer Aufgabe.

Legen Sie eine Aufgabengruppe an, indem Sie einen Namen definieren und eine kurze Beschreibung dazu geben. Auf der Registerkarte **Zugeordnete Benutzer** können Sie die Benutzer direkt zuordnen.

In Abbildung 13.31 sehen Sie ein Beispiel einer Neuanlage einer Benutzergruppe für den Bereich Accounting.

Benutzer, die einer Benutzergruppe zugeordnet und als verantwortliche oder ausführende Benutzer einer Aufgabe hinterlegt werden, haben somit automatisch alle relevanten Änderungen im Abschlussprozess an der jeweiligen Aufgabe durchzuführen. Diese Benutzer benötigen dann für diese Aufgaben keine gesonderte Berechtigungsrolle.

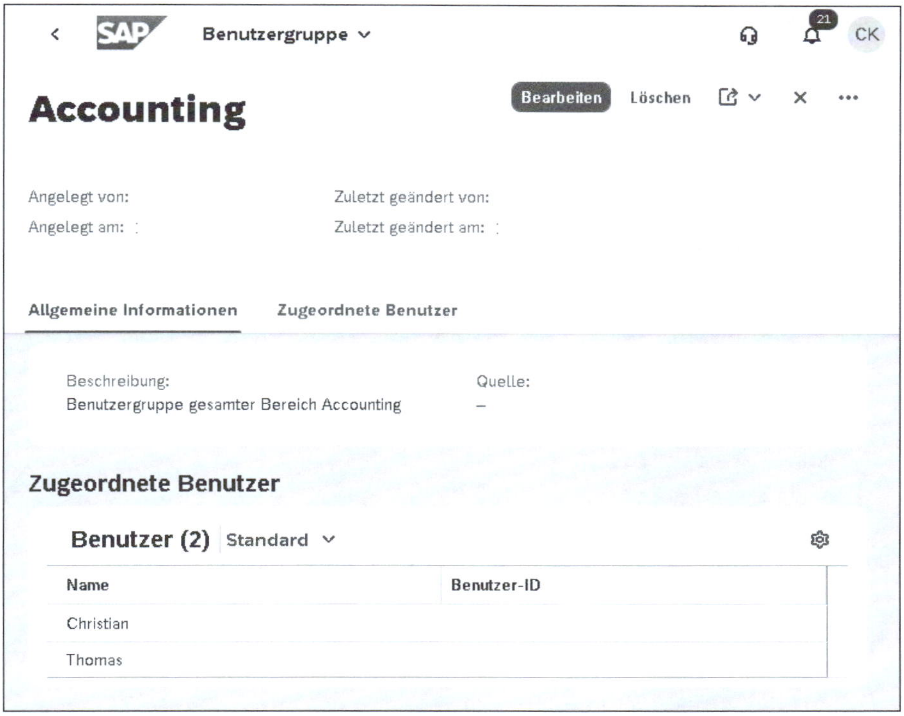

Abbildung 13.31 Benutzergruppen definieren

Meist gibt es aber losgelöst von den verantwortlichen und ausführenden Benutzern noch Personen im Unternehmen, die die Anzeigeberechtigung oder eine bestimmte Änderungsberechtigung auf Aufgaben bekommen sollen. Wie man diese Berechtigung einstellen kann, zeigen wir im folgenden fünften Konfigurationsschritt.

Benutzerrollen verwalten

Benutzer können die volle Berechtigung für Aufgaben erhalten, indem sie direkt als verantwortlicher Benutzer oder als ausführender Benutzer den Aufgaben zugeordnet werden oder über eine Benutzergruppe entsprechend die Berechtigung erhalten (siehe den Abschnitt »Benutzergruppen definieren«).

Darüber hinaus gibt es die Möglichkeit, sehr flexibel weitere Benutzerrollen je nach Ihren Bedürfnissen anzulegen. Aktuell sehen Sie beim Einstieg in der SAP-Fiori-App **Benutzerrollen verwalten** (App-ID F4356) noch zwei Auswahlmöglichkeiten in der Navigationsleiste (siehe Abbildung 13.32). Die linke Registerkarte **Benutzerrollen** stellt das alte Berechtigungskonzept dar und wird in Zukunft verschwinden. Es ist aktuell nur noch für die Übergangszeit zum neuen Berechtigungskonzept verfügbar.

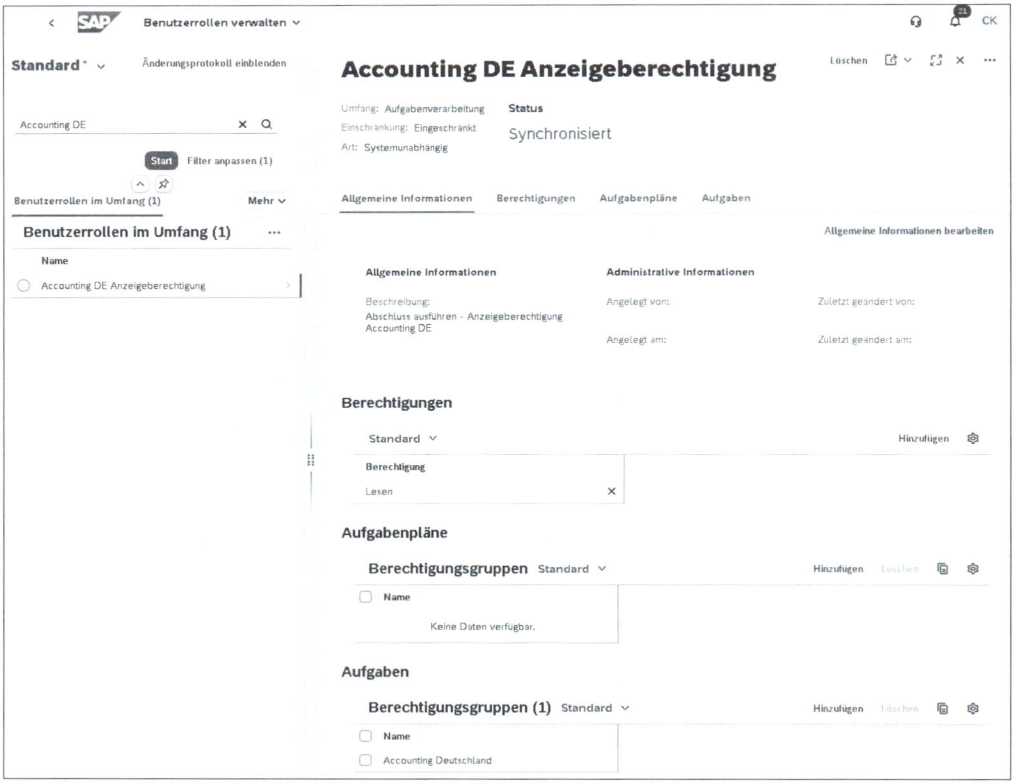

Abbildung 13.32 Benutzerrollen verwalten

Wählen Sie den rechten Menüpunkt **Benutzerrollen im Umfang**. Diese Benutzerrollen werden auch als *Scoped User Roles* bezeichnet.

Benutzerrollen gelten explizit für die Aufgabenplanerstellung oder für die Aufgabenverarbeitung. Eine Rolle zur Aufgabenplanerstellung gewährt Zugriff zum Anlegen und Bearbeiten von Aufgabenplanvorlagen sowie zum Generieren von Aufgabenplänen. Benutzer, denen Zugriff auf diesen Umfang gewährt wird, erhalten automatisch Zugriff auf die dazugehörigen Einträge im Änderungsprotokoll.

Eine Rolle zur Aufgabenverarbeitung gewährt Zugriff auf die Bearbeitung und Genehmigung von Aufgaben. Benutzer, denen Zugriff auf diesen Umfang gewährt wird, erhalten automatisch Zugriff auf die zugehörigen Einträge im Änderungsprotokoll.

Außerdem lässt sich die Rolle der Aufgabenverarbeitung nach zwei unabhängigen Kriterien unterscheiden: systemabhängig oder systemunabhängig sowie eingeschränkt oder uneingeschränkt. Diese Ausprägungen können frei miteinander kombiniert werden. Im Folgenden stellen wir den Unterschied tabellarisch dar (siehe Tabelle 13.1).

	Systemunabhängig	**Systemabhängig**
Uneingeschränkt	Gilt für alle Aufgaben	Gilt für alle Aufgaben im ausgewählten System
Eingeschränkt	Einschränkung auf Berechtigungsgruppe möglich, auf den Ebenen: ■ Aufgabenliste ■ Aufgabe	Einschränkung nach Organisationseinheit möglich: ■ Kostenrechnungskreis ■ Buchungskreis ■ Werk

Tabelle 13.1 Übersicht über die möglichen Ausprägungen der Benutzerrollen

Sie sehen in Abbildung 13.33 exemplarisch die Rollendefinition einer Benutzerrolle für die Aufgabenverarbeitung. Die Berechtigung ist hierbei lediglich auf Leseberechtigung (**Berechtigung Lesen**) eingeschränkt.

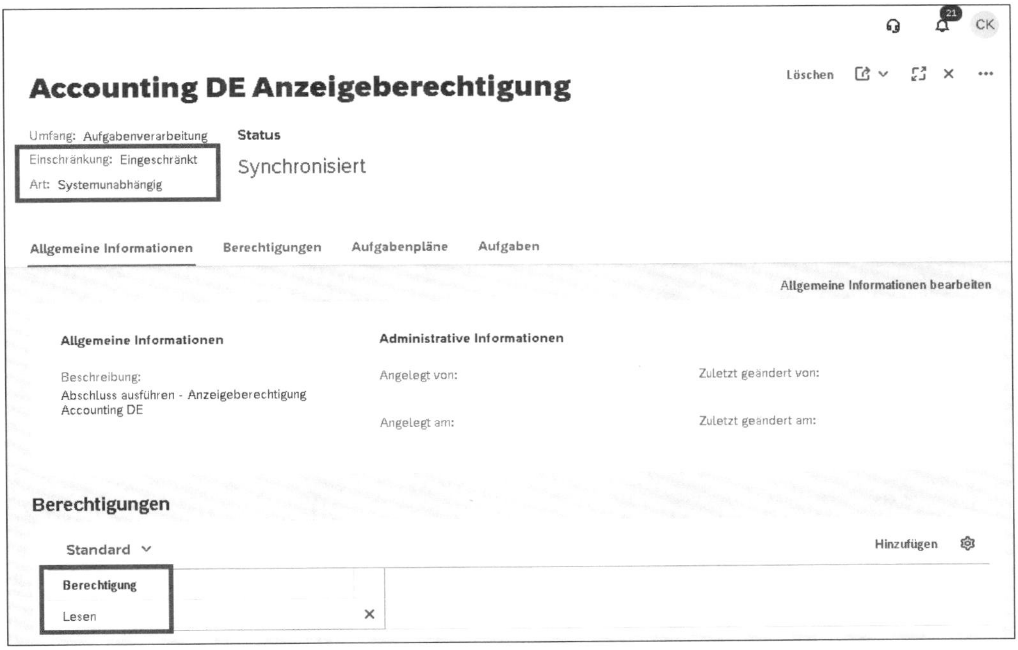

Abbildung 13.33 Benutzerrolle im Umfang – Berechtigung ausprägen

Hier wurde eine Einschränkung auf der Aufgabenebene definiert, sodass diese Rolle bei den Aufgaben greift, bei denen die Berechtigungsgruppe **Accounting Deutschland** hinterlegt ist (siehe Abbildung 13.34).

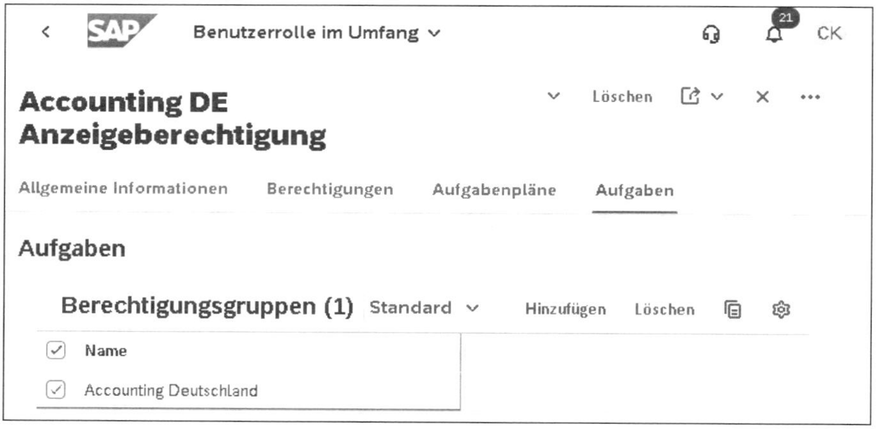

Abbildung 13.34 Benutzerrolle im Umfang – Berechtigungsgruppe hinterlegen

Dies ist nur ein Beispiel für die sehr flexible und individuell nutzbare Benutzerrollenverwaltung.

Der neu angelegten Rolle müssen nun noch die entsprechenden Benutzer zugeordnet werden. Sie können direkt aus der SAP-Fiori-App **Benutzerrollen verwalten** im Bearbeitungsmodus in die SAP-Fiori-App **Benutzerrollenzuordnung verwalten** abspringen, in der Sie die Benutzer hinzufügen. Klicken Sie dazu auf den Button **Zu Benutzerzuordnung navigieren** (siehe Abbildung 13.35).

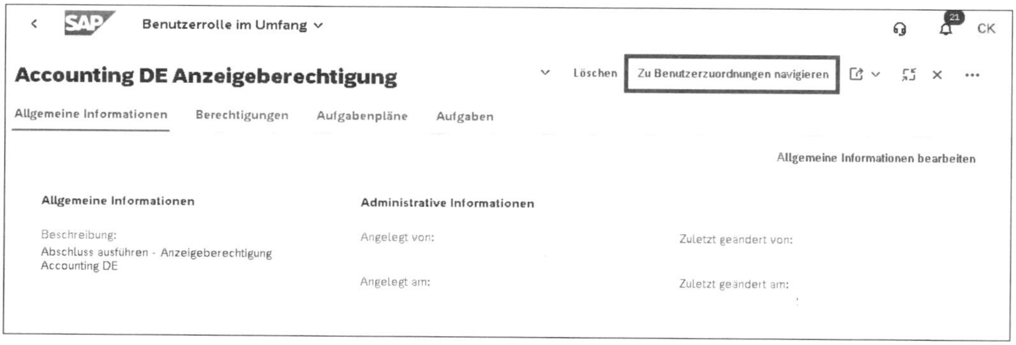

Abbildung 13.35 Benutzerrollen – Benutzer hinzufügen

Sie gelangen in die SAP-Fiori-App **Benutzerrollenzuordnung verwalten** (App-ID F4652) (siehe Abbildung 13.36). Hier können Sie die jeweiligen Mitarbeiter hinzufügen. Bedingung ist, dass die Benutzer bereits in SAP Advanced Financial Closing angelegt sind.

Mit den Benutzerrollen können Sie den Zugriff detaillierter steuern, indem Sie z. B. Zugriff allgemein, systemweit oder Zugriff nach Objekten oder Organisationseinheiten gewähren.

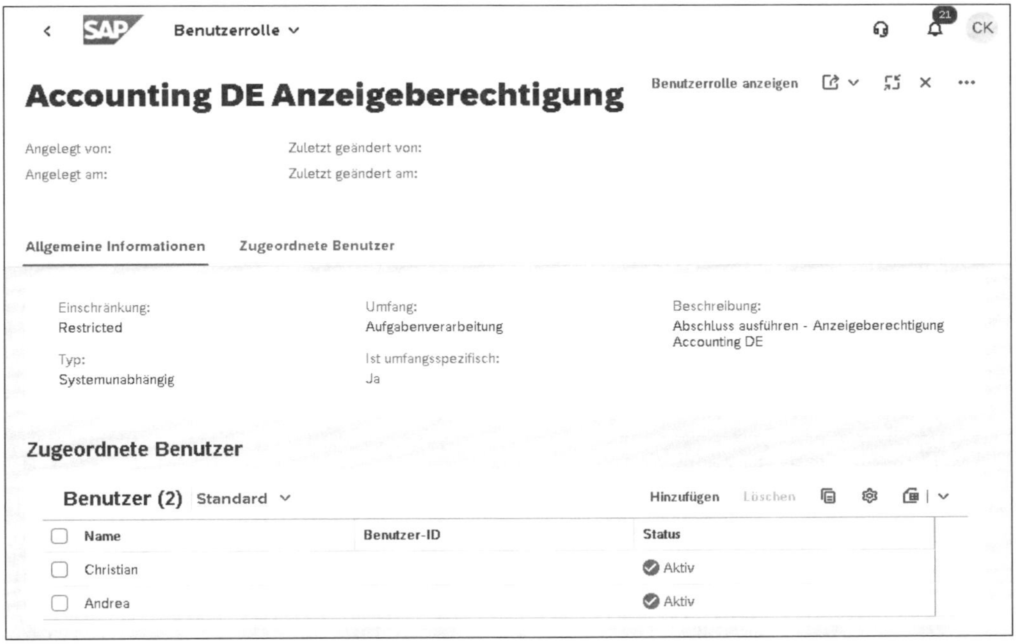

Abbildung 13.36 Benutzerrollenzuordnung verwalten

Die erweiterten Zugriffsverwaltungsfunktionen bieten Ihnen mehr Flexibilität und mehr Optionen, wenn es darum geht, die Funktionstrennung sicherzustellen und die Zugriffsebenen gemäß den Anforderungen Ihres Unternehmens zu bündeln.

Mehr Informationen zur Benutzerzugriffsverwaltung

Im Administration Guide in der SAP-Hilfe finden Sie unter dem Abschnitt **User Management** ein eigenes Kapitel »Benutzerzugriffsverwaltung« zu diesem Berechtigungskonzept.

13.5 Abschlussaufgabenplan verwalten

Wir schauen uns im Folgenden die SAP-Fiori-App **Abschlussaufgabenpläne verwalten** (App-ID F5498) genauer an, um unser in Abschnitt 13.3, »Allgemeine Customizing-Einstellungen für SAP Advanced Financial Closing«, erstelltes Beispiel zur Buchungsperiodensteuerung im Aufgabenplan zu verwenden. Wenn Sie die App öffnen, sehen Sie zwei Registerkarten, **Vorlagen** und **Aufgabenpläne** (siehe Abbildung 13.37).

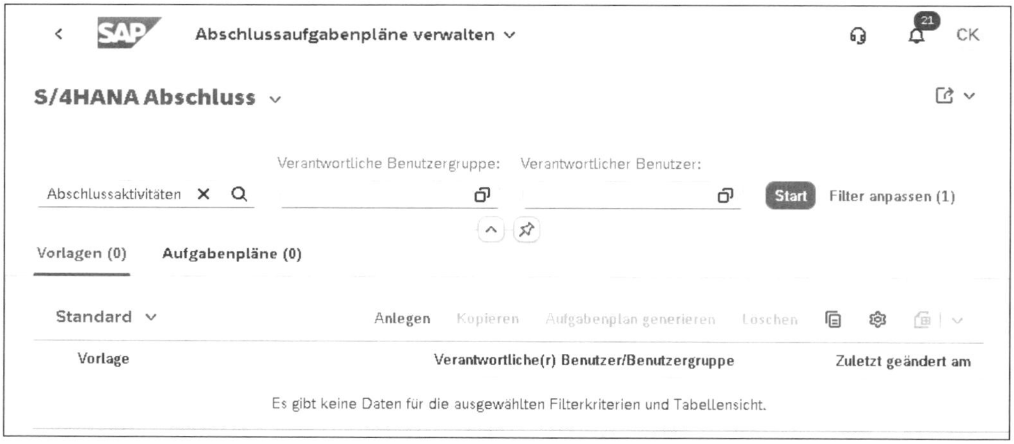

Abbildung 13.37 Template/Vorlage anlegen

Die erste Registerkarte **Vorlagen** enthält eine Liste verfügbarer Vorlagen. Die zweite Registerkarte **Aufgabenpläne** enthält generierte Aufgabenpläne. Die Vorlagen definieren ein Set von Aufgaben, die Struktur, in der diese Aufgaben angelegt sind, Abhängigkeiten zwischen den Aufgaben sowie den Zeitpunkt der Ausführung. Dies hilft uns, den Abschlussprozess zu standardisieren.

13.5.1 Vorlage anlegen

Wir wollen nun eine neue Vorlage anlegen. Wählen Sie dazu den Punkt **Vorlagen** und klicken Sie auf **Anlegen** (siehe Abbildung 13.37).

Ihnen wird nun ein Fenster angezeigt, in das Sie die Kopfdaten eingeben (siehe Abbildung 13.38). Pflichtfelder werden Ihnen stets mit dem kleinen roten Stern dargestellt.

In den Kopfdaten geben Sie zunächst im Feld **Vorlagen-ID** eine eindeutige ID sowie eine sprachabhängige Beschreibung ein. Die Aufgabenplan-ID kann nach dem ersten Speichern nicht mehr geändert werden. Die Beschreibung, die Sie in das Feld **Standardbeschreibung Aufgabenplan** eingeben, soll als Kurztext den Aufgabenplan beschreiben. Des Weiteren können Sie noch in den Feldern **Eigentümer**, **Verantwortlicher Benutzer**, **Berechtigungsgruppe** oder **E-Mail-Benachrichtigungskonfiguration** Details für diese Vorlage hinterlegen.

Als weitere Pflichtinformation müssen Sie nun noch die Angaben im Feld **Zeitzone** hinterlegen. Diese Zeitzone gilt dann für alle Abschlussaufgaben, für die keine andere Zeitzone gepflegt wurde.

Wenn Sie nun auf **Anlegen** klicken, sehen Sie Ihre soeben kreierte Vorlage. Über einen Klick auf den Button **Abschlussstruktur öffnen** wechseln Sie in die Abschlussstruktur (siehe Abbildung 13.39).

Abbildung 13.38 Vorlage/Template Kopfdaten

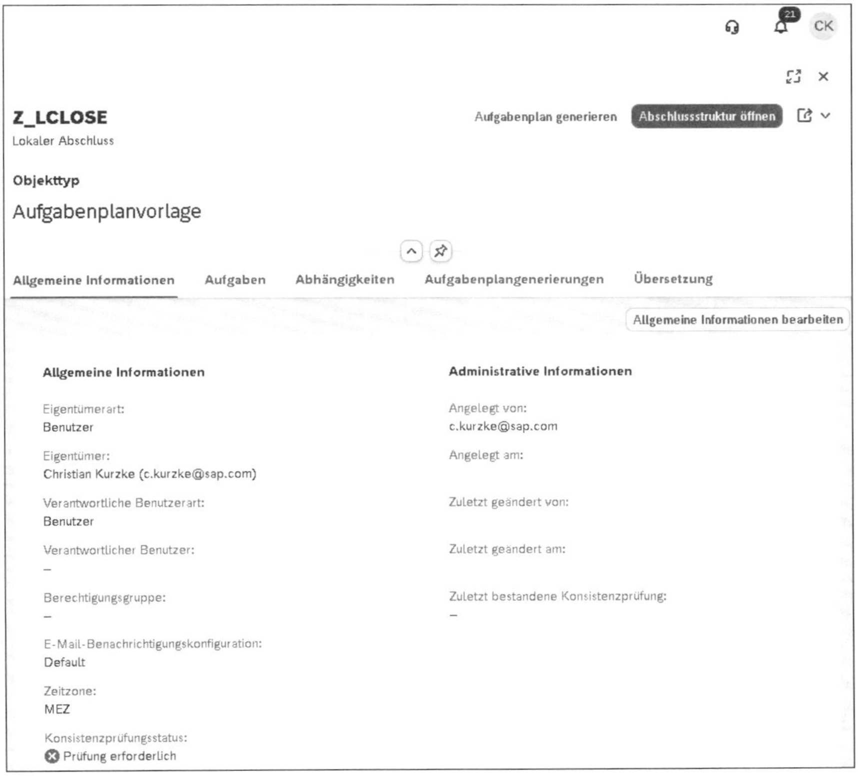

Abbildung 13.39 Abschlussaufgabenplan verwalten – Abschlussstruktur

Im Folgenden definieren wir die Abschlussstruktur, wobei wir zunächst den ersten Hierarchieknoten **Mandant** markieren und dann auf den Button **System hinzufügen** klicken (siehe Abbildung 13.40).

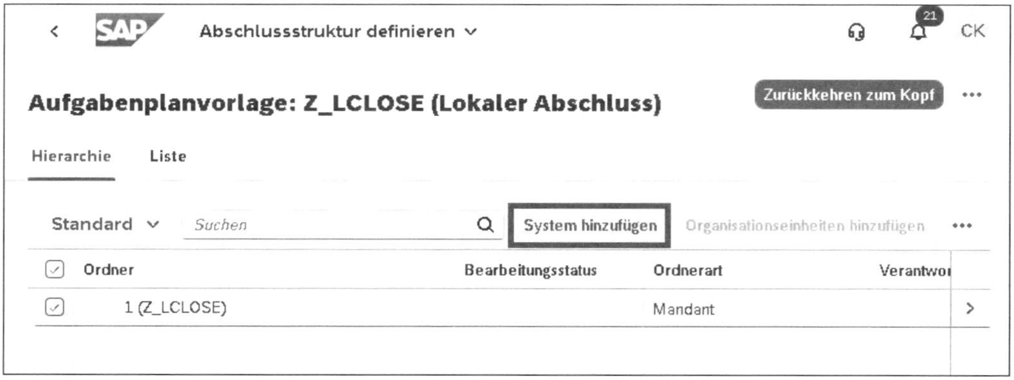

Abbildung 13.40 Abschlussstruktur definieren – System hinzufügen

Es öffnet sich eine Bildfolge, die uns durch die nächsten wichtigen Punkte führen wird. Im ersten Schritt wählen wir zunächst das Kommunikationssystem (siehe Abbildung 13.41).

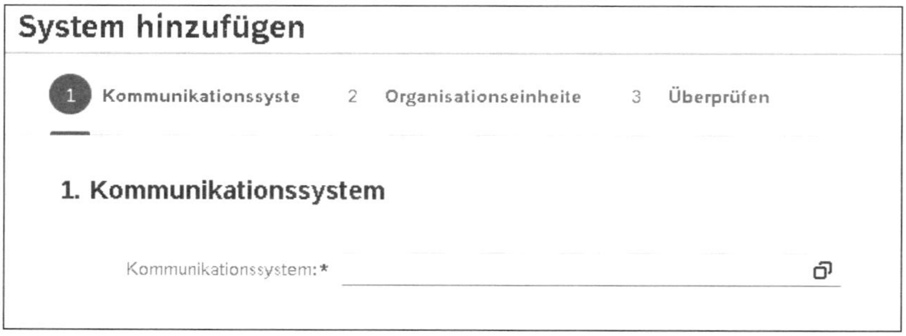

Abbildung 13.41 System hinzufügen – Kommunikationssystem auswählen

Daraufhin erscheinen weitere Felder (siehe Abbildung 13.42). Pflichtfelder sind mit einem roten Stern dargestellt. Darüber hinaus ist aber auch die Geschäftsjahresvariante wichtig, damit unsere im Backend definierten Parameter richtig abgeleitet werden können.

Im nächsten Schritt können Sie per Radiobutton wählen, ob Sie Organisationseinheiten jetzt direkt hinzufügen (**Organisationseinheiten jetzt hinzufügen**) möchten oder zu einem anderen Zeitpunkt (**Organisationseinheiten später hinzufügen**) (siehe Abbildung 13.43).

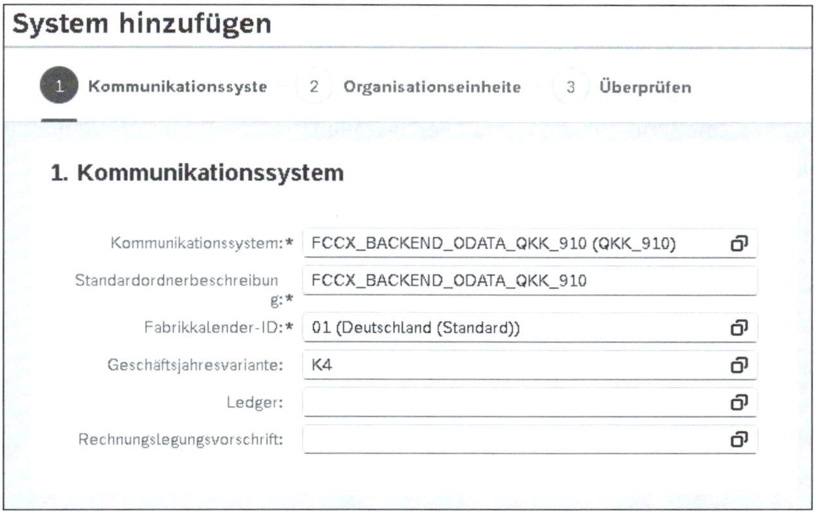

Abbildung 13.42 System hinzufügen – Konfigurationshilfe

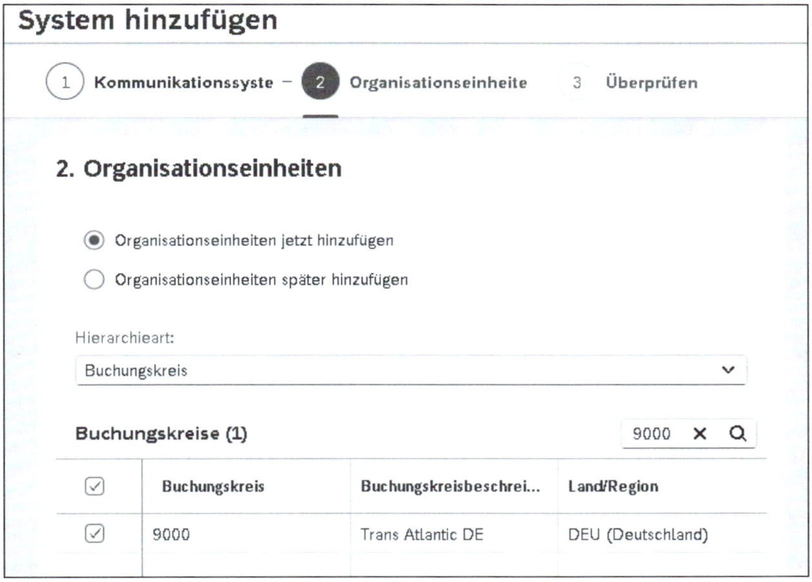

Abbildung 13.43 System hinzufügen – Organisationseinheiten

In unserem Fall möchten wir die Organisationseinheiten sofort hinzufügen. Mit der Aktivierung des entsprechenden Radiobuttons erscheint ein weiteres Auswahlfeld zur Hierarchieart. Hier wählen wir im Dropdown-Menü den Eintrag **Buchungskreis**, wodurch alle im Backend-System angelegten Buchungskreise mit dem darüber liegenden Kostenrechnungskreis aufgelistet werden. Wir können nun einen Buchungskreis für unseren Test auswählen.

Durch einen Klick auf **Überprüfen** kann unsere Auswahl noch einmal durch uns überprüft werden. Abschließend klicken wir auf **Fertigstellen**, um die Bildfolge wieder zu verlassen (siehe Abbildung 13.44).

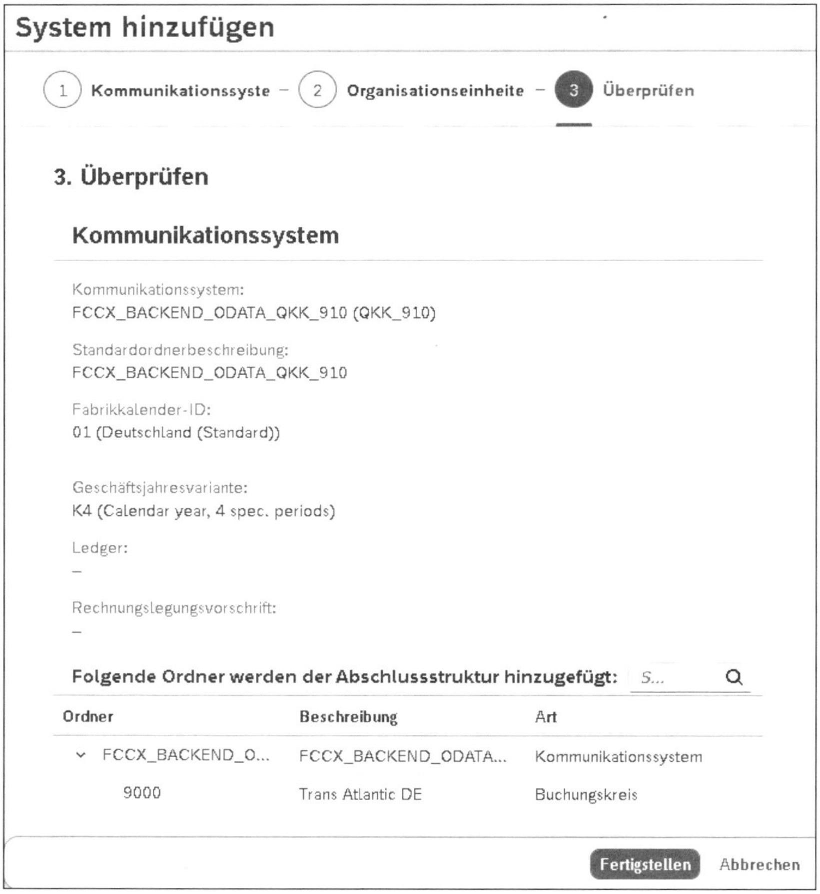

Abbildung 13.44 System hinzufügen – fertigstellen

Unsere Abschlussstruktur wurde nun um die Hierarchie Kommunikationssystem, Kostenrechnungskreis und unseren Buchungskreis 9000 erweitert.

Die Bildfolge, in der wir das Kommunikationssystem hinzugefügt haben, hat sich geschlossen, und wir befinden uns wieder in der Übersicht, in der wir die Abschlussstruktur definieren. Im nächsten Schritt markieren wir den Buchungskreis und wählen **Aufgabenplanmodell zuordnen** (siehe Abbildung 13.45).

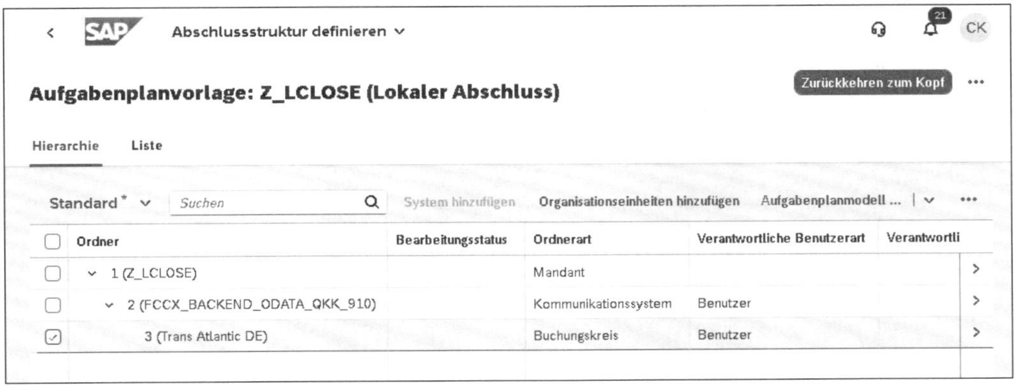

Abbildung 13.45 Aufgabenplanmodell zuordnen

Es öffnet sich ein Pop-up-Fenster, in dem unser im Backend-System angelegtes Aufgabenplanmodell gesucht und ausgewählt werden kann (siehe Abbildung 13.46).

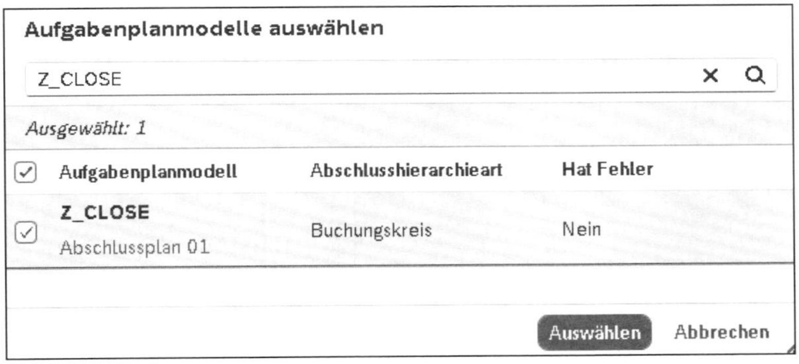

Abbildung 13.46 Aufgabenplanmodell auswählen

Als Ergebnis erhalten wir wie in Abbildung 13.47 dargestellt hinter dem Hierarchieknoten **Buchungskreis** drei Aufgaben mit unterschiedlichem Aufgabentyp zugeordnet.

Im Startbild der Vorlagenpflege können wir, wie in Abbildung 13.48 dargestellt, alle Aufgaben auflisten und Änderungen, auch in Form einer Massenänderung, durchführen. Wir pflegen auf diese Weise für unser Beispiel den ausführenden Benutzer sowie das Kennzeichen **Sofort starten** für den Aufgabentyp **Job**.

Nach dem Abschluss der Vorlagenpflege beachten Sie, dass eine SOX-Compliance-Prüfung notwendig ist, sobald Änderungen an der Vorlage vorgenommen wurden. Anderenfalls ist es nicht möglich, einen Aufgabenplan zu generieren.

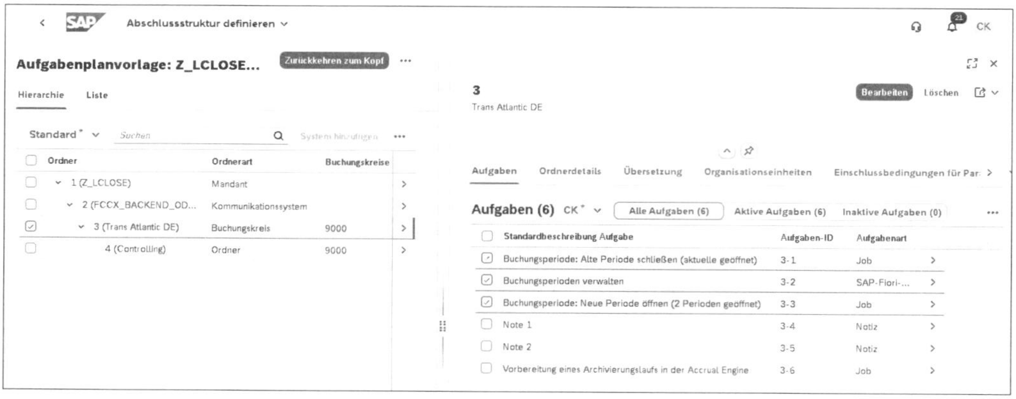

Abbildung 13.47 Abschlussstruktur inklusive zugeordneter Aufgaben

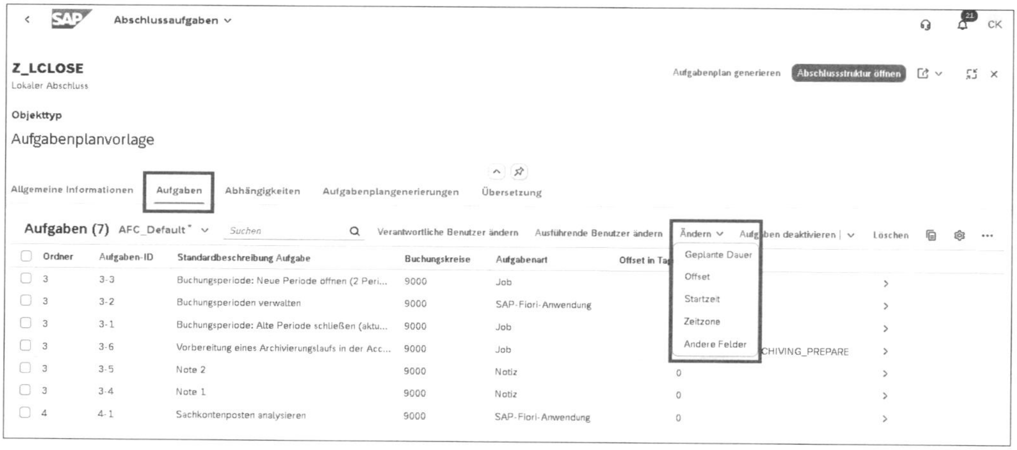

Abbildung 13.48 Aufgabenplanvorlage – Aufgabenpflege – Massenänderung

13.5.2 Aufgabenplan generieren

Nachdem wir nun unsere Vorlage, basierend auf unserem Vorlagenset des SAP-S/4HANA-Backend-Systems, angelegt und gesichert haben, möchten wir diese als Aufgabenplan generieren, damit die Abschlussaktivitäten gestartet werden können. Ein generierter Aufgabenplan entspricht einer freigegebenen Abschlussliste.

Dazu rufen Sie die SAP-Fiori-App **Abschlussaufgabenpläne verwalten** (App-ID F5498) auf, wählen unsere Vorlage aus und klicken auf **Aufgabenplan generieren** (siehe Abbildung 13.49).

Pflegen Sie die Felder **Abschluss-Stichtag**, **Geschäftsjahr**, **Buchungsperiode**, **Standardbeschreibung Aufgabenplan** und **Abschlussart** (siehe Abbildung 13.50). Wir markieren außerdem in unserem Fall auch gleich das Kennzeichen **Aufgabenplan freigeben**, sodass dieser Aufgabenplan direkt zur Bearbeitung freigegeben wird. Achtung: Eventuell eingestellte Kommunikationsszenarien werden so gegebenenfalls direkt angestoßen.

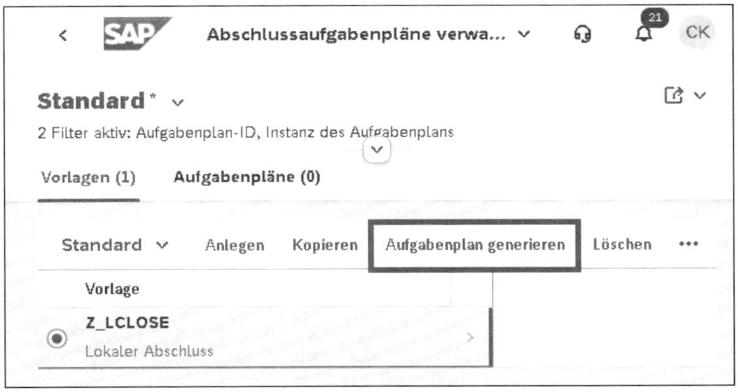

Abbildung 13.49 Aus der Vorlage einen Aufgabenplan generieren

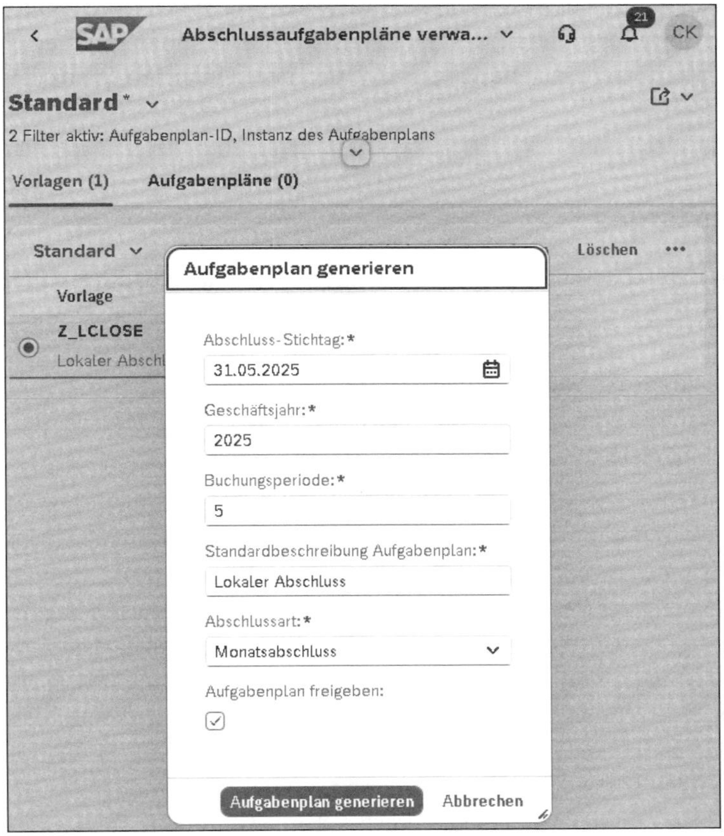

Abbildung 13.50 Aufgabenplan generieren

Wenn Sie jetzt in die SAP-Fiori-App **Abschlussaufgabenpläne verwalten** zurückkehren, sehen Sie auf der Registerkarte **Aufgabenpläne** unseren freigegebenen Aufgabenplan (siehe Abbildung 13.51).

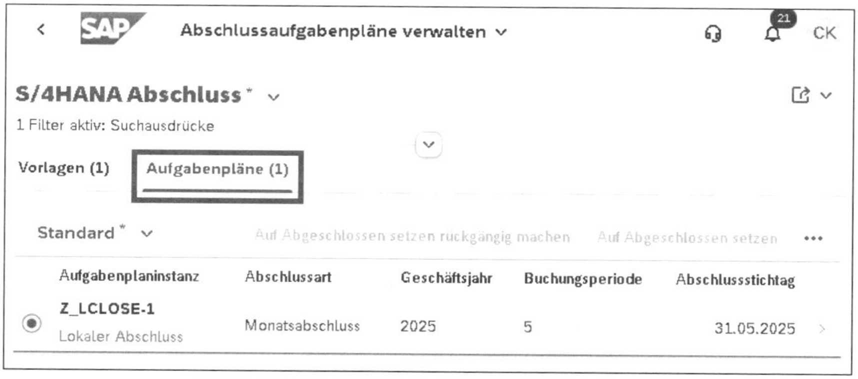

Abbildung 13.51 Generierten Aufgabenplan anzeigen

Im weiteren Prozess kann nun der Aufgabenplan bearbeitet und überwacht werden. Dies soll jedoch nicht weiter Bestandteil dieses Kapitels sein, da wir Ihnen in erster Linie die möglichen Customizing-Einstellungen in SAP Advanced Financial Closing zeigen möchten.

13.6 Zusammenfassung

Sie haben in diesem Kapitel gesehen, dass SAP Advanced Financial Closing auf den Funktionen aufbaut, die Sie aus SAP S/4HANA Financial Closing Cockpit kennen. Egal, ob Sie SAP Advanced Financial Closing in einer reinen Cloud-Infrastruktur, mit Nicht-SAP-Systemen, über externe Scheduler oder, wie in unserem Beispiel, mit einem On-Premise-System verknüpfen: Die intuitive Bedienung in SAP Fiori als zentrales Closing Hub bleibt gleich.

Die Customizing-Einstellungen im SAP-S/4HANA-Backend-System sind so flexibel gestaltet, dass Sie weitere Programme oder auch Ihre eigenen Programme aus dem Kundennamensraum registrieren und, mit entsprechender Varianten-ID, für eine mögliche Automatisierung per Job vorbereiten können. Der größte Aufwand liegt in der Definition der Programme und der entsprechenden Parameterpflege. Die Aufgabenplanmodellpflege in den Customizing-Einstellungen des SAP-S/4HANA-Backend-Systems erlaubt eine schnelle und effiziente Einplanung als wiederkehrenden Aufgabenplan für den Monats-, Quartals- und/oder Jahresabschluss im SAP-Fiori-Frontend-System. Hierbei ist es auch möglich, mehrere Aufgabenplanmodelle anzulegen, und diese, den relevanten Entitäten entsprechend, im Frontend-System zuzuordnen.

Letztlich werden die Abschlussaktivitäten immer mehr an Bedeutung gewinnen, da sie den Abschluss schneller und die Handhabung effizienter gestalten. Ob mit SAP S/4HANA Financial Closing Cockpit oder SAP Advanced Financial Closing – das Ziel ist, die Finanzabschlüsse möglichst automatisiert und transparent, unter Berücksichtigung aller Compliance-Anforderungen, durchzuführen. SAP S/4HANA Financial Closing Cockpit wird weiterhin verfügbar sein. Die Strategie von SAP ist es jedoch, alle weiteren Entwicklungen in diesem Umfeld in SAP Advanced Financial Closing abzubilden. Wir dürfen gespannt sein, welche Neuerungen in den nächsten Jahren hinzukommen werden, um weitestgehend integrativ eine zentrale Orchestrierung des Einzel- und Gruppenabschlusses bis hin zur Finanzberichterstattung zu erhalten.

Weitere Informationen und Antworten auf häufig gestellte Fragen zu SAP Advanced Financial Closing finden Sie in SAP-Hinweis 2873915 (FAQ SAP Advanced Financial Closing) sowie im SAP Help Portal unter *https://help.sap.com/viewer/product/AFC/SHIP/de-DE*.

Kapitel 14
Migration nach SAP S/4HANA

Um Ihr SAP-S/4HANA-Projekt mit einem erfolgreichen Go-live über die Ziellinie zu bringen, müssen Sie sich auch mit dem Thema Datenmigration beschäftigen. Auf die verschiedenen Ansätze und die Vorgehensweise bei einer Migration nach SAP S/4HANA gehen wir in diesem Kapitel näher ein.

In diesem Kapitel beschäftigen wir uns mit der Migration nach SAP S/4HANA. Wir beschränken uns dabei auf den für dieses Buch relevanten Teil aus dem Rechnungswesen. Dazu klären wir in Abschnitt 14.1, »Was ist eine Migration?«, was wir unter einer Migration verstehen, bevor wir uns in Abschnitt 14.2, »Datenbereinigung«, mit den vorbereitenden Arbeiten beschäftigen, die Sie unbedingt durchführen sollten – unabhängig von Ihrem Migrationsansatz.

Anschließend gehen wir die verschiedenen Möglichkeiten einer SAP-S/4HANA-Migration durch: Da wäre zum einen die SAP S/4HANA Conversion, bei der das bestehende SAP-ERP-System einem Upgrade und einer Datenkonvertierung unterzogen wird. Für eine SAP S/4HANA Conversion sind bestimmte Voraussetzungen zu erfüllen. SAP hat dafür verschiedene Werkzeuge entwickelt, die wir Ihnen in Abschnitt 14.3, »Voraussetzungen für eine SAP S/4HANA Conversion«, näher vorstellen. Diese Werkzeuge können aber auch hilfreich sein, um Ihr SAP-ERP-System vorzubereiten, wenn Sie bei einer Neuimplementierung eine Altdatenmigration durchführen müssen (siehe Abschnitt 14.6, »Altdatenmigration nach SAP S/4HANA«). Am Ende des Kapitels gehen wir in Abschnitt 14.7, »Erweiterungsmöglichkeiten in SAP S/4HANA«, noch auf die in SAP S/4HANA verfügbaren nachträglichen Erweiterungsmöglichkeiten ein.

Zu Beginn sollten wir klären, was man unter einer *Migration* versteht.

14.1 Was ist eine Migration?

Eine Migration ist eine Bewegung von etwas von einer Seite auf eine andere Seite. Bei einer Migration nach SAP S/4HANA müssen zum einen *Stammdaten* und zum anderen *Bewegungsdaten* in das neue System gebracht werden. Stammdaten sind die notwendigen Datenobjekte, die SAP S/4HANA für seine Funktionsfähigkeit benötigt. Dazu zählen z. B.:

- **Sachkonten**
  Sachkonten werden für die Definition der Kontenfindung benötigt, aber auch zum Buchen von Belegen.
- **Kostenstellen, Innenaufträge, Profit-Center usw.**
  Kostenstellen, Innenaufträge, Profit-Center usw. werden benötigt, um zusätzliche Informationen in einem Beleg ablegen zu können.
- **Debitoren, Kreditoren, Anlagen und Materialien**
  Debitoren, Kreditoren, Anlagen und Materialien werden gewissermaßen als Unterkonten zu einem Sachkonto benötigt und sind auch beim Buchen von Belegen erforderlich.
- **Bankleitzahlen, Währungskurse usw.**
  Auch Bankleitzahlen, Währungskurse usw. zählen zu den Stammdaten.

Die Aufzählung ließe sich fortsetzen (wobei die Abgrenzung zwischen Stammdaten und Bewegungsdaten nicht immer trennscharf ist). Bewegungsdaten entstehen, wenn Bewegungen, also Buchungen, stattfinden. Damit sind im Kontext dieses Buches hauptsächlich Belege im Rechnungswesen gemeint. Man könnte argumentieren, dass auch Debitoren oder Kreditoren Bewegungsdaten sind, da sie durch einen Geschäftsvorfall entstanden sind. Da Debitoren und Kreditoren, meist für längere Zeit, bei vielen Buchungen verwendet werden, zählt man sie gemeinhin zu den Stammdaten und pflegt sie im SAP-System auch als solche.

Die Wege zu SAP S/4HANA sind vielfältig: Entweder führen Sie SAP S/4HANA auf der *grünen Wiese* (Greenfield-Ansatz), also komplett neu ein, oder Sie migrieren von einem bestehenden SAP-ERP-System aus.

Wenn Sie SAP S/4HANA auf der grünen Wiese neu einführen oder Sie ein Neukunde von SAP sind, beginnen Sie mit einer kompletten Neuinstallation und vollständig neuem Customizing. Die Gründe, um sich für eine Neueinführung zu entscheiden, sind vielfältig und individuell:

- Sie möchten in einem Reorganisationsprojekt die über die letzten 15 bis 20 Jahre gewachsene SAP-Systemlandschaft vereinfachen oder grundlegend erneuern.
- Sie möchten mehrere SAP-ERP-Systeme oder auch Nicht-SAP-ERP-Systeme in einem SAP-S/4HANA-System verschmelzen.
- Sie möchten gleichzeitig die historisch gewachsenen Organisationsstrukturen ändern. Sie möchten etwa zukünftig der SAP-Empfehlung folgen und nur noch einen Kostenrechnungskreis nutzen. Buchungskreise sind zwischenzeitlich vielleicht zu einer legalen Einheit verschmolzen worden, oder Sie benötigen eine neue Kostenstellen-Profit-Center-Struktur.

- Sie verfügen über ausreichend Budget und hinreichend viel Zeit, bis Sie die ersten Projekterfolge abliefern müssen.
- Oft ist der Veränderungswille größer, wenn Sie auf der grünen Wiese neu implementieren. Damit lassen sich Prozessänderungen leichter umsetzen und Ihrem Team gegenüber argumentativ vertreten.

Die Implementierung von SAP S/4HANA kann man gut mit einem Hausbau vergleichen, der auch nicht in einem Jahr zu schaffen ist. Auf dem Weg zum Eigenheim müssen Sie in der Regel die folgenden Meilensteine bewältigen:

1. **Grundstück suchen**
   Zunächst benötigen Sie ein Grundstück. Bei intensiver Suche werden Sie vermutlich ein komplettes Jahr benötigen, um sich für ein Grundstück zu entscheiden. Schließlich gilt es, Faktoren wie das Vorhandensein von Schule, öffentlichem Nahverkehr, Einkaufsmöglichkeiten, Autobahnanbindung, Ärzten usw. zu prüfen. Anschließend muss der Kauf auch vertraglich und finanziell abgewickelt werden.

   Übertragen auf SAP S/4HANA entspricht dies der Definition einer Roadmap für Ihr SAP-S/4HANA-Projekt. Ferner müssen Sie im Vorfeld alle beteiligten und betroffenen Mitarbeiter abholen.
2. **Vorplanung**
   Im nächsten Jahr müssen Sie sich entscheiden, was Sie wie und mit wem bauen möchten. Sie benötigen außerdem eine Baugenehmigung. Schnittstellen wie Abwasser, Wasser, Strom oder Gas müssen definiert werden. Sie benötigen schließlich einen Bauantrag.
   Bezogen auf SAP S/4HANA, entspricht dies der Fachkonzeptphase, in der Sie festlegen, was wie genutzt werden soll. Sicher werden Sie sich dazu, jedoch spätestens für die letzte Phase der Implementierung externe Unterstützung holen müssen.
3. **Bau und Einzug**
   Im dritten und damit letzten Jahr beginnt schließlich der Bau mit anschließendem Go-live, also dem Einzug. Nach dem Einzug werden Sie feststellen, dass trotz aller Vorbereitungen nicht alles perfekt ist und trotz durchgeführter Abnahme Mängel auftauchen. Vieles ist womöglich nicht fertig geworden.
   Im Sinne von SAP S/4HANA heißt das, dass Sie mit der Implementierung beginnen und diverse Testzyklen durchführen. Daran schließen sich mehrere Migrationszyklen an. Nach dem Abschluss der Implementierung beginnt der Cut-over, also der Umzug vom alten System nach SAP S/4HANA.

Über die veranschlagten Zeiträume kann man sicherlich diskutieren, denn sie sind abhängig von Ihrer Ausgangssituation und daher sehr unterschiedlich. Davon einmal abgesehen, hat sich der Vergleich unserer Erfahrung nach als zutreffend erwiesen. Prüfen Sie jetzt einmal die in Ihrem Unternehmen bisher definierte Projektplanung für ein Projekt auf der grünen Wiese.

Die andere Möglichkeit, um SAP S/4HANA einzuführen, ist die Durchführung einer *SAP S/4HANA Conversion* (Systemkonvertierung). Darunter versteht SAP das Upgrade eines bestehenden SAP-ERP-Systems auf das jeweils aktuelle Release von SAP S/4HANA. Es handelt sich dabei nicht nur um ein technisches Upgrade, bei dem sich die Software verändert, aber die Daten und ihre Ablage gleich bleiben. Stattdessen wird massiv in die Datenstrukturen eingegriffen. Deswegen spricht man nicht von einem Upgrade, sondern eben von einer Conversion. Dieses Vorgehen wird auch als *Brownfield-Ansatz* bezeichnet. Dabei wird ein SAP-ERP-System technischen Vorabprüfungen unterzogen, das technische Upgrade wird durchgeführt, und es werden dabei gleichzeitig Daten konvertiert oder im Anschluss daran migriert.

SAP unterstützt dabei die SAP S/4HANA Conversion sowohl vom alten als auch vom neuen Hauptbuch aus. In Abbildung 14.1 sehen Sie, dass im Vergleich zu einer Migration auf das neue Hauptbuch in SAP ERP die SAP S/4HANA Conversion zu jedem Zeitpunkt im Laufe eines Geschäftsjahres durchgeführt werden kann.

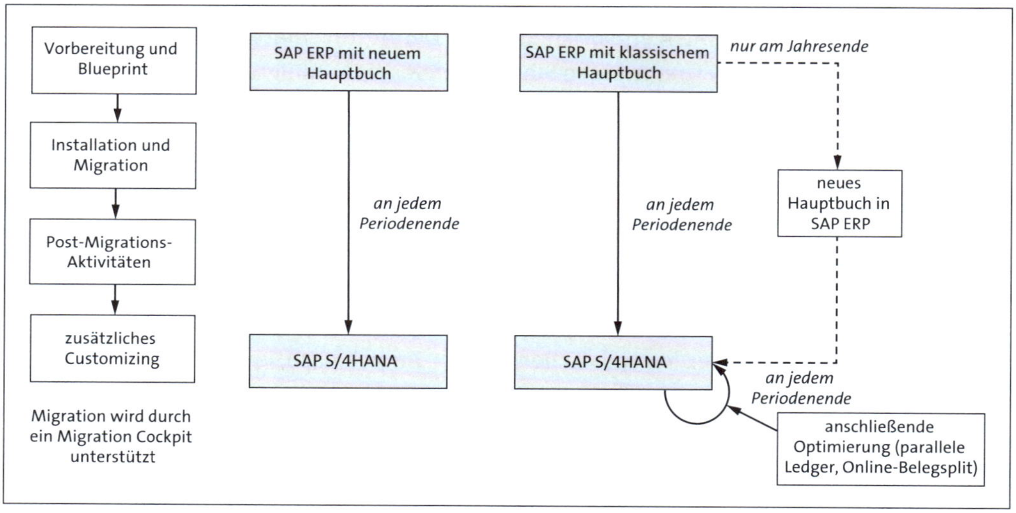

Abbildung 14.1 Migration von SAP ERP nach SAP S/4HANA

Auf die einzelnen Unterschiede und die technischen oder auch fachlichen Voraussetzungen für eine Migration nach SAP S/4HANA bzw. für die Durchführung einer SAP S/4HANA Conversion gehen wir in Abschnitt 14.3, »Voraussetzungen für eine SAP S/4HANA Conversion«, und in Abschnitt 14.5, »Eine SAP S/4HANA Conversion durchführen«, noch genauer ein. Zunächst beschäftigen wir uns im nächsten Abschnitt mit der Datenbereinigung. Dies ist eine der Voraussetzungen für ein SAP-S/4HANA-Projekt.

14.2 Datenbereinigung

Vor oder während Ihres SAP-S/4HANA-Projekts müssen Sie die Qualität und Konsistenz Ihrer Daten auf den Prüfstand stellen. Meistens ist die Datenmenge historisch gewachsen, aber die Daten sind nie konsequent gepflegt worden. Das heißt, dass es in Ihrem SAP-System vermutlich viele offene Vorgänge gibt:

- Bestellungen
- Kundenaufträge
- Innenaufträge
- offene Posten (debitorisch, kreditorisch oder Hauptbuch)

Überdies existieren in Ihrem SAP-ERP-System wahrscheinlich viele nicht mehr benötigte, vielleicht sogar redundante Stammdaten. Bei Nicht-SAP-Systemen ist das vermutlich ebenfalls der Fall und muss genauso berücksichtigt werden.

Eine Datenbereinigung ist also immer ratsam. Von vielen Kunden, die auf der grünen Wiese neu implementieren, hören wir: »Was interessiert mich das Altsystem? Ich will dort nichts mehr investieren.«

Sie erinnern sich an das Beispiel des Hausbaus? Würden Sie beim Umzug in ein neu gebautes Haus einfach alles mitnehmen, was Sie in Ihrem alten Haus auf dem Dachboden oder im Keller vorfinden? Die Faustregel lautet hier: Alles, was weder benötigt wird noch einen ideellen Wert besitzt, sollte man konsequent aussortieren.

Dadurch gewinnen Sie bereits im alten Haus, also in Ihrem bestehenden SAP-ERP-System, einen besseren Überblick. Der Umzug in das neue SAP-S/4HANA-System wird erleichtert: Einerseits reduzieren Sie das Datenvolumen auf das Notwendigste, was sich positiv auf die benötigte Zeit für die Migration der Daten auswirkt. Andererseits bergen weniger zu migrierende Daten ein entschieden geringeres Fehlerpotenzial. Häufige Fehler – etwa, dass das aktuelle Customizing nicht mehr zu dem zu migrierenden Datensatz passt – können vermieden werden. In der Folge sinkt der Aufwand bei der Vorbereitung der Datenmigration.

[«]

Nicht am falschen Ende aufräumen

Bei der Migration von Altdaten wird Sie Ihr Wirtschaftsprüfer zwingen (müssen), alle offenen Posten von Debitoren, Kreditoren und Sachkonten zu übernehmen. Würden Sie Daten weglassen, wäre eine Abstimmung der Bilanzen zwischen dem alten System und SAP S/4HANA nicht möglich.

Bei der *SAP S/4HANA Conversion* wird das gesamte SAP-ERP-System in SAP S/4HANA konvertiert. Dies schließt alle in SAP ERP vorhandenen Daten (Stammdaten und Bewegungsdaten) in allen Mandanten ein. Auch hier hat das Datenvolumen entscheidenden Einfluss darauf, wie viel Zeit Sie für den Durchlauf einer SAP S/4HANA Conversion (System-Upgrade und anschließende Migration der Finanzdaten) einplanen müssen. Die Wahrscheinlichkeit, dass Fehler und Dateninkonsistenzen auftreten, steigt mit der Anzahl der Daten bzw. Geschäftsjahre in Ihrem System.

[+]

Archivierung durchführen

Vor einer SAP S/4HANA Conversion wird dringend empfohlen, alte Geschäftsjahre zu archivieren. Dies betrifft insbesondere Daten, die aus Wirtschaftsprüfungssicht nicht weiter gespeichert werden müssen. Alte, nicht mehr benötigte (weil geschlossene oder verkaufte) Buchungskreise sollten Sie ebenfalls daraufhin prüfen, ob sie archiviert oder über SAP System Landscape Optimization gelöscht werden können.

Damit eine Archivierung die notwendigen Daten überhaupt erfassen kann, ist eine regelmäßige *Systembereinigung*, auch Systempflege genannt, empfehlenswert. Die Systembereinigung ist auch ein Schritt bei der Vorbereitung von Datenübernahmen.

[+]

Ein Betriebshandbuch führen

Die Erkenntnisse aus der Systembereinigung können laufend in das Betriebshandbuch einfließen. In einem Betriebshandbuch sind die kundenspezifischen Maßnahmen, Aufgaben oder Checklisten für bestimmte Aufgaben oder Prozesse in SAP ERP oder SAP S/4HANA beschrieben. Je nach Branche wird ein Betriebshandbuch von den Aufsichtsbehörden gefordert, z. B. bei Banken und Versicherungen. Aber auch in anderen Branchen ist es als Informationsquelle für IT-Abteilung und Key-User hilfreich.

Außerdem kann diese regelmäßige Systembereinigung auch Anregungen für weitere Validierungen geben, um Falscheingaben bei Stamm- und Bewegungsdaten zu verringern bzw. zu verhindern. Über Substitutionen kann man benötigte Informationen automatisch anreichern, falsche Eingaben reduzieren und die Arbeit der Anwender etwas erleichtern. Außerdem kann die regelmäßige Systembereinigung Anregungen für eine Aktualisierung bzw. Erweiterung der Schulungsunterlagen, Prozesse oder der Kommunikation liefern.

Eine Systembereinigung kann manuell oder maschinell erfolgen. Dies hängt im Wesentlichen vom Umfang der Daten ab, davon, welche Analysemöglichkeiten SAP im Standard bietet oder ob Sie sich diese erst schaffen müssen. Die Systembereinigung im Rechnungswesen sollte Folgendes umfassen:

- Dublettenprüfung durchführen:
  - Kreditoren
  - Debitoren
  - Sachkonten

- aktive Verwendung von Stammdaten prüfen:
  - Kostenstellen
  - Debitoren (inklusive Intercompany-Beziehungen)
  - Kreditoren (inklusive Intercompany-Beziehungen)
  - Materialien
  - Profit-Center
  - Anlagenklassen
- alle offenen Vorgänge auf Relevanz prüfen:
  - offene Posten in FI (AR, AP, GL)
  - offene Bestellungen
  - offene Kundenaufträge
  - gegebenenfalls offene Workflows (Anlage, Änderungen)
  - Innenaufträge
- Einstellungen in den Sachkontenstammdaten daraufhin prüfen, ob die Verwaltung offener Posten überhaupt benötigt wird
- Einspielen aktueller Support Packages, Releases bzw. Enhancement Packages
- regelmäßiger automatischer Ausgleich offener Posten
- Reorganisieren von:
  - Zahllaufdaten
  - Mahndaten
  - Spool-Listen

Für eine Altdatenübernahme benötigen Sie überdies immer ein *Mengengerüst*. Ein Mengengerüst stellt die Anzahl zu übernehmender Datensätze pro Objekt dar. Ein Objekt sind z. B. Geschäftspartner, Anlagenstammsätze oder offene Posten. Zum Beispiel ist man bei ca. 300 bis 400 zu übernehmenden Stammsätzen schneller, wenn man diese manuell übernimmt. Manche Stammdaten werden grundsätzlich manuell angelegt – etwa Anlagenklassen oder Profit-Center, da die zu übernehmende Anzahl keine Übernahmeprogramme rechtfertigt.

Um zu beurteilen, ob das eigene System viele oder wenige Daten beinhaltet, ist es ratsam, eine aktuelle Vorstellung von der Anzahl der eigenen Stamm- und Bewegungsdaten zu haben. Eine sehr gute Möglichkeit, um sich einen Überblick über das Mengengerüst zu verschaffen, ist die Verwendung von Transaktion TAANA. Mit dieser Transaktion können Sie Tabelleneinträge zählen lassen (siehe Abbildung 14.2). Die Vorgehensweise ähnelt der Nutzung von Transaktion SE16. Allerdings bleibt das Ergebnis in Transaktion TAANA erhalten, und Sie können später den Erfolg Ihrer Aufräummaßnahmen kontrollieren.

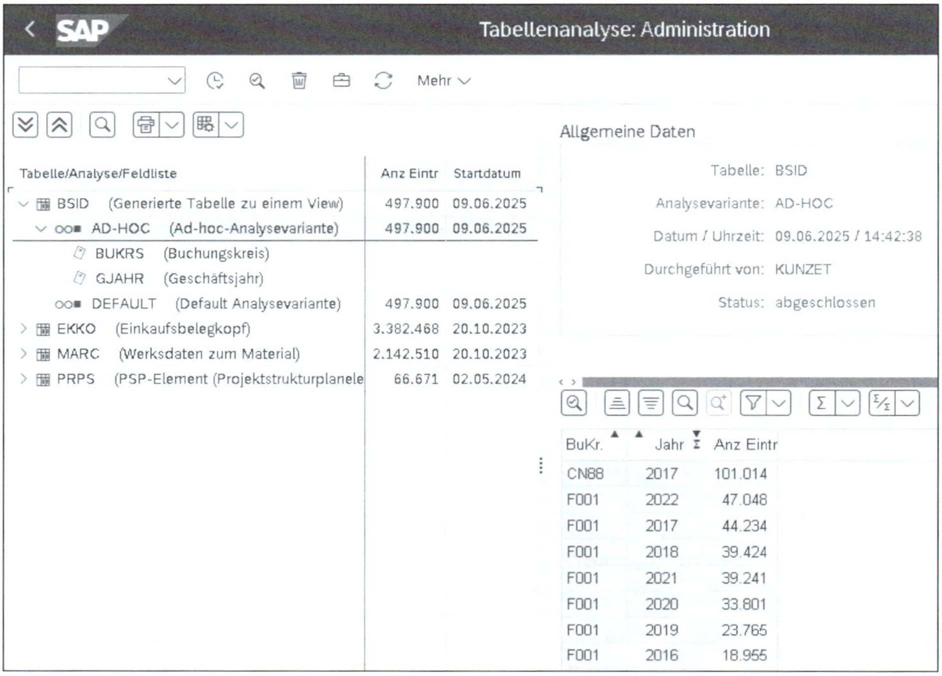

Abbildung 14.2 Ergebnis in der Tabellenanalyse überprüfen (Transaktion TAANA)

In SAP ERP werden die Belege der Nebenbücher, Kreditoren, Debitoren und Anlagen, aber auch die Belege des Hauptbuchs in unterschiedlichen Tabellen gespeichert. In Tabelle BSID werden die offenen Posten der Debitoren geführt. Sobald die offenen Posten ausgeglichen, also bezahlt, sind, werden sie in Tabelle BSAD verschoben. Damit spiegelt Tabelle BSID die Anzahl offener Posten wider, die für eine Migration nach SAP S/4HANA relevant wären. In den Systemen der meisten Kunden liegen nicht unbedingt sehr viele offene Kreditoren- und Debitorenposten vor, aber häufig sehr alte offene Posten, die bis in das Jahr 1995 zurückreichen können.

Hier stellt sich die Frage, ob es sich noch um valide offene Posten oder nicht eher um »Datenschrott« handelt. In Tabelle BSIS finden Sie die offenen Posten der Sachkonten. Tabelle BSIS hat meist sehr viele Einträge. Der Grund für die Vielzahl der offenen Posten der Sachkonten ist, dass Sachkonten meist nie ausgeglichen werden. Häufig werden die offenen Posten geführt, obwohl die Informationen an dieser Stelle überhaupt nicht benötigt werden. Sowohl bei den Debitoren und Kreditoren als auch bei den Sachkonten kann es eine gewisse Zeit in Anspruch nehmen, die offenen Posten zu überprüfen und abzubauen. Auch daher ist die regelmäßige (d. h. mindestens jährliche) Erstellung eines Mengengerüsts sinnvoll. Überdies ist es ratsam, gegebenenfalls aktive Maßnahmen auf ihre Wirksamkeit hin zu überprüfen oder neue Maßnahmen zu veranlassen.

Die Systembereinigung muss ein von allen gelebter, regelmäßiger Verbesserungsprozess sein, der es zum Ziel hat, aus Fehlern zu lernen. Das bedeutet: Probleme, die nicht sofort erkannt oder gelöst werden konnten, müssen so dokumentiert werden, dass sie künftig entweder vermieden werden können oder eine Lösung schnell auffindbar ist.

Die hier aufgeführten Aufgaben stellen nur einen kleinen Ausschnitt dar, und jeder Kunde ist dazu aufgefordert, eventuell erforderliche Maßnahmen für sich individuell zu prüfen.

Nachdem sich nun Ihr Team um die Systembereinigung kümmert, können Sie sich ungestört mit den technischen Voraussetzungen für eine Migration nach SAP S/4HANA oder mit einer SAP S/4HANA Conversion beschäftigen. Im nächsten Abschnitt schauen wir uns zuerst das Vorgehen für eine SAP S/4HANA Conversion an, bevor wir auf eine Migration nach SAP S/4HANA eingehen.

14.3 Voraussetzungen für eine SAP S/4HANA Conversion

Sollten Sie sich für eine SAP S/4HANA Conversion entscheiden, sind, auch wenn es sich um eine technische Konvertierung handelt, einige fachliche und technische Vorarbeiten zu leisten. Diese werden von SAP durch unterschiedliche Tools und Services unterstützt:

- **Readiness Check**
  Dabei handelt es sich um das zentrale Werkzeug, mit dem Sie sich auf eine SAP S/4HANA Conversion vorbereiten können.
- **Business Scenario Recommendations for SAP S/4HANA**
  Die Business Scenario Recommendations for SAP S/4HANA (im Folgenden kurz Business Scenario Recommendations) geben Ihnen Empfehlungen, welche Business Functions, andere Funktionen oder SAP-Fiori-Apps auf der Basis der von Ihnen genutzten Transaktionen interessant sein könnten.
- **Prüfprogramme**
  Einige Prüfprogramme für die Vorabprüfungen in SAP ERP liefert SAP im Standard aus, und einige Prüfprogramme sind nur per SAP-Hinweis verfügbar und müssen manuell eingebaut werden.
- **Discovery Workshops**
  Diese Workshops ermöglichen Ihnen, sich mit der Thematik SAP S/4HANA auseinanderzusetzen und am Ende eine grobe Roadmap für Ihr SAP-S/4HANA-Projekt zu erhalten.

Wenn Sie sich mit diesen Tools und Services beschäftigen, kann es sein, dass Sie zu dem Schluss kommen, dass eine SAP S/4HANA Conversion doch nicht der richtige oder nächste Projektschritt ist. Vielleicht kommen Sie zu dem Ergebnis, dass eine komplette Neueinführung für Ihr Unternehmen den besseren Weg darstellt. Bis zu diesem Zeitpunkt haben Sie noch alle Möglichkeiten und keine Zeit und kein Geld umsonst investiert.

Dürfen wir Sie noch einmal an den Hausbau erinnern? Am Anfang dachten Sie vielleicht, dass eine Renovierung des alten Hauses der richtige Weg sei. Nachdem Sie sich umfassend informiert haben, möchten Sie die neuesten Innovationen, etwa eine Heizung mit Holzpellets oder eine Solaranlage, einbauen, müssen aber feststellen, dass die baulichen Voraussetzungen Ihr Vorhaben unmöglich machen. Zum Beispiel fehlt der Platz für die Lagerung der Pellets, oder das Dach ist nicht für die Installation der Solarmodule geeignet.

Wo ist die Parallele zu Ihrem SAP-ERP-System? In einem bestehenden SAP-ERP-System sind auch nicht alle Wünsche nach Innovationen auf einmal umsetzbar. Mitunter hindern Sie technische Voraussetzungen, die bei Ihnen noch nicht gegeben sind, manchmal ist es historisch gewachsenes Customizing, das Sie vielleicht erst einmal anpassen möchten, bevor Sie weiter über eine SAP S/4HANA Conversion nachdenken möchten. Viele Tools für Datenbankkonvertierungen, bekannt als SAP System Landscape Optimization (SLO) oder auch SAP Landscape Transformation, sind für SAP S/4HANA nur als Projektlösung verfügbar.

14.3.1 Readiness Check

Mit dem *Readiness Check* stellt SAP ein Werkzeug zur Prüfung Ihres Systems zur Verfügung, das Sie selbst direkt nutzen können. Der Readiness Check analysiert Ihr bestehendes SAP-ERP-System und stellt die Ergebnisse übersichtlich in einer SAP-Fiori-basierten Oberfläche zusammen. Wenn Sie den Readiness Check nutzen möchten, folgen Sie der Anleitung aus der SAP-Hilfe:

https://help.sap.com/viewer/p/SAP_READINESS_CHECK

Der Readiness Check deckt zurzeit die folgenden Themengebiete ab:

- **Prüfung von Business Functions**
  Aktivierte Business Functions müssen geprüft werden, da nicht mehr alle in SAP S/4HANA unterstützt bzw. verfügbar sind. Gegebenenfalls benötigen Sie dann für die wegfallende Business Function eine Ersatzfunktion.
- **Prüfung der Kompatibilität von Add-ons**
  Die Kompatibilität von Add-ons muss geprüft werden, da nicht alle Add-ons mit SAP S/4HANA kompatibel sind. Dies gilt für Add-ons von SAP genauso wie für Add-ons von Drittanbietern. Gegebenenfalls benötigen Sie dann für das wegfallende Add-on eine Ersatzfunktion.

- **Analyse von Geschäftsprozessen**
  Die Geschäftsprozessanalyse stellt Ihnen sehr übersichtlich dar, wie viele offene Geschäftsprozesse Sie noch in Ihrem SAP-ERP-System haben und wie alt diese bereits sind.
- **Prüfung von BW-Extraktoren**
  Bedingt durch geänderte Tabellenstrukturen bzw. unterstützte Funktionen, werden auch die BW-Extraktoren nicht mehr alle funktionieren.
- **Analyse von kundeneigenen Programmen**
  Sie können mit dem Readiness Check Ihr kundeneigenes Coding analysieren. Die notwendigen Anpassungen im Coding können ein erheblicher Aufwandstreiber sein, zumal viele Kunden ganze Anwendungen selbst programmiert haben.
- **Prüfung des Datenvolumens**
  Das Datenvolumen für Ihr SAP-S/4HANA-System dürfte Sie interessieren, da dies ja Auswirkungen auf die zu beschaffende Hardware hat. Der Readiness Check zeigt Ihnen, welches Potenzial in Ihrem System steckt, wenn Sie vor einem SAP-S/4HANA-Projekt Daten archivieren.
- **Empfehlung geeigneter SAP-Fiori-Apps**
  Der Readiness Check empfiehlt Ihnen SAP-Fiori-Apps auf der Basis der heute von Ihnen genutzten Funktionen, die für Sie interessant sein können.
- **Anzeige von Hardware-Anforderungen**
  SAP S/4HANA Sizing zeigt die Hardware-Anforderungen in den verschiedenen Phasen eines SAP-S/4HANA-Conversion-Projekts.
- **Anzeige von möglichen Vereinfachungen**
  Simplification Items listen die gefundenen Vereinfachungen und Änderungen auf, die sich auf Ihr spezielles System beziehen. In der Simplification List in der SAP-Hilfe finden Sie ein allgemeines PDF-Dokument mit ca. 950 Seiten, von denen aber nicht alle Einträge für Ihr System relevant sind.
- **Anzeige von Add-ons**
  SAP Customer Development Projects listet die Add-ons auf, die SAP gegebenenfalls kundenspezifisch für Sie programmiert und gewartet hat. Beim Übergang auf SAP S/4HANA muss geprüft werden, ob die Funktion noch im bisherigen Umfang genutzt werden kann.

Darüber hinaus erhalten Sie im Rahmen des Readiness Checks Informationen zu den nächsten Schritten sowie Links zu weiterführenden Informationen. SAP wird den Readiness Check auf der Basis von weiteren SAP S/4HANA Conversions erweitern bzw. anpassen.

Abbildung 14.3 zeigt, wie die Ergebnisse des Readiness Checks aussehen können. Nicht jedes Ergebnis kann von SAP aus der Ferne bewertet werden. Im Einstiegsbild finden Sie die verschiedenen Bereiche in einer Übersicht und, grafisch dargestellt, die

Ergebnisse des Readiness Checks. Über einen Klick auf einzelne Graphen bzw. Übersichten können Sie einen Drilldown eine Ebene tiefer durchführen und dort über weitere Details einen besseren Einblick in die Ergebnisse des Readiness Checks für Ihr SAP-ERP-System erhalten.

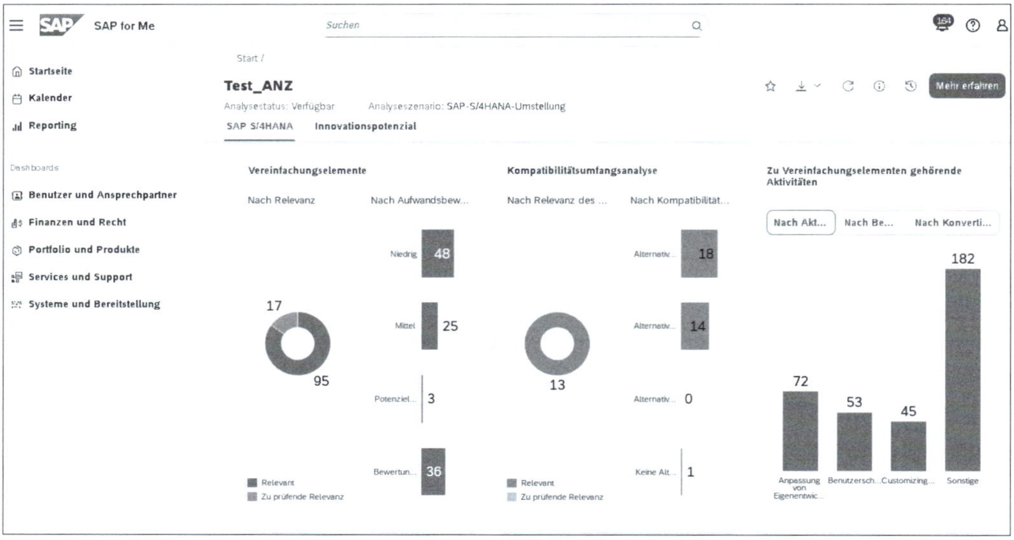

Abbildung 14.3 Einstieg und Zusammenfassung des Readiness Checks

Ein Teil des Readiness Checks ist die Geschäftsprozessanalyse, die überprüft, welche und wie viele Objekte, z. B. offene Posten, im Hauptbuch vorliegen und wie alt diese sind. In Abbildung 14.4 sehen Sie die überprüften Geschäftsprozesse. Ein direkter Drilldown auf die Einzelposten ist nicht möglich. Denn dies ist einerseits technisch nicht umzusetzen, und andererseits soll der Readiness Check lediglich einen Überblick geben. Die Bewertung, z. B., ob Anzahl und Alter der Geschäftsprozesse für Ihr Unternehmen vielleicht sogar normal sind, müssen Sie selbst durchführen. Sie entscheiden selbst, welche Maßnahmen Sie im Hinblick auf Ihre alten Geschäftsprozesse ergreifen möchten. SAP zwingt Sie nicht zu einem Abbau der offenen Posten.

Wenn Sie diese offenen Posten noch benötigen oder Ihr Projektplan eine vorherige Bereinigung nicht zulässt, können Sie natürlich trotzdem mit der SAP S/4HANA Conversion beginnen.

SAP kann überdies feststellen, welche Business Functions Sie aktiviert haben und damit wahrscheinlich auch nutzen. Natürlich ist es auch möglich, dass eine Business Function aktiviert ist, aber nicht mehr genutzt wird. Trotzdem können Sie eine Aussage treffen, ob die aktivierten Business Functions mit SAP S/4HANA kompatibel sind.

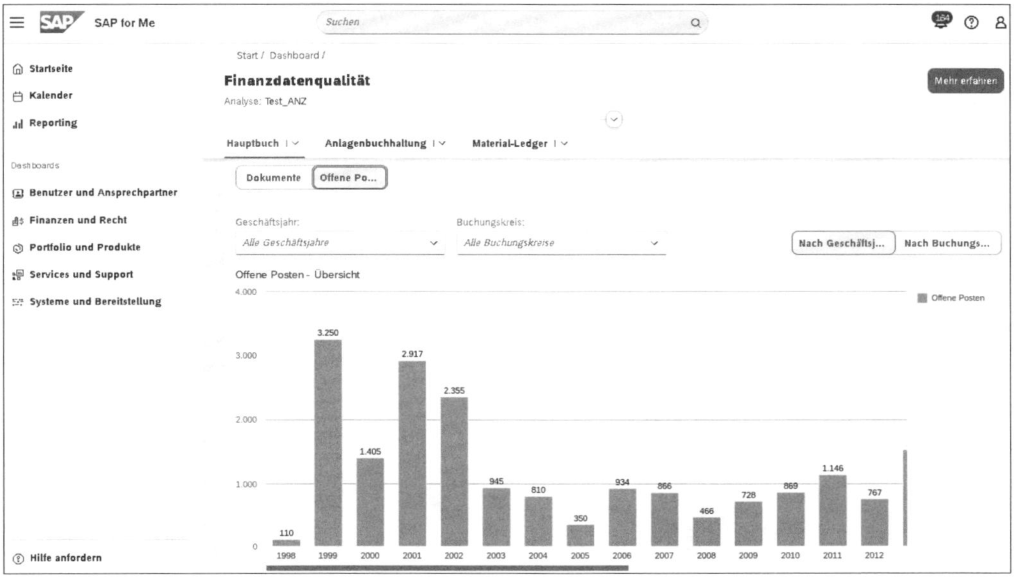

Abbildung 14.4 Überblick und Alter der offenen Geschäftsprozesse

Readiness Check mehrfach ausführen

Sie können den Readiness Check mehrfach ausführen. Wenn Ihre Vorbereitungen für ein SAP-S/4HANA-System längere Zeit in Anspruch nehmen sollten, lohnt sich eine Wiederholung des Readiness Checks. SAP entwickelt den Readiness Check weiter, und Sie haben hoffentlich die eine oder andere Maßnahme ergriffen, um sich Stück für Stück auf ein SAP-S/4HANA-Projekt vorzubereiten.

In Abbildung 14.5 sehen Sie ein Beispiel für aktivierte Business Functions und deren Kompatibilität mit SAP S/4HANA. In unserem Beispiel sind die Business Functions `FIN_CO_COGM`, `FIN_TRM_COMM_RM`, `LOG_CPE_FA_FEE` sowie `LOG_CPE_SD_MM` als inkompatibel (**Incompatible**) gekennzeichnet. Was können Sie tun, damit diese Business Functions nicht zum Showstopper für Ihr Projekt werden?

Ermittlung des Deltas zwischen SAP-S/4HANA-Releases

Mit jedem neuen SAP-S/4HANA-Release wird es weitere Vereinfachungen bzw. die Ersetzung einer alten Funktion durch eine neue geben. Daher können Sie mit dem Vereinfachungselement-Katalog (Simplification Item Catalog) auch das Delta an Vereinfachungen zwischen zwei SAP-S/4HANA-Releases ermitteln. Wählen Sie dazu als Quellgültigkeit Ihr derzeitiges SAP-S/4HANA-Release und als Zielgültigkeit das Zielrelease für das Upgrade eines SAP-S/4HANA-Systems aus.

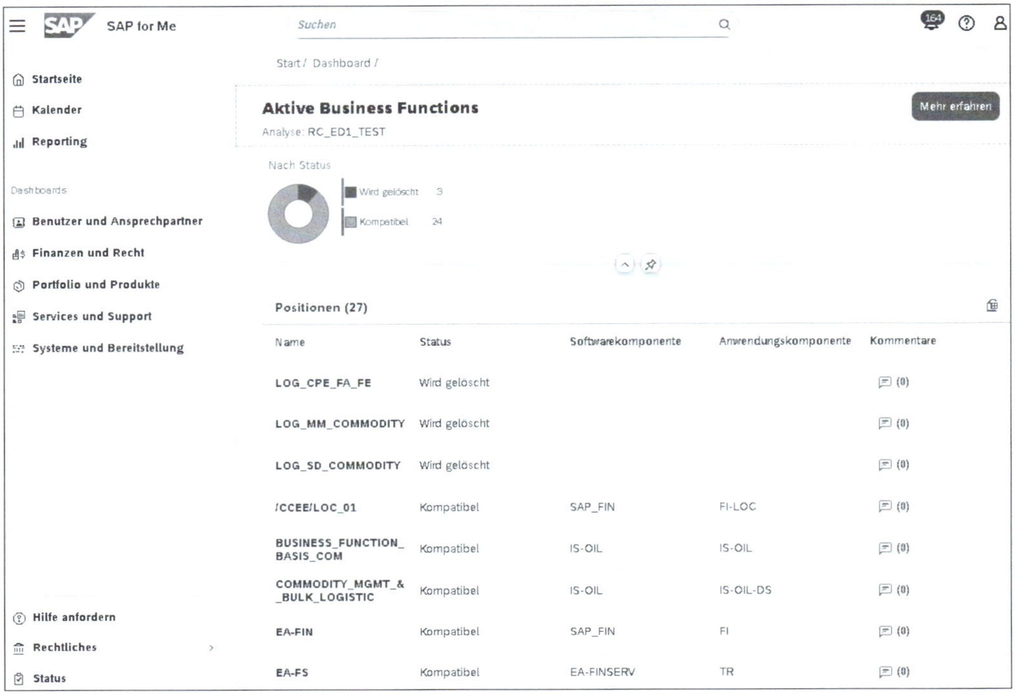

Abbildung 14.5 Übersicht und Kompatibilität aktivierter Business Functions

Für nicht mehr vorhandene Funktionen benötigen Sie sicherlich eine Alternative. Mitunter bietet SAP ein neueres Produkt an, das die gewünschten Funktionen enthält. Dazu gehören sicherlich auch Produkte, die in der Cloud betrieben werden.

Nun ist es doch recht mühsam, sich durch den Readiness Check oder den Vereinfachungselemente-Katalog zu arbeiten. Letztlich bleibt Ihnen jedoch kaum eine andere Möglichkeit, als dies gewissenhaft zu tun und, ganz wichtig, wirklich alle genutzten Funktionen vollumfänglich durchzutesten. Nur so ist der Erfolg einer SAP S/4HANA Conversion gewährleistet!

Eine Hilfestellung bietet SAP aber noch an. Mit dem Report /SDF/RC_START_CHECK (SAP Readiness Check for SAP S/4HANA – Simplification Item Catalog) erlaubt SAP, den aktuellen Vereinfachungselemente-Katalog in Ihr SAP-ERP-6.0-System zu laden und dort verschiedene Prüfungen durchzuführen. Der Report hat leider keine Transaktion und wird nicht übersetzt. Er ist also nur auf Englisch verfügbar. Abbildung 14.6 zeigt das Startbild des Reports /SDF/RC_START_CHECK. Mit dem Report haben Sie die Möglichkeit, in einer Vorbereitungsphase Ihrer SAP S/4HANA Conversion die Prüfungen durchzuführen, die später vom Software Update Manager (SUM) ebenfalls durchgeführt werden. Der Software Update Manager bleibt stehen, wenn er Probleme identifiziert. Sie können somit die Prüfungen vorab bequem an einer Stelle durchführen. Der Report /SDF/RC_START_CHECK ersetzt die bisherigen Vorabprüfreports, die es für verschiedene SAP-Module gab. Trotzdem verlieren die alten Vorabprüfungsreports nicht ihre Gültigkeit. Sie können sie auch weiterhin verwenden. Da sie von SAP nicht mehr angepasst werden, können sie aber unvollständig sein.

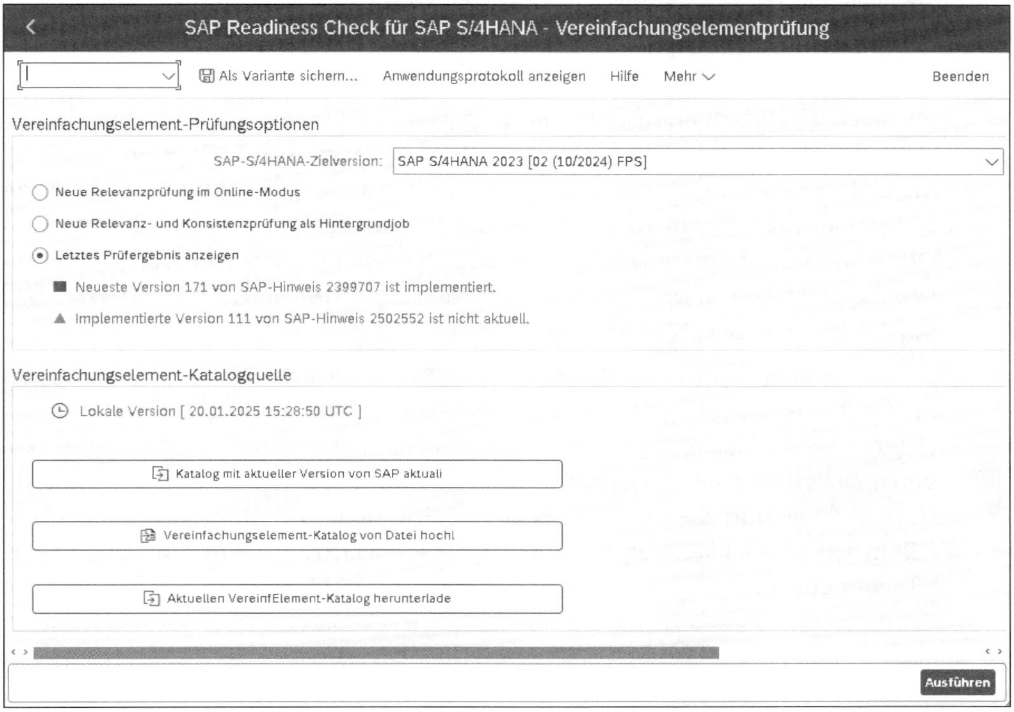

Abbildung 14.6 Readiness Check ausführen

Im Block **Vereinfachungselement-Prüfungsoptionen** legen Sie im Feld **SAP-S/4HANA-Zielversion** die Zielversion Ihres SAP-S/4HANA-Systems fest. Wie schon erwähnt, sollte dies immer das aktuell verfügbare Release von SAP S/4HANA sein. Darüber hinaus können Sie über die Radiobuttons **Neue Prüfung im Online-Modus** oder **Neue Prüfung als Hintergrundjob** eine Prüfung Ihres SAP-ERP-6.0-Systems gegen den aktuell in Ihrem SAP-ERP-System vorhandenen Vereinfachungselemente-Katalog durchführen. Das Ergebnis wird immer im SAP ERP gespeichert, sodass Sie es später über den Radiobutton **Letztes Prüfergebnis anzeigen** anzeigen lassen können. Über die drei Statusampeln wird Ihnen angezeigt, ob die Grundvoraussetzungen für die Ausführung des Reports gegeben sind. Im vorliegenden Fall muss zuerst noch die aktuelle Version von SAP-Hinweis 2502552 implementiert werden. Wählen Sie den entsprechenden Radiobutton aus, und klicken Sie anschließend auf **Ausführen** (**Ausführen**), oder drücken Sie die Taste [F8] (siehe Abbildung 14.6).

Mit SAP-Hinweis 2399707 (SAP Readiness Check – Simplification Item Check) hat SAP den Readiness Check für SAP S/4HANA und SAP BW/4HANA ausgeliefert. Diesen sollten Sie in Ihr SAP-ERP-System einbauen, falls Sie dies noch nicht getan haben. Alternativ können Sie die aktuellen Support Packages von SAP ERP oder ein EHP 8 einspielen. Mit SAP-Hinweis 2502552-S4TC (S/4HANA Conversion & Upgrade new Simplification Item Checks) werden weitere Fehlerbehebungen und Erweiterungen für den Report /SDF/RC_START_CHECK ausgeliefert.

Im Block **Vereinfachungselement-Katalogquelle** finden Sie Möglichkeiten, den jeweils aktuellen Vereinfachungselemente-Katalog in Ihr SAP-ERP-System zu laden. Am einfachsten sollte es sein, wenn Sie den Button **Katalog mit aktueller Version von SAP aktuali** anklicken. In der Statuszeile des SAP GUI bekommen Sie die Information »Vereinfachungselementkatalog erfolgreich heruntergeladen von SAP«, wenn der Download erfolgreich war. Nun können Sie den Report mit einem Klick auf Ausführen (**Ausführen**) oder über die Taste F8 starten.

Sie erhalten eine Auflistung aller für Ihr SAP-System relevanten Vereinfachungselemente (siehe Abbildung 14.7). Über einen Klick auf das jeweilige Vereinfachungselement in der Spalte **ID** gelangen Sie in den Browser, in dem das angeklickte Vereinfachungselement geöffnet wird. In der Spalte **Hinweis** wird jeweils ein SAP-Hinweis aufgeführt. Sie können über einen Klick auf die SAP-Hinweisnummer ebenfalls in den Browser verzweigen, in dem der angeklickte Hinweis im SAP Support Portal geöffnet wird.

Abbildung 14.7 Auflistung der Vereinfachungselemente nach Relevanz

In der Spalte **Letztes Konsistenzergebnis** sehen Sie das Ergebnis vom letzten Lauf des Reports. SAP erweitert die Vereinfachungselemente und die dazugehörigen Prüfbausteine kontinuierlich, sodass ein erneuter Lauf des Reports /SDF/RC_START_CHECK ein anderes Ergebnis bringen kann.

Report /SDF/RC_START_CHECK

Ihnen steht der zentrale Check-Report `/SDF/RC_START_CHECK` zur Verfügung. Weitere Details finden Sie über den folgenden Link:

https://blogs.sap.com/2020/01/02/simplification-item-catalog-simplification-item-check-and-sap-readiness-check-for-sap-s-4hana/ (Kurz-URL: *http://s-prs.de/7459f*)

Nun können Sie in der Liste nach und nach einzelne Vereinfachungselemente markieren und den Button Konsistenzprüfungprotokoll anzeigen (**Anwendungsprotokoll von Konsis**) anklicken. Damit gelangen Sie bei dem ausgewählten Vereinfachungselement eine Ebene tiefer (siehe Abbildung 14.8).

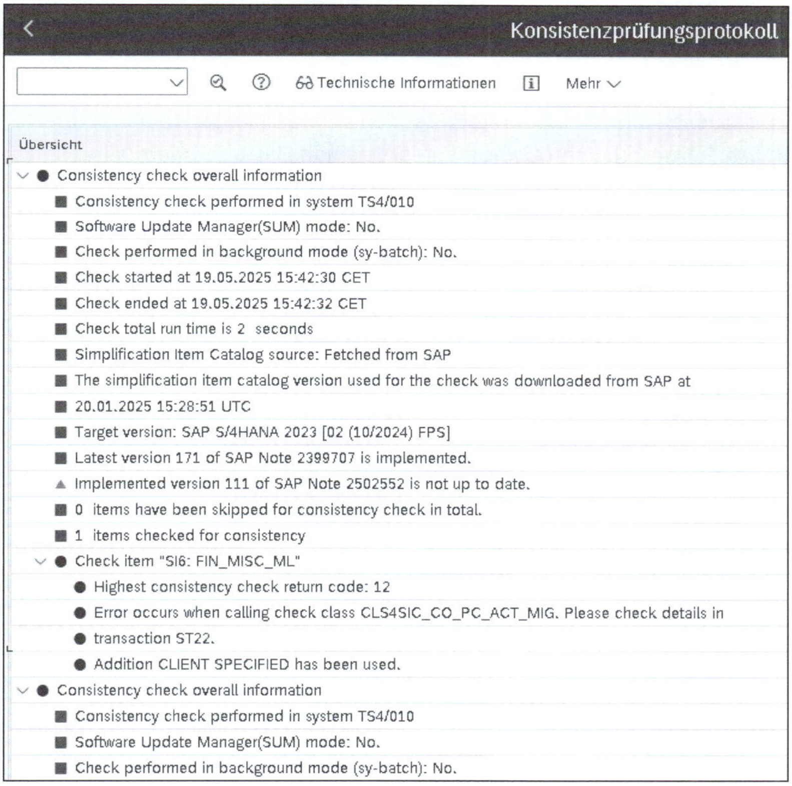
Konsistenzprüfungsprotokoll
Technische Informationen
Mehr
Übersicht
Consistency check overall information
Consistency check performed in system TS4/010
Software Update Manager(SUM) mode: No.
Check performed in background mode (sy-batch): No.
Check started at 19.05.2025 15:42:30 CET
Check ended at 19.05.2025 15:42:32 CET
Check total run time is 2 seconds
Simplification Item Catalog source: Fetched from SAP
The simplification item catalog version used for the check was downloaded from SAP at
20.01.2025 15:28:51 UTC
Target version: SAP S/4HANA 2023 [02 (10/2024) FPS]
Latest version 171 of SAP Note 2399707 is implemented.
Implemented version 111 of SAP Note 2502552 is not up to date.
0 items have been skipped for consistency check in total.
1 items checked for consistency
Check item "SI6: FIN_MISC_ML"
Highest consistency check return code: 12
Error occurs when calling check class CLS4SIC_CO_PC_ACT_MIG. Please check details in
transaction ST22.
Addition CLIENT SPECIFIED has been used.
Consistency check overall information
Consistency check performed in system TS4/010
Software Update Manager(SUM) mode: No.
Check performed in background mode (sy-batch): No.

Abbildung 14.8 Details zu einem Vereinfachungselement anzeigen

Dabei werden alle Details aufgelistet, die der jeweilige Prüfbaustein, hier von der Anwendung FI-AA, durchführt und als Ergebnis zurückgibt. Der Prüfbaustein setzt auch den entsprechenden Status für das Vereinfachungselement. In den meisten Fällen müssen die relevanten Vereinfachungselemente geprüft, das Ergebnis bewertet und entsprechende Aktionen abgeleitet werden. Die notwendigen Aktionen können sehr vielschichtig sein und reichen von der Datenbereinigung über die Bereinigung des Customizings bis zum Abschalten von Funktionen, die so in SAP S/4HANA nicht mehr vorhanden sind oder unterstützt werden. Parallel zur Durchführung des Readiness Checks können Sie sich schon mit dem Customizing der Customer-Vendor-Integration (CVI) beschäftigen, die für die Verwendung des zentralen Geschäftspartners unabdingbar ist.

In Abschnitt 14.3.4, »Prüfprogramme für Vorabprüfungen in SAP ERP«, gehen wir auf die älteren Vorabprüfungsprogramme ein, die man zur Vorbereitung einer SAP S/4HANA Conversion in SAP ERP bereits seit Längerem nutzen kann. Diese Vorabprüfungsprogramme sind nun mit in den Readiness Check integriert. Starten Sie dazu erneut den Report `/SDF/RC_START_CHECK`.

[»]

Report /SDF/RC_START_CHECK

Bevor Sie eine erneute Prüfung mit dem Report durchführen, stellen Sie sicher, dass Sie immer den aktuellen Simplification Item Catalog verwenden. Sie können diesen entweder von SAP herunterladen oder die entsprechende Datei mit dem aktuellen Simplification Item Catalog in Ihr System hochladen.

Im nächsten Abschnitt erfahren Sie, wie Sie die Datenkonsistenz Ihrer Finanzdaten in SAP ERP vor einer SAP S/4HANA Conversion prüfen können.

14.3.2 Vorabprüfung der Datenkonsistenz von Finanzdaten

Für die Prüfung von Finanzdaten auf Konsistenz gibt es sowohl im alten wie auch im neuen Hauptbuch diverse Prüfreports und Transaktionen, die sich über die Jahre entwickelt und bewährt haben. Bisher war es aber nicht möglich, die Finanzdaten vorab in SAP ERP daraufhin zu prüfen, welche Fehler bei einer SAP S/4HANA Conversion entstehen könnten. Das dazu notwendige Coding wurde erst mit dem Upgrade auf SAP S/4HANA ausgeliefert. Über SAP-Hinweis 2755360 (Abstimmung vor SAP-S/4HANA-Konvertierung) liefert SAP die beiden neuen Transaktionen FIN_CORR_RECONCILE und FIN_CORR_DISPLAY aus. In Abbildung 14.9 sehen Sie das Selektionsbild von Transaktion FIN_CORR_RECONCILE. Starten Sie den Report für alle Buchungskreise und Geschäftsjahre, die sich in Ihrem SAP-ERP-System befinden, da alle diese Daten in SAP S/4HANA konvertiert werden müssen.

Dazu wählen Sie den Menüpfad **Programm • Ausführen im Hintergrund** aus. Abhängig von Ihrem System, Ihrer Hardware und Ihrem Datenvolumen kann der Report einige Stunden bzw. Tage im Hintergrund laufen. Sofern der Report Fehler findet, werden diese in der Tabelle `FIN_CORR_ISSUE` dokumentiert. Wenn Sie Ihr SAP-ERP-System bereits mit einer SAP-HANA-Datenbank ausgestattet haben, werden Sie merken, dass der Report wesentlich schneller abläuft.

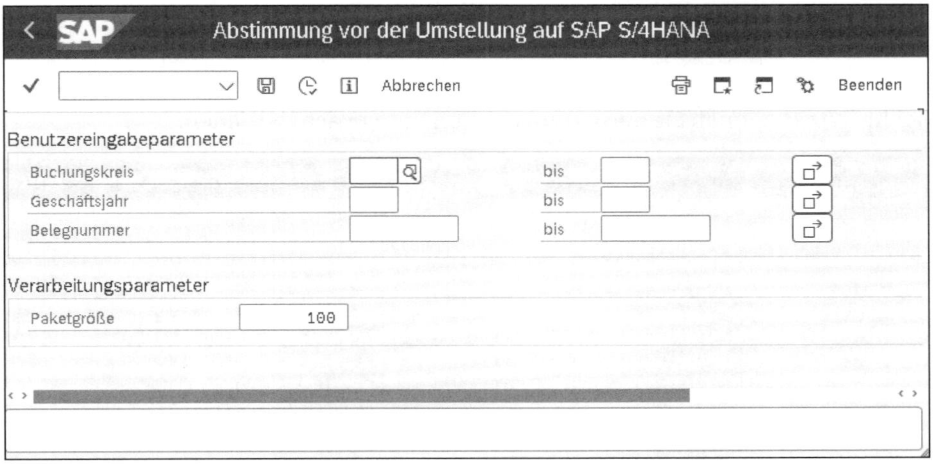

Abbildung 14.9 Selektionsbild von Transaktion FIN_CORR_RECONCILE

In Abbildung 14.10 sehen Sie das Selektionsbild von Transaktion FIN_CORR_DISPLAY. Mit diesem können Sie sich die fehlerhaften Belege in einer Listanzeige anschauen.

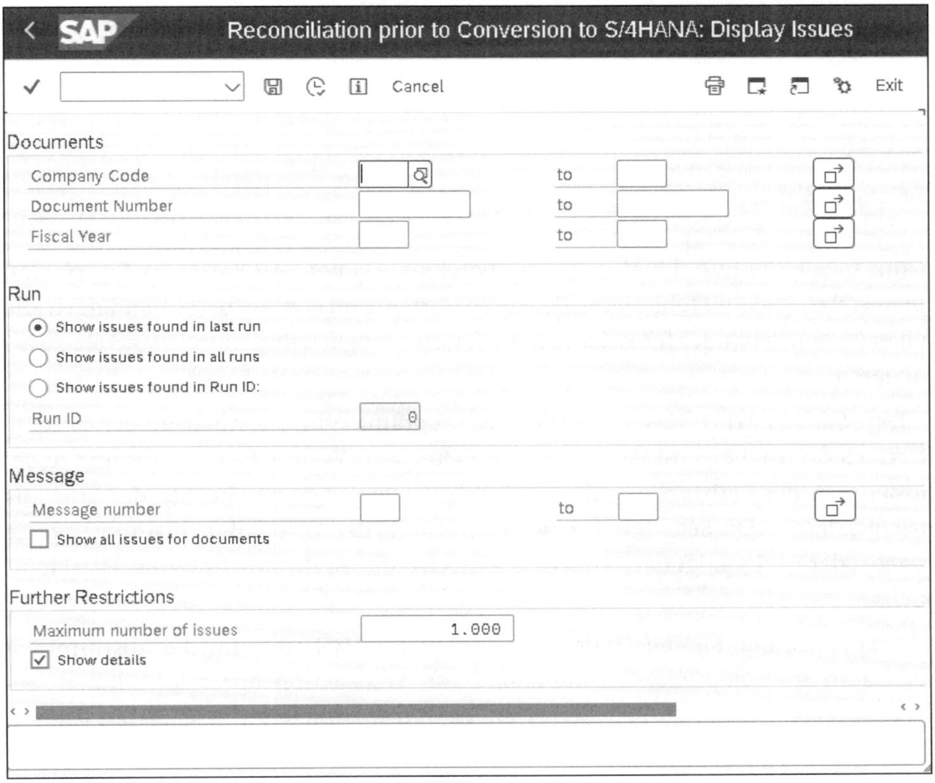

Abbildung 14.10 Selektionsbild von Transaktion FIN_CORR_DISPLAY

Schränken Sie die Selektion entsprechend Ihren Anforderungen ein, und klicken Sie auf den Button Ausführen (**Ausführen**), bzw. drücken Sie die Taste F8. Wie in Abbildung 14.11 sehen Sie dann in einer ALV-Liste die fehlerhaften Belege. Über die Spalte **Meldungstext** können Sie den Grund der Auflistung nachvollziehen.

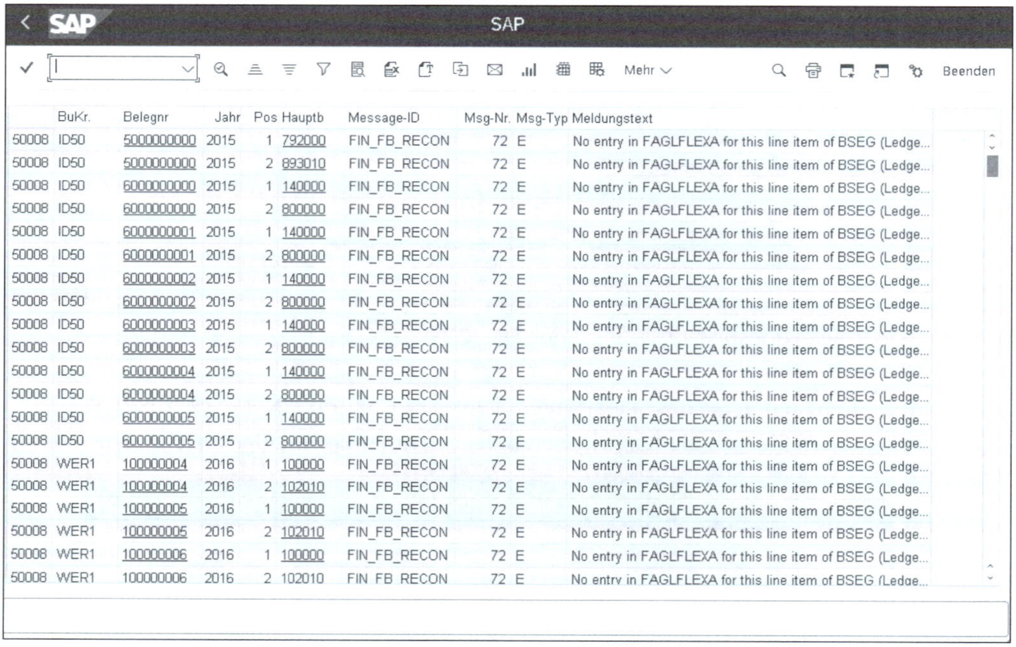

	BuKr.	Belegnr	Jahr	Pos	Hauptb	Message-ID	Msg-Nr.	Msg-Typ	Meldungstext
50008	ID50	5000000000	2015	1	792000	FIN_FB_RECON	72	E	No entry in FAGLFLEXA for this line item of BSEG (Ledge...
50008	ID50	5000000000	2015	2	893010	FIN_FB_RECON	72	E	No entry in FAGLFLEXA for this line item of BSEG (Ledge...
50008	ID50	6000000000	2015	1	140000	FIN_FB_RECON	72	E	No entry in FAGLFLEXA for this line item of BSEG (Ledge...
50008	ID50	6000000000	2015	2	800000	FIN_FB_RECON	72	E	No entry in FAGLFLEXA for this line item of BSEG (Ledge...
50008	ID50	6000000001	2015	1	140000	FIN_FB_RECON	72	E	No entry in FAGLFLEXA for this line item of BSEG (Ledge...
50008	ID50	6000000001	2015	2	800000	FIN_FB_RECON	72	E	No entry in FAGLFLEXA for this line item of BSEG (Ledge...
50008	ID50	6000000002	2015	1	140000	FIN_FB_RECON	72	E	No entry in FAGLFLEXA for this line item of BSEG (Ledge...
50008	ID50	6000000002	2015	2	800000	FIN_FB_RECON	72	E	No entry in FAGLFLEXA for this line item of BSEG (Ledge...
50008	ID50	6000000003	2015	1	140000	FIN_FB_RECON	72	E	No entry in FAGLFLEXA for this line item of BSEG (Ledge...
50008	ID50	6000000003	2015	2	800000	FIN_FB_RECON	72	E	No entry in FAGLFLEXA for this line item of BSEG (Ledge...
50008	ID50	6000000004	2015	1	140000	FIN_FB_RECON	72	E	No entry in FAGLFLEXA for this line item of BSEG (Ledge...
50008	ID50	6000000004	2015	2	800000	FIN_FB_RECON	72	E	No entry in FAGLFLEXA for this line item of BSEG (Ledge...
50008	ID50	6000000005	2015	1	140000	FIN_FB_RECON	72	E	No entry in FAGLFLEXA for this line item of BSEG (Ledge...
50008	ID50	6000000005	2015	2	800000	FIN_FB_RECON	72	E	No entry in FAGLFLEXA for this line item of BSEG (Ledge...
50008	WER1	100000004	2016	1	100000	FIN_FB_RECON	72	E	No entry in FAGLFLEXA for this line item of BSEG (Ledge...
50008	WER1	100000004	2016	2	102010	FIN_FB_RECON	72	E	No entry in FAGLFLEXA for this line item of BSEG (Ledge...
50008	WER1	100000005	2016	1	100000	FIN_FB_RECON	72	E	No entry in FAGLFLEXA for this line item of BSEG (Ledge...
50008	WER1	100000005	2016	2	102010	FIN_FB_RECON	72	E	No entry in FAGLFLEXA for this line item of BSEG (Ledge...
50008	WER1	100000006	2016	1	100000	FIN_FB_RECON	72	E	No entry in FAGLFLEXA for this line item of BSEG (Ledge...
50008	WER1	100000006	2016	2	102010	FIN_FB_RECON	72	E	No entry in FAGLFLEXA for this line item of BSEG (Ledge...

Abbildung 14.11 Anzeige fehlerhafter Belege

Damit haben Sie nun die Möglichkeit, bereits vor einer SAP S/4HANA Conversion einen ersten Blick auf fehlerhafte Belege zu werfen, und können bereits anfangen, die Fehler zu beheben oder fehlerhafte Belege, wenn möglich und hinreichend alt, zu archivieren.

Nutzen Sie zusätzlich das Vorabprüfungsprogramm für die Anlagenbuchhaltung. Starten Sie dazu die Transaktion FIN_AA_CORR_RECON, um die Abstimmung zu beginnen. Mit der Transaktion FIN_AA_CORR_DISPLAY können Sie sich das Ergebnis anzeigen lassen. Die Selektion für die Abstimmung der Anlagenbuchhaltung und die Anzeige der Fehler folgt der Benutzeroberfläche analog zur Abstimmung des Hauptbuchs.

Alternativ können Sie die Transaktion FIN_CORR_MONITOR für die Abstimmung der Daten im Hauptbuch verwenden. Diese Transaktion ermöglicht Ihnen, bestimmte Fehler selbst zu beheben. Weitere Informationen zu behebbaren Fehlern finden Sie im SAP-Hinweis 2956096 (FIN_CORR_MONITOR: Informationen zu behebbaren Fehlern). In Abbildung 14.12 sehen Sie das Selektionsbild dieser Transaktion.

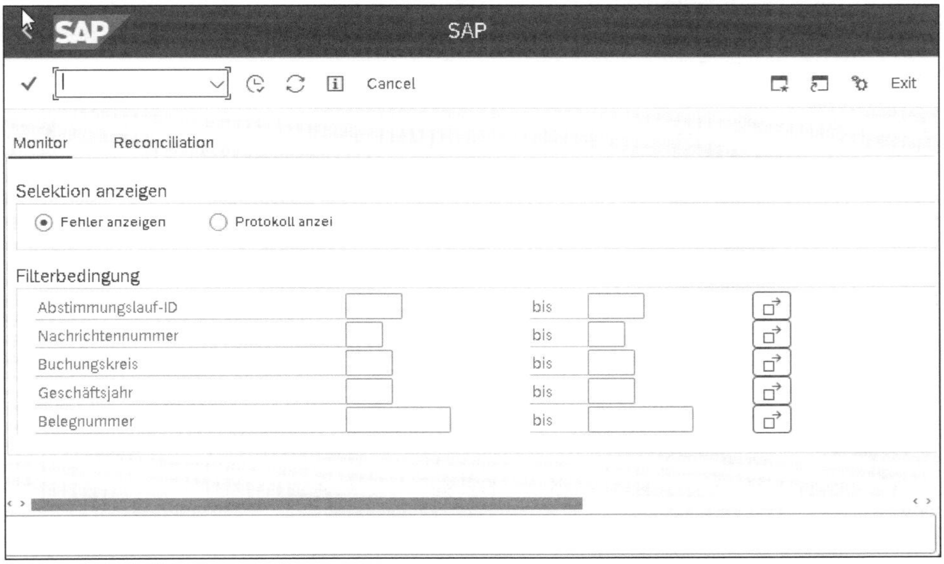

Abbildung 14.12 Selektionsbild der Transaktion FIN_CORR_MONITOR

Im ersten Schritt starten Sie eine Abstimmung. Dazu öffnen Sie die Registerkarte **Reconciliation**. Dort schränken die Selektion nach Buchungskreis und Geschäftsjahr ein und klicken anschließend auf Ausführen (**Ausführen**). Es wird ein Job im Hintergrund gestartet. Je nach Ihrer Selektion und dem Datenvolumen in Ihrem SAP-ERP-System kann dieser Job mehrere Stunden laufen.

Sobald Ihr eingeplanter Job zur Abstimmung beendet ist, können Sie sich die Fehler anzeigen lassen. Über einen Klick auf den Button Correction Mode (**Correction Mode**) wechseln Sie die Ansicht und sehen, welche der Fehler korrigierbar sind (siehe Abbildung 14.13).

In Abbildung 14.14 sehen Sie die folgenden Spalten: **Gesamtanzahl der Fehler**, **Korrigierbare Fehler**, **Korrigierte Fehler** und **Ausgeschlossene Fehler**. Nun können Sie die Fehler, die Sie korrigieren wollen, markieren. Klicken Sie daraufhin auf den Button Korrigieren (**Korrigieren**). Dies plant einen Job im Hintergrund ein, der die Korrekturen vornimmt. Sobald der Job abgeschlossen ist, können Sie das Ergebnis kontrollieren.

Finanzdatenkonsistenz in SAP ERP

Die Finanzdatenkonsistenzanalyse in SAP ERP wird ständig weiterentwickelt. Prüfen Sie daher vor der erstmaligen Ausführung, ob je nach Releasestand Ihres SAP-ERP-Systems die in diesem Abschnitt erwähnten Transaktionen vorhanden und auf dem aktuellen Stand sind. Sollten Sie fehlende SAP-Hinweise finden, implementieren Sie diese vorab. Damit vermeiden Sie das Nachverfolgen von Fehlern, die möglicherweise bereits durch Code-Korrekturen behoben wurden.

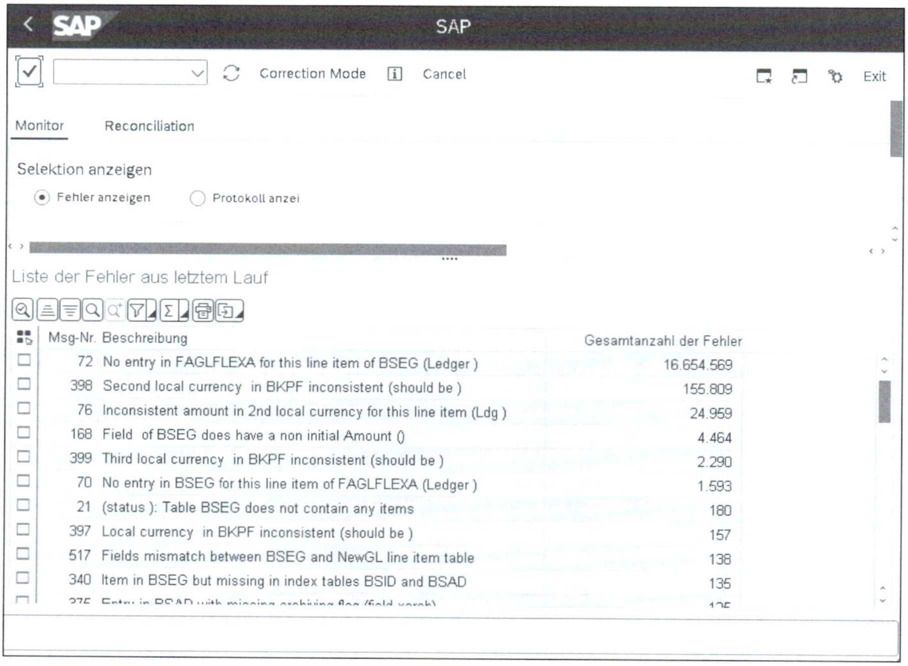

Abbildung 14.13 Fehlerübersicht der Transaktion FIN_CORR_RECONCILE

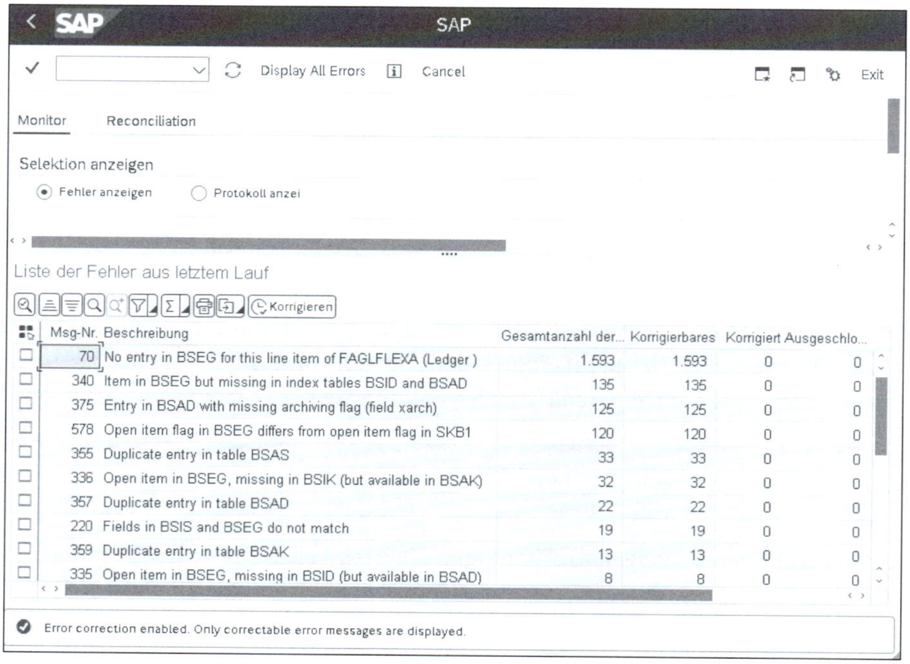

Abbildung 14.14 Korrektur mit Transaktion FIN_CORR_RECONCILE durchführen

Beachten Sie auch den SAP-Community-Blog unter *https://community.sap.com/t5/technology-blog-posts-by-sap/system-conversion-to-sap-s-4hana-cloud-private-edition-how-to-find-finance/ba-p/14091483* (Kurz-URL: *http://s-prs.de/v10687015*). Hier werden weitere Details zum Vorgehen genannt. Es wird ebenso darauf verwiesen, dass die Vorabprüfung in SAP ERP keine Garantie dafür bietet, dass im Rahmen einer SAP S/4HANA Conversion nicht doch weitere Fehler gefunden werden.

[«]

Finanzdatenkonsistenz in SAP ERP vor der SAP-S/4HANA-Neueinführung prüfen

Die Vorabprüfung der Finanzdatenkonsistenz in SAP ERP ist nicht nur bei einer SAP S/4HANA Conversion relevant. Auch bei einer Neueinführung von SAP S/4HANA sollten Sie in Ihrem SAP ERP diese Vorabprüfung durchführen. Sie hilft Ihnen zu erkennen, wo Sie gegebenenfalls unerwünschte Stammdateneinstellungen, z. B. die Verwaltung offener Posten, in Ihrem SAP-ERP-System haben. Diese können Sie einfach, wie beschrieben, korrigieren und schaffen damit eine bessere Grundlage für die Altdatenübernahme nach SAP S/4HANA.

Im nächsten Abschnitt schauen wir uns die Business Scenario Recommendations genauer an.

14.3.3 Business Scenario Recommendations

Mit den *Business Scenario Recommendations* stellt SAP einen Bericht zur Verfügung, der auf der Basis der von Ihnen genutzten Funktionen Empfehlungen abgibt. Durch Erfahrungen aus den letzten Jahren weiß SAP, welche Funktionen in welchen Branchen bzw. von Kunden überhaupt genutzt werden. Die Business Scenario Recommendations stellen das Ergebnis auf ca. 70 Seiten dar. Über den Link *https://www.s4hana.com/* finden Sie alle notwendigen Informationen, die Sie benötigen, um als SAP-Kunde die Business Scenario Recommendations zu beantragen. Abbildung 14.15 zeigt die Einstiegsseite des Reports, der die zur Verfügung stehenden Inhalte zusammenfasst.

Sie können das PDF-Dokument durchblättern und finden auf der zweiten Seite eine Zusammenfassung der für Sie relevanten Verbesserungen und die Anzahl der betroffenen Transaktionen (siehe Abbildung 14.16). Über die Kopfzeile können Sie die einzelnen Registerkarten, z. B. **EXECUTIVE SUMMARY**, anklicken und dadurch nach vorn bzw. zurücknavigieren.

Zu jeder Line of Business finden Sie auf zahlreichen Seiten Details und weiterführende Informationen. Neben dem Readiness Check sind die Business Scenario Recommendations gut dazu geeignet, einen ersten Einstiegspunkt in Ihr SAP-S/4HANA-Projekt zu finden.

Im nächsten Abschnitt schauen wir uns einige Prüfprogramme an, die SAP zur Vorabprüfung ausliefert und die Sie selbst starten können.

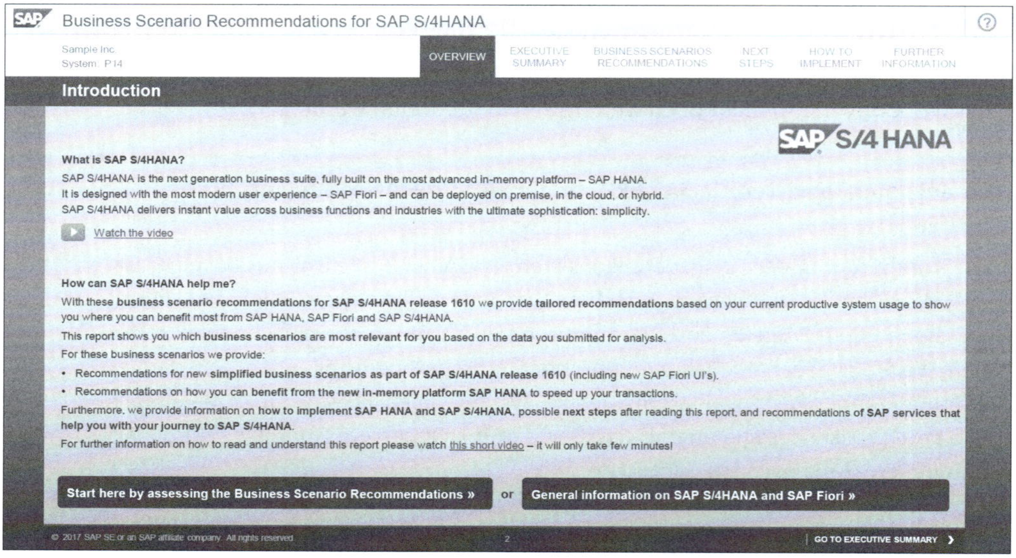
Business Scenario Recommendations for SAP S/4HANA
Sample Inc.
System: P14
OVERVIEW
EXECUTIVE SUMMARY
BUSINESS SCENARIOS RECOMMENDATIONS
NEXT STEPS
HOW TO IMPLEMENT
FURTHER INFORMATION
Introduction
SAP S/4 HANA
What is SAP S/4HANA?
SAP S/4HANA is the next generation business suite, fully built on the most advanced in-memory platform – SAP HANA.
It is designed with the most modern user experience – SAP Fiori – and can be deployed on premise, in the cloud, or hybrid.
SAP S/4HANA delivers instant value across business functions and industries with the ultimate sophistication: simplicity.
Watch the video
How can SAP S/4HANA help me?
With these business scenario recommendations for SAP S/4HANA release 1610 we provide tailored recommendations based on your current productive system usage to show you where you can benefit most from SAP HANA, SAP Fiori and SAP S/4HANA.
This report shows you which business scenarios are most relevant for you based on the data you submitted for analysis.
For these business scenarios we provide:
• Recommendations for new simplified business scenarios as part of SAP S/4HANA release 1610 (including new SAP Fiori UI's).
• Recommendations on how you can benefit from the new in-memory platform SAP HANA to speed up your transactions.
Furthermore, we provide information on how to implement SAP HANA and SAP S/4HANA, possible next steps after reading this report, and recommendations of SAP services that help you with your journey to SAP S/4HANA.
For further information on how to read and understand this report please watch this short video – it will only take few minutes!
Start here by assessing the Business Scenario Recommendations »
or
General information on SAP S/4HANA and SAP Fiori »
© 2017 SAP SE or an SAP affiliate company. All rights reserved.
2
GO TO EXECUTIVE SUMMARY

Abbildung 14.15 Überblick über die Business Scenario Recommendations

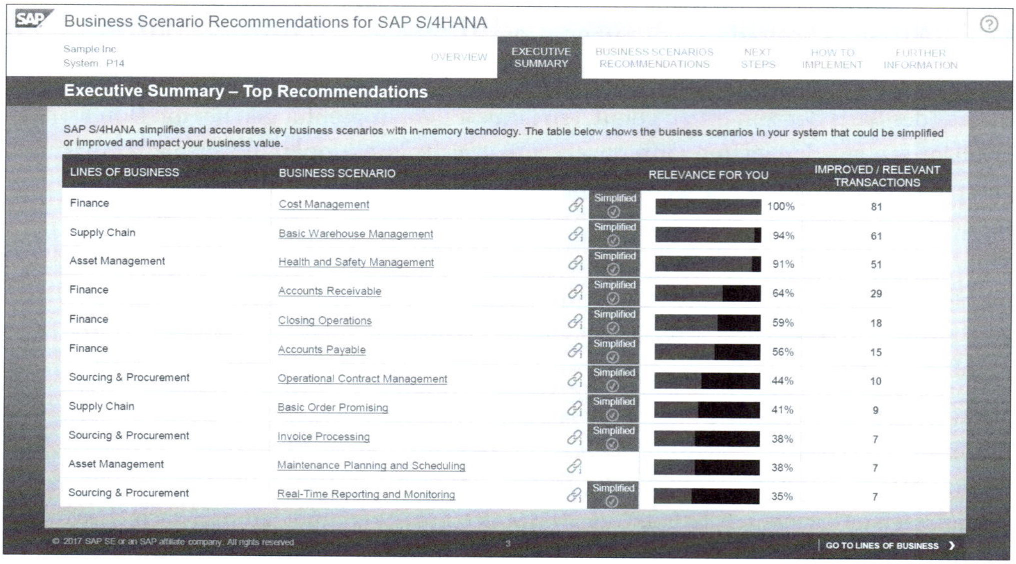
Business Scenario Recommendations for SAP S/4HANA
Sample Inc.
System: P14
OVERVIEW
EXECUTIVE SUMMARY
BUSINESS SCENARIOS RECOMMENDATIONS
NEXT STEPS
HOW TO IMPLEMENT
FURTHER INFORMATION
Executive Summary – Top Recommendations
SAP S/4HANA simplifies and accelerates key business scenarios with in-memory technology. The table below shows the business scenarios in your system that could be simplified or improved and impact your business value.
LINES OF BUSINESS
BUSINESS SCENARIO
RELEVANCE FOR YOU
IMPROVED / RELEVANT TRANSACTIONS
Finance
Cost Management
Simplified
100%
81
Supply Chain
Basic Warehouse Management
Simplified
94%
61
Asset Management
Health and Safety Management
Simplified
91%
51
Finance
Accounts Receivable
Simplified
64%
29
Finance
Closing Operations
Simplified
59%
18
Finance
Accounts Payable
Simplified
56%
15
Sourcing & Procurement
Operational Contract Management
Simplified
44%
10
Supply Chain
Basic Order Promising
Simplified
41%
9
Sourcing & Procurement
Invoice Processing
Simplified
38%
7
Asset Management
Maintenance Planning and Scheduling
38%
7
Sourcing & Procurement
Real-Time Reporting and Monitoring
Simplified
35%
7
© 2017 SAP SE or an SAP affiliate company. All rights reserved.
3
GO TO LINES OF BUSINESS

Abbildung 14.16 Zusammenfassung Ihrer Business Scenario Recommendations

14.3.4 Prüfprogramme für Vorabprüfungen in SAP ERP

Für die Vorbereitung auf eine SAP S/4HANA Conversion bietet SAP verschiedene *Prüfreports* an. Teilweise sind diese Prüfreports in SAP ERP bereits enthalten; in manchen Fällen müssen Sie die Reports per SAP-Hinweis einspielen. Eine vollständige Prüfung aller Daten ist in SAP ERP nicht möglich. Einerseits fehlt dazu das notwendige Coding, da dies erst mit dem Upgrade auf SAP S/4HANA ausgeliefert wird. Andererseits würden die Prüfungen bei einer herkömmlichen Datenbank viel zu lange laufen, falls sie überhaupt funktionieren würden. Der Einsatz der Prüfreports kann also nicht garantieren, dass bei der tatsächlichen SAP S/4HANA Conversion nicht weitere Prüfungen stattfinden und damit vielleicht auch weitere Fehler gefunden werden.

Ein Beispiel für einen Prüfreport für die Anlagenbuchhaltung ist der Report `RASFIN_MIGR_PRECHECK`. Prüfen Sie zunächst, ob Sie alle verfügbaren SAP-Hinweise eingebaut haben, die den Report `RASFIN_MIGR_PRECHECK` betreffen. Wenn nicht, holen Sie dies nach. Rufen Sie den Report `RASFIN_MIGR_PRECHECK` mit Transaktion SE38 auf. Im Einstiegsbild finden Sie zwei Radiobuttons. Der Radiobutton **SAP Simple Finance / SAP S/4H** sollte gesetzt sein (siehe Abbildung 14.17). Für beide Radiobuttons werden ähnliche Prüfungen durchgeführt.

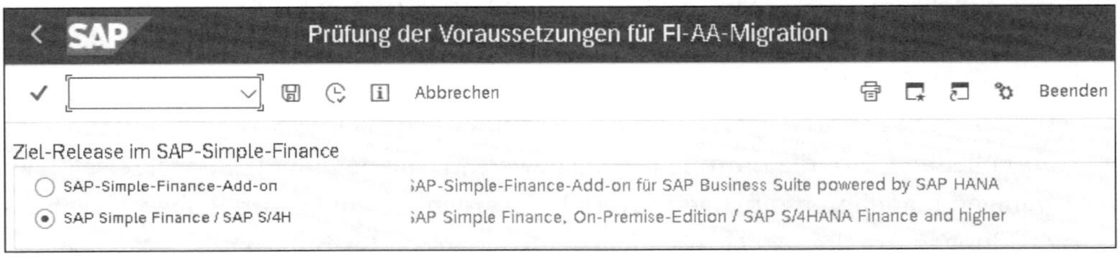

Abbildung 14.17 Voraussetzungen für die FI-AA-Migration prüfen (Report RASFIN_MIGR_PRECHECK)

Wenn Sie den Radiobutton **SAP Simple Finance / SAP S/4H** markieren, sind die Prüfungen strenger, als wenn Sie den Radiobutton **SAP-Simple-Finance-Add-on** wählen. Das heißt, dass das, was beim ersten Radiobutton noch eine Warnmeldung rechtfertigt, beim Radiobutton **SAP Simple Finance / SAP S/4H** schon eine Fehlermeldung sein kann. Der Radiobutton **SAP-Simple-Finance-Add-on** ist nur für das vereinfachte Rechnungswesen relevant, das als Add-on für SAP ERP verfügbar ist. Dieses SAP-Simple-Finance-Add-on ist auch bekannt unter dem Namen SAP S/4HANA Finance 1605 (1605 ist das letzte Release des Add-ons). Das Add-on stellte für manche Kunden einen Zwischenschritt dar, um später auf SAP S/4HANA zu wechseln.

[»]

Voraussetzungen für die neue Anlagenbuchhaltung prüfen

Beachten Sie, dass der Report RASFIN_MIGR_PRECHECK nur das Customizing Ihrer Anlagenbuchhaltung und den jeweiligen Stand eines Buchungskreises in der Anlagenbuchhaltung prüfen kann. Mit dem Stand eines Buchungskreises in der Anlagenbuchhaltung ist gemeint, ob alle alten Geschäftsjahre abgeschlossen sind. Umfassendere Prüfungen für Stamm- und Bewegungsdaten sind nicht möglich. Dies kann nur mithilfe einer SAP-S/4HANA-Test-Conversion ermittelt werden.

Die vereinfachte Logistik und die zwingende Nutzung des zentralen Geschäftspartners wurden erst mit SAP S/4HANA eingeführt. Somit ist eine Conversion auf SAP S/4HANA Finance 1605 einfacher, und der Bereich Finanzwesen kann das Projekt weitestgehend allein durchführen.

Klicken Sie auf [Ausführen-Symbol] (**Ausführen**), oder drücken Sie die Taste F8, um den Report zu starten. Da die gesamte Anlagenbuchhaltung mit allen, in Ihrem SAP-ERP-System vorhandenen Bewertungsplänen geprüft wird, kann dies einige Minuten dauern. Anschließend wird das Ergebnis als ALV-Liste (ALV = SAP List Viewer) ausgegeben (siehe Abbildung 14.18).

Der Report RASFIN_MIGR_PRECHECK führt eine Vorabprüfung für die Anlagenbuchhaltung unter SAP S/4HANA durch. Das gesamte System wird mit allen im System befindlichen Daten auf SAP S/4HANA konvertiert. Dadurch brauchen wir im Selektionsbild des Reports RASFIN_MIGR_PRECHECK nur unser Zielprodukt auszuwählen, und anschließend wird die Prüfung für alle Bewertungspläne und Buchungskreise im jeweiligen Mandanten durchgeführt. Daher werden Sie eine ganze Reihe von Fehlermeldungen erhalten, auch für nicht mehr genutzte Buchungskreise. Diese gilt es nach und nach zu analysieren und abzuarbeiten. Erst wenn Sie alle Fehlermeldungen abgearbeitet haben, können Sie im Rahmen der SAP S/4HANA Conversion die neue Anlagenbuchhaltung aktivieren. Verlassen Sie das Ergebnis des Reports RASFIN_MIGR_PRE_CHECK mit einem Klick auf [Zurück-Symbol] (**Zurück**) oder über die Taste F3, bis Sie sich wieder in Ihrem Ausgangsbild befinden.

[»]

Prüfung für (neue) Anlagenbuchhaltung durchführen

Die Prüfung für die neue Anlagenbuchhaltung müssen Sie rechtzeitig durchführen! Da nicht alle Funktionen aus der alten Anlagenbuchhaltung weiterhin unterstützt werden, kann es zu größeren Anpassungen in der Anlagenbuchhaltung kommen. Dies benötigt die Abstimmung mit Ihren Kollegen aus dem Fachbereich, möglicherweise in verschiedenen Ländern, und auch hinreichend Zeit für die Umsetzung.

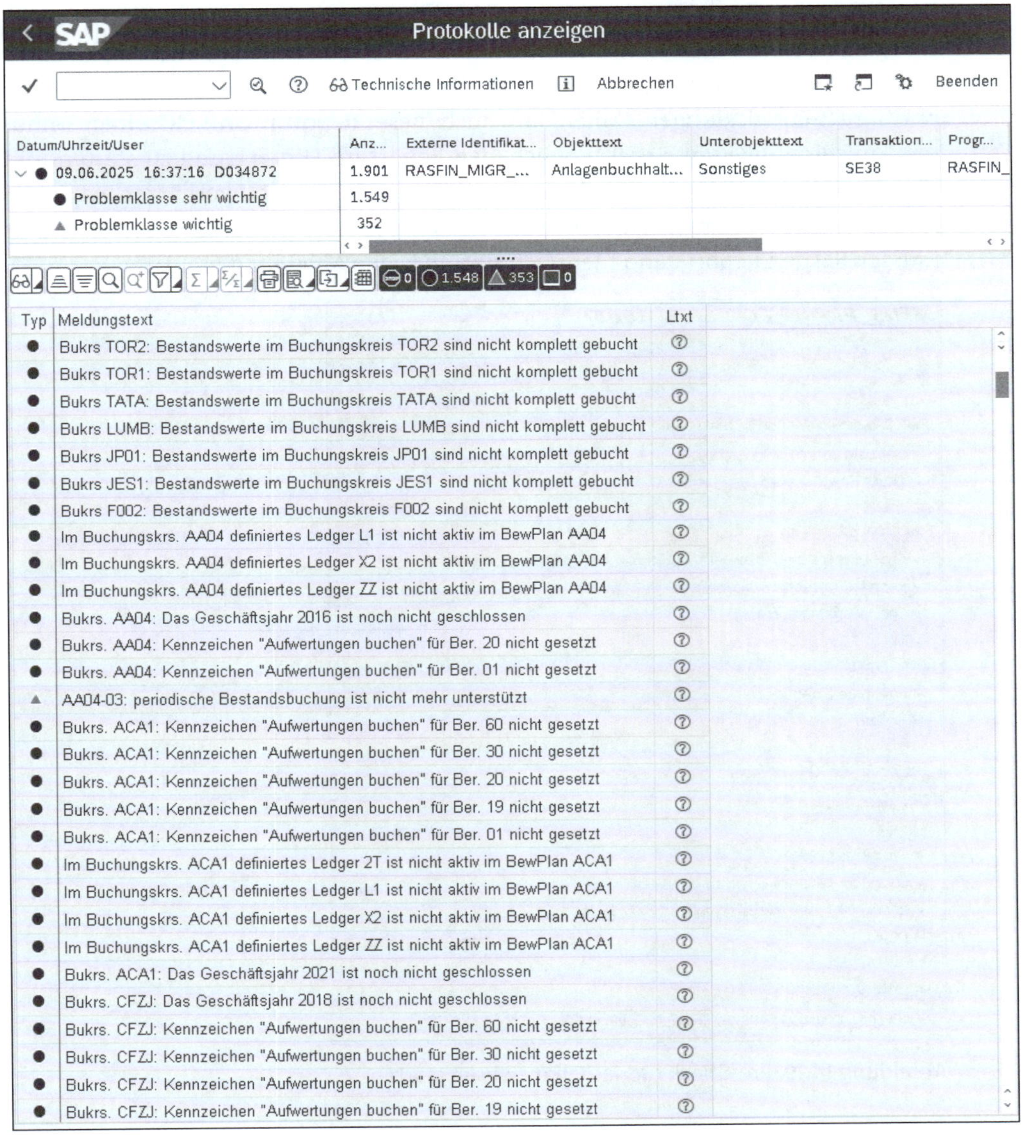
Protokolle anzeigen
Technische Informationen
Abbrechen
Beenden
Datum/Uhrzeit/User
Anz...
Externe Identifikat...
Objekttext
Unterobjekttext
Transaktion...
Progr...
09.06.2025 16:37:16 D034872
1.901
RASFIN_MIGR_...
Anlagenbuchhalt...
Sonstiges
SE38
RASFIN_
Problemklasse sehr wichtig
1.549
Problemklasse wichtig
352
0
1.548
353
0
Typ
Meldungstext
Ltxt
Bukrs TOR2: Bestandswerte im Buchungskreis TOR2 sind nicht komplett gebucht
Bukrs TOR1: Bestandswerte im Buchungskreis TOR1 sind nicht komplett gebucht
Bukrs TATA: Bestandswerte im Buchungskreis TATA sind nicht komplett gebucht
Bukrs LUMB: Bestandswerte im Buchungskreis LUMB sind nicht komplett gebucht
Bukrs JP01: Bestandswerte im Buchungskreis JP01 sind nicht komplett gebucht
Bukrs JES1: Bestandswerte im Buchungskreis JES1 sind nicht komplett gebucht
Bukrs F002: Bestandswerte im Buchungskreis F002 sind nicht komplett gebucht
Im Buchungskrs. AA04 definiertes Ledger L1 ist nicht aktiv im BewPlan AA04
Im Buchungskrs. AA04 definiertes Ledger X2 ist nicht aktiv im BewPlan AA04
Im Buchungskrs. AA04 definiertes Ledger ZZ ist nicht aktiv im BewPlan AA04
Bukrs. AA04: Das Geschäftsjahr 2016 ist noch nicht geschlossen
Bukrs. AA04: Kennzeichen "Aufwertungen buchen" für Ber. 20 nicht gesetzt
Bukrs. AA04: Kennzeichen "Aufwertungen buchen" für Ber. 01 nicht gesetzt
AA04-03: periodische Bestandsbuchung ist nicht mehr unterstützt
Bukrs. ACA1: Kennzeichen "Aufwertungen buchen" für Ber. 60 nicht gesetzt
Bukrs. ACA1: Kennzeichen "Aufwertungen buchen" für Ber. 30 nicht gesetzt
Bukrs. ACA1: Kennzeichen "Aufwertungen buchen" für Ber. 20 nicht gesetzt
Bukrs. ACA1: Kennzeichen "Aufwertungen buchen" für Ber. 19 nicht gesetzt
Bukrs. ACA1: Kennzeichen "Aufwertungen buchen" für Ber. 01 nicht gesetzt
Im Buchungskrs. ACA1 definiertes Ledger 2T ist nicht aktiv im BewPlan ACA1
Im Buchungskrs. ACA1 definiertes Ledger L1 ist nicht aktiv im BewPlan ACA1
Im Buchungskrs. ACA1 definiertes Ledger X2 ist nicht aktiv im BewPlan ACA1
Im Buchungskrs. ACA1 definiertes Ledger ZZ ist nicht aktiv im BewPlan ACA1
Bukrs. ACA1: Das Geschäftsjahr 2021 ist noch nicht geschlossen
Bukrs. CFZJ: Das Geschäftsjahr 2018 ist noch nicht geschlossen
Bukrs. CFZJ: Kennzeichen "Aufwertungen buchen" für Ber. 60 nicht gesetzt
Bukrs. CFZJ: Kennzeichen "Aufwertungen buchen" für Ber. 30 nicht gesetzt
Bukrs. CFZJ: Kennzeichen "Aufwertungen buchen" für Ber. 20 nicht gesetzt
Bukrs. CFZJ: Kennzeichen "Aufwertungen buchen" für Ber. 19 nicht gesetzt

Abbildung 14.18 Ergebnis des Pre-Checks für die Anlagenbuchhaltung

Mit SAP-Hinweis 2176077 (Check report for SAP S/4HANA Finance) liefert SAP das Programm FINS_PRE_CHECK_SFIN_1605 aus. Es gibt Ihnen Hinweise darauf, welche Funktionen bzw. welche Customizing-Einstellungen im Rechnungswesen in SAP ERP nicht mit SAP S/4HANA zusammenpassen. Klicken Sie auf [Symbol] (**Ausführen**), oder drücken Sie die Taste F8, um den Report zu starten.

Der Report prüft nicht nur das Customizing des Hauptbuchs, sondern kann auch die Anlagenbuchhaltung prüfen. Dazu müssen Sie das Kennzeichen **Check Applications no longer supported in AA: RASFIN_MIGR_PRECHECK** setzen. Außerdem prüft der Report Ihre Z-Entwicklungen. Daher kann auch dieser Report in SAP ERP einige Minuten Laufzeit aufweisen. Es ist möglich, den Report im Hintergrund zu starten und sich das Ergebnis später anzuschauen. Sie können die Laufzeit verkürzen, wenn Sie nur ausgewählte Kennzeichen anstelle des Kennzeichens **Check All** setzen. Dafür müssen Sie den Report dann mehrfach starten (siehe Abbildung 14.19).

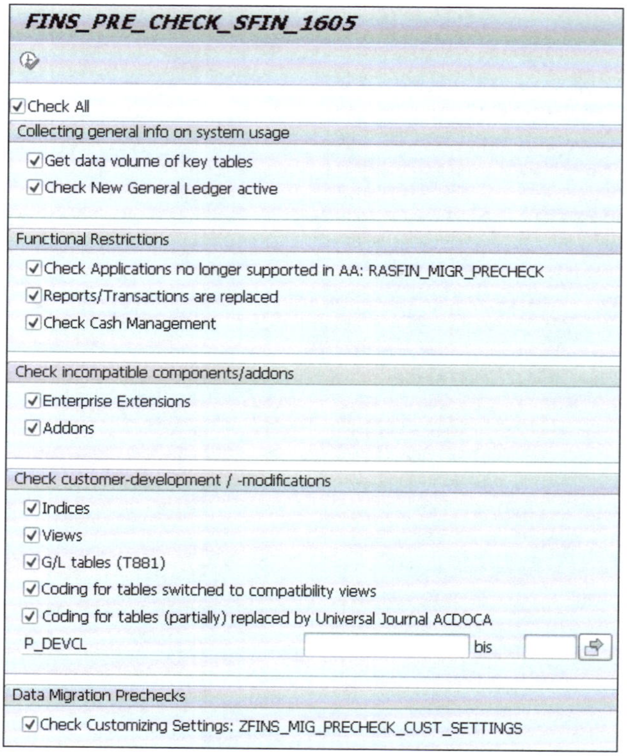

Abbildung 14.19 Pre-Check für das Finanzwesen starten

Das Ergebnis des Pre-Checks wird ausgegeben. Wenn Ihr SAP-ERP-System bereits auf der SAP-HANA-Datenbank läuft, werden Sie das Ergebnis nach einigen Sekunden erhalten. Sie können das Programm `FINS_PRE_CHECK_SFIN_1605` dann online ausführen. Klicken Sie dazu auf (**Ausführen**), oder drücken Sie die Taste [F8].

In einem SAP-ERP-System mit einer klassischen Datenbank wird die Analyse einige Zeit in Anspruch nehmen. Daher sollten Sie das Programm `FINS_PRE_CHECK_SFIN_1605` im Hintergrund starten. Folgen Sie dazu dem Menüpfad **Programm • Im Hintergrund ausführen**. Im Pop-up-Fenster **Hintergrund-Druckparameter** wählen Sie einen Drucker aus und bestätigen Ihre Eingabe mit der [↵]-Taste. Nun klicken Sie im nächsten

Pop-up-Fenster **Startterminwerte** auf **Sofort**. Damit wird das Programm FINS_PRE_CHECK_SFIN_1605 sofort im Hintergrund gestartet, sobald Sie mit einem Klick auf [💾] (**Sichern**) oder über [Strg] + [S] die Einstellungen gesichert haben. Über den Menüpfad **System • Eigene Jobs** oder Transaktion SM37 können Sie Ihren Job überwachen und sich die Spool-Liste anschauen. Sobald das Programm FINS_PRE_CHECK_SFIN_1605 erfolgreich im Hintergrund gelaufen ist, können Sie auch die Spool-Liste über Transaktion SM37 aufrufen. Sie finden sie am Job des Programms FINS_PRE_CHECK_SFIN_1605. Abbildung 14.20 zeigt das Ergebnis des Pre-Checks.

Readiness check for SAP S/4HANA Finance 1605

Readiness check for SAP S/4HANA Finance 1605

Data volume (all company codes)

Entries in ANLP	2.474.695
Entries in BSEG	433.106.678
Entries in COEP	149.365.259
Entries in MLIT	169.442.032
Entries in CKMLCR	0
Entries in CKMLPP	0

Result of the installed components:

Component	Release	Info
INSURANCE	618	is released for sFIN with restrictions. Please consider SAP Note(s) 2306126
ECC-DIMP	618	is released for sFIN with restrictions. Please consider SAP Note(s) 2151074
IS-UT	618	is released for sFIN with restrictions. Please consider SAP Note(s) 2148799
EA-PS	618	is released for sFIN with restrictions. Please consider SAP Note(s) 2148944
EA-HRCEG	608	is not recognized. Please contact SAP Support (under XX-SER-REL).
SLL_PI	900_604	is released for sFIN with restrictions. Please consider SAP Note(s) 1894794,
EA-FINSERV	618	is released for sFIN with restrictions. Please consider SAP Note(s) 2306126
EA-DFPS	618	is released for sFIN with restrictions. Please consider SAP Note(s) 2148944
SAP_HRCEG	608	is not recognized. Please contact SAP Support (under XX-SER-REL).
AIFGEN	700	is not recognized. Please contact SAP Support (under XX-SER-REL).
NEPTUNE	400_700	is not recognized. Please contact SAP Support (under XX-SER-REL).
SPADE	204	is not recognized. Please contact SAP Support (under XX-SER-REL).
SPDGS	230	is not recognized. Please contact SAP Support (under XX-SER-REL).
SPMEAT	530	is not recognized. Please contact SAP Support (under XX-SER-REL).
AIF	702	is an add-on to SAP Netweaver. Please consider SAP Note 2156130 to verify a
DMIS_CNT	2011_1_731	is an add-on to SAP Netweaver. Please consider SAP Note 2156130 to verify a
OTEXBAS	1050_700	is released for sFIN.

Abbildung 14.20 Ergebnis des Pre-Checks des Finanzwesens

Prüfreports

Die aufgeführten Prüfreports sollten Sie ohne Weiteres in Ihrem System finden. Wir empfehlen jedoch, sich direkt auf den Readiness Check zu konzentrieren und diesen vollständig durchzuführen, da er umfassender ist und nicht nur einzelne Themenbereiche abdeckt. Der Readiness Check wird weiterentwickelt, die älteren Prüfreports jedoch nicht!

Das Programm FINS_PRE_CHECK_SFIN_1605 führt nur die Prüfungen durch, für Sie die entsprechenden Kennzeichen im Selektionsbild gesetzt haben (siehe Abbildung 14.19). Prüfungen, die Sie bereits durchgeführt haben oder die bei Ihnen nicht notwendig sind, können Sie weglassen und damit die Laufzeit des Programms FINS_PRE_CHECK_SFIN_1605 reduzieren.

14.3.5 Zusammenfassung

Die vorgestellten Tools wie der Readiness Check und die Business Scenario Recommendations sowie die Prüfprogramme, die Sie selbst in SAP ERP ausführen können, bieten einen ersten Einblick in die Veränderungen, die mit einer SAP S/4HANA Conversion auf Sie und Ihr Unternehmen zukommen. Sie zeigen in einem gewissen Umfang auf, welche Arbeit für die Bereinigung von Customizing-Schiefständen oder welche Vorprojekte gegebenenfalls notwendig sind. Ein mögliches Vorprojekt für eine SAP S/4HANA Conversion kann sein, dass Sie noch die neue Abschreibungsrechnung in der Anlagenbuchhaltung aktivieren müssen. Die Enterprise Extension EA-FIN enthält die neue Abschreibungsrechnung. Im Prinzip lässt diese sich zwar einfach so aktivieren, aber je nachdem, welche Customizing-Änderungen Sie in den vergangenen Jahren durchgeführt haben, kann es zu größeren Differenzen bei der Aktivierung der Enterprise Extension EA-FIN in der Abschreibungsrechnung kommen. Diese müssen analysiert und geklärt werden, was wiederum einige Monate dauern kann. Eine Projektlaufzeit für diesen kleinen Schritt auf dem Weg zu SAP S/4HANA kann, je nach Datenvolumen, Höhe der Differenzen und Anzahl der Testdurchläufe, bis zur Aktivierung im produktiven System drei bis sechs Monate dauern. Natürlich können Sie in der Zwischenzeit andere vorbereitende Maßnahmen an Ihrem SAP-ERP-System parallel durchführen.

Die in diesem Kapitel als Voraussetzung für die SAP S/4HANA Conversion angesprochenen Services und Tools liefern Ihnen wichtige Informationen, die Sie genauso bei einer Neuimplementierung auf der grünen Wiese nutzen können.

Da wäre das Mengengerüst, das Sie für das Sizing des neuen SAP-S/4HANA-Systems benötigen. Das Mengengerüst gibt Ihnen auch Auskunft darüber, wie hoch das zu migrierende Datenvolumen sein wird. Wenn Sie dabei feststellen, dass die Verwaltung von offenen Posten sehr unterschiedlich in Ihren Buchungskreisen gehandhabt wird, wäre dies sicher ein Punkt für eine Bereinigung noch im alten SAP-ERP-System. Auch gibt Ihnen dieser Umstand den Hinweis darauf, dass Sie sich im Rahmen der Neuimplementierung den Prozess der Sachkontenanlage und -pflege genauer anschauen und die Sachkonten vielleicht zukünftig nur noch von einem zentralen Mitarbeiterteam pflegen lassen sollten.

Wenn Sie auf der grünen Wiese neu implementieren, stehen Sie auch vor der Frage, welche SAP-Fiori-Apps Sie nutzen sollten. Erfahrungswerte aufgrund bereits genutzter Transaktionen in SAP S/4HANA sind noch nicht verfügbar. Dazu geben Ihnen der Readiness Check und Business Scenario Recommendation Report (BSR) aber einige Empfehlungen auf der Basis der heute im SAP-ERP-System genutzten Funktionen. Auch wenn sich einiges mit SAP S/4HANA geändert hat, sind die von Ihnen dort genutzten Komponenten im Großen und Ganzen sicherlich die gleichen wie die, die Sie im SAP-S/4HANA-System nutzen werden. In der *SAP Fiori Apps Reference Library*, zu erreichen über *https://fioriappslibrary.hana.ondemand.com/sap/fix/externalViewer/*, erhalten Sie ebenfalls einen Einblick in die SAP-Fiori-Apps, die für Sie interessant sein könnten. Dazu müssen Sie sich mit Ihrem Support-User anmelden und können dann die von Ihnen in SAP ERP genutzten Transaktionen hochladen; es werden Ihnen dann die entsprechenden SAP-Fiori-Apps vorgeschlagen.

[«]

Nutzung der SAP Fiori Apps Reference Library

In der SAP Fiori Apps Reference Library können Sie auch einzelne Transaktionen in die Suchmaske eingeben. Ihnen werden dann für die einzelne Transaktion eine oder mehrere SAP-Fiori-Apps vorgeschlagen. Auf diese Weise können Sie auch auf die Suche gehen. Leider gibt es von SAP keine Übersicht, in der Sie anhand von Transaktionen sehen könnten, durch welche App bzw. Apps die Transaktionen ersetzt werden könnten.

Die Prüfreports liefern Ihnen einige Ergebnisse, anhand derer Sie im SAP-ERP-System erkennen können, dass die eine oder andere Funktion bzw. Einstellung so in SAP S/4HANA nicht mehr unterstützt wird. Mit dieser Erkenntnis können Sie das entsprechende Fachkonzept für die Neuimplementierung für SAP S/4HANA entsprechend anpassen bzw. erweitern. Unangenehm wäre es doch, wenn Sie erst beim Customizing in SAP S/4HANA feststellen würden, dass das eine oder andere so nicht mehr funktioniert.

Wir stellen jetzt noch einmal die Verbindung zum Hausbau her: Wir haben jetzt viele Informationen gesammelt, können uns aber noch leicht umentscheiden und doch auf der grünen Wiese neu bauen. Die gewonnenen Erkenntnisse sollten uns dabei helfen, den entstehenden Aufwand besser einschätzen zu können. Darüber hinaus sollten uns die Erkenntnisse dabei helfen, bereits im bestehenden Haus mit dem Aufräumen und Ausmisten anzufangen, sodass der Umzug in das neue Haus geordneter und mit weniger Aufwand erfolgen kann.

Im nächsten Abschnitt möchten wir uns die SAP-S/4HANA-Release-Strategie und Upgrade-Pfade anschauen.

14.4 SAP-S/4HANA-Release-Strategie und Upgrade-Pfade

Mit SAP S/4HANA hat sich die Releasestrategie von SAP geändert. Ein Ziel dabei war es, SAP-Kunden eine bessere Planung zu ermöglichen. SAP veröffentlicht dazu regelmäßig Roadmaps, die Sie über den folgenden Link finden: *https://www.sap.com/products/roadmaps.html*. SAP plant, diese Roadmaps jeweils im vierten Quartal eines Jahres zu aktualisieren und die Funktionen vorzustellen, die im Folgejahr hinzukommen werden. Beachten Sie dabei, dass sich SAP vorbehält, diese Ankündigungen nicht fortzuführen oder die Planung neuer Funktionen zu ändern.

Außer den mittelfristig geplanten Neuerungen, die Sie in der jeweiligen Roadmap finden, steht auch fest, wann welches Release der On-Premise-Version von SAP S/4HANA veröffentlicht und wie lange es gewartet wird. Abbildung 14.21 zeigt Ihnen die Releasestrategie für SAP S/4HANA 2023. Die letzten beiden Zahlen des Releases stehen dabei für das Jahr der Freigabe an die Kunden; 23 steht also für 2023. Im Gegensatz zu den Releases von SAP ERP, ist für jedes zweite Jahr ein neues Release geplant.

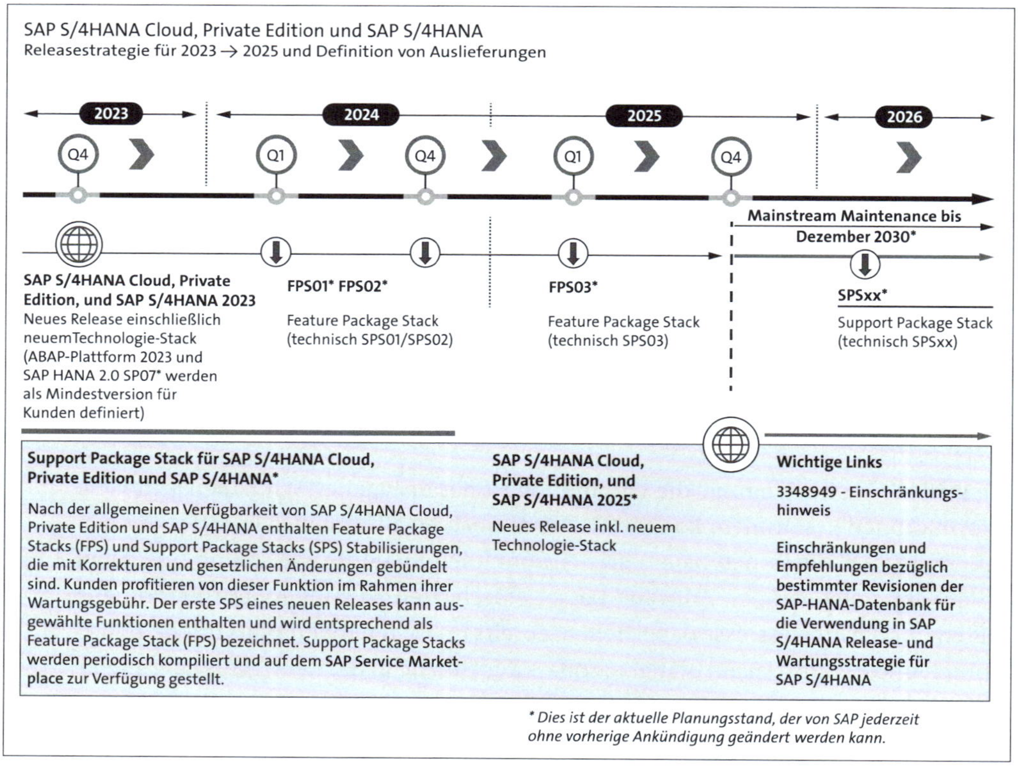
SAP S/4HANA Cloud, Private Edition und SAP S/4HANA
Releasestrategie für 2023 → 2025 und Definition von Auslieferungen
2023
2024
2025
2026
Q4
Q1
Q4
Q1
Q4
Mainstream Maintenance bis Dezember 2030*
SAP S/4HANA Cloud, Private Edition, und SAP S/4HANA 2023
Neues Release einschließlich neuemTechnologie-Stack (ABAP-Plattform 2023 und SAP HANA 2.0 SP07* werden als Mindestversion für Kunden definiert)
FPS01* FPS02*
Feature Package Stack (technisch SPS01/SPS02)
FPS03*
Feature Package Stack (technisch SPS03)
SPSxx*
Support Package Stack (technisch SPSxx)
Support Package Stack für SAP S/4HANA Cloud, Private Edition und SAP S/4HANA*
Nach der allgemeinen Verfügbarkeit von SAP S/4HANA Cloud, Private Edition und SAP S/4HANA enthalten Feature Package Stacks (FPS) und Support Package Stacks (SPS) Stabilisierungen, die mit Korrekturen und gesetzlichen Änderungen gebündelt sind. Kunden profitieren von dieser Funktion im Rahmen ihrer Wartungsgebühr. Der erste SPS eines neuen Releases kann ausgewählte Funktionen enthalten und wird entsprechend als Feature Package Stack (FPS) bezeichnet. Support Package Stacks werden periodisch kompiliert und auf dem SAP Service Marketplace zur Verfügung gestellt.
SAP S/4HANA Cloud, Private Edition, und SAP S/4HANA 2025*
Neues Release inkl. neuem Technologie-Stack
Wichtige Links
3348949 - Einschränkungshinweis
Einschränkungen und Empfehlungen bezüglich bestimmter Revisionen der SAP-HANA-Datenbank für die Verwendung in SAP S/4HANA Release- und Wartungsstrategie für SAP S/4HANA
* Dies ist der aktuelle Planungsstand, der von SAP jederzeit ohne vorherige Ankündigung geändert werden kann.

Abbildung 14.21 Releasestrategie für SAP S/4HANA 2023

Sie sehen außerdem, dass es drei Feature Pack Stacks geben wird. Der Name *Feature Pack Stack* verdeutlicht, dass in diesem Rahmen zusätzliche Funktionen ausgeliefert werden. Die Auslieferung des ersten Feature Pack Stacks ist Februar 2024 und die Auslieferung des zweiten Feature Pack Stacks in Q4 2024 erfolgt. Im ersten Quartal des folgenden Jahres, nach der Releasefreigabe, erfolgt die Lieferung des dritten Feature Pack Stacks. Technisch gesehen, handelt es sich bei den Feature Pack Stacks um Support Packages. Im Herbst 2025 ist die Freigabe von Release SAP S/4HANA 2025 geplant. Im ersten und vierten Quartal 2026 sind dann wiederum Feature Pack Stack 1 bzw. Feature Pack Stack 2 geplant. Im ersten Quartal 2027 ist die Lieferung des dritten Feature Pack Stacks geplant.

Für jedes SAP-S/4HANA-Release gibt SAP eine Wartungszusage von sieben Jahren. Das heißt, dass Sie zukünftig häufiger ein SAP-S/4HANA-Upgrade durchführen müssen. Support Packages sollten Sie ohnehin mindestens einmal im Jahr einspielen, unabhängig davon, welches Produkt oder Release von SAP Sie im Einsatz haben.

[«]

Enhancement Packages in SAP ERP 6.0

Für SAP ERP 6.0 hat SAP in unregelmäßigen und nicht langfristig festgelegten Abständen Erweiterungspakete ausgeliefert, sogenannte *Enhancement Packages*. Da die Enhancement Packages immer auf SAP ERP 6.0 beruhen, unterliegen sie auch dem gleichen Wartungszyklus wie SAP ERP 6.0. SAP ERP 6.0 mit EHP 6–8 wird also bis zum 31.12.2027 gewartet. Die Wartung für SAP ERP 6.0 EHP 0–5 läuft am 31.12.2025 aus!

[«]

Wartung für SAP ERP im Vertragskontext von RISE with SAP

SAP bietet mit RISE eine Lösung, um Ihre bestehende SAP-ERP- oder SAP-S/4HANA-Systemlandschaft in einer Private Cloud betreiben zu lassen. Damit folgt SAP dem allgemeinen Trend zu Cloud-basierten Systemen. Es ist ratsam zu prüfen, welche Auswirkungen ein Wechsel von On-Premise zur Private Cloud auf die Wartungszusagen von SAP für Ihr SAP-ERP-System hat. Berücksichtigen Sie dabei insbesondere Aspekte wie Supportdauer, Verfügbarkeit von Updates und mögliche Änderungen in Service-Level-Agreements.

Die derzeitige Releasestrategie für SAP S/4HANA hat für Sie den Vorteil, dass Sie das Zielrelease für Ihr SAP-S/4HANA-Projekt besser planen können. Dabei kann es in einigen Fällen sinnvoll sein, das Zielrelease kurzfristig noch zu ändern. Sie könnten etwa bei einer SAP S/4HANA Conversion im alten Geschäftsjahr auf der Basis des aktuellen SAP-S/4HANA-Releases eine Test-Conversion durchführen, um Ihr Unternehmen langsam auf die SAP S/4HANA Conversion im Folgejahr vorzubereiten. Im

Folgejahr könnten Sie dann im Februar eine weitere Test-Conversion planen, die auf dem aktuellen Release sowie dem ersten Feature Pack Stack beruht. Die produktive SAP S/4HANA Conversion könnten Sie dann für Juni oder Juli des gleichen Jahres planen, sodass Sie dann auf dem aktuellen Releasestand sind.

[zB]

SAP-S/4HANA-Upgrades

Die Vorgehensweise im Hinblick auf Ihre SAP-S/4HANA-Upgrades könnte folgendermaßen aussehen: Wenn Sie z. B. im Jahr 2025 mit SAP S/4HANA 2023 Feature Pack Stack 2 produktiv gegangen sind, stehen Ihnen die folgenden Optionen zur Verfügung:

- Sie spielen von April bis Juni 2025 mindestens die aktuellen Support Packages für SAP S/4HANA 2023 ein.
- Sie können aber auch im ersten Quartal 2026 mit einem Test-Upgrade auf SAP S/4HANA 2025 Feature Pack Stack 1 beginnen. Ziel wäre es dann, im Juni oder Juli 2026 das Upgrade auf das SAP S/4HANA 2025 Feature Pack Stack 1 produktiv durchzuführen und es ab Mai 2026 zu testen.

Im jeweils folgenden SAP-S/4HANA-Release sind alle Fehlerkorrekturen enthalten, die auch Teil der Support Packages (im Beispiel für Release 2023) gewesen sind. Neue Funktionen stehen Ihnen jedoch erst mit dem Upgrade auf das neue Release (im Beispiel auf Release 2025) zur Verfügung.

Häufigere Upgrades haben überdies den Vorteil, dass Ihr Testkatalog immer auf dem aktuellen Stand ist. Die IT-Abteilung kann die Testphasen für das Upgrade mit anderen Tests kombinieren. Letztlich ist auch das funktionale Delta bei häufigeren Upgrades kleiner, als wenn Sie nur alle drei bis fünf Jahre ein Upgrade durchführen. Im SAP-Hinweis 3059197 (SAP Readiness Check für SAP-S/4HANA-Upgrades) finden Sie alle notwendigen Informationen, um den Readiness Check für Ihr SAP-S/4HANA-Upgrade vorzubereiten. Der Readiness Check kann jetzt auch genutzt werden, um Ihr bestehendes SAP-S/4HANA-System auf seine Readiness für ein Upgrade auf ein höheres SAP-S/4HANA-Release zu prüfen und es darauf vorzubereiten.

Neuerungen, die SAP ausliefert, werden auf der Basis des aktuellen Release entwickelt, sodass Sie einige neue Produkte nur nutzen können, nachdem Sie ein Upgrade durchgeführt haben. In unserer Beratungspraxis treffen wir immer wieder auf Kunden, die noch Release SAP ERP 6.0 ohne Enhancement Packages und ohne Unicode betreiben. Das System funktioniert und wird von SAP auch gewartet. Werden jedoch neue Funktionen gewünscht, sind unter Umständen mehrere Upgrade-Schritte mit Downtime und Testphasen notwendig, um diese Funktionen nutzen zu können. Abbildung 14.22 zeigt die möglichen Upgrade-Pfade von SAP ERP 6.0 auf SAP S/4HANA.

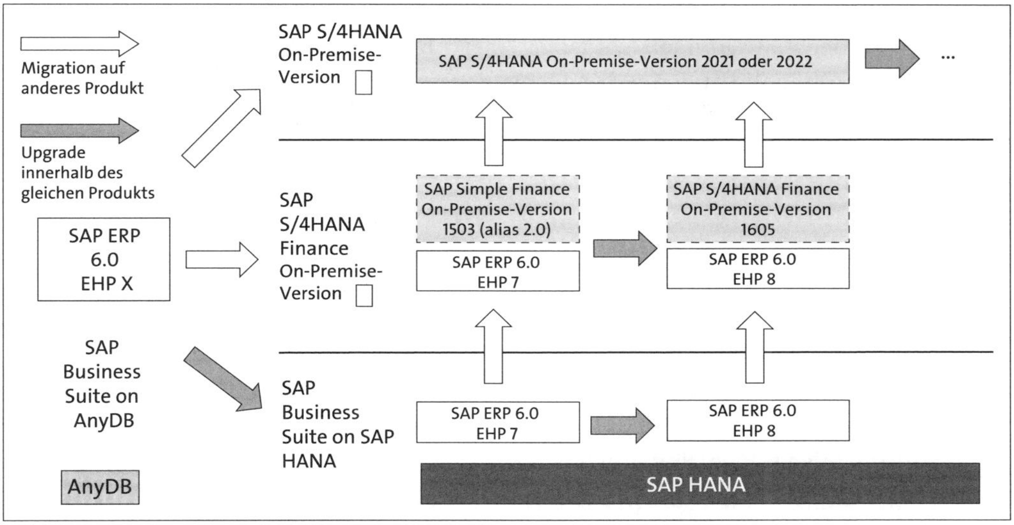

Abbildung 14.22 Upgrade-Pfade von SAP ERP 6.0 auf SAP S/4HANA

Im Wesentlichen hat SAP die folgenden Entwicklungsschritte durchlaufen, die Sie, falls gewünscht, einzeln in Ihrem Unternehmen implementieren können:

- **Einführung der SAP-HANA-Datenbanktechnologie**
  Sie können die Datenbank, die Ihrem SAP-ERP-System zugrunde liegt, durch SAP HANA austauschen. Durch das sogenannte SAP ERP on SAP HANA gewinnen Sie einige Performanceverbesserungen.
- **Vereinfachung des Rechnungswesens mit dem Simple-Finance-Add-on bzw. SAP S/4HANA Finance 1605 (aktuelles und letztes Release)**
  Mit der Einführung dieser Produkte entfallen viele SAP-Tabellen; stattdessen werden die Informationen in Tabelle ACDOCA (Universal Journal) abgelegt. Dazu ist eine Migration der Daten nach dem Upgrade und der Installation des Simple-Finance-Add-ons notwendig. Technisch gesehen, basiert das Add-on noch auf SAP ERP 6.0. Da die SAP S/4HANA Conversion heute so weit ausgereift ist und sich SAP S/4HANA Finance 1605 seit 2016 im Wartungsmodus befindet, also nicht weiter entwickelt wird, ist dieser Zwischenschritt nicht mehr zu empfehlen. Außerdem wird SAP S/4HANA Finance 1605 nur noch bis Ende 2025 gewartet.
- **Einführung von SAP S/4HANA Enterprise Management**
  Mit SAP S/4HANA Enterprise Management hat SAP ein neues Produkt vorgestellt, das, rechtlich betrachtet, kein Nachfolger von SAP ERP ist. Enthalten sind nun auch vereinfachte Logistikfunktionen, und der Einsatz des zentralen Geschäftspartners ist obligatorisch. SAP S/4HANA Enterprise Management ist das strategische Produkt von SAP, auf dem alle zukünftigen Entwicklungen basieren.

Es gibt viele Argumente dafür, möglichst schnell auf SAP S/4HANA zu wechseln. Aus verschiedensten Gründen wird dies aber nicht allen Kunden möglich sein. Die Gründe können in anderen dringlichen Projekten, die zuerst durchgeführt werden müssen, oder in finanziellen oder personellen Einschränkungen liegen. Letztlich müssen Sie selbst die Roadmap definieren, die am besten zu Ihrem Unternehmen passt.

14.5 Eine SAP S/4HANA Conversion durchführen

Damit Sie eine SAP S/4HANA Conversion durchführen können, müssen Sie zuvor eine Vielzahl technischer und fachlicher Vorarbeiten erledigt haben. In diesem Abschnitt zeigen wir Ihnen im Überblick, welche Voraussetzungen und Schritte eine SAP S/4HANA Conversion umfasst.

Technisch muss Ihr SAP-ERP-6.0-System bereits auf *Unicode* umgestellt sein. Wenn Sie sich nicht sicher sind, ob Ihr SAP-ERP-System bereits auf Unicode läuft, melden Sie sich an Ihrem SAP-ERP-System an und folgen dem Menüpfad **System • Status**. Anschließend öffnet sich das Pop-up-Fenster **System: Status**. Im Bereich **SAP-Systemdaten** finden Sie im Feld **Unicode-System** ein **ja** oder **nein** (siehe Abbildung 14.23).

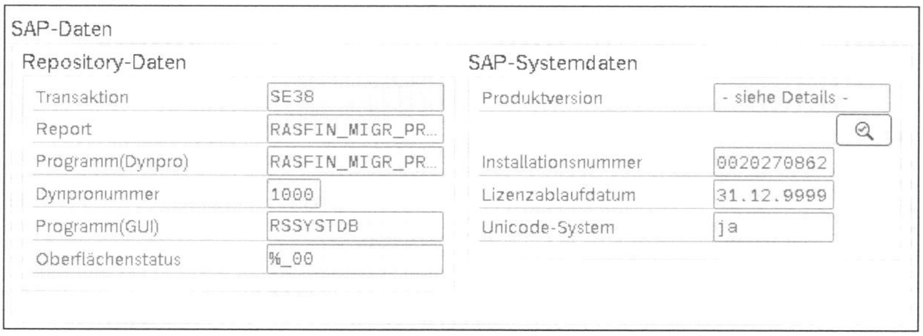

Abbildung 14.23 Systemstatus anzeigen

Mit *Unicode* ist die Codierung von Schriftzeichen gemeint. Die Codierung der Schriftzeichen war bis in die 90er-Jahre unterschiedlich, je nachdem, ob es sich um Microsoft Windows, Apple Macintosh usw. handelte. Damit gab es immer Kompatibilitätsprobleme beim Versenden von Daten zwischen unterschiedlichen Computersystemen. In der Informationstechnologie hat sich nach und nach der Unicode-Standard UTF-8 (Abkürzung für 8-Bit-UCS-Transformation-Format; UCS bedeutet wiederum Universal Character Set) durchgesetzt. Diesen Standard hat auch SAP vor über zehn Jahren übernommen, was zur Folge hatte, dass das SAP-System auf Unicode umgestellt werden musste.

Wenn Sie dort ein **ja** finden, wie im Feld **Unicode-System** (siehe Abbildung 14.23), ist eine wichtige Voraussetzung für den Wechsel auf SAP S/4HANA bereits geschaffen.

Wenn Sie dort ein **nein** finden, müssen Sie vor der Umstellung auf die SAP-HANA-Datenbank oder vor einer SAP S/4HANA Conversion immer eine Unicode-Konvertierung vornehmen. Die meisten Kunden kombinieren eine Unicode-Konvertierung mit einem Upgrade auf SAP ERP 6.0 EHP 7, z. B., um in einer Downtime und mit einem Integrationstest durch die Anwender mehrere mögliche technische Schritte zu kombinieren. Eine reine Unicode-Konvertierung würde die Anwender auch zu einem Integrationstest nötigen, aber funktional keine Verbesserungen oder Erweiterungen mit sich bringen. Bei einem Upgrade des Enhancement Package werden Sie meist für den Fachbereich die eine oder andere kleine Erweiterung der Funktion finden.

Darüber hinaus müssen Sie Ihre Systemgröße, also das Datenvolumen sowie die zur Verfügung stehende Downtime ermitteln. Um diese Frage zu klären, ist eine testweise SAP S/4HANA Conversion sinnvoll, mit der Sie alle im System vorhandenen Daten auf SAP S/4HANA konvertieren. Auf diese Weise können Sie sich ein Bild von den Fehlern machen, mit denen Sie rechnen müssen. Wenn Sie die Hinweise zur Datenbereinigung aus Abschnitt 14.2, »Datenbereinigung«, beherzigt haben, können Sie diesen Schritt wesentlich beschleunigen. Nachdem die Testkonvertierung abgeschlossen wurde, können Sie in die weitere Projektplanung einsteigen. Eine Testkonvertierung ist die beste Voraussetzung für eine belastbare Projektplanung!

[«]

SAP S/4HANA Conversion – Downtime optimieren

Sollten Sie entweder ein sehr großes SAP-ERP-System mit einem sehr hohen Datenvolumen haben oder ist bei Ihnen die mögliche Downtime sehr begrenzt, bietet SAP verschiedene Möglichkeiten, um die Laufzeit der SAP S/4HANA Conversion zu optimieren. Wenden Sie sich in einem solchen Fall rechtzeitig an den SAP-Support! Auch eine Laufzeitoptimierung benötigt entsprechende Vorbereitungen und Testzyklen!

Außerdem müssen Sie anhand der folgenden Fragen eine Reihe von fachlichen Vorbereitungen treffen:

- Welche Funktionen sollen hinzukommen?
- Welche Funktionen werden wegfallen?
- Welche Änderungen müssen Sie im Customizing von SAP ERP vornehmen?

In Abschnitt 14.3, »Voraussetzungen für eine SAP S/4HANA Conversion«, haben wir Ihnen einige Möglichkeiten dazu vorgestellt. Es ist nicht zwingend notwendig, ein schriftliches Fachkonzept zu erstellen, das vom Fachbereich abgenommen wird, da die Conversion den Charakter eines technischen Upgrades hat.

Sie können die SAP S/4HANA Conversion auch durchführen, wenn Sie noch das *alte Hauptbuch* im Einsatz haben. Das geht nur, wenn Sie gleichzeitig keine neuen Funktionen im Hauptbuch einführen möchten. In diesem Fall erhalten Sie genau die Funktionen, die Sie zuvor genutzt haben. Für das alte Hauptbuch heißt das, dass Sie in SAP S/4HANA nach einer Conversion genau ein Ledger (0L) erhalten. Ihre Kontenlösung bleibt bestehen! Wenn Sie weitere Rechnungslegungsvorschriften oder die Belegaufteilung einführen möchten, sind das nachgelagerte, separate Projekte, mit denen Sie nach einem erfolgreichen Upgrade auf SAP S/4HANA beginnen können.

[»]

Wechsel von Kontenlösung auf Ledger-Lösung nicht möglich

Weder im Zuge einer SAP S/4HANA Conversion noch in SAP S/4HANA selbst ist ein nachträglicher Wechsel der Kontenlösung auf die Ledger-Lösung möglich! Auch eine nachträgliche Migration wird zurzeit (Stand: März 2022) nicht von SAP unterstützt!

Wenn Sie die Kontenlösung ablösen möchten, müssen Sie vor einer SAP S/4HANA Conversion zwingend die Migration auf das neue Hauptbuch durchführen. Die Ablösung der Kontenlösung kann ein Grund dafür sein, eine Neuimplementierung auf der grünen Wiese vorzunehmen.

Wenn Sie das *neue Hauptbuch* bereits einsetzen, bedeutet eine SAP S/4HANA Conversion, dass Sie entweder Ihre Kontenlösung behalten oder genau die gleichen Ledger in SAP S/4HANA wiederfinden, die Sie im neuen Hauptbuch einsetzen. Wenn Sie bereits die Belegaufteilung nutzen, bleibt diese selbstverständlich erhalten. Es ist nicht möglich, weitere Rechnungslegungsvorschriften oder die Belegaufteilung gleichzeitig mit der SAP S/4HANA Conversion einzuführen. Dazu müssen Sie ein zweites, eigenständiges Projekt in SAP S/4HANA durchführen.

[»]

Währungseinstellungen

Wenn Sie sich für eine SAP S/4HANA Conversion entschieden haben, prüfen Sie unbedingt Ihre Währungseinstellungen in SAP ERP, bevor Sie auf SAP S/4HANA konvertieren. Sollten für Ihr Unternehmen Anpassungen erforderlich sein, müssen diese zwingend vor der SAP S/4HANA Conversion im SAP-ERP-System durchgeführt werden (Stand Juni 2025).

Kontaktieren Sie bei weiteren Fragen *SAP_DMLT_GCE@sap.com*. Freie Währungen in der Tabelle ACDOCA können nachträglich im Anschluss an eine SAP S/4HANA Conversion als separates Projekt eingeführt werden. Derartige Umstellungsprojekte sind in SAP ERP einfacher und damit schneller und kostengünstiger zu bewerkstelligen. Sollte es Ihnen nicht möglich sein, die Währungseinstellungen in SAP ERP vor einer SAP S/4HANA Conversion zu aktualisieren, rechnen Sie in Abhängigkeit vom Umstellungsprojekt mit 20–30 % längerer Durchlaufzeit und höheren Kosten in SAP S/4HANA.

Vor und während des technischen Upgrades durch die SAP-Basis-Abteilung wird eine Reihe von Prüfungen durchgeführt, wie sie in Abschnitt 14.3, »Voraussetzungen für eine SAP S/4HANA Conversion«, beschrieben sind. Weil diese Prüfungen von SAP ständig aktualisiert und erweitert werden, können wir an dieser Stelle kein vollständiges Bild geben. Nach Abschluss des technischen Upgrades folgt die Konvertierung des Rechnungswesens.

Bevor Sie diese *Konvertierung des Rechnungswesens* vornehmen können, müssten Sie das Customizing prüfen und anpassen. Dazu hat SAP einen Customizing-Baum aufgebaut, der Sie Schritt für Schritt durch die Konvertierung des Rechnungswesens führt (siehe Abbildung 14.24).

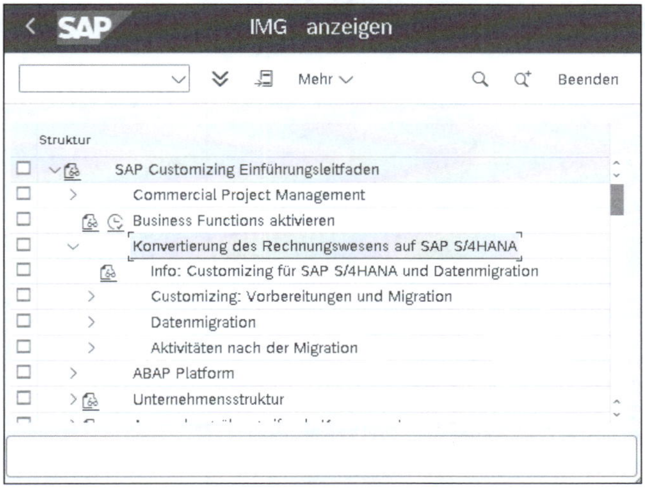

Abbildung 14.24 Konvertierung des Rechnungswesens auf SAP S/4HANA

Der Customizing-Baum für die Konvertierung des Rechnungswesens besteht aus den folgenden Bereichen:

- **Customizing: Vorbereitungen und Migration**
  Hier führen Sie Prüfungen und Customizing-Anpassungen durch, die als Vorbereitung für die SAP S/4HANA Conversion benötigt werden. Diese werden in einem Transportauftrag gespeichert, sodass Sie sie bei einer der folgenden Testkonvertierungen und der produktiven Konvertierung wiederverwenden können.
- **Datenmigration**
  Hier führen Sie nach den Vorbereitungen die eigentliche Konvertierung der Rechnungswesenbelege durch. Dazu stellt SAP ein Migration Cockpit (Migration Cockpit for SAP S/4HANA, im Folgenden kurz Migration Cockpit genannt) zur Verfügung, das Sie Schritt für Schritt durch die einzelnen Migrationsschritte führt.

- **Aktivitäten nach der Migration**
  Hier sind die Aktivitäten aufgeführt, die Sie nach der Konvertierung und damit meist auch außerhalb der Downtime durchführen können.

In Abbildung 14.25 sehen Sie die vorbereitenden Customizing-Aktivitäten, die Sie vornehmen müssen. Diese erstrecken sich über mehrere Komponenten des Rechnungswesens. Aufgelistet sind alle Komponenten, die von den Vereinfachungen betroffen sind. Da dieser Customizing-Baum erst verfügbar ist, wenn das Upgrade nach SAP S/4HANA abgeschlossen ist, können Sie auch erst danach mit dem Customizing beginnen.

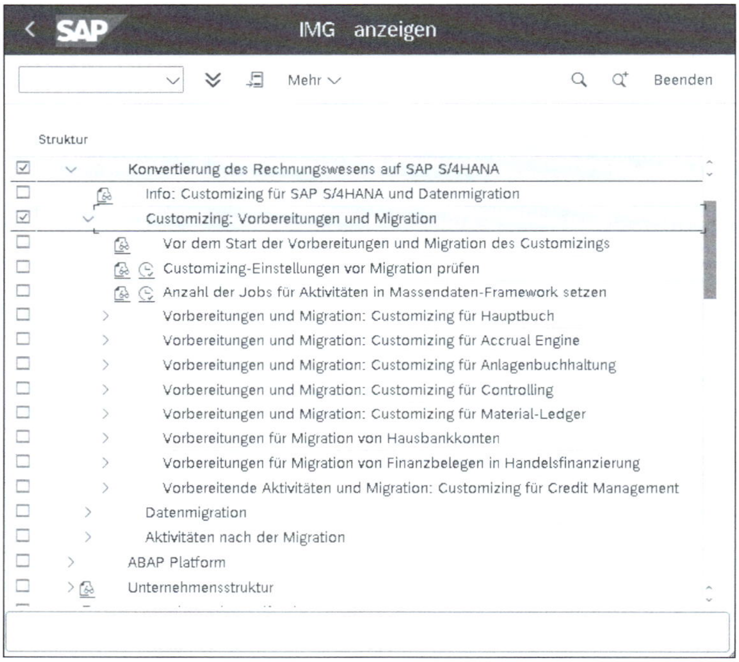

Abbildung 14.25 Vorbereitendes Customizing für die Konvertierung des Rechnungswesens

Sie müssen die vorbereitenden Customizing-Aktivitäten vollumfänglich durchführen. Selbst wenn Sie z. B. das Kreditmanagement heute nicht nutzen, aber die Möglichkeit besteht, dass Sie es in Zukunft nutzen möchten, muss das bisherige, von SAP ausgelieferte Customizing des Kreditmanagements migriert werden. Andernfalls würden Sie zu einem späteren Zeitpunkt auf Probleme beim Customizing des Kreditmanagements stoßen, die nur noch schwer behoben werden können. Es ist in diesem Fall auch möglich, dass Sie langwierig Fehler analysieren, weil zu diesem späteren Zeitpunkt nicht mehr daran gedacht wird, dass damals die Migration des Customizings im Kreditmanagement weggelassen wurde.

[«]

SAP-S/4HANA-Customizing durchführen

Beachten Sie, dass wir in diesem Buch davon ausgehen, dass Sie Ihr SAP-S/4HANA-System neu implementieren. In diesem Zusammenhang haben wir das Customizing im Rechnungswesen ausführlich beschrieben. Das Customizing, das im Rahmen einer SAP S/4HANA Conversion durchzuführen ist, ist ähnlich, aber sehr stark eingeschränkt auf das, was technisch zwingend notwendig ist! Es unterscheidet sich auch, je nachdem, ob Sie die SAP S/4HANA Conversion vom alten oder vom neuen Hauptbuch aus starten.

Weiteres Customizing ist notwendig, wenn Sie nachträglich, also nach einer erfolgreichen SAP S/4HANA Conversion, weitere Anpassungen im Rechnungswesen vornehmen möchten. SAP unterstützt Sie hier bereits mit einigen Migrationsszenarien. Weitere Migrationsszenarien könnten in zukünftigen SAP-S/4HANA-Releases dazukommen.

Zu den vorbereitenden Arbeiten im Hauptbuch zählen die Migration des Ledger-Customizings, die Prüfung von Belegarten und Nummernkreisen oder das Festlegen des Quell-Ledgers für die Migration der Salden. Zu jedem Customizing-Punkt gibt es eine ausführliche Dokumentation, die Sie unbedingt vor dem Start der jeweiligen Aktivität lesen sollten. In Abbildung 14.26 sehen Sie den Customizing-Baum für die eigentliche Durchführung der Datenmigration.

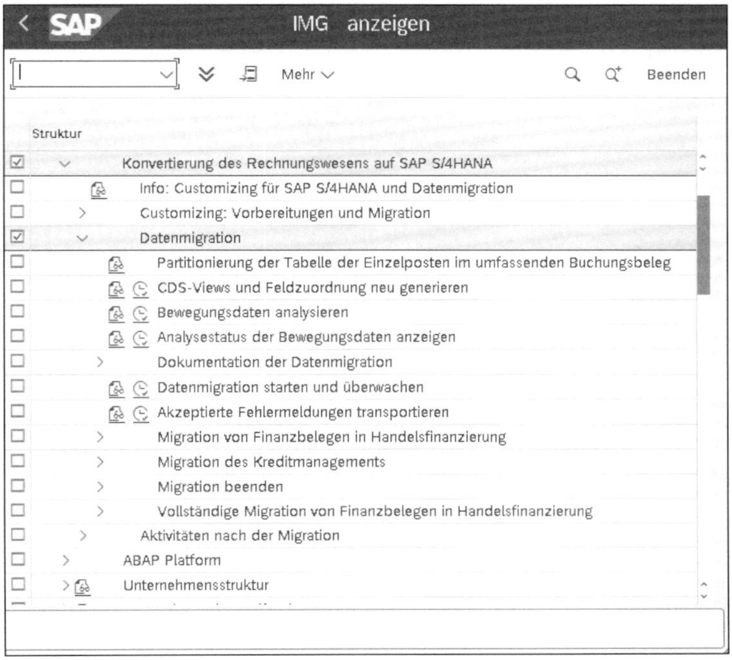

Abbildung 14.26 Datenmigration nach SAP S/4HANA durchführen

Es werden die folgenden Schritte durchlaufen:

1. Bewegungsdaten analysieren
2. Analysestatus der Bewegungsdaten anzeigen
3. Datenmigration starten und überwachen
4. Hauptbuchallokationen migrieren
5. Hausbankkonten migrieren

Nachdem Sie die Migration abgeschlossen haben, sind abschließend noch einige Aktivitäten nach der Migration erforderlich.

14.5.1 Analyse der Bewegungsdaten

Die Datenmigration beginnt mit der Analyse der Bewegungsdaten. Folgen Sie dazu dem Customizing-Pfad **Konvertierung des Rechnungswesens auf SAP S/4HANA • Datenmigration • Bewegungsdaten analysieren**, oder rufen Sie Transaktion FINS_RECON_RCO auf. In dieser Aktivität planen Sie die Hintergrundjobs ein, die die Analyse der Bewegungsdaten vornehmen (siehe Abbildung 14.27).

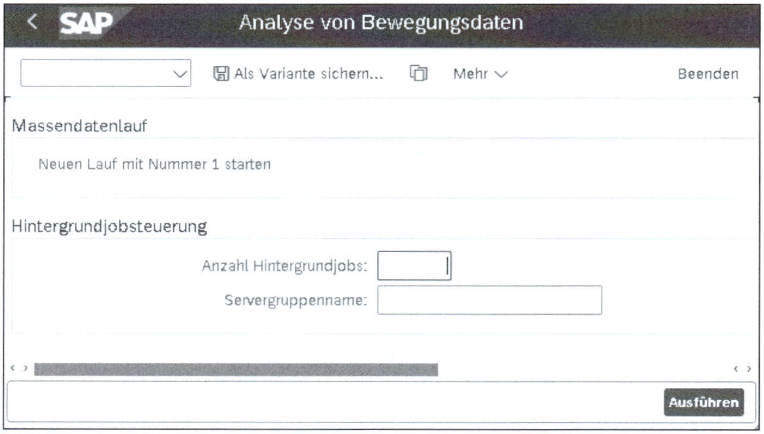

Abbildung 14.27 Analyse von Bewegungsdaten einplanen

Die Informationen für das Feld **Anzahl Hintergrundjobs** müssen Sie bei Ihrer SAP-Basis erfragen. Wenn Sie die notwendigen Felder gefüllt haben, klicken Sie auf Ausführen (**Ausführen**), oder Sie drücken Sie die Taste F8. Damit wird ein Hintergrundjob eingeplant, der die Analyse von Bewegungsdaten steuert. Mit einem Klick auf < (**Zurück**) oder über die F3-Taste gelangen Sie wieder in den Customizing-Pfad.

Rufen Sie nun den Monitor auf, um die Analyse der Bewegungsdaten zu überwachen. Folgen Sie dazu dem Customizing-Pfad **Konvertierung des Rechnungswesens auf SAP**

S/4HANA • Datenmigration • Analysestatus der Bewegungsdaten anzeigen, oder rufen Sie Transaktion FINS_MIG_MONITOR_RC0 auf.

Im Einstiegsbild finden Sie den Status der einzelnen Arbeitspakete. In Abbildung 14.28 sind einige Pakete grün (abgeschlossen) und einige fehlerhaft. Insgesamt haben wir 9.183 Fehler.

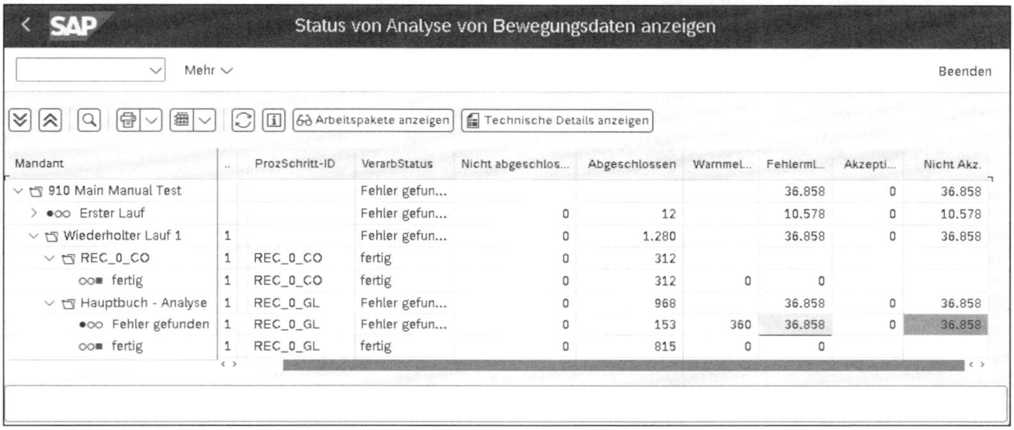

Abbildung 14.28 Übersicht über die Analyse der Bewegungsdaten

Durch einen Doppelklick auf die Fehleranzahl, also auf **9.183**, gelangen Sie in eine detaillierte Übersicht (siehe Abbildung 14.29). Dabei werden von SAP S/4HANA Pakete gebildet (siehe die Spalte **Paketschl.**).

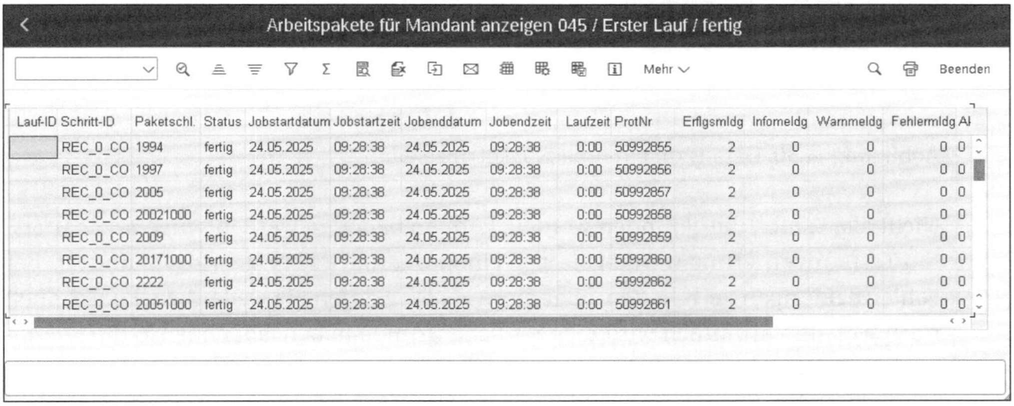

Abbildung 14.29 Übersicht über die Arbeitspakete für die Beleganalyse

Mit einem erneuten Doppelklick auf eine beliebige Zeile gelangen Sie nochmals eine Ebene tiefer und sehen jetzt pro Beleg die einzelnen Fehlermeldungen in einem ALV. Indem Sie auf einen der Buttons mit den Ampelfarben Rot, Gelb oder Grün klicken, können Sie überflüssige Meldungen ausblenden. Bei einem erneuten Klick auf einen der Buttons werden die Meldungen wieder eingeblendet. Im Beispiel in Abbildung 14.30 sind die grünen Meldungen (Erfolgsmeldungen) der Übersichtlichkeit halber ausgeblendet.

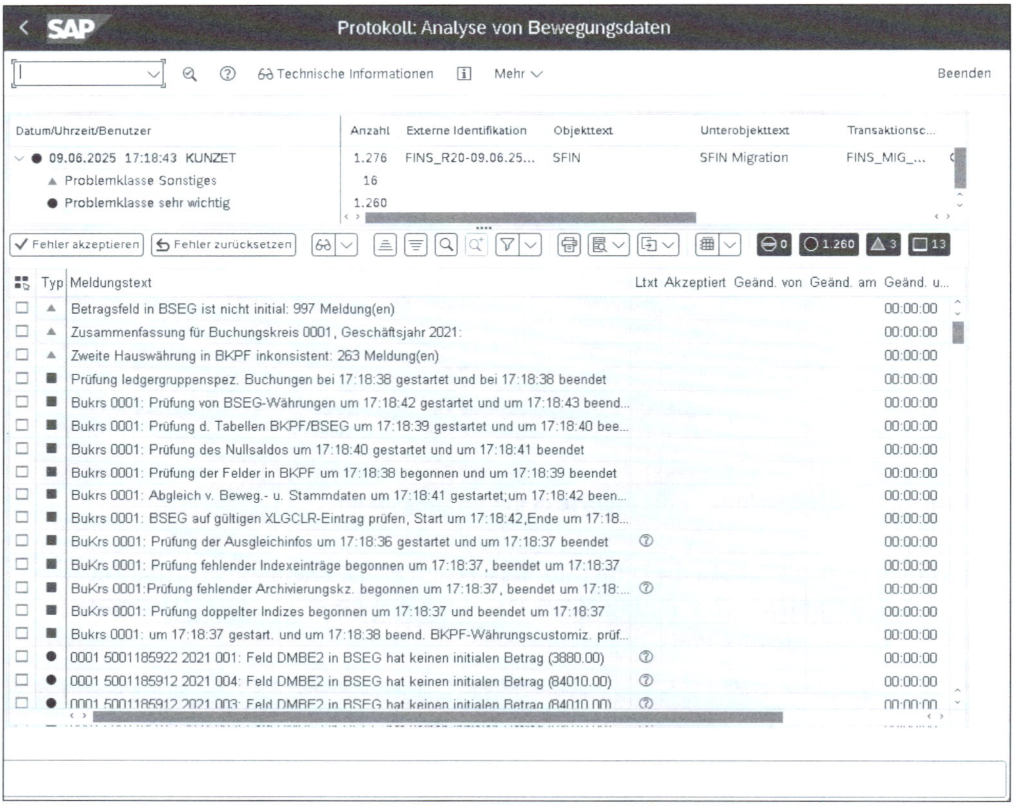

Abbildung 14.30 Details für ein Arbeitspaket anzeigen

Nicht alle Fehler, die gefunden werden, können behoben werden. Auch in einer ersten Testkonvertierung werden Sie sich einen Überblick über die Anzahl und Art der Fehlermeldungen verschaffen, aber diese Fehler werden Sie weder beheben können noch wollen. Vermutlich wird dies zeitliche Gründe haben, aber ebenso dürften Ihnen einige Fehler bereits bekannt und bis zur nächsten ernsten Testmigration bereinigt sein. Daher können Sie in Abbildung 14.30 einzelne Fehlermeldungen markieren und mit einem Klick auf den Button [✓ Fehler akzeptieren] (**Fehler akzeptieren**) einen Fehler akzeptieren oder über den Button [Fehler zurücksetzen] (**Fehler zurücksetzen**) das Akzeptieren eines Fehlers widerrufen.

Akzeptanz von Fehlern

Während einer Testmigration ist es möglich, Fehler zu akzeptieren. Für eine produktive Migration müssen zuvor alle Fehler analysiert und behoben worden sein. Es ist sinnvoll, so viel Belegvolumen wie möglich zu archivieren. Damit reduzieren Sie die Downtime der Konvertierung durch geringere Laufzeiten und natürlich auch die Anzahl der Fehlerquellen.

Klicken Sie einmal auf < (**Zurück**), oder drücken Sie die Taste F3, und Sie gelangen wieder in die Übersicht der Arbeitspakete. Dort klicken Sie auf den Button Fehlerübersicht einblenden (**Fehler und Warnungen aller Pakete anzeigen**). Damit gelangen Sie in eine Übersicht über alle Meldungen und deren Auftrittshäufigkeit (siehe Abbildung 14.31).

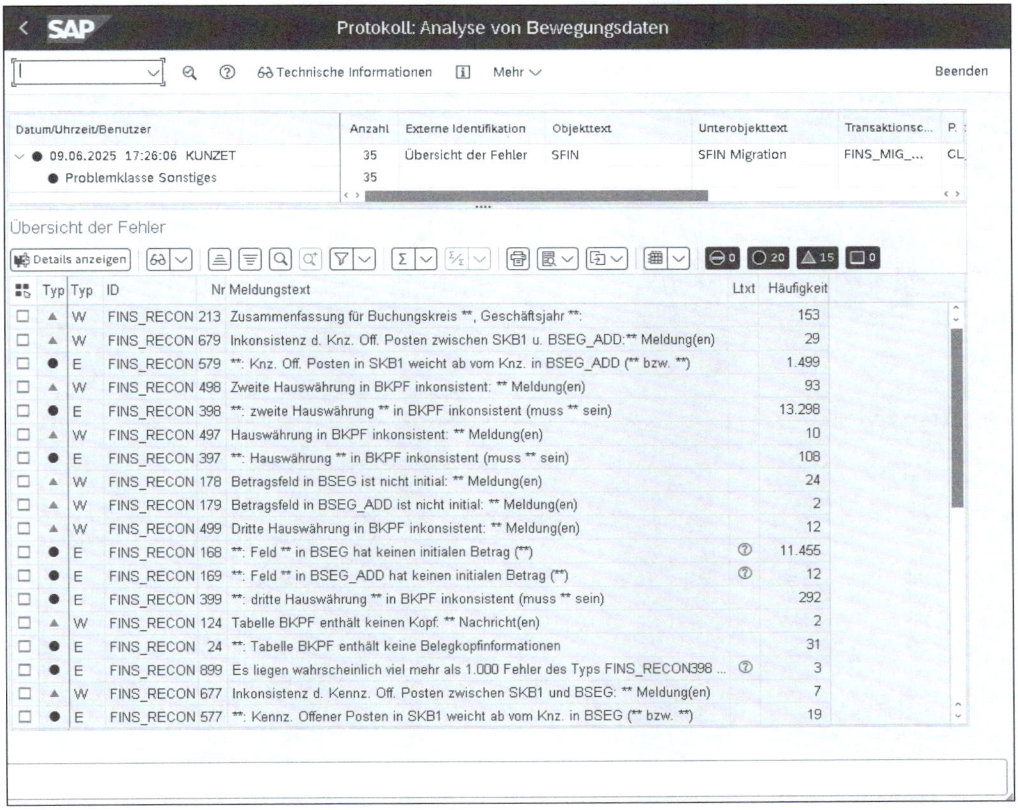

Abbildung 14.31 Übersicht über die Fehlermeldungen und deren Anzahl

Nun erkennen Sie, dass wir zwar insgesamt 9.183 Fehler haben, sich diese aber auf einige Fehlermeldungen beschränken, die sich dann wiederholen. Mit anderen Worten: Wenn Sie für einige Belege die jeweilige Fehlermeldung analysiert haben und eine Lösung gefunden ist, können Sie diese Lösung dann auf die restlichen Belege mit der gleichen Fehlermeldung anwenden. Dadurch lässt sich die Gesamtzahl der Fehlermeldungen meist auch schnell wieder reduzieren. Klicken Sie dreimal auf < (**Zurück**), oder drücken Sie die Taste [F3], und Sie gelangen wieder in den Customizing-Baum.

14.5.2 Datenmigration starten und überwachen

Als Nächstes führen Sie die Customizing-Aktivität **Datenmigration starten und überwachen** aus. Folgen Sie dazu dem Customizing-Pfad **Konvertierung des Rechnungswesens auf SAP S/4HANA • Datenmigration • Datenmigration starten und überwachen**, oder rufen Sie Transaktion FINS_MIG_STATUS auf. Hier finden Sie das schon erwähnte Migration Cockpit. Nach dem Aufruf der Transaktion erhalten Sie zunächst eine Übersicht über die Migrationsschritte (siehe Abbildung 14.32).

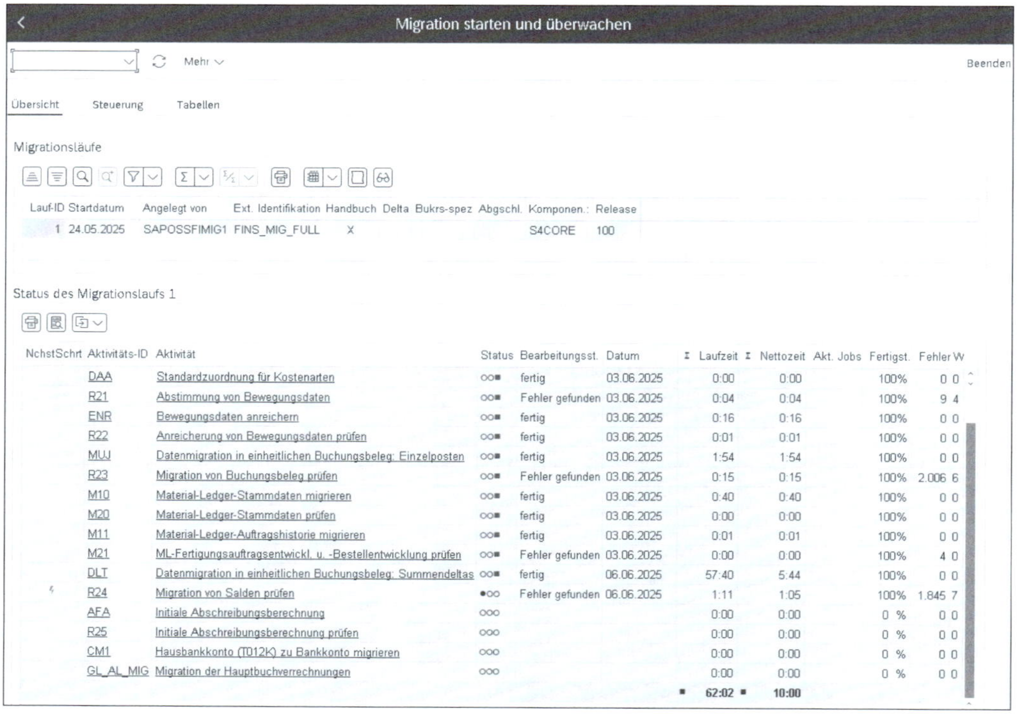

Abbildung 14.32 Übersicht der Migrationsschritte (Transaktion FINS_MIG_STATUS)

Die einzelnen Schritte der Migration der Daten in die neuen Datenstrukturen von SAP S/4HANA müssen Sie von oben nach unten nach und nach abarbeiten. Mit einem Doppelklick in die Spalte **Aktivität** in der jeweiligen Zeile gelangen Sie zur

Übersicht der Arbeitspakete und können anschließend den Drilldown fortsetzen, bis Sie die einzelne Fehlermeldung erreicht haben. Das Vorgehen gleicht der zuvor beschriebenen Beleganalyse.

Auf der zweiten Registerkarte **Steuerung** steuern Sie die Migration (siehe Abbildung 14.33). Sie sehen, ob eine Aktivität gerade durchgeführt wird, können die Migration aber auch anhalten.

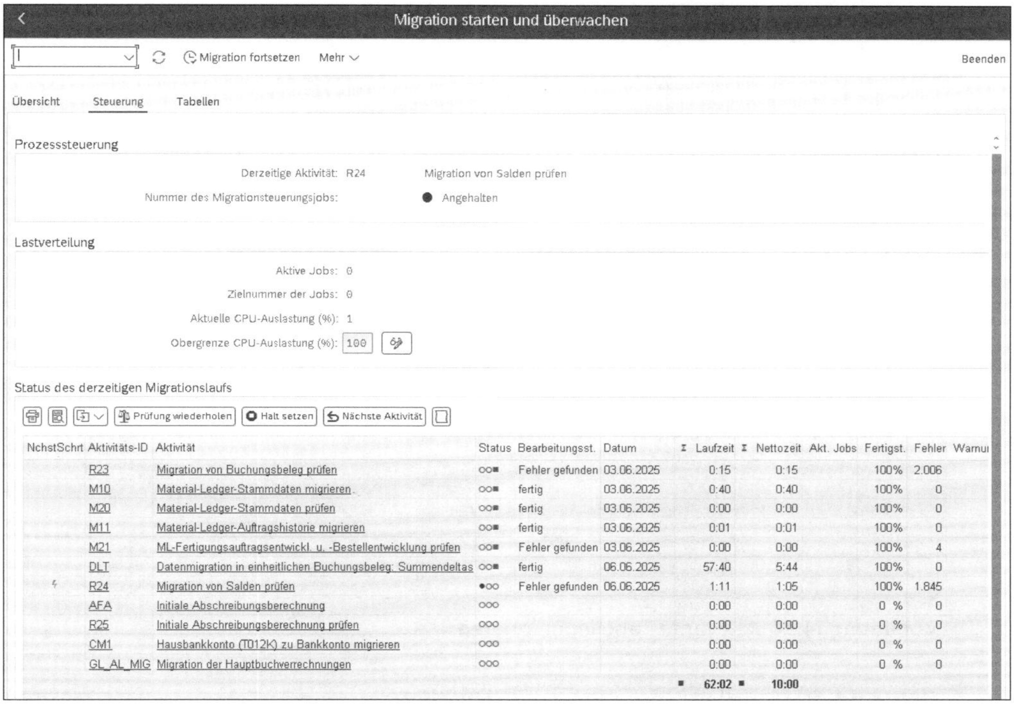

Abbildung 14.33 Migration steuern

14.5.3 Anzahl der Jobs setzen

Bei der Vorbereitung der Migration haben Sie z. B. festgelegt, wie viele aktive Jobs es geben soll. Dies sehen Sie jetzt im Feld **Zielnummer der Jobs**. Im Customizing-Pfad **Konvertierung des Rechnungswesens auf SAP S/4HANA • Customizing: Vorbereitungen und Migration • Anzahl der Jobs für Aktivitäten in Massendaten-Framework setzen** können Sie vor dem Start der Migration die Anzahl der möglichen parallelen Jobs pro Aktivität setzen. Im Feld **Aktive Jobs** sehen Sie dann bei der Ausführung der Migration die zurzeit aktiven Jobs. Auch hier auf der Registerkarte **Steuerung** gelangen Sie wieder mit einem Doppelklick immer eine Ebene tiefer, bis Sie die einzelnen Fehlermeldungen erreichen. Dort können Sie die Fehler akzeptieren bzw. die akzeptierten Fehler auch wieder zurücksetzen, sie also nicht akzeptieren, und sie durch eine richtige Lösung beseitigen.

Auf der letzten Registerkarte **Tabellen** sehen Sie eine Zusammenfassung der für die Migration relevanten Tabellen und die Anzahl ihrer Einträge (siehe Abbildung 14.34).

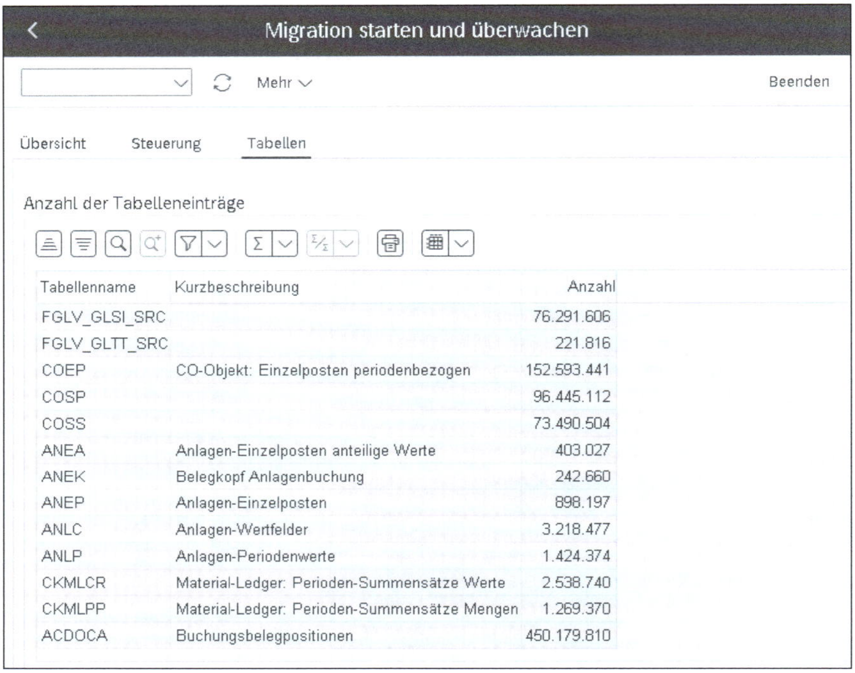

Tabellenname	Kurzbeschreibung	Anzahl
FGLV_GLSI_SRC		76.291.606
FGLV_GLTT_SRC		221.816
COEP	CO-Objekt: Einzelposten periodenbezogen	152.593.441
COSP		96.445.112
COSS		73.490.504
ANEA	Anlagen-Einzelposten anteilige Werte	403.027
ANEK	Belegkopf Anlagenbuchung	242.660
ANEP	Anlagen-Einzelposten	898.197
ANLC	Anlagen-Wertfelder	3.218.477
ANLP	Anlagen-Periodenwerte	1.424.374
CKMLCR	Material-Ledger: Perioden-Summensätze Werte	2.538.740
CKMLPP	Material-Ledger: Perioden-Summensätze Mengen	1.269.370
ACDOCA	Buchungsbelegpositionen	450.179.810

Abbildung 14.34 Relevante Tabellen migrieren

Dies sind die Tabellen, deren Belege durch die Migration in Tabelle ACDOCA migriert werden. Damit sehen Sie auf den ersten Blick, wie viele Einträge Sie in den einzelnen Tabellen haben und wie viele Einträge nach der Migration bereits in Tabelle ACDOCA angekommen, also migriert worden sind. Wenn Sie alle Aktivitäten im Migration Cockpit abgeschlossen haben, verlassen Sie das Migration Cockpit und klicken auf (**Zurück**), oder Sie drücken die Taste F3. Nun gelangen Sie wieder in den Customizing-Baum.

14.5.4 Hauptbuchallokationen migrieren

Sie setzen Ihre Migration mit dem nächsten Schritt **Hauptbuchallokationen migrieren** im Customizing-Pfad **Konvertierung des Rechnungswesens auf SAP S/4HANA • Datenmigration • Hauptbuchallokationen migrieren** fort. In dieser Aktivität ändern Sie vorhandene Hauptbuchallokationszyklen aus dem neuen Hauptbuch für Istwerte im Hinblick auf neue Datenbanktabellen für Buchungsbelege. Das heißt, es werden alle Hauptbuchallokationszyklen geändert, die sich auf die Summentabelle FAGLFLEXT des flexiblen Hauptbuchs beziehen, um auf die neue Sicht ACDOCT zu verweisen. Zusätzlich werden alle Feldverwendungsdefinitionen für die Felder von FAGLFLEXT in die neuen Einträge für die gleichen Felder von ACDOCT kopiert.

14.5.5 Die Migration abschließen

Nachdem Sie die Migration abgeschlossen haben und auch die weiteren Schritte im Customizing-Baum **Datenmigration** bearbeitet worden sind, können Sie die Migration beenden. Unter dem Customizing-Baum **Migration beenden** finden Sie den Customizing-Punkt **Migrierte Daten abstimmen und vergleichen**. Der Customizing-Punkt **Migrierte Daten abstimmen und vergleichen** listet in seiner Dokumentation die aus SAP-Sicht notwendigen Programme auf, die Ihr Fachbereich ausführen und das Ergebnis mit den vor der Migration abgelegten Listen vergleichen sollte. Wenn Ihr Fachbereich zu dem Schluss kommt, dass die Migration erfolgreich abgeschlossen ist, können Sie diese beenden. Folgen Sie dazu dem Customizing-Pfad **Konvertierung des Rechnungswesens auf SAP S/4HANA • Datenmigration • Migration beenden • Migration auf "Abgeschlossen" setzen**.

Beachten Sie, dass über den Customizing-Pfad **Konvertierung des Rechnungswesens auf SAP S/4HANA • Datenmigration • Vollständige Migration von Finanzbelegen in Handelsfinanzierung • Migration auf "Abgeschlossen" setzen** die Migration der Handelsfinanzierung separat auf **abgeschlossen** gesetzt werden muss. Unter der Handelsfinanzierung versteht SAP hier die Migration der Treasury-Belege.

14.5.6 Aktivitäten nach der Migration

Nachdem Sie die Migration abgeschlossen haben, können Sie nun die Downtime beenden und das System für den regulären Betrieb wieder freigeben. Die nun noch folgenden Aktivitäten nach der Migration können Sie außerhalb der Downtime durchführen (siehe Abbildung 14.35).

Bei einigen Aktivitäten sind Sie nicht sofort nach der Migration auf das Ergebnis angewiesen. Diese Aktivitäten können Sie nach der Migration im täglichen Betrieb durchführen. Wenn Sie es ermöglichen können, ist es sicherlich sinnvoll, auch diese Aktivitäten noch innerhalb der Downtime bzw. kurz danach an dem Wochenende, an dem Sie Ihre Migration durchführen, abzuschließen. Meist ist am Wochenende der Migration nach der Beendigung der Downtime noch nicht gleich wieder das volle Tagesgeschäft in Ihrem SAP-S/4HANA-System im Gange. Daher sollten Sie die Zeit für solche nachträglichen Aktivitäten nutzen.

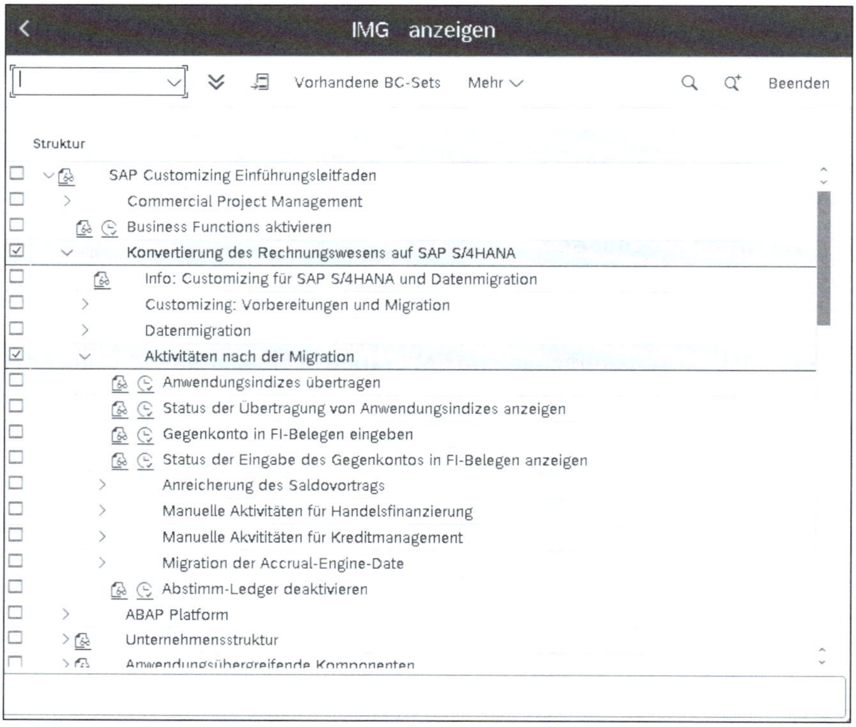

Abbildung 14.35 Aktivitäten nach der Migration

[»]

Alte SAP-Komponenten abschalten

Die Migration nach SAP S/4HANA migriert die Belege aus dem Hauptbuch, der Debitoren-, Kreditoren- und Anlagenbuchhaltung sowie dem Material-Ledger in Tabelle ACDOCA. Sollten Sie weitere Tabellen oder Komponenten im Einsatz haben, die Sie künftig in Tabelle ACDOCA abbilden möchten, müssen Sie nach der Konvertierung auf SAP S/4HANA weitere kleinere Projekte durchführen, um die betreffenden Tabellen mit Tabelle ACDOCA abzugleichen. Beispiele für solche Tabellen sind:

- Tabelle GLFUNCT (Umsatzkostenverfahren)
- Tabelle GLT3 (Konsolidierungsvorbereitung)
- Tabelle GLPCT (klassische Profit-Center-Rechnung)
- Tabellen CE1* (kalkulatorische Ergebnisrechnung)

In vielen Fällen ist der Aufwand gering, da es kaum Differenzen zwischen den Tabellen gibt. Problematisch wird es, wenn es große Differenzen zwischen Tabelle GLFUNCT, Tabelle GLT3 und Tabelle ACDOCA gibt und Sie aus den beiden erstgenannten Tabellen Ihr Konsolidierungssystem beliefern! Dann müssen Sie genau überlegen, wie Sie Tabelle ACDOCA korrigieren können. Außerdem müssen Sie prüfen, ob das im SAP-

Standard vorhandene Reporting auf der Basis von Tabelle ACDOCA Ihr eigenes, möglicherweise umfangreiches Reporting aus den alten Tabellen abdeckt. Es ist möglich, dass Sie zusätzliche Reports für Tabelle ACDOCA entwickeln müssen.

Damit haben wir die Migration der Belege in Tabelle ACDOCA im Rahmen einer SAP S/4HANA Conversion abgeschlossen. Das Vorgehen für die Synchronisation Ihrer Debitoren und Kreditoren mit dem zentralen Geschäftspartner entnehmen Sie Abschnitt 3.8.3, »Migration auf den zentralen Geschäftspartner«.

Nachdem wir uns die Möglichkeiten eines technischen Upgrades von SAP ERP auf SAP S/4HANA angeschaut haben, möchten wir uns nun die Migration von Altdaten ansehen, wenn Sie SAP S/4HANA auf der grünen Wiese neu implementieren.

14.6 Altdatenmigration nach SAP S/4HANA

Mit SAP S/4HANA liefert SAP das *Migration Cockpit for SAP S/4HANA* aus. SAP unterstützt damit die Migration von Altdaten aus Ihrem SAP-ERP- oder Nicht-SAP-System. Für Neukunden und Kunden, die sich entschieden haben, ihr SAP-S/4HANA-System auf der grünen Wiese neu zu implementieren, ist das Migration Cockpit das Werkzeug der Wahl. Für die Nutzung des Migration Cockpits sind keine Programmierkenntnisse erforderlich. Das Werkzeug bietet Ihnen die folgenden Möglichkeiten:

- Sie können die Datenstrukturen des alten Systems einfach auf die Zielstruktur in SAP S/4HANA mappen.
- Sie können das Migration Cockpit um kundeneigene Migrationsobjekte erweitern.
- Der Testaufwand in Ihrem Projekt reduziert sich, da vieles schon vorgedacht und vorgefertigt ist.
- Mit jedem SAP-S/4HANA-Release wird das Migration Cockpit erweitert. Dies betrifft sowohl die unterstützten Migrationsobjekte als auch die Funktionen.

Abbildung 14.36 zeigt den Migrationsprozess mit dem Migration Cockpit.

Für den Import von Altdaten wird pro Migrationsobjekt eine Microsoft-Excel-Vorlage zur Verfügung gestellt. In diese Vorlage übernehmen Sie die Daten aus Ihrem SAP-ERP- oder Nicht-SAP-System. Die Extraktion der Daten aus dem alten SAP-ERP-System muss nicht mehr kundenindividuell programmiert werden. Mit dem Migrationsszenario **Direktes Datenladen** können Sie direkt Daten aus SAP ERP, SAP Apparel and Footwear und weiteren direkt in das jeweilige Zielsystem von SAP S/4HANA laden. Damit entfällt ein großer Aufwandsblock bei der Vorbereitung der Altdatenmigration!

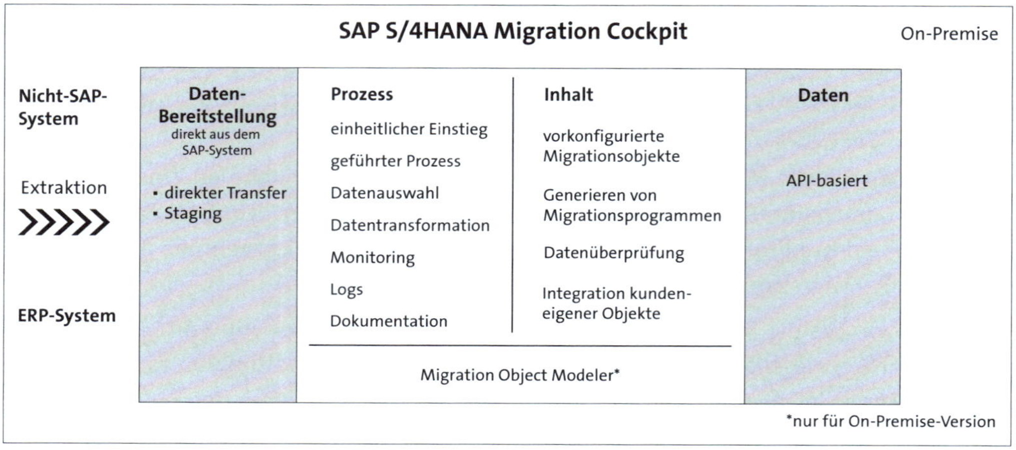

Abbildung 14.36 Übersicht über das SAP S/4HANA Migration Cockpit

In einem weiteren Migrationsszenario können Sie Ihre Altdaten mithilfe von Staging-Tabellen migrieren. Im nächsten Schritt können Sie die Daten im Staging ablegen. Dort könnten Sie Ihre Daten validieren und anreichern, bevor Sie diese ins SAP-S/4HANA-System laden. Wenn Sie die Migrationsdateien direkt migrieren, haben Sie auch im Migration Cockpit die Möglichkeit, ein Mapping zu hinterlegen. Die Migrationsobjekte, die SAP unterstützt, nutzen jeweils die Standardschnittstellen, die SAP anbietet bzw. selbst nutzt, sodass Ihnen hier auch die gleichen User-Exits zur Verfügung stehen. Ein solcher User-Exit kann z. B. notwendig sein, wenn Sie ein umfangreicheres Mapping verwenden und Sie lieber eine eigene Mapping-Tabelle anlegen, anstatt das Mapping im Migration Cockpit zu hinterlegen. Über den entsprechenden User-Exit haben Sie dann die Möglichkeit, Ihre eigenen Mapping-Tabellen aufzurufen und zu verwenden.

[»]

Migration durchführen

Wie Sie die Migration mit dem Migration Cockpit durchführen, hängt davon ab, wie hoch Ihr Belegvolumen ist, das migriert werden muss und wie groß die Veränderungen im neuen System sind. Je größer die Veränderungen sind, desto mehr Mapping wird benötigt. Die Anzahl der Buchungskreise und der für die Migration zur Verfügung stehende Zeitraum sind ebenfalls dafür entscheidend, wie viel Aufwand Ihre Migration benötigt bzw. wie robust Ihre Migration sein muss.

Für das Migration Cockpit werden von SAP folgende Fiori-App und folgende Transaktion ausgeliefert:

- **SAP-Fiori-App »Daten migrieren – Migrationscockpit« (App-ID F3473)**
  Berechtigungsrolle SAP_BR_CONFIG_EXPERT_DATA_MIG wird benötigt.

- **Transaktion LTMOM (Migration Object Modeler)**
  Diese Transaktion verwendet das SAP GUI. Die Berechtigungsrolle SAP_CA_DMC_MC_DEVELOPER wird benötigt.

Die Dokumentation zum Migration Cockpit finden Sie hier: *https://help.sap.com/S4_OP_DM* (Kurz-URL: *http://s-prs.de/7459g*).

In SAP-Hinweis

- SAP-Hinweis 2780378 (SAP-Sammelhinweis für SAP-S/4HANA-Migrationscockpit (alle Releases))
- SAP-Hinweis 2537549 (Sammelhinweis und FAQ zum SAP-S/4HANA-Migrationscockpit – Datei/Staging (On Premise/S4CORE)

finden Sie weiterführende Informationen zu einzelnen Migrationsobjekten und zur Einrichtung des Migration Cockpits.

[«]

Migration Cockpit versus SAP ERP

Mit SAP S/4HANA bietet das Migration Cockpit auch die Möglichkeit, direkt Daten aus SAP ERP zu laden. Lesen Sie dazu den SAP-Hinweis 2747566 (SAP-S/4HANA-Migrationscockpit: Sammelhinweis für die direkte Datenübertragung aus dem SAP-System). Ebenfalls hilfreich ist der SAP-Community-Blog unter:

- *https://blogs.sap.com/2022/04/01/sap-s-4hana-migration-cockpit-direct-transfer-release-comparison/* (Kurz-URL: *http://s-prs.de/v871515*)
- *https://blogs.sap.com/2022/02/18/sap-s-4hana-migration-cockpit-direct-transfer-top-5-faqs-as-of-feb-2022/* (Kurz-URL: *http://s-prs.de/v871516*)
- *https://blogs.sap.com/2017/07/05/starter-blog-for-sap-s4hana-migration-cockpit/* (Kurz-URL: *http://s-prs.de/7459h*).

Nachdem Sie sich umfassend über das Migration Cockpit informiert haben und die Berechtigungen entsprechend eingerichtet sind, können Sie die SAP-Fiori-App **Daten migrieren – Migrationscockpit** öffnen. Im Einstiegsbild sehen Sie bereits existierende Migrationsprojekte (siehe Abbildung 14.37). Sie können, wie hier im Bild, pro Migrationsobjekt ein Projekt anlegen oder ein Migrationsprojekt für mehrere oder alle Migrationsobjekte. Beides ist möglich.

Wenn für Ihren Anwendungsfall noch kein passendes Migrationsprojekt vorhanden ist, klicken Sie auf **Anlegen**. Damit legen Sie ein neues Migrationsprojekt an. Dabei müssen Sie sich für ein Migrationsszenario entscheiden, entweder **Daten direkt aus SAP-Systemen migrieren** oder **Daten mit Hilfe von Staging-Tabellen migrieren**. In der Abbildung 14.38 sehen Sie das Dropdown-Menü von **Anlegen**.

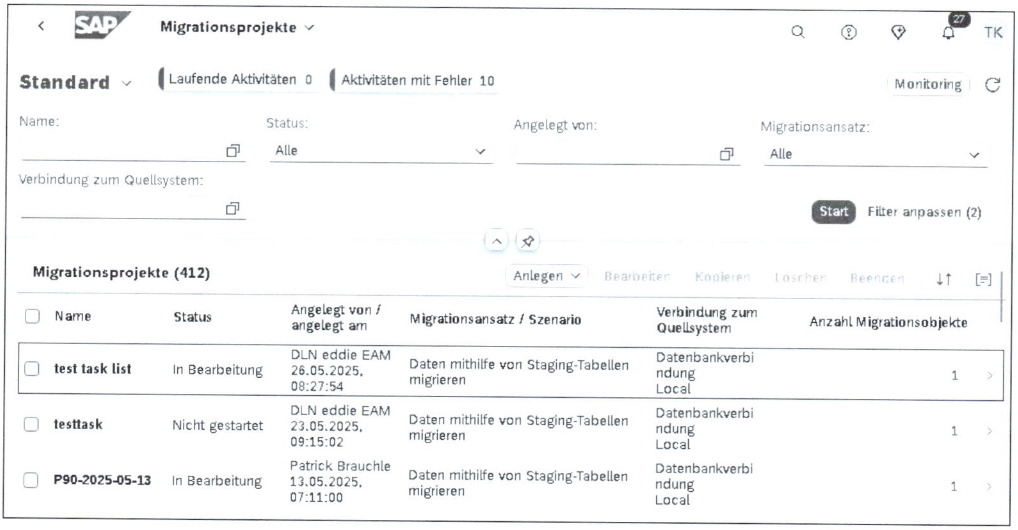

Abbildung 14.37 Übersicht über die Migrationsprojekte

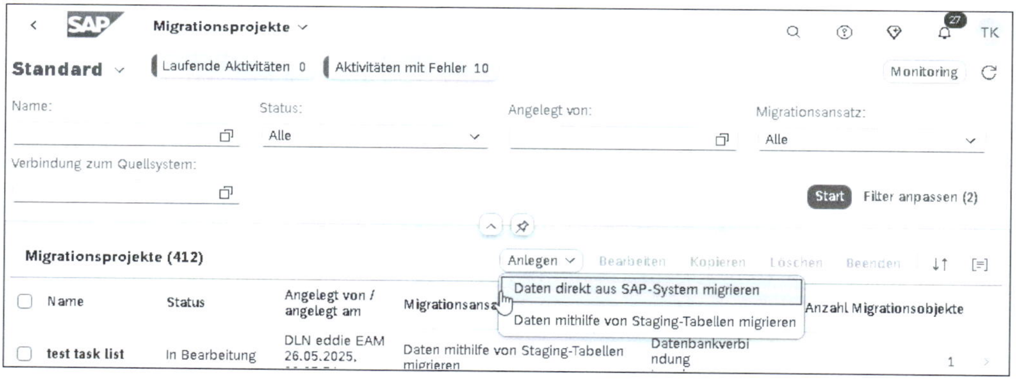

Abbildung 14.38 Migration Cockpit – Neues Migrationsprojekt anlegen

Wenn Sie die Fehlermeldung erhalten, die Sie in Abbildung 14.39 sehen, dann führen Sie bitte das Programm `CNV_PE_MC_LOAD_OBJECTS` aus. Hintergrund: SAP-Hinweise zur Korrektur von Migrationsobjekten verändern den Code oder laden erstmals alle vorab ausgelieferten Migrationsobjekte (wie im Mandanten 000 vorhanden) in Ihren Arbeitsmandanten.

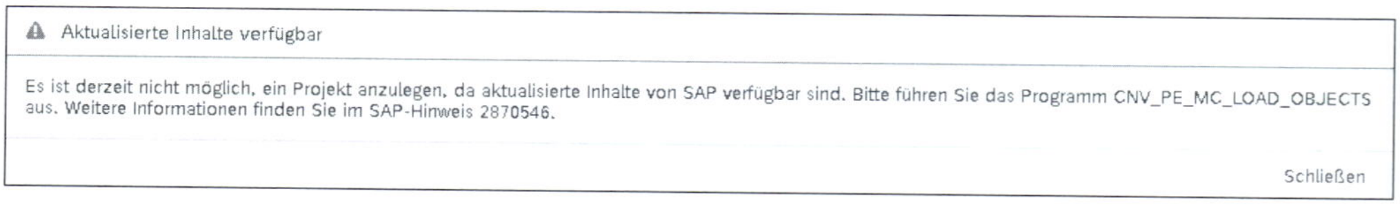
Aktualisierte Inhalte verfügbar
Es ist derzeit nicht möglich, ein Projekt anzulegen, da aktualisierte Inhalte von SAP verfügbar sind. Bitte führen Sie das Programm CNV_PE_MC_LOAD_OBJECTS aus. Weitere Informationen finden Sie im SAP-Hinweis 2870546.
Schließen

Abbildung 14.39 Migration Cockpit – Programm CNV_PE_MC_LOAD_OBJECTS starten

Das Programm CNV_PE_MC_LOAD_OBJECTS wird einige Minuten im Hintergrund laufen. Wenn das Programm CNV_PE_MC_LOAD_OBJECTS fertig durchgelaufen ist, können Sie die Anlage eines Migrationsprojekts erneut starten.

Im Pop-up-Fenster **Neues Projekt anlegen** müssen Sie Ihrem Projekt einen Namen im Feld **Name** geben (siehe Abbildung 14.40). Im Feld **Szenario** wählen Sie aus dem Drop-down-Menü **SAP ERP nach SAP S/4HANA** aus.

In Abbildung 14.40 sehen Sie im Feld **Verbindung zum Quellsystem** die im Drop-down-Menü ausgewählte Verbindung zum SAP-ERP-Quellsystem. Klicken Sie auf den Button Schritt 2 (**Schritt 2**), um das Entwicklungspaket festzulegen.

Abbildung 14.40 Ein neues Migrationsprojekt anlegen

Damit Sie Ihre Migrationsobjekte in Transaktion LTMOM anpassen können, falls dies erforderlich ist, müssen Sie ein Entwicklungspaket angeben. In Abbildung 14.41 haben wir **Lokales Paket ($TEMP)** ausgewählt. Anpassungen an Migrationsobjekten nehmen Sie in Ihrem SAP-S/4HANA-Entwicklungssystem vor und transportieren dies in alle weiteren SAP-S/4HANA-Systeme. Klicken Sie auf die Schaltfläche Schritt 2 (**Schritt 2**), um zum nächsten Schritt **Datenselektion** zu gelangen.

Im Schritt **Datenselektion** legen Sie die Buchungskreise fest, die Sie von SAP ERP nach SAP S/4HANA migrieren wollen (siehe Abbildung 14.42). Wählen Sie die Buchungskreise durch Anhaken aus und klicken Sie auf die Schaltfläche OK (**OK**). Damit bestätigen Sie Ihre Auswahl und können nun über einen Klick auf den Button Schritt 3 (**Schritt 3**) die benötigten Migrationsobjekte auswählen.

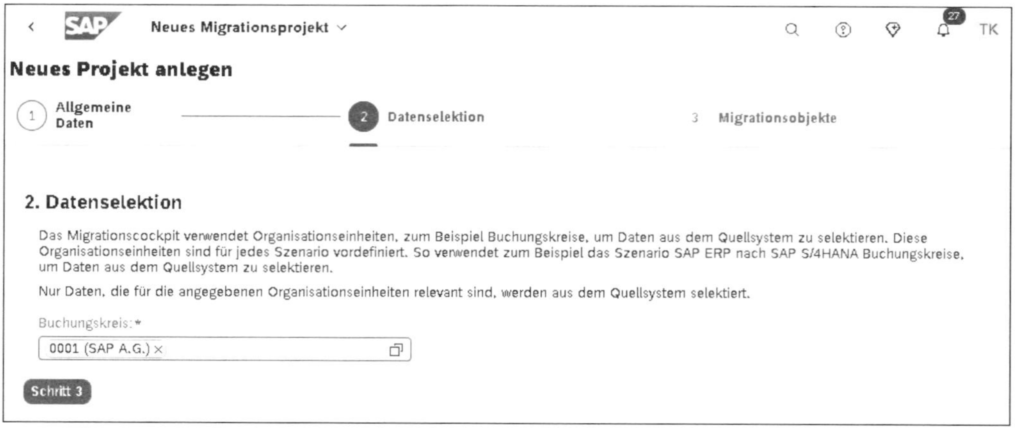

Abbildung 14.41 Entwicklungspaket festlegen

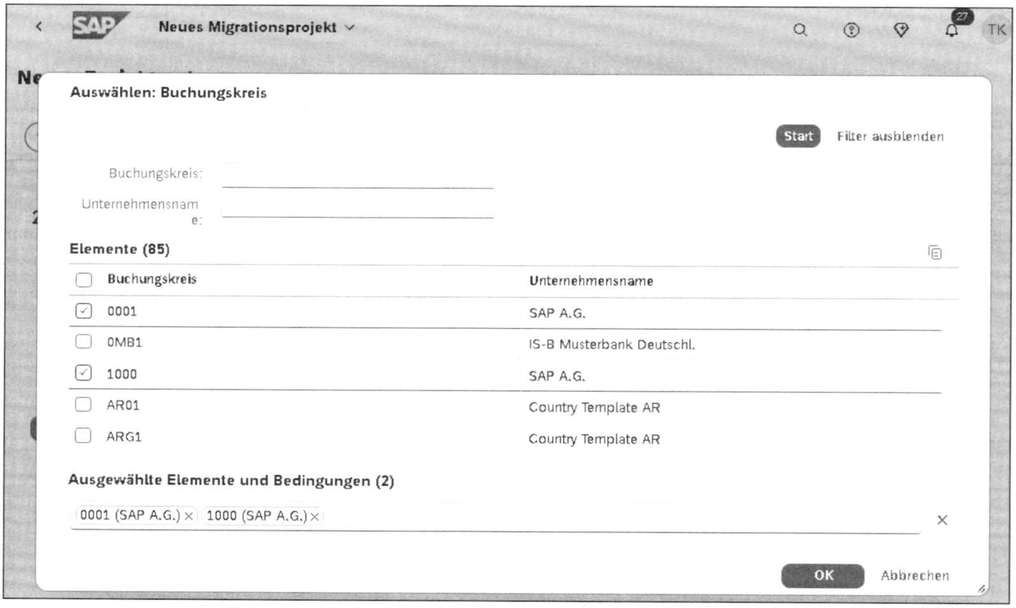

Abbildung 14.42 Die benötigten Buchungskreise auswählen

In Abbildung 14.43 sehen Sie die in der linken Spalte die verfügbaren und in der rechten Spalte die bereits ausgewählten Migrationsobjekte. Die Auswahl der Migrationsobjekte dient als Beispiel und muss für Ihr konkretes Migrationsprojekt angepasst werden. Klicken Sie auf **OK**.

Sofern Sie alle für Ihr Migrationsprojekt benötigten Migrationsobjekte ausgewählt haben, klicken Sie auf den Button **Überprüfen** (**Überprüfen**). Nun wird geprüft, ob Sie alle benötigten Vorgänger für Ihre ausgewählten Migrationsobjekte ausgewählt haben. Beispielsweise erfordert die Migration von Kreditoren höchstwahrscheinlich SEPA-Mandate, die als separates Migrationsobjekt zu migrieren sind.

Da die Migration der SEPA-Mandate nicht zwingend mit der SAP-Fiori-App **Daten migrieren – Migrationscockpit** erfolgen muss, kann es sein, dass Sie nicht alle Migrationsobjekte in Ihrem Migrationsprojekt benötigen.

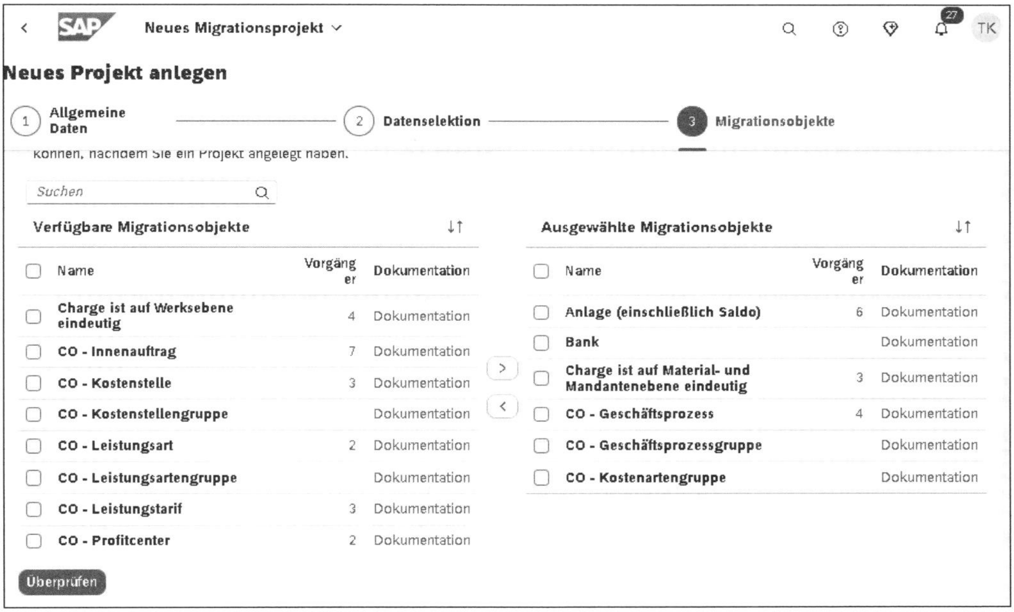

Abbildung 14.43 Für die Migration ausgewählte Migrationsobjekte

Migrationsobjekte

Mit welcher Technik Sie Ihre Altdaten nach SAP S/4HANA migrieren, bleibt Ihrem Einführungsprojekt überlassen. Falls Sie mit SAP S/4HANA neue Funktionen einführen und nicht alle Altdaten in SAP ERP vorliegen, können Sie alternative Migrationstechniken für die Übernahme in SAP S/4HANA wählen.

In Abbildung 14.44 sehen Sie das Ergebnis der Überprüfung Ihres Migrationsprojekts mit Hinweisen auf fehlende Migrationsobjekte. Klicken Sie auf den Button **Hinzufügen** (**Hinzufügen**), um die fehlenden Migrationsobjekte in Ihrem Migrationsprojekt zu ergänzen. Falls Sie dies nicht wünschen, klicken Sie auf **Nicht hinzufügen**.

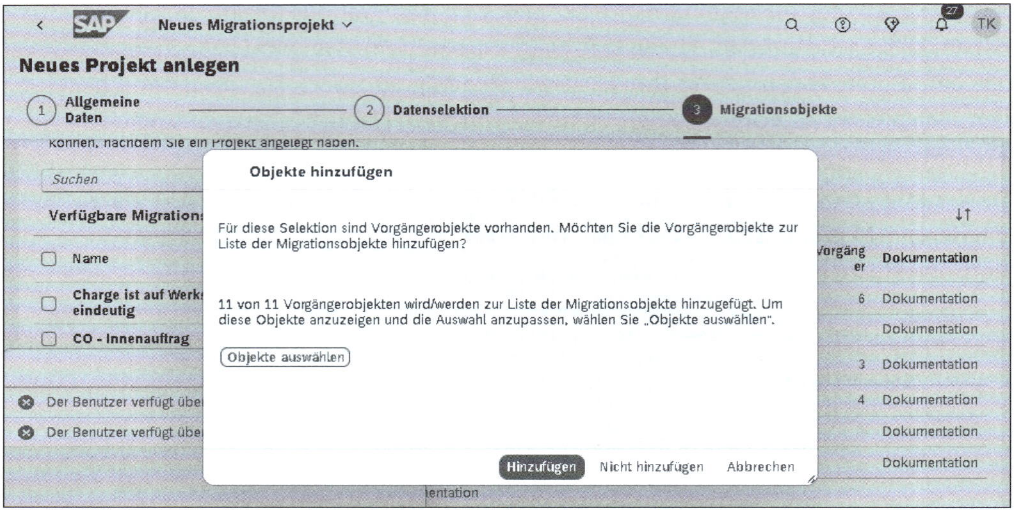

Abbildung 14.44 Fehlende Migrationsobjekte hinzufügen

Nun können Sie Ihr Migrationsprojekt erneut kontrollieren und ggf. Änderungen vornehmen. Klicken Sie anschließend auf den Button **Einzelposten bearbeiten** (Einzelposten bearbeiten), siehe Abbildung 14.45.

Nun haben Sie ein Migrationsprojekt angelegt, um Altdaten direkt aus SAP ERP nach SAP S/4HANA zu migrieren. Dies kann hier nur beispielhaft beschrieben werden. Jedes Migrationsprojekt ist sehr individuell, was den zeitlichen Verlauf, Mengengerüste und Quellsysteme angeht. Beschäftigen Sie sich rechtzeitig und intensiv mit der Altdatenmigration, da die Vorbereitung und Einarbeitung in die SAP-Fiori-App **Daten migrieren – Migrationscockpit** ausreichend Zeit und Ressourcen erfordern.

In der Spalte **Dokumentation** finden Sie zu jedem Migrationsobjekt eine Kurzbeschreibung.

[»]

Datenvolumen reduzieren

An dieser Stelle möchten wir noch einmal an unsere Empfehlungen aus Abschnitt 14.2, »Datenbereinigung«, erinnern. Beim Füllen der Microsoft-Excel-Datei zahlt es sich aus, wenn Sie sich um Folgendes gekümmert haben:

- Abbau offener Posten
- Abgang nicht mehr benötigter Anlagen
- Sperren und Löschen nicht mehr benötigter Kreditoren und Debitoren

Damit reduzieren Sie Ihr Datenvolumen. Andernfalls werden Sie alle gefundenen Datensätze in Microsoft Excel für das jeweilige Migrationsobjekt wiederfinden.

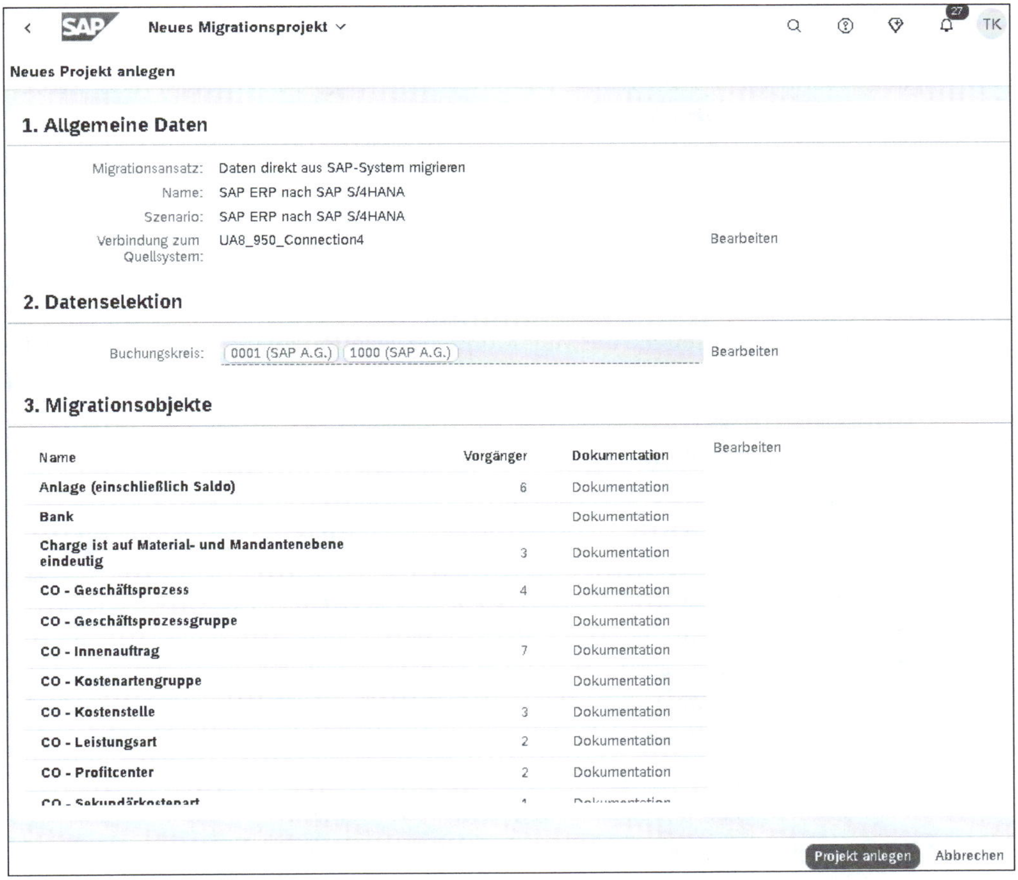

Abbildung 14.45 Migrationsprojekt anlegen

Für die Migration der Altdaten sollten Sie drei bis fünf Testzyklen einplanen. Die Fehler, die dabei passieren können, sind vielfältig. Einerseits kann es schon bei der Extraktion der Daten aus dem SAP-ERP- oder Nicht-SAP-System zu Fehlern kommen. Andererseits wird es beim Import der Daten in SAP S/4HANA anfangs viele Fehler geben, da das Customizing noch nicht vollständig oder das Mapping noch nicht gepflegt ist.

Besonders wenn Sie in SAP S/4HANA die Belegaufteilung nutzen möchten, diese aber bisher nicht einsetzen, wird für jede Buchung ein gültiges Profit-Center benötigt – sowohl bei der Sachkontensaldenmigration als auch bei der Migration offener Posten. Einen Default-Wert dabei abzuleiten, ist nicht das Problem. Sie sollten aber versuchen, das Profit-Center so genau wie möglich abzuleiten. Nur dann kann in SAP S/4HANA auch eine fachlich sinnvolle Profit-Center-Bilanz erstellt werden. Bei Buchungen kann man vielleicht noch mit Default-Werten arbeiten, da dies historische

Werte sind, die Sie übernehmen. Aber bei Stammdatenobjekten, wie Kostenstellen, Innenaufträgen oder Kundenaufträgen, wird dies nicht funktionieren, da diese im neuen System SAP S/4HANA neue Daten, also Buchungen, erzeugen werden. Sie werden nicht wollen, dass diese neuen Buchungen auf Default-Profit-Centern landen. Damit verliert Ihre Profit-Center-Bilanz und damit auch das Segment-Reporting an Aussagekraft.

Einen Migrationszyklus können Sie mehrfach wiederholen, auch wenn Sie dabei die Sachkontensalden z. B. doppelt und dreifach in Ihr SAP-S/4HANA-System buchen. Sobald Sie alle Migrationsobjekte erfolgreich importieren können und keine Fehler mehr auftreten, müssen Sie die Migration mehrfach mit einem leeren System wiederholen und mit dem jeweiligen SAP-ERP- bzw. Nicht-SAP-System abstimmen.

[»]

Cut-over-Planung aufstellen

Vergessen Sie nicht, dass Sie sowohl für eine mögliche SAP S/4HANA Conversion als auch für die in diesem Abschnitt beschriebene Datenmigration eine Cut-over-Planung benötigen. In der Cut-over-Planung legen Sie in detaillierten Einzelschritten fest, wann wer was im Rahmen der Migration erledigt. Die einzelnen Schritte umfassen den Systemaufbau, den Import der Transporte, manuelle Nacharbeiten, z. B. die Pflege von Nummernkreisen, sowie die Migrationsschritte und die Abstimmung der Migration. Für den Aufbau der Cut-over-Planung und Laufzeitoptimierung benötigen Sie mehrere Migrationszyklen. Unterschätzen Sie nicht den Aufwand, der in der Cut-over-Planung liegt!

Mehr Informationen finden Sie in dem Buch »Cut-over-Management in SAP-Projekten« von Lukas Breit und Jürgen Remmert (Rheinwerk Verlag 2025).

Nachdem wir uns die Migration von Altdaten in unser neues SAP-S/4HANA-System angeschaut haben, beschäftigen wir uns im nächsten Abschnitt noch damit, welche nachträglichen Erweiterungsmöglichkeiten es für Sie in SAP S/4HANA gibt.

14.7 Erweiterungsmöglichkeiten in SAP S/4HANA

Nachdem Sie erfolgreich mit SAP S/4HANA produktiv gegangen sind, stellt sich vielleicht die Frage, welche nachträglichen Änderungsmöglichkeiten es gibt. Bei einer Neueinführung wird sich diese Frage vermutlich so schnell nicht stellen, denn Sie haben sich dabei hinreichend Gedanken gemacht, diese in ein Fachkonzept münden lassen und anschließend mit der Implementierung begonnen. Bis zum Go-live, also bis zur Migration, haben Sie immer noch die Möglichkeit, auf Veränderungen zu reagieren. Ein Beispiel dazu könnte ein weiteres Ledger sein. Ein anderes Beispiel wäre, dass Sie die Belegaufteilung doch nutzen möchten und diese noch einschalten.

Im Falle einer SAP S/4HANA Conversion sieht es schon wieder ganz anders aus. Da die SAP S/4HANA Conversion eine technische Konvertierung darstellt, bekommen Sie genau die Funktion, die Sie bisher im alten bzw. neuen Hauptbuch hatten. In diesem Fall ist der Bedarf für nachträgliche Änderungen wahrscheinlicher. Die folgenden Szenarien für nachträgliche Änderungen im SAP-S/4HANA-System stehen zurzeit zur Verfügung:

- **Nachträgliche Einführung einer weiteren Rechnungslegungsvorschrift**
  Mit diesem Szenario können Sie bei einer Ledger-Lösung eine oder nach und nach mehrere Rechnungslegungsvorschriften (Ledger) hinzufügen. Dies ist vergleichbar mit dem Migrationsszenario 7 aus dem neuen Hauptbuch in SAP ERP.
- **Nachträgliche Einführung der Belegaufteilung**
  Mit diesem Szenario können Sie nachträglich die Belegaufteilung einführen. Dies ist vergleichbar mit dem Migrationsszenario 6 aus dem neuen Hauptbuch in SAP ERP.

Mit SAP S/4HANA liefert SAP ein weiteres Szenario für die nachträgliche Einführung weiterer Währungen in Tabelle ACDOCA als frei definierte Währungen aus.

Lesern, die die Migrationsszenarien im neuen Hauptbuch von SAP ERP kennen, wird das Szenario 6 oder 7 bekannt vorkommen. Im nächsten Abschnitt beschäftigen wir uns zunächst mit der nachträglichen Einführung einer weiteren Rechnungslegungsvorschrift.

14.7.1 Nachträgliche Einführung einer weiteren Rechnungslegungsvorschrift

Wenn Sie, aus dem alten Hauptbuch kommend, die SAP S/4HANA Conversion durchgeführt haben und keine Kontenlösung im Einsatz hatten oder wenn Sie im neuen Hauptbuch bisher nur die lokale Rechnungslegung abgebildet haben und jetzt zusätzlich entweder IFRS und/oder das lokale Steuerrecht mit abbilden möchten, müssen Sie mit dem Szenario **Nachträgliche Einführung einer weiteren Rechnungslegungsvorschrift** eine weitere Rechnungslegungsvorschrift bzw. ein weiteres Ledger einführen. Die Migration der Daten erfolgt dabei auf der Basis eines existierenden Ledgers. Es wird gewissermaßen eine Kopie des existierenden Ledgers aufgebaut. Nach der Migration, die immer ein separates Projekt ist und nicht mit der SAP S/4HANA Conversion kombiniert werden kann, können Sie einzelne Werte an der Anlagenbuchhaltung, Abschreibungsschlüssel oder auch Rückstellungen im Hauptbuch anpassen. Je nach Umfang der Unterschiede in den Rechnungslegungen, die Sie abbilden möchten, ist ein mehr oder weniger umfangreiches Fachkonzept notwendig. Außerdem sollten Sie mit drei bis fünf Testmigrationen rechnen, bevor Sie eine produktive Migration wagen.

Eine ausführliche Dokumentation des Migrationsszenarios finden Sie unter *https://help.sap.com/docs/SAP_S4HANA_ON-PREMISE/67e323b7117e4c91869c258933f47182/7e71fb579881ed0ee10000000a4450e5.html?locale=de-DE* (Kurz-URL: *http://s-prs.de/v871514*).

Im Customizing finden Sie die nachträgliche Einführung einer weiteren Rechnungslegungsvorschrift über den folgenden Pfad: **Finanzwesen • Grundeinstellungen Finanzwesen • Werkzeuge • Nachträgliche Einführung einer weiteren Rechnungslegungsvorschrift**.

Abbildung 14.46 zeigt den Customizing-Pfad und die Schritte, die für die nachträgliche Einführung einer weiteren Rechnungslegungsvorschrift abzuarbeiten sind.

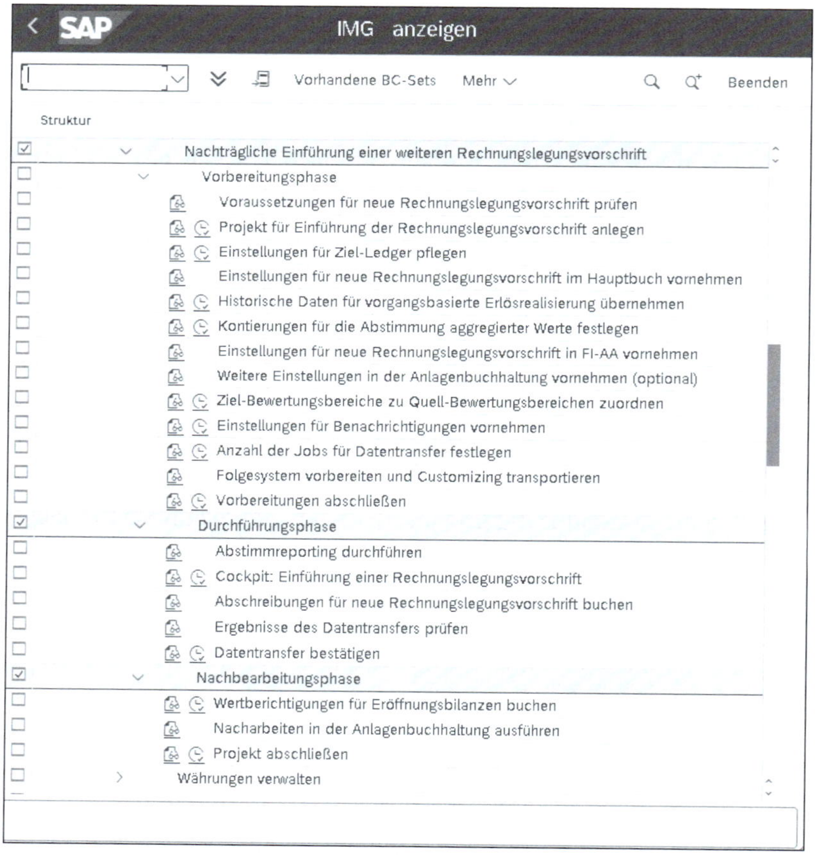

Abbildung 14.46 IMG-Aktivitäten für die nachträgliche Einführung einer Rechnungslegungsvorschrift

Die für die nachträgliche Einführung einer weiteren Rechnungslegungsvorschrift notwendigen Programme und das notwendige Customizing sind Bestandteil der Standardauslieferung von SAP S/4HANA.

Die nachträgliche Einführung einer weiteren Rechnungslegungsvorschrift unterteilt sich in mehrere Phasen (siehe Abbildung 14.47). Teilweise können diese im alten Geschäftsjahr beginnen.

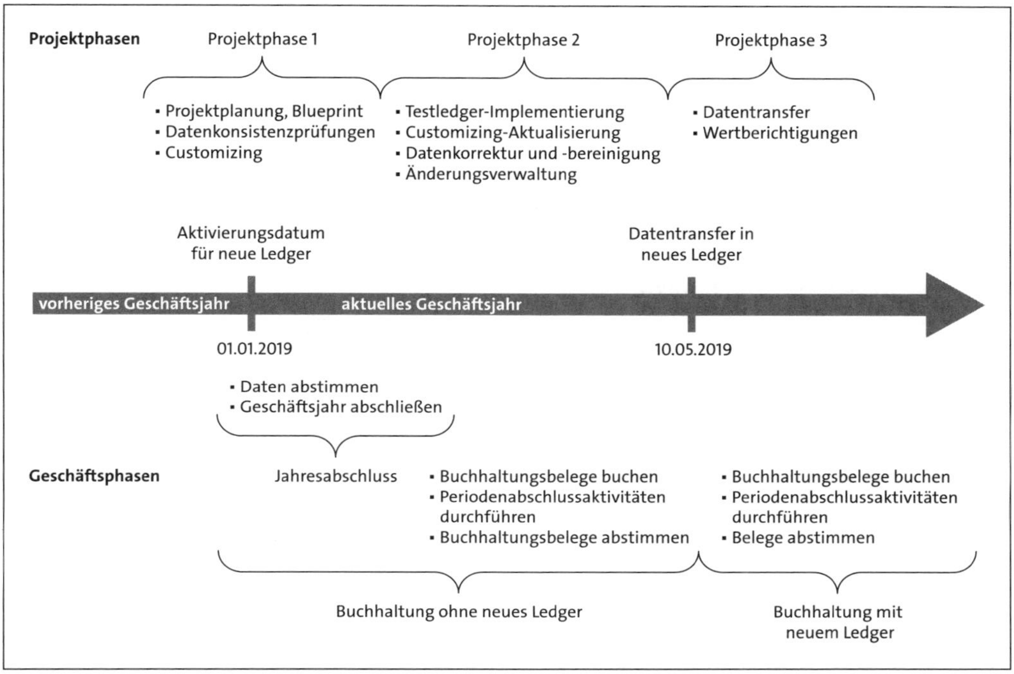

Abbildung 14.47 Überblick über die Phasen bei der nachträglichen Einführung einer weiteren Rechnungslegungsvorschrift

Die nachträgliche Einführung einer weiteren Rechnungslegungsvorschrift ist dabei an einige Voraussetzungen gebunden:

- Ein identisches Customizing in Ziel und Quelle von Rechnungslegungsvorschrift, Ledger und Bewertungsbereich wird vorausgesetzt.
- Identische Bewertungsparameter zum Vorlagebereich (AfA-Schlüssel, Nutzungsdauer usw.) sind nach der Migration vorhanden.
- Alle Anlagen werden ebenfalls 1:1 um die neue Rechnungslegungsvorschrift/den neuen Bewertungsbereich erweitert. Sollten Sie Anlagen haben, die Sie nur in einer Rechnungslegungsvorschrift benötigen, müssen diese nachträglich manuell ausgebucht werden.
- Es darf nur ein Geschäftsjahr offen sein; Vorjahre müssen vom Wirtschaftsprüfer abgenommen (testiert) sein und dürfen nicht wieder geöffnet werden.

- Eine Archivierung von Buchhaltungsbelegen, die im aktuellen Geschäftsjahr gebucht wurden, in dem auch die neue Rechnungslegungsvorschrift eingeführt werden soll, ist nicht möglich.
- Eine SAP S/4HANA Conversion und eine Migration, um eine zusätzliche Rechnungslegungsvorschrift einzuführen, können nicht im selben Geschäftsjahr stattfinden.
- Das Afa-Neurechnen (Transaktion AFAR) im Quell-Ledger der neuen Rechnungslegungsvorschrift muss durchgeführt worden sein.
- Die Abschreibungen müssen für die Quell-Rechnungslegungsvorschrift komplett gebucht worden sein, vom Jahresanfang bis zum Go-live-Termin.

Die folgenden Einschränkungen sind zu beachten:

- Es ist nicht möglich, nur ein nicht repräsentatives Ledger einzuführen. Das neu einzuführende Ledger muss immer als vollständig buchendes Ledger eingeführt werden.
- Die Einführung einer neuen Rechnungslegungsvorschrift funktioniert nicht in einem Umfeld, in dem COGM/parallele Bewertung von Herstellkosten aktiviert sind.
- Die Werte für die statistischen Bewertungsbereiche können nicht angelegt und nicht aufgebaut werden.
- Passivische Investitionsförderbereiche müssen angelegt werden, falls diese noch in den Quell-Rechnungslegungsvorschriften verwendet werden.
- Mehrere passivische Investitionsförderbereiche (in den Quell-Rechnungslegungsvorschriften) können in den Ziel-Rechnungslegungsvorschriften in einem Bereich zusammengeführt werden, falls ein identisches Customizing für sie erfolgt ist.
- Für realtime-buchende Aufwertungsbereiche gilt das Gleiche wie für passivische Investitionsförderbereiche.

  Ausnahme: Die übertragenen Rücklagenbereiche (passivisch, realtime-buchend), die in den Quell-Rechnungslegungsvorschriften vorhanden sind, müssen in den Ziel-Rechnungslegungsvorschriften nicht zwingend angelegt werden (keine Abstimmung der entsprechenden Konten möglich).
- Transferpreise können in den Ziel-Rechnungslegungsvorschriften nur verwendet werden, wenn sie in den Quell-Rechnungslegungsvorschriften auch verwendet werden (identisches Customizing!).
- Die neue Rechnungslegungsvorschrift muss für alle aktiven Buchungskreise eingeführt werden, die dem Bewertungsplan zugeordnet sind.

Einschränkung hinsichtlich Kontenlösung

Kunden, die von einer Kontenlösung auf die Ledger-Lösung wechseln möchten, müssen dies zwingend vor der SAP S/4HANA Conversion im neuen Hauptbuch in SAP ERP durchführen bzw. auf das neue Hauptbuch in SAP ERP migrieren, bevor sie eine SAP S/4HANA Conversion vornehmen. In SAP S/4HANA wird eine nachträgliche Umstellung von der Kontenlösung auf die Ledger-Lösung zurzeit nicht unterstützt und ist daher nicht möglich!

Der Report RAFABNEW ist in SAP S/4HANA nicht mehr verfügbar, siehe SAP-Hinweis 2403248 (FI-AA (neu): Verfügbarkeit von RAFABNEW). Dass Sie sich für ein solches Projekt entsprechend erfahrene Beratungsunterstützung einkaufen und Sie die Migration mehrfach ausgiebig testen, müssen wir hier sicher nicht extra erwähnen.

Schauen wir nun im nächsten Abschnitt die nachträgliche Einführung der Belegaufteilung an.

14.7.2 Nachträgliche Einführung der Belegaufteilung

Aus dem alten oder neuen Hauptbuch kommende Kunden, die schon immer die Belegaufteilung nutzen wollten, können diese mit dem Szenario **Nachträgliche Einführung der Belegaufteilung** einführen. Die nachträgliche Einführung der Belegaufteilung ist immer ein separates Projekt und kann nicht mit der SAP S/4HANA Conversion kombiniert werden.

Je nach Umfang der Nutzung der Belegaufteilung bzw. der gewünschten Genauigkeit der abzubildenden Profit-Center/Segmentbilanzen ist ein mehr oder weniger umfangreiches Fachkonzept notwendig. Darüber hinaus sollten Sie mit drei bis fünf Testmigrationen rechnen, bevor Sie eine produktive Migration wagen.

Eine ausführliche Dokumentation des Migrationsszenarios finden Sie unter *https://help.sap.com/docs/SAP_S4HANA_ON-PREMISE/3eb1567cf97543c08087efb0936964e6/728efdb65e774398825a4064c443db9a.html?locale=de-DE* (Kurz-URL: *http://s-prs.de/v871513*).

Im Customizing erreichen Sie die nachträgliche Einführung der Belegaufteilung über den folgenden Pfad: **Finanzwesen • Hauptbuchhaltung • Geschäftsvorfälle • Belegaufteilung • Nachträgliche Einführung der Belegaufteilung**.

Abbildung 14.48 zeigt den Customizing-Pfad und die Schritte, die für die nachträgliche Einführung der Belegaufteilung abzuarbeiten sind. Die für die nachträgliche Einführung der Belegaufteilung notwendigen Programme und das notwendige Customizing sind Bestandteil der Standardauslieferung von SAP S/4HANA.

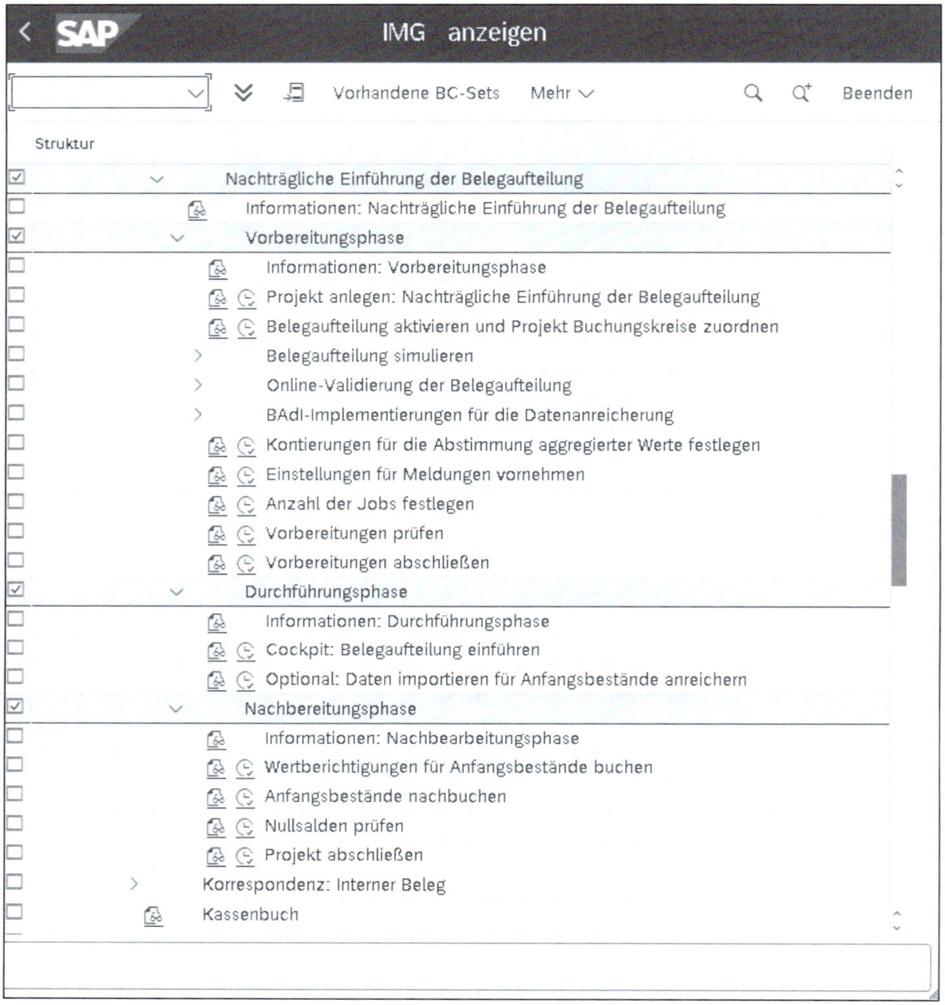

Abbildung 14.48 IMG-Aktivitäten für die nachträgliche Einführung der Belegaufteilung

Die nachträgliche Einführung der Belegaufteilung unterteilt sich in mehrere Phasen (siehe Abbildung 14.49). Teilweise müssen diese Phasen noch im alten Geschäftsjahr durchlaufen werden.

Für die nachträgliche Einführung der Belegaufteilung ist eine ausgiebige fachliche Vorbereitung notwendig, was die Ableitung der Profit-Center betrifft. Einerseits müssen Sie definieren, wie die Prozesse für neu erfasste Belege durchlaufen werden sollen. Die Definition sollte so erfolgen, dass Sie möglichst wenig periodische Nacharbeiten haben, um zu fachlich sinnvollen Profit-Center-Bilanzen zu gelangen. Andererseits müssen die Daten migriert werden. Dazu stehen, genau wie im neuen Hauptbuch, bei der nachträglichen Einführung der Belegaufteilung BAdIs zur Verfügung, in denen Sie die Ableitung der Profit-Center für die Migration definieren. Im besten Fall reicht es schon, die Beispielimplementierungen der BAdIs, die SAP ausliefert, zu aktivieren.

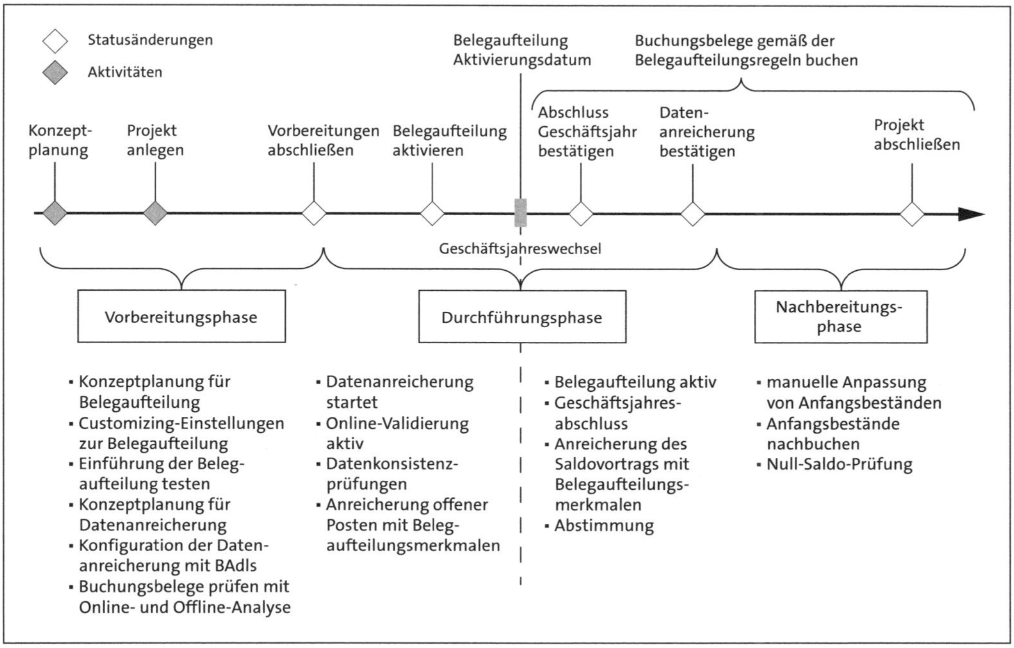

Abbildung 14.49 Überblick über die Phasen in der nachträglichen Einführung der Belegaufteilung

Denken Sie bei der Einführung der Belegaufteilung auch darüber nach, ob Sie in diesem Zusammenhang noch die Segmentberichterstattung einführen möchten. Sie finden die Segmentberichterstattung im Customizing über den folgenden Pfad: **Finanzwesen • Anlagenbuchhaltung • Integration mit dem Hauptbuch • Segmentberichterstattung**.

Abbildung 14.50 zeigt Ihnen die Customizing-Aktivitäten, die Sie ausführen müssen. Lesen Sie sich die Dokumentation zum Customizing-Punkt **Segmentberichterstattung aktivieren** genau durch. Diese erklärt exakt, was Sie beachten müssen.

In Kapitel 4, »Hauptbuchhaltung«, sind wir bereits auf die Customizing-Einstellungen der Segmentberichterstattung eingegangen.

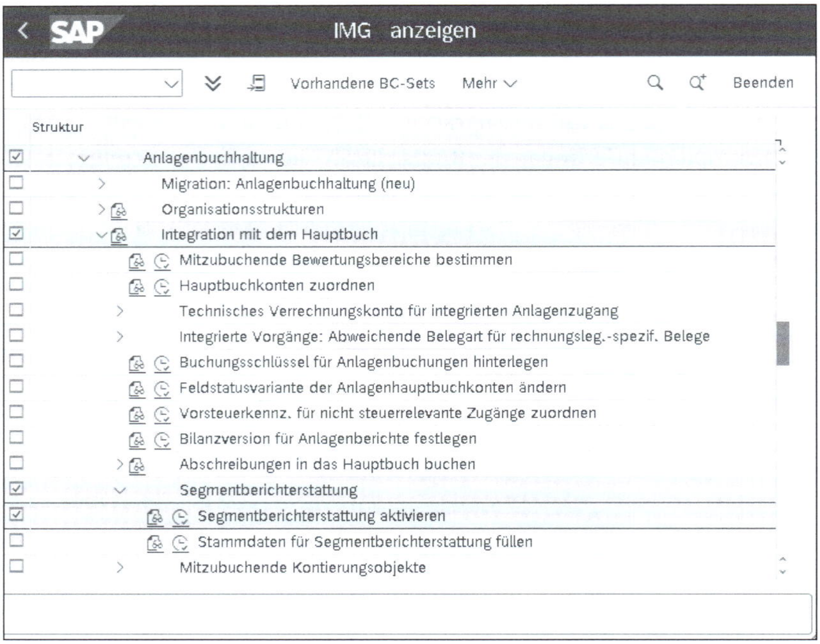

Abbildung 14.50 SAP-Einführungsleitfaden für die Segmentberichterstattung

14.7.3 Nachträgliche Einführung weiterer freier Währungen

Kunden, die von SAP ERP nach SAP S/4HANA via SAP S/4HANA Conversion gekommen sind, benötigen im Nachgang vielleicht mehr freie Währungen in der Tabelle ACDOCA. In Transaktion FINSC_LEDGER können Sie bis zu acht zusätzliche freie Währungen definieren. Bei einer Neueinführung von SAP S/4HANA können Sie diese einfach, bevor Sie produktiv gegangen sind, im Customizing aktivieren. In bereits produktiven SAP-S/4HANA-Systemen benötigen Sie dafür eine Migration. Diese ist in SAP S/4HANA vorhanden. Folgen Sie dazu dem Customizing-Pfad **Finanzwesen • Grundeinstellungen Finanzwesen • Werkzeuge • Währungen verwalten** (siehe Abbildung 14.51).

Bevor Sie ein Projekt zur Einführung weiterer freier Währungen aufsetzen, lesen Sie bitte unbedingt die Dokumentation!

[»]

Einführung bzw. Änderung der Währungen in der Tabelle BSEG

Eine nachträgliche Einführung bzw. Änderung der Währungen in Tabelle BSEG ist in SAP S/4HANA nicht möglich. Dies gilt ebenfalls für die Währungen im Material-Ledger sowie für die nachträgliche Einführung von Transferpreisen. Beachten Sie dazu

SAP-Hinweis 2555648 (Währungseinstellungsänderungen mit aktivem Material-Ledger in SFIN und SAP S/4HANA). Dies muss zwingend bei der Neuimplementierung von SAP S/4HANA berücksichtigt bzw. vor der SAP S/4HANA Conversion in SAP ERP durchgeführt werden.

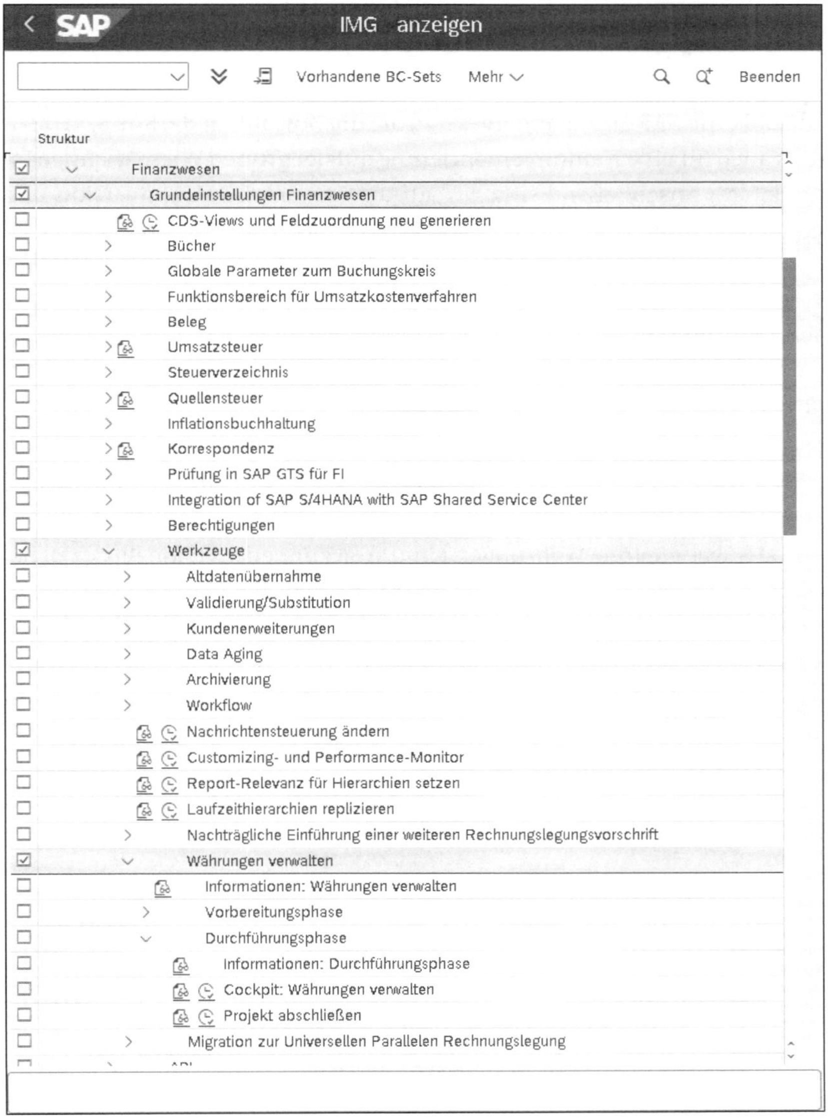

Abbildung 14.51 IMG-Aktivitäten für die nachträgliche Einführung freier Währungen

Die nachträgliche Einführung einer weiteren Rechnungslegungsvorschrift, der Belegaufteilung und/oder weiterer freier Währungen sind immer separate Projekte, die sequenziell abgearbeitet werden müssen! Die Reihenfolge können Sie dabei an den Erfordernissen in Ihrem Unternehmen ausrichten.

14.8 Zusammenfassung

In diesem Kapitel haben wir uns ausführlich mit den verschiedenen vorbereitenden Services und Tools von SAP auseinandergesetzt, die uns sowohl für die SAP S/4HANA Conversion als auch für eine Neuimplementierung auf der grünen Wiese wichtige Informationen liefern. Anschließend sind wir auf die SAP S/4HANA Conversion und das dort verwendete Migration Cockpit eingegangen, bevor wir uns das Migration Cockpit für die Altdatenmigration genauer angeschaut haben. Leider ist der Begriff *Migration Cockpit* hier doppelt besetzt. Da das jeweilige Migration Cockpit immer nur für einen bestimmten Anwendungsfall, als SAP S/4HANA Conversion oder als Altdatenmigration, benötigt wird, sollten sich die Verwirrungen bei Ihnen jedoch in Grenzen halten.

Im letzten Teil dieses Kapitels haben wir uns mit den Möglichkeiten der nachträglichen Erweiterungen und Änderungen in SAP S/4HANA beschäftigt. Dabei haben Sie gelernt, dass Sie nachträglich eine weitere Rechnungslegungsvorschrift, die Belegaufteilung oder weitere freie Währungen einführen können. Es handelt sich dabei immer um separate Projekte, die Sie nacheinander durchführen können; die Reihenfolge spielt dabei keine Rolle. Diese Projekte können nicht gleichzeitig mit der SAP S/4HANA Conversion stattfinden oder kombiniert werden und erfolgen immer erst im auf die SAP S/4HANA Conversion folgenden Geschäftsjahr im produktiven System.

Anhang

Anhang A
Änderungen am Datenmodell

Bereits mit der Installation von bzw. mit dem Upgrade auf SAP S/4HANA Finance werden die Summen- und Indextabellen entfernt bzw. durch identisch benannte DDL-SQL-Views ersetzt. Diese werden *Kompatibilitäts-Views* (engl. Compatibility Views) genannt. Diese Ersetzung findet bereits während der Installation von SAP S/4HANA statt; die betreffenden Daten werden in Backup-Tabellen gesichert. Die Kompatibilitäts-Views stellen sicher, dass die Datenbankanweisung `SELECT` weiterhin funktioniert. Jede Art schreibender Zugriffe (`INSERT`, `UPDATE`, `DELETE` und `MODIFY`) ist aus SAP-Standardprogrammen entfernt worden und sollte auch aus kundeneigenen Programmen entfernt werden (siehe SAP-Hinweis 1976487 (Hinweise zur Anpassung von kundeneigenen Programmen an das vereinfachte Datenmodell des SAP Simple Finance)).

Tabelle A.1 gibt Ihnen eine Übersicht über Tabellen, Kompatibilitäts-Views, DDL-Sources und Backup-Tabellen.

Originaltabelle	Kompatibilitäts-View	DDL-Source	Backup-Tabelle
BSAD	BSAD	BSAD_DDL	BSAD_BCK
BSAK	BSAK	BSAK_DDL	BSAK_BCK
BSAS	BSAS	BSAS_DDL	BSAS_BCK
BSID	BSID	BSID_DDL	BSID_BCK
BSIK	BSIK	BSIK_DDL	BSIK_BCK
BSIS	BSIS	BSIS_DDL	BSIS_BCK
FAGLBSAS	FAGLBSAS	FAGLBSAS_DDL	FAGLBSAS_BCK
FAGLBSIS	FAGLBSIS	FAGLBSIS_DDL	FAGLBSIS_BCK
GLTO	GLTO	GLTO_DDL	GLTO_BCK
KNC1	KNC1	KNC1_DDL	KNC1_BCK

Tabelle A.1 Übersicht über Tabellen, Kompatibilitäts-Views, DDL-Sources und Backup-Tabellen

Originaltabelle	Kompatibilitäts-View	DDL-Source	Backup-Tabelle
KNC3	KNC3	KNC3_DDL	KNC3_BCK
LFC1	LFC1	LFC1_DDL	LFC1_BCK
LFC3	LFC3	LFC3_DDL	LFC3_BCK
COSP	COSP	V_COSP_DDL	COSP_BAK
COSS	COSS	V_COSS_DDL	COSS_BAK
FAGLFLEXT	FAGLFLEXT	V_FAGLFLEXT_DDL	FAGLFLEXT_BCK

Tabelle A.1 Übersicht über Tabellen, Kompatibilitäts-Views, DDL-Sources und Backup-Tabellen (Forts.)

Mit SAP S/4HANA werden Tabellen (teilweise) durch das Universal Journal ersetzt (Tabelle ACDOCA). Der Ansatz bezüglich der Kompatibilitäts-Views und die Unterschiede sind im Folgenden dargestellt:

- Die Kompatibilitäts-Views tragen nicht mehr den gleichen Namen wie die Originaltabelle.
- Die Datenbankschnittstelle (*Database Interface*, DBI) stellt nun die Umleitung aller Tabellen-Selects auf den richtigen Kompatibilitäts-View sicher, der die Daten aus der Tabelle ACDOCA bereitstellt.
- Die Verbindung zwischen Tabelle und Kompatibilitäts-View wird nicht während des Upgrades hergestellt.

Tabelle A.2 gibt Ihnen einen Überblick über die Kompatibilitäts-Views.

Originaltabelle	Kompatibilitäts-View	DDL-Source	View zum Lesen der Tabelleninhalte ohne Umleitung über Kompatibilitäts-Views
ANEA	FAAV_ANEA	FAA_ANEA	FAAV_ANEA_ORI
ANEK	FAAV_ANEK	FAA_ANEK	FAAV_ANEK_ORI
ANEP	FAAV_ANEP	FAA_ANEP	FAAV_ANEP_ORI
ANLC	FAAV_ANLC	FAA_ANLC	FAAV_ANLC_ORI
ANLP	FAAV_ANLP	FAA_ANLP	FAAV_ANLP_ORI
BSIM	V_BSIM	BSIM_DDL	V_BSIM_ORI

Tabelle A.2 View zum Lesen der Tabelleninhalte

Originaltabelle	Kompatibilitäts-View	DDL-Source	View zum Lesen der Tabelleninhalte ohne Umleitung über Kompatibilitäts-Views
CKMI1	V_CKMI1	V_CKMI1_DDL	V_CKMI1_ORI
COEP	V_COEP	V_COEP	V_COEP_ORI
FAGLFLEXA	FGLV_FAGLFLEXA	FGL_FAGLFLEXA	V_FAGLFLEXA_ORI
MLCD	V_MLCD	V_MLCD_DDL	V_MLCD_ORI
MLCR	V_MLCR	V_MLCR_DDL	V_MLCR_ORI
MLHD	V_MLHD	V_MLHD_DDL	V_MLHD_ORI
MLIT	V_MLIT	V_MLIT_DDL	V_MLIT_ORI
MLPP	V_MLPP	V_MLPP_DDL	V_MLPP_ORI
T012K	V_T012K_BAM	V_T012K_BAM_DDL	V_T012K_MIG
T012T	V_T012T_BAM	V_T012T_DDL	V_T012T_MIG
FMGLFLEXA	FGLV_FMGLFLEXA	FGL_FMGLFLEXA	V_FMGLFLEXA_ORI
FMGLFLEXT	FGLV_FMGLFLEXT	FGL_FMGLFLEXT	V_FMGLFLEXT_ORI
PSGLFLEXA	FGLV_PSGLFLEXA	FGL_PSGLFLEXA	
PSGLFLEXT	FGLV_PSGLFLEXT	FGL_PSGLFLEXT	
JVGLFLEXA	FGLV_JVGLFLEXA	FGL_JVGLFLEXA	JVGLFLEXA_ORI
JVGLFLEXT	FGLV_JVGLFLEXT	FGL_JVGLFLEXT	JVGLFLEXT_ORI
ZZ<CUST>A	ZZ<CUST>A	ZZ<CUST>A	ZZ<CUST>A
ZZ<CUST>T	ZZ<CUST>T	ZZ<CUST>T	ZZ<CUST>T

Tabelle A.2 View zum Lesen der Tabelleninhalte (Forts.)

Außer einigen Tabellen sind weitere DDIC-Objekte ersetzt worden – entweder durch äquivalentes Coding bzw. durch neue, identisch benannte DDL-SQL-Kompatibilitäts-Views, oder sie werden automatisch auf neue Kompatibilitäts-Views umgeleitet. Für die Views, die durch neues Coding ersetzt worden sind, muss das kundeneigene Coding ebenfalls zwingend angepasst werden (siehe SAP-Hinweis 1976487 (Hinweise zur Anpassung von kundeneigenen Programmen an das vereinfachte Datenmodell des SAP Simple Finance)).

Tabelle A.3 gibt Ihnen einen Überblick über die DDL-SQL-Kompatibilitäts-Views.

Original-DDIC-Datenbank-View	Veraltete Tabelle	Ab Release	Ersetzt durch	Kompatibilitäts-View	DDL-Source für Kompatibilitäts-View
BKPF_BSAD	BSAD	sFIN 1.0	Ident. ben. DDL-View	BKPF_BSAD	BKPF_BSAD_DDL
BKPF_BSAD_AEDAT	BSAD	sFIN 1.0	Ident. ben. DDL-View	BKPF_BSAD_AEDAT	BKPF_BSAD_AEDAT_DDL
BKPF_BSAK	BSAK	sFIN 1.0	Ident. ben. DDL-View	BKPF_BSAK	BKPF_BSAK_DDL
BKPF_BSAK_AEDAT	BSAK	sFIN 1.0	Ident. ben. DDL-View	BKPF_BSAK_AEDAT	BKPF_BSAK_AED_DDL
BKPF_BSID	BSID	sFIN 1.0	Ident. ben. DDL-View	BKPF_BSID	BKPF_BSID_DDL
BKPF_BSID_AEDAT	BSID	–	Ident. ben. DDL-View	BKPF_BSIK_AEDAT	BKPF_BSID_AEDAT_DDL
BKPF_BSIK	BSIK	–	Ident. ben. DDL-View	BKPF_BSIK	BKPF_BSIK_DDL
BKPF_BSIK_AEDAT	BSIK	–	Ident. ben. DDL-View	BKPF_BSIK_AEDAT	BKPF_BSIK_AEDAT_DDL
GLTO_AEDAT	GLTO	sFIN 1.0	Ident. ben. DDL-View	GLTO_AEDAT	GLTO_AEDAT_DDL
KNC1_AEDAT	KNC1	sFIN 1.0	Ident. ben. DDL-View	KNC1_AEDAT	KNC1_AEDAT_DDL
KNC3_AEDAT	KNC3	sFIN 1.0	Ident. ben. DDL-View	KNC3_AEDAT	KNC3_AEDAT_DDL
LFC1_AEDAT	LFC1	sFIN 1.0	Ident. ben. DDL-View	LFC1_AEDAT	LFC1_AEDAT_DDL
LFC3_AEDAT	LFC3	sFIN 1.0	Ident. ben. DDL-View	LFC3_AEDAT	LFC3_AEDAT_DDL
TXW_J_WITH	BSAK	sFIN 1.0	Ident. ben. DDL-View	TXW_J_WITH	TXW_J_WITH_DDL
V_COSP_A	COSP	sFIN 1.0	Ident. ben. DDL-View	–	–

Tabelle A.3 DDL-SQL-Kompatibilitäts-Views

Original-DDIC-Datenbank-View	Veraltete Tabelle	Ab Release	Ersetzt durch	Kompatibilitäts-View	DDL-Source für Kompatibilitäts-View
V_COSS_A	COSS	sFIN 1.0	Ident. ben. DDL-View	–	–
VB_DEBI	BSID	sFIN 1.0	Ident. ben. DDL-View	VB_DEBI	VB_DEBI_DDL
VF_BSID	BSID	sFIN 1.0	Ident. ben. DDL-View	VF_BSID	VF_BSID_DDL
VFC_DEBI	KNC1	sFIN 1.0	Ident. ben. DDL-View	VFC_DEBI	VFC_DEBI_DDL
VFC_KRED	LFC1	sFIN 1.0	Ident. ben. DDL-View	VFC_KRED	VFC_KRED_DDL
ENT2006	GLTO	sFIN 1.0	Code	–	–
ENT2163	KNC1	sFIN 1.0	Code	–	–
ENT2164	LFC1	sFIN 1.0	Code	–	–
ENT2165	KNC3	sFIN 1.0	Code	–	–
ENT2166	LFC3	sFIN 1.0	Code	–	–
EPIC_V_BRS_BSAS	BSAS	sFIN 1.0	Code	–	–
EPIC_V_BRS_BSIS	BSIS	sFIN 1.0	Code	–	–
EPIC_V_BSID	BSID	sFIN 1.0	Code	–	–
EPIC_V_BSIK	BSIK	sFIN 1.0	Code	–	–
EPIC_V_CUSTOMER	BSIK	sFIN 1.0	Code	–	–
EPIC_V_VENDOR	BSIK	sFIN 1.0	Code	–	–
FMKK_BKPF_BSAK	BSAK	sFIN 1.0	Code	–	–

Tabelle A.3 DDL-SQL-Kompatibilitäts-Views (Forts.)

Original-DDIC-Datenbank-View	Veraltete Tabelle	Ab Release	Ersetzt durch	Kompatibilitäts-View	DDL-Source für Kompatibilitäts-View
FMKK_BKPF_BSIK	BSIK	sFIN 1.0	Code	–	–
/GRC/V_BANK_ACCT	T012	SAP Simple Finance, On-Premise-Version 1503	Komp vie redir	V_GRC_BANK_ACCT	V_GRC_BANK_ACCT_DDL
ANEKPV	ANEP	SAP Simple Finance, On-Premise-Version 1503	Komp vie redir	FAAV_ANEKPV	FAAV_ANEKPV_DDL
COPC_V_T012_SKB1	T012K	SAP Simple Finance, On-Premise-Version 1503	Komp vie redir	V_COPC_T012_SKB1	V_COPC_T012_SKB1_DDL
COPC_V_T035D	T012K	SAP Simple Finance, On-Premise-Version 1503	Komp vie redir	V_COPC_T035D	V_COPC_T035D_DDL
COVP	COEP	SAP Simple Finance, On-Premise-Version 1503	Komp vie redir	V_COVP	V_COVP_DDL
FAP_V_CMP_HBACC	T012	SAP Simple Finance, On-Premise-Version 1503	Komp vie redir	V_FAP_CMP_HBACC	V_FAP_CMP_HBACC_DDL
MLREADST	MLHD	SAP Simple Finance, On-Premise-Version 1503	Komp vie redir	V_MLREADST	V_MLREADST_DDL
MLREPORT	MLIT	SAP Simple Finance, On-Premise-Version 1503	Komp vie redir	V_MLREPORT	V_MLREPORT_DDL

Tabelle A.3 DDL-SQL-Kompatibilitäts-Views (Forts.)

Original-DDIC-Datenbank-View	Veraltete Tabelle	Ab Release	Ersetzt durch	Kompatibilitäts-View	DDL-Source für Kompatibilitäts-View
MLXXV	MLHD	SAP Simple Finance, On-Premise-Version 1503	Komp vie redir	V_MLXXV	V_MLXXV_DDL
V_ANEPK	ANEP	SAP Simple Finance, On-Premise-Version 1503	Komp vie redir	FAAV_V_ANEPK	FAA_V_ANEPK
V_ANLAB	ANEP	SAP Simple Finance, On-Premise-Version 1503	Komp vie redir	FAAV_V_ANLAB	FAA_V_ANLAB
V_ANLSUM_1	ANLA	SAP Simple Finance, On-Premise-Version 1503	Komp vie redir	FAAV_V_ANLSUM_1	FAA_V_ANLSUM_1
V_ANLSUM_2	ANEP	SAP Simple Finance, On-Premise-Version 1503	Komp vie redir	FAAV_V_ANLSUM_2	FAA_V_ANLSUM_2
V_ANLSUM_5	ANLA	SAP Simple Finance, On-Premise-Version 1503	Komp vie redir	FAAV_V_ANLSUM_5	FAA_V_ANLSUM_5

Tabelle A.3 DDL-SQL-Kompatibilitäts-Views (Forts.)

Tabelle A.4 gibt Ihnen einen Überblick über die Tabellen, die in die Tabelle ACDOCA oder in die Tabelle BKPF aufgenommen worden sind.

Alte Tabelle	Zukünftige Tabelle	Anmerkung
ANEA	ACDOCA	–
ANEA	FAAT_DOC_IT	stat. Daten, z. B. Steuer
ANEK	BKPF	–

Tabelle A.4 Tabellen, die in Tabelle ACDOCA oder Tabelle BKPF aufgenommen wurden

Alte Tabelle	Zukünftige Tabelle	Anmerkung
ANEP	ACDOCA	–
ANEP	FAAT_DOC_IT	stat. Daten, z. B. Steuer
ANLC	ACDOCA	–
ANLC	FAAT_DOC_IT	stat. Daten, z. B. Steuer
ANLC	FAAT_PLAN_VALUES	Plandaten, z. B. geplante Abschreibung
ANLP	ACDOCA	–
ANLP	FAAT_DOC_IT	stat. Daten, z. B. Steuer
ANLP	FAAT_PLAN_VALUES	Plandaten, z. B. geplante Abschreibung
BSIM	ACDOCA	–
CKMI1	ACDOCA	–
COEP	ACDOCA	–
FAGLFLEXA	ACDOCA	–
MLCD	ACDOCA	–
MLCR	ACDOCA	–
MLHD	ACDOCA	–
MLIT	ACDOCA	–
MLPP	ACDOCA	–
FMGLFLEXA	ACDOCA	–
FMGLFLEXT	ACDOCA	–
PSGLFLEXA	ACDOCA	–
PSGLFLEXT	ACDOCA	–
JVGLFLEXA	ACDOCA	–
JVGLFLEXT	ACDOCA	–

Tabelle A.4 Tabellen, die in Tabelle ACDOCA oder Tabelle BKPF aufgenommen wurden (Forts.)

Weiter gehende Informationen finden Sie im SAP-Hinweis 2270333 - S4TWL - Änderungen am Datenmodell in FIN.

Anhang B
Änderungen an Transaktionen

Durch die Änderungen im Datenmodell, durch neue Funktionen und die Umstellung der SAP-GUI-Oberfläche auf SAP Fiori sind verschiedene, bisher bekannte Transaktionen nicht mehr nutzbar:

- Einige Transaktionen sind nicht mehr vorhanden (sie wurden ersatzlos gestrichen).
- Einige bekannte Transaktionen werden auf neue Transaktionen umgeleitet.
- Andere bekannte Transaktionen lösen eine Fehlermeldung aus.

Die in Tabelle B.1 gezeigte Aufstellung ist eine Liste der bekanntesten Transaktionen ohne Anspruch auf Vollständigkeit (siehe dazu auch die Simplification List).

Wichtige Customizing-Pfade

Eine Aufstellung aller in diesem Buch behandelten Customizing-Pfade und, falls vorhanden, Transaktionscodes finden Sie auf der Website zum Buch unter *https://www.sap-press.de/6067/* im Kasten **Materialien zum Buch**.

Alte Transaktion	Typ	Neue Transaktion	Typ	Text
FS01	TA	FS00	TA	GL-Konto anlegen
FS02	TA	FS00	TA	GL-Konto ändern
FS03	TA	FS00	TA	GL-Konto anzeigen
CK11	TA	CK11N	TA	Materialkalkulation mit Mengengerüst anlegen
CK13	TA	CK13N	TA	Materialkalkulation mit Mengengerüst anzeigen
CK41	TA	CK40N	TA	Kalkulationslauf bearbeiten
CK42	TA	CK40N	TA	Kalkulationslauf bearbeiten

Tabelle B.1 Übersicht über geänderte Transaktionen

Alte Transaktion	Typ	Neue Transaktion	Typ	Text
CK43	TA	CK40N	TA	Kalkulationslauf bearbeiten
CK60	TA	CK40N	TA	Kalkulationslauf bearbeiten
CK62	TA	CK40N	TA	Kalkulationslauf bearbeiten
CK64	TA	CK40N	TA	Kalkulationslauf bearbeiten
CK66	TA	CK40N	TA	Kalkulationslauf bearbeiten
CK68	TA	CK40N	TA	Kalkulationslauf bearbeiten
ABST	TA	–	TA	Abstimmung Anlagen mit Hauptbuch
ABST2	TA	–	TA	Abstimmung Anlagen mit Hauptbuch
ABSTL	TA	–	TA	Abstimmung Anlagen mit Hauptbuch
ASKB	TA	–	–	Periodische Bestandsbuchungen
AJRW	TA	FAGLGVTR	TA	Saldovortrag – FI zentral
AFAR	TA	FAA_DEPRECIATION_CALCULATE	PROG	Afa Neurechnen
AFAB	TA	FAA_DEPRECIATION_POST	PROG	Buchen der Abschreibung
AJAB	TA	FAA_CLOSE_FISC_YEARS	TA	Durchführen (buchungskreis-/ledgerübergreifend)
OAAQ	TA	FAA_CMP	TA	Durchführen/Zurücknehmen
RAGITT01	PROG	RAGITT_ALV01	PROG	Anlagengitter
RAABST01	PROG	RABEST_ALV01	PROG	Anlagenbestand
RAHAFA01	PROG	RAHAFA_ALV01	PROG	Abschreibungen

Tabelle B.1 Übersicht über geänderte Transaktionen (Forts.)

Alte Transaktion	Typ	Neue Transaktion	Typ	Text
FK01	TA	BP	TA	Kreditor anlegen
FK02	TA	BP	TA	Kreditor ändern
FK03	TA	BP	TA	Kreditor anzeigen
FD01	TA	BP	TA	Debitor anlegen
FD02	TA	BP	TA	Debitor ändern
FD03	TA	BP	TA	Debitor anzeigen
CK74	TA	CK74N	TA	Additive Kosten anlegen
KSB1	TA	KSB1N	–	Kostenstellen Einzelposten Ist anzeigen
KB11	TA	KB11N	TA	Manuelle Umbuchung von Primärkosten erfassen
KB21	TA	KB21N	TA	Direkte Leistungsverrechnung erfassen
KB31	TA	KB31N	TA	Statistische Kennzahlen erfassen
KB33	TA	KB33N	TA	Statistische Kennzahlen anzeigen
KB34	TA	KB34N	TA	Statistische Kennzahlen stornieren
KB51	TA	KB51N	TA	Leistungen erfassen
KE21	TA	KE21N	TA	CO-PA-Einzelposten anlegen
KE23	TA	KE24N	TA	CO-PA-Einzelposten anzeigen
KE24	TA	KE24N	TA	CO-PA-Einzelposten anzeigen
FAGL_FC_VAL	TA	FAGL_FCV	TA	Fremdwährungsbewertung
F.05	TA	FAGL_FCV	TA	Fremdwährungsbewertung

Tabelle B.1 Übersicht über geänderte Transaktionen (Forts.)

Alte Transaktion	Typ	Neue Transaktion	Typ	Text
F.24	TA	RFINTITAR/ RFINTITAP FINT/FINTAP	PROG TA	Postenverzinsung
F.2A	TA	RFINTITAR/ RFINTITAP FINT/FINTAP	PROG TA	Postenverzinsung
F.2B	TA	RFINTITAR/ RFINTITAP FINT/FINTAP	PROG TA	Postenverzinsung
F.2C	TA	RFINTITAR/ RFINTITAP FINT/FINTAP	PROG TA	Postenverzinsung
F.4A	TA	RFINTITAR/ RFINTITAP FINT/FINTAP	PROG TA	Postenverzinsung
F.4B	TA	RFINTITAR/ RFINTITAP FINT/FINTAP	PROG TA	Postenverzinsung
F.4C	TA	RFINTITAR/ RFINTITAP FINT/FINTAP	PROG TA	Postenverzinsung
FA39	TA	RFINTITAR/ RFINTITAP FINT/FINTAP	PROG TA	Postenverzinsung
F.47	TA	RFINTITAR/ RFINTITAP FINT/FINTAP	PROG TA	Postenverzinsung
FBICS1	TA	FBICR3L	TA	Intercompany Reconciliation Tool: Offene Posten
FBICA1	TA	FBICR3L	TA	Intercompany Reconciliation Tool: Offene Posten
FBICR1	TA	FBICR3L	TA	Intercompany Reconciliation Tool: Offene Posten

Tabelle B.1 Übersicht über geänderte Transaktionen (Forts.)

Alte Transaktion	Typ	Neue Transaktion	Typ	Text
S_E38_98000088	TA	Profit-Center-Gruppe: Plan/Ist-Abweichung	SAP Fiori	Profit-Center – Plan/Ist (SAP-Fiori-ID: F0926; Query: /ERP/SFIN_M01_Q2701)
S_E38_98000089	TA	Profit-Center-Gruppe: Plan/Plan-Abweichung	SAP Fiori	Profit-Center – Plan/Ist aktuelles Jahr (SAP-Fiori-ID: F0932; Query: /ERP/SFIN_M01_Q2702)
GJT1	TA	Umbuchung Anlage zu WIP	–	siehe SAP-Hinweis 2137314
GJT2	TA	Umbuchung Anlage an Anlage	–	siehe SAP-Hinweis 2137314
GJT3	TA	Anlagenverschrottung	–	siehe SAP-Hinweis 2137314
GJT4	TA	Anlagenverkauf	–	siehe SAP-Hinweis 2137314
GJT5	TA	Umbuchung WIP an WIP	–	siehe SAP-Hinweis 2137314
GJT6	TA	Umbuchung WIP an Anlage	–	siehe SAP-Hinweis 2137314
GJT0	TA	Storno	–	siehe SAP-Hinweis 2137314

Tabelle B.1 Übersicht über geänderte Transaktionen (Forts.)

Anhang C
Wichtige SAP-Hinweise

C.1 SAP-Hinweise für das neue Hauptbuch und SAP S/4HANA Finance

Hinweisnr.	SAP-Komponente	Bezeichnung
862523	FI-GL	mySAP ERP Neues Hauptbuch: neue Funktionalität ab SP10
1070629	FI-GL-MIG	FAQs: New General Ledger Migration
1565231	FI-GL	Deaktivieren eines Ledgers
2231634	FI-GL-GL-ADB	Komponente »Durchschnittlicher Tagessaldo« verwenden
2192251	FI-GL	Einstellungen von SAP Simple Finance (oder SAP S/4HANA) in klassisches ERP-System transportieren
1946054	FI-GL	SAP Simple Finance, On-Premise-Edition: Transaktionscodes und Programme – Vergleich mit EHP 7 und EHP 8 für SAP ERP 6.0
2129306	FI-GL-GL	Customizing-Einstellungen vor Upgrade auf SAP S/4HANA Finance oder SAP S/4HANA prüfen
2131643	FI-GL-IS	Ersetzung des Reporting-Contents des SAP-Simple-Finance-Add-ons 1.0 durch SAP Simple Finance, On-Premise-Edition 1503 oder 1605
2176077	XX-SER-REL	Check report for SAP S/4HANA Finance
1976487	FI-GL	Hinweise zur Anpassung von kundeneigenen Programmen an das vereinfachte Datenmodell von SAP Simple Finance
2270333	FI-GL	S4TWL - Änderungen am Datenmodell in FIN
2309893	FIN-MIG	Near-Zero-Downtime-Methode für die Migration nach SAP S/4HANA und SAP S/4HANA Finance

Tabelle C.1 SAP-Hinweise für das neue Hauptbuch und SAP S/4HANA Finance

Hinweisnr.	SAP-Komponente	Bezeichnung
2332030	FI-GL	Konvertierung des Rechnungswesens auf SAP S/4HANA
2297729	FI-GL	Keine Erfassungssicht für einige Buchungsbelege
2842890	FI-GL	FAQ SAP S/4HANA Finance
3289350	FI-GL-GL-G	Einschränkungen für klassische Bewertungsläufe in SAP S/4HANA Cloud Private Edition
3289507	FI-GL-GL-G	Einschränkungen für erweiterte Bewertungsläufe/ Reports in SAP S/4HANA Cloud Private Edition
3250812	XX-SER-REL	Erweiterte Bewertung in der Finanzbuchhaltung – Einschränkungen und allgemeine Informationen
2815304	FIN-CS-ICR	(Häufig gestellte Fragen (FAQ) zu Intercompany-Matching und -Abstimmung in SAP S/4HANA)
2932076	FI-GL-GL-G	ICA-Datenmigration (SAP-ERP-ICR-System nach SAP S/4HANA ICMA)
3114271	FIN-CS-ICR	Vergleich der Funktionen von ICMA in SAP S/4HANA mit den Funktionen der klassischen ICA (ERP)
2812479	FI-GL-GL-POA	Abgrenzung für Bestellungen: Zusatzinformationen

Tabelle C.1 SAP-Hinweise für das neue Hauptbuch und SAP S/4HANA Finance (Forts.)

C.2 SAP-Hinweise für die neue Anlagenbuchhaltung

Hinweisnr.	SAP-Komponente	Bezeichnung
2014219	FI-AA	Altdatenübernahme unter SAP_FIN 720
1968305	FI-AA	S2I: Report zur Prüfung der neuen Anlagenbuchhaltung sollte keine inaktiven Buchungskreise prüfen.
1939592	FI-AA	SFIN: Vorprüfungsreport zum Migrieren in neue Anlagenbuchhaltung
2208321	FI-AA	FAQ Altdatenübernahme unter SAP_FIN 720 und den Folge-Releases

Tabelle C.2 SAP-Hinweise für die neue Anlagenbuchhaltung unter SAP S/4HANA

Hinweisnr.	SAP-Komponente	Bezeichnung
2304473	FI-AA	Neue Anlagenbuchhaltung: Abstimmung der Altdatenübernahme
2137314	FI-AA CA-JVA-JVA	Joint-Venture-Rechnungswesen mit SAP Simple Finance powered by SAP HANA
2606994	FI-AA-AA	Report zum Transfer gebuchter Abschreibungen von Bestandskonten nach Änderung Kontenfindung bei Buchungskennzeichen 3
2429781	FI-AA-AA	Buchungskennzeichen 3 in der Anlagenbuchhaltung
2618023	FI-AA	Migrationsvorbereitende Prüfungen für FI-AA: Fehlermeldungen und mögliche Lösungen
2406313	FI-AA	FI-AA: Deaktive Buchungskreise bei der Migration nach SAP S/4HANA
2403248	FI-AA	FI-AA (neu): Verfügbarkeit von RAFABNEW
2491629	FI-AA	FI-AA (neu): Neubewertung
2580972	FI-AA	Offene-Posten-Verwaltung für Verrechnungskonto für den nicht integrierten Anlagenzugang (Workaround)
2864082	FI-AA	FAQ: Anlagenbuchhaltung in SAP S/4HANA
2220152	FI-AA	Ledger-Lösung und neue Anlagenbuchhaltung: Abweichende Geschäftsjahresvariante bei paralleler Bewertung

Tabelle C.2 SAP-Hinweise für die neue Anlagenbuchhaltung unter SAP S/4HANA (Forts.)

C.3 SAP-Hinweise für Central Finance

Hinweisnr.	SAP-Komponente	Bezeichnung
2103482	FI-CF	Funktionen des Funktionsbausteins FINS_CFIN_CO_CENTRAL_POSTING
2148893	FI-CF	Central Finance: Implementierung und Konfiguration

Tabelle C.3 SAP-Hinweise für Central Finance

Hinweisnr.	SAP-Komponente	Bezeichnung
2154420	FI-CF	SAP Landscape Transformation Replication Server für Central Finance
2184567	FI-CF	Central Finance: Häufig gestellte Fragen (FAQ)

Tabelle C.3 SAP-Hinweise für Central Finance (Forts.)

C.4 SAP-Hinweise für das Cash Management

Hinweisnr.	SAP-Komponente	Bezeichnung
2154658	FIN-FSCM-CLM-BAM	Release-Informationshinweis: Bank Account Management Lite (SAP S/4HANA Finance, On-Premise-Edition 1503)
2165520	FIN-FSCM-CLM-BAM	Unterschiede beim Funktionsumfang zwischen Bankkontenverwaltung und vereinfachter Bankkontenverwaltung
2149337	FIN-FSCM-CLM	Hinweis zum Umfang der Veröffentlichung für SAP Cash Management (SAP S/4HANA Finance, On-Premise-Edition 1503)
2237105*	FIN-FSCM-CLM-LM	Classic SAP Liquidity Planner and Liquidity Management in the New SAP Cash Management: Function Comparison
2243324	FIN-FSCM-CLM-BAM	Release-Informationshinweis: Bank Account Management Lite (SAP S/4HANA, On-Premise Edition 1511)
132012	CA-BK	Adressen zum Bezug von Bankleitzahlen-Gesamtdateien
2056456	FI-AP-AP-B1	CGI: CGI_XML_CT/ CGI_XML_DD: Sammelhinweis für CGI-Formate gemäß ISO-20022-Vorgaben
2307958	FI-AP-AP-B1	DMEE-Baumänderungen für SEPA-Lastschrift ab November 2016, November 2017
2329514	FI-BL-PT-FO	Konfigurationsänderungen für SEPA Direct Debit ab November 2016

Tabelle C.4 SAP-Hinweise für das neue SAP Cash Management (* Pilothinweis; bitte bei Bedarf über Kundenmeldung freigeben lassen)

C.5 SAP-Hinweise für die Umstellung auf den zentralen Geschäftspartner

Hinweisnr.	SAP-Komponente	Bezeichnung
2211312	LO-MD-BP	S4TC SAP_APPL: Prüfung zur Konvertierungsvorbereitung für Geschäftspartner
1623677	FS-BP	BP_CVI: Check Report für Überprüfung des CVI-Customizings
2216176	LO-MD-BP	Vorprüfungsbericht für Geschäftspartner
2549808	FS-BP	Kontengruppe in SAP S/4HANA Geschäftspartner/Kunde/Lieferant
2516606	FS-BP	BP_CVI: Berücksichtigung der FI-spezifischen Feldmodifikation von Debitor und Kreditor in Transaktion BP

Tabelle C.5 SAP-Hinweise für die Konvertierung auf den zentralen Geschäftspartner

C.6 SAP-Hinweise für das SAP-Kreditmanagement

Hinweisnr.	SAP-Komponente	Bezeichnung
2270544	FIN-FSCM-CR	S4TWL – Kreditmanagement

Tabelle C.6 SAP-Hinweis für das SAP-Kreditmanagement

C.7 SAP-Hinweise für das Controlling

Hinweisnr.	SAP-Komponente	Bezeichnung
2578433	CO-PA	Kurzdump CX_SY_DYNAMIC_OSQL_SEMANTICS: Fehler in CO-PA nach Upgrade auf SAP S/4HANA 1709
160892	CO-PA-MD	Mehr als 120 Wertfelder (Rel. 4.x)
2270404	CO-OM	Arbeitsliste für Übergang nach SAP S/4HANA – technische Änderungen im Controlling

Tabelle C.7 SAP-Hinweise für das Controlling (* Pilothinweis; bitte bei Bedarf über Kundenmeldung freigeben lassen)

Hinweisnr.	SAP-Komponente	Bezeichnung
2270404	CO-OM, CO-PC, CO-PA	S4TWL – Technische Änderungen im Controlling
2270407	CO-OM, CO-PC, CO-PA	S4TWL – Planung
2270408	CO-OM-ABC	S4TWL – Prozesskostenrechnung
2270411	CO-PC-OBJ	S4TWL – Allgemeine Kostenträger und Kostenträgerhierarchien
2270414*	CO-OM, CO-PC, CO-PA	S4TWL – Transferpreise und Deltaversionen
2270419	CO-OM, CO-PA	S4TWL – Kostenarten
2349278	CO-PA	Arbeitsvorrat für Übergang nach SAP S/4HANA – Ergebnisrechnung
2349282	CO-PC-IS	Arbeitsliste für Wechsel auf SAP S/4HANA – Verdichtungshierarchien im Controlling
2349294	CO-PC-PCP-REF	Arbeitsliste für Wechsel auf SAP S/4HANA – Muster- und Simulationskalkulation
2349297	CO-OM-IS	Arbeitsvorrat für Übergang nach SAP S/4HANA – Reporting/Analytics im Controlling
2436714	IM-FA	Investitionsmanagement in SAP S/4HANA, On-Premise-Edition
2534590	CO-PA-ST	CO-PA-Merkmale in Buchungsbeleg nicht gefüllt oder Kurzdump bei Generierung der CO-PA-Umgebung
2579584	CO-OM-IS	Recommendations for Financial Reporting in SAP S/4HANA
2581111	CO-OM	Zyklusaktualisierung aus Excel-Datei
2841880	CO-OM-IS	Finanzberichterstattung in SAP S/4HANA: semantische Tags, Bilanz-/GuV-Strukturen und Sachkontenhierarchien
2865342	CO-OM-OPA	Innenaufträge in SAP S/4HANA, On-Premise-Edition
2894297	CO-OM	Behandlung von Währungen im Controlling in SAP S/4HANA

Tabelle C.7 SAP-Hinweise für das Controlling (* Pilothinweis; bitte bei Bedarf über Kundenmeldung freigeben lassen) (Forts.)

Hinweisnr.	SAP-Komponente	Bezeichnung
2993220	EC-PCA	S4TWL – EC-PCA – Klassische Profitcenter-Rechnung
3006586	FI-SL-SL	S4TWL – Umsatzkosten-Ledger

Tabelle C.7 SAP-Hinweise für das Controlling (* Pilothinweis; bitte bei Bedarf über Kundenmeldung freigeben lassen) (Forts.)

C.8 SAP-Hinweise für SAP Advanced Financial Closing

Hinweisnr.	SAP-Komponente	Bezeichnung
2873915	FIN-FIO-FCC	FAQ SAP S/4HANA Cloud für erweiterten Finanzabschluss
2879220	FIN-FIO-FCC-RMT	Erweiterte Finanzabschluss-Integration kundenspezifischer Berichte

Tabelle C.8 SAP-Hinweise für SAP S/4HANA Cloud for Advanced Financial Closing

C.9 SAP-Hinweise für SAP S/4HANA Financial Closing Cockpit

Hinweisnr.	SAP-Komponente	Bezeichnung
332149	CA-GTF-SCM	SCMA: Notwendige Workflow-Einstellungen
401042	CA-GTF-SCM-D	Benutzerentscheidung anderer Benutzer ausführen
551743	CA-GTF-SCM	Schedman: Anschluss beliebiger Reports (Report SCMABOX)
782614	BC-SRV-BDS	Verwendung externer Content Server im BDS
1609030	CA-GTF-SCM	Closing Cockpit: Integration kundenspezifischer Programme
1661150*	EC-EIS-DD	Feldbezeichner in Bild f. Varianteneigenschaften n. verfügbar
1841975	CA-GTF-FCC	Aufgaben-ID im Ordner/Aufgabennamen ausblenden

Tabelle C.9 SAP-Hinweise für SAP S/4HANA Financial Closing Cockpit (* Pilothinweis; bitte bei Bedarf über Kundenmeldung freigeben lassen)

Hinweisnr.	SAP-Komponente	Bezeichnung
1845251	CA-GTF-FCC	Setzen der SET/GET-Parameter bei Onlineausführung
1871559*	LO-MD-MM	MMPI/MMPV: Keine Mehrfachselektion für Buchungskreis möglich
1924805	CA-GTF-FCC	Benutzerdefinierte zusätzliche Felder in Add-on FCC
1933478	CA-GTF-FCC	Add-on Financial Closing Cockpit: Dokumentation für BI-Einrichtung
1967638	CA-GTF-FCC	Automatische Verarbeitung der Batch-Input-Mappen
1969570	CA-GTF-FCC	Benutzerdefinierte Benutzergruppe
2097925	CA-GTF-FCC	Integration zwischen Financial Closing Cockpit und Business Consolidation (SEM-BCS)
2147463	CA-GTF-FCC-FIO	FCC-HANA-Rolle fehlt
2326951	CA-GTF-SCM	Dokumentation für die Ablaufdefinition ist nicht ausreichend
2391918	BC-CCM-BTC	BAE Interface

Tabelle C.9 SAP-Hinweise für SAP S/4HANA Financial Closing Cockpit (* Pilothinweis; bitte bei Bedarf über Kundenmeldung freigeben lassen) (Forts.)

C.10 SAP-Hinweise für Migration Cockpit/Altdatenübernahme

Hinweisnr.	SAP-Komponente	Bezeichnung
2481235	CA-GTF-MIG	SAP-S/4HANA-Migrationscockpit (On-Premise-Edition)
2537549	CA-GTF-MIG	Sammelhinweis und FAQ zum SAP-S/4HANA-Migrationscockpit (On-Premise-Edition)
2955884	CA-GTF-MIG	Migrationscockpit & SLT auf SAP S/4HANA, On-Premise-Edition 2021
2596411	HAN-DP-LTR	Note Analyzer: SLT, NZDT, SAP-S/4HANA-Migrationscockpit (DMIS2011, DMIS2018, S/4HANA)

Tabelle C.10 SAP-Hinweis für das SAP S/4HANA Migration Cockpit

Hinweisnr.	SAP-Komponente	Bezeichnung
2747566	CA-LT-MC	SAP-S/4HANA-Migrationscockpit: Sammelhinweis für die direkte Datenübertragung aus dem SAP-System
2780378	CA-LT-MC	SAP-Sammelhinweis für SAP-S/4HANA-Migrations-cockpit (alle Releases)
2819445	CA-LT-MC	SAP-S/4HANA-Migrationscockpit: Zentraler Hinweis zur Direktübertragung von Daten aus dem SAP-System – Korrekturen für Migrations-technologie

Tabelle C.10 SAP-Hinweis für das SAP S/4HANA Migration Cockpit (Forts.)

C.11 SAP-Hinweise für SAP S/4HANA – Basis/Vorbereitung

Hinweisnr.	SAP-Komponente	Bezeichnung
2399707	CA-TRS-PRCK	SAP Readiness Check – Simplification Item Check
2418800	CA-TRS-PRCK	S4SIC – S4/HANA Conversion & Upgrade new Simplification Item Checks
2502552	CA-TRS-PRCK	S4TC – S4/HANA Conversion & Upgrade new Simplification Item Checks
3028788	CA-TRS-PRCK	SAP S/4HANA 2021 Conversion & Upgrade checks – TCI Note #10
3083733	XX-SER-REL	SAP S/4HANA 2021: Release Information Note for Finance
3015539	XX-SER-REL	SAP S/4HANA 2021: Release Information Note
3079550	XX-SER-REL	SAP S/4HANA 2021: Restriction Note
2755360	FIN-MIG_GL	Abstimmung vor SAP-S/4HANA-Konvertierung
2879220	FIN-FIO-FCC-RMT	Erweiterte Finanzabschluss-Integration kunden-spezifischer Berichte

Tabelle C.11 SAP-Hinweis für SAP S/4HANA – Basis/Vorbereitung

Das Autorenteam

Thomas Kunze ist Principal Solution Architect Finance bei SAP mit Schwerpunkt auf SAP S/4HANA Finance. Seine umfassende Erfahrung aus zahlreichen internationalen Projekten bei mittelständischen Unternehmen und globalen Konzernen ermöglicht ihm die erfolgreiche Gestaltung komplexer SAP-ERP-Einführungen und -Optimierungen. Sein Tätigkeitsfeld umfasst vielfältige Herausforderungen – von Kontenplanumstellungen über die Einführung von PC-Rechnungen und Euroumstellungen bis zu Migrationen auf das neue Hauptbuch, der Implementierung des Fast Close mit SAP Advanced Financial Closing sowie der SEPA-Umstellung.

In den vergangenen Jahren hat Thomas seinen Fokus verstärkt auf SAP-S/4HANA-Neueinführungen und -Conversions gelegt. Dabei entwickelt er innovative und nachhaltige Finanzlösungen für seine Kunden. Zudem beschäftigt er sich intensiv mit dem Einsatz von Künstlicher Intelligenz im Finanzwesen, um Prozesse zu automatisieren, Entscheidungsfindungen zu optimieren und die Finanztransparenz weiter zu erhöhen. Als gefragter Experte teilt er sein Fachwissen regelmäßig auf DSAG-Kongressen und bei SAP-Kundenveranstaltungen und trägt so zur Weiterentwicklung der Finanz-Community bei.

Christian Kurzke ist Senior Product Manager bei der SAP SE. Sein Fokus liegt auf der Weiterentwicklung von SAP Advanced Financial Closing und der Umsetzung von Kundenanforderungen zur Optimierung und Beschleunigung von Abschlussprozessen.

Seine langjährige Erfahrung als Business Process Principal Consultant im Finanzbereich umfasst die Analyse und Optimierung von Finanzprozessen in internationalen SAP-Rollouts. Mit diesem Hintergrund unterstützt er Kunden erfolgreich bei ihrer Transformation zu SAP S/4HANA.

Kathrin Schmalzing arbeitet als Director bei einer Beratungsfirma in den USA im Bereich SAP-Transformationen und SAP-Einführungen. Sie ist bei zahlreichen Neueinführungs- und Transformationsprojekten für das Design und die technische Umsetzung der Prozesse in Rechnungswesen und Controlling zuständig. Bevor Kathrin Schmalzing ihre Karriere in der Beratung begann, hat sie in einer Controlling-Abteilung in der Automobilzulieferindustrie gearbeitet. Dort hat sie gelernt, die Herausforderungen der Anwender und die tägliche Arbeit im Controlling zu verstehen. Kathrin Schmalzing arbeitet seit 2002 mit SAP und war in vielen internationalen SAP-End-to-End-Einführungen involviert. Ihr Schwerpunkt liegt u. a. auf den Finanz- und Controlling-Komponenten von SAP ERP und SAP S/4HANA sowie auf deren Integration mit der Logistik.

Index

C

Q

R

S

T

Z